U0678955

程应镠先生百年诞辰纪念文集

苏智良　主编

上海古籍出版社

图书在版编目(CIP)数据

程应镠先生百年诞辰纪念文集/苏智良主编.—上海：上海古籍出版社，2016.10
ISBN 978-7-5325-8205-1

Ⅰ.①程… Ⅱ.①苏… Ⅲ.①程应镠—纪念文集
Ⅳ.①K825.81-53

中国版本图书馆CIP数据核字(2016)第209037号

ISBN 978-7-5325-8205-1
9 787532 582051

程应镠先生百年诞辰纪念文集

苏智良 主编

上海世纪出版股份有限公司
上 海 古 籍 出 版 社 出版

(上海瑞金二路272号 邮政编码200020)

(1)网址:www.guji.com.cn

(2)E-mail:guji1@guji.com.cn

(3)易文网网址:www.ewen.co

上海世纪出版股份有限公司发行中心发行经销

江阴金马印刷有限公司印刷

开本889×1194 1/16 印张49.75 插页13 字数1,261,000

2016年10月第1版 2016年10月第1次印刷

ISBN 978-7-5325-8205-1

K·2238 定价：198.00元

如发生质量问题，请与承印公司联系

12
1 2 3 4 5 6 7 8 9 10 11
12 13 14 15 16 17 18 19 20 21 22 23 24
26 27 28 29 30 31

1982年在寓所

1936年摄于燕京校园

摄于1946年（时年30岁）

担任高桥中学校长时与部分教师欢送应征空军的学生（后排右三）

1956年与柯华（左一）、葛力、周游（右一）摄于北京

1956年与燕大同学摄于北大

1972年与魏建猷夫妇(右一、二)、张家驹夫妇(右三、四)同游苏州

程应镠先生（1967年）

1980年代初与妻李宗蕖在上海师院历史系

给79级历史系、中文系本科生讲授《中国通史》

1980年代初为研究生上课

1980年中国宋史研究会在上海师院成立时合影

（前排左一程应镠，左七徐规，左九罗竹风，右五魏建猷，右八邓广铭，右六陈乐素，右二李埏）

1980年代中期在上海师大古籍所办公

1980年代初与徐光烈讨论《续资治通鉴长编》的点校

1980年代初与李培栋夫妇（左一、左二）等摄于上海师院校园

1981年与妻子在音乐新村寓所

1986年与沈从文、张兆和摄于沈府

1984年与王永兴在上海师大校园

病中与妻子摄于后院（1988年）

1960年与母亲、妻子、长子念祖、长女程炎、小女程怡、小儿念祺摄于上海

1960年与妻子及小女、小儿摄于闸北公园

部分著作与主编辞书书影

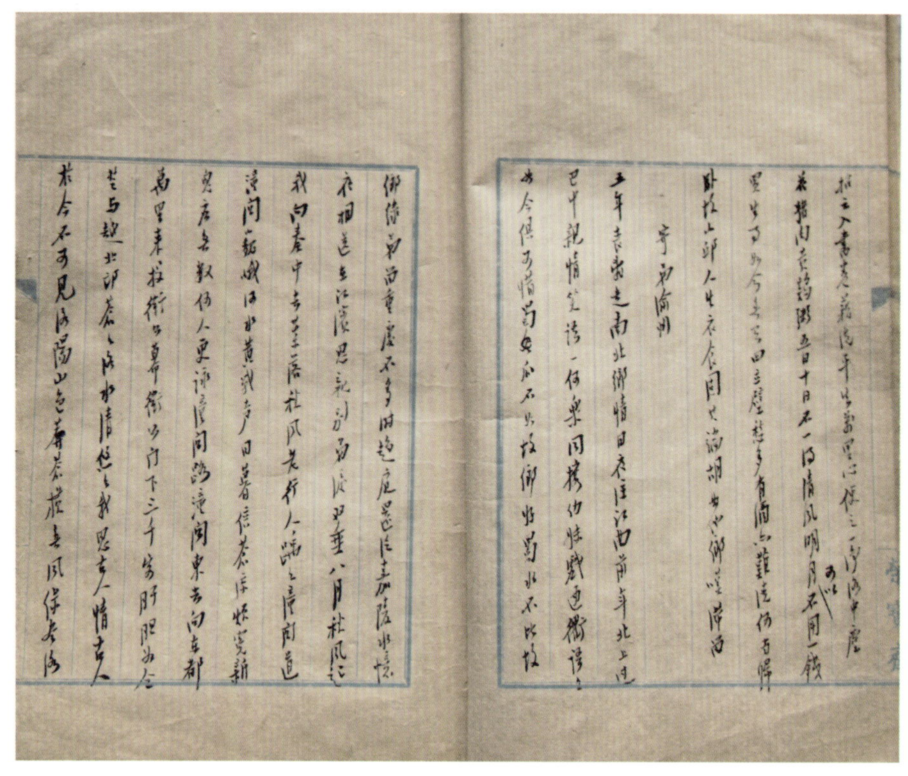

《流金诗稿》手迹

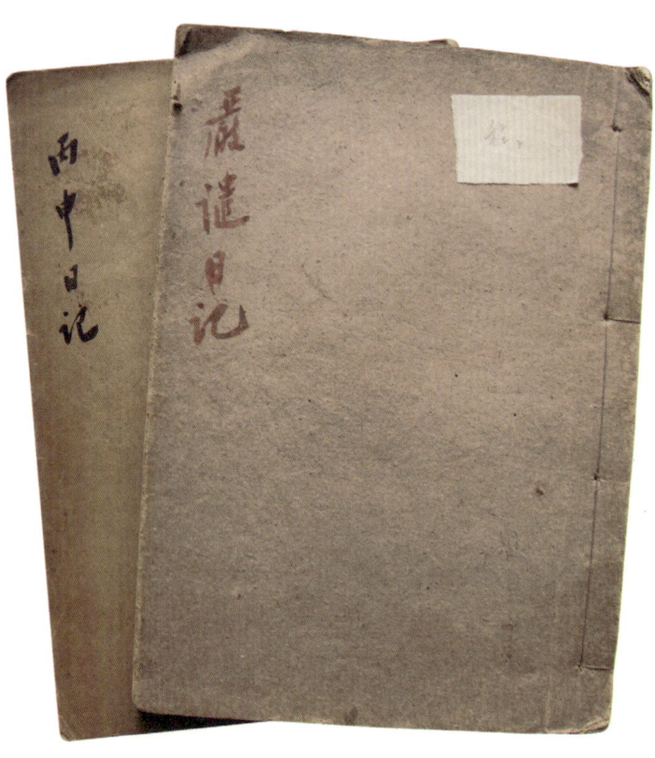

自题《丙申日记》与《严谴日记》封面

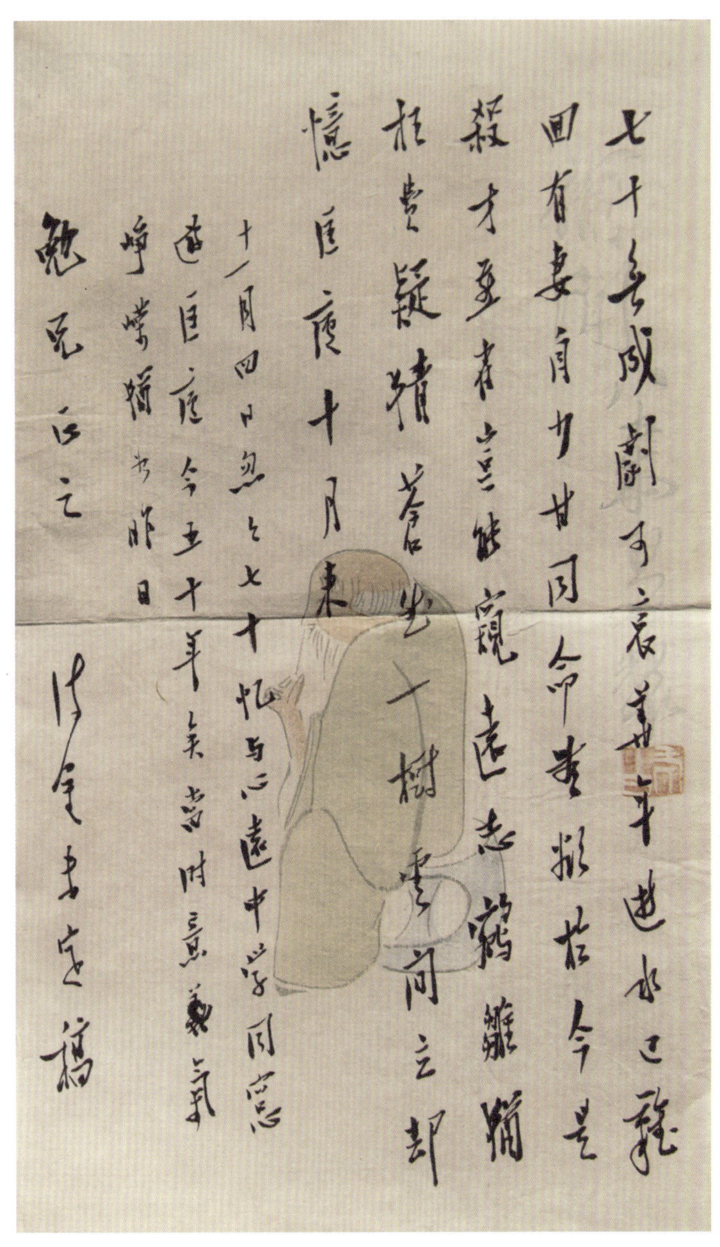

书赠王勉诗笺

目　　录

遗　文　编

追　忆　编

论 文 编

程应镠：上海师范大学历史学科的奠基人（代序）

苏智良

（上海师范大学教授、校学术委员会主任、人文与传播学院前院长）

大学最可宝贵之处，就是人才高地。优势学科更是优秀人才的命运共同体；一个学科如果没有几代人的努力，是不可能建筑起学术的巍巍大厦的。

2016年，是程应镠先生冥寿百岁之年。回首来路，我们特别怀念这位为中国史学发展、为上海师范大学历史学科奠基作出杰出贡献的前辈。

上海师范学院历史系的主要创建者 1949年后，程应镠先生当时是光华大学的教授。1954年上海师范专科学校在漕河泾畔诞生之时，程应镠先生从高桥中学校长任上调入本校，担任历史科主任。当时，上海师范专科学校只有中文、历史、物理、数学等寥寥几个学科。

1956年，上海师范专科学校更名为上海第一师范学院，程应镠先生出任历史系首任系主任。当时，他的主要工作就是招兵买马，聚拢史学教学与研究的队伍。

程应镠先生慧眼识人，他主张优先引进北大、清华、燕京等名牌大学的杰出人才。所以已故的李培栋教授言，1956年的师院历史系，俨然是北京名校的校友会。程先生本人是燕京大学35级历史系学生，中国古代史及中世纪史教研室主任张家驹先生是燕京大学31级学生，中国近代史教研室主任魏建猷先生毕业于无锡国学专科学校，30年代初曾在燕京大学的图书馆工作过数年；世界古代及中世纪史教研室主任朱延辉先生，是清华大学历史系34级学生；主攻近代史的季平子先生是清华大学历史系35级学生；世界史的徐先麟先生，为清华大学历史系33级学生，她是安徽省的会考状元、名气很响的才女；来历史系客串的徐孝通先生隶属于哲学系，他是清华大学哲学系35级学生、金岳霖先生的弟子。这部分专家构成了上海师院历史系的基本教师队伍，为历史学科的发展打下了扎实的基础。

程应镠先生对历史文物情有独钟。20世纪50年代中期，他写信给当年的老师、故宫博物院的沈从文先生，请其代购一批文物。沈先生在当时条件允许的范围内为其精挑细拣官窑瓷器数十件，还有青铜器、玉器、书画、唐卡、钱币等，这批文物遂成为我校最基本的文物珍品。1957年，历史系文物陈列室建成。2001年，以这批文物为馆藏基础的上海师范大学博物馆落成，首任馆长即是程门弟子王廷洽教授。博物馆展览前言里至今记录着程应镠先生的开拓之功。

1957年"反右"运动中，程应镠先生被错划为右派。7月即被免去历史系主任的职务，进入资料室整理资料。1960年9月，程应镠先生被摘去"右派"帽子，重登讲台。但十年"文革"浩劫，进一步令他陷入苦难的深渊。他与在中文系任教、同样被打成右派的妻子李宗蕖先生相濡以沫，艰难抚育着4个儿女，共同度过了那段共和国历史上最为黑暗的岁月。

1978年底，国家进入改革开放的新时代。程应镠先生欣然出任上海师院历史系第一副主任，积极配合系主任魏建猷先生，拨乱反正，重聚力量。他自己超负荷工作，力抗中国古代史之大梁。1985年，上海师院古代史学科成为我国第一批硕士学位授予点。程、魏两位先生以他们珠联璧合的创造性劳动，促成上海师大历史学科繁荣春天的到来。

上海师范学院古籍研究所的创始人 1978年底，年逾花甲的程应镠先生发奋图强，主持历史系古籍整理研究室，开始策划以宋史为中心的古籍整理工作。1983年，程应镠先生在原古籍整理研究室的基础上创办古籍整理研究所，担任首任所长，并聘请马茂元、钱伯城、魏同贤、胡道静、陈伯海等一批名家参与其事。他主持《宋史》、《续资治通鉴长编》的点校，由此又开创了古典文献学本科专业，并成功将其申请为上海市第一批文科重点学科。

程应镠先生长期担任全国高校古籍整理委员会委员和上海市古籍整理领导小组成员，为我国的传统文化典籍建设作出了卓越贡献。

1986年后，程应镠先生担任古籍整理研究所名誉所长，仍继续引领与推进学科的发展。如今，在虞云国、朱易安、戴建国、张剑光等历任所长的带领下，古籍整理研究所已成为我国该领域的研究重镇之一，承担的国家重大项目"全宋笔记整理与研究"、"中国礼制变迁及其现代价值研究"等获得重大进展。

卓越的古史研究大家 程应镠先生长期治古代史，在诸多领域获得丰硕成果，尤其是宋史方面，著有《南北朝史话》、《范仲淹新传》、《司马光新传》、《流金集》等，是公认的学术大家。不仅如此，程先生具有卓越的学术组织协调能力，他参与筹建中国宋史研究会，并长期担任副会长兼秘书长，在协调与推进全国宋史研究上作出了贡献，并与邓广铭先生一起主编了《中国历史大辞典・宋史》。

上海师大的宋史研究，由程应镠先生、张家驹先生奠基，中经朱瑞熙教授等承上启下，到虞云国、戴建国、范荧、朱易安、张剑光、黄纯艳等，使得宋史研究者代有新人，绵延不绝，长期作为我国宋史研究的一个基地。2014年，宋史研究会在西子湖畔举行年会，我校的黄纯艳、朱瑞熙、虞云国、戴建国、汤勤福5位教授同时当选为理事，一时传为美谈。

睿智而有远见的导师 程应镠先生的教育生涯由中学而大学，一辈子耕耘杏坛，培育人才。他对自己弟子学术要求之高、管束之严，放眼学界，很难有人比肩。然而，严师出高徒。就是在这样的严谨、求实的学风下，培养出严耀中、吕友仁、俞宗宪、李伟国、朱杰人、萧鲁阳、李昌宪、邢丙彦、程郁、戴建国、郭宝林、郑明宝、虞云国、刘昶、张荣明、范荧、王廷洽、朱易安、杨师群、俞钢、张剑光等一大批历史学人才。程门弟子在文献整理、古代史研究、文化出版等诸多领域有所建树，至今仍活跃在学术舞台。如今程门再传弟子亦在茁壮成长，他们维系与传承着我校宋史研究的优秀学术传统。

应镠先生为人率真诚恳，在时代的大潮中，一生跌宕起伏。虽遭遇"反右"、"文革"之难，然热爱国家、为生民立命、为往圣继学的初心不改。在纪念程先生百年诞辰之际，我们更要学习他追求真理、献身学术的高贵品格，努力把上海师大的历史学科推向一个新的高度。

程应镠评传

程应镠是著名的历史学家与历史教育家，青年时代相继在燕京大学与西南联大学习，参加过“一二·九”爱国学生运动，而后投身伟大的抗日战争；抗战胜利后，他在昆明与上海投入民主运动。1949年以后，程应镠先后在中学与大学担任组织领导工作。他是上海师范大学历史系与古籍研究所的创立者，也是上海师范大学中国古代史学科的奠基者。他的史学成就、教育业绩与人格精神，是留给上海师范大学的一份珍贵遗产，值得我们学习继承并发扬光大。

一、得失久谙关世运：生平事迹

1. 斗争文字疾风雷：1949年以前

程应镠，1916年11月4日（农历十月初九）出生于江西省新建县大塘乡。这时，新文化运动方兴未艾，但到求知时，他的思想和知识已完全受其惠赐了。程家是当地大族，他的太高祖程矞采，历任江苏、山东、云南巡抚，云贵、湖广总督，同族的程楙采也官至安徽巡抚。他的父亲程懋琨（后改名觉吾）先后在河北和江西当过县长，母亲况葆琴是一个旧式妇女。五岁那年，他入私塾读书，私塾设在家中的望庐楼，读的是《四书》、《左传》和《古文观止》等古籍。在望庐楼里，他接受了六年旧式教育。祖母是幼年对他影响最深的人，经常给他讲家史，希望他成为太高祖那样公正清廉的官吏。

1928年，程应镠去南昌，半年补习完考中学的课程。次年考入江西省立二中，开始接受新式教育。他的读书面大为拓宽，生理卫生、植物学都使他感到前所未闻的惊异。1932年，他以成绩优良免试直升本校高中，就读理科。南昌当时是“新生活运动”的中心，教育也颇受这一运动的影响。他和几个同学组织了一个“风岛社”，开始向刊物投稿。1933年，他写过一篇《我们的西北》，投寄给在南昌出版的《汗血周刊》，次年正式发表，时仅十九岁。因新任教务主任有意为难，指责他和几个同学不服管教，1934年，他被迫转学到南昌私立心远中学。这个学校的历史教师讲中法战争，讲甲午战争，讲戊戌变法，常讲得流泪，而他也听得流泪，影响之下，喜欢上了历史，决定弃理学文。

1935年夏天，20岁的程应镠考取了燕京大学历史系。秋天，他负笈北上，赋诗说“异乡月好不须圆”，抒发了开拓新生活的豪迈胸襟。一入大学，他就如饥似渴地沉溺于俄国小说、古典诗词和《世说新语》之类的著作中。然而，民族危机日益深重，华北之大已安放不下一张平静的课桌。受抗日民主运动的影响，他渐渐感到蒋介石所说的抗日是靠不住的，便参加了著名的“一二·九运动”，并成为12月16日示威游行的前锋队员之一。他后来回忆：“一二·九运动给了我很大的影响。过去不敢喊的‘打倒日本帝国主义’的口号，十二月九日那天，我高声喊着，一边喊，一边淌着滚热的眼泪。”以后的“三·三一”、“六·一三”几次示威游行，他也都参加了。

1936年初，程应镠参加了北方左翼作家联盟。这年，燕京大学成立了“一二·九文艺社”，他成为负责人之一，主持名为《青年作家》的文艺刊物。当时大家都希望得到著名作家的支持，推他作代表去找沈从文。于是他初谒这位倾慕已久的作家，沈从文为《青年作家》的创刊号写了一篇几千字的长文——《对于这新刊诞生的颂词》。其后，两人保持着终生的交谊。这年春夏之际，他与燕京大学同学王名衡、刘春发起组织"大学艺文社"，出版《大学艺文》杂志。他还代表燕京大学"一二·九文艺社"和"大学艺文社"，参加由清华大学发起组织的北方文学社成立大会。他当时是艺术至上论者，强调写什么都可以，但必须"情欲其真，景欲其切"，才能打动人心。这一主张，遭到刘春的尖锐批评，撤销了他出席"北方文学会"的资格。这年，他加入了中华民族解放先锋队。年底，参加上海妇孺慰劳团赴绥远，同行有柯华、周游、李植人、李植青等。

1937年，抗日战争爆发，程应镠留在北平，一度想去西山找游击队，没有成功。8月初，他经天津至秦皇岛，由海道在8月12日到上海。次日转乘沪杭车至嘉兴，由苏嘉路经苏州到南京。在南京居留月余，参加过平津流亡同学会的工作。9月中，他离开南京，回新建故乡小住数日，即由九江去汉口，借读于武汉大学历史系，与赵荣声、刘毓衡（即陈其五）办过一份叫作《活报》的刊物，仅出了一期。12月，因范长江的介绍，他到山西临汾参加八路军115师343旅686团，主要编印团宣传科发行的一种油印报，开始使用流金的笔名。这年，他发表在《大公报》上的《离散之前》、《平津道上》、《记绥远》、《给一二·九运动中的朋友们》等文章，真实反映了"卢沟桥事变"以后人民的流离失所和慷慨纾难的情景。

1938年4月，柯华从八路军总部来到686团，他打算搞一个火线通讯社，刊发八路军战地消息和照片，邀请程应镠参加。征得领导同意，他们同去延安。延安有关方面同意他们去武汉，一方面向国民政府办理通讯社的登记手续，一方面采购通讯工作所需的器材。南下途中，在耀县碰到周游，便邀他一道参加通讯社工作。5月，周恩来在武汉八路军办事处接见他们，认为国民党不会批准通讯社立案的，要求他们等延安电示再定行止。在武汉待命期间，程应镠写了一些记述八路军抗战的报道、散文和小说，主要有《汾水的西岸》、《我们怎样在这里生长着》、《黑夜的游龙》和《姑射山中的风雪》等，他还以八路军的战地生活为题材，写过一本名为《一个士兵的手记》的小书。6月底7月初，他趁待命的机会回家省亲，在故乡组织大塘读书会，举办过农民识字班，教唱救亡歌曲，刷写抗日标语，还演出过短剧《放下你的鞭子》。其后，读书会有些成员分别去了延安和参加新四军，积极投身于抗日救亡运动。当他返回武汉时，柯华、周游已奉命北返，他便由江西经湖南、贵州辗转到昆明。

自1938年9月起，程应镠转入西南联合大学历史系继续学习，阅读了大量中国历史要籍，为以后的史学研究奠定了厚实的基础。大约10月，经友人徐高阮的创议，他参加创办了联大第一张壁报，名为《大学论坛》。这是一份同人刊物，作者都是"一二·九运动"中的青年，其中王永兴、李宗瀛是北平学联的负责人，徐高阮、丁则良是地下党。第一期的主要文章由徐高阮执笔，丁则良写了一首七言古诗，题为《哀联大》，诗中有讥讽，有对学海无波的忧虑。这批年轻学子，对联大也不满意，与前线血肉搏战相比，这里犹如一潭死水，他们渴望波澜壮阔的生活。课余，程应镠继续向报刊写稿。1939年，因沈从文推荐，他参加了昆明《中央日报·平明》副刊的编辑工作，结识了凤子和孙毓棠。不少联大的学生在这一副刊上发表他们的处女作。他自己也发表了《秦皇岛上》、《副官》、《故乡小景》和《澂江小记》等大量文学作品。他在联大两年，除了学习，便是写小说和散文，内容多与抗战有关，也充满了对故乡的思恋。这些文章，一部分收入《一年集》。这个集子作为章靳以主编的《烽火丛书》的一种，1940年由沈从文推介出版。1949年1月，文化生活出版社将其列入《文季丛书》改版重印。

1940年夏天，程应镠毕业于西南联大历史系。毕业之前，他已在联大所属师范学院的史地研究室参加过一个时期的工作，师范学院有意留他担任助教。就在这时，燕京大学同学赵荣声从洛阳来信，他当时是共产党员，正在洛阳国民党第一战区长官司令部当秘书，希望程应镠也去那里。于是，程应镠决计重返抗战前线。8月初，由昆明间关赴洛阳，行程十分艰苦，从重庆到宝鸡几乎走了一个月。到西安时，他因痢疾猛袭，几度昏迷，多亏途中结识的国民党某军副师长蔡剑鸣将他送入医院，才转危为安。到达洛阳后，他担任第一战区长官司令部同上校秘书。1941年夏季，转入第一战区第13军任同上校秘书，仍驻洛阳。这一期间，他到过叶县、郑州、登封、密县、新郑，招待过记者，参观过名胜古迹。工作之余继续小说、散文、旧诗的创作，有的寄到重庆《大公报》，有的则在洛阳《阵中日报》和《北战场》上发表。在《北战场》上，他发表了长篇小说《京儿与小庆》的部分章节。洛阳的军旅生涯离他的追求相去颇远，他在诗里抒发内心的不满："萧条山市堪沽酒，寥落军书好醉眠"；"何时弃此冷官去，独向湖边赋索居"。同时，他对抗战前途和民生疾苦依旧投以殷切的关注："民困应知征调久，边烽频报捷书迟。诸公好画平戎策，莫任苍生靡孑遗！"

1942年初，他为了营救军中一位受迫害的女译电员，避居13军在临汝的办事处。3月，化名上官灵亡命安徽太湖县，匿居赵荣声故里半年有余。在大半年避匿索居的日子里，他读了《宋元学案》等大量史籍，一种对历史专业研究的向往之情时时油然而生，《病余》一诗反映了这种心境：

病余岁月似还山，得意希罗古史间。
损益可知千载事，蹉跎已负一官闲。
希罗多德真吾业，凯撒庞贝失旧颜。
怀古怀人情不浅，短灯挑尽意犹悭。

10月，他结束避难，返回洛阳担任第一战区政治部主任张雪中的私人秘书。1943年初，他将战区政治部所属抗日宣传演剧一队和原13军政工队的演员合并，成立了《北京人》剧团，在洛阳连续演出《北京人》一剧达20天。后来还准备排演《蜕变》，被政治部主任秘书等造谣诬指为共产党。见洛阳已难立足，而赵荣声夫妇正从太湖经过洛阳去成都燕京大学复学，程应镠便与他们同赴成都，然后经重庆去贵阳花溪清华中学任国文教师。这一选择决定了他今后将转向教学工作和学术研究，当时他很满意自己的角色转换：

三年奔走空皮骨，到此能安且作家。
止酒不愁贫无俸，著书可待笔生花。
溪山有约行千里，学殖何须富五车？
羁绊一官抛弃早，报书应向故人夸。（《三年》）

1944年8月，程应镠与李宗蕖在贵阳结婚。不久，他携妻移居昆明，担任云南大学文史系助教，并在私立天祥中学任教。因丁则良的介绍，他与闻一多、吴晗相识，和民盟发生了关系。由于吴晗的介绍，他与丁则良虽都不是盟员，但参加过民盟邀集的座谈会。《民主周刊》发行后，程应镠写过《一二·九回忆》

和《一个十九岁的上等兵》等文章，都是交给闻一多，由他拿去发表的。1945 年 6 月起，因沈从文的关系，他开始编辑《观察报》副刊《新希望》。闻一多认为这个副刊脱离政治，不赞成他编这样的副刊。闻一多和沈从文原来是老朋友，这时，闻一多转向激进，认为沈从文还是老一套，没有进步。程应镠对两位师长都十分尊敬，认为他们都是好人，还打算调和他们的关系。回顾程应镠后来的治学与为人，不时可以看到这两人对他的深刻影响，追求慷慨壮烈的事业与向往潇淡自然的情趣，是他性格深处看似矛盾却依傍共生的一对因子。

终于迎来了抗日战争的胜利，但政治现状并不符合程应镠所追求的民主社会的理想。这年岁末，昆明“一二·一事件”深刻教育了程应镠，他与广大学生一起投入了民主运动。1946 年，他曾任天祥中学训导主任。不久，学校迁往距昆明七八里地的小坝，迁校的组织工作和宣传工作都是由他主持的。他请当时在校任教的冯契写了一首迁校的歌词，以后成为这个学校的校歌。他在天祥中学时，向学生大力宣传“独立不惧，朴质自然”的人生精神。1946 年 4 月，闻一多希望程应镠也能和他一样勇敢地过问政治，他因而加入了中国民主同盟。7 月 16 日，闻一多被暗杀的次日，他去医院瞻仰了尊敬的师长的遗体。他后来指出：“这件事对我是有很大的影响的。我对国民党反动派如此无耻地暗杀一个正直的学者，充满了愤恨。”一时传闻他也上了国民党的黑名单，在学生协助下，他只身匆匆飞抵武汉，把妻儿都留在了昆明。在武汉等待亲人的日子里，他写诗吊唁闻一多，抒发他的哀悼和愤慨：

西南漂泊佳人死，忍泪脱从虎口来。
契阔死生诚梦寐，斗争文字疾风雷。
望门投宿思张俭，酹酒临江吊楚间。
家国阽危忠义绝，江声东去隐沉哀。

8 月，程应镠挈妇将雏回乡探亲，1947 年 2 月由故乡抵沪，任新陆师范学校教员。8 月起改任上海市立师范专科学校社会科学系副教授，在这里他结识了孙大雨和戴望舒。这年秋天，他们介绍他参加了上海大学教授联谊会(简称大教联)。上海教育界当时发表支持反饥饿、反迫害和反美扶日的宣言，他与大教联成员都签了名。9 月起，程应镠兼任市立师范专科学校的训育主任，因站在学生方面与贪污学生伙食费的校长董任坚作斗争，11 月被当时的市教育局撤去兼职。从 9 月起，他兼任上海法政学院教授；为生计所迫，他还在培明女中和越旦中学兼课。1948 年，因支持学生运动，他被市立师范专科学校解聘，但仍在法政学院任教。这年 9 月起，因张芝联介绍，受聘为私立光华大学副教授，继续参加民主运动。1949 年春，他由尚丁(孙锡纲)接上了民盟上海市组织关系。4 月的一天，他正在光华大学上课，有人告诉他，国民党在市立师范专科学校贴出逮捕的名单，第一个便是他。他当即去找张芝联，请他用光华的车把自己送走。他蛰居了将近两个月，除了几个最亲近的人，谁都不见面。从 1947 年到 1949 年的三年间，他在《中国建设》和《启示》等杂志上发表了《知识分子的路》、《论所谓中国式的代议制度》、《论持久和平》、《民主主义的真谛》、《论新中国文化的创造》等长篇政论，还写了《帮忙与扯淡》、《痴人说梦》和《停战乎？和平乎?》等杂文，宣传民主政治，抨击专制独裁，揭露国民党的和平阴谋。在避难的日子里，他迎来了新旧政权的更迭。

2. 报国谁知白首心：1949 年以后

对新政权的诞生，程应镠当时是由衷高兴的，有《闻解放军云集江岸喜成一绝》。1949 年 5 月，程应镠仍在光华大学和法政学院任教，还担任民盟上海市支部组织委员会的成员。他后来被任命为民盟上海市支部临时工作委员会的委员，还兼任过组织委员会的副主委，积极参加民盟在上海的活动。例如，7 月 15 日纪念李公朴和闻一多的大会，他不但参与了筹备工作，还是主要负责人之一。与此同时，被国民党反动派查封的杂志《展望》周刊也被军管会批准复刊，他也参加了《展望》周刊的工作，当时《展望》的负责人是尚丁。在复刊第 1 期上，他写了欢呼上海解放的社论。自 7 月底 8 月初起，他担任了《展望》周刊的编辑部主任。

1949 年 9 月，上海市高教处指定程应镠担任光华大学的政治教授，同时，上海市军管会中教处派他前往高桥中学任校长。次年年初，他辞去《展望》的编辑部主任，以便集中精力专任高桥中学校长。他平生有两大愿望，一是办刊物，二是办学校。出长高桥中学，满足了他办学的宿愿。他本来就有一套办教育的想法，到了高桥中学，便把这些主张付诸实现。在极端困难的经济条件之下，他从办公费中节撙款项，购置图书。其后几年，图书费成倍增加，学生已能在图书室里阅读到各种中外文学名著。他努力贯彻“教学为压倒一切的中心任务”的口号，把升学率作为衡量办学好坏的标准。到任不久，他还抓了学生劳动建校的工作。在他的领导下，短短数年，高桥中学就成为闻名沪上的浦东名校。

1951 年 2 月，在仍任高桥中学校长、光华大学教授的同时，教育局一度命程应镠兼任上海工业专科学校秘书长，负责行政领导工作，但他在暑假后就辞去这一兼职。这年冬天，教育局组织部分中学的行政负责人和教师去安徽宿县参加土改工作，他被派在宿县王堂村工作了一个多月。1952 年，全国高校院系调整，光华大学和大夏大学合并成立华东师范大学，他辞去了原先兼任的光华大学的教职。这年，他参加上海市思想改造学习，通过以后，即由教育局指定兼任高桥中学的高中政治教员。思想改造运动，是新政权成立以后第一次触及旧知识分子灵魂的政治运动，树立了执政党的绝对权威。程应镠感到自己不是党员，不适宜做行政领导工作，几次向教育局辞职，打算回高等院校搞教学和科研，都未获准。1953 年，他写了《屡求去回高校任教不获忽四年矣因春感赋一律》，表达了自己在社会变动新旧交替之际的喜悦、迷茫和追求：

万里春风喜莫加，卅年委运恨如麻。
回天力已成诸夏，起死恩今感万家。
快意恶除萧艾尽，会心人惜蕙兰花。
自怜才薄当斯任，有志难谐鬓渐华。

1954 年暑假，他从高桥中学调至上海师范专科学校任历史科主任。在其后三年间，他代理过一年教务主任，担任过校工会主席，但主要负责历史学科的建设工作。1956 年 7 月，上海第一师范学院成立，程应镠出任历史系主任。这年，他当选为民盟上海市委委员，任市民盟高校工作委员会副主任委员。

1956 年，当双百方针提出时，程应镠以儒家理想的“一致而百虑，殊途而同归”的主张来诠释这一方针。这种自由主义的理解，使他毫无顾忌地批评时政，而终于运交华盖。在一次民盟市委召开的座谈会上，他公开批评说：“学校现在权威太多，党委书记是权威，校长是权威，一级一级的领导，都是权威，只有教授不是权威。而学术问题,真正的权威是教授,是每一门的专家。不去掉这些权威,学术就不能发展。”1957 年鸣放期间,他大力宣传北大民主墙,认为这是一个新五四运动。“反右”斗争开始后,费孝通在报上被点了名,许杰也在上海被点了名,他在公开场合认为许杰在民主革命中是左派,不会是右派。还说:“倘若这样,以后知识分子都不能讲话了。”不久,他自己也被上海的那位“好学生”点名划为右派。他坚定认为自己并没有“策划于密室,点火于基层”,和某些党员干部相处不好,只是个性脾气,决不是反党。他声明:“宁可粉身碎骨,也不能当右派。”但一个知识分子在狂暴的政治风雨面前,是多么渺小孱弱和无能为力。他也想到过自杀,只因儿女尚在童稚,才没有走这条绝路。直至这年 8 月底,在强大压力下,他见一向比自己进步的一些朋友也都沦为右派分子,才被迫承认自己是右派。从 7 月份起,他被免去历史系主任的职务,入资料室工作,等待所谓处理结论。

1958 年 9 月,程应镠参加了由上海市委统战部直接领导的部分右派分子劳动学习班,地点在上海县颛桥乡。1959 年 2 月起,他又参加了上海社会主义学院第一期的“学习”。7 月结业,回上海师院历史系工作,从教授贬为中文系马茂元等人的助教,仍须一方面在校学习,一方面在市委统战部和民盟市委学习,每月还必须向党组织汇报思想,这种汇报持续了三年。在这些阴霾的岁月里,他几乎每天都写思想改造日记,自题为《严谴日记》。1957 年以后直至 1960 年摘去帽子,他除了和母亲、姐弟还偶有通信,与一切朋友都音问俱断。工资已被割得难以养家糊口,1959 年之后,为贴补家用,家里的藏书一批一批地卖去,所剩已经无多。这对以学术为生命、以图书为资粮的学者来说,是最不堪忍受的。

1960 年 9 月,程应镠被摘去右派分子帽子,允许正式授课。他感到作为教师还必须有点真才实学。从 1961 年秋天开始,他的注意力逐渐转到如何重理旧业,掌握魏晋南北朝的历史资料,为著书立说作准备。他一边读书,一边积极准备作论文。从 1962 年起,他因原任民盟市委委员,就不再在学校进行政治学习,而是直接参加由民盟上海市委组织的政治学习。直到 1965 年春夏之际,他才由民盟市委通知仍回学校学习。这一期间,只要一有余暇,他就埋头于史学研究,尽管当时没有学术刊物会发表他的文章,但他还是陆续完成了《农业劳动力与三国两晋南北朝田制的变化关系》、《魏晋南北朝民族略论》和《拓跋部汉化过程中问题述论》等论文。他有一首诗反映了在政治运动的夹缝里偷闲治史的情景:

少逐声名翰墨场,晚于青史识苍凉。
九年蝶梦迷归路,三斛纯灰净秽肠。
绿色侵帘瓜豆蔓,好风穿户午荫长。
夜窗卧看星河落,清露无声枕簟凉。

由于周游和吴晗的促成,约程应镠在一套《中国历代史话》中选作《南北朝史话》。1963 年,他写完了南朝部分,把稿子寄到出版社,吴晗通读了全文,回信鼓励他:“就按这个样子写下去。我们打算把它印出来,作为担任其他各朝史话作者的参考。”写作过程中,吴晗和他通过四、五封信,讨论的问题,大的如民族融合,小的如斛律光父子,吴晗都明确表示了意见。1964 年春,《南北朝史话》完稿,不久看了三校样。1961 年和 1962 年,对于历史问题,不同意见屡见诸报端;1964 年初夏,学术界正在酝酿一场大批判。作为一位历史学者,程应镠对当时讨论或批判的历史问题,是有自己想法的。经过《史话》的写作,这些想法更为明确,他很想为《史话》写一篇序,阐述自己对有关史学问题的系统看法。但这个念头只在脑子里转了一下，便放弃了。书稿交出半年之后，这年初冬，终因政治大气候，出版社正式通知他不能出版。

1965年9月，程应镠参加上海师院农村学习访问队，去松江城东公社学习访问，住了40天，参加了公社、大队和生产队的一些会议，主要是成立贫协的会议。访问结束时，学院领导号召写家史，他也参加了两篇家史的讨论，写了部分初稿。回校不久，上海《文汇报》发表了姚文元批判吴晗和《海瑞罢官》的文章。当时，他以为吴晗的问题是个学术问题，也希望是个学术问题。但在表示意见时，却非常慎重，他想：我是一个犯过错误的人，不能再犯错误。1966年，《人民日报》发表了《吴晗与胡适》，他不仅感到吴晗问题已经是一个政治问题，而且预感到又一场阶级斗争风暴的来临。他的内心充满了恐惧，希望自己能够保住平安，被迫把吴晗1963年的来信交给了历史系党总支。

风暴终于来了。"文化大革命"的开始阶段，他每次去看大字报时，总是担心大字报会集中揭露自己的问题。吸取了"反右"斗争的教训，他主动交代了和吴晗的关系，和周游的关系，交出了周游和自己的全部通信。师院的红卫兵抄了他的家，抄去了他的图书和诗稿，还准备烧毁文物陈列室的珍贵藏品，把他与魏建猷和张家驹等人挂牌游斗，沉重的铁质游斗牌压坏了他的颈椎神经。他认为红卫兵全面地否定过去的文化"太过分"，也"不合法"。运动初期的惊涛骇浪过去以后，他作为牛鬼蛇神被送到学校附近的桂林二队劳动改造。每天，他送蔬菜去市场，到梅陇镇去拉砖瓦，去七宝镇车酒糟，在桂林路和漕宝路上拉粪车……。这一期间，他与亲朋好友都断绝了往来。晚饭后，和妻子一灯相对，唯一可以排闷的，便是读书。从中学便已熟读的《资治通鉴》成为他唯一的精神伴侣。他常常是坐在破沙发上，翻到哪里，就读下去，时而沉浸在历史之中，忘记了一切，时而古今对读，发出会心的苦笑。

1968年元旦，程应镠是在写检查交代中度过的。这年5月，全国开始清理"阶级队伍"，他也没完没了地写交代，现存有日期可查的交代就有近二十份。1969年2月，他一度被隔离审查。4月12日写了长达20页的"罪行交代"，约25 000余字，三天后，续写"我的交代"，约万言。当月，他被"解放"。5月，参加"教育改革探索小分队"赴横沙岛。连年以来，揪斗关押，惊魂不定，面对横沙岛上的风雨怒涛和雁月夜窗，他感慨地写了一首诗：

海上涛来云似墨，天边雁字月如霜。
夜窗犹忆惊风雨，老眼婆娑泪万行。

大约从这年岁末起，程应镠转到松江佘山劳动。1970年5月，转赴江苏大丰"五七干校"，继续那种无休无止的改造和学习。

1971年，上海师范学院与华东师范大学等五校合并为上海师范大学。这年4月，工宣队发还抄家取去的书物，而程应镠所珍爱的诗稿本却不见踪影，于是他凭借着记忆默录出部分旧作。10月2日，他为默录的诗稿写了一段跋语："龆龄学诗，至今四十余年。自二十五岁至五十岁，所作均曾留草，'文化大革命'中，为红卫兵取去。当时窃惟革命人们可以据此审查我的一生，因其中颇有与时事有关者，即友朋答赠的篇什，也可见交游。这种东西，本来是应当烧掉的。为了使儿女从这里取得一些教训，则还有可以保存的理由。我这个人自幼读孔孟之书，后又受到资产阶级民主自由思想的浸润。在洛阳，虽有忧愤，但仍幻想改良。在昆明，忧愤深了一些，改良的幻想也破灭了，却仍然拒绝到工农兵中去。'北去南来'、'东行西上'，固实有所指，但也不过是对朱颜失去的怅惘而已。《寄宗藻》一首，是解放前在上海生活、思想的写实，仍旧落了古人的圈套，即有悲哀，也不过是一千年以前嵇康、阮籍的悲哀。”但跋语强调“读其诗，想见其为人”，“重录了这些东西，不免和它们一同回到了过去的日子”，肯定诗草对了解其人其事的价值。这些诗草与他在1949年以前的小说、散文、报导、杂感和政论，后来大都收入《流金集·诗文编》。

从1972年起，程应镠结束了在大丰“五七干校”劳动，参加上海师范大学二十四史标点组，先后参预标点了《宋史》、《尉缭子》、《荀子简注》、《国语》等，尤以《宋史》标校用力最多。1975年，《宋史》标校完毕，次年，在他的促成下，二十四史标点组开始标校整理宋史研究的另一要籍《续资治通鉴长编》。

十年动乱中，程应镠私下里只与魏建猷、张家驹仍有往还，患难之中保持着十分感人的友谊。1972年，他们三人还结伴携妻出游苏州，成为那黯淡的岁月中鲜见的亮色。1976年春天，“天安门事件”的消息传来，他有《丙辰清明偶成》，表达了对政治阴晴的密切关注和乐观情绪：

日里几番晴雨晦，夜来月色暗还明。
黄梅时节江南客，头白昏昏醉复醒。

10月，他听到粉碎“四人帮”的喜讯，也有诗纪事道：

谁知覆雨翻云手，搅得周天阵阵寒。
易直果能当大事，未须甲兵即平安。

易直是宋代大臣吕端的字，他一向被视为“大事不糊涂”的名相。程应镠谙熟宋史，他预感到一个灾难深重的历史时期即将过去。

1977年，程应镠仍在二十四史标点组工作，该标点组后来改为上海师范学院古籍整理研究室，由他主持工作。9月，他应北京出版社之邀，赴京为十余年前的旧稿《南北朝史话》作修改定稿工作。不到京华已经21年，见到阔别已久的师友，抚今追昔，既感慨，又高兴。在北京的50天里，他往往上午校改书稿，下午去访寻古迹，或看望朋友。一星期中，大约有两次去小羊宜宾胡同探访沈从文。他还去探望了吴晗的遗孤，吴晗是促成他写《南北朝史话》的师友之一。稿子修改完毕的那一天，正碰上北京少有的蒙蒙细雨，他独自坐在窗下，写了一首怀念吴晗的诗：

地下能相见，生逢不可期。秋深云漠漠，风老雨丝丝。
遗札当三复，淫威逞一时。劳人还草草，寂寞待春归。

诗的意思很明白，但在政治气候乍暖还寒的当时，他还不敢轻易示人。

1978年，高考恢复以后首届历史专业的本科生入学，同年4月，上海师范学院复校。这年岁末，程应镠改正右派错划，出任上海师范学院历史系第一副主任，仍主持古籍整理研究室工作，为历史系的重建和古籍整理事业殚精竭虑，忘我工作。同时，他的学术活动和社会兼职也日渐增多。1979年，程应镠被选为新一届的中国史学会理事兼副秘书长；成为全国第一批恢复招生的中国古代史硕士点学科带头人。这年3月，他在为即将出版的《南北朝史话》所作的后记里说：“为了不能忘却的纪念，我还应当在我的晚年为我国史学作出一点什么来。"他确实是以这种精神鞭策自己的,迎来了自己学术和事业的最后收获期。写完后记,他赶赴成都参加全国史学规划会议,会上决定成立宋史研究会,并推北京大学邓广铭、暨南大学陈乐素、中国社会科学院历史研究所郦家驹和上海师范学院程应镠组成筹备小组,责成上海师院负责具体筹备工作。12 月,他去天津参加《中国历史大辞典》编辑会议,与北京大学邓广铭同被聘为《中国历史大辞典・宋史》主编。1980 年 8 月,他赴太原参加中国历史大辞典编委会会议,会议决定分卷出版《中国历史大辞典》,希望宋史卷能作为断代史的第一部在 1983 年出书。会后,他全力投入了《中国历史大辞典・宋史》的组织工作。10 月,他与邓广铭、陈乐素发起组织的中国宋史研究会在上海师范学院举行成立大会。会上,他代表筹备小组介绍了宋史研究会的筹备经过,并被选为秘书长,主持宋史研究会秘书处工作。这年,他开始为撰写《范仲淹新传》作前期准备。

1981 年,程应镠完全摆脱学校里的工作,夜以继日地为《中国历史大辞典・宋史》审稿、定稿。1982 年 4 月,他查出患上了鼻咽癌,被迫住院治疗,但梦牵魂绕的却是尽量夺回十年浩劫损失的时光,为史学研究多做贡献。他有两首诗最能说明这种心境:

忧患余生最自珍,病魔潜袭已兼旬。
文章又见流传日,议论终须不傍人。
得失久谙关世运,荣枯每惧损天真。
莺花三月江南夜,怀远思亲一怆神。(《友人问疾诗以答之》)

老去移山志未伸,汝曹宜自惜青春。
传经我爱他山石,报国谁知白首心?
秋入园林思塞马,梦回长夜忆青襟。
登临敢说兴亡事,太息当年苦避秦。(《示儿》)

盛夏出院,程应镠继续擘划《中国历史大辞典・宋史》有关事宜。与此同时,他进一步着手《范仲淹新传》的写作准备工作。盛夏休息在家,便浏览家藏的宋人笔记,有关范仲淹的则随笔录下。约 10 月开始,作范仲淹传记长编,断续花了一年时间。

1983 年,程应镠在原古籍整理研究室的基础上创建了古籍整理研究所,出任第一任所长,并把上海师院的古籍整理专业建设成为上海市首批文科重点学科之一。10 月,他赴昆明参加中国封建地主阶级研究学术讨论会,并与妻子重游昆明、贵阳等旧地。返沪后赴无锡参加中国历史大辞典编委会会议。11 月,又赴江西吉安参加纪念文天祥逝世七百周年学术讨论会。西南之行,故地重游,令他感慨和兴奋,为此他写了一组《重游西南杂事诗》。江西是他的故乡,他情不自禁地想到了文天祥和方志敏、欧阳修和陈寅恪,以"气节文章堪继往,江山人物自开颜"的诗句来颂往勉今。他频繁地参加各种重要的学术活动,几乎令人难以相信他是一个癌症初愈的年近七旬的病人。这年秋天,他开始写作《范仲淹新传》。写作之前,他对怎样研究历史人物的问题考虑了很久。上海师院校庆,他在古籍整理研究所就这个问题作了一次学术报告。10 月去贵阳,在贵州大学又讲了一次。11 月去南昌,又在江西师范大学讲了一次。回到上海,他收到《历史研究》创刊三十周年的征文约稿函,便写了《谈历史人物的研究》。《范仲淹新传》的写作,自然而然地成为他在那篇文章中所论述思想的一次实践。

1984年初夏,程应镠赴京参加全国高等学校古籍整理工作会议,被聘为全国高等学校古籍整理工作委员会委员(这一时期,他还是上海市古籍整理领导小组成员)。这年10月,上海师范学院改名为上海师范大学。11月,程应镠赴无锡参加中国历史大辞典编委会会议。是年,中国魏晋南北朝史学会在成都成立,他与谭其骧、周一良、唐长孺、何兹全、王仲荦、缪钺、田余庆、韩国磐、吴泽等同被推为顾问。这年岁末,由他与邓广铭主编的《中国历史大辞典·宋史》出版面世。这年,为推动海内外宋史学术交流,他还创办了《宋史研究通讯》作为中国宋史研究会的会刊,并题写了刊名。1985年7月,《范仲淹新传》完稿。1986年4月,他赴杭州大学参加国际宋史讨论会。月末,赴贵阳参加清华中学恢复旧名活动。10月,《范仲淹新传》出版,自去年定稿后即着手《司马光新传》的写作。自是年起,改任上海师范大学古籍所名誉所长。1987年9月,在中国宋史研究会第四届年会上增补为副会长,仍兼秘书长。

因十年浩劫中被揪斗时伤及颈椎,颈椎压迫症引发多种疾病而住院治疗。这时,他的《司马光新传》已经完稿,惟传主事迹著作编年仅成其半,征引史料也未及覆核,遂委托助手完成。自此,他久困病榻。卧病期间,偶以笔墨书录昔年所作旧诗。1991年8月,《司马光新传》的出版,给他带来了一丝快乐。1994年7月25日,程应镠病逝于上海寓所。

二、历史教育家的成功实践

1. 历史教学

相对于历史学家的声名,程应镠更重视他作为历史教师的身份。他多次对人说过:“我首先是一位教师,不是什么学问家”,可见教师生涯在其人生历程与自我评价中所占的重要地位。从中学教师到大学教授,从中学校长到大学历史系主任,他在教育领域,尤其是历史教育园地里耕耘了半个世纪之久,培育桃李无数。任何时候,在他身边都会聚集着一群青年学子,平时,他关心他们的学业和为人,关键时刻,他总是忘我地保护他们。他在传道授业的同时,以自身的道德风范和人格力量,教育、感召着一代又一代的学生。

作为长期从事师范教学的历史学家,程应镠对历史教学和学生培养有自己的见解和特点。他曾经提出一个问题:为什么现在学生对历史课没有兴趣?他以为,学校对历史教学不重视,中学历史教科书编得不好,历史教师缺乏专业训练,等等,都是导致学生不爱上历史课的原因。而高等学校历史系的课程设置、历史教学和研究又直接影响着中学历史教学。因此他特别反对把历史研究与教学简单化,“简单化的结果,就使极其丰富的历史内容,剩下几条筋,无血无肉,干瘪得像瘪三,青少年是不会有兴趣的”。他还反对以一成不变的理论在历史研究和历史教学中贴标签,在他看来,贴标签“是不会有说服力的,就会使得学生以为历史味同嚼蜡”。他主张历史课可以通过讲人物,使学生了解过去。比如讲秦汉,就要讲秦皇、汉武,项羽、刘邦,陈胜、吴广;讲均田制,就要讲文明太后、魏孝文帝;讲改革,就要讲王安石、司马光;讲淝水之战,不能只讲战争性质、双方力量对比,要讲苻坚、苻融、谢安、谢石……通过人物的讲授,使历史课变得津津有味,才能使学生从中获得教益,否则,“要激动青少年的心大概是不可能的”。

程应镠在大学先后讲授过世界史、中国通史、魏晋南北朝史、宋史、国学概论、中国历史文献学、史学方法论等课程。很多学生说,听他讲课,如同一种艺术享受。他的历史课既有理论上的开掘拓展,又常常在关键处旁征博引,中西比较,信手拈来,适时点化,使学生在豁然会悟、欣然有得中感受其中的深度和广度。他讲课时,感情十分投入,有时激越雄辩,使人奋立;有时深沉低徊,令人感慨;或描摹人物,或引据诗词,高屋建瓴又挥洒自如,把学生带入应接不暇的不同境界。20 世纪 70 年代末,他曾为中文、历史两系讲授中国通史,大梯形教室为之爆满,以致走廊、门厅处都临时加座。他对自己的历史教学的最高要求是:"每上完一节课,就像是写了一首诗,完成了一篇创作。"为了达到这种深度和魅力浑然一体的教学境界,数十年中,他始终要求自己把每堂课要讲的每句话写成讲稿,及至走上讲台却又不带讲稿,其中,需要付出多少创造性的艰苦劳动!他曾深有感触地说:"要上好历史课,最主要的还是学习,比在大学读书时还要学习得认真,为培养人而学,为未来的建设者而学,为那些将来要超过我们的人而学。"这种高度的责任感和不懈的追求,正是他几十年历史教学常讲常新的源泉所在。

2. 筚路蓝缕创建历史系

程应镠是上海师范大学历史系的创立者。1954 年 7 月,他从高桥中学调至正在筹建中的上海师范专科学校,出任历史科主任,负责创建工作。1956 年,上海师范专科学校分为上海第一师范学院与上海第二师范学院,程应镠担任第一师院的历史系主任。直到"'反右'运动"以前的短短三年间,他筚路蓝缕,不辞艰难,把全部精力都放到历史学科的创建上。在此期间,程应镠主要做了三方面的工作。

首先,组建精干出色的师资队伍。

到任以后,程应镠一方面凭借自己广泛的学术关系,引进了不少骨干力量,包括著名的宋史专家张家驹,出身清华大学历史系的季平子、朱延辉,还有李旭等教师;另一方面,他倚重比他略早到来的魏建猷,并把师从贺麟与金岳霖的徐孝通从中文系调入历史系,让他们发挥更大的作用。这些人才大都出身于清华、北大、联大或燕京大学,当时颇有议论说程应镠用人只重学识,不重政治。但后来的事实证明,正是这些教师,构成以后上海师院历史教学与科研的领军人物。

其次,创建服务教学的图书资料室。

当时,诸事草创,资料室缺少基本图书,程应镠通过关系,购买了诸如《明实录》、《册府元龟》等基本史籍。为了加强图书、资料、教具的建设,他一方面从当时的地图出版社聘请专职的历史地图绘制员,为历史教学绘制挂图,一方面物色了徐先麟、吴秉文等专业翻译人员,从事外文史料的翻译工作,为世界史教学与科研服务。这在当时,是相当有远见与魄力的举措。即便在被迫等待所谓"反右"结论时,程应镠为了资料室的建设,仍不计一己之荣辱,主动提议整理先前购入而未及整理的碑帖。他在"交代检讨"间隙,白天赴上海图书馆查核资料,入夜则伏案运思,挥毫作跋,终于一帖一跋,悉数完稿,交系资料室存用。

最后,筹备藏品丰富的文物陈列室。

与此同时,他认为历史教学必须充分利用实物,于是开始筹建历史文物陈列室。程应镠首先向学校领导力陈文物在历史教学中不可替代的作用,争取到一万元作为文物收购经费。然后,他通过已转入故宫博物院工作的自己的老师沈从文,托他在北京收购博物院不拟收购的文物。当时文物收购价格低廉,再加上沈从文的关系,许多有价值的教学文物陆续从北京运来,入藏我校的文物陈列室。他还邀请沈从文来校,对文物陈列室与文物管理员作了具体的指导。沈从文也因程应镠的关系,把他自己珍藏的乾隆宫纸与数种丝织物赠给了我校陈列室。1957 年,文物陈列室正式建成,其藏品至今为止仍是上海高校中最多最好的(现已改建为上海师范大学博物馆)。

"反右"运动以后,程应镠被迫离开系主任的位置,这时候,历史系的建设已奠定了基础,初具了规模，走上了轨道。他对接任系主任的魏建猷说："我们关于历史系教学工作的想法是一致的。由你来接手，我就放心了。"即使在遭到不公正对待时，他首先想到的还是历史系的建设。

可以毫不夸张地说，上海师范大学历史系与历史学科，程应镠是当之无愧的开创者与奠基人。

3．为振兴历史系而殚精竭虑

1957年"反右"以后，直到1978年复校以前，程应镠被剥夺了教学与科研的权利，当然更谈不上对历史系建设的发言权。1978年，高考恢复以后，随着首届历史专业本科生的入学，程应镠也复出工作。这年岁末，他被改正所谓"右派"错划，出任上海师范学院历史系第一副主任（主任为魏建猷），并主持日常工作。他十分珍惜自己"忧患余生"的晚年，但仍把这最宝贵的生命余晖奉献给了上海师范大学，为振兴历史系与创建古籍研究所而鞠躬尽瘁，死而后已。

程应镠主持历史系工作以后，由于"文化大革命"的严重破坏，历史系百废待兴。他主要抓了三方面的工作。

第一，健全教学秩序，推进教学改革。

程应镠首先为恢复高考后首届入学的新生制定了教学计划。为了培养出更多基础知识扎实、创造思维活跃的优秀学生，他在历史教学上推行了许多有力措施。他依旧主张：必须让最有经验的老师上基础课，让学生接受最好的基础教学，他为此亲自担任了历史本科专业《中国历史文选》的教学；他认为，不仅历史系，中文系的学生也应该学中国通史，于是亲自为78届历史系与中文系的本科专业上《中国通史》的基础课。他强调改革基础课，在削减基础课课时的同时增加选修课，以扩大学生的知识面；他把走出校门考察历史文化古迹，列入了教学计划；他主张实行真正的学分制，让学有余力的学生多学早学；他多次主持学生的学术讨论会，引导学生积极思维，早出成果；他的课外答疑，使学生受益匪浅，以至启发他们走上研究之路。总之，他的办学主张与他的教育思想是一脉相承的，为的是培养有思想、有能力的人才，在提倡素质教育、开拓精神和创造能力的今天，他的历史教育的思想和实践，也依然是行之有效、值得借鉴的。

第二，重建师资队伍，加强专业培训。

程应镠主持工作后，十分重视历史系师资队伍的建设。一方面，他采用或引进，或召回的方法，聚集起了一批骨干教师，其中包括江辛眉、李伯勉、王育民、李培栋等。江辛眉出身无锡国专，文史兼通，尤精古典诗学，因划为"右派"而未展其学。李伯勉是邓广铭推荐的宋史学者，长期困顿市井。王育民长于历史地理学，也因"右派"问题而沉滞在中学。李培栋原是程应镠欣赏的学生，留校作为助教，终因程应镠划为右派，而逐出了大学。他们很快成为复校以后历史系的主要师资力量。此外，还聘请了徐兴业、李家骥等为兼职教师。另一方面，程应镠采取送出去培养与老教师辅导的两手办法，加强对原有师资队伍的培训。他借助自己的学术人脉，让从事清史教学的老师北上中央民族学院，跟随王钟翰学清史；把从事考古文物教学的青年教师送到四川大学去进修。在系里，他先后请江辛眉、沈熙乾等老教师为中青年教师开《左传》、《说文》等研读班，提高他们的业务水平。他坚决主张通史课应该由一位教师主讲到底，这对提高主讲教师的业务能力大有好处。他还亲自多次听中青年教师的上课，对于不能胜任大学教学的对象，坚决从教学岗位上将他们撤下来。总之，程应镠经过大刀阔斧的整顿与卓有成效的措施，短短几年，历史系的教学就回归了正轨，出现了令人瞩目的崭新气象。

第三，培养优秀学生，发现学术尖子。

程应镠知道，恢复高考以后入学的77届与78届本科生与其后不久入学的第一、二届硕士研究生，是十年动乱中积存的优秀人才。在他看来，上海师范大学历史系与历史学科的将来，应该在这些学生里面去发现人才，构筑梯队。对本科生，他鼓励他们养成独立思考、独立研究的学风，常常在自己的客厅里与来访的本科生或研究生平等地展开讨论。在研究生培养中，为了开拓他们的学术视野，他广请全国著名学者邓广铭、王永兴、胡道静、苏渊雷等前来举行专题讲座，并聘请王永兴、胡道静等作为兼职导师。他善于发现苗子，甘为人梯，及时扶植，严格要求，多方保护。经他推荐，本科生在学期间发表有质量的学术论文有刘昶、虞云国等人；研究生则更多，有严耀中、吕友仁、张荣明等人。他们后来大都成为本校或外校相关学术领域里的知名学者。对留校拟任助教的几个77届毕业生，程应镠不仅逐篇调阅了他们已发表的论文或毕业论文，还都一一召来，亲自面谈，了解各人的业务与为人，最后才与系主任魏建猷决定去留。由他发现与培养的这些学术尖子，后来成为历史系承先启后的骨干力量。

4. 为创建古籍研究所而鞠躬尽瘁

程应镠复出以后，原设在上海师范学院的二十四史标点组改为古籍整理研究室，由程应镠主持工作。当时，《宋史》已标校结束，正与华东师范大学合作标校宋代要籍《续资治通鉴长编》。程应镠认为，新时期的文化建设需要一支古籍整理与研究的力量，而通过对《宋史》的标点整理，上海师院已经形成了这样一支研究队伍。于是，他就开始了创建古籍研究所的规划工作。经过几年艰苦的努力，1983年，上海师范学院古籍研究所成立，程应镠出任第一任所长。在这一方面，他主要做了四方面的工作。

第一，奠定了基本建制与研究力量。

程应镠以原有的研究队伍为基础，结合成员的研究专长与当时的研究需要组建了史学、文学、辞书三个研究室。史学研究室以校点整理宋代要籍与笔记为重点；文学研究室则以楚辞、唐诗以及宋代文学研究为主要方向；辞书研究室当时以配合《汉语大词典》的编纂为主要任务。同时，为了加强研究队伍，他还聘请我校中文系的马茂元，上海社科院文学研究所的陈伯海，上海古籍出版社的钱伯城、魏同贤以及中国科技史与文献学家胡道静等知名学者担任古籍研究所的兼职研究员，一方面大大推动了古籍所的研究工作，另一方面也提高了古籍所的知名度。

第二，开创了古典文献学的本科专业。

程应镠始终把培养专业接班人放到战略高度去规划与运筹。在创建古籍研究所的过程中，他得知全国高校古籍整理研究委员会有意向在全国高校中设立四个古典文献本科专业，便主动请缨，要求将其中一个设在上海师范学院古籍研究所。获得批准以后，他就在我校历史、中文两系低年级本科生中亲自遴选优秀学生转入古典文献专业学习。同时，他一面抓古典文献专业的课程设计，除了古委会规定的主干课程，他强调要多开古籍原典选读课；一面延揽合适的教师来为新生上生僻的专业课，例如音韵学，就请中文系许威汉来上。他还亲自讲授了国学概论，讲稿后收入《流金集》（学术编）。古典文献本科专业的设立，不仅对我校文科的学科建设赢得了声誉，也大大提升了我校古籍研究所在全国同专业中的地位。

第三，抓好图书资料的基本建设。

古籍整理与研究，在图书资料上有不同于一般古代史研究的特点，而图书资料是古籍所赖以运转与发展的首要条件。程应镠一方面通过校图书馆，调拨了古籍整理亟需的图书资料，一方面派人从古籍书店或相关单位采购了《四部丛刊初编缩印本》与《四部丛刊续编》、《三编》影印本等珍本丛书。其后，他又通过关系，辗转从台湾购入影印《文渊阁四库全书》与《笔记小说大观》（全四十五编450册）等大型图书。同时，他还让在日本留学的学生代为古籍所选购日本汉学著作，以供进一步研究之用。经过短短几年努力，古籍研究整理必须的典籍图书基本齐备，这些凝聚着程应镠心血聚集起来的图书，为古籍研究所资料室建设奠定了坚实的基础。

第四，成功申报上海市重点学科。

古籍研究所成立的次年，程应镠再接再厉，将我校的古籍整理专业成功申报为上海市首批重点学科。这也是我校文科第一个市级重点学科，极大提高了我校文科在上海高校中的地位。1986 年，《续资治通鉴长编》由他定稿的那些分册获得了上海市哲学社会科学成果著作一等奖，由他与邓广铭主编的《中国历史大辞典・宋史卷》获得了著作类二等奖，这些成果也成为市重点学科建设的坚实内涵，使其后重点学科建设以优异的评价通过了验收。

从 1986 年起，程应镠担任古籍研究所的名誉所长，但仍关心着由他亲自创建的研究所的发展。他先后创立了历史系与古籍研究所，这两个系所不仅构成了我校历史学科的全部基础，而且也成为我校文科的重要品牌之一。程应镠不仅是上海师范大学历史学科的开创者，而且对我校整个人文学科的发展做出了不可磨灭的贡献。

三、历史学家的丰硕成果

1. 史学思想方法

在史学思想上，程应镠既受传统史学的濡染，又汲取了新史学的理论方法，两者交融结合，形成自己的治史特色。他充分肯定由刘知幾首倡、章学诚补充的"史学四长"之说，认为"现代能写出一本可称为史学的著作的，也必须具备这四长"。在史学的功能与作用上，他主张以史为鉴，古为今用，故而对司马迁的"究天人之际、通古今之变、成一家之言"，对司马光的"鉴前世之兴衰、考古今之得失"，都极为推崇，以为他们"以古为鉴的作史目的，实际上也是在史学的领域对古今关系的一种解决"。他所主张的以史为鉴、古为今用有两层涵义：一是指历史研究应该找出规律性的动向，以帮助当代人认识历史发展的方向与大势；二是指总结历史上某一方面的具体的经验教训，作为当代相关问题的借鉴。

程应镠强调"学问之道，在于求真"，因而十分重视史料功夫。他自述大学时代所受的史学方面的训练，"考证、校勘占的份量颇重"。这种传统史学的早期训练，以及后来长期从事中国古代史的教学、研究的经历，使他在治学方法上尤其重视史料的作用。他认为"考证的目的在于求真"，赞誉司马光的《通鉴考异》"在某种意义来说，开创了我国求实的学风"，肯定清代朴学中有"一种科学的精神"。他主张，"学历史是要有点'考据癖'的"，任何史料史实上的疏忽偷懒，都是他绝对不能容忍的。他一再告诫学生要抵御名利思想的侵袭，以"板凳要坐十年冷，文章不写一句空"作为座右铭，静心坐下来认认真真多读几部中国古代基本史籍。他让研究生第一年以逐字逐句研读《资治通鉴》为日课，就是要求他们打下研治中国古代史的深广扎实的基础：通过查找《通鉴》的史源，初通目录版本之学；在比勘相关史料时，校雠之法也得以略涉门径；在史料比较和溯源的同时，既可观摩司马光和胡三省在史料运用与考辨上的精当，若偶有讹误发现，又可粗知考证的门道；而《通鉴》正文和胡注涉及的典章制度、史事人物更是研治中国历史必不可少的基础知识。

然而，程应镠治学并不局限于史料考据促迫烦琐的天地中。五四以来的新思潮促成了他治史方法的另一侧面，即重视理论，推崇会通。他认为："史料不等于史学，不论他掌握了多少史料，都不能说他是史学家。”“霸业千秋余古迹,议论终须大手笔”,说出了他对史学研究中理论的高度重视。他所强调的史学理论修养,有特定的内涵。首先,要有理论追求的勇气。他曾指出:“迷信神,迷信鬼,迷信领袖,绝不是科学的态度”,还经常引用张载“剖破藩篱是大家”的诗句,来提倡好学深思,不为前人与他人所囿,也不为自己所囿。在他看来,剖破藩篱,解放思想,是提高史学理论修养的前提。其次,对理论的追求是不应该有止境的。他认为:理论是随着事物的变化发展而逐渐完善的,事物的发展变化永无止境,理论的完善也没有尽期。因此,“认为有一种一成不变的理论,是直接违背马克思主义的”。其三,他所说的史学理论并不仅仅狭隘地局限于历史唯物主义。“传经我爱他山石”,这史学理论的他山之石,包括了人类思想宝库中一切对历史研究有参考价值的理论遗产。他曾向学生推荐过汤因比的《历史研究》、丹纳的《艺术哲学》等名著。“议论终须不傍人”,他在史学研究是这样要求自己的,也总是以有无新见解来评价当代学人与自己学生的史学成果的。

程应镠自幼养成对中国古典文学的浓厚兴趣至老不衰,青年时代又从事过文学创作。这种爱好、修养与经历,使他在治学方法上特别讲究文字的表达。他相当钦佩和推崇史学名家张荫麟那些“不用引文使人读起来十分有味的历史名篇”。他的史学论著《南北朝史话》、《范仲淹新传》和《司马光新传》等,无不形象生动鲜明,文字清峻雅洁,绝无斧凿的痕迹,却有一种文情并茂、摄人魂魄的魅力,堪称史学和文学相当完美的结合。但鲜为人知的是,为了追求史学著作在表述上的信达雅,他让当时还是初中生的女儿读他《南北朝史话》的稿子,以推敲行文是否通俗生动,而其中《崔浩之死》一节竟先后属稿达 11 次之多。他招研究生,都必须经过作文考试方得入其门下,文章优劣是录取与否的最重要参数。这种做法在历史专业研究生招生中是别具一格的,其理由正如他说的那样:“不能设想一个文理紊乱的人将来能进行思路清晰、识见敏锐的科学研究。”

总之,程应镠强调扎实的史料功夫,却不主张仅以罗列史料为能事;推重理论,但也反对游谈无根的空疏之论。他认为:历史研究,无论宏观微观,都应当是具体的。他不止一次指出:研究历史应该从微观搞起,只有把微观搞清楚了,才能准确把握与清晰鸟瞰整个宏观的历史。他认为:宏观理论与微观研究的结合,独断之学与考索之功的结合,卓特的史学成果与生动的文字表达的结合,是可以也应该在一个优秀史家身上完成的。他所推许的剖破藩篱的史学大家,应该在史实史料方面具有广博精深的素养,并能把握历史发展中带有普遍性或关键性的课题,以新的理论和方法,通过精炼优美的文字表述,作出新的概括和总结,从而取得超越前人的卓越成果。

2. 魏晋南北朝史研究

经过近二十年的学术积累,从 20 世纪 70 年代末叶起,程应镠才有机会将自己关于魏晋南北朝史的研究成果陆续刊布。他的魏晋南北朝史研究,在思维方向、学术观点、研究结论上,在当时都有独到领先之处。

其一,论述魏晋南北朝坞壁的性质、特点和作用,为深入了解当时人民的生存状况提供了真实的历史场景。对坞壁现象,陈寅恪、范文澜、唐长孺等学者虽各有涉及,但进行全面深入论述的,则首推程应镠的《四世纪初至五世纪末中国北方坞壁略论》。他克服了史料分散的困难,几乎把当时所能找到的相关记载都钩辑齐备,然后完整地勾勒其来龙去脉,称得上是一部坞壁简史。文章实证了坞壁在相当时期内是北方大多数人民的生存处所,对坞壁的各个方面,包括居民的构成及其相互关系,坞壁的军事属性和生产劳动情况等,进行全方位的考察。他认为,“坞壁对胡族统治者的斗争,客观上促使了胡族的汉化”;“永嘉乱后，汉族先进的生产事业被坞壁保存下来了”；“《齐民要术》所总结的生产经验，实标志着坞壁生产的水平，而不是均田制制度下生产的水平”，都是精彩而独到的见解。他在《论北魏实行均田制的对象和地区》中指出：“永嘉乱后，我国北方最重要的一个力量，是以坞壁为主的地方势力”；而他在《农业劳动力与三国两晋南北朝田制的变化关系》中强调：“五胡十六国真正统治地方的是坞壁主。”这些论点也都发前人所未发，开辟了一条以前人生存环境来揭示社会结构的研究路径。

其二，以考实均田制在北魏实施的具体情况，来把握少数民族统治下的胡汉关系。北魏均田制历来众说纷纭，但注意力多放在制度本身的研究上。程应镠在《论北魏实行均田令的对象与地区》里独辟蹊径，把研究方向着重放在与其关联的胡汉关系上，表现出对包括土地制度在内的经济体制与民族关系之间的独到洞察力，为理解与阐释当时土地制度提供了新视角。他的结论是，均田制是民族矛盾发展的结果，适应北魏鲜卑政权统治中原汉族人民的需要，在一定程度上缓解了他们和坞壁主所代表的汉族地主阶级的矛盾，展现了当时胡汉关系的多重形式。从现存史料来看，尽管不能断言北魏均田制的其他说法难以成立，但并不见得比程应镠自成一家之说的论证更有道理。

其三，通过对劳动者名实关系的探索，对魏晋南北朝社会结构进行全面的剖析和全新的阐述。魏晋南北朝社会矛盾交错复杂，人们的社会地位升降不定，决不可以将社会构成简单归结成诸如统治与被统治、地主与农民之间的所谓两大阶级的矛盾。程应镠认为，魏晋南北朝时期劳动者的名实关系是了解当时社会结构真相的绝佳途径，便发表了一组系列文章，作为个案研究的切入点。其中《释幹》是对幹的身份最早进行系统研究的文章，对北齐的幹与食幹制的论述，至今为止，不仅独树一帜，而且最近历史真相。《释吏》一文则认为“佃客和部曲，兵和吏，在这个历史时期内，是主要的劳动阶层；他们的身份、地位和欧洲中世纪的农奴相似”。与泛泛而论农民阶级是主要生产者的说法相比，这一结论无疑要深刻得多。他在《释新民》里指出，“新民”是北魏统治者将各地被征服者迁徙到平城来进行农业生产的定居者，实质上是一种特殊的农奴，这一观点也是卓尔不群的。

其四，撰写《南北朝史话》，为史学通俗读物树立一个成功的样板。程应镠的《南北朝史话》完成于1964 年，直到 1979 年才得以出版。但 15 年的延滞，却未丧失其学科的前沿性。她一经问世，即誉满京华，周一良推许其每一句话都是言之有据的。该书先后荣获过全国爱国主义通俗历史读物优秀奖和全国优秀青年读物奖，成为当时历史通俗读物的一个范本。这本书的特点，一是涵盖了南北朝时期政治、经济、军事、文化诸方面的大事要点，是一部较全面的通俗简史；二是文笔简练明快，生动流畅，整部书仅 12 万字，一气呵成，引人入胜；三是字里行间充满着历史的智慧和强烈的爱憎，充分发挥了史学著作的社会教育功能。

3. 宋史研究

上海师范学院的宋史研究，是由张家驹奠定基础的，他是中国宋史研究开创期的重要学者之一。1973 年，张家驹去世以后，上海师院的宋史研究顿时少了一位带头人。为了使上海师院的宋史研究能够继往开来，更上层楼，程应镠毅然放下了对自己来说是轻车熟路的魏晋南北朝史研究，转向了宋史。在不到十年的时间里，他不仅把上海师院的宋史研究推进一个新高度，而且使其成为全国宋史研究的重要基地之一。

宋代史籍整理是程应镠对宋史研究的主要贡献之一。1972 年，他结束了在大丰干校的劳动，参加了上海师院承担的《宋史》点校工作。《宋史》在二十四史中向以卷帙浩繁芜杂而著称，陈寅恪为邓广铭的

《宋史职官志考证》作序时就说过："宋史一书，于诸正史中，卷帙最为繁多，数百年来，真能熟读之者，实无几人。"点校整理这样一部史书的难度是不言而喻的。当时，上海师院集中了中文、历史两系几乎所有可用的人力，还从上海历史研究所和复旦大学借调了研究人员，而程应镠自始至终参与主持了这一艰巨的工作。他常常为了确定一个顿号或专名号，废寝忘食，遍阅群书，反复多次才能肯定下来。尽管如此，程应镠对整理本《宋史》仍留有一份遗憾，认为还存在问题，"标点、校勘、分段都有问题，更不必说此书原来已经存在的自相矛盾的那些问题了"。通过整理《宋史》，他进一步认识到："宋代史料整理的工作，是大量的，没有一个相当长的时间，不认真组织人力，是整理不完的。整理是为了研究。整理研究的目的，那就是弃糟粕而取精华，继承宋代优秀的文化遗产。"（《杂谈宋史研究》）于是，在他的组织协调下，上海师院和华东师大两校学者开始标校宋史研究的另一要籍《续资治通鉴长编》，他还亲自为前 189 卷定稿。该书后获 1984 年上海市高校哲学社会科学优秀成果一等奖。稍后，两校又共同承担了《文献通考》的整理。《宋史》、《续资治通鉴长编》和《文献通考》三大书的整理出版，是宋史研究中功被后世的盛事，程应镠在其中起了不容低估的重要作用。

编纂宋史辞典是程应镠对宋史研究的另一贡献。在整理《宋史》和《长编》的过程中，许多词语和典制令人不甚了了，他痛感编纂宋史辞典的必要性和迫切性。1979 年 3 月，在成都召开的全国史学规划会议上决定编纂《中国历史大辞典》，编委会约请邓广铭和程应镠出任《宋史卷》主编，由程应镠负责组稿，希望《宋史卷》能在 1983 年成书，成为断代史辞典的第一部。于是，他又以极大的热情投入到这项工作中去。从设计词目、邀请作者到审读定稿，他都每事躬亲。考虑到宋代的名物制度最难索解，他决定对食货、职官、选举、兵刑等词目尽量兼收并蓄，一些官职的简称、别称也加以收录。有关人物的词目也考虑得较周全，文官中参知政事以上的都收录，有著作流传至今的人基本上也都有一席之地。仅仅词目的收录工作就进行了一年有余，在他看来，"要使一部辞典适合于读者的需要，首先就必须在收录词目上下功夫"。初稿写就后，审稿、定稿是更艰巨的任务。他集中邀请了近二十位专治宋史的学者来进行这一工作，要求"一切据《宋史》所写的名物制度，除查对原书，还要核以《宋会要辑稿》和《文献通考》，其据宋人笔记以成文的，也必须参校他书。宋史人物，据《宋史》者必核以《东都事略》及有关行状、墓志"（《编辑〈中国宋史大辞典·宋史〉卮言》）。这样就使许多《宋史》成书以来包括人物生卒、籍贯、俗语解释等失误得以大量改正。在这一阶段，他集中全部时间审稿。有的稿子要重写，有的稿子要补充，还必须根据需要增补词目、编写释文，工作之繁重，以"宵起旰食，殚精竭虑"来形容当不为过。在稿件三审时，他被查出患上了鼻咽癌，住院治疗期间，依然关心并指导着审稿工作的继续进行。治疗刚告段落，他就迫不及待地开始审读样稿。1982 年秋天，《中国历史大辞典》决定停止若干专史分册的编撰，《宋史卷》须酌量增加有关方面的内容。他一边断断续续地看稿子，一边约人编写新增词目的释文，1983 年暑假送出全部稿件。1984 年岁末，《中国历史大辞典·宋史卷》终于出版，成为我国第一部断代史专业辞典，也是第一部宋史研究工具书。他的兴奋之情溢于言表："我似乎又经历了一次青年时代完成一篇创作时的那种喜悦心情。"《中国历史大辞典·宋史卷》后来荣获 1986 年上海市哲学社会科学优秀著作奖。程应镠不止一次地说过：编写年表、索引、辞典，包括整理典籍，如同前人栽树，能为学术研究起"开路搭桥的作用"，是功德无量的事情。为此，他甘愿为后学作人梯，置自己大量亟待整理的旧稿于不顾，投身于宋代典籍整理与宋史工具书编纂。

4. 历史人物研究

在程应镠的学术研究中,历史人物研究占有相当的比重。早在1957年后,他就萌生了为范仲淹写传记的强烈冲动,但命运阴差阳错,直到1980年才有机会实现夙愿。1984年,他撰写了《谈历史人物的研究》,发表在《历史研究》上。这篇论文因对当时历史人物研究中的拨乱反正和理论探讨有推动的作用,而被《新华文摘》全文转载。他在1986年和1991年出版的专著《范仲淹新传》和《司马光新传》,则是对文章中所论述思想的成功实践。

其一,关于历史人物研究的重要性和必要性。首先,他从"研究历史和研究历史人物是分不开的"的角度,强调"历史人物的研究,是应当重视的"。在他看来,每个杰出的历史人物,都是他那个时代的缩影与时代精神的代表,人物研究完全可以通过一个人物反映一个时代,例如吴晗的《朱元璋传》、邓广铭的《王安石》。其次,他从史学的社会功能充分肯定历史人物研究的价值和作用。较之于某些较专门的史学课题(例如制度史、经济史等等),历史人物传记无疑具有最广泛的读者覆盖面,社会上一般男女老少了解历史的最简捷途径就是通过对历史人物的了解。最后,他从历史人物的教育作用出发,强调"选取历史人物中的精华,作为教育青少年一代的教材,是我国教育史中的一个优良传统";"培养人才,是当前建设的大需要。研究历史人物,有助于我们培养人才的借鉴"。

其二,强调历史人物的研究必须全面。所谓全面研究,在程应镠看来,至少有四个层面。第一,研究历史人物,必须深入全面地研究他所处的时代、所活动的地域。不了解他们所处的时代,对历史人物的业绩、行事和思想,就会解释得不合理。但同一时代,因地域不同,其人物亦不同,对此"不能仅从自然地理方面去说明,更重要的还须从这些地方的经济、交通、教育或者别的什么方面去究其原委"。第二,应当深刻把握历史人物的局限性。他说:"任何一个人,都有时代的局限,阶级的局限";"除了这种局限之外,还有生理的、心理的、教育的局限"。研究历史人物,应全面研究他的行事,人是复杂的,而不能只注意那些大事、好事。第三,历史人物留下的著作是进行研究的第一手资料,而研究一个人的作品则要求全,否则对人物的了解就不全面。在两部《新传》的写作中,他努力实践了自己的学术主张。尽管稔熟宋代史料,但重新研读了《范文正公集》和《司马温国文正公集》,遍阅相关的宋人笔记与文集,充分全面占有传主资料,写出传记长编,这才正式动笔。第四,有了对历史人物的全面了解,写起来才会有血有肉。他还认为,对经历曲折复杂、行事丰富多彩的历史人物,在着力表现传主思想、事业最本质、最主流的那部分的同时,对其性格、情绪等其他侧面也应努力发掘,以凸现一个完整无缺、有血有肉的传主形象。例如,他在《司马光新传》中甚至并不讳言司马光在元祐更化废役法时的固执,体现了对历史人物必须全面研究的一贯主张。总之,他认为,只有对历史人物的全面研究,才能使传主达到黑格尔在《美学》中所推崇的"这一个"的最高境界。

其三,关于研究方法与表现手段的探索创新。他尤其着力于历史人物个体与群体关系的发掘,即不仅仅关心于研究个体本身,而且更专注于开掘研究个体的各种各样人际关系所特有的具体性。他认为,像范仲淹、司马光这样的时代巨人,前者倘若离开了庆历新政中的人际关系,后者倘若离开了熙宁新政与元祐更化中的人际关系,是既反应不了时代,也烘托不出传主的。在历史人物传记的叙事方法上,他往往不是对传主进行浓墨重彩的正面描写,而是在传主与同时代人的关系网络中展现所研究的个体。他认为,借助个体与群体的关系来研究和刻画传主,是对历史传记旧模式的突破,完全符合"人的本质是各种社会关系的总和"这一社会学著名原理的。这种研究方法和叙述风格,更能使传主形象克服扁平性,增强立体感。

其四,关于历史人物传记的叙事风格。有关历史人物的研究成果,其表现形式一是论文,一是传记。对历史人物传记的写作,程应镠也是富有个性的。他自幼养成对中国古典文学的浓厚兴趣至老不衰,青年时代又追随沈从文先生从事过文学创作,因而尤其讲究文字的表达。他主张历史人物传记应该既有历史学家的严谨和深刻,又有文学家的激情和技巧。《范仲淹新传》和《司马光新传》,融史学论著的严谨与传记文学的优美于一炉,堪称史学和文学相当完美的结合,正是他追求这一境界的具体实践,故一经问世,即被宋史学界推为人物研究的佳构。关于历史人物传记的写作,他推崇《史记》的风格,"着力于叙事,以及与事相关的人",不主张多发议论,甚至连夹叙夹议也尽量避免。他坚信论从史出,认为只要叙事作好了,其论自见。

总之,对于历史人物研究,程应镠是既有理论又有实践的史学家,给后人留下了富有启示性的史学遗产。程应镠的史学著作主要有《南北朝史话》(北京出版社,1979 年)、《范仲淹新传》(上海人民出版社,1986 年)和《司马光新传》(上海人民出版社,1991 年),学术论文结集为《流金集·学术编》(上海古籍出版社,1995 年),文学作品有《一年集》(收入《烽火文丛》,1940 年;文化出版社,1949 年),其他散文、杂感、政论与旧体诗词结集为《流金集·诗文编》(私家版,2001 年);另有《严谴日记》等未刊稿。

(本文由虞云国撰稿,严耀中与范荧分别提供了其中
"魏晋南北朝史研究"与"历史人物研究"两节的初稿)

程应镠自述

我的幼年是在江西新建大塘乡一所大宅子里度过的。这所大宅子建于道光二十年左右，在乡村显得特别巍峨、壮观。我高祖出身翰林，官至巡抚。家里有一副林则徐写的对子，说："湖山意气归词苑，兄弟文章入选楼。"长大之后，知道林则徐的为人，深以自己出身于这样的家庭而自砥砺。

1922年春节过后，入塾读书，才五岁零三个月。学屋是座小楼，叫作望庐楼。书堂前面有块空地，全是花树。空地东侧一排回廊，中有一堂，匾曰"枇杷晚翠松柏后凋之斋"，是老师住的地方。红梅花初春香得醉人。过了十岁，我上夜学。梅花香味和如水月光，在记忆中还像是昨天。

楼上北窗望出去，便是隐现在云雾里的庐山。晴明日子，浅淡青山轮廓十分清晰。楼上有木刻一联，上联是"一楼明月追吟谱"，下联是"万卷藏书作宦囊"。老师教对对子，便说："一对万，楼对卷，一楼对万卷，实对实。追对作，追吟谱对作宦囊，虚对虚。"印象十分深刻。

在私塾里，我读了《诗经》、"四书"、《左传》。读完《左传》，读《东莱博议》时津津有味，我学作文便从此始。第一篇习作《屈瑕论》，受到老师称赞。私塾最后两年读《古文辞类纂》，一些经史子集的知识，都是从这部书得来的。

1929年春节后，去南昌一所小学补习数学。小学校长是我的叔叔。先在五年级听课，不到一星期，因为成绩优异，便成了六年级的学生。数学从比例学起，课余由叔叔的一位同学为我补习、讲解四则运算，我迅速地掌握了小学算术的知识。这年夏天考取了江西省立第二中学。这是江西的一所著名中学，一进学校，我便知道植物学家胡先骕、物理学家吴有训、数学家傅种荪都是这里的毕业生。这所学校的创办人，有意识地对新生进行爱校的教育。这对我很有影响，后来，我在昆明办学，在上海办学，都以毕业生的成就来鼓励在校的学生。

二中学生多学理工。我初中毕业免考进高中，对物理学和用器画也很感兴趣。但这个学校的文史教师，阵容不弱。汪君毅老师讲中国近代史，讲高中国文，使人喜，使人悲，时而激越，时而低沉。顾祖荫老师讲中国地理，讲得学生流泪。

1934年春因不满二中教务主任，转学心远。心远是以自由著称的。"九·一八"之后，学生办报，在社会上销售，销得亦广。校刊也办得很出色。我仍读理科，课余在运动场上的时间比在图书馆多得多。可是在这里和新文学有了接触，读了大量的郁达夫的小说和散文。最后，被沈从文的《边城》吸引住了。当我还不足十九岁的时候，做一个像《边城》作者那样的作家的念头，便萦绕着梦思。

1934年秋，从清华大学毕业不久的陈祯老师为我们讲历史。从希腊、罗马讲到法国革命和拿破仑战争，内容丰富，语言生动，常使我和本国历史比较，引起我考虑很多问题。我觉得历史是一门最有兴趣的学问。毕业前夕，我决定进大学读历史。

1935年秋天我进了燕京大学历史系。系主任是顾颉刚先生。陈祯老师向我介绍过他的治学方法，赞美过他的疑古精神。我进燕京就是由于对他的仰慕。这年冬天，"一二·九"运动却把我吸引到文学活动和理论书籍的阅读当中去了。我只是照例上西洋通史和中国通史的课。西洋通史是一个外国人教的，内容贫乏。讲授中国通史的是邓文如先生，他娓娓动听的叙述和鞭辟入里的分析，带着很浓厚的西南官话的腔调，使人终身难忘。我读了大量俄国和苏联的作品。理论书籍对我影响最深的是《家庭、私有制和国家的起源》。这本书是一位社会学系的同学发起组织阅读的，它像一阵清风把我从朦胧的睡梦中吹醒。我第一次看到的新世界是陈祯老师讲授的二千年的欧洲，第二次看到的新世界就是恩格斯笔下从野蛮到文明的历程。

1937 年 1 月，我和几位同学随一个南方来的慰劳团过了大青山，去百灵庙慰劳战士。塞外苦寒，走在冰封的哈尔红河上，似乎生活在辽远的史书所记载的年代。从百灵庙回归绥（今呼和浩特），车行大青山中，蜿蜒迂回。大青山北的草原上，野马奔驰，和汽车竞速。一抹斜阳映着坐在岩石之上的牧人和傍着斜坡悠然上下的羊群。塞北风光，虽一掠而过，可叫人迷恋。

抗日战争爆发了，我逃出北平，从秦皇岛南归，过上海，滞留南京、武汉几个月。冬天，从潼关渡河，由风陵渡至临汾。临汾这时已是山西的政治、军事中心。在山西从军，过了许多山，过了许多水。在吕梁、姑射山中，转来转去，两渡黄河，不禁叹息："黄河之水真是从天而降！"

1938 年夏初到延安，可说是第一次从军的结束。从延安南下，关中平原，壮阔无边，到咸阳正是旧历四月，大麦正黄。西安城像一座庄严沉静的古堡。城内钟楼、鼓楼，南北相望，其间是一条笔直开阔的大街，略如北京的东、西长安街，气派真像是古代帝王之都。

同年秋天，我由江西经湖南，穿过贵州，到了昆明。进入西南联合大学，重新攻读历史。这所大学，有我许多在北平认识的朋友，他们或是"一二·九"运动中的健将，或为当日青年学生的领袖。学校里充满了民主自由的空气，学术上也真正是百家争鸣。不同的学术观点，可以在讲坛上公开争论。同学之间，政治主张不同，文艺见解不同，在壁报中也展开辩论。我在联大的第一学期，便和王永兴、李宗沄、徐高阮、丁则良等出过一张叫"大学论坛"的壁报，论政、论学、论文，为另一些同学不满，在壁报中进行笔战。我们都是读历史的，后来都成了中国历史的某一方面的专家。徐高阮解放前夕去了台湾。他以陈寅恪先生"合本子注"之说，整理了《洛阳伽蓝记》。后作《山涛论》，以为山涛、羊祜在政治上实相一致，洞察魏晋之际统治者内部朋党之争，发千古未发之蕴。现已下世 20 余年。丁则良先治宋史，后转攻近代，在同辈中是通古今中外的一个，1957 年含冤自沉于北京大学未名湖，将近 30 年了。

我在联大第一学期，选修了张荫麟先生的宋史。张先生上第一堂课开了个书单，下课后我便去商务印书馆把《宋史纪事本末》和《宋人轶事汇编》买了回来。有个把月，不上课的时候，便在以被单做帷幔的书室里读书。同屋的人笑我，说："他下帷读书了。"宋史这门课因张先生去重庆停开。从此，那两部书也就束之高阁。我无论如何也不会想到 32 年之后又会和宋史朝夕打交道。1971 年从五七干校回来，参加《宋史》点校的工作；1977 年开始，主持《续资治通鉴长编》的点校；1980 年开始，主编《中国历史大辞典》的宋史卷。

1940 年夏，我毕业了。秋初应友人之约，经重庆、成都，过剑门，由汉中至宝鸡，再到西安。在西安病倒了，10 月初才到达洛阳。洛阳是九朝旧都，这时，是抗日战争的一个军事中心。我工作的地方就是中原地区最高的军事指挥机关。这算是我第二次从军了。但工作十分清闲，天天与我为伴的是从省政府图书室借来的一部四部备要本的《通鉴》。时事与历史，都使我感慨万端。这年岁尽，我写了四首七律，第一首一开始便说："肃肃霜飞岁又残，感时难得此心安。"冬天苦旱，没有下过雪，我忧虑的是："经冬日暖天无雪,来岁年荒鼠且饥。民困应知征调久,边烽频报捷书迟。”

1941 年初夏,洛阳最高军事机关的大墙外,停满了牛车,一辆接一辆,望不到尽头。夜深清脆铃声,常搅人清梦。机关内部纷纷传说要撤退,中条山溃军有的已渡河而南。后来我追叙这件事,在一篇寄弟渝州的七古中,说:“中条大军三十万,一夕曾无片甲回。将军不死战士死,黄河呜咽东流哀。洛中车马今犹昔,侯门歌舞夜仍开。”

1943 年夏重到西南,开始教书。在大学教西洋通史,在中学教国文。西洋通史是引起我学历史的兴趣的。在大学读书时,我选修过希腊罗马史、欧洲中古史、19 世纪史和现代史。我读过的这方面的近代著作,都很有文采。费希尔的《欧洲史》,一千多页一厚册,还保存至今。从 43 年开始,讲欧洲历史一直讲到五一年。因为外文不好,在大学学的法语几年不用,连阅读的能力也没有了。当重新回到高等学校时,就完全放弃了外国历史的教学工作。

在中学教国文是非常开心的。从小就欢喜中国诗,十几岁在一位堂房叔祖指导下读《剑南》,陆放翁很多七言律诗都背得出来。在北平学习时,对陶潜、杜甫发生兴趣。42 年在安徽太湖,穷山无书,偶得《十八家诗钞》,便爱上了黄山谷。教国文讲《九歌》,屈原对我的吸引更超过以前接触过的那些诗人。闻一多先生是 44 年才熟的,我向他借阅《楚辞校补》的手稿,和他论诗。从屈原、阮籍说到李白,我以为他们都是不满现实、有所追求的人物。从思想境界说到艺术意境,说得很兴奋。闻先生是诗人,又是学者,听我说时,目光像冬天的太阳。我说完了,他说:“So far, so good.”他还要我读《说文》:“不论治史,或是研究古代文学,都要一字一字地认真读一遍。”

但我对中国诗的研究一开始便夭折了。为了衣食,我教很多课,尤其是抗日战争胜利到了上海之后。

来上海后,教学工作压得我透不过气来。最多的时候,我每周上课三十节,在三所大学、两所中学任教。剩下来的时间,还要在几个刊物上发议论,当然,这些议论引证的都是历史,外国的比中国的多。有一篇驳何永佶教授的长文——《论所谓中国式的代议制度》,是在一个晚上写成的,天黑动笔,直写到天明,有一万字,署名流金。流金是我从 1936 年开始就用的笔名,散文《一年集》,就是收集 1937 至 1938 一年内发表的文章。解放之后,才不用了。

解放后,在中学当了五年校长,业余读《说文解字》和理论书籍。《资本论》读了第一卷,深感古典政治经济学知识不足,打算回头读李嘉图和亚当·斯密的著作。1954 年重回高校,讲中国通史和魏晋南北朝隋唐史。曾想写一本三四十万字的简明通史,1956 年还和湖北人民出版社订了约。1957 年被错划为右派,退回了预付的稿费,心想再也不会做这种工作了。

狂风暴雨过去之后,在待罪中,为历史系收藏的金石写了十几万字的跋语。对历史的研究,往往忘记了现实的创痛。1959 年恢复教学工作,为学生讲历代文选,因此又对古典文学做了一些研究。但用力最多的还是在汉末开始出现的坞壁、北魏实行均田的地区与对象、拓跋部汉化的过程,以及西魏北周时士兵地位重新恢复,被称为兵农合一的府兵制,即陈寅恪先生所说的鲜卑兵制。1962、1963 两年,为学生讲授魏晋南北朝史,大部分内容是五四年开始,以后逐渐深入,做出了结论的研究所得。

十年动乱之前,因为讲历史文选,对我国古代史学史也做了一些探索,重点地重读了《史记》、《资治通鉴》、《史通》、《通志》总序和《文史通义》。在讲授此课时,学生认为有些新意的东西,就是这种探索的点滴成果。去年为古文献专业讲古代学术概论,其史学部分,就较为系统地把点滴所得贯穿在一起了。

近 30 年来,我国历史研究中不少问题,都是由于片面地理解马克思主义造成的。我在研究工作中,不知有过多少次，想谈谈自己的看法，但话才到嘴边又咽了回去。到处碰到的是以势压人的现象。以势压人，有各种各样的表现形式。1956年讨论百家争鸣，我发表了一点意见，以为大学里权威太多，校长、系主任是权威，党委书记、总支书记是权威，以致教研室主任等等，都是权威，而真正的专家、各门学科的教授只能在这些权威下面喘息。不到一年，百家争鸣不提了，我成了阶下囚。

1962年的春天是难忘的。吴晗同志主编一套中国历代史话，从原始社会开始，直到清代，共13册。史话将由北京出版社出版，周游是这个出版社的社长。他们都想到了我，周游给我写信，问我要不要写一本。这时，我已卖完了妻子的母亲遗物，开始卖书了。能够写一本书，拿一笔稿费，是求之不得的。

写一部通俗易懂的中国历史，是30年代初期张荫麟先生的愿望。他写了十几篇，从上古写到汉武帝，后来结集成书，叫《中国史纲》。张先生的文笔是很好的，议论也使人心喜。我二十几岁时也有过这样的设想，发过议论，主张语必己出，要是实录，又有文采。1956年也几乎成为事实。我给周游写信，表示愿意写；不久，又和吴晗通信，承担了《南北朝史话》的写作。吴晗告诉我，他自己写明，邓拓写清，两晋由何兹全，金由冯家升，春秋由陈懋恒，秦由翦伯赞，南北朝剩下来了，就给了我。

大约不到一年，史话写完了。南朝部分先完成，寄往北京，吴晗阅读了全文，给我写信，要我就那样写下去，快点写完它，并说已决定把南朝部分先印，分给其他各册作者参考。出版社后来还约请了在北京的史学家讨论过这一部分，把许多同志肯定这一写法的意见抄了给我寄来。1963年全书完成，13万字，注文比正文少不了多少。吴晗不赞成加注，说是通俗读物，不必说明句句都有来历。注作成未全寄，已寄的被退回。这未全寄和被退回的东西，十年动乱中全成了灰烬。

我看这本书的清样大约是在六四年春夏之交，估计年底可以出版。不久，《李秀成是个叛徒》的小文章为全国所注目。我那本史话当然不久也就被"工农群众"和"青年学生"判为不通俗、存在许多问题而不出版了。出版社的同志煞费苦心地按这个调子给我写了一封信。收到信，我有些黯然，也预感将有一场风暴要来了。

学校已经充满了火药味。我依旧上课，同事们见面，不交一言，非常严肃。时代精神的讨论，使人瞠目结舌，只有农民阶级和无产阶级才是时代精神的代表！我内心十分痛苦，十分清醒地以为马克思主义是在被玷辱、被宰割。但我这个"满身是资产阶级泥污"的人，只好独坐斗室，叹息"中年儿女犹为累，四卷雄文学去私"了。

此后七年，什么事也不能做，什么书也不能读。在学校附近的生产队，拉了两年粪车，目中无人地走在从这个生产队通往学校的大路上，晚上被关在历史系的小屋里读宝书，九点半才放回家。难得有不劳动不学习的日子，就从一半已经作了衣柜的书橱中取出《通鉴》，像看小说一样的看下去，真正感到是在过着史无前例的日子。

意外地盼到了四凶翦灭，更意外地在1977年秋天到了北京。离开北京已经21年了，天依旧是那样的蓝。我是得到北京出版社的通知，说《南北朝史话》准备印，要我去北京最后一次修改的。

出版社把一位专家对史话的审查意见交给我。厚厚数十页，工作做得非常认真，我仔仔细细地读了。真没有想到我错误会那么多！仿佛又是在读大字报，接受批判，心潮如海，站立不安。但这几年我的脑子清醒了。《史话》说刘宋大将到彦之年轻时挑过粪，就是美化地主阶级，这是绝对不能使人心服的。斛律光被杀，北周为之大赦，被指为没有根据，当然也会因出自专家之口而使人信服（这是明明白白见之于《通鉴》的）。

审查人结论性的意见是：作者南北朝史熟，文笔好，但观点不对，发表了更易传播毒素。谢天谢地，出版社并不同意审查人的意见。改完全书，我正式向他们表示，我一个字也没有按照审查人的意见改，除了“走向文明”这一节中被指出的一处知识性的错误。

“托身人上，忽下如草”，讲的是梁武帝萧衍。初稿是写过八遍才定下来的。这回又重写了。对这个人物的评论，从来就有分歧。我是同意范文澜先生的意见的。我自己没有什么新东西。在写这本书的时候，有一些问题，曾和吴晗同志通信讨论过，大的如民族融合，小的如斛律光父子的评价。吴晗总是明确地表示自己的意见的。

1979 年 3 月，我改正之后，写了一首诗：“廿年遭弃置，投老喜逢春。海国梅争艳，江城梦尚温。文章思杜牧，议论惜王存。老妻相对语，哀乐总难论。”感慨是很深的。在上海很多老友，许杰、徐中玉、刘哲民、陆诒都得到改正，真像是寒梅给人间带来了春色。我又想到 1938 年初夏和周游等同由延安至武汉、决心去抗日前线采访新闻的往事，仿佛还是昨夜的星辰。在昆明的好友，丁则良和王逊，却往而不返（王逊五七年后也郁郁而死），看不到人间的春色。

1979 年以后，我的工作，一是教书，二是编书。这年秋天，为新入学的中文、历史两系学生讲中国通史，每周四课时，讲一学年。原始社会的材料，几乎全部是新的。暑假中，除去青岛休息来回十天外，全部时间都用在阅读这些材料。但讲课却不过一周。我还为华东师大古籍整理专业的研究生讲了魏晋南北朝史的专题：民族问题、流民问题和这一时期的土地制度。1980 年开始，招了一名魏晋南北朝史的研究生，1982 年又招了两名。宋史研究生招得多些，迄今已有八人。不论是哪一门，第一年都读《通鉴》，遇重要问题找史源，这样，熟悉一些书，懂得一点校勘和考证，更可以具体认证这部巨著作者的求实精神和以史为鉴的思想。魏晋南北朝史研究生，第二年读十二史，从《三国志》到隋志，要找问题，越多越好。宋史研究生第二年则通看标点本《宋史》全书，纠正十五卷纪、志、传中校读之误。

1980 年开始主编《中国历史大辞典 · 宋史卷》，耗费了不少精力。仅确定辞目，就差不多花了 10 个月。人物辞目，从《宋史》、《宋史翼》、《宋诗纪事》、《宋人轶事汇编》中，选来选去，增增减减，稿凡四易才定下来。我主张这本词典要收旧史中全部成词的东西，礼、乐、舆服、仪卫全不能有所遗漏。因限于条件，当时只能照现在这个样子进行工作。现在，《中国历史大辞典 · 宋史卷》已经出版了，旧史中的食货、职官，卷中收得不少。这都是过去所说的专门之学，读者乍见往往不得其解。

对于历史人物的研究兴趣，我很早就有了。30 年代末，沈从文先生说要为孙中山作传，就心向往之。他的《自传》和《记丁玲》，曾使我读之不忍释手。为曹操、武则天翻案的时候，我很兴奋，虽然没有发言的机会，却对同在患难中的朋友窃窃私议。30 多年来，历史研究中的问题很多，历史人物研究中的问题也很多。从 1981 年起，我就公开发表这方面的意见。曾对历史系去中学实习的学生说，中学历史教科书有许多问题，不讲人物是一个。人物要讲。讲历史要讲得有血有肉，有声有色，没有人物的活动，就真是剩下几条筋，干巴巴的了。后来又在几所大学，以谈谈历史人物的研究为专题，讲了几次。

1982 年病中，不能做事。天天抄录已经阅读过的有关范仲淹的材料，依年代顺序，誊满了两本笔记本。还在幼年，读《岳阳楼记》，已经为“先天下之忧而忧，后天下之乐而乐”的胸怀所感动。1971 年点校《宋史》，宋事知道得多了，对范仲淹这个人也了解得多，也更有感情了。1979 年便决定为他写传。1982 年暑假写了五万字，后来时作时辍，直到去年才成初稿。已开始修改，希望夏天能脱稿付印。

研究宋史，比研究宋以前任何一史的材料多，这是非常有利的。但我们在这方面的研究近几年才迈开大步。我认为要分门别类研究宋史。先集众力搜集材料，搜集材料要全、要多、要繁富。在这个基础上，一个专题，一个史，进行编写，如写政治、写军事、写经济、写学术。政治中又可以分很多专题，君臣可以作一个专题，君民又可以作一个专题。写专题时，写史时，要求真，要求精，要求简净。这两件工作做好了，才能对有宋一代的历史有个通解，才能做出具有规律性的结论来。我正在筹划做这样的工作，我希望还能工作二十年。

在史学方面，我以为历史经验的研究值得十分重视。对过去几千年的历史，要重新改写。

（1986 年 2 月 4 日）

（摘自《世纪学人自述——程应镠自述》，北京十月文艺出版社 2000 年版）

忆应镠

李宗蕖

一

第一次见到他是在半个世纪之前了。在贵阳医学院教师们租的充当宿舍的一间北屋里，屋子很大，光线不太好，东西两间分住着几位男女教师。中间那间厅，除了饭桌，还放着两张书桌。我的一个哥哥住在这里。

大概是到那里的第三天，哥哥的一个同学来了。他要去昆明复学，问哥哥是否愿意去，说如有这个打算，他可以为哥哥办复学手续。除此之外，他们还谈了各自离开学校一年来的经历。他的经历很有趣，去过山西、参加过八路军、到过延安，还是个年轻的作家，发表过一些散文、小说。口音很重，那时我还分辨不出是哪一省的，后来才知道是江西口音(以后这一直是我和孩子们调侃他的话题)。他高大、潇洒，又有那么多有趣的经历，应该会引起我的注意。可我那时完全沉浸在自己的世界里，只偶尔听到他讲的一些片段。

好几年以后，我问过他，那天傍晚，可曾注意过我。他说，屋子很大，灯光射不很远。屋角那里好像有一个女人，穿着浅蓝的长衫，没有开过口。可笑的是，他说时还带有歉意。我告诉他，那个灯光照得到，有着有趣经历的人，也没有给我留下什么印象。

“二·四”轰炸之后，我离开了贵阳，投奔在昆明复了学的四哥。四哥和一些同学在校外租了民房，我去时他和应镠住在一处。和他们的往来，使我的眼界开阔得多了。比起他们来我还只是个孩子，同时又成了好为人师的大学生们的小朋友了。后来应镠单独住了一间，他那间屋子就成了我很感兴趣的地方：那里有很多书和出出进进的文学青年，还有和四哥一样学历史、好论时政的、年纪比我大一些的学生。听他们高谈阔论，虽然似懂非懂，我却被吸引住了，认识一点点扩大，理解也似乎深了一些。

应镠和哥哥都是历史系三年级的学生，但交往的圈子不太相同。应镠那时兼了昆明《中央日报》副刊《平明》的编辑，时间更多花在集稿、看稿和编辑上。作家沈从文先生时常来他的住处，从手中的蓝花布包袱中，取出一叠稿子交给应镠，并在留下自己对这些文稿的看法后就匆匆离去了。虽然来去匆匆，也不会忘记把作者向应镠一一介绍清楚，很多联大、中山大学的文学青年，就是他热心地推荐给报刊的，应镠也是当初在北京时由沈先生推荐给报刊、杂志社的。沈先生关心有志于文学创作的青年，一批一批地把他们推向读者，推向社会。四哥是“一二·九”时代的学生运动领袖。后来(大概是“一二·一二”)与一些学生运动的领导人有了不同的见解，转了系，交游也有了些改变，来联大完成学业时，和当时的风云人物们好像已经很少往来了。

我去找哥哥玩时，总要去应镠房间的书架上觅宝，有时也会鼓足了勇气向他借阅。其实，他从来没有拒绝过我,还常常向我推荐一些翻译小说。在半年中我读了不少翻译的名著,如:俄国的普希金、屠格涅夫、托尔斯泰,法国的斯汤达、纪德和英国的毛姆等作家的作品。哥哥笑我,捞到篮里就是菜,不加选择;应镠只说,看完想一想,不妨讲讲自己的看法。他们都不了解我当时饥不择食的馋劲儿。在家里,旧小说多一些,新的有一些,翻译小说只能靠学校那位年轻的图书管理员对我们几个爱读书的学生的关照,让我们在书架后面躲着、藏着、一本一本地换着看。现在,在应镠的书架前,他不但肯借书给我看,还会介绍他认为好的书,甚至还会谈些自己读书的体会。这真是令我眼界大开。但是,有一次我把屠格涅夫的《春潮》带回了学校后弄不见了,我吓得有两三个礼拜不敢去哥哥那里。应镠知道后来小学校找我,说想看尽管拿,书本来是让人看的,我才又有选择地去他那里借书了。

三年级的大学生,报纸副刊的编辑,小有名气的作家流金,和我,一个小学教师能谈上几句的,也只有世界名著,特别是俄罗斯小说。我常向他借书。他们几个,有时和哥哥一起到我工作的小学里来玩。那里一到星期天寂无一人,宽大的房屋任我们活动,满院梧桐的绿荫更是嬉戏的好去处。比起哥哥和另一个大的同学,他显得矜持,也不和我们一样爱唱爱喧笑。有时他也讲个笑话,但笑话没有讲,总先笑倒了自己。不知为什么,我总觉得他比我大得多,还有点怕他。

那年夏天,我也考上了联大,哥哥和他已是四年级的学生了。在他们租的树勋巷5号里,还住着好几个高年级同学。在我眼里,他们都很大。我只和哥哥以及哥哥的女朋友,一起唱唱歌,几乎什么话也不说,写了东西也决不敢拿给他们看。那时的我还有点迷迷糊糊的,好做梦,书也读得不好,没有把自己和流金放在一个层次上。

二

1940年暑假四哥毕业了,决定回贵阳去清华中学任教。他对教书一直很有兴趣,又加上女朋友家在那里。应镠也是这一年毕业。他这两年一直在写文章、编副刊,还在中文系当着半个助教。因为忙,连作为论文的《罗马史》的翻译也只翻了一半。临毕业,要留校任中文系助教的约定也泡了汤。这时,本来在河南郭寄侨的部队当秘书的陈其伍,因共产党员身份暴露,必须离开,赵荣声就介绍应镠去接替他。应镠临行时心情十分不好,朋友为他送行,酒后狂言。虞大姐本是心直口快的人,就说他狂妄。在情绪失控下,应镠竟指着房门说:“谁认为我狂妄,就请离开这里。”不知为什么,我这本来话不多、胆子也不大的人竟忍不住了说:“话不是我说的,但我认为很对,是太狂妄了。”我说了,但也被自己的话唬住了,转身就出了屋子回宿舍去了。

应镠在他编辑副刊时,曾不止一次刊登过我的习作。在第一篇《晚星》发表后,他还写了很长的“读后”,称赞了它,鼓励了我,约我继续为他写稿,还送了我一个笔名“留夷”。我珍视这份关心,不但后来在《阵中日报》发表《海行》时用它,连以后写的教学小品也用它发表。

这两年多的交往今天就这样结束了?

第二天他走了,我若有所失地自苦了许久。

他走后我的心情很坏,不愿和朋友们交往。不断琢磨着虞大姐的那几句话:“他远离亲朋,生活在另一个陌生群体中。”“对朋友不该说那样绝情的话。”她还说:“要用最好的信笺给他写些能使他感到安慰的信。”我却在想:“太晚了,他不会原谅我那句莽撞的话,也不会了解我当时的心情。现在,没有地址,我想向他道歉,可连信也无法投递呀!”

“就这样我犯了一个无法挽救的错误。”我在日记上写下了这一笔。

不久,他来信了。在系办公室工读的一个同学对我说:“收发处有你一封信,从洛阳寄来的。”我急着去了收发室,取了信,很久才打开。信确实是他写给我的。他没有道歉,只说深信我会原谅他那天的唐突。还是那笔修长、灵透的毛笔字,还是对生活诗情的描写,还是那种对生活若有所失的倾诉。我回了信。以后不断有信来往,但隐在笔墨后的比写在纸上的多得多。

那一段时间,我也真忙,要补上没有读懂和读完的书,课余要去打工。先是家教,后来是昆明广播电台的播音员。在一个有三千多男生,却只有不到三百名女生的大学里,女生成为所有活动被邀请的对象,舞会、旅游、聚餐等等。以前我不是这些活动的积极参与者,但去得也不少。之后事情一多,以抽不出空为借口,几乎哪儿也不去了。

应镠常有信来,我回得少些,在广播电台打工之后就回得更少了。电台的工作三班倒:下午一班,晚上一班,半夜向四乡发记录新闻又是一班。睡不够,与所有人的交往都减少了。

应镠突然停止了来信,这是怎么回事?没有信来,我才知道他在我心中的位置,但我在他心中的位置又引起了我的不安。

我努力使自己安下心来。“想这些有什么用呢?”有时遇到他的朋友,问我有没有应镠的消息,我只能说“正想问你呢!他又去了哪儿了?”不祥的感觉令我忧心忡忡。

就在三年级快结束的时候,又是那个在系办公室打工的同学跑来告诉我:“收发室有你一封挂号信。就是以前常来信的那位写的,还是那笔漂亮的毛笔字。姓名改了,姓上官,名字叫灵,怪怪的。”我知道是谁来信了。把信取回,看了那笔清癯瘦削的字,我舒了口气。他还好好活着,还惦记着我。信写得很简单,说结束了手边的事就回来。直到我们见了面,才知道我们差点儿被生死隔绝。

事情大概是这样。有一个叫赵理君的国民党特务头子,在河南权势不小,他看上了一个曾在西南联大先修班就读的女孩子,在女孩回乡路过开封时给了女孩一个公务员的职位,并安置在自己属下。此人胁迫女孩顺从他的淫欲,女孩不肯,向在洛阳结识的应镠求救。张雪中军长是江西人,是应镠的同乡;和应镠在去洛阳路上结识的蔡剑鸣师长,是应镠的朋友,他们都劝说应镠把女孩子救出来,只要应镠答应娶她,就由他们出面营救。女孩到洛阳后,正好后来任工人日报社社长的赵容声和他的妻子靳明路过洛阳,就把她带走了。应镠那时被怀疑是共产党,后来被张雪中和蔡剑鸣派人保护出境,逃到赵荣声的老家躲了很久。赵理君后来为了掩盖罪行,竟把一个中学的十几个教师活埋。幸好有一个教师死里逃生,把事情揭露出来,赵被枪决了,应镠才得以和四哥联络,并与赵容声一家离开太湖县,途经洛阳,绕道广元,回到贵阳,去清华中学教书。那个女孩后来嫁了一个空军。“文革”时她单位的造反派,曾向应镠调查她的这段历史。

三

从昆明回贵阳,一路上我想了许多。

等着我的将是什么?是仍被看成好友不漂亮的妹妹?或是一个可交往的女性知己?还是……这已是我第六次走在这条崎岖的山路上,而且和第一次一样是独自一人。想得太多,不免自嘲“谁会在乎你”,会在等着你“回家”。

到了贵阳,直接去了大哥家,那个安在校祠堂里的不大的家。“在那里等着我的是谁?”说不出是高兴还是忐忑,抑郁或是酸楚。

家里只有嫂子一人。她见了我第一句话就是:“今天有人来找过你,问你什么时候到。是四弟的同学。说下午再来。”我知道是应镠,却说“找四哥的吧!”

下午应镠来了。大嫂说:“这位就是来找过你的程先生。”

“你已经回来了!”才说完我就觉得有点窘。

“能回来真好!”他说,“我已经接了清华中学的聘,教初三和高二的语文。”

我没有说什么。大嫂就问:“宗瀛什么时候回来?”他告诉嫂子宗瀛找马车去了,我们今天就赶回花溪。

我们坐上了宗瀛叫来的马车——一个架在半人多高的两个轮子上的大木箱。车子下了窄窄的坡,上了平坦的大路。聊着、说着,三十多里路不需要多久就到了。应镠谈的主要是他这两年多的坎坷经历,有点像传奇。他讲得很有趣,我和四哥是很好的听众。停车时我们三人都沉浸在遥远北方的那段故事中。下车了,他和哥哥忙着把我的行李取下放在路旁,让我照看行李,他们去学校找车来拉。

赶车的人调转车头回城去了。我等着他们取车回来。

路旁潺潺的流水依然如故。我坐在路边的箱子上,回味着“回来”两字。这地方既熟悉又陌生,既亲切又令人惆怅。

把行李装上推车时,才发现应镠上马车时脱下的上装不见了,大概是中途掉下了车,而大家忙着聊天谁都没有注意到。这是件质地很不错的上衣,是临行前朋友送的,衣袋里还有蔡师长送的300元钱。这在当时是笔不小的财富,竟在重逢的说笑中丢失了。以后这件事就成了笑话,多次让朋友们取笑过。

暑假一结束,哥哥和应镠就送我去贵阳那个在山顶上的小学里去了。

我和应镠、四哥在踏进作为宿舍的木板房时遇见了校长任荣——一位衣着朴素、带着些江南口音的中年妇女。她和我们打了招呼,就把我们带进一间板房,并说:“条件差,暂时就住在这里吧,可能还有一位担任会计的小姐来这里和你同住。”她又和陪我来的四哥和应镠打了招呼,并请四哥向我大哥致意。她说:“目前办学最困难的是很难请到有学历、又能吃苦耐劳并有经验的教师。您的大哥把这位妹妹介绍来,我确实是非常感谢的。”我听着,脸上一阵阵发烧。我能算得上能吃苦耐劳和有经验的教师吗?四哥向她介绍了应镠,说:“这是清华中学新来的语文老师。我们三个人是同学。”接着他们打开行李,安放好书和用品,就向校长告辞,还说要带我去熟悉一下周围的环境,然后回趟家看看。任校长请四哥代她问候大哥,并再次表达了谢意,就告辞了。最后她对我说:“我很高兴你能来这里,我们一起把这个初创的学校办好。”我除了点头,什么话也说不出来。

傍晚四哥说他要回去了,应镠说他还想看看周围的环境,有时间还想去看一位住在青年会里的办报的朋友,托他就近照顾我。这位朋友是我们都熟悉的陈新桂。

我和四哥分手后,就跟应镠沿着山路走向山下。路的一边是一幢幢新建的房屋,另一边则是清浅的南明河。河从城内流来,向远处流去,顺着山势形成了多处水坝。越过石坝的水流,在落日余晖的映照下,形成一道道银色的急湍、闪亮的水帘。以前我曾带着大哥的小儿子“小三儿”来郊外写生,捕捉绕过岩石的水流灵活的姿态,也曾为他讲述过水和水仙的故事。现在我能做的只是沉默,聆听自己的心跳,任情展放自己的冥思遐想。偶然把目光从水流上收回来,就会接触到那双默默注视着我的眼睛。

四

日子像梦一样地过去,应该是无忧无虑的,但事实并不如此。短短的一年中,除了欢愉,生活中也出现了让人一辈子也无法忘记的不愉快的事。

第一件让我犯难的事是家人对我和应镠的交往有了看法。他们两人合适吗?直接向我提出这个问题的是大哥——一个我尊重且十分信赖的人。

我记得是在第二年的春天,我带了孩子们去郊游,回到学校时门卫告诉我,贵阳医学院院长打来电话,要我去一趟,说有重要事找我。

我刚带学生郊游回来,在景点遇到雨,头发都湿了,心情却极好。料想这样披头散发会让大哥好笑的。有什么事这么急,必须在他下班前去谈呢?走进他的办公室,我就感到无端的不安,好像有一种凝重的东西压在我心上;只有大哥一人在办公室,更让我觉得不平常。

坐定后,大哥说想跟我谈谈我和应镠交往的事。我先以为这是一个极好的时机,和大哥交换一下看法,把我心里想的,感情上经受的,都向这位关心我的人倾吐一下。没有想到,大哥一开口就让我感到委屈,甚至屈辱。

大哥先问了问我和应镠的交往到了什么程度,接着不容我分说,就叫我思考三个问题:

首先,他说,你应该仔细冷静地思考一下,对这个社会的认识、理解,你们都相去甚远;在一个寂寞的小城里,他会从你身上看到其实你并不具备的品质;一旦跨进繁华、喧闹的大城市,他会重新对你和对自己做出另一番评价,感情也会随之发生变化。

我从大哥的话里听出了他对我的贬低,他认为应镠不会真心爱上我这样一个幼稚单纯的女孩。

第二点是,大哥觉得应镠是一个很漂亮的人物,和我无论从才华还是外貌上都很不相称。这使我想起从小在家中受到的歧视,包括考大学,连发了榜还在怀疑,而家人的意见竟高度一致。

第三点是大哥否认了应镠所学的东西。他说他并不了解应镠所学的,但是在社会中立足、求生,需要更务实。大哥是学医的,他希望他的几个弟妹也步他的后尘,现在我居然找了个以四海为家、以漂泊为生的人做依靠,这不能不让他十二分地担忧了。

他告诫我:“我认为你必须理性地对待婚姻问题。”

也许我应该理解他的看法,更看重他对我的关心。但我的回答却让这个从年龄上来讲更像我的父亲的大哥色变。我说:“大哥,你错了。我们这代人对感情是认真的,有自己的理解和感受。我已经是二十四五岁的人了,如果还不知道自己感情的深度,也看不出他真的只有在落后的小城中才能看重我,正确地评价我,那我就应该为自己的无知、盲目而自食其果。”

事实上后来我们一直相处得很好。五十多年相濡以沫,即使在那荒谬的年代,我们相互支撑,从未背叛过对方。有一年大哥经过上海,到我那个小小的家来看望我时,恰逢应镠身陷绝境,为了躲避追捕,他不得不丢下刚会叫“爸爸”的女儿和我,逃到追逐者不易找到的地方去了。大哥一定很为我痛心。但大哥还是错的。我们从没有因为来自外面的压力——无论政治的、经济的、甚至暴力的,对我们的爱情有过丝毫的怀疑。

我和应镠风风雨雨的一生,度过了一个又一个险滩,经历了一个又一个考验。确如大哥所担心的,物质的匮乏,让我卖掉了妈妈和哥哥们给我的所有首饰。我们唯一不缺的是相互间的爱和信任。如果大哥还在,我会告诉他:"这一生因为有了应镠的爱,我是最幸福的人。"

但我和应镠对于这位如同父亲一般的大哥,始终怀着敬意。1986 年我们和宗瀛在清华中学改回校名的纪念会上,相聚于花溪时,应镠提出让宗瀛写一写大哥,因为无论作为亲人还是于民族有贡献的科学家,大哥都是值得一写的。于是宗瀛收集了很多资料,由于健康问题他嘱咐我代笔,这就是后来刊登在《贵州文史资料》上的《回忆李宗恩》。那时这个为亚热带病学做出过卓越贡献、为了在战后重建协和医学院吃尽苦头的老人,早已溘然离世,长眠于他乡异地了。

五

"西南漂泊佳人死,忍泪脱从虎口来。"这是 1946 年夏应镠在汉口等我和才一岁多一点的儿子时,写下的一首七绝的前两句。接连两位先行者——我们的老师闻一多、李公朴——倒在特务的枪口下。应镠的学生们为自己的老师担忧,想方设法弄到了一张机票,催促还沉浸在悲痛中的老师快点离开昆明,并承诺短期内"师母和孩子就可以和你在汉口会面的"。

应镠走得很仓促,没有带行李,只带了一只纸盒子,里面是几件换洗的衣服和几本实在舍不下的书。

那时,天翔中学迁入美军弃废的军营不久,我们就是在公路旁的木板房前分手的,约定在汉口等齐后一起回江西的老家,去看望年事已高的祖母,和他时刻惦记着的母亲。

他走了已经三天了。每天傍晚我抱着孩子在校门前的大路上眺望,盼望有学生送飞机票来。

这天,我又在大路边张望,眺望着空旷的大路,盼望有灯火从远处移近。

盼着了!一辆马车正沿着大路向校门驰来。车前的灯晃晃悠悠地向校门移近,车把上坐着的就是那个学生。赶车的人把鞭子举得高高地,向我们打招呼。小王来了!他许诺过我,不会让我久等的。他从车把上跳下来,急着问我:"今晚走行吗?"我告诉他:"一切都准备好了,立刻就能走。"

行李十分简单,一个装在被单缝成的布袋里的孩子的搪瓷澡盆,里面放着一叠洗干净的衣衫和几件保暖的衣服。他帮我把简单的行李提过去,放上马车,我们就出发了。

在机场外的小客栈里住了一夜,第二天天亮我带着孩子就登机了。

虽然是夏天,昆明的清晨还是很冷的。我把带着的衣服都穿在我们母子两人身上了。机舱是装货的,中间一排是捆得整整齐齐的货物,紧紧地固定在舱底。货舱两壁挂着帆布挂椅,我抱着孩子坐进那软软的挂椅时,心就安定了。

起飞前,接我们来机场的那位同学小王叮嘱我说:"现在可以安心了,高空冷就加几件衣服。到了武汉机场,程先生会来接您的。昨天,我已经给他发了电报。"

昨晚一夜无眠,飞机起飞后,还是睡不着。看着在怀中熟睡的孩子,想着即将到来的团聚,我只能默默地感谢一直到飞机起飞前、那个还在机场跑道边目送我们的学生,感谢他的精心安排。

到达武汉,飞机降落在跑道上,立刻有一群货运工人涌进来。他们都赤着膊。看到我还穿着大衣,正手忙脚乱地为孩子脱下一件又一件衣服,都笑了,我也笑了。应镠赶到舱门,看到我的狼狈相,就赶紧接过孩子,让我空出手来为自己"整装"。事先对机舱内外的温差已经有了心理准备,我走出舱门时,已经整整齐齐像个人样儿了！

在汉口的旅馆中住了五天，等候船票。旅馆到了晚上热得像火炉，每晚都抱着孩子去旅馆的“屋顶花园”乘凉，哄孩子入睡，自己却不断地为孩子的哭声惊扰得在半睡半醒中。前面路还很长，能顺利地走完这程路是最大的好事。

总算买到了船票，可以在九江换长途汽车去南昌了，“万里”的行程就要结束了！买了去南昌的车票，我们已经几乎花完了全部旅费。应镠安慰我说：“罪受完了，公共汽车的票已买好，下午就可以到南昌姐姐家了！”

下车吃饭时，看了路牌。张公渡离老家后门的埠头只有五华里不到。应镠决定不去南昌，“雇个小船，傍晚就能到家了”。但汽车后半程的票不能退，我主张到南昌住一夜，再买返程票回家。应镠说：“不行。”他一天也等不了，归心似箭啊！还安慰我说，傍晚一定到家，就去河边找船去了。

没有想到，天忽然变了，渡口的人都慌忙躲进渡头的茶棚。已谈好价钱的小船也说“这是过蛟”，河上不能走船。我们已是身无分文，孩子开始哭闹，怎么饿着肚子度过这风雨交加的夜晚呢？应镠也知道自己坚持弃车就船的办法是错的，但车子早已开走了，奈何？

在茶棚里躲雨的人问起应镠是不是本地人，说他的口音和这里的乡音很近。应镠趁机自报了家门，一下子就有了转机：“你是程家的大少爷吧！听说是从云南回来的。今晚就在茶棚停一夜，明早晴了再回土库。”听说孩子是因为饿了才哭的，就连忙安排了一桌饭，让我们吃饱，“饭钱、船钱明天到了土库再付。”饭后还把桌子拼在一起，让我们在上面睡了一晚上：“明早天好再上路。”

经过这一番忙碌，我们的心也定下来，我心里的气也消了，对一路上他顾前不顾后地花钱，也原谅了。几句乡音就把我们当贵客待，我除了感激还有什么可说的呢？说什么都不合适。

在埠头上接我们的，竟是应镠的大姐。她急于把我们即将回家的消息带给老人，两天前就从南昌回来了。

到了家，母亲把饿慌了的孩子抱过去，给他找些东西充饥。抱回来时对我笑着说：“你们把孩子饿苦了，他一下子吃了半斤多米糖。”

两个热情的亲人，把我一路上不能释然的疑虑都消解了，但我却不能不把失望留给他们。

我们在家里过了半年，安葬了应镠的父亲后，就决定去上海谋生。祖母在不可能把我和孩子都留下后说：“我知道你是留不住的人。我在这里一个人留了几十年，你娘也为了守住这个家，陪我住了三十多年，没有抱怨过一句。”我知道我们伤了两位老人的心，但两代人的选择是不同的。最终我们把小儿子留在她们身边，春节才过就去了上海。

六

去上海，住房是一个极难解决的问题。按建筑面积的大小、房子的新旧、格式、路段，要付出一大笔“顶费”。房子是“五子登科”中最大的一笔花费，没有二十两金子是“顶”不到房子的，而我们可连一星半点金子也没有。

那天晚上，我和应镠走过法租界的一条路的转角，被一面打开着的窗子吸引住了：多温馨的窗景啊！窗帘在晚风中拂动，墙上挂着一幅油画，在灯光的照射下，显得特别漂亮。什么时候我们能有这样一间屋子，抚平我们无着无落的失落感？我们快步地离开了那里。六十多年前的事了，至今想到它犹如身临其境，无法忘却。

总算在一位堂叔的帮助下，我们找到了一间后楼。要预付的三个月房租，恰好是我前三个月一次发放的工资。在物价暴涨中，后三个月的房租，靠工资来支付肯定是不够的。第二个孩子将在七月底（学期终了时）出生，我们不能不接受这样的条件。接受了，也不能“入住为安”。

应镠的工作还没着落，想去山西。山西大学的校长是他大学时的同学，但拖家带口到那么远的地方去就业，也太冒险了。真是天无绝人之路，应镠很快在上海新陆师范找到了一份工作。新陆师范开办不久，校长认为应镠可以既教历史又教语文，交谈之下，很投机，他不仅找到了工作，还分到了一套日本式的住房。我也在附近一个只有6个班级的中学里，找了一个英语教师的教职，一个星期十二小时课。这下，我们的生活可以解决了。

就在这儿生活了将近一年半，女儿也已经一岁多了，我决定带着她回大塘去接我的大孩子。虽然不是衣锦荣归，我的心情可是再好没有了。一家人可以生活在一起了。我把在上海的生活描绘得让祖母、婆婆终于答应我带走了两个孩子。

再次带着两个孩子上路时，我的心气可以说是很高很高的。

回到上海，过了没有几个月太平日子。金圆券狂跌，让最低的生活条件也成问题了。在“反饥饿、反迫害”的声浪中，学生要求老师对他们支持，老师也因自身所受的迫害，和学生们站在了一起。不久，不仅衣食成了问题，连自身安全也成了问题。

五十多年过去了，有时和自己的孩子谈起那时的反饥饿、反迫害，他们很难理解，怎么一个银元上午还能换几百、几千，下午就只能买几束青菜，跌成5万、6万元只能换一个银元了。金元券一直没有停止下跌，不久就一文不值了。我们身历其境，真不知日子该怎么过下去了。生活又没有了保障，我只得把刚接回上海的两个孩子又送回老家，在那里，他们至少还有饭吃。

等我再次从乡下回到上海时，应镠已经被师专解聘了，正在找工作。这时，小哥的岳父周先生提出要我们为他照看一下在上海的家，他和老太太要去香港避一避，我们答应了。谁想到这一决定使我们帮助了好几个同学、朋友，逃避了特务的追逐，也帮助了自己。我们是在周先生家迎接解放的，和我们一起得到这座住宅庇护的，还有七八个人呢！

七

解放前夕，上海有过一次大逮捕，喧嚣的警车日日夜夜奔驰在大街小巷。乐观的人说这是反动派的垂死挣扎；一般人宁愿紧闭房门在家里躲过这一阵，都说，还想看一看以后的好日子呢！

一天，应镠一早就去了学校，不久跑回来对我说，情况不好，他要出去躲一躲。学校门口张贴出要逮捕的人的名单，他是第一个。这显然是有意制造恐慌。但为了安全起见，他只能到大姐家三楼的放箱笼的房子里躲一躲。我收拾了几件衣物，让他去了。自己反而镇静了，坐在楼下的客厅里，等着“要上门来的人”，“要来的事，总是要来的”，我想。

直到日影西斜，喧嚣的警车声好像略稀疏了一些。我累得靠在沙发上睡着了。

电话铃响了，一阵紧似一阵。我考虑了一下，拿起了电话。

“哪一位?”我问。

“李步洲,中原电器公司的经理。你不记得了?四妹!”

“记得。四哥呀!”

我听出来了,是宗瀛,我的四哥。

知道四哥回来后,应镠在大姐家呆不住了,当晚就回来了,只是在后阳台上拴了一盘绳索,说,实在不行就攀绳索下去,后面的那条弄堂弯弯曲曲的,要逃避追逐还比较容易。其实,经过一天一夜的搜捕,形势显然松了下来,更何况是在周部长家,多少有点保护色吧!

这一段差点儿把我急坏的经历,四哥曾将它写入他主编的英文刊物《东方地平线》(香港出版)的“编辑者前言”中。

整整一个月,我们就半公开地住在那里:“他们是李小姐和她的先生,是周先生的亲戚。”房主人是这样对来“调查”的人说的。

七月二十四日中午,应镠燕京的同学张芝联派车把宗瀛、应镠和启平接走了,说有几个燕京的朋友要在他家聚一聚。

又是什么事?骤然刮起的这场风暴,让我一刻也坐不住。这时电话铃响了,一个名叫周宇的记者自报姓名之后问道:

“你四哥在家吗?”

“不在,去同学家聚会了。”

“哪一位同学?能联系上吗?”

“不知道,联系不上。”

对方停了一刻,就说:“他们走了!有办法通知宗瀛他们吗?”

“我不知道他们的去处,也没有留下电话。”

“那,转告一声,他们要走了。”

“谁?”

“他们。——好,我也要走了。”

这个电话把我吓坏了,因为四哥是改名易姓来上海的,周宇是他的同事,这么急着要找他,和外面呼叫着的警车联系在一起,不会是好事吧。怎么通知他们呢?我真像是热锅上的蚂蚁了。

电话又响了,这次打电话的还是周宇。他说:“我已经到家了,方才没有说清楚。要走的是你哥哥的boss。”

“你把我吓坏了。现在除了要说声谢谢,还要彼此祝贺一声吧!”我就向这个只知姓名、从未谋过面的人致了谢。

四哥回来时,我已经睡着在沙发上了。

第二天一清早还是我接的电话:“去看看,警备司令部上已挂起了红旗,叫他们起来去工作吧!”不知是谁的声音。从它的欢快、兴奋,我知道这是朋友打来的。我叫醒了住在这座房子里的所有的人。

他们都匆匆地走了,高兴得个个像孩子。我却被留下了。我知道我的任务完成了,“太太”的使命到此结束,我只能安于现状了。

这时门口有人声,我打开大门,才知道街面上都睡着年轻的士兵们。我急着去烧了两壶水,想慰问他们一下，却被委婉地拒绝了。还有几个掏出那时通用的华东票，向我宣传起“三大纪律，八项注意”。我提回了开水，默默地回到屋里，坐在沙发上发呆。为什么他们不能像我一样热情地对待我这个对谁都无害的人？

有好几天我都因为被闲置着而感到不安，还时刻怀念着在江西乡下的两个孩子。

八月一日是我的生日，那天应锣突然显得比平时更关心我。问他为什么，他笑我“闲得发慌了！能有什么事呢？”和几个朋友一起吃了晚饭。才回家，他就从口袋里掏出一张去杭州的汽车票，告诉我家里涨了水，两个孩子都有些不适，他相信我是愿意回去看看的。第二天清早我就去了长途汽车站，绕道杭州回江西去了。

这是一段很艰难的旅程。到了南昌，给孩子治病是当务之急。姐姐不顾天热，事情又多，天天陪我去医院，并设法打听车船的行期。我们终于踏上了归途。当火车平稳地开过已经修复了的赣江大桥时，我激动得流下了泪。小女儿又抚着我的脸颊说：“妈妈，不哭！”

到家那晚，儿女们都入睡后，应锣把这首诗默默地塞在我手里。

半年四度劳车马，迢递征途两地心。
儿女几曾系归梦，田园虽好亦沾襟。
哀余偃蹇无长策，累你沉吟入暮砧。
愁绝一楼风雨夜，前缘如海涌骎骎。

读着这页纸，我深信今后生活会一天好似一天。小女儿的身体也会一天天好起来。

生活会给我们满足，给我们希望的。天亮了！

八

解放初期，物价稳定，日子过得没有那么窘迫。我经人介绍，在一个私立中学教了两年国文。两个孩子已经接到了身边，在附近一个幼儿园上学，有一位保姆接送。路很近，也少车辆，我不用操心。应锣一解放就去了高桥中学，当上了校长。他认为这是一个有创意的工作。

为了一家四口的生活，他还在市内两个大学——光华、法政学院——教政治。每星期，我们都能聚在家里一两天，和朋友们议论生风。带孩子去街上玩，也是常有的事。日子如果就能这样过下去，我会很满足的。

但房子不是我们的，我得考虑找房子的事。在上海找一间房子，那时少不了廿两金子，房子已越居“五子”之首了，我们可连一星金子也没有。后来，周先生接受了董必武的邀请，决定从香港返回大陆。他虽没有说让我们让房子，但我们不能长期赖在老人家的家里呀！我和应锣商量了多次，决定写信给我的老师曹日昌，请他为我在北京科学院心理研究所找一个工作。曹先生同意了，说学心理的人不多，包括在校的学生，不到二百人，同意我去北京，在心理研究所儿童观察室工作。信里还附上了聘书和以后工作的待遇等。没有比这更好的事了，把两个孩子带在身边，做的工作是自己的专业。但上海教育局找应锣去谈，师专正在筹备，应锣是教育局需要的人，是内定的历史系主任人选，在教务主任没有确定前，还要兼任这一个职务。他们把我也调到高桥中学教语文。那时,不接受这个安排,是不可能的——一切服从需要,个人的得失是不容考虑的。

在一个残留着很多旧观念的社会里,夫妇在同一个单位工作,其中一个又担任着领导,肯定会有很多麻烦。虽然已有了心理准备,要来的总会来的;但后来会碰到这么多麻烦,确是我们始料未及的。

我是学生心目中的好教师,但在一些留用的老人和年轻的政工人员的心目中,我却成了享有特权的人了——一个类似管家婆的校长太太。租了女生宿舍旁边的两间小屋子,要付比其他教师高许多的房租。两间小屋只有朝南的一排落地长窗,没有一个可以调节室内光线和温度的窗子,找人来开个窗子,就要付抵赔校产的罚金;我是新来的教师,在私立中学时,月薪较高,现在定为十八级,在他们看来,还是享了特权;副校长指定我做公开教学,几位老先生听了课,就相互递条子,叹息:"无懈可击,奈何!"他们原来是来挑刺的。大多数教师,对他们这类活动是持否定态度,不予支持的。但我身临其境,却难以承受。我的无牵无挂的日子,至此结束了。

没有这些麻烦,这一段日子,应该说是过得很舒心的——学生都很喜欢我,丈夫和孩子们又都在身边。学生中,除在高桥本地居住的,大半住在宿舍里。我的那两间小屋子,与女生宿舍一墙之隔;我几乎每天,甚至一天两次,去她们宿舍转一转,了解她们的生活情况,问问她们的忧喜。空闲时在校园里走走,遇到自己班上的学生聊几句。大儿子十分淘气,被学生从流经校园的河里不知捞起过几次!事发后,孩子既惊惶又得意的神情深深地印我的记忆里,又生气又怜爱,直到今天还心有余悸。校园里,有的是浓浓的师生情谊,没有白色恐怖之下的惊恐,没有朝不保夕的焦虑,使我感到在高桥的两年里,日子过得很安宁,心情也愉快。我真觉得可以当一辈子教师了。

两年中,和我最接近的是两届高二、高三的学生。担任了这两班的语文和其中一个班级的班主任。课余还和他们一起办了壁报,每期画上几张插图。离开了二十多年后,我参加过一次校庆,还看到了几期保存完好的《文学报》和那上面我画的插图和刊头。

在高桥中学和师专教了两年多,生活在一起,工作在一起,我对应镠认识得更深了。除了浓浓的爱,又多了些年轻的人对年长者的敬佩(其实他比我大了不到四岁)。

在高桥,应镠除了上课、读书、办学外,把全部时间投入到学校的恢复和建设中。

他才去高桥时,我还留在上海,家里的开支都由我负担,他没有把工资带回来过,大部分投入了图书的购置。和他情投意合的教师们,也捐出自己工资的一部分来购置图书。短短几个月,图书从约七百本小册子增加到几万册书,还有像二十四史那样的大部头。副校长顾芳三、总务主任黎尚曙都根据各科的需要,自己掏钱购买文史、理科的参考书和读物。本属于图书项下的经费,则买了马列的文集和国内领导人的著作。

解放前,金圆券危机到来时,应镠兼课的法政学院,不是发的货币工资,而是白米和龙头细布。应镠将存下的这些东西,都按建校时的需要,拨做建校经费使用。我记得,高桥中学礼堂的天篷和幕布是以一匹龙头细布换七十五尺紫红布的比价买回的。学生课后投入建校劳动时,应镠总走在他们前面:掏泥沙,打通流经学校的小河,挖深校园内的一个池塘;把原建在它上面的一座八角亭修理得整整齐齐,用作音乐教室;在旧建筑中找到可用的石料,打磨整齐,造了跨河的小桥。

用这个旧花园改造成校园已经不易,还要派他和总务主任一起到教育局属下的工专,整顿、修建那里的校园。他好像成了流动人员,什么地方需要,他就去什么地方。上海教育局出过一本书,称他是上海当时十二个公立中学中的四位学者型的校长之一,也没有忘记把他称为一位用行动来证明自己的有办学理念的校长。就在这五年,他把自己最有活力、最富有创新的理念、精力最饱满的岁月奉献给了这个中学的建设。

五四年夏天,我们离开了高桥中学,一起调到上海师范专科学院。

九

那天正是《这究竟是为什么》那篇文章出现在报端的日子。下午,应镠来看我时,我觉得他神情有些黯然,问他出了什么事。他让我不要瞎想,再过两天可以出院了,他会来接我的。我感到不安,但没有把这事和自己的处境连起来。

才出了医院,我就去学校里。等着我的将是什么,我一点也没有预感。

走进校门,看到的是一片大字报的海洋。虽然满目是惊心的大字报和画在上面的红色的叉叉,比起后来十年动乱时要少些杀气,对被揭批的人还有"迷途知返"的提示,即使对在当时成为众矢之的的"六君子大字报",也还有"不要受蒙骗的"正告。

在"正告"工会正副主席的大字报前,我脱口而出说了一句"恍如隔世",却被抓住了。还没有走出十来米,一张大字报就贴出来了,用的还是"正告",口气不同了,说这是对我最后的挽救,要我看清形势,"与右派分子程应镠划清界限"。

第二年的 5 月,先是在民盟内部,接着是在中文系由副主任召集的一个小会上,宣布了教师中五名右派的名字,我是最后一个。接着民盟刊物上把我列为第十类处理,从轻。

第一次下乡的身份是右派分子。地点是下沙,干的是秋收。一同下去的都是"人民",只有我没有"人"的地位。秋收结束,收成实在不好。密植的结果,使稻种烂在了泥里。两天后,我们列队走出村口,回学校炼钢去了。

回到上海,进入市区的第一个印象就是店铺几乎"十室九空",特别是卖吃食的。离开家半个多月,回来最想做的事是给孩子们带些吃食,但店铺的柜台都是空荡荡的。看得到还开着门的吃食店中,除了以薯为馅的点心可凭票供应外,其他货柜都空着。走进家门,孩子们都拥了上来,问他们爸爸哪里去了,他们都说不清,只说是去了一个叫颛桥的地方,在那里学习,没有回来过。大女儿懂事些,她说:"回来过一次。"拿了几件换洗衣服,交了几块钱给她,还把一个可以用来买肉、蛋、油的本子交给了她。她还没有动用过,怕让同村的人看到,说这不是我们应该享受的待遇。

晚上,把孩子们打发上床后,就在灯下苦思冥想:"今后的日子怎么过。出路在哪里?"门一响,是他回来了,我们相对无言。打量着四个已入睡的孩子,觉得更无话可说。应镠从衣袋里掏出几颗糖,看着已经睡着的孩子们说:"我们那里的小铺里还有些糖,我买了些给孩子们解解馋的。你吃两颗吗?"

我摇了摇头。不能吃什么东西已经有几天了,说什么呢?不说更好些。

我们前面不远处就是闸北公园,应镠说那里还可以买到一些糕饼。第二天,他就带着几个孩子去了。孩子们高兴得不得了,特别是两个小的。我能做的就是忍住泪,不让自己的脸色吓着孩子们。我已经意识到,这不是苦难的终结,而是开始。

应镠告诉我,孩子们的祖母或将来上海,帮我们照顾他们,特别是那个最小的,没有人照顾很难挺过这一灾难,农村里听说已有饿死人的事了。

十

统战部筹建的社会主义学院第一期就要开学了，应镠和他一起在颛桥劳动的四十个人都要转到那里去。从58年的9月到59年的1月底，只有周末回家。但日子好过多了。我笑他们是因祸得福，衣食不愁了。有时，他还能从小卖部里带些吃的东西给孩子们。

第二年9月，他摘去了右派帽子，去了我心上的一块病，不久就调回学院上课了。也许又有人认为这样做，未免太宽大吧，就留了一个“尾巴”，指定他做中文系四位讲师的“助教”。这件事他没有告诉我，大概是怕我为他鸣不平。校方的这一措施是后来我从他的日记上看到的。

我是他调回学校后，去参加社会主义学院第二期学习的。我们这一期结业是在春节前，大约是2月中。

结业前，负责学习的人，曾向我打过招呼，让我认真写好小结，争取在大会上宣读一下，特别是要向自己的过去告别。“对你说来就是和你的丈夫从思想上划清界限。”我没有这样高的觉悟，也不愿委屈求全，就说：“应镠是我生活的核心，我始终绕着这个核心在转，在思考。”他说，他们对我这种态度很失望，认为我在改造上不努力，才会有这样的失败。我感激了他对我的帮助，说我不能讲自己还没有想清楚的话。其实，我要说的是“我绝不说假话”。以后，我就没有再参加民盟组织或其他类似的学习了。

年初才从社会主义学院回来。3月初，陈云涛书记就向我们宣读了一份名单，这些人要去佘山那边的农村里劳动，没有时间限定，要看改造得怎样。户口暂时转至农村。除了带队的，大部分人是右派。女的只有三人，其他两个是受家属牵连，已经划为右派的只有我一个。名单宣布后，我就去找陈书记，自己的病一直没有好，血还在吐，请他把我下放的日子推后些。他说：“已经决定并宣布了，不能改动。在具体分配工作时，可以考虑一下你的健康问题。”话已说得很委婉，我还能说什么呢？

我们去的是距佘山九里的乡下。缺粮的情况已经开始了。不久，我的吐血的毛病又犯了，血比以前吐得更多了。有一次，据医生的估计，当在150 cc左右。有人向上面反映了这事，最后决定让我去养猪场烧火、煮猪食。第二天，大风雨、雷暴，我坐在灶后烧火，有血就悄悄地吐在废纸里，丢进炉灶。时时刻刻提醒自己，“保持沉默”！

风暴是中午来的。教育局长姚力这天上午下乡视察，看见身披棉袄的我，坐在灶后烧火，不时把血吐在废纸里，他就问：“这是怎么回事？”有人向他汇报了。他就说：“暴雨一停，就送她回上海。”这一决定使那些要和我接触的人都放下了心，不会被我传染。我当然是最大的受益者。走了九里路，去了佘山脚下的汽车站。回到上海就进了离家最近的第八医院。主治医生只轻轻对我丈夫说：“不要让孩子到病房里去。先在医院里住下，可能会好起来的。”

在我逐渐好转时，应镠舒了一口气：“他们的判断都不对，你必须活下去，为了孩子，也为了我。”

我很清楚，是饥饿、超常的劳动和被歧视造成的心理压力，把我推向了接近死亡的边缘。

供应是那么的匮乏。我虽然还没有见过四哥的妻子，对她的性格一无所知，但相信他们会帮助我的，就让应镠给四哥写了告急的信。

不仅回信很快就来了，他们还寄来了我急需的食物和药，并告知另有一个渠道，可合法地给我寄来营养品——在南京路上的华侨商店，一次可以寄10磅左右的食品和药物。

我成了家里最享福的人。每晚应镠回家来，就为我冲牛奶，在烤得黄黄的面包上涂上黄油，看着我一口一口地咽下去。那么爱孩子的人，竟不让和孩子分享。为此，我还和他争吵过。他说："有吃的好，还是有妈妈好?"我的回答是："都有才好!"

经过不短的一段时间，苦难过去了，我们都活下来了。若不是在十年动乱中，应镠受了太大的残害，我想我们这个家至今还会是完整的。

十一

这是荒诞年月中的一件荒诞的事，它又与应镠八年前为上海师大买进的那批文物有关。

"文革"开始了，我们这些曾被整治过的人不能不为自己命运担忧。我自以为是死老鼠了(别人说是死老虎，我觉得还是谦虚些更符合我的实际)，又家徒四壁，连曾引以为自豪的四壁藏书，为了四个孩子的吃、穿、上学，早已变卖得差不多了，因此对抄"四旧"(抄家)就很少顾虑。想不到竟会在二十四日的破四旧中挨了整，送进了"牛棚"，天天在校园里劳动。

这天早晨，校门外已有设了摊在查身份的人了。我在进校门前被拦住，承认了是右派后也就放行了。十时左右正在图书馆三楼采编组中做一些革命群众已无暇顾及的分编扫尾工作时，忽然一屋子的人都涌向窗前争着看热闹——一个示威的游行队伍正经过窗下。忽然窗前的人都回过头来看我，我知道麻烦已迫在眉睫了。我瞄了一眼楼下的队伍，心就窜到了喉咙口：是历史系的队伍。被驱赶着走在最前面的是几个高大的人，其中有应镠。一顶尖顶的将军帽戴在他头上，将军的衣服则分别穿在两位系主任身上，另一位主任和书记挂着和举着分量不轻的文物。几十位教师托着、抱着冥器、陶罐、瓦当……被驱赶着的人的沉默和驱赶者的喧嚷，形成鲜明的对比。从57年起我就身受株连之苦，知道这次也躲不过了。果然，队伍经过时，经图书馆的革命群众交涉，停了下来。我被押了下去，临行还为我做了一顶两尺多高的纸帽子——也许应该感谢这一延误——队伍才到大操场已经点了火准备烧"四旧"的地点时，上面来了指令：不要烧，要留作程应镠的罪证。以后这些年中我常常想，这极有权又极聪明的人是谁呢？消解了阻力，保住了文物，可苦了我。

浩浩荡荡直奔现场，可焚烧四旧的壮举被阻遏了。积聚得接近燃烧点的狂热怎么发散呢？于是在已点燃的木柴旁演出了一场闹剧：戴着将军帽的应镠和戴着纸质高帽子的我成了戏弄的对象：并排！靠近！绕火堆走三圈；向群众鞠躬请罪！不许用手扶帽子！……帽子掉了，引起一阵哄笑……不紧随命令行动，惹来一片呵斥。在哄笑中，在斥骂声中，我看到的是应镠眼中流露着的关心和歉意。我希望他知道的是：我最看重的是他的心血保住了，是他的襟怀坦荡。回到家里，我就拿起笔来写了那张令我罪加一等的小字报：《不该把严肃的阶级斗争，搞成闹剧》。小字报未及贴出，就被当晚来抄家的小将取走了。第二天我就进了"牛棚"。当时怎么会不明白，这一切本来就是一出大闹剧中微不足道的一幕！而我们进"牛棚"只是早晚的事！

十二

来干校已经二十多个月，到了该轮换的时候了，我希望能和应镠一起回去。他在这里干满了一期——10个月，已经安排他回去参加校点宋史的工作。我是干校成立才一个月，就从佘山、茶林场一路调过来的。回校的名单公布了，应镠在里面，我不在里面。他踌躇了，看来他已经提过留下来陪我，或和我一起回去的要求，但没有得到批准。我笑着说："回去吧，我很快就能起来参加劳动的。"

"好好养养，我会尽力安排好一切的。"他临走时对我说。

直到阴历年前，我们才放假回家。乘的是客轮，一切顺遂。只是到达南码头时，已经很晚了。回到我的住处音乐新村时，已是接近午夜了。应镠正披着他那件去干校前用碎布补过的大棉袄坐在被子里看书呢。

"我回来了！"

"我知道你会回来的，等着你呢！"

洗干净了，焐在被子里，等他收拾好来睡觉时，我已经睡熟了。

第二天一醒，他就把一张纸递在我手里，那是他昨晚等我时写的一首诗，我只记得其中的几句：

"岁暮多风雪，殷勤望汝归……"

"大泽归无计，新书读几回。十年叹憔悴，从此莫仳离。"

小儿女们都没有回来过年。另一个大的儿子，连下落都不知道。在上海留了半个月。年过完了，我又要回干校去了，把他一个人留在家里。"莫仳离的日子"，当在遥远的明天了。

秋深了，干校的空气不知为什么紧张了许多。不久，场部召开了一次全体大会，宣布了林彪及其妻儿出逃，在外蒙古的温都尔汗附近坠机身亡，号召留在干校的学员，用笔墨做刀枪，对这些背叛人民的叛徒口诛笔伐。

宣布这个惊人的消息已是傍晚，晚饭后要把文章写成，交给场部，时间很紧。我已习惯于"另类"的身份，写什么呢？不像别的事，可以做些自我否定了事；不写呢，显然是会成为枪靶子的；写得不合适，还有累及家人的可能。我就硬着头皮，写下了廿个字：

凄凄温都行，惶惶铁鸟惊；
折戟坠荒沙，招魂有北邻。

这么大的事，在干校连报都看不到，我能知道它的底细吗？只能凭直觉这样写下。一觉醒来，到第二天早晨，干校的广播中播出了一些稿子，其中也有这短短的二十个字，我感到这次不会又被殃及。我把这廿个字寄给了应镠。以后他谈过它："言简意赅么！什么时候写起诗来了？"

不久，干校的生活结束了，大部分学员都回到了学校。

虽然，应镠离我们而去已有整整16年。但我们共同生活的一些场景却时常在我眼前浮现，在我心间涌动。冥冥中，我常常感到说不定哪个风清月淡的夜晚，他依然坐在藤椅上，看着书，等待晚归的我。

我看了1995年3月2日的日记上，有这样一段话，是我对自己说的：

你走了已经半年多了，深重的失落感竟一天重似一天。

寂寞啊，寂寞！

十年前的一天，你出去开会了，我一个人留在家。楼下那间屋子的采光不好，也是一阵寂寞感掠过心头。忽然听到窗上笃笃的响声，抬头看到一只白头翁正歪着头用它的喙，啄打气窗上的玻璃……我笑了，想起了以前看过的童话，还想起《屠场》中那个鞠着躬请“风先生”进来的小女孩。

昨天，又有一只小鸟在啄那块玻璃，我哭了。这是我在你去后第一次落泪。

……

这是15年前的一段日记。这几天在写上述回忆的文字时，我又感到了向上漂浮的力量。孩子们鼓励我走出去，写着写着，我真的有要浮出水面的意愿了。

可是，我老了，许多事情记不清了，总会把时间搞错，弄得孩子们经常会笑我糊涂。啊！给我些力量吧！

秋　之　歌

一

我正在凝神深思，
从窗外飞来一片落叶，
心海本是平静的。
蓦然地又漾着微澜了。

二

卧看白云飞过晴空，
小山上又嗡嗡地哓钟几下了。
不知是谁家的庭院？
有几片黄叶在那儿停下了呢。
小妹妹立在篱门外，
数着排成人字的鸿雁从远处飞来。
一会儿又跑进厨房里，
嚷道:“妈妈,有好多雁飞过我们的墙哩!”

三

遥闻两三声犬吠，
知道夜已深了。
幽沉的庭院，
有无涯的悉索的响声。

四

烟斗上了深釉，
记得去年此时曾经涤洗。

待我忽然热到，
秋风又吹过桥西了。

五

记得去年秋老，
洞庭湖上的碧波，
曾经照过我们的影子。
如今，雁来迟迟，
黄花已不堪看了。

六

树上系着秋声，
天边斜挂残月；
从窗内望着窗外，
怀念着故乡的豆花。

七

虽然听得出曲中的哀怨，
但当秋风起时，
已经晚了。
看布帆掠过青山两岸，
有人系心，
江水的帆影。

八

到底是有几分诗人的气质。
要不，为什么会在清冷的午夜，
独上南楼，
看月明星飞呢。

九

弟弟来信说：

“重九登高，有无限的茱萸之惑。”
岁已九易了，
记得五老峰上，
听秋日的踏歌声。

十

“空服九华。”
我无诗人的闲逸。
酒也是多余的，
深愁只有诉诸清曲。

十一

边塞上已胡马鸣嘶，
沙漠中远送来秋笳。
古明妃的梦，
不尽的画图。

（原刊《燕大周刊》1936年第7卷第12、13期，署名“徐芳”）

八月的青天

——为了纪念一个快乐的日子

在昨天，
我离开家园的青天，
忆起不断炮火的硝烟。

看着身上的汗渍，
为人们嘘出一声喟叹。

八月场上有浮云片片，
今天是变成了沉重的阴天。

太阳啊，
放出你底光亮吧！
露出来八月的青天。

（原刊 1946 年 8 月 16 日天津《益世报·语林副刊》，署名“流金”）

秋　收

二狗子那一伙,每个人都挑了一百多斤的柴,有说有笑,从老鸦庄下走来。炊烟弥漫了四处的村落。小孩子围着稻稿堆捉迷藏。窜来窜去像耗子。斜阳仅留一线在树梢。天空净无云翳,翠蓝的山峰在黄色的日影下显得更美丽更恬静了。

二狗子的父亲,死了好几年,家里只剩一个五十多岁的娘。他现在已到该成家的年龄,身子结结实实,从来没有听见他有过哪里不好。一年中,农忙的时候在田里替人家做短工。剩下来的日子,就打渔,砍柴。为人老成谦和,凤凰村里的人都喜欢他。老年人还替他为老婆操心,都说二狗子应该有个老婆。但二狗子听见了,总有点"烧盘"。年青的小伙子,谁不想老婆呢。二狗子哪能例外?虽然人家都说他老实,但他对女人也够调皮的。当他打渔或砍柴回来,总会捡几条好鱼或带一两朵好看的山花送到春姑家里去。把春姑引到无人的地方,亲她的嘴,摸她的奶……春姑是他姨娘的大女儿,年纪才十八岁。住得离凤凰村不远,只有三里多路。春姑在家里帮娘做饭,洗衣服带老弟妹子。漆黑的头发,高矮合度的身材,不圆不尖的面庞,深沉的大眼,柳叶似的眉毛,睫毛长长的,深幽,有使人沉醉的韵味,阔的口,鲜红的嘴唇。扭扭捏捏,怕见生人。但她却欢喜偷偷地眨年青的小伙子一两眼。只要看那动人的背景,就知道她发育得可以迷倒许多男人了。春姑长到山里去,同一群姊妹们。四月的时候,上山攀竹笋,八月的时候,上山夹毛栗。打打骂骂,说××同××亲嘴,××和××睡觉,怪有趣的。那里面也有结过婚的少妇:谈起自已和丈夫同床的事,老会弄得一群女孩心跳,脸红。初秋和中秋,是她们顶快乐的季节,捏一下乳,摸一下脸……笑声在山谷里荡漾。她们从没有想到日子是怎样过去的。

二狗子挑了一担不很轻的柴,因为年少气狂,倒不显得吃力。夹在许多人中间(这一行人大概有十几个),口里唱着山歌,很安详的在山脚下走。身上脱得只剩一件褂子和一条单裤了。

"二狗子!春姑在等你呢!快些走吧!不然你又得替她×××了。"一个年轻的小伙子嚷着。

二狗子不做声,心里正在想昨天夜晚和春姑的事。但听过这一提,春姑的影子更鲜明的浮在面前了。春姑长,春姑短,另一些人所说的,都在他脑子里转动。

太阳爬过了山头。寒鸦在暮色里,吱吱喳喳的乱飞,是残冬日暮的景象了。

二狗子把柴放在门槛外。娘替他收好了扁担,把做好的饭菜摆上桌,母子对面坐下。头发半白的娘,吃吃望望她的独生子,苍白的面上,浮现着丝丝的笑容。二狗子匆忙地吃完饭,门外已黄昏了。稻场上许多打毽子的孩子,乱跑乱叫,把这冷寂的农村,点缀得热热闹闹。

腊月初十一过,穷乡僻壤充满了过年的气象。稍为过得好点的人家,都忙着杀年猪,辗糖……。没有钱的,也买一点肉,腌好了挂在墙上或竹杠上晒。二狗子把过年的东西弄个齐备,仍然上山砍了几百斤的柴,预备明年春天烧用。平常他所砍的柴,都挑到镇上去卖,在迫近年关的几日,却不上市集了。

二狗子的娘,忙着过年,把屋子弄得妥妥贴贴。她想过了年要有一个媳妇,免得二狗子冷静。孩子大了,娘总有些不方便的地方。她心里幻想着二狗子生一个米头样的孩子,自已亲身带,像以前带二狗子一样。媳妇则替她做现在她自己所做的工作，顺从她，待二狗子也好。的确这样的事，在二狗子那种勤谨的人不算难。只要年成好，多做点工，打几网鱼，砍几担柴。娘又省俭，会替他打算。五十块礼金钱，十块钱肉和面，五块钱布，三十块钱酒席钱，二十几块零花，人就可以进门，就有一个温暖的家了。

在二狗子心目中，春姑就是同他组织这个家的人。姨娘是顶好说话的。外甥女做媳妇，在娘也没有什么不高兴。二狗子想想也笑了。

他们很愉快的过了年。

正月乡下的鞭炮声，接连响了十五天。迎神，赛会，团谱……。年青人都发了狂。女人打扮得花花绿绿，大红洋布棉袄，深绿充毛葛棉裤：薄施胭粉的面上，带着桃花似的红晕，是自然的美。

春姑带妹子来拜姨娘的年。二狗子从热闹里赶回。邻舍都说他们是天生的一对。二狗子羞红了脸，春姑也觉赧然。过后他带春姑和小妹妹去看热闹场，人家笑他们两口子。小孩子羞他，"二狗子，二狗子！不要脸，不要脸"。小小的手指在冻得通红的面上乱抓，那样子，令人笑得合不上嘴唇。二狗子不好意思久留在那儿，悄悄地又带春姑姊妹走了。

江南的春三月。

山色碧如油，葱郁的树，扑鼻的花香；鸟儿叫着，叫出人间最美的诗，最美的音乐；稻秧绿得可爱，使人想不到适当形容的字。春在人间，春在年青人的心里。

涧水从山里面流出，沿着山底空旷的隙地流向无尽远处。鸭子在水面上游戏。幽闲而安谧。女人蹲在涧水旁边洗衣服，捣声打在插秧的年青农子的心坎，使他们耐不住春的诱惑，立刻会想到同女人撒野的事上面去。骑在牛背上的牧童，唱着春的歌，有韵，有节拍。牵着黄犊走过田塍的老人，口中也念念有词，人虽老迈，春在他心上不会老，假如有人引动他的兴致，也许他会对你说一大篇可歌可泣年青时荒唐的故事。黄昏时，新月初上，春寒透过薄衫。女人坐在门槛外，乱杂无章的谈：东家的鸡被×××偷去，西家的猪发了瘟，老王在镇上买了一头牛，老张在河里打到一条大鲤鱼……健谈的老婆子，把往日的悲欢离合，说得淋漓尽致，感动了许多年轻女人的心。

"卖豆腐脑子啊！哨——哨——哨。"

孩子们听见了，一定要他的爸或妈给他一两枚满足一顿食欲。淳朴的农村，一年三百六十天，就在这样无灾无难的情况下奔跑。

南风吹过了五岭山脉，带来了海洋的潮湿。四月的天气，是最闷阒的。接连下了十几天雨，河水慢慢地高涨起来，农民都着慌了。大家哭丧着脸，坐在家里，望着阴沉的天，心里头混合了祈求与忧虑。夜间睡在床上，淅沥的雨声，打在他们心上，像针刺一般。天没亮就爬起来，徘徊在低湿的茅檐下照例有许多年老的农夫。无情的雨丝，飘在他们面上，使他们的希望暗淡下去。清晨的草场上，总会有好些人站在那里。他们借着往日的经验，来测定天气的晴阴。有些时候，黑色的云由天边泄去，东南方的山头渐渐清晰，他们的心里，也曾轻松过，但不久又重返于困迫愁苦的境地。看气候本来是该晴的天，但总不要晴过。路上是泥泞的，池水也泛溢了。村子里的沟水一下子无处排泄，男女老幼都赤着脚来往于村路上。

雨不止，河水继续增高。围堤挡不住急湍的水流，一天一天坍下去了。

"救埠啦！救埠啦！嘣！嘣！嘣。"

干涩的哀号，在雨声里送到人们的耳朵。整个的凤凰村，都在惶恐与混乱当中。

陈家祠堂面前，挤满了许多雨淋淋的农夫，他们都是来那儿领火把和干粮的。管事的石先生，坐在长条凳上，口里衔着哈德门香烟，很安静的分配着救埠的工人的干粮和守夜的火把。门口嚷得很厉害。石先生愁眉苦恼的样子站在桌子边，高声喝止那班雨淋淋的农人的喧闹。那些嚷着的人，是在争着多领一点火把和干粮的。

“官家只有这点东西发下来，叫我有什么办法可想。”厉声地石先生说着，胡子也挠起来了，口沫溅在那些饥饿阴沉的面上。

“这回石胡子又捞到一下了，只有我们该死。”一个年轻的汉子同他身边站着的人说。一方面是严肃艰困地和命运挣扎，另一方面却是榨取与无耻。那些良善的服从的农人遏住了愤怒退出祠堂了。在如烟如雾的雨中，仍然继续着他们艰巨的工作，他们是在和水拼命。

堤上管事的石先生带着家眷上城里去了。堤面到水面差不到一寸。挨住饥饿在和命运挣扎的农民，他们也知道无希望了。眼看见一片黄色的垂了头的稻子将被水冲去，他们的眼泪也和雨一样掉落在堤上了。

一个夜里围堤崩了两三丈，河水涌进了稻田。水流的声音把凤凰村里的人惊醒。桃花嚷着她的丈夫还在堤上；木莲嚷着她的爸爸要被水冲走……哭声遍了整个的凤凰村。早搭好了的水棚也不够高，辛酉年的水迹，也快要浸到了。

白茫茫的一片，望不见边缘，水面上只见鸟飞。冲散了的屋椽，顺水漂流着。几十里没有人烟，水把人们都带去了。

二狗子没有短工做，伴着母亲逃到山里的一个亲戚家里去了。春姑他们也寄住在一位远房族姊的山庄上。

盛夏的骄阳把水晒得沸热。船夫把船泊在柳荫下。小孩子在船上哭，受不住那日中的毒热。女人解开大褂，露出肥大的奶，把奶头放在孩子口中，哄他安静。男人慢慢地撒着渔网。水鸟上下浮沉，伴着在水国上生活的人群。水劫后的人家，打渔也是生活的一种办法。

中秋一过，凤凰村的水退去，不过年轻人都流亡殆尽，满目的荒凉，令人不胜感慨。

二狗子伴着母亲归来，继续打渔砍柴，挑到五里远的镇子上去卖。一天赚不到三毛钱，镇上也比以前穷了。春姑的爸，坐在家里没有办法，搭上了水船到南昌去挑飞机场。听说一天五毛钱，两顿饭，比作田好得多。但是希望是个泡，五毛钱打个折扣只有三毛五。做了十多天工，还没有一个钱带回家。家里靠春姑夹毛栗，春姑的弟弟捡点柴，春姑的妈到山里替人家砻谷度日。饥饿夺取了人们所有一切的幸福，春姑的丰腴的脸也消损了。

秋夜的月，挂在一碧无际的天空。斑驳的树影，倒在水面上。月影荡漾在水底。二狗子一次一次把网抛下水去。春姑的影子从水底的月影里溜进他的神经系。他想着春姑的眼，春姑的嘴唇，春姑的背影…… 想到那不可思议的地方，他的肌肉自然的颤动了一下。他忘记了饥饿在后面。

二狗子一有空，就跑到春姑家里去，和春姑厮混，帮她劈柴，带妹子。春姑的娘怪可怜，每次从外面回来，总累得透大气，额上的青筋凸起来，眼皮被一片紫红罩着，显得是睡眠不足，疲劳过度的形气。春姑头上扎着一块青花巾子把上额和耳朵都遮住，水汪汪的大眼，柔媚而又温存。

二月里，二狗子的娘和春姑的爸谈过二狗子的婚事。大家都赞成收割了以后把春姑娶过去。因为年成不好，弄不到一笔大款子，人不能进门。凄清之夜，昏灯落月，一个人睡着，二狗子不得交眼。他埋怨天不给他一个好年成，使他们等闲地度过这美妙的青春。

眨眼又是暮秋。满山红叶，西风减去了万类的生机。广场上一点什么都没有。只有两三的行人，点缀着这村景使人不会怀疑这不是人间。寂寞的村路上，另外还有几个穿黑制服的县警，跟随着一位催粮的先生，慢慢地走进村庄了。一年一度完粮的时间是在每年的秋晚，阴历九月的尽头。现在已经是那时候了。县里派下来的图差，到凤凰村已有多日，住在陈家祠堂里。

四乡起了骚动，他们完不出粮，许多人都为这事烦恼着。牲口被大水冲去，稻粱被大水冲去，儿女无处卖，屋宇无钱修，饿着肚皮在西风里挣扎一线的生命的时候，哪里还完得起粮呢？

"饭都没有吃，还有钱完粮？你榨我们的血也榨不出来呀！"那水劫后剩下来的饿着肚皮的一群异口同声的说着。

"那不行。这不是我个人的事，省里催县里，县里催我，我催你们。你们也要想想我的难处。"图差摆着一副深沉的面孔，小小的眼睛里放出狡猾的光辉。

"你有你的难处！我们也有我们的难处呀！难道不吃饭来完粮吗？"那些火气比较重点的年青人嚷着。

"嘿！你们这种样子不行，这是公事，公事应当公办。你们检家卖产也要完粮。抗粮是要杀头的！"

老年人垂着头，他们总想图差到县里替他们来求情。年轻人却两样。愤怒渗入了他们每一个的细胞里。他们觉得这样的事太无道理了。人家饭都没有吃，还要人家完粮。

县里派下来的那些人一连催了两三天，一点结果也没有。他们觉得应该拿点手段给乡下人看。有一天早晨，带走了一个粮户，关在区部里。消息传遍了全村，愤火在每个人的心中燃烧着。

"我们总是死，不饿死也要被他们打死逼死，我们索性把那收粮的家伙赶走，大家都不要完粮，看看县里有什么办法。"

广场上聚了许多人，好些年轻人都这样的嚷着。

"好！我们就去把那个捉住的人抢回来，赶走那混账的图差，把那个榨取我们的膏血的公署捣毁。"如一个演说家似的，二狗站在广场的东头，用铜铃似的声音说着。

大家一致的通过了。

区公署听到这样的消息，立刻派了十几个荷枪的区丁来捉那些开会的人，刹须之间广场变成了战域。结果区丁被打散了。他们的枪多半是空的，虽然几只有实弹，但那些区丁都是些不曾放枪，没有受过训练的人。

四五十个矫健的汉子，一口气跑到区公署，区长闻信早已溜走了。放了被捕者的枷锁，从狂热的欢呼里，可以看出他们单纯的胜利的愉快。

全村的人都陷在恐怖之中，老年人颤抖着，期待未来的可怕的降临。

区长在县里报了凤凰村里的人民的反动。

那天夜晚，凤凰村起了很大的屠杀，一百多名保安队把村庄包围了。女人的哀号，小孩的哭声，男人的呐喊声，混成了一片。在凤凰村，这是未之前闻的事。年轻人都聚在村前的广场上，寻找了许多可当做武器的东西，拿在手里。

战争开始了。枪击不住的响着，全村的人乱窜乱跑。

子弹穿过了肉身，鲜红的血在地面上流动着。那些良善和平的乡下人，被愤恨鼓舞着，在枪声里，刀光下，拼命的抵抗外来的压迫。

以前，他们是屈服地，惶恐地向他们的统治者哀告，祈求，把一年的仅获，忠顺地纳进三分之一到官厅，从不敢说一句反抗的话。但是饥饿激动了他们，他们除了一条命以外，别无可榨取的了。空着肚皮挣扎在瑟瑟的秋风里正难以自保的时候，还要他们完粮，这是怎样使他们愤慨的事：于是他们毫无顾虑，勇猛地奋斗起来了。

虎狼一样的凶猛、鹰隼一样贪馋的保安队，他们总算尽了一夜的"神圣"的义务。白刀刺进人们的身体，红刀又从那里面抽出来。"正义在什么地方?"本来是在饥饿线上挣扎的农民，还要受到这样残忍无情的屠戮。呻吟着，哀号着，呐喊着，枪声，怒吼声……占据了黑夜的凤凰村一直到天明。

男子被杀戮了，女人被强奸了，屋舍被捣毁了。

二狗子血污的死尸，躺在平直的村道上，两双眼可怕的睁着，那里面含了最深刻的憎恨。春姑一丝不挂的躺在破絮上，下部已血痕模糊，那天晚上，至少也被人奸了十次。

这算是饥饿的人们的结局，统治者是把他们看得牛马不如的。

一百多的保安队，安全回去的也只有八九十人，他们也是迫于在上者的淫威，轻轻地断送了宝贵的生命在和自己的同胞的厮杀上，这岂是他们甘心的事。论功行赏的时候，利益不见得会轮到他们，他们是白白的牺牲了。

太阳重复照到人间，依旧是那样娇艳、温存地抚摸着那些血迹鲜明的死尸，似也有一种怜惜。

村落中是超过死以上的沉寂，虎口下的余生已无多了。

（原刊《大学艺文》1936年第1卷第1号，署名"流金"）

荷　姑

一

江上罩着一层白烟，天空已见闪烁的星群了。晚风带走了人们的疲倦。柳树在坝堤两岸喁喁私语着。东方金黄色的一片，拥出一圆血盆似的十六夜的月。翠蓝的山峰上，涂了一抹红霞。江水也漾出了万千的碎金。蓬船静静地泊在江上，帆影落在水底。

明月爬过了山头，罩在江上的红霞减去了那咄咄逼人的风姿。江上一片银白。洁净的月光洒在树上，屋顶上，船蓬上……幽凉而清明。远地里传来一两声渔歌把空气激成长啸。置身于万籁俱寂的夜景中，有一种说不出的意味。

长发叔的船，吱吱哑哑从江北岸摇过来，预备泊在南岸的港口。橹声清晰地落在耳上，有万种凄凉的意味。

港口上两三灯火，几家渔户结舍聚居。长发叔也住在那里，一家三口，除自己以外，还有长发婶和荷姑。长发叔快四十岁了。结实的身子，黧黑而多须的面孔，细眼睛，浓眉毛和带着笑容的脸。长发婶年纪比她丈夫要小些，一个良善的乡下女人。他们结婚已有十八年了。婚后一年生下荷姑，现在荷姑也十六岁哪！

操着打渔的生涯，不经意地长发叔在泥玲河上过了十四年。十四年的时间，在他心上没有留下什么痕迹。早出晚归的江上生活，已经过得亲切而烂熟，除了看女儿长大，江水自流，一切对他毫无感动。有些时候也偶然地会感到后嗣无人，心境上不禁有点微波，但那是霎时的事，荷姑已够他宠爱了。

荷姑长得俊俏而温雅，不像渔家的女儿。泥玲河两岸的男子，莫不以得她一盼一顾为荣幸。有着一颗十六岁的姑娘的心，丰润而健康的面容和爹爹一样常泛着温软的笑容。清澈的大眼，轻盈的步履，没有一样不备具了使年轻人发狂的条件。不待学而自然地娇憨的女人的性子，她也不缺乏。

长发叔那天晚上回来得特别晏，家里等他吃晚饭已经很久了。荷姑站在巷口，乌溜溜的眼睛尽在江上的帆船上巡逡，望眼将穿的望着她的爹爹。

支哑的声音，渐近南岸了，月光照着长发叔的脸，显得特别光亮。

“妈，爸回来了。”银铃般的声音在夜气里荡动。

长发婶赶忙把饭开出来，心里头放下了一块石头。把船系在一棵树上，背着篾篮，长发叔安详的从沙洲上漫步归来。月光如水，寂静的洲上只闻唧唧的虫声。

“爸爸，今天为什么回来的这样晚呀。”荷姑拉着爸爸的手，灵活的眼睛，钉着紫酱色的脸，那么温存而柔媚。

“爸爸今天想多打点鱼。月亮好，风又清凉，不知不觉就弄晏了。”

茅舍里只闻碗筷碰击的声音。一灯如豆，幽然的照着每一个角落。

大清早，荷姑把爸爸晚上打得的鱼挑上泥玲河两岸去卖。

太阳从东边爬上茅屋，鲜红而灼热，小草上的露珠，渐次蒸发着。江水滚滚东下，银涛打在两岸的沙崖上，起了无数的雪花。当红日洒遍江面的时候，浪花又从银白转成金黄。帆船的倒影，两岸青山的倒影，和风吹堤柳的风姿，织成了一幅江村夏日的美景。绿嫩的早稻在南风里昼夜不息的生长着，望过去一片清凉意味，心中有难言的欢愉。红日慢慢地升高，小鸟已不胜其毒热而躲在绿荫深处轻轻地歌唱着。这时候荷姑的鱼将卖完，也已走上了回家的路。

泥玲河两岸的居民，简朴而淳厚，他们和荷姑的交易，从来没有过什么争执，荷姑在这样的环境里生长着。生性格外来得柔美而婉约，她不知道世界的虚伪与无耻，她有着一颗完善的灵魂。

归来的路上，南风飘起荷姑紫花的薄衣，把她的情绪吹得不自主的奔放起来了。一些年轻男子的面孔，一个个在她脑子里转动，天气太会诱惑人，我们的荷姑心中有耐不住的"春愁"，她需要一阵暴风雨似的强烈的刺激。但当许多年轻的男子从她身边走过的时节，她心里会卜卜地跳着，连瞧一眼都不敢呢。懒洋洋的终于回到了家门，已经是吃早饭的时候了。

正午的太阳把茅舍晒得不能安身。荷姑搬个竹椅子坐在柳荫下，听江流的声音；看帆影从江上飞掠。南风把人吹得昏昏欲睡。青山躺在六月的阳光下，毫无气息，和江流一比，它笨得多了。

广阔而嫩绿的草原上，四五头水牛在那里搬着迟笨的步子。牧童蹲在水边唱歌，无忧无虑的面孔，诉说了他们正在度着这愉快的天真的岁月。水流潺潺的声音，在他们心上毫无挂牵。南风吹在他们面上，只是些温暖的摩抚。

日光从柳条底缝隙里筛下来，荷姑的面上游移着线似的浅浅的银辉。红的小脸上，有着十分惹人怜爱的颜色。那种慵睡的风情，更不难撩动中年人的热情呢！

十六岁的年轻姑娘，有着发育得那样匀称丰美的身体和那份聪明而伶俐的心。炎炎的夏天，憨痴地坐在浓绿的柳荫下，虽山川的秀丽，对之也不无愧色。

大地上拉起了一幅帷幕，山村云树，都给黑夜吞食了。天板上挂着摇摇欲坠的星群，晚风吹过江面，送来嘹响的虫声，荻灯渔火，明暗于江上。

星夜在夏天，最富于诗人的想象，天上有着星光，地上有着荧光，虫声会催人入睡。重簾浅梦的少女思妇，她们心上应有一种挥不去的幽怨的哀思。清风残月，不知浪费了多少闺中人的眼泪与幽情。

睡在没遮拦的茅檐下，晚风把尖细的歌声送进荷姑的耳朵。那是年轻人放浪的季节！他们在柳岸边、山坞里干着蠢事。银河耿耿，南风轻微的吹着。荷姑的心情复杂到万分，她记起了父亲同她所讲的牛女的故事。凡是女人所需要的，她也感觉到需要了。

转侧在床板上，她的心不能平静下来。一切都好像和她开玩笑，远处的歌声，变作了热情的音调，在空中旋转着。

八月山里采山花，
山花好比女儿家，
浓浓香味哥哥爱，
哥哥说话妹妹猜。

六月里的好日子，夜静无风，把青天作盖被，草地作垫褥。年轻人尽情的放纵着。口里流出来的是快乐的歌声，嘴边留着的是欢愉的浅笑。海誓与山盟，彼此都说着谎话而图一夕的狂欢。月落星残，他们才踏着露珠归去。太阳一出来，他们又忙了。

世界是广阔的，天是蓝的，女人永远是男人的女人。荷姑也想做男人的女人了。

二

过了收割的季候，太阳减去夏日的炎威了。从江水的帆船上，隐隐地听见秋日的歌吹。桂花透露着芬芳的香味，浓香撩动着女儿的心情。

海一样深沉的眼睛，风一样轻捷的步履，星一般发光的头发，泥玲河两岸的男子疯狂了，他们都在疯狂地追求着荷姑。一些脸子都是可爱的，一些软语都是温存的，荷姑的眼花缭乱，她不能够选择一个可以当着自己情人的男子。

秋收以后，农民都有点空闲。趁着空闲的日子，他们干着田地以外的事。譬如打听哪家女儿好，一些四五十岁的妇人，就会自动的把“话媒”的责任放在肩上，在男家把女家说得天花乱坠，在女家把男的说得毫无破绽。那些好心肠的女人，他们好像生怕年轻人的青春被耽误。于是荷姑的家里就有点“门庭若市”的情况了。荷姑的爸妈都想多留女儿几年，他们都不愿赶快把女儿送出去。在宛转的言词中，一些说婚的媒人都被他们辞谢了，聪明的荷姑也懂得父母的意思。当长发叔笑嘻嘻地对他老婆说着“我们的荷姑是不嫁的，荷姑要养爸妈的老的”的时候，荷姑总会依偎在母亲怀里，对爸爸含羞的笑着。

融融泄泄过着平静的日子。荷姑在爸妈的宠爱里，男人的纠缠里，一天一天的娇憨了。她把那些男人的痴态，当着夜深睡梦里的资料。她常常会笑那些和她身份相同的男子的痴态。

泥玲河两岸的青年女子渐渐讨厌起荷姑来了，她们都怕荷姑夺去她们的情人。

“贱婊子，只是爷娘生得她好看。”

这类的话，常常可以听得到。然而荷姑并没有失去泥玲河两岸人家的爱护，老年人都想她做媳妇，年轻人都想她做老婆，她卖鱼的生意更比以前好了。除了那些妒嫉她的女人以外。淳朴的泥玲河两岸的居民，依然是那样亲切，对于荷姑。

中秋节，秋收后农家的一个快乐的日子。离泥玲河不远的一个镇上有灯戏。山川给罩上一层秋霞，天色蓝得像海一样，被秋阳染得鲜红的山道上，长发叔和荷姑走着，他们是到镇上去看戏的。父女俩安详的走着愉快的步子，长发叔告诉荷姑许多关于中秋节的故事。

长发叔镇上的熟人太多了，隔不上三两步就得跟人家打招呼。许多人都夸荷姑长得好看。

“大叔，你真有福气呀，养的这样标致女儿。”听着这样赞羡的话，长发叔总会眯起眼睛望着羞答答的荷姑。

镇上对于难得到外边来的女儿，好像是另一世界。那样多的人，那样多的新奇的事物……荷姑的眼睛简直没有一刻休息了。

戏场里喧闹得非常厉害。戏台前面搭满了茶铺。卖茶的殷勤地问着要这样，要那样。油条、芝麻饼、西生糖等一类的东西，到处摆满了。

长发叔带着荷姑坐在靠近戏台的一家茶铺里。他忙着招呼人，连吃茶的工夫也难得抽出来。左右四周的人,都以惊羡的目光打量着荷姑。他们心里都在想着:"这是谁家的女儿?"

戏台上男女的优伶,在那里把以往的故事重新扮演于人间。虽不酷似,但也打动了许多人的心。太息与笑骂,从人们嘴里发出来。戏场里的空气,夹杂着悲欢离合的气味。荷姑也看得很出神,两眼盯着台上的人,与他同了欢笑,共了悲哀。

秋山如鬓,江水如带。太阳光慢慢地淡下去,消失在辽远的天边。江水从长发婶脚下流去。她独立在江上,望着荷姑父女的归来。

芦花在秋风里颤抖,江流澎湃,帆影如飞鸟似的掠过沙洲。月亮照着长发婶孤独的影子,她心如焚火。他们早就该回来了,为什么东山月上,还不见归来的影子呢?从江边跑回家,又从家里跑出去,长发婶心中计算他们的归程无论如何也该到家了。

西边的槐树上,被月色惊起的宿鸟乱飞,虫声的低诉幽抑的耐人寻思,静静的沙洲躺在幽洁的银光里似酣睡的少女。长发婶如坐针毡,屋前屋后乱走着。本来是应该快乐的节日,却变得阴惨惨的了。

月光泄进茅舍,长发婶躺在床上,心如乱丝,她默祈着他们父女安全。荷姑离开她还是第一次呢。

三

太阳光偏西了一两分。戏场上的观众差不多将近四百人了。除戏场以外,还有赌场。赌场上尽是些三四十岁的汉子,他们都红着脸,鼓着青筋,在那儿,竞争胜负。他们的输赢真不小,一夜输掉一头牛,或一个老婆(那儿女人是可以买卖的,输家常有把老婆卖给别人的事)。许多人都曾以此而倾家荡产。

革命以后,各地都有禁赌的政会(其实是寓禁于征的)。常有大批的巡警,分发四乡专门办理这件事,但只闻征得厉害,其实他们还指望着开赌来塞满发荷包的。

镇上开赌已经两天,仅比开戏晚一个下午。赌场是在比较偏僻的所在,不太熟识地方情形的人,是不易找到的。他们所以不敢公开的理由,是因为征得太厉害。往例告诉他们,开赌一天,起码也得孝敬地方官四五十块钱,什么"头子"有那样厉害呢?

因为没有孝敬地方官一点东西的缘故,待他们的爪牙探得开赌的消息以后,镇上于是起了一次很大的骚动。

锣鼓喧嚣着,台上正在扮演"小上坟"的时候。镇上忽然起了急促的步履声。当穿黑制服的荷枪的警士出现于戏场上的时候,秩序已经大乱了。戏台上有"割须弃袍"的戏子,赌场上有狼狈奔逃的男人;茶铺里有茶碗的破裂声,椅桌的碰击声,小孩子的哭声和女人的叫喊声。一些欣欣来寻乐的人们,都四处奔跑。镇上的店铺,也都上门了。

自下午四点钟起一直嚷到晚。那天夜戏没有演成,观众已饱受虚惊了。这一次的大骚扰以后,带走了几个包戏的人,听说是要他们去谈好条件的。

在平静的环境里长大的荷姑,当秩序大乱的时候,就失却了她的爸爸。她跟着人家向戏场外边跑,一直跑到喘不过气来的时候才停住脚,天色已渐迷蒙。暮霭笼在树梢,秋风带了点瑟瑟的意味。

荷姑无助的望着路旁,一些陌生人的面孔,使她怪不自在,她望着她的爸爸,她急得差不多要哭了,哪儿是她的归路呢?她好像一只失群的小鸟似的嘤咿起来了。暮鸦绕树乱飞,月亮从山的那边翻过来,树的影子拖长了。

夜渐渐深，荷姑无力的在路上行走，心里烦躁得不能平静。

“你——你不是今天在看戏的长发叔的姑娘吗？”一个明亮的有点激动的年轻男人的声音。

瞪着黑大的眼睛，望着对面站着的那个人，她不知道说什么好。

“谢谢你，你知道我爸爸在哪儿呢？”

“我知道的，我可以送你回去，你一定是被巡警冲散，是不是？”

约略迟疑了一下，那年轻男子又说道：

“现在天晚了，走路很不方便，前面的村落就是我的家，你到我家里去歇一晓，好吗？”

月亮照着两个人的影子时，传来村中之犬吠声。

四

长发叔从人群里挤出来，不见了女儿。他仓皇四望，沿途问人家有没有看见一个年轻漂亮的女孩。

看看天色将暮，长发叔已毫无气力。戏场里一幕骚扰，已经平复，听说乡下人孝敬了六十块大洋，明天仍演戏，赌照常进行，镇上人的惊恐也没有了。

在镇上用了饭，托了一些熟人向各处打听荷姑的行踪。他想荷姑不会怎样，她又不是七八岁的小孩，决不会受人家骗的。凭着女儿那份聪明，他也觉得毫无危险。于是坦然的坐在镇上的亲戚家里，等着那些出去找荷姑的人的回音。可是等到夜半荷姑还是没有找着，长发叔开始有点慌乱，然而究竟是上了年纪的人，自己努力把心平静下，便来连夜赶着回家。

一室青灯如豆，从门缝里看见老婆疲倦而嗒丧的神态，长发叔有点惘然。轻轻敲了两下门，顺着月光自己和老婆相视不语。

“怎么荷姑没有回来呀！”泪水已经簌簌下了。

长发叔将下午发生的一幕情景重新的叙说了一遍，长发婶倾听着心中如千顷波涛的起伏。

“孩子有没有危险呢？我可怜的荷姑，她是从来没有离开过娘呀！”

一分一秒的时间，如磨墨一样的过去，太阳又出土了。

早晨的空气，清新而明朗。荷姑同一个年轻的男子，踏着轻软的泥沙，走过沙洲，才隔一日不见得的家门，荷姑觉得异常亲切而可爱了。

“妈，开门哪，荷姑回来了。”尖锐的声音里混合着强烈欢欣。

躺在妈妈怀里，妈妈抚着她星一般发光的头发，快乐的泪珠停留在嘴边，滴落在荷姑丰润的小脸上。她娓娓地告诉爸妈昨日的遭遇。她指着站在桌子旁边和她父亲说话的那个年轻人：“就是他呀，不是他我连睡都没有地方睡呢！在野外我真会吓死来着！”年轻人微笑着。端正的脸上另有一种可人怜处，欲动不动的嘴唇，想说话又不敢说话似的，三个人都在等着他口里迸出来的话语。结果他一点什么也没有说，在两个中年人的感谢的空气中，他微微感到温暖了。

那位年轻人受着荷姑爸妈殷勤地款待。但在荷姑心里除了感谢以外，还有着另一份怜爱的心性。当那乌溜溜的眼睛在壮健的身体上打量着的时候，心下有着一种从未感受过的轻松。

空气是愉快的，从他们口里流出来的话语是温甜的。中年人也有着年轻人的感情了。当长发叔想到女儿终身大事的时候。无疑地他是不会把那个年轻人放在一边的。从那一簇的小胡子上，发亮的小眼睛里，可以测知他那一刻的心性是愉快的。诚实的乡下人只要受了人家一点点的施与恩惠，的确可以使他在临终的时候都不会忘记。

负着一身灿烂的秋阳从平直的村路上，那个年轻人，轻轻的唱着山歌，把一些人家所给与的快乐带回家去。

人生的遇合，真也有点茫然。泥玲河两岸的男子都不能得到的荷姑而给那个镇上的异乡人得到，这是泥玲河两岸的人料想不到的事。

五

自从荷姑因看戏而造事的故事传播在泥玲河两岸居民的口耳上以后，一些男子的心中，都感到轻轻的怅惘。他们再不能做和荷姑干蠢事的梦了。从前至少他们都有把荷姑当着自己的妻子的希望，现在荷姑已是人家的女人了。这种观念，在中国南部的乡村依然还是根深蒂固。调戏有了人家的女人是不可能的事。荷姑又是那样一点不轻佻的人呢。

早晨挑着鱼，从河的北岸过南岸，走了东头又到西头。每一张脸，每一张嘴，都是一模一样的笑着，一模一样的笑着。笑得那样好，说得那样轻柔。

"荷姑，恭喜你有了人家呀，几时有喜酒吃呢？"

一片红雾飞上了荷姑的脸，荷姑忸怩地吞吞吐吐的说了一些人家听不清楚的话。

才不过十六岁哪，爸爸妈妈就那般轻便的把荷姑许给人家了。要不是那年轻人中了两老的意思的话，是不会这样草草的。

秋日将尽，户外已有凛凛的风吹了。每年这时候有许多收谷子的船从城里来到泥玲河两岸，把人民一年的收获用最低廉的价格收去。那些收买谷子的客人都是些肥胖胖的有身份的店主，除了做收买谷子的生意以外，还要选择几个年轻漂亮的女人，去服侍他过冬，过夏，供他们茶馆酒后消遣。他们出得起价钱，他们也有和狗一样爪牙专门去打听人家的儿女。当钱不发生效力的时候，也会来一手别的伎俩，非达目的不止。

前几年，大家所知道的一件事就是春桃做了一个姓贾的米铺老板的老板娘。当那事发生的时候，荷姑只有十四岁呢。当时人家都说女儿不要生的太好，太好了也会惹祸。

因为那时，春桃是唯一的漂亮的女人，被许多男人纠缠着的。可是后来那位姓贾的店主并没有虐待过春桃，春桃嫁过去一年，就生了孩子，恰好老板娘死了，她就做了一个不折不扣的老板娘了。春桃到城里去了以后，还回过一次老家，满身金银绮罗，谁不说一声好福气呢？虽然也有许多嫁过去不太好的，但他们却把那些忘了。

薄暮的沙洲上，荷姑一个人在那儿踟蹰着，秋风把她的头发飘了起来。淡云游曳在山腰上，江上的帆影轻飘飘地给人们以一种缥缈的情绪。沙洲的另一端，长发叔正在和那些收谷子的船上的伙计读谈"新入环境"。当荷姑望见了的时候，就连声的喊着爸爸。长发叔调开那一群人过来，连鱼钩都忘记带走。当重回去取的时候，那一群人已经迎面过来了。他们都惊讶地看着荷姑，长发叔会有这样一个美的女孩？

为了博得店主的欢心，他们把这个美丽的女孩介绍给那位肥胖的人了。当他笑眯眯听取那谄媚的诉说以后，他宣布明天和他们同去看荷姑，并且叮嘱他们和长发叔好好的商量娶荷姑的事。

意想不到的事，使长发叔一夜睡不安稳，女儿已经定了人家的，怎么好解约呢。淡黄的灯影，射在土色的壁上，他把老婆叫醒，和她从长计议。长发婶的意见以为：

"……有了三百礼金，我们这一世的吃穿都有了。而且荷姑嫁到那边去，至少比嫁在乡下有福的多。我看你还是答应那个店主罢。那边我们也没有受他什么东西，不会有什么话难说的。"

金钱的魔力太大，我们的荷姑不能表示可否地被带上了大船，除去母亲的眼泪以外，她没有带一点什么离开家乡。当着巨大的肥压在她胸脯上的时候，她的心痛苦地裂开了。

西风把荷姑的眼泪与咿嘤送给年轻人，船渐渐远了。

（原刊《大学艺文》1936年第1卷第2号，署名"流金"）

吃　新

一

南风在田野里咆哮，垂了头的稻子翻着金黄色的波浪，累累的禾实沙沙地响着。蔚蓝的天底，骄阳放肆地刺射着人们的眼睛。火热的风，好像要把皮肉烧焦，在田间工作的农夫，不时伏在涧边吸取流泉，浸润那干燥的喉管。水牛把身子全浸在水里，露出半个头在水面，嘴唇呼呼地抽动，水面上时现着无数的泡沫，随牛所过而消失。赤着的牧童在浅涧中游泳，手脚在水上蹦蹦的作响。游倦了的躺在禾巷中间，不时迸出村野的话，故意让它溜进来往于田垄上扎白巾花巾的女人耳朵中，惹她们骂一两句。

广阔的田野上，太阳晒不到的地方，只有傍水的柳荫深处。柳树的影子，落在地面上时时因风改变状貌。

农人成群的休憩于柳荫下，以一种快乐的心情期待着快熟的稻子。

"只要七八天我们的禾就可以割了。今年的收成不说十分，七八成总算到手啦。"福生公公慢慢地说，笑容泛上他的脸皮了。

"大概不消十天就得吃新了吧?"大家相互询诘着。

"那消十天呢。顶晏也不得到月半。"

"从前我们乡下吃新才热闹呢。一到六月半就忙了。初七八的街上，一天杀上七八头猪是常事。……"

"那时候男女疯狂地，从天亮到天黑，打打骂骂，你嚷我叫，整个的村庄就像到了大年夜一样。早晨从田里把禾割上了，下午稻场上便充满了打稻的声音。太阳一下山，男男女女，装扮得整齐伶俐，坐在柳堤下面，调笑喧嚷，会打鼓的打鼓，会唱歌的唱歌……"

福生公公似已回返到那往昔的黄金般日子，二十年来未曾开展过的眉头慢慢地开展了。

柳荫中已有初唱的蝉声。如带的长堤从无尽远的如翠的山脚下爬过来，静静地谛听着江流声。

太阳的波浪，在金黄色的稻上起伏，南风吹过来的时候，衬映出一幅天然的艺术的制作。

南风狂，
稻子黄，
五月农家个个忙。

歌声从牛背上的孩子那边传过来，掷在六月的田野中毫无回响，掷在人们心上，连柳絮般的重量也没有。

二

三十年前的乡村，优美而宁静。

黄昏，月亮从河底爬上来，把那娟丽的影子，掉在水里，把柳树的柔婉的枝条撒在人们身上。河边的乱草中，有如鼓似的青蛙的鸣声。洒满了如银的月色的榆树上，有如怨如慕的纺织娘悠远的琴曲。闪烁的星群以明亮的眼睛俯视着大千世界，那种柔媚的目光，似对人世有所恋慕。在如此醉人的夜色里边，女人们引吭高歌，当口里流出热情的歌声的时候，澄澈如星的大眼便在她的情人身上巡逡了。那带着秋之旖旎、春之沉迷的女人的眼睛，把所有年轻人的心都沉湎于醇醪之中，而至不知人世的哀乐与悲欢。

谷子熟了晚风凉，
荷花开尽豆花香。
郎买鲜鱼妾买酒，
打山坞，
作洞房。

这不知是那一代的诗人替他们做就的情歌。每当新谷登场，就会在那些年轻的女人的嘴里作成一种柔媚甜美的歌声。在山间，在水隈，在深林月夜，在两岸星空，荡漾，悬浮。那种如仙的境界，重复在福生公公的面前了。

三

经过了连年的变乱和水旱天灾，农村走上了残破的路。好些年前，福生公公也有着不算少的田产，一家人度着小康的生活，融融泄泄。春天播种，秋天收藏。黄的谷子，红的番薯，黑的芝麻，绿的蚕豆……充塞着仓廪。辛亥以后，平静的海上，陡然掀起了狂涛，田舍化成了劫灰。一家人从江北流到江南，到处遇着劫人财命的魔鬼，在迁徙中，骨头一天一天软下去了，那富有男性美的小胡子之中，也种下了一些灰白的根苗。

在艰苦中，转眼过了十多年。生离死别把头上的黑发染得雪白。

连年的老病相摧，田园荒芜在春雨秋风之下，福生公公带着唯一的孙子，在贫困中，度着残年。但他看着快长成的一块肉，想着他的出世立身，还企图作最后一次的挣扎。于是，他计拟开发荒芜了已久的田地，他在“农村贷款处”借了一笔钱，雇着一个十六七岁的孩子，重整起旧业，他把所有的希望，都放在这些田地上，在期望中又继续一天一天的衰老下去。

“现在世界不同啦！吃穿的事都办不了，那还能让你们过着我们一代的日子呢？”言下不胜感慨，福生公公的眉又皱了起来，接连干咳了几声。

蝉声慢慢地响了，太阳投射在地上的影子拉得很长，福生公公拖着沉重的步子，伛偻地消逝在金黄色的禾巷中间。

希望和日子并进，转眼又到了新谷登场之期。那是藏在人们心头已久的愿望，把金色的谷子一石一石的搬进了荒芜了漫漫的岁月的仓廪。

炎日下，农夫在田间工作。一颗一颗的汗珠，从黝黑的焦热的两颊流到粗壮的胳膊上再落到那带着六月的气息的污泥里。裸露的上身，晒得能反照出他人的面貌。那仅穿着一条短裤的下体，有一半没入污泥之中。当割完了这一块地方再割别一块地方的时候，把脚从污泥中拔出来，是并不容易的事。有时几至因此而跌倒在田里，让污泥塑满一身，给在田间工作的侣伴笑谑的资料。

被太阳晒得毫无声息的原野，凝滞的空气像死一样。树叶之间保持着固定的空隙。雀子躲在密茂的林木中寻找安逸。在这寂静的境况下，只有链刀和禾槁接触的单调的微响。已割好了的禾，整齐排成行列，静静地躺在污泥上面，待人们把它捆好再挑到稻场上去。

当太阳偏西的时候，从深林中传出来的尽是些田家的打稻声。一些扎着白头巾的女人，来往于稻场上，矫健地打着稻子，肥大的乳房诱惑地耸动着，丰腴的臀部调协地摇摆着。汗渍浸湿了单薄的衣裳，紧贴着发育得健美的身躯上，使各部的曲线毕露，匀称而鲜明。平时他们这样子，便会引起男人们撒野的念头，使他们嘴里放出一两句或一串村野的话，甚至故意把身子贴近她们，偷偷地，迅速地把手放在高挺的乳峰上探一探。

四

田里的禾都割上场了。太阳光下已不再见金色的原野了。间有几处青青如皱的波纹起伏，那是刚插下去的晚稻秧。

“福生公公，你家的禾都割完了吗？请了几个工呢？”

“谢天谢地，全都上场了。短工一共请了十多个……”

“这是二十年来没有过的年成啦！一斗种至少要收三石。”

“可是听说城里的谷价跌了呢。昨天三小子回来说，两块钱一石都没人要。”

“真的吗?！不过总比没有收好一点……”

吃新谷了。

沿河两岸的榆柳，在秋风里凋谢。芦花懒洋洋地立在残照当中，水鸟栖息其间，礫礫的声音不时因风带到空旷浅蓝的天边。片帆上，秋日的歌吹响了，从江水上，成千上万的谷子从乡下流向城里去。

福生公公依旧坐对空的仓廪。悲哀地，抚着稚弱的孩子。当远浦雁声传来的时候，深深地使人们感到的便是尚未裁剪的寒衣。

一九三六，十一月七日于燕大

（原刊《青年作家》1937年第1卷第2期，署名“流金”）

扫　墓

油菜花开遍了稻畦。站在高岗上俯视绿油油的田畴，点点的浅黄色的花，在青碧中更觉得鲜艳。从海上吹来的东南风，驱走了冬之凛冽，小麦也伸腰了。

一行八九人，有五十以上的老者，有二十多岁的青年，有尚未成年的孩子。太阳压在背上，似荷负不了的初春的热力似的，他们全把长袍子脱下，挽在手臂上行走。

山色迎人以笑靥，小白鸽在空中旋舞，时时放出灵快的叫唤，如歌颂春光之盈溢与熙融。

田道上动着长的腿，短的腿；春风飘着白的发，黑的发；宇宙中荡着苍劲的声音和细锐的声音。

“到响铜庄还有三里路，过了大眼陇就可望见庄屋了。”

在路上，风吹着古老而略带轻松的声波。

“二十多年没有回家扫墓了，回想当年盛况，真是不胜感慨!”

穿大马褂，戴深绿色的礼帽，年约五十七八左右的那位德望颇高的绅士深深地叹着气。那些年青的后辈子。除了用沉默答复他的感喟以外，还有和春风不相契的秋晚的情怀，如潮似的涌起于胸中。

“慎终追远，这是应该的，不然，生儿育女何用？你们这些后辈子，在家都不扫墓，真是胡涂到万分，看蕴生连祖坟都不知道在那里了，还要问我。”

那位道貌岸然的老者，继续唠叨起来了。

风，阵阵送来田里的芳香；天上白云携着春日的袈裟，披在澄旷的高原之上；黄牛迟缓的搬着沉重的脚步，于断碑荒冢之间。

深林里隐现着白色的墙角，林后是绵延卧伏的山峦，林前是一条入山的大道，有古松、槐、柏交相映掩，从山中时时传来丁丁伐木之声和淙淙的流泉合奏的曲吹。

他们已渐近山庄了。

白的墙上爬满了巴山虎，有群蚁往来于暗绿色的枝条上，那是已作为它们栖止之处的了。横嵌在大门口上面的青石板上，镌着“程氏墓庐”四个八寸大的字，从苍劲圆润的笔锋，可以想见当年门庭之盛。

当他们跨过石键槛，看家狗便大声嚎起来了。从庄屋里走出来一位四十来岁的庄稼人，带着满脸的笑容，连忙跑上前去迎接那批来扫墓的人。

“列位到得真早呀！昨天‘里头’带信来。我才知道柏老爷回家了。”看守庄屋的那位庄稼人眼睛合拢得连缝都没了。

“柏老爷二十多年没有上庄了！记得前二十年柏老爷同老太爷来时，我爸爸还没有过世，我还是一个小孩子哩!”

二十多年的时间，在柏老爷心中所有的重量，应该比那位庄稼人来得重，因为除却死亡长育以外，还有他自己的功业与成就。

“是呀！二十多年没有来过，庄屋还是老样子。”

庄屋里又跑出三四个高低不齐的孩子，以惊奇的目光，向这批不速之客身上打量。

“这都是你的孩子吗？”

“是的，老爷，那个顶高的是我的第四小儿。”

庄稼人喊着孩子给老爷请安，而那批小东西却向山中逃走了。

庄屋内部坍塌倒败已呈破落的样子，当柏老爷跨进大门时，他慨乎言之儿孙的无用。

“那四个字是模山公的亲笔。当陈太夫人未死，这庄屋便筑成了。”那叫作柏老爷的怕后辈子遗忘这件事，郑重的提一番。

“听说晴峰公丁忧在这儿住了一年的。”指着那间满堆柴草的南房，柏老爷又继续开了他的话匣。

响铜庄是程氏庄屋中最大的一个，庄屋后面的山，埋着柏老爷的高曾祖母的尸骨，据堪舆家言，这块地和程氏一门的荣辱有不可分的关联。

柏老爷立在庄屋后面，俯瞰群山，二十年来家国的变乱，门庭的盛衰，一件件在他心中浮起。

巍峨矗立的华表，从松林中偷来眼底，他从林表直视那远祖埋骨之地，二十年前扫墓时的情景，一幕一幕在他那脑板上重新演映。往日的叔伯，不是也有着他现时的景况吗？如今，他们的骨头已经腐了。二十年后，自己又怎样呢？他完全沉沉于怀旧的梦中了。

山中有黄鹂，时时抛出清脆的歌声，向人间问取春之深浅。当守庄屋的人大声在屋前屋后嚷着柏老爷到那儿去了的时候，他才从沉迷中醒悟过来了。

那四五个年纪幼小的兄弟围坐在木桌子四周，他们在热烈的讨论着响铜山的风水，为了这个问题，已经争得面红耳赤了。意见是那样的参商，一部分人根本抨击风水之说的荒谬。

另外的一个集团，包括所有的长一辈的人，他们从祖宗发迹，一直谈到现在那个显贵，那个腾达，都一言以蔽之曰良窟。

墓道两旁有参天的古柏，石头铺垫的拜坛上，长着一寸厚的苔藓。墓碑高过一个五尺高的人的头，上面刻着一些不易为现代人所懂而适足以为四五十岁人夸耀的文字。墓后是一块横竖的“印碑”。太阳很难得从层层紧叠的树叶与枝桠之间偷坠下来，给墓地上的生物以一种必需的营养。从墓地向山下望，两山之间的田亩，如供祭似的齐整地排成行阵，菜花在山风波动之下，似抖动着一幅浅色的湖绸。

“骨头没有用了，四拜之下，就觉得酸痛呀！三弟，我们真老迈了！”柏老爷朝着一位和他年纪上下的人说。

当奠完酒，钱纸一张一张挂在坟头的草根上以后，这一行人又在蹭蹬的下山路上走着了。

当还没有开始酒食以前，住庄子的人滔滔地向柏老爷诉说近年来墓地的景况和他自己撑持的功绩。

“兵荒马乱，盗贼一年比一年多，一到冬天，我们就提心吊胆过日子，兼之庄屋附近，人烟稀少，祖老太太的墓，就引起许多人打主意了，到现在已经掘过两次啦！第一次是在前年腊月，Pin Pin Pun Pun 一夜，我们躲在屋里头，那敢出来，幸而她老人家有灵，一夜都没有锄开，一到天亮，我和我的大儿子，提着鸟枪出门时，贼就逃跑了，我就马上报告‘里头’，九老爷在县里告了村庄上几个不安分的一状，捉去了几个嫌疑犯，以后便安静了一些时候。又一次便是去年春天……”

“唉！真是民不聊生，连睡在土里的人也要遭劫了。”

“不是吗？老爷，就是我们蒙老爷的恩典，住不要钱的房子，种不要租的田地，也不得三餐饱呀！去年春上谷买五块钱一石，秋割上场，一块五都没有人要，你说我们作田的人那里受得住呢？”

“这几年真是越弄越不成样子了，什么门牌捐、碉堡捐、公路捐、人丁捐、保甲捐，真是名目繁多，叫我数都数不清了。榨血也总要榨得出来呀！徒逼死我们作田的人有什么用？老爷，你说是不是?”

那位守庄屋的诚实的庄稼人，心里头好像贮满了那类的话，一说就不得断了。

“就是我们庄屋，也要修理，风吹雨打，一年比一年残破，一到下雨各处都 de de du du，连安身的地方都找不着。我们的力量又薄，年荒岁歉众上也没有闲钱，就是年成好，谷价一跌弄笔大款子也不容易，我想还是要你们老爷赚大钱的人，出点力……。”

柏老爷缅怀当日门庭之盛，和庄屋当年的情况——前边两间积谷仓，有长年不离的黄金的谷粒的驻守，他心上似有千脚虫在那儿爬行，眉头皱起来了。

祖宗的遗业，让它这样残败？他真有点不忍哪！然而他有什么法子呢？二十年的宦游倦怠归来，清风两袖，连自已余年的奉养，还要费筹划，那有余力兼顾及此？老迈的躯干，颓然地让它安置在藤椅中了。

离开了故乡二十年，那里会想到如今日的凄凉景象？他踏遍了世界上的壤地，只有一处在回忆中，有蜜似的甜，蔗似的甘，春风似的柔媚，秋月似的清幽，女人眼珠子似的娟好，暑雨初收似的天空的澄明，四月南风中的大麦似的丰实的，只有那和着他二十多年的光阴一齐埋葬了的故乡。

故乡是残破了，见着的是一片荒凉，听着是百种呻吟；豪强的兼并，绅吏的榨取，把丰腴的农村的面影削减下去了。憔悴，寂寞，那一处不给人以一种悲怆之感呢?

“三弟，你还能记起我们做孩子时的情景吗？我真不敢提及了。”

染着一抹浅红的山峰，似在嘲笑着那些暮归人，尖削，孤冷，把白云驱散于六合之外。

黄昏的田路上，还是始春的风，吹着解人愁绪的调子，把菜花氤氲的香气，散撒于荒烟蔓草之间。

一九三六年十二月于成府

（原刊《青年作家》1937 年第 1 卷第 2 期，署名“流金”）

小庆和京儿

一

“小庆，来，来！快点来！”一种急促的喊声，催着小庆。

小庆十一岁，听人喊，立刻撒了张鱼的小网，跑过喊他的人那里去。

小庆瞪着他那明亮的眼睛，麻利地收起另一个孩子手里的鱼网，网里有一条大鱼，说少也有两斤重，在网里跳；若是小庆不来，连网带鱼恐怕都沉到水里去了。

网上了岸，看网里的鱼，又大又肥；鱼鳞耀眼，像金子闪亮；小庆满心高兴。那个大鱼尾，有力地打着岸上的沙土，翻腾起来，连网都带着跳到两尺高，吓得另一个孩子叫。

小庆力气大，有胆子。有两双手死劲地压在鱼身上，叫它不再跳。在水边生长的孩子，从一点点大，便懂得怎样制服一条大鱼：在水里或是在岸上。

鱼还是不断的挣扎；两双小手的劲儿，抵挡不住它那全身跃起的力量；小庆几乎被鱼打翻了，朝后仰了几仰；鱼又在岸上连网都带得跳起来了，两个孩子都赶着去捉它。

太阳铺在平静的江上。水柔媚地歌唱；缓缓地流过一片青葱的田野；阳光随着水流，亦静静地流去；江边沙上，柳树的枝条，垂在水面上，软软地吻着流去的水，一回又一回；给那永远不断的流来，永远不断的流去永不回返的江流，以亲昵的慰语。

当两个孩子，重新把那条大鱼制服了的时候。小庆坐在鱼身上，叫另一孩子，去岸边柳树上，折一枝柳条把鱼穿好，带回家。另一孩子满头流着汗，听小伙伴吩咐，就往柳树边去，柳条离地三四尺高，小手臂够不着，那垂在水面上的枝条，去岸亦有三四尺远，也够不着。小庆看他无办法，便叫：“你过来，看住鱼，我去！”

那孩子过来了，却不敢照他的样子坐在鱼身上。小庆看看鱼，看它样子，再也跳不起来了，不怕它再跳到水里，就不管他的小伙伴管不管得住，跑向岸边柳树下，枝条高得自己也够不着。小庆沉吟了一下，便两手抱着树干，猴子似的爬上树去了。

当他折好了树条子，下来把鱼穿好；自己提着大鱼，网让另一孩子拿着；向家里走。走不多远，另一孩子问小庆：“小庆，你的鱼网呢？”

小庆记起自己的鱼网还没拿回来，两个孩子又回向江边。小庆的网，已不见了。小庆知道必是沉下水去了，要下水找。那孩子说：“不要下水，我把我的给你。”

小庆不肯，把鱼放下来，就脱光那小小身体，下水找自己的网。岸边水浅，小庆下水后，头还在水面上，用小脚在他放网处探了半天，网没有，又慢慢往水深处探去。

江面上，阵阵风吹。离岸不远，有一条大船，抱挂着帆蓬，轻驶过来。柳荫处，水里枝叶之间，有大鱼小鱼来往；江流两岸，不到百步地方，麦色青青，间有新秧嫩绿如茵，万顷绿波中，间杂黄紫豆花，花香漠漠。日午山色，宁谧如夕暮无云天宇，偶然地有一片云翳，低低蔽着晴日，云过山头，山色由浅入深，一山呈两种不同的蓝。

站在岸边的孩子，出神地望着平静的江流。看小庆身体在水里起伏，又怔忡地叫着："小庆，不要找了。"

小庆不答应他。

帆船疾驶如飞，渐近江岸孩子处。岸上的孩子又大声嚷着："小庆，小庆，船来了。"

小庆累了，听岸上孩子叫他，就游回来，但他想故意逗那胆小的伙伴一下，把头钻到水里去。岸上孩子看小庆忽然在水面上不见了，又吓得叫起来。

小庆已经靠近沙边了，躺在沙上不动。那孩子蹲在他身边，看小庆喘气，问他累不累，还说："小庆，你胆子真大，不怕水。"

小庆说："你怕水，下次就不要跟我来玩，我不怕。"

"不怕！淹死了，你妈会哭。"

"越怕越会淹死的。"

那孩子不说话，小庆也不说。

那条被柳条子穿着了的大鱼，躺在沙上，还轻微地呼吸着江上的清风。

小庆闭着眼睛，躺着不动，像在想什么事的样子。他的小伙伴看小庆能干胆大，心里十分羡慕，瞧小庆躺着不动，说："小庆，我把网给你，等我大了，还给你大鱼网，大船。"

小庆笑了，说："给我大鱼网、大船，干什么？"

"让你好打大鱼，一回打好多。"

"我不打鱼！"

"打鱼不好？"

"我要像你那般读书，读了书，赚钱给妈妈用，打鱼的人，穷死了。"

两个孩子，各人都有一个梦，都想跳出他自己命定的生活方式。

另一个孩子，比小庆小一岁。小名京儿，与小庆身份不同，但孩子天真无邪，除小庆不用京儿称呼他以外，读书玩耍，俨如兄弟一般。

二

小庆的妈倦倦地倚在一所大宅子的门槛边。

正春暮时节，南风远从海上吹来，温润的海上的气息，夹杂着四月草木的芬芳；门槛外，远山屏列，如同碧玉；春树连云，沉绿荡漾成海，远近村落，仿佛浮沉万顷绿波之中。日近黄昏时候，斜阳一抹；西边山后，云气成霞；山下人家，有轻烟娓娓上升，飘浮白云下面。小庆的妈在年轻时，生得姣好动人，十几岁便被领入这大宅中，因得男女主人欢心，二十年的青春，便与这宅子里的朱门颜色一同老去。当她十七八岁的时候，和她的老主人一同过洋过海，看过无数的异地的云山；小心地伺候着一个从年轻时候便患着致命的肺病的少年主人，当她把她自己的少女的心，交给那美丽多情的少年时，她的梦，有如新月似的美好；当那少年经不起旅途的疲困时，她又被老主人遣着陪伴他回到了这适宜于病人调养的故乡。

安静的乡村生活，多情的少女的温存，依然医治不了那少年男子的病，当她二十岁那一年，亦正当着这暮春的时节，那少年离去了人间。临危时，男子自私的遗语，使她寂寞地度过了那花浓叶茂的十年光阴。当她三十岁的时候，一切青春时对一个男子的情热都渐淡去的辰光，她却模模糊糊地让另一个男子夺去了她的坚贞，但她并不爱那一个人。

那男子就是小庆的父亲，从小在这宅子里长大。父亲一生跟着老主人，谨慎诚朴，因此得随年轻主子读书识字。二十岁时，还不曾娶亲。那女人的动人处，叫他做了一椿糊涂事。当那女子有了小庆的时候，主人就说让他娶了她，但那女人不要他。那男子便离去这大宅子，他们从此没见过面。小庆生下时，主人问那女人孩子如何处置，女人哽咽不成声。孩子生来肥胖动人，当那双小眼睛能转动的时候，似乎就懂得了母亲的苦处；做母亲的几回想死，几回为孩子动心而不死。孩子一岁大，便能说话，能走路，看孩子乖巧，母亲更伤心，更恨和那孩子有关的人。她不知道自己是不是欢喜这孩子，若欢喜的话，孩子似不应该使她看着便恨一个人；若不欢喜，她却不曾偷偷地把眼泪滴在孩子的脸上。孩子两岁的时候，被送到远处乡间，送去时，她一阵酸痛，一阵轻松，但她觉得孩子在面前，她更伤心，孩子似乎是一个刺，时时刺她。

孩子的父亲，一去十年，一点信儿没有。孩子十岁时候，做母亲的人，心也老了，一切的爱和恨也淡了。主人看她孤寂可怜，便叫她把孩子领来，好让她自己管教；她自己也责备自己，责备自己把自己的罪过，推在孩子身上，一阵眼泪，泉似的涌下来。四十岁的人的眼泪，又重新唤醒了那已熄灭了的往事的追怀，那已经不复动人的声音，猛然地使她记起二十岁时一个男子临终的遗语。她和主人说："不要，不要，孩子自有孩子的生路！"

说完，又歇斯的里地抽咽起来。

主人看她可怜，不给她知道，便把孩子领回来了。孩子领回的一日，正是宅中老主人七十岁的生辰，主人便给起名字叫小庆。

小庆在风雨中长大，生得结实壮健。乡下人的倔强诚朴性格，亦与生俱来。自两岁离开母亲，便同姨母生活，姨母一家，以捕鱼为业，来往江湖上，使他对于水和水有关的一切，十分熟悉，又十分热爱。在水上生长的人，毕生的事业，便是征服水。勇敢是生活的本能。若有人为水所吞蚀。必有无数后继者，与水斗争，必从水里夺取那为水所夺去的人。幸与不幸，皆为人所俱共。

三

天色渐近黄昏，大老太太见京儿还不回来，喊小庆的妈："春兰，你去学堂里看看，怎么京儿还没有放学？小庆也不是还没回来么？"

春兰从小跟着二老太太。二老太太下世已十年，二老太爷亦将近十年了。那个死去的少年是二老太爷的长子，二老爷的一家，不在乡下住。春兰自从大少爷死后，也不愿出去，就跟着大老太太住在乡下。大老太太三十二岁时，丈夫便死了，只有京儿一个独子。四十年来，都居住乡间，不曾出过家门一步。春兰说起来，还以跟着大老太太的日子为长久。故大老太太还是叫她春兰，别人现在都改叫小庆的妈了。

京儿三姊妹，姐姐和弟弟都同父亲母亲在外省居住。这一家姓沈，京儿父亲叫作沈学恺。沈家是江西的大族，所谓世家的一类。京儿因祖母钟爱，便留在乡间，不曾出过门。

春兰答应过大老太太就去学堂里。那时所谓学堂，还是家塾。小庆因老主人欢喜，便也同京儿一起入了家塾。学堂在大宅子后面一所楼中，那种打开窗便可望见匡厦峰，叫作望厦楼。江流从楼下过去，日午人静，看帆船来往，楼外蝉声与长流声，俱足催人入梦。楼前有一个小院，腊尽春初红梅花开，清香无比；初夏枇杷，盛暑石榴；入秋后，便是桂花香时。此外，还有许多季节的花，应开时，俱各烂漫。当春兰正走到学堂的小巷口，便碰见小庆、京儿从学堂里出来，小庆手上提了一条大鱼，两个孩子有说有笑的十分亲蜜。

京儿远远望见春兰了，悄悄地向小庆说："小庆，你妈来了。"

小庆抬头望见妈，忽然感到一点不安宁，但仍大声地喊了一声妈。

春兰走过孩子身边，拉住京儿的手说："京儿，小庆手上的鱼，那儿来的；好孩子，老实告诉我！"

京儿说了实话，看春兰望着小庆生气的样子，扯住春兰衣角，用手揉揉眼睛，想哭。

春兰问小庆："小庆，怕不怕打？叫你不要带小少爷去玩水，你偏不听。"

"不是小庆带我去，我要去的。"说完，抽抽咽咽的哭。

小庆手里还拿着那条鱼，站着不动，看京儿哭了，心里更难过。

春兰给京儿揩眼泪，哄京儿莫哭。京儿说："不关小庆……"

两双满包着眼泪的乌溜溜的眼睛，抬起来疑惑地望着春兰不动。春兰说："京儿乖，莫哭；不打小庆；哭得奶奶知道了，奶奶不欢喜。"

京儿听说不打小庆了，就不哭，叫小庆把鱼交给妈，说："兰姐姐天天给做鱼吃。"

两个孩子和春兰一同回去，路上，京儿说小庆这样好，那样好，体子又大又能干，逗春兰欢喜。春兰给京儿说得想起另外一件事，另一个人对她的好处，虽然和小孩子的不同，但有许多相似地方。紧紧拉住京儿的手，说："京儿真乖，怪不得奶奶欢喜，兰姐姐也欢喜。"

京儿说："小庆也乖，比京儿还乖！"

说完，又看看春兰，看春兰是不是也同他一样的想法。

春兰给京儿说得流了眼泪，抱起京儿，紧紧拥在自己身上，说："京儿真是小精怪！"

小庆一声不响的瞧着他母亲，京儿眼底对他的无限温存，使他想哭，但小庆不哭出来。

四

夏夜。

老祖母，京儿，小庆，小庆的妈，坐在大宅子前面的广场里乘凉。广场一面为大宅子的高墙；从大门里望去，可怜深深庭院中黝暗的煤油灯，和煤油灯下面正中墙壁上钟馗的捉鬼图；院中百年老树，时时因入夜凉风，里清微语；三面矮墙，墙外一片草地，草地两旁有记录着这宅子过去光荣树立的旗杆，南面一个半月影的池塘，青荷繁茂，这时莲花初放，阵阵南风，把花香直送入高门深院中。

京儿歪在老祖母身上，老祖母手里挥动着大蒲扇，不时扑扑地打着蚊子。

春兰看京儿样子想睡，打谜子给京儿猜："青石板，板石青，青石板上钉红钉。"

这谜子京儿听着好几回（小庆也知道），京儿心想必是兰姐姐怕他睡，故意说这谜子催醒他，说："兰姐姐的谜子不好，京儿不猜。"

春兰说：

“京儿猜不着。”

“京儿猜不着，小庆猜。”老祖母说。

京儿望望小庆，小庆大人似的和母亲坐在一个大竹床上。

小庆也看看京儿，说：“京儿猜得着的。”

老祖母又说：“京儿猜得着，怎不说？”

京儿说：“京儿不猜猜过的。”

春兰说：“京儿说了猜过的。兰姐姐就说个没猜过的，给京儿猜。”

京儿又说：“青石板，板石青，青石板上钉红钉。红钉是——星星。”

说完，小手还向上一指。满天的星，星星颤抖如梦。

“那一个是京儿的？”春兰问。

“那个又大又圆，又明又亮的，是京儿的星星。”

“在那里？”

“在天上，在京儿看得见，兰姐姐看得见，好多好多人都看得见的地方。”

说完，老祖母笑了，兰姐姐也笑了。京儿却一站起来，拉着小庆就走，一边走，一边说：“小庆，我们捉萤火虫去。”

春兰说：“京儿不要去，草里有蛇。”

老祖母叫小庆回来，说讲故事给小庆听，小庆便拉着京儿回来了。

夏夜虫声繁唱。风从迢遥的沟上，掺合着回遍了的原野上植物的滞郁的芳香，阵阵吹来。淡淡的炊雾，笼罩了郊外的村树人众；远远近近时时有犬吠声传来。

蝙蝠出入大宅中星星下飞走，时有宅中阶台上大猫健步走过，两只发亮的眼睛，闪耀如同星辰。

京儿听老祖母讲故事：“奶奶，快点讲。”

清雾已下，庭院中大树，瑟瑟传来凉意。老祖母说：“京儿睡觉了，奶奶明天讲。”

“奶奶不讲，京儿不睡，不要奶奶明天讲。”

春兰说：“京儿不要睡，奶奶要睡，京儿这样就不乖，奶奶不疼，兰姐姐也不疼。明天讲。奶奶讲一个，兰姐姐还讲一个。”

五

四十年前，沈家有一个奇怪的少年，听闻无比，从小置书作文，莫不凌驾于大小兄弟之上，生性沉静，不为苟营；为人慷慨大方，坦白诚实。二十四岁头上，娶了一个和他自己门户相当的女子，那女子性格，忧虑多愁，恬静淡泊，结婚后一年，生下一个孩子，就在那一年，少年一个人，跑去远远地方，七年不回来。

孩子母亲，对丈夫情爱，看来亦极平常。丈夫去后，在大宅中过活，一如丈夫在家时候，没半点儿埋怨。少年母亲，看儿子一去不回，有时责备少年，说他不管母亲，不管妻子，不像读书明理的人，有时亦稍稍埋怨媳妇，说媳妇纵容了他，不应当让他无缘无故的出去，但那女子毫不言语。

少年的父亲，也是一等风流的人物。年青时跟着父亲住在北京，天天下棋喝酒，没一点功名心愿。有一次给父亲说了，便带着妻子回到南方，又一个人出去，死在苏州，葬在杭州。

少年出走后，许多事我们都不知道。至于他出走的原因，更无人能确切分晓。诸如沈家人的推测，说他因夫妻不和睦，或说他因恋恋于外面的烟花，一去就不回来，都没有十分的根据。因为在那时代，像少年那般家世，三妻四妾，不算希奇，也不是违反伦常的事。假如少年对自己妻子不好，满可以再娶，十个八个，都能办到。但他究竟为什么离开家，而又一去不回来呢？这恐怕要待优生学者、心理学者来解决。现在我们且说他离家以后，我们所知道的可靠的事。

少年喜欢饮酒，常因喝得大醉，昏迷不省人事，把头发漂在清凉的水中，过一两天才清醒过来，一年总有好几次。

同治××年中秋夜，少年在桂林一个山中；那夜月色极好，少年独自一人，对着山中明月，狂饮到半夜，不觉大醉，便躺在山边崖上。那时正他三十二岁年龄。

那山中有一个小小的寺院，寺里有一个名叫无本的和尚，和少年颇有交情。看少年中秋一夜不来，便到处寻觅，山中外人少到，等找到少年时，已过了一天光景。

从此，在桂林那山中，寺边一块不为人所知道的墓地上，便静静地躺着这个从酒里边死去的人。

这墓地和四向风景，经那和尚精心地划在绢上，被带给少年的家属。如今和一切少年的过去一般，绢底颜色，也从岁月上老去了。在绢底一角，还有那和尚给少年写在墓石上的文句，对于我们了解少年的历史，是还有着它的价值的。

“自同治×年××月，秀士离乡，涉江，经大别，入桐柏，滞少林寺者五月又半，复渡河，北至燕，出塞；旋自大同入晋；由晋而秦雍，观古关中胜迹；过栈直抵成都；买舟东下，出峡，泛洞庭；西至夜郎；复逾岭入百蛮，溯江而上至桂林；凡五年又二月。观桂林山水清奇，毋忍去，筑室而居；室成，将老于斯，而天夺其年，以同治×年八月病殁。遗言骨不还乡。”

这少年就是京儿的祖父。

京儿父亲，和他祖父、父亲俱不相同。在那大宅中长大，一切大宅中兴盛的往日，都作为了他教育的一部。在两代寡居的妇人手中，那深深的不能磨灭的隐痛，使这一个孩子，受到和他祖父、父亲完全不同的教育。他从小对那两个人，毫不知道；他们的一切，在他祖母和母亲看来，俱足以影响他心理上的健康。这家庭中，尽有可以作为孩子榜样的人物，曾祖父光荣创业的历史，从祖母和母亲的叙述中，便深深地植在孩子的心上，使他走了和他上两代的人不合的路。

六

三十年前的旧事，在大老太太心中，似还不曾淡去。她的青春，亦正如春兰一般，埋葬在这高门巨宅之中。如今，这宅子阴郁的气氛，就象征着她如流水一般过去了的青春岁月。

正中秋月好，庭园桂树花开。暮年人的情怀，若踟蹰于三十年前，万里外明月山河中。

“京儿，来，给祖父拜拜，祖父保佑得京儿快快长大。”

京儿常听祖母说起那一个连他父亲也不知道的祖父的身世。有时候在夜里，灯灭人静，祖母给京儿讲祖父的故事，说京儿像祖父。

“京儿大了，去看看祖父的坟。祖父死时，爸爸还一点点大。”

京儿问，祖父的坟在那里，离家有多远。

祖母说：“有一万里远。”说时神气，使京儿觉得还不只万里远……

中秋晚上，祖母总不高兴，京儿也不得像其他小孩子一般的热热闹闹。但京儿从小这样过惯，人家小孩子玩，京儿不羡慕。祖母这一夜，特别疼京儿；京儿也比平常更听话，乖得叫人流眼泪。

夜漏初深，一片清幽月色，浮动在深沉的大宅中静穆而庄严。

京儿紧紧依偎着祖母的怀抱。祖母说：“京儿，今夜祖父回家了。”

桂影随风摇动，梧桐落叶，如在院中行走。

一种在年青时候的旖旎的情怀，仍无从岁月上老去。一切可从儿孙情爱中得来的，似都比不上从丈夫处得来的令人牵念。

京儿便在祖母这种心情中长大，祖母所给予他的影响，和给予他父亲的，截然不同。当他父亲和京儿这般年龄的时候，祖父留下在祖母心中的创痛，还很鲜明，她一句也不敢提那死去的人，因为她不知道她是否爱他，抑还是恨他；那一去七年不归的奇怪的少年，在性格的某一方面说来有十分的美丽；但他那种抛下孤儿寡母飘然远去的忍心处，却难叫人饶恕。

事情旧了，肉体冷了，待望成人的已经成人了；但那一切不可饶恕的，在暮年人心中，至多也不过是一种温情的谴责了。于是那个死去的人的心灵，又从老祖母动情的叙述中，活在京儿幼稚的心灵上。

至于京儿的父亲，在教育上，对京儿可说毫无影响。那个现在沈家颇算得上中坚的人物的沈学恺，二十岁时，即受他祖父的一个老门生的知遇，作过政务官、税务官，三十三岁时的成就，大有超越曾祖父的气势，但因时势迁移，三十四岁从直隶某道解道尹任后，就一直不曾任过别的职务。如今，用流行的话说来，可说是已过时的人物了。像这一类的人物，作者将在别一本书里，加以详细的描绘。他们是属于上一代的，这种观念，和我们不同，即和他们同时代的人，也不相同。对于我们这一代的人，他是表现得异常傲慢，十分瞧不起的；他有他自己的理想与观念；但公平地说来，他的才干与作人态度，比起一般自命为新人物的来，的确是要好得多；因他倔强，不肯趋附于他所认为与他不同的人们，故从壮年时期便引退了。

京儿的母亲，是一个颇为美丽的妇人。当她还是小孩子的时候，有一次从距沈家十里路远的乡村，来沈家所在地方看迎神。那时候，大老太太的母亲还在，看见那孩子，甚为欢喜，问是那家的姑娘，留她在家里玩了一天。孩子举止大方，容貌端丽，沈家上上下下的人，见了莫不赞美。

过了两年，正孩子十六岁。大老太太的母亲，便托人去那孩子家提亲。以沈家的门第声势，像这样的事，还属创举；孩子家人一时甚觉荣宠，经人一说，亲事立刻成就。

女儿十六岁，出落得动人无比。南方山水，作成她性格中沉静活泼的两面，虽然没有受过什么好教育，但天性良善，有如璞玉，毫无半点虚矫习气。

自入沈家门后，祖母母亲俱极钟爱。凡事知轻重，有礼节，没半点儿差池。初嫁时，家里用人心里，以她非大家出身，暗暗不加尊重，但她与这等人相处，毫不假以词色，渐渐亦使他们驯服，变得敬她爱她。

嫁后两年，生了一个女儿；又两年，便生京儿；京儿弟弟，比京儿小两岁。此后便无生育，故到中年，仍不现如普通一般妇人的老态。

京儿从小跟着祖母，对父亲母亲情爱，不如对祖母浓重。小时候人家问京儿：“京儿那个疼?”

京儿必说：“京儿祖母疼。”

"姐姐弟弟那个疼?"

"爸爸疼姐姐,娘疼弟弟。"

"爸疼京儿不疼?"

"不疼。"

"娘疼京儿不疼?"

"也不疼。"

"只奶奶一个人疼京儿,京儿是奶奶的命根子。"

"奶奶不疼姐姐和弟弟!"京儿说时,望望奶奶,奶奶说:"京儿不要爸,不要娘,只要我这老婆子!"

其实,京儿的母亲,对孩子们的感情,在表面上都是淡淡的。这个妇人有一个奇怪处,便是对任何人,从不显得对谁好谁不好,从无臧否人时候,一切好恶,都放在心里。即对自己丈夫,亦不如别人那样亲密。

七

从沈家去南昌,走水路,大船来往,遇顺风半日可到。二十年前,多走水路。当南浔铁路修筑成功,从南昌坐火车,四十分钟到涂家埠下车,再坐小船,一小时即到沈家地方,那个地方叫作大塘,是一个很小的地方,但略通江西掌故的人,莫不知道,这小地方,在百年前出过什么人物,现在又有几个什么出名的人。外乡人,从九江或南昌到涂家埠,要往大塘去,只消问站上人一声,便有人领他去河边上船,经过一小时水程靠岸,十分有礼地把他送到他所要去的地方去,有时还不免给他说一说那地方过去的光荣和现在的情景,问问他要找那一房的人。

一九二五年的秋天,又是桂花香的时候。

春兰病在床上,小庆离她已经半年了,在南昌一家钱庄里作学徒。那时,南昌局面异常混乱,南北军相持不下。旧历中秋前后,在离南昌百里远的大塘地方,时时听到隆隆的炮声。

春兰入秋后就病,屡次叫小庆回来,起初因店里不让回来,后来又因战事,不得回来。

春兰病重时,时时叫小庆名字,大老太太百般的安慰她,劝她勿着急,好好医病,小庆在店里没关系,战事一平定,就可回来,回来了,再不让他出去,还和京儿一起念两年书,跟老爷出去谋个轻快差事。

大老太太一边急春兰的病,一边又为小庆担心,心情十分烦乱。

春兰病轻一点的时候,就不再叫小庆,只暗暗伤心流泪,一见京儿,便问京儿:兰姐姐病会不会好。京儿十二岁,已多懂了许多事,但人家还把他当极小极小孩子看待;听春兰这样说,也学祖母一样的安慰她,说:"兰姐姐病不要紧。奶奶占了卦,卦上说中秋过了就会好,小庆也会回来,占卦的人还说,小庆有神保佑。"

春兰有时若极相信孩子的话,给京儿说得减去许多愁苦。但看京儿说完话,故意背着他看壁上挂的画,用手摸眼泪,又极悲痛,心想若小庆是京儿的话,小小年纪,必不至一个人去外面作学徒,受惊受吓;翻过脸向床里,用眼泪替代那不能和京儿讲、也不能和老太太讲的内心的凄楚。

京儿时时偷偷地问祖母:"奶奶,兰姐姐病会不会好?奶奶常说小庆会回来,怎么还不回来。"

京儿想小庆回来的心比望兰姐姐的病好还切。小庆走的时候,京儿哭了好几天,吵祖母接小庆回来。小庆走时,祖母也不赞成小庆走,是春兰一定要他走。春兰说:"让他学一门技艺,省得将来做赤膊鬼。"

京儿心里总觉得奇怪：为什么兰姐姐先前不喜欢小庆，病了却天天叫小庆名字。

假如小庆回来了，兰姐姐一定不像从前样，一定会疼小庆，不让他再出去，和自己一起玩；京儿有时这样想，想得十分快乐。

春兰病无起色。城里消息，一天比一天坏；从南昌下来的船，天天有；避难来乡的人，和江水一同流到这安静的乡村；大宅中添了几处人口，和大老太太一房的沈学昭——京儿的叔父，以及沈学昭的母亲六老太太，京儿的婶母。和两个堂兄弟——皖儿、赣儿，一个小妹妹宁宝。皖儿九岁，赣儿七岁，宁宝才四岁。另外还有别房的人，我们在此地，不必纪述。

大宅中一时显得颇为热闹，但大老太太胸中愁闷不解。春兰身世，沈家人，只大老太太一个人真正同情，可怜一个孩子，若有甚差池，春兰的病必不会好起来。

春兰见许多人回家，料想南昌情势必已十分严重，六老太太平常照顾小庆，这时不见小庆同着他们回来，总是凶多吉少。虽然六老太太对她说过："小庆在店里没关系，我们下乡时候，全城都已戒严，无法找小庆，若是找到他，必把他带回来的。"

看看中秋又过，连夜秋雨绵绵，梧桐叶动如泣诉。

京儿和皖儿、赣儿，都玩不来；皖儿已入小学三年，拍得一手好皮球，能玩花样极多，京儿初觉得新鲜有趣，也跟着皖儿一同玩耍，但举止笨拙，皖儿骂他乡巴老。京儿一生气便不再和皖儿玩，也不理他。祖母问他怎不和兄兄弟弟一块玩，他说皖儿骂他。六奶奶说："皖儿要不得，怎么骂起哥哥来？告诉六奶奶，他怎么骂的。好叫叔叔打他。"

京儿不说，只偷偷地告诉了奶奶皖儿骂他的话，从此就再也不和皖儿玩了。

皖儿见没人玩，就百般的逗京儿，京儿总不理，心里更想起小庆来，不知为小庆不来，流过多少眼泪。

八

十月将尽，有一只大船从南昌下驶。船上满载着逃难家眷人口。将开头时，一个孩子匆匆跑来叫搭船。孩子看来年纪不大，说话却如成人一般。

船来往江上，沿江地方船夫，俱甚熟悉。孩子模样，亦若在这江上生长，船为那一家逃难的人独包，船主不能随便再搭客人，但船主听孩子声音，觉得很熟，问孩子要去何处？孩子说："去大塘。"

船上的人说："我们是去吴城的。"

吴城距大塘，水程六十里。孩子心想能去吴城过大塘，必比南昌方便。他从南昌城出来，费了千辛万苦，和店里老板商量好了回家，老板给他两块钱，便一个人走出店门。街上来往行人极少，因他年纪幼小，直到城边还没有受到拦阻。城门只在中午时开放，须有通行证，才得通过，孩子到城边时，已过开放时间，无法出城，当下便想主意，走入一所菜园。园里有一老人，看他小小年纪，行动古怪，问他来园里作什么事，孩子说了实话，老人便留他在园里过了一宿。第二天中午，把他装成买菜人模样，送出城去，到了江边，便遇见那条船。

孩子听说船去吴城，便趁势说在吴城也有亲戚，求船主允许他搭，船主叫他问船上的客人，看客人肯不肯。客人打量孩子一番，告诉船主说："能搭就搭。"船主便叫孩子上了船。

船到吴城靠岸，已黄昏时候。孩子在吴城实没有熟人，无处可去，便在船上过了一夜。第二天步行回大塘，从吴城到大塘，起早六十里，身体强健男子，半日便可走到，孩子不认识路，边走边问，入夜，始近大塘河边，过渡时，渡船已经拢岸，老船夫坐在船头上吸着旱烟袋。秋暮江边晚景，已入萧疏气象；白露连江，随江水浮动；江风阵阵吹来，水流去声音，仿佛妇人泣诉，江边柳树，哗哗的响着，落叶积聚在江边没风吹过的地方，有时为一阵旋风吹起，乱飞在江上；远远无边的苇草，在暗淡的暮色中，望去片片白，如送丧的行列；雁声远远近近传来，声声叫着凄哀。

小庆出去半年，已长大了不少。大老太太问小庆这样那样，小庆都能答复，如大人一般。春兰躺在床上，看小庆说话，眼睛里闪着亮光。

京儿当小庆到家时，已经睡了，祖母叫醒他："京儿，小庆回来了，快点起来看小庆。"

京儿听祖母说，又像在做梦，揉揉眼睛望祖母，小庆已走到京儿床边。

小庆叫小少爷，京儿叫小庆，两个孩子，不知心里有多少话，只四只眼睛彼此瞧着不动。

小庆一天没吃饭，大老太太吩咐人做了饭来，小庆坐在灯下吃着；京儿陪着他，看他吃得又多又快，心想小庆在城里，一定没什么好的吃，问小庆：

"城里好玩不好玩？"

小庆说："城里不好玩。"

赣儿和皖儿天天吵着要回城里去，说城里这样好，那样好，京儿听小庆说城里不好，觉得奇怪。又问小庆道："小庆，你会不会玩皮球？"

小庆说不会，京儿说："赣儿、皖儿都会。"

小庆在城里，也见过许多孩子玩皮皮球，心里也羡慕，可是自已没得玩，听京儿说，心想京儿若去城里，也必和其他孩子一般，不说话。

京儿看小庆不响，又问了许多别的事，叽叽哝哝了半天，祖母去到两个孩子身边，和京儿说：

"京儿，小庆跑了一天路，让小庆去睡，有话明天讲。"

又同小庆说："小庆总算回来了，妈妈差点儿没念死。"说时，眼圈子一红，牵着小庆就到春兰房中。

春兰的面色，在昏黄煤油灯下，更显得憔悴苍白；深陷下去的那一双曾是明媚动人的眼睛，有灯盏大，瞧着使人害怕；两个颧骨高耸地突起，好像整个的脸上，就只有那一双眼睛和两个颧骨了；那松懈的嘴唇两边的皮肉，无力地开翕着；说话的声音，听来仿佛秋暮蟋蟀，在半夜清露下，振颤着衰草的轻微的叫声。

"春兰，孩子回来了，好好养病，事事想开些。"大老太太坐在春兰床沿上，小庆瞧母亲模样，一阵心酸，掉下泪来，人生忧患，从小便潜入了这孩子的心灵……

京儿看小庆哭了，忙叫："小庆，不要哭。"其实，他心里也想哭，只怕小庆哭，哭得春兰更伤心，兰姐姐疼他，小庆和他好；他爱他们，除了祖母以外，他不觉得世界上，还有比兰姐姐和小庆更好的人。

九

"小庆，妈不会好了。"春兰的声音，像松了弦的琴声，泪珠合在眼眶里，两只瘦削的手，抓住小庆年轻温暖的手，小庆呜呜咽咽地哭。

九月天气，入夜后，庭前老树，沙沙迎风作响。初升的月亮，弯弯地斜睨树梢，星星舒朗朗地，在半月的夜空中，摇瑟如梦，一阵阵雁声，远远地从北边过来，又声声飞向南方。

那久已未为春兰的依恋的一个人的影子，又仿仿佛佛在眼面前摇晃；另一个被忘记了的影子，当那一个隐去了的时候，亦浮漾在她已入暮年底病困的心中。一切的恩仇爱憎，在那时候，都同样地被温情渲染，她原宥了那个远走的人，而且还觉得有一点点想念他。已经十二年了，那一个决然离去的孩子的父亲，头发中也该已约略地点上霜花了。

“小庆!!”当春兰想起小庆的父亲的时候，几回想对小庆说一说那一个在当年害了她，而今日已为她宽恕了的小庆的父亲，但话一到喉管上，便又咽进去了。

让一切的往事，都深深地藏在心中，又和肉体与心灵，一同带去地下，永远埋没在黄土中；待流年冉冉过去，坟头上长了草，再藉着日月的灵光，照醒墓中人，将那一切不能用自己的嘴，说与人知道的绵绵意绪，让虫鸟代为诉说，啼了春天，又鸣到秋天；不是比自己说着更好些么？人却往往不能这般做到的。人，在一时看来若十分坚韧，而其实亦只不过像拉紧了的弦子，轻轻地一敲，便断了。

“小庆……小庆……，……”一声声哀绝的声音，最后变作了呻吟。两双手从小庆手中退落了。眼睛合上，又无力张开了。

小庆叫妈，大老太太听小庆叫声，忙过春兰屋里来。

春兰又渐渐回转过来了，指着桌上的茶杯，小庆忙从烫壶中，倒了一杯温水，送到她嘴边，让她咽了两口，又把茶杯放在桌上。

春兰看大老太太进来，坐在她床边大椅里。泪珠又盈盈地挂在眼角上，艰难地咽着气。大老太太看情形不好，忙喊家下用人进，给春兰撤去帐子。

春兰掀动着她那一点血色也没有的嘴唇，无半点声音发出，只看到那一种可怕的颤动，接着，整个的只剩下皮骨的躯体，不断地抽搐起来。大老太太给家里老仆妇搀回了她自己的卧室，大宅中一时忙乱，不断的人来人往，直到春兰被抬着离去了这宅子，安置在宅旁矮屋下，一所黝暗尘封充满了陈旧谷物气味的房间时，才复归沉静。

大老太太通夜不曾睡觉，“就让春兰在这屋里老了吧，她从小就在这里生长，还不是和自己家里人一样吗?”但古老的风俗，又使她想到这宅子关系着儿孙日后的幸福与安宁，终于还是让人把春兰抬出去了；春兰好像就是由于那双冥冥的手从她手里夺去了的。

月色迟迟地下了树梢，最后的亮光，恰好照在东边春兰住的套房的窗棂上面，大树阴的影，亦婆娑地浮动在窗上。

京儿一夜未受惊动，躺在祖母的大床里边。两只小手放在被面上，轻轻地打着鼾息。已过了半夜，大老太太迷迷糊糊地并京儿靠着，忽忽有如睡去。春兰好像又回来了，站在大老太太面前，仿佛还是二十年前动人时的风姿，忽又变成病中的模样，吞吞吐吐地像要说话；但当大老太太喊她的时候，便不见了。

正这辰光，一个从矮屋来的老仆妇，匆匆地来到大老太太面前，大老太太正好梦回，看来人神色，知道春兰已经过去了，便对来人说：“告诉他们好好去给春兰办理后事，把小庆带过来……”

（原刊《北战场》1941 年第 3 卷第 5 期、第 4 卷第 1/2 合期、3/4 合期、5 期，署名“流金”）

登　革　热

“今天觉得怎么样?”

“还是像前两天仿佛。”

“你也得看看医生。”

“早看过了。”

“断的是什么病?”

“登革热——这也不用医生断,我自己早就断定了。”

“什么,登—革—热这个名词,好像是译音?”

“是的,是 Dengue 的译音,英国人又叫 Dendy Fever,是一种偶然发现而传播极速的流行病。据医生说,并没有特效药可治,但也不致有意外危险,只不过要牵延点日子罢了,这病我在两年前早经被侵缠过一次,使我永远不会遗忘！因为那时曾被它摧毁了我一个灿烂之梦!”

“灿烂之梦！怪动听的名词,要是这梦并无隐讳的必要,那末能不能分输一点灿烂的印象予我?”在先,我本不想驻足,如今为了好奇的听欲,却走上月台,向他对面拉过一张藤椅,望着他,企求他的允诺,预备静听他的长谈了。

“可以”,他点了点头,“可是有一个条件,不准你把这点资料,搬运到你笔尖上去。”

这时,一弯新月正悄悄地爬上了柳梢,富含凉意的银色之光,从丝丝柳影中透射到他的眉间,但见他两道长眉一展一蹙,似乎预示这椿事,确是可怅可喜,虽然他还没有开始讲。

在两年前某一个春朝,我去访李老伯,在书室里坐谈,这梦便揭开了第一幕！我记得很清楚,在那书室的东角,从玻璃窗上望出去,恰对着一架紫藤棚,架上的紫藤花,正开得十分烂漫,一串串倒悬在艳阳影里,婉如璎珞一般的明灿,不肯略负春光的蜂蝶,都在那里嗡嗡地、翩翩地,沉醉得像午夜舞场里的舞客被灌醉了香槟一样,当这一角绚烂的画面上,在略不经意的一瞬间,突然现出了一个淡装的少女——我暗忖李家从不曾见过这样一个人,待要回眸再瞧时,她已是惊鸣似地消失了所在!

十多天后,听说李老伯有点感冒,我特地上李家去探病,这一次我坐在李老伯卧室里,方在闲谈,蓦然地有人把门帏揭开了,在门帏一旁,漏出了半面娇靥,注目瞧去,正是那天紫藤花下的女郎。她对我瞟了一眼,竟送了一个不当的微笑,接着便把门帏重复放下了。这样一个微细而倏忽的动作,在一般人瞧在眼里,当然毫不介意,可是在神经过敏的我,却大费了猜疑,暗想:她为何无端地揭起门帏,为何揭了并不进来,更为何对我笑?这三重疑云,一时在我脑里纷乱地缭绕着,终于推测不出一个所以然的原因。

过了几天,我又去望李老伯的病。当我一脚跨进穿堂,巧极了,又遇见了她。

“顾先生”,接着又是一脸美丽的微笑。

她这一个招呼,更使我堕入极深的迷茫！她怎么晓得我姓顾,怎的老是对我笑,正待开口动问,瞥见黄皮阿金——因为她的脸非常的黄,他们便在她的名字上,加上了黄皮两字作为特征的形容词——手挽着一只筠篮，步履很轻快的过来，见了我，顿时从黄皮上推上一重笑影，也叫一声"顾先生"，是可两粒寒锐的眼珠，从我的脸上转移到她的颊边，再由她的颊边回视到我的脸上，好像已被发现了什么隐秘。

"出去吗?"忙把脸上不及尽敛的残笑，转赠了阿金，也不曾听得阿金的回答，匆匆地往里跑了。

当晚我回到寓里，神秘的疑团，布满了整个的脑府，念念不休的几个问题——她究竟是李家什么人，久居在李家为什么事，我的姓她那得知道，见了我怎的总是笑。更稀依冥索着她的体态，不必说肥瘦长短，处处都合着时代的标准，单从富有弹性的全身曲线上看去，谁也不能否认她的健美，再想到她的神容，娇艳的颊晕，修长的眉痕，都能显呈天然秀丽，绝不曾借一点人工修饰，但这点还不能代表她最美的特征，最可爱的，是那纤黑的睫毛，晶乌的珠子，和微蓝的水泡，配成了一双又柔、又媚，又伶俐的俏眼。她是那么会利用这副太富魔力的俏眼，来向人傲示她青春的充裕！她绝无一丝中国女人们惯有故意的忸怩——这时我越想越迷惑，急于要明悉她的一切，恨不得立刻把我的心魂，飞钻入她的脑里，探个详晰。

后来我忽然想着了楼下的老刘，他对于李家的事，最熟悉，于是我急急地跑下楼去。

"老刘，我要问你一个人"，我走进老刘屋子，毫不拘礼的向沙发上一靠，开口就这样问。

"谁?"老刘刚吃罢晚饭，嘴里正有一支牙签不住的在那里剔牙。

"今天我上＊＊路李家去，瞧见一个少女，此人以前在李家从没有见过。"

"噢，你说的是不是那个不论对任何人老是会笑的女子?"

"嘎，不论对任何人老是会笑，那末她对我的笑，当然也是普泛而毫无作用的了!"我暗忖。

"关于她的一切，你只要问她"，老刘说时，把牙签从牙缝里抽出来，转向在窗边台上收拾盘餐的佣妇一指。

"顾先生，你要问她吗?"佣妇扭转身来，向我瞧了瞧，似乎很愿申诉。

"是啊。"

"她是我的寄女，她姓张，叫湘琴，讲到她的身世，实在是太凄了，今年才十九岁，可是已经没有了丈夫，现在被雇在李家做针线，还是少爷介绍去的。"说时佣妇将拿着抹布的手，向老刘点了点。

"老顾，如今你知道了吗？她是个新寡的文君，你是个风流的才子，她现在有的是哀感的遭遇，希望你把她加上点顽艳的点缀。"惯说俏皮话的老刘带笑说。

佣妇对主人看看，又对我看看，仿佛不懂得主人的语意。

我对老刘且不回答，却对佣妇说:"那末怎不让她再醮呢!"

老刘不待佣妇回答，忙夺口道:"她正期待着司马相如啊!"

"……"，我对老刘白了一眼，但脸上仍是带着笑。

"唉。顾先生，这怎么可以呢？我们虽是乡下人，这点丢脸的事，还不愿意干。老古说:'从一而终。'我们终得遵守，不像上海人，今天姓张，明天就改了姓李!"佣妇似乎不赞同我的建议，并且自矜很能尊重廉耻。

"不，不能这样讲。"我特地申明我的理由:"像她这样年青，照你所说的遭遇，差不多人生应有乐趣，还不曾有一分的享受，可晓得人生最宝贵的是青春，决不能为了习俗的束缚，把她青春没情由的剥夺净尽！习俗束缚的意义，你懂得吗？讲得明白点，就是你说的，把'从一而终'四个字，来白白地断送了她的一生，你们乡下人还是十八世纪的头脑，还不知道现在贞节牌坊早已不行了！教她毫无对象的牺牲，有什么意思！我觉得每个人，都有人类应得的幸福，假使死了男人，女人须守寡，那么死了女人，男人怎不守鳏呢？所以我根本反对这等残酷的习俗，况且女人再醮，绝对不是一件丢脸的事，不要说现行法律，并无禁止，便是专制的前清，也有特许的明文。”

“你对她谈律，无异于对牛弹琴！好，好，住了吧。你就是和她谈到明天，她还是一个莫名其妙！”

“顾先生，你的话，确实不错，倘是男人们都像了你，我们女人早得到真真的自由了。无奈古时候几千年传下来的顽固风气，那里打得破，你这几句话，在洋气十足的上海讲，不打紧，要是到闭塞的乡下去说，那你一片好心，非但男人们不会表同情，便是利害相关的女人们，也未能领会你的好意吧！”

“哼。你听，你不要小看她，这几句话，讲得多么有意思。”我对老刘眨了一眼，接着一声冷笑。

“唔。我明白了，你极应该给她多戴几只‘高帽子’，将来酬简、佳期，在在都需要这个老红娘咧！”老刘好像已经窥破我的隐衷，故意的调侃。

“别开玩笑了。”我向老刘笑了笑，便站起来，离开了他的屋子。

光阴之轮，推动得多么快，一瞬间，江南又是到了镇日濛濛的雨季，一天下午，为着一件事，要和李老伯商酌，特地冒着若断若续的雨丝，去到李家：恰见她斜倚在门口，她一见了我，顿时显出她惯于使用的微笑，接着一声清脆的“顾先生”。

“老爷在家吗？”我一时实在想不出来一句适当的话和她搭口。

“老爷带着全家的人，都出去看电影了。”

“……”

“请里边坐吧”，她将自己身子向门边一偏，意思是让我进去。

“他们既都不在，我也不坐了。”

“……”她只是把多情的眼光，略微带着点怅惘望着我，好像有话想说，可是终于未曾出口。

我见了这副神情，不自觉地停住了足，暗暗悔恨自己鲁莽，不会利用时机，但一时又无法把话再说回来；于是她默默地，我也默默地，只是两人的视线，不约而同的互接了几次，终于两下都黯然地说了声“再见”。

待到第二天再去，满贮着热烈的痴望，望的是还像昨天一样，李老伯又带了全家的人出去了。那末这一次，我决不会再轻易错过，一定要和她谈个畅快，然而结果，不但不能如望，甚且跟李老伯谈了好久，连她的影子，也不曾见到。

惊人的消息来了，我不禁起了一阵莫名的紧张和惶恐！当我照例带了疲倦，从写字间里回来。一脚跨进大门，就见那老刘的佣妇哭丧着脸，在客堂里向众人滔滔的诉说。回头一见了我，急促地说：“顾先生，我的寄女不见了。”

“怎会不见？”我不禁怔了怔问。

“还是昨天的事呢，可是消息传到这里，还不过半个钟点呢，据说，她在昨天午后两点钟光景出去后，直到现在还没有回去。唉，顾先生，偌大的上海，教人往那里去寻呢？再说我又是吃人家饭的，那里有闲工夫？若说迷路吧，我想她这点聪明也该有，一定会雇车回去的，若说被车马撞伤吧，医院里也该早有通知了。顾先生，你替我想想法子看，怎样去寻找她，如真的不见了，那末教我对她男家怎样交代呢。”

“是，这个法子，倒是不容易想啊！”我形色上似乎很漠视，而内心早已失了宁静。“空急是没用的，还是让我代你往李家去探听一下。”我终于失策地漏出了这样一个不得当的动机。

“那是再好没有了，只是太劳顾先生的神了。”佣妇满脸露着感激。

"不妨,不妨。"我却忘了疲倦,匆匆地便向外跑。

事情的演变,往往出人意表,我一到李家,第一个瞧见的,就是她,我这一喜,无异得着了连城的赵璧!

"啊,顾先生来了。"她轻娇的声调,和柔媚的笑影,还是和往昔一样。

这时李老伯戴着呢帽,执着手杖,从内室出来,正像要出外的样子。

"李老伯,要出去吗?"我忙趋前几步,很恭谨的问。

"你来得正好,我有事要和你谈,可是此刻我要出去一趟,你如没有事,你且坐一回,我大约至多一个钟头必能回来。"

"是",我送李老伯出了大门。

"昨天你上那里去?"我回进来向她带着几分埋怨的神色问。

"你怎晓得我出去?"她对我瞟了一眼,狡猾地反问。

"还有谁不晓得呢,早已闹得满城风雨了,此刻你寄娘为着你,正急得像热锅上的蚂蚁啊!"

"真的吗?"

"谁哄你?你究竟上那里去的?"

"昨天出去,原想去买点衣料,路里忽然遇见了一个多年未见的小姊妹,强要拉我到她家去玩两天,我再三推辞,终得不到她的许可。"

我听了,一腔紧张顿时全消,不觉暗暗发笑,这样一个骇人的风波,谁料内容竟如此的简单和平凡。

"直到此刻,我坚决地表示,无论如何要走,她才得放我回来。"说时,她从烟罐中取出一支烟,擦着火柴,传给我燃吸。

"嘎",我一边吸,一边瞧她的手。这是一向我所疏忽而未加注意的,十分奇异,想不到乡间贫苦的女子,竟也会有这般皙白的柔荑!更看到无名指上,套着一只珐琅的指环,上面还镶着一只象牙小猴。

"这只指环倒很精致咧",我趁势执住了她的手,浪漫地把头一低,表示要赏鉴那只猴环的样子。"你是肖猴的吗?"一时我竟忘了自己的尊严和对一个并无深交的女子的礼貌!

她急促地把手缩了回去,然后报了一个富于艺术的浅笑,但并不作声。

这个当儿,我虽然蕴蓄着无穷的话,要想对她倾吐,但好比一部廿四史,该从那一句说起,才够得上"恰到好处"。

"湘琴,你真可人,教人真爱慕。"我在无词可措中,忽然想到这样两句说。

"乡下人,别见笑了。"

"乡下人?难道乡下人就不配称美吗?我们就在这里坐一回,谈谈好吗?"我第二次又去试探拉她那支戴猴环的手。

侥幸的,这一次,她不曾畏缩,她只是扭转身去,向门外望了望,便向我摇摇头。

我很能了解她的暗示,但我握着她的手,依然未放,而且捏得更紧了点。

"顾先生,听说你和刘先生住在一处,怎的我每次到刘家来,总看不见你?"她那双灵活的眼睛,还是不时的向外瞭望。

"你来的时候,一定在日间,那时我正在公司里啊。"

"你在那一个公司做事?"

"我在",她突然把我的手一推,很轻捷而失措似的,向后退了几步。我惊悟着忙向门外望去,但见那黄皮阿金远远的走来，我坦然地把纸烟在烟缸上弹了弹灰，便退向近身的沙发上坐下，扬声问道："可晓得老爷要什么时候回来?"

"不知道"，她显出从没有这么呆木的神色。

"顾先生!"阿金还没有进门，先对我很和蔼的招呼，我向阿金含笑点了点头。

"顾先生，你要看老爷吗?"

"是的，我正在等老爷回来啊。"我随手向靠沙发的小茶几上，取过几张新闻纸，开始漫无目的的翻阅。

于是她和阿金都悄悄地退了出去。

我一个人寂对着新闻纸，直到燃完了两支纸烟，才见李老伯回来。这天李老伯和我谈得很乐意，强要留我晚餐，我为博取李老伯的快慰，便遵了命。平昔在李老伯前，我从不曾喝过一杯酒，可是这天不知李老伯怎的非常有兴，特地取出五十年陈的绍酒，再三劝我喝，我不敢故违他的盛意，却在谈笑声中，缓缓地干了几杯。

毕竟我的酒量太窄，待至饭罢时，自己觉得两颊热辣辣地，头脑昏沉沉地，着实有点醉意了。

"可要到客房里去睡一刻吗?"李老伯似乎已经窥出我的熏醉。

"好好。"我昏晕得有点坐不住了。

在醉梦中，恍惚地有一样异样温馨的东西，紧贴在我唇上，我竭力睁开模糊的倦眼，好像有一个蓬松的黑影，极度惊敏地在我视线上闪过，这时我方始觉到十分的醉了，连眼前的东西，都看不清了；于是颤颤地举起了乏力的右手，向自己的眼皮上，重复的揉了一回，再张眼瞧时，但见她幽默地站在床前，嘻开了嘴，不住的向我媚笑，她似乎也喝过了酒，两颊红晕得比朝阳下的蔷薇更艳，她的前胸，一起一伏，似乎作经了剧烈运动，呼吸非常短促。

"咦?"我很诧异，暗忖她怎会一个人站在这里。

"醉消了吗? 你已整整的睡了两个钟头了。"她很低柔的说。

"是。"

"可觉得口干?"说时递过一杯已经预备着的开水，凑到我的嘴边。

"谢谢。"我把头向外一偏，便呷了一口，"这屋子很有点闷气，怎的这般热的天，还是门窗的幕掩幕得这样深深的风息不通?"说时我把目光向四围打了一转。

"……"她这时仿佛现出了几分忸怩。

"湘琴，你对于我的影象怎样?"

"我不懂你的话。"

"换一句说，你觉得我还不讨厌吗?"我侧身向外，举手又去握她的皓腕。

"有一部分，觉得有点儿讨厌。"

"那一部分，你讲。"

"便是你不安静的手!"说着吃吃地笑个不住。

"要它不讨厌，那很容易，只要你把它捉住便行了；要是你不捉住它，恐怕讨厌的成份，还不止你现在瞧到的一点呢!"我自己也忍不住呵呵地笑了起来。

"我不和你讲了。反正总是你们男人的舌儿会翻。"

“好好，且不谈这点，来讲点正经话，好不好？”

“正经话”，她披了披下唇。

“正正经经我问你，你对我影象到底怎样？”

“有的是乌黑的发，雪白的脸，会说话的嘴，教人见了一点也没有坏的影象；只可惜缺少一样东西，这是美中不足。”

“什么东西！”我很燥急，不知竟被她发现了那一处自己不知的短处。

“只缺少了一颗心！”

“湘琴姊，湘琴姊，老太太在这里找你啊”，黄皮阿金在楼上拉长了喉咙这样说。

她忙将拿着的杯子，向灯台上一放，三脚两步匆匆地奔了出去。

我这时重复合上了眼皮，心头真有说不出的愉快和安慰，我疑惑是做梦，我要仔细地回味这美妙的梦！此后我希望李老伯常常有美酒的赐予，更希望每酒必醉，醉必做这么一回梦。

我和她的情好，倘以寒暑表来测量，已到了百度之外！可是，在表面上，还是保守着零度，我几次想私下约她出去，看一次电影，或者吃一次西菜，借得这个机会，作一回切实的谈话；但，为了种种环境的阻碍，结果还是一个空想。后来，有一天晚上，大约是六月的下旬吧，因为天气逾恒的炽热，人觉得非常昏闷，想到露台上去乘一回凉，不意踏上水泥梯级，便听到一种轻微的谈话，语言好似很熟。

“谁啊？”我扶着扶栏，缓缓的上去，因为这夜昏暗得像黑漆一样，天上一粒星都不见。

“顾先生，我们在这里乘凉啊。”语声略为提高了点。

奇怪，这分明是她，她是惯常日间来的，怎的今天偏反了调。

“顾先生，你来坐。”接着听得拖凳的声音，“顾先生，凳在这边。”这是老刘的佣妇口音。

“你们坐，我不需要”，我推逊说。

“顾先生，你这时怎会上这里来？”她带着笑声问。

“你这时怎会上这里来？”我也带着笑声问。

“为的是她自己已死的男人，要落葬，她明天要回乡下去，特地来和我话别的，只是这们远的路，她单身回去，我终有些不放心啊。”

“她家住在那里，预备怎样去？

家在＊＊，她本想趁火车到望亭，在望亭再搭网船或人家的便船到家。我以为这样走，还不如趁火车到苏州，由苏州趁小火轮，来得稳当而且时间也可以快一点。”佣妇似乎老于阅历的说。

“要是你往苏州走，那倒很好，我恰巧明晨也要上苏州去。”我一时灵机巧动，很认真似的说，其实我那里有去苏州的必要，不过明天恰是个例假，公司照例不办公。

“那好极了，阿琴，你明晨一准跟顾先生同去，不论在车上、路上，处处都有照应，真便利得多咧。”

这时我很想瞧一瞧她的表情，能不能了解我的深意？无奈眼前黑暗得连自己手指都分不出，遑论其他。但，我相信，那末聪明的她，一定不会不明白的。

“那末准定在明晨八点半的一班快车走，那时你在车站的大钟底下等我便了。”我并不待她取决，竟命令式的，对她约定了。

“阿琴，决意这样吧，不过，顾先生，明天买车票，做行李，一切都要你费心了。”

“好好，一切你放心好了。明天会吧。”说着依旧摸索着扶栏，下了露台，因为佣妇在旁，我不耐烦，尽谈点无聊而敷衍的闲话。

这一夜，我兴奋真到了极点，睡在床上，只是不断地痴笑，好像忘记了一切的一切，只期待着明灿的晨光，赶快来驱除黑暗，我不时的瞧着手表，感觉到过了这么长的时间，还不到三点呢，继而我又劝慰自己，任凭它怎样慢，应该耐着心，总不过五个半钟点了，自信未来一切的希望，都是可能的，都是不久会实现的。如此翻覆的想着，良久良久，才听得壁钟哨哨地敲了四下。我想：天快要亮了，我得静心睡一回，补充一点消耗太多的精力，于是我立刻想睡熟，禁止自己，不许再转杂念，可是要压住思潮，无异要离开自己影子一样的困难，我记起人家说，当失眠的时候，只须一心一意的数着钟的走声，自然而然，会慢慢睡熟的，于是我开始数钟的走声了，从一下，数到一千，数到两千，五千，但，还是那么清醒，直到壁钟报了五句，方觉神疲眼倦，泛滥的思潮，好比转入了幽溪，渐次都平了下去，便迷迷糊糊的入了睡乡。

“笃笃，笃”，“顾先生，顾先生，时候已经不早了，快起来罢。”老刘的佣妇敲着门，对我说。

“噢”，这时满窗的红日，映射的我简直张不开眼，骨脊间，像被人打了一顿的酸痛，头脑又像快要爆裂的难过，我颤颤地揉了揉眼，把一只手将身体勉强撑起来，猛不防一阵头晕，不禁又倒了下去。可是心，非常的清，便提高了嗓子，很简单的对佣妇说：“我病了，今天不能走了，你快到车站上去，关照她一个子走吧。”

“你病的，就所谓登革热了？这不幸的登革热就结束了——不，摧毁了灿烂之梦是不是？”我不等他说完，这样问。

“还不是吗？从此，我就没有再见过她一面，据老刘的佣妇说，当她男人落葬后，她的只知抽大烟而好不知耻的公爹，偷偷地私下接受了人家两百快钱，硬把她再醮给一个五十岁的老农了。你想，这是一个多么深的遗憾！当时我要是没有这登革热的阻挡，她的美丽的笑容，也许早映入了你的眼帘；所以我对于登革热的仇恨，永远不会磨灭。”他说到这里，似乎感到失了心魂的落寞，陷入了如大多数男人所落下的悲哀的涧谷一样，无尽期的幽囚在失意中咧。

我觉得这一段事，真的可怅可喜，决不能让它虚无地漂没在人间不知不觉中，我终于违反了老友的意旨，偷偷地写了出来！

（原刊于《小说月报》1940年第3期，署名“流金”）

春　　潮

（一）春在原野上招唤着我冻结了的诗情

三月十二日

今天离登封已经四天。病虽见好，但仍无力作事，户外已见春意。院子里有好阳光，屋檐下一早起便有雀子叫着，邻居的黑猫，时时掀开帘子向屋里张望，两只眼睛亮得凌凌的。宁与我几天没好休息，一个人忙这样忙那样，而且事事都是生手。我偶然望着她，想她就这样作新妇了，觉得有说不尽的怜爱；喊她靠床边坐下，拉着她的手，说："宁，你想没想过这样跟一个男子过日子？自己烧茶烧饭，做菜，还受气，给男人说，一个女人不学这些事，还配做人家的太太！"

又一日

昨夜下了一点小雨。早晨空气，异常新鲜。起来后在院子里散步，忽忆放翁"岂知蹭蹬东江边，病臂不复能开弦"的句子。时地虽和古人不尽相同，但情怀却是一般的。

早饭的时候，想在家里病后的日子。离家已过五年，相去二千余里，自二十八年故乡陷后，想回去也不可能了……

黄昏时候，和宁在村子外面散步，碧油油的麦陇，一阵风来，像暮夜海水的波动，远远地望见山，山色比天底蓝色深些；夕阳还在山上，晚霞像喝醉了的美人的面颊；渐晚天色渐深，到后来和山变成一个颜色了，看着群山沉没，一种梦想，随着融化在暮色中，宁说："这风景真好！"我说："不久到南边去，春天，南方的山水更迷人，路上够你赞美！"

又一日

气候宛如春天，有雁北来，掠院中大树过去；似更增加人们对于季节的感触。

饭后骑马进城，预办一点南行的事，缓辔在麦陇之间，风悠悠地迎面吹来，远山叠翠，有数峰浮在白云中。半月来，心情都不大好；对于事业前途既觉渺茫，于身边琐事，也很心烦；这时候，陌上春风，却把一切人生忧患从心上拂去了。

薄暮归来，山光明媚，有几片白云，坠在明净的蓝天下。春在原野上召唤着我冻结了的诗情。

又一日

今天决定由郏县往襄城。终日忙行旅中事，到下午才得空闲。坐在小窗前，想想这两个月来作息的地方；门外的田亩、树木、远山，四边的邻舍；友人夫妇的温挚；院子里早晨赶出去的晚上赶回来的羊群;…… 觉得一旦离去,都还可恋,和宁说:“明天我们便不在这地方了。说走说走不觉得,真走了,才觉得这里都好;那黑屋子——我们的新房,村子里的大路,树林,天一亮小学校里的读书声,以上都会叫我们想的!”

宁听了不说话,也许觉得我这个人只会爱惜过去的;目前许多重要的事不去管,许多值得爱的不去爱;心中必又暗暗想:“你这个怪物!”我看她不讲,望着她不停,后来她慢慢笑着说:“希望平安地走了,到你欢喜的南边,那有水,有大鱼小鱼的湖上,让你做个湖上的诗人!”

午后,男仆××来,他病了一个月,刚好了一两天,眼泪从他苍白的脸上流到胸襟上,他懦懦地向我说:“秘书,你去了不会回来的!”我看他样子,也禁不住心里的难过,安慰他,说:“我送太太回家,还要回来的,谁跟你说不回来呢? 你好好养病,病好了到军部去找×××,我给你写好了信,你在军部等着我。”到北方来了两年,他侍候了我两年,当我寂寞的时候,他和我谈他家里的事,谈黄河边上的风俗。也许我真不回来;不回来,又向什么地方去呢?

为了一个梦,我走了一万里路,到洛阳来;梦随即破碎了,悲哀地过着“食客”的日子,有好几回我问自己:“这生活能过得下去么? 但为了另一个梦,我又耐心地呼吸着北地的风沙;一年过去了,梦成了真的。现在,又为着一种固执,一种无比的自尊,又开始着关山的行旅,走向南方!

来日总是美丽的。谁想到过: 过去的日子也曾系梦魂,为所倾心响过往呢。

又一日

剑兄在我空白的纪念册上,写着:“流金: 我们见面时,你常向我说起‘人性’,后来你离开洛阳,现在你离开临汝,都是为了它。不可知的命运也罢,主人公性格的反映也罢。你踏上征尘吧。你是对的。”夜里,在灯下,已有一点酒意了,想这两年来和剑兄的友情,流着感激的泪。从我们初时到如今一切都是他“给予”(to give)。在西安病中,住院出院,以及后来到洛阳来,他都像兄弟般的护着我。这回到临汝,又是他,给我温情,使我能没有什么忧虑地过了新婚的一个月的日子。什么时候,能再听到他动人的声音,见到那有时候忧悒中年人的神情呢? 一个人,在军队中生活了二十年,当生生死死的事,已不能动他的情怀,反为一种不可捉摸的思想——梦里的诗篇而萦怀终日,这不是可以比得上古昔传说中具有英雄主义的神的故事呢?

(二)“不可知的命运也罢,主人公性格的反映也罢;你踏上征尘吧。你是对的。”

又一日

半夜,院子里马叫起来;看表还不到两点钟,一夜都不得睡,宁和我一样。从登封回来说走的时候,宁很高兴,说:“天气不冷不热,我们都能吃苦;走路像旅行,沿途尽量享受这个春天!”一种幻想支持着她,正如支持着我一般。但真的要走了,似乎又都有一些惆怅了。昨天前天,我心情都很坏,给宁生气,说这样做坏了,那样做得不好。半夜看宁也没睡,轻轻地拉过她的手,正想着她心里是否在埋怨我脾气坏,而她却是那样温顺地让手给我握着,不觉自己心里忏悔了说:“宁,明天我们便走啦! 你看这夜多长! 刚才我看表还不过两点,马在院里似乎晓得要走远路,直嚷着,一下子也没有休歇。你今天不是说有点头晕么，现在怎么样？这一路，我想都很好玩的，这是我们第一次的长途旅行，算补偿我们闲在黑屋子里的蜜月旅行吧。”

宁的头发散乱在我背上，天渐渐明了。

早晨，太阳没过山来，天上依稀的还有几颗星星，露珠子在碧油油的麦上闪烁着。宁和我，还有两个仆人，一匹马，在濛濛的曙色中，出村子走向南去的村路，剑兄在我们身边，看宁穿着不合身的军服，长头发卷在军帽里，觉得好笑，对她说：“你穿军服也很像样的，”我们默默地走了二三十步路，我和剑兄说：“你回去吧，打了胜仗。我们再见！”

剑兄送我们直到路向南转西处，天亮了，星星不见了。

临汝县城在早晨空明的林子的薄雾围绕中。

东边山上，太阳渐渐爬上了峰顶，探首丛山之间，睥睨着这碧油油的麦的原野。这完全不像是在北方，这是故乡，二月的江南！

离城十里，正南为去叶县的路，我们取东南大路，打郏县往襄城。沿路望东北绵延不断的山，直到襄城才看见东去千里的平原，十多年来，住在大城大县，用现代交通工具，于故乡的土地与农民，只因时怀恋。我在乡下生长，十二岁才坐船进大城，看到城里的街市、车和大汽灯。十五年的城里生活，渐使我和我所生的地方，一天一天的疏远。这回，是真的又回到乡下来了；在村路上，看见一头牛，一头骡子，一把犁，一架拖草的车，一个老农夫，吸着旱烟袋，悠然地坐在村边的土墩子上或石块上，便仿佛回到童年的梦中了；想起在家里，和我差不多的农家孩子，把我扛上牛背的事；想起老农夫，坐在村里的稻场上，讲长毛的故事……。一切都是异常地亲切的，虽然北方的农村和我们的故乡不尽相同。

宁比起我来，便完全是个城里人了。我给她讲这样那样，俨如富有农事知识的人。我常常用这样的口气给她讲：“这还不知道，这是什么草，什么花，什么时候长，什么时候开，我们家里有的。”

下午，已走了五十多里了。宁一脸通红，我问她：“走得么？”

“走不得！你背我！”

“真走不得，我就背你，看看有多少重，年下值得多少钱！”

“你背，你背，”宁两只臂膀真放到我肩膀上了。我说：“我背你，真背不动，你要转背我的。”

春风迢遥地从海上吹来，几日来的烦忧，又飞越过了关山，随风而去。

当夕阳细语着黄昏，我们在离郏县十里路的一个村子停下来。我说：“走了一天啦，真累了！”说完便坐在小学校里的一张大靠椅上。

宁找到了学校的校长，交涉好了我们今晚就住在学校里。人和马都停在一间大屋里，我们用桌子拼了一个床；夜中，马仍不断的闹着。

又一日

路上走了三天。天天有好阳光和柔媚的春风。过了襄城县，颍水上渐见帆船。河水叫人看着怀念南方，故乡的小河，不知引起过多少儿时的梦想，小河里的船，把爱着的人从家里载去，在一定的日子内，过年过节的时候，又把他们带回来。我说：“宁，你讲你没见过水，这回，你可看不尽水流了。这条河，从登封山里来，一直把我们送到正阳关，一送就是一千里。在登封时，下午吃完了饭没事情，我常一个人迎着夕阳，循着河源走去，悠然地看白云在山上飞，听山里的水流声；秋天黄昏山中的安静，回想起来令人觉得那时候真闲适！谁想得到那使我做梦的山里的水流，出了山，奔泻千里，又送我们走这样远的路！”

宁见到水比我还高兴，听我因水而说的话，有所思地瞧着我的脸，说：“水流去就不回来了！”

这是我们恋爱的时候，在洛河桥上，正夕阳时，我站在柳荫下，看水从桥下流过去说的。

傍晚到漯河，雇好去界首的板车，同我们走的仆人，明天决定叫他们回临汝，马亦让他们带回去，以后，长途上仅我们两人了。

半夜小雨，睡在床上极焦闷。行路上最怕的不就是风雨阻了行程么？

又一日

天亮时还小雨，车夫起来了，说下雨就难走，路上没住处，不如在漯河住着等晴天。我们一心想快点到江边，说雨不大，走一程算一程，没地方就歇在车子上，我们走惯了路，吃惯了苦。

动身时，已六点过了二十分。雨不下，但天仍阴沉，宁走了三天，极疲乏，一出漯河大街，便坐上车去。我跟着车走了大半天。

漯河东到界首二百七十里路，普通三天赶到还很早。第一天一百二十里到周口。沿着河边公路，直向东行，时时望见河上的帆樯，河面渐东渐宽，到周口，黄河自贾鲁河流入，水即浊黄，和上游清流判然有分别。

春意日浓，沿公路桃杏花开，红白夺人心目，嫩柳低垂，像十六七岁少女婀娜的丰态。自过襄县，东望平原无际；漯河以东，麦陌相连，随河直到淮上；麦苗一望千里，一匹千里碧沉沉的锦丝。

南方正是春雨时节，小楼一夜东风，飒飒来从海上，百花在细雨里吸取春天的润泽，一晴便齐相争妍。人类乡土的观念，似与生俱来，怀古思乡的情绪，用文字缀成优雅的篇章，常使人流连讽咏，觉得一往情深，惆怅于古人用文字造成的境界……

到周口在夜间，星光下，天宇渺然无边际，车夫说我们胆子大，我说：“我们胆子并不大，只没东西可以抢，抢走我们这种人，种不了田，使不了船，只是会吃大米饭，有什么用？”

当时在路上走，心想真有人劫，就把东西、人，一齐交给他们去。是这样想着，也这样给宁说着。宁讲：“你入伙，我不入，我还是一个人到开封去！”

“你不入，他们把你绑起来赏给该受赏的人做强盗婆！”

“那你就做强盗婆的……”说着想不出什么恰当的字说下去，却笑了。

又一日

下午到界首，太阳还只偏天中丈把远。漯河动身时，路上碰着一个孩子，从舞阳来，一个人去界首孤儿院。孩子眉目清秀，因生活磨练，变得比他实在年龄使人看着大好些，十四岁就像十七八那样懂事，识人情。我们看到他走在我们后面，瞧他小小年龄一个人，觉得奇怪，问他从那儿来，打那儿去，他像大人一般，和我们说他家里的事，说他父亲当兵好几年没信儿，妈去外面谋生活，一去不回来，只剩下他一个人在乡里帮人家做点活，赚饭吃；这回听人讲界首孤儿院有吃，有书读，便决定往界首去。孩子因生活训练了他生活的办法，有勇气走五六天长路，夜里睡人家的柴草间，讨点汤喝，碰着善心人，施舍了钱或面，就吃点走路，我们看他可怜，便叫他跟我们一起走，给他吃的喝的，车夫说：“路上坏人多，你们小心点好，要行好事，给他几块钱，让他单独走路！”

我想那孩子纵使曾受过坏人指使,也决不会找到我们头上来。对车夫的话,毫不在意,但孩子究竟赶不上我们车子快,走了半天便掉在我们后面了。

到界首,宁想起那孩子来,问我他是不是能来到这地方,到了是否能被收容?我们商量好去孤儿院看看。走过码头,看到无数大船小船,有家船行,正在讲明天有往关上开的船,我们想着也许可以坐船到正阳关,便走过去问:"行老板,你们船明天开,可不可以搭两个客?"

行里有个安徽商人,瞧我样子,不像军人,问我在军队里作什么事,我递了张名片给他,行里人都围着瞧那名片。安徽商人看完名片,笑嘻嘻地对我说:"可搭,可搭!"

说完,便向行里老板介绍我,说:"这位先生坐船,可给船很多方便,过关过卡,只要递他一张名片,便可无事。"

行老板把船上管船的找来,说:"这位官长搭你的船去关上,你好好伺候他老。"

管船的约三十七八岁模样,极诚实可爱,问我晚上上船去还是明天一早上。我想想晚上上船好,就说:"你同我去旅馆搬行李,今晚就上船。"

找那孩子的事,便永远地存在我们的愿望中了。

黄昏时候,新月斜挂在天边,我们已在舟中。

春夜温熙,月照河上,像铺了层银箔子,风吹起河流的波纹,月影散乱在水里。

深夜,始入舱睡,月正西沉。

(三)"船上镇日清闲,望江水,云树,平野,只不见山。"

又一日

濛濛的雾,弥散在江上,朝阳出没白云中,若有深情似的挣扎着临照人间,一片摇橹打桨的声音,喧闹着平静的江面,雾像一幅轻纱,聚了又散了。在东边太阳升起来的天边,有红霞,像二十七八岁的少妇,晚装初罢后的胭脂,那样强烈地动人遐想。

缤纷的帆影远远近近地映在江中。西风阵阵激起水面上的浪花,东行的船,都饱挂着轻帆了,船夫说:"长官好运气,春天东南风多,偏吹起西风来,风顺水流,三天包到关上。"

船在水上轻驶,水澌澌作声,两岸烟云村树,像电影一般的从眼前过去。

十年不坐帆船。十年前:从故乡到省城,夏天风顺,一百里路,早晨天亮动身,到南昌赶午饭。从南昌到故乡的河,给我印象顶深的是江湖上的渔家,夕阳晚照,江面上,一片渔歌,一缕缕的青烟,从小船蓬里出来,浮散在江上。家在江湖之间,一道小河,连着大湖又通大江中,两三岁便习见了白帆与江水,稍大点就熟悉于水上一切的故事。多年来,对于水就有一种爱,一种亲切的感觉。斜卧在舱里,似神驰于故国苍茫的烟水,和水上的渔家。偶然的说:

河上这样单调,来往尽是一色的船;河两岸除了看见天,看见麦陇,疏落的村庄,什么也没有,我们家里风光就不这样啦!河上有十几二十种样式的大船、小船,各县的不同,各乡也各有各的花样,在船上,你终日听得到动人的歌声,打渔人把网撒下水去,唱着,拉起网来的时候,唱着。打完了鱼,坐在船蓬里边,船静静地泊在江中,悠然地望天色,望江水,也悠然地唱着。河两岸,远处的山,逶迤百里，山下人家，有碧绿的深树中露出白墙来，两岸的田亩，一年四季青青的，田塍路上，牧童骑着牛背，有时真像诗里所说的骑牛吹笛美妙的境界……

一幅故乡的图画，完整地浮现在我的心中；听得人也悠然神往了。我又说："这河上也未始不好，假如有个颍州人，偶然地到我们南方，旅行在我所怀念的江上，也许他还是想着这千里无际的平野，想着这漠漠的北方的天色呢。"

我笑了，宁也笑了。宁笑着说："你会讲，真到了你的故乡，不见得就和你说的一模一样，也许你说的不过是你自己创造的境界，你梦里的诗篇而已。"

宁虽生在南方，但长在多风沙的城市，常常念着那个黄河边上的大城。而我呢？我是生在水边，长在水边，而自己又有意把那些水美化了的。离开那水边的时间，越久越长，那美化的程度便越神妙，越完全。

船一天便到颍州的刘集，江上静波，船系江心，月色朦胧地照着江面，船前后左右，都是船家，渔灯忽忽如豆，幌摇在江水中。

又一日

船上整日清闲，望江水，云树，平野，只不见山。河两岸随处有果园，桃花开了又谢了，只落英瓣瓣在碧草上。

老船夫，健朗矍烁，说起话来，像有一种金属声音，在空中振荡，回响在水面上，今年七十八岁；鬓发苍苍，祖宗代代生活在水上，船是他的家。儿子四十开外，极诚实善良，总管船上大小诸事。三个孙子两个孙女儿，大孙子十五岁了，结结实实，帮着驶船，是个得力的船夫。孩子们的母亲，整天在舱后面做饭洗衣服，见不到面，另外还有一个粗壮呆气的伙计呵呵哼哼的，几乎一刻不停地撑橹打桨。

终年在船上，生活平静无波澜。风和水训练他们有一种好耐心，任听天命。又因为和风和水斗争，有着一种坚韧的性格。

风顺挂起帆蓬，我们出舱来，在船头甲板上坐下。老船夫照例和我们应酬一番，或问一问时事。当大大小小都围在他身边时，便开始用一种关切的神情，问战事几时得平静。我们说："快了。"

"快了？"他怀疑地重复着我们的话以后，说："总听说是快了，打了一年又一年，现在五年啦！这回听说美国人帮我们的忙，美国总打得过日本人吧？"

"美国人一帮忙，就快了。"我说。

"平静了好么？"我说过，宁问他。

"平静了好！日本人没有来的时候，我们从颍州河到淮河，走上海，一块钱把小孩打扮的漂漂亮亮。"说着指着他身边的小孩子，"你看他们，现在连大布头都穿不起了，简直成了叫花子。"

夕阳迟滞在江上，天边浮着朵朵云霞。老船夫无限深情地追恋着好往日，谈着李鸿章，袁世凯时代的江上风情。他儿子有时也说说吴大帅、冯玉祥，在河南的日子。对于这样简单良善的心灵，我们说些什么好呢？宁说："真好玩，一船三代人，祖父一代谈李鸿章、袁世凯，父亲一代谈吴佩孚、冯玉祥，将来孙子的一代，要谈委员长了。"

"现在的日子过不了啦！多少船都劈了当柴卖，船没人使了，大船差多，打到一回，饿了半年不打紧，连船都要贴进去！小船呢，小船装得多少东西，关上来回一趟，折折陇陇只够吃。柴米油盐，那样不贵！

这年头,使船的活该饿死。”话多了,老船夫便尽情地倾吐心里的话。七十年的人生忧患,还没有把他磨练完了!

“把日本人打走了!就好了!”宁有意地说着安慰他。

“唔……”他的白胡子翘了起来。

夕阳下后,大地悠然入黄昏。我们宿距关八十里小集上。船夫说:“明天到关了,关上有船,到六安还可坐船。”

江面上明月娟娟,帆桅的影子,满江如画。

又一日

昨夜大风,舟中寒甚。早晨天刚亮就开船,船夫讲:“又是好风啦,今天到关了!”宁轻轻碰我臂膀,说:“起来,起来,开船了。”

船上没事,我说:“宁,船上寂寞得很,你给我说点什么吧?”

“说什么呢?说个故事好不好?”

“你讲吧。”我随随便便的说。

“看你懒的儿,‘你讲吧’,那样没神没气的!”说的人撅着嘴。

“好!好!莫生气,你讲个故事给我听。”我笑嘻嘻的说。

“讲我们自己的事好么?”发亮的眼睛望着我,显然的我们自己的故事,是那样使要讲的人感动了。宁刚讲完这句话,便迅速地从小包裹拿出了一本厚的练习簿,递给我说:“我不讲,让你自己看,一样可解你寂寞,但只许看我折着的。”说时眼睛望着我,说完便装着要睡,远远地离我躺着说:“只许看不许做声的啊!”

日记上记着的,是二月二十八日我从临汝回登封到我从登封回临汝的事。在我没去登封之前,我心情不好,而且新婚的日子过去了,一切在我都看得比较随便些,因此给宁受不不少的委屈,她在日记上写着她内心的话,这些话一直到今天才给我知道。

二月十八日

爆炸声忽密忽疏的传来,我很难过,除了思念,像还有一种更大的东西,缠在心里,怎么也不能理解它。

这应该是人生最愉快最美丽的日子,但我傻了许多,我从没想到过这样的缺乏理性!

已是夜了,人该到了登封。他和我的心情会一样么?(若说一切是我自找的,我永不承认,谁的幻想不美丽得天仙一般!)

人到后,该见过许多人,谈过许多为别人谈的,人家休息了,他自己在屋里,偶尔想到数小时前,离开的地方和那地方的人,便马上该做他在马背上已具体计划了的事,假如他有一份力量求克复疲倦——不,他不会疲倦的,时间在他,又有了价值,愿他多休息,恬静的睡——我含泪诚心为他的安宁祈祷。

三月一日

忍耐到天明起身,等一个人来,说给我一点消息,关于他的。

未起床时，便想起昨夜的梦，梦里，他说了使我满足的话，一双眼睛，亮得像去年秋天的月亮，在那有力的臂上，我痛悔的哭了："我自私，误解了！"

不能不让眼泪流在枕上。梦和现实啊！

昨天走得那么晚，到时，月亮该伴着他了。数十里马背上的颠簸，该很倦了，愿他有个好好的休息。

整理所有的信，那些美丽的梦，重给我以无比的情热，我感动了，一次次淌着眼泪，呵，我这狭量的人，他崇高，伟人，他毕竟不与人同。呵！……我后悔吧。

数日耿耿于心的，瞬间逝去了。

六时要电话，××接着，知人已平安到达，但不在家。想再问一句什么，没讲出，接电话的人，只讲别的事，想想还是不问，放下听筒，刚出门，那老太婆问："到啦！"

起初听着不在意，一怔，才会意地说："呵！到了，昨天晚上。"说完，便匆匆地走了。

吃饭像是应付什么事，没一点劲儿。我要磨练着离开了他也生活得好。

三月三日

有短信来，像是见了写信的人，虽然是那样短，还一遍一遍的看着。相片上的，仍然那样沉默。我眼眶湿了，他没有以前那样以柔情对我了。离开他，仅一天的路，为什么我完全失去了活力呢？

真的，一切都随他去了。

没他在，我情愿不见任何人，不要人玩，不和人谈话，那，只能添我些烦闷。在静中，我可以想我要想的，我很自由，很能享受一点零碎的温存。

三月四日

灵有电话来，那温柔的低沉的声音，使我想着他在我身边。他是离我那样远么？多残酷啊，我不能听任他，我不能搁下听机来，我要说："带我去，带我去！要不，让我的生命熄灭！"

去年今日，我们是多么幸福，那个最美丽的春天！我遇到我生命的支持。经过了多少折磨、苦难，我们胜利了。这已经不是梦。上帝是这样仁慈，赐给了我一切。我还期待什么呢？

三月五日

人回来了，梦似的，我们像分别了五年，紧紧地拥抱着。抬头见他黑的吓人，眼睛更深了，但是精神还好，只说话声音弱些。

听他说，我们将离开这地方，我高兴得跳起来，只要和他在一起，我什么苦都能吃。

我完全地高兴了，我心里一点也不觉得他对我变了，他对我只变得更好了啊！

我读着她折着的，读完，说："不许再读了么？"宁听着，从躺的地方跃了起来，她说："不许的，不许的！"

我抬起头正碰着她发光的眼睛，她含羞地扭过脸了。我说："你的故事写的很好，但这叫做什么名字呢？你真傻啊，幸亏苦了又快乐了，以后再不准把事放在心里，我不好给我说，真不好你就不理我，是你误会了，说了不就会明白吗？"

西风吹过河上，船上只那个粗壮傻气的伙计，拿着篙，单调地呵呵哼哼的闹着船上的寂寞。宁伏在我臂膀中间，我问她："我现在对你好吗？你再把昨天记的给我看。"

"不。"

我们在沉默的欢乐中，真到了个河湾，船夫闹着"里舵、外舵"的时候，探首舱外，正夕阳时。

又一日

从九点钟便下起雨来，一直到黄昏，船在小雨里继续开向关上。

雨濛濛地笼罩江面，天低沉得像要压下来，二月春寒，麦色油油地招展雨中；当时信口拈了几句：淮雨二月寒犹峭，新麦纤纤拂面来。水远天低波浩渺，风轻雨细鹭飞回。下半段却写着四天来船里的心情：船中卧稳日高起，灯下吟成蜡泪堆；海内风尘亲旧隔，八公山下不胜哀！

吟成了，念给宁听，宁说："写的不好！"

"不好？你不懂！"

"我不懂么？你随便凑合成诗，那有八公山，有蜡泪？"

"那远远望见的，不是八公山么？"我指着东边远处云里淡淡的一抹青蓝。

"啊！那就是八公山吗？我们多少时候不见山了！"宁惊呼着站在船篷外面霏霏细雨中，"那多美啊！山不也就是和水一样的动人！天天看山，不觉得山好，天天看水，也腻了！"

我瞧她好快乐的样子，自己也觉得快乐，说："我的诗好不好呢？"

宁似猛然又回到平静，可爱的嘴上，浮着笑，多有情地瞧着我，说："你的诗好！"

"怎么又好起来了呢？是因为真有山就好了么？"

"真是的！说好又不好，说不好又好，你要我怎么样？"

"我要你——"我说着已紧紧地挨近她。

"我不要，不要——"一阵笑声，连珠似的回旋在江上。船渐近关了。

淮水从河南东南山中流来，在关上汇合了汝颍，又东流入海去。从南来的还有安徽西部的山河，正阳关是一个水市，远远地我们望见一个塔，无线电台矗立在苍茫的烟雨中，比起那塔来，更美丽。

淮水流到关上，带着无数的大河小河，又寂寞地东去。东头淮上，只鹭鸶打水面飞来飞去。船夫说："我们四年不往东边去了，四方八面来的船，都只得到了关上，关下便是敌人的地方啊！"

夜泊关上，风涛如海啸。宁问我："怕不怕？"

"怕怎么样？"我说。

"不怕么？"

"生在水上的人还怕水！"

"你不怕，我怕！"

"你怕，过来，我给你胆子！"

"胆子还能给的？"

"怎不能？傻瓜！你来哈！"

宁故意装得不懂我的意思，我也故意以为她不懂，说着却嗤然地笑了起来。

"你笑什么？给我胆子呀！"她挨到我身边来，说："看你怎样给人胆子！"

宁散乱的头发，又披在我肩上了。我说："你现在不怕了么？"说过哈哈地笑了。

（四）"客路青山下，行舟绿水前。"

三月末

到正阳关后，因雨没下船。有另一船去六安卖盐，就决定坐船六安去，再走几天水路。

早晨天气，还是不好，船开时，原船上大大小小，都聚在舱篷外面，送我们走。老船夫说："下回来，再坐咱们船。官长大人真好！一路顺风送到六安，只三天路。"

我心想下回倘能再来，再坐那艘船，那才好玩，和老船夫讲："好呀！你送我们到上海，在你船上过个把月！"

"好呀！下回我们过上海去！"

山河，地图上围津河，从正阳关直到六安，终年可以行船。六安以上，水涨时，可到独山镇、苏家埠等地方。从霍山中流出，水绿得像猫儿眼，南方味儿更浓了。河里来往船只，从霍山、六安等地，运麻茶米帚竹下来，分散到沿淮颍各县，从河南运盐上去，到六安分散落太舒桐霍山十来县地方。六安为名茶产区，战前生意很大，畅销沿海沿江一带，茶叶运输，便藉这条河向各地分散。

细雨飘在江面，船徐徐逆水而上，两岸平野，在雨里濛濛望不见。船夫说："今天怕走不了多少路，顶风顶水。"

船夫自己撑着篙，叫他的儿子和一个伙计下船拉绳去。儿子约十四五岁模样，不肯长，又矮又瘦弱。

船走得慢，船上日子便觉得长。宁说："坐船就怕风不顺，水不顺，看船老是在一个地方，真急人。"

"什么事都这样，处得顺境，处不得逆境，便算不懂得生活！海上潮来潮去，天上日出日落，人间人老病死。佛说成住坏空，说无常，都是物之理。而且一切事，倘若都终古不变，还有什么意义：天天吃鸡吃肉，不会腻死了么？"

"又说教！谁听！你凭良心讲，现在是不是也烦，也闷，希望船走快些。"说的人撅起嘴。

"不希望，我觉得这样好！静静地看烟雨湖山。"

"又是诗兴来了！"

"你看，那站着的鹭鸶，白的像雪，烟雨里的树，多美丽啊！'鹭鸶飞破夕阳烟'，怎样一种美好的境界！可惜这不是夕阳时，但这烟不是比夕阳时候更美吗？"

我站在船舱外，细雨已打湿了我的头发，额上有水珠子。宁倚立在舱里，看我样子觉得好笑，拉我进舱去，说："你看头发都淋湿了，还站在雨里！"两手给我理着那垂在额上的发，掏出手绢擦了额上的水珠。无限温情地端详着我。我那时似还神驰于雨里的湖山，她从我眼睛里看了出来说："你想什么，快给我说，让我给你写下，灵感一去就不会回来的！"

"想一个人，在雨里坐船，往一个陌生的地方去。船里有个女伴，又聪明又傻气，人家给了她全个心，她像知道又像不知道，总怕那个人还有半个心放在别人身上！"我故意这样逗她玩。

"鬼哟！不跟你讲，你把那全个心给我看看。"

"要看么？在眼里，在嘴上，在任何一个地方，懂得的人，一看就看到了。"

雨渐渐大，离开仅三十里，船泊在一小镇上。

夜听潇潇雨打篷，我们默诉："明天晴了吧！"

四月一日

清晨雨止，江水涨了许多。上水船，因起了大北风，仍走得不慢。

雨过后，平畴异常碧净，间有一片片金黄色的菜花，点缀鲜妍动人。

江风寒意甚浓，我们坐在舱里，冬衣全上身了。船夫懒洋洋地撑着篙，穿了件大棉袍，拖一双大棉鞋子。船上的人没有从界首到关上船上的良善、勤朴。船夫是个年近四十、带着很重江湖气味的水手。船老板娘整天吱吱喳喳地像冬天早晨檐下叫个不休的麻雀。小孩子们也不惹人爱，长得又丑又笨，馋嘴，见什么好玩的便嚷着要，或一声不响的用小手抓去，放进褴褛的衣服口袋里。看船夫有气无力撑篙的样子，我轻轻给宁说："这样子驶船，必饿死！"

"可不是，那家船上，大大小小穿得伶伶俐俐，每天吃面，菜也好，不像这穷样子，连杂粮不得个饱。"

"那船上女人，也好得多，一天到晚，不说句话，厨房里干干净净的，不像这个，一天吵到晚……"

"我们跟这船没缘，是不是？一见到那副撑船劲儿，就叫人生气，好在今天顺风，船还得动，上水船，风不顺，这样撑，到六安一百八十里，一个礼拜不会到！"

我们好像为这事很生气，看宁面孔，忽然想着我自己是不是也那样板了起来？觉得十分好笑，说："看你样子像很生气，出钱坐船，值得么？"宁看我忽然笑着这样讲，也笑了，说："不值得！"

"不值得怎么样？"

"只怪你！"

"怪我有什么用？难道我故意要找这样的船？"

"怪你运气不好，带着我生气！"

"你现在不是笑着么？难道你的好运气，就不能带着我好些？"

说说我们便忘记了在船上。船上人看我们细声细语讲话，在舱里不出来，也许觉得好玩，也许觉得奇怪。当宁走出舱去，那船上女人说："太太，你们一天到晚讲什么？官长待你那么好！"

是不是那女人想起了她年轻的日子，想着她从男子那里得过的温存，来和在她看来觉得可羡慕的另一女子比较？

宁回舱说："那女人问我：'太太，你们一天到晚讲什么？官长待你那么好！'你说好玩不好玩？"

"你怎样说呢？"

"我什么也没说，笑了笑。"

"唉，你应该说，官长待什么人都好，和什么人在一起，都一天讲到晚的。"

"真是这样！"

"可不是？"

"不跟你讲！"

"只对一个人好得特别些，说的话不同些！"

"不要讲了，等下子那女人又该问我了。"

天，阴了一天，一心担心着还有雨下，再迟滞江上的行程。薄暮的时候，和宁站在舱外，天色明净，西边一片红光，白云成霞，朵朵浮在天际。我说："明天准晴，日看东南，夜看西北，西边开了啊。"

南方入春多雨，忆在故乡，三月间下了几天雨，鸡上宿的时候，祖母总走出篱门外看天色。西边开了，祖母便说："明天晴啦！"有时候近黄昏西边仍沉沉如墨，那不用讲，第二天必又是滴滴答答的一天春雨。

儿时事在追忆中明晰如画，看西边天际云霞，若神驰于一种梦境。这时祖母也许仍和二十年前一般，颤巍巍地杖出门外，看天色预说阴晴，忆念她的孙儿，在一个她不知道的远远的地方，和七岁的小甥女讲："菩萨保护乾爷在外安安吉吉！"

入夜一江月色，江水满，明月也满了。水光潋滟，江上一片儿女声，喧喧直到中宵。

又一日

早晨，天仍阴不开。舟行江上如磨墨，江水从山中流来，甚急甚大。两岸青青麦色，绿树，茅屋……都带着春意入船来。

去北方一天天远。从临汝动身，杨柳缓青，一路上看柳垂丝，桃花开，杏花落，梨花如雪，菜花如金，到江边时，春都老了。朋友来信讲，他家新建楼房，面水背山，风景佳绝。我们去那儿，为辟小楼，一间住，一间待客，度蜜月不亚泰山华岳。想着到那儿，将在夏初，蜜月固早过去；八年不在南边过春，"小楼一夜听春雨"，乡居虽然无杏可卖，那梦境似的听春雨的味儿，也尝不着了。

六安正阳关路上，无大集镇，沿河地方，过去，匪类出没无常，现因为安徽入河南要道，河上治安，由地方着意维持，行旅安全无疑。但使船人于过去可怕印象，不易磨灭，天天太阳出后开船，赶夕阳前泊集子。我们一天总想多走些路，而船夫有时在下午一两点钟便下锚不走。正午过隙贤集时，船夫说："路上我们熟，该停那儿就在那儿停，官长安全，官长好，我们也好。就像这集子，附近几十里地，过去就是土匪窝，我们谁也不敢单独行船！"

隐贤集距六安有九十里，上水船就顺风一天也难赶到，船夫说要上岸买油买米，集子很大，可上去玩。我问他："今天还开船不开船？"

"不开了，开了赶不到集子住。"他说，说完拿起装米麻袋，拖着棉鞋上岸去。

"不是赶不到集子上住，是他懒，瞧他样子就是个好吃懒做的人！"宁说。

"他不开，我们讲也没用。我们也上岸去，看有什么土产可买。"我说。

集子沿河有一条长街，百来家铺面。四围大树，尽是种柳。槐花开了，一上岸便有一种清香扑面来。宁说："你晓得是什么香？"我问她。"不晓得！只你晓得！我白在北方过了十几年。"

去年槐花开的时候，我住在西宫一所大房子的小屋里。窗前就是桃树，桃花在一夜风雨中卸了。距窗子不远，有一树如盖，开着花，香了半个月，我时常开窗子，延明月和花香进来。有一个女孩子常在黄昏后，带着月带着花香，从很密的树荫里过来，到那大树边，看我小屋里灯亮没亮，进我屋里来，和我在一起，度着温熙的夜。梦似地一年过去了，那女孩子成了我的妻，我们在另一个地方，又见着槐花香了。我说："宁，不是我以为你不晓得这是槐花香。我问你晓得不晓得，在引起你一些回忆，那西宫的夜，槐树下面明月的清幽，我们开始爱的日子！一闻到这香味，一种神秘的甜蜜的情感，便在我心里流，去年我不是问你：'明年我们怎么样！'现在你是我的了。我们走这样远的路，都为的是槐花香的时候，月明的春夜曾织成了我们的梦，我们走这样远，什么都不要了！"

宁依依地走在我身边，那发着亮光的脸上，那样强烈地表现着一种希望，一种喜悦，一种追忆，现在不是一切都有了么？她说："今年春天比去年好！去年你是那样恍惚地在我梦中，是那样地离我远，我不敢相信我的愿望,会如此完满地达到!"说着,眼睛燃烧着一种纯真的崇高的爱的光,"不是么?我们现在虽在征途,一切都不是令我心满意足么?灵,你说我们永远不会离开的,就像你那回去登封的事也没有,有好月色的夜里,有花香的地方,或是断桥落日,或冬夜炉边,我们都在一起儿,我们享受着上帝赐予的!"

向晚天云绮丽,清风,明霞,江上一片帆影,我们坐在岸边沙上,凝睇远方,忽忆放翁诗:"鱼鳞云衬夕阳天。"竟悠然地待月上来。

(五)"大别东来千万山,行行日近长江水。"

又一日

下午,江上的光潋滟。六安城外的塔影,摇曳在江中,一带小山,逶迤从北过来,折向东去,青草如袍覆在山上,没开尽的桃花,艳艳地点缀在绿叶中间,风景旖旎。

"到啦!"我们愉快地不约而同地说着。船静静地摇近岸边,靠在小山下有很大石头的边上。我们叫了一个挑夫,把行李搬到岸上,和船夫讲:"几时再回关上?再坐你船吧?"说过便上岸去,一次也没回过头来。

城里完全南方风味,石头路,木房子,高墙……。我说:"真到南边了,样样都像故乡的小城,和我十二岁初到南昌的印象一点也不差……"

很不容易找到一家旅馆歇下来,旅馆老板是个斯文读书的人,矮矮个子,瘦瘦的,穿了件长青呢袍子,一双黑丝呢平底鞋,看上去四十上下,温良而文雅。

我们看好一间向西的厢房,把行李放下后,便和那店老板周旋,问他去太湖的路,太湖来往六安多草纸商人,从宿松太湖贩草纸来六安,从六安买盐回去,一年四季,路上行旅不断。店老板说:"到太湖碰着好天气,七天带赶,八天松松的,这来往人多,沿途有饭店,可住可吃!"听我们外省口音,他以为我们从立煌来,说:"打立煌直接上太湖,比这边近得多,只不过山路难走;往这边去,有两条路,一路往舒城县、桐城县,经过青草塥到潜山,一条从毛坦厂,中梅河过老欢岭,翻三道岭到青草塥,后面的路近几十里,但要翻山。"

"我们从正阳关来,不从立煌来,初次到安徽,路不熟,你说的那两条路,那条好走走那条。"我说。

"都好走,走毛坦厂就近些。"

店老板说话声音平和迂缓,完全过去读书人派头。旅馆有大天井,天井里好几个花台,种满了花,剪秋罗这时正开着,还有玫瑰花红得像美人醉后的面颊。小小客厅,陈设十分雅致,条桌上摆着一个古铜楠木座子的果盘,里面盛着四个福建漆的蟠桃,左边是一个仪征泥的花瓶,右边是一座铜镜。四壁都挂着字画,虽非名人作品,和那客厅却很调和,我和宁说:"你看,这就是南方人的生活,那个人,便是典型的南方读书人,在江西、安徽,随时随地可以碰到这一类人物,他们生活上有不少趣味,吃饱睡眠以后,还要花、酒、字画、琴、棋来满足他的灵性,但这一类人物,快完了,现在也很少见了。"

入夜后,我们炊了一壶从街市上买的好茶,豆油灯下,对坐着谈路上的事,谈到太湖后,将怎样安排我们的日子,宁说:"太湖有水有山,你打鱼,我摘茶,得了钱,你从市上买米买盐,我做饭烧水,一天饱后,夜里有月亮,我们到水边山上看明月,像在洛阳那样度春夜,没月亮时候,你写小说,作诗,写了念给我听,讲给我听;我给你抄,抄好寄到重庆去,换了钱,托人买好吃的来!"

“这多好!”我说。

“不好么?”

“怎不好! 这才真正是生活! 但我怕你摘久了茶,和那些山里年青男子混熟了,唱他们的歌,不要我了!”

“又乱讲!”说着伸手捏我的膀子,“痛不痛?”

我说:“不痛! 又严重了起来!”

“让我捏捏看!”

捏着她时她却格格的笑了。

明月窥窗而入,直照我们床上。我说:“好月光,伴我们睡,这床又大又软,今夜好好睡一夜。”

当宁睡着了的时候,似有一种思念由月色给我带了来;入睡后,梦魂又飞向千里外。

又一日

昨天在军民合作站要好了的两名民夫,早晨迟迟不来。六安南去霍山九十里,动身晚了,怕难赶到。旅馆老板去催了两次,没人来;我又亲自去催,到合作站,民夫一个也没来。

我说:“你们办事怎么办的? 说好了一天亮要的夫子,现在太阳这样高了,还没夫子来?”

合作站管事的说:“老百姓都怕打差,官价连吃都管不了。你不要急,夫子不会不来,不过总是挨时候。”

“我们有钱雇不到人! 只得向你们这里要。送我们不会吃亏,你同他们讲,我们供他们吃饱,还给他们回头路费,叫他们快点来,莫耽误我们的路!”

管事的听我这样讲,又说:“个个像你这样,谁还怕打差,你这样讲,就叫人催他们去,叫他们马上来,不耽误你的路!”

当我回到旅馆不久,两个挑夫由合作站上的人引来了。我叫他们赶快绑好了行李,挑了就走。

六安南去,渐渐见山,过去公路破坏,现只有行人小道。挑夫问我们今晚宿那里,我说:“到霍山县。”

“那恐怕赶不到,我们能走,那位太太能走吗?”

“能走的,她恐怕比你们还会走路,一天走过一百三十里!”我说。

宁望着我笑,挑夫看宁完全男子装束,也笑。宁说:“今天到霍山,你们赶一点,到了请你们喝酒,我一天走九十里不打紧,只那位先生受不了!”

“我受不了? 你看看,到霍山,看你又要说:‘你背我’!”

“你才那样!”

挑夫看我们极好玩,又说给他们吃饱了还给钱。一路极高兴,赶点路很不在意。

山上绿树红花,杜鹃如血,山间稻田大麦青青,远远近近人家,鸡犬牛羊,莫不令人觉得田园闲美。我说:“在南方走旱路,比河南好得多,处处有好风景,任你流连。”

“北方也有北方好处,大平原一望无边,躺在牛车上望天色,有时蓝得叫人流眼泪,不也值得怀念!”宁说。

“你还没见过北方好风景。大青山北,一望千里,深冬草色还像青的,我们有一回去百灵庙,汽车奔驰在草原上,野马成群,跟着我们车子跑,马的颜色,和草原上的颜色一般青,那才好看。从百灵庙回来,正大雪后，车子在大青山中曲折前进，山上全给雪盖着了，只看见一片白，我们原都给毯子盖着头，忽然有一个同车的掀开毯子看外面，山腰间正有一个牧羊人赶了一群羊，羊在雪里，和雪一般白，牧羊人坐在石头上，像悠然地在望天色，那时正有夕阳照在山峰上，我们都一齐惊呼起来。"

"是喔，不是北方旅行也好么?"

"我没说北方旅行不好。北方风景，扩大我们胸襟，增加我们的气魄。南方却给我们智慧。春天山里，有花有鸟，有流泉，偶而还有扎花头巾采茶的女儿，有曼柔的歌声……"

"反正旅行都好，不是么?"宁说，

"像我这样更好，有爱着的人陪伴，船上有她做饭，烧菜，洗衣服。走旱路，到一个地方，我先休息，她铺床，弄水洗脚洗脸。招呼着饭。"

"就只这些好处?"

"当然不只，我还故意气她，使她撅着嘴，然后又哄她……"

"好好，不要讲了，够了，够了。"

距霍山还有十里路，山中已渐入黄昏，挑夫说："前面不远地方有饭店，不到城里可以在那地方住。"

我问宁累不累，不累就再赶十里进城去。

宁说："赶进城，疲倦些，睡得好些。"

夕阳涂在山峰上，远山变成了紫色，西望一片大山，绵延不绝，山头云影成霞，明艳十分姣媚。一阵阵东风，抚弄着山里的花树，油油的麦陇。山村里，时时有牝牛暮归的声音。

进县城时，天上有了星星，暮色苍茫中望见城里的宝塔，绕城有小河流过去潺潺不断。宁说："说说就到了，一点也不累!"

"一天九十里路，我们讲了许多，笑了许多，说说笑笑，不怕路长!"

"假如是一个人，今天就住在离城十里路的地方了。"

晚上，我微微发热，宁贴着我睡，说："不要病倒了啊!"

"有你，我不会病，有一种精神力量支持着我，快乐常会消灭疾病的!"

"是这样吗？我将给你更多的快乐。"

（原刊于《黄河》[西安]1943年第4卷第5期，署名"流金"）

南　行

四月五日

今天两个民夫，一个湖北人，一个凤台人，都是雇来打差的。在县城，城厢居民出钱，可找到苦力替差。县城里，也专有挑子、车轿，备人雇用。操这类职业的，多为外乡人，家乡沦陷后，在侨居地方卖力生活。

霍山去毛坦厂六十里，合作站规定一站路。我们动身很早，给挑夫说："你们能不能送到中海河，一天赶一百里路？"

"赶不了，这边路大，一百里路要当一百二十里路走！"

天气很暖，像初夏。走走觉得发热，频频脱衣服，仅剩一件衬衫在身上，还出汗不停。走走歇歇，遇有喝茶地方喝茶，有水喝水。我们都说："好热，像夏天！"

这路为通舒桐城外大道，挑军粮的从舒城来，一路上不断。舒城以南各县军粮，集中在霍山苏家埠后，再由水路入淮运到立煌去。沿路休息，都碰到那些送军粮的朴实的农民，大半都在路上走了十天八天。有一个瞎子，也挑了一担军米，手里拿一根木棍，一步一步的上山下山。裤子破了一大块，有半个屁股露在外面。皮肤松懈，灰白，看来从没作过出力的事。看那瞎子从我们身边过去，宁指着他对我说："你看，瞎子还挑粮，走山路，好可怜！"

"不挑没办法，这年头谁雇得起人，从舒城到苏家埠三四天路，三百块也没人去。"挑夫说。

我早就看见那个瞎子过来，一种怜悯的情绪，淹着我的心，使我几乎没听到宁和挑夫的话。像这残废的人，挑着米到离乡十天八天远路的地方，他乡里就没有一个人同情他，帮助他，竟让他走了！好像叫人不信，觉得像不是事实。

太阳晒得脸皮发烧，山里没有一点儿风。我瞧宁脸，说："看你脸，又红又黑！到太湖，人家看着，才好玩。"

"你不一样！晒晒怕什么？日光浴！"

"活像黑人，只看到眼珠子动，白牙齿！"

挑夫听我们讲话，说："走长路，要买把伞，遮太阳，这边雨多，下雨遮雨。"

在一个小贩铺吃早饭，只腌菜和白饭，我们两个人只花一块一毛钱，挑夫看我们饭量小，说："这地方有钱，也买不到好的吃！"

我说："安徽比河南还好，有米饭，河南只有馍、面，吃不饱。"

实在到安徽后，样样都比较合口味。早晨小饭店，虽没好的吃，晚上住较大地方，腌菜，烧肉，笋子，水豆腐，莫不似故乡。每天晚餐都很丰盛，吃着谈着，忘了旅途疲困。午后，到了毛坦厂，挑夫说："天太热，不能走！"

我们给了他们钱回去。宁说："路上挑夫还好，没什么麻烦，像荣声来信说，半路上开小差，那才糟糕!"

"乡下卖力人那有不好的,待他好,开什么小差? 吃不饱,要走路,自然不愿,开小差了。"

挑夫走后,旅馆老板进来,问我们现在吃饭,还是等一下吃。我说:"等一下吃,你先打水来洗脚洗脸。"

旅馆老板出去后,一个小伙计,送水进来,问我们从那里来。我说:"我们从好远地方来,已经走了十多天!"

"你走,她也走!"小伙计怀疑地指一指宁,神气天真得叫人欢喜。

"她也走!"我说。

两只眼睛通身打量着他,觉得不能走那样远路的人,放下水,便一身不响的出去。宁说:"你看那傻样子多好玩!"

我说:"人家看你样子,不男不女,才傻样子。"

不过一会,那小伙计又来,站在门口看我们洗过脸,不说话。宁说:"你去,等我们叫你你来!"

宁洗过脸,换了长衣服,施了一点脂粉。我说:"这样子,人家看着才不会傻!"

那小伙计又来了,我指着宁问他:"你看她到底是男是女?"

他只笑,望着宁不停,说:"女人比男人还能走路!"

距黄昏还远,我们去街上望望。一条小街一头通去霍山大路,一头通去中梅河的。从店里买回半斤花生糖,回旅店,打开小包,取出六安茶叶,叫那伙计进来泡茶,花生糖摆在桌上,小伙计指着问:"买的什么?"

"花生糖!"宁说着便打开了纸包。

小伙计毫不客气的抓了一把,出去不久,又送开水进来。我问他:"花生糖好不好吃?"

他不说话,只是笑着。宁对他讲:"出去,不叫莫来!"说完,又抓了一把花生糖给他。

他走了,宁对我说:"你看他傻不傻,叫人好气又好笑。"

"那有什么气得。这样不天真得可爱么?"

近黄昏时,黑云忽满天空,又热又闷。我说:"要下雨,明天走不成路。"

"走不成在这儿住一天,看看那傻瓜有多傻!"

夜里大风暴,梦里还有雨声;明日落花无数了。

又一日

早晨雨不下,但天仍阴沉沉有下的模样。四边山上,都有很浓密的云,忽忽来去。昨日要的民夫,迟迟不来;等着急了,我自己跑到合作站。站上只有一个小职员,两只眼红得像熟透了的桃子,四十上下年纪,穿了身黑制服,纽扣和风襟扣都没扣上,在阶台上走来走去,看我进来,问我有什么事,找什么人? 我说:"我昨天要了名夫子去中梅河,说一早晨就要,等到现在还没去。"

"要夫子要'公事',你的'公事'办好了没有?"

我说:"'公事'昨天下午就送来了,我们要赶路,请你快点找夫子!"

"夫子早都来齐,你要,跟我来领。"他说过带我到一间大屋子门口,屋子里挤满了人。

"这里来往的军人多,天天有听差夫,时要时有。"

他找了两个民夫，说："到中梅河，跟这位长官去。"

刚收拾好行李要动身，又下起小雨来，夫子说："今天怕走不了，看要下雨！"

我说："到中梅河四十里路，带雨也走得到！"

雨下下又不下了，在街上买了把伞，我说："多少年没打过这样子的伞，没穿过有钉子的油鞋。今天买了伞，到太湖，还做双钉鞋穿！小时在家里，春天总有个把月，不离伞，不脱钉鞋的。"

山上都是云，一下子聚着，望不见山，一下子散了，山迎着人来。这好像牯岭，山中清适也像。我说："就这样天气，走路也好！风景变化多，一点儿雨，倒富有诗意！"

山向东渐尽，大山向南去。水到东边却大了。山里的水，都只够得上叫溪叫涧，活活流着，明净如练，水边上青草如茵，牧牛人披上梭衣，带着斗笠子，也悠闲地坐在水边山崖上。

"今天风景顶好。"宁说。

"可不是？我都不想走了，想坐在水边上，像那牧童一般！"

"你想那牧童坐在那里想什么？假如你坐在那里，你想的是不是和他一般？"

"他什么也没想，只溶化在这风景里！"

"真是这样？"

"也许还有一种说不出的惆怅的心情，有一种'人'的淡淡的哀愁！"

"叫他来问问看！"

"那就多事了！"

说的人都流连在这一副画图中。雨渐渐变成雾，霏霏在山上，水上。

"今天真叫我想看庐山，早晨开开窗子，雾悄悄地进来又悄悄地出去；从窗口望外面屏列的山峰，一时这个不见了，一时那个不见了，下雨的时候，更好，真是烟雨空濛，叫人想像千万。出含鄱口下山，过苍峰寺到归宗寺，小溪人家，四望山色，就像今天这味儿。"

我咀嚼着回忆的甘美，又给宁描述着故国的山河。

"战争完了，我带你上庐山。山上有小小楼房，不和外人来往。春天看杜鹃，冬天看梅花白雪。秋天尽日在山里走，看云海，看雾。夏天除了避暑外，那就没什么好。山上俗人多得很。"

宁看我一时话来，便滔滔说个不尽，微笑着倾听不作声。

说说出了山，油油麦陇，风吹掀成碧浪。雨下着渐渐大。

一阵大雨过来，伞抵不住，路旁有茅屋，我说："进去避一下！"

茅屋里住一家大小，还宿着牛羊，老妇人坐在门口，手里拿着麻，正织着，有两三个十来岁上下的小孩，蹲在地上挖土，做坟堆子。我们进去时，说："老婆婆，躲一下雨，麻烦你啊！"

老妇人抬起头正望着宁，赶忙请宁进去，说屋子像狗窝，很委屈了避雨的贵客，言谈颇为文雅。我们进了屋子，小孩子们搬了长凳来，请我们坐下。

老妇人说："这茅屋盖不到半年，去年村里失火，烧了屋子，没办法，就在这大路边下自己的田里，盖了这蔽雨的茅草房，儿子抽了壮丁，媳妇病死了，只留下孩子们和我这没了用的老骨头！"

茅屋外面正下着雨，雨从茅草上漏下，滴在土上，泥水溅着，打到茅屋里来。老妇人白发已满了鬓，脸上皱得打折，一折一折都是辛苦的记忆。我们听她讲，默不作声，宁却拉住孩子们玩。孩子们生得清秀大方，宁问他们什么答什么。宁说："老婆婆，这些孩子都好，过五年八年，大了，享孩子们的福！"老妇人看宁很欢喜孩子,露着稀有的笑容。

雨又慢慢的停了,我们给孩子五块钱,说给他们买点什么吃,老妇人开始叫孩子们不要,谢谢客人的好意,后来看我们意思诚恳,就叫他们收了,道了谢。我们出茅屋去,又在细雨霏霏中,走向中梅河。

近黄昏才到。我说:“四十里路走了一天,明天可不要下雨。快点到了,好休息,路上日子多,实在很倦。”

宁说:“你不讲过,快到南方梅雨天,那我们这一路就不会有好天气,管明天晴不晴,走一点,讲一点,三四百里路,再难走,也不过十天八天的。”

“能这样想就好,我走路总这样想,但有时却急着走到。前年从重庆到北方来,到宝鸡就走了二十三天,还有现代的交通工具!但那时路上有伴,车子在那里抛锚,我们就在那里找生活上的趣味。有一次过栈道,住在朝天驿,山里早秋天气,就像暮秋九月,小街上找不到旅馆,找了半天,找到了一所农本局的堆栈,不知费了多少气力,才交涉好让一间房子给我们住。我们放下行李,跑到山里流泉旁边,洗脸洗脚,同路的有三个男子一个女的,觉得在泉水边盥洗好玩,高声唱着歌,当时有个人说,那场面像好莱坞的电影,黄昏时候,散步在栈道边的石桥上,一种无比清湛的空气,叫人思想明澈得像泉水一般。”

“那你现在急什么?就不能像旅行样,走完这一点点路!是不是少了一个女的和那三个男子!”

“又来了!什么不少,这路上,有朋友,同志,爱人,还有妻子,你一个抵四个!”

“专瞎说,刚才明明讲,路上日子多了很疲倦,想着早些到。现在又说话骗人,自己骗自己。”

“只能没骗到你,是不是?”

“骗不到!”

“骗不到,却跟我走这样远,给人烧饭作菜,洗衣铺床!”

“那你是大骗子!”

在旅馆屋里,我们又笑了起来。

又一日

早晨还下着雨,夫子来了。

我说:“在旅馆里等着,雨住了,我们走!”

昨夜东北风,早起转起西风来,或许天会晴,东边西边都亮了,只雨仍丝丝。

两个夫子都是本地人,一口舒城话,我听不懂,宁比我懂得多些。在街上住着的人,显得比乡下人油滑许多。一个年纪大些的,曲了背,一进我们住的房间,便问行李在那里,他年纪大,担不起重东西,宁说:“两担不到一百斤,一个人五十斤重,一天走几十里,轻得很!”

另一个年轻些的,显得还很孩子气,说:“你挑不动我帮你,我力气大,四十里路算什么!”

宁指着年纪轻的说:“你好。年纪小的帮助年纪大的,万一你们都挑不起,我们自己也能挑!”说着那年纪老的和年纪轻的都笑了。

太阳在密云里挣扎着出来,雨不下了。

路上路很滑,我拉着宁走,说:“莫跌倒,跌倒了爬起来,要成泥菩萨!”话刚说完,我一只脚就滑到路边稻田里,宁死命拉住我,笑不可抑地说:“叫人莫跌倒,自己先跌倒!”

金黄色的禾花,油油的麦陇,雨后草原上的村舍,牛羊,暖丽的阳光,齐声鸣着春天的歌,一切活泼而愉悦。遥远地望见山，一抹青蓝，涂着天际如画。我遥指着说：

"宁，你看，真是'春山如黛'。"

"是不是又引起了你的相思？"

"可不是，只思念的人在身边，不然，心又像那个流行的什么曲子里所说的了……"

过午又渐入山中，春雨后，山中水发，活活溪流声，远远听来如梦。有时候从山崖上，下坠两三丈入溪去，水击溅着像散雪，在石上拍拍作响。从这山过那山去，山间平坦地方，水流聚成小河，不得过去。挑夫说背我们过去，我说："不用背，我们脱了鞋子，自己走！"

宁连鞋子也不脱就想走过去。我说："莫忙，等我试试看，我背你过去！"

"不要你背，等下子两个人都扑通跌下，才好玩！"

我逼着宁要背他过去，说决不会背不起，不背就抱过去也行。她不听我话，忙脱掉鞋袜，先下水去。挑夫早过去了，在那边偷偷地笑。我看宁那样子，给水里鹅蛋石杠得脚痛，一摇一摆的也好笑。

一下午过了好几次那样的小河，最后一次，水比较浅，浸到宁的小腿以上。那个老点的夫子，一不小心连人带担子都摔在水里，他怕我们说湿了东西骂他，爬起来，叫痛，皱着眉，咬着牙齿，一拐一拐走路。我们看他样子，不由得笑了出来。宁说："湿了东西不要紧，你没摔痛么？"

夕阳时，在大山中，夜宿卢镇关上，明日便过大山南去，距太湖只三天路。

又一日

竟日在山中。过大岭时日午，山里有雄鸡啼喔。北望小山无数，拱着这入云的高峰，南望，大山绵延不断，处处有云海。岭叫老鹳岭，有几十家店，依山成小市。我们在集上休息，宁满头是汗，气喘喘的，脸红得像桃花。我说："今天累了吧，这个岭真不好上，亏了那挑米挑纸的人！"

"不晓得前面还要翻几个岭，挑夫说前面的岭不大，好翻些。"宁说。

我指着前面的山："你看，一望过去，山岭重重，好翻也要半条命！"

南风吹来，带着馥郁的花香，遍山都是杜鹃，红得血般。

再上山的时候，我说："宁，你伸出手来，拉着我，我前面走，你借着我的力量，爬上去，就轻快些！"

一边唱，一边上山去。山上有白的花，黄的花，一下子又看见紫的。宁说："红的不奇，黄的白的也不奇，这紫的多好！"

她说着使我想起一个人来。我说："紫的有什么好？也许紫对你有一种特殊的关系，你想是不是有，说来听听看。"

"也许有，一时想不出来。"

"我或者比你更喜欢紫些，看着紫，我记起了一桩事，一个人，那个人就叫着紫。"

"是一个女人！"

"就算是吧！真的，过去了很久的事，想起来似乎还像昨天的一般。"

"谁像你这般多情！恐怕你想着人家，人家不见得想你。"

"人家想不想，不关我的事。譬如我欢喜你，我就不晓得你是不是欢喜着我，假如你不欢喜我，难道我就不欢喜你了么？"

"你根本就不欢喜我！"

“冤枉人!”

“欢喜我,还想别的人!”

“你就只想我?!”

“只想你!”

“我还不就只想你!”

“明明刚才自己说想一个人。”

“那是个男人。”

“是男人是女人有什么关系。”

“就算不是个人,好不好?”说着,猛然拉她一把,拉着和我在同一位置,在高山上,风吹起了她的头发,一对野雉,振着那美丽的毛羽,飞叫山岗密林中。

过午好久,才走完山路。原来打算过了挂车岭,住挂车河。到挂车河时,太阳还很高,店里老板问我们那里去,我们说由潜山到太湖,他说:

“今天还早,可以赶到青草塥。青草塥到潜山一天,潜山到太湖一天,今天赶到塥上,只消两天就到太湖。”

我们听店老板这样讲,就决定再走,到青草塥歇夜。挑夫不愿意,说到塥上今天就不得回家。我讲:“送我们到塥上,多给你们一点钱,一夜住吃算我的,明天一早回家,再给你们盘川。”

不到塥上就夜了,正清明节,山里有哭声,上坟的人来往路上,烧过的纸钱,因风吹得乱飞。太阳下山的时候,宁说:“刚问过到塥上还有八里路大路。”

我问她:“你怕?”

“有一点。”

“那怕什么。”说着拉着她,叫她走我前面。

星星一个个出来,我们刚数一个,就数不清了,边走边夜,村落人家,都在朦胧暮色中。

过一个松林,入夜后,松风仿佛幽咽,宁紧紧依偎着我走,我大声歌唱,她也唱着。心砰砰地跳动。出松林时,前面苍茫暮色里,阵阵传来喧喧鼓乐声。我说:“快到了!”

挑夫讲前面还有一座桥,很长很难走。宁说:“到了,还怕长桥么?”说完又问我,“你刚才怕不怕?真碰着了强盗,怎么办?在那松林里,真像有什么事要发生似的。夜路还是不好走!”

春江水满,星光下,水活活流去,星影摇曳在水中。

又一日

昨夜到太湖县城,友人家距城还有十多里路。问县城里人,赵家在什么地方,有的说在江家岭,有的讲在柿树铺,江家岭比柿树铺距城近些,我们决定先到江家岭去。太阳暖得像是初夏,山里百花开,处处有鸟啼叫,江家岭在山里,从县城往西走,都是上山路。宁换了单长衣,上身穿着短外套,鞋子也换过较好的,不像旅行,像做客,上山时,我们流盼山中风物,宁说:“南方好啊!”

我说:“宁,你今天真美,真像个新嫁娘,等下到了赵家,他们必不认识你了,他们一定会想,嫁了和没有嫁的时候,差得那样远哪!”

“不要瞎说,讲什么美不美,人家一看这脸就够了!”

“脸黑了么？一点也不。你自己不知道，那颜色多健康，我就喜欢这颜色，难道要像绣阁中的小姐那样，才美么？”

阵阵东南风送来阵阵花香，啼鸟摄人魂梦，天蓝得像人做成的。太湖河从山里流向东去，远远有帆影，白帆映在苍苍的崖壁下面，一点点像白鸟飞在蔚蓝的天空下。

江家岭有一个学校，朋友的父亲在那儿做校长。我们到学校里问赵校长在不在家，校工说，校长回家去了，我们又问校长家在那里，他说：“下去不远，往西去，问柿树铺油行里就是。”

进了那座山又从那座山里出来，出山后，沿着河边走。沿河有大木子树，有柳树，柳垂垂飘拂在河边水上。河水弯弯曲曲地从山里出来，帆影缤纷如画；从山里下来的船，轻捷如飞鸟。

柿树铺油行不在大路上，乡下人指着一所白墙瓦屋，说：“油行在那里。”

近白墙时，大门口，一个男仆抱着友人的孩子，正在玩耍，我们都欢呼着孩子的名字。男仆我们都熟悉的，看见我们，快乐得忙抱起孩子引我们往门内走，我们问赵秘书在不在家，他说刚从外面回来，在后面楼上。进了门，看见朋友的太太，她说：“你们真来了！”

不久友人下楼来，谈路上事，觉得像到了家，我说：“一千七百里路的旅程结束了！没动身，想着路这样长，要一步一步走，觉得不容易，走到了，实在也不怎样难！”

日过午了，小楼上三间房子，我们在朋友夫妇住的那间休息下来。开后面小窗便是山，伸出手可以摘树上的叶子，群鸟飞翔在林叶里面，假如一个人坐在小窗前看着山，覆着山的蓝天，听鸟叫，花的芬芳和草木的香味，阵阵掺和在悠然吹进的春风里，他自己也许不会感到他在它们以外，会以为自己就是那和谐中的一个存在，当这样达到了一种忘我的时候，诗情就像涓涓的泉流了。我说：“宁，你刚刚到南边，应当欣赏一下南边的风景，路上的事情等慢慢絮絮的谈，你看看这窗子外面，听听窗子外面！他们天天看惯了，听惯了，不觉得好，不觉得奇，你暂且让自己快乐一下，欣赏一下，这好风景。”

朋友的太太听我说，便笑着讲：“好！让你们新婚夫妇去欣赏这乡下风光。”说着她便拉她丈夫走出门，在门口，又讲：“可小心防备狼，狼会爬上窗子，不要太亲密啦！”

一阵连珠似的笑声，随着他们出去了。宁说：“你看，真不好意思！”

我说：“我只叫你看风景，又没说要他们出去，是××开玩笑，有什么不好意思的！”

“灵，还是在路上好，一切随我们意思，要怎么样就怎么样，笑也好，哭也好。到这里，我感到一点拘束，不自由。我们要找一个离熟人远远的地方去，上天下地，没人知道，没人管。”宁若有所思地抬起头来注视着我说。

我默默地拥抱着她。

四月末

连日春雨，看桐花开，又看着凋残了。

早晨，山谷里一缕缕烟从林丛中出来，飘在天际，又消失在雨中。楼下稻田时有水鸟飞集，随意上下，伸向河边的山岗上，白色蓝色的小花，迎着风雨开放。山下，不时有老牛经过，踱着笨重的步子，偶然踏着山石，砭砭地响着。

饭后，坐窗边读《庄子》，郎朗有声，宁凭着窗栏远望，屡屡回过头来，像有事要跟我说，忍着没说，终于忍不住了，叫我：“灵，莫读了，你看看我！一天到晚下着雨，闷死人。”

“你不知道这书多好！‘自三代以下者，匈匈焉终以赏罚为事，彼何暇安其性命之情哉！而且说明邪，是淫于色也；说聪邪，是淫于声也；说仁邪，是乱于德也；说义邪，是悖于理也；说礼邪，是相于技也；说乐邪，是相于淫也；说圣邪，是相于艺也；说知邪，是相于疵也。……’”我一直高声念着，宁看我越念越有劲了，忙阻止我，说：“莫念，莫念，人家一句也听不懂！”

“嗄！你不知道多好呀！”

“那样好？”

宁像生了气，又像因看我高兴，不了解我高兴理由而有点迷惑。我把书顺手向床上抛，走到她面前，捏着她脸，说：“不念了，我们玩去，雨不大，沙滩上走走，看看有没有贝壳，捡回来。”

“谁同你玩？一天到晚念书，不管人，倒不如路上好！”

“下着雨，不找书看，解解闷，怎么办？”

“你看，你看，莫理我！”宁说着真气了，说完便走，我追着她，说：“我们不是说过不准生气，要生气，等下子到了沙滩上，你用沙子撒我，我不回手！”

“谁理你。”宁反过头望了我一下；我们一同下楼去。

这几天来了二十多个木工，赶着刨楼板，做门，做窗子；友人天天在楼下监工；人都很忙。我们出去时，友人说：“下雨还出去玩？你们两个人在楼上，有什么说不得，玩不得的？还要出去？”

“你这个人真爱开玩笑！我们结婚了这么久，还有什么要背着人说的？”

“新婚夫妇，小心路上泥滑，乡下地方，路又窄又不平，跌倒了，嘴可再硬不起来啊！”

我们边说着笑着出门了。细雨霏霏像雾，路上青草绿得碧油油的。宁说：“你这位朋友爱说话，偏生就一张不会说话的嘴，结结巴巴，半天叫人听不出些什么来！样子也真好笑，一点不像洋学校里出来的学生！”

“你怎么不当面‘幽默’他一下，只会对着我说，我倒很想你当面说说他，看他怎样结结巴巴对付你！”

山脚下随地都是竹笋子。从山下上山约三百步到山顶。山下一带竹林，青翠欲滴微风吹得竹叶子发出一种音乐似的清脆的响声。山上都是松树、枞树；松树上爬满了毛虫蠕蠕地动着。杜鹃花开谢了；野蔷薇开始着芬芳。从山下直走到河边。河在一个山嘴上拐了个六十度的弯后，水面渐大；河中心有一个洲，洲上树木成林，有稻田；水流到这里便南北分流；南面水浅，有二百步的沙洲才到南边的岸，北面紧依着山崖下流，船筏都从这儿来往。我们顶喜欢在北岸山崖上坐着望水中的小洲，宁把它叫做岛，常梦想在那小洲上盖栋房子，造一只小船，种葡萄橘子，两亩地种薯芋，两亩地种秫，秫做酒，葡萄橘子宁欢喜吃的，薯芋是我欢喜的。雨里望不见山，白塔也望不见。沙滩都给水淹了。我们在山崖上听水哗哗地从崖下流去。远远大樟树上断断续续传来鹧鸪的声音。午过了很久，渐渐从四处村路上来了牛和牧牛的孩子，聚在对岸洲上，牛低着头吃地上刚生出来的青草；孩子们放了牛，随意地唱着山歌，坐在水边上怅望着黄昏。

又一日

下午，朋友两个弟弟从学校来，今夜就住在新屋里。两兄弟孪生的，今年十七岁，初看分不出那是哥哥，那是弟弟，相貌相像不必说，身材大小高低，说话声音语调，都相似得很。吃完了夜饭，我同他们在楼下聊天，宁一个人上楼去。友人弟弟听我从洛阳来，以为洛阳大地方，必有许多新鲜消息可说，问我这样那样，叫我无法答复，只得说：“你哥哥去年也从洛阳来，他给你们说了些什么？洛阳还不和太湖一样，消息就只报上有的我们才知道，你们学校里有报，看了报，恐怕比我还要知道的清楚些，我们在路上走了一个月，完全不知世事！”他们顶关心德苏战争，英美有没有办法，我们几时反攻。对文学体育亦极有兴趣。他们说他哥哥，望他们学工程，叫他们注重科学。我说：“不但学工程要注重科学，学什么都要注重科学！”有时听他们讲的科学意思很狭隘，便问他们什么是科学，他们却说不上来。两兄弟读书都很用功，好胜心很强，现读高中一年下学期；但对各种智识，不如我们读中学时初中二年的程度，英文数学尤其差。上楼已很晚，宁坐在灯下作日记，看她正在用心，便轻轻向她走去。她猛回头看见我，便赶快把日记本蒙起来，说：“轻手轻脚，吓死人！”说完又说，“快去睡，让我安静写日记，莫吵我！”我说：“谁吵你，你写你的，没人看，就看，又有什么不能看的？”

“不能看！你想看偏不给你看，急死你，气死你！”

“你这样就不让你写，吵得你写不成！”我便趁隙把桌上的日记本抢来，一边和宁闹，一边念着：“女人在一切事上骄傲，因她还是一个谜，她可以照耀在人的幻想里，把人的梦装饰得极美，极甜！当她发现了一个自己认为应该并仅仅为他活着的人以后，她毫无虚伪的把自己装入这人的梦里，尽自己的所有，便成为了这个人的妻。她自己快乐而勇敢的说：‘为他活，为他承受一切；他是自己的征服者仅仅而且永远。’”

快念完了，宁放开我的手，说：“让你看，本子也不要了……”说完不做声，也不看我，我放下本子，走进她，说：“宁，看那一点点就够了：那还有什么看不得的？难道那不是为我写的？”

“不是为你写的！”她抬头望了我一眼。

“是为一个人写的！”

“为谁？”

“为我不知道的。”

“为你不知道，我也不知道的。”

“那是谁？”

“是你这个鬼！”说着把脸伏在枕头上，格格地笑起来了。

睡时，宁问我：“在楼下给他们谈什么？那么久不上来？”

“你说他们像不像？”我问她。

“要是两姊妹多好玩！”

“两兄弟就不好玩么？”

“总没有女的好玩。”

“要是女的，男子一爱就得爱个成双啦！”

“那怎么办？”

“那还不好！两姊妹嫁一个人！”

“相貌相像，不见得心就相同呀！”

“那还是两兄弟好，世界上总没有两个男的嫁一个女的！”

又一日

昨天同友人两个弟弟去学校。夜里没回来，住学校藏书楼上。去时半路遇着雨。满山玫瑰花香，处处鹧鸪啼唤催人入梦。雨霏霏地像雾，远近山都望不见，河水从山里呜咽东流。上学校回来，走过这条路，那时日暖风和，山中景物，给人另一印象。天晴日子，山没变化，远山像终古就是那般颜色：山在近处一望嶙峋，也没含蓄意味。雨天就不同了，不知有多少梦思，又因那迷茫的烟雾引到山中。……四月春深，山中一雨累日！偶然得一晴天，向着有鸟叫花香的地方，走入山林深处；山道中石壁披上了一层苔衣，涓涓水流，从石上点点滴滴下来，又是一番情致。一路上和两位年青朋友，谈笑上山，雨把衣裳都打湿了。

学校在山深处，浓绿的林子环绕着四五处院墙和矗立着的小楼；大大小小的山峰，伸着青蓝的臂膀，拥上前来。黄昏细语，学校近处浓荫的广路上满了落花，花香溶解在潮润的空气里，雨从密茂的树叶中间，筛了下来，偶然落在颈窝下引得阵阵寒噤。到学校，已过黄昏。夜里，一灯如豆，檐前滴答有声。乱翻了一阵藏书目录，便和在山西的一个友人写了一封信：

"山中一雨累日。楼外山在雾中，迷离恍惚，坐窗下读《庄子外篇》《骈拇》《马蹄》诸文，时叹其妙，至手舞足踏不能自制，盖弟近来思想大类此也。山居清廖无比，日唯读书破闷。天气清佳之日，则束书不观，携妇出游，放浪山水间，久与自然疏远，复与亲候，较之昔日遂异其趣；惜不可言，不能为足下道。足下思之亦曾有此境否？有之亦得体味所谓不可言者乎？

"到山中来二十日矣。其中可记者甚多，非仅如上所说已耳。尤足为兄说者，即所居为××兄新屋，此公归田园后，生活甚好，近作农人状，衣布衣，唯头面仍如旧观，有时看去，若行深思，便觉可笑。其议论与弟，百不一合，所由不类，径亦遂殊；但渠胜弟者，为不类弟仍作云际悲也。次即来此以后，更觉亲旧日远，每看云树，难以为怀。忆二十八年此际，正兄与矩孙到滇之日，树勋巷雨夜青灯，畅叙幽情，乐何可支！今各分离，相见不知何日。高阮与兄俱在北方，而不得相闻，矩孙久无消息；宗瀛、则良、黄刊分处云贵，相悬万里。前事如昨，而寒暑已四易矣。白头如新，倾盖如故，亦毋得耶！近寄阮兄诗有'岂恨相悬如日远，但悲难复对床吟'之句，丁兹世乱，念此实亦大可悲也。家在江南，据此仅三百里，久陷于敌，每因风怀想，辄为泪下。近函阮兄，若渠尚在津养疴，颇思涉江而南，家有良田美宅，地近大江，鱼虾肥美，倘能得共阮兄徜徉其间，逍遥岁月，似亦无不可。

"姑先有此数事，实未足尽所怀十一，有萤火自窗隙入，不知黄河边上亦已见此类生物否？念君亦深矣。"

信写完，睡，淅沥雨声，故意扰人。

早晨起来，雨住了，山顶上朝阳像一片霞，天蓝似黄昏的海，莺声啼叫如音乐，楼筑在山腰中间，环峰都向着这山朝拜。一丛丛树林，给太阳照得发着奇异的光辉，漾动成翠海。太湖河蜿蜒山中，像一条银色的带子系在山腰上，白帆点点如飞鸟，静静地动在河上。

贪恋着山里风光，迟迟到日午才下山。下午已回回龙新屋，宁正在路上等我回来。远远望见她喊她，大声告诉她：

"带了好多书来，有好多小说，你一定欢喜！"

一会儿走进她了，她从我手接过书去，说："带这么多，走这么远，累死你了。"

"一点儿不累，边走边看山里风景，不觉得路长，一下子就到了。"

宁又看了看我，用手帕揩了我额上的汗珠子，说："汗都出来了，还不累，夸嘴！"说完又轻轻地问我，"怎么这样晚回来，说早晨就回来的！"

又一日

匆匆又是初夏。暮春苦雨，十日未得出门，只蜷卧楼上，看湖山烟雨，或读书破闷。农家春作正忙，雨中已经把秧插下，新秧出水，渐见青绿了。

今日天晴，早晨，宁开窗子见阳光，乐得叫起来。南风吹到楼上，带着花香温馨；远近山色，清明似画；白帆饱挂着徐行山下；阳光照着绿得耀眼的山原草色，放着快乐的光辉。大清早我们踏着朝阳，向河边走去。十天闷居在楼上，楼外风光全不同了。柳树枝条已垂低到水面，河岸上，青草伴着青山，绿向无尽远的地方去。木子树叶处处成荫，莺从暗绿的木叶的海里，抛掷在静谧澄明的天空下，一声声叫人悠然如梦境。庞大的水牛，从河这边泅水过那边去，发出呼唤的喘声，河水给惊荡得哗哗响，划破了这四月孟夏清晨的宁静。宁坐在山边青草上，驰神于这如梦的景色，我问她："宁，你想生长在这地方的人，年年岁岁，有些什么样的相思?"

宁听我这话，像猛地从梦里回来，望着我说："你生长的地方，不也是和这里一样，山也好，水也好，处处动人，你还不知道这地方的人，年年岁岁，有些什么样的相思?"

"说知道像知道，说不知道，又像不知道，只看着你那样子，像想得很远，有很深的怀念。"

"深也罢，浅也罢，真像是想了些什么，但是说不出，只觉得有点惘然。"

"假如是你一个人在这里，离我很远，你那惘然的情感，能不能说出来?"

"那谁知道?"宁说着故意望向远方。

"你不知道?"

"我不知道!"

"我知道，我知道你心里一定想我，想我在离得你那样远的地方，是不是也想念着你，是不是想得到你在风景这样动人的河岸边，看青草绿向无限尽远的地方去，怀念着远远地方的人!"

"呸，才不！才不想你!"

"那就想你想的人!"

"什么都不想，只觉得自己在这样好风景的地方，有快乐，也有一点点忧郁!"

"说得多美呀，简直是诗!"

宁一把把我推倒在草地上，用手掌蒙着我的眼睛，叫我什么也不要看，躺着听她说，要说许多话，给我听，叫我快乐。我说："你快讲，放下手，让我自己闭着，太阳这样大，仰着身子，还怕我不闭着。"

宁放下手来，坐在我身旁，头斜靠在我肩头上，说："真你不在这里，离我很远，我就不会到外面来，不看山，不看水，不玩，不笑，天天想你，念你；给你写我的相思，写在给你的信上，写在留着你看的日记上，等着你安慰的心。……"

我们想在梦里：完全融化在快乐里，在孟夏四月草木的芳香里。

宁轻轻地问我："快乐吗?"昂起头，两只眼睛，像两颗宝石，发着高贵的光。

忽然有另一个声音说："真快乐，你们真好，到处找，找不到人!"

友人笑嘻嘻地站在我们面前了。宁羞得脸通红，起来就跑，我忙喊她："莫跑，怕什么，我们来整他，无缘无故叫他打散了，我们悠然的情绪。"

"什么悠然的情绪？真叫不要脸，结婚了这么久，还拉拉扯扯分不开!"

宁停着不跑了，我们追上她去，友人说："早晨出来，不想着回去，饭也不吃，难道快乐吃得饱吗?"

"老兄,你莫讲,自己不一样? 刚来了两天,就藉口没这样那样回柿树铺,看太太去!"我说。

"也真难怪,蜜月正在路上,一天累到晚;到了这里,就说没什么好吃好住,也总还有好风景,叫你们看着高兴,增加一点新婚的快乐!"

"没有这好风景,我们就不快乐么?"宁说。

"没有这好风景,今天就叫我逮不着你们,叫你红脸!"

五月末

初夏因为几场雨,还带着很重的暮春气息。楼外新秧,一片青色。中午时帆影静静移动在江上;山坳里,时时三两声莺转清新;远山淡淡的蓝在天边;山下竹林,风轻轻吹过簌簌。

早晨宁起来便说:"下过雨,天气好,不冷不热,我们出去玩,顺河下去,到没有山的地方,再从山里回来。"

"你知道下去多少路没有山,从山里回来,我们路不熟,回不回得来?"

我听她说得高兴,故意问她,逗她,激得她说:"回不来就不回来!"

"不回来,青天作帐子,地作床,吃空气,饮山泉,作仙人去。"

"那不更好?"

"那才不好!"说着我又轻轻地附着她耳朵说,"你知道不知道,作了仙人,就不能做人做的事!"

"你瞎说!"

"我才不瞎说,真成了仙,你必又埋怨我不理你,不宠你了。"

"你总不说正经话,"宁故意板着脸,装着严重的口吻问我,"你说,你到底愿不愿意去。"

"谁说不愿意去! 只要你愿意,就上天入地,我也没有不去的。"

"好啦! 愿意去就快起来,吃完了稀饭我们走。"

风悠悠地吹入楼来,掺着强烈的四月花草的芳香,吹得人了无思虑,在自然的魅惑中沉醉了。我倚立窗前,望江水,远山,云树;朝日照在山上,水上,青草上,风吹动着草色,像丰满的少妇胸脯的颤动,我凝望着,想着,说着:

"多好呀! 宁,你来! 多么动人的风光。"

宁因我梦似的神情和悠徐的语调来了,手放在肩上,默默地看着窗外的云山,默默地注视着我的神情。我说:

"宁,到南边,正碰着南方顶好的日子,山水季候,时时唤醒我一种没法说出的诗情,这情绪好像从小就熟悉,直到现在还没一点儿改变,现在还和做孩子的时候一样,瞧着这光景,就像远远地方有一种声音在喊我,叫我去,我不知道从那儿去,觉得一点点悲哀,又觉着不是我的!"

这情绪很快地传染了宁,在她深情的眼里,我知道她已有着我所有的了,像忽然得了种领悟,握着她的手,一种光辉现在我脸上。我说:"宁,这就是'美',是不是? 在'美'面前,我们的感觉就是这般的,我们平常说'动人',只有这才真正动人! 对着自然的美景,像有了一切,又像失去了一切似的! 宁? 你记不记得我们新婚的晚上,那有着这种感觉? 当你眼泪流在我脸上的时候,我们不都是说不出一句话,只觉得心在颤栗着么?"

宁拥抱着我了,说,轻轻地:"现在我们什么都有啦!"朝阳渐渐从东头山顶下来了。

下午沿着河往东走，河两岸村落，隐现绿树中间，青葱的木叶，浴着和夏的日光，叫人觉得生命在成长，有一种力向上伸，向着左右四方放射。山向东渐平，一大片一大片的田畴，分布在山下，离河水不远的地方；太阳照着田里的水和出水青青的稻秧；蔚蓝的天底下，有一两双鹞鹰高翔；水田中不时拍拍地飞出洁白长颈的鹭鸶，低低掠过水面。宁指着远远的山色，问我走到那儿需要多少时候，有多远。我说："你想往那儿去，就一天也走不到，走到了，远远还是有山，有一样动人的颜色，你一定还想再往前走！"

"那就直到日边！"她说。

"直到日边，那我们不要化成水！"

"化成水，混合在一起，等冷了又凝结，凝成一体，不更好吗？"

"宁，我们真还是孩子，一天到晚不说正事，光妙想天开的！"

"你说不该这样吗？"

"怎不该这样，只我有时候觉得我们太不注意实际问题了，真像我写信和朋友说的'仍作云际想也。'"

"那你多注意点实际问题好了，看有些什么可想的！"宁说着不很高兴。我又说："实在我比你更不实际，真讲实际的话，就不该到南边来，来了也不该不作个长久打算。"

"谁叫你这样！"

"还不是你，因为你，我才变得这样不实际的！"

"你这样说我受不了，你怎么样，我是一点责任不负的；你要怎么就赶快打好注意。"

"莫这样说，又无缘无故的正经起来了！谁说要你负责任我怎么样了，你又有什么受不了的？"

"瞧你自己的脸？看谁正经起来了？"宁看我真正经说起话来，便赶快换了个说话语气，指着我的脸，故意笑着说。

"古人说，夫妇应当'相敬如宾'……"宁没等我说下去便抢着说：

"什么'相敬如宾'不'相敬如宾'，你做得到难道我做不到！"说完赌气走在前面，表示不再理我。

我们默默走了很长的路，真走到山南的地方。河水拐了个九十度的大弯往南流。我叫她："宁，山走完了，我们从山里回去？"

她不理我。我又喊她，赶上她去说："宁，真不理我！"她回过头，望了我一眼说："真不理你！"

太阳慢慢西斜了，我们从山里顺着河流往回走。宁挽着我的臂膀，我问她："今天谁不是？"

"你不是！"

"生了气的不是。"

"谁生了气？"

"你没生气？"

夜里，宁日记上引着《圣经》上的话，在一日记事的前面：

"不要为了你的生命而讲究你的饮食，也不要为了你的身体而讲究你的衣服；生命岂不有甚于饮食，身体岂不有过于衣裳，试看翱翔天空的隼鹰，他们既不播种，又不收获，又不储积仓廪；然而你们的天父饲养着他们。你不是远胜于他们的么？"

（原刊于《黄河》[西安]1943年第5卷第1期、第2期，署名"流金"）

霁

北方不多见雨，去年秋间仅有过一次牛毛细雨，记得连黄土也没给他上颜色，只有一颗一颗的土珠，在厚得可以的尘土上乱滚。入冬以后，风雪漫天。但除却雪天，决没有过像南方那样一到冬尽，整天的细雨迷濛，使人愁着的日子。

久不见雨，似乎对雨也有一种怀念。今年春光烂漫，满园的桃李花开，偶尔下的几点雨，就使我感觉到兴奋，它把久涸的心房，也添了一点儿清露。

已经是五月将近，立夏有了好些日子，花也残了。满园青青的，虽不及花开的时节那样浓艳而清丽。只要你肯当昧爽或黄昏，在未名湖畔小立，看西山的浓翠，湖水的涟漪，当红日从东边翻过来的时候的血样的朝露，夕阳从山顶上坠下去的淡黄影，你一定可有物我两忘之念。尤其是当着雨霁天净，山碧如油，水碧如油，小草上滚着点点的水珠，枝叶间洒下片片的雨丝，心境更会舒畅，清闲。

一天雨后，园里的空气新鲜到万分，白云从山腰泻去，凉风从水面吹来。独自凭栏凝睇，一钩新月，似故意撩人，挂在西边。思量复思量，又想起明月的故事。记不清是祖母说的，还是自家在书上看过。后羿的老婆，把灵药偷食奔月宫而为嫦娥，后羿恨极了，接连射了几箭，但没有把她射下来。后来有人做了这么两句诗："嫦娥应悔偷灵药，碧海青天夜夜心。"明月的故事，对于我好像有点儿关连，也许我和后羿有着相同的境遇的缘故。虽然我比不上那传说中的"伟人"，可是恋爱的故事，万物都差不了多少。为我们所谈的九歌，就有九个人说他是"神人恋爱"，你看那里面有什么与我们不同之处？

想着月亮的故事，望望那峨眉新月，把自己的故事也想起来了。到后我不知道我所想的故事是我的还是月亮的？

"嫦娥应悔偷灵药，碧海青天夜夜心。"这是后人说的话。在说这话的人，假如她做了嫦娥一样的事，不成问题的她会后悔，可惜她不是嫦娥，只能说说而已。可是我记得这两句诗，却有无限的感想。"碧海青天夜夜心"，到底有没有这般的一日？有的话，我何必"独自凭栏"而感伤呢？

雨后的天空，云也无了，灰也无了，只有月光和星光。雨后的人的心境何如没有那似幸而不幸的事，当然是"万处尽涤"心如明镜的。可是云样的事，雾样的事，海样的深沉的哀愁，都给我一个人了。把这些感慨与嫦娥罢，嫦娥独处月宫，也应有一种寂寞。除了一个在天上，一个在人间，嫦娥还是现在女人一样的女人！

一九三六年五月于燕大

（原刊于《大学艺文》1936年第1卷第2期，署名"徐芳"）

山　雨

你还记得江南的梅雨吗？你说，你欢喜那从天上坠下的雨丝，只有下雨的时候，你的幻想才不会驰骋，不会想到庄周的蝴蝶梦，不会把旧的过往纺着新的梦丝，不会从浮云边，想起古神奇的故事中的人物，不会把蜃楼幻作家乡，不会因浅淡的夕阳，而在心上镀一层忧郁的梦影，不会在日落的天边，思念远征的故人，不会因虫声而堕泪，不会因花谢而怆伤，也不会当驰行于古道，想起西风瘦马，或细雨骑驴，把自己看作一个疏放的诗人，没有恋情，没有温情，云和海于幻思都无分，猎鹰与飞雁，只能作一个长途之旅上，聊破天的伴友。你说，树是鸟雀的家，花是蜜蜂的家，山岭是走兽的家，江河是鱼龙的家，海是夕阳的家，云是鸣雁的家，只有雨，才是你的家乡。你又说，你细视疏密的雨点，会静如山僧，辽望迷茫的雨天，会闲如野鹤，雨能涤滤你胸怀的尘杂，刷洗你心上的烦忧。

江南的雨，迷漫如烟；青青的柳丝，卷着她的头发；梦似的雨，梦似的眼睛，梦似的嘴唇。我又记起我自己的话了。

尼，你真是一位诗人啦！把我说得迷忽了。可是，我不知道你指的是那种雨呢？是春天的梅雨，还是夏天的暑雨？或者两者都不是，而是山雨？我爱看山雨呢。你看过山雨吗？

“当我还不到十三岁的时候，我作客于一个山居的姑母之家，竹树绕着她的屋舍，山峦抱着她的田畴，早晨有浓雾在山坞之间起落，黄昏有淡烟从山下升起。我在梦醒的午夜，曾听过山风的微语，自远而近，忽高忽低。一会儿窗帘动了，我床头那盏青灯，消失了它最后的余辉，待窗外山风咆哮，姑母起来收拾透晒的衣衫。我躺在床上，听姑母忙促的脚步声，有着一种新音的预感，待室中回复了已往的寂静，便传来雨点打在瓦上的声响，接着檐海便潺潺而起了，看急雨落在窗叶上，我未能重新入梦。便听繁雨之声和风吼，原始的惊恐养挫了我的心灵，但一种神秘的力支撑了我将断的心经，从急暴的风雨声中，我的心开始调谐起来了。微弱的光生从户外，窗叶子的红绿彩纸，我模糊能辨了。破晓的鸡声初起，夜来的风雨声止了。檐下则仅留着潺潺的余响。

清晨我立在门外，看雨后的峰峦，我惊喜于自然的奇伟，我从来未见过那样美丽的山，线条的分明，颜色的深浅，叫画家也无从着笔呢。淡青浓绿，表象着青春的生命：高下起伏，蕴蓄着奔放未发之情。户外的泉流，从四面八方汇聚于清潭；普山冈石铺着的山道，可以识辨大石纵横的花纹；竹林中有出晓的鸟喧，竹叶也变得深绿了。竹根下的壤土，还遗留着风雨劫后的斑痕。细嫩的红土的沟路上，漫游着成群的黑蚁，那是太悠闲了。爬过细微的竹枝，使我能遍览一周青翠的山峦。

“我住在姑母家的日子里，差不多天天期候山雨的光临，我爱山雨前林木的微语，山雨时的风雨咆哮，山雨后的清幽与安谧。你看过山雨吗？假如说我爱山雨，我爱着山雨呢。”

微雨中燕子掠过江南的边上，它的眼睛润湿了，睫上罩着细细的雨点。

你还记得吗？你说：“齐，你的话把我觉动了，我爱的景是春天的梅雨，但我还没有看见山雨呢！是的，春天的梅雨，我爱它，如我爱自己一样，是太窄了，太小了；而你所爱的山雨，却比我所爱的博大，你爱山雨所给与世界的泽惠，我爱梅雨所给与我的安闲。我的爱小得如细流的清溪，你的爱博大得如澎湃的巨川，我要爱你所爱的了。可是，现在正下着梅雨呢！我舍此而就彼，不太难了吗？山雨，我何时能见呢……”

我攀着柳树的枝条，雨滴落在我颊颈之上，我迷惘地对着远山。

当我寄居在匡庐的疗养院中，山雨欲来，我昏迷地把我所欲寄与尼的话，托天风为我而传递去。

一九三七年四月三日

（原刊《燕京半月刊》1937年第1卷第1期，署名“流金”）

山中问对

“是的，我应该躺在大石上，静听涓涓的泉流，听那一滴一滴的清泉，从满生着青苔的石上坠下，用不舍昼夜的耐心，把从遥迢的从地底下或山缝里挤出来的大地的眼泪，向人世间细数那永不能释的哀怨。”

“可是眼流泪的时候，为什么会那般安详，那般从容呢？呵！那还不只是安详与从容啦，它不是还带着秋帆似的轻飘，春鸟般的婉曼么？”

“静静的躺着吧，心事不准用在构思幻想的图案上，把眼睛闭着，不要让山花，山石，弯松，杂草，……挂在你那副明净，深沉的眼前。不要让鸟语禽言，泉流风啸停落在你那张透明，如蝉翅似的耳鼓边。把心眼儿也合上，不要让你那位带着海似的神秘、山似的沉静、星似的眼睛、风似的步履的女人钻进去，把你的梦拉长了直沉入渊底，把你的幻想放出于白云飞驰的天外。静静地躺着吧！清风会替你驱去晴午的山峦放出的恼人的热气。虽然石头硬一点，没有你睡眠的床上的软绒做就的安适的垫絮……”

“就让自己这样睡一觉吧。用蔚蓝的天盖下的松荫作盖被，也许母亲会来入梦：她执着我的右手，吻着我的手臂，牵着我的敞衣，哀怜我的褴褛……。也许弟弟会来入梦：从小小的嘴唇里，迸出我听惯了的而为我所渴念的话语，他拖着我，要我和他买一个彩色的绣着青龙偃月刀的玩具，要我给他讲一个《三国演义》里的故事。也许曼倩会来入梦：温柔的疲倦的视线放在我的面上，柔弱的素腕握在我的手里，津润的微红的嘴唇，落在我的年轻的额际……”

我所想的梦太美，眼睛又微微的张开了，还是未能入睡。

“呵！你又不听我的话啊！你心理一定有刺。”

大石上的清凉，涤洗了我的涂着牛油的心房。糊涂的思量，不复打扰甜美的午梦了。我眼前涌出了万千的豆花，密茂的青林，蜿蜒的黑水，挂在白山头上的清辉，收高粱的老头子夕归的歌声，奔驰在草原上的骏马与良驹……。我的家呢？还能做轻绮之梦吗？

涧水又在私语。

“蠢家伙，有着夏日的松荫，又伴以涓涓的流水，还不好好地睡？”

“谁要这管家人‘好意’的赐与。谁愿作大石上的鼾夫！让太阳空自逝去，不是愚夫之行吗？”

山风把流水吹出了如绉之波，游鱼遂躲在水之深处。

“这么清凉的午阴下，这么洁爽的大石上，这么软绵绵的从大海上吹来的风旁，还不能使你作一次甜美的睡吗？”

“是的，‘甜美的睡’！我将沉酣于怀旧之梦中，让风风雨雨，促此龄具？”

我越想越对不住自己。我又记起了母亲临终的遗语。“儿呀！你要回到祖国，要把你父亲的死，弟弟的死，母亲的死，用血样的言语，灌进同胞们的耳朵里。躺在自己的家园上，让温煦的海风，扬去这只会藏在在你心里的死尸。黄泉下，我将等待你和关里同胞如海潮似的把家园的魔瘴冲洗。……”

我的眼前一团漆，我装做睡。听不见世界的生意，只风在耳边，游来游去。

“这家伙睡着了。用不着我们严密的窥伺了。”

我听得清清楚楚。我心里告诉他们:“我没有睡,让山神把你们这些‘好心人’护送归去吧。这儿已非‘人’所居。”

从遥远的海上,生出了万家的明月,我真的酣睡一次了,我怀念着,秦时的明月,汉时的城阙。

我愿他们都无恙,期待着我的年轻的足迹。

一九三五年十二月一日夜于海淀

(原刊于《青年作家》1937 年第 1 卷第 2 期,署名“流金”)

一家一家就这样的散了

（一）

夜里下着小雨，窗下有喁喁的虫声，睡在床上翻翻覆覆，我又患着失眠症了；微弱的闪电照在窗子上旋又逝去……

父亲离家几天了，年将半百的父亲去年因战事还乡，想在家里安静的过日子，而不到半年又须远行；中年以上的人，对于一切都很悲观，不论我怎么说，他总觉得前面只有一片黑，抱着过一日算一日的心情，加以祖母衰迈，受不了旅途上的辛苦，母亲不得不留乡侍奉，更添了他的忧虑。送父亲上船的时候，瞧着他的影子，在故乡秀丽的山水间逝去，有一种难说的悲楚。

高大的屋舍里，父亲走后更显得寂寞。祖母念着远行的父亲，整天郁闷不乐，可怜的母亲，还强作欢笑，想稍释老人的思念，在这样的环境中活着，愁苦真有万分！

“一家一家就这样的散了！”祖母不时叹息着。

父亲走的时候，湖口还没有失守，那时要我同走，我因为乡下读书会的事，没有和他同行；湖口陷后，九江吃紧，母亲便天天催我快点离开家，她说：“你们走了，我的心就安了，你这样挨着不走，真是急死人呀！”因为听人说，像父亲和我这样的人，不走是不行的，所以母亲唯一的希望便是我们早一点到四川、云南这些地方；其实，她哪里又舍得我们走哩！

我老挨着不走，乡下一部分人对我便造出许多谣言了，因为我去过山西一趟。在乡下已成为一个注目的人物，尤其因为我和一些年轻的兄弟姐妹组织了一个读书会，更引起他们的猜疑，有些人说：“××在家里总不得了的，他在山西打过游击，现在要到家里打游击了；人家说，日本人顶恨游击队，有游击队的地方就要遭殃的……”

“七·七”纪念那天，读书会在乡下做了一些宣传工作，因为贴标语的缘故，曾引起一些士绅激烈的反对，“标语是惹祸的东西”，打游击更不得了了；那些准备做顺民的人，对于读书会便造出许多无耻的谣言。他们说读书会每月从某处拿二百块钱的津贴，读书会的人都是危险分子；于是我的母亲更急了，天天哀求似的要我快点离开家，她说，假如让她多活几天我就应该快点走，眼泪从苍白的脸上滚下来了。

因此，我便决定提早行期了。

我真想不到我的故乡有这样荒唐无耻的事实存在着呢……

夜里下着小雨，窗下有喁喁的虫声；睡在床上翻翻覆覆，我又患着失眠症了。

雨声渐止，母亲的卧室下有轻微的响动，我抬起头来，望着对面的窗户，灯光在糊着白纸的窗子上摇曳；母亲在为我收拾行李了；当我重新睡下，伏在枕上，不觉的抽咽起来……

明天我便是个无家之人啊！

（二）

我们家里有一座楼房，它本身的建筑和位置，都可以动人怀古的幽情。我的曾祖、祖父以及父亲这一辈，在那里消磨了整个的童年，我的长兄和我也在那里度过几年的塾童生活。楼前面是一个大天井，种有桂树、石榴、枇杷和红梅，此外是一些小花草；本来还有松树和柏树，但我没有见过，所以楼的左边读书的小屋叫作"枇杷晚翠松柏后凋之斋"。楼的后面是一片空地，古木成荫，打开楼上的窗子，可以望见隐在雾里的匡庐和赣水的一个支流。近年以来，因家里住在外边，很少修葺，但那高雅古朴的建筑，令人不忍遗弃。每年寒暑假，小楼中总不少年轻人的欢笑与雄辩的热情。去年战争爆发，家里的人多起来，楼中更热闹了。今年夏天，我回家和一些年轻的叔叔、姑姑、弟兄姐妹组织了一个读书会，会址也就在那里。

记得小时候家里的叔叔们，在冬天常把那座楼当作俱乐部，吃酒，玩诗条子，打牌……现在我们的作风不同了，我们在楼中读书，开讨论会，唱歌，排戏，许多小孩子也被我们吸引，跟着我们唱歌，在读书室里看画报。

夏天日午，我们挥汗写壁报，排戏；夜里斜月一楼，清风吹送着河上的渔歌，百年老树的影子爬上栏杆，我们坐在朦胧的月影中，述志论道，年轻人的朝气洋溢着。

安静、热烈、愉快的生活，一霎间为湖口日人的炮火驱走了；乡村中迅速地传播无稽的谣诼；一层暗影落在我们心上，去年从南京、镇江避难回家的人们，现在又忙着西奔。读书会的人，有好几位要随着家里走；因此，几天来，大家都显得有点忧闷；楼上的舞声和谈笑声没有前些日子那般充满活气了。

楼外的稻子正黄，南风吹去，蠕蠕而动，有的已经卧倒在地上面，一两天就要割了。夏天的阳光，照着匡庐峰下，河上的帆船，河水依偎着绵延不断的苍山，悲凉的歌唱，像哀悼着劫运的来临。

每天，离别的哀愁纠缠着我们的心，坐在楼上，默然相对；书籍、图书、杂志，散乱地杂陈着，陪伴人们作无语的别离。华说："我真不上楼来了，凄凉得可怕呀！"

在家里，我的年龄比较大，我尝过的别离的苦味也比较多。我告诉他们：我怎样别故都，别上海；怎样离汾阳，离离石。我说："我们要坚强些，从悲哀中，我们应该生出一种力量！大家都知道，谁使我们离散了！现在，该不是戚戚的时候了！我们要下决心回到故乡呼吸自由的空气……"这些话是杨对我说的，我仿佛又回到风雪之夜汾阳城外的军营中去了。

广阔的原野上，吹着夏夜新凉的风；河上的帆船已经落下白篷了，山影模糊地挂在天底边缘，星星逗引着孩子们晶亮的眼珠。两条小舟载着我们轻驶在故乡的河上，明天的远行人似乎对于这条碧净的河流有着不尽的依依的恋情，要求着这最后一次的夜泛，却故意添了一些相思在来日的醒与梦中。

"再会吧，南洋！
你海波绿，海云长，
你是我们第二的故乡，
我们民族的血汗，
洒遍了这几百个荒凉的岛上。"

一九三六年的夏天，"一二·九"运动中战斗的朋友们毕业们来，我们唱过这个歌；这时，我又唱着了。

月亮出来了,河面上浮起一层朦胧的雾,船和坐船人全浴在月色之中,这时,更添了一些忧悒与离绪。我们又唱起临时作就的《别曲》:

今夜的河水,
今夜的明月与星星,
今夜——
你们听:河上的歌声,
你们看:眼泪已盈盈,
别恨,离绪,乡情!
女儿幽咽了。

"十年、八年以后,当我们回到故乡,我们要唱像苏联《祖国进行曲》那样雄壮的歌啊!"我说。

(原刊于《美华周刊》,后收入李辉英等编《撷英集》,琳琅书店1940年1月版,署名"流金")

倚　闾

这地方我只去过两次,自从回家以后。十年前,我是常常去的:小河边上一簇树林。四五间平屋,参差地背着林子,前面是一片荷塘,屋子西面的尽头,有一个土坝,引着河水折向西去,连接着另一簇树林和林里的人家。

我第二次去这地方,是和我新从四川回来的一位堂兄一道。已黄昏了,紧靠着土坝那所平屋的门前,正打完了稻子,稻蒿一捆一捆的在上堆。有一个老妇人,把一个稻蒿,从地上拿起时,我远远地看见她。我们走近稻场去,一切都那样的熟悉,干稻草味!石磙子,池上的残荷,那已白了头发下面的轮廓;我默默地在稻场上有一会儿,然后走近那老妇人去,招呼她:"成太太,你老人家精神真好!还有力量堆禾!"

老妇人看见我照例有一种过分的亲热,留我在她家里过夜(注:过夜,吃晚饭之意),说她的大儿子牵了两只小猪到涂家埠去卖还没有回来。我说:"你老人家忙,不要招呼我们。"

秋天快过完了,傍晚的风,着实有点寒意。上弦月斜斜地悬在天边,稻草堆下,有模糊的影子。老妇人身上穿的那件白大布褂子,在月下显得特别有颜色,我默默地站在她身边,她也放下了工作,坐在稻草上面,用袖子揩去额上的汗珠。

我回家后第二天,她便到我家里来;离开了故乡八年的人,都已陆续还乡,只她的儿子连个信儿都没有。她的儿子和我,从小在一起读书;辍学后,在军队里做过看护,机关里当过小职员,后来我去北平读书,在一个私立中学替他找到了一个位置,一方面又给他设法弄进华北学院工读;抗战的时候,他回江西做了一年宣传工作;二十七年夏天,我从南昌去昆明,和他晤过面,到昆明以后,还时常接到他从皖南来的信,后来我去北方,便没有接过他的信了。当他的母亲到我家里来时,那皤然的头发,潸然的眼泪,真叫我不知如何安慰她。我应当和她说:她儿子比我好,说许多我自己已知内愧的信,但我不能这样,而且我知道也不能安慰她。但除此以外,我又能说些什么呢?她是相信她的儿子会回来的;他出去的时候,还只二十岁,那样健壮,那样正直,一点歪心事都不会做的。有人说:战事平定了,信就可通呀!信为什么不来呢?但有的又说:她儿子做的是叛逆的事,所以不敢写信回家。她相信她的儿子不会做叛逆的事的。她和我说:"这,你是晓得的,我老泉一个月赚二十来块钱的时候,一个月也带十来块回家的,他怎么会做不好的事呢?"我告诉她说:"一泉短时期恐怕不会回来,信也难得通。也许过些日子,就可以回来了,纵使回不来,信总可以寄一个。现在,也不独一泉是这样,我有好多同学都这样。"

真的,我们不都在盼望着一些亲友的重聚!多少人家不也还在期待着儿女的音信!

看着我回来了,老人心里似乎更有一种不可言说的悲哀,我顶怕看见她那默默的对我的凝视,深深的叹息,我到她家里去过一次,以后想去时却总是踌躇不前;那阴阴的林木,盛夏时荷塘冉冉的清芬,河边草坪上的牛群,石碾旁树下的废碓,虽无处不留下儿时的追怀,但老人的倚闾之望,因我而更深时,却使我有一种漠然的哀感。

稻场上渐渐沉寂了，我们向那老妇人告辞时，微月照着她脸上正在流着的眼泪。我跨出门槛，回头看见她披了一件衣服还站在门槛边。

十一月二十三日重抄

（原刊于1946年12月21日天津《益世报·文学周刊》，原有副题《怀旧集之三》，署名“流金”）

昆明沉思集

又一日

人常常同我说起英雄,我自己也常常说起。英雄是什么呢?

英雄是斗士,充满英雄的心的是一片创造的光,但英雄不为自己。

人永远在企图扼杀创造;但历史却因这些创造者而辉耀。

能创造的人,必先对这世界有所不满,必先感到压在他身上的重量,而且承认那是重量。因此反抗开始了。能反抗的人,自信与希望充满了他。

但不幸,我们历史上所有的英雄,都抵不过是解放了他自己。因此,我们仍在期望中。

真正的英雄,是解放了自己,而也解放了别人的。但不能解放自己的,永远只配做奴隶。

精神上奴役于人的最可怜。求得解放不知有多少不同的道路。

我不要人走我的道路。

又一日

我近来对于一切决定论者都有极大的反感。但他们之中,也有许多不同的种类。动听的言词不但使听者迷惘,对自己也是一种虚幻的满足。在我的朋友之中,有一些决定论者却充满了悲悯之心来发挥他的议论;但我相信了他们还在中途。

对于那些大言不惭的决定论者,我只想问他们一句话:你们能给的是什么呢?

又一日

一瞬间,我的心情变得这样快,等我自己知道了已经千百种变化的时候,那一切变化又杳无踪影。

我要皈依,生命只有在信仰中才见出光辉。日月星辰,都有它们的轨路;流星,不是比星辰更美丽么,但动人只是暂时的。

我又要重读福音书了,福音书上说:"我心尊主为大……他的名为圣。他怜悯敬畏他的人,直到世世代代。……他叫有权柄的失位,叫卑贱的升高,叫饥饿的得到美食,叫富足的空手回去。"(《路加福音》第一章)

我快乐了。多少年来,在我心里就有一种力量使我在富贵前却步,在争夺中不能自制的发怒,在人前透露我的真情。我曾说过我自己是不能求功名富贵的人,虽然那一切于我也实动心。现在,我相信我与神同在。

又一日

昨夜,我过了最好的一个夜晚。新月那样娇媚,充满了青春的颜色,我的性格是近乎热情的南方人的，明媚，流动，总易刺激我的想象。

我记起纪德的一句话，纪德叫我们不要追求那和我们不相称的。这么多的日子，我心情上被一种思想压着，有如负了一个万钧的重负。有时，我便悲哀地审问自己；这和你相称么？结果总是痛苦的。

昨夜，我得了解放。我的心情，真轻盈得如明月的光辉有无数的声音，唤醒了我在那种思想中的沉滞。

我在花园里走得那样自由，一切都离我远了；我又体验了一次二十岁时沉溺于文学中的情绪。

睡后，也没有梦；我是满足了，但我说不出是怎样的满足。

万能的神啊，你是那样缥缈地追随着我的；我只能当自己也是不可捉摸时才能近你；但我又是如此的固定，如此的不能渗透到你的心灵中去！

我今天实在是要求依附，只那一夕，我就觉得我精神的飞翔，能给我什么样的快乐了。（仿日记体独白之一）

（原刊《京沪周刊》1947 年第一期，署名“流金”）

略论燕园文坛

我们过的日子，有些人嫌它太平淡，有些人嫌它太拘谨；有些人诅骂，有些人懊恼；大家都说：这时代是个不幸的时代！的确，人不能单独生活在世界上，他们周身罗列着各色各样的物事，奇离荒诞，变化万端。太古的日子已经过去，隐士的高行，已是梦中的瑰丽；食薇蕨，饮露餐英，现代人都不能办到，只要一落足于斯土，吃饭，穿衣，行路，恋爱，说话……没有一件能撇开人的牵连，社会的拘束。倘有人说，他能超然世外，可以与众不同，祸福忧患，只许自家儿打算那种人，如不被认为愚蠢，至少我要说他有点近乎疯狂，或还未打开眼睛看看自己。

这里，我不想再写什么了，上面那些话的意思，是想留心一切事实的人们，把眼光放远一点，想得周到一点，多多避开书本上一些自欺欺人的教条，而对于一切切身的问题，不妨大量的下点功夫——譬如你今天为什么能安安静静坐下吃饭，或悠闲的和爱人谈天。

《半月刊》编者要我写一篇关于燕园文坛的文章，而我凭着一时的兴会，答应下来了。我知道这种文章写来不见得能讨大家的好，使大家看了能得一点好的或坏的，我想，假如能使大家不至太失望，写写或许亦不无益处；最后，我又考虑到用叙述的方法，对燕园文坛作一个概括的申陈，或用批判的态度与以评议，来得得体。于是当握笔的时候，又增一份踟蹰，与踌躇，而行文之处，作者有时难免偏见，我也深深知道；想来想去，想到反正文章是写给自家人看，即或有谬讹之处，也不会有文字狱之兴，便大胆写了。

两年来，经过几次国内巨大的政潮。"一二·九"运动，在中国历史上，树一块界碑。整个的社会，在急转剧迁，不甘寂寞的人们，少不得要敲几下"边鼓"；我不敢说燕京的同学都优秀，我也不否认，在那不算少的一群中，有优秀的人存在着（我这里所指的优秀的人与普通所谓略有不合）。"一二·九"运动，有些人沉默，有些甚至连沉默都耐不住，似乎对那些喊口号的敏感青年不加以一种"反抗"，未便干休；对任何一种活动，只要不是他们手创，便摈诸门外，拒而不纳；所以在从"一二·九"至"陕变"以前，燕园文坛上的活动，沉默者和不时沉默……者，我都不谈。第一，因为没有什么可谈；第二，无法能谈，"一二·九"运动的火花，他们处之以逃避的姿态。

跟着伟大的"一二·九"运动，燕园作家坚强地踏上了民族抗战的路，大家大概都还没忘记：那血一样鲜明与钢一样坚强的情绪！那时候，周刊改为《一二九特刊》，虽然，我们从那里面找不出一篇完美的作品，如那时我们的情绪一样为人所珍重，但那不是我们的错，鲁迅说："革命时期没有文学"，对于那短短的时日，可作一种正确的解释。

聚燕园将近五十位爱好文艺的青年，于是有一二九文艺社的诞生。在《火星》发刊以后，那时燕园的文坛，曾经一度热闹，在小型的刊物上面，最令人难忘的，便是非垢的诗。论表现的技术，当然还是嫌生疏，但那种奔放缠绵的情思，常在读者心弦之上，敲出一种难抑的悲愤的楚调。同时夏梦在周刊上，发表了他两篇游记，只要读者稍微留心，便忘不了那笔下的流畅与明洁。作为一种团体活动的记载看，那两篇文章，便反映了当时学生运动的一面，无疑地可使身临其境的人们日后读了会激起旧情的燃烧。以学生运动为题材，玲君写了他的小说《城》，把新鲜的经历，渲染到纸上，假如故事安排得当，文字调遣灵便，无疑地可成为一篇永存的佳作，但作者，却把故事糟蹋了。但这，不能算是作者的过失，只是他在纷乱中还没有能力安定自己写作的心情。从“一二九”到六月末暑假开始，这是一个非常的时代，人们的心，天天如大海中的船，安静与他无分，故对于写作，便忽视了文字上的洗练。只要重翻一下《火星》，我们立刻便想到，我们一年的过去，在心上所留的难灭的光辉，假如为着行文上的缺失，而把那些可珍之处抹煞；或因为那些值得永存的“内含”，而忽视今后表现的技巧，都是错误的。记住，燕园的作家们，自今还可以骄傲的，是你们在那些过去的日子里，贡献了你们的血和泪；一份精力与一份时间，一行诗或半页散文，所做的是什么，所写的是什么，都在那里说明了。

秋风吹淡了未名湖畔垂立的柳树的风姿，西山躺在明洁的秋日的云边，我们迷醉于古城的静静的秋；伟大的时序，好像已过去，然而一些鲜明的记忆，只要偶一闪耀，人们的情绪，便如江河一样的流泻，那不能忘怀的现世的污浊，那在期待人们去垦拓的未辟的园囿，都不能使他们轻便地卸下戎装，于是，便有一二九文艺社的改组，青年作家的出现。于斗争的姿态上，一变《火星》时代的轻捷，透露，明快与急烈。青年作家里，我们找得出许多社会相，然而被表现出来，是温和而涵蓄；若《丘东路》，若《山中问对》，若《慈善家》，这都不是些大家所熟悉而说来还不免有一份愤慨的事实，而在作者写来，是那么平心静气。在经济困窘之下，燕园的“文人”，挣扎着出了两期中型的纯文艺月刊，而社会上所给他们的评价，有些至今还可为“燕京人”所骄傲。

在这半年里，曾以诗人的身份出现于燕园的力野，致力于创造小说，在文词的修炼上，沉郁中而带有深湛的情感，使人不忍释手于北方人的厚重，发表于《青年作家》上的《慈善家》与《回想曲》，大家大概还未忘记，后者在情调上，充分地表示作者曾经一度作过诗人。

其次，曾为周刊编者誉为“燕大周刊中历年来仅有的佳作”文夷的《童话》一篇，用笔的紧凑、灵活，是其长处；而平铺直叙下来的故事，使人读之，失却一轻一重的心海的波澜，则未免舍弃了小说的功效而专在讽刺的题意下着笔。若论取材的现实，当不愧为燕园中的一篇力作。

这里，笔者表示遗憾的，是绥战爆发以后的募捐运动，和西安政变时的学生心理，无一人就此着笔。较之“一二・九”运动时代，那种抓住现实题材而写作的狂热，令人有感今昔。

此外，在燕京新闻上面，龙门主编的《燕园诗风》，也为一些人所欢迎，诗的技巧和内容，常常为一些读者商谈到，无疑地，大家都觉得离生活远一点，但这种说法，也嫌空洞，我们知道，这一代的大学生的生活，是奇离而近乎令人难以索解，譬如他们在社会斗争上，是一个十足的“前进分子”，而在生活态度上则不妨扭扭捏捏，甚至比雍雍大度的绅士还不如，反而显得更小气（如文夷所写的也是暴露现实的最真的一面）。绥战胜利结束，陕事和平解决，随着阳春的来到。《青年作家》和过去的日子一样的奏了丧歌！代替着它出现于燕园的文坛的，有诗与散文，我们非常欣幸在那里读到了一些成熟的作品。萧萍的清新朴实，宋悌芬的明丽婉约，黄裳的浓艳，郭蕊的闲雅，论其作风，各有门路，那虽然是寥寥的几篇作品（《旧窠》、《雾》、《芦笛》、《三月的诗篇》），而无一篇不值得珍惜。

除开创作以外，翻译在燕园，似乎太少有人注意到。在理解外国文字的程度上，“燕京人”不会比别人差，而愿从事于这种必要的事业上面的，除有厂以外，好像再找不出来——这不很可惜吗？有厂翻的都是苏联作品，以他那种俄文理解能力的深，和国文根底的出人一筹，译品忠实而流畅，在燕园文坛上，他是尽过一份力量的。

此外，方出两期的《四人行》，内容已见新异。据编者说，他们想在批评、介绍、翻译上用点工夫，并决定出几个像第二期书信专辑那样的东西。本年度周刊改为半月刊，有出一个文艺专号的计划，而对于翻译批评也想做点切实的工作。我们希望都能顺利进行。

把眼睛看一看。世界，人物，自己的前途，民族的命运，从事文学的人，绝不难找出自己所应走的路。

我们需要真实的作品。

（原刊于《燕京半月刊》1937 年第 1 卷第 1 期，署名“沈思”）

对于作家间新的运动的一种看法

中国新文学运动有了二十年，据说可以分做三个时期，从五四到五卅为第一个时期，五卅到九一八为第二个时期，九一八到现在为第三个时期：二十年的历史不算太短，作品也有一大堆，假如你细细的去读一遍，从文艺理论、论战、小说、戏剧、散文、诗歌以至于杂文、小品，你能得到什么，你自己会知道。不过大家都说，似乎还没有伟大的东西为你发现；因此有许多批评家，便造出许多"不伟大"的理由和"伟大"的条件；这些议论聚起来真不少，但大都脱不了转贩的习气；批评家的舌头，尽管把死的说活，活的说死；不过涉及个人的恩怨的地方总不宜太多。像伯林斯基那样的批评家中国没有，但像果戈尔、普希金等似的作家，中国也还找不到。在我们的国度里作家嘲骂批评家，批评家对作家有些地方也不免太刻毒，这无论什么人都不能否认。只要翻翻每次的论战的文章，谁都不难在读后叹一口长气，行文之处，有时竟可笑得以个人的私德而为攻讦的的矢，为自己的理论作一种掩护。平心静气来讨论任何一件事，中国人好像都不能办到，必要打得你死我活，热闹闹闹一下，到头还是"握手言欢"。其结果，吃亏的除他自己以外，还是大多数的读者。

二十年的新文学运动不是几千字几万字的文章可以谈得完。离我们稍远一点的暂时就此搁下；先把我们身边的问题来谈谈，——虽然意见是个人的，偏见不可避免，若不算太浪费了大家的时间，说说也无大妨碍。

若说我们的情感，不如原始人那样单纯——其实原始人也用简单的语言表示他们的情感，那么耳朵所听到的，眼睛所看见的，当不只是一声叹息，或一声赞赏所尽能传达；看见一个无辜的人而被戕贼，一个稚弱的孩子而被遗弃为一个万千人的专横而为奴为仆，或年轻的男女为一点暧昧的而不得不离乡背井，凡是人，不能不无所感动；社会上的事，逼得你不得不在心灵上起一种反应而求表现，其表现的方法，谁都不借助于文学与艺术，撇开艺术不谈，专以文学来表现，便有许多不同的形式，这些形式即所谓的文学的各部门。人对事情的看法见仁见智；而各人的生活，也不尽相同，所以文学的形式与内容表面上因某一种力量可以逼得它走上一条路，或因一种风尚，使它趋于一致；但真实的人的情感，真实的人的生活，无论如何，绝不会同一模型，只要稍为留心一点文学史的人，它便可以给你许多事实作为解答。因某一种力量，使文学的内容与形式"差不多"，这便是一种政治上的对文学的摧残，不算十分可怕；最可怕的乃是因趋于一种风尚而差不多。有好些人说：文学是时代的反应，这是大致不差的。但"时代"这两个字要说起来就相当费解。我想，时代在一般人眼睛里似乎太简单了一点。我们所处的时代，是一个非常的时代，谁都不会否认。在这个时代里，有各种不同的人——商人、工人、农人、小贩、大兵、学生、政府的官吏、洋场的买办……大家也不容否认，时代虽是非常，但人的生活绝不会"差不多"，决不如一些人所想象的那么简单：有一个时期写农村时髦，于是一群作家便就农村着笔，而那些作家群中，尽有着不少的未出门一步的脚色；有一个时期，国防文学抬头，于是大家便就"国防"二字而选取题材，不管自己对那些题材是否能够把握，能理解。炯之先生说：

> 近几年来……大多数新出版的文学书籍和流行杂志……文章内容差不多，所表现的观念也差不多。……这个现象说得蕴藉一点，是作者大都关心"时代"，已走上了一条共通必由的大道，说的诚实一点，却是一般作者都不大长进，因为缺少独立识见，只知道追逐时髦。……
>
> 同时情感虚伪，识见粗瘪，文字已平庸无奇，故事又毫不经心注意安排。

只要大家肯冷静的想一想，多用点时间，把过去二十年来的文学著作，重翻一遍，再把炯之先生所说的，咀嚼一下，虽不会十分同意他的说法，至少当不忍心再看中国的作家还继续这样差不多下去。过去的事实，我们应当承认，铁一般的事实，绝不是某人一支笔所能颠倒；伟大的作品，谁都知道是合于真善美的制作。时下流行的作品中，有几篇是有生命的东西？尽有的是一份虚伪的情感，何真可言；识见粗瘪，何善足道；甚至文字亦矫造，故事亦平庸，连仅能感人的一点美也使我们求之不获。

以真实的事作骨干，而寄以作者自己的理想，心匠独运，成而为文，这类作品，我们似嫌太少，而我们所需要的却是这一类。

事实胜于雄辩，时间会给人解释一切，会告诉人许多真理：中国的文坛，向来是为一些恶势力所包揽，空头的文学家，手执大旗，狂呼疾嚷，到头除只落得一场热闹，什么也没有。目下，在政治上，我们要求民主政治，而一些不民主的事，却奇离得尽出乎现代人们之手：在文坛上，有一个人提出一个口号，不管对不对，必要攻击得他体无完肤，才肯干休，而其态度更流于谩骂；不信，把时行的报章杂志翻翻看，假如你还有一颗未变的赤心，你决会皱起眉头来。

空言无补，人家说我们差不多，我们应当想想自己是否差不多；差不多的原因在哪里，才是大家所该注意到的问题。否则，说者自己会缄默而终必认错的。

一九三七年四月二十九日

（原刊于《燕京半月刊》1937年第1卷第2期，署名"沈思"）

论目前文学五事

一

这里，我将说明一些真真实实的，不惜用任何人一句话，为自己的思想辩护，或证明我的观察正确。

我之所感，由于对这民族的热爱，因而真实，而不免碰着一些人的痛处。

我反对口号：为艺术而艺术，一切艺术在为宣传，以及其他。人是具有神智的动物，他生长在那一块土地上，必爱那土地上的风景与人物；眷恋那土地的过去，憧憬着那土地未来的幸福与快乐；这情感，与生俱来，至死不失。这是一切历史之所由来，倘有一种人，要以另一种解释来反对我所说的，中国、外国的历史，都可以给他扯去那昏愦的帷幕。历史上的战争，大大小小的，莫不因人爱他的土地，而剧烈，而延续不已。目下，我们所生长的土地，只能让我们远远的想着，怀念着；在一个地方的春天，想起另一个地方的，那地方，有他儿时的幻想，有他最亲爱的人，与最熟悉的一山一水，一草一木。这情感，凡人莫不具有。表现于文艺上的，或悲愤，或哀婉。看来，或与这战争有关，或无关。缘个人因秉赋不同；民族因气质有别，表现亦有所歧异，但只须真切，便可流传，实不必强求铸诸种于一型。倘这样，徒无益而且做不到。俄国诸大作家，以描写农民一点来说，普希金和果戈理不同，托尔斯泰和屠格涅夫又不同。以我国历史上诸人相比，杜甫和屈原、陆放翁和吴梅村，其身世之悫、慨叹之情，何尝一致，而出诸讽咏，或悲壮，或哀艳，或沉郁，或幽怨，虽不尽相同，而均不朽。何况在这民族生死关头，除却少数无心肝汉奸，何人不生活在战争里，在胜利期望里，虽因教养气质，所努力方面，或有歧异，但目的实在没有两样。而可叹的：一面是说风凉话，一面是徇私情：表面上看来，团结极为热闹，其事各人心里，无日不在为自己打算。这种人，嘴里边虽高唱“与抗战有关”，实最为我们真真实实的关心民族者所不齿。

不为口号所拘束，真实的爱这国家的人，不论在战场上，在后方，都默默地在工作；我看过一时期文艺稿件，认识的人或不认识的，当我每回送出一批排成铅字时，我每一次必想起这古老民族的精神，将必在他们手里或粗糙或精致地制成模型，给我们自己作一面上贯五千年、下逮百万岁的祖宗子孙的镜子；这民族，若干年来，实太不为自己所了解，为别一民族所误解了。抗战以后，我们有许多无偏见的从事文艺的青年的记述中，多多少少地看出了中华民族一种严肃而又超脱的精神。在军人中，固不论，即愚夫愚妇，一旦家破人亡，悲哀之后，轰轰烈烈地作一些动人的事，亦不在少数。山西一省，两年来守节不渝，受国府褒扬的，至少十数起。这便是我们民族的真精神，国家命运之所寄托；这精神，在一些不知名的年轻人笔下，表现得最为真切。

二

有人感叹三年多，没有过一篇像样的作品。也有人捧过几位作家，提过那些作家的作品百数十遍以上，声声说是伟大的制作，说是已创造了典型的人物。这两种人，若不是太幼稚，便必是愚昧得连自己不知道自己耳目的所用。像样的作品，有个什么样的标准，伟大的又有个什么样的标准。我们从来没有听见过一本书，一篇文章刚问世的时候，便为同时人说伟大的。巴尔扎克的伟大，恐怕当巴尔扎克在世时，只他自己以为如此。斯汤达的小说，是很像样的了，但他自己以为必待一九四〇年，才有人欣赏。《红楼梦》，是伟大的。何以曹雪芹当时必至穷病而死呢？原来伟大，必是经过若干年后才"伟大得起来"的。一个大思想家、艺术家、文学家，想以他的思想文艺影响他同时代的人，永远是办不到的事。鲁迅是伟大的，但今人所说的鲁迅的伟大，亦不是鲁迅真实的伟大之处，也许必待四五十年后，才有人能真正了解他，如他自己所了解的一般。

这一段，在说明目前，批评界的贫乏、无知。

三

新文学运动以来，短篇小说、散文两方面成就最大。抗战以后，这两者，进展却极微，甚且退落了许多。这现象，可从两方面解释：一是生活的不安定，影响了作家的沉思！"沉思"两字，取昭明太子"事出于沉思"之义；二是作者大多数为年轻人，修养工夫，较之五四时代以后诸人相差甚远。但这不足悲观，本来在战争当中，原不免这种现象，像托尔斯泰能在战火中写出 *SERATOPOL*，已属少见：而《战争与和平》，距拿翁称霸，亦已很久了；*SERATOPOL* 比起《战争与和平》来，实在差得太远。以近事来说，第一次世界大战当中，《启示录的四骑士》，《西线无战事》，《火线下》，俱是战后的产物。但我并不是说："等待"；也不是说战后必有好作品，这不过是对当前现象一种解释罢了。

年轻的文艺工作者：这三年来，是你们在撑持着中国文坛的局面，只你们的作品是真实；将来，亦必是你们继续着中国过去的在世界文坛上的光荣。我们不说诗歌，那具备了最好的文学与史学的条件的《史记》；即如《金瓶梅》、《红楼梦》那样的小说，外国诸大作品中，那一部能比得上他们。法国人，文学上的传统，是几十本几十本的带有历史性的小说，如大仲马、巴尔扎克、左拉，以及现在的罗曼罗兰，都是最著名的人物；他们的书，如《人间喜剧》、《龙贡家族的家运》，都是我们所熟悉的。英国人，那些不朽的巨匠，都是以长诗出名的。我们文学的传统精神，固不能有他们那样清楚的线索，但自《三百篇》、《楚辞》，以至《金瓶梅》、《红楼梦》，在精神上，原是一贯的。

抗战以后，无时无地，莫不可以找到动人的材料，在这光明与黑暗交织的现状当中，随手拈来，无一事不可以着笔，都是些可歌可泣的事。喜怒哀乐，怨懑悲愤，泛滥着我们这一代人的心中，我们必可用文字来说明；绘成一幅包罗万象的人生百景。

一个人若能返其赤子之心，必可明善恶，辨是非。世界上伟大的作家们，没有一个不是天真的像孩子一般的。这，不必凭藉于理论的探讨，而仅须反求于自己清白的心，这是我们每一个人必须做到，尤其是我们从事于文艺工作的朋友。

民族形式的问题，一个时期，最为人们所乐道。中国的民族形式，被看得太死了，甚至有人说，是民族形式最为民众所了解的一种。这一篇账太难算了。中国历史五千年，民族形式也不知变过几十次、几百次。据我所知道的，《诗经》变为骚，变为赋，又渐渐由繁复入简易，四言变为五言、七言；经印度文化东来，诗和散文又变，最明显的，如诗由古体变为近体，散文由骈而又复古，另外又产生一种变文，诗又变为词,变为曲;此外杂剧、小说、平话亦并行不悖。此是就大的正统的方面来说,小的变化更多,地方的差异亦大。到底哪一种是民族形式呢?都是的!没有人能说七言律诗不是我们的民族形式。但民族形式是天天在变的,就时间上说,前一百年不像后一百年的,以地来说:甲地不如乙地的。五四运动前后,西欧思想输入,我们在思想方面在变,正如印度思想输入时一般。思想一变,渐次及于文艺,故有所谓文学革命运动,白话诗、白话散文、小说,应之而起。这已经就是民族形式的又再变了。二十多年过去,这形式,在主观上,既未有十分成就;客观上,亦未为大众所接收。一到抗战,于是有人急了,怀疑了,提出"大众化"的口号。这种人,若不是太急,便是根本不懂民族形式是怎么一回事。"大众化"口号叫了,有些人改了行,写起"大众化"的东西来。但这,还是无用。于是又提出民族形式问题来,想起死回生,把僵了的形式注入复活的药汁;又不成,失败了。这在明眼人看来,原本如此,只不过徒劳罢了。根本上,死的已死,如骚体之死了一般,变文体死了一般,无法复活的;刚生长的,只不过还未成长,而人反误以为那是外来货,不是民族形式!试问:哪有无根的树木,能生长到二十多年,而且日渐繁茂的?

我们说:只有五四以后的新文学运动中诸形式,才是我们今日中国的民族形式的萌芽,正如鼎革以后,我们的政治制度一般。现在政治何尝大好了,但我总不会再抬出那君主专制政体来的!

世上说教者,只是使聪明人糊涂,愚蠢的更愚蠢。假如有个说教的人,能使我这愚蠢的聪明一点,我依从他。

(原刊于《北战场》1941年第1卷第5期,署名"流金")

关 于 诗 人

我将以全力来证明一点：诗人所有的并不比我们多，只他所要的比我们少。诗人能够把他的所有奉献给全人类、全宇宙，而我们不能；我们，至多只能把我们所有的给予某一些人，父母、妻子、兄弟、朋友，或者我们的国家。

从自然里带来的，再让它回到自然里去；诗人一生的事业，便在这种“返本”的努力，这种“返本”的斗争。在这努力与斗争中，最先需要的是一种领悟，一种对永恒的领悟。这种领悟，是最普通，人人都可有，不过只有那能放弃自己的人才能抓得住——或不如说，只有能肯定自己的人能抓得住更好些吧，因为真的肯定了，就是放弃了。

诗人对自己的肯定是“前不见古人，后不见来者；念天地之悠悠，独怆然而涕下”的一种天地长存、人生短暂的弃绝自己的感情。有了这种肯定，才能有“逝者如斯夫，不舍昼夜”的领悟，才能超出这个现实的、短暂的世界，与“天地同寿”，与“日月争光”。否则，强欲不朽，只不过是一种幻梦。

但最重要的，还在那种“返本”的奋斗。在这种奋斗中，充满了矛盾、痛苦。痛苦越深，矛盾越大，奋斗越强烈、越彻底，在奋斗的过程中，越充满了思想的光、智慧的光、艺术的光。

环绕着我们的，无处不是社会习惯的约束，道德的约束，法律的约束，富贵生死的约束，受得起这些约束，跳得出这些约束的，才能创造——其实，返本就是创造，才能给予，才能“本色”，和这些拘束的斗争——我常想，就不如说和这些诱惑的斗争更切当些吧，就是返本的奋斗。在我们历史上，第一个大诗人，屈原，便是经过这种奋斗的。

屈原在中国文学史当中，谁能比得上他这样痛苦的呼声：

> 闺中既以邃远兮，哲王又不寤；怀朕情而不发兮，余焉能忍而与此终古。

这是一种崇高的追求得不到以后的绝望的悲吟！屈原所遭遇到的痛苦，是任何一个时代人类优秀的心灵所遭遇到的。你看，他所处的世界就是和我们现在的一样：

> 众皆竞进以贪婪兮，凭不厌乎求索。
> 固时俗之工巧兮，偭规矩而改错；背绳墨以追曲兮，竞周容以为度。

但他却好修为常，肯定了自己：“亦余心之所善兮，虽九死其犹未悔”；又放弃了自己：“长太息以掩涕兮，哀生民之多艰”；固执着，追求着他的理想：人间既不能找到他情之所寄，天上也不能；当天上也不能时，唯一能安慰他的，便是找一位像但丁《神曲》中的 Beatrice，和歌德《浮士德》中的海伦娜来使他的灵魂飞升，但这也成了梦幻，遂发出如上面我们所引的“闺中既以邃远”的叹息了。

但他还不绝望，还不灰心，他还可以远逝；于是经过一番极大的痛苦之后，得到了一种超越的飞翔：

屯余车其千乘兮，齐玉轪而并驰；驾八龙之婉婉兮，载云旗之委蛇。抑志而弭节兮，神高驰之邈邈……

这是多么的一种自由，快乐，飘然高举的境界！但这在屈原又是多么短暂，只像一刹那的电光，终于，他仍回到人间来了，汨罗江成了他永息之处！

纪德在新的《粮食》中说："每一种肯定都在克己中完成。你在自己身上舍去的都得生，凡是想法肯定自己的都否定自己。完全的享有惟有以赠与证明。凡是你不会赠与的一切都占有你。没有牺牲就没有复活，一切惟有靠供献而开花，你企图在自己身上保护的一切都萎缩。"（据卞之琳译本）

"放弃自己"是诗人的开始。依我想，所谓的放弃，是放弃社会所要求的一切，用我们中国的说法，就是"正其谊不谋其利，明其道不计其功"。屈原虽然放弃了自己，但他仍不能不计其功，灵魂深处，仍充满了人类的孱弱，我们读他的作品，仍旧觉得他亦值得我们的悲悯与同情。等到另一个新时代开始，阮籍的更刚强、更遒劲的诗篇，更引导着我们入于一个更高的境界。

阮籍，生当离乱之际，对于他那个时代，实在倾吐了一种更高、更有力的感伤，在我们国家当中，没有哪一个能达到他那样沉痛深处：

夜中不能寐，起坐弹鸣琴。薄帷鉴明月，清风吹我襟。孤鸿号外野，翔鸟鸣北林。徘徊将何见，忧思独伤心。

沉沉的哀感，充满了他的诗篇中的，谁能比得上："良辰在何许，凝霜沾衣襟。"

但这种感情，是一个超越的心灵，感到羁旅无畴，俛仰内伤而发出来的。

在那个"小人计其功"的时代，只有他，能自甘憔悴，以"丘墓蔽山冈，万代同一时"的永恒之念，把自己从痛苦中解脱出来，寄同情于那些"失路""忘归"的人们。

一种旷代的哀感，希世的凄凉的音调，是弥漫在我们任何一个人当着乱离之际的心情中的，但只有那能把自己放弃了的人能呼喊得出来，能用艺术的形式表现，给我们以永恒的哀思。

"独坐空堂上，谁可与欢者？出门临永路，不见行车马。登高望九州，悠悠分旷野。孤鸟西北飞，离兽东南下。日暮思亲友，晤言用自写。"今天，我们任何一个人，读着这一首诗，能没有同感么？

伊尔文在《西敏七德大寺》中写道：

诗人和他的读者之间，永远存在着一种新鲜的、活泼的、亲近的感情。诗人活着，为别人更多于他自己，他牺牲了周遭的快乐，自绝于世俗的欢娱，他的心灵是贯通于今古异代的人的心灵的……

对于诗人，这应当是最好的一种界说了。

我国历史上的诗人，除了屈原、阮籍之外，李白，是最不可企及的了。但奇怪的是，我们是一个最不能了解诗人的民族。我们的视听是仅止于山川风物、田园梦想、君臣的遇合及仕途的坎坷，对于那关涉人类的旷世之情，面对宇宙的深远之思，永远接触不到。充满了我们自唐以下千年来的文学中的，都是一些物囿于汉以后儒家狭隘的教义中的琐琐哀愤与欢情，或身居廊廟，或身在江湖，都没有一种超然而思、奋然而起的极悲极乐之情。人生的意义，似乎就只在于个人的穷通之中。

李白的诗篇中，不知有多少奇诡的梦，有多少奔放的梦，他的思想，真的是可以凌空，可以绝尘。高山，真的是他的人格、思想的象征。“天姥连天向天横，势拔五岳掩赤城。天台四万八千丈，对此欲倒东南倾。”是何等的一种气象！“黄河之水天上来”，何等的奔放，蜀道之难，又何等动魄惊心！

> 淮南望江南，千里碧山对。我行倦过之，半落青天外。……独立山海间，空老圣明代。知音不易得，抚剑增感慨。当结九万期，中途莫先退。

超迈绝伦、一种积极的、充满了生命的呼唤，永远回荡在我们心灵的底处！

山，和李白，这个旷代的大诗人，在我们想象中永远是分不开的。和山出现在太白诗中一样多的是斗酒十千、百年三万日长醉人间的一种狂欢的情绪。

但李白那种比屈原更多的矛盾、比阮籍更广阔的浑茫的感思，千年以来，在杜甫乱离悲悯的诗篇中被人忘却了。而那，正是比一切放弃自己的更高的境界。李白正生在唐代的盛日，而那个现实世界不能满足他。他要求更高的。他是最优秀的民族生命力的一种极高的表现。我们，对于他，是有一种不能企及之感的。但一个生命力丰富的民族，是应当比欣赏杜甫更欣赏他的。只有这一类诗人，能给我们以鼓舞、以骚动、以超绝一切的感情。

李白，真正是站在一切的峰顶上，真正是完全肯定了自己而又放弃了自己的。

“大雅久不作，吾衰竟谁陈！”只有他，才配得上发出如此巨大的声音。像这样，他还能向我们要些什么呢？

（原刊于重庆《大公报》，署名“流金”）

谈“混沌”

《混沌》,骆宾基著,一九四七年新群出版社刊。

对于一个作品所感到的喜悦,开始是朦胧的。骆宾基先生的《混沌》,就给了我这样一种朦胧的喜悦。假如不是我阅读范围不广,我敢说我十年来我读过的我们自己的小说,打动过我的只有这一部。

我在这篇短文里,对于我们新文学所走的道路和小说方面的成就,很想作一番简单的说明。因为我觉得只有这样,才能解释我对《混沌》这本书所以偏爱的理由。我明知道这种工作不是我所能胜任,不过倘因我错误的看法而得到高明的指示因而可以解答我心中的问题,也是很愉快的事。

五四以来的新文学运动,产生了我们近代的小说,鲁迅的《狂人日记》,可说是最早的一种尝试。收在《呐喊》与《彷徨》两个集子里面的短篇,为中国近代短篇小说奠下了基石。直到现在,短篇小说的作者如林,但他们的成就,迄不能超过《呐喊》与《彷徨》。五四以后也是鲁迅第一人把反封建的思想,用文学的形式来表现。这种文学的形式,严格说来,并非我们所固有,是从外面输入的。《呐喊》与《彷徨》,在形式方面,在十九世纪最伟大的短篇小说作家契诃夫的关系,是尽人皆知的事实。稍后的短篇小说的作者,有成就的如沈从文、巴金、张天翼,各人所取的题材虽不尽相同,但在形式方面,依旧走的是鲁迅的路。在长篇小说方面,一直到茅盾的《子夜》出世,我们才有像样的作品。《子夜》反帝的色彩是十分浓厚的。茅盾先生写实的手法,也是欧洲自从工厂制度盛行之后,文学上的写实主义(即自然主义)的传统。

在这里,我们可以做一个简单的结论。我们可以说,五四以来至抗战为止小说方面最有成就的作家,得数鲁迅与茅盾。他们写的是我们中国现代人的生活,用的形式是现代西洋的形式,所表现的思想是反封建反帝的思想。这也就是我所说的我们新文学所走的道路。三十年来,从事于文艺工作的人,也有许多走别一条路;也有许多因为限于自己的才具,而不能有成就;也有一些人因缘时会,浪得虚名,但在我们今日看来,历史俱已把他们安置在一个适合于安置他们的地方了。

自从二十六年抗日战争发生,文学被摈退于一个不甚重要的地位,抗战时期的作者,如碧野、姚雪垠、田涛诸位,几乎是全部作品均取材于战地军中的见闻。姚雪垠的《春暖花开的时候》,可作为一个代表。在我们今日看来,这些作品和抗战以前的优秀的作品相比,其唯一的不同点,便在于写实主义精神的丧失。有的只是一种不健全的浪漫气息的泛滥。因而也就缺少了力量。这个原因,和当时政治的关系很大。作家有形无形的失去创作的自由了。

欧洲自十九世纪中叶以来,文学上的写实主义,代替了前一期的浪漫主义。浪漫主义运动,正反映当日中产阶级与贵族争夺政权的一段历史,故其主旨在求一己的感情的流露与个性的发扬。等到工业革命之后,政治上的社会主义风起云涌,在工厂制度下作工的人的悲惨的生活,已普遍引起社会的不安定。物质文明发达的结果,城市中贫富的悬殊,乡村中苦乐的悬殊,亦足发人深省。有心的作家,已感“俯仰之间,无非愧怍之事”。因此过去那些不足以登大雅之堂的低微人物的生活,也出现在小说家的笔下。正如浪漫主义所代表的为中产阶级争自由,写实主义代表的就是政治上的社会主义运动。这样产生的写实主义,表现在法国的为冷淡的类似科学家的分析与解剖一般的描写,表现在俄国的则为和书中人物有着共同悲欢的情绪的一种作风。

我们不惮烦地来叙述近代欧洲文学上的这两种倾向,就是为了要说明骆宾基先生在《混沌》中承继了俄国的写实主义的手法。

《混沌》,正如它本身所示,只不过是一个开始。它是作者所要写而尚未完成的长篇小说《姜步畏家史》的第一部。一开始,我们就感到作者卓越的天才。那么朴质而流利的文字,一点不像我们现代许多小说家一样关于风景冗长而无味的描写。红旗河在他笔下是:

> 河边儿,全是树皮剥光的木排,几乎掩蔽了红旗河的一半水面。……夏季的每天下午,城里的妇女们都聚集在这些木排上洗衣裳。僻静的远处,男人站在木排上洗浴,孩子们蹲在木排上垂钓。岸上锯割方木的高架子上,终天不断响着锯木的嗤嗤声,斧锤击打锯板间木塞的叮咚声和洗衣妇女们手里不停用棒棰挥打湿衣的捶衣声,还有往来海参威、清津港的帆船上的水手,遇到一阵把布篷鼓满的有力的风所起的欢叫……

但最主要的还是对于幼小心灵的一种刻划,他笔下的孩子的哀乐,仿佛就和我们小时候一般。

> "连哥儿你怎么的了,我给你带香蕉糖来啦!……她把糖包送到我眼前……"
>
> "哪!给你一块大的,张开口,……张开口……""……你看,我吃块小的!"我看见她也送到嘴里一块,把糖又包起来,要向她口袋里放。
>
> "我看看!"我攀住她的手;她一夺打开纸包,一边说:"我给你放着,还有许多呢!"……并不让我的手指碰到糖。
>
> "我也有个口袋,你看看!"我说。但崔婆不注意我的话,还是把糖包装到自己袋里去……"

在这个长篇小说的开始,一些在东北的山东的移民的生活与性格,一个个如凸出的画面。姜步畏的母亲,美丽坚强的少妇;他的父亲,一个精力充沛的人物,到了暮年,因事业失败而来的一种退休的情绪;他的固执而偏爱长子长孙的伯父;贪嘴而好心肠的崔婆;尤其是古班,生长在原野里的人的粗犷与豪迈,无一不充满了人的气味,有着他自己的思想,坚定地相信他自己所信的。这许许多多出现在《混沌》中的人物,都只不过是一个开始,但我们和他们之间,却一点不觉得陌生,他们无论好坏,均极自然的令人觉得可亲。在作者笔下的这些人物也许真曾占据过作者幼年的天地,甚至那个流亡的俄国的军官刘不林斯基,也让我们感到一种对孩子的温暖的喜悦。这使我们想起俄国的伟大的作家——屠格涅夫与托尔斯泰,屠格涅夫在《父与子》中所描写的虚无主义的信徒,托尔斯泰在《安娜·卡列尼娜》中所写的吉提与奥布浪夫斯基,不也是使我们感到处处有情么?据我推测,姜步畏家史中,大概不会有如狄更斯的小说中的尤利和大卫那样彻头彻尾的坏蛋、彻头彻尾的良善的人物的。

我们说过好几次了,《混沌》,只不过一个长篇小说的开始。我们倘要根据这个开始对作者的思想有所论列,是不妥当的。从这一个开始,我们只能说作者已透露他的健康的倾向了,不论在思想或在文字方面。多少年来,我们的文字都在乞灵于陈腐的文言和蹩扭的欧化过程当中。有一些小说,其文字的艰涩、死板不下于旧日的文言。《混沌》中却一点没有这毛病，我们不敢说作者处理文字已到完美的地步，但他却扬弃了文言文的堆砌的装饰，和欧化的蹩蹩扭扭的卖弄风姿。

> 窗外的阳光又是那么金辉闪闪的，夏日的晴空又是那么蓝，一种北方所特有的纯蓝，柔和的蓝色呀！圣洁的蓝色呀！怎样的诱惑人。我仿佛望见那蓝天下面，红旗河的渤渤水流，我仿佛听见一些游泳孩子的欢呼。

在《混沌》里面，我们也看不见唠叨的说教，廉价的伤感，或是用故事来解释一个什么深奥的思想的企图，有的只是真实的生活与孩子的心境宛转的描绘，当然，当作者选取他的素材时，也自有他的选取的标准。不过在他书中，孩子就是孩子，一个被伤害了的心灵的少妇不会变成一头纯良的羔羊，一个自尊心极强而又固执的老人为了偏爱他那食不得饱的长孙的父亲也会作出偷窃幼子粮食的勾当。过惯了草原的牧人的生活的古班自然会觉得戏院“真叫人喘不出气来”，“一出戏院子门口，就高声喘了口气”的。这，就足以说明作者的健康的倾向了，不是吗？还有什么比自然更为健康呢？

在这个虚伪的时代，在这个人性泯灭的时代，我们能呼吸到一种健康的气息，我们能感到自己是活在人群当中，虽然这只不过是来自一个作家的笔下的，我们已经感到一种幸福，一种希望。

但临了我还得声明一句，作者对他所写的人物，并没有半点姑息。换句话说，他决不夸张，也决不吝惜他应给予的一分情感。

一九三八年五月八日

（原刊于《人世间》1948 年第 2 卷第 5/6 期，署名“流金”）

《沈从文笔下的中国》中译本序

金介甫先生著的《沈从文笔下的中国》，由邵华强、虞建华、童世骏同志译成中文，不久就要出版，我是很高兴的。

开始读从文先生的书，我已进入高中了。当时，我非常喜欢郁达夫的作品，但《边城》把我带到另一个使人迷恋的世界。五十多年过去了，我从一个爱好文学的青年，变成在高等学校讲授历史的教授。去年秋天，我看了《边城》的电影，还有着和往日一样的淡淡的哀愁。

从文先生的书，三十年来，不为人所重，我是觉得很奇怪的。人们可以作这样的说明，也可以作那样的说明，但都无补于这个已经成为事实的损失。我深深地知道，凡是读过《边城》的人，对靠近湘西边境的碧水青山，对那住在塔下的老人和风雨里长大的翠翠，没有一个不心驰神往的。

沈先生的为人也和他的书一样，五十年来，一直为人所倾慕，所敬重。“一二・九”运动中，燕京大学有个文艺社，出版了一种以“青年作家”命名的文学期刊。这个期刊的发刊词《对于一个新刊诞生的颂词》，就是沈先生的手笔。文艺社都是爱好文艺要求抗日的青年，以为文艺是打击敌人的武器，其中，还有不少是加入了“左联”的。

抗日战争之后，昆明成为后方一个文化中心。西南联合大学教授陈铨著文提倡“英雄崇拜”。在《读〈英雄崇拜〉》一文中，沈先生以为到了二十世纪，神的解体是十分自然的，再也不需要什么宗教情绪了。他反对迷信，坚持五四运动提倡的民主与科学，以为不宜提倡什么英雄崇拜。这篇文章大约是一九四〇年写的，距今四十五年了。

中断了文学创作之后，从文先生致力于古代文物的研究。汪曾祺同志在祝沈先生八十寿辰的诗中说：“玩物从来非丧志，著书老去为抒情。”从文先生在历代丝绸、瓷器、玉器、漆器的研究中，倾注的是对祖国的热忱，是对祖国文化的无限深情，和“玩物丧志”是不相干的。

一九五六年，他为上海师范大学（当时称上海第一师范学院）在北京购古代铜器、瓷器、玉器、兵器和大量的碑贴，其中有很多精品。他以为学习历史、研究历史，要把文献知识和地下发掘的实物相结合。他还把自己收藏的丝绸、拓本和纸张送给师大，有极不易得的东魏高贞碑和乾隆的织锦。一九六三年，我在极端困难的条件下，完成了吴晗主编的《中国历代史话》中《南北朝史话》的写作。这部史话的插图全部是从文先生选制的，其中《北齐校书图》和《南朝农民》都是摹本。在这些插图上面沈先生所费的心力，每一回看到，每一回都使我回想起青年时代寄文章给他经他修改发表以后我的感激之情。

《中国古代服饰研究》这部呕心沥血之作，和他盛年所创作的《边城》、《湘行散记》……一样，都倾注着他对我们这个民族和民族文化的深情与厚爱。金介甫先生的著作，对于了解从文先生的为人、为学和他的作品是有帮助的。作者是美国人。美国人眼中的中国作家，也有助于我们的反思。

一九八六年一月十三日

（原刊于《上海师范大学学报》1986 年第 2 期，后作为华东师范大学出版社 1994 年版《沈从文笔下的中国社会与文化》的序，署名“流金”）

从北平到百灵庙

(一) 出 发 之 前

十九日下午，得到上海妇孺前线慰劳团二十日启程的消息，非常兴奋。当天晚上，梦里山河，便非复本来模样了。大青山头的雪，草原上的羊群，荷枪野戍的哨兵，挽弓驰骋的战士……一齐都奔来眼底——五年以来，中国人的心，谁不系于西北边疆之上呢？

宿舍里，时钟的得之声，敲破了黎明的岑寂，上弦月已落了。检点行装，匆匆就道。我们一行五人，被汽车载向大城，疾驰于“燕平”道上。晨起的铃驼，锵锵哏哏，掠耳而过。寒林在风中颤抖，晨雾游移于清冷的枝桠之间。乡下已有鸡犬之声了。

到车站时，他们那一群，已先我们而至。7时火车便在晨光熹微中，徐徐移动。

车厢中时时放出浩浩的歌声。“自从占领了我们的沈阳，又进攻了我们的长江。”从年轻的嘴里，化成的壮美的歌声，使人愤恨，哀怒。北风舐着车窗，在急剧的奔驶中，时闻碰击的巨响。

(二) 塞 上 风 光

车近南口，西望妙峰山，屹然独立。牛栏山自密云、怀柔蜿蜒西来，两山夹峙，古称天险。长城碉垛卧于山上，时出时入，时上时下，因山而迂回曲折，默想当年工程之不易，叹人工之神奇。穿山洞为居庸关，关上大石千斤，关下三五人家，老树枯枝，坏墙残雪，从车中望之，不胜今昔之感。居庸关扼冀察咽喉，为河北西北部唯一门户，南蔽北平，西控察哈尔，旧为吾国边防重镇，自东北沦陷，其重要更倍于畴昔。过关时，不见一戍卒，边防尽撤，所怀万端。出居庸关数十里即青龙桥，为冀察界地，春秋佳日，游人甚多。过青龙桥，便入察境了。青龙桥八达岭之间，山峦重叠，绵延不断，为平绥路兴工时最困难的一段。有一山洞，火车穿行其中，约需两分钟光景。

察省境内，有从绥远下来的阴山山脉中的阴山，沿线起伏。桑干河自山西五台山地流出后，汇洋河于涿鹿附近，沿线东南流入冀境，皆已封冻，阳光照射其上，有一种南人不易得的美感。西行抵宣化，洋河傍山而下，亦已成冰。宣化为昔察省省会，盛产葡萄，味美而甘。附近土木堡，为明英宗为也先所虏处，古战场也。地濒洋河北岸，控大漠，蔽河北，形势险要。近日人势力扩张甚速，随处可见“仁丹”“胃活”“大学眼药”“老笃眼药”“味の素”“利比儿”等颜色广告。看太阳旗飘扬于朔风之中，使人深深地感到家国将亡的沉哀。

(三) 日本势力支配下之张家口

在张家口因为换车，我们有数小时的停留，于是有机会作一度巡礼。短短的时间中，耳目之所见闻，平添了无限的悲怆与愤嫉。从车站出来,第一个给我的印象,是十数量插着太阳旗的载重汽车陈列于道旁,而守之以戴红边军帽的友邦士兵。"在我们的土地上,能容忍其行吗?"我反复默念。立时之间,东北同胞的嗟伤,便回旋于耳际了。谁能担保张家口不为东北、冀东、察北之续,假如自己还依旧自甘为奴的话。

张家口有二城,清水河作了它天然的界线,河上架有铁桥,桥东为车站所在之地,桥西为商业及政治区域。清水河源自阴山之麓,过张家口流入洋河。张家口市街,宽狭如北平前外大栅栏,颇繁盛。皮毛业发达,世称东口,与称作西口的归绥,同为皮货羊毛聚散地。舶来品来自平津,价格较北平约高二成。大减价、大拍卖的广告,触目皆是。内在的危机,正有不堪设想者。大街上一笔者曾见有××商号一类的字号,入而问之,始知即鸦片及毒物贩卖之所,"欣赏"之余,不禁使人叹服友邦人士苦心!既掠我土地,复毁我百姓,直欲置中华民族于万劫不复的地步而后已。

张家口为一新兴都市,文化比较落后,笔者为买一份平津报纸,沿街遍跑一小时,而结果没有买到。街上妇女很少见,有之,则半为娼妓,企以肉体博朝夕温饱者。街上代步的车辆也不多,其价甚昂。从距车站不到2里的地方雇一个黄包车回站,必须花大洋1角左右。

张家口海拔800公尺,气候寒冷,冬季特长,土壤肥沃,为世界最肥美的黑钙土与栗钙土带,但因气候的限制,未能发挥其耕种固有的价值。

渡阴山,去张家口90里为张北县,为察哈尔的门户,有汽车道北通库伦,南达张家口,西至商都、南壕堑等处。从张家口至张北有韩努坝与神威台坝,峭壁陡坡,"叹行路难"。自察北陷后,张北随亡,不独察省门户洞开,即绥东、兴和、集宁子等地亦受到极大的威胁,这次绥远将士,欲趁收复百灵庙及大庙的余威,一鼓下商都,取张北至于多伦,使我衣冠文物,复于旧邦。本来热、察、绥远三省,在地形上为一整块,蒙古安加拉大陆的南部。风俗习惯,亦完全相同。我们欲保西北,必守绥远,欲守绥远,必取热、察二省以为屏障,而热、察二省,又必须东北失地收复,才可得长治久安。中国自鸭绿江、图们江以西,唇齿相依附,合则存,不合则亡的。这次笔者从绥远将士口中,曾听到不少的豪语;"收复察北,指日可待",无论那一位都这样说过,我们愿有事实上的证明,勿作不兑现的空头支票;同时我们还希望全国民众督促政府赶快抱定抗敌图存的决心,不要再事犹豫,不要等民族的血流尽了的时候,而获取人家的怜哀,而开始"友好"。

(四)张家口到大同

我们下午4点多钟离开张家口,这段路所经过的时间,是夕阳残照的黄昏和月色朦胧的晚上。张家口所留给我们的印象,使我们不能在车上安静下来,凭栏远眺,看山上的飞鸟,与原上的羊群;河畔的衰草和胡天的明月。缅怀国家,感慨万千。沿线地方,为黑钙土带,山亦地平,洋河涓涓傍路南而流,除可为理想的牧畜地区外,农业发展,亦有厚望。据同车者言,五、六月之间,遍地罂粟花,在和风之下,非常娇艳。笔者聆至此,深感物得其用足以利人,不得其用足以害人之理真切。本来是一块膏腴的壤地,若从牧畜业、农业上下工夫,不独其地的人民可获享安乐,即于国家边防上,亦增大不少的力量。今者则化"玉帛"为"干戈",使利民者适足以害民!

车过洋河,驰行于河西岸,不久便到大同了。大同北上直入绥远境,为山西通塞唯一的门户,平绥铁路以此为中心。自古为防匈奴重镇，北魏拓跋之故都也。

在火车上看事物，当然比“走马观花”更来得马虎，其错误所在难免。希望日后有机会能在此一路作一个更详细的考察。

（五）与所向往的城市行握手礼

二十一日早晨6点钟的光景，车近归绥，从星光中遥望此“边城”，迷茫中见灯火隐现，心中有无限欣忭！车行渐慢，乘客从梦中初醒，大家似很匆忙收检行箧，车中顿时嘈杂起来了。尤其是我们这些初来的人，巴不得车子立即停下，好像连几分钟都不能忍耐。

归绥车站很大，当车到达时，已有省政府派来迎接我们的人了。当我的脚踏在归绥的土上时，真快乐得要泪下！我们感谢、敬佩傅作义主席的艰苦撑持，不然，这一席之地也许已卷入虎狼的掌握中了。

从车站乘省政府所备的汽车，径赴旧城。沿途道路宽坦，市街整齐，更夫戍卒，屡见于道上。以绥远一个这样穷的省，建设事业，能有今日的成绩，可谓难得。傅主席为人，重实干，不尚空谈，于此可见。当我们的车子疾驰于归绥道上的时候，车中的男女，莫不以惊奇的眼光，探望车外，好像他们都已经有了一个“归绥与众不同”的念头。

晓天浮着乳白色的雾似的气体，我们的歌声，掷在广阔的天盖之下，显得嘹亮而沉雄。

起来！
不愿做奴隶的人们，
把我们的血肉，
筑成我们新的长城！

车中男女的心都紧紧地系在一柱之上了。

归绥为绥远及归化二城的合称，旧城曰归化，绥远乃新城也。位于大青山南，黑水河北，山川环抱，货物辐辏。俗称归化为西口，口外羊毛、羊皮、骆驼毛等均聚散于此，有官商合办的织工厂，年产毛72 000余磅，其出产品畅销华北各地，近年外人以大宗款项，集中西北购买羊毛、驼毛，致影响该厂原料廉价的供给，于是产品价格，不得不提高，因此销路为之稍滞，现仅能维持现状。目下全国视听，都集中于西北一大块壤地之上，我们很希望政府以较大的财力援助绥远当局，使西北的毛织业，得以发育成就。假如在西北有几个较大的工厂，不独毛织品的产量可以增加，使本国出产，足供自己的需求，且可容纳许多西北穷苦的流民，使之就范，不至铤而走险，如王英、李守信之辈，为日人所利用。

（六）“日本人不敢来了！”

“日本人不敢来了！”这是一个旅社中的茶房对我说的话。我思索这句话中复杂的意义，我从去年日本人在绥远的横行间到此刻在绥远人口中流出“日本人不敢来了”的一切，在他嬉笑怒骂的表情中，我了解了我们民族对日本间的仇恨。我和他的谈话很零碎，很坦白，有些自己至今还不敢说，也未能说的，便让它仍旧埋藏于肺腑中吧。现在且述其中之一片段，一方面使我们自己有所警惕，一方面白于"友邦"人士以希其改变一贯的错误的政策。

"日本人现在绥远的有多少？"我问。

"只有两三个。"

"那么那一大批到那儿去了呢？"

"全跑了！"

"为什么会跑了？"

"您不知道吗，自从百灵庙收复后，又一次日本的汽车在街上撞死了我们的老百姓，政府马上提出抗议，要求赔偿损失，抚恤死者，结果全照办。以前，他们的车子撞了人，还叫我们赔他的车呢！"

"你们恨日本人吗？"

"干嘛不恨他？害得我们苦了。"

"你们也受到苦吗？"

"可不是，他们以前全住在我们旅馆里，稍微招待得不好就要挨打受骂，我们连哼一声也不敢。"

明达的"友邦"人士，旧的梦快醒了吧。中国决不愿做奴隶！中国决不是睡狮！你曾否听到？南北大众的怒吼——反抗的呼声。

（七）大北旅社中的一个晴朝

汽车把我们带到这个旅社中，四、五个人一组分据一间房子。把行李检点好，天慢慢亮了。一天一夜旅程上的疲劳，算是暂时得到了一点安谧的休憩。旅社中除了时时有歌声激起人们的情绪，一切都静静地躺在乳油似的朝气中。待太阳一分一分爬上栏杆，人声又骚然而起了。"一日之计在于晨"，大家都想利用这个美的晴朝，筹划一下在此"边城"中的一切。本来这次上海妇女儿童前线慰劳团来绥，有宣传部和调查部的组织，于是这两部负责人便乘此机会活动起来。

（八）病院里的"英雄"和"美人"

这里是受了"名誉"的伤的弟兄，睡倒在病院的床上；当我们迈进病房时，他们倏地坐起来了。睁大了眼睛望着我们，望着致辞的人。

"……诸位英勇的弟兄！我们来了，把后方千千万万的妇女儿童对诸位的关切和热望带到这儿来；我们回去时，也要把最使人鼓舞的消息带给他们，说：我们前方的战士就要恢复健康，就要回到战场上去杀敌了！……"

回答的是一阵热烈的掌声。

分发着慰劳品——毛巾和饼干；分别向战士们致我们最温暖的慰安和鼓励。

"弟兄们辛苦了呵？"我说。

"那里？……哼！为了国家，为了打日本，还能说辛苦？……炸弹来了，我的腿受伤了，弟兄们那么多受了伤，可是，怕什么？百灵庙夺下来了；百灵庙夺下来了，他日本再来个十万八万兵也抢不回去呵！……”

憔悴的脸变得红晕了。这是他最得意的杰作呵！

一条毛巾，鲜红的写着“民族先锋”四个字，几块饼干，表示后方民众挂念着将士的寒冷和饥饿；这来的一群，从四千里外奔波来致一点慰问的一群，虽只有几句话（从心底里蹦出来的话），却表现了千千万万片的牵挂，千千万万妇女儿童的殷红的心。

“慰劳歌”低低地从我们口里唱出来了；

你们正为着我们老百姓，
为着千万的妇女儿童，
受了名誉的伤，
躺在这病院的床上。……

我们的声音在颤动——我看见弟兄们的眼泪了。

……他们要把中国当做一个屠场，
任他们杀！任他们抢！
弟兄们！我们争呵！
我们要争生存，否则就要灭亡。
我们要争做自由的人，否则就要变做牛羊！

歌声里是愤怒，是反抗。

……我们拼着最后的一滴血，
守住我们的家乡！

这末了一句，末了一个字，绕在屋里，久久不去。弟兄们仰着脸，张大了眼，兴奋着；从他们的神色里，我仿佛听到这样的答复：“对！守住我们的家乡！”

当留声机声往病院中悠扬播送的时候，我们感到一阵畅快，躺在医院的床上的弟兄们的愉快，不就是我们的愉快吗？

（九）傅主席的招待筵上

“自从‘九·一八’以后，我们都心痛！”当傅主席用沉重的语调把大家久蓄于心而未敢言的话打在我们心上时，我们真有悲喜交集的一种说不出的情怀！我愿有一天，在松花江头，重闻如此的悲壮的话言。

来绥以后，一切事物——病院中的访问与对泣，旅馆里的对语与联欢，贩夫走卒的微言，达官贵人的谈吐，莫不使人感动，使人兴奋！“廉顽立懦”，谁说不是此时呢？

官场里应酬的虚文，在这天的筵席上，至少也减去三分之一了。我们能在西北边疆之上聚首一堂，祝民族解放开始的成功，是以前梦也难的。

傅主席那天很兴奋，简短的演说辞是一篇有血有泪的文章。我们愿天下人都铭记于心，要知道中华民族已经觉醒了。下面是他演说辞中的大意。

1. 死去的弟兄，他们面带笑容，因为民族解放的死，他们是觉得愉快的。

2. 受伤的弟兄，他们不觉得痛苦，因为自从"九·一八"以后，我们都心痛，为解救全中国人心上的痛苦，故他们断了胳膊，折了脚腿，还欣欣然有喜色。

3. 运灵回去的弟兄的父兄妻儿，以为此次牺牲，用钱难买，莫不抚棺而欣喜，深庆自己的家人，在民族解放的斗争上，留下了一页不可磨灭的荣光。

这种筵会，我们有生以来，可算初次吧。当傅主席离筵之顷，我们深深向这位民族英雄致敬了。

（十）二十二日早晨的一个联欢会

太阳直射在大北旅社的小院里（绥远的阳光是一样地暖和的），小院里面对面地站着两排人：一边是慰劳团团员；一边是太原女师前线慰劳服务队。

二十六个女孩子，有着黝黑的而已冻紫了的面颊，平凡的容颜，透露着坚定的意志。蓝布袍，黑皮鞋，一式的；笔直地立在我们面前。

听说我们从温暖的南方来了，她们来欢迎我们的。

一个月以前，她们来到这儿了，但那是很不容易呢。

> 我们奉阎主任的命令来到前线服务。离开太原的时候，我们的朋友阻止我们，我们的师长阻止我们，家庭更不准许我们跑向炮火场上去，但我们坚定了自己，向他们说服，有的，竟是偷着跑出来了。
>
> 我们没有得到同情，沿途听到的都是斥骂和讥笑："女孩子，到前方去做什么？给找麻烦！"
>
> 到了绥远，傅主席也劝我们回去，说这儿会有许多不便，恐怕不但不能服务，反增加许多麻烦。可是我们固执地要求工作。到末了，他们允许了我们到医院去服务，但每天只给3小时的工作；于是，我们工作下来。我们的住处离医院约有8里路，医院离吃饭地点又有2里路，每天我们很早地出来，很晚地回去，要步行20里路，我们这里有的是小姐，娇生惯养的；可是我们下了决心。我们了解这是一个试探，试探我们是否能吃苦，为了表示我们最大的为国家为民族牺牲的决心，我们咬紧了牙，忍受下来了，十几天以后，舆论改变了，不再是毁谤和讥笑，而是赞美！钦佩！我们的工作时间也增加到8小时。
>
> 这是一个艰苦的奋斗的过程。从这次的奋斗中我们得到一点认识：莫空喊口号，要求中华民族的解放，要求民族的解放，只有我们自己直接参加工作，参加斗争！

望着那朴实的一群，望着那原是贵族小姐而现在脸上只有斗争的坚决的一群，我从心底里致最深的敬意。

（十一）烈士公园与舍力图召

二十二日下午，蒙绥远省政府派人领我们参观，因为时间的关系，只看了一个为生人而设的喇嘛庙——清康熙朝为羁縻蒙古人，造寺以蓄养之，和一个为纪念死者的光荣而修的烈士公园。一片荒漠的旷原之上，巍然矗立着一座写着“华北军第五十九军长城阵亡将士公墓”的碑石，引路的人告诉我们，这就是叫做烈士公园的地方。在碑石之旁，我凝神深思，我念着中国未来的为祖国流血的一群，他年，他们是否也要一块这样“永垂不朽”的碑文，树立于荒原之上？他们是否仅需此一块碑文？

领我们来的那位朋友，指着那块石碑说：“长城”二字，原为“抗日”，后来才改的。我们抬头端详，果然“长城”二字还可见新的琢痕。我们英勇的弟兄，本来是为抗日而亡，而死后“抗日”这份光荣，迫而不能使人知道，九泉之下，应有如何感想。当听罢那位先生的话言后，就有人争道；现在“日本人不敢来了”，我们可以仍将“长城”换作“抗日”了。

碑石之后，为一所平屋，里面挂了很多烈士们的照片，瞻仰之余，遥生无限的尊慕。

太阳把大青山照得轮廓分明，虽然是塞上天寒，我们却无一丝凉意。

从烈士公园出来，径赴舍力图召。该召在旧城东隅，建筑颇壮丽，舍力图召为俗称，蒙语也。昔康熙曾驻跸于此，赐名延寿寺。召中为蒙人所居，奉黄教喇嘛。其中摆设，为久居中国本部者所难见，故我们都感到一点新的惊奇。在召中，恰好遇着喇嘛诵经的时间，七八人围坐在一个炕上，口中喃喃不绝，到我们耳朵里来的，全是些不懂的胡音。他们诵经时，有吹有打，像南方的道士为人作法驱邪，或为死者解除罪戾的情景。那些蒙古喇嘛，鸡肤鹤骨，面色黄黑，假如你想一想成吉思汗时代铁骑纵横于欧亚大陆的蒙人英姿，不禁为通古斯民族来日的危亡，捏一把酸泪。据说蒙古人嗜好极深，多无法自拔，生殖率日渐衰退。假如我们政府再不想一个办法使之自新，中华民族的力量，便无形中减去几分了。

（十二）九·一八纪念堂中悲壮的一幕

参观回来，径赴九·一八纪念堂。今天下午慰问团在此演剧慰劳兵士。

楼下满坐着兵士，前面几排是伤兵，包了头，包了臂膀或腿的。他们多系轻伤，从病院抬到这里来的。

台上正表演着《放下你的鞭子》。老年的父亲和娇弱的女儿因为沈阳失陷，流落到北平来，日日在街头卖艺，以图温饱。但生活是这样的艰难，肚子常是空着。父亲觉得生活无望，是由于他的女儿不卖力气，竟拿鞭子抽他唯一的孩子。这时引起一个青年的不平，跳上前去，夺下他手中的鞭子。一会儿拳足交加，竟把老头儿打倒了。女儿悲痛之余，跑上去阻止，并向青年诉说他们的流浪，他们的饥饿与寒冷。这时老头儿已经从地上爬起来，用拳头搥着自己的脑袋；“我真疯了吗？为什么打自己亲生的女儿？呵，她是我亲生的女儿呀，刚才我已经忘了她是我亲生的女儿了。”父女两人抱头大哭，青年在旁懊丧无已。

老头儿用着抖颤的声音请求青年的原恕，并向他诉说九一八以后他们流亡的经过。

“你知道这是谁使得你这样的？”青年问。

“这是命呵！”老头儿说。

“命？谁给你的这条命？”

"天……"老头儿手指着天。

"天？天是空的！你这命是人给你的;弄得这样全是人干的！全是日本帝国主义干出来的!"

老头儿似乎明白了,但即刻又恐惧起来。

"那我们怎么办呢?"声音里带着无知的颤抖。

"让我们联合起来,去找压迫我们的人、欺侮我们的人算总账！看——"青年手指台下:"这儿全是我们的朋友,让我们联合起来打倒日本帝国主义!"

"那么……那么用什么打呢？没枪没刀……"

青年从地上拾起鞭子：

"这就是我们的武器——拳头,拳头也是我们的武器呀!"

台下一片喊声：

"对！拳头也是我们的武器！拳头也是我们的武器!"

老头儿乐了,女儿也带着泪笑了,三个人拉起手来,

"去找压迫我们的人算总账!"

台下一个个带灰色军帽的头向前伸着。啊,这里是千万人的愤怒——这里是千万个有力的拳头!

戏院里歌声起了——

打回老家去!
打回老家去！……
打走日本帝国主义!
打走日本帝国主义!
东北地方是我们的!
他杀死我们同胞,
他强占我们土地,
东北同胞快起来——我们不做亡国奴隶!
打回老家去!
打回老家去!
打回老家去!

歌声里,士兵走了出来。在门外站着,看见两个弟兄,伤了腿的,相互扶着出来,兀自指指点点地述说剧中故事,诉着他们的愤恨和眼泪。

（十三）横过了大青山

"在南方旅行,可以增加一个人的智慧;在北方旅行,可以增加一个人的气魄。"这两句很平常的话,假如你没有南北旅行的经验,你永远不会了解。

微雪后的大青山头,太阳光从浓重的山雾之下饰大地以金黄的衣衫,在山石上曲折成波。半山之间,

有一个老人坐在千仞之高的岩石上，看守觅食于石隙中的羊群，手执羊鞭，翘首天外，那种悠然的神态，会使你生一种如何的感念？

当汽车在斜坡上行驶，你可毫无惊惧，待下坡时，偶一回首，你便会觉得自己已把性命作过一次“孤注一掷”了。

出入山中，你眼前的景物，变幻万千。一会儿是千仞悬崖，崖上点缀着几棵枯树；一会儿是万丈枯涧，涧底卧着大小的山石；一会儿豁然开朗，漠原上四五人家；一会儿群山排列，云海苍茫。无处不雄奇，无处不浑朴。只要你把眼睛张开，你狭窄的心，登时会汪洋如巨浸；你烦腻的心怀，会澄明如潭水。

当你置身于南方的山中，和你做朋友的，是幽峭的巉岩，涓细的泉流，山禽的和鸣，绿树叶的微语，……而置身于大青山中，则所见的是方石、老树、枯泉、羊鸣，……会使你想象豪爽、率直、粗而不野、憨而不痴的北方人的面影。

车在山中行时，我们常彼此以手击臂膀，把自己所见的奇景，互相传诉，似不忍“好景独赏。”“嗨！你看。”这样短促的自然的呼唤，常会惊动其他同车的朋友，使他们也依我们之所向而转动着头颅。

大青山一过，便是一望无际的草原了，武川县紧靠着山坡，作为归绥的第一道门户，在百灵庙没有收复以前，有重兵驻守。作为山城的武川，居民多从事于畜牧，地苦寒，农产缺乏，粮食仰给于山南（指大青山而言，）全由归绥转运而来，物价甚高，南人居处是间，常常感到生活之不易维持。我们此行，省府早有电话通知该县，故车近县城，即见招待的人鹄候于城畔了。武川在军事上的地位，颇为重要，其他各方面，则毫无可言。论街市的整洁、繁荣，和南方的一个普通小镇，也难与齐比。

出乎意外的事，是武川的美味，可并平津。我们都惊奇于这个小地方，能有那样善于调羹的技师。

从武川望北走，不见山了。大草原上，有成群的牛、羊、驼、马，看骏马奔驰于旷原之上，会连带想起蒙古人西征时代的英姿。

（十四）万山环抱中的一个古刹

从车中望见群山之中，有栉比的人家，那时太阳还没有下山，晴朗的空际，蓝天和白屋，看来分外的鲜明。

“百灵庙到了吧！”我们相互问讯了。

汽车的速度，渐渐慢下来，迎面跑来数名荷枪的戍卒，问明我们的来意之后，他们领着我们走另外一条入山的大道。为的是我们先走的那条路上，筑了许多防御工事。

“地雷危险哪！”我们从车上发现了地下所埋的地雷露在外面的“柄子。”

沿山头，张着电网，电网外，有很深的战壕，电网里边，则为已构筑的避飞机轰炸的工程。据弟兄们说，××用一万人攻百灵庙，我们只须守以三千。

去夏以来，由归绥至百灵庙之路被阻，一般关心边防的人，欲来此而未能者，不知道有多少？我们这回蒙绥远省政府用四辆汽车载着，来到这个全国人梦魂所系的边疆，心头的愉快，绝不是随便几笔，所能描画。

把几个山头一过，便上了到庙中的大道，庙东南为孙兰峰军队驻地。夕阳西下，暮烟笼罩了的营垒之间，时有号角声，划破向晚的澄净的天宇。当我们的车子过时，看弟兄们都立在门外，于是我们招之以手，对他们表示："我们是来慰劳你们的呀！"

白色的墙壁上，有无数的大小的破洞，庙门半用石块堵塞了。衢巷之间，沙包叠起如山丘，庙中的楼阁栋梁，自在歪斜。这一切的残破与零乱，象征着战后的仓皇。我们默默地随着迎迓的人走向住宿之所，心里为战后的蒙民作来日"归田"的打算。

从小门进去，左右两旁，有两个蒙古包，包后便是一所房屋，为前××特务机关长所居之所。据弟兄们言，他不是跑得早，性命难逃。

（十五）初宿之夕

清幽的塞月，午夜从窗口窥探这些远来客的寒温，挂在破碎的檐下，迟迟而不忍去。这时候，除在外边夜戍的弟兄，徘徊于严冷的冬夜之中外，谁都蜷缩了肌体，让毡裘与深冬的奇寒角战。

四、五个人挤在一床旧棉絮上，彼此交换着体内的温暖。南方人，谁有过这种寒冷的经验，躺在一床大被与重裘之下，而冷不能自支呢？假如有人要我给他一个百灵庙的图绘，第一件事当忘不了这初夜寒冷的攻袭。

因为车子的颠簸，已有相当的疲倦，故不到九点钟就睡了。天知道，我们睡了多少时候？谁不绝尽心计，使自己不要为严寒所侵。

当重寒难耐之时，想到温暖的可贵，不禁念及那些忍冻的战士，待哺的流民。寒冷时，我们切求着温暖；同样，饥饿的人，他们也需要麦饭。

第二天早晨起来，每个人的面容，都憔悴几许了。

"这真是有生以来，没有受过的寒冷！"这句话在我们口中，至少嚼过二十遍。

（十六）袁参谋长一席话——中国人不打中国人

二十四日清晨，我们用过了早餐。大家都很正经地坐着，站着，谛听着一位年青军官，追述收复百灵庙的经过。其中详情，闻袁氏日后有专书发表，这里，只记其重要者数事。

我们知道这次绥远当局对战事化守为攻在绥东击败伪匪军之后，就决定了，惟对于"取商都？取百灵庙？"军中还有着不同的意见。待决定攻百灵庙后，二十日国军即向前移动，二十二日集中于二口子等地，以迅雷不及掩耳的手段，一晓晚工夫，把百灵庙攻下——这是二十四日的事。百灵庙之役，将士用命，作战勇敢，年来鲜见！尤其是统帅的沉着坚毅的精神，使人闻之，肃然起敬。

袁参谋长还告诉我们，这次绥战胜利，在军事上固然有其力量，然大部仍收效于政治的力量。当战争开始，我们即提出中国人不打中国人的口号，使敌人无法施展其用中国人打中国人的毒辣政策。"见故国之旗鼓，谁不感生平于畴昔"呢？

我国边鄙，地薄民穷，人民无法自存，不铤而走险，恃劫掠以图温饱，便饿死于道路，以填沟壑。加之政治黑暗，吏风窳败，把良善的老百姓，不断的逼上"梁山"。仓廪实然后知礼节，现状如斯，怎能叫他们不为敌人所利用？这次绥远抗战，"中国人不打中国人"的口号，固已收效于一时，但根本的办法，还须从人民的生活上着想，使他们都能乐业安居，使不致再为敌人利诱，而乱自己的邦家。

（十七）胡天的月夜

月亮实在太妩媚了。我们一行六、七人，耐不住如斯的勾引。冒着寒风，踏行于空明的沙上。众山昏黄，哈尔红河浸淫于明月之下，更见其具有一种二十八岁的少妇的丰盛的美。

异乡的明月，常使人愁困。尤其是感情脆弱的年轻人，当羁身于旅途上，会因之而动乡愁。现在去家何止万里？我们一点乡愁也没有。我们只会玄想胡笳；想在大漠上，一个人牧着羊群，踏月的情怀。

我念着："深闺莫道秋砧冷，夜夜寒光满铁衣"的诗句，我咀嚼古人吟此诗的味道。"夜夜寒光满铁衣"，不是吗？山头上，一个个黑的影子，不就是持枪夜戍的士兵吗？

月夜，使我引起许多儿时的追忆。我片段的把那些故事告诉清。也许，日后当头白之年，我会与比我们后一代的人，共话此夕胡天的明月。

在百灵庙，夜晚出来，是不很方便的。万一你应不出来他们的口令，便有生命的危险。故我们出来时，便请教了一位官长，他告诉我们只要应一声慰劳团，就可通行无阻。但当我们行近大庙，听到弟兄们严峻的呼问，大家都不敢前进了。

当踏月归来时，心上已深染了一层前所未有的色素。几声马嘶，更使人感到边塞正是"荒乱之秋"。

（十八）悲壮的别情

天还没有亮，我们就起来了，行见就要与此相处两日的古刹长别，未可毫无眷恋。我们凝眸注视白塔、炊烟、庙中的楼阁，四山的朝雾。

当汽车慢慢地移动时，我们向袁参谋长举手致敬。当"拥护袁参谋长抗＊"，"拥护爱国弟兄抗＊"，"中华民族解放万岁"的口号，从我们口中喊出来的时候，谁都对这位年轻军官，中国的未来抱着一种热烈的期望。

"打回老家去！打回老家去！"

雄壮的歌声，不断地震荡于冬朝的旷原；弟兄们也是朝起操练的时候，灰色的一队一队，步伐整齐而严肃。

"再会吧！百灵庙！"

"再会吧！百灵庙！"

大家临时编就的歌曲，也从口里流出来了。

车爬过山头，白色的庙宇渐渐地远了。回首北望，有无限惆怅！我们坐的是没有篷的载重车，冷风吹了，连睫毛、眉毛都冻结了。有一位朋友说："我们有热的心，不怕冻！于是在笑谈之间，又复奔驰于草原上了。

我们愿旧地重游，当重来时，愿百灵庙烟火万家，不闻刁斗之声，不见军旅之盛。

[原刊《科学时报》1937年第4卷第3期、第4期，署名"植清"、"流金"，至"（十七）胡天的月夜"结束。另有两人同署的《绥游片断》，原刊《新中华》1937年第5卷第9期，全文包括《从北平到百灵庙》"（十三）横过了大青山"至"（十七）胡天的月夜"，但有结尾"悲壮的别情"，这次整理将其作为（十八）补于文末]

黑夜的游龙

因为敌情不明，在漫河村住了一天。坐在温暖的阳光下，同志们解开衣服捉虱子，有的在老百姓家里抄豆子喫。下午，隐隐的炮声，从四面的山地中传来；侦察队带来了报告：漫河四十里以外的地方，全有敌军的踪迹。

山风吹过来羊群的哀鸣，冬日的黄昏逼近了。山村中只有年老的农妇守着可爱的家园，少年男女和粗壮的农夫农妇全走上了无尽长的逃亡的路……

师部来了命令：晚上十点钟吃饭，十一点出发。

大家和衣而睡，等待着出动的号声；我无论怎样，都睡不着，看看在自己身边酣睡的朋友，心里只有羡慕；一种恐怖的情绪紧抓住我的心，毫不顾羞愧地我想到自己的生命了；向来对于自己的生命不十分重视的我，那时竟格外地表示珍惜，亲友们亲切的面孔，在我的心里映现，我完全陷在一种迷茫的境地中了；……悲壮的号声，猛然地驱去了我一切的思念；骨碌地从炕上起来，和所有的同志一样，我把毯子叠好，送给马夫去。

冬天的夜里，冰似的气流，在身边荡动着；鼻涕流到嘴唇边，凝结了，像两颗冰柱子挂在唇上；寒星孤零地照着山头，若不胜情似的在可怕的沉黑的夜空中摇动；幽咽的犬吠声，泣诉着荒村的劫运。

"同志们，今天夜里我们要以急行军通过敌人的封锁线，自×××前进，路上不许说话，打手电，每个人手上绑一块白布做记号，迷了路，不要叫喊，拍一下手，就有人来找的……"出发之前，政治委员杨向大家报告。

可怕的沉默，落在山谷中；我们这个将近五千人的行列，在可怕的山谷中蠕动；战士们显得异样的紧张，沉着；一忽儿咳嗽声，引得谷中轻轻地响一下，立刻那个发出咳嗽的同志，便受到他的伙伴们底无声的警告——在他的背上，或者膀子上，轻轻地打一下。

刚翻过一条山沟，从山的左侧便传过来一声炮响，队伍里显得骚动起来，但一会儿就过去了；指导员、教导员依然沉着地向前走，战斗员们也都镇定了。

我走在政治部的中间，安静的队伍使我也安静下来，但我不时地想着："是不是会打起来呢？"从来没有过战场上的经验的我，虽然觉得战争的可怖，但还渴望着战争。

两边山头上闪着星星的火光，山脚下村庄里，犬狂吠着。我们离开敌军的哨地，仅有两三里路，沿着山脚下，密布着我们的哨兵，荷枪的同志们，严肃的站在冰冷的山石中间，两只眼睛放射着严峻的、袭人的光芒，谨慎地守着他们的哨岗；一丝儿的风声，都逃不出他们的注意；我望着他们，心里燃烧着一种崇敬的情感，假如那时候容许我的话，我一定跑到他们的身边，紧紧地抓住他们的手，用我的眼泪，诉说着我所想和他们说的热情的话语。

翻过一个山沟又一个山沟，我骑着马，疲倦使我的眼皮微微的合上了；马蹄敲着山道中的乱石，清晰地响着；这唯一的响声，又使我的睡意淡下去了，我努力瞪开疲倦的眼睛，望着星疏清冷的夜空，心下又轻松起来；北斗星已悬在天心，只有五个发着惨淡的光辉，另外两个只能在我记忆中判定它们的方位。这时候，在祖国的地面上应该有多少的母亲、少妇，为她的儿子、丈夫祝福啊，有多少无家的人怀念着他们美丽的田园啊！又有着多少的异国的征人，在军营中做着凄凉的乡梦，多少的兽徒，在我们的少妇的闺中干着凶淫无耻的勾当呢！

山快尽了，天上的星光也活跃起来了，我们大约还有二十里的路程便通过敌人的封锁线了；队伍急速的爬上一条陡峭的山岗，一上岗，又下坡了。我从马上跳下来，谨慎地下着坡子，看着前面的行列已经走在坡下，一不提防，便从坡上跌下去了；胸膛碰在石块上，我不顾痛楚，立即爬起来，昏眩了一阵，我迷失在沽涸的涧底中，心跳得很厉害；但我没命的向前走去，喜出望外的找到了山下我们的哨岗，我把白布给他瞧，他一声不响地带着我到一个山沟的树底下，原来我的马夫看到我跌下坡去，便在那里等着我了；年老的东北人——我的马夫，他是从广阳到我们的队伍里来的，立刻把我扶上马去，向马做了一个手势，于是我的马便急速地把我带到我的队伍中去了。

黑暗的夜去了，熹微的晨光，生长在谷中，薄薄的雾，游戏在山腰上；残月挂在山边，天转蓝了；澄净的北方的天空，是那样迷人的一幅美景；一夜的紧张恐怖的心情，像烟一样的逝去了。

队伍里，断续的谈话声起来了，那是那样的一种愉快、轻松的样子啊！

“妈的，鬼子究竟不是种，放了一炮就不敢动了，哼！那只吓得倒×军，我们还会怕那个吗？夜里打仗是老子的拿手。”

那些有名的河北大汉嚷着。他们是“宁都暴动”后加入×军的，六七年的老资格！

“我们都是神枪手，每一颗子弹消灭一个仇敌！……”

“还有劲儿唱歌吗？养养神，明天再好打呀！……”

太阳又红遍山头了。

一九三七，二月，对竹镇

（原刊于《文艺阵地》1938年第1卷第7期，署名“流金”）

陕行杂记

美丽的山城

——陕行杂记之一

完毕了八百里的山行，远远地望见了围抱着延安城的山上的白塔和庙宇；延水如带，绕着古旧的城墙；落日的余晖，怀着依依的别情，从延水上消失了。

一阵军号声，跳荡在山水之间；城里的人家，静静地躺在明朗的蓝色的天底下，炊烟从城上飞向山里去了；渐暗的暮空，当号声静寂下来的时候，为一种愉快的歌声振荡着，孕育着一种闲美、淡远的诗情。

延水的西岸，山脚下一大片的旷地，有成群的男女来往，他们是那样的快乐，似乎连这美好的暮景也不感到兴趣了；旷地北边的山上，有无数的新开的窑洞，窑洞下面，本为抗大的故址，现在陕北公学便在那里。

“别了一年的延安，气象大不同了。”我的同伴林君，意味深长地和我说。

快到延水边了；那样多的陌生的眼睛，和我们的视线接触了；他们带着一点惊奇，打量着这两个外来人；“前方来的，你看他们的黄呢大衣，不是和服务团一样的吗？丁玲在西安的时候，我见过她穿着和他们一样的大衣。”当他们亲密的目光打在我身上的时候，我回答了他们一个愉快的微笑。对于前方回来的人们，他们莫不抱着一种崇敬的情感，想着他们的艰苦，他们的汗马功劳……

已经解冻了的河流，当春风吹起了的时候，柔媚的碧波，常会使人联想到江南春野的牧女；在延水上，更容易使人兴起那种情感了；河边上的捣衣声、歌声、女儿的喧笑声，织成了一幅崇高的古典的图画！她们是那样的快乐，生活在这个她们梦中的国度里；我不知道怎样去描写她们的心境，甚至连那些外在的情感，我也不能写下一点来。

快乐的心，
随着歌声跳荡；
快乐的人们，
神采飞扬。

她们唱出了那毫无底蕴的丰富的生之愉快；在春水的波上，在山谷当中，在旷原上……到处泛流着这种歌声。

当然，这只是她们情感的一面；当审判汉奸的时候，当举行反侵略运动大会的时候，当总理诞辰的纪念节日，从她们的嘴唇里，我们还可听到另一种歌声，为另一种情感所感染。

这儿，生活是多方面的。

我和林，站到河边上，沉湎在他们的境界中，四个月来的烽烟气味，像烟似的飞逸了。

从河边到城墙脚下，一片麦田，肥料味因风发散着。林说："春耕运动已经开始了。"

进城门的时候，我屡屡的回头望着那快乐的一群。

（原刊于《少年先锋》1938年第7期，署名"流金"）

延安的街

——陕行杂记之二

这是会使任何一个初来延安人感到惊奇的事：在和其他西北的城市丝毫不显得有什么不同的街上走着，会有一种在延安以外的地方不曾有过的情感深刻的快乐；这并不是那些歌声引起来的，也不是墙壁上花花绿绿的标语引起来的；这不是那来来往往的秩序井然的行人所引起来的，也不是他们所穿的一律的服装——军装，不论战士、学生、公务员，都穿军服；这是一种亲切的面孔所引起来的，这是他们给你的一种热情的友爱所引起来的；在中国，没有什么地方比这儿更能使你感到温暖的了：人与人之间，一点隔阂都没有，只要你不是汉奸，任何人接触了陌生的人们，他们都会给你适当的接待，使你感到同到自己的家。我敢说，无论什么地方，没有像延安那样很快地就能够和所有的人认识的了，朋友，到这儿来过的人，也有碰着"不幸的遭遇"的呢；因此，他们觉得延安并没有什么值得称道的地方；你们也一定听过别人这样说过吧；我想：这没有别的理由来解释他们的"不幸"，除了他们自己显得和那些人有所不同，他们觉得他们是他自己以外。

延安的街，一共加起来，恐怕也不会超过六七华里；最繁盛的地方，约有小摊一百上下，店铺的数目比摊子要少一点，从早晨九点钟到夜晚八点钟，为营业的时间，一过晚上八点，店铺差不多都关门了。因为这里主要的消费者为公务人员和学生，他们晚上都有九点钟以后不能出门的规定，尤其是陕北公学的学生，进城还须学校当局的许可，更不易在街上出现。

现在街上也有警察了，一年前这儿是没有的；这儿的警察，和外面是有点不同的：街上既没有需要他们维持秩序的必要，也没有车夫让他们鞭挞；据我所知的：他们常给与从外面来到此地的人，以极大的便利；因为这里的机关学校，没有和别的民房的建筑有什么不同的地方，也没有显明的标识可以使人们知道它是教育厅，或财政厅……而警察便可以使你到所要去的地方去；表面上看来，警察似乎除此以外，便没有什么工作了，我告诉你们说："这可不尽然，汉奸逃不过他们的眼睛。"

有时，一两个和我们只显得有一点点不同的异国人，异样地出现在街上，他们和居民点头，亲热的招呼；中国话虽然说得不算好，可是比广东人所说的北方话还要强一点；这种人，无疑地也会给我们初去的人一个惊奇，你如果觉得需要问一问那里的居民的话，他们会告诉你："从山西解放来的俘虏。"还有一种人，英、美、法等国的新闻记者，也常常出现在街上，他们毫不惮烦地向翻译员问这问那，他们似乎需要知道这里的一切。

一个初来的人可以感到一点不同的，便是少数商人的"重利"；他们因为苏区改为边区政府以后，来到此地，本质上尚无什么显著的变化，然而守秩序，有礼貌，也会使你感到"总有些不同"的。

星期日，"晚会"的节目贴在街上；人们关于晚会的一切，都津津乐道，一群一群被吸引在那些广告之下，瞧着，纵谈着；广告上的节目，多用两种字写成，一种是"新文字"；商民、乡下人、工人多半都认识新文字，对于他们，广告不像别的地方那样，只因为有一些图画而偶被吸引，或因为"看热闹"。除开晚会以外，识字运动，也趁着这一天的闲暇，在街上推行起来，在小巷口，在店铺门壁上，都贴着一些关于教人努力学习识字的醒目的漫画、标语和在什么时间在什么地方举行识字运动大会的通知。可惜，我因为时间的关系没有参加过一次识字运动大会，我想那里一定有许多值得报告的材料的。

（原刊于《少年先锋》1938年第8期，署名“流金”）

两个异国的朋友

——陕行杂记之三

到延安的第二天，早晨，迷濛的雾，浮漾在城边的山上；像要下雨的样子；我从政治部出来，想到街上去买点日用品，刚下完数十级的山梯，在招待所的附近，便见到那两个异国的朋友。当我在灵石的时候（那时候已经离开刘村三个月了），我听说他们已于一月间到陕北了。我离开山西，渡河后，因为一心想快点到延安来，路上，我没有打听过那两个异国的朋友的信息。这次偶然的会晤，不仅有着一份喜悦；并且一种惊奇之感，猛袭着我底心：他们是变得那般的壮健、快乐，比刘村时大不同了；和在广阳时，他们刚归顺到我们的队伍里的时候，更差的很远很远。

“程同志，你也来了吗？”出乎意料之外的，他竟能操简单的华语了。我们紧紧地握着手，一种奇妙的、热情的喜悦，通过了我们的心；我没有和他们谈很多的话，我只问他们的生活怎样？对延安的观感如何！他们同声告诉我：在中国的莫斯科，一切都使人感到有一种无限的希望和远大的前程。

广阳村一役，我们活捉了两个“皇军”。在山西，“皇军”是相当顽强的，平型关之战，由于我们弟兄们的情绪的高张，民族的深仇大恨，我们没有一个俘虏，广阳战时，我们用了很大的力量，说服弟兄们不要杀俘虏，用政治力量在敌军中建立中国的军队和日本士兵的友谊，究竟因为时间的短促，没有收到预期的成效。那两个被俘虏的“皇军”，起初还不能改变他们的冥顽，给他们饼干吃，他们不要（读者诸君，你们大概还不知道，那些饼干是阎司令长官犒赏我们的东西，在我们军队里，上至朱德同志，下至杂务工作同志，都视为珍品的）；并且他们还做出“命令朱德备鸡一只”的事。由于我们的解释和说服，他们渐渐好起来了，但仍时时感到身居异域的悲哀；夜里，我常和他们聊天，我们变得很熟，彼此也很坦白；但当我和他提起日本军阀侵略中国、日本人民应当起来和中国人民站在一条战线上的时候，他总以“这是为政者的意见，我们不知道”来表示他们对于他们国家的军阀的态度。他们到刘村后，两个多星期，我也到刘村了，在晚会上，我遇见了他们，那时，他们竟能在台上表示他们对于日本军阀的憎恨了。……

在延安，因为职务上的关系，没有耽搁很久；对于那两个异国的朋友，没有作一度访问，至今恨恨。

招待处的同志和我说：“那两个日本人，小米吃不惯，不过他们从没有说过，我们一领到大米，便给他做大米饭，他们便高兴得像小孩子样的跳着、唱着；他们没有事，找‘小鬼’玩玩牌，或上街踏踏，有时还参加我们的讨论会，学我们唱歌，总理诞辰纪念的那天，他们有一个还上台演了说，不过时时把头低下来，好像有点不好意思……”

诸位，也许还想多知道那些人一些吧——譬如说，他们叫什么名字，姓什么？这个，每个在陕北的人，和你们一样无从打听；就是我所知道的，也不见得是真的，假如是的话，更不能说了，因为在不久的将来，那两位朋友，也许要回到他们祖国去，为我们效力呢。

（原刊于《少年先锋》1938年第9期，署名“流金”）

给上延安去的朋友们

因为职务上的关系，我从晋西前线回到延安了；现在，又从延安到汉口去。在延安，我看到无数的从南北各地来的年轻朋友；更无意中遇着了一位来自故乡的中学时代的老友；几天的聚首，我和他们谈了许多；到现在，我还不能减少他们对于我的一种热情的谢意！从他们口里，我知道一些在前线上的人所不知道的事，我知道一些年轻人的苦闷与憧憬像前些时我自己一样的，我的眼睛充满了热情的泪。但是，我告诉他们说："我们这一代的人，光有热情是不够的——因为我们被他们的热情感动得太厉害了，我们需要比热情更高的毅力，和坚强的信心。"我又告诉他们说："你们到延安来，希望太高了，理想太大了；延安并不和你们所想象的那样，同样地延安只能给你一些书本上的知识，当然那些知识是切乎实际的，是可以把你们的头脑武装起来的，是适合于目前抗战的；假如你们以为一到了延安，你们就立刻会变作一个和以前不同的人，可以担起那神圣的民族自卫战争的伟大的任务，那便错了。更切实点说：延安只能给你们工作技术上的训练，工作方针的指导，只能在某种程度中养成你们艰苦奋斗、勇敢牺牲的作风；你们的最富的知识的仓库，应该是在继续不断的斗争当中，广大的民众会教育你，训练你；我们的敌人——日本、汉奸、托派，会使你认识到你底更重大的任务，会使你更深刻的了解抗战的意义，了解你自己。在战线上，你们柔弱的会坚强，坚强的会更坚强，那时候，你们的热情会溶在工作中、学习中，决不会空空洞洞的；我这样说，因为我是你们之中的人，我有过你们的热情，我也想过你们现在所想的事，到现在，我觉得我那时候，有些希望是太大，有些理想是太高了一点的。"

从延安南行，路上，我又看见三五成群的学生，带着简单的行李，向延安走去；朋友，这种精神是会使任何人感动的。还有一些更令人感动的事：辽长的旅途上，一个人，自己背着自己的行囊，冒着雨走（那天下着小雨，我们的汽车停在一个小村里）。那时，我们对他表示了隆重的敬礼，我们喊着口号，送他上征途。

这一切，你们知道你们自己表现了什么。同样，你们也知道这是中华民族伟大的前途的曙光。

但是我还要和你们提到在延安的时候和那些朋友们所说的话。我应当这样的说：

我对你们的热情，表示十二万分的崇敬！但是我诚恳地告诉你们，延安并不如你们所想象的那样，你们到延安去学习，正如你们在延安以外的地方学习一样的。不过延安更快的把你们所需要的，给你们了，这不过是时间上的问题，我敢断言，不久的将来，延安以外的学校，也会像抗大、陕公那样教育你们的，因为只有那样，才能使学生们的力量能够用到抗战上去。

延安的学习，是你们"新的学习"——这是我自己用的词句，我觉得这样用法你们会了解的——的开始，我们一样，要从继续不断的斗争中去学习，只有在继续不断的斗争中，才能得到我们所想得到的东西。

朋友，你们不会讨厌我这样反复的说吧！

在耀县，我参加一个晚会，有六七十个从抗大毕业出来的朋友，有二三十个正要去抗大、陕公的朋友，此外还有李公朴先生，那一次，他们也谈到我所谈的问题，去抗大和陕公的朋友，告诉我们的话，像我所听到的别的朋友所说的一样，抗大毕业的朋友们，告诉他们新的校友，也差不多完全和我向你们所说的一样。李公朴先生告诉抗大毕业的朋友们说："你们从抗大出来，到前方或后方，同样地要遭受更多的艰苦，需要更大的忍耐，从艰苦与忍耐当中，所得到的东西，一定会比学习的时期内多得多。"他告诉那另外一群将去延安的朋友说："你们的热情，是值得佩服的，但更要把那种热情永远的继续下去，在学习中，在工作中。……延安只能给你们抗战中的一部分的知识罢了。"

朋友，要说的话暂停于此吧。

在延安，许多年轻人都很快乐，那个地方，会使你忘记个人的愁苦的。在那里住下一个时期，包管你会增加五磅至十磅体重的。

三月二十八日在耀县旅次

（原刊于《少年先锋》1938 年第 5 期，署名"流金"）

回忆大教联片断

上海历史学会1979年年会，蔡尚思先生发言，讲了大教联的历史。当时，大教联会员吴泽同志和我都在主席台上。周谷城先生主持会议，地下时期，大教联开会，他到得最多。当时，我才满三十，对他每会必到，印象最深。蔡先生很有激情，讲得很动人，可能年纪大，有些事毕竟没有记起来。听了他讲话，总觉得少了些什么。1980年中国史学会在北京开会，我和陆志仁同志同屋。他当时是上海社会科学院副院长，专门研究中共党史。闲谈中，说到大教联的事，他颇有所知。我对他说，有时间，要把所知道的写出来。我以为历史是不能改变的，作史的人要尽最大的努力求真。只有真实，历史才可以提供经验教训，用老话讲，才能借鉴。五年过去了，我的愿望没有实现，除了病，还有工作忙，也还有一些说不出的原因。我这个人要说真话，但真话往往不受欢迎，有时还没处去说。1979年听蔡先生讲大教联，一个老盟员的名字也没有提到，彭文应、孙大雨、陈仁炳好像和大教联一点关系也没有似的。但他们在大教联中的活动，历史是不能忘记的。

1947年秋，我任教于上海市立师范专科学校，还兼任上海法政学院世界通史的教授。师专同事，和我来往最密切的是孙大雨和戴望舒。我视他们为前辈。在中学读书，我就喜欢望舒先生的《雨巷》，大雨先生则是我的老师闻一多的同学，沈从文先生的好友。这一年春天，我们都在反饥饿、反迫害的宣言上签过名；接着，和学生一道，反对那所学校校长的贪污，反对国民党的腐朽统治，要求民主和自由。这所学校的学生，时常来我们家里的有周晓峰、张厚芳、仟晓初、孟昭长……有时是共商学校大政，有时是学习上的问难。一次印象最深的是他们在同济大学开会，被反动军警打散，不能回学校，直接到我们家里来，一直坐到第二天天亮才陆续离开。大约中秋前后，孙大雨和戴望舒介绍我参加了大教联（上海大学教授联谊会）。这时，民盟已被打入地下，陆钦墀和陈新桂都离开了马思南路为中共代管的那一所房子。孙大雨先生那时已经是盟员。我来上海后，从未参加过盟的组织生活，也没有暴露过我的盟员身份。钦墀因为是在云南大学的同事，新桂因为自1943年以后常常约我写文章，在《天风》这个刊物上，我还十分明确地表示过中国应该走什么样的路，特别是1947年在上海过从甚密，都知道我的政治面目。

第一次参加大教联集会，认识了复旦大学很多教授。张志让、潘震亚、周予同、李炳焕、卢于道、陈望道、章靳以都已经作古了，周谷城先生、陈子展先生、张孟闻先生也均届耄耋之年。此外，我记得还有朱伯康和张明养教授。沪江大学教授蔡尚思，大夏大学教授吴泽、张文郁，也都是在大教联认识的。麦伦中学校长沈体兰，在成都燕京大学当过教授，燕京同学葛力出国时，我曾经陪他去过一次麦伦，曾有一面之雅。民盟盟员在大教联中是很多的，我现在还记得的有林穆光、董每戡、彭文应、孙大雨、陈仁炳、赵书文。后来我由尚丁接上了上海盟的组织关系，和他们一起在民盟上海第五区分部过组织生活。沈体兰、李炳焕、朱伯康解放后都入了盟，许杰同志好像也是其中的一位。徐中玉参加大教联的时间较晚，因为他被山东大学解聘以后，1948年才来上海沪江大学任教。

大教联有个干事会，张志让是负责人（似任总干事），孙大雨、沈体兰、李正文、郑太朴、曹未风都是干事。彭文应好像也是，但记不清楚了。此外，可能也还有别的干事。1948 年张志让离开上海，沈体兰继任总干事。入会之后，我知道楚图南、翦伯赞也是联谊会的会员，那时，他们已经离开上海了。我在燕京大学时的老师郭绍虞先生，阔别十年之后，在大教联才得重见，当时，他任教同济大学。

时光流逝，我参加大教联的时候，才二十出头，可能年纪最轻。不是在师专教书，不是和大雨、望舒两位先生一同支持学生的斗争，我大概得和汤德明、冯契、郭森麒一样，到 1949 年解放之前才能入会的。汤德明是中共党员，是我在西南联大的同学，解放前不久，加入过民盟，当时是“教协”的核心人物。森麒解放后不久入了党。冯契也在五十年代中再度献身于共产主义的壮丽事业，成为中共党员。

大教联当时的活动是不公开的，开会的地方也常常变动。曹未风的姐姐在培成女中当校长，他自己是光华大学的教授，可能在培成还一点课。培成就成为我们经常聚会之所。西藏路上的青年会九楼，和已近郊区的麦伦中学，我们也聚会过。麦伦校舍，当时是很幽静的。沈体兰担任校长，我记得在那里的一次会议，还是在晚上开的。大教联成员中，当时是中共党员的只有李正文、曹未风和张明养。中国民主同盟的盟员有彭文应、孙大雨、陈仁炳、董每戡、林穆光、赵书文和我。楚图南在我入会时，已经离开上海了。开会是没有书面通知的，只口头传达。我去参加会议，都由孙大雨通知。1948 年初夏之前我和他还有戴望舒往往相约同行。大雨先生是每会必到的，彭文应、林穆光也很少缺席。陈仁炳 1948 年在交通大学的一次全市学生集会上作了一次演讲后便仓皇出走，圣约翰大学解聘他的消息还见于《字林西报》的第一版，大教联的活动，他也就不得不置身于事外。国民党政府越来越接近灭亡，在上海对人民的控制、压迫也越加疯狂，大教联开会，到会的人数也越来越少。

1948 年夏天，吴晗从北京来上海，住在他的弟弟春曦家里。大雨先生通知我，大教联要请吴晗谈谈北京的情况，夜里在麦伦中学开会。我们都住在现在四平路的新绿村，当时叫做其美路。新绿村附近是一片荒郊，西面和北面，现在是高楼林立的地方，当时却少人迹。望舒已经被迫去香港了。我和大雨从其美路雇了一辆三轮车去麦伦中学。会议由沈体兰主持。吴晗讲了北京的情况，主要是清华、燕京和北大的教授们对时局的看法，反对蒋(介石)是主流。他特别提到了张奚若先生和金岳霖先生，还有北京大学的樊弘与曾昭抡，燕京的严景耀和雷洁琼。潘光旦先生和费孝通，在吴晗看来，是不用说的了。李正文发言，特别推崇清华大学的民主战斗精神，也提到了北京的教授在学术上的成就。我接着就讲了“一二·九”，讲“一二·九”运动中的积极分子都是成绩优异的学生，中国的士大夫和知识分子关心政治，以天下兴亡为己任，和认识是分不开的。这次集会，很晚才结束，大雨先生和我就从麦伦中学散步似的回到新绿村，走进家门已经过十一点了。

吴晗来上海之后就去了解放区，我在来喜饭店请他吃饭。这一年，他正四十岁，我说：“就算是为你祝寿吧。”席上有春曦，好像还请了陈仁炳作陪，他们两人同年，因此一直留在我的记忆中。我和吴晗说了我所知道的大教联的情况，对于孙大雨这样走出艺术宫殿颇使他感到喜悦。他对大雨先生的过去了解得很多，也很熟悉大雨在北京的朋友。

1948 年夏天，我被师专解聘后，复在光华大学兼课。周熙良当时任教外语系，吴逸民在数学系任教，都是大教联的成员。大夏大学的陈旭麓，大约是这个时候加入的，这时，他就是大教联中最年轻的了。淮海战役之后，我几乎每夜都在孙大雨家里收听解放区的广播，我们估计全中国的解放已经不远了。在这之前，大约是 1947 年的冬天，我们从广播中听到中共中央估计全国解放和蒋家王朝的彻底覆灭，比我们估计的要晚几年。大教联开会，也讨论过这个问题，大家都希望共产党的胜利早日来临。1947 年集会，主要讨论的是对学生反饥饿、反迫害斗争的支持;对伪国大代表的选举坚决的抵制。情况的交流,问题的讨论,往往使人会怅然于会议时间过得太快!

1949年,大约已经有春意了。在青年会九楼开了一个上午的会。这时,国民党反动派已经由“呼吁和平”变为要“和共产党周旋到底”。周建人先生在这个会上讲了许多话,很多人发了言。这是一个以聚餐为名的会议。我走出会场,走进餐所,周谷城先生和夫人已经坐在那里用餐了。他样子非常安闲,用他那别有风味的长沙官话和我们打招呼。大雨先生和我那时都住在绍兴路静村四号周诒春先生家里。周先生去香港时,要我和宗蘖替他照管房子。当时风风雨雨,新绿村已经不能住了,我们也就乐于迁居。离开青年会,孙先生和我私下议论谷老的高明。这一天,有很多人没有到会,对国民党警犬的嗅觉作了过高的估计。

静村四号周家,对我们来说,是一个乐园。周诒春先生去香港前,是国民党政府的农林部部长,全村居民把我们当作部长的亲戚看待,大雨先生住在这里的时候,为大教联草拟揭露蒋介石贪污、腐朽以及暴行的材料,并送给美国当时派到中国来的特使魏德迈。大雨先生晚上工作到深夜,白天打字,一连十几天。工作完了,他还自己亲自把材料送出去,怎样送的,送到什么地方,我一无所知,也从来没有问过。

在国民党作垂死挣扎的时候,大教联的会员,只有过一次在陕南新村的集会,是应王艮仲的邀请而去的。谈些什么,已经完全不记得了。王艮仲那时办了一个《中建半月刊》,还办了一个大型期刊叫《中国建设》。在半月刊上,吴晗要我写过一些文章。《中国建设》创刊,汤德明是主要编辑之一,我为他写过一篇《论中国新文化的创造》,我记得吴泽似乎也有关这方面的论文,其中用了毛泽东《新民主主义论》中有关文化的论点。大教联存在的日子里,也有过对学术问题的讨论。张志让冷静而入理的分析,蔡尚思热烈而激昂的议论,给我的印象是很深的。对梁漱溟先生的批判,蔡先生的话,当时叫我这个三十才出头的人也感到失之偏颇。谈国际问题,张明养的话是娓娓动听的。从这方面来说,大教联也是当时一个地下的学术团体。

5月28日,上海解放了。月底或6月初,孙大雨、彭文应和我正在大世界附近一个饭店里,参加上海工商界人士(其中我清楚地记得有张絅伯、胡厥文)的聚会,忽然接到大教联开会的通知,我们都去参加。其时,陈仁炳还在南京没有回来。会上,我看见李正文穿了军装,他离上海已多时,现在跟着解放军回来了。那次也是第一次见到李亚农,我知道他已久了,他也穿了军装。章靳以、张明养、陈望道等复旦大学的人大部分都到了。见到这些人,我是很高兴的,都已经很久不见了,要说的话很多。我特别希望从解放区来的人多谈一点我们希望听到的人和事。但主持会议的人,却十分匆促地宣布本次为改选干事会,使我感到非常吃惊。这是为什么呢?民盟在干事会中的人都落选了。但这却是大教联最后的一次集会。多少年来,这件事使我深思,使我在前进的道路中时萌退志。

1986年3月10日细雨中写毕

(原刊于《上海文史资料选辑》2006年第三期《上海民盟专辑》)

追念颉刚先生

颉刚先生逝世的消息是十二月卅日知道的，虽然他已享高寿，但我还是感到黯然。我最后一次见到他，是在三十一年前，上海解放前夕，他移居湖南路一所有花园的宅子的时候。解放之后，他还在上海，我因为去浦东一所中学工作了五年，一次也没有见到过他；当我调回市区，他已去了北京，不久就是整风“反右”，我被打入了地狱，虽然去过一次北京，但我不愿见人，更不愿见旧日的师长，在北京住了两个月，竟一次也没有去看过他。但四十多年来，我是时常想念他的，他有什么著作，一发表，我总是千方百计以先睹为快。他在治学方面的怀疑精神，给我以甚深的影响，特别是我的青年时代；对于这一点，我是十分钦佩的。

我第一次见到颉刚先生，已经是四十五年前的事了，决定去燕京大学读历史，就是因为对颉刚先生的倾慕。颉刚先生十分谦虚，对学生非常和气，每一学期（大约是从一九三六年开始）我把要读的课程选好之后，总是请他签字，因为他是历史系的主任。但我和他见面，大概一学期也只有这一次，除去我选读他讲授的春秋史的那个学期之外。

春秋史班上，他讲些什么，我完全忘记了。我记得的还是我幼年时读过的《左传》，特别是其中一些名篇。但他关心国家大事这一点，给我的印象却十分深刻。那时，杨刚为他编一种期刊，期刊的名字现在记不得了，内容却是通俗的，作爱国宣传的（杨刚就是杨缤，是燕大的毕业生。我和她结识，是因为对文学的爱好。她当时已经是中共党员）。那时，颉刚先生在成府有一所住宅，“七七事变”时，我和燕京几位同学，就曾在那里住过。我们从那所宅子进进出出，一无拘束，至今我一点也记不得那所宅子里除了我们几个学生之外，还有什么人，我记得的只是颉刚先生那时已在南方了。

上海解放前夕，要往香港或去台湾的人，大抵都已走了。留在上海的师友，平时很少来往，因为见面无话可说，对于当时的重大政治问题，彼此又心照不宣。不作走计，就足以说明一切了。看到颉刚先生的住处，到处都堆的是书籍，虽然我自四〇年离开昆明北去，已经有九年不曾和先生会过面。对这一代学人，我心里充满了崇敬。

三九年的春天已经过完了。在我昆明的住处，远道来了两位朋友，一位是赵宗复，一位是陈矩孙，都是燕大的同学。我那时在西南联大读书，和李宗沄同住在联大附近的一所民房里。有一天，颉刚先生来了，他那时在北平研究院工作。宗复、矩孙，也是颉刚先生的学生，他们正从重庆来，宗复还是远远地从山西前线到重庆的。颉刚先生向他们询问前线的情况、重庆的政局，问得十分详细，时而也发表一些自己的意见。宗沄和我谈的是联大的情况，我们在联大出版的壁报《大学论坛》和学校的教学。那时冯友兰先生的新著《新事论》已经连续刊登在昆明出版的《新动向》上，我们对这本书很有兴趣，谈得最多，但我们的意见却很不相同。颉刚先生完全像对朋友一样对待我们这些二十二、三岁至二十四、五岁的青年，在他面前，我们争论，一点也不感到拘束。话是谈不完的，但颉刚先生却因有事要回去了。

没有过几天，颉刚先生约我们去吃饭，好像是在昆明一家极有名的饭馆，叫作“共和春”的。除了我们四人之外，记得还有陈梦家。十年浩劫中，宗复和梦家都已含冤死去，但那次吃饭的情景，还仿佛是在昨天一样。席间，颉刚先生送我们一人一本书，那就是十分著名的《汉代学术史纲》，解放之后，改名为《秦汉的方士和儒生》，发行过几版。

《汉代学术史纲》我是一个晚上躺在床上读完的。我这一生，只有在读《中国哲学史》（上册）和《奴隶制时代》时，有过读那本书时同样的感受。《中国哲学史》（上册）是在十七、八岁的时候读的，读《奴隶制时代》我已经是近四十岁了。这三本书都是使我读得不忍释手的，文字和议论都开拓过我的思想，或者说在那里跳动。六十年代初当我在《历史研究》上读到颉刚先生的《尚书今译》时，我又仿佛回到三九年读《汉代学术史纲》的岁月中去了。

颉刚先生的学问，我不能赞一词。他的为人，他的文章，给我的印象却极深。去年四月在北京开会，从谭其骧先生那里知道颉刚先生正卧病在医院，谭先生约了几位燕大的同学去看他，我也是想去的，恰巧那一天下午被另一位朋友拉去首都医院看一位病在垂危的老友。会议一结束，匆匆南归，竟就此失去了和先生见最后一面的机会。瞻仰着报纸上颉刚先生的遗容，我真不知道应当怎样来表示一个也已两鬓如霜的学生对于敬爱的师长的哀悼……

一月三日

（原刊于《南方周末》）

我们的西北

“九·一八”事变以后，辽吉黑热相继被占，失地收复，遥遥无期，东北之边疆，殆不可问矣。而日帝国主义者得陇望蜀，且将继满洲伪国之后，再图造同一之傀儡蒙古回回，以亡中国，以圆其“第一步征服台湾、第二步征服朝鲜、第三步征服满蒙、第四步征服支那全土”之好梦。现在已有由东北转向西北之趋向。据传日僧山本藏太郎、町井猪正、太和清政三人借传教为名，潜匿吐鲁番，多方作反宣传，怂恿回民酿事。近者新疆之变，实大隐忧，况西北幅员广大，人种复杂，山川修阻，交通梗塞，与内地消息隔膜，中央视之亦感鞭长莫及，然东北之失已予吾人极大之教训，觉悟“开发西北实乃当今之急务，刻不容缓者也”。爰据西北之状况逐条分述如下：

（一）西北之产业

A. 矿产

1. 石油　西北油矿，以陕西、新疆、绥远、甘肃为著，而陕西延长之产量冠全国，总计产量占全国总额百分之八十以上。惟不能利用新法开采，设备简陋，殊无成绩可言，大好宝藏，不能开发，良可慨也。

2. 煤产　产地有陕、甘、青、宁、绥、新六省，以陕西藏量最富。

省别	埋藏量（单位吨）
陕西	698,700,000,000
绥远	570,312,000,000
甘肃	412,000,000,000

仅由上表所列，西北煤矿已大可观，他如新疆、宁夏、青海尚有多量埋藏，因无确实调查，故不列。

3. 铁　产额以陕西为著。

省别	铁矿砂（单位吨）	生铁（单位吨）
陕西	25,000	8,000
新疆	315,000	10,000
甘肃	28,000	2,000

绥远产量，据该省政府年刊之报告，谓该地铁矿蓄量为六十二万吨，又据二十年二月十一日时报所载，西北科学考察团已发现矿产量有八千五百余万吨，其认为可能之数，已达十三万六千九百余万吨之巨，矿质为磁铁矿，纳含数百分之六十。

4. 金　金矿以新疆为最富，甘、青次之，陕西亦有。新疆金矿，名驰中外，年产纯金五万两以上，甘肃亦年有一万七千两之产额，青海金砂无处无之，金光炫耀，约十四万方哩，惟可采之区，仅占全面积千分之一，可获纯金 4,583,616 两。

5. 碱盐　绥远盐碱淖共有十三处,总计二千四百余里,岁可得四万一千六百元之代价,陕西亦产盐,年三万石,青海四周地面皆饱浸盐池甚多,面积约二百余里,所产之盐曰"青盐",味甚美,销行四川及甘肃者为夥。他如新疆、宁夏、甘肃均有此项出产,此外于阗、和阗、蓝田之玉,且未与焉。耆塔城、哈密之银,终南山、疏附、拜城、库车、鄂托克之铜,拜城、同官、蒲城之硫矿,而石棉、硝石、明矾、石膏、石墨、白云母、硇砂、水银、铅、锡等,无不应有尽有,殆一得天独厚之地带也。

B. 农村畜牧与林产

农村每年产棉有二万四千八百余斤,几占全国棉产量总额四分之一。产麻有五千四百余万斤,占全国麻产总额之五分之一。产药材有三千九百余万斤,占全国药材总产额之四分之一强。其他农家用品如麦及高粱等,产额亦颇可观。畜牧有羊一千八百五十六万余头,有牛一百四十八万余头,两者合计几占全国牛羊总数之五分之三以上,各产额皆系最近数年之平均数。林业则有六百余万亩之广大林区,甘肃菸产极盛,以皋兰五原所产最佳,曰"兰菸"。甘草产亦巨,年五万担,蘑菇香菌随处皆有,其味颇佳,他如新疆之果实,亦足观也。

(二) 西北之交通

A. 陆路

西北铁路甚少,现仅有陇海路在陕境之洛阳长安线绥远之平包路之一段,计划中有陇海路长安至皋兰之一段,及中山计划西安大同线、西安宁夏线、西安汉口线、西安重庆线、兰州重庆线、西安于阗线、肃科布多线、肃州库伦线、拉萨兰州线、兰州若羌线、成都宗札萨线、靖边乌梁海线、五原多伦线、五原洮南线、若羌库尔勒线、北方大港哈密线、迪化乌兰固穆线、镇西库伦线、伊犁和阗线、镇西喀什尔线、哈密奇台线、拉萨于阗线。于阗喀尔渡汽车路较发达,在陕境内自潼关—长安—同官均已通车。甘肃境内已成者,有兰宁、兰平、兰泰等。青境内亦有兰宁之一段。宁夏境内有汽车路,西南达皋兰,东北达包头。绥远有汽车路长百二十里。新疆自迪化至塔城已驶行汽车,此外尚有行骡马之路甚多。

B. 水路

渭水自潼关至咸阳约三百五十里可通舟楫,泾水自临潼至泾阳五十里间可行小船,自西宁至皋兰,夏秋间常见皮筏沿湟水而下,名曰"浑脱",轻浮水面,颇为巧便,所谓"不用轻帆并短棹,浑脱飞渡只须臾"也。自包头至宁夏一百五十里,可驶行汽船,河套饶航运灌溉之利,宁夏附近颇饶水利,所谓"天下黄河富宁夏"也。伊犁河及塔里木河之一部,亦有航运之利。

C. 航空线

西北航空已于去年十二月十五通航。

(三) 西北之都会

长安——六朝之古都也,班固《西都赋》曰:"阗城溢郭,旁流百廛。红尘四合,烟云相连。"随园诗亦有"传说关中多胜迹,男儿须到古长安"之句。可见其势之盛。近又有建设陪都之议,现有人口二十五万,西北第一大都会也,西北大学在焉。

咸阳——为渭航路之起点，历代帝陵大臣及豪富之墓甚多，洵大观也。

三原——人口三万，殷富冠渭北。

潼关——形势险要，有“一夫当关，万人莫敌”之势，因山为市，据三省之咽喉。

凤翔——人口八万，工商业颇发达。

天水——人口七万五千，富甲甘肃全省，为甘肃与陕蜀贸易之要邑。

平凉——人口五万五千，为泾水上游农业中心，陕甘驿路第一都会也。

榆林——马市也，登城远望大漠，夕阳映辉，俨然塞外风景。

皋兰——为甘肃之省会，襟带黄河，有铁桥驾其上，黄河三大铁桥之一也。人口十一万，输出品以水菸、绒毛为大宗，将来可为亚洲羊毛业之中心，水菸亦极有希望，陇海之终点也。

宁夏——宁夏之省会也，人口八万五千，贸易以羊毛为大宗，昔西夏建都于此，盖其负长城之险，擅水利之饶也。

洮州——番汉贸易之中心也。

西宁——青海省会濒西宁河南岸，蒙藏诸族，于此贸易甚盛。

凉州——人口四万，甘肃西部政治商业之中心也。

归绥——交通便利，平包路通过之，贸易颇盛，民三开为商埠，输出品有羊毛、甘草、粟、小麦、药材、毛、皮、牛、羊等。输入品有棉布、茶等。

包头——据平包路之终点，水陆交通之孔道也，为西北著名市场，贸易以马、牛、羊、毛、皮货为大宗。

迪化——为新疆之省会，繁华富庶甲于关外，素有“小苏杭”之称，为对俄商埠之一，政治商业之中心也。

哈密——位于天山之南，扼甘肃、新疆交通之孔道也。

伊犁——位伊犁河畔，新疆农工商牧之中心也。

塔城——濒额米尔河之北岸，与俄接壤，为通西北利亚之孔道，对俄通商要邑也。

奇台——人口四万五千，商业最盛。

承化、疏勒、莎车、和阗——新疆四境要塞也。而承化、疏勒尤为吾国之边防重镇。

吐鲁番——产“水晶葡萄”，亦为伊犁条约对俄通商之一。

库车——矿产颇富，冶铜之业，自古所传，民富而多贾。

阿克苏——为新疆产米最良之地。

汉中——据汉水上流，北瞰关中，南蔽巴蜀，当水陆交通之要冲，陕甘商人会集于此。

（四）新疆之形势及其危机

新疆僻处边陲，交通阻梗，面积广大，为我国最大之行省，十六倍于江苏，四周山脉绵延，伊犁河流贯其中，土壤肥沃，物产殷盛（农产物甚多），故有“中亚乐国”之称。金产之富，堪与外蒙古、黑龙江鼎足而立。住民有汉、满、蒙、回诸族，汉族多住天山北路，人数不多，业农及工商。满人极少悉务耕稼。回民最多，宗教观念极深，以农商及游牧为生。蒙古族人数亦属少数，多游牧。此外尚有俄、印、波斯、阿富汗、犹太等族，故有“亚洲民族展览会”之称。教育幼稚，学校寥若晨星，在民国十七年以前，杨增新主政，联络回民领袖，藉以怀柔一切，行政多沿旧制，尚可相安。及金树仁执政以后，厉行愚民政策，一味高压，以激成最近之变乱。方今四省沦亡，国家多事，而“处女地之新疆”，又复如此，言念及之，不禁怆然。况其与俄接壤，水路有伊犁河之航行，陆路有土西路之建设，早已成为苏俄经济预定之目标矣。下表是采俄国海关报告册于一九二三——九三〇年间，俄国输入新疆贸易之情况，可了然矣。

甲、出口贸易

（一）俄国	13, 528, 000 卢布
（二）中国本部	737, 250 卢布
金	475, 000 卢布
棉布	226, 250 卢布
其他	36, 000 卢布
（三）印度	2, 814, 565 卢布
马驴	108, 743 卢布
棉布	35, 698 卢布
白铜与青铜	742, 698 卢布
生丝	31, 294 卢布
毛织物	358, 451 卢布
皮（绵羊与山羊）	25, 524 卢布
五金	66, 789 卢布
银	161, 128 卢布
皮革物	16, 339 卢布
羊毛	17, 288 卢布
丝毛织物	16, 037 卢布
硬玉	8, 272 卢布
其他	964, 475 卢布
（四）阿富汗	547, 540 卢布
棉布	167, 500 卢布
毛毯与皮毯	80, 000 卢布
骡马	88, 000 卢布
沙器	21, 200 卢布
丝（和阗产）	12, 500 卢布
皮（山羊与绵羊）	16, 800 卢布
其他	161, 800 卢布

乙，进口贸易

（一）俄国	10, 647, 000 卢布
（二）中国本部	1, 939, 850 卢布
茶	770, 000 卢布

珍珠	600,000 卢布
日丝	256,000 卢布
棉纱	76,000 卢布
金及五金物	69,750 卢布
其他	168,100 卢布
(三) 印度	1,188,648 卢布
棉什物	276,916 卢布
药物	29,426 卢布
皮货	61,663 卢布
染色颜料	226,524 卢布
珍珠	71,335 卢布
鹄羽	25,335 卢布
丝什物	24,876 卢布
香料	36,562 卢布
毛什物	42,000 卢布
五金	41,290 卢布
其他	169,052 卢布
(四) 阿富汗	830,500 卢布
鸦片	675,000 卢布
山羊皮	60,000 卢布
马	45,000 卢布
狐皮	24,000 卢布
貂皮	10,000 卢布
山猫皮	4,350 卢布
五金	8,550 卢布
其他	3,600 卢布

至于新疆出产之原料,苏俄皆采取包办政策,苏俄经济侵略,几及新疆全省,惟天山南路,尚未十分澎涨耳。近年复益以文化之侵略,设立学校,主办新闻事业,不遗余力。其次,英属印度、拉达克亦与新疆毗连,一九三一年曾想组织新疆探险队,企图自印边以飞机勘测新疆精详地图,英人之野心,已昭然若揭矣。

日本亦企图造成第二伪国于新疆,据莫斯科《真理报》廿七日评论谓:日对华侵略有三大目的,其第三目的为"最后藉中华帝国以消灭中国革命,其在关外,则必更向西北侵略,其占据察北,可视作向西向北及向西北进展之先声……"。

新疆建省,将近五十年,英俄两国垂涎已久,今则日本亦思染指,形势之危,不亚于东北,况复有今日之变乱,国人其注意及之。

（五）青海之现状

青海与西藏、西康壤土相接，英人既欲图“大西藏”之好梦，对于青海亦复狡焉思逞，日夕图谋使成为其之殖民地。据最新闻纸所载，藏番以英为后盾，屡侵青海，玉树廿五族之地，多被占领，而国防单薄，无力抵抗，政府视之亦漠然，无关痛痒。总计青海兵力不过三师，且器械不齐，额数不足。噫！边事急兵，势犹如此，不禁令人长叹也。况青海财政困难，达于极点，年来灾匪频仍，民生日苦，政府入不敷出，建设事业不能兴办，当道诸公，若不加以注意，恐将为东北之续焉。

（六）西北与国防

新疆、青海与英、俄两国壤土相连，交通不便，人种复杂，地广民稀，物产殷盛，防军薄弱，久为列强所垂涎。最近新疆事变及玉树廿五之占领，不无因也。而中央视之鞭长莫及，一旦有事，诚恐无措手足，西北边疆目下危机有如累卵，国防问题，迫于燃眉，昔白崇禧有远戍新疆之议，但终未成行。最近马占山、苏炳文、王德林部退入新疆，政府当力谋整顿，以实边防。此外巩固边防尚须注意：

1. 移民实边，2. 便利交通，3. 改革新疆之政治，4. 扩充防军，5. 开发富源，6. 训练各县警察，7. 厉行教育之普及，使汉回二族冶为一炉，则边防问题可以解决，西北之大好宝藏亦不致拱手让诸列强也。

（七）西北之民生状况

西北地大物博，居民稀少，在生活理必裕如，然观“甘肃最苦县分，一日行程不见人烟，一村住户不到十户，无门无窗无家具，人人仅衣单衣，不到十三岁以下儿童无裤，全家共棉衣一件，供出外用，夜间共睡一炕，烧牛马粪以取暖”，可知之其生活之困苦矣，尤可虑者，即鸦片流毒极深。“陕西乡人挖地洞而穴居者甚多，……最可怪者，就是在这贫民的洞中，每家总是一榻横陈，有人在那里吞云吐雾”，即当地挑夫，不吹大烟者，百人中不过一二。开发西北为当今之急务，愿今日之言开发者，于此种情形留意焉。

（八）西北农产及畜牧之今昔观

西北之农业畜牧，已如上述，然其倒退之数，洵足惊人。据统得历年棉花输出数量，就陕西一隅而言，民十二为31,700,000斤，民十三为15,900,000斤，民十四为15,000,000斤，民十六为13,886,200斤，民十七为10,958,300斤，民十八为8,803,400斤，民十九为8,199,100斤，民廿一为2,311,388斤。至于畜牧，亦日见萧条，仅以绥远一省论之，清宣统末年归绥市场交易，即六万匹。牛一万头，骆驼二万只，羊三万头。民十则马减为宣统末之三分一，牛减为二分一，骆驼减为二又二分一，羊减为三分二。至民十二马仅万匹，牛仅二千头，骆驼仅千只，而羊仅抵曩时三分之一矣。兹者世界经济恐慌，皮毛交易，亦一落千丈矣。

（九）长安建都之我见

长安山河四塞，形势雄壮，物产殷盛，交通发达，居华夏之中，其为国都也实远胜北平、金陵、杭州、成都。管见所及，建都长安，约有下列之利。鸦片战后，我国藩篱尽撤，沿海重地，割让无遗，门户洞开，诚无险要以自固，苟建都于沿海之区，一旦有事，直可升堂入室，徽钦之辱，复见于今，可断言也。如庚子之变，西太后之仓皇西下，又如民十六年列强之军舰炮毁下关，以及最近一二八之变，日军炮迫中央政府，首府北迁，可知吾国国都不适于沿海之区，而宜于内陆，此都长安之利一也。吾国海军幼稚，国防毫无，列强之军舰可直入内河，沿海及沿江之区，苟及战时，定非我有，故长安之为国都，实驾东南各城市而上焉，此都长安之利二也。吾国海军虽弱，然陆军实未尝屈居人下，满洲里及上海之役，诚可概见，若建都于长安，列强其奈我何。况西北地利，亟待开发，长安之都，所关更大，且长安又无北平之东交民巷，南京之下关，实唯一之净土，中国最适应环境之国都，此都长安之利三也。建都于长安，国政易于措置，国富易于发展，使中国有复兴之望，恢复各失地，亦较易易，此都于长安之利四也。五族共和，迄今二十又三年矣，然各族之民，依然故我，中央感鞭长莫及，于各族之不法行为，亦无办法，苟建都于长安，则便于控制，感化五族，可成为一家，此都于长安之利五也。我国之往欧西者颇费时日，若长安为都，北延陇海之西北段，经伊犁以达苏联，南延同成路南段展至口孜而往印度，利莫大焉，此都长安之利六也。有此六点，都长安之利，不待智者而知之矣。当道诸公，亦以为然否？

西北情形复杂，外患内忧，层见叠出，满城风雨，百孔千疮，加以年来灾情奇重，民无完类，野无青草，痛苦之甚，如火如荼，遍野哀鸿，嗷嗷待拯，令人思之，不禁沧桑之感。东北之版图业已变色，今西北又复岌岌可危，以西北之大，之物产之富，在吾国实占首位，太平洋风云紧矣，吾国亦其中之主角，为打开今后之出路，民族之生存，不得不为最后而加入之挣扎战争，苟作战无丰富之财源，亦不足以持久，欲有丰富之财源，惟西北之开发是赖，九一八事件已与吾人极大之教训，吾国人民处此重重包围之中，须发挥整个民族力量，以挽救西北残喘之局，最近新疆之变，中央派黄慕松、罗文干氏宣慰，以示其重视西北之至意，愿中央于新事求一彻底解决之办法，俾贯初衷而利西北之开发也。

（原刊于《汗血周刊》第2卷第7、8期）

关于大公报“林罗论战”的感想

林同济先生在元月二十八日和三十日《大公报》上，有一篇题作《战国时代的重演》的文章。三月廿五日和二十七日又在同报看到罗梦册先生的《不是“战国时代的重演”，而是人类解放战争时代的来临!》的一篇。

林先生的大作，始发表于他自己所编的《战国策》，去年春天在昆明时已看过，《大公报》所载的，据说是修正过的稿子，但文章本身，无甚出入，其主要目的，在说明我们所处的这时代的意义，大声疾呼地说：“现时代的意义是什么呢？干脆又干脆，曰在‘战’的一个字。”接着便带着策士的口吻，极耸人听闻的滔滔不绝的解释“战”字的意义，说这个“战”，不是普通时代的战，而是战国时代的战，“战为中心”，“战成全体”，“战在歼灭”。这和他论“大政治”时的口吻差不多。林先生，据说颇向慕德国人的气度与作风，他自己的，便有点仿佛那种“上帝的选民”的。

罗先生文章，一瞧他题目，便知与林先生持论不同，兹姑录其一段，以免作者重费一番说明的文字。

罗先生在反驳林先生那一套历史逻辑之后，用历史上的事实，推翻了林先生的论点。于是作了一个结论：

> 今日弥漫于现世界的呼声，不是帝国征服的要求而是反帝国、反征服的解放的浪潮。……今日你和我所已置身其中的现世界的现时代，不是一个全人类即要被征服之后退时代的黑夜，而是一个全人类即要解放和必要解放之前进时代的前夕。这个时代的特征，不是“战争”，而是以“战争”作手段去摧毁压迫人类之各色各样的束缚剥削和迫害。战争的结果，不是一个“新的世界大帝国”的形成，而是几个旧的世界帝国的消灭。战争的结束，不是世界上少了一些独立自主的国家，而是要多出一些独立自主的国家。

林先生学的是政治，议论处，有时下政治家的风度，我们读了他的文章，正如罗先生所说，只对于他一片爱护国家忧念民族的热情，表示感激；而对于他所持的见解，却不敢苟同。罗先生在他的大文里，充分地运用了他历史的知识，一看便知作者是一个书生(到底是不是?)。因对人类远景的倾心，而确立了他自己似乎有点近乎理想的信念。世界的明日，在我们看来，似不如罗先生那样乐观。

不管历史的发展如此如彼，不管是“战国时代的重演”或是“人类解放时代的来临”。我们相信全世界人类，今日是在痛苦之中，明日的世界，想来亦必不会比今日更好些。这也是历史的事实：欧洲从古代希腊以至于现在，哪一个时代的人类，不在痛苦当中？十九世纪的欧洲，是比较和平无事的一个一百年，而十九世纪的中国，却充满了饥饿与死亡，中国以外和欧洲以外的世界，除去那一部分美国人以外，哪一处的人民，不在疾苦呻吟之中?

历史的发展，到底循一个怎么样的轨路，我们不知道，在人类生活史上，我们见到的是充满了的不幸。

在希腊人、罗马人创造一种很高的文化的时候，而另一种人却在度着牛马似的生涯；当英国人宰制海上的时候，若干个民族，却为臣为仆，为英格兰人供给创造文化的余裕。世界上若没有所谓国家，那才会达到如罗先生所说的大家庭似的大同世界。但世界上，自古至今，这国家的制度，不能消灭；民族的鸿沟，亦无法破除。各民族莫不竞其虚智，夺其精力，以求他自己民族的发展昌盛。强者统治弱者，较聪明统治那较愚蠢的，这也是历史的事实。人类的悲剧便在这里。

多少年来，一般充满了同情心、怀抱着崇高的理想的人们，高呼"自由、平等、博爱"的口号。但那些美丽的名词，只不过教人类多流几次血，多作几回梦！伟大的宗教家，从自有人类活动的历史以来，便高呼着人在神面前都是平等的崇高的理想，而永远没有人把人当作兄弟般看待。欧洲宗教上所流的血，已足使我们惊心动魄的了。历史上一套一套的把戏过去了。远的我们不说；近的，如拿破仑，南征北伐，真为的是解放的事业么？谁不知道藏在美丽的幌子之下的还有一个个人的野心呢。斯达林口口声声说为被压迫的人求"幸福"，天知道，波兰的人民，波罗的海沿岸诸国的人民，是不是忍受得住那种所赐予的"幸福"呢？

我们生在这人类大悲剧重演的今日，实无所希望，无所憧憬。我们唯一的目的，便是为着自己的生存，奋斗着，而不愿接受任何一个国家所给与我们的"幸福"！

历史的事实，我们看得太多了。历史告诉我们：一个国家，不自强自立，便必趋于灭亡。

十八世纪以来，世界政治上有二大趋向：一是 NafionaLism，一为 RafionaLism。百余年来，人类为这两个光明的理想，不知遭受了多少痛苦。这两个只带得有若干象征意味的名词，时至今日，已暗淡无光，濒于凄凉的末路。人类已复归于野蛮，已入于草莽的无理性的时代了。生当斯世，若仍抱着这种不着边际的理想，到自己临死的时候，实在还不知道自己是死在谁人的手里。这一个世界，和过去的世界一般，是需要以爪还爪，以牙还牙的，虽然我们并不希望世界永远如此，如罗先生所说，我们也希望一个人类解放的时代的来临。

宗教革命的时候，奉路德的教义为金科玉律的，却认加尔文派的为邪教；中古末年，一般人士以亚里斯多德代替《圣经》，一个旧的权威倒了，而一个新的权威便代替了那种偏狭与横暴；法国革命时，以理智为至高无上的神，而那一代英雄的拿破仑，把这些思想传播到欧洲其他各地去的时候，用的是一种毫无理性的手段。人类生来，自身为奴隶时，便日思反叛，一待成为了主人，则立刻以反叛为可诅咒的了。历史上，尽是这般的丑恶的纪载。这种现象，是由人类那与生俱来的自私自利的心所作成。

我们读历史的人，实在不敢对未来的世界有所憧憬。我们很知道：一种现存的势力倒了，自然有一种新的势力来代替它。世界上仍不免会充满了迫害。弱小民族的命运，永远是操在别人的手中。人类解放的事业，永远是一种可望而不可即的人们的理想。

文明与野蛮的分别，我们似乎永远不能予以一个确定的概念。现世界的文明，可说是历史上所没有的；而其野蛮的程度，历史上亦不可找到。在一方面，林先生所说的"战"在今日的意义，是绝对的对的。我们只不同意他所说的一种新的文化的诞生，必须经过这样的一个"战"的时代。他在行文中，似乎对于这个"战"，有着莫大的一种钦慕。他对于人类的命运，似乎视着应为一个如希特勒那种魔王所宰制，而一种极盲目的"英雄崇拜"的心理，使他忘记了他自己的国家的命运，而亦正处于一个被宰制或不被宰制的中间，而他所大声疾呼的叫国人准备"战"的一片动人之词，是嫌太晚了。

我们是一个被侵略的国家，抵御外侮的一切力量，均须生于我们众多的人民对这国家与土地的爱，而并不能生于使这国家也跳入这“战”当中，成为英雄的心理之上。我们的力量，是生于悲哀里的，是生于求生存一念之中。中国民族，本有与别的民族不同处，中国人，不崇拜英雄，假如拿破仑生在中国，中国人亦不过如秦皇汉武那般的视之而已。中国人崇拜的，是富贵不淫、威武不屈、贫贱不移的人，如关羽、岳飞、文天祥才真正是中国人所崇拜的。可是他们都不是如欧洲的英雄一流人物。我们今日的问题，便是如何发挥我们中国人所崇拜的一流人物的精神。他们的成仁取义的精神，乃由于中国传统的伦理观念而来，乃由于夷夏之辨的观念而来。由爱这土地、爱这土地上所产生的文化，而做到如鲁迅先生所谓的“我以我血荐轩辕”的境界。

我们要认识这时代的意义。这时代的意义是什么呢？干脆又干脆，曰在“野蛮”二字。我们反对“野蛮”。在这时代，理性死灭了。人像生物似的活着。过去有一班幼稚的朋友，把一个国家，想得十分美丽，心里认为他是我们唯一的友人，是人类的救星。那国家在欧洲的行动，还未能使那班幼稚的人，醒悟过来；现在，那个国家，在亚洲所做的丑事，已完全显露他本来的面目了。我想，我用这“野蛮”二字，来说明这时代，时至今日，大概是不为过的吧。

（原刊于《北战场》1941 年第 2 卷第 3 期，署名“沈思”）

苏德战争底一个史的观察

——梦境似的现实

一

战争的由来,论者不一;若就其大处深处看,实只因一个爱字。凡历史上的战争,称得起为战争的,均由于各民族彼此对民族的爱而来;远如波希之战、罗马人对迦太基之战、近如英法百年战争、拿破仑对欧洲各国的战争,莫不如此。中国历史上,别于这种战争的战争,称为乱。如黄巾之乱、八王之乱、黄巢之乱,乱字用得最好。

各民族因自尊与自大,产生两种性质不同的战争。前者如吾人今日之于日本,是反侵略的;后者如日本之于吾人,是侵略的。自尊与自大,均由于对自己民族的爱而生。民族的自大,在情上还可说得过去,在理上则说不通。民族的自尊,乃为民族生存的要素。倘一旦失去,必为奴役,为牛马。一个民族,不独须自尊,还须自强;自大则易趋于覆灭,因其极度,便变为一种疯狂的境状,陷于危险而不自知。

这一段话,在说明我们对于战争的看法,与时下诸贤的高见,或不相同。但这看法根据于历史,印证于现时的国际局面。

二

欧洲近代历史上,有两个趋势:一为吾人所熟知的民族主义的潮流,一为唯理主义之思想;前者在求得民族国家的建立,后者在求得民主政治之实现。十九世纪中,德、意、日本,在民族主义的潮流中,完成了近代民族国家。但这三个国家,当自己获得了独立自主时,却掉转枪口,来摧残其他民族走向光明的运动。上次世界大战,流了血,还嫌不够,战后二十多年的时间,在那缺乏自省力、缺乏理性的民族的心上,又造成了一次人类大流血的惨剧。人类历史若不是往回走,世界必依其进度而前行,必日与两世纪来明智人士的理想贴近。一切违反这种理想的,在过去已遭灭覆,现在与将来,亦必趋于灭亡。

法国大革命在其他各国统治者的挠阻中,由于法国人民对他们民族的爱,而告成功(并非对革命的情热!)。但拿破仑当成功之后,却借着革命的旗帜,违背国家的观念,梦想着统一欧洲,建立帝国。一七九九年至一八一二年间,其气势之大,与今日希特勒实无二致。当普奥败后,欧洲只剩下一个陆上的俄国,一个海上的英国。陆上的英雄,当奈何不得海王时,便企图以经济封锁来困倒它。这一个经济的封锁——Continental Blockade——直接送了英雄的命。因为大熊需要生存,暗地和英国仍有往来,那个经济的封锁,它受不了,致引起一八一二年的征俄之役,拿破仑败在俄国人手里。接踵而来的,便是俄普奥联军在来普锡(Leipzig)的胜利。当圣海伦娜(Saint Helena)岛上的夕阳,照着一代英雄的弥梦,在英雄自己的情怀中,也会料到百年后,又有重演着他的悲剧么?生长于自由平等博爱的理想中,而剥夺着他民族的自由平等与博爱,这也不就是自己和自己开了一次大玩笑么?这是命运,抑还是主人公性格的反映呢?

欧洲大陆常产生悲剧式的英雄。近史上,接二连三而来的,是一场又一场的由这种英雄所造成的悲剧的场面。好像上帝嫌江海平静而作风波,亦时时遣来一二英雄,兴云作雨于人间。

拿破仑的时代,算已远了。威廉第二,距现今不过二十余年;有眼睛的都能看到,有耳朵的都能听到;为什么今日的德国人,又绕来绕去重新坠入那陷阱中呢?一九三九年八月,当德苏互不侵协定订立之时,我们便想到:“英雄在绕圈子!”我们曾预言:“绕来绕去,还是走上那条老路!”什么是英雄的老路呢?原来大陆上真正的敌人,是英国;欲攻英,必须先从打败大陆上的敌人入手。拿破仑打败了普奥,与俄国成了和议,军事上无法对付海王,便企图以经济封锁来困它,旷日持久,终于还是对俄用兵。果然,这一次,当希特勒完成对法战事时,渡海攻英不成,转而至巴尔干用兵,战火烧到近东,英国人又先下了一着棋。近东利害,为英苏所共,而到这时候,正如拿破仑征俄时候一般,苏联的命运与英国人的息息相关。希特勒虽说绕了许许多多不同的路,终于还是不得已的走了拿破仑的路!

和我们想法不同的人会说:德国这回力量大,有我们想不到的攻战的武器,不致遭受到拿破仑的失败。我们却不作这般想法。德国强,苏联现在亦不弱。纵如人所说,两星期德国可打到莫斯科,两个月可解决苏联的事件,像希特勒这样的统治,亦还不能长久。

生长于二十世纪的我们,常憧憬于十九世纪的美丽。那伟大的政治家俾士麦、加富尔,常使人缅怀不已。政治家之能有魄力指挥军人的事实,只在十九世纪中昙花一现。一八七一年巴黎失陷,俾士麦对法国的宽容,才真正是日耳曼人的胜利。

三

理性的复活,是近代文明产生的一个重要因子;思想的解放,为形成近代文明的一个重要表征。自彼脱拉克(Petrarca)到今日,伟大的心灵,莫不孕育于古希腊的文明之中。希腊人的精神,表现在乐生的美术上,充满了生命的喜悦与生活的享受;而又节制以中庸之道,一切莫不恰如其分,适得其中。但希腊人于冥冥之中,感到了一个操持人类命运的暗影,若干思想,还未能脱去原始的色调。近代文明,乃希腊文明经罗马时代、中古时代,渗入了罗马人用法的精神、[①]基督徒用死的思想,而成的一个综合的文明;又因科学发达,对自然底役服,近代人脱去了那原始的色调;其表现于欧洲各个不同的民族性上,又成为各个民族特殊的文化。英国人得之于希腊者多,德国人得之于罗马者多,而俄国人则充满了用死的情绪,十月革命后,主义虽代替了宗教的信仰,实在形变而质未变。于是这偏重于一方面的同源异趋的三种文化,不断的发生冲突。但因时势不同,德国人的罗马精神——崇拜英雄,成全英雄——却引导着德国人不断的毁灭,永不能继罗马之后(这原因,就是近代和古代有一大不同点:民族主义思想远比古代强烈)!在这一点上,我们也曾为日耳曼民族抱不平,因他们所扮演的悲剧,而滴同情之泪:看他们毁灭又复兴时,为之兴奋鼓舞(我还记得在中学时代,听一个从德国回来的人,叙述着德国复兴的故事时的感动)。

日耳曼民族是伟大的。但不是唯一伟大的啊!伟大的日耳曼的人民,你们难道忘记了英国人对你的

① 罗马法的精神,在公平合作,是两种实力的交互方式,不是一种势力的统制条件。见《蒋百里文集》。

影响，法国人对你的影响？那产生过托尔斯泰、屠格涅夫的民族，你们难道一点都不了解么？果真如此，那便是悲剧的来源。中国的老子有言："祸兮，福之所依；福兮，祸之所伏。"又曰："兵强则灭，木强则折。"这道理，若日耳曼人懂得，当上次吃了大亏之后，当不至完全归罪于"军人的太偏"，或什么经济上的原因吧。

四

一八一四年至一八一五年的维也纳会议，由拿破仑所引起的问题，不独没有得到解决，反因当时统治阶级的反动，而更严重。故二十年后，革命运动，又重新爆发，而致梅特涅只身远走。一九一九年的巴黎和会，虽未踏维也纳会议的覆辙，但亦未解决了任何的问题。维也纳会议的前后，人民要求自由平等的愿望，如火如荼，但梅特涅采取的是反自由平等的政策，与当时唯理主义的思想大相背异；同时，正如拿破仑一般，亦压制着正在生长的民族主义的运动。一九一九年的巴黎和会，本应依着"民族自决"运动的原则而奠定新世界的秩序。德国人口的被分割和德奥合并之受阻，均由于战胜国的私心。故反世界潮流的愚蠢行为，波兰、罗马尼亚、捷克斯拉夫、南斯拉夫等四个较大新国家是以四千七百九十万的多数民族统治着二千二百七十万少数民族的。[①] 于是，世界的问题，依然存在，战争的危机，暗伏了二十年。

一九二六年鲍尔温氏便预示着："在欧洲的人谁不知道要来一次大战，而且历代的文化将因这一次大打击而像罗马文化一样的毁灭。"

一切忧郁的悬想，在明智的人们底心中，当第一次大战结束之顷，便急速地散布于人间。乌尔夫说道：

> 我们现在亲身经历着的是我们的一切蛮性的反文化的大叛乱。上次大战是西方文化衰落的第一步。……我们现在正在这第二步的中间。野蛮人们已经占了优势；他们已经冲破了文化的防线而且正在从内面毁坏它。

但，果真如此了？由于历史的事实，我们不相信世界前途悲观到如此境地。

两个世纪来的两大主潮，曲曲折折地流在人间，已二百年之久；依我们的观察，这回的大战争，东方与西方的，均足以阻止世界上反动势力的成长。新黑暗时代虽有预示，但新的光明日子，亦在黑暗中闪耀。若这看法不错，现在这战争，将如拿破仑的战争，同样结果。但结束后，世界的秩序，将依民族主义与唯理主义两大原则而安排。新的民族国家将成立；新的政治制度上将依各个民族国家底特殊环境根于理性而被创造。

（原刊于《北战场》1941年第3卷第1期，署名"流金"）

① 见《世界政治》六五页。

知识分子的路

今天中国的知识分子,正徘徊在歧路之中。自有历史以来,这也许是第一次,我们得由自己来决定我们的命运：做主人还是做奴隶,进步还是沉沦。这也许还是最后一次,让我们来决定：做人,还是帮凶。这是我们所受到的最严重的一次考验。和过去历史上所遭遇的不同。

过去,我们也有过和皇权斗争的历史,而且时间也很长久。太久远的我们不谈,秦始皇用武力建立起来的绝对的皇权,知识分子是不同意的,平民也反抗它。那时候的知识分子,大部分是贵族,平民中当然也已有了。项羽和刘邦联合起来,把那个专制的皇权推翻。刘邦做了皇帝,虽然他是平民,但他也想建立一个专制的皇权。不过刘邦所建立的皇权,是打了折扣的。他给了平民一点利益,也分了一部利益与当日的知识分子,但知识分子中的贵族,他是极力裁制的。这是皇权与知识分子第一次的结合。彼此都让了一点步。不过皇权究竟是皇权,卧榻之旁,岂容他人鼾睡。所以到了武帝时,他一方面把大权集中在他个人手里(这就是相权低落的开始)；一方办学校,大行察举制度,培植一批可以为他所左右的知识分子,来巩固他的皇权。但他的计划并没有成功,皇权转移于外戚之手,他培植的知识分子,也时时和皇权闹蹩扭。那时候,五德终始之说,便应运而生,以为天下是天下人的天下,不是那一家那一姓的天下。后来果然王莽代了汉。这时因皇权已有了相当基础,而且王莽所行的改革,是一种自上而下的改革,当时知识分子也很害怕这改变更要妨碍他们的利益。于是又来了一个姓刘的皇帝。这个皇帝叫做光武帝,他在表面上是十分尊敬知识分子的,而且特别看重知识分子的一种道德——这种道德叫做气节,反对王莽的人的道德。实际上却努力巩固他的专制的统治,把大权都集中在原为宫廷办事的尚书台,所谓中央政府的三公,便等于傀儡了。因此皇权便与知识分子局部分离了,我们一看东汉的政治史就可知道。外戚、宦官因此掌握了政权；大部分知识分子被摈于政治的圈子以外。汉末太学生的运动,就是这样造成的。从汉末直到唐初,我们可以说,是皇权和知识分子分离的时代。知识分子因反对皇权,在社会自成一种力量,甚至自成一个阶级。自从汉代皇权移于魏,魏移于晋,其后,在东晋南北朝,还有无数次的转移。皇权可说已渐衰落,这个知识分子所造成的特殊阶级,便虚戴一个皇帝而成为政治上的一种特殊力量。到了唐初,皇权又和知识分子结合。但知识分子内部,因政治上的分赃不匀,时时有斗争。关陇集团和武后所培植的一个新的政治集团(以科举文词进用的士大夫阶级)的斗争,几绵延于有唐一代。唐以后,君臣的观念,由于孔孟后学的发挥,臻于极致,尤其是所谓宋儒。真正皇权的建立,我们可以说是开始于宋的。宋对于知识分子最优待,甚至可以说是与知识分子共治。但知识分子的堕落,即从此开始。自元明以后至清,皇权真是至高无上,明代的大臣,可以廷杖,清代的大臣,朝见皇帝,三跪九叩,都足以说明这个事实。宋以前,知识分子因自己的利益而与皇权或结合或分离；宋以后,知识分子只在皇权下作帮凶,成为了皇帝压迫人民的一种工具。

因为我们是一个农业社会,知识一直是操在极少数的人的手里。政治只是少数人的事。知识分子与皇权斗争的结果是君要臣死,不能不死。大多数人民,只在逼得无路可走的时候,拿起锄头镰刀起来作一种悲惨的反抗。中国历史上何曾听到过人民的声音?

在农业社会中,知识分子虽然对皇权投降了,还可保持得住一官半职,作为剥削农民的工具。虽然失了节,还不至于饿死。“饿死事小,失节事大”,这是宋儒骗人的话。他们自己是宁可失节,不愿饿死的。

假如我们还是个能关门自守的国家,我们知识分子还依然可以走我们祖宗所走过的路,还可希望出一个圣君,来解我们的倒悬,让我们入绘凌烟,或处山林而不出,入江湖而不返。但我们的国家今日正处在一个人类历史空前的巨变中。

工业革命改变了人类的生活方式,资本主义发达的结果,一方面是生产方式的改变,一方面是群众教育的普及。前者产生了资本家与劳工尖锐的对立,后者给予了劳工以斗争的认识与力量。早期的社会主义者,企图乞灵于资本家的仁慈,求改善劳工的生活;科学的社会主义者,则提出唯有采取劳工专政的手段,废除任何的剥削,才能求得人类的幸福与和平。一百年来的历史,证明了前者是泡影与梦幻。科学的社会主义的信徒,却在一个广大的地面,树立了他们新的政治与经济的制度。

一部欧洲历史,在我们看来,亦有其可寻的规路。希腊文明,一方面由于公民中贵族与平民不断的斗争与妥协,一方面由于共同对奴隶劳动力的剥削,其结果,造成社会上阶级之间鲜明的对立:一部分人在享受,大部分人却在这种文明的炫耀之下,痛苦呻吟;结果大部分人对这种文明心怀憎恨,因而也失去了爱国心,这正如我们今日,有些人看到汽车洋房,心存忿怒,是一种心理。其实,汽车洋房,那有可恨的理由。于是希腊的文明失去了它的光彩,这个民族,也在历史上抹去。起而代之的是罗马。罗马,又何曾不如此。和平时代的农民,战后归来,失去土地;而一部分人则因领土的扩张而致富,变成了社会上的特权者。公元后一二世纪的繁荣,却生长了阶级间的仇恨。当土地被日耳曼人蹂躏之后,基督教起来安慰失望的人的心理。耶稣所说的有钱的人想进天国比骆驼穿针孔还难的话,岂不就是当日贫富悬殊的社会下的反动。一种文明兴起了,破灭了,另一种文明又代之而起;一个民族征服了一大片土地,然后又为另一个民族所征服;循环往复,其中原因何在?有心人是不难指出的。近代西方的文明,又正在向着过去的欧洲文明所走过的路上奔驰呢。十九世纪的一个预言者的话说明了这个道理。倘用我的话来说,是过去的文明,都因建筑在奴隶制度上,所以其结果我们可以预知。所谓奴隶制度,当然取的是它的广义的解释。最近有个朋友自英国来信说:“近日有一想法,即孙中山、列宁、甘地在青年时期均曾来英,但无一不对近代西方文明提出修正或挑战。……此并非偶然之事实,盖欲变落后国家为强国,实不能抄袭英人之老路。…… 中国自强之机会,一一错过,乃至在美英藩篱下讨生活,于是民治之呼声大张,愚见以为所谓自由主义者皆误国有份之人,中国今后如有机会,必仍不能循西洋民治之路。”在这里,引这一段友人的通信,虽并不足以说明我们具体的意见,但文章写到这里,把它当作一种暗示,亦好作这一段文字的结束。

我们既不能独自保留我们过去的生活方式,在这个世界激流中,我们当然不可走一条毁灭自己的道路。中西的历史,都为我们说明了乞灵于皇权与资本家的仁慈,都只不过如白日做梦。

现实摆在我们面前,引诱是有的。我们儒家的传统,西方民主的传统,还可燃起我们自求闻达的亮光,过去人物的彩色一样的丰功伟绩,还为人们衷心倾慕着。曾国藩、俾斯麦、Gladstone、加富尔,甚至张居正、梁启超,在我们有些人心中,还可引起如绘的追忆。现在,不也有“康庄大道”,让知识分子的“领袖人物”一试屠龙之技么?“理未易明,善未易察”,现实的名利,诚足动心,因此,何惜屈下双膝来呢。于是,期待慈悲的改革的呼声,便在我们耳边缭绕;乞怜似的哀鸣,更令人恶心的披露在伪君子的代言者的新闻纸上。

但现实也有的是启示。知识分子中,除了少数攀龙附凤的以外,大部分苦于迫害与饥寒,更无可被剥夺的长物了。我们今天的命运,正是二千年来被剥削的人民的命运。时势成就了我们。

面对着历史,我们的路只有一条：和人民共在。

(原刊于《时文》杂志1948年第3卷第8期,署名“流金”)

痴 人 说 梦

七月十八日上海《大公报》发表了一篇《论大学毕业生下乡》的论文。作者于申论乡村工作的六点困难之后，并向政府提出了六种基本的措施，诸如民主、法治以及待遇、考铨等，无不包括在内。

今年大学毕业生的出路问题，在戡乱政治之下，已达到空前严重的阶段。但鼓励大学生到“农村去创造事业”，却属多余的关切。罗季荣先生更天真的提出六种基本的措施，恕我说句不好听的话：那更是“痴人说梦”。我们知识分子，若不是奴性太深，真不该没有 Sense 到这种地步。统观罗先生的大文，好像农村所没有的，都市中都已有了。照我们简单的认识，罗先生所提出的六种基本措施，都市一如乡村，件件都需要罗先生出来呼吁。我是住在上海的，上海总是都市啊！罗先生所呼吁的民主，有么？法治，有么？待遇，不够自己一个人的温饱！进修和考试的便利，当然，要出洋，要考高考，比在农村工作的要少出一笔路费，少一些旅途上的盘查和托人情买票的麻烦！严格考铨？那才是白昼见鬼！我们教书的，却深知道一个优良的教师，无时不在解聘的威胁之中！至于康乐活动，全国运动会在上海举行时，买不起门票的，就正是我们这群公教人员！罗先生要为下乡工作的大学毕业生呼吁，就先得为已在都市工作的人员呼吁。然而，呼吁也是多余的。

“民主”“法治”……这些调调儿，在我们有现实感的人看来，顶好不要弹了。知识分子不也要求了很多年的民主吗？我们看看它的结果：冤冤枉枉的死的死了；扭扭捏捏的甘心做爪牙的做爪牙了；不生不死的在等待着的也在等待着了。……民主只还不过是迫害与饥饿。远的且不说，最近立法院连一纸保障人权案都被否决的事实，难道罗先生也不知道么？

不过话说回来，我们究竟是一个重文字的国度，罗先生的“苦心孤诣”，也还值得我们谅解，只不过年轻人已不像我们这一代，他们无论居市居乡，都已有了他们的认识。

老实说，读了罗先生的文章，也只不过是更加重了我们对于一部分知识分子的失望与悲哀。天堂的门，将不会为这些人开启的。

七月廿三日

（原刊于《时与文》1948 年第 3 卷第 16 期，署名“况自”）

论新中国文化的创造

这篇文章包括三部分：

一为说明中国文化的物质基础；

二为说明中国文化和西洋文化不同的地方；

三为说明新中国文化的创造需要一个根本的技术的革命和社会政治的革命。

这篇文章的性质，是历史的，比较的；换句话说，是从历史的观点，就中西历史作一比较，而推得一个结论的。不是从哲学的或其他的观点上来研究中西之异同的，来空盼一个新文化的创造的。

这篇文章对中国文化，绝无什么优劣的观念。只大体上指出什么样的社会，便产生什么样的文化，文化思想都是社会的产物；但反过来说，也说明某一种文化，某一种思想，当与其所产生的社会取得调协以后，便有阻止或推动此社会的进步力量。因此，在作者看来，文化只有所谓适合与不适合；在某一阶段，不适合的文化，就必须加以人为的力量，使之迅速告退。因此，文化，在作者看来，即为人类征服自然与征服自己的成绩，因人类所使用的工具不同，而其成绩也就显有差别。这里所说的工具，是广义的，有时便相当于方法。

一、中国文化的物质基础

中国文化是农业社会的产物，中国的思想也反映着这个以农业为主的生产方式的社会的种种现象。

农业生产的社会，表现在政治上是封建贵族的统治和专制君主与官僚的统治。表现在经济上的是农民附着于土地，从事于土地的劳作，以养“君子”，以供王税；开始是土地不得买卖，所有的贵族都是领主，而名义上则“普天之下，莫非王土”；后来是土地自由买卖，土地集中于官僚、地主的手里。农民和领主的关系、地主的关系大体上是一样的，只在土地可以自由买卖时，农民有了漂泊的自由。在典型的封建制度崩溃之后，[①]工商业变成了独立的行业，但因农业生产的社会基础未变，工业局限于手工业和家庭生产制的生产；商业亦因受此限制，商业资本也无不投之于土地，大商人和大地主是孪生的。艺徒、学徒、伙计和大老板的关系，大体上说来，和农民与地主的关系是差不多的。大官僚、大地主、大商人，是君主专制政治的支柱。

在农业生产的社会下，家庭是社会核心的组织。家长的权威，是绝对的，正如君主的权威是绝对的一般。家是训练顺民的渊薮。因此，教孝、教忠，为人主之急务。

这种情形，两千余年以来没有变化。唯一的变化，是在春秋战国的时候。当周代的封建制度趋向崩

---

① 典型的封建制度，为欧洲中古的封建制和我国的周之封建。在政治上是一个金字塔式的阶梯，政权分散在各级领主的手中。有土地者即为贵族，土地不得买卖，耕种土地者为农奴，而不是奴隶。社会上阶级森严。官世其宗，民世其业。

溃，周天子的号令，出不了国门，一方面由于诸侯的兼并，一方面由于人口的增加，恰好那个时代，铁的使用又已及于耕作，[①]于是尽地力，为当务之急，农奴部分地被解放，而且有的国家，对于“通商”“惠工”，也渐渐注意到了。旧的文化与制度，遂不能适合当日的要求，新思想便乘时而起。孔子是第一个人注意到要恢复那个垂死的制度，必须重新赋以新的生命的。

孔子为使社会保持那个上下尊卑的秩序，企图改变那些在上者的精神而巩固其统治的地位，特别提出“仁”来作为教育的目的。不仁表现于政治者为苛政，苛政是因人口增加，贵族日多，封地日窄，而贵族耳目口腹之欲又不能因此而降低而起的。孔子天真地企图激发贵族们的“天良”，自然要被“并仁义而窃之”的。比孔子进一步，孟子，为了要维持那个垂死的周制，便大胆地宣称那个制度只能建立在人民的同意上。因此孟子强调“义”，不惮烦地说什么是该行的，什么是不该行的。孟子的思想，颇似十八世纪的卢梭。不根据历史，自造历史以说明其理论。[②] 其教育思想，亦与卢梭相似。[③] 这在儒家思想中是卓越的。但孟子的时代环境限制了他的思想的影响，不似卢梭。卢梭的思想，正产生于技术革命的前夜，对于西方实际的政治社会有那么大的影响。后来的宋明理学，是颇有取于孟子的性善说的，但却被作为婉顺以事上的理论的根据了。

在这种大体上无变的农业生产的社会之下，由于我们以上所说的贵族统治的动摇，列国并争的结果，法家思想，当然成为时代的骄子。一方面法家的“强公室，杜私门”的政策适当那时君主与人民的要求；一方面法家主张富国强兵以战争为统一天下的手段也是现实的。但法家仍然跳不出时代的限制，贵族的统治覆灭了，农民与地主的关系依然原封不动。“粟米之征”、“布帛之征”、“力役之征”，依然足以奉养至尊及其赖以为治的官僚的。法家的愚民政策，在那个极大多数的人脱离不了土地的劳动，使用简单的生产工具的农业社会中，在君不暴、官不贪的情形下，是行之无阻的。但事实是君必暴，官必贪，农民不得不铤而走险，旧的统治被推翻，新的统治依然是建筑在旧统治的基础之上。因此，一治一乱，构成了我们历史哲学中的“合久必分，分久必合”的观念。

春秋战国四百年间的思想，我们姑举儒法两家以说明其社会的物质的基础。这两种思想，在两千年来中国社会中生下了根；其所以能生根的理由，就在于我们两千年来，生产方式无大变化，生产关系长久停留在地主对农民的剥削上。两千年来，皇帝是头号的大地主；以次，官僚、商人都是二号、三号……的地主。

我们的文化，就是这种农业生产社会的文化。在这个农业生产的社会之下，就政治言，我们的政治，秦汉以前，是封建贵族的政治，秦汉以后是君主专制的政治。就经济言，又大体上是建筑在地主剥削农民的关系之上的，所以秦汉以前和以后的经济形态，都是封建的。所以，说秦汉以后的社会是封建的，也是不错的。

在这种社会形态下，其风俗习惯道德法律、思想学艺和工商业的社会便显然不同。

譬如说，西洋人说我们不守时，就是因为时间对我们不如西洋人重要。我们的农民，以太阳出来的时候，太阳落山的时候来说明时刻。他到一个地方，人问他什么时候到的，他说“太阳当顶”或“太阳还有丈把高”，或诸如此类的话。时间对于农民，远没有对于从事工商业的人那般重要。对于住在乡村的，远没

① 参看郭沫若《十批判书》五一页至五二页。

② 参看浦薛凤《西洋近代政治思潮》二三零页至二三二页；二三六页。“孟子道性善，言必称尧舜。”

③ 孟子以人之可为尧舜。卢梭的教育思想，参看《爱弥儿》。

有住在城市的那般重要。

以崇拜为例，农业社会的人，信仰的中心是祖先的神灵，祖先的崇拜，直到今天，在我们农民心中还是根深蒂固的。

因为我们的法律是保护那些统治者们的，因此，报仇成为我们历史上的美谈。受不到法律的保护，当然不得不采取法律以外的行动了。

因为我们是一个农业社会，“四世同堂”、“五世同堂”也就成为了无上的美德，百善也以孝为先了。

在我们的第一流的文学中，是充满着农业社会的和平的理想的。砍柴挑水，种地灌园，诗人天真的歌唱。而因苛政所引起的农村破坏，也一致地为诗人所诅咒。

在没有更利便的生产工具之前，土地的生产力是没有法子提高的，因此，我们的思想，始终跳不出儒道两家的范围，“乐天安命”，“居易俟命”，就很自然的成为一种最合理的想法了。

在这种农业生产的社会下，生产力是有限制的。以有限的生产，来供君主与官僚无限的挥霍，这个农业社会秩序自然也无法长久维持的。在历史上，我们知道，战争是无时不在进行着。

那个依附于君主不事生产的士大夫阶级中的优秀分子，有见于这种矛盾，就不时提出抑制苛政以恢复社会秩序的办法。这种士大夫到了汉以后，所持的都是儒术，在野的为士，在朝的为官。思想能自成系统的，历史上称为汉儒、宋士。这一套思想，称为汉学、宋学。

汉学与宋学，是承继孔子、孟子的。因此，他们的中心思想，也是在维持现存的制度而予以理论的根据的。中国社会的性质不变，他们的思想，当然也不会有什么大变化。

秦汉以后的政治史，我们用一个比较概括的说法，是由皇权的建立到皇权与士权的对立，由皇权的再建到皇权与士权的合作以至于皇权的独霸的历史。自秦至东汉，是皇权建立的时期；自东汉末至唐初是皇权与士权对立的时代。武后立宗，用科举取士，企图再建皇权，经过许多波折，以至于南宋，是由皇权再建到皇权与士权合作的时代。至蒙古入主以至于清末是皇权独霸、士大夫成为奴才的七百年（参看作者《论所谓中国式的代议政治》，载《文讯月刊》三十七年八月号）。

以董仲舒为代表的汉儒，其中心思想便在建立一个以天为根据的人王的统治，其对人主，不再为孔孟，戒以仁，戒以义，而畏之以天。

以朱熹为代表的儒宋，其中心思想便在致力于如何由诚意正心以至于治国平天下的为贤臣的道理。其着重点显然在何以为“臣”为“子”之理，与汉又退了一步。

从我们所说的皇权与士权的斗争的历史里，是不难推知汉儒、宋儒的思想之所以如此的原由的。

由孔孟以至于汉宋之儒的思想，我们姑名之曰儒家思想。这种思想，是中国农业生产社会下的产物，而也是维持这个社会的一大支柱。在儒家思想支配之下的文化，就是我们中国传统的文化。

二、中国文化和西洋文化

我们这里所说的西洋文化，是包括自希腊罗马中古以至于近代的西洋文化而言的。

大体上说，西洋文化和我们的文化不同的，是指工业革命以后的西洋资本主义的文化而言。假如西洋没有工业革命，近代政治上的“中产阶级的民主”是不会有的，近代的自然科学的成就是不可能出现的，由此而兴的社会科学也必无今日这样的成就。

西洋文化和中国文化之不同,就是因为西洋有一个工业革命。可是人们常常笼统地说这个西洋文化和中国文化不同,把希腊罗马中古的文化也包括在内。我们以为近代以前的西洋文化,和中国文化是大同而小异的。

先说政治,西洋文化为人们所羡称的是民主。希腊有民主,罗马也有民主。我们知道希腊的民主,是以雅典的民主为标准的。雅典的民主政治完成于公元前五〇八年,以后便没有多大的改变。议会是由以地区为选举单位所选出的代表组成的,称为五百人的议会。政治上的最高首领,由此五百人议会中选出。但有两点是值得我们注意的,一是选举的办法为抽选而非票选,二是有选举权的只限于公民,大多数的外来人与奴隶是没有选举权的。再则,雅典的国家是所谓城国(City-state)。而且,根据亚里斯多德的研究,当日希腊的城国,还有其他种种不同的政体,如君主政体、僭主政体、贵族政体、财阀政体等,民主只不过其中的一种。这种政体,以雅典为例,是由君主、贵族、僭主等政体发展而来的。其实行的时间不过二百年,或百年。[①]

罗马,自王政结束,行共和。其议会凡三变,最早的为氏族议会(Comitia Curiata)后来变为百人团议会(Comitia Centuriata),最后变为区域议会(Comitia Tributa)。平民与贵族斗争的结果,就是在区域议会中,他们可以选出代表他们利益的保民官,来和贵族对抗。这就是罗马的民主。但有两点我们可以说,一是只有公民才可参加议会的选举;二是公民须亲自到罗马,参加议会,才能有选举之权。罗马自征服世界之后,这种民主也就没有了。我们姑把罗马建国的历史定为公元七五三年,罗马灭亡为一四五三年。其行民主时间(全体公民参加政治)不过三百年或四百余年。[②]

希腊与罗马所行的民主,既不同于近代西洋的民主,而在西洋史两千余年中,其所行之民主,不过公元前的数百年,约在前六世纪至二世纪之间,其地域亦只不过限于雅典罗马数城国。其不能成为近代以前的西洋文化的特点,显然可知。

近代以前,以言西洋的经济生活,大体上和我们亦相同。希腊因地理的关系,人民多从事于海外的贸易和殖民,工商业在表面上大有驾农业而上之势,但我们仔细一研究,因工商业而获得的利润,亦大量投资于土地,大商人必为大地主,奴隶从事于土地的垦殖。一个人在社会上的地位,亦因土地的多寡而定。罗马较希腊更为显著,贵族、官僚、富人、地主的意义是一样的。汉尼拔战争之后,因经营税收而暴富的人们,莫不回到意大利购买大地产,成为大地主,在庄园中度其淫佚的岁月,和我们秦汉以后的社会没有两样;统治者的利益是建筑在剥削农人(或为奴隶,或为自由人,或为农奴)的血汗之上的。

就以思想来说,希腊的苏格拉底有似于孔子,柏拉图有似于孟子,亚里斯多德有似于荀子,过去的说法,大体上是不错的。在罗马帝国的统治下发展起来的希腊时期的斯多亚和伊壁鸠鲁两者的思想,不也如我们历史上的儒道两者不同的人生观的激荡吗?在专制统治之下,士大夫不为于山涛的“贞顺”,便必流于阮籍的“旷放”。其澈底无耻,如伽图所攻击的罗马贵族的荒淫,[③]不也和我们西晋之初何曾的“食日万钱,隔日无下箸处”一般的么?

古代西洋的社会,公民与非公民之分,犹如我们的“君子”与“小人”。公民是奴隶主,非公民大多数是奴隶。外来人、自由民是介乎这两者之间的,正如我们的“士”。“士”是可以为“君子”,又可以为“小

---

① 至公元前三三八年为二百余年;至公元前四〇四年为百余年。

② 公元前五一〇年为传说中开始行共和之年,至公元前一三三年为三百余年,至公元前三一年为四百余年。

③ 见 Will Durant, *Caesar and Christ*, pp. 88-90.

人”的，外来人、自由民，也是可以为公民，又可以变成奴隶的。

希腊罗马的风俗与习惯，有与我们封建时期相似的，也有和我们秦汉以后相似的。我们封建时期的王侯，祀与戎是大事。希腊的竞技，便是祀典之一。罗马人祭祀与裘比德的庙，便如我们的郊天。罗马家庭中的父权，也不比我们的逊色。希腊罗马人以多子为福祚，我们也是。雅典妇女的夜不出门，不与兄弟同席，不也正如我们谨卑的妇道吗？

希腊，相当于我们的春秋时代，城国争盟，如我们诸侯的争霸。罗马由于征服而统一地中海的世界，相当于我们的秦汉。基督教的思想是应暴政与富人的骄横而起的。耶稣的教义，谦卑忍让，颇近于中国的儒家，弃绝私产，则超出了儒家一步。这种教义，当日不独为城市的下流社会所欢迎，且渐渐代替了乡村农民旧日的信仰。等到基督教的思想定于一尊，野蛮民族的侵入，和教会结合，又建立一个新的封建贵族的统治。西洋的典型的封建时代便开始了。地主是贵族，奴隶被解放成农奴。教会和那些贵族是一个新的统治阶级，教会也封建化了。

这个封建时代，假如我们有足够的史料，可以和周的封建作一比较的研究。政治上的封建和经济上的封建以及社会上那个森严的阶级，就据仅存的东周的史料，我们也可以说中西的典型的封建的形态是相同的。沙里曼大帝的分封和武王周公的分封难道有两样吗？

教会是维持这个封建制度的一大支柱，正如儒家的思想是维持两千年中国的君主专制以及封建的经济关系一般。我常说，中国的士大夫阶级相当于西洋的教士阶级。士大夫的经典是孔孟之教，和钦定的五经四书。教士的经典，是耶稣之教，和教会认可的圣经的解释。把士大夫阶级比作西洋的中产阶级是不对的。今日中国的知识分子，是这个半封建半殖民地的文化的产物，其意识是旧日士大夫的意识加上西洋中产阶级的意识。

教会的统治的瓦解是紧接着封建贵族的瓦解而来的。君权神授之说，和民族国家的成立也紧紧地联系在一起。从十六世纪到十八世纪，政治的君主专制，和中国秦汉以后是一般的。在生产方式没有根本改变之前，近代中产阶级的民主的产生，是无法想象的事。

封建贵族的势力，最早受到打击的是在英国。一六八八年的革命，乃在表示城市商人阶级对贵族地主的胜利。在英国，政治的民主，是逐渐由一二一五的大宪章，一六四九的权利法案，一八三二的改革法案，一八六七的改革法案……而完成的。工业革命之后才有改革法案。

工业革命后的西洋文化，是资本主义的文化，更近的是社会主义的文化。资本主义的生产方式和封建主义的生产方式是大不同的。因此，我们的文化和近代的西洋文化才大不相同。由于生产方式的一致，生产关系的一致，近代以前的西洋文化和我们的文化，是大同而小异的。

三、新中国文化的创造

鸦片战争之后，我们的社会开始在动摇。新的生产工具，由于和西洋不断的接触，开始输入了，我们沿海沿江的大城，也走上了“工业化”的路。但因满清腐败的统治，帝国主义的势力在这些大城市中生了根；帝国主义者豢养了一批都市的获利者，又和一部分官僚与地主勾结，构成了一个买办阶级，替他们作爪牙，一方面为经济上的榨取，一方面为政治上的控制。久在满清压迫之下的农民，和因眩然于帝国主义的坚甲利兵而激起民族意识的士大夫，开始了两个不同方向的运动。代表前者的是太平天国的革命，代表后者的为技术上的改革和政治上的改革。技术上的改革始于同光之际,建水师,设机器局,筑铁路,办邮电,立造船局……以及派遣留学生,学习西洋的技术。及甲午战败(一九八四),要求政治改革的呼声,遂随技术的改革之后而起;因有戊戌的百日维新,以至六君子的遇难。

这是我们这个农业生产的文化,和资本主义的文化,开始接触时的情况。

在满清的统治下,政治的改革既属无望。帝国主义的侵略又日益加甚,只因帝国主义间的矛盾,才仅免瓜分之奇耻。于是民族主义的思想和政治的改革运动,结合成为推翻了满清的革命。但新的生产工具在官僚政治的控制下,却造成了官僚资本的畸形发展,近代的资本主义的文化,种在这片封建主义的土地之上,其结果更铸成了这个半封建半殖民地的社会形态。

五四运动高呼打倒孔家店,鲁迅在《狂人日记》里诅咒吃人的礼教,使这个封建社会的思想,受到严重的打击。其意义的重要,等于马丁路德于一五二〇年对教会的反抗。科学与民主,成打垮封建社会的两支主力军。

这时,我们的社会,已因资本主义文化的传入,换句话说,已因新的生产方式,逐渐在代替那旧的,而起着剧变。因此,旧的权威,皇帝被推翻了,父权被否定了,妇女也要求着解放;而新的思想,对那个旧的社会,又起着加速促使它趋向崩溃的作用。

但旧社会的顽抗,旧思想的反动力量也是很强大的。一方面由于帝国主义者为取得他们剥削的利便,和继续不已的剥削,和旧社会中的统治者勾结起来了;一方面由于我们缺少西洋那个中产阶级(我们的中产阶级,是半封建半殖民地式的),因此,五四运动所期待的那个民主的革命流产了。

自民国十五年以来,我们在表面上有了工业,但大工业都操在帝国主义和官僚资本家的手里,我们对工业的管理,像那个手持《太上感应篇》而坐汽车的老太爷一般,其可笑的情形,可以编入"笑林"。近代的工业文明,到了我们这个在封建式的统治下的社会,便有用牛拖汽车的奇事。近代的技术转入之后在封建的统治者管理之下,生产的力量,和资本主义的统治者管理之下,是相形见绌的;在另一方面,这种技术却又被封建的统治者利用着,作为更有效的更残酷的剥削人民的工具。近廿年来,农民与官僚地主的对立,城市的工人与官僚资本家的对立,是越来越深刻化了。

旧思想与新技术的结合,表现在政治上是"一人的统治",表现在经济上的是官僚资本的形成,表现在道德上的是尊孔和媚外,仁义的幌子,娼盗的行为。

因此,中国革命的性质是极其复杂的。概括言之,这种革命是反对封建主义,反官僚资本主义,反帝国主义的革命。换言之,今日中国的革命,是社会经济的,又是政治的。其性质有似于法国的大革命,又有似于俄国的十月革命。和官僚地主对立的农民,和官僚资本家对立的城市工人,和官僚资本家、买办资本家对立的民族中小资产阶级,以及爱国的反专制政治的知识分子都是站在同一的革命阵营之中的。

要使这个半殖民地的社会变成一个新的社会,第一步是推翻封建主义的统治,第二步是变旧生产方式为新生产方式,以及旧生产关系为新生产关系。关于第二步是,换一个说法,就是变农业、手工业的生产方式,为近代工业的生产方式。从城市的工业化,来吸收农村的劳力,使农村的人口减少,耕地平均分配之后,农民在土地上的劳作所得,除维持温饱之外,还有剩余的资本,然后,在国家有计划的资本协助与技术协助之下,成立集体农场,进行农业工业化的工作。在工业化的过程中,一方面以政治的力量来调协生产的关系,废除剥削的制度,一方面加紧进行新的教育,使新思想深入人心,以促进这个新社会的发展。

新教育至少应当包括两方面。一方面是理论的,消极地对于封建社会、资本主义社会的文化作一种正确的辩证唯物主义的批判，积极地建立一个新的辩证唯物主义世界观。一方面是技术的，包括各种工业的农业的技术的训练。所以新的文化，一方面是解放，一方面是建设。唯解放才能建设，唯建设才能解放。

古今中外，大思想家的理想，莫不相同。最高的理想，莫不在求得人类的和谐相处，理想一个充满了和平与快乐的社会。但因受时代环境的限制，其达到此理想的办法则受当时物质环境的支配。工业革命之后，科学的社会主义者，从人类发展的历史中找到了一个正确的途径，经过了一百年，历史更证明了它的完全正确性，在实行上因为这百年来的经验，又使我们多了一些宝贵的启示与教训，新中国的社会和新中国的文化的创造，正在期待着我们去完成。

一九四九年三月十一日

（原刊于《中国建设》1949 第 8 卷第 1 期，署名“流金”）

社会存在与社会意识

各位同志：刚才主席已经讲过，去年严北溟同志曾经作过一次“上层建筑和基础”的演讲。今天这个题目，谈的可能和那次讲的恰好针锋相对，不过也可能有些相同的地方，因此非常有趣，这也就是我们在讲台上的“争鸣”。据我所知，“社会存在与社会意识”的问题至今还没有做结论，大家对马克思、恩格斯、列宁、斯大林等在这个问题上的看法有不同的解释。我对这个问题也没有什么研究，只是提出些看法向各位请教。

一

先说明社会存在与社会意识的关系。我们要把社会存在和社会意识解释的关系弄清楚，就必须把存在同意识的关系弄清楚，意思就是说，必须把哲学上的根本问题“意识和存在”的关系弄清楚。

大家晓得的，哲学上唯物论和唯心论的根本区别，在于它们对待存在和意识的态度不同。凡认为存在决定意识，存在是第一性的，思维是派生的，这就是唯物论的看法；唯心论刚好相反，认为思维决定存在，思维是第一性的东西。

这个问题在我国的哲学史上也是很分歧的，同时也是很有趣的。如在魏晋南北朝时，对“形与神”的问题看法就很分歧：有人认为神是可以独立的，可以单独存在的；有人则认为不能独立存在。“形”就是形体，“神”就是精神。大家知道，在宋齐梁陈时有个著名的唯物论者范缜。他认为“形”是决定“神”的。他有个比喻：他说人没有血肉的话，精神就不会存在。他又用刀打比喻：刀是锋利的，这就是神。但是，刀如果没有铁的话，锋利又从何而来呢！一句话，这样的问题在哲学上讲，就是存在和思维的关系问题。

我们的哲学史上同样的问题很多，如除了神和形的问题而外，还有“气和理”的问题。有人认为“气”是看不见的，但是存在的东西；有人则认为不是这样的。有气才会有理，气在理之先。例如，北宋哲学家张载的主张，就和程颢的主张不同。程颢认为理在气之先，他说天下的万事万物都有一个“理”。可能这个理还没有被发现，但是存在的。这种说法正好同张载的主张相反。因此，所谓气和理的问题，也就是哲学上讲的存在和思维的问题。

我们都知道，在马克思列宁主义的哲学中，在唯物主义哲学里，存在和物质、存在和自然界是一个概念的，也就是说存在决定思维，物质决定精神。相同于我国哲学史上讲的形决定神的说法。

那么“存在”究竟是什么呢？物质是什么呢？是否就是烟灰缸，是否就是我们前面的茶杯？能否作这样的解释？不能，假如这样解释存在的话，那是很不全面的。照这样解释物质，那就不是哲学上的概念。哲学的概念认为，物质是不以我们的意识为转移的。就是说，人的意识是没有办法决定物质存在与否的。物质是不以人的意志为转移而客观存在的。例如地球，它是不以人的意志为转移而客观存在的。“物质”就是这样客观存在的抽象。这才是哲学上“物质”这个词义的概念，“存在”在哲学上的定义也即如此。因此,“存在”、“物质”、“自然界”都是同一个概念。

那么,意识究竟是什么东西呢?我们说,意识、思维是物质的属性,是人们脑子的产物;如果人没有脑子,意识也就不存在了。也可以说,客观存在在我们脑子里的反映,就是意识和思维。

既然如此,物质就是一切变化的主体。物质本身就是不断运动和变化的。物质的运动变化,有它一定的规律。这种规律在人的脑子里得到反映,这就是我们说的知识。关于物质运动变化的规律,到目前为止,及今后很长很长的时间中,我们都没有办法把它完完全全的找出来。许多物质的变化,过去我们是不知道的,现在我们知道了,这样的例子,同志们可以举许多,如声光电等都是物质运动的一种形式。因为物质运动有种种不同的形式,因此就是种种不同的规律。这种规律在人脑中获得反映,因此我们才会有科学和知识。

二

但是,人决不是抽象的。世界上没有抽象的人,我们一说到人,马上就会想到他出身于什么家庭,他的教养怎样,文化程度怎样,阶级地位又怎样,是古代的人呢还是现代的人,是外国人呢还是中国人。人永远是具体的,因此,物质的运动变化在人脑中的反映就有所不同。如对原子能来说,过去是不知道的,但是工业技术发展到今天,人们终于认识了。为什么呢?因为过去的条件与今天不同。再如对男女间关系的看法,过去同现在也有很大的不同。为什么呢?因为那时候的条件与我们现在不同。诸如此类的例子很多。

既然人永远是具体的,是随着条件的不同而不同的,这个意思也就是说,人是社会的产物,人的认识永远和他所处的社会生活条件分不开的。这就是社会存在与社会意识的关系。

那么社会存在究竟是什么呢?上一次严北溟同志的演讲中讲“社会存在实质上就是社会基础”。我的讲法与他有所不同。我认为,社会存在就是社会的物质关系。人与人的关系只有两种:一种是物质的关系,一种是精神的关系。此外再也没有第三种关系。关于这一点,马克思讲得很清楚,列宁也讲得很清楚。

所谓社会的物质关系,我们用哲学的概念讲,就是社会物质生活条件。而社会条件中最主要的就是社会的生产方式(社会的生产方式是社会生产力和生产关系的统一)。

这样,我同严北溟同志的讲法就有所不同了,我认为,社会的生产关系就是社会基础;严北溟同志则认为,社会的经济制度才是基础,把生产力辟开了。关于这个问题,我下面还要提到。

这里,同志们递给了我三个问题。这三个问题都是根本性的问题。其中第一个问题问:由社会存在决定社会意识的规律,与上层建筑同基础的规律是相联结的,那么为什么要用两个规律来说明?第一个规律可否就包含了第二个规律?我的看法如此:社会存在和社会意识的关系,也就是上层建筑同基础的关系。那末,社会存在就是社会的物质关系,而社会的物质关系决定社会的精神。社会的精神是什么呢?就是一切社会的上层建筑,即哲学、科学、文学、艺术、法律、道德、政治,等等。

刚才已经讲了:在哲学上,我们认为,物质是一切变化的主体。那么,在社会现象中,社会的物质关系是社会一切变化的主体。我们的意识决定于社会的生产力,决定于我们所处的社会生产关系中的地位,而不是其他。

大家晓得,从有人类社会以来,人类经过了好几个不同的阶段——原始共产主义社会、奴隶社会、封建社会、资本主义社会和社会主义社会。这一些不同的历史发展阶段有各不相同的生产方式,因而这一些社会阶段也有各不相同的社会意识形态。关于这一问题,我想进一步地具体地谈谈。

首先,刚才已经讲过:世界上永远没有个抽象的人,社会的生产力怎样,人的意识也就怎样。我们可以随便举个例子,如在封建社会里,一般的人都有"安度修身,不思迁移"的想法。中国有句老话,叫"树高千丈,落叶归根"。这种想法是因为落后的社会生产力决定的。生长在资本主义社会中的人就不同了,他们都不太愿意安度修身,他们的思想就是要开拓到外地去,志在远航,一辈子不回家也不在乎。这是因为资本主义的生产力比过去大大提高了的缘故。因此,我们要问任何社会中人们的思想意识怎样,首先问一问他所处的社会生产力的发展情况究竟怎样。

当然,除此以外,我们还要问问他在社会中的阶级地位究竟怎样。由于人所处的阶级地位不同,人的思想意识也就有所不同,也即是说,他在社会生产中所处的地位怎样,是不是掌握生产资料,人在社会生产中所处的地位不同,他的思想意识也就不同。关于这,我们也举个例子说一说:大家知道,东汉末年,黄巾起义,虽然很快就被镇压下去了,但是东汉帝国也就瓦解了,当时正是190年左右,曹操在山东。过不多久,黄巾余党起义,领袖白波写信给曹操讲:过去我们在同一的地方,但是你要了解现在是"苍天已死,黄天当立",你再不能这样下去了。曹操看了这书信的前半截很高兴,但是看到"黄天当立",就把信撕掉了,大怒。为什么有这样的不同呢?这就由于两者所属的生产关系中的地位不同。再如,在我国有个著名诗人杜甫,他曾做一首诗说:"朱门酒肉臭,路有冻死骨。"这首诗可说是家喻户晓的,但是那个时候的"朱门",不管杜甫说他们"酒肉臭",依然如旧地让酒肉去臭。为什么有这个不同呢?很简单,就由于"朱门"和杜甫的阶级地位不同,所处的生产关系不同,因而就有这种不同的精神。再以欧洲的历史讲:18~19世纪时的德意志帝国还是个分裂的国家,当时分裂成许许多多的公国、侯国、王国等。统治这些地方的是封建领主,这些封建领主认为割据是天经地义的事,但是,那时的德意志的资产阶级对此是深恶痛绝的。为什么呢?因为割据了以后做起买卖来就不方便了。这一点大家很容易理解。因此我们可以讲:社会中人们的思想意识,不仅和社会生产力有关系,而且和人们在社会中所处的阶级地位有关系。

三

现在我们讲讲社会意识的各种形态及其相互的关系。

刚才已经讲到了:社会意识形态有哲学、科学、艺术、宗教、道德、政治、法律等等,这就是说社会意识形态有种种的不同。

我想,严北溟同志在讲上层建筑和基础的时候,一定也讲到哲学、科学、艺术、宗教、道德、政治、法律等等。这也叫上层建筑。同时我想,他在报告中一定也讲到上层建筑的阶级性。是不是呀?刚才我们已经讲到了,科学也是社会意识形态,而我们又说,社会意识形态是社会关系的一方面,即社会的精神关系。社会精神关系也就是社会上层建筑,这个问题就大了——科学究竟有没有阶级性呢?严北溟同志讲上层建筑是由基础产生的,上层建筑为基础服务;当上层建筑停止为基础服务的时候,上层建筑也就消灭了。那么像这一些问题,如果我们讲艺术也是社会的意识形态,就是上层建筑,这里面就有矛盾了。为什么呢?我们说科学也是上层建筑,科学可以为各个不同阶级服务,特别是指自然科学而言。关于这一些问题,我想在这一节中把它谈清楚。关于种种不同的意识形态,我想同志们都了解的,所以关系这方面的话,我不想多讲,而想讲清楚各种意识形态与政治间的关系。

在存在有对抗性矛盾的阶级社会中,政治是决定性的东西。大家晓得,政治是经济的集中表现。

我们知道,阶级斗争有种种不同的形式,有武装的斗争形式,思想意识也是阶级斗争的一种形式。这一切,我们都可以叫作政治斗争。因此,在对抗性阶级矛盾的社会中,政治就具有决定性的意义,一切的意识形态也就与政治有最密切的关系。

首先我们看看哲学和政治的关系。

我们中国哲学史上有个最典型的例子,可以说明哲学和政治的关系。大家知道,中国历史上有个春秋战国的时期,这个社会的性质,我们至今还没有个结论。依我个人看,这个时期是由一种社会形态过渡到另一种社会形态的时期。这个时期中,旧的奴隶主阶级尽量想办法来巩固他的统治,但是奴隶制的生产关系已经不适合发展中的生产关系了。因此,一些新的代表新生产关系的阶级已经在旧社会中酝酿成熟,他们极力想办法推翻旧的统治者的政府。因此那个时期的政治斗争很激烈。那时有很多的国家,所有国家的政治斗争都是激烈的。这些国家中,有些国家则代表新的阶级,在政治上取得统治权;另外一些,则仍然是被奴隶主阶级统治的。在这样的情况下,因此就产生了百家争鸣,有种种不同的学说。这些学说中,有的歌颂新的生产关系,希望它快一点成长,对新兴的阶级提出很多建议,怎样去富国强兵。另外一些学说,则为旧的统治者作出哀歌,这一些人对旧社会的发展变化有较深刻的认识,看到旧的社会快灭亡了,旧的阶级快灭亡了,但是由于所处阶级地位的不同,对未来社会的发展看不到,因此就完全没有信心。他们也对奴隶主阶级提出许许多多的建议,希望统治者实行"王道"或"霸道"什么的,代表这类思想的,即历史上所说的儒家、道家、法家、墨家等等。这些"家"都是哲学上的家。这种"家"到处奔走演讲宣传他们的道理,他们同各各不同的统治者结合在一起,为他们的阶级利益服务。从这里我们就可以看到哲学与政治的关系。

以近代讲,近代哲学史上,唯物论与唯心论的斗争也非常激烈,特别在资本主义已经进入帝国主义阶段后的斗争更加尖锐。唯心论到了近代,虽然已经被科学所否定,但是他们改头换面地出现,如实用主义,看起来好像同马克思主义极为相似。因为如此,所以斗争也就更激烈。既然哲学上的斗争到帝国主义阶段愈加激烈,这就可以看出哲学与政治的关系非常紧密。

再讲一讲宗教与政治的关系。

政治与宗教的关系,有时看起来非常明显,有时又似乎没有关系。如中古时代的欧洲,彼时宗教与政治的关系非常密切。教皇与神圣罗马皇帝之间的斗争历史,大家都是了解的,但是他们在宗教思想上是同一的。当时的教会不但做礼拜,同时还管其他许许多多世俗的事。红衣主教常常执掌一国大权,这在当时并不是特殊的。

从我国的历史讲。五胡十六国统治中国时,人民受压迫,受剥削,生活过不下去,因此宗教就得到了滋长宣扬的机会,当时的统治者也大力宣传宗教迷信,巩固它的统治。

从以上的例子看,在中古时代,在生产力水平较低下的时候,宗教与政治的关系特别密切;但是,等到生产发展到资本主义社会时,宗教就以另一种形式为资产阶级服务,不过不易被人察觉罢了。

第三,讲道德与政治的关系。

道德与政治的关系,在我们中国历史上是最容易看出的。魏时司马懿、司马师、司马昭等与曹魏斗争。当时司马氏以孝治天下。我国历史上也有“王祥卧冰”的故事。实际上不管是司马氏也好，王祥也好，他们都不孝，但是强调以孝治天下。当时阮籍与司马氏斗得最厉害，阮籍的父亲死了以后，阮籍还吃肉喝酒，司马氏说该把他杀掉。当时嵇康也说：儿子与父亲的关系，就如水与瓶的关系。司马氏认为他也不孝，因此也借机把他杀了。为什么司马氏只谈孝而不提忠呢？因为他本身就是由谋王篡位而称帝的，所以他不敢提忠，否则别人就会因此说他自己就不忠。在我国整个封建社会中都提倡“五常”，讲君臣、父子、兄弟、夫妻、朋友等等的关系。利用这一些东西巩固封建统治，这中间我们就很容易看出道德与政治的关系。

我们再看一看文艺与政治的关系。

资本主义时期中，文艺和政治的关系看上去好像不大，实则不然。

就中国社会讲，礼乐常常和行政相关连的，如“二十四史”的《乐志》中就保留部分中国古代的民歌。古时宗庙也用乐歌。因此，从我国古代礼乐行政本来就是一体的。再从中国大的历史书籍中看，如在“百科全书”式政书中，关于政治部分中就包含了文艺、音乐等东西。诸如此类的例子很多，因此文艺与政治的关系也很明显。

最后我们谈科学与政治的关系。

科学与政治的关系非常密切，关于这一点，我们先从什么是科学谈起。什么是科学？毛主席讲，知识大体上分成两类，一类即生产斗争的知识，二类是阶级斗争的知识；也就是说，一类是自然科学的知识，一类是社会科学的知识。

知识在哲学上的概念是什么呢？知识就是真理，当资产阶级要推翻封建领主统治时也提倡科学，以科学揭露封建领主的迷信欺人，因此那时候的资产阶级与理性主义分不开，为什么呢？就因为资产阶级和科学分不开。资产阶级的提倡科学，讲究真理，就是因为真理对它有用，有利于它用真理揭露封建领主的黑暗统治，有利于它取得政治上的统治权，为发展资本主义的经济利益服务。历史的事实就是如此，无论是自然科学或社会科学也罢，当资产阶级还是年轻的时候，它都是拥护的。但是等到资产阶级的统治一经建立，资产阶级和无产阶级发生矛盾的时候，资产阶级就愈来愈不要真理了，不要科学了！由此我们就可以看出科学与政治的关系了。

毛主席讲，在阶级社会中，任何事情无不打上阶级的烙印。

如照严北溟同志讲的上层建筑和基础的例子讲，《水浒传》就不是上层建筑，杜甫的诗好像也不是上层建筑，托尔斯泰的小说也没有办法解释了。照这样说，在文艺领域中差不多很多都辟在上层建筑以外了，因而使我们模糊了文艺和政治的关系。这种事情很多，我想可以不必这样。因此，我觉得毛主席在《实践论》中讲的话还是对的——阶级社会中，任何事情都打有阶级的烙印。

在我认为，上层建筑和意识形态之间彼此是有关系的，如道德和政治、哲学和政治、宗教与政治、文艺与政治、科学与政治，等等，都是有关系的。我这样提好像是比较恰当的。

当然，道德、哲学、文艺、宗教、科学等，彼此之间还是有关系的，如哲学和道德的关系就是很密切的。像我刚才讲的：范缜是无神论的，认为相信了佛就不要生产了。他没有劝人相信佛，认为把钱送给寺院是不道德的行为。在他认为，人是应该从事生产的，因此就提出了“神灭论”的学说。他认为，如果没有“神”，信神的思想也就没有了。他的这种思想正好和当时的宗教思想针锋相对。

总而言之，诸意识形态之间彼此都是有相互关系的，而这一些意识形态在阶级社会里都是为政治服务。同时，不同的阶级利益就有不同的思想意识。这个问题是非常复杂的，如果简单化了，许多事情就解释不清楚。

四

现在我们进一步谈社会意识及其诸形态在发展中的相对独立性与承继性。

这是个复杂的问题，不同的阶级有不同的关系，甚至在同一个阶级内部，思想意识还有差别，例如同样是地主阶级，但地主阶级里边也有很多不同的阶层，如有当政的，有非当政的；当政的和不当政的地主阶级有差别性，同时又有同一性。

举个例子，曹操是善于为统治阶级的，但是曹操和东汉以来高门贵第的利益有矛盾，因此当曹操取得政权以后，就取消了东汉以来的用人标准。东汉时认为做官必先孝，所谓“孝悌力田”，因此这一制度后来闹了许多笑话。如东汉时有一首民谣：“举秀才，不知书，举孝廉，父别居，寒素清白浊如泥，高第良将怯如鸡。”曹操当权后，他说只须有才，不孝不悌我也用，因此有所谓“孟德三令”，接连下了三个命令把东汉时的用人标准全去掉了。这就是不同的阶层利益就有不同的思想意识。

例如当资产阶级要取得政权的时候，它提出动人的自由、平等、博爱的口号。实际上他的自由是资产阶级贸易的自由，它的平等是与领主地位的平等，它的博爱也只不过是用来动员人民帮助它与领主斗争的一句话。

再如刚才讲的司马氏和嵇康的斗争；司马氏以孝治天下，嵇康说：我就要“非汤、武而薄周、孔”。司马氏与嵇康同样是统治阶级，由于阶层利益的不同，所以思想意识也不同。

再如《诗经》，在历史上为封建地主所爱好，现在各地学校仍然在学习，社会上仍然有许多人爱好它，因此《诗经》受人之喜爱可说没有变。但是对《诗经》的解释就不同了。封建统治者解释《诗经》时说：“诗三百篇，一言以蔽之，思无邪。”中国封建统治者认为“温柔敦厚”为最好。为什么呢？因为温柔敦厚而后就便于统治了。

春秋战国时的墨家，明确主张“非儒”，认为儒家的“仁”是“亲亲有术（杀）”。为什么它要这样呢？因为它看到旧的统治者快灭亡了，但又看不到将来的前途，因此它就认为讲仁义理智是没有用的。

再例如，处在我们这个时代，我们要实现无产阶级专政，这是很容易理解的。因为当无产阶级还是处在一无所有的时代时，工人是受剥削的，受压迫的，极力反对资产阶级的统治，今天，当无产阶级取得政权以后，为了自己不再受剥削和奴役，它就有必要实行无产阶级专政，否则就不能维护本阶级的利益。

所以，任何思想意识的来源，我们都可以从各个不同阶级所代表的不同利益来研究。不同的阶级必然代表不同的利益，必然有不同的思想意识。

现在谈社会意识诸形态在发展中的相对独立性与承继性。

所谓观念形态就是思想，换句话讲也就是社会的思想关系。观念形态的形成，也即是上层建筑的形成。观念形态一经形成之后也就有它的相对独立性。而相对的独立性又是与承继性分不开的。

我们要把观念形态弄清楚。首先须要懂得辩证法，否则就无法弄清什么是观念形态。

我们晓得，斯大林是个伟大的马克思列宁主义者，但是斯大林在辩证法方面，我们还不能说他已经懂得很彻底了，例如，斯大林对存在于两个阶级间的矛盾谈得很多，说明工人阶级和资产阶级的斗争性，但是他没有说明这两个阶级还有同一性，工人和资本家也有相同的地方。地主和农民是相斗争的，但是他们也是有相同的地方。举个例子，在封建社会中，地主也罢农民也罢，他们都有宗族的观念，地主阶级难道就不要宗族了吗；这是地主农民相同的一方面，怎样有这种思想观念的呢？这是由当时的生产力状况决定的。以工人与资本家言，他们处在同一个时代里，生产方式是大规模的机械化生产，因而工人阶级思想与资产阶级思想也有相同的方面。如果我们否定了这些相同的一方面，那么观念形态的相对独立性就与承继性也相对降低。

我们晓得，基础与物质关系也有两个方面，例如封建社会中的生产方式为封建社会中的生产力和生产关系所组成。在生产关系上，封建地主占有生产资料，农民受地主的压迫剥削，在生产力中呢？封建社会中，生产时的锄头、耙，或者是手摇的纺织机和水力的磨房，等等，这一些是相同的。再讲生产力。生产力是由两个方面组成的：一、生产工具；二、发明与使用生产工具的具有一定劳动技术和经验的人。因此，从这个基础来讲，还不是包含两个方面吗？两个阶级的人都包括在里面，一个是占统治地位的地主阶级，它剥削和压迫农民，它有自己阶级的思想意识；但是另一方面呢？由于农民在生产中所处的地位与地主不同，农民又有它本阶级的思想意识，只不过不占统治地位罢了。我们不能忽略这两个方面。如果我们忽略了这两个方面，认为封建社会中只有地主阶级的意识，那么我们对很多事物就没法解释，譬如说，我们对杜甫的诗"朱门酒肉臭，路有冻死骨"，就没有办法解释。再如对《水浒》中的很多事，我们也没有办法作出解释。同样，历史上很多复杂的事也没有办法解释。例如我们刚才讲的曹操，毫无疑问，他是封建地主阶级出身的人，而且还是地主阶级中占统治地位的人。但是我们从曹操的某些措施中可以看出，确确实实有一些是农民的思想意识，也由于此，曹操在群雄割据的情况下，取得了胜利，打败了袁绍，这是很复杂的。所以，在封建社会中，地主阶级的思想虽然占统治地位，但里面也渗透着农民的意识。有的时候还被表现出来，以致被保留下来，使我们可以看到这种思想的痕迹。

资本主义社会中同样如此。资本主义社会中，劳动人民的思想有时也往往从资产阶级作家的作品中表现出来。当然，资本主义前的阶级对立是不太明显的，因而使我们在研究资本主义前的历史时，阶级的对抗性不是很容易看清楚。到资本主义时期，阶级的对立就非常明显，无产阶级硬是一无所有的，因而无产阶级的思想意识具有自己的独立性，在政治上成为一个独立的阶级，和资产阶级进行斗争。我们就用马克思、恩格斯的思想武装自己，作为与资产阶级斗争的武器。马克思主义的思想从哪里来的呢？就是从资本主义的社会生产中产生的，而社会的生产又必然同时包括有两个主要的阶级在内。因此，如果我们把社会的基础看成是单一的，我们对马克思、恩格斯的思想来源就没法解释了。

因此，我们在研究社会意识形态的时候，必须彻底地了解辩证法。也就是说，任何一件事都有它的两面性。我们在研究社会意识形态和社会存在的关系时，决不能忽视社会存在中的两个方面。

我们现在讲一讲什么是相对独立性。举例讲：科举制在我国是隋时才开始的，明清两代可说是科举制的最高峰了。隋以前，实行所谓"征辟"的制度。这是在汉武帝时才开始有的一种制度。武帝为了实行他的"专断皇权"，因此办学校，行"征辟"制，以挑选符合于他需要的人。这也是一种上层建筑，是为当时的"皇权"政治服务的方面，"皇权政治"又是为巩固地主阶级经济利益的工具。但是，这种制度一经产生以后，它的发展道路是曲曲折折的。到了后来，一个农民的子弟也可以考科举，以至飞黄腾达。也由于此，过去研究历史的人，觉得中国没有什么阶级，他就说："你看：农民的儿子也可以当卿大夫嘛。"然而，他就不了解上层建筑一经形成后，就有相对独立性。科举制度就是一个很好的典型例子。

我们再看一看哲学。中国的哲学与西洋的哲学不同。中国的哲学非常重视实践,毛主席就写了《实践论》。西洋的哲学传统则非常着重“认识论”,从苏格拉底、柏拉图一直下来都如此。但是中西哲学也有相同的地方,即关于存在和意识的问题,西洋也罢,中国也罢,都是哲学中争论的根本问题。

因此,上层建筑一经形成以后,就有相对的独立性,这也有相当的原因,因为我们研究思想意识决不能脱离前一代遗留下来的思想,正如我们开始生产的时候,决不能离开自己父亲使用过的工具一样。既然这样,那么意识形态的承继性也就来了。因此,相对的独立性和承继性的关系非常密切,没有相对的独立性,承继性也就谈不到。

再以中国哲学的历史讲。自秦汉建立了统一的帝国以后,到了魏晋南北朝玄学就开始了。彼时,何晏解释的《论语》和汉朝的解释有差别,但毕竟是根据汉朝的《论语》来反对魏晋的《论语》的。到了唐朝,印度的佛学传入中国。但传入之后的佛学,又和印度的不完全相同,用句套语讲也就是“中国化”了,这中间有中国儒家、道家等等的思想,把佛学中国化了,到宋元明就成为理学。所以中国哲学中的经学、玄学、佛学、理学也自成一个系统,同时又彼此相承继。

现在我们再看看马列主义的哲学和资本主义唯心论的哲学有没有承继的关系。马列主义哲学与资本主义唯心哲学的承继性是很明显的。马克思和黑格尔就是有关系的,采取了黑格尔哲学中“合理的核心”。同时,马克思和费尔巴哈也有关系,不仅与黑格尔、费尔巴哈有关系,而且同康德、斯宾诺莎都有关系。再从经济学上看,马克思的政治经济学与亚当·斯密的经济学有承继的关系是很显然的。恩格斯就说:“我们若是脱离了前一代人的思想,我们就不能进行思维。”这里边就有着承继的关系。所以按照我个人的看法,承继性是由同一性来的。承继什么呢?例如马克思承继了黑格尔哲学中的合理的核心,其他就被去掉了。

这里,我再举一个很有趣的例子。刚才讲了,当新兴的资产阶级还没有取得政权的时候,它喊出“自由、民主”的口号。这个口号是很动人的。但是现在怎样呢?现在的“民主、自由”已成为资产阶级统治的对立物。今天的民主和自由已经被用来反对资本主义的统治了。如果不辩证地看这个问题,就不容易理解。当资产阶级还年轻的时候,它很强调民族主义,建立民族的国家。现在怎样?民族主义成了它的敌人了,艾森豪威尔主义和民族主义是根本不能相容的。民族主义是不是上层建筑呢?当然是的。民族主义是一种社会意识形态,这是一种政治思想。由这样一个例子,我们就可以说明,上层建筑一经形成以后,就有相对的独立性,但是民族主义和无产阶级的爱国主义不同,这两者各有相对的独立性,这是由于无产阶级和资产阶级所处的生产地位不同的缘故。但是爱国主义和民族主义有没有关系呢?完全有关系,列宁讲“爱国主义是千百年来的思想”,用这样的意思解释我们人对自己国家和乡土的感情当然也就容易理解,这说明了爱国主义和民族主义各有其独立性,同时又有其承继性的关系。

我们再看看中国在文学上的思想。在我认为,中国文学思想最好的传统就是“悲天悯人”的思想,凡是这一类的作品直到今天还受人们的欢迎,这是中国文学的优秀传统。但是,悲天悯人的思想与统治阶级的思想是相矛盾的,但又不敢公开反对。像悲天悯人这类思想,谁说不是上层建筑?这也是社会的意识形态,所以这一些意识,有它的相对独立性,又有它的承继性。

譬如讲道德。道德也有它的承继性的。在阶级社会中,人的阶级性固然是主要的,但毕竟都是“人”,因此它又有共同的地方。例如在我们中国的社会中,仁义礼智信固然有它的阶级性,为阶级利益服务的;但是我们又不能说它完完全全为阶级利益服务的。因此道德也是有承继性的,例如说“交朋友以信”，这是一直正确的，难道我们现在交朋友就不讲“信”了吗？

概括起来讲：世界上的事物永远是具体的，都有其发生、发展、灭亡的过程。因此，我们在分析任何事物的时候，除了前面讲的三部分以外，我们还应该很好地掌握辩证法。凡是事物在发生、成长的过程中总是有矛盾的，也就是说事物一定有不同的两个方面，只有正确地掌握了事物的这两个方面，我们才能进一步地了解事物。因此，当我们谈到社会的思想，社会的生产时，我们不仅仅须要有唯物的观点，肯定存在决定意识，而且我们还要懂得辩证法，用辩证的眼光看待事物。

最后，我们谈一谈社会意识一经形成以后，对它相依形成的物质基础（物质的生产关系）又起着极大的反作用。这是我们在任何一个国家、任何一个民族的历史上都容易看出的。

这里我们要谈一谈刚才讲的科学与政治的关系。资本主义前期对科学的发展是有功的。但是资产阶级是剥削的，是害怕真理的，因此在资产阶级当政的社会中科学得不到充分的发展，科学只有到共产主义社会，在无产阶级掌握政权以后才能得到充分的发展。科学便能得到充分发展的机会，那就会对社会物质关系有很大的作用。例如原子能在苏联被用来改善人们的生活，用来提高生产力，但是帝国主义一天到晚拿来吓人，用之战场。再例如文艺，文艺在过去任何一个社会中都曾得到发展，但文艺在过去任何一个社会中也同样受到阻碍，没有获得充分发展的条件；只有在社会主义社会才能获得充分发展，这是很容易理解的。我们现在有一个“百家争鸣”的方针，过去简直闻所未闻的地方都得到支持和发扬，《彩楼凤》就是一个例子。当然，如果社会主义对文艺采取错误的方针，也会起阻碍的作用。假如我们现在是教条主义当家的话，文艺和科学必然会受到束缚。但是整个地讲来，这是不可能的，因为科学和文艺是为无产阶级服务的，这一社会性质决定了科学与文艺必然得到发展。再譬如，我们能很好地仔细地在人民群众中进行无产主义的思想教育，那么这对我们社会的发展会起很大的作用，可以大大提高社会生产，早日完成社会主义建设。因此，我在此地就要向同志们提出：以我们民盟来讲，我们应该在思想教育工作中起很大的作用，我们应该用先进的思想改造我们自己，同时帮助别人。但是，在宣传先进思想的同时切忌空洞抽象，要具体。不过，我个人的报告倒可能是空洞抽象了，希望同志们指正。因为要做到不空洞不抽象，要经过一番很艰苦的劳动，而我在这方面的劳动是不够的。同志们提的三个问题，在我看起来好像已经解决，但不晓得是不是解决了。谢谢大家听了我三点钟的不成熟的报告。

（本文为1957年3月24日讲演，根据当时留存的速记稿整理，
由虞云国改正了明显误记之处，适当补充了省略的引文）

流金碑刻题跋钞存

小 引

一

流金为先生笔名，先生学术文编《流金集》未能将碑刻题跋收入，故此篇亦可视为补遗之文。须说明者二：一为撰述背景，一为学术价值。

五十年代中，先生长上海师院历史系，因故宫博物院沈从文先生介绍，购得一批教学用文物，内有善本碑拓几二百部。未几，一九五七年夏政治风暴骤起，先生被迫等待所谓结论。即便如此，为历史系建设，先生仍不计一己之荣辱，主动提议整理所购碑帖。遂于"交代检讨"间隙，昼赴上海图书馆查核资料，入夜则伏案运思，挥毫作跋。是年仲夏，一帖一跋，悉数完稿，遂交系存用，先生亦旋即去农村"劳动学习"。经十年动乱，碑帖与题跋皆有散失。先生逝世后，搜访所得题跋仅九十余篇。

赵宋以降，叙录碑刻者代有其人，然多持书家识见或骨董家旨趣。此诚有必要，但文化载体之碑刻，亦自宜有其史料文献之内涵。先生以现代史家，一方面承继钱大昕等乾嘉学者拓展的以金石文字为校勘考据之助的路数，同时更以现代史学方法将碑刻文字自觉作为史学研究的采山之铜。关于前者，以金石文字纠史之误、补史之阙、与史相证、与史互补等乾嘉方法，先生在题跋中均有运用，自不须发凡举例。至于后者，如以为《北海相景君碑》乃"研究汉代社会史之第一手资料"，由《郎中郑固碑》可见"汉时官吏与其下属之关系宛若君臣"，《始兴忠武王碑》反映"东汉以降中央权力已渐移于私家"，《白石神君碑》证明"汉末巫风之盛"，此种以现代史学眼光审定古代碑刻文字之处，亦所在多有。先生研治魏晋南北朝史有年，其现存题跋亦以汉魏六朝为多，故自能见地独到而非泛泛缀语，如考论《北海相景君碑》"故午小吏"，"午"即"干"字，"干"即"幹"字，倘与先生《释幹》一文对读，益信为不刊之论。故题跋虽寥寥数语且所存无多，犹能予读碑者以启发，示治史者以门径，遂略事选钞，按碑刻文字之年代为序次予以刊布，并附志数语如上。

二

1996 年正逢先生诞生 80 周年，《上海师范大学学报》第 1 期刊出《流金碑刻题跋钞存》，上段小引即为此而作。当时所刊系据文物陈列室发现的先生手制卡片选录，故谓"所得题跋仅九十余篇"，估计这些题跋卡片乃先生誊正后交系备用而幸存于世的。原以为先生当年题跋已难再得，孰料上海师大 60 周年校庆时，原在上海师院文物资料室任职、后调上海大学执教的蔡继福先生面谒师母，璧还先生题跋全部底稿。这些题跋分别写在七册练习簿上，笔迹颇有勾乙更正处，足证确为当年初稿，数量为文物陈列室所出者数倍。1959 年初，先生赴社会主义学院"学习"前，特赠予继福先生以为留念。

这次收入纪念集的《流金碑刻题跋钞存》，即据先生底稿略加删芟而作校订。先生属草之际，笔底自有义例，但毕竟初稿，未尽完备，故对整理工作说明如下。其一，将全部题跋分为“碑拓丛帖”与“造像画像”两部；“碑拓丛帖之部”先叙碑拓类，末列丛帖类；“造像画像之部”依次为造像类、画像类、图刻类，每一类别不难区别，故不再标目；所有部类悉据年代先后统一排序。其二，先生题跋底稿，依遵通行体例，先列碑刻之名，次标纪年，再录正文，但于纪年或有所阙。这次整理凡正文直接叙及纪年者径予补足，间接涉及时段者或加考补，而出以约年。其三，凡底稿文字有讹脱阙漏者，径以方括弧内字补正。其四，底稿题跋条目凡与当年《学报》刊文相同者则取以对校，择善而从。

当此珠还重光之际，程门子弟尤其感佩钦敬蔡继福先生什袭珍藏先生底稿逾半世纪的深情高谊；上海中医药研究院裘陈江博士在录文初校上出力良多，谨致谢忱。1996 年，《流金碑刻题跋钞存》刊出不久，师母李宗蕖先生曾撰有《写在心头的“跋”》，后收入她的自传文集《留夷集》，写出了先生当年作题跋时的特殊背景与孤立心境，特载文末代跋，永志时代之殇！

受业虞云国敬识

卷上　碑拓丛帖之部

秦石鼓文

原在陈仓野中，唐郑余庆始迁之凤翔。在此之前，唐人即已称之。杜甫诗谓：“陈仓石鼓文已讹。”张怀瓘《书断》又复记之。韩愈、韦应物均谓为周宣王时物，其后主此说者十数家。董逌、程大昌则谓成王时物。郑樵因其文往往与秦器相合，遂指为秦刻。实则其文与宋代出土之《诅楚文》亦相合也，故近代乃定为春秋时代秦国之物。此乃我国最古的石刻文字。鼓凡十，每鼓约径三尺余。鼓上刻字多寡不一，七、八、十三鼓剥蚀过甚，刻字均漫漶不可识。范氏天一阁所藏宋拓本凡四百六十二字，较欧公《集古录》所著录者尚少三字。王昶《金石萃编》录四百六十四字。元、明、清三代，石存北京国学。唐人所编《古文苑》在宋时出于佛书龛中者，有五百二十七字。明锡山安氏十鼓斋所藏三种北宋拓本，先锋本最古，后劲次之，中权较晚。抗日战争前，三本均被民族文化败类售与日本财阀三井。郭沫若曾从三井学术顾问河井仙郎处得见安氏三种北宋拓本的照片。先锋本的全貌，已影印在郭氏所著《石鼓文研究》中。

峄山刻石　秦二世时（前 210～前 207）

峄石碑，秦二世所刻，唐已不可见。杜甫诗云：“峄山石碑野火焚，枣木传刻肥失真。”或谓魏太武登山，排倒此碑；模拓者多，邑人疲于供命，遂聚野火焚之，以至残缺不堪摹写。其后徐铉得模本，其弟子郑文宝据以刻石于长安，时淳化四年（993）也。此后翻本甚多，凡有七种，以郑刻长安为第一。此拓缺三字，“御史大夫”下“臣”字，“臣请具刻诏书金石”下“刻因”二字。郑氏题记脱落尤多，凡四十二字，至有不可读者。如“粗坚企及”之下，脱“志太平兴国五年”七字。

鲁孝王石刻　汉宣帝五凤二年（前 56）

今在曲阜孔庙，文云“五凤二年鲁卅四年六月四日成”，金明昌二年出土，后刻金高德裔记。

开通褒斜道石刻　汉明帝永平六年（63）

拓文多已不可辨识。碑于宋绍熙末为南郑令临淄晏袤所见，晏有释文，并于碑阴题记，于栈道兴革之由，记之颇详。清王昶拓本，颇清晰可读，其按语亦治吾国交通史者所不可不知。此碑所记为永平六年修褒斜道之工程，为研究当时生产力之重要数据。斜作余，阁作格。东汉存今最早之石刻八分书。

安阳五种

汉残碑　汉安帝元初间(114～119)

八分书,首云“贤良方正”云云,凡十二行。第八行有“元初二年六月”之文。元初为汉安帝刘祜年号,凡六年。

汉残碑(刘君残碑)

三纸分拓。一纸六行,可见字凡十四,“百秋博览”云云。一纸四行,可见字凡十四,“之□兮”云云。一纸为“岁在辛酉三月十□”八字。以孙氏《寰宇访碑录》考之,当即刘公幹之祖刘梁碑也。

汉残碑(正直碑)

八分书,首云“正直”云云,凡八行,第八行已灭剩三字之半。无年月。

汉残碑(汉子游残碑)

八分书,首云“允字子游”云云,凡十一行。无年月。孙氏《访碑录》所录者凡十二行。

汉残碑(元孙碑)

《金石萃编》及《访碑录》均谓有四行,第一行为“遗孤奉承”云云,末一行字则残缺。此拓仅存两行,凡十二字。第一行为“一人大兄元孙早终”六【八】字。以上五种,凡六石,拓本共装一册,题曰《安阳五种》。

祀三公山碑　汉安帝元初四年(117)

碑在河北元氏县,篆书,首云□初四年,常山相陇西冯君到官,与《集古》、《金石》二录所见光和四年《三公山碑》不同。《河朔访古记》云:“三公神庙在元氏县西北三十里封龙山下,榜曰天台三公之庙,庙有《汉三公山碑》一通。”即此碑也。此碑可与《封龙山》及《白石神君碑》合看,在封建社会生产力低下情况下,对自然之愚昧无知,可得其概略。

北海相景君碑　汉顺帝汉安三年(144)

此碑原在山东任城,《集古录》、《金石录》均曾著录。元梁九思奉敕历河南北录金石刻,得汉刻九于泗水中,遂移置于济宁学宫。碑文以糜为眉,以仓为苍,以渘为柔,以醳为释,以铈为拂,以衙为禦;盖古字简少通用,至汉犹然。或以形似而通,或以音近而通。碑阴人名之上冠以官里名号,有官名“修行”者十九人。《后汉书·百官志》注:河南尹官属有循行一百人。旧说有谓《后汉书》误者,有谓碑误者,有谓“修”“循”二字隶书本通者。其于小吏前题作“故午”者,“午”乃位于修行之下小官,“午”即“干”字,“干”即“幹”字,《后汉书·百官志》所谓“循行之下有幹小吏二百三十一人”之“幹”也。此碑所记门生故吏与故主之关系,为研究汉代社会史之第一手资料。

敦煌长史武斑碑　汉桓帝建和元年(147)

碑在山东嘉祥县紫云山。《集古》、《金石》两录均著录,《集古录》已谓缺灭十之八九。乾隆五十一年,黄易得之于嘉祥淤土中。此拓漫漶难认,《萃编》录补其全文,可读。

武氏石阙铭　汉桓帝建和元年(147)

阙在山东嘉祥县紫云山。《金石录》云:“武氏有数墓在任城。开明者,仕为吴郡府丞。绥宗名梁,仕为郡从事。宣张名斑,皆自有碑。”今存武氏之碑,有梁、斑、荣,开明之碑或仍潜于地下耶?

司隶校尉杨孟文颂　汉桓帝建和二年(148)

摩崖,在褒城。欧阳修、赵明诚均著录,称《杨厥碑》,均误。碑文:“杨君厥字孟文”,厥乃语助。证以杨淮表纪可知。碑文有曰："中遭元二，西夷虐残。"《后汉书》章怀太子注谓元二即元元，洪氏辨之，谓元元不可通，元二即元年二年，其说可信。《两汉金石记》释碑文"建定帝位，以汉诋焉"之诋为氐，驳洪氏释抵之非。钱大昕亦然。

孔庙置守庙百石卒史碑　汉桓帝永兴元年(153)

碑在曲阜县孔庙。欧阳修、赵明诚均著录。读碑文可见两汉奏事程式。百石卒史，秩百石之卒史也。《汉书·儒林传》载郡国置五经百石卒史是也。《三国志》讹为百户吏卒，《通典》因之。《水经注》讹为百夫吏卒。《山东通志·阙里志》讹为百户卒史。甚至此碑亦得百户碑之讹称。此均传写之误也。

韩敕造孔庙礼器碑　汉桓帝永寿二年(156)

碑旧在曲阜孔庙，欧阳修、赵明诚均已著录。洪氏谓此碑杂用谶纬，不可尽通。盖自光武以赤伏符即位，笃好图谶，遂多荒诞不经之谈，不独此碑为然。碑用字亦多通借，如叹仰作叹印，眉寿作牟寿。碑云"复颜氏并官氏邑中繇发"，复者免也，繇即徭，发即征发，可与史互证。其礼器之属有钟、磬、瑟、鼓、雷、洗、觞、觚、爵、鹿、柤、梪、笾、柉、禁、壺，昔人颇多释证。

郎中郑固碑　汉桓帝延熹元年(158)

碑旧在济宁州学。《集古录》、《金石录》均著录。碑首题"汉故郎中郑君之碑"，详其文义，乃弟述其兄而作。郑君以曹掾事其郡将，而云犯颜謇谔，造膝诡辞；可见汉时官吏与其下属之关系宛若君臣。汉末袁氏门生故吏遍天下，虽悍如董卓，雄如曹操，未敢以等闲视袁绍，此其故欤？

泰山都尉孔宙碑　汉桓帝延熹七年(164)

碑旧在曲阜孔庙。《集古录》、《金石录》均著录。孔宙，即孔融之父，《后汉书》误作伷。伷字公绪，乃别一人。《后汉书·桓帝纪》谓初置泰山琅琊都尉官，注曰"盗贼不息，故置"，与此碑合。应劭谓每有剧贼，即临时置都尉，事讫罢之。泰山都尉，置于永寿元年，孔宙死后一年余(延熹八年)即罢。碑阴所列郡邑，有曰贝邱者。范史《郡国志》作具邱，盖误也。又立碑时，泰山郡属尚有华县，而范史失载。

元氏封龙山碑　汉桓帝延熹七年(164)

碑旧在正定。郑樵《金石略》有目。元氏为汉常山郡治，封龙山屡见于《北史》，一名飞龙山。此碑亦白石神君之类也。

卫尉卿衡方碑　汉灵帝建宁元年(168)

碑在山东汶上。儒作濡，衮作绲，奄作庵，委蛇作祎隋。《容斋五笔》谓委蛇凡十二变。其中无祎隋。《金石存》论之甚详。碑文曰："履该颜原，兼修季由。"颜原为颜渊、原宪，季由乃季次、仲由。《史记·仲尼弟子列传》载公皙哀字季次，孔子谓季次未尝仕。碑文已多残缺，此拓尤甚。

执金吾丞武荣碑　约汉灵帝建宁元年至二年(168—169)

碑在济宁旧州学。此拓已更漫漶，如阙帻之帻，仅存其半。《集古录》录其目，《金石录》并不载。洪氏则著录之，于汉传诗之始末特详。盖武荣治鲁诗韦君章句者也。碑文谓荣为执金吾，遭孝桓大忧，屯守立武。与《后汉书·礼仪志》所载大丧登遐北军五校绕宫屯兵之事相合。汉制执金吾一人，丞一人，秩六百石。碑文鱻即鲜字古写。斡三署者，即斡三署。斡，管也。与《窦宪传》内斡机密之斡当作斡相同。慼哀悲恸，慼即感，恸即恸。(以上两碑裱装一册)

鲁相史晨祀孔子奏铭　汉灵帝建宁二年(169)

碑旧在曲阜孔庙，此拓完好。《集古录》已著录。《孔庙置守庙百石卒史碑》中载吴雄奏章云"奏洛阳宫”,此则“上尚书”。可见汉奏事之制,郡国与朝廷有别。碑文多谶纬妄说,与前碑同。响作韾,契作挈,坤作巛,盖古字如此。

史晨飨孔庙后碑　汉灵帝建宁二年(169)

此碑叙飨礼之盛,飨毕,补墙垣,治沟井,树梓两行。诸事并藉民力,但可注意者则为“自以城池道濡麦给令还所敛民钱财”,“敕渎井复民”,与并便买酒肉“于昌平亭下立会市”耳。(上两碑表[褙]装一册)

李翕西狭颂　汉灵帝建宁四年(171)六月十三日

碑在今沔县。颂汉武都太守汉阳阿阳李翕之德政者也。李翕字伯都,《后汉书·皇甫规传》称属国都尉李翕,多杀降羌,倚恃权贵,不遵法度。现存汉碑中,颂李功德者有三,此乃其一。李君于汉末,平治险道,为吏民所称。此碑曰“因常繇道徒,鐉烧破析,减高就埤,平夷正曲,柙致土石,坚固广大,可以夜涉,四方无雍,行人欢悀”。此碑又言李在郡时,“徼外来庭,面缚二千余人”,与《皇甫[规]传》所言多杀降羌亦可互证。钱大昕氏谓李“后来治行或减于前”,以说明传碑中所记之矛盾,似未得其真相。盖李于修治道路以便来往为人所称,而其对待羌人的态度,则传碑所记,不甚相远。至其谓不刻容有溢美之论,则无可疑者。此碑与《开通碑》,均记以徒治道路,此更曰常繇道徒;治汉史者应注意及之。

博陵太守孔彪碑　汉灵帝建宁四年(171)

碑在曲阜孔庙。此拓断烂殊甚,多不可识。宋拓本所缺字不过七十余,碑阴故吏题名则完好无缺。孔彪为孔子十九世孙,汉碑中凡三见,终于河东太守,而此碑题作博陵太守者,盖碑为彪官博陵时之故吏所立也。碑中此例如王涣先为河内温县令,后为洛阳令,有一石阙只题河内令,乃因温氏所立之故。碑阴题名第一人崔烈,后官至太尉。

李翕析里桥郙阁颂　汉灵帝建宁五年(熹平元年,172)

此拓本字迹已漫漶不可读,且裱装错乱。碑文中颂文“三纳苻银”犹隐隐可辨。“三纳苻银”者,即《西狭颂》中三剖苻守之意。盖汉二千石用银印龟纽,李翕为太守,秩二千石,佩银印也。郙阁旧在栈道中,属略阳。

司隶校尉杨淮表纪　汉灵帝熹平二年(173)二月

摩崖,在褒城县。拓本可识读。杨淮为司隶校尉,劾治梁冀妇家子汝南太守孙训,甚著令名。文称杨君厥讳淮字伯邳,厥为语助。昔人不察,读司隶校尉杨孟文《石门颂》“杨君厥字孟文”,误以厥为杨孟文名,虽博雅如欧公亦如此。及此表纪见,两读之,则知厥为语助也。杨淮为孟文之孙。

司隶校尉鲁峻碑　汉灵帝熹平二年(173)四月

碑在济宁旧州学。此拓本字迹已多磨灭不可读。鲁峻官至司隶校尉,以屯骑校尉逊位,殁后其门生私谥曰忠惠父,故碑额云云。西汉盛行五德终始之说,王氏缘以代汉。光武得天下后,鉴此有不利于其政权之巩固,故崇尚节义。以此东汉一代,其故主与门生故吏之关系,遂具一种特殊形式。观此碑可见。

豫州从事孔褒碑

碑今在曲阜孔庙,清雍正三年(1725)始出土,第一行字略完好,余多磨损不可识。孔褒,宙之长子也。其弟融,汉末名士。《三国志·崔瑗传》注引《续汉书》谓张俭为侯览所忿嫉,州郡捕之。俭逃孔褒家,褒不在,融时尚幼,识而匿之。事露,褒与融争死,褒竟坐焉。碑有云:“元节所过,莫敢匿藏,后会事觉,各争授命。”元节即张俭字,与《续汉书》所记略相同。《后汉书》孔褒误作孔裒,据此可正。

熹平残碑　汉灵帝熹平间(172～178)

碑在曲阜孔庙，乾隆五十八年(1793)出土。有阮元题跋。碑称府君，汉制郡守、国相及都尉均得称府君，可知此君官至二千石。

汉杨公阙

“蜀故侍中杨公之阙”八字，杨氏已泐，八分书，无年月。旧在四川梓潼。

冯君阙

“故尚书侍郎河南凉令”一行九字，“豫州幽州刺史冯使君神道”一行十一字，八分书，无年月，在四川渠县。

沈君阙

有左右二阙。左阙八分书，“汉新丰令交趾都尉沈府君神道”十三字，其上刻一朱雀，右向，尾作四歧形。右阙八分书，“汉谒者北屯司马左都侯沈府君神道”十五字，其上刻一朱雀，左向，尾部特美观。阙在四川渠县(见《四川汉代画像选集》)。朱雀与苍龙、白虎、玄武为汉画中之神物，并称四灵，可守四方，辟不祥。其左右阙之侧，尚有青龙白虎之象，此拓则无，据《隶续》云，右阙十五字之下，尚有玄武象，已早损毁，清代拓本中，均不可得而见矣。

闻熹长韩仁铭　汉灵帝熹平四年(175)

篆额：“汉循吏故闻熹长韩仁铭。”碑在荥阳县，金哀宗正大五年(1228)出土。有赵秉文、李献能跋。《续金石录》始著录之。按铭文知韩仁原为闻熹长，迁槐里令，文书未到即殁，河南尹遣吏以少牢祠之，并树石以旌其美。此碑幸作夲，短作䂓。汉碑中，此例屡见。

豫州从事尹宙碑　汉灵帝熹平六年(177)四月

篆额，仅存从铭二字。碑旧在鄢陵孔庙，元时已出土，或早于此，见《两汉金石记》(翁方纲)。碑云州辟从事，立朝正色，盖即指州治为朝，汉唐人皆如此，宋以后则否。位不福德，福即副，其字从衣，非从示也。旧籍作副解之福，多讹作福。如《史记·龟策传》“邦福重宝”，福应为福。此拓可读，惟裱装时有错乱，如“论功叙实，宜勒金石”则错置“功”以下字于铭文“尹君”之下。

白石神君碑　汉灵帝光和六年(183)

碑旧在河北元氏县，或曰非汉之旧。后有“燕元玺三年正月十日主簿程疵家门传白石将军教吾祠今日为火所”一行题记。元玺，前燕慕容儁年号，凡五年。读此碑可知汉末巫风之盛。

郃阳令曹全碑　汉灵帝中平二年(185)

碑旧在郃阳县，明万历初出土。此碑叙曹全家世及全为戊部司马时征疏勒王和德事甚详。范史《西域传》所记与此略异，戊部司马为戊己司马，曹全为曹宽，且谓“攻城四十余日，不能下，引去”。范修汉史，去汉已二百余年，当以此碑为是。碑又称全“续遇禁冈，潜隐家巷七年”，可以补党锢诸人之阙。黄巾起义，幽、冀、兖、豫、荆、扬同时并动。此碑复载酒泉禄福县民郭家“燔烧城寺，万民骚扰，人怀不安”，亦可补史之阙文。汉时民间女亦称妃。此碑云：“大女桃斐”，斐即妃字。此拓甚佳，仅缺一个字，盖嘉道前物也。

荡阴令张迁表　汉灵帝中平三年(186)

碑旧在东平州学，明时出土。《金薤琳琅》首著录之。然释文多讹误，如释筹策为萧何之类。清翁方纲、钱大昕、阮元多是正之。迁为谷城长，多惠政，后迁荡阴令，吏民追思其德，立石纪之，盖去思碑也。碑文有云：“张是辅汉，世载其德，爰既且于君。”顾亭林谓“既且”二字，应为“暨”。《金石评考》谓“既且于君”,“且”乃“祖”字。阮元释此甚精,其言曰:“既,终也。且,始也。”并引《诗》“终风且暴”等为证。此拓本年代较早,拓工亦精,不可多得。

巴郡太守樊敏碑　汉献帝建安十年(205)三月

碑在今四川芦山县,《金石略》有《巴郡太守樊君碑》,谓建安十年立。《八琼室金石补正》第六著录,《访碑录》亦著录,谓建安七年十月立,并称原石已佚,盖误也。

上尊号碑　汉献帝延康元年(220)

碑旧在临颍繁昌镇。额题公卿将军上尊号奏,《三国志》注载首劝进者惟相国歆、太尉诩、御史大夫朗及九卿,未言将军。碑文裴注亦收之,然略有不同。如碑曰“信者著矣”,注引则云“信矣省矣”,可知其不同者,乃注文传写之误。碑文中“副”作“福”,“横被四表”作“光被四表”,均仍汉之旧也。碑文唐人谓乃梁鹄书,或云钟繇书,欧公已不能辨矣。

受禅碑　魏文帝黄初元年(220)

碑旧在临颍繁昌镇。额题“受禅表”三字,碑文史无录。《集古录》据碑文“维黄初元年冬十月辛未,皇帝受禅”,以正范史、陈志之失。

魏曹真残碑　约魏明帝太和五年(231)后

西安出土,在陕西长安,《金石补正》第七著录。《三国志·曹真传》云:“文帝即王位,以真为镇西将军,假节,都督雍凉州诸军事。……张进等反于酒泉,真遣费耀讨破之,斩进等。黄初三年,还京都,以真为上军大将军,都督中外诸军事,假节钺。”碑文有:“公使持节,镇西将军,遂牧我州。张掖张进□□□,羌胡诳之。”又有:“于是征公,拜上军大将军,拥□□毂,节钺如故。”是知此碑即曹真碑也。细玩残文,知为真死后吏民所立,其碑阴题名一如汉例。

庐江太守范式碑　魏明帝青龙三年(235)

碑在济宁旧州学,《金石录》著录,洪氏复释之。其后碑复失传,至乾隆间始出,但存字不及宋拓之半。范史有范式张邵传,若以传文校此,则互有详略。传云“四迁荆州刺史”,此碑不载。但于为冀州之事,则详记之。盖传着眼叙其敦于朋友之情耳。传称式一名汜,校之以碑,则非。此碑盖范式殁后,金乡县长薛君及乡人翟循等立以表其墓者也。

三体石经　魏齐王正始间(240~249)

魏正始间刻。三体者,古文、篆、隶也。《洛阳伽蓝记》谓有二十五石,《水经注·谷水篇》谓四十八石,《御览》引《西征记》谓三十五石,其数殆不可考。宋皇祐间,苏望曾摹《尚书》、《春秋》二经之一部分。原石久佚,一九二二年始于洛阳出二石,均断裂,即此拓也。章太炎、胡朴安曾为考证。

魏王基断碑　魏元帝景元二年(261)

碑在洛阳文庙(明德中学),清代出土,潜研堂首著录之。《三国志》有《王基传》,碑文仅存下半,所记历官及薨之年月与志合。顾亭林尝谓终魏之世,略无纪功述行之文,观此碑,则顾所见犹未广也。

九真太守谷朗碑　吴末帝凤凰元年(272)

碑在耒阳县北杜工部祠内。欧公《集古录》曾著录。碑叙谷君所历官职,可注意者曾为郡中正及大中正耳。考中正之官,为魏文帝所置。郡设中正,州设大中正,何东吴亦有此官耶?《续古文苑》载全文。

禅国山碑　吴末帝天玺元年(276)

碑在宜兴,高一丈,围一丈。孙皓于天玺元年遣董朝封禅国山,遂立此碑。宋赵彦卫及清吴骞有释文。其文侈陈符瑞，词多诬诞。此拓全不可读。

晋任城太守夫人孙氏之碑　晋武帝泰始八年(272)

碑旧在山东新泰县。潜研堂始著录。碑文有"夫人在羊氏"语。晋时泰山羊氏门阀最著，但《晋书》诸羊传，均无曾为任城太守者。夫人之父孙，官至吏部尚书，或即孙邕(见《三国志·卢毓传》)。晋初文字，一仍汉旧，如幸作垒，绪作序，莊作壮。其书写亦去汉未远，丰厚圆润。

辟雍颂　晋武帝咸宁四年(278)

碑在河南洛阳，额题"大晋龙兴皇帝三临辟雍皇太子又莅之盛德隆熙之颂"，八分书。一九三一年出土于洛阳太学遗址。全文完好无缺，碑阴题名十列，列名诸人，见于史传者约二十人。顾廷龙、余嘉锡等有考证之文，见燕京、辅仁学报。

广武将军□产碑　前秦建元四年(368)

碑旧在宜君县，已残剥不可读。《关中金石记》(毕沅)始著录之。碑文有云："统户三万，领吏千人，□将三□。"碑阴刻部将姓名，有酋大、部大之目。治此一时期之历史者可注意及之。

建宁太守爨宝子之碑　晋安帝义熙元年(405)

此拓装裱错乱，题名均插裱入碑文中。建宁今云南曲靖，同乐县即陆凉也。建宁郡，蜀汉建兴三年置。碑末行题"太亨四年岁在乙巳四月上恂立"，太亨为晋安帝年号，自隆安至义熙，桓玄篡逆，年号屡易，太亨其一也。乙巳为义熙元年，刘裕讨平桓玄后改元。建宁边鄙，故不得知。

高丽好太王碑　晋安帝义熙十年(414)

碑在朝鲜，罗振玉考定立于晋义熙十年(414)，并释文。好太王者，全称"国罡上广开土境平安好太王"，高丽始祖邹牟(即朱蒙)十七世孙也，又称"广开土王"。碑文述好太王功业及身后营墓之事，为研究朝鲜古史之重要资料。

宁州刺史爨龙颜碑　宋孝武帝大明二年(458)

碑旧在云南陆凉县东南二十里贞元堡，有道光七年阮元跋尾，道光十二年邱均恩跋尾。阮元谓此碑文体书法，皆汉晋正传，求之北地，亦不可多得。碑文详述龙颜家世及所历官职，为研究汉至南朝此一地区少数民族极珍贵之资料。碑文爨道庆作，文义优长，与并时汉族文士相侔矣。按爨自蜀汉以来，即为南中大姓，即碑所云"乡望标于四姓"者，其他三姓事不详，惟爨姓之豪屡见于史书。隋唐以来，西爨东爨，殆为地区之名，而非族姓之别。果如此，则爨姓之雄峙南疆，盖可知矣。

始兴忠武王碑　梁武帝普通四年(523)后

碑在上元县黄城村。文多磨灭不可读，此拓尤甚。无碑阴，惟题额完好。尝见碑阴题名多至数百人，曰西曹吏某某、吏某某。若合前秦《广武将军□【产】碑》观之，自东汉至此，中央权力盖已渐移于私家矣。案《南史·梁宗室传》始兴王讳憺，字僧达，文帝第十一子也。碑文刘孝标撰，贝义渊书。《访碑录》谓徐勉撰文，非也。

中岳嵩高灵庙碑　北魏孝武帝太安二年(456)

正书。碑旧在河南登封县，孙星衍谓立于太安二年，寇谦之撰文。此拓漫漶不可读，碑阴尤甚。

晖福寺碑　北魏孝文帝太和十二年(488)

正书。碑在陕西澄县北寺村如来庙中，立于太和十二年，额题"大代宕昌公晖福寺碑"，篆书，甚完好。碑文有云："于本州南北旧宅上，为二圣造三级佛图各一区。"盖宕昌公为文明太后及孝文帝祈福，造佛图，建晖福寺，因立此碑也。

孝文吊比干墓文　北魏孝文帝太和十八年（494）

篆额，正书。碑旧在汲县比干庙，宋元祐五年重刻。此拓无碑阴。碑阴有史料价值，盖题名者八十二人，并冠以官爵地望也。宋吴处厚碑阴记云："汲郡比干墓，旧有元魏高祖吊文一篇，模镂在石，其体类骚，其字类隶。"《汝帖》曾收数行，谓崔浩书者误也。浩死于太平真君十一年（450），距此已四十余年矣。见《续古文苑》。

龙门廿品　北魏孝文帝太和十九年（495）以后

古时为亡人或生人祈福，于崖壁镌石成佛，刻志铭文，谓之造像。北魏时，此风最盛，洛阳龙门，造像多至数万。甚以书法精妙见重于世者，谓之龙门二十品。属太和者有《始平公造像记》（太和廿二年），《长乐王夫人为亡息造像记》（太和十九年），《北海王造像记》（太和廿二年），《解伯达造像记》、《一弗为亡夫造像记》（太和廿年）；属景明者有《郑长猷造像记》（二年），《广川王太妃为亡夫造像记》（三年），《孙秋生等造像记》（三年，起太和七年，迄景明三年），《解伯都等造像记》（三年），《惠感造像记》（三年），《法生造像记》（四年）；属正始者有《安定王元燮造像记》（正始四年）。属熙平者有《齐郡王祐造像记》（熙平二年）；属神龟者有《比邱尼慈香造像记》（三年三月廿日）；时间不明者有《杨大眼造像记》、《魏灵藏造像记》、《乾虎造像记》、《北海王国太妃高为亡孙保造像记》、《道匠造像记》、《优填王造像记》。此拓裱装两册，拓工、装潢均好。

郑文公碑　北魏宣武帝永平四年（511）

正书。摩崖，有上下两碑，上碑在山东平度县天柱山，下碑在掖县。此拓本，下碑也。有宋政和三年秦岘、冯维秬题记。《金石录》曾著录之。按：郑羲，《魏书》、《北史》有传。此碑叙其家世，较传为详。其家当郑略时，始迁冀州，碑言其由曰："有晋弗竞，君道陵夷，聪曜虔刘，避地冀方。"又曰："属石氏勃兴，拨乱起正，征给事黄门侍郎，迁侍中尚书，赠扬州刺史。"盖谓略亦曾出仕于石氏。传云其父晔不仕，而碑则谓云"仁结义徒，绩著宁边，拜建威将军、汝阴太守。"碑叙羲所历官与传同，惟详略不一。其二子懿与昭道，史亦有传，碑书其历官与传同。惟昭道光州刺史以后历官不叙，盖刊石在永平四年，而昭道由光州转青州刺史，则在其后。《续古文苑》载全文。

论经书诗　北魏宣武帝永平四年（511）

摩崖，清嘉道间在山东益都县云峰山发现，益都为青州治所。道昭，《魏书》、《北史》均附见《郑羲传》。其历官与碑所书无异。末题"魏永平四年岁在辛卯刻"，与《郑文公碑》刻在同年。清包世臣、吴熙载推重其书，遂为习北碑者所主。【文】见《续古文苑》。

松滋公元苌温泉颂　约北魏宣武帝末

篆额，正书。碑旧在临潼县灵泉观，不纪年月。末有两行题记，一为年月，一为金大定二十二年。此拓无题记，亦甚漫漶不可读。碑文云："千城万国之氓，怀疾枕痾之□，莫不宿粻而来宾，疗苦于斯水。但上无尺栋，下无环堵。"又云："乃剪山开鄣，因林构宇。"是温泉之有室宇，自元苌始矣。其后有唐承风，温泉之颂屡作。按《魏书》苌传，高祖时袭爵松滋侯，例降侯，赐艾陵伯。碑额题作松滋公，未审孰是。苌为雍州刺史，当在宣武之末。

张猛龙清颂碑　北魏孝明帝正光三年（522）

正书。碑在曲阜孔庙。此拓无额及碑阴。猛龙，张轨八世孙，世仕凉州，至其父始归魏，碑称其"青衿之志，白首方坚”。史称张轨在凉州征胄子五百人，立学校，春秋行乡射礼。观此碑所云，猛龙“除鲁郡太守，治民以礼，移风以乐。如伤之痛，无怠于夙宵。若子之爱，有怀于心目”。“遂令讲习之音，再声于阙里。”盖守其家学于不坠，承河西之学派者也。此碑可补史之阙文者甚多，如谓轨祖琁仕于魏，至西中郎将，使持节、平西将军、凉州刺史。及轨子素为晋临羌都尉、平西将军，西海、晋昌、金城、武威四郡太守，皆《晋书》所未载。

营州刺史高贞碑　北魏孝明帝正光四年(523)

碑存德县旧学宫。清嘉庆十一年(1806)在德州卫河第三屯出土。高植、高湛、高庆三志亦出于此。按高氏北朝大族。《魏书》外戚高肇传，称肇父飏，景明初，赠左光禄大夫，赐爵渤海公，谥曰敬。又称肇长兄琨，琨弟偃，正始中，赠偃安东将军，都督青州刺史，谥曰庄。按碑文，飏即贞之祖父，偃即贞之父。偃与文昭皇后，兄妹行也。《皇后传》谓偃为文昭皇后之弟，盖误。偃女宣武皇后，即贞之姊。即碑所谓“以君姊有神表淑问，拜为皇后”也。《续古文苑》载全文。

根法师碑　北魏孝明帝正光四年(523)

正书。碑不知在何处。《八琼室金石补正》卷一五著录。《光绪山东通志》谓其在山东乐安。根法师姓氏亦不详。碑盛称其佛法，至谓“虽鸠公之在灞西，未得方其辐凑”，又谓“虽汉明寤寐金人，蔑以过兹”。其殁在正光四年，年五十五。

敬史君碑　东魏孝静帝兴和二年(540)

正书。碑旧在【河南】长葛陉山书院，乾隆三年(1738)出土。敬史君即敬使君，史使古通用。敬字显儁，《北史》、《北齐书》有传，此碑叙其历官较传为详。《北史》谓敬为阳平太平人，以碑校之，阳平应为平阳，太平应作泰平。《魏书·地形志》太平亦作泰平，盖史误也。碑阴题名凡一百四十余人，观其称号，可资考证，名物制度之用。

李仲璇修孔子庙碑　东魏孝静帝兴和三年(541)

篆额，正书。碑旧在曲阜孔子庙。欧阳修已著录，碑字杂大小篆、分、隶于正书中，欧公谓后魏北齐时，书多若此。李仲璇《魏书》有传(附见《李顺传》内)，其所载历官与此多合。传谓仲璇出除车骑大将军、兖州刺史，以孔子庙墙宇颇有颓毁，遂改修焉，此碑中之所叙也。此碑以颂李刺史修孔庙功而立，碑阴所列名号有曰“鲁郡省事”者，不知所司何职，史未曾见。敬史君碑阴题名，亦有省事赵谦，钱大昕谓为州属官。

太公吕望表　东魏孝静帝武定八年(550)

旧在汲县西北三十里太公庙。此拓已多漫漶不可识，无碑阴。前刻晋太康十年范阳卢无忌文，后刻汲县太守穆子容之文。无忌《晋书》无传。其文有云：“太康二年，县之西偏，有盗发冢而得竹筑之书。”荀勖校《穆天子传》，其文亦曰太康二年。《晋纪》则谓咸宁五年盗发汲郡冢，较碑所载早二年。应以碑为是。穆子容，穆崇五世孙，穆泰孙。《魏书》、《北史》均附见《穆崇传》中，《魏书》仅载“子容，武定中汲郡太守”，《北史》则谓“子容，少好学，无所不览，求天下书，逢即写录，所万余卷。魏末为兼通直散骑常侍，聘梁齐受禅，卒于司农卿”。均与碑合。其碑文所记聘梁使、平东将军、中书侍郎、恒州大中正、修左史，犹可补史之不足。碑文记魏之疆域曰：“大魏东苞碣石，西跨流沙，南极班超之柱，北穷窦宪之志”，可与史互证。卢无忌文见《续古文苑》。

齐定国寺碑　北齐文宣帝天保八年(557)

正书。定国寺，在今定县，北魏时定州，时属中山郡。碑旧在河北灵寿县，《访碑录》称《赵郡王高睿碑》，盖碑为高睿所立也。睿，《北齐书》、《北史》有传，其父琛，高欢之弟。碑书睿官与史合。此碑极陈寺之形胜、高府之功业及定州之形势。

齐乡老举隽敬碑　北齐孝昭帝皇建元年(560)

碑旧在泗水县。无碑阴题名。《北史》谓高演以皇建元年八月即皇帝位于晋阳，改乾明为皇建，旋即分遣大使巡省四方，观察风俗，问人疾苦，考求得失，搜访贤良。此碑所记，即乡老举隽应诏之事也。碑谓隽敬舍田立寺，救济饥寒，由是亦可以觇世风也。举贤良立碑，此亦仅见者。《续古文苑》载全文。

泰山经石峪金刚经

八分书，无年月。金棨《泰山志》谓石刻在泰山南麓，石坪纵横数十亩，作棋局纹，隶字大径尺余，奇古雄秀，向来金石家未获睹焉。并谓其书与邹县北齐韦子深刻经同出一手，因系于北齐金石之末。

强独乐为周文帝造像碑　北周明帝元年(557)

《八琼室金石补正》卷二三著录。碑立于明帝元年丁丑(557)，是时制仿周官，不建年号。强独乐史不载其名(《北史·皮豹子传》附子《怀喜传》有强大黑者，为杨文度将，强氏盖氐人，独乐或亦出其族)。此碑叙宇文泰功业，全与史合(如谓泰镇压万俟丑奴及莫折念生等起义后为原州刺史，后改夏州，及贺拔岳与侯莫陈悦之讨灵州刺史曹泥，悦害岳等)。碑云："乐等今从柱国大将军、大都督、甘州诸军事、化政郡开国公宇文贵边戍岷蜀，因防武康，不胜悲切，故于□东之岭，显益之□，天落石傍，为王敬造佛二尊…… 前立灵碑。"《北史》谓"废帝三年，诏贵代尉迟迥镇蜀。"(武康，西魏置郡，隋废之，在今四川简阳县)

谯郡太守曹恪碑　北周武帝天和五年(570)

《访碑录》谓石在山西安邑。正书。王昶著录此碑，不云碑在何处，且谓碑泐其讳。此拓本恪字则清晰可见，不知何故。碑文谓曹死于大统十年，年九十七。碑立于□和五年十月，缺文当是"天"字，盖天和五年也，距大统十年已二十六年矣。

龙藏寺碑　隋文帝开皇六年(586)

碑在今正定隆兴寺殿前。《集古录》已著录之。隆兴寺在明以后称龙兴寺，即隋龙藏寺。寺创于隋，重建于宋乾德元年，宋太祖曾幸其地，清乾隆四十五年，复重新之。顾颉刚谓佛教艺术之存于今者，除云冈、龙门石刻之外，必以是为巨擘。碑字画遒劲，已开唐欧虞之风。后题齐开府长兼行参军九门张公礼撰("九"以下，此拓已磨灭矣)，亦颜之推仕历周隋，而其作《家训》称梁为本朝之例也。此拓无碑阴。王孝僊即王孝仙，其父杰，《周书》、《北史》有传。《北史》仙作迁。

孟显达碑　隋文帝开皇六年(600)

碑在西安碑林，篆额，正书。碑叙显达历官甚详。显达以永熙二年授官，至魏后二年卒，年四十二。魏后二年，即废帝二年也。西魏废帝及恭帝均未建元。按废帝二年为公元五五三年，至开皇二十年(公元六〇〇年)已四十七年矣。曹恪死后二十六年始得葬，孟则死后四十七年始得葬也。

曹子健碑　隋文帝开皇十三年(593)

碑旧在东阿县鱼山陈思王墓旁，书法杂用篆隶。清王士禛《居易录》始著录之。钱大昕《金石文跋尾》详考史传以证其书植卒之年三十一为非，并纠其以太和四年为黄初四年之谬。

孙桃姜造像记　隋文帝开皇十三年(593)

在山东蒙阴县蒙山。此造像记乃因平陈之功而作也，记后有颂。出资造像者为孙桃姜、萧宝袟，即碑刻所云“左有箱菩萨主孙桃姜,大像主萧宝袟”也。造像立碑,始于北魏,迄于唐之中叶。(龙门造像拓本,多至二千一百六十种,今北京大学所藏约二千种)

智永千字文

石旧在西安府学。智永,王羲之之七代孙,妙传家法,为隋唐间学书者宗匠。按千文之名始于梁。梁武帝欲学书,命殷铁石于二王帖中选取千文,复召周兴嗣次为韵语,一夕而成,须鬓尽白。智永,陈时人,住吴兴永欣寺,积年临书,所退笔头置之大竹簏,五簏皆满,簏受一石余。求书者如市,所居户限,为之穿穴。写真草千文八百本散于世。

瘗鹤铭

碑在今焦山西南观音庵。欧阳公始著录,谓刻于焦山之足,常为江水所没,好事者往往伺水落模之,然只得其数字。字甚奇特,世传逸少所书,又有谓顾况书者。其后考此甚多,盖因其书法高妙。汪士鋐集众作为《瘗鹤铭考》,可备参览。其作石年月,亦不可知,然为唐以前物,则可确然无疑也。

孔子庙堂碑　唐高祖武德九年(626)

碑旧在西安府学。宋初王彦超重建,安祚刻字。原碑虞世南撰并书,原拓本宋时已成瑰宝。山谷诗云:“孔庙虞书贞观刻,千两黄金那购得。”此碑见诸记载者共四:一在西安,即此本也,一在曲阜,一在武城,一曰饶州之锦江书院。此册装裱颇有错乱,书体姿媚而遒劲之气尽失。不知其他三本何如耳?

等慈寺碑　约唐太宗贞观三年(629)后

碑旧在河南汜水县。颜师古撰文。《旧唐书·太宗纪》:“贞观三年十二月癸丑,诏建义以来,交兵之处,为义士勇夫殒身戎阵者各立一寺。命虞世南、李百药、褚亮、颜师古、岑文本、许敬宗、朱子奢等为之碑铭,以纪功业。”《新唐书·太宗纪》:“贞观三年闰月癸丑,为死兵者立浮屠祠。”按是年闰十二月,故知碑之建当在三年闰十二月之后。汜水县乃太宗破窦建德之处也。

昭仁寺碑　约唐太宗贞观三年(629)后

碑在陕西长武县。朱子奢撰文。此碑与等慈寺碑同时立,盖纪破薛举及薛仁杲之功也。两《唐书》均纪其事。碑阴有欧阳修跋,张淳书。此拓无碑阴。与等慈、昭仁二寺同时建立者尚有昭觉寺、宏济寺、慈云寺、普济寺、昭福寺,均追荐亡灵敷陈功业者也。

房彦谦碑　唐太宗贞观五年(631)

碑旧在山东章邱县赵山。此拓无碑阴及碑侧之文,拓本亦不佳。房彦谦,玄龄之父,《隋书》有传。《潜研堂金石文跋尾》以此碑校史文之失甚备,《山左金石志》复益之。碑文李百药撰,欧阳询八分书。欧书八分不多见。

九成宫醴泉铭　唐太宗贞观六年(632)

碑旧在陕西麟游县。魏徵撰文,欧阳询书。九成宫即隋仁寿宫,开皇中隋文帝命杨素作仁寿宫于岐山北。太宗贞观六年,复修葺之,其后屡避暑于此。碑文有云:“仰观壮丽,可作鉴于既往。俯察卑俭,足垂训于后昆。”又云:“居高思坠,持满戒溢。”俱寓讽谏之意焉。

伊阙佛龛碑　约唐太宗贞观十年至贞观十七年间(636~643)

摩崖,在今洛阳南伊阙宾阳洞。褚遂良书。唐魏王泰于其母文德皇后(太宗长孙皇后)殁后所造,以报鞠养之恩者也。按两《唐书》,文德皇后崩于贞观十年,葬昭陵。太宗十四子,后生第四子泰。泰于贞观八年除雍州牧、左武侯大将军;十年,徙封魏王,遥领相州都督。十七年,降封东莱郡王。则知此碑所造,当在贞观十年(636)至十七年(643)之间。此碑又称《三龛碑》,盖宾阳洞凡三龛也。顾颉刚云:"每龛有三佛,两壁刻皇后礼佛时仪卫,羽旄如云,宫女簇拥;顶布飞天,地雕花果,绀碧犹在,庄严未失,一洞之中位置不乱,无空隙,亦无题记,与他洞之错落无序、精粗不等者异。是则皇家之力,非士庶所能任也。"

温彦博碑　唐太宗贞观十一年(637)

碑旧在醴泉县昭陵,欧阳询书。宋欧阳修、赵明诚均著录,本多漫灭。此拓仅及其半,隐约可见者惟"唐故特进尚书"、"公太原祁人"、"祖裕魏太中大夫,言为准的"及"出奔高丽,既而乘辕南反,衔命蕃境"、"张骞拥节,无功于月氏,又以为东北道"等二百六十余字而已。两《唐书·温彦博传》谓彦博太原祁人,贞观四年,迁中书令,封虞国公。十年,迁尚书右仆射。明年,卒。赠特进,谥曰恭,陪葬昭陵。此拓碑额篆书"唐故特进尚书右仆射虞恭公温公之"。碑又谓为太原祁人。故知为彦博碑无疑。两《唐书》叙温彦博在隋事不详,碑则较详。传亦不载其祖名,碑则有之。

屏风碑　约唐太宗贞观十四年(640)

唐太宗草书,《唐会要》谓贞观十四年太宗自为真草书屏风。真书屏风,久已不闻;草书屏风,南宋尚存。凡十一幅,皆绢素。宋嘉泰四年刻石,置杭州永安寺。元延祐三年移置于余杭县署。

段志元碑　唐太宗贞观十六年(642)

碑在陕西醴泉县。《金石录》已著录,碑下半已磨灭不可识,可读者不及千字。段志元,两《唐书》均有传。碑传所记,互有详略。碑文谓志元十四岁,即占募从征辽左。自少及死,置身行阵之间者三十余年。碑文又谓志元死后,太宗命有司图形于戢武阁。武亿疑戢武为凌烟之旧名,不知果如此否?

晋祠铭　唐太宗贞观二十一年(647)

碑在山西太原。唐太宗撰并书。晋祠者,唐叔虞祠也;唐高祖李渊起兵,尝祷于此。碑阴列长孙无忌、萧瑀、李勣、张亮、李道宗、杨师道、马周衔名凡七行。余则宋明以来人题名。清代覆碑以亭,朱竹垞题亭柱曰:"文章千古事,社稷一戎衣。"盖集杜少陵诗句也。今不知存否?此拓无碑阴。

文安县主墓志　唐太宗贞观二十二年(648)

碑旧在陕西乾县,清嘉庆初于醴泉县出土。黄本骥、翟中溶均著录之。碑称:曾祖元皇帝,即昞。昞以武德初追尊元皇帝。祖武皇帝,即渊,贞观九年谥曰大武皇帝;高宗上元元年,始改称神尧皇帝。父巢刺王劼,即元吉。《旧唐书·元吉传》曰:"太宗践祚,追封元吉为海陵郡王,谥曰刺,以礼改葬。贞观十六年,又追封巢王,谥如故。"其称劼者,或由前有"元吉合成唐字"之符箓耶?《新唐书》诸公主列传称高祖十九女,高密公主下嫁长孙孝政,又嫁段纶,纶为工部尚书杞国公。此碑谓县主降姻于工部尚书、驸马都尉纪公之世子段俨。传文盖误纪为杞。碑又谓县主死后,陪葬昭陵。史俱无载,可以此补之。按元吉诛于武德九年(626),文安县主死于贞观廿二年(648),时年二十六。是则县主当其父殁时,方在髫龄。史又称太宗以曹王明为元吉后。曹王明母本巢王妃,有宠于太宗,至欲立以为后。县主盖亦此妃所出,生长宫中,殁后亦得陪葬昭陵欤?

孔颖达碑　约唐太宗贞观二十二年(648)

碑旧【在】醴泉县,本已磨灭不甚可读。此拓本能识者不及百字。原碑字共二千五百余,谓颖达字冲远,《新》、《旧》书俱作仲远。碑书颖达卒于贞观二十二年,与旧书传合,《新唐书》则不记也。

樊兴碑　唐高宗永徽元年(650)

碑旧在西安使署,道光八年(1828)始出土,字画完好。此拓略有漫灭。樊兴,两《唐书》均有传。

碑云字积庆，传未书。《旧唐书》云：“樊兴者，本安陆人也。父犯罪，配没为皇家隶人。兴从平京城，累除右监门将军。又从太宗破薛举，平王世充、窦建德，积战功，累封营国公。寻坐事削爵。贞观六年，陵州獠反，兴率兵讨之。又从李靖击吐谷浑，为赤水道行军总管，坐迟留不赴军期，又士卒多死，失亡甲仗，以勋减死。久之，累拜左监门大将军，封襄城郡公。太宗之征辽东，以兴忠谨，令副司空房玄龄留守京师。俄又检校右武侯将军。永徽初卒。赠左武侯大将军，洪州都督，陪葬献陵。”碑文较详，惟多讳耳。

慈恩寺圣教序　唐高宗永徽四年(653)

碑在今西安市六里慈恩寺塔下，序记分两石，东西两龛覆之。序唐太宗撰，记高宗撰。均褚遂良书，惟题衔不同。王世贞昔疑之，盖两碑虽均立于永徽四年，然一在十月，一在十二月。盖遂良拜尚书右仆射在四年十月之后也。三藏法师玄奘，《旧唐书》有传，记事与此相合。

万年宫铭　唐高宗永徽五年(654)

碑在陕西麟游县。唐高宗撰文并书，末题永徽五年云云。万年宫即九成宫之改名，《旧唐书》高宗永徽二年九月癸巳改九成宫为万年宫，五年春三月戊午幸万年宫，《册府元龟》载是年五月制《万年宫铭》。太宗留心书学，每得二王帖，辄令诸王临五百遍另易一帖，故唐初帝王书皆可观。碑阴列名凡四十八人，钱大昕据其官衔以补史之阙。此拓本无碑阴。

韩仲良碑　唐高宗永徽六年(655)

碑旧在陕西三原县淡村。碑文已漫灭不可辨识，此拓尤甚。上柱国、燕国公于志宁文，门下录事王行满书，两行尚可见。“公讳良，字仲良”之文则不可认矣。昔人据“颍川之望族”诸文，始知其姓。新旧《唐书·韩瑗传》，谓瑗父仲良，终刑部尚书、秦州都督府长史、颍川县公，与碑文合。仲良死于贞观十二年，至永徽五年诏赠太子太保，六年三月乃建此碑。韩瑗在高宗永徽、显庆之间，与长孙无忌、褚遂良、来济等相结，与武后有剧烈之斗争。史称瑗之曾祖褒，在周赐姓侯吕陵氏，位至少保、三水贞公(《新唐书·宰相世系表十三上》作三水贞伯，以碑校之，当作公。此拓三水贞公犹隐约可见)，是则韩瑗与太宗藉以建立其统治之关陇集团亦具有较深之关系者也。

同州圣教序　唐高宗龙朔三年(663)

碑旧在陕西大荔县。序记并书一碑，龙朔三年(663)建，末题大唐褚遂良书在同州倅厅。按《旧唐书·褚遂良传》，遂良于永徽元年出为同州刺史，显庆三年(658)卒于爱州。王昶断为原刻。或同州之人追思褚公之风节而刻之欤?

集右军书圣教序　唐高宗咸亨三年(672)

碑旧在西安府学。慧立撰《玄奘传》称：《圣教序》成，弘福寺僧怀仁乃集右军书，勒于碑。此拓本有序记全文，太宗答敕及高宗笺答，无谢序表及太宗再答之文。《旧唐书·玄奘传》云：“高宗东宫为文德太后追福，造慈恩寺及翻经院。……送玄奘及所翻经像诸高僧等入住慈恩寺。显庆元年，高宗又令左仆射于志宁、侍中许敬宗、中书令来济、李义府、杜正伦，黄门侍郎薛元超等共润色玄奘所定之经。”此碑亦列润色诸人之名，惟缺杜正伦，不知何故。碑书咸亨三年立。距显庆已十五年矣。此拓本甚佳，已不可多得矣。明万历间，西安地震，碑断为二。其后翻本甚多，孟津王氏本、西安苟氏本，皆可乱真。

房玄龄碑　约唐高宗永徽时(650～655)

碑旧在陕西醴泉县昭陵。宋时碑文已磨灭不可考究。此本所得见而与史事有关者惟两处：一“高祖太宗二实录合卌卷”，与旧书《经籍志》合，可与史互证；二为“第三子遗则，为朝散大夫”。按《新唐书·宰相世系表》，以遗则为玄龄次子，且不书历官。此则可以纠史之失。玄龄死后，陪葬昭陵，此碑之立，则在高宗之世，观碑文既见太宗，又见今上之文可知。

李靖碑　约唐高宗显庆三年(658)

碑旧在陕西醴泉县昭陵。此拓颇佳，或明拓也；无碑阴。《集古》、《金石》二录均录之。碑文可识者均与史合。有云“授濮州刺史，畴其爵邑，子孙承嗣”。盖太宗曾以功臣为世袭刺史，然未卒行。《金石录》谓碑为王知敬书，《旧唐书·隐逸传·王友贞传》谓友贞父知敬，则天时麟台少监，以工书知名。靖殁于贞观二十三年，而碑中有太宗字，是知立碑在高宗之世，或曰显庆三年。李靖南平萧铣、辅公祏；北清沙漠，擒颉利可汗；西定吐谷浑：功业之伟，唐初无匹。卒年七十九，陪葬昭陵。

尉迟恭碑　唐高宗显庆四年(659)

碑旧在陕西醴泉县昭陵。碑文上半全灭，下截可辨者不及五百字。《文苑英华》录其全文，以碑可辨之字校之，则贞观四年授襄均邓淅唐五州都督之均当作都。《唐书·地理志》谓均县贞观元年废，八年复置，则《英华》传写误也。钱大昕复据碑文“赠绢布壹千伍佰段，米粟壹仟伍佰石”，以证顾宁人谓数字作壹贰叁肆等始于武后之失。尉迟恭，两《唐书》均有传。

兰陵公主碑　唐高宗显庆四年(659)

碑在陕西醴泉县昭陵。碑文磨损甚多，此拓尤甚。《新唐书》诸公主列传载太宗二十一女，兰陵列在十二，谓“名淑，字丽贞，下嫁窦怀悊，薨显庆时。怀悊官兖州都督，太穆皇后之族子”。按碑文谓兰陵为太宗之第十九女，当以碑为是。碑又谓怀悊为太穆皇后之孙。太穆皇后即李渊妻窦氏，毅之女也。窦毅，《周书》、《北史》有传。

平百济国碑　唐高宗显庆五年(660)

碑在朝鲜白马江边。篆额，文曰“大唐平百济国碑铭”。碑文正书，书者权怀素，史无载。文为贺遂亮撰，整练华赡，可并四杰以驰驱，惜史亦不载其名。两《唐书》纪传均有平百济之纪载，与碑文同。惟碑谓户廿四万，口六百廿万，与纪不同(纪谓户七十六万)，当以碑为正。此拓缺“壮气至刘仁愿”一百二十七字，较王昶著录者多十余字。

道因法师碑　唐高宗龙朔三年(663)

碑旧在西安府学。此拓本乃明拓，甚佳。道因，姓侯，文叙其家世，略举于父祖。居城都多宝寺，旋移彭门光化寺，于寺北岩上，刻石书经。老至长安与玄奘共译经论，止大慈恩寺，当在贞观二十二年之后。碑文李俨撰，欧阳通书。俨，《唐书》无传，《法苑珠林》卷首载其序文。通，两《唐书》均附见其父询传，以工书名。李俨撰碑文时，为中台司藩大夫。《通鉴》龙朔二年二月改尚书省为中台，胡三省注谓二十四司郎中皆改为大夫，司藩为主客，《通鉴》误藩为蕃，《通典》与碑同。欧阳通之题衔中兰台郎即秘书郎，亦龙朔所改也。(《金石略》有目)

碧落碑　唐高宗总章三年(670)

碑旧在山西绛县。碑文凡六百余字，文杂篆籀，不易读。宋欧阳修据碑“有唐五十三祀，龙集敦牂”之文，考定为唐高宗总章三年(即咸亨六年，三月改)，李训、谊、譔、谌兄弟为其母房太妃造石像而作。咸通十一年(870)，郑承规释文。碑文难识，故昔多荒诞之说。清钱大昕、钱侗就小学立论，细分缕析，治文字学者所宜究也。

阿史那忠碑　唐高宗上元二年(675)

碑旧在醴泉县昭陵。阿史那忠,两《唐书》均附见《阿史那社尔传》中,文俱简略。碑文已漫漶不可读,惟知其卒官及陪葬昭陵与传同。传称上元初卒,碑文卒年已不可辨,其葬时乙亥十月□□朔则可见,乙亥乃上元二年也。《新唐书·诸蕃夷将列传》谓"忠宿卫四十八年无纤隙,人比之金日磾"。唐初宿卫,多用蕃将,此固由贞观武功之盛,远人慑服来归;但此辈与唐统治集团内部少瓜葛,便于统御,有利于巩固李氏统治之地位,或亦李世民英明之所及也。

明征君碑　唐高宗上元三年(即仪凤元年,676)

碑在南京栖霞寺。明征君即南齐明僧绍,《南齐书》、《南史》有传。《旧唐书·明崇俨传》谓:"润州栖霞寺是其五代祖梁处士山宾故宅,帝特为制碑文,亲书于石,论者荣之。"非也。夫山宾乃征君之子,而碑文则为高正臣所书。其言高宗为制碑文则是。《新书》全删落此文。按,崇俨以方术得幸于高宗、武后,高宗为明僧绍制碑文,当以崇俨故。《新书》则并此而不录,是亦过矣。王昶于此碑著文达数千言,于官职、氏族、地理及明氏之家世、寺舍之建立,多所考辨,可资参览。

李勣碑　唐高宗仪凤二年(677)

碑旧在醴泉昭陵,唐高宗撰文并书。李勣,本姓徐。两《唐书》有传,《新唐书》谓卒年八十六,误也。李勣家本丰,隋末从翟让,后归李密,密降后归唐。其功与李靖相埒,久在并州,娴于边事。高宗即位,以善处统治集团内部之矛盾,得保其禄位。死于总章二年(699),陪葬昭陵。碑立于仪凤二年。高宗死后,武氏专总朝政,其孙敬业,起兵于扬州,勣坟被毁,中宗又复之。

泉男生墓志　唐高宗调露元年(679)十二月二十六日

一九二四年出洛阳邙山。盖题"大唐故特进泉君墓志"九字,篆书。志文王德真撰,欧阳通书。王氏史无传,相高宗、武后,见《世系表》(京兆王氏)。欧阳通附见其父询传,亦工书。通书传者惟《道因法师碑》与此志耳。两书相距十七年,书《法师碑》时结衔称奉义郎、行兰台郎、渤海县开国男、骑都尉,此志则称朝议大夫、行司勋郎中、上骑都尉、渤海县开国男。奉义,即奉议,为从六品阶;朝议则正五品下阶。骑都尉勋比从五品,上骑都尉则比正五品。十七年中,欧只迁一阶。泉男生,《新唐书》有传,较此为略。柳翼谋曾跋尾,载《史地学报》三卷三期。

升仙太子庙碑　武周圣历二年(699)

碑旧在河南偃师县缑山仙君庙。武后撰文并书。《旧唐书》本纪六谓圣历二年二月戊子幸嵩山,过王子晋庙;丙申幸缑山。碑立于是年六月十九日。碑文云:"升仙太子者,字子乔,周灵王之太子也。"《隋唐嘉话》谓张昌宗为王子晋之后身,《旧唐书》本纪又谓圣历二年二月初为宠臣张易之及其弟昌宗置控鹤府官员,《新唐书》昌宗本传亦谓,轻薄者谄言昌宗乃王子晋后身,武后乃使昌宗被羽裳,吹箫,乘鹤,徘徊庭中如仙去状。是知改王子晋庙为升仙太子庙,必与张昌宗有关。此拓装裱有错乱处,自"穷工匠之奇精"以下,须细读之。有碑阴,不全,《游仙篇》及薛稷以下题名均无。碑文地作埊,国作圀,臣作恧,日作㉆,人作𤯔等,均武氏之新字也。

夏日游石淙诗碑　武周久视元年(700)

摩崖,在河南登封县石淙山北崖。薛曜书。前有序,其诗有武后自制七言律诗一首,以次为中宗(显)一首,睿宗(相王旦)一首,武三思一首,狄仁杰一首,张□□(顾亭林谓为张易之)一首,张昌宗(此拓本已漫灭不可认)一首,李峤一首,苏味道一首,姚元崇一首,阎朝隐一首,崔融一首,薛曜二首,徐彦伯一首，杨敬述一首，于季子一首，沈佺期一首。王昶谓杨敬述灭其名，此拓实显然可辨，或王氏未亲见之耶？宋之问亦有石淙诗，据王氏考证亦作于上列诸诗同时，不知何未入碑。

契苾明碑　唐玄宗先天元年（712）

碑在咸阳县。契苾明，其父契苾何力，两《唐书》有传。何力死时，明方在襁保。碑文尽与史合，旧跋谓传误以"奉輦"为"本輦"，盖所据非善本，百衲本正作輦，与碑同。明死于证圣元年（695），而碑立于先天元年（712），相距已十七年矣。

阙特勤碑　唐玄宗开元二十年（732）

碑旧在库伦所属图什业图汗旗达木。始见于元耶律铸《双溪醉隐集》，光绪中叶，俄人访得之，拉特禄夫《蒙古图志》中揭其影本。光绪十九年，俄使喀西尼，以拉氏书，送总理各国事务衙门，属为考释。沈乙庵时在译署，因为跋覆之，俄人译以行世，谓之总理衙门书。特勤，两《唐书·突厥传》均作"特勒"，并是"特勤"之误。碑文八分书，额题《故阙特勤碑》，正书，碑后所书年月亦正书。元和江氏灵鹣阁丛书《和林金石录》所载其文，可校拓本。

吴文碑　唐玄宗开元九年（721）

此碑仅存半截，明万历间始出，旧在西安孔庙。钱大昕谓立碑者吴文为内侍。其父祖及子均属阉宦，碑文可见。吴妻李氏，亦如高力士、李辅国之有妻也。录此以广见闻。此碑集右军书而勒石，先此者有怀仁之《圣教序》，亦一代之风气也。（书家以半截与《兰亭》并举，谓其身分最高）

纪太山铭　唐玄宗开元十四年（726）

摩崖，在泰山东岳庙后石崖上，世称《摩崖碑》。唐玄宗撰并书。《旧唐书·礼仪志》、《册府元龟》、《唐文粹》均载此文，惟略不同。《通鉴》卷二百一十二详纪封禅之事，开元十二年十一月条云："群臣屡上表请封禅，闰月丁卯，制明年十一月十日有事于泰山。"十三年十月条云："十月，辛酉，车驾发东都，百官、贵戚、四夷酋长从行。每置顿，数十里中人畜被野，有司辇载供具之物，数百里不绝。"同年十一月条云："十一月，丙戌，至泰山下，御马登山。留从官于谷口，独与宰相及祠官俱登，仪卫环列于山下百余里。"魏徵谏太宗封禅之言曰："且陛下封禅，则万国咸集，远夷君长，皆当扈从；今自伊洛以东至于海岱，烟火尚希，灌莽极目，此乃引戎狄入腹中，示之以虚弱也。况赏赉不赀，未厌远人之望；给复连年，不偿百姓之劳；崇虚名而受实害，陛下将焉用之！"合上引诸文观之，帝王封禅之事，亦可以得一通解矣。此拓无题名。

麓山寺碑　唐玄宗开元十八年（730）

碑在长沙岳麓书院。李邕撰文并书。邕，两《唐书》有传，其父善注《文选》，晚居汴郑间讲授，号文选学。邕少知名，窜逐穷荒，晚入朝，阡陌聚观，后生望风内谒，门巷填隘。以柳勣事负谤，杖死北海，时年七十。杜甫哀之，作《八哀诗》。碑谓寺始建于晋太康二年，历东晋南朝，代有修葺。若王僧虔、王琳、吴明徹、权武等均见于史传。邕作此碑，正贬逐为遵化尉时也。

大智禅师碑铭　唐玄宗开元二十四年（736）

碑旧在西安府学，有阴，此拓无。严挺之撰文，史惟则八分书。无一字漫灭。大智禅师名义福，俗姓姜氏，《旧唐书》有传，附见《神秀传》中。神秀为禅宗北宗之祖，即碑文所称大通禅师也。自达摩东来，东土始有禅宗之目。达摩传慧可，慧可传璨，璨传道信，道信传弘忍。道信与弘忍并住东山寺，故谓其法为东山法门，即碑所称之东山学也。弘忍传神秀与慧能，慧能住韶州广果寺，开禅宗南宗之一派。神秀传普寂与义福，即碑所谓"大通之传付者河东普寂与禅师二人"也。碑所记悉与传合。史惟则以书名，窦泉

《述书赋》称之。严挺之，两《唐书》均有传，归心释典，在玄宗朝，风节凛然，为李林甫所嫉。

易州铁像颂　唐玄宗开元二十七年(739)

碑旧在易县，王端撰文，苏灵芝书。钱大昕《金石跋尾》引《元和郡县志》以证碑文置县及移高阳军营入城之说，并据《唐书·地理志》长丰渠及西渠之开凿，谓"卢君固当时之能吏，所至皆以兴建为务"者。卢晖，唐史无传，《宰相世系表》所载魏州刺史者即其人，武亿谓"官太原少尹者，当即其人"，误也。碑后所称"开北山通车道三所，置县三，每驿傍造店一百间，造水碾四所"。是知当开元盛日，山岭偏奥之区，其经济事业之发展，亦有足观者矣。碑文所谓"田君至自灵"之田君，即田琬也。

易州田公德政碑　唐玄宗开元二十八年(740)

碑旧在保定莲池书院，徐安贞撰文，苏灵芝书。安贞，两《唐书》有传。新书《儒林传》谓安贞原名楚璧，终中书侍郎、东海县子，碑称东海县男。计有功《唐诗纪事》亦载安贞事，王昶已证其非。田名琬，字正勤。《金石录》、《金石略》并题作田仁琬，易州龙兴观石刻《道德经》末题名亦作田仁琬。

梦真容敕　唐玄宗开元二十九年(741)

碑在盩厔楼观山，苏灵芝书。《通鉴》开元二十九年条云："上梦玄元皇帝告云：'吾有像在京城西南百余里，汝遣人求之，吾当与汝兴庆宫相见。'上遣使求得之于盩厔楼观山间。夏，闰四月，迎置兴庆宫。五月，命画玄元真容，分置诸州开元观。"《旧唐书》谓在二十年闰四月，盖二十下脱"九"字也。此碑今所见者有二本，一在盩厔楼观山，一在易州。碑文全同，惟易州本张九龄作牛仙客。按，九龄死于二十八年，钱大昕谓："盖后人恶仙客名，辄磨去，妄以九龄易之耳。"钱言是也。唐尊老子为玄元皇帝，建玄元庙于京师，诸州亦置玄元皇帝庙，并置崇玄学，其生徒习《道德经》及《庄子》、《列子》、《文子》等，每年准明经例举送。今观此碑，盖可知其托荒迷之言，妄图致其统御于万叶也。

唐俭碑　唐玄宗开元二十九年(741)

碑旧在醴泉县昭陵。唐俭，两《唐书》均有传，字茂约，《新书》误作茂系。此拓漫漶之甚，几全不可读。王昶所藏拓本，存一千二百余字。此碑立于俭死后七十六年，盖显庆元年所立已断，此乃重立者也。昶据碑文校史，甚详赡，可参览。

兖公颂　唐玄宗天宝元年(742)

碑在曲阜孔庙。《旧唐书·礼仪志》四曰："二十七年(开元)八月又下制曰：……颜子渊既云亚圣，须优其秩，可赠兖公。"碑称："公姓颜，名回，字子泉。"不曰子渊，避唐高祖讳也。碑末题名有尉二人，员外置同正员尉一人。《唐六典》上县尉二人，中下县尉一人。典【曲】阜独置尉三人，盖非常例也。碑文中密即宓，哥即歌，汁即叶，響即饗，古皆通用。

灵岩寺碑　唐玄宗天宝元年(742)

碑已断，旧在山东长清县灵岩寺，李邕撰文并书。按《唐书·李邕传》，邕于开元二十三年起为括州刺史，后复为淄、滑二州刺史。碑文李邕题衔为灵昌郡太守，灵昌即滑州，本隋东郡，武德元年改称滑州，天宝元年后改称灵昌郡也。此碑之立，在天宝元年。是知邕为滑州，乃在此时。其再入京师，必在元年之后矣。灵岩寺创于北魏正光中法定禅师，与栖霞、国清、玉泉三寺，并称四绝。宋宣和时造四十罗汉于此寺，为最著名之古迹。

多宝塔碑　唐玄宗天宝十一载(752)

碑旧在西安府学，岑勋撰文，颜真卿书。多宝塔，僧楚金所造。岑参有《登千福寺楚金禅师法华院多宝塔》诗。诗曰:“多宝灭已久,莲华付吾师。宝塔凌太空,忽如涌出时。明主亲梦见,世人今始知。既空泰山木,亦罄天府赀。”碑云:“天宝元载,创构材木,肇安相轮,禅师理会佛心,感通帝梦。七月十三日,敕内侍赵思侃,求诸宝坊,验以所梦。入寺见塔,礼问禅师。圣梦有孚,法名惟肖。其日,赐钱五十万,绢千匹。”岑诗云明主梦见,罄天府赀者,盖本于此。岑勋文多浮诞,所谓圣主感梦,亦即梦真容,建玄元庙之类也。真卿一生,大节凛然,两《唐书》均有传。此碑为现存鲁公最早之手迹,字画完好。此拓缺偈五“佛知见法为”、偈六“王可托本愿同”及末行“大夫行内侍赵思”共十八字,盖康熙后拓也。

东方朔画赞碑　唐玄宗天宝十三载(754)

碑旧在德县署。晋夏侯湛撰文,昭明太子收入《文选》中。唐颜真卿书。《旧唐书·颜真卿传》曰:“杨国忠怒其不附己,出为平原太守。安禄山逆节颇著,真卿以霖雨为托,修城浚池,阴料丁壮,储廪实。乃阳会文士,泛舟外池,饮酒赋诗。或谗于禄山,禄山亦密侦之,以为书生不足虞也。”传不载真卿出守平原年月,按碑阴题记云:“真卿去岁拜此郡”,则真卿出守平原,当在天宝十二载。题记又云:“属殿中侍御史平公冽,监察御史阎公宽、李公史鱼,右金吾胄曹宋公謇,咸以河北采访使、东平王判官巡按狎至,真卿候于境上。”按《新书·安禄山传》,禄山于天宝三载代斐宽为范阳节度、河北采访使。八载,进禄山东平郡王,旋又兼河北道采访处置使。两《唐书》又称引张通儒、李庭坚、平冽、李史鱼等在幕下。是知平冽等来至平原,即传所谓禄山亦密侦之者也。鲁公此碑,书法峭拔奋张,昔人俱盛称之。此拓乃东明穆氏再刻本。

李阳冰书谦卦　约唐肃宗乾元(758～760)后

碑共四石,旧在芜湖县。原有木刻,明嘉靖五年(1526)张大用始于芜湖刻石。李阳冰,字少温。白之从叔,乾元间为缙云令,后迁当涂令,官至将作监,工篆书。其书多在江南。无锡惠山慧山寺有石床,石床顶侧“听松”二字,即阳冰笔也。

赠太保郭公庙碑　唐代宗广德二年(764)

碑旧在西安布政司署中,王昶题作《郭氏家庙碑》,郑樵《金石略》作《赠太保郭恭之庙碑》。郭敬之,郭子仪之父,以子仪有大勋于唐,乾元元年(758)追赠太保,广德二年(764)立庙,已在追赠后六年矣。颜真卿为撰文并书,《旧书·代宗纪》二年正月以颜真卿为刑部尚书兼御史大夫充朔[方]宣慰使。时元载当政,与真卿不协,故改检校刑部尚书知省事,故得从容于翰墨间也。此拓无碑阴,武亿、王昶就碑阴列名颇多考证。

颜鲁公与郭仆射书　唐代宗广德二年(764)

碑旧在西安府学,《金石略》作《与郭英乂书》,又称《争坐位帖》。郭仆射即郭英乂,两《唐书》有传。父知运,老于边事。书中所称鱼开府及军容为鱼朝恩,《旧书·鱼朝恩传》谓朝恩于至德中为观军容宣慰处置使。广德元年,改为天下观军容宣慰处置使。令公,乃郭子仪也。书中所叙之事,一一可证史传。原书宋时在长安安师文家,东坡得及见之。宋以后,摹刻者众。大凡有七:京兆安氏刻本、吴中复重刻本、米襄阳临本、北京本、戏鸿堂本、嘉善魏氏本、关中本。此拓即关中本也。

南诏德化碑　唐代宗大历元年(766)

碑旧在云南大理县,郑回撰。碑已不可读,《云南通志》载其全文。郑回,两《唐书·南蛮传》均记其身世,略谓回本相州人,天宝中举明经,授嶲州西泸县令,嶲州陷,为阁罗凤所虏,以有儒学,更名曰蛮利,命教凤迦异。及异牟寻立,又教牟寻子寻梦凑。为清平官,秉政用事。清平官,犹唐宰相也。后以吐蕃求取无厌，回复劝异牟寻归唐。《通鉴》天宝九载十二月条云："故事，南诏常与妻子俱谒都督，过云南，云南太守张虔陀皆私之。又多所征求，南诏王阁罗凤不应，虔陀遣人詈骂之，仍密奏其罪。阁罗凤忿怨，是岁，发兵反，攻陷云南，杀虔陀，取夷州三十二。"天宝十载四月条云："剑南节度使鲜于仲通讨南诏蛮，大败于泸南。时仲通将兵八万分二道出戎、巂州，至曲州、靖州。南诏王阁罗凤谢罪，请还所俘掠，城云南而去。且曰：'今吐蕃大兵压境，若不许我，我许归命吐蕃，云南非唐有也。"仲通不许，囚其使。进军至西洱河，与阁罗凤战，军大败，士卒死者六万人，仲通仅以身免。阁罗凤敛战尸，筑为京观，遂北臣于吐蕃。蛮语谓弟为钟。吐蕃命阁罗凤为赞普钟，号曰东帝，给以金印。阁罗凤刻碑于国门，言不得已而叛唐，且曰："我世世事唐，受其封爵。后世容复归唐，当指碑以示唐使者，知吾之叛非本心也。"此碑所言，约与此相若，惟多颂德之词耳。《新唐书·南蛮传》，记南诏风俗、道里、官职及与唐、吐蕃之关系，颇称详赡，其记南诏与唐之关系，较诸碑文，亦无不合。《云南通志》载阁罗凤刻二碑，一曰《南诏碑》，今已不存，即《通鉴》所谓碑刻之于国门者。此碑已记赞普钟之十四年之事，则立碑已当大历元年矣。

三坟记　唐代宗大历二年(767)

碑旧在西安府学，李季卿述，李阳冰书。《新唐书·李适传》略称："适，睿宗时待诏宣光阁，再迁工部侍郎。卒年四十九。敕其子曰：'霸陵原西视京师，吾乐之，可营墓，树十松焉。'子李卿，亦能文，举明经，博学宏辞，调鄠尉。肃宗时，为中书舍人。代宗立，进吏部侍郎。大历中，终右散骑常侍。"《迁先茔记》云："先侍郎即世，建茔霸陵，遗令也。"王昶谓："所谓先侍郎者，不知何名？"又谓曜卿等兄弟四人两《唐书》无传。观上引文，可知先侍郎即李适，季卿生平，即附见适传。碑文称先侍郎之子曰曜卿，曰□卿，曰□卿，并富文词，有著述若干篇，俱可补史之阙。郑氏《金石略》录此碑目，书李幼卿撰，幼卿当作季卿。

臧怀恪碑　唐代宗大历三年(768)后

碑旧在陕西三原县，《金石略》有目。颜真卿撰并书。怀恪墓在三原县，按怀恪卒于开元十二年，葬亦在是年，而碑之立，则在大历三年之后，距死之岁已四十余年矣。碑谓怀恪开元初，尝游平卢，属奚、室韦大下，挺身与战，所向摧靡。《旧唐书·奚传》有延和元年奚首领李大辅追击唐俭及俭与副将周以悌被俘遇害事，至开元三年，大辅始请降。碑文所称，或即指此。而武亿却据《新书·室韦传》贞元四年与奚共寇条，遂为史盖失录开元初奚、室韦入侵之事，亦诬矣。碑称默啜为斩啜，盖从武后所改名。又称怀恩父设支及设支部落二千帐来归之事，可补两《唐书·突厥传》之缺失。

大唐中兴颂　唐代宗大历六年(771)

摩崖，在湖南祁阳县石崖。元结撰文，颜真卿书。碑颂肃宗中兴，即位灵武，收复两京及玄宗自蜀还京等事。元结，《新唐书》有传，盖当时良史也。

宋璟碑　唐代宗大历七年(772)

碑旧在河北沙河县，颜真卿撰并书。宋璟卒于开元廿五年，距立碑已三十余年。两《唐书·宋璟传》与碑互有详略。碑侧记为大历十三年(778)颜真卿撰并书，其事则不见史传。宋璟以开元十七年拜尚书右丞相，按开元元年改尚书左右仆射为左右丞相，名为丞相，实非相职。盖唐宰相为侍中、中书令及同中书门下平章事或同三品平章事也。

八关斋报德记　唐代宗大历七年(772)

碑旧在河南商丘县南门亭内，颜真卿撰并书。八关斋始于南朝宋齐之际，《通鉴》谓永明元年上于华林园设八关斋；八关者，因佛八戒而得名。《新唐书》称神功得疾，宋之将吏为设斋以祈福，即碑之所记也。又谓神功死后,代宗为饭千桑门追福。盖唐自代宗以后,佞佛之风盛,至史称京畿良田美利多归僧寺,天下臣民,皆废人事而奉佛。至武宗灭佛,所拆寺至四千六百余所,所毁兰若、招提至四万余所;还俗僧尼二十六万五百人;所没奴婢十五万人;所收膏腴上田至数千万顷。

元结墓碑　唐代宗大历七年(772)

碑旧在河南鲁山县,颜真卿撰并书。元结,《新唐》有传,多与碑同,惟较简耳。传称结为魏常山王遵十五代孙,碑书十二代,当以碑为正。传称结父再调春陵丞,按春陵乃汉县名,《元和郡县记》谓春陵故城在延唐县北十里,是知为春陵丞者即碑所书延唐丞也。传称结为道州刺史,请免百姓所负租税及租庸使和市杂物十三万缗,为民营舍给田,免徭役。碑谓结在道州行古人之政,二年间,归者万余家。

干禄字书　唐代宗大历九年(774)

碑旧在四川三台县,颜元孙撰,颜真卿书。原刻在湖州(今吴兴县)。宋时已残缺。开成中(836~840),杨汉公尝有摹本,亦在湖州,《湖州府志》犹存其跋。欧阳修《集古录》曾两录之。此本乃宋绍兴间宇文氏所摹,刻于蜀中者。《新唐书·艺文志》有颜元孙《干禄字书》一卷。元孙,杲卿之父也,两《唐书》均附见杲卿传。《干禄字书》,除石本后,尚有木刻本。《四库全书总目提要》论之,谓不如蜀本。蜀本即此拓本也。此书辨别字之正俗及通用者,间亦析其义。因唐有以书取士之一科,故名为《干禄字书》。颜氏世传训诂之学,其著作见之于唐志者,尚是颜之推注《急就章》一卷,颜愍楚《证俗音略》一卷,颜师古注《急就章》一卷,颜真卿《韵海镜源》三百六十卷。

李元靖先生碑　唐代宗大历十二年(777)

碑旧在江苏句容县茅山玉晨观,颜真卿撰并书。原碑断于宋绍兴七年,其后即毁移无迹。清钱大昕谓碑已糜碎,尚存二十余片,委诸粪土瓦砾之场。汪志伊收集残片,与旧拓较考,得七百六十六字,复刻石立之。此拓仅五百余字,绍兴题字,仅存其十。茅山玉晨观为道家洞天福地之第八。《云笈七签》谓句曲山洞,周回一百五十里,名曰金坛华阳之洞天,在润州句容县属,紫阳真人治之。茅山以三茅君得名。汉茅盈,元帝时隐句曲山学道,遇至人授以仙术。盈弟衷为西河太守,固为执金吾,各弃官来就兄,皆得道,世称三茅君。真卿守平原时,书《东方朔画赞》;刺临川,作《麻姑仙坛记》;于李元靖亦致书抒诚恳;其或亦有好于斯道者欤!

怀素自叙帖　唐代宗大历十二年(777)

碑旧在湖南零陵县,全文与陆耀遹所录者不同之处有三:"曾为歌诗"下多一"故"字,"楷精法详"上多一"模"字,末行为"时唐大历元年六月既望怀素书"(陆录为"时大历丁巳冬十月廿有八日")。前有绿天庵怀素自叙篆书一行,末行"素"字上有"藏真"二字篆文印。绿天庵为怀素庵名,藏真乃其字也。

颜勤礼碑　唐代宗大历十四年(779)

民国十一年于西安旧藩署库堂后出土,旧在西安。颜真卿撰并书。《集古录》及《金石略》均著录,郑樵书作《夔州刺史颜勤礼碑》,盖据传闻而录之者。《旧唐书·温大雅传》末谓"初大雅在隋与颜思鲁俱在东宫,彦博与思鲁弟愍楚同直内史省;彦将与愍楚弟游秦典校秘阁;二家兄弟各为一时人物之选。少时学业,颜氏为优;其后职位,温氏为盛"。与碑文全同。盖均取诸国史。勤礼父思鲁,祖之推,师古其兄也。

颜氏家庙碑　唐德宗建中元年(780)

碑旧在西安府学,颜真卿撰并书。宋初,碑已弃置郊野。太平兴国七年,始移立于永兴学宫。真卿于此碑述其先世群从官爵甚详,亦足可证旧史之误者;钱大昕、王昶已详言之。此拓本尚佳,惟碑后额拓裱于第三册之前为误耳。

景教流行中国碑　唐德宗建中二年(781)

碑在今西安碑林,明万历间出土,大秦寺僧景净述,吕秀岩书。景教为基督教之别派,五世纪中,叙利亚人聂斯托利所创,称聂斯托利安派,流播东方。贞观九年(635),其教徒阿罗本首至长安,太宗为之建寺。先称波斯寺,后改称大秦寺。此碑述其在中国流传及为唐代皇帝所重视之事甚详,可补史载之不足。《唐会要》、《册府元龟》所载,尽与碑合。宋敏求《长安志》阿罗本误作阿罗斯。

不空和尚碑　唐德宗建中二年(781)

碑旧在西安,严郢撰文,徐浩书。《金石录》、《金石略》均著录。《通鉴》谓"胡僧不空,官至卿监,爵为国公,出入禁闼,势倾权贵",即此不空和尚也。两《唐书·王缙传》均记不空事,新书则未著名,惟云胡人官至卿监云云。《册府元龟》载不空赠官诏。均与碑合。严郢,《新唐书》有传。《徐浩传》称浩属词赡给,文工楷隶;肃宗即位,召拜中书舍人,玄宗传位诰册,皆浩为之。德宗即位,征拜彭王傅。

李晟碑　唐文宗大和三年(829)

碑在陕西高陵县,裴度撰文,柳公权书。李晟,两《唐书》有传,卒于贞元九年(793),此碑之立,在大和三年(829),相距已三十六年。时愬已死(愬,晟之子,平吴元济,有大功。史称晟克复京城,市不改肆;及愬平淮蔡,复踵其美。愬卒于长庆元年)。盖当其子听以功封凉国公之后。碑文不及传之详尽,然亦有可补传之缺文者,如乾元初以下至特拜左清道率事,则传所不载。碑经后人妄改,如裴度署衔当云特进守司空,太和当为大和。裴度、柳公权《唐书》俱有传。

玄秘塔碑　唐武宗会昌元年(841)

碑在西安府学,裴休撰文,柳公权书。大达法师,天水赵氏子,世为秦人。宪宗时,与迎佛骨。左街僧录者,总僧尼之籍,《新唐书·百官志》谓贞元四年置左右街大功德使,亦称两街功德使。大达充此官,故碑题左街僧录。裴休题衔旧谓山南西道云云,钱大昕据《唐书·方镇表》建中元年升山南西道观察使为节度使,嗣后无降为团练使事,疑史文有脱误。实则"南"上一字,左旁下存点,右旁下存短横,审视之,当为"江"字。米芾《书史》谓江南庐山多裴休题寺塔诸额,皆真率可爱。是知旧谓为山西南道者误也。柳公权,字诚悬,善书;此碑是其精心之作,刚劲中有秀媚。此拓甚佳,当是乾嘉前物,今不可多得矣。

空慧禅师传法碑　唐宣宗大中九年(855)

【碑】旧在陕西鄠县,裴休撰并书。圭峰禅师,号宗密,姓何氏,谥曰定慧禅师。禅宗自神秀、慧能,分南北二支。圭峰传南宗之学,复得《华严疏》而好之,广讲经论,游名都大邑,颇富著述,《新唐书·艺文志》载所著《禅源诸诠集》一百一卷,《起信论》二卷,《起信论钞》三卷,《原人论》一卷,《圆觉经大小疏钞》各一卷。钱大昕《金石文跋尾》谓其"万行未尝非一心,一心未尝违万行"之论与周濂溪"一实万分,是万为一"之说颇相似。《裴休传》谓休家世奉佛,休尤深于释典;又谓休长于书翰,自成笔法。观此碑自可知。

扶风夫子庙堂记　宋太宗太平兴国七年(982)

碑旧在陕西扶风县,唐程浩撰文,释梦英书。全文载《唐文粹》,此仅写其半,自"扶风古县也"以下未写。末有梦英题记。程浩,两《唐书》无传,其生平不可考。唐有扶风夫子庙残碑,程浩撰文,颜真卿书。《墨池编》谓梦英衡州人,书篆。

二体石经　宋仁宗嘉祐间(1056～1063)

两幅:《周礼》、《礼记》。北宋嘉祐年间刻,二体:篆、正。

万安桥记　宋仁宗嘉祐五年(1060)

碑在福建晋江县(泉州),蔡襄撰并正书,字径约五寸。记曰:“石桥始造于皇祐五年四月庚寅,以嘉祐四年十二月辛未讫功。”前后将及七年。桥长三千六百尺,广一丈五尺。工程之巨,可以概见。

泷冈阡表　宋神宗熙宁三年(1070)

碑旧在江西永丰县,宋欧阳修表其父母之墓而作。《欧公全集》及《宋文鉴》均载此文,惟不全同,当以此碑为正。《宋史·欧阳修传》曾取材于此。

司马文正公神道碑　宋哲宗元祐二年(1087)

苏轼撰并正书。《宋史·司马光传》谓:“绍圣初,御史周秩首论光诬谤先帝,尽废其法。章惇、蔡卞请废冢斫棺,帝不许。乃令夺赠谥,仆所立碑。”是则此碑远在绍圣之初,已不存矣。此后人重刻者无疑。《金石续编》仅录其目,石在何处并不知。

醉翁亭记　宋哲宗元祐六年(1091)

《醉翁亭记》,欧阳修撰。旧有三本:一在费县,苏唐卿篆书;一在滁县,苏东坡正书,即此本也;一在新郑县,苏东坡草书,陆增祥谓为赝本。此拓缺灭甚多,其跋尚全。文云:“庐陵先生于庆历八年三月己未刻石亭上,字画浅褊,恐不能传远,滁人欲改刻大字久矣。元祐六年,轼为颍州,而开封刘君季孙自高邮来过,滁守河南王君诏请以滁人之意,求书于轼。轼于先生为门下士,不可以辞。十一月乙巳,眉山苏轼书。”

南浦题记　宋徽宗建中靖国元年(1101)

南浦,宋属夔州,领县二,今万县治也。《宋史·黄庭坚传》谓“徽宗即位,起监鄂州税”,即碑所谓蒙恩东归也。记后题建中靖国元年二月辛酉江西黄鲁直题。

芜湖县学记　宋徽宗崇宁三年(1104)

碑旧在芜湖,黄裳撰,米芾书。此拓与王昶著录者颇有不同,无“礼部尚书黄裳撰”及“无为守米芾书”两行,碑末亦无“翰林张士亨摹刊”之文。却有“奉议郎、知县丞管勾学(以下字漫灭不可认)及宣德郎、知县管勾学事、劝农公事(以下字不可认)押赵”两行,末复有“令辉立石”四字。碑文王昶著录缺者,此不缺。如“明人伦,厚风俗”,王昶缺“俗”字;“以主乎选士,兼斯二者而有之学”,王本缺“选”及“斯二者”三字;类此者尚不少,文繁不具录。王昶著录有而此缺者为“适如以下诏旨”等十六字。校以清芬阁米帖数行,而此拓神采又焕然可见。此碑伪本甚多,录之以待知者。米芾,《宋史》有传,生于仁宗皇祐三年(1051),卒于徽宗大观元年(1109),五十七岁,传称卒年四十九,乃误。

重修感通塔碑　夏崇宗天祐民安五年(1094)

碑在甘肃武威县,其阴为西夏文,盖为重修武威郡塔而作,据碑文营饰之事起于癸酉(1093),迄于甲戌(1094),甲戌即在西夏天祐民安五年。西夏建国,始于李元昊,庙号景宗。元昊传谅祚,庙号毅宗。谅祚传秉常,庙号惠宗。秉常传乾顺,乾顺即位于元祐二年(1087),改元天仪治平,凡三年。至庚午,改元天祐民安。此碑即立于天祐民安五年(1094)。碑云:“释教尤所崇奉,近自畿甸,远及荒要,山林蹊谷,村落坊聚,佛宗遗址,只椽片瓦,但髣髴有存者,无不必葺。”是知西夏亦崇释教者也。

沂州普照寺碑　金熙宗皇统四年(1144)

碑旧在临沂县普照寺,仲汝尚撰文,集唐柳公权书。奉国上将军沂州防御使事兼管内安抚使、统押沂海路万户兵马高召和式,即高彪,《金史》有传,召和式作召和失。传又谓改忻州防御使,"忻"当作"沂",传写误也。

御服碑　元仁宗延祐二年(1315)

碑叙大德七年,元成宗梦游终南山大重阳万寿宫,遂命出世祖御服一袭,驿置院中。盖忽必烈曾驻跸于是也。碑所述事,尽与史合,赵世延撰,赵孟頫书。二赵,《元史》均有传。碑题"翰林学士承旨、光禄大夫、知制诰兼修国史、平章政事、秦国公臣李"下一字漫漶不可识,以《元史》考之,当是"孟"字。

元上卿玄教大宗师张公碑　元文宗天历二年(1329)

上卿玄教大宗师张留孙,字师汉,信州贵溪人,少入龙虎山为道士。至元十三年(1276),从天师张宗演入朝元世祖,历世祖、成宗、武宗、仁宗、英宗五朝,特被宠遇,垂四十七年。至治元年卒,年七十四。其见世祖时,年仅二十七。立碑于天历二年,已死后七年矣。新旧《元史·释老传》均载其事,碑文较详。碑谓留孙死后,归其丧于故山。则留孙之墓,当在今江西贵溪县。碑文赵孟頫撰并书丹篆额。

元许熙载神道碑　元顺帝后至元四年(1338)

碑旧在安阳,欧阳玄撰文,赵孟頫书。许熙载,字献臣,其子有壬,为元代名臣。有壬,新旧《元史》均有传,熙载事迹略附见有壬传中。碑叙熙载历官行事甚详,若与有壬传合读之,则知元世人民起义实无日或止。熙载死于泰定四年,立碑则在十年后。欧阳玄,字原功,新旧《元史》均有传。

重建常熟县城记　明世宗嘉靖三十三年(1554)

瞿景淳撰文,文徵明行书。文徵明,《明史》有传,工书善绘事,传称其致仕之后,"四方乞诗文书画者接踵于道,而富贵人不易得片楮,尤不肯与王府及中人,曰:'此法所禁也。'外国使者道吴门,望里肃拜,以不获见为恨。文笔遍天下,门下士赝作者颇多,征明亦不禁"。此碑有"衡山亲笔"四字,不知何人所加。碑今存否,亦不可知。

正阳门关帝庙碑　明神宗万历十九年(1591)

焦竑撰文,董其昌行书。焦竑,明代著名学者,《明史》有传。传称竑"博极群书,自经史于稗官杂说,无不淹贯,善为古文,典正驯雅,卓然名家,集名澹园,竑所自号也。讲学以(罗)汝芳为宗,而善(耿)定向兄弟及李贽,时颇以禅学讥之"。董其昌以善书画名噪一时,《明史》谓其"始以宋米芾为宗,后自成一家,名闻外国。其画集宋元诸家之长,行以己意,潇洒生动,非人力所及也。四方金石刻,得其制作手书,以为二绝。造请无虚日,尺素短札,流布人间,争购宝之。精于品题,收藏家得片语只字以为重。性和易,通禅理,萧闲吐纳,终日无俗语,人拟之米芾、赵孟頫云"。

古香斋蔡帖

四卷。广收蔡襄书帖,或依真迹,或据宋拓,间杂米(芾)临及董(其昌)临。蔡帖中有《茶录》及《荔枝谱》全文。刻者之名不详。蔡、苏、黄、米为宋四大书家。蔡自书丙午三月十二日晚七绝一首,洪氏误收入唐人绝句中,据是刻可知。

西楼帖

裱装两册,清瑛桂据宋拓刻石,时在道光三十年,《西楼帖》刻于南宋孝宗乾道间,原三十卷,石在成都西楼下,故名。其尤奇者为一编,号《东坡书髓》。此刻即出自《书髓》者,尽为函牍,可补史传之不足。

晚香堂苏帖

十二卷。前四卷为明陈眉公所刻,清姚士斌得其石板,于雍正四年续刻四卷。乾隆五十三年,姚学经复刻四卷。此刻与文字关系甚深,可资校勘之助。《花蕊夫人宫词》,有明毛缙辑本,凡一百首。东坡谓择其尤者录之,得三十首,末一首于辑本不见。卷一及卷九之前有东坡像,后者为唐寅所画,卷一有总目,可备检览。

秦邮帖

四卷。韩城孙亮采官高邮时,属钱泳聚苏东坡、黄山谷等手迹刻石于四贤祠壁间,故名曰秦邮。黄山谷、秦少游梨花唱和诗,《山谷》、《淮海集》中俱不载,可资补缺。帖首有目录。

卷下　造像画像之部

道民冯种育等造像　魏齐王正始二年(505)

正书。有记,像刻质朴,大像已不存,一纸小像十八,有三分之一残毁不可辨;一纸小像三十一。或在陕西长安。《寰宇访碑录》有目。

门师张乾等七十人造像　北魏孝明帝神龟二年(519)

有记,像刻娟好,大像不存,每像各署一人名,计田、刘、常、王诸姓,像手持一物,特饶风致。记后题"雍州冯翊郡万年县西乡人",按万年县,汉置,隋改大兴,唐复称万年,今为陕西长安县。拓本共四纸。

曹望憘造像　北魏孝明帝正光六年(即孝昌元年,525)

出山东临淄,原石现在法国巴黎。图为弥勒降生故事,石刻三列,人物车马,并臻佳妙。最下一列为造像记,文词书写,亦胜龙门廿品。

贾智渊妻张宝珠造像　北魏孝明帝正光六年(525)

拓本高丈二尺,广四尺。中一大像,高三尺,左右各一像高二尺,均女像。大像下端,左右又各一女主像,侧面,手持香花。大像上有拱形堪,刻九小佛像,堪外复有十一飞天。大像下端有记,文曰:"大魏正光六年岁次乙巳,四月乙亥朔,十九日癸巳,清信士佛弟子贾智渊妻张宝珠等,并为七世父母、历劫诸师兄弟姊妹、所亲眷属香火同邑,常与佛会,愿令一切众生,普同斯福,愿弟子等生生世世,值佛闻法,永离众苦,乃至成佛,心无退转。"其左右两侧,复有阴刻佛像及文字,右侧已漫灭,左侧则四像俨然可见。

广业寺比丘慧双等造像　北魏孝庄帝永安三年(530)

不详在何处。有记。左半已灭,中断。记文十六行,行约廿字,上下漫灭约四分之一。

法义兄弟一百人等造像　北魏孝武帝永熙三年(534)

有记,正书,漫漶不可识。记下及右均为题名。其上则图佛经故事,树杂棕、柳、芭蕉,人物亦具众态,上端有一佛像,较诸佛为伟。记右一列佛像,正书"此是定光佛出",两列各六人,右向,持帜前导,定光佛刻较大,亦右向,其后复有二随侍者。《匋斋藏石记》卷七著录。

陈瑜等造像　北魏时

此拓为匋斋所藏,甚精好。《匋斋藏石记》卷十著录之。无年月,题名均正书,书法挺秀。上镌佛像一躯,左右各二侍佛,刻画精好。题名有卑姓、基姓、依姓,均希见者。陈瑜揭衔殄寇将军、武垣令,按《魏书·官氏志》殄寇将军太和十八年以前第八品下,十八年以后第八品上阶;武垣属青州河间郡(见《地形志》)。是知为北魏之物。

比丘洪宝造像　东魏孝静帝天平二年(535)

在河南登封县,大像一,长约一尺,小像四十二。大像拓本完好,刻工精致,小像则仅见座。小像之旁,均刻佛名及主名。主者,造佛像祈福者也。大像之下有铭,正书,《金石萃编》录之。

五百人等造像　东魏孝静帝武定元年(543)

始建于永熙二年,毕工于武定元年,前后十年。记文三十行,行三十字。八分书。文上为佛龛,两列,每列各十,佛具众相,龛旁均有文字。其上为一大菩提树,两旁各有帘幔及佛像。最上一层刻供奉像。

陈荣欢等造像　东魏孝静帝(534~550)后

无年月。拓本凡四纸。一纸有记,文曰:"夫真融虚□,妙体精纯,湛□恒有,渊廓玄深,尘所不夺,非色离心,染净□□,法性成身,慧鉴冲朗,静照星分,停空涉有,或浮或沉,神变万端,叵恻难闻,慈悲平等,采接出沦,权形丈六,圣教敷陈,开三渐说,晓悟行人,扫清三有,灭应归真,为众设范,积小达目,自非建□,□□宁申。余等藉承汉□左右大丞相户□侯太□□平,晋冲关都□□军□□□左冯翊太守陈□□六世孙,合宗等信心冲廓,并感玄风,慧机俱发,遂名山采石,远访良顽,造四面石像一区,雕镂真容,莹餝无□,可谓神□再辉,灵颜重显,愿国祚休延,百僚俱□,□□我等存亡眷□法界□□,普同灵果。其辞曰:玄宗冲妙,变感幽明,游虚□□□□净生,潜辉定境,□□□□□□□□记道。"记上题名一列中刻一浮图,其上半可见,有洛阳太守陈回欢,按《魏书·地形志》,洛阳郡天平初置,是则此造像已在东魏建立之后。再上一列有供养石刻及佛像,阴刻,有似朱鲔石刻。再上一列为佛像,全灭。其上复有阴刻佛像及正书题字。最上层又为佛像,亦全灭,仅一座刻可识其纹路。另一纸亦与此同,惟记文位置为三列题名所占。又两纸有佛像三列,上下两层俱空白,仅有若干残刻留迹于拓纸。中层阴刻佛像,亦漫漶不可辨。下端有四列题名。

陈神姜等造像　西魏文帝大统十三年(547)

拓本凡四纸。一纸有记,文云:"至道□□,妙绝常境,为欲化物,诞应王宫,化尽有缘,终归大寂。自真仪隐影,苍生怀感。然佛弟子合邑人等共相率化,于大统十三年岁次丁卯九月八日,仰为皇帝陛下法界含生,敬造佛像一区,素饼端华,真容等就。愿以兹固国祚遐□,八表宁泰,存亡同益,有形离苦,龙□三会,愿登上□。"像分三层,上层大像,拓本仅存其座。中层亦大像,惟左右旁立金刚像清晰可辨。下层中似一堪,两旁二小立像,堪中似是供养之物。又二纸像均四层,第一层似是大像,其外三层,层各三堪,像均不可辨,惟隐隐见其首尚存。一纸下端有正书比丘邑子题名一列,一纸则有三列,首为维那题名。又一纸像三层,上层为菩萨迦叶二像,均仅存其下半。中层四堪,下层六堪,像均不见。最下题名四列,首邑师,次比丘,次维那,次邑子。此造像尚未见著录,颇似登封洪宝造像。

六朝造像座

雕镂甚工细,有题字两行,一曰"弟子尼无胜",一曰"弟子尼隐空"。无年月。

唐造像一躯

长一尺,宽五寸。上为佛像,下列题记十行,正书。文曰:"佛弟子飞骑思脊神兆二年十二月十二日灵武军行阵亡,为造石象一区,□为天皇天口,下为法界众生,共成佛口,骆脊一心□。"唐志谓飞骑置于太宗贞观十六年,为羽林禁旅。《通鉴》神龙二年十二月条谓十二月己卯突厥默啜鸣沙,灵武军大总管沙吒忠义与战,军败,死者六千余人。记文俱与史合。

武梁祠堂画像

在山东嘉祥县南二十八里，赵氏《金石录》始著录，《隶续》复摹其画，凡三石，榜作八分书。《山左金石志》谓汉人画像莫古于此，世传有唐拓本，清乾嘉间为黄小松所得。一七八六年（清乾隆五十一年），黄易（小松）于嘉祥出之，石已碎为五。此外，复掘出画像石若干，昔人未有著录者，因名之曰《武氏前石室画像》、《武氏后石室画像》、《武氏祠祥瑞图》。其详具见黄易《修武氏祠堂记略》。今依次录其拓本于下。

汉武氏祠石阙铭

铭文在西阙之第六层，文云："建和元年，大岁在丁亥三月庚戌朔，四日癸丑，孝子武始公，弟绥宗、景兴、开明，使石工孟孚、李弟㚸造此阙，直钱十五万，孙宗作师子，直四万。开明子宣张仕济阴，年廿五，曹府君察举孝廉，除敦煌长史，被病夭没，苗秀不遂，呜呼哀哉，士女愿伤。"赵明诚云："武氏有数墓在任城。开明者，仕为吴郡府丞。绥宗名梁，为郡从事。宣张名斑。皆自有碑。"

汉武梁石室画像

拓纸凡三。一纸画四层，自"伏羲、仓精初造王业，画卦结绳，以理海内"至荆轲刺秦王止，有榜题，凡三层。第四层为车骑，无榜题。原石五层，此拓无第一层。拓本第一层画伏羲、祝诵（即祝融）、神农、黄帝、颛顼、帝佶（即帝喾）、尧、舜、禹及夏桀，第二层画讹传曾子杀人，闵子骞、老莱子、丁兰纯孝之事，第三层画曹沫、专诸、荆轲三刺客事。一纸四层，均有榜题。原石五层，第一层未拓。拓本第一层画长妇儿、齐义继母、京师节女事，第二层画义浆羊公、孝孙之事，第三层画要离、豫让、聂政及钟离春事，第四层于庖厨汲井之后画处士及县功曹。一纸四层，原石亦四层。第一层画梁高行、秋胡妻、义姑姊、贞姜；第二层画柏榆、邢渠、董永、朱明、李善及金日磾（即骑都尉）事，均已漫灭，《隶续》载之；第三层画蔺相如、范且，其下为车骑，通三、四两层画楼阁人物车马并合欢树等。

武氏前石室画像十五石

黄易得之于武梁画像石之前，即定为前石室，本无伦次，兹依《萃编》及《石索》之例，依次列之。第一石画孔子弟子十四人，无题字。有数像已漫灭。第二石画共三层，第一层画云龙神人之状，无题字，此拓未收。第二层画孔门弟子十九人，榜题子路二字，已漫漶不可识。第三层画车马人物，榜题三，《石索》误为四，均漫漶不可识。第三石画三层，一二两层相连，三分之二为楼阁，人物工细，其三分之一为一合欢树，树下有车，群鸟飞翔其上，亦颇生动。第三层为车骑，有榜题曰"君车"，曰"门下功曹"，曰"门下游徼"，尚隐约可辨。第四石画二层，此拓仅一层，长一丈四尺三寸，榜题五，曰"主簿车"，曰"令车"，曰"门下功曹"、曰"门下游徼"、曰"门下贼曹"。第五石画四层，此拓二层，上层图孔门弟子廿一人，下层为车马，榜题七，曰"此亭长"、曰"主簿车"、曰"主记车"、曰"此君车马"、曰"此（原文如此）"、曰"此骑吏"、曰"调间二人"。车骑已漫灭其半。第六石画两层，上层画车骑攻战之状，榜题"功曹车"、"尉卿车"，均不可见。下层画水陆攻战之状，有舟车步骑之属，榜题五，左三右二，均甚清晰。第七石画四层，第一层榜题六，多不可识。第二层榜题十二，文王十子亦漫漶殊甚。第三层画燕飨乐舞之事，一人倒竖，一人悬空，仅一手持竖者之足，一人长袖而舞，其后即燕饮而观乐舞者，略分宾主之位，其后为人物车骑。第四层画庖厨汲水宰割诸事。第八石、第九石此拓本无。第十石画一层，图车马，榜题四，均模糊不可辨。第十一石画三层，第一层为荆轲刺秦王事，榜题"荆轲"、"秦武阳"也（缺此秦王）。第二层，两车三马，第三层两车，榜题"行亭车"。第十二石画四层，上层云龙，次层画八妇人，三层车马，榜题"道吏车"，四层亦车马，榜题"主簿车"。第十三石画四层。上层画三首鸟，次层画蓂荚，十五叶，旁有人摘之，其人有翼，其后复图树状之物，人物亦均有翼。三层画妇女。四层车马，榜题曰“贼曹车”，已模糊不可认。第十四石，楼阁三重，中坐人物，其右半已灭，右下为庖厨。第十五石画车马骑导，有四榜，无题字。

武氏后石室画像十石

亦依次录之。第一石画三层。上层画水中诸神之战斗，驾车者为鱼，骑亦为鱼。其神亦作人状。次层画农夫操作之事。下层人物，均有四翼，或持臿，或两手相持，衣服三层，类苗服。其义不详。第二石画三层。中画空际诸神之战斗，云中车马，皆有翼，甚为奇诡。《石索》谓：“此石画云物神仙之状，上坐二神，一男一女，疑为东王公西王母也。汉人镜铭，每乐道之。”倘如此，则非诸神之战斗，而是西王母与东王公相会之情状也。下层图屋宇车马人物。第三石画四层。上层画空际诸神，驾蜚鸟，乘云车。次层画雷雨之事。其坐而张口吹嘘者风火也，次一神坐车中，纵目张髯，手执二槌者，雷公也。其车六童子挽之，所谓雷车者是。次一龙两首下垂，穹其背如桥，有神在其内，持锤杵击死一人，有女子伏龙背上。（从《石索》说）第三层画异人奇兽，名不可晓。四层似画田猎搏兽之事。第四石画四层。上三层画风云。第四层画北斗星君状（依《石索》说，《山左金石志》不主此说）。第五石画四层，俱状空际诸神，第二层有伏羲女娲交尾像。第六石画一层，车马导从之属，有榜无题字，石多残灭。第七石画水陆舟车攻战，与前石室第六石略同。第八石画云龙车马，拓本仅一层。第九石画三层，此拓仅有中层孔门二十人，亦颇残灭。第十石缺。

武氏左石室画像

一七八九年（乾隆五十四年）李铁桥等平治祠基时所得。凡十石，依次录之。第一石画两层。一层六榜，题“颜淑”等字。二层三榜，题“义主范赎”等字。此拓缺。第二石画两层。一层孔门弟子十八人。二层车马之属，略有灭损。第三石前段画秦始皇求鼎事（据《山左金石志》），后段三层，上层乐舞之事，中层车骑，下层庖厨。此拓缺后段。第四石上层画卧地人，次层画荆轲刺秦王，下层画伏羲女娲，蛇身而人面，伏羲手执矩，女娲手执规。第五石上下皆画蛇，中层车马。第六石一层，画孔门弟子十三人。第七石上层画人物故事，未详何事。中层画二桃杀三士事。下层车马。第八石画四层。上层画丁兰供木主及邢渠哺父事。次层画一妇人抱孩而坐，前后均有跪拜者。三层画周公辅成王。四层车马。第九石画楼阁人物及合欢树，与武梁祠第三石前石室第三石略同，下层画车马导从之属。第十石画五铢钱九十枚，以四绳贯之。此拓无。

武氏石室祥瑞图画像

凡二石，磨灭殊甚。《石索》云：“以每石三层计之，当有祥瑞七十余种”，今仅存二十二种。此拓两纸，漫灭不可认。东汉崇尚图谶，故有此刻。其语句与《宋书·符瑞志》所载，约略相同。乾隆五十二年，重立武氏祠，翁方纲为之记，八分书。乾隆五十七年，钱泳复为之记，亦八分书。光绪六年，石室重修，山阴陈锦复为之记，亦八分书。

汉孝堂山画像

在山东肥城县西北六十里，凡十一石。此拓八纸，一、二石略全，十石与第二石共一纸，无执戈者，鼓吹车前有导骑六，其后导骑二，其后即为大王车，无八分书大王车榜题。一石之上，前为一车，有盖，中坐三人，驾以二马，车后拥十二骑，即《金石索》所列第九石。三石一纸，上层已不可见，中层有贯胸二人，各有二人以杖贯于其胸，负之而走，有人携幼儿观之。《海外南经》云“贯胸国在三苗国东，其为人胸有窍”是也。三层中有一人峨冠正坐，旁有侍者二人，又有执花者数人，又有兽面人身者，又一兔方捣药，一兔执杵其旁。四层十四骑，分两列，一列七骑。四石缺。五石画升鼎事，已甚漫漶，有兽身双人首，颇怪异。六石图坠车者，桥上有飞鸟，下有游鱼，有“安吉”两字，盖谓坠车者遇救均安吉也。其旁有“平原漯阴邵善君以永建四年四月廿四日来过此堂叩头谢贤明”诸字，六行，《金石索》谓：“永建为汉顺帝年号，则此堂之在其前久矣。其云叩头谢贤明，似邑人故吏感诵之词。”《两汉金石志》及《山左金石志》均主此说。此拓七石仅存二三四层之三分之二，三层有一驼，四层有一象，似均为导从之物。八石画日乌月兔星斗及织女之状。十一石窄而长，画人攀龙，旁题正书“七年十月”。

后汉画像十石

无年月，光绪间于山东嘉祥县出土，后归济南金石保存所。每石书出土地名，共十石。第一石出嘉祥洪福寺，画三层。上层二人，似弄蛇者。中层为人像，左右各三。下层似是升鼎之事，武梁祠画像及两城山画像均见之。第二石出土嘉祥某地，地名已灭，不可认。画六层，半漫漶，左侧人像，则均清晰可见，一、二两层所图，似均耍杂伎者。第三石出嘉祥隋家庄关庙，画仅一层，两车，车前有步导，后有骑，马作奔驰之状，甚生动。第四石亦出隋家庄关庙，画两层，均人物。第五石出嘉祥华林村真武庙，画一层，两车，一车后三骑，一车后两骑并驰。第六石出嘉祥吴家庄观音堂，楼阁三重，其中人物列坐，甚朴拙。第七石出嘉祥郗家庄，一车一骑，骑前并有一步导。第八石旧在嘉祥小学堂，两车一骑，一车仅有车身，正前行。第九石出嘉祥洪家庙，画两层，上层为孔子见老子，与四川新津石函所画相似，孔子左向，老子右向；下层一车正休止，马立其前。第十石出嘉祥商村，画一层，为车骑。十石画风，如出一手。

汉两城山画像

在山东济宁，旧十六石。其后复出二石。《山东通志》、《访碑录》俱谓无年月，无题字。《萃编》亦谓无题字可见，不著录。（见孔子见老子画像题字条下）此拓十七纸，两纸有题字。一曰“永和二年，大岁在卯”云云，按永和为后汉顺帝年号，二年为丁丑，义不可通。一纸有题字，左上为二侍郎，右下为王夫人，八分书，似非原刻，其他诸画俱无也。兹略依画像之内，粗为伦次如下。第一、二、三、四幅大小相若，俱画一树，闻宥氏谓即扶桑。第一幅树上左右各一大鸟，左侧者人面而鸟身，复有数鸟绕树而飞，树下左侧，一人一马，右侧两人，正弯弓而射，或即后羿射日故事。第二幅画两层，上为出猎图，下一树，八鸟或翔或栖，树下两侧，各有一人马。第三幅画三层，上两层各八人；下层一树，树右侧两人，一其似西王母，左侧一马，马前一物不可识。第四幅画三层，上层四神兽；次层七人，一人首鸟身像；下层一大树；树上群鸟飞翔，其下有似猿之物十三；树后近根处坐一人；树左右两侧，各一人一马。此汉画中罕见者。第五、六两幅似相续者。一幅画两层，上七骑，下八骑，两骑并列者二，三骑【并】列者一。后有一车，四马驾之，车不见。骑者似均为女像。一幅上层为麒麟、驼、象，象后有一人。下层为二车一骑。此为状贵人出行无疑。第七、八、九三幅均画楼阁，重楼之上，饰以凤凰、朱雀之属。楼阁内有一人端坐像，有三人步行像，有一人端坐二人侍立像。第十、十一、十二三幅均画楼阁栏杆，有人凭栏观栏下游鱼，阁中并有人坐观之像。第十二幅栏下水上并画一小舟，舟中坐两人，其一作划桨状。第十三、十四两幅均图乐舞，舞者长袖细腰，姿态绝妙。并有倒挈而戏（即今翻筋斗），即贾谊《新书》所谓之胡戏。贵族富人，则坐阁中观赏。第十五幅与十四幅下半相同，亦画乐舞游戏之事。第十六幅画两层。上层画一人端坐，三人侍立。下层为车骑。第十七幅画象人、戏猿及鱼等像。《汉代画像全集》谓有永和二年题字一石，出土县名不详，出土后，归于何处亦不知，题字亦伪刻。

东安汉里画像

一九三三年，山东曲阜出土。画十三幅，题字一幅。朱雀两幅，玄武两幅，长广各三尺六寸。白虎两幅，青龙两幅，并画铺首及其他飞禽、兔、蟾蜍之类，长十三尺七寸，广十三尺四寸。青龙、白虎、朱雀、玄武称四灵，为保护死者之神物，汉画中多有之。乐舞图两幅，长三尺七寸，广十三尺四寸，两图大致相同，人物刻画粗拙，远逊两城山及孝堂、武宅山诸画像。以上拓本，均兼拓地文。另四幅不拓地纹，均为人像。两幅人像甚怪异，俱作冲击状，或即所谓神荼、郁垒，《论衡·乱龙篇》曰："上古之人，有神荼、郁垒者，昆弟二人，性能执鬼。缚以卢索，执以食虎。"另两幅人像，其一似执剑，颇漫漶不可识，其一则神态生动，右手挽一长带，带连腰，不知何义。有篆文一幅，书"山鲁市东安故里禺石也"十字。

汉射阳石门画像

旧在江苏宝应东七十里射阳聚，为汉射阳故城。汪中取归拓之。世遂知有此石。后其孙移至宝应学宫，今不知存否？刻石共二枚。其一画三层，上层孔子见老子像，八分书，题三行，曰孔子，曰老子，曰弟子。中层已模糊不甚可辨，略见有两人。下层三人，并食器、烹鱼者、腼鼎者。另一石画亦三层。上层朱雀。中层一兽面铺首。下层一人，手执剑盾。有包世臣记及题额，均正书。

纺织图画像

山东出土。拓纸长广约四尺六寸。似为二石。一石两层。上层为纺织图，下层似乐舞图，人物神态极生动。另一石亦两层。上层一人，作跳跃状。下层一人，手持一物。

朱鲔石室画像

在山东金乡县，拓纸共大小二十幅。旧有八分书题字，此拓无。所画为人物饮食之具，盖图富人生活之一面也。画风较晚出，阴刻。《水经注》有汉朱鲔墓，汉人重厚葬，统治者多建石阙石室，此其著名者也。

孔子见老子等像

孔子见老子画像，为汉画中常见之题材，山东嘉祥武宅山、射阳石门、嘉祥洪家庙、四川新津石函均有之。此拓共四纸。一纸两层，上层即孔子见老子；榜题三，曰孔子，曰老子，曰弟子，八分书，似武梁祠榜题。下层为奔骑，神态生动。一纸似与上拓相连者，上层为孔子之弟子，下层为奔骑，石损一角，或一石裂而为二，故作两拓。一纸半为扶桑，其上有鸟，其下有骑及射者；半为楼阁，与左石室第七石上层所画相同，其义未详。一纸上层为人物，均左向；下层楼阁中坐者为西王母，阁内一人立，手捧一物，阁外尚有五人，上二下三，四人均手持一物，上二人持者作捧状，下二人持者为丁字形，不晓其义。此石不见著录，当为晚出者。四九年出版之《汉代画像全集》亦未之见。

卢行亭画像

拓纸共三幅，均一层，出土地点不详。画风类武梁祠。一纸有榜题八，仅"卢行亭车"及"寺门亭长迎"两榜清晰可辨。画卢行亭出行，共五车，有导从。寺门亭长出迎，亭长俯伏于地，一妇人手捧物曲身立车前，一人执鼓，鼓下一犬。另二纸似为一石，有车骑、人物、异兽、飞鸟，最特出者为有翼人形之物，体态妍美，与飞鸟并刻车马之上。

君车画像

出土于山东潍县，旧藏陈介祺家，后被估人资卖与法国，现藏巴黎洛弗博物馆。

圣迹图明神宗万历二十年(1592)

今在曲阜孔庙圣图殿,此拓本得一百幅。据张应登《圣图殿记》,知孔庙旧有圣迹图若干,万历二十年,巡按御史何世[出]光始集而建殿藏之,复刻若干幅,共一百十二幅。

御题棉华图　清高宗乾隆三十年(1765)

凡十六图,每图一事,自布种以至练染,凡十六事。每事有说及诗。其说实为生产技术之总结,如布种云:"种选青黑核,冬月收而曝之。清明后,淘取坚实者,沃以沸汤,俟其冷,和以紫灰种之,宜夹沙之土。"此外,于当时植棉之地区及纺织之方法均有所陈述。

澄怀八友图　清高宗乾隆四十八年(1783)

乾隆二十一年汪由敦序,画者常铣。自二十一年至四十八年,题者甚众。四十八年九月蔡新(八友之一),命工钩摹上石,并为之记,以殿其后。诸人生平并见《清史稿》,文繁不具录。

天宁寺五百罗汉画像刻石　清仁宗嘉庆三年(1798)

今在武进天宁寺。天宁寺,旧名广福寺,寺建于唐,历代复扩建重修。刻石竣工于嘉庆三年,摹杭州净慈寺五百罗汉而作。有刘权之《五百罗汉像赞》及胡观澜跋。僧了月《五百大阿罗记》则刻于嘉庆四年。净慈寺五百罗汉塑像,传是宋时物,此刻名号则本之于江阴军乾明院五百罗汉名号石刻,亦宋时所定也。

写在心头的“跋”

李宗蕖

这期《学报》上选登了部分程应镠先生为历史系所藏碑帖写的跋。我想就写这些跋的过程和撰者当时的处境说上几句。

这些写在小卡片上的跋，是在历史系领导的支持下，遍检尚存的碑帖夹层后找到的。碑帖原有二百余种，经过十年动乱，学校合而又分，几经搬迁，剩下的只有百余种；灰积尘封，大概很久无人问津了。至于应镠所写的跋，剩下的只是九十种，其中还有残缺的。睹物思人，想起一段他那时的经历。

1957 年前，应镠是上海师专、一师院历史系的主任。六月里掀起的那场风暴把他卷了进去。在等待组织作结论和处理的一段时间里，他提出了为买来后未及整理的碑帖写跋，得到历史系的同意，作了一定的安排。

碑帖是他主持系务时买进的文物的一部分：1956 年春，他去北京参加教育工作会议，在东堂子胡同沈从文先生的斗室中，聆听沈先生议论实物在历史教学中的重大意义。一席话激励了他创业的激情。他向沈先生提出为师院购买一些文物的要求。当时，沈先生允许在为博物馆收购失散在民间的文物时，把略次一些的分给几个大学，也把师院列入其中。运来的是一只很大的木箱，内容之丰富，令人目眩神移。碑帖只是其中的一部分。

当年，抗战军兴，北京的几个大学匆匆迁往西南，因陋就简，学历史的接触的，只有不多的文献，实物就很少看到了。偶尔有故宫内迁文物巡展，也只能走马看花。我还记得在一次展出时，在（宋）郭熙的《早春图》前，他久久伫立、迟迟不忍离去的情景。

看过的实物既少，要为那么多碑帖写跋，不是很容易的事。于是，在不接受批判、不当众作检讨的日子里，他就去市里的图书馆、藏书楼翻检资料。有时还带上我——一个对历史文物一无所知，但也是那时唯一能助他一臂之力的人——帮他抄写查到的资料。

渐渐地，他对这项工作有了兴趣。晚上，孩子们睡下后，他常反复把玩写好的卡片（碑帖则从不带回家中）。偶有一得之见，想谈，也只能对我这听不懂的人谈。这是我第一次意识到被“孤立”是怎么回事。寂寞啊！多少思想的火花就这样被熄灭！第二年五月，对他作出了“极右”的结论。不久，由市里组织他们一些人去颛桥劳动、学习。去前，他赶着做完了手头的工作，交出这份字迹清晰、整齐的约二百张卡片。

经过一番周折，这些凝聚了他的心力的卡片重见天日了。它们诉说了一个人对事业爱得坚毅，爱得执着。如果这些卡片又能为人所用，那么，这个人就不只活在我的心中了。把这些卡片找出来，刊之于《学报》，就是这个意思。

1996 年 3 月

（原刊于《留夷集》，Asian American Today，LLCIndianapolis，Indiana，United States of America）

魏晋南北朝史特点论述

秦汉帝国建立，以公元前二二一年算起，到一八九年汉献帝即位，大约四百年。献帝在位的时间相当长，但他不过是个傀儡；一九六年，迁都许昌，就完全在曹操的掌握之中。这时，吕布、袁绍、公孙瓒、刘璋、孙氏父子，各据一方。二〇〇年官渡之战，袁绍失败，过了几年，曹操就全有河北、山西、山东、河南。二〇八年，赤壁之战，曹操失败，刘备入川，孙权占有江东，就形成了三国鼎立的局面。十二年之后，即二二〇年曹丕代汉，蜀和吴也先后称帝（二二一年，刘备称帝；二二九年，孙权称帝）。

二六三年，魏灭蜀。过了两年，司马昭病死，他的儿子司马炎正式代魏，建立晋朝。二八〇年，晋灭吴，统一全国。但这个统一是短暂的。晋武帝死后，西晋王室内部互相残杀，汝南王亮、楚王玮、齐王冏、赵王伦、成都王颖、河间王颙、长沙王乂、东海王越，杀来杀去，杀了十年。三〇四年，匈奴刘渊兴兵于离石，李特、李雄割据于成都（十六国开始）。三一一年，怀帝被俘至平阳。三一七年，司马睿称晋王，即位于建康，第二年称帝。从二八〇年算起，至刘渊、李雄建立汉国和成国，统一局面的恢复，不过二十四年；算到三一八年司马睿称帝，也不过三十八年。

统一的局面分裂以后，北部建立了十六个国家，五个凉，五个燕，两个赵，三个秦，一个夏。实际上，不只十六个。段辽、翟辽、冉魏都是建立了国家的。这些国家存在的时间，一般都不长。成国自三〇三年李特称王，至三四三年李势被桓温所灭，不过四十四年。前凉割凉州，据今甘肃之地，从三一四年张寔之立，至三七六年张天锡亡于前秦，达六十六年之久，是最长的。至于那些曾经统一过北方的后赵和前秦，真是兴也勃焉，亡也忽焉。石勒于三二九年攻入长安，三三〇年称帝，三四八年石虎死，内乱即起，赵国旋即灭亡。统一的时间不到二十年。前秦三七〇年灭前燕而统一北方，但淝水一败，即土崩瓦解，不过十三年。

东晋建立，皇帝的权力不大。历史记载说“王与马，共天下”，事实上，庾亮、桓温，都把皇帝捏在手里，桓玄后来自立为帝，皇帝可怜得很，王家、谢家、庾家、桓家，都应当说是权门。权门和皇家，实际上是对立的。皇帝司马氏的家世，自东汉以来，早列于高门世族之林。在南方，高门世族的统治，从三一八年算起，也不过一百年。四二〇年，出身寒微的刘裕，以武力击败桓玄，又从司马氏手中取得天下，易如反掌。宋朝立国，不足六十年。六十年中，父子兄弟相互残杀。文帝刘义隆，统治了二十九年。他是在兄弟刘义符（少帝）和义真被杀后迎立为帝的。他当了皇帝，杀徐羡之、傅亮和谢晦。徐、傅是宋武帝的功臣，少帝刘义符就是他们决定加以废杀的。谢晦是高门巨族出身而又雄踞上游，也是眼中钉。文帝还废掉曾经掌过大权的亲兄弟刘义康；著名的诗人谢灵运因为谋反罪被杀；著名的史学家范晔因为要迎立刘义康被杀；著名的军事家檀道济也以威名为他所忌办了死罪。这不也和魏晋之际、八王之乱时的情况一样，华屋山丘之感，直迫人心吗！文帝在位二十九年，最后是死在自己亲生儿子的手中。刘劭当皇帝的好景不长，宋孝武帝刘骏在沈庆之协助之下，把他杀了。孝武帝这个人，从历史上看，很想做一点事，例如限制占山占泽。他不信任大臣，重视从寒门中挑选心腹，戴法兴、巢尚之一时被重用。他的这一手为齐梁所继承。寒人掌机要，成为南朝的一个特点。梁武帝看到了这样做的一些问题，但他相信的仍是朱异、陆验一流人物。四七九年，齐代宋，萧道成做了皇帝。五〇二年，梁又代齐称帝。萧道成有个侄子叫萧鸾，后来所萧道成和他的儿子武帝（萧赜）的子孙都杀光了。他什么人都不相信。东去说是西行，南行却宣称北去。当然，这决不仅仅是什么个人的特点。梁朝统治了五十五年（502～557），实际上只有四十九年，侯景攻入台城，这个统一的南方就瓦解了。五五七年，寒人出身的陈霸先称帝。五八九年，后主被俘北去。陈朝立国不过三十二年。

从一八九年汉献帝立，至五八九年隋朝统一，分裂了约四百年，全国统一的时间很短暂，不过二十四年。北方四三九年复归统一，但五二三年，六镇起义爆发，五三四年魏分东西，至五七七年北周灭齐，北方复归统一。同学们邀请我介绍一下魏晋南北朝史。讲这一段分裂时期的历史，我只能重点讲一下这段历史中最具特色的两个问题：民族与门阀。

这四百年的历史，是我国历史上自秦汉以后一个最长的分裂时期。这种分裂，正是与民族与门阀有关的。在这四百年当中，王朝的建立与覆灭；权力的分配与再分配；民族斗争的剧烈和国家兴亡的迅速；社会上没有统一的定于一尊的思想，玄学、经学、道教、佛教并存而不悖。

十六国时期的石勒，把佛视为胡神。冉魏政权建立，大杀胡人，《通鉴》卷九八永和五年十二月己酉条云："赵人百里内悉入城，胡、羯去者填门。闵知胡之不为己用，班令内外：'赵人斩一胡首送凤阳门者，文官进位三等，武官悉拜牙门。'一日之中，斩首数万。闵亲帅赵人以诛胡、羯，无贵贱、男女、少长皆斩之，死者二十余万。……其屯戍四方者，闵皆以书命赵人为将帅者诛之，或高鼻多须滥死者半。"鲜卑拓跋部立国，对被征服的民族，采取迁其人民、迫使他们从事牧畜或农业的政策。放牧之人被称为牧子的就是奴隶，那被称为"新民"而"计口授田"的人，其地位和奴隶也相差不远。这是十分明显的压迫政策。这些人时时企图逃叛，北魏缘边设镇，以为军事控御。过了八九十年，这些人在鲜卑在边兵士和未南迁的"役同厮养"的国人的协助下，掀起了反抗的风暴。这是一次反对民族压迫的风暴，匈奴（这时称为胡，始西河胡、离石胡等）、氐、羌（莫折大提、莫折念生）、敕勒、屠各、丁零和在边的汉人，也都在这个队伍中了。

我国北方的匈奴，西方的氐、羌，东面的鲜卑，东汉以来，即受到汉族的压迫。《后汉书·段颎传》说段颎"凡破西羌，斩首二万三千级，获生口数万人，马牛羊八百万头，降者万余落"，后来又破东羌，"凡百八十战斩三万八千六百余级，获牛马羊骡驴骆驼四十二万七千五百余头"。《后汉书·西羌传》列举了邓骘、任尚、马贤、皇甫规、张奂对羌人的镇压，赞美段颎的功业，说他"被羽前登，身当百死之阵，蒙没冰雪，经履千折之道，始殄西种，卒定东寇"。当然，如历史所表明的，羌人并没有也不可能被杀绝。十六国时期，后秦就是羌人建立的国家。对待少数民族，曹操和东汉的统治者，没有什么两样。《三国志·魏书·武帝纪》略云："公西征张鲁，至陈仓，将自武都入氐；氐人塞道，先遣张郃、朱灵等攻破之。夏四月，公自陈仓以出散关，至河池。氐王窦茂众万余人，恃险不服，五月，公攻屠之。"他征三郡乌桓，"斩蹋顿及名王已下，胡、汉降者二十余万口"（同上书）。当他放弃汉中的时候，"徙（武都）氐五万余落出居扶风"，正如胡注所说，诸氐便散居秦川。十六国时期建立的前秦，就是这个氐族。（《通鉴》卷六八）

南匈奴自东汉之初，即入居塞内，曹操分其众为五部，立其贵人为帅，选汉人为司马以为监督，表面上是相安的。《三国志·魏志·张既传》说凉州的卢水胡反叛，曹丕派那位和少数族打交道素有经验的张既去平定叛乱，"斩首获生以万数"。《通鉴》卷八一说"汉魏以来，羌、胡、鲜卑降者，多处之塞内诸郡。其后数因忿恨，杀害长吏，渐为民患"。忿恨是有原因的，那些入居内地的少数族人民，常常被掠卖为奴婢。《三国志·魏志·陈群传》说他的儿子陈泰在并州做刺史，"京邑贵人多寄宝货，因泰市奴婢"，太原大概是有一个奴隶市场的。《世说新语·任诞》说阮孚的母亲是一个鲜卑婢。《晋书·石勒载记》说石勒被人掠卖给茌平人㩼为奴,在土地上劳作。同书《王恂传》还说太原诸郡用匈奴、胡人作田客,多的有几千。田客是和奴隶相去无几的。

历史上的这些记载,充分说明了少数族人民是受汉族统治者压迫的。根据充分的材料,江统在《徙戎论》中作了明确的论述:"因其衰弊,迁之畿服,士庶翫习,侮其轻弱,使其怨恨之气毒于骨髓。"

这些"怨恨之气毒于骨髓"的少数民族,如河西鲜卑秃发树机,在晋武泰始六年六月,就举起反抗的旗帜。而此前一年的二月,西晋始置秦州,安置这些为邓艾所纳降的几万鲜卑人。树机能和众胡结成一体,经过了十年,才被镇压下去。泰始七年,入居塞内的匈奴,在刘猛的率领下,也曾"寇并州"。(《通鉴》卷七九咸宁五年十一月条)

太康全盛之时,自塞外入居辽东的慕容部,首在昌黎为寇。大约过了一年,才被晋人打败,"斩获万计"。(《通鉴》卷八一)但这个族的后人,在十六国时期,先后建立了五个国家。到了惠帝的时候,匈奴郝散、氐齐万年纷纷起兵,江统就发出徙戎的紧急呼号了。

民族矛盾,治史者都认为是西晋灭亡的原因;旧史还把自三〇四年刘渊建立汉以后的十六国,称为"五胡乱华",这当然是不错的。但西晋统治者内部的互相残杀,使这个国家镇压"五胡"反抗的力量大大削弱了,不能说没有给这"乱华"一个重要的条件。

把这个条件的提供归结为司马炎的"失慎于前,所以贻患于后",是不能完全说明问题的。把这种"祸乱"之来,说是"元海当除而不除,卒令扰乱区夏;惠帝可废而不废,终使倾覆洪基"(均见《晋书·武帝纪》的传论),也不过是指出了晋武帝的个人过失,而不能说明"八王之乱"之所以在这个时期历史舞台上表演得淋漓尽致的缘由。

还是司马光说得较为正确。《保业》云:"晋得天下才二十年,惠帝昏愚,宗室构难,群胡乘衅,浊乱中原。散为六七,聚为二三。"(《温国文正司马公文集》卷一八)《谨习疏》又云:"自魏晋以降,人主始贵通才而贱守节,人臣始尚浮华而薄儒术,以先王之礼为糟粕而不行,以纯固之士为鄙朴而不用。"(《温国文正司马公文集》卷二二)温公的这两段话指出,西晋崩溃既跟"群胡"即民族问题有关,也因为政治浮华,这就与下面所说的门阀关联密切。

葛洪在《抱朴子·吴失篇》中说东吴大族,"僮仆成军,闭门为市,牛羊掩原隰,田池布千里"。这种情况,当然不仅是吴国如此。曹操反对董卓的时候,"散家财,合义兵";追随他的李典,当曹操和袁绍相持于官渡之时,能"率宗族及部曲输谷帛供军","宗族部曲三千余家",住在乘氏;吕虔、许褚,或"将家兵守湖陆",或"聚少年及宗族数千家,共坚壁以御寇",都不是像东吴大族那样有力量的么?地方势力的壮大,已经有了几百年。赵翼在《廿二史札记》中,说东汉功臣多近于儒,从刘秀开始,一个一个数下去,邓禹、冯异、耿弇、祭遵、李忠、朱祐、郭凉、窦融……都是能够通晓儒学经典的人物。在那个时候,儒业一般和经济力量与政治地位分不开的。与曹操一时称雄的二袁,家门是四世五公,袁绍的力量在一个时期是无敌的,门生故吏遍于天下。当董卓打算废汉献帝的时候,他表示不同意。董卓以武力胁迫他,他毫无顾虑地说:"天下健者,岂唯董公?"(《三国志》卷六引《献帝春秋》)刘表为"八顾"之一,是个名士。名士当时代表的是和宦官相对抗的力量。这位名士一到荆州,便和这里的地方势力蒯良、蒯越、蔡瑁相结合,割据了这个地方。刘备入蜀,追随他的麋竺,是个"祖世货殖,僮客万人"的人物;《三国志·蜀志·董和传》说他在四川做官时,"蜀土富实,时俗奢侈,货殖之家,侯服玉食,婚姻葬送,倾家竭产",四川的地方经济当然也是很发达的。没有一点经济力量，要割据以争天下，是不能想象的。历史记载上还说到地方豪强的情况，在青州，"万户者，著籍不盈数百，收赋纳税，参分不入一"(《三国志》卷六引《九州春秋》)。大族力量的雄厚可以想见。汉末分崩，曹操创屯田，足食足兵，用人唯才，对北方大族是一个有力的打击。一个统一的帝国分裂了，其真正的原因，是地方经济势力足以作为在政治上和中央立异的支撑。西晋统一，一些在政治上有势力的高门，又纷纷占有官稻田，损官以肥私。《资治通鉴》卷七九武帝泰始三年春正月丁卯条云："司隶校尉上党李憙劾故立进令刘友、前尚书山涛、中山王睦、尚书仆射武陔各占官稻田，请免涛、睦等官，陔已亡，请贬其谥。诏曰：'友侵剥百姓以缪惑朝士，其考竟以惩邪佞。涛等不贰其过，皆勿有所问。'"(《晋书》卷四一《李憙传》"官稻田"作"官三更稻田")这样的事，大概是不少的，所以平吴之后，便颁行了一个以官品大小占田的制度，第一品可占五十顷，第九品十顷。土地之外，作了占客的规定，一品、二品不得超过五十户。

这种侵占官田的事实，在魏末已经开始。《三国志》卷九说何晏"专政，共分割洛阳、野王典农部桑田数百顷，及坏汤沐地以为产业，承势窃取官物，因缘求欲州郡。有司望风，莫敢忤旨"。文化士族和武力豪家就这样在统一力量之下，逐渐变成了分裂的潜在势力。"八王之乱"就是在这种潜在势力下，因帝位可以窥窬，遂逾十年而不息，匈奴、巴氐遂亦因之而起。但十六国时期，这种力量在五胡云扰之中，维持生产，保全汉族文化于不坠，这就是四世纪初开始，星罗棋布于中国北方的坞壁势力。(参见作者《四世纪初至五世纪末中国北方的坞壁》,《上海师院学报》1979 年第 1 期)

十六国时期统一北方的国家，一无例外依凭的都是军事力量的控御。武力一旦被削弱，这个统一国家就立刻瓦解。淝水之战，苻坚兵败于淮南，鲜卑便纷纷复国，氐族也失去了共主，各自以其武装力量实行割据，羌人旋亦随之而起。拓跋部三八六年建立国家，用了五十多年时间，使北方复归于一统。无论是前赵或后赵，前燕或前秦，对于汉族的坞壁势力，只要政治上表示服从，便承认其独立地位。魏自道武帝至太武帝，征服中原，所碰到的一个不能忽视的力量，也是坞壁。研究这一时期历史的学者，早就注意到了汉族和鲜卑族在文化上的差异和政治上的离合，但很少注意到坞壁势力是两汉以来逐渐形成的以占有土地为主的经济实体，三十年代被称为坞壁的力量。拓跋部在中国北方的统治确立以后，进行了一些改革，用三长法代替宗主督护制，颁布均田令，承认那些奴婢和土地的占有者，亦即坞壁势力，使那个以拓跋贵族为主的政权成为拓跋族和汉族高门相结合的政权。孝文帝定都洛阳，标志着鲜卑族汉化的一个高峰，但秦汉统一帝国规模的恢复，还是姗姗来迟，竟超过了百年。

在南方，"王与马，共天下"，世族力量在我国历史上可以说是一个高峰。伴随着这种力量而兴起的豪家，随着地方经济的发展，也要求取得政治和社会地位来维护自己的利益。早在东汉末，东吴这个地方，就有能"纠合乡曲及宗室五六百人以为保障"的孙静。孙静是孙坚的季弟，孙坚"少为县吏"，在地方上也是很有势力的。(《三国志》卷五一《宗室传》及四六《孙破虏讨逆传》)。《三国志》卷五二《步骘传》说，有个会稽人叫焦征羌的，是"郡之豪族，人客纵横"，像朱桓那样"部曲万口"的豪强，看来并不仅见。被贺齐所杀的剡县吏斯从，也是个能纠合族党千余和县长对抗的大族(《三国志》卷六〇《贺齐传》)。东晋统治江东一百年，一开始，王导就采取和江东大族合作的政策。《晋书》卷六五《王导传》说王导屡次向元帝进言，说顾荣、贺循、纪瞻、周玘都是"南土之秀"，应当加以接纳。他治理江东，开只眼闭只眼，不以察察为政。(参见《通鉴》九〇太兴元年条)《世说新语·政事篇》云："丞相末年，略不复有事，正封箓诺之。自叹曰：'人言我愦愦，后人当思此愦愦。'"王氏和司马氏"共天下"，实际上，在王氏势力鼎盛的时候，北来世家也是和江东大族共存共荣的。

刘裕起自寒微，“以卖履为业，好樗蒲，为乡闾所贱”。和他一道参加镇压孙恩起义，后来“配食文帝庙庭”的到彦之，是“初以担粪自给”的。（《南史》卷二五）那个广开田园之业，产业累万金，奴僮千计的沈庆之，在孙恩起兵的时候，也还不过是“躬耕垄亩，勤苦自立”的乡巴佬。东晋在南方建国的一百年中，社会的变化是很大而且很迅速的。除去东吴以来的大族继续发展之外，又出现了一个起自卑微的力量。这个力量依靠的，不再是王谢世家，而是掌机要的寒人了。赵翼《廿二史札记》卷八略云：“宋孝武不任大臣，而腹心耳目不能无所寄，于是戴法兴、巢尚之等皆委任隆密”；“齐武帝亦曰：‘学士辈但读书耳，不堪经国，经国一刘系宗足矣’”；“如法兴威行内外，江夏王义恭虽录尚书事，而积相畏服，犹不能与之抗”；“阮佃夫、王道隆等，权侔人主”；“茹法亮当权，太尉王俭尝曰：‘我虽有大位，权寄岂及茹公?’”；“朱异权震内外，归饮私第，虑日晚台门闭，令卤簿仪从、警卫自家列至城门，门者遂不敢闭”；“法亮在中书，尝语人曰：‘何须觅外禄？此户内岁可办百万。’佃夫宅舍园池，胜于诸王邸第”；“陈末，施文庆、沈客卿用事，自取身荣，不存国计”。赵翼在综合史料时发了一通议论，说人主不信任大臣，转以“群小为心膂”，是南朝一大弊端。他不知道，也不可能知道这正是社会经济政治发展变化过程中的一种必然，这种必然在南朝作了色彩浓重的反映。南朝诸君，不可能再假权于王俭这一辈人，即使像萧衍这样的人，“少而笃学，洞达儒玄，虽万机多务，犹卷不辍手”（《廿二史札记》卷一二）），未即位之前，为南齐八友之一（《南史》卷六谓“竟陵王（萧）子良开西邸，招文学，帝与沈约、谢朓、王融、萧琛、范云、任昉、陆倕等并游焉，号曰八友”），也是表面上优礼士大夫，所信任的仍是朱异、徐麟、陆验、周石珍一流人物。当他还没有做皇帝的时候，便以为“甲族以二十登仕，后门以过立试吏”，不能“弘奖风流”，是一件坏事（《南史》卷六《梁本纪上》）。世风的变化到了这一地步，以至台城被围之日，外援都以保存一己的力量为得计，不论是皇上的儿子萧伦（邵陵王），还是大臣的儿子柳仲礼，都不以君、父为念。《通鉴》卷一六二武帝太清三年三月条云：上问策于（柳）津，对曰：“陛下有邵陵，臣有仲礼，不忠不孝贼何由平！”统治阶级中世族和寒门在政治上的分裂，必然导致观念形态的变化，特别是道德的沦亡，这是可以作为例证的。

伴随着江南经济的发展，江东以外的地方，现在的江西和福建也有了发展。《陈书》卷三五熊昙朗诸人传，史臣《论》中说：“梁末之灾沴，群凶竞起，郡邑岩穴之长，村屯坞壁之豪，资剽掠以致强，恣陵侮而为大。高祖应期拨乱，戡定安辑，熊昙朗、周迪、留异、陈宝应虽身逢兴运，犹志在乱常。……背恩负义，各立异图，地匪淮南，有为帝之志，势非庸、蜀，启自王之心。”熊昙朗是豫章的著姓，周迪的宗人周续在侯景乱时，和郡中豪族共同割据地方。周续和这些豪族相处得不好，被杀后，周迪代周续为领袖，依然割据地方。周迪是临川南城人，他割据的地方就是他的本乡临川。留异是东阳的著姓，在他的本乡也是雄豪之辈。东阳就是现在浙江的金华，它的西边，就接近现在的江西了。陈宝应的父亲陈羽本来是晋安郡的雄豪，宝应和留异结亲，娶异女为妻，和周迪亦同气相求。这些人，莫不是乘梁末之乱割据地方，陈王朝建立之后，都先后和这个统一的政权为敌，在他们看来，陈王朝于他们是无恩可背，无义可负的。当他们感到利益被侵患的时候，他们就起而“乱常”了。（均见同上书卷三五）

地主大土地所有制在东汉确立之后，中央和地方势力的矛盾日益加剧。这种力量在北方，曾经一度受到挫折，但不久仍复旧观。西晋的短暂统一，南方王朝的迅速更迭，莫不和这个力量有关。隋灭陈，中国复归于一统。但江南地方势力，与这个统一政权，持敌对态度。《北史》卷六三《苏威传》云：“自晋已来，刑法疏缓，代族贵贱，不相陵越。平陈之后，牧人者尽改变之，无长幼悉使诵五教。威加以烦鄙之辞，百姓嗟怨。"《通鉴》一七七综述江南起兵的情况,说:"于是婺州汪文进、越州高智慧、苏州沈玄侩皆举兵反,自称天子,署置百官。乐安蔡道人、蒋山李棱、饶州吴世华、温州沈孝彻、泉州王国庆、杭州杨宝英、交州李春等皆自称大都督。……攻陷州县。陈之故境,大抵皆反。大者有众数万,小者数千,共相影响。执县令,或抽其肠,或脔其肉食之,曰:'更能使侬诵五教邪!'"隋朝很快地平定了这一次江南地方势力的反抗,但攻破溪洞,"前后七百余战,转战千余里";沈孝彻被击败之后,"逐捕遗逸,前后百余战",反抗之剧烈,是不言而喻的。

从地主大土地所有制的确立与发展,联系地方势力和中央力量的对抗,不仅可以窥知魏晋南北朝这一历史时期统一国家分裂的深层原因,还能洞察统治阶级内部世族、寒人的盛衰及其为争夺权力为后世史家深深谴责的不顾君父的深层原因。

十月三十日

(此文系1979年为华东师范大学古籍整理研究生的讲演稿,未刊)

两宋历史和宋代史籍的整理

题目很大，但我想讲的只是两宋历史在我国历史中的地位，以及《宋史》和《续资治通鉴长编》的标点和校勘。宋代自赵匡胤发动兵变，夺取帝位，至崖山之役南宋灭亡（960～1279），共三百十九年。她的疆域，在秦以后统一王朝中是最小的，而且南宋还是一个偏安的局面。但其影响甚大。我们随便举一些例证：妇女的三从四德（从父、从夫、从子，妇德、妇功、妇容、妇言）是从宋朝开始的。所谓"饿死事小，失节事大"，是始于宋。我们小时候，开始都读四书。宋以前没有所谓四书。朱熹集注《论语》、《孟子》、《大学》、《中庸》，才有四书之名。元以后的科举，始从四书中出题。知识分子，没有一个不读四书的。我小时候读的是私塾，入学的第一天，要向孔夫子的牌位磕头。牌位下面，就是一尊朱熹的木雕像，放在嵌了玻璃的盒子里。清代有所谓"理学名臣"，是"学而优则仕"者最高的荣誉。

解放之后，重印了司马光的《资治通鉴》。在高等学校，大概搞中国古代史的人都有一部的。这部书，过去读书做官的人没有一个不看的。还有一部《文献通考》，四库分类把他列入政书，旧时代仕宦人家，也是都有一部。这两部书对宋以后的影响极大。司马光后来和司马迁并称为两司马，不仅在史学方面，在思想上，他的影响也很大。

在所谓古文（对骈文而言。南北朝、隋唐，骈文盛行，有人提倡作文要以先秦、两汉为法。因此，这些人写的文章，叫做古文）八大家中，除了韩、柳，全是宋代的作家（三苏、欧、曾、王）。八大家对和我们时代最近的清朝，影响不是也很大吗？《古文观止》，现在也不还是畅销的吗？

以上，我不过是随便举几个大家熟悉的例子，作一个粗略的说明。

一

我国的土地制度，秦汉以来是在不断变化的。有人认为中国封建社会，土地是封建国有制。是不是这样，我不敢说。宋以后，我可以肯定不是国有制。宋代，地主占有土地，地主土地私有制是占统治地位的。这可以从很多方面去证明。最近，宋史研究会要开会，有一位同志提出讨论的论文，就从土地诉讼法证明土地私有。他大量引证了《宋会要·食货》和《刑法》中的材料，很有说服力。以这种土地所有制为基础建立起来的国家，中央集权的程度很高，皇帝的权力比起前代来，已经大得多。相权被分割了。北宋开始，相权分别由宰相、副宰相（执政）所掌握。和宰相并行的，有掌军政的枢密使。还有一个台谏（御史台：御史中丞、侍御史、知杂御史，谏院：谏议大夫、司谏），对宰相加以牵制。还有掌财权的三司使。皇帝权力的膨胀，经过元明清三代，就变作"一言堂"了。

过去，我们只强调宋代中央集权，不研究北宋以来官制上的变化，不知道这和皇帝独揽大权有关。（不读历史的人，往往有一误会，以为皇帝都是一个样的，他的权力是无边的。实际的情形并不如此。东晋的皇帝，就很没有权。"王与马，共天下"，实际上，东晋皇帝的权力，是不及权臣的）

从经济基础到皇权，宋代是以后几个王朝的范本。

在“四人帮”搞得乌烟瘴气的时候，似乎把宋代的理学押赴刑场了。从二程到朱熹，或加以反对变法的罪名，或加以反对抗金的罪名，帽子重得骇人听闻的，叫作卖国。他们说这是批判，我以为根本不是批判。

理学对于宋以后的影响是极大的。我在前面举例时，已经说过了。从汉代的经学，到两宋的理学，我们应当认真加以研究。冯友兰先生过去写过几本书，一本叫《新理学》，一本叫《新原人》。他对理学下过功夫，但他的研究方法不对，他向往的依旧是“内圣外王之道”，因此，他的书我们也不看了。但他对理学进行了研究，是不错的。理学对宋以后学术思想的影响不用说，对整个社会的思想文化的影响也是极大的。不管我们喜欢不喜欢，我们要研究，要存其精华，去其糟粕。我国解放以来，我们对封建的东西，批判很不得力。批资产阶级，从某一意义来说，是放空炮。阻碍我们前进的东西，大量是封建的东西。“内圣外王”，我们认真思索一下，在我们亲身经历的这三十多年来的生活中，也是有表现的。

宋代的史学，极为发达。欧阳修的《新五代史》，讲春秋大义。司马光的《通鉴》以及在其影响下的李焘的《续资治通鉴长编》、李心传的《建炎以来系年要录》、郑樵的《通志》、马端临的《文献通考》，都是史学名著。徐梦莘的《三朝北盟会编》、王称的《东都事略》，也都是著名的。

历史编纂学为什么在宋代会这样的发展，以至形成我国封建社会历史中的高峰？司马光在著《通鉴》时，是说得极为明白的。为了“资治”，就必须注意过去的治乱兴亡盛衰得失。司马光以一个有眼光的封建史家，认为可以从过去的治乱兴亡中借鉴。南渡之后，史家辈出，李焘以司马光为师，用大量的经过审查的史料，示人以北宋一代治乱兴亡之迹。李心传、徐梦莘写的更是当代的历史，无疑地更有着山河破碎之痛的。

我认为宋代史学发达的原因，可以进行研究。我提的，只不过是其中的一点，也有可能是不对的。等到史学转而为局限于考证时，已是士大夫做稳了奴才的时候了。

二

宋代史籍，遗留下来的远逾前代。《宋史》在廿四史中，份量是最大的。中华标点本共四十册，是《史记》的四倍。北宋的编年史——《续资治通鉴长编》，现存的共五二〇卷。现在由上海师范学院古籍整理研究室整理出版，已出版五册，不过八十卷。它的份量和宋史差不多。《宋会要辑稿》份量更大，是清代从《永乐大典》中辑出来的，还不甚完全。现存《大典》中，还有一些散见的东西。以体裁来分，《宋史》是纪传体，《长编》是编年体，《会要》是政书。纪事本末体的有杨仲良的《长编纪事本末》，有彭百川的《太平治迹统类》。专记宰辅的有徐自明的《宰辅编年录》。陈均的《皇朝编年纲目备要》，以年为经，以事为纬，颇简明扼要。徐梦莘的《三朝北盟会编》，和它相仿佛，但中间录一事的原委，叙一人的生平，所录的都是当时著作，有的还是第一手资料。编年体史书还有《建炎以来系年要录》，记高宗一朝事，举凡政治、经济、军事、外交，罔不完备。其典章制度，另有《建炎以来朝野杂记》详为记载。南宋一朝，除此书外，还有《中兴两朝圣政》和《两朝纲目备要》。马端临作《通考》，于宋史特详，且保存了不少现在已佚的史籍旧文。

至于笔记、文集真是汗牛充栋。笔记中颇有专门史籍所遗的有关典章制度的材料。如《容斋笔记》、

《能改斋漫录》、《清波杂志》、《却扫编》……文集中的奏议、墓铭、行状、内制、外制，都是有用的东西。

研究宋史，比研究宋史以前任何一史的材料都要多，都要完备。在我国，依我看来，在这方面的研究工作，还只不过开了个头；日本史学家，做了不少工作，但也不过是作了一些整理、考证的工作。真正对宋史进行分门别类的研究，如政治史、军事史、经济史、学术史等，从而对有宋一代有了通解，做出了一些具有规律性的结论来的，还没有。至少，我还没有看见过。我之所以这样说，其原因之一，就是因为有关宋代的史籍，至今真正经过整理的，还不多。以《宋史》为例，七一年开始，经过五年功夫，才作了初步的整理，改正了大量版刻上的错误。清代学者钱大昕，在《廿二史考异》中，列举了《宋史》的一些错误，但比起中华标点本《宋史》校出来的错误，还不过百分之一二。

过去，对《宋史》的认识也是错误的，最流行的一种说法，是《宋史》的"芜杂"。比起《明史》来，《宋史》是芜杂的，但它保存了很多史料。元修《宋史》，时间很短，当时保存的宋代史料（蒙古下临安，宋中央所存图籍完整地北运，藏在现今的北京，当时称作大都），颇为完整。修史的人，几乎全用旧文（用《续资治通鉴长编》李焘自注中所引国史的传和志，和现在的《宋史》中的传与志比较，基本上是相同的。当然，自注中也还有一些传，是现在《宋史》所无的），因而缺乏剪裁，使我们得窥当时宋人所写历史的本来面目。《宋史》各志，写得非常详尽。廿五史中其他各史的志，远远比不上。以《礼志》来说，几乎等于宋以前各史《礼志》的总和。《新唐书》始有独立的《兵志》，但《宋史·兵志》，不仅详记禁军、厢军的统率机关，各级军官、番号、训练、迁补、屯戍、给养等等，都记得很详尽。禁、厢军之外，还记乡兵、蕃兵以及军器的制作、军队的校阅和马政等等。

整理《宋史》时，我们对此书的讹舛衍脱，作了校勘，用的底本是至正本和成化本合起来的百衲本。因此，没有更好的版本可以对校。大量用的是他校，本校和理校合起来也没有他校多。因为手头无书，我不能举很多例子。大概是《哲宗纪》吧，有"追韩维到任"一句话，是读不通的。"到任"这个词，宋代史书上没有见过，后来查《宋会要·职官》"降黜官"，才知道"到任"是"致仕"之误（中华标点本《宋史》该卷注六谓"据本书卷三一五本传、《编年纲目》卷二四改"）。这是形近而致误的一个例子。在《宋史》中，吴廷祚有的地方作吴延祚，到底是"延"还是"廷"，很难决定。这个人五代后周时已有活动，《通鉴》即有其人，五代史中也有，也有作"廷"、"延"的。后来，我们根据《金石萃编》和开封府尹的题名录，把"延"字改作"廷"。实物作证，是可靠的。

标点本《宋史》大量校勘工作，其中也有不当校而校的。举个例子来说，王旦的父亲叫王祜，原刊（至正本）是不错的，但校点此传的同志根据好几种书把它改作"王祐"。王旦的父亲大概是慕西晋羊祜为人的，名叫"祜"，字景叔，这是传中写得清清楚楚的。看了他的字，就可以断定"祜"字是不错的。后来我们整理《续资治通鉴长编》，就把"祐"字改为"祜"了。但一位治宋史的学者，却不以为然。

中华标点本的廿四史，不论那一部，我以为都比过去的欧本、局本、百衲本好，因为它是经过整理的，吸收了前人校勘的成果。而《宋史》的整理者，在这方面又远远超过了前人。

《续资治通鉴长编》是南宋史学家李焘（仁甫）的著作，是一部份量甚大的北宋编年史。我们整理这部书以局本作底本，开始于一九七六年，参加初点的人，将近二十。一九七七年，开始复校，七八年复以辽图所藏的所谓徐乾学南宋本、北图所藏的所谓撮要本（这个本子版刻精美，所残抄辽图宋本补）以及文津阁本、《永乐大典》作了对校。迄今为止，用作他校的书，最多的是杨仲良的《长编纪事本末》，彭百川的《太平治迹统类》，佚名的《宋史全文》，陈均的《皇朝编年纲目备要》，《宋会要》、《宋史》、《山堂肆考》、

《玉海》、《文献通考》,以及宋人笔记等大量著作。诏令、奏议,他校用的书,尽量用原始的材料,如《宋大诏令集》和宋人文集。

就《长编》已经出版的八十卷来说,校记平均每卷三十多条左右,多的超过一百条,至少也有十几条。有一些东西,不经过校勘,就无法理解、使用。如"回图"误为"固圉",则意全非。"居州县驿舍亭馆"误为"诸州县驿舍停馆",也不知所云。

《长编》的史料价值是大的。这是尽人皆知的事。但此书颇不易得,甚至一个省也没有一部。日本已经为此书做了人名索引,台湾以局本为主,影印了此书。其中,《永乐大典》有的,就抽去局本,影印了大典本。

我所知道的美国治宋史和日本治宋史的学者,都切盼中华书局快一点把这一部书出齐。

我们知道李焘在史学方面是以司马光作榜样的,他把《通鉴》看得很高,因此,把自己的著作,叫作"续通鉴",但又以为自己比不上《通鉴》,加上"长编"二字。司马光网罗旧文,作考异三十卷,保存了很多为后人所不得见的史文;李焘在每事之下,凡有异说,列举作注,这个注和考异一样,也为后人保存了许多已经不存的史籍亡文。有不少现在还流行的《涑水纪闻》、《东斋纪事》,在李焘的自注中,也有一些是该书今本所没有的。

但这部大书是从《永乐大典》中辑出来的。熙宁、绍圣和徽宗以后,全已残阙,现在的分卷,也不是原来的面目。清代曾经作过《拾补》,也不完全。我们还可以用《太平治迹统类》来补《拾补》。杨仲良的《长编纪事本末》有一些也为今本所无,《拾补》基本采用了。《三朝名臣言行录》、《群书考索》中也还保存了一些当时人引《长编》之文。孙逢吉作《职官分纪》,也有一些《长编》旧文,都可以补《拾补》。我有一个想法,把《拾补》以及其他《拾补》未收的东西,都按照年月日的顺序,补入五二〇卷《长编》中去,每补一条,作一条注释性的校记。但我们现在已经来不及这样做了。当这个想法形成时,我们已经完成了初点。我的复校工作,也进行了半年多,前五十卷也寄到中华书局去了。

因为手头没有书,全凭记忆,只能这样漫谈,请同志们指正。

(此文为讲演稿,未刊,约作于1980年)

《论史传经》序

徐中玉

（华东师范大学教授）

应镠是我的老朋友之一。在他逝去的这十年里，我常常想到，他如还在，我们会谈些什么，互相鼓舞什么，期望什么，那样的话，生活一定会过得更味些。从前，过段时间，我们就会相约，不是我去看他和宗蘖，就是他来看我和瑰卿：一道喝几杯酒，谈谈新看过的书，讨论一些我们都感兴趣的问题，关心某种令人忧虑的现象。然后，我们会把对方一直送到可以上车的公共汽车站头。我们相识得很晚，那是在抗战胜利后的上海。当时我从青岛复校后的山东大学被迫回上海，写作以度日。应镠则在上海师专任教。抗战前，我先在青岛山大读了三年大学，后来又转到重庆中央大学一直到毕业。中间还在川大借读了两个月。我参加"一二・九"、"民先"，战乱中迁校南下，漂泊于长江沿岸的南京、芜湖、安庆、武汉、宜昌、万县、重庆，后来又到成都，读的是中文系。他呢，记得是在北京燕京大学加入"左联"，同样也参加过"一二・九"、"民先"，离乱中辗转于山西、华北、中原等地，后来在联大历史系毕业。他在西南的时候，我也在云南的澂江，读中山大学研究院的中国文学部。我后来又颠沛于粤北与东江、梅县、兴宁一带，直到胜利后中大复员回广州石牌。那时我们虽然不认识，经历却大致相同，都是坚持抗战，关心国家、民族命运的进步学生。在上海相识的时候，我们都是民盟盟员，都参加了"大学教授联谊会"，都已经发表过不少文字。几次交谈下来，发现彼此竟还有些共同的朋友。更重要的是，我们性格相近，喜欢直言，坦率，谈起共同关心的问题，总是一发而不可收。

反"右"时，我们都被不容分说地网罗进去，成为各种各样批判的靶子。反"右"结束后，我们一度都被纳入一个劳动"学习"组织，在郊区颛桥半天劳动，半天学习，历时两个月。一道参加"学习"的，以民盟"分子"为多，如沈志远、徐铸成、王造时、许杰、彭文应、陈仁炳、吴茵、陆治、陆晶清、钱瘦铁、姜庆湘、李小峰等近五十人。就在那里，我们直接看到了"人民公社"的成立，看到了公社社员吃大锅饭，看到农民早晚排队出工，看到农村的土高炉大炼钢铁。亲眼目睹了农业"八字宪法"的掘地三尺式的所谓"深耕"，跟农民一起敲锣打鼓去捉麻雀，实际上也就是赶麻雀而已。当时各地都在"放卫星"，年产量天天在报纸上直往上翻，直翻到亩产若干万斤，犹未尽兴。

两个月后，我们一起被编进上海社会主义学院第一期各组学习，作为原属"敌我矛盾"而作"人民内部矛盾处理"的一个开始，为期半年。我们先是在同一个小组，后来虽说不在一个组，实际却仍然生活在一起，我们所有的活动都在同样的氛围里。即使在社会主义学院结业，各自回到本单位分配工作后，我们每隔两星期，仍有一次在市政协内"巩固成果"的学习活动。

再后来就是更加"史无前例"的"文革"。我们这些人从"右派分子"到"摘帽右派"，再到"老右派"，二十年来，"右派"的帽子始终牢牢按在我们的头上。在此期间，我听说应镠受苦比我更多、更大。他的夫人因坚决说"程应镠不是右派"，便被据此定为右派。孩子多，负担重，甚至不止一次卖掉藏书以维持生活。“文革”中，他更因倔强反抗侮辱而遭到毒打。他从未告诉我自己所受的这些苦，国家民族的前途究将伊于胡底是我们最大的忧虑。

成为“改正右派”后，我们都忙于学校的工作。应镠的身体原来还好，每天早上坚持锻炼。但二十多年的身心疲惫、忧心焦虑，终于还是夺走了他的健康。记得几次去看望生病的他，他还在思考他的研究计划，准备在健康起来后从哪些方面重新做起来，但他终究没有能够再恢复起来。一位多才、多艺、多能的硕学、文史兼精的大才，终于赍志以殁了。呜呼哀哉！

应镠兄，你的学生要我为他们纪念你的论文集写序，我想对你说，你永远活在老朋友和你的学生们的心中，你的未竟之业，会由你的学生、你的学业均已有成的孩子们来完成，我们这些老朋友，也会继续尽力！你安息吧！

2004 年 8 月 20 日

（原刊于《论史传经》，上海古籍出版社 2004 年版）

怀念应镠

王永兴

（北京大学教授）

1938年秋，西南联合大学文学院从云南蒙自迁昆明。徐高阮、王勉二兄和我在文林街光宗巷赁一小屋而居。程应镠和李宗瀛住在文林街先生坡，两处相距不远。他们的租屋宽敞，所在庭院大而整洁。宗瀛和应镠都是燕京大学历史系的学生，当时转学到西南联大。1935年，高阮兄和我已与宗瀛相识，应镠则是初次见面。他们二人都是翩翩佳士，对人热情诚恳。应镠喜欢谈诗，他的案头摆着杜少陵、李太白诗集。我与高阮、王勉二兄经常是宗瀛、应镠的座上客，当然来访的还有西南联大其他同学。大家聚集在他们这间收拾整洁的屋子里，有茶，有时还有花生米。日子久了，大家都熟了，谈论历史、诗文，也谈论国家大事。宗瀛、应镠都善谈，常常有精辟的见解，使满座惊服赞赏。大学历史系三年，我们几乎朝夕相处，我获得了终生的益友。

大学毕业后，宗瀛、应镠去贵阳，他们创办了有名的花溪清华中学，我留在昆明东北郊龙头村宝台山的北大文科研究所。这时，王勉、高阮二兄也都离开昆明。昔日先生坡朝夕相聚、谈天说地、应镠高论惊四座的情景，在我埋头线装书中的寂寥生活里，成了难得的回忆与慰藉。

从40年代初到70年代末，应镠与我再未相聚。我知道他从贵阳到上海，参预创办高桥师范学校和上海师范学院（即现在的上海师范大学）。这个学校的历史系，应镠是主要创始人。在这近四十年漫长的岁月里，应镠和我居住两地，通信也不多。我们不幸和悲痛的遭遇却极相似。在十年浩劫中，我们被迫中断了通信，但我偶尔也听到应镠的一些情况，使我悲愤。在我被木棍痛打因而半昏迷的状态中，或被拳打脚踢跪在地上挨批斗时，或在土监狱中被监视下交代“罪行”时，我的师友们和孩子们的形象突然都浮现在我的脑海里。应镠似乎担着从土厕所里掏出的粪便桶，从上海师院的前门走到后门，借以示众。倔强刚正的应镠是不会在乎这种惩罚的，他依然保持着他蔑视侮辱者的严正风度，潇洒地毅然立于天地之间。

1978年，我恢复了通信自由，我想应镠也是如此。我写信给他，告诉他我还活着，依然健康，还想读书，只是我的藏书在浩劫中被没收，全以“封资修”的罪名被焚毁了。应镠回信，问我是否愿意离开太原到上海去，上海师院历史系需要教师。当时，我正和北京大学历史系商量调动事，应镠也认为我还是应该去北大。

1981年，我们离别三十八年后又在北京相聚。记得一个初夏的晚上，在工人体育馆附近的公共汽车站上，我在车上远远看见应镠，我走下汽车，我们含着热泪相抱。周围的人都惊讶了，我们也都笑了。这次我们谈得很多，但回忆往事不多，更多的是未来。应镠依然豪迈潇洒，他正在主持上海师院历史系。他畅谈他治理历史系的计划、发展远景；也谈了自己的读书研究和写作。别时青年，相聚白头，但我们的心情和精神都未老，我们依然是几十年前昆明文林街先生坡时的神态，光辉的未来吸引着我们。

此后不久，我拜读了应镠的《南北朝史话》。这是一部优秀的史学著作，也是一部好的文学著作，受到学术界的好评。应镠是史学家，也是文学家、诗人。

应镠一生的史学著作多部。我的案头摆着他撰写的《范仲淹新传》。翻开书，在他的自序中说：

> 那一位以天下为己任、忠于谋国、明于知人的名言——先天下之忧而忧，后天下之乐而乐——也是常常使我为国忘身的。

序中还引范仲淹的话："不以物喜，不以己悲。居庙堂之高，则忧其民；居江湖之远，则忧其君。"中国的知识分子绝大多数是爱国爱民的，因而也是忧国忧民的。范仲淹在北宋是知识分子中的优秀者，应镠在今天也是知识分子中的优秀者。范仲淹在北宋德高位高望重，应镠在今天，位不高，望不重，但却德高。我们尊重范仲淹，主要是因为他德高。"先天下之忧而忧，后天下之乐而乐"，这就是德；"居庙堂之高，则忧其民；居江湖之远，则忧其君"，这也是德。范仲淹千百年来为人们所崇敬，因其德高；至于位高望重，则是很次要的事了。

应镠之志为为国忘身，这就是德；他一生的事业，都源于他的爱国爱民、忧国忧民的思想，这也是德。位与望，在应镠看来，均为过眼烟云，不值得一顾。今天，应镠已结束他的一生，应镠之志之业，应予肯定。

应镠忧我国师范教育不够发达，严重影响中小学教学，故参预高桥师范和上海师院的创建，并自己主持上海师院历史系。

应镠忧《续资治通鉴长编》之难于阅读，严重影响宋代历史的研究，乃以己身为表率，组织学者整理《续资治通鉴长编》。整理这样一部大书，难度甚高，错误是难免的。出了一些错误，可以有善意的批评指正，但也有人说闲话，讽刺挖苦。这些应镠是能预料的。他以极大的毅力坚定地开创。善意的批评指正，他虚怀若谷，接受改正；至于讽刺挖苦，他则一笑置之。其实，整理后已出版的《续资治通鉴长编》受到学术界的欢迎，很快，它就成为畅销书，现在这部名著已难买到了。

我国的宋史研究有成绩，应镠给予肯定。但他却忧各校各研究机构学者们力量分散，影响研究的进展，乃有创办宋史学会之意。当然，宋史学会的创立者多人，应镠是其中之一。但如我们回忆当年宋史学会召开成立大会的经过和实际情况，应该说，应镠是宋史学会得以成立的主要人。宋史学会成立大会在上海师院召开，与会者的食、宿均在上海师院，市内交通亦由师院负责。这一切费用均出自上海师院。师院的领导亲临大会布置和祝贺。这一切都是应镠努力得来的。以他在上海师院的地位，以他的出于至诚的努力，师院愿意出钱出力，使宋史学会成立大会圆满召开。而事后悠悠之谈，却向应镠泼污水，至今思之，仍使人愤慨。

应镠忧我国古籍整理力量之不强，忧上海师院文史学科教学与研究成就之不十分显著，他亲自创办上海师院古籍研究所。1981 年我们在北京见面时，应镠就提出这一意见，简要地向我说了他的计划。1985 年，我第一次去上海师院讲学，参观这个新建立的古籍研究所，应有的图书资料备具，研究人员各司其职，古籍整理的初步计划已经完成。我不能不赞佩应镠的才能。

我在这篇小文里，不想写出应镠一生事业的全部。我的重点在于：应镠一生的事业都是在忧国忧民思想支配下开创和完成的：忧古籍整理而创办上海师院古籍研究所，忧国也；忧宋史研究而创办宋史学会，忧国也；忧我国教育而创办高桥师范和上海师院，忧国亦忧民也。无事不忧，无时不忧，然则应镠何时而乐？他乐在忧中，在为事业而忠诚竭力之中。

应锣有家庭之乐。我两次去上海师院讲学，是他家里的座上客。饭后谈文论史，说古道今，他们的小楼里充满欢乐的气氛。在一次谈话里，宗蕖（应锣的夫人，宗瀛之妹）感慨地说：

> 这个家庭的生活上和工作上的灾难没有把我们压垮，生活上的灾难可能已经结束；只希望没有重大的疾病，只希望再过些年没病没灾的平静生活。

这时，应锣已患有使人忧虑的病症的萌芽。这个刚强的人硬是把病压下去，他依然不舍昼夜地工作着，直到他不得不长卧病床，才把工作放下。

“积善之家，必有余庆。”应锣、宗蕖积善如东海南山，他们的余庆应泽及二子二女吧！大道不爽，应该如此。

应锣一生体现了孟子所说的：“富贵不能淫，贫贱不能移，威武不能屈，此之谓大丈夫。”朱熹注曰：“移，变其节也。”其实，这三句话都关系到气节，虽身值富贵、贫贱，或身临威武之下，有气节的人都能守其道而不坠。应锣一生的遭遇及其所作所为，不正是这样吗！

有一次在他的书房里，他取来陈寅恪先生的《寒柳堂集》，我们共同阅读《赠蒋秉南序》，读到：

> 虽然，欧阳永叔少学韩昌黎之文，晚撰五代史记，作义儿冯道诸传，贬斥势利，尊崇气节，遂一匡五代之浇漓，返之淳正。故天水一朝之文化，竟为我民族遗留之瑰宝。孰谓空文于治道学术无裨益耶？

这一段，应锣提议，再读一遍，各自背诵。我们背诵流畅，应锣更好。琅琅之声，响彻于小楼内外。接着，应锣执笔铺纸，振笔疾书八个大字：“贬斥势利，尊崇气节。”字如其人，挺拔豪放。我们看字，相视而笑。寅恪先生这八个字，不仅是对蒋秉南先生的教诲，也是对先生所有门人和正直的中国知识分子的教诲。应锣在西南联大听先生讲课，应锣一生真正做到这八个字，无愧于这位一代宗师的教诲。

应锣故去后，他们的长子接宗蕖来北京小住。她到北大来看我，我们谈了应锣的一生。宗蕖最后说：“我一生陪伴着这样一个人，是值得的。”宗蕖是对的。应锣功在民族国家，泽及后昆；他无愧为祖国之子，无愧为夫，无愧为父，无愧为师。他一生无憾事。应锣，含笑遨游于九天之上吧！

1994 年 10 月

遗札三复待春归
——缅怀程应镠教授

尚　丁
（上海辞书学会会长）

一

地下能相见，生逢不可期。
秋深云漠漠，风老雨丝丝。
遗札当三复，淫威逞一时。
劳人还草草，憔悴待春归。

这是程应镠教授于1977年10月所作怀念吴晗先生的五言律诗。其时，距吴晗先生蒙冤逝世已八年，诗情抑郁，语意沉痛！

程应镠在西南联大，是闻一多和吴晗的得意门生，又是往来亲密的挚友。就在昆明西仓坡程应镠常去的吴晗的那间小屋里，在挂着闻一多篆书条幅前，1945年，吴晗和闻一多介绍程应镠加入了中国民主同盟。他是民主运动中义无反顾的斗士。因此，1946年夏李公朴、闻一多被暗杀时，程应镠是黑名单上重要的捕杀对象。他不得不逃离昆明，来到上海，在上海师专任教，并在上海政法学院教授世界通史。

程应镠来到上海后，立即积极参加了上海大学教授联谊会的活动。“大教联”是党领导的进步组织。当时，他才三十出头，是“大教联”中最活跃的教授之一。由于他的积极活动和对学生运动的大力支持，不到一年，即被上海师专解聘，乃到光华大学任教。

我是先从“大教联”的负责人张志让先生那里知道程应镠其人的。张先生说程应镠是“大教联”中最年轻的教授。因为程应镠来上海后没有参加民盟的组织生活，所以，我一直不知道程应镠是民盟盟员。在我负责上海民盟地下组织之后，吴晗通过他弟弟吴春曦，把程应镠的盟组织关系转到我这里，我才和他取得联系。记得他当时住在四平路新绿村，当时叫“其美路”，是人迹稀少的一片荒郊，在那里和他见了面，我们一见如故。我立刻把他介绍给孙大雨先生，编入民盟上海市第五区分部，这是民盟的大学教授区分部，大雨先生是区分部主任。此后他就成了民盟的大学教授中最活跃、最积极的一员，并担任了上海民盟的解放工作委员会委员，为解放事业作出了重要贡献。

二

程应镠，笔名流金，1915年生，江西新建县人，1935年在燕京大学读书时，就参加了“北方左联”。他是"一二·九"运动中的活跃分子，与姚依林、黄华、陈翰伯、刘佛年、冯契等同学，并肩战斗在北平街头。"一二·九"运动中的积极分子，都是关心政治、以天下为己任而学业成绩优异的学生。他在"一二·九"运动斗争中，参加了"民先"组织。

抗战开始后，程应镠经天津从秦皇岛直航上海，回到江西故乡，再经武汉至渔关，过黄河，转战晋西吕梁、姑射山中。38年春，又渡过黄河到延安，再自延安南行，6月到武汉。这一年中，他驰骋在烽火之中，写了不少讴歌抗战的好文章。后来，这些文章集辑为《一年集》一书，由桂林文化生活出版社出版。

这期间，他一度在武汉大学借读，于1938年秋去昆明，就读于西南联大，毕业后，即在云南大学任教。

应镠自己说是个有点孤僻的人，其实，他是个正义感极强，对同志、对朋友赤胆忠心的热心人。在"大教联"和民盟的大学教授区分部中，他和孙大雨、陈仁炳、彭文应等同心同德地奋战在革命斗争第一线，情深谊重。他对孙大雨从艺术殿堂里走出来，投身于革命斗争，非常敬重。1948年夏，吴晗来上海，他特地向吴晗介绍孙大雨的情况，并安排他们见面共餐。吴晗也为之十分高兴，说他很了解大雨先生的过去，也是一位闻一多那样拍案而起的学者，在北平也有许多与大雨先生交好的共同朋友。

当年，民盟的大学教授盟员，全部参加了"大教联"，沈体兰担任"大教联"的副主席，孙大雨、彭文应、许杰、陈仁炳、董每戡、林穆光等七人，是"大教联"的干事。参加"大教联"的盟员还有楚图南、夏康农、张孟闻、吴藻溪、程应镠、徐中玉、张文郁、杨村彬、王元美、赵书文、顾执中、勾适生、赵铭彝等等。他们做了很多工作，对民主革命是有重大贡献的。但在上海解放后还不到一星期，有人穿了军装回来，立刻召开了"大教联"的会议，大家原本希望从解放区来的同志，能多谈谈新鲜的人和事，但令人意外而不解的却匆匆宣布改选"大教联"的干事会，民盟的同志全部落选。这是为什么？而这次集会却成了"大教联"最后的一次集会。程应镠感到很吃惊，也很沮丧！我也很惭愧，没有站出来为民盟同志说话。其实，我和那人是很熟的。

大家还都知道，在上海解放前那段黎明前最黑暗的时刻，程应镠在绍兴路静村四号的住所，就成了许多革命者的避难所。他们都在那里受到很好的接待。静村四号是国民党政府农林部部长周治春的寓所，周在解放前去了香港，请程应镠一家去住，邻居都把他们当成部长的亲戚，正好掩护了他们，成了他们的乐园。孙大雨、陈新桂等同志，都在他家住过不少日子。大雨先生住在那里时，为"大教联"草拟了揭露蒋介石贪污、腐败以及暴行的材料，经常晚上工作到深夜，白天打字，一连十几天。工作完了，自己亲自把材料送交当时美国派到中国来的特使魏德迈和几家西文报纸。

上海解放后，程应镠一面忙于负责办学工作，还帮我复刊《展望》周刊。他为《展望》撰稿，还为《展望》组稿和看稿，处理具体的编辑工作。1957年，我们都被"扩大"进一只巨网之中，我远戍青海，使我俩的往来中断了二十年。

三

程应镠是治史学的，孜孜于史学教育，是一位在大学任教五十多年的知名老教授。他在大学里从世界通史、到中国通史、断代史都开过课，而特别精专宋史。他治学极其严谨而勤奋，对历史和历史人物的研究，有很高的造诣。他是上海师范大学历史系的创建人，他一生奉献于大学培育史学人才，桃李满天下。

程应镠认为，我国从孔夫子到孙中山，历史上有过无数英雄人物，他们少有大志，对祖国对人民作出过各种不同的贡献。他特别重视历史和历史人物的教育作用。他认为，选取历史人物中的精华，作为教育青少年一代的教材，使亿万青少年成为爱祖国、有理想、有道德、有文化、有纪律的接班人，继往才有开来，这是我国教育史中的一个优良传统。他对解放以后长达三十多年的"左"的干扰，使历史和历史人物的研究，没有上正路，深有感慨，认为把那些代表封建地主阶级的历史人物——帝王将相，一棍子打死，一概加以否定，不是治史的科学态度。他说：历史事实是不能改变的，历史是不能随意篡改的，作史的人要尽最大努力求真；只有真实，历史才是一面不变形的镜子，才可以提供经验教训，才能借鉴。

程应镠一生光明磊落，言行一致，爱说真话，也敢于说真话，坚持真理。这是中国知识分子极可贵的大节。他曾不无感慨地说过：这也就是他的致命伤！其实，这是特定时代的悲剧！

应镠的史学专著不多，其实，他是很能写的。他写的书，历史材料真确翔实，经得起严格检核；而其文笔，流畅清新，优美生动，可与文学著作媲美。他是可以为后人留下更多传世之作的。而由于不言自明的原故他只留下三本史学专著，一本是《南北朝史话》，一本是《范仲淹新传》，还有一本是《司马光新传》。而这三本书，也是在极其困难的条件下完成的。

1957 年以后，程应镠被迫弃离了做学问。那时，谁都不会发表他的文章，更不会出他的书，甚至，连买本书的钱也没有。这时他的老同学、老朋友周游，主持北京出版社的一套《中国历代史话》的丛书，要他选作《南北朝史话》，他很高兴，也很感动。但真正促成他在极其困难的情况下完成此书的，则是他的老师和知友——吴晗。

当时（1961—1962 年），对于历史问题的激烈争论已见诸报端，并正酝酿一场大批判。对那些讨论和批判，程应镠是有自己的看法的，但他已经没有发言权。他只有用他的著作来表明自己的观点。但他不在书里发议论，也不夹叙夹议，而是着力于叙事，以及与事有关联的人，由历史事实说话，做到论从史出，其论自见。而这，也正是程应镠的史学著作的特色。

程应镠很快写出了《南北朝史话》的第一、第二部分：《南朝的政治和经济》与《北朝的政治和经济》，把书稿寄往北京。吴晗立刻通读了全文，并即刻回信鼓励他说："就按这个样子写下去。我们打算把它印出来，作为担任其他朝史话作者们参考。我想你不会反对。"不久，这部分书稿即印了出来，在北京组织了讨论。吴晗还给他来了四五封信，他们讨论史学上的一些问题，大而如民族融合问题；小而如斛律光父子，吴晗都明确地表示了意见。1964 年初他交出了《南北朝史话》的全部书稿。但是，1964 年底，出版社正式通知他：程应镠的这本书不能出版。命运就如此严酷！

这本书终于在五年后的 1979 年 10 月得以出版了，而促使他写这本书的挚友吴晗，被姚文元用《海瑞罢官》作靶子，深文周纳，极尽其诬陷之能事，造成株连"十族"的大冤案，瘐死狱中已十年！程应镠望书兴叹，感慨万千，写下了本文开头这首血泪斑斑的五言律诗，说："对死者是纪念，对生者则应当是鞭策。"

春天终于来到了，大地一片欣欣生气，程应镠重新获得自由地做学问的权利。他情不自禁，立刻动手写他第二本史学专著：《范仲淹新传》。

范仲淹胸怀天下，以仁义为心，忠于谋国，明于知人；先天下之忧而忧，后天下之乐而乐；居庙堂之高，则忧其民，处江湖之远，则忧其君；不以物喜，不以己悲。程应镠自幼读史，对范仲淹的高大形象景仰心仪不已，激励着他，常常使他为国忘身！

程应镠从 1980 年开始动笔，一边为《中国历史大辞典 · 宋史》卷定稿，一边着手此书的写作，他这时已七十高龄，但他仍然兢兢业业，一丝不苟，参检摘录了六十七种史籍，深入研究了范仲淹的一生以及和他同时代的人和事，废寝忘食地投入写作，终于在 1985 年 7 月完成全稿，写出一个如山之高、如海之深的范仲淹。

他原本还可以写出更多史学专著的，但他病倒了，反侧床第，一病不起，在 1994 年 7 月 25 日与世长辞了！

翌日，我就去看望程夫人李宗蕖大姐。李大姐说："应镠的历史专著，最后一本《司马光新传》是 1987 年 9 月病倒前完成的，1991 年 8 月由上海人民出版社出版，印数很少，漏寄给你了。他原来的打算是写一系列宋人和魏晋人物的传记，但在这本书稿完成的第二天就进了医院，以后没有恢复过健康，所以，这本书无序无跋。"李大姐还说：几年前，她和应镠一起去参加一个老同志的追悼会，在回家的路上，应镠很深沉地说："我们俩不论谁先走，走了，一切从简，一不举行追悼仪式，二不搞遗体告别。……"古人说："文如其人。"这不就是范仲淹的"不以物喜、不以己悲"的胸怀吗？

这一周，我重读了应镠的著作和文章，三复他的遗札。古人还说："读其书，想见其人。"我不能不写下点什么！但写点什么呢？就写"遗札当三复，憔悴待春归"这么十个字吧！

1994 年 8 月 16 日

忆程应镠兄长

赵　洛

（北京出版社编审）

1942年春，家里了一位客人。

这时正是抗战正酣之际，我家从“七七事变”后逃难回到故乡安徽太湖。在离县城不远的东南方，是祖先丘墓之地，名叫回龙，由于上海的叔叔寄了点钱来，我们在这里新盖了一座内分五室的房子。

来者是我大哥的好友、同学。我大哥赵荣声是上一年11月刚从河南洛阳经颍河、淮河、深河回家探望久别病难中的双亲的，大嫂还带来一个一岁的孩子。大哥是1938年从八路军总部又另调到卫立煌那里去作秘书的。

现在来者也像哥哥一样高个头，长脸，梳分头，不到三十岁，很潇洒，有股风流倜傥的味儿。后来才知道他叫程应镠，也在卫立煌那儿当秘书。听哥哥说，应镠兄是逃避河南特务的追捕才仓促逃到皖西这个小县城的。这太湖县西边是湖北、西南不远就是江西九江，是南京到武汉的陆上通道。1938年日寇曾从安庆沿大道经潜山至宿松剽掠而过。彼时并未沦陷。他就在皖西大别山南麓这小屋住下，彼此慢慢熟悉起来。我家中人不多，哥哥下面一个姐姐，1938年从安徽步行去了延安。再下面是孪生兄弟，叫大双、小双。我是小双，才十七岁，刚念高中一年级，就在父亲任校长的安庆六邑联立中学读书。应镠兄也跟着家人叫我兄弟大双、小双。

家园三面是小丘，西边几畦稻田，外边是沙河，又叫长河，直通皖水到安庆入长江。小屋旁边遍种竹、樟、松、梅，绿荫一片，显得山清水秀。尤其春天来临，杜鹃花红遍山坡，油菜花黄满田野，宛如一个世外桃源。

平时我们孪生兄弟陪应镠兄到屋前沙河边散步，采点野花，不时能听到布谷鸟传来的鸣叫，乡下人说鸟语是“割麦插禾，割麦插禾”。有时也陪他到县城、黄泥港去逛逛市集，或到学校借些书。到了暑假，皖西天气很热，搬出竹子凉床乘凉，看着星空，海阔天空地漫谈，他谈时事，谈历史，谈往事。他很健谈，一口江西话，乡音很重，我们小兄弟俩很感兴趣。他说在北平燕京大学读书，老师洪业授课甚严，常常要学生用英文翻译中国古诗。当时我们正在学英文，明白这当然是很难的，听了不禁吓了一跳。他又谈起在燕京大学参加文艺社，开始写诗、小说以及散文，以后在《大公报》文艺版发表作品，我们兄弟听了很佩服。应镠兄还说他参加过全国运动会，参加中长跑。这使我们兄弟热心起运动来，自己在屋前小院挖了一个不大的沙坑，练习跳远；还挖了一个洞，用竹子学习撑竿跳。总之应镠兄的来到使家里平添了勃勃的生气。

乡下伙食平淡，我们在屋后小丘旁开了点地，播种西红柿、小白菜，有空我们兄弟还拿了一斗米到县城去换点钱，再去买肉或鱼，打打牙祭。家里藏有陶诗、杜诗集子。宁静悠淡的田园生活，使大家不禁喜欢起陶渊明来。另一方面，由于兵荒马乱、家人离散，还时常传来乡下抓壮丁的消息，主客自然常谈起杜甫的名诗《三吏》、《三别》。我父母亲都喜欢诗，父亲很早就和马一浮唱和，壁上挂了马一浮从四川写来的诗，记得有“峨嵋天柱年年雪，两地冬天一例愁”的句子。马一浮当时对父亲的回龙山居也很欣赏，写道：“墓田种树还乡计，屋壁藏书避世情。”①正是这读杜吟陶之际，应镠兄诗兴勃发。一天，应镠兄说写了一首诗要给我父亲看看，并希望我父亲能加以润饰修改。记得父亲对这首诗很是赞赏，因而得以存留下来。当时父亲或许改动了一二个字，全诗是：

北邙山色西宫树，感物怀人古帝京。
伊洛有情朝魏网，文章无意问苍生。
凄凉乡社归耕晚，零落亲朋客梦惊。
少小虽非投笔吏，至今尚有意纵横。

诗里，应镠兄想起了洛阳北邙山和西宫的卫立煌总部，由于牵挂友人而一并怀念古都洛阳。他像伊水、洛水那样情怀祖国，希望为国效力，以济时艰。“文章无意问苍生”是反话，恰恰正像贾生那样有意于苍生，只是国民党顽固派不让他实现抱负，暂时只得躲到偏远的小村，在夕阳中看乡人耕种，由于亲朋稀少，不免时有凄凉之感。应镠兄从参加“一二・九”运动时，就思报效祖国，像班超那样投笔从戎，参加了八路军（1938 年他到延安后参加八路军是以后才听周游告诉我的）。后又入了卫立煌总部作秘书工作，总想对抗战有点用处。

到秋天，应镠兄离开太湖，后来又去了大后方，以后几十年，南北暌隔千里，很少音讯。1977 年初，我去看北京出版社老社长周游同志，他拿出一封信给我看，是应镠兄从上海来的，说想来看看北京的老朋友。这使我想起吴晗主编的《中国历代史话》，其中有一本《南北朝史话》，是周游约应镠兄写的。因写得较清新活泼，故先排出校样，作为样稿，供其他作者参考。第二天，我去询问寻找这份校样，最后终于在崇文门外东兴隆 51 号地下室的一个又湿又黑的烧暖气的锅炉房里，幸运找到两本《南北朝史话》的校样，它们已被尘土煤灰掩盖多年。这份劫后余生的校样，经过编辑刘宁勋等人的努力，以后才得以正式出版。

当时出版社希望程应镠来京修改《南北朝史话》，由于住房紧张，找不出一间房子来住。直到 1977 年 9 月幸亏周游夫妇让出书房并照料食宿，应镠兄才得以来京改稿。那时他住在朝阳门外三里屯，和我的住处呼家楼不远，我常去看他。第一次再见面时，他又叫我小双，我称赞他的记忆力。我谈到 1947 年秋入学不久，在清华园里，朱自清老师曾把外系的我误作中文系我的大双兄，大伙大笑起来。这样又海阔天空地聊起来，他还是一口江西话，这不禁使我想起早年时代听他讲“少年不识愁滋味”的有趣漫话。一天，他谈起明定陵发掘之后还没有去看过。我们约好坐长途公共汽车从德胜门出发，应镠、周游、宁勋和我带了糖火烧和家里煮的茶鸡蛋，定陵孟亚男还送来了茶水，参观之后，我们就在院外野餐大嚼，回忆起来，比今天大饭店的美食有滋味得多。

1979 年，这本《南北朝史话》终于出版了。应镠兄在后记中写道：“周游同志是建议我写这一本书的人。另一位促成我写这一本书的就是吴晗同志，可是，我在北京再也见不着他了。”他在北京住了五十天，

① 父亲赵纶士诗集大都散失。他与马一浮唱和的诗，因编马一浮集子时，马一浮侄子马镜泉抄给我的。全诗《纶士先生赠答四绝并见示回龙山居述怀之什奉酬律代简》：“坐看荼毒误苍生，敢说春秋致太平。年去江流湍漱速，诗来长夏午阴清。墓地种树还乡计，屋壁藏书避世情。欲话桑麻忧道阻，相逢何日俟休兵。”

往往独立窗前，对着蓝天，充满了对他的怀念。稿子修改完毕那一天，正碰上北京少有的濛濛细雨，独自坐在窗下，写了一首怀念他的五言律诗：

地下能相见，生逢不可期。
秋深云漠漠，风老雨丝丝。
遗札当三复，淫威逞一时。
劳人还草草，憔悴待春归。

诗写于1977年10月，三家村冤狱还没有平反，所以说"憔悴待春归"。到1979年3月，写这篇后记时，吴晗已经平反，他写道：现在是春天了，一切充满了希望，呈现着欣欣的生意。遗札指1950年夏吴晗给他一封信，劝他认真学习马列，而不要在大学里担任马列名著讲授的信。应镠兄对师友吴晗的感情是很深的。

以后见到周游与哥哥时，零星听到应镠兄的情况，知道他除了在上海师范学院教授历史以外，还创建并主持古籍研究所工作，点校《续资治通鉴长编》、《宋史》等。而这些年我因编辑邓拓提出的"北京古籍"，也做点校古籍工作。我是后学，正想向他学习请教。1984年秋，到扬州开一个整理古籍的会议，经杭州，写信给他，说即来沪聆教，再听听他的漫话。可是后来因事没有去沪。他于12月20日回我一信，这是唯一保留下来的纪念了。信中谈他邀请王钟翰、邓广铭去沪讲学，又叫我催促首都历史博物馆归还曾借去吴晗致他的信。原先是因我的介绍，应镠兄才借给博物馆作吴晗生平展览用的。以后陆续听说他生骨刺压迫神经患病不轻的消息，不禁黯然，为他难过。后来见到他写的《范仲淹新传》，书中史实淹博，文字犀利，又感到他的才华还是会好好发挥的。孰料今年8月间，陈鼎文兄突然来电话，说应镠兄已于7月25日溘然故去。不久去探望周游病时又再次证实了这个消息，天丧斯人，使我哀痛伤感不已！鼎文兄多次嘱我写点东西纪念他，我也不顾钝笔朴拙，写了这些回忆。

半世相从心似玉　岂独情亲如手足

——琐忆程应镠、张家驹、魏建猷的“文人相亲”

萧善芗

（上海师范大学附中教师）

上海师范大学为迎接60周年校庆，在东一教室边的画廊里展出了第一辑专栏：《师大先贤名师》，共展示自老校长廖世承至体育系原系主任王南珍等16位老先生在学术上的卓越成就和对师大建设的巨大贡献。我出于对名师的敬仰与亲人魏建猷的怀念，于4月14日漫步画廊之前。细细浏览一圈后，便驻足于历史系原系主任程应镠、张家驹、魏建猷三位先生的画框前。看着他们的照片，他们当年的音容笑貌活现眼前，三人间的许多往事，也从心头不断涌起。

在20世纪30年代初，程与张，都为北京燕京大学历史系学子，魏为燕大图书馆职员。1954年上海师专成立，三人先后从不同岗位调至师专历史科。程任中国通史教程兼历史科主任；张任中国古代史教程兼古代史教研组组长；魏任中国近代史教程兼近代史教研组组长。虽然职务不同，学术各有建树，但一起共事，从无文人相轻之习，而处处体现出文人相重相亲的传统美德。张、魏所写的讲稿，必让程过目。程为建设好初创的历史科，在不少重要问题上都征求张、魏的意见，张、魏都能为共同办好历史科坦诚地各抒己见。程、张、魏出身于完全不同的家庭，年龄相距在五至七岁之间，性格各异，但都心胸宽阔，举止儒雅，且都身材高大，站在一起，酷似兄弟，走在一起，常常成为校园年轻学子叹为仰止的风景线。

争名夺利是许多人之常态，而程、张、魏于名利之前，却各有自己的淡泊。1956年，学校进行评级评薪。评定的结果程与魏同为四级，而张因来自中学，当局有规定，最高不得超过六级。程为此深感不公和无奈，而早已在宋史界享有盛誉的张先生却淡然处之，照样勤奋工作，且直至离世，从未为此发过牢骚、有过怨言。真君子也！

1957年程被打成右派，罢了系主任职（那时师专已扩大为师院，科也提升为系）。学校改聘魏建猷为系主任。魏一方面心存畏惧，不知在此形势下如何工作；另一方面接程之职，作为朋友心有不安，便不避嫌疑牵连，直接去程府向程告知校方的决定和自己的心情。程十分坦然，劝魏不必介意，大胆工作。而在以后程被批斗的日子里，张、魏与其见面时仍像过去一样必打招呼，眼神里还送去几分同情和安慰。

科变为系以后，张被安排为历史系副主任。张、魏两人合作默契。那时程、魏两家，已搬住东部音乐新村，与历史系办公室近在咫尺；但张仍住四川北路横浜桥，每日到校办公来回须三小时。魏见张如此奔波，于教学、科研、系工作和身体健康都有影响，便主动和张商量，原则上一周各人值班三天，但在张无课、系内无大事商量时，张可不必来校，而由魏值班处理日常事务。后来，魏因肺结核病复发，学校安排他去杭州疗养，系内工作即由张一人主持。于是，他每日必来学校，而且从不迟到早退。系事务、上课教学、科研任务一样不落，辛苦可想而知。在两人通讯中，魏深表歉疚，张却不以为意，总劝魏安心养病，早日康复。

名利之间显风节，患难之中见真情。在十年动乱时期，前五年，三人均被打入“牛棚”，除共同被斗以外，都下放劳动，在1966年至1968年，同在桂林大队“改造”，干的是拉粪车，来往于漕河泾和桂林路之间，有时还要去七宝把酒糟拉回桂林二队猪场。劳动强度之大超过他们的承受能力，但大家都很认真，并抢着捡重活干。程、张两人十分照顾年岁最大而体弱的老魏，每当两人扛物、提物时，他们总是把重心向自己这边移，为让魏稍微轻松些。体贴之情，令魏感动而无以言表。

一次在收工途中，遇到一群附中红卫兵。因为我在阅读课上讲过魏徵《谏太宗十思疏》一文而被打成“牛鬼蛇神”。他们在无数次的抄家中都认识了老魏。因此见到他，便举起手中皮鞭，迎面抽打魏的头部，有的还拳打脚踢。魏当场头部出血，摔倒在地，不省人事。红卫兵见状，撒手而逃。程、张急忙向附近农家借了拖车，将老魏抬上拖车，连奔带跑至八院就医。经过急救，魏才逐渐苏醒而活了下来。

1967年夏，魏与我因不堪再被“武斗”到处躲避，红卫兵不断追寻，最后上海已无处藏身。为了活命，我们夫妇只能抛开儿女，去北京上访避难。但身在北京，心挂上海。无奈之下，魏冒险写信给程先生，想了解家中情况。程一家不仅早在暗中照顾魏家儿女，又不怕雪上加霜，连累加罪，给了回信，略谈上海形势和家中尚平安的消息。这一切，无疑是对魏全家的雪中送炭。

1971年《二十四史》点校工程上马，程、张、魏均被“废物利用”——先后停止了“劳改”而被安置到《宋史》标校组工作，这是他们三人共事的最后一段时光，更显出学人相交而重于学的本色。张先生因早在就读燕京大学时就对宋史开始研究，便被第一个调进该组，且任“通读”一职。张读书、工作一向勤奋、负责、认真。据程先生在《记张家驹同志逝世十周年》一文中说，在程进组不久后的一天，张把一篇未断句的白文拿给程读，在读到组内有过争议的地方，张让程再读一遍。程读了，张笑着说：“我还有考考你的意思呢！”当时程听了，有些不高兴，但看到张工作认真的态度，甚至听说在便桶上还捧着《宋史》进行通读；同时也想到张对自己阅读文言文能力是不清楚的，作为标点通读，他必须知道，应当考一考。而作为他的朋友，张采取的方式和态度也是恰当的。于是原来的不高兴消失了，反而暗暗地更加尊敬张。

“通读”是一件苦事，在看过别人初标又经过自己改过的稿子，还要送给原来标点者看，这往往会引起争论。张先生想的是如何使标点质量不断提高，总是心平气和，有根有据地摆事实，讲道理，使对方膺服。他和老魏也有过这样的争论，结果总是谁根据最足最有道理，就照谁的意见处理。他们的这种对学问一丝不苟的态度，可能就是孔子所言“君子和而不同”在学术问题上的表现吧！

程、张、魏三人经历坎坷，而张尤为不幸。“文革”中，张先生的独子在广州被迫害致死，丢下了年轻的妻子和幼小的儿子。张把失子之痛隐藏心中，从不对人诉说，而工作一如既往，只是更沉默了。直到很久后，程、魏这些与他朝夕相处、患难与共的朋友，才知道他所遭的不幸，但也只能心中同情，无法出言劝慰。然而总想以适当的方法，宽宽他的心，哪怕只是暂时的。老魏就同程先生商量，相约张先生夫妇带上小孙子一起去苏州玩一次。张先生欣然同意。那是1972年4月，三人还未得到真正“解放”的时候。三家夫妇带着可爱的张彪彪，清早不动声色地去北站乘火车至苏州。整整一天，在苏州玩了好多个景点。大家把一切都抛至脑后，尽情欣赏苏州许多不同的江南庭院和大自然的美丽风光，拍下多张照片。这些照片既记录下了程、张、魏间永恒的友谊，也体现出三人虽然身处逆境但不为所困的宽阔胸怀。

不久，张先生因积忧积劳成疾，患了不治之症，于1974年离开了相濡以沫的妻子、心爱的孙儿；放下了为之呕心沥血的未竟事业而溘然去世，年仅六十。张离开了人世，留给程、魏的是无尽的思念。

1978年秋，程先生为张先生的遗著《沈括》重印校样。校毕已深夜，程先生情不自禁地写下了七言绝句一首：

呕心剩有遗书在，记往难禁泪满腮。
廿载相从心似玉，一灯愁听雨声来。

老魏晚年常拿起张先生“通读”过的《宋史》书卷，面对着压在书桌玻璃板下的上述照片，默默地凝视着凝视着，最后自言自语地说：“家驹实在走得太早了，可惜啊！”这时，泪水再也禁不住地流了下来。

改革开放后，程、魏得到彻底平反，先后回归历史系任原职。两人除合作管理系务外，还要上课、带研究生、搞科研。长期积累的资料，早已在“文革”中被毁。两位老者为实现自己的旧梦，只能从头开始，日夜奋斗。到周末才各自放松一下。于是晚上两人常相聚一起，或在程府，或在魏家，坐在两家小书房里，清茶一杯，或谈学术，或叙掌故，或海阔天空地聊天，直至深夜。他俩有时喃喃细语，有时大声争论，有时哈哈大笑，融洽温馨，令人欣羡。

可叹好景并不太长，数年后，两人相继患上不治之症，各住医院，相互间牵念不止。1988年1月19日，老魏在79岁生日的前夜，平静、尊严地辞世了。

此时，程先生在病榻上满含悲痛地作挽联一副：

论交四十年患难相依，岂独情亲如手足；
卧病三百日艰难一面，不知何处赋招魂。

1994年7月25日，程应镠先生与病魔顽强斗争卧床8年后，与世长辞，享年79岁。作为老魏的家属，拙于言辞，难以表达悲伤之情。如果有天堂，他们三人应该会在那里，依然相亲相重，抛开了人世间一切烦恼和辛酸。

三人已去，留在上师大校园的，只是他们的照片、亲友学生的记忆，但他们的淡泊名利、严谨治学和相重相亲的学人风范，应该融注到师大校园的精神中去。

缅怀程公

王春瑜

（中国社会科学院历史研究所研究员）

冷照西斜正极目空寒故国渺天北

大江东去问苍波无语流恨入秦淮

先祖师爷梁任公晚年集宋人词句成此联。语苍凉豪放、悲壮寄情、字字掷地有声。今年乃程应镠教授百岁冥辰。犹忆不才曾与程公在中国古代史教研室共事。程公不幸五七登科，虽六零年摘帽，但毕竟已入史册。令我佩服者程公无一丝媚颜奴骨，呼系中掌权者老某云云，开会时发言侃侃而谈，非大丈夫不能为也。一九七九年春，余奉调入京，临别时候徐孝通教授与程公均曰“相信不久即会在报刊上看到尊作”。勉语至今，犹在余耳畔，回想往事并不如烟，特写此小文缅怀程公也。

后学

王春瑜书

丙申暮春

程应镠先生杂忆

王曾瑜

（中国社会科学院历史研究所研究员）

时光如流水，转瞬之间，逝世22年的程应镠先生已届百年，而作为后辈的我，也已接近他当年的高龄了。

回忆起来，我与程先生的相识和亲近，是始于1980年初次宋史年会，此后又在上海暂住数月，在他领导下，参加《中国历史大辞典·宋史卷》的工作，以及后来在中国宋史研究会中的一些会务。程先生过去的情况和磨难，我还只是从其好友熊德基先生处，稍知一二。尽管程先生身处逆境，而作为中共党员的熊先生，却在事实上并未与挚友"划清界线"，一直保持了真诚的友谊。这在当时确是难能可贵。

程先生从魏晋南北朝史改治宋史，在校点《宋史》的极其繁重的工作中出了大力。毋庸置疑，对杂乱错讹极多而又卷帙最大的《宋史》的校点，其难度和工作量肯定居二十四史校点之首。当标点本《宋史》问世后，自然会出现赞扬的声音。特别是在上海标点的五部史书中，《宋史》肯定质量最好。但程应镠先生对此是有清醒的认识者。这是我第一次见到虞云国先生，记得他当时找程先生谈一点工作。虞云国走后，程先生向我称赞说，虞云国在大学阶段，正当标点本《宋史》问世不久，居然就找出此书的不少问题，十分不易，难能可贵。

依个人的观察和体验，大凡真心治学、有事业心、有责任感者，往往也自然而然地、真心实意地奖掖和提携后进，程先生当然也是这样的一位。虞云国先生正是在程先生的识拔下，得以进入了史界，而成长为一位有真知灼见的，有深入研究的，并且怀着对祖国、对史学发展的责任心，而有强烈民主意识的史家。

程先生虽然长期处于逆境，但我的第一印象，真可说是意气风发，干劲十足，似乎往日的委屈，在他身上简直就没有留下什么形迹。他处理什么事情，都不喜欢安坐不动，对人发号施令，而是事必躬亲，不惮烦劳。例如我们所写的《中国历史大辞典·宋史卷》释文稿，原来都附注相关的史料出处，出版后，才将相关的史料出处，都予以删削。他对每条释文都进行仔细审读。记得有一回，特别找我，为的是我的释文稿中所示的出处，他找不到相关史料。直到我翻开书，向他指明了在史料的何处段落，他看后才放心。他得病后，我有一次到上海看望，顺便向他报告一点中国宋史会的会务。程夫人李宗蕖先生有点不高兴，说："就是为了宋史会，他才病成这个样子。"我听后，心里确是很不是滋味，这决不是对李先生的话有所不快。我也深深感觉到，程先生那种办事作风，对宋史会会务的认真，确实严重地损害了他的健康，这是不争的事实，也因此而感觉难过和不安。

程先生有一回对我谈及他听陈寅恪先生的体会，赞叹陈先生的知识真是渊博，说相比之下，"郭老（沫若）是不如的"。这句话对我印象特别深，所以几十年后，还是不能忘却。记得在我的大学时代，陈寅恪先生是批判的对象，而郭先生则是又红又专的榜样，当时还传达郭先生的话："陈寅恪是可以超过的。"程先生这番亲身感受，对我解放思想，转变观念，是有相当帮助的。直至自已年过七十，方才明白一个道理，世上有高明的学者，却无完美的学者，但陈寅恪先生无疑是一座时代的史学高峰。像我们这个年龄段的人，先天不足，后天失调，事实上还谈不上望其项背。至于郭先生，我曾在论文选《凝意斋集》的自序作了一个评论，记得已故的前辈、河南大学的姚瀛艇先生曾对我表示，他喜欢此段评论，在此就不予赘述了。

年纪愈大，似乎时光过得愈快，偶翻十六年前为戴静华师姐所写的悼文，最末有一段话："人生一台戏，自己当然已经在唱收场戏，或者说是坐末班车了。然而每念及死者，也包括静华师姐，自己总感到，他们的辞世，是加重了自己的责任。无论如何，也要对自己的祖国和民族最后做一点微薄的、却是不应不做的事，不计成败利钝，藉以悼念死者。"我想，对前辈程应镠先生在天之灵，最后想说的，也还是这段话。

一位对宋史研究有特殊贡献的长者
——纪念程应镠先生百岁冥寿

张邦炜
（四川师范大学教授）

程应镠先生（1916—1994）是上世纪"上海十大史学家"①之一。掐指算来，已仙逝20多年。人到老年常念旧。这些年来，我经常想到他，不时讲到他。讲到他对我国宋史研究的特殊贡献，讲到他的为人与治学之道；想到在他引领下工作的那些日子，想到他留给我的一些不理解或不甚理解的疑问。

一

我有幸认识程应镠先生，是因为参加编审《中国历史大辞典·宋史卷》。《大辞典》是上世纪70年代末、80年代初我国历史学界的一项重大工程，由当时资格最老、最具感召力的历史学家郑天挺先生任总主编，著名历史学者多半参与其中，担任分卷主编或编委。据介绍，这部大辞典"是迄今为止新中国编纂出版的第一部由国家组织编写的特大型历史专科辞典"，号称"当今世界上最全面、最权威的中国历史百科全书"。《大辞典》有14个分卷，《宋史卷》的主编是邓广铭、程应镠两先生。因邓先生忙于编撰《中国大百科全书·中国历史》辽宋西夏金史分册，《大辞典·宋史卷》由程先生全权负责。

我初次见到程先生，是在上海桂林路100号——现在的上海师大徐汇校区。1982年春，应程先生之约，我与徐规先生等前辈学者以及朱瑞熙、王曾瑜等朋辈先进一同来到这里，在程先生主持下，编审《大辞典·宋史卷》。2012年秋，程先生的高足虞云国教授邀请我到上海师大访问，我当即欣然应允。因为在这个"书香惹人醉，花落梦里回"的地方，给我留下了不少美好的记忆和若干值得回味的往事。30年后，这里旧貌换新颜，装修整饬一新，让我几乎无法辨认。经云国兄提示，我才发现早餐饭厅就是从前的食堂，徐规先生和我等当年在此处拿着饭碗，和同学们一道，依次站立，排队打饭，然后回宿舍就餐。下榻的宾馆正是当年我们寄宿的招待所，外地来的7位学人在此住宿。两人一间屋，兼做办公室。刚从南京大学毕业、分配到上海师大任教的元史研究生、后来大名鼎鼎的萧功秦教授和我同住一室，徐规、颜克述两先生与我们毗邻而居。徐先生是温州平阳人，每餐必饮老白干，工作时总要打开收音机听越剧。越剧声音开得很大，并不影响徐先生工作。他眼力非凡，酒后头脑反而特别清醒，总能迅速发现我们的错误，并快速一一予以纠正。此刻，我仿佛回到30年前的时光，想得最多的、同云国兄谈得最多的无疑是我们的主编程应镠先生。

程先生最初给我的直觉印象有二：一是体格格外健旺。他身材高大，目光炯炯，有锻炼身体的好习

① 姜义华主编：《史魂：上海十大史学家》，上海辞书出版社2002年版。

惯。每天清早都看到他穿着当时很时尚的运动鞋，在学校大操场里跑步，他年轻时代似乎是个体育运动爱好者。二是组织能力超群。他非常讲求效益，从不开会闲谈，主要依靠曾维华、①虞云国两位助手开展工作。行政事务一概由曾维华负责，编审事务则通过其学术助手虞云国上传下达。任务一清二楚，工作井井有条，我们几乎没有任何事情和问题需要直接找程先生。

程先生事业心极强，为集中精力，全力以赴编撰《大辞典》，辞去校内一切事务，一人专心致志在家里办公。我们不便打扰，只是晚饭后偶尔到他家短暂拜望。程先生颇有长者之风，待人诚恳，乐于助人，有求必应。当时我刚调离西藏，到四川师大任教，想趁机观摩上海师大历史系的课堂教学。程先生立即安排，让我听他的大弟子李培栋老师讲课。李老师讲五代十国，讲得十分精彩，至今记忆犹新，给我启发很大。

当年从事国家特大重点科研项目，条件之艰苦，生活之简朴，在今天难以想象。参与者无任何好处，每人每天仅有生活补助费3毛6分钱。或许是为了弥补一下吧，离开上海前，程先生耗资40元，请我们在徐家汇衡山饭店吃了一顿淮扬菜，算是“奢侈”了一回。应邀作陪的有早年著有《宋金战争史略》一书的沈起炜老先生。其中一道鲜虾仁炒豌豆，味道异常鲜美，始终让人回味。

在程先生的精心组织和辛劳工作下，《大辞典·宋史卷》于1984年由上海辞书出版社印行，在各断代分卷中是最早出版的。这本辞书缺点虽然相当明显，正如程先生所说：最大的缺点是“所收词目远远不能符合读旧史时的需要”。② 然而直至本世纪初仍是宋史研究者案头必备的工具书。

二

程先生对宋史研究的特殊贡献远不止此，主要在于以下两大方面。

其一，创建上海师大古籍整理研究所，将它建设成为我国宋史研究的重镇。《宋史》、《续资治通鉴长编》两大部书标校本是由上海师大③组织整理的，其主持者主要是程先生。这两大部书标校本问世，在当年是宋史研究者的两大福音。程先生有远见、抱负大，他决心在此基础上迈出大步伐。他说：“宋代史料整理的工作，是大量的，没有一个相当长的时间，不认真组织人力，是整理不完的。”④程先生为此网罗了不少人才，于是上海师大古籍所在80年代是宋史研究者人数最多、整体实力最强的单位，足以同当时以研究人才少而精著称的中国社科院历史所宋辽金元史研究室相媲美。后来宋史研究基地增多，但上海师大古籍所始终是我国最具实力的宋史研究重镇之一。2014年，在杭州宋史年会上，会员海选理事，上海师大当选理事者竟多达五位，成为一大“怪事”。其实怪事不怪，上海师大宋史研究实力之强为学界同行所公认。营造这方宋史研究重镇，程应镠先生厥功甚伟。难怪每当讲到、来到上海师大，我和同行们一样，总是情不自禁地想到程先生。

其二，主持宋史研究会秘书处，将它建设成为“会员之家”。程先生是宋史研究会的发起人和筹备组成员之一，并负责具体筹备工作。1980年10月，宋史研究会成立大会及第一届年会在上海师大召开，由

---

① 本世纪初，我到上海师大时，曾维华兄刚从科研处处长岗位上退下，他专程前来与我会面，共同述说着当年的往事趣事。

② 《编辑〈中国历史大辞典·宋史卷〉后言》，《程应镠史学文存·流金集》，上海人民出版社2010年版，第522页。

③ “文革”期间，华东师大曾与上海师大合并，称上海师院。

④ 《杂谈宋史研究》，《程应镠史学文存·流金集》，第517页。

程先生主办。程先生出任第一任秘书长，稍后又任副会长兼秘书长。第一本宋史年会论文集由邓广铭先生领衔主编，程先生具体操持。《宋史研究通讯》由程先生创办，并亲笔题写刊名。研究会在民政部注册、年审等相当琐细的事务，程先生都操心不少。研究会的规制最初是在程先生参与下制订、形成的。在知名学者当中，程先生是一位难得的办事能力极强的干才。打个不恰当的比喻，当年的宋史研究会，如果说会长邓先生是"董事长"，那么程先生便是"总经理"。他为草创时期的研究会做了许多实事。当年，我到上海或路过上海，总是选择投宿桂林路100号，连招待所工作人员也要用欢迎的口气要说一声"又来了"。因为我们的研究会秘书处就设在这里，这里熟人最多，来到这里多少有些回家的感觉。如果程先生健在，秘书处只怕应当始终设在上海这个大都会，不会迁往"上不沾天，下不着地"(漆侠先生语)的保定。

程应镠先生给我留下的最深刻印象是爱惜人才，提携后进，并自有其特点。我在上海师大编审《大辞典》期间，程先生不仅作主引进了萧功秦等青年才俊，而且正千方百计将朱瑞熙从中国社科院近代史所调到上海师大，并准备让贤。程先生与朱瑞熙既无师生情谊，从前又无交集，看重的是他的学识。我后来致信程先生，将他盛赞为"韩荆州"，并非溢美之词。程先生爱才，具有兼容性，不拘一格。微观考据型、宏观探索型、微观宏观研究复合型三种人才，一概受到程先生的赏识和提携。经他建议留校的俞宗宪、刘昶、虞云国三位爱徒，照我看来，大体属于上述三种不同类型的人才。

俞宗宪属于第一种。我在上海师大期间，程先生指导的六位我国第一批古籍整理研究专业硕士生刚毕业不久。他们的毕业论文，我有幸拜读。其中以俞宗宪的论文《宋代职官品阶制度研究》考论最为精详，受到邓广铭先生等史学名家称赞，很快被《文史》杂志采用，刊登在第21辑上。其他五篇论文质量都很不错，如李伟国有关宋代内库的探索、朱杰人有关苏舜钦的研究等等。至今我还记得，据朱杰人考证，苏舜钦的祖籍不是梓州铜山县(治今四川德阳市中江县广福镇)，而是绵州盐泉县(治今四川绵阳市游仙区玉河镇)。此说虽然未获广泛认同，但我个人认为，可信度最高。程先生指导的这批硕士生水平这么高，一是由于在校内校外广聘名师授课，如天远地远从兰州请来我母校的郭晋稀老师讲音韵学。二是特别重视实习课，让每位研究生点校一本宋人笔记，如李伟国校欧阳修《归田录》、俞宗宪点苏辙《龙川略志·龙川别志》、朱杰人整理王铚《默记》等等，后来均由中华书局出版，收入"唐宋史料笔记丛刊"。足见程先生对基本功何等看重。

刘昶属于第二种。来上海师大前，我就知道他的大名。刘昶读本科时所作《试论中国封建社会长期延续的原因》一文很有见地，经程先生认可，先在《上海师大学报》1980年第4期上发表，《历史研究》1981年第2期全文重登。文章开篇敏锐地提出："中国封建社会为什么这样漫长？历史，特别是现实，把这个严峻的课题摆在人们的面前，迫切地要求回答。"于是在史学界引发一场相当热烈的再讨论。我老来记忆力差，但始终记住文章里的这句话："六道轮回，出路何在？"因我与萧功秦同住一室，我亲眼看到，刘昶以及程先生门下的在读硕士生、后来成长为中国中古史及宗教学专家的严耀中教授等不时来找萧功秦谈论学问。这或许可以称为学术小沙龙。这些青年才俊思想如此活跃，固然是时代使然，只怕与程先生的倡导也不无关系。

虞云国属于第三种。刚到上海师大，就听说虞云国虽然年纪轻轻，但很不简单。1980年秋，他是唯一列席宋史研究会第一届年会的在读本科生，提交年会的论文《从海上之盟到绍兴和议期间的兵变》占有史料相当全面，被邓广铭先生收入他主编的年会论文集。编审《大辞典·宋史卷》期间，虞云国作为程应镠先生的学术助手，态度异常严肃认真，搜寻核查考索之功很强。起初我仅仅认为虞云国与俞宗宪相似，是个能成大器的历史文献学好苗子。离开上海前，他以其新近发表的大作《经典作家对拿破仑的不同评价及其原因和启示》相赠。论文理论性强，表现出相当高的抽象思维能力，与刘昶在伯仲之间。我才恍然大悟，虞云国是位不可多得的复合型人才。

三

或许因为程应镠先生有57年的遭遇，在很长时间里，我对程先生的身世与阅历知之甚少。在我心目中，仅仅将程先生定位为一位学风严谨的古籍整理专家，甚至误以为他自来是个象牙塔里的迂夫子，因而留下了一些疑问。最大的疑问是，与微观考据型人才相比，程先生为什么更赏识宏观探索型与复合型人才？据说还特别欣赏擅长理论思维的赵俪生老师的高足葛金芳师弟，并曾给予很大支持。后来读过《程应镠自述》及虞云国所著《程应镠评传》等传记资料，才发现我从前的定位大谬不然，于是疑问迎刃而解。

程应镠先生青年时代的经历跌宕起伏，丰富多彩，颇具传奇性。与其同龄人赵俪生老师性格虽然不尽相同，但经历则多有惊人的相似之处。青年时代的程、赵二先生都属于理想主义者，或可定位为“党外布尔什维克”。程应镠先生30年代在北平读大学时，酷好写诗著文，参加北方左联，创办文学刊物。在民族危亡关头，参加“一二·九”爱国学生运动，加入民族解放先锋队，奔赴抗战前线，在八路军115师当过战地记者，到过宝塔山下的延安。稍后又跟随奉命潜伏的同学、中共党员、有“红色卧底”之称的赵荣声到洛阳，相继在第一战区长官卫立煌司令部、13军汤恩伯部任同上校秘书。抗战胜利后，在反独裁、争民主的斗争中，他壮怀激烈，加入民盟，被特务盯梢，上了黑名单。程先生绝非读死书的书呆子，他志向高远，写下“斗争文字疾风雷”、“报国谁知白首心”等诗句以言志。青年时代的程先生是令人崇敬的战士、斗士和勇士。

程先生先后就读于燕京大学、西南联大等名校，迭经沈从文、闻一多等文史名家指点，其治学主张与方法在当时相当前卫，至今仍很有价值。按照我的粗浅领会，其主要精神或可概括为“三个交融结合”。程先生反对食古不化，主张古与今交融结合：以史为鉴，古为今用。他强调史料不等于史学，主张史与论交融结合：重视理论，推崇会通，既追求高屋建瓴，又鄙弃不根之论。他认为史无文则不行，主张文与史交融结合：文笔简练明快，生动流畅。程先生的《南北朝史话》、《范仲淹新传》和《司马光新传》等史学论著即是其治学主张与方法的具体体现。依我看来，程先生如果57年不被错划，是不会主要从事古籍整理的，必有更多更好更加厚重的史学论著问世，像《南北朝史话》一样，令专家交口称赞，让读者齐声叫好。

1988年在南京大学召开的社会史研讨会上，我意外会到程先生的公子程念祺，倍感亲切。拜读他提交研讨会的论文，我连连赞叹：“颇有令尊之风。”程门弟子众多，其中我最熟悉的是有上山下乡经历的虞云国。当年，徐规先生和我等曾在程先生近前，夸奖过他。程先生谦逊地说：“虞云国不是我程应镠培养出来的，而是社会造就的，他进大学时水平已经很不错。”其实，虞云国走上研究宋史之路出自程先生引领，他发表的第一篇宋史论文《从海上之盟到绍兴和议期间的兵变》经程先生点拨并匡正。他出版的第一部宋史论著《宋代台谏制度研究》以程先生指导的硕士论文为基础。程先生对他有不少重要指教，如不要堆砌史料：“占有史料要全面，但用一条材料能说明的问题，不要再用第二条。”又如：“写文章要让人爱看，要干净简炼，一句话能说清的，不必说第二句。”[①]虞云国这些年来的众多史学论著，既体现汉学的

① 虞云国：《我的宋史研究》，《南方都市报》2011年4月25日。

功力，更兼具宋学的眼光，见解不同凡响，文笔生动优雅，深得程先生真传。我拜读他所赠《水浒乱弹》、《敬畏历史》等书，脑海里总闪现出程先生的影子。虞云国《细说宋朝》一书不仅博得学界好评，而且在社会上流传，在我个人看来，实可称之为《南北朝史话》升级版。程门学术后继有人，程先生当含笑九泉。

据说，文化有京派与海派之分。对两者一概贬斥者有之，如鲁迅："在京者近官，近海者近商"，"'京派'是官的帮闲，'海派'则是商的帮忙"。一概肯定者也有之，如曹聚仁："京派笃旧，海派骛新，各有所长。"[①]而更为普遍的则是扬京抑海，视京派为正宗，视海派为异类。在某些方言如四川话中，"海派"属于贬义词。其实广义的海派文化，其内涵和外延都具有不确定性，是个相当含糊的概念。至于海派史学一说，我看更难成立。"识大而不遗细，泛览而会其通"的吕思勉先生，"纵论古今，横说中外"的周谷城先生，较早用历史唯物论探索我国古史的李亚农先生，力图"以史经世"的陈旭麓先生，同属当代"上海十大史学家"，但他们的学术追求和治学风格各不相同，差异性远远大于同一性。如果一定要将程应镠先生视为海派史学家，那么我坚定地认为：海派不"海"。程先生治学，标新不立异，严谨而笃实，不另类，很正宗。我怀念程先生这位对我国宋史研究有特殊贡献的长者。

2016年3月于海南琼海

（原刊于《光明日报》2016年4月7日）

① 参看陈旭麓《说"海派"》，《陈旭麓文集》第二卷，华东师范大学出版社1997年版，第598~602页。

缅怀恩师程应镠先生

——兼述历史陈列室之创建

蔡继福

（上海大学教授）

1956年9月4日，我拿着上海市教育局介绍信，到上海第一师范学院报到。在人事科干部陪同下，到历史系主任室，人事干事把我介绍给程应镠主任。程先生和蔼可亲，像家长对孩子那样，询问了我的情况，包括我的家庭、学习成绩、兴趣爱好……他知道我没有地方住宿，就要总务科安排住在办公楼四楼的假四楼上，同时亲自写一张借条，向总务科借一顶蚊帐，以后归还。总之程先生对我的生活关怀无微不至，使我对这位长者感到自然、亲切。生活上安排好后，程先生就领我到中国古代史教研室主任张家驹先生处，张先生指定我坐在他的对面办公桌，这样工作方便。他对我工作作了具体安排，负责资料室及历史文物陈列室。程、张两先生知道我的学历，鼓励我到历史系本科随堂旁听，学习专业知识，这样有利于资料室工作。以后，我就在两位先生的培育下成长。

我首先选听了钱卓英老先生的《中国历史要籍介绍及选读》课，这是历史系学生必修课。同时也听程应镠先生为本科生开设的《中国历史文选》课。这两门课对我的资料工作有很大帮助。

中古史教研室与资料室合在一起办公，所藏图书杂志较多，尤其是线装书有些比较珍贵，如《册府元龟》是程先生指名要图书馆采购，调拨藏于历史系中古史教研室的。线装书都是平放的，每套有数册到数十册，老师要查阅时很不方便。张家驹知人善任，他要我把每卷书的尾部，用毛笔写明书名及第几卷，这样老师找资料时，可以一目了然，不要再从头翻到底。我用几个月时间，陆续把所藏线装书的书名、卷数写完，方便了大家。

1956年时，资料室没有论文索引卡片，我就每周花一天时间到复兴中路鸿英图书馆和富民路明复图书馆去抄解放前的报刊历史论文索引卡片。这两家图书馆是解放前社会著名文化人士创办的，后来都并入上海图书馆了。

中古史教研室青年助教较多，为了提高他们的古文水平，请钱卓英老先生教《资治通鉴》，张家驹先生要我一起学习，每周讲课前并要自学。半年后，系里规定青年教师要古文考试，张先生要我一起参加考试。后来，张先生对我说，你的古文考试成绩通过了，说明张先生对我还是严格要求的，关注我的成长。

历史系文物陈列室原来是桂琼英先生负责的。她是我从事文物工作的启蒙老师。她表面严肃，实际上知识渊博、心地善良，对工作认真负责。她是复旦大学历史系教授、中国著名甲骨文专家胡厚宣的爱人。她说这些文物是上海师专时候，程应镠、张家驹和她三人，从上海市文管会仓库中一件件挑选出来的，其中有不少精品，货币部分可以构成体系，如战国时齐国的刀币、王莽时的错金刀、秦汉半两、宋代对钱等等；瓷器中的清代五彩龙纹大碗、雍正兽耳灯笼尊、乾隆彩华堂盏等。桂先生细心耐心地把每件文物教我，我不懂随时问，结合实物，使我对文物知识逐渐掌握。这年寒假后，桂先生随胡厚宣先生调到北京中国科学院历史研究所，师院的历史陈列室由我一人负责。程应镠、张家驹要我一起到桂先生家送行。

1956年放寒假前，历史系召开全系教师大会。由于我的工作踏踏实实、勤恳学习，程应镠主任肯定了我的工作，他说蔡继福同志的工作成绩超出了他的水平，应予表扬。这是对自己的鼓励，也是最大的鞭策。

一师院的历史陈列室文物，以上海市文管会调拨的为基础，也陆续向上海收藏家选购。最集中的一批是十件商周时代青铜器，藏家是杨冯署先生，解放前他原是上海一个大学教授。他爱好文物，有强烈的爱国心，当时有人要把文物出口，他知悉后，便花重金买下，使文物不致于流失海外。程、张两位先生把十件青铜器请上海博物馆专家鉴定，然后买下。这天已近中午，程、张两人奔波了半天，不顾饥饿，把文物直接送到历史陈列室底楼下，我们几个人搬到楼上陈列室，并交由我保管。以后我到杨冯署家去过几次，他家收藏的清乾隆缂丝龙袍，已装裱成大小七幅，还有清康熙刺绣花卉图、清乾隆缂丝狮子戏绣球图，这两幅绣品已用红木镜框装裱。这些文物我都先到上海博物馆请专家鉴定，这些专家有马老（博物馆人对他尊称，不知姓名）及尚业煌等人。后来尚业煌要我陪同到杨冯署家选购文物。

桂琼英先生离开一师后，陈列室对同学讲解也由我负责。两大间陈列室没有牌匾，1957年春，程应镠先生找我要写牌匾，我诚惶诚恐，心想历史系有很多德高望重的老教师，古文根基深厚，书法精湛，我是历史系年纪最轻、学历最低，怕写不好。程先生就鼓励我，大胆去写，我不得已，就根据《康熙字典》临摹篆体，根据尺寸大小，从右到左写了"历史陈列室"五个篆字，请程应镠先生审核，先生认可后，同意做匾额，我就设计成古色古香的两块匾额，挂在陈列室门框上方，一直到一师院并院后。

一师院建院时，程应镠先生具有超前意识，他认为一定要办好文物陈列室，就请中国历史博物馆（今国家博物馆）沈从文先生购置大批文物。据记载，沈先生一生经手过上百万件文物，凡是不够国家博物馆收藏级别的，他就收下给一师院。我从运来的文物标签上看，从名称、年代、价格，一件战国时代的青铜编钟，品相很好，只有80元。50年代历史文物价格便宜，一件明清瓷器只有几元钱。

1957年沈从文先生购置的文物，数量大，种类多，有不少精品，但作为国家博物馆收藏陈列尚不够级别。这些文物装了20大箱，为了防止损坏，箱内塞满破旧棉花，甚至破布、报纸及废纸、木屑等等，由我一人负责拆箱，取出清洁、保管，室内灰尘飞扬，充满陈列室。待全部文物从木箱内取出，先放在室内地上，然后分类，如青铜器、陶瓷、玉石、货币、铜镜等等，然后放入柜内，撰写说明牌，包括名称、年代、用途、来源，对同学进行讲解，平时还要打扫卫生、接待外宾等等。

沈从文先生当时是全国政协委员，他到全国各地视察。程应镠先生请他留几天，沈先生连续三天手把手教我。我对他很尊重，虚心好学，沈先生喜欢我的勤奋好学。后来程先生叫我到主任室，当着沈先生的面，请他把我带到北京考古所学习文物，沈先生高兴地接受。我听后充满欢喜，这是千载难逢的机会，我等待着。

沈从文先生代购的上千件文物中，大部分实物上有标签，但部分由于搬迁等原因，标签已无，无法定名陈列。我请示程先生，他说你先定名，等陈列出来，以后请专家来更正。当时自己还年轻，没有系统学过文物知识，历史系没有开设考古文物专业。在程、张两先生指导下，我看了不少参考书，特别是清代金石学家的很多线装书，他们的著作中有很多实物图录，我按图索骥，对照阅读。根据陈列室文物，我看了《燕京学报》上的容庚《商周彝器通考》、彭信威的《中国货币史》、清代的古代铜镜图录等等，丰富知识，扩大视野，对陈列室文物的了解，有很大收益。由此说明程先生是用人不疑，大胆使用年青人，发挥人之所长，让青年人去摸索前进。这里我还得到图书馆馆长陈子彝先生的教导，陈先生解放前在大学里教考古学，他对中国金石学有很高的造诣，我经常去请教，他总是不厌其烦，耐心教导我这个年青人。他开出金石学书目，到古籍组把线装书借到系里资料室供我学习，有时他把自己珍藏的金石学书借给我。我体会老一辈的教师对年轻人的殷切期望。

随着沈从文先生的大批文物到来时，还有北京市文物局调拨的故宫残瓷标本，这批皇家官窑瓷器，质地精良，胎质洁白细腻，造型端庄美观，图案精美工整，栩栩如生，极为传神，当然没有一件是完整的。我在陈列时，动足脑筋，如把大半只瓷盘放在底部，上面用大半只瓷瓶，拼在一起，把破损的缺口，全遮盖放在背后，因为放在玻璃柜内，可望而不可及，这样看天衣无缝，视觉效果很好。

历史系文物陈列室规模，从1956年到1958年，奠定了基础。一师院成立时，有立柜6只、斜坡平柜4只，随着文物不断增加，立柜增加到28只，斜坡平柜8只、四面大柜4只。这是根据沈从文先生运来的大件文物量身定制的。这些增加的设备，由我根据上海博物馆的陈列室柜子，以及我系文物的实际情况，加以增删，设计大小尺寸图样，并经请示程、张两位主任认可，请总务科定做的，特别是四面平柜体量尺，是根据霁蓝天球瓶、三孔扁平壶、白瓷花鸟纹坛等文物，因原来的陈列柜容不下，而专门设计的。

一师院建立时，院长会议室墙上悬挂的古代字画，如禹之鼎人物画、黄晓楼仕女图、冯超然山水轴、郑板桥字轴，在1957年也退回给历史陈列室，并由我保管。我采购的一幅明董其昌字轴，经过上海博物馆鉴定是真迹，其价格仅几十元，已破损，我到上海专门裱画的商店重新裱装后，旧貌换新颜，后在陈列室展出过。

风云突变，"反右"开始。程先生蒙难，于是，由沈从文先生介绍我到北京进修的事情付之东流。程先生被撤职，降职到资料室，负责多年无人问津的古代碑帖的提要撰写。

程应镠撰著的《流金集·诗文编》所附《诗文事迹编年》写道："1957年，丁酉，四十二岁……历史文物陈列室建成。"反右"运动起，7月，被划为右派，入历史系资料室，等待处理结论。"

当时形势，对右派直呼其名，我却难以启齿。人多时，我不叫，人少时，我们叫程先生。当时领导指定，程先生工作由我负责。陈列室已由两间扩充至四间。我把东头最安静的一间（二楼共有四间）给程先生办公，放两张课桌，一把椅子，一只热水瓶，为了能自由出入，给他一把房门钥匙。他需要的古籍线装书，列出清单，我替他到图书馆去借。我是资料员，对图书馆较为熟悉，特别是古籍组徐恭时先生很热情。我校没有，通过馆际，到上海图书馆、华东师大等处去借，由我搬运给程先生，准时归还。程先生呕心沥血写提要，"躲进小楼成一统，管他冬夏与春秋"。经过几个寒暑，数百种碑帖提要完成，誊写稿纸，最后整合。程先生调到社会主义学院学习，要我代为抄写，上交系领导，保存于资料室。程先生临走前把原稿赠我留作纪念。五十多年来，我家搬了几次，其他东西，丢弃不少，但程先生的手稿，我一直珍藏着。直到师大建校60周年，我把原稿送到程先生家，亲手送到师母李宗蕖手里，长女程炎在座，母女两人都很激动，师母说："小蔡，你留着作为纪念吧。"我说："我已转行搞上海地方史，不负先生教诲，搞出点名堂，还是完璧归赵，你们还好派上用场。"这样了却我几十年的一桩心愿。

1958年以后，历史系学生每年有一个月时间实习，在校内外都有。每学期有一位同学分配到资料室实习，由我负责，如抄写剪报资料的目录，做论文索引等。1963年冬寒假前一月，分配到资料室实习的丁霞飞同学，他学习成绩优良，字迹端正挺拔，为人秀美大方，工作细心负责。沈从文先生购置的数百种碑帖，除程应镠几年前撰写过提要，几年来全系教师没有一位使用过。碑帖有数百种，上千册，有一半以上碑帖封面没有题名标签，每部有一册到数十册不等，来时用绳扎着，一旦散乱，就会张冠李戴，复原困难。我决定利用同学特长，把陈列室所藏碑帖，用毛笔一本一本写好。我用楷书或篆体写，他一本本递过来，两人配合默契，然后一起扎好。经过一个月时间，我们完成碑帖题写名称。为以后查找碑帖提供方便，丁霞飞同学对碑帖的整理完成，功不可没，特记之。

历史陈列室里程、张两先生购置的青铜器中，有几件在清代金石学著作中有著录，当时我也到图书馆去借阅过。书中的拓片与实物照片，我也核对过，这样我在与同学讲解中可以增加内容，讲得生动些。中国青铜器专家、《商周彝器通考》的作者容庚先生，在60年代前期，带领中山大学的几名研究生在全国各地考察。他也闻名到师院来，由我陪同。他对实物仔细观察，一边对研究生讲解。我在旁学到很多书本上学不到的文物知识。

历史文物陈列室，从保管、陈列、写说明牌、讲解、打扫卫生，到对校内处开放及外宾的接待工作，都由我一人负责。当时学校向外宾开放，理科实验室较多可参观，文科参观只有历史陈列室。有一次阿富汗代表来校，院里通知我前去陈列室打扫，结果提前来参观，我穿着背心正在打扫，院系领导陪同，系里是赵宗颇副主任。我见外宾来到，只能陪在稍远处站着，外宾向赵先生提问，有时无法回答，因系里老师平时不来，我只好硬着头皮回答，衣着不整，甚感尴尬。

《流金集·诗文编》附《诗文事迹编年》还提到："五六、五七两年，文物陆续从北京运来，乘政协委员视察之便，他来我校对管理陈列室的一位青年作了具体指导。他自己所藏乾隆宫纸、数种丝织物都赠给了学校。"

这段文字我是唯一的当事人。我今天反复读了，觉得程先生用心良苦。当时程先生已被打成右派，为了保护青年而又不谙世事的我而没有写出名字，否则很可能被牵连。文中提到"乾隆宫纸"，是由我保管的乾隆澄心堂纸，粉红色，纸质较厚，质地精良。"数种丝织物"是指明代织锦缎标本，装裱成大小相同的、长约一尺二三寸、宽约三寸的硬纸上，共约二十幅左右，色彩鲜艳，颜色不同。还有一部明版《妙法莲华经》，宣纸手抄本，正楷写的，共七卷。这几件文物精品是沈先生送的，一直保存在文物仓库。"文革"中，师院与华师大合并，文物并在一起陈列。到"四人帮"被打倒，两院分家。师院到虹口区五七中学去商借，每周一天，把原师院文物领回，没有看到上述提到的文物。还有原来程应镠家藏、捐献历史陈列室的各种丝织品被面，其中一幅百子嬉戏图被面，我印象很深，在陈列室展出过。这些被面也没有见到。

上引《编年》紧接着还有一段文字，"谁也没有想到，十年后，这批文物竟被目为'四旧'。所幸的是这些'四旧'在将被焚毁的时候，不知什么人救了它"。

这段文字与我有关，我是唯一的当事人。1966年扫"四旧"风暴席卷中华大地。历史陈列室是"封资修"而成为打倒的目标。一天学生红卫兵到历史系扫"四旧"，重点是历史陈列室。我一人掌管陈列室已十多年，熟悉陈列室的所有文物。平时学校进行学生活动，组织学生到办公室、资料室、陈列室打扫，常常由我负责带领。我与学生的关系很融洽，他们到资料室来，我总是欢迎。这天我拿着陈列室大门钥匙及一百多只陈列柜钥匙，带领同学到文史楼三楼的陈列室，我打开一间，同学蜂拥而入，挤满房间，群情激昂。当年政史系68级两个班级同学，大部分是调干生、干部、复员军人，共产党员、共青团员很多。有一位赵忠新同学是海军复员军人，共产党员，年龄较大，为人正派，原是学生会干部，现是红卫兵负责人，威信很高。平时我们相互尊重，师生关系很好。我与他先交代几句，然后由他登高一呼，历史文物是我们祖先留下的历史遗物，已有千百年的历史，我们要爱护文物，是国家规定的。现在大家扫"四旧"，请蔡先生把“封资修”的、封建迷信的东西拿出来。我当即打开陈列柜，取出几件，交给赵忠新同学，当二传手，分给大家拿着，然后立即把柜子锁上。当时人声鼎沸，混乱之中，我怕意外发生。然后再选择第二个陈列柜，四间陈列室我依次进行。我挑选的标准，心中牢牢记着，泥塑木雕的菩萨，虽然是明清时代，但可作为扫“四旧”的主要目标，是封建的、迷信的。其次是陈列室过多重复的古代陶器，我挑选了大约20件。还有一件是同学感兴趣的清代将军服装，认为是封建人物所穿，陈列室中专门购置一具模特儿穿着。这套数百年前的将军盔甲，沈从文先生1957年运来，我年轻，好奇，也穿过几次，头盔用精铁制成，还闪闪发着乌亮的金属光辉，上面装饰立体铜铸的龙纹，中间上面插着一根高一尺半左右的红色丝羢棍（我叫不出名称），上袄下裙，丝绵衬里的丝绸缎子，整套服装饰满铜泡钉，还有护心镜，穿戴起来，威风凛凛。

同学们拿到这些文物，到历史系办公室集中，叫老教师出来，每人捧上一件。陈列室是程应镠创建的，他原是系主任，成为头号人物，让他把将军服穿在身上，走在队伍最前面，左右是张家驹、魏建猷两位主任，后面是历史系中老年教师，以及青年教师，历史系同学在后面。这支游行队伍浩浩荡荡，红卫兵带领喊口号，队伍中有铜锣等敲打着，看热闹的人很多。在东部校区兜一圈，然后到西部校区兜一圈，队伍在教学大楼前的大操场门口停下，这时有人已堆了些木柴等燃烧物，把泥塑木雕等菩萨当众焚烧，部分陶罐等被砸，浓浓黑烟平地而起。这就是师院历史系唯一的一场扫“四旧”闹剧，也是扫“四旧”的一次“革命行动”。焚烧结束，这支游行队伍回原路，连将军服在内，仍送回陈列室，由我保管着。这次行动由于赵忠新等同学通情达理，保护了文物，功不可没。我是这次行动全过程的参与者，详记之，留后人。

“文革”初期红卫兵全国大串联，北京红卫兵纷纷南下。一天东一梯形教室贴出布告，勒令历史系程应镠、魏建猷、张家驹接受批判，历史系教师全部参加，我去得晚，教室内连走廊都站满人，我站在最后一排。开始时是批判，后来，见红卫兵走到台上，用解放军军用皮带的铜扣，猛抽程应镠头部，鲜血顿时从头顶流下，程应镠还是站着接受批判。就在这次，有人用盛红漆的漆桶扣在张家驹头上，头上满是红漆。这次批判会，令人惨不忍睹。

光阴荏苒，六十年弹指一瞬间。历史陈列室从创建到发展，我的恩师程应镠、张家驹，指导我的文物工作由启蒙到成长的桂琼英、沈从文、陈子彝诸先生，皆已驾鹤仙逝。还有学生丁霞飞，没有他的配合，数百种碑帖的整理、题铭，我是不可能完成的。赵忠新在扫“四旧”的狂潮中，没有他的挺身而出，正如“文革”的十年浩劫一样，陈列室也可能沦为被砸烂的命运。丁霞飞毕业后，五十多年来音讯中断。回忆往事，心中甚念。我在缅怀大师级人物时，也不能忘怀有功于陈列室发展的小人物。我一人掌管陈列室工作有十多年，对工作是热爱的，是勤恳踏实的，得到领导的信任、老师们的热情教导和帮助，后来被迫离开师院，实出无奈。“回忆往事恍如梦，重寻梦境何处求。”

几年来我在思考，历史陈列室的有关老师都已撒手人寰，离我们而去，我是唯一的幸存者，而且是陈列室从创建到发展的全过程参与者，只有我可写这部历史，供后来者参考了解。

今写诗一首，作为本文结束：

六十年前进一师，昔日青年今耄耋。
程张两师勤培育，浇灌幼苗助特长。
传道授业与解惑，为人师表是楷模。
点滴之恩涌泉报，终生不忘恩师情。

沧海不弃涓滴之微

——回忆程应镠先生

钱玉林

（汉语大词典出版社编辑室主任）

中国著名史学家、上海师范大学古籍研究所和上海宋史研究中心的创建者程应镠教授，离开我们已经22年了。但先生的音容笑貌在我心中历久弥新，依然和三十多年前一样，使我一次又一次回忆起那些充满细节的往事。

1978年，上师大第一次招收“古籍整理”研究生，声明由“古籍整理研究室”集体辅导，我因故“落第”后，才得以认识先生。当时作为因病不能上山下乡的“待分配”青年，我在一所中学任语文代课教师，已经37岁，是一位朋友的父亲，通过程先生的爱女程怡女士，热心引我去谒见先生。因多年来对中国古代文史的热爱，我把考上这个专业，可以终生从事古籍整理与文史研究，看作我人生最美好的理想。落选对我的打击很大，我不明白自己到底失败在哪里，情绪低落到了极点。是体检不过关（我确有气喘病史），还是我档案袋里有1965年11月写的9 000字评论为历史学家吴晗辩诬、驳斥姚文元的记录（投送《文汇报》后，未发表），1968年又遭母校红卫兵组织非法隔离的旧账？以致初试高分通过，尚未复试，就有消息传来，有人坚决反对录取我。事后知道，当时是宁肯招收“文革”“写作组”的人，也绝不肯招收我的。这个“政治关”他们岂能放松？

先生接待我，是在上师大宁静一角的家中。先生身材高大魁梧，穿着极为朴素，面带微笑，语调亲切，他耐心倾听我叙说读书自学的经历，我也如实回答先生的问话。我说，我从高一起十多年，一直自学中国文学史和古典文论，长期阅读“四部丛刊”、“四部备要”和“丛书集成”中的原著，除汉魏至宋元明大家名家别集和各种选本外，还按照梁任公《清代学术概论》及张之洞《书目答问》指示的内容，读了《周礼正义》、《十七史商榷》等乾嘉学者的经史考证和几十家清人别集，以及经学史。先生和师母李宗蕖先生都开导我，还打了一个比方，说这次是“恩科”，而考试不利是常见的，不要太放在心上，也不要因此放弃追求，自古以来自学成材的人多不胜数。临别，先生送我到门口，很感叹地说：“我非常高兴，想不到会有这么多有志青年热爱祖国的文化遗产，说明我们这个民族大有希望，这是我现在最感到欣慰的！”

我之前已经听说程先生既是史学家，也是一位诗人，我就把自己在“文革”中写的部分新诗呈寄先生。这些创作都是不见天日的暗夜中的愤怒与呻吟，平时是不敢示人的，有《在昔日的普希金像前》等篇，还有一篇今天看来十分粗糙的论文习作《王渔洋“神韵说”浅探》，希望得到指点。先生很快给我一封回信，说他年轻时爱好文学，特别爱好诗，中年以后治史；现在正忙于整理校点宋代史籍。信的字迹是绿色的，用毛笔书写，显然是在审校工作间隙中写的。信中有他的一首五律《忆吴晗》，诗写得悲凉，沉郁，却又含着热切的希望，表达了先生爱国忧民的情怀，使我想到了安史乱后杜甫的诗。

1979年，我第二次再考华东师大古籍所的“古代文论”研究生，这一次初试依旧名次在前。恰逢上师大与华师大"分家",要恢复"文革"前的编制,录取的考生也一分为二。有华师大的朋友自告奋勇帮我去打听,刘佛年校长亲口回答说:"钱玉林的卷子、档案,已被上师大拿去录取了。"可是命运多舛,迟迟就是不见下文,最后在上海高教局"卡住"了,被刷掉的200多人中就有我,理由是"外文成绩差5分"! 这一次真正让我和古代科举考试联系起来: 韩昌黎尚且三次科考失败,顾炎武、万斯同、顾祖禹后来的身份,都是布衣,我何人斯? 同时我也知道,直到此时,程先生"错划"的问题,仍未"改正",我即使外语考得合格,也无用。

事后师母和我半开玩笑说:"钱玉林啊,你的考运不好。"从此我死了这条心,因为年龄使我没有"下一次"了。

后来,每隔一段时间,我都要去看望先生,不为别的,只为了能感受先生的人格力量与亲切教诲,听先生畅谈文学与历史,或讲述他和师母在西南联大的青春岁月。先生对我从没有过一本正经的训导,即使有所批评,也是稍加暗示,闲闲出之。他说他很喜爱屠格涅夫的作品,读过他小说的英译本,但那种独特的优雅,别人难以企及。有一回去先生家,他正从医院回来,躺在床上津津有味地看书,我看到封面,是出版不久的新书《巴纳耶娃回忆录》。阿·亚·巴纳耶娃是俄罗斯民主主义批评家、作家巴纳耶夫的夫人,她的书是19世纪40至60年代俄国文艺界人物的生动画廊,涉及到格林卡、别林斯基、赫尔岑、屠格涅夫、冈察洛夫、陀思妥耶夫斯基、奥斯特洛夫斯基(戏剧家)、车尔尼雪夫斯基、杜勃罗留波夫、谢德林以及托尔斯泰等一大群文学艺术家、评论家。她的追叙,给后人了解这些文化大家的个性、私生活、精神面貌、社会关系、创作活动的环境以及他们对各种问题的看法留下了宝贵的文献。我很惊奇研究古代史的程先生会对这本书感兴趣。慢慢我才知道,先生21岁就参加了北方左联,组织过文学社团;在抗日战争中,南北奔走,多次主编过文学刊物,写过散文、小说、政论,并以实际行动参加了神圣的民族抗战和此后的民主运动,是一位热血慷慨的志士。所以,先生对三、四十年代的作家、学人,不止是沈从文、吴晗、闻一多三位先生,他和师母对许多现代文学史、学术史上的人物都非常熟悉,有的就是他们的师友。他们常对我讲起这些前辈的逸事,包含了对许多人与事的评价。在传统诗歌上,先生除了渊源于家学,自己也下过很深的功夫。有一次,谈起杜甫,先生兴致很高,认真地说: 什么时候我空闲了,搞一部博采古今注释、评论的《杜诗集注集评》,李宗蕖师母在旁笑着说:"你千万别弄那个,现在的工作就够你忙到老了。那个工作是没有底的。"

常有老朋友来看望先生,我在先生家遇到过熊德基等前辈,先生招呼客人时,从不忘向客人介绍我:"这是钱玉林先生。"使我这个无名后辈惶愧不已。侍坐间,我对熊先生说:"我读过您的《论武则天》。"熊先生说:"那就请你谈谈这本书的缺点,不要说好话。"我说:"您对江青和武则天,用了一个'宫廷奸党集团'的定义,非常切合,可惜全书写得不够长。"熊先生听了不以为忤。

程先生在我这个晚辈面前,从没有过半点自满的流露与"权威"的架子,与先生交谈,真是如沐春风。因而我更把没能正式成为先生的研究生看作一生的憾事。先生在谈到他的《南北朝史话》时,对我说,当初写这本书,他对南朝名士手执麈尾清谈的"麈尾",是个什么样式,也不太清楚,后来有一位研究美术史的朋友给他提供了古画上的人物图像,才弄清了麈尾的形制:"麈尾"以细长的犀、玉或木为柄,两边及上端插以麋鹿的尾毛,类似蝇拂;有的做成"形似树叶"的扇子状。清谈家在辩论名理时,用以指点和帮助手势,姿态潇洒。先生的讲述对我此后在学习、研究古代文化史,主编《中华传统文化辞典》的过程中,重视物质文化史和社会风俗,是一个重要的启发。对于校点496卷《宋史》这个巨大的学术工程,先生坦然说过《宋史·天文志》13卷，天象记录十分详细，有些地方意思很不好懂，我们决不敢轻易断句，都是请教了上海天文台的古天文史专家，大家一起反复斟酌，才解决了问题。

1980年以后，国家项目《汉语大词典》再度上马，我被大词典编纂处调用，通过考试，正式参加编纂工作，先生很为我高兴。当时《中国历史大辞典·宋史卷》由先生具体负责，也开始组稿编写。先生约我撰稿，我说我只对宋代的文人学者稍有了解，不知能不能胜任。先生给我寄来了撰写体例与人物词目，说"有意见尽量提"。我当时已购读了南渡诗人、学者程俱的《北山小集》，于是就建议先生增收"程俱"一条，先生欣然采纳。后来先生将我写的第一批样稿，选择数条刊登于"编写通讯"上，作为交流，又把《通讯》和稿费寄给我。我发现自己在"周邦彦"条"卒于南京"后的括注"在今江苏"，已被改为"今河南商丘"，这才深感自己的无知与粗疏。我只知道北宋有东京开封府、西京河南府(洛阳)，看《水浒》知道有一个北京大名府，但从没有注意到宋太祖在后周任归德军节度使，驻地就在宋州(今河南商丘)，并以"宋"为国号。宋州在真宗景德间升应天府，大宗祥符时再升为南京，为北宋陪都之一，它又是南宋开国之初的首都。自此以后，作为教训，我再不敢"想当然耳"，读书写作，一字一句，一名一物，都要尽可能落到实处，做到言而有据，并且下决心从头"补课"，认真读《宋史》、《续资治通鉴长编》和古代历史地理名著。在汉语大词典编纂处、出版社工作的二十多年间，是我大量读书的时期。

我曾经和先生谈起中国古代妇女生活史，当时妇女史研究还没有起步，是个新领域。我比较留心这方面的资料。我说了一点读书心得，先生很感兴趣，马上把自己的藏书，1937年商务版陈东原的《中国妇女生活史》借给我，并说："我们以后要开各种文化史的课，有人反对，我偏要请你给学生讲讲中国古代妇女史。"后来，先生让我给上师大一年级同学上过一阵子写作课，又有人告状到我所在单位，更由于我1985年曾到深圳大学一个学期，我在上师大兼课的事遂尔中止。

80年代初，先生对我说，"你'文革'中写的那些诗，我下次问问周游先生，能不能给你出版。"事实上，由于"文革"刚过去几年，政治上极左的余毒还未肃清，这些哀叹文化毁灭、反对文化专制的暗夜中的悲歌，在思想感情上与主流格格不入，当时哪有正式出版的可能？但是先生也许不这么看。我的诗集《记忆之树》，直到1998年才由上海远东出版社出版，那已经是"朦胧诗"闪亮登场以后，先生已经不在了。但早在80年代初，先生就给了我肯定和鼓励。

我有一次对先生说："这两年我特别喜爱陶诗，感到陶渊明的质朴自然，清奇醇厚，虽盛唐李、杜有所不及。"先生说："你多大年纪了？"我说："已过了40岁。"先生笑着说："到了你这个年纪，是应该喜欢陶渊明了！"

我知道先生也很喜欢李商隐，说他的诗深情绵缈，有比兴寄托，并随口吟诵诗句："永忆江湖归白发，欲回天地入扁舟。"后来我在福州路上海古籍书店买到一部清人冯浩的《玉溪生诗笺注》刻本，又买到一部晚清杨圻(云史)的《江山万里楼诗钞》中华书局1926年排印本，当时价格非常便宜。为了感谢先生的厚爱与培养，我把它们敬赠给先生，先生为此一定要请我吃饭。那天晚上下着细雨，在路上等车一小时，当我和爱人穿过暗黑的小巷，走到先生家时，客厅的桌子上放着师母烧的菜，有鱼、有鸡汤和蔬菜，先生和师母正在等我们。先生说："因为时间已过8点，我已经先吃过一点，现在再陪陪你们。"我清楚记得，先生当时用筷子点点那盘清炒的豌豆苗，说："最好吃的菜还是这个。"说完开心地笑了。我很理解先生晚年归真返璞的心境。

1983年，我儿子出生，先生听说后，特地命他的公子程念祺兄到我家中给我送来20元贺礼。在见到先生的时候，先生一再谆谆叮嘱："教子，可是一件大事情，轻视不得的。"

有一次，我向先生请教，说：赵瓯北的《廿二史札记》对《宋史》评价不高，认为《宋史》"繁芜"，又赞扬说"未有如《明史》之完善者"。而我自己撰写词条时，也发觉很多人物在《宋史》中未立传，南宋后期缺失尤多，连谢景初、唐仲友、戴复古、"江湖四灵"、胡三省、谢翱、周密、汪元量这些人都无传，更不要说画家范宽、郭熙了。后来是托人到辞书社借来陆心源的《宋史翼》刻本，才解决了材料问题。《宋史翼》共补传800余人，您看《宋史》、《明史》哪个更好些？先生说："我还是更喜欢《宋史》，因为对我们今天来说，二十四史都是研究历史的材料，不是结论。《宋史》修撰时间短，确有前详后略、繁多芜杂之病，一个著名人物长的几千字，甚至一二十页，但是内容丰富啊！缺传的问题可以通过宋代其他史籍来解决。宁宗以前列传，都有宋代《国史》作底本。《明史》经三次修改，忌讳很多，文字固然简练了，但许多史实避而不提，有时材料贫乏，近于干枯，远不能与《宋史》相匹。再说，赵翼是乾隆朝的人，他维护本朝官修史书，评价有所偏袒，也是自然的。"先生的启发，坚定了我学习宋史的信心。

先生对我谈得最多的宋代人物，有范仲淹、富弼、欧阳修、王安石、司马光、李焘等。他欣赏王安石的《和农具诗》写得好，又特别称赞孟元老的《东京梦华录》对开封各种饮食的生动记述。没过几年，先生的《范仲淹新传》问世，他题赠了一本给我。到1991年《司马光新传》出版的时候，先生因病已经无力作序了，是师母盖了他的名章送我的。先生说，他为古人作传是受朱东润先生的影响。然而为什么选择范仲淹、司马光这两位历史人物呢？我以为，这可以见出先生精神上的推重与向往。

先生之风，山高水长。《宋史》、《续资治通鉴长编》、《续资治通鉴长编拾补》、《中国历史大辞典·宋史卷》，这些让先生付出无数心血的巨大学术整理成果，长传于世，沾溉后人，可是在中华书局校点本《宋史》初版的"出版说明"里，甚至连先生的名字也不提，这就是那个反文化的、愚蠢荒唐的年月。

2006年年底，由先生曾任学术顾问，先生的高足虞云国教授任主编、字数240余万，收词目6 712条的《宋代文化史大辞典》，由汉语大词典出版社出版。这原是出版社领导命我策划的"中国文化史大辞典断代系列"中的一种，写法是百科全书式的，设置了相当数量的专论条，重要人物有多方面成就影响的，也分层次撰写。由于人事的变迁，最后完成出版者，只有《秦汉卷》与《宋代卷》两部。我想，先生的学术后继有人，这不仅是对宋史学术研究的一个新贡献，也是对先生一个最好的纪念。

岁月倥偬，不觉已是先生诞辰的100周年。回想自己在困顿中，多年受到先生的关怀与青睐，作为一名后学，又何其幸也！只是三十多年来，我对文化史的探索成果很有限，是愧对先生的。现将"立雪程门"的点滴往事写出来，是为了彰显先生的仁德智慧。正如四川师大张邦炜教授纪念文章所说的："程先生爱才，具有兼容性，不拘一格。"这一切，都是因为先生为人如光风霁月，全无私心，爱惜人才，爱护后辈，心胸如大海，不弃涓滴之微，这也是先生传递给已有成就的程门弟子一份最宝贵的精神财富吧。

于2016年4月20日

校园“独行侠”

——纪念程应镠先生诞辰一百周年

孙　逊

（上海师范大学教授）

今年，是著名历史学家程应镠先生诞辰一百周年，也是他离开我们二十二年纪念。这二十多年来，他的音容笑貌依然如浮雕般地镌刻在我的记忆深处：魁梧的身材，宽阔的前额，两眼炯炯有神，虽不怒而自威；脸色红润慈祥，即嗔时而有情；简捷的话语中透着自信，矫健的步履中刻着稳健；浑身上下，散发着一种让人敬畏的智者气息。

1965年，我分来上海师范学院留学生办公室工作，作为一名青年教师，最关心的莫过于自己学校有哪些名师。于是稍一打听，便知道中文系有马茂元、朱雯、胡云翼先生，历史系有程应镠、魏建猷、张家驹先生等，听后很是以此为自豪。但由于我所在的“留办”是一个相对独立的部门，平时没有接触他们的机会，只是知道他们的名字而已。不久，“文化大革命”的风暴骤然而至，所谓的“反动学术权威”首当其冲，成为这场运动的第一批受害者。当时满校园都是贴的揭发和批判他们的大字报，不时还可在校园里遇上他们戴着高帽子被学生押着游街的场景。程先生因为个性耿直，1957年成为我校第一个戴帽的大右派，师母李宗蕖也受牵连被打成右派，他俩自然成为这场“文化大革命”的主要斗争对象，其所受到的屈辱和磨难，远非我们今天所能想象。

我和程先生的近距离接触，是在1979年我爱人孙菊园调来上师大古籍室（古籍所前身）之后。这是从“文革”中成立的二十四史标点组之一——《宋史》标点组演变而来的一个科研机构，负责人正是程先生。室里除了当年参加《宋史》标点的一批老先生，还有一些中青年教师。主要任务就是点校《续资治通鉴长编》，还有后来陆续启动的《汉书补注》等，都是一些大部头书。我爱人生性活泼，喜欢热闹，要她一下子适应古籍校勘这样枯燥的工作，对她还真是不小的考验。她当时所采取的对策，就是多向老先生请教，在实践中学，其中向程先生请教便是每天必做的功课。

还记得刚来学校，我们一家四口挤在一间十五平方米的筒子楼里，一层楼面共用一个卫生间，两个厨房间，生活很不习惯，一时情绪低落。一天中午，刚吃好午饭，程先生和当时校党委副书记阎毅千同志突然来看望我们，由于住的是底楼，走廊里黑乎乎的，加上堆满杂物，两人七跌八撞摸到我家门口，被家具撑满的屋内竟无一宽敞的坐处，只能斜签着身子坐在床沿上。当时学校的居住条件都是这样困难，两位长者看了也很觉无奈，只是摇摇头，除了感叹住房的狭小简陋，只能鼓励我们好好工作，说慢慢条件会改善的。当我们送他们出来时，程先生还险乎被走廊上堆满的杂物绊倒。这事虽小，但使我们内心感到温暖。我们慢慢习惯了这种集体宿舍的生活，全身心投入到教学和科研之中。

关心和提携年青人是程先生最大的特点，这一点不仅自己感同身受，而且周边也所见甚多。记得孙菊园在复校《续资治通鉴长编》时，由于认真查阅原书，又多向老先生虚心请教，经常会发现一些错讹，每当此时，便会得到程先生及时的鼓励，这使她极大地提高了校点古籍的水平和自信。程先生还亲自安排她给历史系本科生上写作课，要她根据历史系情况自编教材。孙菊园没有辜负程先生的期望，上课颇受好评，很快就评上了讲师。我本人不在古籍所工作，后来协助朱雯先生组建文学所，由于当时比较勤奋，成果较多，1985 年申报职称时，我自己报的是副教授，但校领导和包括程先生、马茂元先生、朱雯先生、魏建猷先生等在内的老先生认为我成果不少，决定为我破格申报正教授。一半是个人努力，一半是老先生支持，我于 1986 年 2 月顺利成为当时上海最年轻的文科教授。不久，程先生作为上师大民盟组织的负责人，又主动邀请我俩加入民盟，这也从一个侧面体现了老先生对年青人政治上的关心。我之所以能"从一而终"，坚持为上师大服务整整半个世纪，其中原因，就因为有程先生、马先生、朱先生和魏先生等在内的一批老先生的精神感召和真诚恩义。

上师大"程门立雪"的年青人还有很多，这里仅举两个比较熟悉的例子：一是历史系 77 届的本科生刘昶，在读时风华正茂，写了一篇长篇论文，探讨中国封建社会为什么时间特别长。程先生看后大加赞赏，当即推荐给《历史研究》，编辑部非常重视这篇文章，请作者稍加修改后立即发表，并引起了较大的反响。须知这是一位本科生的文章，竟能发在一个顶级学术刊物上！其中程先生的慧眼识英雄不能不说是个重要的原因。另一个例子是中文系的本科生邵华强，他在读时对沈从文萌生了研究兴趣。程先生当年在西南联大读书时，沈从文是他的老师，两人关系在师友之间。"文革"时期，沈先生在故宫博物院工作，每次来上海，就住在程先生家里，可见两人关系之非同一般。当程先生得知邵华强想研究沈从文时，立即把他引荐给沈先生，使邵华强获得了最可宝贵的第一手资料，占了先发之机，成为当时国内外最早研究沈从文的知名专家之一。至于程先生亲自带教的一批又一批"程门弟子"，也都先后在古籍整理和研究的岗位上卓然成家，并对上师大历史学科的建设作出了重要的不可磨灭的贡献。

程先生晚年主要致力于宋史整理与研究，我校之所以能成为全国的宋史研究中心，就是和以程先生为代表，包括张家驹先生、徐光烈先生、吴绍烈先生等老一辈学者的声望与辛勤耕耘分不开的。当程先生觉得自己一辈人渐渐老去，必须有新人来继承这份事业时，他又以阔大的胸怀，引进了比自己年轻一辈的宋史专家来校工作，以使事业后继有人。虽然人世的复杂远非先生所能预料，但可以告慰先生的是：今天的古籍所依然在宋代典籍的整理和研究上走在全国的前列。

记得当年物资匮乏时，我和我爱人经常会起早去漕河泾、田林路乃至裕德路菜场排队买菜，无论是严冬还是炎夏，当我俩摸黑走在校园时，经常可以遇见程先生在校园里快步行走的矫健身影：只见他喘着粗气，甩着膀子，满头大汗，大步流星地走在校园的大小路上，那足底生风、虎虎有生气的样子，让人立即想起《水浒传》里的神行太保戴宗，以及现代电影中经常出现的"独行侠"形象。这么多年来，程先生这种"独行侠"形象一直深深地印在我的脑海里，挥之不去。这里的"独行侠"包含了两层意思：一是特立独行，二是不怕孤独。当年，程先生正是因为生性耿直，极具风骨，不讲套话假话，不随波逐流，不怕得罪人，而先后被打成右派和反动学术权威，先是被剥夺了做老师的权利，下放到资料室，甚至派他为资历比他浅的人做助教，以此羞辱他；后又在"文革"中遭受了各种非人的折磨和屈辱，很长一段时间里，很多人对他唯恐避之不及。可以想象，他当年的孤独是多么令人窒息！但他初心不改，也没有因此消沉，而是忍辱负重，熬过漫漫长夜后重又勇敢地站立起来，不仅本人为古籍整理事业贡献了最后的生命，而且以他独特的智慧和眼光，发现和培养了众多的青年才俊。这种于长期孤独寂寞中坚守独立品格的"独行侠"形象，正是我国老一辈知识分子本色的真实写照。

就在“独行侠”形象深入我们脑海，我们惊诧于程先生毅力和精力的时候，忽然传来了他身患重病的消息。手术以后，我们去他家里探望，那消瘦的脸庞和深陷的眼睛是那样的无望，和当初的“独行侠”形象对比是那样的强烈，以致每一次探望，都令人泪流满面，唏嘘不已。沉疴难挽，程先生最终离我们而去。“人间几回伤往事，山形依旧枕寒流”（刘禹锡《西塞山怀古》），今天，上师大校园依旧，年青学子依旧；但斯人已去，一个时代的风景已去。值此程先生诞辰百年之际，谨以此文纪念上师大校园永远的“独行侠”。

宋史研究的引路人

——痛忆宋史前辈程应镠师

葛金芳

（湖北大学教授）

我与程应镠师交往不多，但收益不小。回顾本人的成长经历，如果说先师赵俪生是我学术生涯的奠基人，那么程师则是我走上宋史研究道路的引路人。

此话还要从1981年我研究生毕业前夕说起。当时我在兰州大学跟随赵俪生师读“中国土地制度史”研究生，我的毕业论文题目是《唐宋之际的经济变迁与社会演进》，共有5章20多万字。当年四、五月间，我将厚厚一本论文打印稿交给赵先生审改。约摸一个多礼拜后，赵先生把我叫去，狠狠训了一顿：“毕业论文，你交得越多，漏洞越多，这个简单道理，你难道不懂？拿回去，选择其中较为成熟的一章，仔细打磨打磨，再交给我看！”我不得已，只得遵从师教，最后选择第四章《北宋租佃经济的确立前提——兼论唐宋之际地权结构与阶级关系的变化》为核心，改成七万余字的毕业论文，始获赵先生通过。

果然不出赵先生所料，当年七月初我的毕业论文答辩会竟长达五六个小时，以田昌五、谢天佑为首的答辩委员会，在一个小时中连珠炮似地提了六七十个问题，真刀真枪，难以招架。事后又因答辩委员会内部的分歧，延宕至当年十一月方得毕业（关于这次答辩的曲折经过，我在《七十琐忆》中已经说过，这里不再啰嗦）。当然我在内心深处是十分感激答辩委员会诸位先生的，这不仅是因为他们极其认真细致地审查了我的论文，找到那么多的漏洞，给我此后的修改指明了方向，真是受益匪浅；而且是因为他们奉行了“批判从严，处理从宽”的方针，不仅让我顺利毕业，而且全票通过授予我学位。而我的另几位师兄，就没有我这么好的运气了。

当然也应承认，对于先生们所提的问题，当时初涉学海的我还不能照单全收，多少有点不大服气的心劲，总想再找个学界前辈帮我看看。兰州大学偏处西北一隅，为免孤陋寡闻，我每个礼拜总有一天在系资料室度过，翻阅各种学报、杂志，搜寻学界信息，所以知道“中国宋史研究会”此前已在上海成立，宋史泰斗邓广铭先生和陈乐素先生分任正副会长，秘书长则由上海师范大学的程应镠教授担任。我遂作了一个大胆的决定，将自己毕业论文油印本寄给程先生，并附短信一纸，称自己初涉宋史，希望得到先生指教。

我绝没有料到，大概半个月之后，我便收到先生的亲笔回函，说我论文写得不错，并邀我参加刚成立不到一年的宋史研究会。遗憾的是，这封带我走上宋史研究之路的信，迄今遍寻不着，但程先生那端庄雅致、极有书法功底的粗钢笔字，至今仍深深印在我的脑海中！史界前辈竟会如此郑重地对待一个素不相识的青年学子的求教信，这完全出乎我的意料。然而细想却又在情理之中，这不就是数千年来延绵不绝的“学统”与“道统”在程先生身上的体现吗？程先生那封回函虽短，但浸润于其中的对于后生小子的关怀和温情，却一直流淌在我心中，伴我走过数十年的教学生涯。我自研究生毕业以来，一直以宋史研究为“老营盘”，可以说其中自有程应镠师的影响在。其间曾听程师亲炙弟子虞云国兄说起，程先生向他多次提到我的史学习作，如《北宋官田私田化政策的若干问题》(《历史研究》1982 年第 3 期)和《试论“不抑兼并”——北宋土地政策研究之二》(《武汉师范学院学报》1984 年第 2 期)等文，夸奖我有“理论思辨能力”和“史料概括能力”。受到史学前辈的肯定和奖掖，我惭愧之余感动莫名，只有更加努力，以期不负程师的期许和鼓励。

此后两年一次的宋史年会，我都力争参加，而遇到去上海出差的机会，我也会抽空去上海师大拜望程先生。在我与程先生为数不多的几次交谈中，每次都能得到先生的指教与鼓励。具体内容今已记忆模糊，留在心中的只有先生舒展恬静的语调、谦抑随和的姿态和荣辱不惊的长者气度。上个世纪 80 年代末，我去复旦大学查阅宋元时代的方志，从云国兄处得知，程师已卧病住院，便托虞兄请示程师母，欲前往探视。其时程师已经手术出院，在家调养。记得那天时近中午，约莫十点多钟，我在虞兄陪伴下，走进程先生家。映入眼帘的客厅素雅整洁，温煦的阳光从窗外斜射进来，客厅中央是一张病床，程先生安静地躺在病床上，身上一床洁白的被子。程师母带我走到程先生跟前，告诉我程先生已经不能说话了。阳光下先生面容瘦削憔悴，但平静安祥。我凝视片刻，心中五味杂陈，一句话也说不出来。我多么希望先生能够战胜病魔，重上讲台，写出更多论著，嘉惠后学，并继续带领我们这批刚刚迈入宋史研究领域的青年学子在学海中漫游。但我知道，程先生已经快要耗尽健康和心力，恐不久于人世了。

告辞程师母时，我欲言而无语，心中唯有长痛而已。我不免怀想，如果没有 1957 年“反右”运动给程先生戴上的“右派”帽子的重压，如果没有十年“文革”浩劫对程先生的摧残，程先生是否会活得更久长一些呢？民国时期培养的上百万知识分子群体，他们学有所成，且报国心切，如果能有一个正常的学术环境和生活条件，他们该为共和国的文化教育事业作出多大贡献？而从 20 世纪五、六十年代以来，那些搞了又搞、从不停歇的各种整人运动，又耗掉了多少中华民族的生命元气？今年是“文革”发动的五十周年，又是“文革”结束的四十周年，明年则是“‘反右’运动”的七十周年，在这样一些关键性的时代节点里，史学工作者是否应该率先反思一下这些运动的起因和教训呢？反思的前提，首先是摸清历史真相。我在自己的《七十琐忆》中说过：“史学从业者、历史编撰者的首要职责就是留下事实、发掘真相，同时用尽一切可能和手段，与掩盖真相、歪曲真相的人、书、事做斗争——这是英国马克思主义史学家埃里克·霍姆斯鲍姆在《历史学家：历史神话的终结者》这本书中反复强调的首要原则。你要不认同这个原则，那就请你从历史学家的队伍中滚出去，去做戈培尔之类的宣传家、蛊惑家吧！人类之需要历史真相，就如一切生命需要呼吸一样，是生命攸关之事，须臾不可或缺！”而像程师这样数以百万计的知识精英之遭际经历，正是当代史中尚未认真发掘的一座金矿，当下学界的青年才俊们，其有意于此乎？

最后，我要用虞云国兄在上世纪 90 年代中叶编辑程师史学文存时说过的一段话作为本文小结，因为这也是我的心里话：

这部书(按：指程师《流金集》)不仅仅为永恒不朽的社会大生命留下了一个“小我”的人格道

德、学术文章，而且在书的封面上篆刻上两行大字：师道。真正的师道是仰之弥高、传之久远的。①

愿程先生在天之灵安息，同时希望史学界同仁能够做出更多更好的学术成果，以慰史界前辈之厚望与期许！

2016年4月草就

① 虞云国：《流金的书与人——〈流金集〉读后》，载《民主中国》1994年第3期。又见虞云国《敬畏历史》，复旦大学出版社2011年版，第181页。

师恩绵深　教泽永被

方　健

（苏州市经贸委员会）

1980年10月，我从《文汇报》学术简讯得知，中国宋史研究会成立大会在上海师院举行，并选举了著名宋史专家邓广铭、陈乐素先生为正副会长，程应镠先生为秘书长。我就十分冒昧地上书程先生，倾诉我数年来通读《宋史》和《长编》的经历，以及对范仲淹、王安石等宋代杰出人物的仰慕，还提出了不情之请：希望得到一套宋史年会的论文资料。不久，便接到了程先生的亲笔复信，对我有志于学习宋史的意愿表示嘉许与勉励，并说不妨报考研究生以改善学习的条件。他说秘书处只留了存档的论文，待论文集出版后当寄赠一册。果然，1982年春节后不久，我就收到了以"中华文史论丛增刊"名义出版的《宋史研究论文集》。更使我深受感动的是：先生因患病住院治疗及忙于主编《中国历史大辞典》，未能参加1982年10月在郑州举行的第二届宋史年会，却将他得到的唯一一套年会论文百余篇（重达数公斤，光挂号寄费就花了十几元钱）赐赠给我。当时，我如获至宝，一一拜读了这些名家之作，这是体现宋史研究学术前沿的体大思精之作，无疑开拓了我的学术视野从而深受教益。先生竟然在百忙中还记得我两年前的不情之请，这种对后学的关爱不仅令我终生感铭，也更坚定了我将宋史作为毕生研究目标的信念。

一

我的母校——苏州高级中学，坐落在范仲淹知苏州时创办的州学原址。千百年来，这所历史名校向以名师荟萃、人才辈出而享誉华夏。在这里，我养成了自主学习和对自己严格要求的良好习惯，这使我打下了扎实的基础并终生受益。虽然，我学习足够优秀，多次被评为校三好生，但因出身不好，尽管高考成绩拔尖，依次填的志愿为北大、复旦、南大，但只被录取在不入流高校的财会专业。还算幸运，我在"千万不要忘记阶级斗争"的年代挤上了"千军万马过独木桥"的高考末班车，但与我热衷的文史专业及心向往的北大相距甚远。

上世纪80年代初，我在江苏盱眙县财税局充当一名"小税吏"，工作琐碎而繁忙。为了我心中萌生已久的学术梦，我决定报考宋史研究生，并与所在单位的局领导承诺，如三试不第，则留在局里安心工作。前两次都由于客观原因而未达成愿望。1984年，是我考研的最后一次机会。我得知当年程先生仍领衔招收上师大古籍所的研究生，于是就报名应考。我的作文成绩得了当年本专业考生的最高分，文史哲基础知识得了96分，宋史也获高分，只是政治和外语稍差，但总分已远过录取分数线，在数十名考生中，名列前茅。

复试时，我心中忐忑，程先生似乎看出我有些紧张，就先和我聊家常，接着说，你考试成绩不错，但进校后必须补上世界史课。他提及我在复试前寄呈的几篇关于史料考订的习作，对其中的《试论张浚》及《尤袤生卒年考证》比较首肯，称赞了几句；对李纲和赵鼎两文则提出了修订意见。他还语重心长地说，研究历史人物，当然要搞清史料的来龙去脉，要注重史料考证，做到无一事无来历，无一字无出处，但更重要的是要善于化用史料，不着痕迹地把人物写得栩栩如生，还说，这方面前辈张荫麟先生的名作《中国史纲》堪称典范，可惜只写了上半部。其实，先生以其《南北朝史话》、《范仲淹新传》、《司马光新传》的创作实践，践行了他的一贯主张：史学著作要求真求精，文字简约，雅俗共赏。这是一种大手笔、常人难以达到的高境界。这三部大著是先生将史学和文学完美结合熔于一炉的典范之作，每句话均有史料依据，却又融于优雅的文字之中，给人以唯美的享受。上述三部大著程先生都曾寄赐给我，前二书还有他的亲笔题签，我珍藏后拜读多次，但限于学力，却怎么也学不像这种高境界。拙撰《范仲淹评传》、《北宋士人交游录》等虽深受先生教诲及潜移默化影响，但却心向往之而却不能至，其差距当然在于学力和学养，尤在于文笔。

回到盱眙后，我望眼欲穿，一直在等待寻取通知书，但等来的却是不录取的坏消息，原因是"政审不过关"。一生坎坷、被错划为右派对我有深切的同情的程先生曾多次为我据理力争，想尽办法说服学校研究生处录取我，据说还曾找过校领导。是年 8 月5 日，严耀中学长来信称：程先生一直在努力争取，尚有希望。但最终这一切努力均未奏效。

事后我才知道，所谓"政审不过关"，原来是"莫须有"的悲剧。"文革"之初，我因出身不好当了逍遥派。闲来无事，在家乡江南名镇闹市中心办了个"专栏"，专门摘抄各地红卫兵小报上的奇文异事，在"文化空白"的年代，这一"专栏"成了镇上的"舆论中心"，从早到晚，人潮汹涌，挤得水泄不通。1968 年初，该镇两派武斗，在日后的"清查"中，当权的一派向我所在学校投送了大量诬陷性"黑材料"，颠倒黑白，指鹿为马，不顾我早已于 1967 年就已离家返校的事实，诬称我为"武斗幕后黑手"，要求追究我的"刑事责任"。当时我校工宣队(队长称汤)明察秋毫而未予置理，认为其荒谬绝伦。按中央规定，这类派性黑材料在学生毕业离校时应一概清理。但我校人事干部却仍将这类派性"黑材料"私自塞进我们这些少数派学生的档案中。此后，院校合并，一些了解当时情况的老师调离，更使我投诉无门。了解了这一内情后，我即联系我班原"'文革'小组"组长周开友同学(时任镇江市物资局局长)出公函为我辩诬，但学校研究生处仍以"年龄逾限"为由拒绝录取我。事已至此，夫复何言！事实上，当时类似的悲剧不断地在各地上演。

考研落选后，我调到县城财税局工作，为了自证清白，我立即上书盱眙县委领导申诉，得到当时的县委书记的重视，指示人事部门派人调查，证实确为"莫须有"的诬陷，遂将黑材料从档案中抽出销毁，于是，才有了我以后的人生道路。此后，我在公务员岗位上尽心尽职，善始善终，尚堪称欣慰。但考研合格而被剥夺入学深造的权利，却是我人生中的一大悲剧，毕竟我的志趣在学术而不是做官。

聊以自慰的是：在成为公务员的四十年间，我一直在坚持业余治学，从未懈怠，虽然付出了常人难以想象的艰辛，但毕竟留下了近千万字的学术论著，在宋史和茶史研究两大领域，均成为在海内外有一定影响的学者。究其原因，不外乎有近半个世纪积累和数万册藏书，持久不懈的业余自学，不断得到师友的教益。我先后从学过的私淑恩师有唐圭璋、胡道静、程应镠、徐规、史念海、吴承明等诸先生，他们的道德和学问，永远是我学习的光辉榜样！

程先生在我落选后，曾来过一信，语重心长嘱咐我，千万不要轻易放弃未来的学术追求，并鼓励我明年以同等学力报考邓广铭或徐规先生的宋史博士研究生。又在 1985 年，分别主动为我写了两通推荐书，今特抄录其一于后，足见恩师良苦用心："徐规教授：方健学有根柢，宋史研究成绩，我所见者已超过一般硕士研究生；其考据之功则远出同辈之上。谨向您推荐，希望能成为您的博士研究生，程应镠七月十日"遗憾的是，当时我已属县委组织部管理，没有他们的同意，我连报名的资格也不具备。1988 ~ 1989 年，我通过商业部和江苏省政府的联合招考赴日为访问学者，行前，曾去上师大程先生寓所辞行。当时先生已卧床不起，我与先生握手告别时，他露出欣慰的微笑。1994 年 7 月25 日，程先生病逝于家中，当时我因公出差在外，事后才知，未及谒府告别遗体、吊慰师母及其子女，成为永久的遗憾。

二

常年累月的“过劳”，终于压垮了我极好的身体，病情严重而凶险。所幸上海名医的高超医术挽救了我的生命，我也始终保持豁达的心态，在化疗期间仍坚持完成了《中国茶书全集校证》的最后一校(400 万字)，还校审了李范文先生主编而成于众手的《西夏学大辞典》约近 300 万字，每天早晚仍工作六小时以上。我之所以能在病魔前保持乐观的心态和积极的人生观，正是受到程先生视学术如生命这种精神的感召。1957 年，先生被错划为右派，打入另册；“文革”中，更是受尽折磨，失去工作和做学问的权利。但在 1971 年有了点校《宋史》等古籍的机遇，即倾全身心投入，忘我工作。1975 年完成点校《宋史》后，又主持了《长编》的点校整理工作，其中的前 189 卷由程先生主持定稿。程先生放弃了他轻车熟路、功力极深的魏晋南北朝史研究，另辟学术路径，乐为他人作嫁衣，这两部宋代重要史书的整理出版，沾溉了成千上万的海内外数代宋史学者，在中国学术史上留下了巍巍丰碑，堪称功德无量。更为感人的是：1978 年先生被错划的右派得到平反，时已年逾六旬，仍忘我工作，相继主持上师院历史系的重建和古籍所的创建。尤其是在 1982 年得鼻咽癌住院治疗后，仍主持《中国历史大辞典・宋史卷》的实际编务。同时，还在为《范仲淹新传》的写作作资料准备和考证，在这一年间完成了范传的年谱长编。正是程先生对人生逆境和病魔的超然心态，视学术如生命的精神，深深感召和启发我，为我战胜病魔、重新投身学术树立了光辉榜样，学术的薪火就这样代代相传。当然，就能力、学养、文笔而言，我于先生相差甚远，先生晚年，一个通宵犹能写上万字的高质量学术论文，而我这篇数千字的忆旧文字却写了三天，其差距显而易见。先生兼通文史，其文字的峻洁、优雅，更是独步当代史学界，令人有高山仰止之叹。

上世纪八、九十年代，我几乎每天均有日记，记载了当时求学、交游、工作及生活的实录、杂感。我还收到和保存一百余通宋史学界师辈的来信，其中以邓广铭、徐规先生和程先生为最多，分别有十几封至二十余封。在写这篇忆旧小文时，我翻箱倒柜，只找到了 1984 年的一册日记，记录了考研前后的行实和所感所思。这里便据 1984 年的考研日记，追记、忆念当年的前尘往事，或录原文，或据日记概括综述，以见程先生关怀后学的风范之一斑。

1984 年 2 月 20 日，晴。今日诣上师大音乐新村拜谒程先生。初拜识程先生，留有如此印象：程先生虽经历坎坷，但对史学的热爱和钻研及深厚的功力，均令人肃然起敬。其对魏晋南北朝史尤为熟悉，蔚然大家，但因工作需要半路改行，主持《宋史》及《长编》的点校整理工作，治史重点转向宋代，尤令人钦佩。他对后学亲切、和善。

3 月 13 日，雨。昨奉接程先生赐札赠书，称《尤袤生卒年考》拙稿一文可在《宋史通讯》上用，遂复书称尚需修改。今读先生大著《南北朝史话》，觉远胜洪焕椿先生之《宋史话》，关键在于作者对所写断代史的熟悉和功力。洪先生专攻明史，程先生乃魏晋南北朝史之大家。据先生后记称：其书修改仅用 50 天。功力极深，文笔优雅峻洁，且未见有手民误刊，实为治学谨严的上佳之作。窃以为史学家中文字功力如程先生者极为罕见，其古代文学之修养尤不可企及。未能至其门下就学，乃此生最大之遗憾。拜读程先生大著，开始对南北朝史有了点兴趣，不妨以《史话》为主线进行一番求史源的探索。八十年代前三年，曾断断续续通读前四史，如今不妨再续读两晋南北朝史。欲治宋史，必须先对中国通史有一概略的了解。当然较好的办法即如程先生所教诲的那样熟读诸书的过程中，明其异同，从而学会史事考证之法，必将受益无穷。

3月25日，阴。因准备参加复试，泛览订阅的史学杂志，世界史是自己的弱项，程先生大示中即明言，复试中会问到世界史的题目，对于未经历大学历史本科的我而言，尤须"恶补"世界史这一课。法兰西第三共和国史学大师库朗日在一个世纪前就指出，对史料应取严格的怀疑态度，进行审查，排除一切先入之见。善用今人的观点去评论古人和研究古史；要用哲学的视野和目光研究历史，分辨出何为表面和内在本质，哪些是同时代人的幻觉或真理。必须泛读全部历史文献，才谈得上研究。爱国主义是美德，历史是科学，两者不能混为一谈。最好的史家，即最接近原著，能最正确地解释原著；甚至依原著来写作、思考的人。其识甚可贵。（以上心得据《杭州大学学报》1981年1期一篇文意概括。程先生力主精读《通鉴》，实与此论不谋而合）

1984年5月21日日记以"宏观与微观"为题写道：

过去对徐规絜民先生的史料考证十分推崇，且深受影响。认为徐师深受陈援庵、陈乐素先生影响，恪守"家法"与师承，从考证史料入手，乃治学之门径。拜识程先生后，更承教诲：虽熟悉史料，仍谈不到史学研究；须有宽广视野，注重宏观研究，尤要注重学习马列主义及史学理论。程先生对夸夸其谈的海派文章深恶痛绝，他谆谆告诫我写史学文章，必须注重文字之雅洁，应多加练习，即使写史事考证的文章也应力求文字之信雅达。这对我而言，应是很高的要求，须经长期磨砺方能达到的境界。

是日，又有"程门弟子"一小节，追记复试时巧遇俞宗宪，聊了几句，留下较深印象。俞为程先生首届硕士六大弟子之一，我在复试时巧遇宗宪学长，听他谈研究生期间的体会，颇有启示。他的经验之谈是：其一，研究宋史，必须重视典章制度，但要有所突破，颇具难度。其二，硕士论文要早作准备，早定研究范畴、课题，否则会很被动。过来之人的经验值得重视。

自幼即喜购书藏书的我，乘复试之便，特意参观了一下上师院古籍所的资料室，并以此为题记下点滴感想。"古籍所有一规模不大的资料室，但实用的古籍却不少，如影响深远的《四部丛刊》三编一应俱全，《丛书集成》也整套陈列出来，基本上可供本科生和研究生及教师参阅。"后来，程先生还亲自张罗，购进了台湾版的文渊阁本《四库全书》，及全套共450册的《笔记小说大观》等。当时，这样丰富的藏书，在全国高校古籍所是颇为罕见的盛景。关于这一点，程先生与邓广铭先生、陈乐素先生的心是相通的。邓先生在就任北大首届中古史研究中心主任时，就十分关心图书资料室的藏书购进。同样，陈乐素先生在创建暨南大学古籍所时，就亲自北上京沪、苏杭等地选购古籍，甚至在看望故交章太炎哲嗣章导先生时为暨南古籍所购藏了太炎先生的珍本秘籍，而此事乃我亲闻目睹。宋史学界"三巨头"，视高校学术机构的藏书为头等大事，倾注精力，千方百计，尽心罗致，如出一辙，甚至不惜动用个人的私交关系购藏图书，这是高校学术机构的百年大计，他们的深思远虑确有过人之处。藏书量，应是衡量高校学术机构学术含量的重要指标，三先生无不深谙其道。

程先生还独具慧眼，独辟蹊径，拜托其老师沈从文先生代历史系收购故宫博物院不收藏的一般文物，认为这是对历史系学生进行生动、直观教育的活教材，经长期积累，上师大的这批珍藏文物现已扩建为全国高校中独具魅力的博物馆，展出的文物中不乏精品，这种超前意识及与国际接轨的思路、视野，无疑是历史教学的新思维。2013 年，忝为上师大人文学院兼职教授的我，应邀参加上师大古籍所成立 30 周年庆典，特地参观了这一文物博物馆，深为其藏品之丰富和精美而叹为观止，其藏品等级之高、品种之多，超过了不少地市级的博物馆，其中还有沈从文先生个人的捐赠品，不由对程先生的远见卓识、踵事之密肃然起敬。

更可喜的是，程先生此后的历任所长均萧规曹随，一脉相承重视图书资料室的基本建设，图书资料的收藏日益丰富。如近年从日本京都大学等处受赠大批日文原版史学、文学名著，其藏品之丰富，独步高校系所一级图书资料室，甚至超过了绝大多数重点大学校图书馆的日文原版书。三年前，我在上师大古籍所资料室中翻检了这批日文书，复印了数十公斤与宋史有关的资料，其中竟有极为罕见的宋代经济文书，近日正对其进行整理和考释，不久即可刊布。这真是意外的惊喜。

中国宋史研究会初创时期的程应镠先生

曾维华　虞云国　范　荧

（上海师范大学教授）

张邦炜先生在《程应镠：一位对宋史研究有特殊贡献的长者》一文中，把"主持宋史研究会秘书处，将它建设成'会员之家'"视为程先生对宋史研究的特殊贡献之一，并比喻说："当年的宋史研究会，如果说会长邓先生是'董事长'，那么程先生便是'总经理'，他为草创时期的研究会做了很多实事。"

诚如张邦炜先生所说，中国宋史研究会的从无到有，日益壮大，程应镠先生当年付出了许多心血与努力。

中国宋史研究会是"文革"以后成立的第一个全国性断代史学术研究团体，从 1980 年至 1994 年的 15 年间，研究会秘书处一直设在上海师范大学，研究会日常工作在秘书长程应镠先生的领导下有效运转。我们几人曾先后协助先生开展具体工作。大致而言，研究会筹办及成立期间，已是历史系教师的曾维华参与最多；82 至 84 年，由俞宗宪和虞云国先后负责；84 年 10 月以后至 94 年，主要由范荧操持。我们共撰此文，希望能大致还原研究会秘书处的早期工作，再现程应镠先生在中国宋史研究会历史上留下的浓重一笔。

"文革"结束，百废待兴，学术文化领域也亟需拨乱反正，史学领域更是重灾区，肃清"文革"流毒、推动学术研究的呼声尤为强烈。1979 年 3 月，已是新一届中国史学会理事兼副秘书长的程应镠先生参加了在成都召开的全国史学规划会议。会上，决定成立中国宋史研究会，并推北京大学邓广铭、暨南大学陈乐素、中国社会科学院历史所郦家驹和上海师范学院程应镠组成筹备小组，由上海师院负责具体筹备工作。

此后的一年半时间内，程先生一直在为研究会的筹建和成立大会的举办而操劳奔波。他广泛联络分布在北京、河北、天津、广东、四川、河南、云南、福建、广西、陕西、辽宁、浙江、内蒙等各省市的宋史研究学者，征询意见，争取支持。当时通讯条件落后，所有联系全靠邮政信函，程先生一一亲笔致函，有时，得鸿雁往返数次才能解决问题。上海本地学者，包括复旦大学、华东师大、上海教育学院、社联、古籍出版社等单位，他都亲自一一登门拜访，邀请相关专家，协商研究会筹办事宜，组织参会论文等。当时，私人电话对多数人而言还是奢望，市内交通也十分落后，程先生不辞劳苦，经常从西南隅的上海师院出发，穿梭于上海。一次，他在曾维华陪同下，斜穿上海，到复旦大学拜访谭其骧先生，谁知谭先生临时有重要会议，又没有电话可以及时通知程先生，于是程先生只能耐心等待谭先生的会议结束。以当时条件，这类奔波辛劳必定不胜枚举，但程先生锲而不舍，终于让参会名单上出现了重量级名人大家。

由于上海师院在"文革"以后首次举办如此大型的学术会议，经费紧张，资源匮乏，经验不足，人手有限，连会议用的热水瓶、茶具等，都是向学校后勤部门借来的，而接站送站尤其购回程票等事宜，更令人焦头烂额，人仰马翻。张其凡先生当年以研究生身份参会，迄今还笑忆当年晚上只能在教室睡课桌的"礼遇”。所有这些情况，是现在主办学术会议难以想象而无法相比的。

但在条件有限、经费不足的情况下，程先生为会议的筹备与召开，投入了大量的精力。他亲自擘划，精心安排，借助了自己在上海师院的影响与人脉，还是把这次盛会办得庄重、成功而圆满。当时，他担任历史系第一副主任，同时负责古籍整理研究室的工作，在不影响正常教学秩序的同时，最大限度地调动了两个部门的教职员工，包括中国古代史教研室的全体教师和其他教研室的教师、系办公室与资料室的工作人员，以及部分研究生、本科生等，投入到头绪纷繁的会务工作中。中国古代史教研室郑宝琦老师负责接站，忙得马不停蹄；中国近代史教研室夏笠先生负责秘书组工作，天天加夜班编写《大会简报》（六天会议共出五期简报）；分组讨论时，让青年教师当各组联络员。尽管有不如人意的地方，但还是确保了会议顺利进行，圆满结束。

1980 年 10 月 6 日，中国宋史研究会成立大会暨第一次年会在上海师院召开，来自全国的与会宋史学者有 60 余人，连同来宾与列席代表总数达二百余人。陈乐素先生主持开幕式，邓广铭先生致开幕词时强调指出：“宋史研究会是我国建国以来断代史研究的第一个学会，这是一个可喜的开端。”海上史学名家几乎悉数到会，周谷城、谭其骧与吴泽诸先生发言祝贺，出席成立大会的市领导有教委办副主任刘芳与市社联常务副主席罗竹风等，京、沪各大新闻、出版单位也都派人报道与参加这次会议。据《简报》摘编，程先生代表筹备小组向大会介绍宋史研究会筹备经过时说：“目前研究会共有会员 65 人，除 7 人因故请假，其余全部到会。”会议期间，上海市委书记处书记夏征农与市社联罗竹风专程到师院看望与会学者；参会代表还与师院古籍研究室举行座谈会，程先生介绍了《续资治通鉴长编》校勘整理情况，希望与会学者多提建议与意见。据《简报》，11 日，邓先生主持大会闭幕式，他宣布“共收到论文 41 篇”，号召“使宋史研究，在国内不亚于其他断代史的研究；在国外达到世界的最高水平”。闭幕大会上，通过了《中国宋史研究会章程》，选举了以邓广铭为会长、陈乐素为副会长、程应镠为秘书长的理事会，并决定将秘书处设在上海师院内。

中国宋史研究会成立大会，标志着中国首个断代史学会的启航。会后，宋史研究会秘书处开始正式运作，程先生则是秘书处驻沪 15 年间的主持者。

宋史研究会受中国社科院经费资助，起初每年 3 000 元或 4 000 元，后来几年增至 5 000 元。会员每年会费 1 元，偶尔有单位或海外学者购买秘书处编印的《宋史研究通讯》，秘书处所有运转经费仅此而已。也就是说，程先生以总数不到 47 000 元的经费，维持了研究会秘书处差不多 15 年的运转（成立大会的费用是由上海师院资助的）。即便考虑物价因素，这也是相当不易的。程先生不止一次说，研究会的钱，每一分都不能乱用。一次，他让范荧寄邮件，特意拿出五角钱交代说：“其中几封是我的私人信件，不要用研究会的邮票。”在程先生严格要求下，十多年中，研究会经费账本无论是谁经手，账目都一清二楚，经得起任何检验。

早期宋史研究会秘书处最重要的有以下两项工作：

其一，筹办或协办历届年会与学术讨论会。

研究会成立之际，就确定了每两年举办一次年会的基本意向，理事会总是在年会期间确定下届年会的承办单位和会议地点。会后，秘书处便负责发放通知、确定与会名单及个人信息、汇总提交的论文题目等，及时与年会承办单位沟通与协调，并从有限经费中拨出一定的资助款项。

1982 年郑州年会，由河南省社科院历史研究所出面召集，当时程先生正卧病休养，就派他的助手王松龄全权代表秘书处与程先生，带了资助经费先期赴会，全程协助主办方的主要会务工作。据虞云国保存的程先生信说："王松龄这回工作做得不错，不少人来信称赞他。"

1984 年杭州年会，程先生亲自赴会，秘书处不仅划拨出当年中国社科院的全部资助经费，还派出七、八人的会务组，协助杭州大学共同工作。这次会议改选了理事会，增设了上海师范大学的俞宗宪为常务副秘书长，但他不久便出国了。

1987 年在石家庄第四届年会时，程先生已行走不便，但他不仅根据研究会经费情况酌情拨款，还委派范荧代表秘书处出席会议，并代他作了秘书处工作报告。这次会议上，程先生当选为副会长兼秘书长，为方便工作，增设范荧为副秘书长，协助程先生工作。

至 1992 年开封年会、1994 年成都年会时，秘书处都不再拨款，但筹办期间的许多联络、协商工作依然由秘书处承担。两次年会期间，程先生都要求秘书处有专人赴会，既向理事会汇报工作，还确保会后能贯彻理事会的新决议。

大型年会对促进宋史研究固然起着重要作用，但毕竟耗资费力，筹办不易。1985 年，程先生指示秘书处在《宋史研究通讯》上刊文《举办小型学术讨论会的设想》，提倡根据宋史研究中的难题或薄弱点，确定若干论题，组织小型研讨会，只要论文有相当的学术水平与突破性，参会者的资历不限。会议要有充分辩论，互相问难，会后各自修改充实论文，编成专题论文集发表。这一设想和建议，在宋史研究会其后 30 年间，不断实践着而卓有成效。由于工作繁忙与身体原因，程先生亲身参加专题研讨会不多，但始终关注并支持着这类会议的举办。1989 年，四川省社科院、四川大学等单位联合主办"中国钓鱼城暨南宋后期历史国际学术讨论会"，程先生从胡昭曦先生处得知消息后，指示说："这个会议主题很好，意义重大，我们一定要支持。"他派范荧代表秘书处赴会，向大会宣读了由他亲自定稿的宋史研究会贺信。

其二，编印《宋史研究通讯》及其他资料。

为加强宋史学者之间、宋史研究会与国内外其他学术研究机构或团体之间的信息沟通与交流联系，介绍宋史研究的最新成果与近期动态，汇总宋史研究的有关资料等，研究会决定编印出版《宋史研究通讯》。毫无疑问，这是秘书处承担的最为繁重的工作之一。自 1984 年至 1994 年，程先生领导秘书处共出版了 23 期《宋史研究通讯》，平均年刊两期。

《通讯》的稿源，有的是程先生亲自约稿，如首期《通讯》上漆侠先生、胡昭曦先生、徐规先生的文章，就是应约撰写的。他自己也亲自撰文，例如第二期的《杂谈宋史研究》。有的是会员主动投稿，有研究型文章，也有书评、书讯等。秘书处也向全体会员公开征稿，使得稿源不断拓展，日本、美国宋史研究者也时有文章发表。一般情况下，程先生会浏览一下篇目，决定可用与否，很多文章，他并不一一审读。一次，他拿了篇梁太济先生的文章交给范荧，说："梁先生的文章不需要看，质量肯定好！"龚延明先生的《宋代官制词典条目选登》，他也觉得"术有专攻，可靠"。有时，他觉得哪位研究生的作业或文章可以，也会在《通讯》上刊出，张荣明的《通鉴阅读琐记》就是其中之一。1985 年，程先生指示说，可以组织些关于研究生培养的文章，于是，就有了郭东旭的《漆侠教授是怎样指导研究生学习的》、何忠礼的《记徐规先生指导研究生做学问》、王棣的《关于关履权先生宋史教学的几点体会》、罗宗祥的《王瑞明教授培养研究生的几个特点》、赵俊的《陈光崇教授指导研究生的若干作法》等一组文章的刊出。其后，秘书处还针对宋史分期问题，以编者按语的形式，组织讨论，展开争鸣，张其凡先生、葛金芳先生、徐规先生、何忠礼先生、殷啸虎先生等都不吝赐稿，积极支持了这一专栏。

《通讯》上最受欢迎的内容之一是每年的宋史论文索引，当时，互联网强大的搜索功能对大多数人来说还属于天方夜谭，获取资料和信息基本靠手工操作，很难全面了解同行的研究动态和最新成果。秘书处委托时为上海师大历史系宋史研究室资料员的汤建国先生收集宋史研究论文目录，他年复一年，持之以恒，在十分困难的条件下，编制《宋史论文资料索引》，刊登在《通讯》上。每隔几年，再编印合辑，《通讯》的第九期就分类汇编了1983年至1986年《宋史著述、论文资料简目》。而第十八期分类选录了20世纪《宋代文化史论文资料选目》，原是程先生为编纂《宋代文化史大辞典》所准备的前期资料工作，也通过《通讯》实现信息共享。这两期《通讯》大受欢迎，印数虽多，因方便检索，仍供不应求，这是如今网络时代无法想象的。

在大陆宋史学界与海外同行的学术交流上，当年《宋史研究通讯》确实承担了重要的角色。《通讯》尤其注意介绍海外宋史研究的最新动态，台港日美的书讯，日本每年五代宋元史研究近况，对日本宋史学家的介绍，都是大受好评的栏目。1987年，邓广铭先生访问日本，致信程先生："在日本两个月，只到了东京、京都、奈良、大阪四地，但那里的研究宋辽金史的学者，老中青三代人，我大都见到了。他们对我们宋史研究会的注意，是我去日本前决不曾想到的。……他们还极重视您所编辑的《宋史研究通讯》，有许多人都以看不到这一刊物为憾。我当即向他们坦白表示，对此刊物，我不曾出过半点力，全是我们的秘书长在种种困难（如经费、稿源……）情况下，排除万难而编印出来的，所以印数有限，传到国外的自更少了。后来他们说，至少希望能按期寄赠东京大学的东洋文化研究所、东洋文库、京都大学的人文科学研究所、关西大学的天理图书馆等……"程先生接信后，指示秘书处给其中一些机构邮寄了《通讯》，也让一些海外学者汇款自费购买。日本宋代史研究会获得第九期《通讯》后，即向秘书处函请在他们学会的论文报告集中全文转载这期的《宋代研究文献目录》，并请程先生以中国宋史研究会的名义写了日文版《中国宋代研究文献目录序》。程先生在序里指出："我们创办《宋史研究通讯》，以期加强国内及域外的学术交流，也注意到了对日本宋史研究状况的介绍，但还不够全面与及时，借此机会，希望日本以及欧美的宋史学界同仁们能把有关信息传达给中国宋史研究会，以把宋史研究的国际学术交流提高到一个新水准。"

此外，秘书处还翻印了日本学者编纂的《宋会要研究备要（目录）》分寄给各位会员。又组织人员到北京图书馆、中科院图书馆、上海图书馆、浙江大学图书馆、南京大学图书馆等收藏宋人文集比较集中的单位，收集其馆藏宋集的信息，编成《北图、上图等所藏宋人文集目录》，印发给会员。后又在此基础上编印了《宋人文集目录索引》。

《宋史研究通讯》及其他资料的编印需要克服许多困难。首先是经费问题。第一期《通讯》印刷费不到300元，但随着印数增加、印张增多、工本费提高，每期印刷费后来增至1 500元左右，最多一期超过2 000元，几乎是当年社科院拨款的一半。其次是人力问题。采编、校对、邮寄等大量事务性工作，都是尽义务的，当时还没有研究生可以帮忙。后来出任《全国高校学报文摘》编辑部主任的姜方昆先生其时已是资深编辑，受程先生委托，默默承担了每期《通讯》的编辑工作。《上海师范大学校刊》编辑汤建国先生，当年是历史系宋史研究室资料员，一有空闲，不是在编目录，就是在开信封，为各种通知和《通讯》的邮寄作准备。所有日文翻译文稿的校读则全部由虞云国无条件承担。还有吴以宁先生，将他多年收集的关于蔡襄研究资料几乎无偿地作为《通讯》的特辑刊发。十年间，每次送稿件到印刷厂，范荧都深感歉仄，因为秘书处只能向厂方支付勉强保本的最低印刷费。时为印刷厂厂长的丘成先生是中文系校友，总说："程先生的事情，我们再赔本也一定做好。"凡此种种，都是大家对文化事业的奉献，虽难免有不尽人意处,但在程先生的经理擘划下,还卓有成效的。

1991年,民政部对社团进行整顿,提出了许多具体要求。邓广铭先生作为法人接到了相关文件,具体落实则是秘书处的事。范荧硬着头皮与官衙打交道,期间各种遭遇可以想象而无需赘言。至今还记得众多要求中,有一条是"提供研究会成立时的批文",否则就"无法证明你们是合法组织"。回沪后询问了许多前辈和同事,都不知道曾有这个环节,秘书处存档文件也确实没有相关实物(事实上,研究会着手筹建,时在1979年,是否存在一个社团管理机构还很难说)。正在一筹莫展之际,长年卧病的程先生却异常清醒地指示范荧:"一、到北京找郦家驹先生,当时北京方面许多事情是他联系的。二、找当时的上海市委书记处书记夏征农同志,研究会在上海成立是得到他首肯的。"于是,范荧趁赴京开会之机拜访了郦先生,但他也不记起当时有哪个部门主管过此事,当然也没有什么文件保存。最后,范荧只得壮着胆子联系夏征农同志,居然获准登门拜访,年已九十的夏老听了范荧的叙述与要求,明确表态:确有此事。当即指示秘书:给予适当的帮助。一周后,便收到了有夏老亲笔签名的证明函。实在庆幸!如果不是程先生如此清晰的记忆,如果没有夏老的平易近人与实事求是,这次社团重新登记不知要费多少周折!重新登记过程中最轻松的环节就是接受审计局审计,秘书处的记账形式是经过资深会计师指点的,账目内容是毫不含糊的,收据发票一应齐全,审计师只是怪讶账面上怎有那么多笔一元、二元的收入,原来那是会员在非年会期间零零星星交纳的会费。

1992年,在河南开封举行第五届宋史年会上,理事会尊重邓广铭先生坚辞会长的要求,聘请他为名誉会长,继续指导研究会工作,同时选举漆侠先生继任会长。会前,程先生多次表示:"与邓先生共进退",并交代范荧:"秘书处的事情,听邓先生的,邓先生说交给谁,你就交给谁。"在理事会上,范荧再三表达了程先生这一意愿,但理事会最终决定秘书处暂时不动。邓先生对范荧说:"程先生为研究会做了这么多,他在一天,秘书处就不能动,你这个副秘书长就继续当着。"于是,秘书处工作继续在上海师大运作,只是及时与漆侠会长联系或请示。

此后两年,程先生的健康每况愈下,已不适合继续操心秘书处工作,范荧也出于工作繁忙与孩子身体等原因,向邓先生多次提出秘书处另择人操持的请求,终于得到邓先生的同意。在1994年成都年会上,范荧持邓先生亲笔建议信向理事会陈情,理事会最终作出了秘书处转至河北大学的决定。

不久,秘书处交接工作结束,悬挂在上海师大古籍研究所大门旁已有十四年之久"中国宋史研究会"会牌也正式取下,标志着宋史研究会秘书处早期活动的终结。从此,中国宋史研究会秘书处在河北保定,在漆侠先生领导下翻开了新篇章。不过,直到如今,每当收到装帧远比以往考究的《宋史研究通讯》,首先映入眼帘的,就是程先生亲笔题笺的《通讯》刊名,程先生为宋史研究会及其秘书处所做的一切,似乎就永远定格在这苍劲峭拔的六个大字中,当然,更是深深镌刻在我们这些曾经在他身边工作的弟子与助手的心版上。

2016年5月10日

我 和 爸 爸

程念祖

（程应镠先生长子）

爸爸离我们而去已有20多年。他的学生筹划出版纪念他的文集，建议我们四兄妹也提供一些回忆的文字。

在我还是学生的那个年代，不听爸爸的规劝，吃了苦头之后，方明白点事理。这些年来只要想起爸爸，想起自己屡屡伤爸爸的心，就后悔得心痛。

1963年我考入北京农业大学。爸爸高兴极了，尽家里当时最大的财力，给我准备行装，还打算要给当时在农大工作的老友写信（我拒绝了。后来，这也被我认为是资产阶级知识分子争夺青年一代），请他们指导我求知。

1964年我因病休学回家，向爸爸谈起一年来在学校的经历。说及学习《九评苏共中央公开信》的过程中，认同把资产阶级知识分子归入剥削阶级的观点，认同自己受家庭影响，有成名成家思想，不愿当普通劳动者的资产阶级思想等等。听党的话，听组织的话，认同这些和自己心底里的想法有冲突的东西，本以为会得到爸爸鼓励，因为他一直以来都对我说，要听党的话。爸爸却不淡不咸地说了句："以后在别人面前要说正面的话，不要说反面的话。"很明显，他不赞同我在组织面前暴露那些被批判为"错误"的思想观点。

爸爸让我很纠结，他到底是要我听党话，还是不听党的话。最终，我认定爸爸以往没有对我说真话。我原本还不清楚怎么和爸爸"划清界限"，这样一来变得清楚了，他要我和党组织两条心，我不能听他的。

在家养病不到四个月的时间，我主动参加街道组织的政治学习，排演革命的文艺节目，不听爸妈要我在家好好休息的劝告，明确表示要以实际行动和爸爸划清界限，还想着要动员妈妈、教育弟妹和我采取同样的立场。

打这起，直到1966年初，才接到爸爸的亲笔信，我回了一封。爸爸在信中直截了当劝诫我，不要去管海瑞罢官的事，专心念书。在当时，这封信让我彻底放下了思想包袱，自以为完全看清了父亲反党的本质，便毫无顾忌地投入"文革"，决心要在大风大浪中闯荡。

同样是这封信，两年多以后，让我体会到，只有爸爸这样的亲人，明知儿子会彻底反目，也要规劝儿子。他义无反顾地尽了做父亲的责任。

到1968年10月，我去信上海，向爸爸表示，和他的界限划不清了，也不划了。这是在我反思"文革"，思想真的变"反动"了之后。当时，我认为不能用"文革"这种方式解决党内外的矛盾。对×××的失望，加上自己的遭难，激活了追求"自由、民主、平等"的情感。

我有个同学，他没有参加"文革"，结果遭抄家。之后，把他日记里话，拿出来批判、斗争，逼得他理直气壮地宣称："我不反党，不反社会主义，我反对个人独裁！"

1968年秋，在我第一次身陷囹圄、解脱回校之后，知道他的情况，震撼了我的心。在这里回忆父亲，写这个同学，是因为我当年在家养病期间，他给父亲写了一封信，使父亲很生气。我始终未见过原信，问这位同学，他说主旨是劝父亲，不要那么激烈地(我写信告诉他的)对待我。

关于这些，父亲后来没有说过什么，也从不问"文革"的事情。对这个当年惹他很生气的我的同学，倒是在母亲又为当年发生的这些事情唠叨时，父亲板着脸说："还说这些干什么！"

1975年夏天，在我再次陷身囹圄5年之后，乘硬座从北京回到上海。午后到家，在熟悉的地方，拿到钥匙。开门，洗澡，换上干净衣服，倒头便睡。已到傍晚，迷糊中听到卫生间哗哗的水声。我起身到卫生间门口，看见爸爸高大身躯向前弯曲的后背，他正在澡盆里清涮已经搓洗好的我脱下的脏衣服。大概是水声大的缘故，爸爸没有察觉我。面对此景此情，我哽咽着叫了声："爸爸。"还没等爸爸说什么，听楼下做饭的妈妈叫我："小弟，你下来！"听声音，有点急促，好像有要紧的事。我急忙下楼梯，看着妈妈好严肃的一张脸愣住了。我还没有回过神来，她劈头就问我："你打过人没有？你乱揭发别人没有？"回答自然都是没有。这时，妈妈好像松了口气，再也没有说什么。

其实，问我之前，妈妈已经有了判断。问我，对她来说，是想由我来证实，更主要的，为的是告诉我，除了这两种行为，别的她都原谅了。爸爸什么也没有问，他的意思全在不言之中，何况妈妈已经都表达了。长别11年之后，见到爸妈的这短短的几分钟，给了我度过以后并不顺心的岁月、走过坎坷的路，做一个堂堂正正的好人的勇气和信心。这以后十多年中，尽管共处时间很有限，爸爸与我，不仅是父子，更是良师益友。

还在解除监禁之前，我在给爸妈的信中表达了想改学社会科学的愿望，爸爸明确表示了不赞成。这次回家，又说及此事。爸爸先说我读社科类书太少，改行不合适。我强调五年来在秦城通读了马恩全集，不少著作还精读了，发现有很多值得研究的问题，有兴趣。对此，爸爸就直截了当地说："你现在的情况不适合做与政治关系密切的学科的研究，条件也不允许。"我立刻就明白了爸爸的意思。我自幼就凭兴趣，想干什么，就干什么。这大概就是妈妈一直说我长不大的缘故。回想中学时期，我也曾对哲学、社会科学产生兴趣。当时，由于爸爸的右派问题，我连想都没敢往下想。现在政治问题发生在自己身上，却完全不在乎这些政治帽子，有点忘乎所以了。我已到而立之年，首先要解决的是如何养活自己，不能再靠爸爸，当时爸爸的处境，纵然愿意帮助我，也没有条件。小妹妹在副食店就业，弟弟还在遥远的黑龙江插队。我还有可能按大学毕业生分配工作，一定要设法实现这个目标，不能一厢情愿地只顾自己的兴趣。

我意识到尽早地有个结论，分配一个工作重要性，亏得爸爸提醒。

当时的北京农大对上面将我放回农大待分配，有阻力，主要是某些一贯整人的原年轻政工干部掌握了人事方面的权力，他们先是被学生造反派组织结合，后来借清查"五·一六"在农大整了200余人，我被他们定为"五·一六"阴谋集团的骨干分子，在全校宣布为死不改悔的反革命分子。之所以这样，是因为我一直否认有这样一个阴谋集团，更没有什么"后台"可以揭发。放我回校，他们下不了台。

在争取实现早做结论，尽早分配工作的问题上。爸爸的意见是：只要定为人民内部矛盾，就接受、签字，不纠缠具体的事实认定。早离开北京，离得远些更好。事实证明爸爸的意见很对。

我的第一个结论，做于1976年"反击右倾翻案风"之前，尽管与放我回校时专案组成员释放的口径信息不同了，但"按人民内部矛盾处理"、"分配工作"没有变化，我签了字。随后给王观澜校长写了信，请求他帮我安排工作。信中按爸爸所说的意见，表达了我到基层搞技术工作的愿望。他很快委托秘书回了信，安慰我不要着急，相信组织会联系分配接收的地方。

时间不长，接到分配通知，到河北邯郸地区组织部报到。学校有老师告诉我，王校长在邯郸蹲过点。去报到时，组织部接待人员很和气地征求我的志愿，我按爸爸所说，请求到远离邯郸的农业县，结果去了与山东交界的馆陶县。县组织部也征求我的意见，愿意干什么工作，我要求干农业，希望到农业生产条件好一些的公社去做技术员。最终完全满足了我的愿望，去了卫东公社（魏僧寨）。那儿离县城五十里，但农业生产条件好，也正好缺一个农业技术员。

到那以后，没有人计较我的过去，许多次原谅我因不太懂人情世故捅的娄子。我度过了有尊严、尽心尽力工作、充分施展才干的六年，和那里的群众、干部建立了有情有义的关系。1981 年初，我对方兴未艾的家庭联产责任制有些担忧，不赞成一刀切，担心把集体经济多年劳动积累的水利设施、农田基本建设成果、农机等，都分给个人承包会毁了。我对公社和县里的干部说了我的意见，他们理解我的意思，但劝我还是调回北京，担心依我的脾气，还会说这些，要吃苦头。

我是真舍不得已经搞起来的农业现代化实验，毁于实行家庭联产责任制过程中搞的“一刀切”。在基层干了这几年，对基层这些干部有了充分的信任感，我听他们的，回北京了。1986 年，我得知一位好友当了副县长，去信他处，想到馆陶办一所农业技术学校。他来信劝我打消这个念头，说我空想。我有点失望，但也听了他的，从此不再想回基层务农。

历史走着曲折的路，农村实行“大包干”后，是出现了我担心的那些情况。但前几年我回馆陶去，基层的老友告诉我，当年我搞小麦、玉米连作，机械化耕种，秸秆还田，已经完全实现，吨粮田比比皆是。

反思这段历史，给我的教育很大。我现在思考问题的方法，得出的结论，完全跳出了“左右”意识形态之争，一旦产生问题，首先去了解实际情况，再和经历过的历史（自己的或值得信任的别人叙述的）作比较，不轻易下结论，慢慢看。我的一位值得尊敬的老师最近在微信中写道：“左派右派贵正派，悲观乐观稀客观”，这是他的想法，也确实反映了现在思想界的实况。当年，他作为班主任家访，和爸爸交谈一个多小时。他事后对我说，你爸爸对你还是很了解的。那是高中三年级上学期的事。我当年不懂，后来懂了点。现在回忆爸爸和与他有关的往事，觉得懂得多了。听了爸爸的话，我才有了那六年充实、快乐又不乏思考的经历。没有学社科，但并没有妨碍思考那些当年感兴趣的社会问题，而且自觉颇有心得。

从馆陶回到北京后，经爸爸的学生介绍，我去了北京景山学校教书。对选择做教师，爸爸没有说什么。我出于担心自己食言，学农务农成了空话，爸爸对我不满意，向爸爸解释从教的原因。

从小我就有点好为人师，初中时，对老师讲课或处理同学犯错误不满时，经常产生：要是我，就不这样做的念头。

1957 年，初一上学期我根本无心念书，又阑尾炎住院手术，考试后，包括数学在内三门“挂红灯”。如此糟糕的成绩，爸爸没有说一句责备的话。1958 年的寒假，让我和 10 岁的大妹妹去南昌过年。这期间，正是祖母的一句话：以后要好好读书，不要叫人看不起。使我醒悟到，要在同学中立足，唯有读书成绩是经自己努力可以获得的。从初一下学期起，所有的学科我都预习后再听课。这也就有了认为老师讲得不好的“根据”。对有的老师把学生分成三六九等，处理事情偏心眼，我更是反感。这些是我最初想当老师的由头。

“文革”中，我意识到学校的所谓政治思想教育工作的不成功。先不说该不该由学校教育负责确立学生的政治立场。就“文革”中打人；侮辱他人人格；以革命的名义将私人财物，或公家财物据为己有；栽赃陷害，造谣诬蔑等等毫无做人底线的发生在并非个别人身上的恶劣行径而言，已经说明我们的教育有问题。就此，1969 年我还写过了几篇要教育救国的文字，意思是教育要从做人的品行教起，否则革命一定会变味。

我把这些对爸爸讲了，他未置可否，还岔开话题，讲了两个意思：一是要我永远不要做行政工作，因为我不适合搞行政；二是说他自己教书，把要讲的每一句话都写下来。尽管爸爸没有做过多的解释，对爸爸的信服，使得我认真思考并实行，获益匪浅。

对不做行政的劝告，开始并不太在意，我根本没有想做行政。对教育渐渐有了自己的想法之后，倒是产生过"要是我来管一所学校……"的念头。当机会明确到来的时候，想起爸爸的话，也就刹了车。那是 1987 年反自由化期间，我以管不住自己的嘴、还要好好锻炼自己为由绕过了这一"做行政"的机会。

几十年过去了，听爸爸的话，一心搞业务，研究教育，也学习各方面的新知识，思考研究各种问题，利用自己比较丰富的经历和人脉资源，接触实际，力所能及地搞点调查。总之，过得很充实。世俗的"羡慕、嫉妒、恨"很少落到我身上，即便有点，也并不在意。

1981 年，我开始在景山学校教植物学、动物学。按照爸爸的办法，上课前把要讲的话句句写下来。我从小就不喜欢照本宣科式的课，当然，自己一开始也不会这么干。写讲义的过程中，融进了自己的理解过程和思路。教学中也发挥了我实践知识丰富、动手能力强的长处。

开始，不懂讲课前最重要的是了解学生已有的水平。讲义内容多，而且都要讲，效果并不好。好在讲课前，讲义发给学生自学。自己讲了什么，怎么讲都有讲义在，很有利于教学双方及时沟通。经过沟通，我渐渐明白，课堂上要注重核心概念和原理的教学。也悟到学生的头脑并非一张白纸，一些没有经过专业训练之前形成的模糊的"前概念"，甚至错误的概念，以及认为生物学能背就能学好的错误思维，会顽强地干扰对正确东西的理解和接受。解决这些问题的办法，是在讲义中讨论式地设问，学生自学时，就会引起注意和思考。上课时我有针对性的精讲，并改变考试办法，效果较好。

我 36 岁开始教书，爸爸启发我，把上课要讲的话写成讲义，很有好处。大大缩短了我成为合格教师的过程。当时，我还经常翻阅爸爸那本《南北朝史话》，有时还大段朗读。我没有问过爸爸，这本书的文字是不是主要来自他自己的讲义，我猜是。1987 年暑假，我陪爸爸住在华东医院期间，曾经把自己编写的化学讲义读给爸爸听，爸爸很认真听完后说，现在的教科书可读性差，是个问题。我想，爸爸对我认真教书是满意的。

行文至此，我想起一位很佩服爸爸的原上师大的教授所说的话：要干出不一般的成绩，成为不可替代的人。我已退休十多年，仍在返聘，且不断有地方约我重新"出山"，这使我很有成就感。

听爸爸的话，成就了我 30 岁以后的人生。爸爸离开了，又好像总在我身边。和弟妹们相聚，总有关于爸爸的话题。我是没有宗教信仰的，但常常希望真有那边的世界，爸爸在那看着我，原来话就少的爸爸，欣喜地向我们微笑着，什么都没说，又好像要说什么。

爸爸，我好想你啊！

炎炎之火：父亲对我的期盼

程　炎

（程应镠先生长女）

“反右”之后，父母被降薪，家里收入减少一半还多；又遭遇了三年困难时期，日子更是雪上加霜。妈妈体弱多病，爸爸去了社会主义教育学院。等爸爸回来了，妈妈又去了。奶奶曾经有一个时期来帮着照顾我们，到了60年初也回南昌去了。原来家里请了两个保姆，先后都走了。妈妈去社会主义学院回来后，又被送到乡下，直到吐血不止，才让回来治病。病好出院后，就住到学校，两个星期回来一次，因为学校离家太远，她身体实在吃不消。大概60年入冬的时候，家里新请的一个保姆，趁大人不在，把家里粮票席卷而去。有半个月，父亲天天带我们到闸北公园饭店吃晚饭。饭店可以不用粮票，吃完了，买些议价饭，第二天给弟妹吃。我和哥哥在学校吃，用饭票。那时候，生活艰难，父亲想尽了办法让我们吃得饱些好些。我家的肉票很少买生猪肉，因为那是实打实的，一斤肉票只能买一斤肉，而一人一月只有四两肉票。每个星期天吃完早饭，我们就盼着午饭。四个孩子把放在饭桌上的清蒸猪肉罐头摸过来摸过去，等着父亲把它和一大锅白菜或青菜煮在一起。于是，每星期午饭之后，我们的嘴都油光光的，爸爸看着我们心满意足的样子就会开讲：苏东坡看着那挂着的条条腊肉越来越短越来越少……苏东坡与肉、腊肉的故事，穷得要计划吃肉，也不知爸爸是从书上看来的，还是从小从听来的。但是，因为爸爸这么一计划，家里的肉票能让我们每周打这么一番牙祭，有了一个满怀希望的周日，我们真的很快乐。

记得更早的时候，妹妹、弟弟先后得了百日咳，先是让我照顾，后来爸爸把奶奶从江西接来照顾他们。那时，为了不让奶奶担心，家里经济上必须维持原状。于是，先是用家中的存款来填补，然后就靠变卖妈妈的首饰维持家用。弟妹病好后，奶奶就回南昌姑姑家了。奶奶心里太苦了，两个儿子都打成右派，叔叔还离了婚，大家都瞒着她，但她什么不知道呢。早先奶奶在我们家时，家里人来人往，哪里是现在这么冷落，但她从来不问。

奶奶走后，家里一直靠爸爸来管我们。爸爸除了上班，或在家看书，就是想办法改善一下我们的生活。看我们又饿又馋，爸爸不断地变卖家里值钱的东西，然后给我们买些议价的糕饼糖果之类的食品回来，或者带我们上饭店。后来，舅舅开始每月从香港寄油、食品。妈妈的首饰卖得差不多了，爸爸又开始卖书。有时他还让我把妈妈的外国小说拿到徐家汇的旧书店寄卖。哥哥的同学在旧书店看到我拿去寄卖的书的扉页署名，让哥哥很窘。也有书商到家里来挑爸爸珍藏的线装书，那真是“剜却心头肉”。但书被买走了，爸爸就会带我们到外面去下馆子。虽然吃来吃去总是那几样最便宜的菜，我们吃得很开心，对他就是很大的安慰。据说，程姓一族，都特别宠爱女儿。我，尤其是妹妹，从小是很受宠爱的。

就在爸妈觉得深陷苦难，为了四个孩子，努力挣扎时，我们兄妹四个，却在父母的苦难中，目睹并接受了与苦难抗争，学会了自爱自立，绝不放弃地长大了！我常常想起十几岁时领着弟弟妹妹，冒着刺骨的寒风，在46路车站上等妈妈回家。我早已生好煤炉，烧着水，好让妈妈到家就可以洗脸、洗脚……我那时，也已很懂得做家务，懂得如何既省鱼票又省油，而让家人能多吃、吃好。那时，乌贼鱼很便宜。常常，我一清早，就去菜场排队买乌贼鱼。一斤鱼票可以买两斤乌贼鱼。买来了，洗干净，煮烂，撕成一条条，炒雪里蕻咸菜，大家就着饭，大可以美餐一顿了。爸爸是不碰海鲜的，但对我能让哥哥、妹妹和弟弟吃得很开心，非常满意。有一次，我买到了很新鲜的带鱼。为了省油，我把带鱼洗净后切成段，用盐腌了，晾得半干，然后放一点点油在锅里煎。爸爸问什么东西那么香，我趁机让他尝尝。后来，为了让爸爸能吃一点带鱼，我常这么做。父亲曾送我诗曰："平生剩有江湖恋，乞得清闲便素居。烧饭炊茶欣有女，北窗一榻读闲书。"

我们住的师范新村北面是条小河，河边有不少空地。最困难的时候，记得哥哥为了帮家里过得好些，在沿河的荒地上又种花生，又种各种豆类，还做了一个大笼子养兔子。他还做了一把鱼叉，不上课的时候，一清早就到河边叉鱼。有一次，哥哥叉到了一条一尺多长的鱼，可惜又让它逃脱了。兔子养得最好的那年，一天夜里，六只兔子一晚让人全偷了，心痛得我们直掉泪，站在笼子旁不走！

困难时期过去了，我们都学会了在困境中顽强地生存，健健康康！我后来去了新疆，在那样艰苦的环境中，我没怕过苦，努力顽强并信心十足地在那里生存下来。我的哥哥、妹妹和弟弟也都一样。熊德基伯伯是爸爸的老朋友。哥哥1963年去北京读书，有时候会去看他。他就对我哥哥说："你们程家的人，就像石头下压着的苗，压弯了身子也会钻出来长直的。"

至今，我的床头挂着父亲《示儿》一幅手迹：

老去移山志未伸，汝曹宜自惜青春。
传经我爱他山石，报国今惭白首心。

父亲寄希望于我们的，全在此诗中。他一生的追求也在此诗中。父亲喜欢杜甫的诗，始终不忘天下，而不会"独善其身"。他本质上是诗人，年轻时的文章热情炙人，读着让人感奋不已。中年之后，有文章形容他"深居简出，不苟言笑"。其实，他是一个很天真的人。上世纪80年代初，那时他因患鼻咽癌正在华东医院治疗，却还在操心单位的事，坚持他的某些看法。我那时正在上海师院中文系进修，劝他放弃算了，以免搞得自己很被动。但父亲认为，像爱惜人才这样的事，是一定要争一争的。可是，他的这种想法人家并不以为然，甚至会觉得你是出于私心。这使父亲不免回忆起那些不堪回首的往事，"怜余七十犹心悸，梦里仍惊下坂车"。

小时候，在高桥中学，亲眼看到父亲把家里整匹的白布送出去换了紫红布，给高桥中学的礼堂当幕布。李家耀等演话剧缺少道具，父亲便动员各个办公室拿来台灯照明；演《放下你的鞭子》，从家拿走一小抽屉他收藏的铜钱，让台下的观众往台上扔，也不管是不是文物，等送回来时只有半抽屉了。

有个学生得了腰子病（肾炎），家里穷，买不起果子盐，父母便把舅舅从香港托人带来给我（正患肝病）的送给了她。这位女学生有一条很漂亮的蝴蝶结，看我爱不释手就送给了我，结果父母非让我还回去。我委屈地大哭了一场，但在这样的事情上，父母都不会迁就的。

我自小读书好，却因为班主任老师的一句"有白专倾向"的道德品语，而我又有这样的家庭问题，在初中升高中的时候未被录取。1963年，我辍学在家，每天不是外语就是数学。我把哥哥用过的俄语教科书找出来，开始整理初高中的俄语语法。高中的没有学过，自然有些搞不明白。有天下午去对门魏建猷伯伯家玩，看到书架上一套上中下三册的俄语语法，翻到关于名词复数的变格等章，一份份表格说得清清楚楚，特殊的用法也列得一目了然。我借了回家，正遇到爸爸坐在楼下，便冲着他大声地嚷嚷："爸，这套书可好了！"爸爸脸一沉："你都看完了！你看过几套啊！怎么就能知道它好或不好！"我感到自己要哭出来了。爸爸神情缓和了下来："觉得有用，就好好做笔记。"被父亲当头一棒，样子又很严肃，我很紧张。这件事对我印象深刻，"严谨"、"认真"是学习所必须的态度。在我后来的教学生涯中，要求自己，要求学生，都是如此，40 年从无懈怠。"汝曹宜自惜青春"，这是父亲对我的勉励。

父亲自 1987 年 8 月住进华东医院后，几进几出，病情越来越重，神志却始终清醒。那时候，我已调回上海，并在高桥中学任教。高桥离家很远，交通又不便，我全身心扑在教学上，一直是妹妹在父亲身边替我们另外几个孩子尽孝。93 年，父亲卧病家中。那时，我有幸被评上了全国优秀教师。我站在父亲的病榻边，拿着获奖证书，把喜讯告诉他。他笑了，两眼发亮，因内热而灼红的双唇张开，想要说什么，但说不出来，我知道他是在祝贺我。他没有因为我一周只能回去看他一次而责备我，也没有因为每次病危时在病榻前忙碌的不是我而生气。他真的什么都说不出来了，可是，他眼睛里闪耀着的光芒，却好像是在告诉我：爱你的学生，爱你的工作！

高山仰止，景行行止！父亲在我这个女儿心中，就是这样的。光阴荏苒，我也即将迈入古稀之年，但是对父亲的怀念，并没有随着时间的流逝而减少半分；父亲的教诲，随着我对人生的感悟，体会也越来越深。1964 年，我去新疆的时候，确信自己是志在四方的好儿女。火车途经嘉峪关，一车的人都在哭，我暗自发誓"一张白纸没有负担，可以画上最新最美的图画"。六年以后，我抱着不满周岁的女儿走出车厢，迎来的是母亲的眼泪和父亲怜爱、痛惜的眼神。如果不是父母被打成右派，也许我们的人生的旅程会平坦些。也因此，父亲一直觉得有愧于我们。我去新疆之后，直到他右派改正之后，他才比较多地给我写信，感情上也觉得和父亲越来越近。我在上海进修回到新疆后，曾写信给父亲，想调回上海，没想到遭到父亲的坚决反对。父亲在给我的信中写到："我不赞成你离开新疆，是因为那里有你的事业，有你青年时代的梦和誓言，而边疆的开发关系着我们民族的幸福"；"你在那里的二十几年我常常以为是我的骄傲，是我们家的骄傲。在性格上，你最像我的母亲。我这一生能有一点成就，是我对母亲尊敬的结果。我的母亲为了别人，为了子女，从来不惜自己的一切。你去新疆时，我曾有诗说：伊犁河水天山雪，好画新图颂舜尧。现在新疆需要你，新疆给你的也很多"；"人活着，不能只为了过好日子"；"你爸爸二十二年前希望于你的，现已成为现实，这是我最快活的事"。这些话使我时刻感到父亲就在我的身后，看着我的一言一行，所谓"芒刺在背"。

据母亲说，父亲一直希望第二胎能生个女孩，取名为"馨"。"馨"有两层含义：芳香，好声誉。我生下来的 47 年夏天，上海是百年未遇的酷热，7 月 27 日早晨，当父亲四处奔波借来了钱去医院看我和妈妈时，妈妈差点儿热死在手术台上，于是"馨"成了"炎"。知道这个典故的黄云深伯伯在我去新疆时送我一句："希望你就像你的名字，发出双倍的火花。"这与父亲的初衷完全一致。

如今，怀念父亲，回想这段往事，我所无愧的，是这团"炎炎的火"，它从来没有熄灭过，虽然，有时它只剩下尚存的火星，却总能强烈地重又燃烧起来。它很顽强，为了自己，为有益于他人，它即使未曾放出双倍的火花，却也尽了做人的本分。因为，父亲的期盼，一直在给它注入生命的能量。

爸爸教我读中国诗

程　怡

（程应镠先生二女儿）

上海师范大学人文学院要举行我父亲程应镠百岁冥寿的纪念会，要我们写些纪念文字。想起父亲教我念中国诗的情景，父亲的音容笑貌如在眼前。

我10个月的时候，得了一场可怕的脑膜炎，高烧刚退，同病房住进了一个出痧子的小孩，于是我又因为感染，炎症卷土重来，结果在广慈医院的隔离病房住了四十多天。当时父母在浦东高桥教书，每天他们轮流在探视的时间渡江来看我，“只能隔着一扇玻璃窗户看你哭，看你睡，看你玩自己的小手小脚，看你自己吃饼干”，爸爸说，“心都是痛的”！据说抱我回家的时候，医生说不确定将来会不会有残疾。我到了一岁半还不会说话，走路也比别的孩子晚得多，父母非常担心。有一天，爸爸看报，我坐在他的膝上，指着某一个标题中的“上”字，爸爸说：“上？”我对他表示满意，赶紧从他的膝上爬下来，拽着他走到他的书箱前，那是中华书局印行的《竹简斋本二十四史》，两个书箱摞在一起，上面一箱为“函上”，下面当然就是“函下”，我得意洋洋地指着“上”，表明我知道什么是“上”，这对我的父母来说，简直就意味着“上上大吉”！于是，爸爸就指着书箱上的字一一念了一遍。据说只此一回，我就能分辨书箱上全部的字，哪个是哪个，从不出错。于是爸爸认定我有很好的记忆力，当然就不再担心我有智力障碍了。

以后，爸爸总是教我背诗，往往他念两遍，我再跟着念一遍，记一遍，也就记住了，过几天，爸爸只要念出第一句，我就能接着往下背，这使爸爸非常高兴，我为了让他高兴，背得也很积极。这些童年时跟爸爸念过的诗，至今还能脱口而出。爸爸常常教我念两个人的诗，一个是杜甫，一个是陆游。据母亲说，抗战时漂泊西南，父亲刚刚认识母亲的时候，曾经手录他所喜欢的《剑南诗钞》送给她。我的母亲是联大心理系的，中国文学的底子很差，但父亲手录陆游的诗送给她这件事本身，让她喜欢，虽然她后来还是不读中国诗，当年父亲送她的手抄本，也早就丢了。

我现在只要读杜甫和陆游的诗，想到的就是我的父亲。好多年以前，我曾经对一个外国朋友说，爱国主义是一种文化血液，我自己造了一个很生硬的词：cultural blood，他对我说，这个比喻让他感动。确实，在我尚未识字的时候，父亲教我念过的那些诗，就和父亲对我的关爱一起，融进了我的血液，塑造着我的灵魂。“文革”当中，在未被抄走的书里，发现了朱东润先生作于50年代的《陆游传》，那时对于书有一种饥渴感，抓到什么看什么。冯至先生的《杜甫传》，也是那时候看的。小时候还看过一本小人书，讲的是《钗头凤》的故事，当时印象很深，觉得陆游的母亲太坏了。还由此想到了《孔雀东南飞》的故事，很不理解陆游为什么很像那个焦仲卿，而唐琬为什么不能成为刘兰芝，问我父亲，父亲觉得我小小的年纪，这事儿跟我讲不清，说是以后你长大了就知道了。“城上斜阳画角哀，沈园非复旧池台。伤心桥下春波绿，曾是惊鸿照影来。"很多年以后，当我懂得了陆游此诗中的深切情感，真的很为他在 75 岁的高龄，仍能如此苦吟而感动。人生无非家国之情，杜甫、陆游以及我父亲他们这一代的知识分子，对家国，都有一种深情。

我小时候一直体弱，有什么传染病，就得什么传染病。三年困难时期，我得了百日咳，当时妈妈大病住院，爸爸就在家里照顾我们。一开始，怕传染弟弟，爸爸让姐姐带着弟弟睡在另一个屋子，而我就睡在爸爸身边，晚上我常常整夜地咳，气管里发出鸬鹚般的啸鸣音，咳得剧烈的时候，鲜血和胃囊中的食物一起呕吐出来，喷得爸爸的枕头上、身上都是。我记得爸爸不停地拍我的背，喂我喝水吃药，给我换上干净的枕巾，擦干净我的呕吐物。因为是"百日咳"，我这一番折腾的时间也很久。不过，爸爸后来从来没有跟我们谈起那一段艰难。那是 1959 年的上半年。

我是 1959 年秋天上小学的。记得那年的冬天，爸爸和妈妈都不在家，妈妈出院以后，因为学校到家要斜穿整个上海市区，她的体力难以支撑，就住在了学校的集体宿舍里，每星期只能回家一次。当时上海市委统战部把高校划了右派的教授集中在颛桥的社会主义学院学习，所以爸爸也有很长一段时间不在家。哥哥上初中，父母不在，他正好自由自在，经常住在几个要好的同学家。小学六年级的姐姐带着我和弟弟在家里，晚上我们害怕，就三个人一起睡在爸爸妈妈房间的大床上，大床正对着房门，房门上有个气窗，正对着走廊那头的家门，老式的学校公寓的大门上也有一个气窗，气窗外是楼梯顶棚上的电灯，但那个灯长年都是坏的。冬天的晚上，非常冷，我们三个孩子早早地就钻进了被窝。

我小时候非常怕黑，姐姐关了灯以后，我睁着眼睛想着种种可怕的故事，真的害怕了，就会闭上眼睛，就会睡着。可那一天，我怎么也睡不着。突然，气窗上有淡黄的光晕一闪一闪的……"也许是贼，他大概想趁我们家没有大人的时候进来！也许是强盗，他会不会拿着刀子？"我闭上眼睛，心"蹦蹦"地跳，再睁眼，气窗上的光不见了，我高兴地拍打着睡着了的姐姐，大叫："好了！好了！那家伙走了！"姐姐被我弄得摸不清头脑，生气地说："再吵把你踢下去！"我说："刚才有光在气窗上闪，现在没……"话还没完，气窗上又有亮光在晃动，姐姐也看见了，她一声不响地抓住我的手……突然，我仿佛觉察到了什么，跳起来光着脚冲到走廊上去了，果然我听到大门外有钥匙哗啦啦响动的声音！"爸爸！爸爸！是爸爸回来了！"姐姐也跑出来了，她一把拉住我，我们俩在门边站了几秒钟，这时候，我们听见爸爸轻轻地叫："小妹，小妹呀！快给爸爸开门！"我们争先恐后地扑过去给爸爸开门。爸爸穿着一件列宁装大棉袄，地上放着一大捆行李，行李上放着一只打开的手电筒。爸爸说："我在门口找了半天钥匙，不知道把钥匙塞在哪里了。又开不开门，你们上了保险吧？你们这么早就睡啦？"爸爸摸摸姐姐的头，她是长女，爸爸妈妈不在家的时候，她照顾我和弟弟。我和姐姐欢天喜地合力把爸爸的行李往屋里拽，爸爸把行李带回来了，说明爸爸不会很快离开家。"快！快！快！回到床上去，看看，衣服都没有穿，要生病了！"爸爸把我们赶到床上，掖了掖我们的被子，看了看熟睡的弟弟，就关了灯，出去了。我和姐姐很久都没有睡着，姐姐说："爸爸叫的是我！"我说："是我最先想到那是爸爸！"不管怎么说，明天我们醒来的时候，爸爸在家！

后来跟爸爸念杜甫的诗："遥怜小儿女，未解忆长安。"爸爸问我懂不懂这一句的意思，我说："我懂的，不过爸爸想念我们的时候，我们也想念爸爸的。那天晚上爸爸从颛桥回来的时候，是我最先想到门外是你！"爸爸说："你怎么知道外面是我呢？"我说："因为你的手电在外面闪了半天，你不敲门，不叫我们是因为你不想叫醒我们。"爸爸不再说话，只是听我继续背他教我的诗。

小时候念过的大多数诗都是夏夜乘凉时跟爸爸学的。"僵卧孤村不自哀，尚思为国戍轮台……"依稀记得，念陆游的这首诗，是在一个夏天的晚上，我已经困极了，还不肯回屋子睡觉，趴在爸爸的膝盖上，爸爸摇着大蒲扇，满天的星斗都朦朦胧胧的。突然，爸爸那江西乡音很重的深沉的声音使我睁开了眼睛，我不知道那奇特的吟啸中有什么，但我一下子记住了这首诗。我记得我还没有上学的时候就会背那首《示儿》："死去元知万事空，但悲不见九州同。王师北定中原日，家祭无忘告乃翁。"爸爸问我懂不懂最后那句，我很得意地嚷嚷说："那意思就是烧香磕头的时候别忘了告诉你爸爸！"爸爸笑得眼泪都流出来了。

爸爸生命最后的那几年，因为"文革"中受的伤而瘫痪了，一开始，右手还可以动，他就每天用小楷抄陆放翁的诗，五大本诗集，他能背诵的几三成，可是他还要我一本一本拿给他，然后说："好的我都读过的，好句子常常在这里那里重复。"那时候我已经在华东师大教古代文学作品选，已经能够感觉到父亲教我念过的杜甫、陆游的诗中儒家精神的一脉相承。然而其时我真正感兴趣的已不再是他们的诗，而是阮籍与陶渊明的诗："独坐空堂上，谁可与亲者？出门临永路，不见行车马……日暮思亲友，晤言用自写。""壑舟无须臾，引我不得住。前途当几许，未知止泊处……"我都活到了念这种诗的时候，爸爸的心境就可想而知了。

爸爸完全卧床不起的时候，我就让他躺着听音乐。我们的老邻居、老朋友杨立青从上音给我录来了德沃夏克的大提琴协奏曲，那悲怆的旋律在蕉影婆娑的窗边响起的时候，爸爸会吟诵杜甫的诗。他告诉我，那音乐让他想起了故乡老宅，想起了祖母和母亲；可惜的是，我不记得他当时吟诵的是杜甫的哪首诗了。我把这事告诉一起听音乐的朋友，他们都让我好好想一想，但我无论如何想不起来了。然而那音乐与爸爸吟诗的声音，却永远留在了我心底。

很多年以后，我看见报上某篇文章里引了一首非常有味道的绝句，我的感觉就好像遇到了一个老熟人，我没有念过那首诗，但我熟悉那种风格，那种非常流畅的朴素与自然的风格，回来一查，果然是陆游的诗，"驿外清江十里秋，雁声初到荻花洲。征车已驾晨窗白，残烛依然伴客愁。"我当时的感受真是难以名状，爸爸在我童年时便种在我生命里的东西，突然宣告了它的无可移易的存在！

《严谴日记》读后

程念祺

（程应镠先生幼子）

父亲程应镠上世纪50、60年代留存的日记，较完整的只有1956年3月至1958年3月，以及1959年7月至1960年2月这两段。日记本为毛边纸线装；字直写；用钢笔，或毛笔；所记极简。

从1957年9月起，父亲的日记称《严谴日记》。其时，父亲已改变态度，承认自己是右派，日记中时时严厉地自谴自责，此即"严谴"二字的由来。我小学二年级时，全家搬到上海师院。之后不久，就听班上的同学议论，说我父亲"反右"派时在楼上办公室拍桌子，甚至把楼下办公室的日光灯都震落了。我当时听了这样的议论，幼小的心里，对父亲甚至很佩服。几十年后，看父亲的《严谴日记》，一边看一边心里在流血流泪，知道他那时实在是很可怜。

从父亲1956年3月到1957年6月的日记来看，父亲曾经是很受重用的。那时，他正在争取入党。56年3月7日的日记中，他写道："晚听党课，感想甚多。应顽强地自我改造。"同月，父亲去北京开会。24日这天，他去看自己最尊敬并崇拜的沈从文先生。父亲在日记中写道："夜访从文先生，劝他下乡，恢复文学事业。"他当时真的非常天真，觉得像沈先生这样的文学家，如果深入社会主义新农村，就可以写出伟大的作品。某日，父亲跟当年一起投身于"一二・九"运动的几位朋友，去十三陵游玩、野餐，兴奋之余，他写道："陵殿建筑之壮丽，世罕其匹。我先民之劳动与智慧，实令人感奋。今日生产关系改变，不久剥削完全废除，我国人民之创造精神，其远越前代，岂可以道里计哉！"

虽然满怀着美好的憧憬，却在许多具体问题上，父亲总显得与时代不能合拍。比如，在北京的会议上，讨论个人备课和集体备课问题，他就觉得"不宜强调集体备课"。"集体"是当时一个很重要的革命概念。与之对立的，就是个人。所以，父亲所谓的"应顽强地自我改造"，碰到具体问题，就被束之高阁了。

更严重的是对待领导的态度。学校的某领导，对一些在父亲看来是"恶俗虚妄殊不可忍"的言谈，屡表欣赏。父亲心里就极为不平，而谓："领导者缺乏实事求是之精神，虚妄乃作矣。"有时，父亲似乎也懂得许多事不便多言。但他却忍不住，直等到话说出了口，才提醒自己："仍有情绪也，以后决不复言矣。"但他还是忍不住！如学院领导对某民盟盟员评衔评级时的言论表示不满，批评民盟应该成为党的助手，而不应妨碍党的方针政策贯彻时，父亲就当面顶撞说，在贯彻党对知识分子的统战政策方面，她的水平不高，"婉劝她多接触接触群众，更好的贯彻党对知识份子的政策"。话说出了口，才知道又得罪了人，不能自安。隔了几日与该领导偶遇，即感到人家"颇有不豫之色"。

也正因为经常批评领导而心有不安，父亲变得很敏感。那时，组织上正准备发展他入党，一再审查他抗战时期曾在国民党军队中任职的历史，就使他心里很不快。民盟支部开会，有人给他提意见，他感到个人攻击的性质，一时竟"怒不可遏"。1957年5月，院党委找父亲谈话，告诉他："历史系已调查清楚，作风亦有改进，党委讨论数次已合入党条件，惟与中文系数人群众关系不好，尚须努力改进，以秋为期。"此时，离他被视为右派，戴上右派帽子，已经不远了，但他却没有警惕。

听我母亲说，父亲在57年鸣放时或鸣放前，是没有什么“右派言论”的。从父亲这一段时间的日记上看，也确乎如此。比如，他与孙××是很好的朋友。日记记录了56年底父亲曾去看孙××，大概一去就听孙××骂人，也不听劝，父亲很不高兴：“他激动得很，一言不能入，可悲之极！”57年6月某日，在民盟市委开会，父亲还“发言对整风中××论调加以驳斥”。对一位已被整的好朋友，父亲在日记中向他指出“‘反右’派斗争是一场严肃的政治斗争，劝他认真交代和罗隆基及其他一切关系。认真检查自己反社会主义的思想。相信党决不会冤枉人”。这是父亲当时的真实想法。

另一方面，在民盟的会议上，因为批判某人时涉及到人家的私生活，父亲就“以为不必如此”，还认为“有些反批评言论，我颇觉得可以不必如此大喊大骂，应坚持说理，关于鸣放报道也应当多些。这样才能使反社会主义言论的批判和帮助党整风这两件于国家有益而必要的工作结合起来！”其时，因为一些在他看来是不实事求是地对他的老朋友们的批判，也使父亲反感而愤懑：“思想上颇苦闷。这样做，不还太早了些吗？”

57年7月2日这一天，学院里终于出现了贴父亲的大字报，使他一夜不寐。第二天，又有更多的贴他的大字报。他在日记中写道：“早晨来院，看到一些大字报，甚觉痛苦。找党委谈我的心境。××颇多规劝，甚可感。”之后的短短20天里，父亲一共做了八次检查与交代，写了与民盟内右派分子关系的交代材料。与某些重要人物，连六七年前曾一起吃过饭，领导上也要追究。这使他“内心痛苦，为一生所未有”，“真觉得不如死了拉倒”，“深悔交友不慎”。很多年以后，父亲在训斥我时曾对我说，当时要不是为了我们，他是绝不能活了！但是，据日记上所写，在生与死这个问题上，父亲也还有另外的想法：“我不愿背着这个恶名以死，我必须以过去的事实和今后的行为证明我不是社会主义的罪人！”从这样的话里面可以清楚地看到，这个国家似乎确实是他的信仰！

解放后，一直到“反右”之前，父亲是不曾受过什么挫折的。一解放，他就去做中学校长了。那时，教育局很重视他，委以重任，别地方要调他去，教育局也不让走。为了留住他，我母亲调往中科院心理研究所的聘书都寄来了，教育局也不放行。上级部门的这种态度，使父亲感到自己是深受重视和信任的，正可以大干一番事业。那时，他哪里想得到，不过八年之后，为了妻子儿女，也为了自己的这个信仰，在强大的政治压力下，他不得不放下自尊，要努力从思想上去认识自己是个反党反社会主义的右派分子。

“负才使气与少有大志，是我一切病的根！有了这一根，便促令我与党若即若离。”这是父亲最初对自己的“错误”的认识。这样的分析，应该说还是比较实事求是的。特别是对党的关系“若即若离”，确实讲得很传神。而对于报纸上说他“到一师院工作之后，野心越来越大”，父亲就很不以为然，仍认为是不实事求是的。他还深深地抱怨：“对友人的温情，误了我一生。我何尝不知道×××的错误，而偏偏为他在一些问题上辩解。此所谓‘自作孽，不可活’也。”没有朋友站出来为他证明，曾经他是怎么劝他们的，而不曾有过任何反对党的言论。而对于那些批判他的人，他更不能服气。只能在夜深人静之际，以吟咏屈原的“众女嫉余之蛾眉兮，谣诼谓余以善淫”，来浇自己心中之块垒。此时，他仍幻想着组织上能替他查明事实。在他看来，自己无论从哪方面来说，都不是右派。他发誓：“右派头衔，不能承认，否则违背我的良心。”而让他感到困惑而无可奈何的是：“我院这次对我的斗争为什么这样不尊重事实？诚百思不得其解。命也夫！”

然而，不承认自己是右派，本身就是在对抗运动，对抗群众，对抗党，是决不能被容忍的。父亲最终意识到:“凡事搞到自己身上,就要求‘实事求是’”;而“一个拥护共产主义的人,便应当放弃自己”。这前一句的潜台词,显然是说,许多像他这样的人,不都已承认自己是右派分子了吗? 而后一句,则是对承认自己是右派分子的自我安慰。从这两点出发,父亲开始了“严谴”自己的心路历程。所希望的实事求是既然无望了,那就给自己一个放弃的理由。

正是基于这两点,从决心“严谴”的那一刻开始,除非是太过荒唐的揭露与批判,父亲无不接受。即便是有人批判他做系主任时“个人专断”,父亲也都认为人家讲得很对,使他“从此懂得怎样对自己进行改造”,从此再也不会坚持己见。此时,他的内心显然极度消极,对自己走过的路一概改悔。他假设,当初如果不到中学去做校长,早就可以离开上海,也就不会受重用,不会去做那么多事。他甚至假设抗战胜利后不到上海来,也不会认识那么多人,以至于今天受他们的连累。他也开始后悔被人利用,后悔热衷于政治,甚至接受人家说他“企图利用盟内地位来达到提高政治地位的目的”。他曾经被华东局授予了马列主义教授,于是人家就批判他“披马列主义外衣以进行反党活动”。他为一师院采购了不少文物,如今也成为浪费公帑的罪名。这样的罪名,尽管毫无根据,他也都无所谓了。总而言之,“多一事不如少一事”。过去不接受的道理,现在他也接受了。

后悔与无奈,使父亲的“放弃”,变得越来越容易。这样的“放弃”,也使他检讨起自己来,不再有所保留。“深思思想上错误,一为自大至狂妄程度,二为中自由主义之毒颇深,三为封建社会的自鸣清高。”这是他在57年9月12日日记中的自我否定。有了这样的自我否定,承认自己是右派分子,就变得十分容易了:思想上是右派分子,就不必再去争辩自己到底有没有右派的行为。但是,这些毕竟不仅仅是只与个人有关的事。在清醒时,父亲仍会想:“本无其事而谓有,本有其事而谓无,实大不可。而此则我院在‘反右’派斗争中之失也。个人荣辱不足论,能于社会主义建设有利,我虽粉身碎骨亦不辞。但在斗争中使那些‘哗众取宠’的少数人得不到好的教育,反使其私谓唯如此才算得积极,岂有利之事耶?”可见,要让一个对国家对社会还有所关心的人,罔顾事实而承认错误,也是不容易做不到的。

但是,并非只要承认了自己是右派,痛苦就会轻易减轻。最痛苦的事,当然还是要被迫一次次地做检查。因为写检查,必要触及灵魂。同月21日,父亲记道:“写完检查,心已碎矣!”第二天又记:“上午抄检讨,未毕。虽抄亦痛苦。”11月2日记:“今日作第十一次检查,群众仍是极不满意,说没有新东西。我的天,若有新东西,早就出笼了。”怎么办呢? 要活下去,唯一的办法,就是要确认自己有错,而把个人看得微不足道,并将诸如国家、社会主义、社会主义阵营等神圣事业作为否定个人的根据。

11月3日,父亲在日记中写道:“四个月是痛苦的,早一时期的痛苦,主要为感到委屈,感到被人诬陷。以后渐渐明白痛苦还是由于我存在着与人民幸福国家繁荣不相容的思想,倘非如此,是决反不到我头上来的。……夜里梦后醒来,真不知怎样才可消度以后的日子! ……我仍然坚信党会弄清一切问题。即使我受到冤屈,我也应为人民的幸福而忍受一切。我绝不能做对运动不利的事。生命已经过了一半,对于妻子而外,实无可恋! 忍受下去,就是希望能为这个可爱的国家、多年期望着的社会主义尽一点点力量。看到人民日报上毛主席到莫斯科的照片,顿忘了自己的痛苦。美丽的世界啊:以苏联为首的我们这个阵营的力量是强大得无比的。”11月4日:“梦一手被截,但毫无痛苦。……苏联昨日又放射一人造卫星,重五百零八公斤,载狗高飞一千五百公里。一个新时代真开始了。兴奋得忘了目前所受的痛苦。这一年是伟大的一年,但我很不幸!”11月28日:“读报已下放干部达八十万,正动员军官家属还乡生产或就近参加生产劳动。此实为最伟大的革命运动,其于推进社会主义的建设与改造,真同万马千军,力量不可估计。个人得失苦乐,何足计乎?!何足计乎?!"12 月 31 日:"近廿日来对自己错误有更进一步认识,忽然想起浪子回头的谚语,我决心要回头!迎接新的一年。"

正是在这样的自我贬抑过程中,父亲把"世无无痛苦之锻炼,能忍此痛苦,即成器矣。我要下决心不作社会主义的罪人,必须进一步加强这种锻炼"的认识,真正付诸了行动。在 58 年 1 月 1 日,父亲写道:"我现在仿如海上孤舟,正临薄暮,党则如灯塔,全在我能否努力与风波搏斗,向它指引的方向走去。"4 日,做完第十二次检查之后,群众仍嫌他交待不彻底,认为他与×××还有阴谋未交待。但父亲对于这种"不实事求是的妄测",并未愤愤不平。他写道:"今日心情,因认罪之情深,故痛苦大不如前。我应受到惩罚,惩罚越重,我则越心安。"在接下来的日记中,虽然还可以看到他不断在写检查,但那种极度痛苦心情的描述却不见了。

痛苦消失了,恐惧却紧随而来。5 日,父亲日记:"听关于右派分子处理问题的报告,思想上没有什么波动,但觉得必须重新考虑孩子们的问题,原来只想到降级降薪,没有想到有立刻去农村劳动的可能。"这件事,对父亲的压力应该是很大的。隔了几日,父亲在路上遇见系里总支的领导。据父亲当日的日记,该领导对他"恶声相问",估计是父亲新交上去的书面检查,不能令他满意。但父亲则心生疑窦:"颇怪半年来领导上无一人找我谈话者。"他的这一反应,显然是担心领导已放弃了对他的"挽救"。这种担心,显然与他害怕全家都被下放到农村去接受惩罚有关。于是,父亲在第二天的日记上就说:"写材料。甚不快。在政治问题上,和任何人都无调和余地。"但据戊戌元旦这一天父亲所记:"不意×××等来贺年。怡儿学校老师亦来拜年。"院领导来贺年,女儿的小学老师也来贺年,父亲觉得不是偶然的,他还未被放弃"挽救",因而打消了害怕全家被驱逐到农村的疑虑。第二天,他就去了在路上喝斥他的那位系领导家。在当天的日记中,父亲写道:"晚走访×××,颇多金玉良言。"命运被操纵于他人之手,人之若惊弓之鸟也。

母亲的态度缓和,也使父亲松了一口气。几个月来,父亲一直担心母亲总是对运动采取抗拒的态度。父亲 1957 年 8 月的一则日记:"宗蘖去学院,民盟整风小组要她交待反党言行。这真是太不实事求是。"那时,他对母亲的这种态度,多半是同情,认为"这难怪",只是告诫母亲"怨人之心不可有,更不可意气用事"。但是决心"严谴"自己之后,父亲对母亲却很有些无可奈何:"宗蘖屡发脾气,实大不好。'心胸要开朗些',我屡为她如此说,但终无用。"在当年 12 月份的一则日记中,父亲写道:"连日和宗蘖谈她的问题,在认识上颇有距离。"隔了不久,父亲的另一则日记:"与宗蘖闲谈,她心有结,终不能解。"我母亲的倔强、刚烈,在日常生活中是看不出来的。这恐怕连我父亲自己也意想不到。父亲日记上,屡屡有"和宗蘖谈认识错误问题","宗蘖连日心情均恶甚","宗蘖心情至恶,说了一些激愤的话"。不断地谈,母亲都没有接受父亲的劝告。估计在与父亲的谈话的中,母亲会有很多难听的话,让父亲感到受不了。而父亲因为母亲完全是受自己的牵连,除了忍受,还要担心母亲这样下去会遭到更多的不幸。总算到了 1958 年的 2、3 月里,母亲开始接受了父亲的劝告。父亲在日记中写道:"宗蘖认识有进步,已着手写交代材料及检查";"宗蘖近来心情转好,认识错误是重要的"。父亲当时的心情与思想,亦可想而知。在 1958 年 2 月 23 日的日记里,父亲写道:"炎儿终日帮助母亲做家务,这孩子颇知双亲痛苦,念之真愧恨此一生!"炎儿即我的大姐程炎,当时还不足 11 岁。父亲当时痛苦的心情,只在这种偶为表达的儿女情长之中才有流露。

1958 年 3 月以后,父亲的"严谴"中断。为何中断,则不得而知。然而,至 59 年 7 月,又恢复了。日记从 59 年 7 月 19 日开始。这一天,父亲在"社会主义教育学院"学习结业。上午开过结业典礼之后,中午聚餐,下午打桥牌。"反右"派之前,父亲是经常打桥牌的。据母亲说,父亲喜欢打牌,年轻时还喜欢玩点赌博。曾经带朋友到家里来打牌，母亲是要当场阻止的。

社会主义教育学院设在上海郊区的颛桥。7 月20 日，从日记上看，父亲下午三时就乘车到上海了。日记反映了父亲这时已完全变成另外一个人。在 1957 年 9 月24 日的日记中，父亲写道："连月以来，与外隔绝。终日相对者惟妻与子女，虽强自宽，终非了计也。×××同志曾嘱主动找人叙谈，但又恐人见疑，徒自取辱，故迄未与人交。"父亲这种怕见人的心情，一直持续到 59 年年初。父亲 7 月22 日日记："五个月来，我的心情变化很大。年初去学院，怕见人，现在却希望碰见更多的熟人。"在那样一种环境中，一个人，被孤立于人群之外，迫切希望回到人群中去的心情是可以想见的。

最让父亲高兴的是，系里决定他下半年给学生上课。听到这个消息，他"第一个反应是'怕'，然后是对党的感激。"他在 23 日的日记中说："×××同志接见了我，谈话约一小时。党肯定了我这一年来的进步，也指出了我在改造中的缺点。"27 日："下午去统战部看×××同志，他问了我回上海以后的情况，再三叮嘱不要自满，并指出前天我在民盟座谈会上的发言已有自满情绪。最后，他要求我随时向统战部汇报思想情况，争取组织的帮助。……党对我的挽救、关怀，真是远胜父母对一个愿意回头的浪子。"但是，父亲与母亲这时分歧很大。在同一篇日记中父亲写道："夜里对宗蘖谈如何对待群众的问题，我和她之间的看法还不能接近。"直到 1960 年 1 月，父亲仍没能说服母亲："宗蘖今日去学校汇报，心情不很好。能去私，绝得失之念，则心情自可舒畅。但这得经过顽强的斗争才能做得到。"那些时候，父亲似乎真的成为一个"新人"，从前的孤傲在他身上一扫而光，见人都觉得亲切，按规定给统战部写思想汇报，亦无怨言，也没有感到浪费时间。

1959 年 9 月11 日，父亲重上讲台，讲历代文选。他在日记中写道："今天早晨上了两节课，又感激，又惭愧，又害怕，又兴奋。走进教室的时候，心有点颤动。十分钟后，自然了。我似乎感觉到这对我的改造是更好的。上课，迫使我细致地考虑许多问题。上课，使我和群众的关系加强了，也具体了，我对群众，究竟采取什么态度呢？从自己对群众的态度，也可以检查对党的态度。两节课下来之后，我心里似乎充实了。'在任何情况下相信党，依靠她的领导和教诲，我总会得救的！'我又一次重复自己在这两年来痛苦的自我斗争中所得出来的结论。"

讲这样一番话时，父亲已 43 岁，却像一个 20 来岁犯了严重错误而得到宽恕的青年。父亲出身江西望族，祖上身世显赫，我的祖父在民国时做过许多任县长。父亲自七八岁时已能填词赋诗，在族人中被寄予厚望。后考入燕京大学，参加过学生"一二・九"学生运动，加入过民族解放先锋队，而且还是个小有名气的作家，参加过北方左联。抗战军兴，他先是在八路军 685 团当随军记者，经历过大小战斗，到过延安。之后，寄读西南联大，毕业后先后在国民党第一战区长官司令部、十三军任同上校秘书。后因"共嫌"逃离，回到内地教中学，并在云南大学任副教授。抗战胜利后，在民盟转入地下时，他毅然加入了民盟。后到上海，在光华大学、法政大学，任职副教授和教授，参加大教联，继续从事民主活动。解放后，父亲被委任为高桥中学校长，后又在上海师专、第一师范学院任历史系主任，并且是上海民盟市委的临时召集人之一，后又任民盟市委的高教副主任委员。按说，像他这样经历的人，用今天的话来说，应该是颇有些"腔调"的。但是，在肃杀的政治运动冲击下，在自我的"严谴"之后，思想上已然将自己全盘否定，也就成为另一个极度缺乏自信的人。教了那么多年的书，却像是第一次上讲台。甚至连阅卷评分这样的区区小事，都会让他觉得"有些惭愧"。那时，日子也实在是难过。比如按规定，他是要定期向盟市委写思想汇报的。而学院盟支部的领导人却当着他的面，阴阳怪气地说他怎么不向盟支部汇报思想，并在公开的会议上提出批评。父亲在民盟，也是老资格了，遇到这种事，心里未免不起波澜。那时，哪怕一点有风吹草动，他的内心便波涛不止。悲喜皆取决于他人好恶。所拥有的，只是无助的自我克制。

9月16日日记："报上发表毛主席邀请各民主党派负责人开了一个座谈会，对于确实改好了的右派分子将摘去右派的帽子。心里有一些动。自己问问：我可能摘掉帽子吗？假如没有摘怎么办呢？情绪是复杂的。二年来的事实证明：党对我的认识与估计，比我自己对自己的认识与估计正确得多。合乎摘的条件，就会摘去。不能存侥幸之心，非分之念。相信党到永远。下午刘书记找我去，要我写鉴定。彻夜未睡好。鉴定还是未写出。要写的过去都写了啊！"18日日记："下课后，×××告诉我晚上要检查。匆匆回家准备，觉得太匆促了一些。晚上我谈了一个多小时，充分谈下去，要超过两小时。许多意见都是对我有益的。今天的心情是不平静的，谈过了便觉得轻松了。"29日日记："宣布摘掉了三个右派的帽子，内中并没有我，听的时候，脸有点发热。但随即平静下来。相信党这一思想，给了我和不正确的思想斗争的力量。右派是一个客观存在，党永远是实事求是的，我应当严格要求自己，在改造的路上走快一些。"30日日记："由于'反右'斗争，我开始认识了自己，也已经在改造自己的路上开步走了。这些日子，又常常想：假如在更早一些时候，懂得对党千依百顺就能走向真理的道理多好！现在是不是晚了呢？我国先哲关于闻道的古训，又使我对于来日带着无限的激动之情。我相信总有那么一天，我会肯定地对自己说：我对于人民还不是无用的。"然而，每次听说熟悉的人摘掉了右派帽子，他的心情都不免为之波动。记得，直到1979年初，听说右派要改正，父亲还是忐忑不安，担心不会给自己改正。他害怕自己所抱有的希望，总是说自己那时候思想上确实是右派。

父亲这时候，对于"放弃自己"，对于"从思想上认识自己是右派"，真正开始有"心得"了。他过去总结的自己的"自大"、"自由主义"和"自鸣清高"，已经不见了踪影，已完全"懂得对党千依百顺就能走向真理的道理"。他似乎有了哪怕永远摘不掉右派帽子，也要相信党的绝望的准备，却又盼望着党能很快摘掉他的右派帽子。他用"朝闻道夕死可矣"的先哲古训来勉励自己，觉得摘掉右派帽子总会有希望的。他写道："我相信总有那么一天，我会肯定地对自己说：我对于人民还不是无用的。"

国庆十周年的晚上，父亲那天的日记上，是这样表达了自己的心情的："这是一个欢腾的夜，我似乎是第一次感到人民在节日的欢乐与希望，多美妙的未来啊！好几次站下来看焰火，简直是一个神话中的世界。"这一年的最后一天，在参加了全院大会之后，父亲兴奋地写到："学院明年有更大发展，将达万人。回想四年多前学校初创时情景，谁也不能想到今天发展得这样快。这完全反映了我国政治经济以巨大的步伐前进着。"而到了60年2月，父亲因为去了闵行一号街（据说只用了78天就建成了），而在日记中说："祖国真是以一天二十年的速度向前飞奔。"他总是通过这样一种近乎幼稚的方式，来确信自己已经改造好了，确信自己已经完全站到党和人民的立场上来了。

然而，偶尔他也会摆脱这样的状态。10月23日，在给学生讲完《论语·微子》之后，父亲在日记中写道："今天讲《论语》楚狂接舆。'何德之衰'，我把它解作'你为什么这样倒霉呵！'"24日："读《通鉴胡注表微》毕。伦纪篇十四梁元帝承圣元年条陈表微曰："'所谓爱其才也，溺于己之所嗜也。父子兄弟之雠，不能易己之所嗜，及至触其所忌，则怒而杀之，始终循己而失却其理智者也。'说得真是精深！"显然，对于所受处分之重，以及当年的备受重用，他仍不能完全释怀，而没有丝毫怨望。但是，对此他又是非常警惕的。写在日记里不以示人的东西，即便没有别人知道，却未必不会给自己增加更多的痛苦。他完全懂得，只有不断地自我批判，才是使心情保持平静并能忍受痛苦的良药。所以，为了保持内心的平衡，父亲清楚地意识到，必须清除内心的任何不满。所以，仅仅数天之后，当学校要开展“反右”倾、鼓干劲、提高教学质量的运动时，父亲即在日记中积极表示，要在运动中“认真地教育自己”。而对于要求揭露系党总支和院党委的右倾保守，他觉得“实在不易”，因为“存在着资产阶级思想较严重的人，对右倾保守思想是不容易辨别的”。这种时候，重要的是要认识到自己身上存在的右倾保守：“我在教学上，虽然自己要求要认真，但也不敢‘突出’，思想上存在着一个‘适可而止’的坏念头，怕别人说‘露才扬己’，实际上还是自己想‘露才扬己’。”像这样的想法，他也许也老老实实地写入了当时他的教育思想的检查中。

59、60年之间，正是所谓困难时期。59年9月的一则日记：“上午在家，仔细阅读了一遍总理的报告，觉得有一些体会。”此时，父亲几次在日记中写到，与人去某处吃饭，没吃到，或没东西吃，或东西贵而难吃。市场供应乏力，父亲不会没有感觉，所以对“今年上半年形势是良好的”这句话，父亲没有表现得兴致冲冲，而只是说“有一些体会”，虽非微言大义，却也有些担心，但不敢想，更不敢说。谨言慎行，是一定要从思想观念这个源头上开始的。

读完《严谴日记》，我总在想，像父亲这样一个“自大”、“中自由主义毒甚深”又“自鸣清高”的人，凭着从思想上认识自己是右派，凭着对党千依百顺，凭着对国家的热爱，就能在那样一种环境中生存下来吗？从父亲的全部日记来看，总共32个月中，无论是他在主持系里的行政工作时，还是被作为右派分子挨整时，除了开会、写讲稿和上课，以及大量的与人来往，只要稍一得空，他做得最多的事就是看书。有时因为工作太忙，一连月余没有好好读书，父亲会在日记上记一笔。日记中留有大量的父亲读书、备课的记录，和辑录相关史料的记录。“反右”开始以后，父亲几乎没有人来往，除了写检查和接受批判，看书的时间更多了。父亲解放前在光华大学是教世界史的。“文革”时抄家，翻出他在光华教世界史时用英文写的讲义。但解放后到中学当校长，这方面就荒废了。从日记中看，这一时期，父亲主要的读书精力，是在魏晋南北朝这一段，再就是读马、恩、列、斯的著作。

父亲至少在56年，就已比较坚决地萌生退意，而希望就做一个教师，并在学术上有所作为。那时，父亲的学术思考有时是非常活跃的。如57年4月13日日记：“在教育实践座谈会上，忽然想到这样一个问题：封建社会的生产，本来是小生产，一块一块的土地，零零落落地分布着，在那些土地上劳动着的人们，除了血缘的关系以外，经济上的联系是不多的。这样的劳动者，在某一地区内，某种情况下，倒是由于他们被压迫的命运，往往通过宗亲、宗教等形式联系起来。统治阶级之间，在经济上密切的关系，也不会比农民多些。因而封建社会的政治，天然趋向于割据。统一国家和专制皇权和这种状态是矛盾的。但在中国，却不断地出现过专制皇权和统一国家。这是值得研究的一个问题。这种矛盾是如何统一起来，又如何继续下去的呢？”而当受到运动冲击时，父亲偶尔也会记记与当时心境有关的读书心得。如9月11日：“续读《咏怀诗》。‘独坐空堂上’一首极佳，吴淇解与我十四年前在清华中学所说略同。‘徘徊蓬池上’，沈约所说不深，其误在不知‘岂惜终憔悴’之意。此须与全诗合观之乃得。‘万代同一时’，悲愤之极语，‘岂惜终憔悴’，宁非此意乎？”也写得极有见解。父亲当时的整个状态，恰如阮籍所叹，“一身不自保，何况恋妻子”，这种心情，中年以后，我才渐渐懂得，也体会到在那种父亲不得不自我否定的深刻沉痛。

受批判之后不久，父亲的工作被安排到资料室。除了接受批判和写检查，就是被允许在资料室编写系藏碑拓目录与说明，读了许多与之相关的著作、论文与实物，并有非常详细地工作记录。许多年前，在历史系资料室发现了残存的约90张父亲为系藏历代碑拓所写的题跋。《上师大学报》1996年第1期上发表的《流金碑刻题跋钞存》，就是虞云国先生从这些残存的题跋中选抄的，虞先生并为之作了按语。我的母亲则为此写了《写在心头的“跋”》。父亲当时之所以主动提出要做这一项工作，还是希望不要让这些珍贵的文物闲置，使它们能为一师院历史系的古代史教学服务。这些碑跋，每以碑文与史互证，也具有相当的学术价值。而非常令人感动的是，当时历史系资料员蔡继福先生，保留了父亲写在练习簿上的这些题跋尚未誊清的手（底）稿。蔡先生说，父亲在去社会主义教育学院之前，将这些题跋誊清之后，便将这些手稿送给他留作纪念。事隔58年，蔡先生将父亲的这些手稿重新送还我母亲，深情厚谊，实在是令我们感动、感激。“人是有感情的。”父亲在他的日记中好几次提到这一点。父亲这个人非常真实，在那样的情况下，他这样做，却不怕人家认为他“自作多情”，此亦足以想见当时蔡先生的为人了。某日，父亲的一则日记中还记道：“昨托×××为译日文圣迹图鉴一则。今即送来，甚可感佩。”父亲改正以后，也曾讲到这位当时整过他的人，说：“人家也是没办法。”上世纪80年代末，父亲住华东医院，同病房的有一位正是当年整他比较厉害的一位院领导。父亲要我称呼他“伯伯”，夜里还让我给他拿夜壶。我很不愿意，但还是做了。对姐姐，父亲也是一样要求。姐姐后来提起这事，就笑父亲“硬充忠厚”。父亲就很不高兴。只有母亲不理人家时，父亲显得很尴尬，很无奈。读到父亲日记，我才懂得，父亲就是这样的人。他的心胸是开阔了，内心并没有敌人。而为了工作，他确实太不懂得保护自己。“知我者谓我心忧，不知我者谓我何求”？这话用在他身上，做他的儿子，怎能不感到心惊！“有身成大辱，何人问死生。”好在那时他还能看书，也只有在这个空间里，他是有自信的。也许，这样的自信，才是他能最终坚持下来的原因。

父亲去世已22年了，今年是他的百岁冥寿。我是他最小的儿子，也是从小就使他失望的儿子。父亲打成右派后，我们家搬到一师院宿舍。但不久一师院（文科）和二师院（理科）合并为上海师院（地方就是今天的上海师大）。于是，住在一师院的人，大多搬到上海师院去了。我家是62年春节搬到上海师院的。住在一师院的新村（现在的上工新村）时，因为远离上海师院（漕河泾），受单位的影响不大。但一搬到上海师院东部宿舍的当天，就有一帮小孩，小的不过七八岁，最大的不十三四岁，就聚集在我家门前，没完没了地喊：“老右派，程应镠”，还不时用土块抛过来。从此，我也有了一个“小右派”的称呼。我不喜欢这个地方，书也读不好。大概四年级的时候，有一天在饭桌上，父亲忽然苦笑着对我说：“我的儿子，居然书念得这么糟糕，让老师把我叫到学校去。”父亲对我非常失望。不久，我生日，在天津的大表姐托人送来很大一盒铁积木。下午，我刚从外面野回家，看到哥哥、姐姐在琢磨怎么玩。我把满桌子的零件都拢到自己一边，就照着图纸拆了装、装了拆地玩开了。吃晚饭时，父亲笑着对我说：“将来可以做工。”“文革”中，小姐姐去远郊插队。父亲给他一信，要我去寄，我随手就给扔在学校的邮筒里了。那信既没有写地址，也没有贴邮票。邮局把信拆开，才把信送到了父亲处。父亲什么也没说，就重新把信寄了。近来翻家中的旧信，看到了父亲在这封信中附言，说我“真是荒唐”。记得那时，父亲有一次在饭桌上跟我说，他10岁的时候已经读过许多书了，我却连小学毕业都算不上，怎么办那！我就问他读没读过老三篇。这么问，真让他哭笑不得，连声说：“好！好！好！”现在我60多岁了，想起这些事，也就想到当时如果像哥哥、姐姐们一样，书读得好，也可以给父母一些安慰。很多年后，我和姐姐同一年考上大学，父亲的高兴可想而知，但是却坚决反对我报考政法学院，说还是学历史好，以后就做个中学历史教师。他既怕我闯祸，也希望我能成为一个对国家和社会有用的人。直到读了这部《严谴日记》，对父亲的良苦用心，我才有了一些理解。现在，我把读这部日记的感想写下来，一方面固然是为了纪念我的父亲，另一方面也是为记取那个时代的教训做一点有益的工作。

最后，我要感谢纪念会的举办方，上海师大文学院及下属历史系和古籍所，为召开这样一个纪念会和出版纪念文集出资出力；我也要借此机会感谢那些曾经在父亲病重时在病榻前照顾过他，或者在他身前身后耗费许多精力为他整理书稿，并为这些书稿的出版出资出力的学生们。谢谢你们！深深地感谢你们！

2016 年 4 月 26 日星期二

缅怀程应镠先生

谈宗英

（上海师范大学历史系54级，上海辞书出版社编审）

程应镠先生是我的恩师，他对我的关爱和提携，使我终生难忘。

我是在1949年高中毕业的，此后考取了苏南公学银行系，结业后分配到设在南京的中国人民保险公司江苏省分公司，从事保险业务的宣传工作。1954年调干升学，被上海师范专科学校历史科录取，因深感求学的机会难得，读书十分用功。1956年毕业留校，在《上海师范学院院刊》编辑室任编辑。有一天在食堂偶与先生同进午餐，他告诉我近几期院刊都已看过，认为图文并茂，很有特色，同时也问起工作中有否困难等等。我说过去在保险公司也是搞宣传的，所以比较顺利，就是感到有些不太结合专业。过了几天，他突然通知我到历史系中国古代史教研室报到，师从李旭先生，搞教学工作。先生的厚爱，使我大喜过望。

我在历史系工作了三年，亲聆先生的教诲，虽已时过一个甲子，回顾起来，仍是倍感亲切。当时李先生住在校外，有课才来校，因此我除了上好李先生布置的辅导课外，其他进修等问题，都是在先生的亲自过问下进行的。在我的记忆中，先生对我们这些青年教师的进修是非常重视的，经常谆谆教导，严加督促。我的进修计划是结合任课内容制订的，主要是精读《资治通鉴》和《通鉴纪事本末》，并浏览有关论著，以熟悉史料。此外，他还为我安排了一些教学辅导工作，印象较深的有三：一是协助布置他筹建的历史文物陈列室，准备展出工作；二是利用夜自修，辅导学生熟练使用文史工具书；三是提倡朗读古文，以唐文治先生灌制的唱片示范。这些教学活动，后来在“反右”运动中，都成了先生的罪行，受到批判，真是匪夷所思。

1959年，我借调到中华书局辞海编辑所，参加修订1936年版《辞海》，因为业务需要，常登门向先生请教，得益匪浅。“文革”以后，我担任了上海辞书出版社史地编辑室主任，主持中外史地、考古和旅游类工具书的编纂。在1979年版《辞海》出版以后，上马的工具书品种繁多，不少是填补辞书领域的空白工作，经过多年努力，编辑出版了一批精品图书，受到好评。由于业务繁忙，麻烦先生之处更多了，例如重大选题的确定，疑难史料的求证，特别是一些把握不准的稿件，都要听取他的宝贵意见。先生学识渊博，坦诚热心，总是不厌其烦地悉心指点，他的高见卓识常使我有茅塞顿开的感觉。后来因为编纂《中国历史大辞典》，我们师生两人在一起工作的时间就更多了。

1979年，中国社会科学院发起并组织了中国历史大辞典编纂委员会，当年在天津召开会议，决定此书由我社编辑出版。次年在太原开会，讨论《中国历史大辞典》的最佳设计、出版规划和组织分工时，接受了我社“先分后合”的出书方针，即将全书的编纂工作分为两个阶段：第一阶段按朝代分编为先秦、秦汉、魏晋南北朝、隋唐五代、宋、辽夏金元、明、清（上、下）九部断代史分卷和民族史、历史地理、思想史、史学史、科技史五部专史分卷。十四册分卷各由专人负责，分头组织编写，完成后分别付印，待各分卷基本出齐，立即进入第二阶段，将分卷汇编出版合订本。编委会还决定吸取我社编纂《辞海》的经验，采用主编负责制，在编委会的领导下，各分卷成立分编委员会，聘请该学科的著名专家担任主编、副主编、编辑委员主持其事。当时《宋史卷》即聘请北京大学邓广铭教授与先生主编，并要求《宋史卷》能在 1983 年出版，作为断代史分卷的第一部，起到示范作用。先生是个敬业的人，欣然同意。当即成立分编委员会，开展组织作者队伍和选收词目工作。

首先是组织一支学有专长的作者队伍，这是确保《宋史卷》质量的关键所在，由于两位主编都是宋史研究领域里的领军人物，对于研究人员的专长有所了解，因此通过广泛征求意见，随即从全国史学研究机构和高等院校中物色了 40 位学者担任撰写初稿的任务，动员面之广实属罕见。与此同时，选取词目的工作也随之全面展开，先生认为“要使一部辞典适合读者的需要，首先就必须在收录词目上下功夫”，对于我社编制的《中国历史大辞典编纂手册》中关于断代史分卷的收词要求，即“包罗一代史事，具有既是工具书、又是富有学术价值的断代史专著的特色”，也是非常赞同的。因此，《宋史卷》的收词工作做得非常细致，经过反复筛选，初步决定收词 5 000 条，内容包括宋代的朝代年号、历史人物、历史事件、历史地理、中外交通、文物考古、文学艺术及旧史所称食货、职官、选举、兵刑、艺文诸志的一些内容，其中历史人物所占分量较大，达 1 600 人，主要以《宋史》为主，参以《宋史翼》、《宋人轶事汇编》、《宋诗纪事》等文献。先生认为，宋代制度非常复杂，而典章制度是学习和研究宋史最难掌握的部分，故而这一部分收录极为详尽，即使是罕见的名词也立专条介绍，其中职官就选收了 1 400 条。凡是《大辞典》有专史卷者，为避免重复，则略采其重要者。全卷收罗宏富，可以在极大程度上满足读者的需要。选收词目工作从 1980 年开始，完全确定下来已延续到 1981 年初，其郑重可见一斑。

为了确保进度，先生从 1981 年初即着手组织作者撰写释文。因为人员分散各地，又都是第一次编写辞典，感到难度较大。他便根据我社要求先写试写稿，熟悉体例，经过样稿讨论会，再全面推开。由于抓得紧抓得及时，至 1981 年底，初稿已大部分完成。接着，先生聘请宋史学界著名专家来校集中进行复审工作，以便许多棘手的疑难点能当场会商解决。他还让刚留校的本科生与研究生做他的助手，协助初审条目与补写释文等工作。先生从 1981 年起即摆脱学校的工作，集中精力审定全稿，时年已六十六。次年积劳成疾，因鼻咽癌住院，但仍带病工作。我曾多次劝阻，先生总以当年许诺的进度为念，故而收效甚微。至 1983 年底，终于将全部书稿送至我社。次年，又经过校阅清样等一系列繁重具体的工作，《宋史卷》终于在是年年底问世，全书近 60 万字，仍然是专史卷的第一部。出版后得到史学界一致好评，荣获 1986 年上海哲学社会科学优秀著作奖。

先生是一位诲人不倦的教育家，桃李盈门；又是一位学识渊博的史学家，著述丰硕；更是一位奋发图强的事业家，成绩卓著。他办事果敢，严谨踏实，这在他早年担任高桥中学校长时，即已展示了这种苦干实干的作风。有位过去在高桥中学读书的学生告诉我，说该校原来是一所名不见经传的远郊中学，师资不足，设备简陋。先生担任校长以后，情况大为改观。他延聘了多位名师，以加强教师队伍，又在极端困难的经济条件下，把办公经费中节约所得购买书籍，充实图书馆，并大搞基本建设，甚至带头赤脚下工地劳动。在“教学为压倒一切的中心任务”的口号下，努力贯彻，不遗余力。他还亲自带领学生清晨跑步，以加强体育锻炼。他把高桥中学办得有声有色，成为上海一所有名的模范中学。同样，他在创办上海师专、上海师范学院历史系和历史文物陈列室、古籍整理研究所与筹备成立中国宋史研究会等大工程中，都是以天下为己任，勇于负责，全力以赴，虽历尽艰难摧折，仍然奋力拼搏。

先生为人质朴纯真，只方不圆。例如在《中国历史大辞典》编纂过程中，有个别分卷进展缓慢，无法及时交稿，且将影响全书的汇编工作。我为此深感忧虑，曾与他谈及此事。先生以大局为重，当即表示可以出面进行协调，并准备派两位上海师大的教师前去支援。但我感到此事不妥，因有关对方声誉而很难被接受，且会迁怒于他，故尽力劝阻之。但先生出于珍惜集体荣誉，不计个人得失，直率地提出了这个建议，果然遭到婉拒。先生就是这样的忠厚长者，其执着精神令人叹服，他永远是我心中的一座丰碑。

今年是先生百岁诞辰，谨追述往事，以缅怀师德，寄托哀思。

程应镠先生与我的魏晋南北朝史缘

李培栋

我与魏晋南北朝史结缘，当始于1957年春。当时，程师应镠在上海第一师范学院正主讲《中国古代史》的魏晋南北朝史段。我任助教，随堂听课，校印资料，为学生辅导答疑。因为程师课上大量引证原始资料，有时直接把珍贵的《晋书斠注》（嘉业堂本）带进课堂，课间课后在学生中传阅，这就逼我非多读书不可。有次程师对我说到刘弘、陶侃二人与清谈时流不同，可以研究。于是，我在课余就重点阅读《晋书·陶侃传》，由此探入下去，果然感性认识大增，颇感古人须眉表情皆可再现之乐，终于写成《〈晋书·陶侃传〉读后》一篇读书报告。不料，此文甫成，"反右"骤起，程师的课讲到初唐也就不得不终止了。

我这篇读书报告也就不再有人关心，只在建院一周年青年教师进修成果桌上摆过一下，聊以充数，之后，我便收回，敝帚自珍去了。然而，无论如何，这是我写下的第一篇魏晋史文章。两晋之交风云际会中的历史人物形象以及由传世文献搜求资料以谋复原历史的那种感受却是再也忘却不了的了，这种感受又伴和着那个时期随程师进出课堂的助教生活一同深深刻印在我的心坎里，像一个神圣又复杂酸辛的秘密一样从此被珍藏起来。

"反右"运动之后，在"大跃进"的激流中，我被"下放锻炼"，到中学去教书了。我是随遇而安的，长期的肺结核的折磨使我对什么都比较冷漠。然而，在中学的繁忙又有趣的工作中，我真正发现了教育工作的意义和教师的社会责任以及教师工作提供给我的那种极其可贵的认识社会、了解市井的窗口作用，我开始学习去做一名称职的教育工作者了。不料，"史无前例"的十年动乱竟降临了。我在劫难逃，既是"漏网右派"，又是"白专偶象"，第一轮大字报中，我的名字就上了墙头。几次抄家，我保存的全部读书笔记、卡片连同日记统统被抄走了！在隔离审查终于结束得能回家时，与妻子儿女幸能"夜阑更秉蚀，相对如梦寐"，这时，虽对多年心血全部荡然很觉遗憾，然而，哪里还有对那些"身外之物"再作什么计较的心情呢？

在邓小平同志复出主持国务院工作之后，有一段被"四人帮"称为"黑线回潮"的时期。我在这一时期开始时，就又恢复了教师工作的资格，告别了烧窑工场，告别了"深挖洞"工程，又走上课堂讲台。这时候，老朋友也渐渐恢复联系，有天，谈宗英兄来访，方才得知张家驹老师已于几年前去世，不由大吃一惊，于是联想到往日各位老师，一时，思念之情油然而生，竟不可遏制。终于，有一天，斗胆回到母校去看望老师了。程师看到我，分外高兴，大家似乎都有恍若隔世之感。我知道他在"文革"中困顿至极，然而，他却毫不在意，依旧乐观，笑声仍如十多年前般爽朗，他说他们——他和魏建猷老师等正在被"废物利用"，在标点《宋史》，他又取出他在"文革"前受吴晗之邀为北京出版社写成的《南北朝史话》清样，告诉我这是"文革"抄家后幸存的"孤本"，说"你可以带去看看"。带回家来，我仔细读过，幸好家里的线装旧书因"小将"不屑一顾，并无损失，因而还可认真查对，这就使我又重新温习了一遍这段历史。这之后，又与程师就此书通过几次信，还在外滩相约一同散步，在德大西菜馆就餐时，他大谈沈从文先生的各种"奇遇"，好像他没有什么事一般，我把书稿还给他说：真不知道这本书何时才能出版呢？

“四人帮”终于被“一举粉碎”了,“文化大革命”也终于被宣布正式结束。我也终于恢复“革命群众”的光荣身份,有资格被称作“同志”,不再是“帽子”被人“拿在手中”的“对象”了。因此,为了“落实政策”,抄家物件也可以取还了。那天当我在党支部办公室走廊的麻袋中翻腾着寻我自己的东西的时候,忽然眼睛一亮,竟发现了程师当年讲课的听课笔记,接着又发现了我那篇纸张已经发黄的“读书报告”! 我激动得流出眼泪。这时,我才觉得原来这些东西对我一直是那么珍贵,原来在我内心深处实际上从来没有忘情于和这些东西相联系着的岁月,只是久久地、久久地,我不忍去想,不堪去想罢了。

不久,上海师范学院复校了,我又回到母校历史系工作,挑起教学工作的责任。教学之余,当然还是作点研究工作。程老师鼓励我作的第一件事就是把那篇读书报告正式写成文章,这就是《陶侃评传》。1979 年在建校 25 周年时,曾作为献礼在系的报告会上讲过,后来又经删节,在《上海师范学院学报》的 1980 年第 3 期上发表。日本学者池田温教授在他为山根幸夫主编的《中国史研究入门》一书写作的第三章“魏晋南北朝史研究概况”中,曾在历史人物传记研究部分介绍若干篇文章,并说:“现仅举出历史学家所关心的几篇”,不料,这篇《陶侃评传》竟也忝列其中。池田温先生肯定对我毫无所知,并且,我想一位外国学者恐怕是绝对想不到他所介绍的这样一篇文章竟会有这么长久和曲折的一段经历吧。现在我把这篇文章删节的部分又基本恢复油印原貌,尤其是前言部分,因为它表达了我的一点儿心曲,且曾被当时历史系的几位学生所欣赏,我觉得没有理由继续弃置不用。

1984 年秋,中国魏晋南北朝史学会在成都成立,我非常兴奋地去参加会议。这时,我正在为上海辞书出版社撰写历史辞书条目,都是魏晋南北朝史段的。当时在重整旧业中,已对《晋书》产生了一些想法,因此,我带去参加大会的论文是《〈晋书〉研究》。这次成立大会上,老中青三代人聚集一堂,那种热烈的气氛至今犹在眼前。缪钺、周一良、熊德基诸位前辈都在大会上讲了话,闭幕式上我竟被派作会员代表发言,至今仍觉荣幸和惭愧。这次成立大会是中国魏晋南北朝史研究的一件大事,程师当然十分关心,只是,这时他已在病中,又在忙着行政工作,因此未能参加。我和严耀中同志回来告诉他会议的种种情况,并说曾代表他去拜访过一良先生。一良先生在大会讲话时也曾特别推荐过程师的《南北朝史话》,说:“这不是一本一般的史话,值得好好阅读,书里可以说无一句话无来历,有很高的学术价值。”程师听后高兴地笑起来了。因为,当年北京出版社为出版此书曾遇到各种阻力,甚至有迹近“诋毁”的棍棒式批判,而批判者却又偏不表明内心其实别有政治理由。

作为中国魏晋南北朝史学会的会员,我与这段历史的缘分可谓峰回路转,终于复得团圆了。然而,就在此时,我已身不由己地被派到学校教学管理的行政岗位上去工作了。行政工作是愈做愈多、愈做愈忙。

我与魏晋南北朝史结缘几近 40 年,很长时间只是或断或续,若明若暗,这是我辈所处时代机遇使然,也是无可奈何的事,或许可以说是“缘悭”吧。我想起在我由苏州桃坞中学初中毕业时,当时的语文老师汪稚青先生曾赠诗一首云:“大道多歧慎所之,南辕北辙枉驱驰。临别赠言君须记,澡雪神明惜羽仪。”“枉驱驰”或许就是我虽与魏晋南北朝史缘久而却缘悭之故吧! 值此即将摆脱行政工作负担的又一人生转折之际,特借机将前此所写有关此缘的文字结为一集,在个人来说是完成一个心愿,也给自己生活过来的时代留一存照;值此中国魏晋南北朝史学会成立 10 周年之际,也把它作为一个对学会的菲薄的献礼以表示深情的谢意;同时也是对已于 7 月逝世的学会顾问程师应镠的一个纪念。

1994 年 10 月于上海师范大学 40 周年校庆之际

三年门墙，一瓣心香
——缅怀流金师的长者风范

吕友仁
（上海师范大学硕士研究生毕业，河南师范大学教授）

1978年，国家恢复研究生考试，我有幸考取上海师范学院古籍整理研究室的硕士研究生，从此列名程门。彼时的我，在学术上还非常幼稚，是流金师的奖掖，使我一步步褪掉稚气，日趋成熟。说来话长，请允许我来絮叨几件往事。

一、硕士论文答辩。我的硕士论文题目是《马端临〈文献通考·刑考〉考证》，1981年6月2日进行论文答辩。答辩委员会主席是流金师，答辩委员中除了本研究室的老师外，流金师又特地邀请时任北京大学历史系主任的邓广铭先生参加。这是上海师范学院校史上的第一次研究生论文答辩，在校工会俱乐部举行。由于一些上海市市属高校也派人来观摩，所以人很多，座无虚席。答辩持续了整整一个上午。那一年我四十二岁了，从来没有见过这样的阵仗，精神非常紧张。答辩委员中，邓先生提的问题最多，有的问题问得我张口结舌。例如，邓先生问："这个问题你是怎么知道的？"答："我从您的《宋史刑法志考证》知道的。"问："我的《宋史刑法志考证》又是怎么知道的？"友仁语塞。是其例。答辩委员会的最后评语是：

> 《马端临〈文献通考·刑考〉考证》一文，纠《刑考》之失，用力颇深。除"句读"、"避讳"等篇内容空泛、不切要害外，"脱漏"一篇，勤于搜集，可补《刑考》之阙。"原始要终"、"注文"纠正马端临之失，可使作者心服。其考正中纠钱大昕、陈援庵之失者，亦甚精到。但《通考》价值在于宋代部分，论文未能专力于此，是其缺点。

流金师在宣读完上述评语后，接着说："答辩委员会以无记名投票方式，一致通过作者的这篇论文，并建议授予硕士学位。"听到这句大赦般的纶音，我的一颗悬着的心才放了下来。我也因此有幸成为上海师范学院研究生毕业证书001号的持有者。

二、毕业分配。由于我们是"文革"后第一届研究生，数量不多，整个上海师范学院，好像是一共招了14个。物以少为贵，所以毕业分配的去处还是很不错的。我先是被分配到北京，说是到国务院办公厅报到。我心里想，我不是党员，怎么让我去国务院办公厅报到？不想去。流金师就说"那你留校好了，先帮助我编写《中国历史大词典·宋史卷》"。我愿意帮助流金师做点事，但我也不愿留在上海。现在的年轻人看到这里，会觉得我这个人太作孽，"北上广"，多好的地方啊！这话不错。但我也有我的现实问题。三年研究生的读书生活，说到精神层面，那是没得说，这是我一生中最难忘、最美好的一段岁月。进校以后，感受到整个校园弥漫着非常浓厚的读书气氛，学生如此，老师也是如此。而学校领导也是真正按照教育规律办学，过去的种种政治干扰消失得无影无踪。与我读大学的那四年(1958～1962)，运动不断，劳动不断，谁要专心学习，小心批你走白专道路，不可同日而语。而说到物质层面，就不同了。我 1962 年大学毕业，做中学教师，到 1978 年读研究生，十六年了，我的工资一点没动（实际上大家都是这样）。而我已是三个孩子的父亲，父母年事已高。为人子，为人父，我都有亏欠。上海是个比较多雨的地方，而三年读书期间，我一把雨伞也舍不得买，从储藏室捡到一顶旧草帽戴了三年，脚下就是一双解放军战士的鞋子。再说，还涉及两地分居的问题，这在当时可是一个有年月没日子的难题。所以我一心想回郑州，离家近点。而郑州市也有三个单位同意接受（郑州大学、河南省社科院、中州古籍出版社）。孰料回到河南后，河南省教育厅负责分配的处长说："你的一个同学（指师弟萧鲁阳）已经留在郑州了，分配你到河南大学（在开封）去报到。"我不愿意去。于是就托熟人，走后门，希望能挽回成命。拖了三个月，没有结果。这时候遇到了新乡师范学院（1986 年改名河南师范大学）党委书记葛淑华，他表示欢迎我到他们学校去。于是我就在头脑发热、不计后果的情况下，去新乡师范学院报到了。须知，那时候的新乡师范学院还是单一的理科院校呀！我这一赌气不打紧，牵动了不少关心我的师友，此处难以一一细表。流金师听说后，于 1982 年 5 月 2 日惠函说：

友仁兄：

一直挂记你的工作。住院之后，得鲁阳来信，知道你已去新乡。这也好，老人要照顾，家也不得不管。可议的是我们的人事制度，古籍整理需要人，但能胜任的人不得不去干别的了。

我患的是鼻咽癌，发现得早，治愈率医生说是百分之百。已照光四次，估计要照三十五次，七个星期。住院的条件是上海最好的，我精神状态亦佳，不必挂念。

多年来总是忙忙碌碌，这回却完全休息下来，医生允许看看小说，除了治疗，就是散步和睡眠。

匆匆问好。

程应镠，五月二日

三、回到新乡以后流金师对我一以贯之的关心和提携。这表现在两个方面：第一，先是关心我专业不对口，无用武之地。后来，新乡师范学院筹建中文系了，又为我高兴，鼓励和帮助我做好本职工作。

1984 年 3 月 1 日流金师惠函：

友仁，《宋代思想史资料汇编》正在定稿，我想请你来帮助。你要研究的孙复《春秋》学，是将要辑录在第二集的。暑假来，你院当不会不同意（来回旅费我们出，住宿等等也可同邀请来的专家同等待遇），不知道你家中可放得心否？

我畏寒日甚，七十尚未到，老得太快，现在自己控制，不多作事。眠食尚好，勿念。

应镠，三、一

这一年的暑假，我应召来到流金师身边，帮助作一些《宋代思想史资料汇编》的审稿工作。

而流金师 1984 年 12 月 26 日的惠函，则是迫不及待地想把我调回上海：

友仁，文章（按：指拙作《中国通史第五册的两处失误》，载中国宋史研究会秘书处《宋史研究通讯》第 3 辑）写得极好，适《通讯》发稿，即以付之。我还是希望你来，古籍整理已列为上海高校的重点学科，第一批补助为五十三万，有许多事要做。今日已促人事部门急办调入手续，甚或派人往新乡请你校放行。思想史资料汇编，郑涵同志已允参加工作，明春我想去郑州或武汉开个小会，讨论编辑计划，把你在今夏做的工作继续下去。匆匆问好。

应锣，二十六日

1985 年初，经新乡师范学院党委研究，决定成立中文系筹备组，我被任命为筹备组第一副组长。成立中文系，于公于私，都是大好事。我自感责任重大，不敢懈怠。流金师获知此事，为我高兴，来信鼓励。1985 年 6 月 17 日流金师惠函：

友仁，五月在杭州，就听见你已有新任命。当时就很高兴，你们那个学院的领导，还是有识力的。我希望你全心全意把中文系办好，改革声中，办好一个系可能性是很大的。

沈志远同志逝世二十年，我有诗纪念他，还是有些感慨：

论事曾经掷地声（三六年在北平与陶希圣、杨立奎辩论，极受学生拥护），明时复作不平鸣。难忘会海凄凉地，长恨文坛草木兵。侃侃屡箴贵自反（在颛桥学习，屡谓我当重自我批评），铮铮更鄙逐时名。吞声廿载终能问，谁与庄周齐死生。

我的心境，是不是也可窥呢？

匆匆问好。

应锣，六月十七日

筹建中文系，我抓两件事。一个是教师队伍建设，一个是图书资料建设。关于图书资料建设，我为中文系购买了《丛书集成》、《四部丛刊》等书，还想为学校买一套影印文渊阁《四库全书》，需要将近 20 万元（学校给我的中文系筹建费只有 6 万元）。为此，我联合政教系、外语系主任，给校党委写了一个报告，获得批准。为购买《四库全书》事，我又致信流金师。流金师迅即作答。

1986 年 6 月 9 日流金师惠函：

友仁，十日信收到。《四库全书》是在上海外文书店预订的（有定额，不是要订就可订），先付款一半，另一半书到后陆续付，及今因外汇波动，续付者较预订时已增加三成。已嘱吴以宁同志去外文书局询问，你处需购此书上海是否可代办，有覆当即函告。今年古籍（所）未招研究生，词书招了两名，一名也没有取。我上月去贵阳花溪住了十二天，讲了四个下午课，终日流连山水间，亦至足乐。回上海后，则杂事丛集，忙忙碌碌，直到今天。宗宪去美后，工作颇遂心，其妻亦于上周六西去伴读矣。匆匆写此，一事（俟）得确息，当续告。顺颂教祺。

应锣，六月四日

第二，我写的一些论文，一时找不到发表的地方，就寄给流金师，请他推挽。流金师奖掖后进，来者不拒，一一予以妥善安排。我发表在《中华文史论丛》及《辞书研究》上的短文，都是流金师推挽的结果。我写的《钱大昕及其〈潜研堂文集〉述评》一文，寄给流金师，流金师予以好评。1985 年 9 月 12 日流金师惠函：

友仁，收到来信，谢谢。

文章写得很好。所里决定打印四五十份，给文献专业学生及研究生阅读、学习。文献专业学生讨论，由松龄主持。你的文章不仅说了钱大昕治学，还说了他做人，说得很中肯，而且有深度。

我这些日子很忙，还完了因病欠下来的文债，正在还欠古籍所的债。因为我到所里的时间不多，很多情况不了解，因循过日子，快两年了。《宋史大词典》已上马，两个毕业生助我录词目；今年毕业的那一位，工作更认真，我不禁暗中欢悦。

匆匆问好。

应镠，九、十二

按：信中所说的"文章"，即指《钱大昕及其〈潜研堂文集〉述评》。此文经流金师推荐，载《上海师范大学学报》1986 年第 4 期。

四、我的两次写诗献丑。我不会写诗，与流金师书信往还中，只有两次，忘乎所以，大胆献丑。第一次是收到流金师 1982 年 12 月 31 日惠函：

友仁，文章收到后，即为转《辞书研究》尚丁同志。我看是写得不错的。如《研究》发表不合适，当送师院学报。我已渐复原，本周已开始参加会议了。匆匆，即颂
冬禧

程应镠，卅一日

我在回信中献丑如下：

得程师书云体已渐复原喜甚有作

小病犹如云遮月，云过月露皎于前。
颇因元化祛邪手，亦赖南华养生篇。
六一文章苏子韵，温公事业潞公年。
诗成不尽区区意，聊博吾师一粲然。

弟子吕友仁，1983、元月 7 日

第二次是收到流金师 1984 年 1 月 27 日惠函：

友仁，

辞书出版社寄了六元钱给你，今为转去。

你的东西在《文史论丛》发表了，《辞书研究》也许发表了一些，但我没有看到。

去年重游西南、江西以及附近的太湖，有诗若干，选一首给你看看，可知老人之所怀念。大将山庄是我四十年前在花溪教书时住的地方，一人一室，有书桌书架，和嵌镜子的洗脸台子。室外绿树成荫，还有可供打桥牌、聊天的公共客厅。

重过大将山庄

不过溪桥路，于今四十年。白云逾远陵，残月挂遥天。

浅草曾相识，长林故可怜。山居秋瑟瑟，欲借买山钱。

匆匆问好。

应锣，一月二十七日

我在回信中献丑如下：

读程师重过大将山庄诗依韵奉和

新岁读新制，时惟甲子年。

劳筋涑水业，寄意五柳弦。

子厚八篇秀，兴公一赋传。

中州亦美土，敢请续前缘。

弟子吕友仁，1984 年二月十三日

拙诗得到流金师的回应，见 1984 年 2 月 16 日惠函：

友仁，

昨信发出，今日即得挂号信。我这个人性子太急，老了还是如此。

中州美土，我是迟早要重游的。短文章已嘱学报发表。

应锣匆匆，十六日中午

五、流金师约我吃饭的花絮。1986 年 3 月初，我赴沪上公干，住在上海师大招待所，便中去看望流金师。流金师问知我是 10 日返豫，就约我行前在教工食堂吃饭，师弟王松龄作陪。届时，我与松龄先到。饭菜已经上齐，还不见流金师身影。我看看表，再等下去，就要误车了。松龄也说，我们不要等了，流金师大约是被什么急事羁绊住了，我们先吃吧。看来只好如此。吃过之后，松龄送我上了 43 路公交车，道别而去。究竟是怎么一回事呢？到家后，很快收到流金师 1986 年 3 月 10 日惠函：

友仁，

这时，你已经快到南京，而我写完了“大教联”回忆，才记起十一时约你吃饭的事，真是非常抱歉，也感到自己真是老了。已叫女儿找松龄还给他代付的饭菜钱。文章是上海文史资料的约稿。“大教联”是解放前上海大学教授联谊会的简称，它成立于四六年，四九年上海解放才结束了它的活动。写此文时，思想完全回到三十多年前去了。匆匆专此致歉，并颂旅佳。

应锣，三、十

四句感言：人生苦短，得一良师，三生有幸，夫复何求！

忆恩师程先生

王松龄

（上海师范大学硕士研究生毕业）

1978 年盛夏，洪水冲毁陇海铁路，我从青海省西宁市几经辗转，终于来到上海师范学院，参加古籍整理研究室的硕士研究生复试。由于是“文革”后首届研究生招生，全国参加上海师院古籍室初试者达 207 人（内有 1 人弃考），而招生简章载明录取 2 名，按 1∶2比例复试，竞争之激烈可想而知。谁知到校后，发现参加复试者竟达 10 人，人人惴惴不安，不知是福是祸？

复试第一天上午是笔试，原定考 2 小时，因酷热（据说是几十年不遇），临时改为考 1 小时。第二天上午是口试，10 人分为两组，我分在第一组第五名。一进场，不由得有点发怵：房间一头的桌子后坐着几位老先生，显然是考官；侧面的桌子上放着一台录音机，坐着两位记录员；房间中央有张小桌子，放着话筒，椅子空着，这自然是考生的座位了。只见一位身材高大、满面红光的老先生站起来，微笑着对我说：“现在请你抽取试题，现场准备 10 分钟，答题 10 分钟。”紧张中的我猜想这应该就是程应镠先生了。我猜对了，在这个此生难忘的场景中，我第一次见到恩师程先生。

我抽到的是文史各一题：1. 概述中国史书的体例；2. 对韩愈和唐代古文运动之我见。我是中文系出身，对史书体例不甚了了，侥幸来沪途中强记了一通《辞海 · 历史分册》要点，于是拼命快速写下提纲，然后举手说：“如果到了 5 分钟，请先生们提示一下。”程先生应声答道：“已经 7 分钟了！”于是，我只能在 3 分钟内匆匆写几句第 2 题提纲，开始答题。第 1 题答毕，程先生与几位老先生交换了一下目光，就让我接着答第 2 题。好在第 2 题是文学史的重点，我凭着记忆放开讲起来，当我意识到可能已经超时，连忙匆匆收住。只听程先生发问了：“古文运动的精髓是什么？”我一下愣住，踌躇着该如何作答。程先生哈哈一笑，说：“文以载道嘛！韩愈的口号嘛！好了，你回去休息吧。”出门一看表，我在考场里大约呆了 50 分钟，大大超时，又不知是福是祸？

几年后在程先生家里聊起这段往事，他说：当天下午，他召集两个组的考官开会，把 10 名考生的录音逐一播放，集体讨论和平衡两组各人的最终评分。他感慨长叹：“文革”10 年，积压的人才太多了！初试就发现这个问题，于是到处奔走呼吁，据理力争，要求扩大招生名额，复试更证明必须扩招，否则太可惜！至于超时，程先生哈哈一笑，说：“当天时间充裕，你又是小组最后一位了，所以就让你讲，看你能讲多少！”

就这样，吕友仁、俞宗宪、萧鲁阳、朱杰人、李伟国和我共 6 人，被录取为上海师院古籍整理研究室首届研究生。全校首届研究生总共 21 人，小小的“二十四史标点组”（古籍室）竟占 3 成，一时成为学校的谈资和注目的焦点。老大哥友仁兄入学时已 38 岁，外语系毕业，俄语英语俱佳，国学功底深厚，已参与《辞源》修订多年；宗宪时年三十五六，原本志在理工，阴差阳错毕业于教育学院，人极聪明而又低调；鲁阳也是三十五六，人如其名，豪爽开朗，图书馆学系毕业，版本目录别有一功；杰人与我同庚，33 岁，又同为中文系毕业，他在上海当编辑记者多年，行文如飞，倚马可待；最小的伟国，也届而立之年，著名的“上海中学”高材生，不幸成了老三届，全靠过人的刻苦和聪慧自学成才，破格录取。

我们是踩着“文革”的一地废墟走进上海师院的，百废待兴。首届研究生与77级、78级本科生同年入学，平日还有点儿人气，一到节假日，偌大的校园人影寂寥，年久失修的柏油马路坑坑洼洼，路面裂口冒出丛丛野草，路边芦苇杂草比人还高。比这还惨淡的是，当时还没有学位制，没有导师制，没有成型的研究生课程，上海师院又从未招过研究生，该怎样栽培我们这些专业职业各异、已工作10年的老学生？但程先生早已运筹帷幄，成竹在胸，在古籍室各位先生的鼎力襄助下，一切很快上了轨道。

程先生运用自己在学界的影响力和朋友关系，并与古籍室党支部负责人裴汝诚、覃英等先生一起疏通各种渠道，礼聘一批名家为我们授课。头两年，专门请来胡道静先生讲版本目录学，王乘六先生（章太炎关门弟子）讲文字训诂学，郭晋希先生讲音韵学，陈光贻先生讲地方志；华东师大程俊英先生为该校古籍室研究生讲“诗经研究”，我们6人就去华东师大合班上课，两校研究生就此结下不解之缘。本校古籍室老先生在点校任务十分繁重的情况下，也坚持为我们授课。如颜克述先生讲“史记研究”，他的湖南口音难懂，就特意把讲稿写得非常详细，并常常大片大片板书，对我们要求严格，读书报告要得他一个“优”很不容易；白发苍苍的徐光烈先生接着为我们讲“汉书研究”，用一口标准的京白循循善诱，引导我们跳出传统的史汉优劣论，从文、史两面客观分析，各取其长；裴汝诚先生紧扣本室宋代史籍整理这个工作重心，为我们讲宋代史料，用他多年的实践心得和研究成果，给我们指引非常实用的入门捷径；诗翁陈九思先生年逾八旬，行动不便，在家办公，我们便每周一次去他建国西路的家里，听他讲诗词研究，他不但讲格律、讲理论、讲欣赏，更要求我们动手动脑，作业便是谨遵格律赋诗填词一首，他再与我们依韵唱和，这是解放后很少见的。据说当时有的大学招了研究生，却开课很少或开不出课，我们这里则是琳琅满目。程先生多次对我说，他非常赞赏当年燕京大学和北大、清华的“通识教育”，你们这批研究生在某些方面很强，但本科阶段的知识环节有缺项，古籍整理要求文史兼通，知识面越宽越好，所以要请老先生们来为大家补课！当时我理解程先生的意思是：偏文的补史，偏史的补文，全体一起补文字、音韵、训诂、版本、目录、校勘！

程先生还多次对我说过，古籍整理是实践性学科，只有自己动手去做了，才知道水有多深！一个逗号、句号、人名号、地名号、书名号，就那么容易点下去吗？光把课程学好还不行，必须参加古籍点校实践，才有可能合格。正好此时中华书局要出版《唐宋史料笔记丛刊》，于是裴汝诚先生代表古籍室反复与之联系，为我们6名研究生争取到一个实践的好机会，每人点校出版一本宋人笔记：吕友仁点校《渑水燕谈录》，俞宗宪点校《龙川略志 · 龙川别志》，萧鲁阳点校《鸡肋编》，朱杰人点校《默记》，李伟国点校《归田录》，王松龄点校《东坡志林》。程先生特意请研究室的老先生们关心我们这些刚入行的新手，进行一对一指导，我的指导老师是吴绍烈先生。原来以为点校薄薄的一本笔记不难，集中时间一两个月就能完成，谁知一动笔，才发现处处障碍，几乎每页都有地雷，这才觉得程先生所言极是！1980年夏完稿，程先生对我说：“你把稿子送给马茂元先生看看吧！”在覃英先生的引见下，我第一次拜识了久仰大名的马茂元教授。马先生是著名唐诗专家，家学渊源深厚，是上海师院“文革”最先打倒、最后解放的“反动学术权威”，当时还没有安排工作。马先生校阅全稿后约我去他家面谈，鼓励一番之后，就唐诗宋词地闲聊起来。原来听说马先生能背诵《全唐诗》，想不到他对宋诗宋词甚至宋代名物典故也烂熟于胸，随口即来，听得我目瞪口呆。当年秋冬，我的硕士论文选题拟定为《东坡乐府笺补正》，程先生赞同这个选题，说：“还是请马先生作你的论文导师吧！”覃英先生把程先生的意见一转达，马先生就说：“我看过他点校的《东坡志林》”，欣然同意。不久古籍室礼聘马先生为顾问，名正言顺成了我的导师。1983年古籍室扩建为古籍整理研究所，程先生出任首任所长，即礼聘马先生兼任文学研究室主任（时马先生已返任中文系教授）。当时我认为，程、马两位先生都是诗人气质的著名学者，彼此钦敬，惺惺相惜，过了很久才知道，他们还有更深的因缘：1957年“反右”以后，程先生被免去历史系主任职务，从历史系教授贬为中文系助教，为马先生等教师提供资料服务；“文革”中，两位先生都遭到残酷批斗抄家，打成牛鬼蛇神关进“牛棚”，后又被长期劳动改造，马先生打扫厕所，程先生拉板车送货……这些荒唐年代的癫狂行为，让我们的子孙后代作何理解？何以为情？

我们入学后，随着拨乱反正的深入，眼见程先生到各地参加学术活动的时间和社会兼职逐渐增多，影响日隆。1979年，他当选中国史学会理事兼副秘书长；同年召开的全国史学规划会议上，决定成立中国宋史研究会，由邓广铭、陈乐素、郦家驹、程应镠四位先生组成筹备小组，责成上海师院负责具体筹备工作。1980年10月，中国宋史研究会成立大会暨第一届年会在上海师院举行，程先生当选第一任秘书长。在大约一年的筹备过程中，举凡学会章程等大事，程先生均在与邓、陈、郦三位商议后，亲力亲为；至于会务筹备等具体事项，则由程先生一一擘画，提出原则要求，由古籍室和历史系中青年教师分头去办，他的助教曾维华先生居中统筹协调，有条不紊，忙而不乱。所以在筹备高潮时，还常常看见程先生在办公室执笔伏案，决审《续资治通鉴长编》点校稿。至于我们6名研究生，程先生体恤我们功课紧张，只是在开会时让我们参与一些会务接待。记得开会前夕，程先生拿出一封电报对我说：“某先生（年深日久姓名忘了）身体不大好，又没来过上海，明天你去虹桥机场接他吧，安顿好了告诉我一声。”第二天下午，我换乘三部公共汽车，又步行一大段路来到机场大门，向持枪哨兵出示学生证和电报后才得以进入。接到这位先生后打的返校，送他到招待所安顿好，然后匆匆赶到程先生家向他报告，已是晚上八点多了。师母李宗蕖先生说：“还没吃饭吧？食堂早关门了，我给你下碗面去。”李先生用两包方便面（当时可是少见之物）煮了一大碗，被我风卷残云扫荡干净，程先生一面笑眯眯看我吃面，一面跟我说开会的事情。程先生当时说了些什么已全然记不得了，但当时的温馨情景，历历如在目前。

程先生爱才惜才、奖掖提携不遗余力，是有口皆碑的。宋史研究会筹备期间，他力荐上海师院历史系在读本科生虞云国携其论文《从海上之盟到绍兴和议期间的兵变》列席大会，此文视角独特、史料翔实、摒弃成说、立论新颖，被邓广铭先生收入他主编的年会论文集中。云国是唯一列席这次全国性学术会议的在读本科生，大概创下当时纪录。我们6名古籍室研究生除参加会务接待，还可以任意旁听大会，程先生在主持会务的百忙之中，一有机会就为我们这些初入门墙者引见前辈学者，诸如老一辈泰斗邓广铭、陈乐素、郦家驹等先生，少壮派领军人物朱瑞熙、王曾瑜等先生，都是在这次会上拜识的。由于这次缘份，后来程先生邀请邓广铭先生出任我们硕士毕业论文答辩委员会主席，邓先生慨然应允，并专程自京来沪，主持吕友仁、俞宗宪的论文答辩，在上海高校文史专业引起轰动，答辩时旁听席上座无虚席，都是复旦、华东师大和上海师大的在读研究生和中青年教师，严格、规范的答辩起到很好的示范效果。萧功秦兄是南京大学首届元史研究生，被程先生慧眼相中，1981年毕业时引进上海师院历史系任教，当年冬天与我和其他几位前辈学者一起住在上海师院简朴的招待所，参与程先生主持的《中国历史大辞典·宋史卷》编纂，工作之余偶尔来我房间小坐，记忆中功秦兄谈吐温雅从容，陪伴我们的只有冬阳下寂寞盛开的一盆黄菊（室内别无长物）。当时真没想到，功秦兄此后学业精进，迅速成为享誉中外的新权威主义代表性学者。

朱瑞熙先生是国内外宋史研究界公认的著名学者，中年精英，年富力强，程先生十分赞赏朱先生的学识功力，在当时人才流动非常困难的情况下，千方百计把朱先生从中国社科院近代史所"挖"到了上海师大古籍所，为自己淡出古籍所预作准备。程先生为此克服了哪些困难，从未听他说起过一言半语，我只记得，当时上海师大为引进高级人才，在新建的宿舍中预留了两套，程先生为朱先生成功争取到其中一套。一天，程先生对我说："你和办公室老师去实地看看吧，看给朱瑞熙先生准备的房子是否合适。"印象中是教工 22 宿舍的一套小三室户，在当时上海人均 4 平方米的标准下，实属难得。

1981 年研究生毕业时，俞宗宪兄和我留校，参加程先生主持的《续资治通鉴长编》点校和《中国历史大辞典·宋史卷》等大型专业辞书编纂。1983 年，古籍整理研究室扩建为上海师大古籍整理研究所，经国家教委批准，同年又创建了古典文献专业招收本科生，真是红红火火，一时无两。1986 年，程先生辞去古籍所所长，在继续关心古籍工作同时，还推动历史系的学术队伍建设，在他的扶植提携下，虞云国、刘昶、严耀中、萧功秦、范荧等青年才俊崭露头角，在各自领域建树非凡，成长为国内外学界知名的专家。谁料到 80 年代末、90 年代初风云突变，社会经济几乎一夜跌落谷底，作为象牙塔尖的古籍所，更是度日维艰。当时上面有话，说是"没有钱"，但"给政策"，即鼓励经商，鼓励"创收"。于是乎，大学里的老师学生能开店的开店、能办班的办班，八仙过海，各显神通。古籍所办班创收无门，就租用大卡车到山东贩来苹果，把卡车停在上海师大东部礼堂旁边贩卖，头发斑白的老先生在寒风中帮着过秤、分拣苹果。程先生当时已久卧病榻，大概没看到这令人心酸的一幕。后来我有了一个机会，应邀到南方某省工作，于是就步俞宗宪兄后尘（他前几年去了美国，改行进入企业了），离开了上海师大古籍所。

临行前，我去向程先生辞行。在音乐新村那熟悉的小楼前，我徘徊复徘徊。读研和留校的头两年，我家不在上海，周末我时或来此拜访，跟程先生和师母李先生谈诗论文、谈天说地，程先生的女公子程怡小姐、公子念祺贤弟也随时加入，其乐融融，这时候程先生往往话就少了，总是笑眯眯听年轻人聊天。我记得最清楚的是，有一次程先生谈起他读燕京大学时的往事，说："那时我们最喜欢到教授家里聊天，无拘无束！后来发现，外籍教授家星期六晚上对所有同学开放，还备有茶点，谁去都行，但平时要去拜访，就需要预约。我们不习惯这个，慢慢就不去了，哈哈！"宗宪和我是程先生器重的学生，现在都走了，该怎么跟病中的程先生开口啊？犹豫再三，还是敲了门。师母李先生开的门，说程先生又发烧了，医生不让会客，怕感染，有事吗？我连忙说没事没事，只是来看看程先生，赶紧逃开了。谁知这一去，就是天人之别。两年后回到上海，才听说程先生已经去世一年多了。

今年是程先生 100 周年冥诞，上海师大古籍所所长、学弟戴建国教授来信来电，让我写一篇怀念程先生的文章；同为"程门弟子"的虞云国教授来电，让我选一篇学术论文附在纪念程先生的文集里，令我倍增愧怍。好在程先生在历史系的弟子人才辈出，在古籍所的弟子亦不遑多让，友仁、鲁阳、杰人、伟国都是教授、博导而兼系主任、图书馆馆长、著名出版社社长，学弟朱易安、戴建国、徐时仪和俞刚、张剑光等教授皆为扛鼎之才，国家社科重大项目《全宋笔记》等古籍整理成果煌煌，差可告慰程先生。我在企业界工作 20 多年，已成"程门弟子"中的另类，但对程先生的深切感恩和怀念是一样的。我已无缘在学术上追随先生，但先生正直善良的人格、热诚坦荡的士君子之风，令我终身向往，终身受教！

读书乃治史之要务

——忆应镠师的一些教导

严耀中

（上海师范大学硕士研究生毕业，上海师范大学教授）

岁月流逝，但应镠师对我的教导依然记忆如新，譬如关于向往治史的青年学子应当读哪些书、如何去读等等，至今还在指导着我前行。

记得我第一次见应镠师时，他给我布置的研究生学习任务是花一年到一年半的时间读《资治通鉴》和十一史。所谓十一史，即是从《三国志》到《南史》与《北史》的十一部有关魏晋南北朝的正史。① 他还嘱咐我，除了江辛眉先生的“校雠学”课之外，“任何其他的课都用不着上，包括我的课”，这是因为江先生关于校勘、版本诸学的课是读史书的基础。

各种文史典籍，是古代社会把它的讯息遗留给我们最重要的载体。在中国历史上，史学特别发达，其中正史是最基本的史籍，自不待言。而《资治通鉴》以其特有的话语方式能使读者更好地体会古今之变所包含的智慧。这正是应镠师要我及他所带的其他研究生读此书之初衷，后来《资治通鉴》成了上海师大古代史专业一年级研究生必读之书，成了一门基础课，这传统至少维持到2012年我离开上海师大。

按照先生的布置读书，大致计算一下，每天得至少看五卷书，就是大年三十和年初一都不能拉下，因为总要保留一些余额以应付意外的时间消耗。可以说从那时起，只要我在上海，无论过什么节，找时间看上几卷书就成了习惯。其实先生要我看的书远不止这些，我查了一下记录，仅1981年4月，先生要我补看的书就有洪亮吉的《三国疆域志》、《东晋疆域志》、《十六国疆域志》，徐文范《东晋南朝舆地表》，开明书局《二十五史补编》，王仲荦《北周六典》，谢启昆《西魏书》，谷霁光《府兵制度考释》，刘汝霖《东晋南北朝学术编年》，以及《汉书·百官志》。当然其中一些书的篇幅不大，有的书也只要求我查阅相关内容，但总的量还是不少，好在我当时住在研究生宿舍，大家都很用功，基本上能保证一天十多个小时的读书时间，也就够了。

我的读书计划是先从《资治通鉴》开始，读到东汉末，则与《三国志》等十一史按朝代次序对照着看，隋灭陈之后的《通鉴》内容，则和陈寅恪先生的《隋唐制度渊源略论稿》、《唐代政治史述论稿》对照参悟。应镠师非常推重陈先生的论著，每引说他的见解，往往神态敬肃。这也深深感染了我。应镠师要我看的其他书籍，大多与此阅读进程有关。这样看书的好处很多，首先能领悟古书的叙述方式的妙处，若正史的纪传互见，其实也是在遵从儒家观念的前提下尽量保持客观褒贬的一种方式，避讳而不隐瞒事实。以《资治通鉴》为代表的编年史则是向读者透露如何见微知著之道。二者配合着看，能更好地启动人的智慧，历史上的有些因果关系需要较长的时间段才能显露出来。同样，从南朝史书中找有关北朝的记载，及北朝

---

① 即《三国志》、《晋书》、《宋书》、《南齐书》、《梁书》、《陈书》、《魏书》、《北齐书》、《周书》、《南史》、《北史》。

史书里叙述南朝的地方,对照起来也能说明不少问题。此正是应镠师要我如此读史的要点所在,学史不仅是去记一些往事,何况史事本由人所述录,而著者自有其自身的立场、观点和文字水平。对照着读史就能看得更全面些,也就能更深刻些。我在读研之前虽然也看过许多书,但杂七杂八,成系统并按照正确的方法读书,则是应镠师教我的,使我终生受益。

相互切磋的读书往往有事半功倍之效,但在80年代初的时候,这样的风气在高校内还不盛。应镠师曾兴致勃勃地对我说过:“徐中玉先生指定研究生二个星期讨论一次,效果很好”,还举了个例子。不过我不仅是中国古代史第一个研究生,在当时还是上海师大历史系唯一的研究生,因此要讨论的话就只能和先生进行围绕着读书的对话。应镠师当时兼任古籍整理研究室主任,让我每星期六下午二点到他办公室去,除非他出去开会。每一次见他的程序几乎是固定的,先是我汇报本周读书的内容,给他看我所做的卡片并谈及自己看书中得到的体会,最后提出阅读时产生的一些疑问。我在讲体会时,先生有时会插几句话,点拨一下,或针对我讲的东西要我进一步解释。如我曾经做过一张关于平原君有食客数千人的卡片,他就问我食客与宾客的区别,为什么要养那么多食客、食客来自何方、食客的地位等等。对我回答中他满意的地方要我写在卡片的反面,嘱咐我做卡片时一定要把产生做记录的一霎时念头记下,然后分类保存,如此日积月累,就能成为写文章的基础。在读研究生期间我大约做了3 000多张卡片,这些卡片成了我上世纪80年代写论文的重要支撑,学位论文也全靠着它们,很多卡片我还保留至今。如此做卡片的法子我一直沿用至今,只是后来把它做在电脑上,算是我比先生进步之处,节约了纸张和时间。至于我所提出的问题,绝大部分是当场回答,若有一次我问什么是“大尚书”? 先生回答是“即吏部尚书”,接下来就讲一番此称呼之由来。有时应镠师也会说某个问题他也不清楚,要去翻翻书,于是他找到的答案就是我们下一次见面时的首项内容。每次谈话的最后阶段就是布置下周我的读书任务,一是关于将要看的书内容重点何在,应该注意那些方面;二是还要再看些什么参考的著作。如果下一周六先生可能会有事,就再预先加一周的份量。

在我读研究生的大部分时间里,就是如此周复一周地接受应镠师的学术指导。一般每次一个半小时,最长一次约三个多小时。其实有时也会从一个问题延伸出去,如说到北魏的“平齐户”里,有人以教书和抄书谋生,先生就说在希腊被罗马征服后,一些希腊名家子弟也在罗马教书,即使在不同的文明进程里也会有很多类似的地方,接着就举出一连串的名字,可惜我都记不下来,又不好意思请先生说得慢些,现在想起来还感到遗憾。这种对话形式的上课至今我觉得是作为师生之间最好的受业方式,很多东西是在一本正经的课堂里得不到的。

如此有益而难忘的读书对话,可惜没有进行到最后。在我读《资治通鉴》到中唐时,先生得了重病,住进了华东医院。虽然我经常去看望他,但有关读书的讨论是无法继续了。尽管我后来还是把《资治通鉴》读完,但这段时间里的收获是远远不能和在应镠师指导下的情况相比的。

当后来我向我的学生们讲叙自己这段读书经历时,曾有学生问:“您在程先生指导下那样子读书,固然是非常好,但您上课的成绩是怎么算的?”其实在那时很简单,除了江先生的课他给我打了90分外,其他六七门专业课的成绩,应镠师说:“你每个阶段学完后写出的文章我都看了,写得不错,达到发表的水平,都可以打优。你可以根据你文章的内容来作为一门课的成绩,如《北魏三都大官考》可作‘北朝政治制度史’课的成绩。”后来我那些论文也全部发表了,没有辜负先生之所言。当时能够这样做,首先除应镠师的教导有方外,还在于他的学识、资望和气魄,我的师兄弟中不乏比我优秀者,可证先生教育之道的有效而可行。此外，当时上海师院校方对导师的决定十分尊重，全校管文理科研和研究生的是只有 4 个人的一个“科”。目前上师大有关官员人头济济，规章枝盛叶茂，却再也找不出如程应镠先生那样的研究生导师，也很难发现学术前途上可以和我的师兄弟们有一比的学生。

行文至此，远处隐约传来京剧的清唱声，细长婉转，忽高忽低，如歌如泣，闻之身不能动。世之声常乎？声无常乎？惑之久矣。稍之唱声收尾，余音不息，犹如时光难再，师道尚存。

程门立雪记

虞云国

（上海师范大学硕士研究生毕业，上海师范大学教授）

上世纪70年代末与80年代初，至今令过来人顿生感慨而不胜怀想。那时，“十年浩劫”噩梦乍醒，改革开放大闸初启，万物复苏、人心思治，无不以为中国从此永别“文革”式苦难，诸多愿景似乎都有望实现。当时流行一句时髦口号，叫作“把耽误的十年夺回来”。现在想想，未免自欺欺人，有谁真把那“耽误的十年”夺回来的！

但1978年初，即将成为我业师的程应镠先生却真诚地怀抱着这种感奋，他有诗说：“改地戡天兴未艾，看花跃马互争妍。”后句自注：“时上海高考初放榜”，这年他62岁。正是借着1977年高考的机运因缘，一月之后，已入而立之年的我，考入了大学，而后成为程门弟子，彻底改变了人生的路向。对我来说，这是深以为幸而永志不忘的。如今，当年立雪程门的情境印象，有的已经模糊，有的依然清晰。值此先生百年诞辰之际，我也早过了他当时的年岁，杂乱记下这些琐忆，权作头白门生对受业恩师的无尽追念。

一

我们进上海师范大学时，仍沿袭“文革”叫法，原华东师范大学与上海师范学院都归在这一校名下。但当年四月，上海师范学院便恢复了建制（六年以后又升格大学）。先生为我们七七届上过两门课，首先是大一基础课“中国历史文选”，其次是大三选修课“魏晋南北朝史”。当年同学里总有“消息灵通”人士，介绍些打探到的情况。我所在大学并非名校（我常戏称出身三流大学），当时历史系唯一的中国古代史教授就是先生。他那时刚“复出”（这个染上时代色彩的政治词汇，意指原任领导职务者有待于重新任命），岁末出任系第一副主任，系主任魏建猷先生身体欠佳，具体系务由先生主持。当时，历史系真可谓“百废待兴”，但先生无疑将七七届教学视为大事，亲任“历史文选”的讲授。然而，繁杂的系务工作与众多的学术活动，他终于没能把这门课程讲到底，第一学期后半期起就改由徐光烈先生接下去讲。但选择谁接手，先生显然经过斟酌。当时在系教师中，徐先生是唯一有能力讲历史文选的，后来古籍研究所校点《文献通考》，他也是主要决审者。

先生讲历史文选的细节已无多记忆，只记得好几次兴致勃勃说起标校《宋史》的旧事。从这类旁逸的花絮，约略知道他是中华书局标点本《宋史》的主要决审者，还为《续资治通鉴长编》前189卷定稿，并推动了《文献通考》的整理。先生还说起，系里已把宋史定为今后发展方向，这将是大可用武的领域。这些不经意的言谈，在我的心上漾起了涟漪：对古代文史尽管饶有兴趣，却从未定过主攻方向，那何不选择本系最具空间的宋史呢？

出于禀性，我素来怯于与人交往，但为学宋史，终于在一次课后，鼓起勇气叫住先生，请益如何学宋史。这是与先生第一次当面交谈，清楚记得时间约在1978年四、五月间，地点在系办公楼前葱茏如盖的梧桐树下。他说，当年在西南联大听张荫麟先生讲宋史，指定参考书就是《宋史纪事本末》，你不妨也由此入手，先了解大概，接着读《宋史》，再读《长编》。他还对我说，他只是校点了《宋史》，材料熟些，对宋史还缺乏全面研究；已故张家驹先生才是宋史专家。

这次谈话，对我走上宋史研究之路至关重要。我便照着去做，除去新上手的外语仍耗相当时间，余下精力几乎都放在读《宋史》上。大二那年，基本上读完了《宋史》。期间，我发现了标点本《宋史》仍有当校失校处，也向先生说起过。先生颔首道，读书就应该仔细，要善于发现问题，并嘱我把问题记下来，以便标点本今后修订。对我来说，这类肯定无疑是莫大的鼓励。

大二那年，为参加学生学术报告会（这类报告会也是先生为提高七七届与七八届学生科研能力而倡导的），我就南宋初年的"苗刘之变"写了篇小论文呈送给先生。现在想来实欠斟酌，先生系务公干那么繁忙，学术活动那么频密，哪来时间审读一篇本科生的幼稚习作！但他却交代董家骏先生审阅指点，以便我在论文写作上有所进步。正式发表《苗刘之变的再评价》已在30年后，而且经过面目全非的增补修改，但学史起步阶段，先生点滴关怀的雪泥留痕却记忆犹新。

二

也许大一下学期起吧，先生家的客厅成为七七届晚餐后的向往之地，去那里听先生谈时事政治（那一时期的时事政治也确实值得放谈），谈学林往事，谈学术动态，成为同学间一大快事。这种师生谈话，气氛自由而随意，似乎什么都能成为谈资。在这种聊谈中，先生对七七届也有了深入的了解。已记不清我首次趋谒程门的准确时间，大约不会迟于大二。

大三那年，接着"苗刘之变"的研究路径，我发现在其前后的两宋之交兵变频繁而引人注目，武将势力也在平定兵变中再度坐大。于是，试图作进一步探究。但作为本科生，校图书馆与阅览室能借读的宋代史料十分有限。先生当时还主持古籍研究室的工作，这一研究室是标校宋代史籍的重镇。经他特许，我可以去那里自由借阅所藏的典籍，大大方便了史料阅读与搜集。

为在暑假里写出论文初稿，我还必须读完专记两宋之交历史的《建炎以来系年要录》，但古籍研究室不能向历史系本科生开放图书外借权。我遇到先生，说起这事。他当即说，我家里有这套书，你去向李先生拿吧。后来，师母李宗蕖先生多次笑着说起我取书时对先生插架图书的熟悉程度。

从先生闲聊中，得知中国宋史研究会将在我校举行成立大会。暑假过后，我把这篇长达3万余字的论文初稿呈送给先生，确像有句唐诗说的那样，想问一句"画眉深浅入时无"？先生只对我说："文章先放在这里，下月中国宋史研究会在我校成立，你可去旁听。"他是会议筹备者之一，由于这一特许，我也许是唯一旁听完宋史研究会成立大会的在读本科生。

会后不久，先生把我叫到家里，将论文退还给我。当时，看到每一页都有他字斟句酌的笔削，我的感动真是无以名状。他却淡淡地交代我再誊一份清稿，以便收入论文集。对我的论文，他说了两点：占有史料要全面，但用一条材料能说明的问题，不要再用第二条；写文章要让人爱看，要干净简炼，一句话能说清的，不必说第二句。这两句话，对我醍醐灌顶，让我终生受用。这篇习作后来收入邓广铭先生与他主编的第一届中国宋史研究会论文集，既是我正式刊出的第一篇宋史论文，也是这册论文集中唯一的本科生之作。我在文末特别加了一句:“作为一个初入宋史研究之藩篱的学子,奢望本文是他研究两宋兵变以至整个宋史的第一格石级”,旨在感念扶持指引我踏上宋史研究第一格石级的受业恩师。

三

1982 年,本科毕业,先生留我当助手。先生告诉我,他正忙于《中国历史大辞典·宋史卷》的编撰定稿,让我也投入其中。这年春天,他还把徐规、王曾瑜、朱瑞熙、胡昭曦与张邦炜诸位先生都礼请到上海师院,共同负责复审工作。

先生给我的任务,一是负责先生与各位专家之间的联络,二是参与词条初审,逐条查核撰稿者开列的参考文献,凡词条释文与参考文献有出入牴牾处,不仅必须注明,最好还能考定是非正误。前一项工作量不多,先生自己就经常到他们住地交流讨论。后一项工作却烦琐而具体,倘若写稿者文献出处罗列不全,尤费搜考之力。但对我来说,在历时年余的审稿过程中,不仅渐次熟悉了传统目录学的工具书,而且逐步拓宽了宋代文献的知识面,更是有效训练了史料考证的基本功。那篇《南宋编年史家陈均事迹考》,就是当年审稿时寻根究底的副产品。

交代清任务后,先生采取放手的做法,不太过问我的工作情况。我审过的词条,直接交他决审,省去了复审环节。但两个月后,先生就因鼻咽癌住院化疗,盛夏才回家养病。春夏之交,礼请的专家陆续离校,徐规先生则把余下稿件带回去复审。期间,我去探望,先生念念不忘的总是《宋史卷》的进度。暑假以后,我援藏离沪一学期,返校继续协助先生工作,持续到 1984 年初夏。尽管进入《宋史卷》收尾阶段,但具体任务都落在先生身上,我则是他的唯一助手。先生决审时发现有些词条撰稿质量不高却又无法修改,便直接交我重写。在分门别类汇总稿件时,我发现仍有不该遗漏的词条失收,主要集中在中外交通、文献书目与人物上,先生嘱我开列拟补词目,经圈定后也让我撰稿,再由他决审。出版社要求为重要词条找配插图,先生也让我初拟了配图词目与插图出处,交他斟酌圈定。这一过程中,我从先生笔削的决审稿中,揣摩文字表达如何才能臻于简练精准;而汇总稿件、增补词目、遴选插图,也大大有助于我对宋史总体感的把握。

四

留校不久,系里派我赴设在咸阳的西藏民族学院援教。先生与我有过一次谈话,大意说,我知道你的孩子还没满岁,也希望你留在身边协助做点事;但援藏是指派的任务,系里征求过我的意见,我不能只强调自己的需要;教中国通史对你也是个锻炼。谈话很委婉,意思很明确,他的学生尤其应该为系里挑重担。

我去咸阳后,先生仍在养病期间,却挂念着我在异乡的教学与生活。在给我第一封信中,他说:“你去后久无信,有些挂记,收到信后就放心了。咸阳想已生火,生活上有困难吗?”这年 10 月,第二届宋史年会在郑州召开,我从咸阳赴会,除了会议组织的考察开封,还专程去洛阳访古。会后向先生汇报了“学史此行欣有获,古都洛邑又开封”的体会,他很快回信:

云国：

来信收到多日，你去洛阳看看，是应该的，车费、宿费都可报销，你向系里报好了。

下月我打算恢复工作，首先是搞大词典，徐先生年内可全部交稿，大概问题也不多了。已开始作范仲淹传的资料长编，编年抄集他的事迹、交游、诗文，已做到宝元元年。因为《长编》不在手头，上班后还要抄《长编》中的材料，可惜你不在这里，没有人帮忙。

严耀宗已毕业，硕士论文答辩也举行过了，系学位委员会已决定授予硕士学位，他自己也正在等着接替你的工作。

匆匆，问好。

应镠　十日

对这封信略作说明：其一，已记不清我是否提及洛阳之行的报销，但先生肯定出于青年教师收入低、负担重的考虑；其二，他养病期间最挂念的还是《宋史卷》定稿问题；其三，在家养病的半年中，先生已为撰写《范仲淹新传》作资料准备；其四，他同意严耀中兄一毕业就接续我，也出于当时派我的同样考虑。

1983 年 1 月 3 日，先生又来信，迻录如下：

云国：

耀宗前日来，说得你信告以咸阳不必去了，他很高兴，我也觉得这样好，等正式消息来，他就可以准备为学生讲魏晋南北朝史了。

你回来后，帮我抄《长编》中有关范仲淹的材料，可以省我很多力。我还是希望你能在两年内开宋史，写两三篇论文，将来可以作讲稿的。我的老师和我讲断代史，都是讲问题。陈寅老从来讲的都是自己研究的成果，我则半是寅老的意见，半是自己的研究所得。

年尽时得一老友退居二线的信，有七律一首，附寄一粲。“泽畔”云云，指的是我与他共同的朋友，遭了五七年之祸的。匆匆，

问好！

应镠　一、三

先生结合自己治学与讲课经验，为我树立了鹄的，寄寓了厚望：一是讲课要有研究所得，不能只做搬运工与传声筒；二是强调“讲问题”，也就是要有问题意识。先生知道我喜欢旧体诗，信尾特地抄录了新作《刘春退居二线远致书问并七十生辰诗时正年尽诗以报之并简天蓝》（此略），但“一粲”云云却让我受宠若惊。

岁末南归，趋谒程门，转送上一尊仿唐三彩骆驼，告诉先生这是民院学生的临别赠礼，他说这倒蛮有意义的，高兴地收下了这件礼物。

五

我留校不久，先生就在历史系创建了宋史研究室，亲兼主任，我与同届留校的刘昶兄都成为其成员。

为把我们培养成合格的研究者,先生尤其重视我们的业务学习。我手边还保存着一份当时的进修计划,应是先生要求制定的,分理论学习与业务学习两部分,前者包括经典著作与中西史学理论名著的拟读书目,后者包括宋史研读书目与论文写作计划。以后几年里,作为助手,除协助先生编纂《宋史卷》,帮着处理宋史研究会秘书处的杂务,就是读史学理论,读宋代典籍。

这时,先生已招了几届宋史研究生。他认为,在高校教研还是应该提高学历,就让我们都考他的在职研究生。1984 年,他一下子招了 8 位研究生,包括本科留校的刘昶、范荧与我。于是,我们在程门又开始了研究生学习。先生治史,强调在史料与史识上的通贯性,要求研究生不论搞中国古代史哪个断代,都必须研读完《资治通鉴》,包括司马光的考异与胡三省的注都必须下功夫。研究生入学不久,他找我谈读书计划时说,既然你说已读过《资治通鉴》,那就从《史记》开始,把正史一史一史读下去罢。于是,我不敢偷懒,读完了前四史,还有《左传》。前四史囊括了秦汉以前的历史文化概貌,也是中国传统文史的典故源头,细读一遍,确实受益匪浅。我后来写过《春秋县制新探》等几篇先秦秦汉史的文章,就是研究生时期读史所得。先生为我规摹的读史计划,既让我的宋史研究拥有较通贯的视野,避免了"只学宋史,学不好宋史"的谫陋,也让我对宋代以前的中国史有了总体的了解。

研究生期间,先生自己讲过"中国古代史研究方法",还请邓广铭、王永兴、胡道静、苏渊雷诸先生来做专题讲座。邓先生讲他的宋史研究,王先生讲敦煌吐鲁番文书与唐史研究,胡先生讲他新创的"广谱目录学",苏先生则讲中华民族文化精华。我校古籍研究所正在标校《文献通考》,徐光烈先生负总责。先生让徐先生兼顾我的专业与论文。作为研究生实习,我参与其中《四裔考》复校,任务是复核全部史源出处。这让我在两方面大有获益,一是在文献涉略上更为开阔,一是古籍校勘上初谙门径。

当我选定宋代台谏制度作为论文方向后,去向先生汇报,他已卧病在床,说这是一个有价值的题目,要在制度复原与理论思考多下功夫。由于健康原因,先生已不可能直接指导我的论文,却表示相信我能研究好这一课题。1988 年,我送上了打印稿,先生已完全没有精力审读完这篇长达数万余字的硕士论文了。没能听到他对这篇论文的直接意见,我是深以为憾的。

六

先生对弟子,很少有直接的批评,对我也是如此。但有一次当面诘问,却让我至今难忘。

80 年代中期,正是一拨"文化热"兴起之时,对传统文化中负面影响的批判一时成为学界风势。1986 年,为参加一次科学社会史的学术会议,我与好友合写了一篇中西科学思想比较的文章。我那好友搞科学哲学,凡西方神学与科学的资料与论点由他贡献,而中国思想与科学的材料与想法主要由我提供,分头操觚,而后合拢,题目也颇有时代印记,叫作《理性的西方神学与非理性的东方理学》。

先生也看了这篇文章,我再登门时,他正色问我:"你西方的东西读过多少,宋明理学的书读了多少,就下这样的结论!"记不得当时是否作了无力的声辩,先生说完这几句后,没再多说,转到了其他话题。但这一棒喝,确实令我深省与警醒。我那时知晓的西方历史文化,基本上也就是大学世界史那点皮毛,宋明理学虽有涉略,也远谈不上有深刻真切的把握。

我后来琢磨先生的意思,并非对传统与历史不能批判,而是告诫我,任何关乎史学的判断与结论,必须在全面掌握材料、深入进行研究后作出,倘若像这篇文章那样,结论先行,材料后找,必然背离史学正道。这是先生在学问路上对我唯一的正面批评,却让我终身铭记。这些年来,对历史与传统中的负面因素,我在历史随笔与史学书评里仍会进行批判与反思,但每当完稿之际,总会扪心自问,你的观点与结论,是否经得起全部史料的覆案与拷问,从来不敢再有造次。

七

由于在职读研,仍兼做先生助手,亲聆謦欬的机会依然不少。记得《范仲淹新传》出版不久,我曾问先生,接下去还想写哪个宋人传记,打算写王安石吗?他说,不写王安石,有时间想写写苏东坡。在感性上,先生似乎不太喜欢王荆公;从史学角度论,他对林语堂的《苏东坡》也有不满。但他接着说,最先想写还是魏晋南北朝人物系列,不以专著形式,而是一篇篇人物论,每篇有自己的见解。先生对魏晋南北朝史下过大功夫,不多的已刊论文与薄薄的《南北朝史话》远远容纳不下他对这段历史的全部研究。遗憾的是,在《司马光新传》即将杀青之际,他就一病不起,再也不能搦笔述作了。而该书附录《司马光事迹著作编年简录》还只编到治平元年(1064),先生嘱我续编完稿。于是,我领会先生的史见,揣摩先生的文风,勉力完成了这份《编年简录》,补列了参考书目。出书以后,先生已无力在赠书上题笺,让师母钤上印鉴以为留念。

《中国历史大辞典·宋史卷》出版后,先生总感到仍有缺憾。他曾说起,《宋史卷》还难称完备,所收词目远不能满足读旧史之需,原因是这部大辞典既以断代分卷,又以专史分卷,所以《宋史卷》与各专史卷交叉,只能择要收入那些绝不可缺的词目。1985 年,先生就决定另编一部《宋史大辞典》,希望编成后能给宋史研究更多助益。但 1987 年起,先生就卧病不起,这一计划也随之落空。次年,有家出版社准备推出大型系列的《中国文化史大辞典》,约请先生主持宋代卷。他在病榻上与我谈这件事,表示自己已无法工作,但仍打算允诺邀约,希望我能具体负责筹划。见到先生在约稿协议上歪斜的签名,想起他原先那刚直劲峭的笔迹,心里不禁泛起一阵酸楚。我深知先生编《宋史大辞典》的夙愿仍盘亘在心,便表示愿竭尽所能全力以赴。于是,我以先生的名义,由程门弟子为主体,同时约请其他学者,组成了作者队伍。然后,按宋代文化的学科框架,设计条目,组织撰稿,协调进度,审改稿件。三四年间,我心无旁骛地投入其中,不时向先生有所汇报,他总表示,这事只能靠你们。好在有协助先生编《宋史卷》的实践,更兼诸多同门的齐心协力,这部《宋代文化史大辞典》在 1994 年终于完稿。遗憾的是出版历尽周折,正式梓行迟至 2006 年,先生去世已岁星再周了。

八

好几位宋史前辈都向我转述过先生的话:"虞云国不是我程应镠培养出来的,而是社会造就的。他进大学时水平已经很不错。"先生的话,明显有谦抑成分,而说"社会造就",也不无道理。十年浩劫,家国剧变,让我们这代人对历史有更深的领悟力;尽管"文化大革命"是"大革文化命",毕竟还读了点书,入学水平超过从中学直考的大学生也是事实。仅此而已。但立雪程门的幸运机缘,却从根本上决定了我其后的学术路向与治学风格。

针对人文学科的学生培养,有学者说过:给大学生常识,给硕士生方法,给博士生视野。这在专业常规训练上确是卓见。我想补充的是，中国师道历来有“经师易求，人师难得”之说，《资治通鉴》卷五五胡三省注云：“经师，谓专门名家，教授有师法者；人师，谓谨身修行，足以范俗者。”尽管“人师”往往强调以身作则的道德持守者，但也不妨作宽泛的理解。一位光风霁月的人文学者，倘在学术上独具气象、风格与魅力，本身就是标杆式的巨大存在，只要弟子擅于参悟领会，即便在学业上也“足以范俗”。

记得研二那年，我写过一篇记先生谈中国古代史研究方法的作业，题为《治史三昧》，他是赞许的，特在《宋史研究通讯》刊发。那篇文章里，我不仅从他的言传，更从他的身教，概括了先生治史的气象风范，兹摘引要旨如下：

> “剖破藩篱是大家。”近来先生不止一次朗吟这句古诗来勉励我们。先生谈治史时强调理论，但反对无学业根底的空疏之论，强调扎实的史料功夫，却也不主张仅以罗列史料为能事，他推重宏观理论与微观研究相结合，而且认为这种结合是可以在一个出色的史学工作者身上就能完成的。只有那样的结合，才有可能剖破藩篱成为大家。先生谈治史方法时，亦相当讲究文字表达，要求我们不断提高驾驭文字的能力，把史学论文写得简洁畅达，富于文采，使人爱读。强调材料，重视理论，讲究文字，这是不是程先生的治史三昧呢？我以为是的。

回顾我的人生轨迹，在“谨身修行”上，不敢说先生道德人格让我提升了多少高度；但在学术上，他对我去妄纠弊的“范俗”影响不言自明。其间，既有前文所及的提澌与批评，更多却以“桃李不言下自成蹊”式的熏染。在这层意思上，没有先生的培养，就没有作为人文学者的今日之我。

《近思录》记及程门轶事，于小程子有“程门立雪”之典，语弟子恭于执礼；反躬自问，门生自惭不如。于大程子有“如坐春风”之喻，说师尊善于传道；作为人师，先生当之无愧！

我的好老师流金先生

王廷洽

（上海师范大学硕士研究生毕业，上海师范大学教授）

人到了一定的年龄喜欢回忆往事，我也不例外，赋闲在家就更是如此。想得最多的是自己的老师，小学的、中学的、大学的、研究生的导师，很多老师中有优秀的、有平庸的、也有较差的。记得小学一年级的语文老师兼班主任封老师，是一位能以平等精神对待每一个学生的好老师，当我在两个学期都得双百后对我这个穿着补了又补衣服、连书包也没有的学生作了家访，在我的家长面前夸赞了一番，由此我增强了努力读书学习、做个好学生的信念。而程应镠先生是我在攻读硕士学位时的好老师，也是激励我不断努力的好老师。

一

我于 1978 年 8 月毕业于五校合并后的上海师范大学历史系，随即被分配到上海师范学院历史系工作，开始时做学生工作，兼做一点教务，情同于打杂。心中不甘，希望能到教研室任教，行有余力再从事一些学术研究。在当时的情况下不敢把此想法说出口，也不知向谁诉说，因为当时的形势对工农兵学员很不利。

程先生并不排斥我们这些工农兵青年教师，而是采用了请名师培训、指导学习的积极方法，以期提高我们的学术水平和教学水平。先聘请江辛眉先生给我们讲授《春秋左氏传》，两三个月后换由李伯勉先生执教，不幸李先生任教才一月余即中殂，第二年春天由沈熙乾先生接任，直至全部完成。第一学期结束，程先生要我们交一篇作业，围绕学习《左传》自定题目和内容，参加学习的青年教师都交了作业。先生认真阅读了我们的作业后，有一个周三下午四点多钟，把我们召至中国古代史教研室，谈了先生评阅作业的情况，我得到表扬，结束后，先生把我叫住，告诉我："听系里的老师反映，廷洽你学习很用功，每天读书几小时候呀？"我说："约有五六个小时。"先生说："嗯，不容易，能在工作之余挤出五六个小时学习，可以的。是否想到教研室当老师？"我说："是的。"先生说："到教研室也不难，关键是要提高自己的学术水平，要成为一个研究型的高校教师，一个优秀的高校教师应当具备学术研究能力。若按以前的要求，得通一经（或一部史书），担任一门基础课，能自主设计讲授一门专门史、一个断代史。"我说："好的，老师，我一定努力。"就如此，先生道出了我心中的所想，并给我鼓足了勇气。我对先生是很敬畏的，这次谈话后，我感觉到先生的学养既高，又能平等待人，爱护青年教师。先生对我提出的要求，成为我一辈子追求、付诸实践的标的。不仅是对我，而且先生还想尽办法把一些青年教师送到其他名校进修深造。

过了一段时间，我担任学生工作的那一届毕业了，也正式编到中国古代史教研室，先生安排我跟随江辛眉先生当助教，辅助他教授《中国历史文选》。进入教研室的好处是没有什么杂务打搅了，可以集中精力读书，有更多的时间读书。此时有朋友建议我，要想站上大学的讲台就应该读研究生。我跟先生吐露了考研的想法。先生说：“好呀，只要成绩合格，我就招。”不久，古籍整理研究所办起了首届古典文献专业，先生要我担任班主任，并要求我一边做学生工作，一边当助教，还要跟着学生一起听课，做好考研的准备。古典文献专业的开办，先生亲自设计课程并授课，还聘请了胡道静、金德建、郭若愚、苏渊雷等大师名师来授课，我给他们当助手，听他们的讲授，知识面开阔了，学术能力提高了，把握了治学方法，我真是受益匪浅。

先生的教学理念是先进的，方法是得当的，而且一定会努力实行认准了的事。当时有师生提出学习历史学的学生应该进行一些社会考察和调查活动，从书本学到几大古都，可是它们究竟是什么样的，没有过什么感性知识。先生认为这个提议是有道理的，“读万卷书，行万里路”，方能培育出像司马迁那样的历史学家。要组织学生考察西安、洛阳、开封、南京等地，在当时百废待兴、经费十分紧张的情况下，关键是要搞到一笔钱，说起来容易，做起来难，而先生说服了学校领导，批给了一些经费。我是班主任，当然要带队，为了加强组织，所里配了党的干部和两位教师。在出发前，先生找我谈话，大意是：组织文科学生对古都城的考察，是学校建校以来的首次，一定要成功；行程中要管好学生的安全（当时四军大的学生在华山出事）；不能把社会考察、调查等同于旅游；回来后要写好总结。我们在考察中都很配合，因此顺利完成。回来后，我完成了一篇上万字的总结，党总支副书记要我直接交给先生，先生作了一些修改后还给我，要我再认真读一遍后交还。我对先生的修改佩服之极！更令我感到欣慰的是先生在所里、在校领导面前称赞这次社会考察的成功，总结写得好，把它拿到学校印刷厂打印出来（当时是用旧式打字机打，然后油印），发给所里的师生们阅读，也送到学校主管学生工作的领导那里。先生就是如此循循善诱，而我则把先生的赞扬当作一种鞭策！我一定要成为老师的好学生。

二

我于1984年考研成功，幸运地成了先生的入室弟子。先生在祝贺我的同时很严肃地给我提出了要求：“廷洽，考研成功只是你新的学术生涯的开始，要像陈寅恪那样，以有涯之生为无涯之事，在今后的学习中一定要把学术水平提升到更高的层次上。”我说：“先生放心，学生选择到教研室当教师，现在又选择考研，就是选择了走学术生涯的人生道路。怎样才能上更高的层次呢?”先生微笑着说：“要多读书，少发表文章，勿为小名小利所误。在读书中发现问题，然后注意收集相关的资料，在穷尽某问题的资料后才能动手写作。历史上遗留的问题是很多的，有小问题，有中型的问题，还有大问题，小问题则写小文章，大问题则有可能要写专著去解决它。还要搞清楚哪些问题已为前哲先贤解决了，已经解决的问题就不要再做，切莫拾人牙慧、仰人鼻息、人云亦云，在广泛的阅读中找到前人未发现、未解决的问题，那是最好的课题。写论文要做到资料翔实且丰富，说理要透彻，分析要细致入微，概括要有高度且简明。在攻读学位期间要广泛阅读，在阅读中找到中型的、前人未解决的课题，作为毕业论文来做。从读过你的两篇作业来看，廷洽，你是有能力做到的。”先生的一番话，既给我提出了更高的要求，也是对我进一步的鞭策。我把先生的教导深深地铭记在心，至今不敢忘怀，至今犹在努力践行。

先生给我们授课，也讲了一些个人的经历，还请了谭其骧、胡道静、苏渊雷、邓广铭、韦庆远等名家大师来讲学，真可谓名师荟萃！三个学期的研究生基础课和公共课学完，进入专业课程的学习，并即将进入毕业论文的选题阶段。寒假里，我到先生家交作业，附带交了一篇小文章《应正确理解〈三国志〉和裴注的价值》，有古人认为裴注在数量上超过《三国志》三倍或数倍，故其价值亦远胜于《三国志》，我统计了两者的篇幅，发现三倍、数倍之说不确，故《三国志》的价值远胜于裴注。先生听了我介绍此文的要点后，说："古人读书为文确实也有随意的。文章先放在我这里，我恰好有事要找你。"我说："先生有何事只管吩咐。"先生说："不是吩咐，而是商量。现在我的研究生较多，有耀中和丙彦攻魏晋南北朝史，攻宋史者更多了，为了不让大家挤在这两个领域里，希望你改专业，先秦史或秦汉史。将来我们要建一个中国史研究所，编写一本独具特色的中国通史，我们引进了元史的研究生，又让念祺去华东师大学明史，所缺的断代是先秦史、秦汉史和隋唐史，将来有机会还要送研究生到北大学习隋唐史。研究所的形式是一套班子，两块牌子。"我说："先生为我们的未来设计了蓝图，学生就改攻先秦史吧。"先生说："廷洽对先秦史感兴趣，那很好。不过攻先秦史需要掌握甲骨文和金文，不一定能释读，但要有驾驭它们、利用它们的史料价值的能力。我小时候读过《说文解字》，每天抄写、记诵，在熟识540个部首的基础上多识小篆，然后去读甲骨文、金文的著作就不难了。"我说对古文字感兴趣的，会逐步补上这方面的知识。先生说："好的，我相信你。下学期你的专业课就是先秦专书研读，读诸子的书，在通读的前提下专攻一家，有分量的一家，交一篇作业。哦，我这里有一套《诸子集成》给你。"我说："先生，我也已经买了一套，谢谢。"先生接着说："攻读先秦史可以先从研究楚史、楚文化入手，现在楚文化研究方兴未艾。到论文写作的时候，我再给你找一位专家指导。"我说："好的，先生。我读过《楚辞》，在读《左传》和《国语》时发现有很多与楚史、楚文化有关的篇章和资料。"先生显得很高兴，同我谈了《离骚》和《九歌》，屈原和宋玉，以及司马迁的《屈原贾生列传》等，还谈及了和沈从文先生一起工作，怎样从文学创作改为历史学的研究，怎样从魏晋南北朝史改为宋史研究，等等。这次长达两个多小时的谈话，使我真正体会到我的老师具有何等的学养和品德！仅就暂时放下自己熟悉的魏晋南北朝史的研究和写作，为了完成朋友张家驹先生的未竟事业，从事《宋史》、《续资治通鉴长编》等宋代文献的点校整理工作，非一般人所能做到的。真可谓仰之弥高，钻之弥坚，探之弥深！

三

先生除了不断地鞭策我，还很具体地教我治学的方法：以读书为主，边读边做资料卡片，当卡片积累到一定量的时候，对某问题就会产生了一定的想法，然后对卡片进行分类，论文就容易写成了。我摘录了《左传》中所见的全部楚史资料，又完成了《国语》(除《楚语》外)、《战国策》(除《楚策》外)、《史记》(除《楚世家》外)等主要文献中楚史资料的摘录，竟得上千张卡片，我也确实发现了论文题目，便找先生谈了写论文的想法。先生要我写开题报告，并告诉我请李家骥教授当我的论文指导老师，还要我注重马克思主义理论的学习，一篇优秀的论文不仅要有丰富的资料，而且要有理论高度。

我反复研读了恩格斯的《家庭、私制和国家的产生》，以及阅读了新进化论的一些著作。我确定了题目为《论楚国的兴起》，论文的开题报告通过了，就利用寒假相对集中的时间从事论文的写作。由于搜集资料丰富，有关国家的理论领悟得较透彻，论文写得很顺利。当我正在誊清时，先生却病倒了。文章杀青后交给李家骥先生审阅。李先生一生认真研究马克思主义，在很仔细地阅读了拙稿后，写了约7千字的评语，有肯定文章的地方，可是中心却批评拙稿中运用的社会进化论属"非纯粹的马克思主义"，此语却是从根本上否定拙作的“大帽子”。怎么办?我也很尊重李先生的,修改吗?拙作中运用了“新进化论”的观点,与马克思主义社会进化论的区别在于:认为以经济作为社会进化的主要或唯一的因素不全面、不够正确,而文化因素的重要性也不可忽视。“新进化论”提倡在注重经济因素的同时也应当注重文化因素的作用,因此“新进化论”也被称为“文化进化论”。我理解的两种进化论没有本质上的差别,“新进化论”是对马克思主义进化论的补充和发展,开阔了人们的眼界,拓展了研究的领域。我经过反复的思考后,决定先写一些申辩的意见,连同李家骥教授的评语一起交给先生审阅。

先生在华东医院的病榻上审阅了拙稿。两天后由师兄念祺告知,先生已经审阅了我的文章,要我去医院一趟。先生见到我,微笑着说:“廷洽,文章写得很好。李先生这个人很耿直,也很认真,7千字的评语可以参考,至于纯粹不纯粹是不可取的。你写的辩驳也是必要的,做好答辩的准备嘛。”说着把一张纸条给我,说:“这是我写的评语。”我一读,很漂亮的欧体书法,百余字的评语:作者运用进化论的理论贯穿全文,有高度。至于“非纯粹的马克思主义”的说法是不必要的,文章的优点就在于根据资料实事求是地勾勒出楚国建立的过程,立论正确,资料丰富且可靠,有分析有综合,毫无疑问这是一篇优秀的硕士论文。先生是一贯爱护自己的学生的,无论是本科生还是研究生,而通常给人以严师的感觉。能当严师就对了,严师出高徒嘛。先生护我,也不是不坚守原则,有一篇作业我做得不够认真,未符合老师的要求,于是发还重做。重做作业就是在鞭策我更上一个台阶,上一个更高的学术层次。不重做作业,我就不能顺利完成毕业论文的写作。

在论文答辩时,李家骥教授并没有说什么纯粹不纯粹,只是说了如果能分清马克思主义进化论与新进化论,那就更好了。答辩顺利通过了,对拙作的结论是:题目虽然一般,但文章给人以耳目一新的感觉。是论述楚国建立的同类文章中,是最有分量、解决得最好的一篇。《论楚国的兴起》的论点是:从部落联盟到国家的形成是一个过程,楚国建立的过程发生在西周后期到楚成王的时代。而从楚由芈姓转化为熊姓、由首领称敖变为称王、由居丹阳到始都郢、由“土不过同”到“有地千里”等方面进行论证。我也不在乎是否得“优”,能通过即可。答辩结束后,李家骥教授跟我说:“我的评语只是给你看的,希望你提高马克思主义的水平。”李老师也是爱护我的。

四

先生爱护学生,学生何以报答?“家中无长物,岂独少黄羊”,我唯有做老师的好学生,以此为报。获得硕士学位后,我仍坚持读书,努力弥补读书少的缺陷,一时间除了完成系里安排的课程外,经常泡在校图书馆的教师阅览室里,读《太平御览》、《册府元龟》、“十通”等。

先生得的疾病是颈椎、脊椎、腰椎多处骨质增生,压迫着中枢神经,站不起来了。治疗专家的意见是:要么冒险手术,除去那些增生的不良骨质,若成功,则能重新站起活动。可是手术中损伤中枢神经的可能性极大,成功率极低,已经年逾七旬的老人不必冒此险、吃此苦;要么保守疗法,回家作精心照料。先生回家了,精心照料的任务主要落在了师兄程怡和念祺的肩上。从此在校园里再也见不到先生那大步流星作健步运动的健硕身影了,再也听不到先生那授课时响彻整个教学楼的洪亮声音了,而我接受先生耳提面命的机会也越来越少了。

先生是热爱教学、有担当的好老师。记得先生经常说的一句话:当教授怎么可以不讲授基础课。言必信，行必果，身为中国古代史的领军人物、主持历史系工作的第一副主任、古籍整理研究所所长，先生坚持给历史系的本科生讲授基础课。我经常抽空跟七七级的同学听先生讲授《中国历史文选》，也跟着七九级的学生听先生的《中国通史》。这门通史课是在有约二百座的东一教室上，教室里满座，连过道、讲坛两旁都坐满了，还有坐在窗台上的学生呢，显然除了历史系的学生外，还有其他学科的学生慕名而来。先生坚持讲了一个学期，后来因病而由李培栋教授接手讲完。现在回想起来，其实那时的先生已经在经受着病魔的折磨了，后来先生亲自为古典文献专业授课，为研究生授课，都是一边在同病魔作斗争一边在殊死坚持。俗话说“自病自得知”，先生为教育事业而带病坚持，其时唯有先生自己知道，唯有先生的家人知道，家人劝先生要注意休息、多保重，可先生稍有好转即坚持教学。现在回忆起来，先生为了能让学生如雨后春笋般地茁壮成长，能冒出出类拔萃的优秀人才，不惜付出健康乃至生命，这正是为国家和民族的教育事业而献身的大无畏精神！

躺在病榻上的先生仍旧在鞭策着我。我在美国以及中国香港、台湾三地合办的刊物、著名学者张光直教授主编的《九州学刊》上发表了《探寻屈原故乡的新线索》（无稿酬而有五件抽印本）。我去看望先生并呈上拙作，先生带起眼镜要读，随即又放下，似乎要嘱咐我什么，可是我已经听不清先生说的话了，一阵心酸，几乎要掉下眼泪。程怡说：“先生很高兴，可是今天没有力气读你的文章了，过两天你再来。”如约，我怀着再度聆听老师教导的心情来到先生的病榻旁，可是还是没能听清老师在说什么。程怡兄转告我：“先生读了你的文章很高兴，夸你的文章写得好，希望你多写、多发表文章，多取得成果，争取当上教授，当一个好学者。”我说：“先生，学生拜您为师时说过，走学术生涯的人生道路，一辈子从事学术工作，我会努力的，会坚持的。”程怡兄说：“先生在状态好的时候读完了你的文章，很高兴，露出近阶段不常见的灿烂笑容。廷洽，能多拿些这样的文章来，会有利于先生的健康。”我当然答应。

在朋友的帮助下，为“中国知识分子丛书”写一本专著《中国早期知识分子的社会职能》，获得批准。我日夜兼程地赶写，希望先生能再次看到我的学术成果汇报，正当结尾时，却传来了噩耗，我放下笔赶紧去先生家，可是已经来不及说最后一句话了。我伤心得哭了，足有一个多月的时间魂不守舍。后来这本专著出版了，我也当上了教授，再后来我主持了学校博物馆的建设工作，继续完成着先生的未竟事业。如今我已退休多年，而我仍旧铭记先生的谆谆教导，也践行着我对老师的承诺：一辈子走学术生涯的人生道路。我继续读书、钻研、著述，做先生的好学生，以此为谢。

在纪念先生诞辰百年之际，我发自内心要写这篇纪念性文章。颜渊说：“仰之弥高，钻之弥坚。瞻之在前，忽焉在后。夫子循循然善诱人，博我以文，约我以礼，欲罢不能。”（《论语・子罕》）子贡说：“夫子之墙数仞，不得其门而入，不见宗庙之美，百宫之富。”（《论语・子张》）我仁不及颜渊，才不若子贡，而先生是个真真切切的圣人！

程先生是领我走上学术道路的贵人

杨师群

（上海师范大学硕士研究生毕业，华东政法大学教授）

接虞云国兄的电话，嘱咐为程应镠先生百年诞辰纪念活动写一些文字。首先想到的便是，程先生不但是我读研究生的导师之一，更重要的是可谓我命中之贵人。我是老三届初中生，被迫去西南边陲的贵州插队落户，“接受贫下中农再教育”，在那里摸爬滚打了 8 年，很不容易回到上海。幸亏 77 年恢复高考，我在近而立之年，踏进上海师范学院历史系（七八届春季班）。经过 4 年的学习，分配在一所中学教书。一进中学才教了几个月的书，就知道自己不是中学历史教师的料，唯有考研究生进大学再深造。

然而，命运捉弄人。1983 年，我考华东师范大学历史系先秦史专业的研究生，得第二名，他们共招 3 人，原以为已没有问题，最后却没有录取我，原因是我与父亲的家庭矛盾。由是被耽误了两年时间，第三年我便报考了程先生的研究生。这是我的年龄能考研究生的最后一年，如果不是程先生收我做研究生，在历史学方面进一步深造，我就可能在中学教师的岗位上混聊此生了。所以考取程老先生的研究生，应该是我生命旅程中的一次转折点，使我最后能走上大学教师的讲台，并在历史学方面做出一点成果。

从另一方面讲，大学历史系本科四年的学习，只是搭了一个花架子，对如何进行学术研究还是颇为懵懂。研究生第一年，程先生让我们读《资治通鉴》，并做有关的校勘作业，就是在通读的过程中，对照正史或其他史料，找出《资治通鉴》中的问题、毛病。这一年的训练非常辛苦，却很有成效。两次《资治通鉴》的校勘作业我大概写了 2 万余字，在做此作业的过程中，让我真正体会到进行历史研究需要怎样的基本功，或者说对如何做历史学的学问开始有了一些经验。我的第一篇学术论文《西周春秋时期平民血族组织初探》也就在研究生的最后一年发表，《中国史研究动态》很快便对该文作了论文摘要。这就是我学术生涯的开始。

在考程先生研究生之前，已经得知程先生曾被错划为右派，一生经历坎坷，让人肃然起敬。做了程先生的学生后，程先生谦虚谨慎的为人，勤勤恳恳的作风，更让人尊重诚服。这样一位在青年时就参加学生运动、投身革命斗争、一直在教育阵线苦干的知识分子，在他 42 岁风华正茂的时候居然被打成右派分子，一直到 63 岁的花甲之年才得平反改正，一生中最能出学术成就的年月就被政治运动如此糟践了，实在让人唏嘘不已。而程先生复出后依然忘我工作，为上海师范学院的历史系与古籍所的建设殚精竭虑。

自己考上程先生的研究生，程先生已到古稀之年。为了争抢回一些被无故夺去的岁月，程先生加倍努力地教书与写作，出版新作不少。但毕竟年岁不饶人，就在我们研究生快毕业之际，程先生突然病危住院。记得我们研究生都去轮流陪夜，看着程先生那饱经沧桑的容颜，心中止不住有些哀伤，但却都暗暗发誓：一定要把先生的精神与学识发扬光大、传之久远。

2016 年 3 月

回望俨然

——我记忆中的程应镠先生

金尔文
（上海师范大学历史系78级，华师大一附中高级教师）

一

我是1978年进上海师范学院历史系读书的。第二年，记得程应镠先生给我们上过历史文选课。我后来才知，先生的右派平反，是在1979年3月，大约此后才可以“名正言顺”地上讲台给本科生讲课吧？

到七九级的学弟学妹进校，先生开始给他们讲中国古代史，用翦伯赞先生的《中国史纲要》做教材。我因为喜欢听先生的课，便去旁听了。大约学期结束之前两三星期吧，先生宣布：他的授课到此为止，剩下时间给大家自己复习，然后，他会出考卷举行闭卷考试。

这下可把学弟学妹们打蒙了：自行复习，还“闭卷”考，怎么复习？没有一点头绪啊！也没有一点把握通过考试啊！谁知道老先生会出些什么难题？

我是“局外人”——旁听的，不用参加考试。但一学期一起听课，与七九级的同学也混熟了，而我们宿舍里就有学妹室友，我觉得要帮帮他们，再说自认与程先生还说得上话，又担着“学生会学习委员”的名义，于是就大着胆子去找先生“摸底”了。

听我说明来意，先生笑了，说：“不用紧张啊，只要把翦伯赞的那本书，仔仔细细地读一遍就行了。”

讨得如此说法，我也定心不少，回来便向学弟学妹们“传达”了。

但那次考试的结果是很惨的，有将近一半的人不及格，即使及格者，分数也不高。

听到如此消息，我也有些意外，便想办法从系里搞来了一张没答过题的考卷，自己“开卷”看着书做了一遍。结果认为，如果是闭卷的话，情况确实不容乐观，能及格就不错了。

但也想，如果我真的如先生所说，把书“仔仔细细地读一遍”，甚至两遍、三遍呢？我的室友董淮平，就考了九十几分的！

前不久读先生的《自述》，他说到了1979年的事，说：“为新入学的中文、历史两系学生讲中国通史，每周四课时，讲一学年。原始社会的材料，几乎全部是新的。暑假中，除去青岛休息来回十天外，全部时间都用在阅读这些材料。但讲课却不过一周。”据我所知，先生从“1954年重回高校，讲中国通史”，以后虽然有中断，但少说也讲过好几遍了吧，居然仅仅为了其中“原始社会”这一节只讲一周的课，花了大半个暑假的时间重新备课！

这样的老先生，会出一张考卷去“难倒”他的学生，想起来怕也是“合情合理”的了吧！

从此我“领教”了先生是个严师。到要请他指导我的毕业论文时，便早早地（怕晚了来不及准备）就去请教：想写曹操，要如何着手？先生便开书单了："前四史你总归读了的吧？有的还要精读(我理解就是要'仔仔细细'地读的)。还有《资治通鉴》，也要至少从头一直通读到三国时期为止的。"当然还有其他……

他认为这些都是基础。后来我读唐德刚先生的《史学与红学》，知道先生一代人中后来做学问的，是早早就把这些书都"通读"甚至"精读"了的。然后到要用的时候，再重读一遍。比如先生的《自述》中说："十年动乱之前，因为讲历史文选，对我国古代史学史也做了一些探索，重点地重读了《史记》、《资治通鉴》、《史通》、《通志》总序和《文史通义》。"只是，在与他们读这些书的相同年龄段，我或在"运动"中，或去农村插队修地球了。况且那时也找不到那些书读，不是烧了，就是禁了。

又有一次我向先生抱怨，说年龄大了(我进校时已经28岁)，记忆力很差，读外语单词老是记不住。先生说是的，人小时候的记忆力最好，他5岁读《论语》，私塾老师要求背出来，到现在60多岁了，还都记得能背。但三四十岁时记忆很深刻的东西，以后却忘了不少。不过先生倒是从来没有要求我去读《论语》的。

二

去年有一次，与大学同学刘善龄聊起程先生，刘兄说了一件程先生令他感动的事。他说那年他因为读了几本古代史方面的书，觉得很有想法、很有体会，便乘兴写了一篇文章。又自以为写得不错，就冒昧地去找程先生让给看看。先生二话没说收下了，过不久就让他去取，取回的文稿上很多批注，是连偶尔写错的字都给改了的。"可没过两天，我就听说他因为生了癌症去住院了呢！他就是抱病改了我的文章。但我拿文章去的时候，他一点没说，不然我怎么还会麻烦他呢！"刘兄说起此事，仍然有些激动的。

我听了，倒以为很"正常"呢：你说先生会为了自己生了癌症马上要住院治疗，就拒绝为一个学生批阅一篇文章吗？当然不会。他还必定会赶在自己住院前把事情做好。不然的话，他就不是程先生了。他的这些行为做派，就像已经成了他的习惯似的。

先生那次生了鼻咽癌住院化疗，手术前我去看他，那天他对我说了很多话。

他说，他不该离开系领导的岗位这么久，因此没培养好后备力量，现在很为系里缺少青年教师着急。虽然病了，但他仍有不少计划：要组织人整理古籍；要继续上讲台讲完《国学概论》；要写一些历史人物传记；……但计划中最重要的，是要办一个研究生班，为系里培养一批青年骨干，为史学研究培养一支生力军。他认为研究历史、从事历史教育的事业是非常重要的。他一定要有能继承他的事业的好学生。

如果手术不成功，或术后恢复不好，其他事都来不及做了，他也要尽全力把研究生班这件事做成！

然后他让我回校去动员同学报考他的研究生班。

先生就是这样对待他的学生，他的工作，他的事业的。而且在他看来，这样行事为人，天经地义。

师母李宗蕖曾经对我说，先生最喜欢学生去找他了，"见了学生就眉开眼笑"。

我记忆中的先生也是如此：有一次我不知为了什么事，大着胆子闯到先生家里去了。结果发现，在先生书房与他谈话，感觉就与听课完全不同了。先生坐在藤椅里，微微笑着听我胡扯——没一点不耐烦，也不轻易打断我——只是连我自己也感到说得差不多了，先生才说几句他的意见。我若不同意，还可与他争辩。我真喜欢这样的谈话，觉得先生坐在藤椅里的样子，真像我想象中的鲁迅先生。……

不仅我们在学校读书时先生是这样，就是毕了业，他仍是竭诚相待。

我的同班同学张家贵，毕业后在中学教历史，有一次就给先生写信，说自己“独守寒窗”，有点寂寞。

先生回信，先说自己为什么回信迟了，起先是过春节，“人来人往，没有一点安静”，节后又去北京参加教育部召开的会议，结果因为发烧，“提前飞回上海”，医生诊断，是生了“急性中耳炎”，“打青霉素，已经两天多了，好了一些，但听觉仍极差”。

然后先生就鼓励家贵同学说，“知道你的工作情况，我很高兴”，说“感到‘独守寒窗’的可贵，”说明“进步一定不小”。又提议家贵，在中学教历史，“要多讲贤相圣君，仁人志士，使学生激动、仰慕、以为榜样。当然，在讲到这些人的时候，要把他们安放在合理的基础上”。

信中没有一句说教，却有理解与指导。其实，这也正是我读书时老是喜欢去麻烦先生的原因：他有时就是一个可以信赖与寻求帮助的朋友！

但好人多磨难。都知道先生“离开系领导的岗位”那么久，是因为57年当了右派。连师母李宗蕖老师也因为“包庇”他而“陪绑”。其实我后来得知，那年做右派的，还有先生的弟弟(他一共就姐弟三人)，还有李老师的两个哥哥……晚年先生因颈椎病而瘫痪躺在床上时，他的小女儿程怡曾对我说，这病与先生“文革”中好几次脖子上挂十几斤重的铁牌子挨斗有关。

最惨的还是先生的弟弟，做右派后妻离子散，“文革”“清理阶级队伍”时含冤自杀。

但我的记忆中，从未听到程先生谈起“反右”或“文革”中他自己的经历或感受。只是曾经听过他介绍《后汉书》，讲到“党锢之祸”，当时我感觉到的“如磐夜气压重楼”的气氛，久久不忘。

三

读大学时有次与先生聊天，说起刚刚开始卖彩票了，头奖有50万呢，绝对是一笔巨款。先生就笑，说：“我不会去买彩票，因为我中过大奖了。”他说几十年前，有一天不知怎么的，买了一张彩票，结果中了头奖——一万元。那年头这样一笔钱，可以养活一大家子(以前那种几代同堂的大家庭)好几年的。先生自己有事，就让朋友去代他领奖。那朋友拿了奖金，却又一时找不到先生了，他又正好要带着一大家子逃难，于是就离开了。等几年后，朋友再见到程先生，那笔钱已用得差不多，无法还给先生了。“但不管怎么说，那大奖总归是我中的。一个人一生中一个大奖的概率已经很小，哪能再中一次呢？所以我就从此不买彩票了”。先生很开心地“总结”说。

我想，能成为先生的学生，聆听他的教诲，接受他的指导，并见识了如先生般真正才富德馨的君子风貌，这就是我中的大奖啊！

2016年4月20日下午

怀念程应镠师

郑明宝

（上海师范大学硕士研究生毕业，上海古籍出版社编审）

今年是程应镠师诞辰100周年，距程师逝去已有21年。斗转星移，我们这些当年的莘莘学子，也多已两鬓斑白。我不是喜欢怀旧的人，然先生之人格风范，仰之弥高，钻之弥坚，片言只语，亦足见其为人。惧其湮灭不传，故见诸文字。

吾投师为学在1983年，时先生已届68岁高龄。在上海师大，先生大名无人不晓。入学前，对先生往事，我亦颇有耳闻。先生为人，正直敢言，为此而被打成右派，历次运动，皆受冲击，然铮铮铁骨，不因此而稍有挫挠。粉碎“四人帮”后，先生平反复职，招收学生，重拾他心爱的教书育人、学术研究工作。今入其门，得以亲睹其容，亲接其辞，洵为幸事。当时，上海师大古籍研究所创建伊始，先生事务繁忙，吾辈亲聆教诲的时间不是很多，然先生的人格风范仍给我留下深刻印象。

先生治学严谨，实事求是，不奉上以见容，不媚俗以求售。初次听课，先生引《史记·儒林列传》辕固生之言“务正学以言，无曲学以阿世”，谆谆教诲。先生求学燕京，毕业于西南联大，上承民国初年自由开放包容之学风，坚持学者的学术良心，这与陈寅恪先生以“独立之精神，自由之思想”的治学原则一致。反观当时坚持真理者屡遭戕伐、曲学阿世者独得垂青的现实，更显先生精神之可贵。

先生接受马列主义的唯物史观，并以此为历史研究的参照。但那是真诚的信仰，并非当作敲门砖者可比。入学第一年，先生请来一个名叫李家骥的老先生为我们授课。李先生以毕生之力，研究《左传》，著《春秋释例》一书，认为春秋时期应为原始社会末期。这与当时得到官方认可的范文澜的封建社会说和郭沫若的奴隶社会说相去甚远，故抑而不扬，被排挤于学界外。而李先生持之益坚，不稍动摇。程师兼容并蓄，聘请李先生为我们上课，并不时征询我们的看法，目的显然是让我们学会用唯物史观研究历史。我对所谓“五种社会形态说”虽有质疑，然对程先生真诚的信仰和严谨的治学精神敬重有加，并借此纪念李家骥先生，他的原始社会末期说亦有其合理之处。像他这样性情耿直、学问专精的学者没世而名不称，实在是时代的不幸。

先生对不畏权贵、坚持真理者十分敬重推崇。有一次谈到东汉末年以气节相尚的名士，先生颇为称许，以为中国古代的清议之风自此始，对后世影响极深远，直至清末。尝诵谭嗣同的绝命诗“望门投止思张俭，忍死须臾待杜根。我自横刀向天笑，去留肝胆两昆仑”，中华民族历史上的那些正人义士，对先生的影响极大。

先生坚持学术自由、创作自由。粉碎“四人帮”后，文艺界迎来思想解放的春天。1984年，作协第四次代表大会召开，胡启立代表党中央，在大会上明确提出了创作自由的思想。这个消息无异于一声春雷，引起了国内外极大的震动。先生请来作家徐中玉为我们传达会议情况。当时先生由于健康原因已戒烟，但在听传达时，先生却要了一支烟点上，可见其心情之激动，这给我留下了深刻印象。

先生有教无类，唯才是举，并不以学历资格衡量人，招收学生，皆一视同仁。我是下乡知青，虽酷爱读书，却无缘踏入大学校门。83 年我以同等学力考取研究生，成为先生的一名弟子。对我这样的学生，先生并无任何的偏见。先生喜奖掖后进，对有真才实学者常不次推举。

先生研究学问，重视书籍，也重视实物。听说他创办上海师大历史系后，曾花费很大力气创办历史系文物室，丰富学生对历史的认识。入学后，先生为我们制定的研究生课程，有外出考察一项。第二年，我们即前往开封、洛阳、长安、太原、大同、北京等古都边城，实地察勘了山川地貌、历史遗迹，极大地开拓了眼界，对中国的历史有了更直观深刻的理解。古人所谓“读万卷书，行万里路”，先生是身体力行且教育学生者。

先生是一个实干家，有很强的创业能力和行政能力，也多才多艺，热心学问。作为一个教育家、学问家，成绩斐然。可惜的是，先生正当壮年有为时期，受到政治冲击，无法工作。等到平反复出，已年逾花甲。我入学之时，上海师大古籍研究所创办伊始、中国宋史研究会亦成立未久，身为研究所所长和研究会秘书长，先生工作极为繁忙，但他仍抽出时间，亲阅我们的作业，提出修改意见。其敬业精神，令人感动。要不是受到冲击，耽误了二十多年，先生的成就一定会大得多。

孔子曰：“十室之邑，必有忠信。”如先生者，可谓忠信矣。然“天下熙熙，皆为利来”，忠信正直之士总是少数。孔子对此也不否认。以一室五口计，十室之邑，有口五十。也就是说，忠信正直之士只占人口的百分之二三。然而正是这些人在关心社会的公平和正义，成为人欲横流的社会的中流砥柱。假如这些人被戕伐，被封杀，被边缘化，那么就很难企望有良好的社会风尚和国家的长治久安。先生诞辰已有百年。祈望未来百年，如先生那样的正直人士不再有先生那样的遭遇。

涓涓微情忆师恩

范　荧

（上海师范大学硕士研究生毕业，上海师范大学教授）

1978年，沐浴着金秋十月的阳光，远离校园八年之久的我踏进了上海师范学院的大门，成为历史系的一名学生。虽然高考是以历史学科为第一志愿，但对历史学却是懵懵懂懂，也说不上有多大的兴趣。更因为是69届——中国现代教育史上接受课堂教育最少的中学生，内心对未来的学业虽有憧憬，也不乏忐忑。

最先给予我鼓励的是程应镠先生。大一时，程先生给我们上过一段时间《中国历史文选》，第一次上课，先生以两段白文让我们做断句练习。我完成得比较快，看到程先生闲站在讲台上，就鼓起勇气走上前去请求指点。程先生仔细看完后淡淡地说："你点的是对的。"我实诚地指着篇首说："其实我不知道什么是'有明'。"先生回答说："'有明'就是'明'"。这是我与先生第一次直接的对话，我一点都没敢沾沾自喜，只为自己连"有"字是名词词头都不懂而懊恼万分。数日后，李培栋先生对我说："听说你标点点得呱呱叫？程先生那天课后很高兴，说这次招的学生中有一个高个子女生断句很好。"我这才领悟到当时程先生淡淡的语气中蕴含着什么。尽管，我们班文言基础比我好的不乏其人，但程先生的这次肯定无疑是我学习上的强心剂，这以后，我对古典文献的兴趣和敏感度明显高于其他科目。毕业后，我整整教了30年《中国历史文选》，常常有学生或朋友问我："总与这些老古文打交道会不会厌烦？"我总是回答："其乐无穷。"我常常为确定一个词语、一个典故的释读翻遍各种工具书，更是十分享受问题解决后那种收获的快乐，而这种快乐之源，开启于程先生淡淡的一言间。

大四，我选修了程先生的《魏晋南北朝史》，先生的讲课艺术可谓炉火纯青，既高屋建瓴又挥洒自如，他较少板书，拿着一叠卡片，娓娓道来，时而激越雄辩，时而深沉低回。我们班的同学至今还常忆及程先生给我们讲东汉党锢的情形：悲凉而激愤的语调，字字吐如千钧，东汉末年知识分子那种忧国忧民之心以及他们的不幸遭遇，沉甸甸地压在我们的心头，引发我们深层次的思考。后来，我曾参加整理先生的文稿，从中了解到，先生是怀着怎样的责任感对待每一节课的，他说："我是要求自己把要讲的每句话都写出来的，40多年来都是这样，只不过讲课时不带讲稿而已。"他要求自己："每上完一节课，就像是写了一首诗，完成了一篇创作。"他总结自己的教学经验："要上好历史课，看来最主要的还是学习，比在大学读书时还要学习得认真，为培养人而学，为未来的建设者而学，为那些将来要超过我们的人而学……"先生的这种教育思想和方法，也影响了我的教学生涯，多年来，无论"指挥棒"如何转，教学在我工作和生活中永远是第一位的。无论算不算工作量，该有的教学环节我一个都不会含糊；即便退休在即，我还会改用新教材，重新备课、做PPT。在科研决定一切的高校，这种做法在很多人眼里是很傻的，但作为教师，我无法忘记先生身体力行凝成的教诲：用心去上每一堂课，方能无愧于我们的学生，无愧于我们为之献身的教育事业。

1984年，先生很有前瞻性地认为，今后本科生将难以上讲台，因而要求77、78级留校的教师都必须考研究生，于是我们都参加了全国研究生统考，我也由此正式成为程门弟子。当时，程先生是上师大古籍研究所所长，他一度产生为每位老先生配备助手的想法。他把他最得力的学术助手、77级的虞云国师兄派给徐光烈先生，我表示不解。先生说："徐先生学问好，人又老实，于公于私，我都应该给他最好的学生当助手。"他把我留在身边，理由很简单："宋史研究会秘书处需要有人做具体的事情，你是女孩子，管账细心。"于是，我就在程先生办公室里放个桌子，坐在程先生身后，有事就办事，没事就看书。

程先生带研究生，除了四处邀请如胡道静、谭其骧这样的大师来给我们作专题讲座，自己很少正儿八经地上课，而是引导你自己去体悟。研一时，先生让我通读《资治通鉴》，并要求说："凡是你读不通的地方，要么是你不懂，要么是原著有误。不懂的地方自己去弄懂，错误的地方要搞清楚原著怎么会错。"刚开始读的时候，满眼都是"不懂"，于是就努力地各个击破，每天都会有新的习得。渐渐地，发现这部历来被赞为"体例严谨、考证稽详"的史学巨著也时有错误的记载，于是，又努力去寻找致错的原因。这个过程，就如虞云国兄在《治史三昧——记程应镠先生谈中国古代史研究方法》一文中所总结的："通过找《通鉴》史源，就能初通目录版本之学；在有关史料比勘时，校雠之法也得以略涉门径；在史料比较与溯源的同时，既可以观摩司马光与胡三省在史料运用与考辨上的精当，若偶有讹误之处的发现，又可以引导我们粗知考证的门道……"也许，当时的我还没有这样的体悟，但在以后的工作中却实实在在地感受到先生这一教学方法的良苦用心。还有一次，先生让我"弄个本子，把《四库全书总目提要》中的宋人文集和笔记再作一次提要"，我以为是他交代的工作，就买了个新本子，认认真真地阅读、摘要、不明白的地方自然要去查证。过了好久，先生从不过问此事，我很纳闷。偶然，先生说起宋代的刘敞，一时想不起他的文集名，我脱口而出"《公是集》"，先生微笑认可。我顿悟：原来先生是通过这样的方法让我熟悉和了解宋代基本史料文献。

跟随先生做宋史研究会秘书处的工作，也让我获益匪浅，使我有可能比较全面地了解国内宋史研究队伍的基本状况，有机会近距离与许多宋史专家和学者接触，有责任去落实研究会的众多具体事务，还有胆量在国家教委、民政部等高层次部门周旋理论，有勇气到康平路拜访前市委领导……整整十年，虽然我确实为秘书处的工作花费了许多时间和精力，但是得到的锻炼也是实实在在的。

先生总是给人以正面的情绪影响，他曾历尽磨难，晚年困于病榻，也是起因于他在"文革"中遭受的折磨。但是，我从来没有从他口中听到过相关的叙述，他和师母李宗蕖先生更多地会回忆"一二·九"运动，回忆在西南联大的点点滴滴，回忆与沈从文、闻一多等人的交往，我觉得，他们对民族命运的关切是远过于个人遭遇的。我还清晰地记得，85年初夏的一天，随先生走在校园西部的林荫道上，身穿汗衫西短的先生健步如飞，意气风发，他说："中央刚刚颁布了《关于教育体制改革的决定》，明确要求逐步实行校长负责制，实现专家治学，高校发展的前景应该是令人振奋的，你们这一代，是大有可为的。"那天，他还对我说："不要放弃外语，一定要坚持锻炼身体，以后都会用得着的。"可惜，之后的岁月中，这两点我都没有很好地坚持。

在我印象中，先生一直是微笑着的，他总是静静地听别人的陈述，即便手中正在做的事情被打断，也始终保持平和与耐心。他若发表意见，大多言简意赅，但表达的意思，却往往能够能令人回味良久。先生对人的关切，并不时时挂在口头，但却真正放在心里。1984年我结婚，日子正好定在杭州年会的最后一天10月28日，大家都觉得我可以不去了，但先生还是要求我参加会务组工作，不过允许我提前两天回来

(为此让杭大何忠礼先生大费周折地帮我买回程票,这让我歉疚和感激至今)。表面看,先生不大在意我的“大事”,其实不然。三天后,我来到办公室,先生微笑着递给我一叶诗笺:《浣溪沙·为范荧陈江新婚作》,我惊喜万分,这是先生给我的结婚贺诗!词曰:“为赋新诗作贺词,高秋丛菊正芳时,金英碧叶两情知。燕舞莺歌人似醉,书香墨妙梦成痴,桃花美玉亦时希。”再细读,发现此诗作于十月初七日(30日),也就是先生结束年会从杭州回沪的第二天,连日的会议与车马劳顿的疲惫应该还未消除,可见,他是真正把学生的事情放在心上的!事后,师母曾哂笑说:“你这是真正的秀才人情半张纸。”先生笑而不言。我说:“这必定是我珍藏最久的结婚礼物。”30多年过去了,诗笺犹存,一如先生的音容在我心中。

先生卧病后,我一般每两周去他寓所一次,向他汇报秘书处的工作,接受他的指示。逐渐地,谈工作的时间少了,这一方面是因为许多琐事我已经能够应付,同时也因为不忍心让病中的先生过多操心。先生知我孩子身体欠佳,每次见我,必定会问:“小孩好吗?”直到最后那年,先生发声已有困难,但我每次去见他,看到的仍是那依旧的微笑,和无声的“小孩好吗”口型。我总是强忍泪意,笑着告诉他“很好”,然后说些孩子的趣事,让他轻松一下。

我想,晚年的先生,牵挂一定很多,他放不下与之携手半个世纪、相濡以沫的李宗蕖先生;他牵挂着分处南北、还在为事业打拼的儿女孙辈;他一定为自己还有多年积累的旧稿却无法整理而感到遗憾;还有,即使我不向他汇报,他也一定牵挂着宋史研究会秘书处工作的开展……事实上,宋史研究会秘书处于94年6月移址后没多久,先生便与世长辞了。当时,邢丙彦师兄对我说:“研究会会牌摘下,先生就走了,他心中牵挂的最后一件工作结束了。”这在很长时间内成为我难以纾解的心结,我总是想,如果我能再多坚持一段时间,如果我不那么再三地向邓广铭先生请求换人接替我的工作,程先生是否能不那么快地离开我们呢?

作为弟子,我所感受到的师恩是全方位的,学习、教学、工作、生活,点点滴滴,如涓涓细流,却扣动最深的心弦。先生的教诲已然成为我精神上的烙印,深深影响了我数十年人生的历程。在先生离去后的二十年间,我对每届历史系学生都多次介绍过先生的学问风范,但却将对师恩的感念深深埋藏在心底。在纪念先生百岁冥寿之际,就以此涓涓微情,表达我对先生永远的感恩和崇敬。

2016年5月23日

一封永世珍藏的书信

——怀念程应镠先生

戴建国

（上海师范大学硕士研究生毕业，上海师范大学教授）

我是1970年从上海下乡到云南生产建设兵团的知青。1977年恢复高考后，我进入云南大学历史系学习。在如饥似渴的学习过程中，萌生了进一步攻读中国古代史研究生的想法。与此同时，原先一起下乡的同学纷纷从云南返回上海，这一返城风，无形中促使我关注上海高校的研究生招生情况。我有一个昔日同一单位的朋友，是上海师范学院（上海师范大学前身）教员之子，从小生活在上海师院家属区。正是从他那儿，我第一次听说程先生大名和先生的坎坷经历。于是我便把努力的目标定在了上海师范学院，从此与上海师范大学结下了不解之缘。1981年，那年还没毕业，我报考了程先生的魏晋南北朝史专业。然而第一次考试下来，感觉并不理想，心情很沮丧。我怀着忐忑的心情给程先生写了一封信，询问先生来年还招不招生，并把我在大学期间发表的习作一并寄了去。没曾想到，不久就收到了先生的回信。先生在信中说：

> 戴建国同志，来信和大作都收到。考试结果目前尚不能宣布，希谅。明年我仍招中国古代史研究生两名，唯着重宋史耳。师院历史系还要招中国近代史的研究生，也只招两名。希望你不要因考场胜负而动摇研究中国历史的志愿。专复，顺祝进步。
>
> 程应镠　十、廿二

看了先生的回信，心情十分激动。先生的这封信体现了老一辈学者的精神风范，承载着对青年学子的谆谆厚望。先生的这封信，先生的殷切勉励，给了我继续努力的信心和勇气。之后我通过第二次考试，进上海师范大学师从先生学习，毕业后从事宋史和历史文献学教学和研究，一路走来，都与先生的这封信有着莫大的关系，没有程先生，没有程先生的这封信，就没有我的今天。后来我读宋代史籍，当读到范仲淹资助穷困不堪的孙复为学，遂成就一代名儒的事迹，不禁想起先生的这封信。我不敢自比孙复，而是要表明程先生的道德情操，在繁忙的工作之余，亲自给一个地处遥远西陲的并不认识的年青学子回信。注重教育，砥砺后学，是中国自古以来优秀士大夫一以贯之的道统。从范仲淹到先生，薪火相传，而为先生所承。这封信我一直珍藏着，在我的人生道路上，它始终激励着我前行。我也一直以先生的教导为榜样，实践着先生的教育理念。时至今日，凡有相识与不相识的学生写信给我，我都做到及时回复他们，并给予必要的鼓励。今年是先生的百年诞辰，郑明宝师兄已写了我们在先生身边学习的回忆文章，我就不再重复，谨写下这篇短文，以志纪念。

“苍然一树云间立，却忆匡庐十月来”
——缅怀恩师程应镠先生

刘　昶

（上海师范大学硕士研究生毕业，华东师范大学教授）

1978 年 2 月，我进入上海师范大学历史系学习。当时高校在经过“文革”的破坏后，各方面的学习条件较差，上课没有正规出版的教科书，大多数都是学校自己编写油印的教材。校图书馆开放的图书种类也非常有限，只是随着政治形势的逐步宽松，才不断开放越来越多的图书。不少资深的教师由于各种政治原因在“文革”及以前的政治运动中受到迫害，我们进校时很多都还没有甄别平反。尽管这样，大家的学习热情很高。因为“文革”中正规的大学教育中断了整整 10 年，所以大学重开后，大学课堂上的学生年龄相差很大，最大的是 1966 届的老高中生，最小的是 1977 届的应届生，两者年龄可以相差整一轮。不同年龄和经历的同学同在一个课堂里学习，这样的景象可以说是当代中国教育史上的一个奇观。

入学第一学期开设的专业课是中国通史（先秦和秦汉部分）和世界通史。中国通史是由几位留校的工农兵学员给我们上的，世界史的古代和中世纪史则是陈昌福老师给我们上的。大概在第一学期快结束的时候还是第二学期开始时，系里为我们增开了历史文选课，任课老师是程应镠教授。记得上课第一天天气很热，程先生穿着短袖衬衫走进课堂。他身材高大，气色很好，在做了简短的自我介绍后就开始上课。我记得特别清楚他在自我介绍时说，五代时有一个吴越王叫钱镠，这个镠和他名字中的镠是同一个字。他讲课声音宏亮，抑扬顿挫，中气十足。首先他讲了古文学习的一些门径，比如工具书和目录版本知识等，并强调说学习古文没有捷径，唯一的办法就是多阅读，读得多了自然就会明白。他还举了自己的小儿子读《资治通鉴》的例子，一开始有很多问题，一段时间读下来，问题越来越少，最后完全可以自己读了。他还说，再好的老师能够做到也只是为学生指点入学的门径，真正学习还是要靠学生自己。

我们使用的第一册历史文选的教材选编的是先秦诸子的文章，教材是手刻油印的，纸张的质量也很差。程先生上课并没有给我们逐字逐句讲解文章的内容，而是先花一定时间介绍先秦文献的各种版本和后人注疏的情况。这样的授课对于当时的我来说很新鲜，也有些不适应。因为“文革”开始时我只有小学五年级，“文革”中上了三年所谓的中学，但除了读毛主席语录、到工厂农村劳动外，基本上没有学到任何文化知识。中学“毕业”后就下乡。在“文革”的整个 10 年里只是胡乱读过一些书，没有一点中国文史的基本训练，所以一开始实在不明白这些目录版本的介绍有什么意义，不过倒也学到了不少东西，特别是对清代考据学对先秦典籍整理注疏的成就和贡献有了一些基本的了解，第一次听到了段玉裁、王念孙、王先谦、郭庆藩、毕沅、严可均等清代学者的名字和他们的学术贡献。在介绍了先秦诸子著作的目录版本之后，程先生会对他们的主要思想贡献及其影响做些讨论。我印象当中，程先生对庄子特别推崇，他说庄子不仅有自由狂放的个性、无比丰富的想象力、飞扬生动的文采，而且思想也非常深刻，比如庄子说：“至大无外，至小无内”，是至理名言，颠扑不破。

程先生在课堂上也时不时会和我们讲他自己求学治学的经历以及学界的掌故。他说在读中学时，他的一个老师在讲到中国近代屈辱的历史时声泪俱下，对他们同学影响很大，他后来选择学习历史很大程度上就是受到这个老师的影响。他还说到在西南联大求学时那些大学教授的教学风格。比如，冯友兰来上中国哲学课就是布置同学读书，然后自己也拿出书来看，从不讲课，同学有问题随时可以提问，他来作答，没有问题就继续看书，下课就走人。另外一个教授给同学打分时，从不看学生的卷子，只是按着点名册，从60分打起，61分、62分这样打上去，到80分就打住，然后往下79分、78分，一直回到60分，再重新循环。还有一个教授更绝，他在学期结束时，把收到的学生作业拿到楼上去往下扔，第一落地的那篇分数最高，最后落地的一篇分数最低，其他的作业则在最高和最低分之间随意给分。

程先生在给我们上历史文选课时，还戴着“右派”的帽子，直到1978年底才得到改正。改正后他就任历史系第一副主任。为了开阔学生的眼界，让我们学到更多的东西，他邀请了许多外校甚至海外的著名专家学者来开讲座，我记得比较清楚的有兰州大学的赵俪生教授、加拿大多伦多大学的陈志让教授等。赵俪生教授给我们讲的是中国土地制度史。他讲课时，坐在讲台上，手支着头，半闭着眼，侃侃而谈，出口成章，思路非常清楚，像是在背诵。偶尔他会抬起头睁开眼，非常严厉地批评在下面讲话的同学。陈志让教授给我们讲的是西方的史学思想和理论，我记得共讲了4个下午。他是程先生大学的同学，是我们系请来开讲座的第一个海外学者。他的讲座在学校引起了很大的轰动，用今天年轻人的网络语言来说，让同学们“脑洞大开”、“三观尽毁”。每次讲座不仅历史系的同学全部出动，还吸引了其他系科、甚至外校的很多人。学校西部最大的梯形教室里座无虚席，连走道上也坐满了听众，每次讲座都需要预先抢座位。

我当时对中国经济史比较感兴趣，希望通过中国经济史的学习来回答我的一个疑惑，就是中国的“封建”时代为什么这么长？说起我的这个疑惑，其实是来自陈昌福老师的启发。那时候学校里常常要求学生参加校园的义务劳动。有一天，陈昌福老师和我们同学一起在西部校园的操场边除草和清理场地，有同学就和陈老师聊天，问陈老师历史研究中的一些疑案，陈老师说历史上没有答案的问题太多，比如中国封建社会为什么这么长就一直没有解决。我当时并未参与对话，只是在一旁听到了，觉得这是一个很有挑战性的问题，就开始关注这个问题，想去探索一番，并想先从经济史去找答案。一天，程先生请来了江辛眉老师做讲座。江老师那时还未来我们学校任教，这之后程先生才把江老师引进我们学校。江老师讲的内容好像是唐诗赏析。他的无锡口音很重，不过内容十分精彩。我至今还记得他介绍的李商隐的两句诗：“相如未是真消渴，犹放沱江过锦城。”他说李用这两句诗来形容沱江水之清之美，是千古绝唱。讲座结束后，我走上去和程先生说我对中国经济史感兴趣，希望他给我推荐一些相关书籍，程先生建议我先从历代的《食货志》入手。这是我第一次和程先生直接交谈。

之后很长一段时间，我一直沉浸在自己感兴趣的问题里。除了《食货志》以外，我看了不少中外经济史相关的书籍。通过中国与欧洲比较，我自己觉得对这个问题有了一点心得和想法，就决定写下来。那时候真的是不知天高地厚，把读到的、想到的都写了下来，大约在1979年底写出了一个十几万字的初稿。我首先请我的好朋友金重仁看。金重仁是我多年的知己，“文革”中下乡时我们在上海郊区的星火农场同事6年。那时我们就是非常投机、无话不谈的好朋友，后来又一起考入上海师范大学历史系。他读的书很多，很有独立见解，而且口才一流。读大学时，我们无论谁写了什么文字，都是首先拿给对方批评。金重仁读了以后，非常赞赏，并推荐给其他同学阅读，得到了不少同学的肯定。于是我就想把文章拿去请程先生批评。一天傍晚，金重仁和我一起第一次去程先生家拜访。那时候除了给我们上过课，和偶尔的交谈外，程先生和我们并不熟悉，但是程先生和师母李老师还是非常欢迎我们突兀的拜访。程先生的家是在校园东部的音乐新村，那时只有二楼两间很小的房间。程先生在较大的一间书房兼卧室接待了我们。程先生、李老师和我们两人坐下来，就把房间挤满了。程先生坐在藤椅上，精神略显疲惫。我说明了来意后，程先生非常高兴，他让我把文章留在他那儿，说需要一点时间来读这样的长文。

接下来的几天里，我一直惴惴不安。一是因文章是手稿，字写得很小也不工整，密密麻麻，虽然已经誊写了一遍，但涂改的地方还是很多，眼力好的年轻人读起来都很吃力，因此觉得把这样的手稿拿去打扰老师有点过分。二是文章中的有些观点以当时的意识形态标准来看属离经叛道，虽然我相信程先生不会用意识形态来评判我的文章，但心里还是免不了紧张不安。过了大约有一个星期，有同学告诉我，说程先生在给低年级上课的时候对我的文章赞赏有加。我和金重仁又去了程先生家，程先生非常高兴，说我的文章很有见解，并说要推荐发表。这次程先生谈兴很浓，我本来就口拙，加上受到表扬有点不好意思。还好金重仁在，他谈了许多对我文章的看法，支持我的观点。师母李老师在一旁非常感慨，她说从金重仁这里看到了我们七七级同学之间相互帮助支持的情谊，让她很感动。多年以后李老师还一再提起这件事。程先生希望我尽快修改誊写文章，他要推荐给学报发表。

之后我们年级学生会发动了许多同学来帮我誊写文章，大家用复写纸分头誊写，很快就把文章誊写出来。帮助我誊写的有田金星、严亚东、朱孝远、姚蒙、孙同、程维荣等同学。另外，在之前论文写作的过程中，同寝室的张立雄帮我摘抄了很多资料。同学们无私的帮助和情谊是我永生难忘的。文章送到学报以后，我根据要求把篇幅压缩到 15 000 字左右，最终在《上海师范学院学报》1980 年第 4 期上以"试论中国封建社会长期延续的原因"为题发表。还在拙文发表前程先生去北京参加学术会议，就向《历史研究》的主编庞朴先生推荐了拙文。拙文在学报上发表后程先生就把它寄给了庞朴。很快《历史研究》1981 年第 2 期全文转载了拙文，这好像是《历史研究》第一次也是唯一的一次全文转载已经发表的文章。文章发表后在国内学界引起很大的反响，并引发了全国范围的持续讨论。《光明日报》、《解放日报》都对拙文发表的情况做过专门的报道。我也收到许多读者来信，或者支持我的学术探索，或者与我商榷。最让我印象深刻的是上海的一个退休老工人，写了几万字的笔记来和我交流。虽然他只有小学文化程度，却对社会问题和理论问题保持了浓厚的兴趣。当时的学术讨论气氛还是比较健康和宽松的，大多数商榷批评也是从在学术立场出发。但也有上纲上线批判的声音，碰到这种情况，程先生总是会说学生进行学术探索没有错，要追究政治责任的话，责任在他。

因为这篇文章，我和程先生接触多了，常常去先生家拜访请益。其实程先生家的大门对学生是永远敞开的，先生对学生提携、帮助、奖掖也是不遗余力。但凡学生有问题向他请教，有事情求他帮助，他总是尽其所能给予帮助。在程先生家里我认识了中文系的邵华强。邵华强对沈从文感兴趣，想研究沈从文，得知程先生和沈先生是至交，就希望程先生能够引荐。程先生非常乐意地把邵华强介绍给沈先生，并为邵华强指点研究沈从文的门径。后来邵华强年纪轻轻就成为国内沈从文研究最权威的学者，并和沈从文先生结下了忘年交，沈先生晚年与他书信往返，交流最多。邵华强对程先生也是一直感恩在心。

大学四年的学习很快就过去了，毕业前我报考了华东师范大学历史系世界史的研究生，方向是"历史与文明"。之所以报这个专业是因为有留学法国的机会，那时候国门重开，我和许多同学一样渴望走出国门去看看外面的世界。虽然我的考分不错，但是政审没通过，除了我那篇文章的观点外，在大学期间，我曾在系里同学办的小报上发表过一些议论现实的文字，也犯了忌。1982 年初我毕业留在学校任教，如果不是程先生和系里的魏建猷教授、吴成平教授等的努力,我相信这种政审上的“问题”一定会影响到我的毕业分配。虽然程先生从来未和我说起过在我毕业留校时他做的努力,但我从多方面听到程先生在学校为我力争的情况。毕业后有一次我和程先生谈起我留校的情况,程先生告诉我说他的作用并不重要,是当时的校党委副书记阎毅千对我的留校起了主要作用。

毕业留校以后,我先进入了世界史教研室,当时许多人都觉得奇怪,其实这是我自己的选择。在毕业前有一天,吴成平教授在43路公交车上碰到我,那时他是系副主任,主持系里的日常行政工作。他知道我考研失利,说希望我毕业后留在系里任教,并问我有什么打算。我当时对世界近现代史,特别是20世纪的第三世界历史很感兴趣,希望做世界现代化的比较研究。我就和吴老师说了这些想法。我也和程先生说过这样的想法。这是我留校后进入世界史教研室的原因。在世界史教研室工作了一段时间后,我发现自己真正兴趣还是在中国史,想回到中国史教研室,但又怕给程先生添麻烦,犹豫再三,我和吴成平老师说了我的想法。吴老师对于我的反复和带给系里的麻烦毫不介怀,非常宽容。他尊重我的想法和意愿,并把我的想法转告了程先生。程先生知道后自然非常高兴。这样我回到了中国史教研室。现在回想起来,当时系里的领导程先生、魏先生和吴老师都是仁厚长者,他们对青年教师非常宽容和理解,为系里的青年教师创造了非常宽松和支持的工作环境。当时系里的许多青年教师后来都成为各自专业领域的翘楚,除了他们自己的努力,和这些前辈学者的宽容、理解和支持也是分不开的。

回到中国史教研室以后,我的研究兴趣是宋代的思想史,这时程先生正好有计划要编一套宋代思想史的资料,他打算从社会上招募一些有文史爱好并且有一定基础的志愿者来一起参与,并付给少量的报酬。我当时对程先生的意图不是很清楚,就去问他。他说,做历史研究最基础的工作是资料建设,社会上有一批这样的力量,可以来帮助我们;另外,通过这样的工作,也能在社会上发现一些人才。果然,广告登出去以后就有不少人来应征,他们大多数是退休的教师和文化工作者。一天,程先生告诉我,在应聘的志愿者中有一个年轻人,读过很多书,文史的根底很扎实,而且很有见解,叫张荣明。程先生说你们年轻人可以相互认识一下,交交朋友。后来,程先生通过筛选,录用了一批志愿者,包括张荣明。程先生召集他们来学校开会,布置工作。我也参加了那次会议,结识了张荣明,并成了终生的好朋友。后来因为学校没有后续经费,资料集的工作未能继续下去。

留校以后系里和学校里对我们青年教师的学术发展非常重视,并未给我们很大的工作压力,而是创造了很多机会让我们学习进修。我们刚毕业的时候,国内高校研究生的招生规模很小,报考研究生的人并不多。但是随着高等教育的发展,全国研究生招生规模也不断扩大。记得有一天,我和虞云国等一起去看程先生,谈起相关的话题,程先生说,你们如果能够再学习几年的话,对将来专业发展会很有帮助,我会和系里和学校里商量,让你们读在职研究生。1984年,系里果然做出安排,让我们毕业留校的青年教师报考系里的在职研究生。这样,虞云国、杨康荪、范荧和我跟程先生读宋史研究生,周育民跟魏建猷教授读中国近代史的研究生,张荣明也在一年后以同等学历考上了程先生的研究生。

程先生那时候担任学校古籍研究所所长,并负责全国宋史研究会的日常工作,以及学校和市里其他的学术行政工作,再加上一下子招了好几个研究生,工作繁忙可想而知。但是他对我们依然严格要求,对我们的学业也非常关心。他布置我对照十七史读《资治通鉴》,并找出《通鉴》的史源以及与十七史记载的异同。这是中国古代史学习的基本训练,容不得半点马虎和偷懒。不过我的作业做得不是很上心,程先生看了我的作业后对我说,张荣明的作业做得非常好,你可以向他学学,取取经。程先生把经过仔细批阅作业还给我，在批注里指出了我作业中的错误，给我打的分数是"中"。我感到十分羞愧，辜负了先生的教诲。

读研期间，程先生请来了许多外校的名师给我们开讲座，我记得有王永兴、韦庆远、苏渊雷、杨廷福、邓广铭等教授。程先生自己也经常给我们讲授他的研究心得并让我们定期汇报学习情况。通常我们是到先生家里去讨论，这样的场合气氛非常轻松，像是在谈家常。也常常是在这样的场合，先生的道德学问潜移默化地影响着我们。说到历史研究，程先生最经常强调的是，历史是人的活动，研究历史一定要体现历史当中人的思想、情感、行为和人的价值，离开了人，历史就是死的故纸堆，没有丝毫价值。而他自己的研究为我们做出很好的榜样，比如他写的《魏晋南北朝史话》，里面的人物读起来栩栩如生，让人手不释卷。再如《范仲淹传》、《司马光新传》都是脍炙人口的名篇佳作。另外，程先生也一直教导我们研究历史要关心现实，要有现实感，要参与生活实践，不能读死书本，要读万卷书，行万里路。他常常说，有一句话"做人做事做学问"，这是很有道理的，一个人的人品，做事的能力，重视实践的精神，是会直接影响一个人的学问的。人品不仅是个人的道德修养，也包括对社会对国家民族的责任感。多年来程先生的这些话一直深深地铭刻在我的心头，我也常常把这些话讲给自己的学生听，虽然自己达不到先生的水平和境界，但是这些珍贵的思想和道理是要传承下去的。

1987 年，我们几个同学完成了三年的研究生学业，并完成了论文。不过论文答辩按当时的要求必须一人一场。答辩季好像是在暑假后秋季刚开学，杨康荪第一个答辩，程先生参加了答辩。我是第二个答辩，安排在之后一个星期，但是程先生在参加完杨康荪的答辩就病倒了，实际上程先生那天是带病参加杨的答辩的。先生的病是因"文革"中被批斗伤及颈椎，这次颈椎压迫引发多种疾病，终于病倒，而且从此长卧病榻。所以我们这批同学中程先生只参加了杨康荪的答辩。但程先生认真地为我写了书面答辩意见，由答辩主席徐光烈教授在答辩时宣读。我的论文题目是"历史与人性：宋代理学家的人性观和历史观"，论文得到了程先生和答辩委员会的较好的评价，总算没有辜负程先生的三年授业和多年教诲。

程先生一生坎坷，青年时期历经内忧外患，壮年时期遭受长期的政治迫害，一直到年过花甲之后才能够在比较宽松和舒畅的环境下安心做学问，传道授业解惑。尽管他十分珍惜这迟到的学术春天，但毕竟是年龄不饶人，屈指算来，这一时期他真正能健康工作的时间不足 10 年。他的一生，在很大程度上是他们那一代知识分子命运和遭际的一个写照。虽然外在的遭际可以影响他们的生活甚至剥夺他们的各种权利，却无法摧毁他们的人格和精神。1986 年程先生 70 岁生日时，书赠我一首诗，表达了先生晚年的心境。诗中有自嘲、有感慨、有愤懑、有无奈，但更有一种昂扬不屈的精神和青春激情。谨以此诗为本文作结。

七十无成剧可哀，华年逝水已难回。
有妻自少甘同命，无欲于今是杀才。
燕雀岂能窥远志，鹓雏犹枉作疑猜。
苍然一树云间立，却忆匡庐十月来。

诗后的一段话是题解："八六年十一月四日，忽忽七十书感。三四年十一月偕心远中学同学游庐山，亦不觉五十二年矣。写给刘昶作个纪念。"

浪漫的神仙

杨康荪

（上海师范大学硕士研究生毕业）

在上师大读历史系本科时，我没听过程应镠先生的课。毕业留校后，我和刘昶成了程先生和董家骏先生的宋史研究生。与我同届在程先生门下读古籍整理的，还有虞云国、范荧等，都是在职研究生。程先生爱犊子，怕我们错失读研的机会，他出的中国古代史考研题目特简单，印象中大伙都考了90分以上。

我和师兄严耀中住同一教师宿舍，晚上校园散步，不时逛到程先生家，听他聊天。时间久了，和师母李宗蕖，以及他俩的女儿程怡、儿子程念祺，都十分亲近。

程先生弟子当中，我最是无法无天！我研习宋代美术史，恰逢古籍所买书的经费尚有剩余，时任所长的程先生问我有没有想买的书。次日我兴高采烈地去福州路买了十多部宋画画册，直接搬到家里，天天玩阅。不久听说有人——应该是"文革"后遗症病人——背后议论程先生，说他纵容弟子贪污了公家的书。我一气之下，将画册扛到古籍所，把发票拍到桌上，冷哼道："本人黑龙江农场干了8年，三天两头打架，你们谁有胆量的，把臭话当我面再说一遍！"

还有件事，说起来更好玩。我们几个读研的时候，程先生采用放鸽子教学方法——平时没课，间或为每个人出小题目，要我们在学期末交差。有一回他给了我一个蛮刁的考证题目，我讨厌这类"无用"功，便信手抄了一位名家文字，以为可以蒙混过关，不想被先生发现。没等他开口训斥，我便耍无赖："我哪学期没发表文章？弄这些个不搭界的考证，我嫌浪费时间！"打那以后，程先生再没给我布置过任何作业。

我去美国后，先后学室内设计和法律。当下做律师之余，又迷上了写电影剧本。说尊继师道，师兄弟中我倒数第一！但有一件事，可证明在脾性方面，我比我师兄弟更像程先生：全国宋史研究会秘书处曾经设在上师大（不知道现在还是不是），有一年要在杭州召开宋史研讨会，程先生让我们哥几个分别为参会论文做摘要，我写了十几篇。后来程先生居然当众说："康荪摘要做的最好，他有评语，你们没有。"他一向喜欢指点江山，从不顾及是否得罪人。我也是，只是没他那份底气。

我在程先生手下做的毕业论文是北宋山水画大家范宽。其后顺水推舟，完成了书稿《客观和主观的宋代绘画》。付诸这次弟子文集的《神仙境界和浪漫主义》，是其中的第四章，聊寄对恩师的怀念。行笔至此，突然悟道：程先生的一生，无论顺风或逆水，他都活得像个浪漫的神仙！

血写文章论本原

——怀念程应镠先生

朱易安

（上海师范大学硕士研究生毕业，上海师范大学教授）

认识程应镠先生，是因胡道静先生的引荐。

1983 年，我还在一所中学教书，道静先生关注我的学业发展，并将我已经发表的一部分学术论文送呈程应镠先生。于是，初秋的一天，应镠先生约我去见面。当时，古籍所尚在西部的老楼里，树木掩映，应镠先生在小小的办公室座位上站起来，显得高大而清癯。谈话很简单，他问了我的一些情况，读过什么书，兴趣和志向等等，然后就说，来考研究生吧！又说，做文学研究也要有史籍的基础，现在历史系的个别学生，拿《三国演义》当历史来读，这样基础就打不好了。

1984 年，我考入上海师范大学古籍整理研究所，同年录取研究生中，就我一个人是中文系出身的。因我已经开始对唐代文学有兴趣，应镠先生就请陈伯海先生作我的导师，当时伯海师已经去了社科院文学所，但仍然兼着上海师大古籍所的副所长。应镠先生是所长，几乎每天来，他的家就在师大东部音乐新村两层的小楼里，所以，接触的机会便多起来。有时候在所里，有时候在他的家里，他很关注我的学业，例如他叮嘱我要打好文字学的功底，直接读《说文解字》，并且要求我描摹每一个小篆，每个字写十遍。我还真的照着做了，果真受益无穷。他还亲自安排我们选听《历史地理》的课程，说这是必修课。现在想来，这些安排是非常有远见卓识的。

应镠先生和我聊天的时候，总会有丰富的文学话题，谈他喜欢的文学著作和诗人，还有许多学人的掌故。例如他说，年青的时候读古诗，喜欢李白、杜甫，更喜欢陆游，因为正值抗日战争，所以背了许多陆游的诗，以抒家国之痛。有一次提到钱钟书，他告诉我，钱钟书先生做学问喜欢抄录卡片，随时抽取。他的抽屉里全是卡片，按很科学的方法排列，很容易查到。当然，讲得最多的是和沈从文先生的交往，应镠先生与沈从文相识于 1936 年，因为在大学里办刊物《青年作家》，请沈从文支持。此后多次会面，深受他的影响。应镠先生写了东西请教沈从文，“他每回都一字一字地改，改得十分认真”，这样持续了几年，抗日战争的第三年，应镠先生以《夜行》为题的纪实文章，“发表后又被《大西洋杂志》译成英文刊载，就是他精心修改的”（见《永恒的怀念》，《流金集 · 诗文编》，第 257 页，下同）。西南联大时期，应镠先生因沈从文的推荐，曾负责昆明中央日报副刊《平明》的编辑工作，与沈从文过从甚密，他回忆说：“从文先生常常拿一个蓝色的小包袱到我的住处来，从那里拿出用各种不同的稿纸写的文章，有的还经过他亲手修改。”他和沈从文保持了终身的友谊，在蒙冤的年代里，应镠先生亲自为学校历史系所收藏的文物作整理说明，而这些文物的采办也曾得到过沈从文的帮助。“文革”结束前夕，沈从文两次南下到上海，探望过巴金和施蛰存，都是应镠先生陪同的。

应镠先生骨子里是喜好文学的，他十七八岁就开始发表文章，写过不少散文和小说。1940 年左右，小说集《一年集》收入章靳以主编的《烽火丛书》出版，内容多为抗战的写实题材，读这些作品，一个热血文学青年的形象卓然眼前。当年听他谈起这些往事时，只是理解为先生喜欢文学，文字功力深厚，加上沈从文的感染力，谁能抵挡得住“从文先生叫人坠入梦境的文笔”！但近年来，随着《沈从文全集》的出版，又能读到许多关于沈从文的研究著作，也看了各种回忆录和沈从文的家书等等，深感应镠先生对沈从文的追慕，是灵魂的追慕，他与沈都是那种终生追求真善美价值的人，激情、才气、敏锐，必定会选择文学作为抒发真情的工具，选择文学作为承当社会责任的途径，他们的心是相通的。应镠先生后来在追忆沈从文的文章中写道：“他用上官碧的笔名，为我写了一个条幅，写的是我在抗战胜利后的一首七律：‘百死难为魍魉身，哀时有泪亦潜吞。志存家国嗤心性，血写文章论本原。大地烽烟连海静，人生意绪逐江翻。故园亲老归无计，蛮风蛮雨正断魂。’这个条幅我在上海裱好后一直挂到十年动乱，被暴徒视为‘四旧’取去，现在不知落在谁手里，我现在特别想到它，那里面有历史，有那时知识分子的沉哀……”

这件事，应镠先生不止一次地说起过。我们坐在他素朴的家中，他指着条幅当年悬挂的位置，语气已经很平静，经历了多少磨难后，这种平静的背后，依然透着“志存家国嗤心性，血写文章论本原”的激情。

拜读应镠先生的文学作品，我更喜欢他那些未曾发表的旧体诗。正如程公子念祺兄所言，“可见他一生的心事”。应镠先生留下的诗作，基本上都是他生前自己字斟句酌改订的，如同中国许多前辈知识分子一样，吟诗填词，是生活的一部分，是可以和学问并存于世的成就。应镠先生的诗作，不仅是他各个时期内心情绪的袒露，真实地记录了他的思想、生活和心路历程，从文学创作的成就而言，他的诗作功力深厚，气象宏大，尤其是律诗，真可谓音情朗练，有宫商金石之声。这些诗作中，尤其是早年的作品，可以见出他对杜甫、李商隐、陆游以及苏轼的喜好。前面提到的曾由沈从文撰写过条幅的那首七律，题为《书愤》，就是借用了陆游名作的诗题。又如，“生涯落落数杯酒，身世悠悠一散人。大别山边暂栖止，登高只为涤京尘”（《简高阮津门》），则化用了杜甫《登高》中“万里悲秋常作客，百年多病独登台。艰难苦恨繁霜鬓，潦倒新停浊酒杯”的诗境。又如“表范人师乐，时序百年心。新秋得赋此，喜极泪盈襟”（《教师节作》），“时序百年心”句下自注：“借句”，借的也是杜甫《春日江村五首》中第一首的句子。他的诗作喜用叠字，而且常常用于律诗的中间两联，这种工稳中见流动的功力，非常人能做到。如“缓缓渔舟归欲晚，茫茫大海望无垠”（《青岛杂诗》）；“依依柳浪莺初啭，隐隐青山梦尚遥”（《漫步偶成》）；“去日已多云黯黯，来生可待梦沉沉”（《无题》）。

说起这些作诗的细节，想到当年应镠先生和我讨论唐宋诗的区别，我说，读钱钟书的《谈艺录》，他有详尽的论述。应镠先生说，他举两个诗例，就可以说明：“无边落木萧萧下，不尽长江滚滚来”，唐诗也；“落木千山天远大，澄江一道月分明”，宋诗也。如此深刻而生动的解释！后来才知道，应镠先生对诗歌研究是下过功夫的。1940 年左右，他在《中央日报》副刊《平明》上发表过《门外谈诗》和《诗人》等文章，其中《门外谈诗》写道：

唐宋的诗本是我们文学史上聚讼的问题。我对于唐诗和宋诗的看法，常爱把杜甫和黄山谷比一下：同是描写秋天，杜甫写成“无边落木萧萧下，不尽长江滚滚来”。黄山谷写成“落木千山天远大，澄江一道月分明”。一个表现出秋天的气象，诉之于我们的听觉比视觉多，充满了音乐的快感。一个是可以在那里描摹，俨然画出一幅秋天的景色，给我们一种图画的鲜明。他们用的方法，显然两样，一个是身在其中，一个是身在其外。一个是近乎陶醉，一个令人近乎清醒。我以为这两个例子可以看出唐宋诗的分别。

> 以诗当作写理的工具，用散文的方法是不行的，要用诗的方法，诗的方法是一种领悟的方法；领悟是经过精细的观察，极艰苦的探索而得来的一种了解。（《流金集·诗文编》，第336页）

这是强调诗歌必须以艺术来表现哲理的一种观点，而且用如此生动的语言来阐述，不能不让人钦佩。应镠先生不仅拥有这样的理念，也是实践者。他看重文学研究者的史学深度，也看重史学研究者的文学修养，这是非常高的学术境界。许多年以后，我在自己的研究中重新理解陈寅恪的诗史互证的方法，更感到应镠先生的深邃和远见。

也许，与诗人看重真情相同，史学家看重历史的真实。但凡看重这种"真"，是因为发自内心的"真"。这一点上，我觉得应镠先生和沈从文的心灵和禀赋也是相似的。当我凝望着应镠先生的老照片，当年在他家中谈笑风生的景象立刻浮现在眼前。先生的笑，爽朗而天真，具有一种感染力，在经历了如此坎坷的岁月以后，他笑起来还能这样由衷地开怀、纯真，这是一种何等的胸怀和坦荡。

我不是学历史的，也没有跟随他钻研过任何一门古代史的专门学问，所有受益终生的点滴收获，都是在和他的闲聊中获得的。先生的家中，荡漾着温暖的学术氛氲，他对我说过的话，我会终身铭记，能有应镠先生这样一位老师是此生的幸运。先生的影响也是上海师大古籍整理事业发展的精神支柱。作为他的学生，我们这一代的学人，对学术研究和教学依然怀有敬畏和责任感，"志存家国嗤心性，血写文章论本原"的使命，也将成为古籍整理研究所代代相传的精髓。

恩师程应镠教授与我沈从文研究的点点滴滴

邵华强

（上海师范大学硕士研究生毕业）

1979 年 9 月的一个星期六下午，曾是文化部副部长、时任中国社科院文学所副所长陈荒煤来上海师院作报告，提到哈佛大学有人研究沈从文获得了博士学位，想来中国与同行交流，可是文学所竟无一人知晓沈从文。这是我第一次听到沈从文的名字。

第二天是周日，遇到在南洋模范中学任教的大伯父，意外得知大伯年少时曾在其堂叔邵洵美的"新月书店"谋生，在那里与沈从文有过几面之缘。他向我回忆道，沈从文是个多产作家，在三、四十年代，他的名声并不亚于我们这代学生所熟悉的茅盾、巴金、老舍和曹禺。

回校后，我找了邵伯周教授。邵老师鼓励我进行沈从文项目研究，并指点我对这类被文学史湮没的作家，首先应查考清其生平与创作史料。邵老师还建议我求教他念大学时的老师程应镠教授，说程先生是沈先生的学生，也是好朋友。邵老师 40 年代求学于上海市立师专国文系，诗人戴望舒是系主任。1948 年春戴望舒离职，程先生兼代其职，并代授戴望舒原在国文系的课程，与邵教授有了师生之缘。

后来，陈翰老师也告知，程先生与沈先生关系很深，"文革"中沈先生每次来上海都住在程先生家里。邵、陈两位老师同时都叮嘱我，程先生是位治学严谨的老教授，不要贸然造访，应先做好一些初步的研究。

大约在 12 月初，我第一次去西部校园古籍整理研究室拜访程老师。走进办公室，我见到了这位精神抖擞、慈祥和蔼的老学者。程老师对我这晚辈学生很客气随和，一下子驱散了我些许紧张。在说明来意后，我从先生微笑着的眼神里似乎看到了一丝疑惑。他说："文学史教材里没有沈先生，大概你们中文系里四、五十岁年龄的老师知道沈先生名字的也不多，你现在对沈先生了解了多少？"

我立即呈上了《沈从文著作系年初稿》和《沈从文生平简表》，这是我在徐家汇天主教堂藏书楼和上海图书馆内部阅览室用功了两个多月的结果。程老师眼见厚厚的两叠文稿，相信了我是认真的。记得先生翻阅了一会儿，问了好几个问题，都是关于如何查考证实沈先生早年使用过的十几个笔名。

后来的一周内，我又两次去了程先生的办公室长谈，先生给了很多查考的指点。

过了几日，先生往我班邮箱里送了一信，告诉我下周他要去天津参加《中国历史大辞典・宋史卷》编辑会议，会顺道去北京探访沈从文先生，并嘱咐我准备好文稿，把新发现的增补齐全，他将向沈先生介绍我的研究。

不久后的一个上午，在东一教室大课休息时，班长陆祖良例行去信箱取信回来，进门就大叫："邵华强，沈从文给你来信了！"旁边的同学都围拢了过来，也记不得是哪位同学打开的信封，沈从文先生遒劲俊秀章草行文："华强同学：……谢谢你的热情厚意……"这是我后来 9 年间与沈先生和沈夫人几十封通信的开始。

程老师与沈先生相识于 1936 年下半年。程先生就读于燕京大学历史系，却又热心于文学创作与活动，参加过北方左联，发起组织过学生文学团体“大学文艺社”和“一二·九文艺社”。燕大“一二·九文艺社”要创刊《青年作家》，推举程先生去请时任天津《大公报·文艺》主编，也是京派文学领袖沈从文先生撰写发刊词，沈先生欣然应允，写了《对于这新刊诞生的颂词》，也开始了与程先生长达半个多世纪亦师亦友的情谊。

程先生在燕大时写过小说，并得到沈先生的提携。记得在查找那时期《大公报·文艺》时，发现署名“刘祖春”的几篇作品极像沈先生的手笔，我拿了复印件找程老师核实，“刘祖春”是否是沈先生的另一个笔名。先生见了哈哈大笑，说刘另有其人，是沈先生的同乡。程先生建议我去找他署名“流金”，发表在《大公报·文艺》的小说《玉石井的风波》，还有萧乾的《篱下集》，再阅读比较。程先生说：“我们那时候的作品，都是沈先生逐字逐句改出来的。”

我去找了，再比较刘祖春的作品，真的极其相似，若去掉署名，恐怕很多人都会以为是出自一人的手笔。事实上，哈佛大学博士金介甫教授在查考时，也曾一度以为“刘祖春”是沈先生的另一笔名。

我想应该把沈先生修改萧乾先生《篱下集》一事列入沈先生年表，未料沈先生坚决反对，并来信说：“……不太妥当。因为这人是十分活泼，聪敏超过需要的人。……一切都属于上升阶段的脚色。我则始终十分拘迂，解放后一直向下降。……”

程老师知道后，感慨良多，向我回忆了当年燕大先后期同学杨刚、萧乾等许多往事。来美国留学后，我曾想从 intellectual 史的角度，将沈、萧先生以及燕大和后来西南联大学者群中的几位作番比较研究，无奈后来改读了商学院，又入了投资银行工作，为此准备的多方资料竟被搁置了近 30 年。

后来，我承接了属国家“六五”计划哲学社会科学重点项目的“中国现代文学史研究资料丛书”中的《沈从文研究资料》、《徐志摩研究资料》，还有香港三联和广州花城的十二卷本《沈从文文集》等项目，请教程先生的就更多了，隔三岔五就去先生的办公室，常常一聊就是一两个小时。

期间也经历过一次程先生对我的严肃，那是关于高青子。

沈先生 1937 年后最重要的小说集是《看虹摘星录》。沈先生几次要求我设法找到，程老师也回忆道他见过此书，当年沈先生还送过他一本，可就是找不到原本。后来读到了台湾学者孙陵关于沈先生“看虹摘星”的文章，结合沈先生类似情感自传的《水云》中提到的生命中几个“偶然”，我就猜测沈先生那集子里的几篇作品应该与高青子有关。

高青子是谁？从高青子在沈先生生活中出现的年份看，程先生应该有所了解，也许很了解。

我把孙陵文章的复印件给了程先生，他一看就说：“孙陵，我认识，在联大时的朋友。”

接着，提到了高青子，先生神情变得严肃起来。这是在告诉我不该问这事。我则毫不察言观色，继续追问。先生有些不高兴了，婉转地对我说：“以后不要挖这方面的资料了。”

程先生的生气引起了我更大的兴趣。当天晚上，我到校园东部音乐新村先生家继续纠缠。先生没有再次生气，如往常一样慈祥地微笑着，却始终不接我这个话题，这时，师母李宗蕖老师听出了我绕来绕去是为了什么，就笑着示意我打住。

第二天，师母李老师来到我工作的学报办公室，对我说：“程先生古板，我来帮你。”

李老师告诉我，沈先生与高青子的交集，“联大的圈子内大家都知道”。李老师刚到昆明，在正式入学西南联大前曾见过高青子，但没有私人交往，也不太清楚高的家庭与教育背景，不过，李老师的一个老友却是高青子大学同学与好友。后来，李老师引荐介绍了我与这位前辈相认识。

亦是一波几折，还伴随着慢慢消解“文革”造成的心理阴影。通过这位前辈，对高青子有了大概的了解，也找出了一些她的作品。当我拿着高青子的照片和其作品复印本向程先生禀告了解结果时，先生似乎已经不再反感，反而谈起了对高青子的印象，说她气韵不俗，很有些才气。程老师当年主持《中央日报·平明》编辑工作时，也曾发表过高青子署用几个笔名的一些文章与创作。程先生也认为沈先生和高青子在那些日子发表的一些文字里确实都有对方的影子。

程先生又叮嘱，这些都是为尊者讳，现在不宜发表，“即使你以后去了国外，只要张先生还健在，你就不该发表”。

这两年退休后，摆弄花草之余，我又读上了以前专业领域的文章，发现有年轻一代的学者，因不知高青子是富家出身，亦受过大学教育，另外又被一些并不了解高青子的所谓回忆误导，竟把“看虹摘星”里的女主人公误解为沈太太妹妹张充和。这是与高的婚外感情，而非与小姨子不伦之恋，或对其想入非非。看来，现在是应该把30年前发现的史料逐步整理发表了，以正那些过于联想的猜测。

那时，为完成社科院资料丛书项目和三联、花城的沈从文先生文集，我每年都要去几次北京拜访沈先生。在与沈先生的访谈中，我深深感觉到沈先生总是以程老师为其知己。记忆中有好多次沈先生对我说过，“去问你老师流金”，或“问流金”。最早在1980年给我的信中也曾提及：“我的性格程应镠先生知道较多，和他谈谈天，或许你会明白些值得明白，可绝不会从报刊上明白的。”

从沈太太张兆和先生编辑的几大卷沈先生书信集中亦可看出，程老师是沈先生除家人以外通信最多的挚友。如果把这些信件单独列出细细读来，亦是沈先生1949年后心路历程的自述简略。沈先生的历史价值不仅仅在文学史，就intellectual史角度视之，也有其独特的风景，而程老师与沈先生的交集，其留存的文字及其他史料，则是其中的重要部分。

程先生百年诞辰之际，远在大洋彼岸的弟子写下这篇小文，以表达对恩师的缅怀与敬意。

2016年5月21日写于洛杉矶北郊圣莫尼卡山居中

深切怀念我的大学老师程应镠教授

邢丙彦

（上海师范大学硕士研究生毕业，上海师范大学副教授）

程应镠教授是一位著名的历史学家，也是我敬重的大学老师。1977年恢复高考，我考上了大学，1978年初春进入上海师范学院历史系学习。大学一年级，程老师为我们77级历史系本科生讲授“历史文选”。程老师讲课声音响亮，音色浑厚，且倾注情感，因而十分引人入胜。大学二年级，我又去听了程老师为79级历史系、中文系本科生讲授的“中国古代史”。大学三年级，我选修了程老师为我们77级历史系本科生开设的“魏晋南北朝史”。大学毕业，我考上硕士研究生，从1982年初春开始，在程老师的指导下研究魏晋南北朝史。研究生一年级，程老师每周六上午在他家客厅为我讲课、询问我读书情况并为我答疑解惑。1982年4月，程老师生病住入华东医院。但是，程老师仍坚持每周日上午在医院病房为我讲解学习问题。时至今日，回想起当年程老师在医院病房为我讲解的情景，我仍感动不已，内心难以平静。在程应镠教授百年诞辰到来之际，我想写下我记忆中程老师热爱教师工作、重视教师工作、关心青年学生的一些片段，以表达我对程老师的深切怀念。

程老师十分热爱教师工作。程老师说过他的平生两大愿望一是办学校，二是办刊物。程老师充分认识到教师工作的重要意义。程老师多次说起过他的高中国文、历史、地理等教师对他的民族意识觉醒具有重大影响。1940年代中，西南联大毕业后，程老师在贵阳花溪清华中学和昆明天祥中学两所中学任教，他自己也亲身体会了教师对青年学生思想觉悟的重大影响。1949年至1954年，程老师担任高桥中学校长，实现了他平生办学校的愿望。不过在此期间也有一小插曲。程老师对我说起过这一插曲。1950年代初，上海市军管会教育处委派程老师负责上海一所工业技术学校的行政工作。程老师说学校日常开支以及仪器设备购置均须经其签字批准。他不懂理工科的实验，不知道学校实验室是否需要购置这些仪器设备，也不知道这些仪器设备的购置费用是否合理。为了对国家教育经费负责，程老师任职后不久坚决要求辞去该职务。教育处的负责人则坚决不允并有微词。为此，程老师颇感到困惑，不得已与他一位燕京大学同学谈及此事。这位燕京大学同学时任上海市军管会交际处负责人，他十分理解程老师的心愿。经那位同学与教育处负责人沟通后，教育处才批准了程老师的请辞。

程老师热爱教师工作，从中也得到了快乐。1980年代初，程老师应邀赴贵州大学和云南大学讲学。在贵阳和昆明逗留期间，程老师参观了1940年代中曾任教的贵阳花溪清华中学和昆明天祥中学两所学校。程老师回沪后谈及他的讲学内容以及旅途见闻。程老师告诉我说这两所学校的学生中有不少成为党和国家的高级干部和各领域的专门人才。谈及此事，程老师笑容满面，喜悦之情溢于言表。

程老师十分强调教师在学校中的重要地位。程老师始终认为办好一所学校，就必须要依靠这所学校的教师努力工作，因而在学校工作中教师应具有突出地位。程老师曾对我说起过这样一件事。1970年代末至1980年代，每年学校校庆时，校长都会向全校教职员工致一封慰问信。学校领导尊重程老师，在每年校庆前，学校领导先将校长慰问信草稿送给程老师征求修改意见。在每年的校长慰问信中都有这样一句话："过去的一年，在全校教职员工的努力下……。"程老师则每年都将校长慰问信中的这一句话改为："过去的一年，在全校教师的努力下……"尽管学校领导每年都不采纳这样的修改，但是程老师每年仍都坚持作这样的修改。

1970年代末1980年代，程老师担任学校古籍整理研究室、古籍整理研究所和历史系负责工作。在实际工作中，程老师不仅关心教师的业务，还关心教师的生活。1970年代末，程老师的一位燕京大学同学任中央"落实政策工作"检查组组长，率队来上海检查"落实政策工作"情况。学校古籍整理研究室有一位教师当时是以临时工身份在资料室工作，因其在"文革"中受到迫害，一直没有落实工作。程老师得知他的老同学率中央检查组来上海后，马上安排这位教师去锦江饭店南楼中央检查组驻地递交材料。这位老师的工作问题很快就落实了政策。1980年代中，学校古籍整理研究所从北京调入（当时并无"人才引进"一词）一位专家学者，程老师不顾自己病后体弱，亲自登楼去查看学校给这位专家安排的住房。这位专家学者长期在北方生活，上海的冬天室内没有暖气，程老师对我说他心里总是担心这位专家学者是否能够适应上海的冬天气候。

在实际工作中，程老师还特别关心青年教师的成长。1970年代末，尽管工作十分繁忙，程老师仍抽出时间去听青年教师的讲课。程老师还注重提高青年教师的业务水平。根据青年教师的具体情况，程老师利用老同学、老朋友等关系，安排青年教师到其他高校、科研机构进修学习，为提高青年教师的业务水平创造有利条件。另外，程老师特别欣赏勤奋好学的青年人，不拘一格选拔人才。1980年代初，正是在程老师的主持下，一些自学成才的青年人进入学校古籍整理研究所工作。

程老师也十分关心青年学生的思想觉悟。程老师说在"文革"后他的主要工作一是教书，二是编书。1970年代末至1980年代中，程老师承担了历史专业和古典文献专业多门本科生课程；同时还指导了多名历史专业和古典文献专业的硕士研究生。但是，程老师对我们青年学生的教育并不仅限于为我们讲授课程、讲解学习问题。大概是从1979年初春开始，我们77级历史系同学，或独自一人，或三五同学相约结伴，经常在周末晚上去程老师家登门请教学习问题。程老师和夫人李宗蕖老师平易近人，对待我们同学和蔼可亲，使我们同学很快地就消除了在程老师家的陌生感。因此，周末晚上程老师家客厅里总有我们77级历史系同学的身影。现在回想起来，我们同学在周末晚上去程老师家请教学习问题是耗费了程老师大量的时间和精力。一次在程老师家客厅里，程老师问我：为什么大学教师的家属宿舍要建在学校校园附近呢。我从来没想过这样的问题，因而回答不上。这时程老师微笑着对我说：周六晚上大学教授家的客厅应该是向学生开放的。听了程老师的话，我心里一下子明白了：程老师是把周末自己家的客厅当作了又一个课堂。

在那些周末晚上程老师家的客厅里，除了讲解学习问题，程老师还和我们同学漫谈人生经历和逸闻趣事，当然也和我们同学谈论社会热点话题和社会现象。程老师注重教育。帮助我们青年学生树立全面考察社会的思想方法。1980年代初，一次周末晚上在程老师家客厅，我们同学谈论起了社会上风靡的"人体特异功能"。当时一位著名科学家支持对"人体特异功能"进行研究，因而我们一些同学对"耳朵识字"、"以鼻嗅字"、"意念移物"等所谓"人体特异功能"将信将疑。程老师则明确对我们大家说这些"人体特异功能"是不符合常识的东西，让我们不要去相信。也是在1980年代初，一次周末晚上在程老师家客厅，我们同学谈论起了社会上一些党员干部以权谋私的不正之风，对"官倒"的批评言辞十分激烈。程老师默默不语地听着议论，等大家说的都差不多了，平静地对我们大家说："我有一位大学同学现任轻工业部部长，我去北京这位同学家，发现他家里没有彩电，仍是一台黑白电视机。他是轻工业部部长，家里要一台彩电还不容易，然而他并没有这样做。"程老师接着又对我们大家说："我们看问题要全面，我们不能只看到有不好的党员干部，也要看到有不少清廉的党员干部。"

在大学学习期间，我深切感受到了程老师热爱教师工作、重视教师工作的信念和情怀，我也深切感受到了程老师对我们青年学生的关爱和期望。

程应镠教授离开我们已经有 20 年了。但是，如今走在校园里，我眼前仍时常会浮现程老师那高大的身影，也会时常回想起在程老师家客厅度过的那些美好的周末夜晚。我深深地怀念我的大学老师程应镠教授。

读了什么书

程　郁

（上海师范大学硕士研究生毕业，上海师范大学教授）

很多年前，刚刚进校，偶然结识一校友，问起导师，听到是程先生，他竟失声叫了起来："那老先生啊，他太严格了，那次考试让我们班一半人不及格呢！"过些时，初识外校某生，谈起程先生，他满脸肃然，说："我知道他，常听同窗某某谈起，说是位人格高尚的老先生。"其实，他那同窗亦不过听过先生的大课，和程先生并没有很多交往。余入门亦晚，未及目睹先生的大课盛况。程门弟子恐不止三千，其中不乏才华横溢、满腹经纶之士，似吾辈才疏学浅者很少有机会亲聆教诲的。因此，我并不了解先生的过去与现状，不如说是远远观望着。然而，恰恰是这些圈子之外不带任何功利色彩的议论，使我初步认识了先生。

第一次见到先生，先生大病初愈，老是不停地喝茶，记得他开口就问："读过什么书啊？"以后每次去听课或交作业，仍是问："最近读了什么书呢？"那时他常常对我说："你古文献的基础不好，一定得比同学更努力才行。"研一整整一年都是读书，做校勘类作业，读研之前从未做过这类作业，只得下苦功，暑假也没回家。盛暑时最后完成，到先生家交作业，程先生仔细看后，显得很高兴，拿出一根黄瓜说："你带回去一边走一边啃吧。"我有点儿窘，不知怎么应对，好在师母在旁解了围，说："人家大姑娘家，怎么能一边走一边啃黄瓜呢？就在这儿吃好了。"

研二时我把一篇习作投了出去，刊在不知名的小杂志，却被人大复印资料《宋辽金元史》全文转载了。第一次看到自己的文字变成铅字，有点儿开心，便拿给先生看，他淡淡一笑，只说"我看过的"，便扔在一边了。后来，听学长说，程先生希望我们在校时打好基础，而并不赞成弟子过早投稿，如果是男生，也许会被痛斥了呢。当时还没有电脑，做毕业论文只能一遍遍抄，每一次誊抄及刻印都可能混入史料讹误。那天在资料室，一同窗告诉我，交毕业论文时程先生会当场抽检，某生被查出了错误，当即被痛斥，并说："你还是晚点儿交，多核对两遍吧。"我听到自然惴惴，更不敢马虎了。要知道，毕业论文并不是全部能通过的，而如人们所说，那时未通过的毕业论文，放到今天，也都是优秀毕业论文了。

毕业了，在同一个单位，常见面，他还是总会问："读了什么书？有什么体会？"有时勤快些，恰好能说说一知半解的，先生便笑吟吟的，若谈不出什么，便叮嘱读读某书，以至偷懒之时，竟不敢上门了。学生辈常说怕先生，不知别人怎样，在我，其实最怕的还是这个问题。不久，先生病了，头两年还能坐轮椅出来走走。那天，到所里去，看到师母陪着先生在资料室的窗外晒太阳，时值深秋，他身后的爬山虎已一片枯黄。我走上前去打招呼，心里一阵凄然，一时不知说什么好。先生挥挥手说："读你的书去吧！"后来，病情日渐加重，他只能躺在床上，到最后话也不能说了。可每次去看他，那眼光似乎还在问："读了什么书？"我心里仍不免惶惶。

和一般人不同，程先生从不问发表了什么文章，也不问职称怎么样了，而总是问"读了什么书？"并不重现实的功名，唯重真学问。我刚入所时，各种人事矛盾纠结不清，新矛盾更层出不穷。说起来，有些人可能要不相信,无论是在所还是在家里,程先生谈得最高兴的只是学问,说到某人亦仅限于学问好还是不好,而从不涉及个人恩怨。记得一次先生嘱我好好读书,不要理会所里的任何人事矛盾,要向朱瑞熙先生学习如何做学问等等。弟子三千,水平自然有高下之分,性格人品亦未必尽同,但起码在先生面前,谁也不敢作小人相,不由自主地向往真才实学。我常想:一个人能使周围的人,哪怕是一个极小的圈内人都向往博学,景仰正直,哪怕这景仰或向往是假装的,其人格力量也是惊人的。

1998 年,我到日本研修,并没有交论文之类的考核。直到第二年初,在某种刺激下才决定用日文写论文,这时离回国只有几个月时间了。向教中文的同胞请教,她说,指导教师伊藤セツ门下不好混,斜着眼睛教训说:"你以为用日文写论文这么容易?"我有些疑惑,80 年代初师从程先生时,也要求史料不能有一点马虎,难道"小鬼子"有什么特殊之处?当时也未必有发表论文的机会,一边写一边问自己,这样辛苦是否值得。论文还是一点点写出来了,到六月底,交出 6 万字的报告,苛刻的伊藤先生也感叹说"难以置信"了。然而,除了日文之外,做学问的方法和严谨刻苦,其实都是在读硕士期间养成的。定稿时正好接到家信,得知出国前写的一篇怀念程先生的短文发表在《书城》上。当晚夜不能寐,将短文的最后一段翻成了日文,置于后记的末尾,并写道:"这一年,在这个功利主义的国度,在这个极其重视实利的时代,未能失去自己的本性,将这桩辛苦的工作做到最后,仍拜程应镠师所赐,谨此致谢。"过几天,两位先生审读后记,读一段就大发议论,说还应该感谢谁谁谁,可读到最后,两位却突然安静了,一声不响地看着,我有点儿抱歉,说:"如果你们觉得不妥,就删掉好了。"伊藤先生抬起头,感慨说:"就这一段写得最好,日本的年轻人写不出这样的文字。"

回国以后,将这个课题向古代延伸,后来作为博士论文提交,答辩结束时,照例要学生发表感言,一般都是感谢在场的导师,而我鬼使神差,在最后又加上一句:"做学问的基础都是十多年前在攻读硕士时养成的,还必须感谢硕士时的导师程应镠先生。"事后才发觉自己的唐突。

今天,面对程先生的遗像,他似乎仍在问:"读了什么书?"我真是惭愧。

历史会厚待程先生

丁　果

（上海师范大学历史系77级，加拿大资深媒体人）

在姜义华主编的《史魂》里，程应镠先生（1916～1994）列为20世纪“上海十大史学家”之一，自然有程先生的治史成就作证明，无需我在这里多作叙述。我应母校上海师大人文学院院长苏智良教授之邀，为纪念程先生的百年冥诞写篇回忆的文字，月余竟写不出只字片语，不是因为没有书写的激情，也不是因为没有往事可诉诸回忆，而是从内心深处觉得，在一篇短短的文章中要呈现出程先生的治学为人之道，绝对不是一件容易的事情，因为他的性格、他的思想都太丰富，可以说他自己就是一本博大精深的书籍，难以用短短的一页来加以归纳。直到程先生的高足弟子、也是我的同学挚友虞云国教授来催稿，才知道再不写，就要耽搁截稿日期了。

我虽然是77届大学生，与云国兄等同班，但因为国学底子薄，所以对中国古代史始终抱有“敬而远之”的态度，反而用功于世界史，并为了研究日本近代改革而自学苦读日语。这样一来，自然在求学的四年过程中与程先生没有太多的交集，只是听程先生的课而已，不像同学刘昶，大学二年级就得到程先生青睐，以发表“中国封建社会长期延续的原因”的论文而轰动史学界，我在十多年后采访当时主持《历史研究》的庞朴先生，谈起这个事情还兴致勃勃；我更不像云国兄，由弟子进而成助手，得程先生治宋史的嫡传，而出大成绩。当年我在历史系，与苏联史专家叶书宗老师过从甚密，与中国古代史隔得较远。

但是，我清楚记得，上程先生的课，非常享受。他不受条条框框的限制，用洪亮的声音追溯上下古今，旁征博引，雄辩滔滔，讲课如演说，引人入胜。但一下课，却发现没有记下什么笔记，不禁忧虑考试复习怎么办。以后我才知道，程先生原先也是文学青年，受过沈从文、闻一多等名家的指导，讲课自然少了那种迂腐的学究气，多了一种慷慨激昂的文学味。我们是“文革”后第一届大学生，当时整个大环境仍然有“文革”后遗症存在，大学老师讲课谨慎者多，思想开放者少，最令我印象深刻的是，程先生思路开放，作为被整过的老先生，却鲜少唯唯诺诺，讲话果断，相当有领导风范，不是那种政工干部般的领导风范，而是那种用今天的话来说是“专业领导范”，有深厚学术底子奠基的自信。

与程先生直接交往反而是毕业时。那时候我也没有想到要留校，就去考研究生，成绩还算可以，但不知什么原因，就与国际所一位主事的女书记闹僵了，国际所不收，她又不愿意把我的材料转到复旦去，而历史系世界史研究室的叶书宗教授想留我。当时历史系留校的候选人，都要经过程先生的面谈，我也就去他家接受“面试”。当时留校是很“荣誉”的事情，争取者自然不少。我担心自己对古代史认知不深，怕过不了程先生的关。谁知整个谈话很轻松，程先生对世界史的认识和重视远远超出我的想象，他也十分鼓励我下功夫研究日本，寻找日本明治维新成功因素对中国现代化的启发。通过这次谈话，我觉得程先生没有门户之见，对后进相当提携，学术要求严格但与人为善，具有广阔的国际化视野，让我对“古代史专家”的认知，有了一个截然不同的跳跃。

我不知道程先生对谈话是怎样评价的,最终我很顺利地留校了,分在世界史研究室,成了当时历史系最年轻的助教。很快,我通过考试得到留日的机会,在保证人山根幸夫教授的支持下,到日本东洋文库担任特别研究员(前任是作家张承志),程先生对我留日相当支持,认为世界史研究水平要提升,年轻学者应该走出国门。

因为当时出去是做研究,而非留学拿学位。我单纯地认为,利用两年的经费,在东洋文库研究的同时,去大学拿个学位,应该是好事。于是,在山根教授的支持下,我申请大学读硕士学位。当时为了节省时间,就没有去东京大学(那里进硕士课程要先做一年预备性质的研究生),直接考入了立教大学的文学院修士(硕士)课程。我如实把情况跟学校汇报,却引发了一些争议。当时负责的校部老师在半年后停了我的生活经费,不知道转给了谁,我当然很不爽,但也通过打工和申请奖学金继续研究和读学位。程先生事后写信告诉我,他是支持我读学位的。他说,未来的世界史研究和教学,都应该有高一级的学位。言下之意,就是批评那些短视和教条的人阻拦我读学位,这对我当然是一种"雪中送炭"般的鼓励。

在求学之余,我在美国和香港杂志连续发表一些研究二战的长篇文章,我也把这些文章寄给程先生。他来信告诉我,这些文章写得很好,当年他在西南联大读书,对战争时局十分关注,也对时局的一些变化产生疑惑。比如我的一篇文章,谈"小矶国昭内阁及其垮台",程先生就来信说解决了他心里存了几十年的一些问题。他表扬我研究有进步,鼓励我持续努力,让我感受到一位史学前辈对后学的由衷关怀。

程先生观察人的眼光独到,但最难能可贵的是,他对年轻人绝对信任。他筹建上海师大古籍整理研究所,就委托我帮他在日本购买相关书籍和资料。当时不少人担心,我从公费转为私费留学,心里不爽,会否挪用那笔经费。程先生相信我,力排众议,要我全权使用这笔钱来购买资料。我当然不辱使命,精心寻找甚至托人,帮程先生搞到不少书籍资料。当把多余的钱还回古籍所的时候,正逢日元汇率飞速涨价,那些日元转换成美元时,与程先生当初交给我的钱不相上下。换句话说,我买的资料和书籍等于是学校"白赚了"。程先生专程来信告诉我,幽默地说,这些说闲话的人自知理亏了。其实,我也知道,那些人是"用小人之心度君子之腹",但我因此对程先生则产生了另类的"知遇之恩"。程先生的这种气度,对我影响很大,让我在日后的生活中,也对值得交托的朋友,付出同样的信任。

一个人怎样才算活得有意义、有价值?怎样的人才算伟人?美国前总统克林顿在权力如日中天的时候感叹说,100 多年后没人会关注他,这话点出了时间的残酷,它无情消磨人的记忆。程先生逝世 20 多年了,今天有很多人追忆他,这就是程先生一生的价值体现。我相信,再过 50 年,程先生 150 冥诞的时候,还是会有人谈论他的治学之道,他的处事为人,他与学生门生的和谐关系。程先生的一生,有风雨,有辉煌,他对历史负责,历史也会厚待他。

师 严 道 尊

张剑光

（上海师范大学硕士研究生毕业，上海师范大学教授）

在我们每个人的成长道路上，如果能遇到几个在学术和生活上帮助你的好老师，那真是十分荣幸的。我这个人平时粗粗咧咧的，缺心少眼，做事瞻前不顾后，但我还是很有运气的，命运对我很眷顾，让我碰到了很多好老师。这些好老师言传身教，用浑身散发出的人格和道德气息潜移默化地不断影响着我，引导我一步一步地走向学术的殿堂。这些人中，导师程应镠是最重要的一位。

前些天，同门师兄们与学院领导谈到今年是程应镠师诞辰100岁，要搞个纪念活动，我猛地一惊，才发现原来恩师已有100岁了。100岁的先生在我的眼里还是70多岁的模样，师严道尊，对学术不懈地追求，令学生敬重无比。70多岁的先生神采奕奕，对学生充满着慈祥，微微笑地看着你，眼神里充满着关爱。先生在我的眼里，永远是座大山，仰之弥高；是条大川，宽广无垠。

一

1980年的9月，我跨进了上师大的校门。一个从农村来的才16岁的小青年，只是凭着背了几册教科本，在对历史一知半解的状态下进入了历史系就读，成了当年63名学生中的一员。进校的第一个星期是各种杂七杂八的事情，办各种手续，听各种介绍。然后是听辅导员宣布各种规章制度，参加学校的开学典礼，认识了这个副书记，那个副校长。某天，又是系里开学典礼。

比起学校的开学典礼，系里的印象更为深刻。因为学校里的开学典礼是在东部礼堂，我的位置离开校长有数十米远，而系里的开学典礼在文史楼108（有可能是106，已记不太真切，这两个教室当年是我们使用频率最高的），师生是在同一个平面上。系里的开学典礼学术味浓了，因为来了一大帮戴了眼镜的老头，齐刷刷坐在教室的前面，面向着我们。开学典礼主持者就是副系主任程应镠，因为那个时候他是系里的主事者。随着程先生的介绍，我记住了魏建猷和陶樾、徐孝通等大牌教授。魏先生身体似乎不太好，话说得不多，大概只几分钟。陶樾的传奇是当过国民党的少将，同学中传说他的外语特别好。徐先生因为第二个星期就给我们上逻辑课，而且还知道他是学校图书馆的馆长，所以也记住了。至于副系主任的程先生，应该是记得最牢的。

程先生主持开学典礼，话语十分干净利落，一句是一句，没有多余的语气词，该表达的都表达得十分清晰，没有一句废话。他说话时语气浑厚，语速快慢十分有节奏感，可以传得很远。他的声音有磁性，听起来特别舒服。程先生介绍各位老师时十分客气，都是说这位是“某某先生”，主要研究哪个方面，他始终是面带微笑，对各位老师尊重有加。其实，当年程先生在开学典礼上勉励我们新生的话我早就忘记了，但他给我们的印象却是比较深刻，因为他谈到了77级，他向我们提出要向77级学习。那时，刚进大学还没有什么感觉，但我们知道了系里的77级老大哥们是十分厉害的，很多人能写一手好文章。先生为我们80级指明了前进的目标，从此神奇的77级就成了我们不断谈论的话题。

开学典礼后，程先生成了我们引颈仰望的传奇人物。寝室里有位同学喜欢与高年级的同学厮混，探听到的消息十分丰富，内容极为精彩独特。某天晚上吹牛时，这位同学说起程先生当过国民党的上校，一下子使我们眼前出现了一位威武的年轻军官的影子，武装带扎得笔挺，不过说实话，当时对这个消息并不是太相信的。更为出彩的是，这位同学说程先生"文革"前原来是系主任，后来被打倒去劳动，解放出来工作后，因为有了系主任魏先生，所以他就成了副主任。同学讲这些都是有声有色的，令我们听后感到十分惊异。

随着中国通史课的开设，主讲老师李培栋先生就不断提到程先生，于是一个立体的程先生慢慢来到了我们面前。那是一个有着丰富人生阅历的师长，一个学术上十分有造诣的学术权威，一个听过他的课都赞叹不已的老师。李培栋老师早年是程先生特别喜欢的一个学生，他的口才特别好，因而对自己恩师的钦佩溢于言表。李老师上课后，不断对我们这些小朋友讲述着程先生的一切，包括程先生的传奇经历、程先生的文学才能、程先生创建历史系和建立文物陈列室、程先生的学术成就、程先生在教育管理上的一些措施，对程先生我们越来越了解了。

二

世界古代史的老师姓王，上了年纪，是位从人民教育出版社退休的老先生。之所以系里安排他来给我们上课，肯定是当时没有合适的老师。

这位王老先生人很和气，但上课不是他的强项，讲课的技巧不足。因为与同时一起开讲中国通史的李培栋老师相比，口才、语速和讲课技巧，以及鲜明的个性、潇洒的风度，王老先生要逊色很多。不过王老先生上课十分认真，每次上课先是在黑板上将他整理的大事年表堆得满满的，我们最初十来分钟往往是抄黑板，然后王老先生再开始讲解。他讲解的知识点，面铺得很开，事无大小，都十分详细，当时的我就觉得他是平均分配力气了，重点无法突出。王老先生的课，要命的是他的一口福建普通话，大概是没人能真正地全部听得懂，这是大家最感头痛的，所以很多同学认为还不如自己借几本参考书去看看收效更大。有时候，望着一脸迷惘的我们，王老先生也显得束手无策，只能"嘿嘿"干笑几声。看得出王老先生是个好人，但他的上课实在缺乏个性，无法触动大家的兴奋点。

我们80级是有点特殊的一届学生，主要原因是这一年师范开始作为提前批招生录取，所以当时填的5个志愿中，只要你填过上海师院的，哪怕是最后一个志愿，就全部作为第一批招了进来。相当一部分同学就愤愤不平了，原来想好要进什么学校的，结果师院一步跨到前面抢了过来。进校后，很多同学的这种不平心态持续了很长一段时间，特别是市区的同学表现尤为激烈。因而碰到老师上课稍有点不如意，同学们就露出不满的情绪。先是上课时没有课堂纪律，废话不断，声音由轻渐响，毕竟还是年轻，都不懂得要尊重老师。后来年龄大的几位同学到系里反映，说王老师的课上得不怎样，于是第一个学期结束时世界史没有考试。

第二学期开始，课堂上大家仍是废话不断，后来有几位同学带头鼓动大家向系里施加压力换掉老师。那时我年纪较小，在班里轮不上说什么话，只是隐隐觉得有同学不断在向系里反映，而关于我们这一届上课纪律很差的形象大概其他老师也都知道了。

一天下午，班里通知在文史楼108集中。最初我是根本不知道发生了什么事，直到程先生一脸严肃地走进教室，这才知道出大事情了。

程先生走进教室，脸上是没有一丝笑容的。他站在教室的右前方，一手插在裤袋里，严肃地望着我们。平时热闹的教室，此刻寂静没声，德高望重的程先生来到教室，大家都不敢出声。我猜测程先生要发火了，会骂我们一顿。当时大家都意识到我们的做法是太过分了，缺乏对老师的基本尊重。然而，我以为能看到的大骂却没有出现，程先生却是很平常地解释系里的教学安排。我相信那天程先生进教室前绝对不是只想讲这些的，他肯定被调皮捣蛋的80级同学们弄得十分恼火，也许真想重重地骂我们一顿。不过当他望着一张张年轻稚嫩的脸，望着有点惊恐的我们，他原谅了。

当然，程先生的脸还是十分冷峻。他说话的频率比较缓慢，一句接着一句，将他浑厚的语音传向教室的各个角落。他说着系里的教学安排，希望我们理解。他告诉我们说系里会作出些调整，加强对我们班的管理，会派出更好的老师来上我们的课。话锋一转，他谈到了77级，希望我们向他们学习，多向他们请教。他为我们树立起了学习的榜样，谈到77级有个刘昶，文章发表在《历史研究》上，国内学界产生了轰动。他提到了77级的好几位学长的名字，向我们介绍这几位各自在学习上的特长。谈到77级的时候，程先生的脸色显得温情起来，也渐带有笑容。

程先生当时的原话，今天是记不太清晰了，上面这些只是个大概。那天，他在教室里对我们班说了有一个多小时。而这一天，在我的记忆中，是我见到的程先生对学生最严肃的一次，也是最严厉的一次。先生的涵养修为十分令人佩服，即使到了令他生气的地步，仍能很好地控制自己的情绪，显然先生是个教育家，在他的心里是没有教不好的学生，对任何学生他都是耐心地开导启发。也许，他看到了我们80级不羁松懈，但也看到了我们有着聪颖好学的一面，他们发现我们这一届还是能教育好的。

程先生为我们上面的几个年级都开过课，唯独到了我们80级他没有开过具体的课程，这是十分遗憾的。不过这一次的训话，却是我们通过特殊形式正式聆听了他的教诲。

三

83年，我们20位同学来到了新成立的古典文献专业学习，这使我们有更多的机会可以近距离接触程先生。我们参加了在学校西部香樟园二楼的古籍所成立大会，旁听了老师们的校庆学术报告会，一次又一次地领略了先生的风采。古籍所成立大会时，程先生请来了上海学术界的很多名人，如罗竹风、谭其骧、徐中玉、李俊民、章培恒等。校庆学术报告会，先生谈了历史人物的研究，认为要知人论世，研究历史人物要放在那个时代背景中来讨论，要了解历史人物和其他关联人物的关系。后来不久，先生的论文在《历史研究》上全文登载。我们文献班的多次活动及后来的考察成果展，程先生都来到我们的中间，亲笔题词，一再勉励我们要好好学习。国学概论课，史部是程先生主讲的，尽管只是讲了半个学期，但使我们对史学史产生了浓厚兴趣。后来先生又给了我们一人一本李宗邺先生的《中国历史要籍介绍》，使我一段时期内对史学史和文献学特别有兴趣，乘机看了很多相关的书。先生为我们班的教学作了精心安排，请了很多名人来主讲课程，如上目录学的胡道静，上《论语》的金德建，上国学概论子部的苏渊雷，上古籍整理概论的包敬第，上《左传》的李家骥，上文字学的郭若愚，上韩愈诗的江辛眉。为了拓宽我们学术上的认知,先生请了很多学者给我们开讲座,如徐中玉、黄永年、吴枫、安平秋等。先生还有意识地请了一些学术观点比较另类的学者给我们作讲座,当时我们笑着说全是奇谈怪论,比如讲先秦史的北京师院的陈云鸾、讲浑天仪的华东师大的金祖孟。

我个人和程先生的交流,其实还是很少的。说来惭愧的是,我看到程先生时总有一种尊敬和畏惧并存的感觉,也许是年龄上差距很大,先生和我爷爷一般大,因而总觉得无论是学术和为人,先生是高高在上的名家,我们应该尊重他,所以我并不能像其他同学一样和程先生很流利地交流。但是从内心来说,我认定先生是应该学习的榜样,要是能跟从了他看书学习,应该是在大学期间最开心的一件事。

在文献班一年多后,开始考虑读研,我并没有作什么思考,义无反顾地报了先生的三年制中国古代史硕士生。1985 年硕士生报考,人数众多,77、78、79 级的师兄有很多人都是冲着先生来报考的。对我来说,考上纯粹是运气,一是当时记忆力比较好,二是认真进行了复习,花了远比高考更多的力气,从暑假开始,中国通史和古代汉语的教材反复看了三四遍。就这样,我幸运地成了程先生最后一届的学生。

研究生开学的第一天,我和俞钢就被程先生叫到了办公室。程先生给我们谈了学校历史学科的建设形势,认为要加强唐代历史的科研和教学,出于这种学术规划的需要,让我们两人跟随北京大学的王永兴先生学习隋唐史。他看出我们俩人面上露出的疑惑,浅浅一笑说,从此以后你们有两个导师,在学校里你们学习上有事尽管来问我。其实那天我们是有点觉得没有跟随着先生学宋史有点遗憾,但完全能明白把我俩托王永兴先生指导的用意,先生并不是从个人的角度来考虑这种安排,而是早早地从学科建设上规划谋局。那一天之后,我们都明白了先生在学科建设和师资队伍上有一个全面的思考,在学术研究上有一个庞大的计划。

研究生阶段和先生的接触渐渐多了,有两件事情如今回想起来,还是挺能说明先生在教育我时有着比较独特的方法。

我在本科阶段写过一篇小文章,主要是考证孔子弟子颜回的卒年,当时我认为我的考证是能自成一说的。后来这篇文章我寄给上《论语》课的金德建先生,金先生仔细地帮我修改了一番,还把我叫到他家里,谈了文章如何改动,最后把经他修改后的稿子寄回给我。金先生说你的文章提出了颜回卒年问题,也基本解决了,可以发表在你们学校的学报上。听了这话,我当时是欣喜若狂的。读研的时候我们总想证明点什么,就是想写文章发表,希望能让别人知道自己是有水平的。我其实当时已有一篇文章投给一杂志,有了录用的通知,所以受这个鼓舞,还想继续发第二、第三篇。听了金先生的话,于是到程先生家里把文章给了先生,我当然是希望程先生能帮我推荐到学校的学报上发表。过了一些天,古籍所副所长吴以宁老师到我们寝室把文章给了我,上面有程先生写的几行字。程先生的意思是文章本身没什么太大的问题,但他认为这样的文章不宜在学报上发表。他说文章要能说明一个稍大一点的问题,要着眼于多思考对历史有影响的一些问题,那样的论述才是比较有意义的。程先生的这段话,今天在写这篇文章时我想翻出原件来,但因为搬了几次家,不知塞到哪个角落里去了,只是凭回忆描绘出个大概。当时的我的确有点不乐,我认为我的考证是花了很大的功夫,经过反复修改,是能够成立的,所以我并不能理解程先生的用意,认为以前的先生都比较严格,程先生只是和大家一样让学生不要轻易发表文章。直到很多年后自己也带学生了,在考虑选题时,才发觉我们决定写什么内容,并不能一抓住个很小的问题就着手写作,就认为这个是历史研究。我们思考题目时,当然应该从这个题目的学术意义上多作考虑,应该解决一些对一个时代的历史变化影响比较深刻些的问题,这样可以有效地培养起自己对历史理解的深邃眼光。所以如今回想这件事，真的很感叹先生当年的教诲是十分有深意的。

我写作硕士论文时，最初想讨论唐代的商人，后来一查资料，发现相关的研究太多，感到自己想要突破比较困难。于是和王永兴先生商量换题目，先生认为可以换，让我改写杜佑和《通典》。王先生列出了一个大纲，让我讨论杜佑的政治、经济和史学思想，并且让我通过查找《通典》材料的史源来理解这些思想。我查了一段时间，摸不到方向，感到有些迷惘，于是想到了程先生。记得那天我去的时候，先生心情看上去不错，始终笑眯眯地看着我，让我先汇报自己做了哪些工作，看了哪些书，论文存在着哪些问题。先生说没有关系的，你听王先生的，就这样看下去。研究杜佑的思想，关键还是要看李翰的序和杜佑的《进通典表》，《通典》的编纂意图全在这里，这个是纲，理解了这里面的意思，再看杜佑的编纂思想就好办了。那天，先生是从头至尾轻轻地说着话，眼里始终是充满着长辈对小辈的爱意，一再鼓励我说没问题的，论文这样写是可以的。我也觉得很怪，本来对先生的敬畏，那天竟然消失全无，心里感到暖暖的。此后，先生在我的心里始终是慈祥的，是浑身充满着爱意的一位长辈。

硕士毕业的最后阶段，先生住在医院里，却始终关心着我们。去陪夜的时候，先生常会问我学习上的事情，有天问我毕业留校办得怎样了，我说好像没有什么太大的希望，古籍所领导内部有不同的看法，我自己会到外面找工作的。后来俞钢兄去陪夜的时候，先生让我们俩人不要急，说当年就是准备要留校任教才采用这样的培养模式，现在不能轻易改变。其时先生已经退休，但他说我们俩人的事情他会和学校领导沟通的。后来我再去医院陪夜，先生说王邦佐校长曾到华东医院去看望他，先生为我们特地写了一封信交给王校长，王校长说学校里肯定会想办法解决的，让我们耐心等待。我和俞钢兄的留校比一般人晚了近一个月，当时以为已经没有什么可能了，但学校里最后还是决定我们可以留校工作，所以之后与俞钢兄多次说起这事，都认为是先生的信起了重要的作用，学校里完全是看在先生对学科建设的一往情深上才把我们留了下来。

这些年来，每当想起先生关心我们学习和生活上的事情，感到对我们这些学生而言，先生的恩德不是三言两语可以说完的，我们唯有在学术研究上努力探索，不断取得更大的成绩，继续先生的事业，才是对先生最好的报答。聊以自慰的是，自毕业以来近30年，我们没有间断，没有放弃，仍然耕耘在史学研究领域，还在培育着一批又一批的学生，光大着先生的事业。先生建立的历史系和古籍所，依然是呈现出后继有人的景象。可以肯定的是，先生的弟子以及再传弟子，一定不会忘记当年先生创立事业的艰辛，将传承先生的学术传统，继续坚定地走在历史研究的道路上。

我的导师程应镠先生

徐定安
（上海师范大学硕士研究生毕业）

1985 年，上海师范大学古籍研究所招收了 6 名硕士研究生与一个约十来人的研究生班。招生目录上我们的导师是程应镠先生，入学后各人具体安排了导师，而我与张荣明有幸直接受先生指导。那一年，我们几位成了先生的关门弟子。

先生生平与成就，师兄虞云国多有著文探究，本文仅记叙先生与我的私交。

一、逆境中，遇恩师

我之人生，颇为曲折。祖父徐文甫，民国时期抗日爱国实业家与武术家，中国制罐工业与保温瓶工业创始人。1945 年，祖父因资助抗日被淞沪日军宪兵司令部拘捕，遭电刑而不屈。1950 年祖父病逝，家族企业遂由我父亲接任。我童年时，父亲远赴创办了立泰制造厂有限公司。我的家族，以制造“金鼎牌”保温瓶著闻，1962 年我父亲在国外以英文 Golden Tripod 注册国际商标，已有 85 年品牌历史。

我父亲到香港后派人接我与母亲。因我尚小，母子俩越渡，恐有风险，终未成行。之后，两地相隔，三十余载。我入中学后，一次不慎说漏了嘴，提及香港父亲，差一点惹大祸。从此对于香港的父亲，只能深埋心底，不能有丝毫的流露。

1968 年 9 月，毕业分配之前，我提前离开了中学，奔赴寒冷偏远的东北，参加黑龙江生产建设兵团。1970 年，我加入中国共产主义青年团。在哈尔滨近郊的一个农业连队种水稻，当过班长与连部文书。1972 年 5 月 4 日，在《哈尔滨日报》文艺副刊，发表了我的第一个短篇小说《激浪红心》。1975 年，上调哈尔滨农场局政治部，任新闻干事，为省市报社、电台写稿，报道农场新闻。

当时，保送工农兵学员，正是政治部管辖，可算是“近水楼台先得月”了。我努力工作，于 1976 年提出上大学。政治部主任倒同意了，而局长不肯放人，说“现在工作需要，再等一年吧”。哪知 1977 年恢复高考，我初中未毕业，高考折戟，进了哈尔滨师范学校的地理班。1979 年毕业，开始在一个企业的子弟中学做教师。那时，有同等学力报考研究生的政策，于是我下决心要考研究生。

我曾三次报考硕士研究生。

第一次是 1982 年，选择的方向是“商周史”，报考四川大学徐中舒教授的研究生。徐教授专攻金石、甲骨，乃我兴趣所在。那次考试内容，已记不详，只记得中国古代史，考了两道论述题。

1983 年暑期回沪休假，我去拜访中学的一位同学。他得知我报考历史学研究生，便说：“我的一个叔叔是上海师范学院历史系的领导。”在他指点下，1984 年，我转向报考上海师范学院中国古代史研究生，然 1984 年考试仍未成功。

1984年暑假,因我那位同学叔叔的介绍,董家骏教授夫妇给我辅导了四次《古代汉语》,训练直译,得益匪浅。董、陈两位恩师的点拨,令我悟得古代汉语之秘诀。之后,我将古代汉语3 000常用字,结合之前初涉金文、甲骨,由字形、本义至引申义的演变,牢记背熟。

上海师范学院中国古代史研究生入学考试的专业试卷,充分体现了先生的独特思路。其一,注重史实与史料。《中国古代史》与《中国文史哲综合考试》试卷,以名词解释为主。1985年《中国文史哲综合考试》是200个填空题,0.5分一个,全是专业名词。此类名词,广涉人物、事件、年代、制度、典籍,林林总总。这样的试题,评分标准客观、公允。应考前,我把《辞海》的《中国古代史分册》、《中国文学史分册》、《中国哲学史分册》、《中国史学史分册》四本书,背了一遍,因而《中国文史哲综合考试》,我几乎得了满分。其二,注重文学功底。上海师范学院中国古代史研究生入学考试的《古代汉语》试题,亦颇具特色。从唐诗、宋词采撷名篇,有感而发,应景作文。1984年考的是李商隐的一首诗:"君问归期未有期,巴山夜雨涨秋池。何当共剪西窗烛,却话巴山夜雨时。"有了1984年的应考体验,我把《唐诗三百首》、《宋词三百首》这两本书,亦背了一遍。考试时我亦比较顺利。

1985年3月,因前一年的一道试题与《辞海》中的表述有异,我冒昧给先生写了一封信。未曾想,发信四天后,竟收到了先生的亲笔回信。因几经搬迁,信件已找不到。但我印象很深的是,先生在信中告诉我:"如不录取硕士生,可上研究生班。"

二、议论中,对我有信心

作为先生的硕士研究生,基本课程,即是研读司马光的《资治通鉴》。我们读的是中华书局的标点本,虽亦已校勘,然因卷帙浩瀚,讹误罅漏,仍是难免。

记得先生给我们讲课,曾多次忆及其导师陈寅恪,而陈寅恪大师正是传承与发展乾嘉风范的新考据派。先生授之于我们的,不是泛泛空论,而是治史方略。

校读《资治通鉴》,涉猎版本、目录、校勘、文字、音韵、礼仪、职官、年号、封谥、刑律、音乐、兵制、财税、天象、方舆诸科。穷本溯源,考证辨伪,发其源而究其变。

我之前未有校勘体验,1986年1月交的第一次校读作业,因为没有掌握校勘的基本方法,并不符合先生的要求。同学中也有不少议论,我感到了压力。

不过每次上课,先生仍是慈祥地看着我,虽然话不多,但眼神中充满了期许。

我的同门张荣明,入学前已写有专著,他才华横溢,文笔清峻。我看了他的作业,方得要诀。第二次我交的作业,渐入正轨。先生详作批示,并予鼓励,兹录于后:

一、凡引文,略去者均须加……号。如"(武德)二年,始毕……会病死……子什钵苾幼,不克立,以为泥步设,使尽东偏,立其弟俟利弗设,是为处罗可汗。处罗复娶义成公主。……公主饵以玉石,俄瘟发死。"

二、凡原文所无者,引文不能妄加。如上所引新书无三年,则不当依他书加三年,"遂有疾"亦不当作"处罗有疾"也。

三、书页码均当如第一条加括号。

此次校读记较前大有进步，可喜。望加倍努力。做学问要忍饥忍寒，无畏无私。学习在求知明理，没有一点抱负不行。

程应镠

十一、二十五

为了融贯中西，先生要求我补修《世界古代史》，并参加考试。1986年10月22日，先生亲自给时任历史系主任的吴成平教授写信，请他安排我随本科生听课，参加考试。我拿着先生的亲笔信，找到吴教授。我听了一年陈有锵教授的《世界古代史》课程，并通过了考试。先生的亲笔信，我保留至今。信云：

成平同志，

魏定安同学因是同等学历的研究生，须补修世界古代中世纪课程，请通知陈昌福同志，允许他听课，并参加考试。

程应镠

十月二十二日

研究生三年，我牢记先生"做学问要忍饥忍寒"的箴言，每天晚上12点睡觉，小心翼翼，埋头读书，唯恐出错。因先生要我们阅读大量的古籍文献，按规定学校出资赴各地历史古迹的考察，除了研究生班，我们6个硕士生都没有时间参加，学业非常紧张。

为了准备硕士学位论文，我根据期刊目录，把公开发表的有关中国古代人口研究的文章，查阅了一遍，以确定我的论文选题。

我遵循先生传授的考据方法，花了整整一年时间，日以继夜，将现存可查考的所有宋代文献，仔细阅读，将文献中有关宋代户籍、人口的史料、数据，摘录下来，分门别类，做成资料卡。再根据资料卡，做考证、辨伪、归类，探究内在逻辑，写成论文《北宋户籍制度考》。提出了新的观点：以前的文章都是说宋代"三年一造户籍"，其实是三年一造户籍与一年一造户籍两种类型，而"形势簿"、"五等丁户簿"实为"役簿"，但具有户籍人口统计性质。史籍记载的北宋人口数字，是成丁男子数。北宋家庭，是大户制。依据成丁男子数推测，北宋人口应在数千万至亿之间，是中国古代人口众多的时期，这亦恰与北宋的经济鼎盛相吻合，北宋是中唐以后经济由衰而盛的转折。可惜的是，我毕业后，忙于杂事，未及修改、发表。搬迁中，连论文打印稿都丢失了。

三、病榻前，将我托付于王育民教授

1987年秋，先生再次入住华东医院。11月的一个初冬夜，我在先生病房陪夜护理。我给先生带去了刚买的进口西洋参，先生未收，说他有加拿大寄来的。

那夜，先生未入睡，与我娓娓叙谈。说起了他的大儿子在北京，有个女儿在新疆。先生眼神矍铄，问及我的硕士论文。因我最初毕业于哈尔滨师范学校的地理专业，而当时上海师范大学历史系的王育民教授正鹊声四起，我向先生汇报了历史地理选题。

不几天，王育民教授到医院看望先生，先生在病榻前，将我托付于王育民教授。

王育民教授与先生友情笃深，他受的苦难比先生更甚。1957 年“反右”浪潮中，亦不知何罪之有，竟被投入监狱。后来，王育民教授曾苦笑着向我叙述他的铁窗生涯，并且说起上世纪 60 年代的三年自然灾害，他亲眼看到许多难友饿死在工地。他看到遍野的树叶，因粮荒，都被附近的人们吃光，夏天的树木，只见树叉。王育民教授后来当了劳改农场的医生，才死里逃生，活了下来。

那次深夜长谈，先生还对我特意说了一句话，记忆犹新，先生说：“将来如不搞研究，当老师总是可以的。”可见先生对我未来的工作，亦一直记在心上。遗憾的是，并未如愿。

自我们那一届起，研究生的工作分配，并不那么顺利。最初，古籍所领导说研究生一个不留，于是杨师群、张荣明与我自谋出路。师群去了华东政法学院，荣明去了华东化工学院。我联系了一个饮食公司，最后未落实，1988 年 9 月，回到学校，辗转周折分配到图书馆工作。

1991 年秋，病中的先生出版了《司马光新传》。那年 12 月初的一个下午，我刚上班，先生的夫人李老师给我送来赠书，她轻声对我说：“这是程先生送的。”我打开封面，扉页上有先生的印章，赫然入目。

先生与王育民教授，都是中年遇难。到了晚年，都争分夺秒，弥补学术。1986 年的一个黄昏，我给先生送作业。只见先生埋头伏案于灯下，正聚神贯注写作《司马光新传》，直到我在房间门口伫立良久，方才知道我来了。王育民教授长年吃住在教工集体宿舍的 208 房间，为了赶写《中国人口史稿》，一边吃药，一边写书，劳累过度，脚都浮肿了。

先生的追悼会，我是参加的。最难忘的一刻，是先生灵柩火化前，先生的长子双膝跪地、双手紧紧抓住先生灵柩不放，父子情深，至今清晰在目。他作为先生的长子，对自己父亲一生的跌宕沉浮、酸楚苦痛，那是最清楚不过的了。

不久，王育民教授亦病逝。入殓时，我凝视着王育民教授那双穿旧了的鞋，潸然泪下，想起了他对我说的那些凄惨情景。

先生与王育民教授，年寿均未过八十，先生胞弟程应铨，更是英年辞世。他们本该长寿的，是那个年代夭折了他们。他们与我父亲应该是同辈人，而在那个特殊的年代，一个强迫拉粪车，一个被投入监狱，一个忍辱冤死，我父亲因 1957 年远渡香港，方幸免于难，逃过一劫。

记于 Jan. ,2016 ,North Bay

夕阳下曾经的身影

李宝奇

（上海师范大学中文系79级）

爱因斯坦在谈到教育时曾转述怀特海的论述：当一个人忘记了在学校学习的每一样东西，剩下来的才是教育。鲁迅在《藤野先生》中也表达过近似的情怀。记得有同学毕业前感慨，三年级时就没劲了，盼早点工作。我似乎相反，好像茶刚喝出一丁点味来，便要散场了；以为大学就应当是储藏真理的殿堂似的，颇有点失落的情状。今天扪心自问，还留下些什么呢？寒暑淘汰的遗存里，拨网抹尘，爬梳那星星点点。

脑海中，真正带有教育意义的，是第一年程应镠先生、李培栋老师开讲的中国通史课程。程先生宅心仁厚、思寄高远，说他多次呼吁开设中国通史公共课，先开到中文系，以后理科也应该开，师院在上海高校最先开了此课。当时感觉就两个字：幸运。课上学的知识今已寥寥，而程先生的讲述每每结合自己的事例和感悟，其情其景还历历在目，常启人回味与省心。有道是薪火传承，此之谓乎？

曾记得：程先生讲课中，突然摘下老花镜推向右前方，脱口而出："历史学是最讲党性的。"感情饱满、庄重。这是我第一次听到"党性"的不同含义，也体会了30年。有一回从先秦诸子程先生谈到自己："（'文革'中）我觉得自己，历史学得很糟，从干校回来又重读诸子。"在我的经历中，直言自己学识很糟的只有程先生一位。其中蕴涵的"为己之学"、"修辞立其诚"之古风，多年来还在我心底酝酿，似更浓、更悠长。

说到唐诗，老先生道，有段时间经常望着天边发呆，会想起李白的诗："众鸟高飞尽，孤云独去闲，相看两不厌，唯有敬亭山。"吟诵间，神色便凝重起来；一边摘眼镜那目光已匆匆地追向窗外，思绪仿佛又去了当年的"敬亭山"流连。片刻，眼神才沉沉地回到课堂上，怔怔地看着学子们，平复着心绪，乃恋恋地道："有意境。"偌大的阶梯教室一片沉寂，同学们的心似乎也进入了规定情景。这种教学氛围与其说是教授知识，不如说是熏陶精神。而今想来，这就是孔子讲学和后来书院传统的遗绪啊。老师就像精神家园的父母，把心交给学生，学生的心也和着一起跳动。

讲杜甫时，程先生说自己在抗日战争的旅途中，看到国民党军队带着一队挑夫过来，其中牵夹着一个挑担的瞎子。先生平端着掌心往胸口提："自己的同情之心油然而生。"有关杜甫的内容一点都不记得了，而先生的杜甫在学子的心里却落下了根，伴我一起观照着这嚣嚣世态。老实说，读中文系四年，我对文学的那点感悟，就是程先生开蒙的。他的意境说、共鸣说，全不是知识的标签，而是生命的感通，一下子就沁人心脾，撒下了种籽。毕业后才知道老先生曾是作家，笔名流金。后代的学子，总是通过分割的学科，了解门类的知识和名人，对当时学科兴衰的承袭、演化之因缘，社会心理的普遍关注和焦虑，很难有感同身受的了解。比如，今天在媒体、出版物中不少如雷贯耳的现代文化名人，在同代好友的程应镠和沈从文先生眼里，其间的差别，恐怕难免有云泥之距了。一如我们眼中同辈的名人们。每个时代自有她的局限性，而整个历史又有她的“党性”评判立场，这个玄乎的“党性”，直直地通向当下每个人的心底，叫良知。“你对自己生活的时代、人生体验得越真切，才会对历史理解得越深刻。”这是李培栋老师后来数次告诫的谆谆教诲。是啊，年过半百，我愈发体会到其真理性。伴随着人性演化的历史长河，本来就是贯通的嘛。不通的只是自己的心，没有去蔽的心。

期中考试，同学中大面积不及格。有女同学为补考秉烛夜战，燃起蚊帐，烧毁了床上用品，大伙还捐了款。程先生闻知后，在课前向大家表示抱歉，说听了李培栋老师的意见，感叹自己已不了解学生的知识现状云云。学生考不好，先生说抱歉，我头一次遇到。考前，程先生几次说，大家只要把郭老或翦伯赞的书翻翻，都可以通过。一位补考的室友事后叫苦：“我还以为翻翻嘛。”

今天，有位前国家总理曾对外国记者说：“我不会把真话全告诉你，但我保证告诉你的全是真话。”程先生当年就是这种仁者风范，谈到人类历史与阶级斗争，他说，有些历史学家发现日本在历史上确实没有什么大的阶级斗争。在与同学的交谈中，据说程先生认为自己是马克思主义者。涉及人类社会发展历史，先生历述经历过的几个阶段，道：“最后，据说是共产主义社会。”讲完秦始皇统一，先生淡淡地评说：“在我看来，只有49年的建国能与之相比。”这句淡淡的“相比”，让我困惑了好多年，近来才慢慢醒过味来。愚钝如我，其愧何容也。

古人云：“比之玉，自是有温润含蓄气象，无许多光耀也。”此之谓乎？

印象中，程先生上课有两件东西变动最频繁：老花镜和讲义夹。戴起老花镜便捧起讲义夹，这时讲知识。摘下老花镜即放下讲义夹，此刻，精彩的人生感悟涌然而出。时而刚戴上眼镜，感悟上来了，马上摘下，口吐莲花。再戴上、捧上，然“莲花”未尽，又摘、又放。眼镜和讲义夹就在尺许间来来回回。一段段历史的叙述，仿佛四季的远风，自己的心绪随之起伏、激荡。静坐着的学子看着这般频繁的举动，不免心生几分感动和不安。

在“来来回回”的尺许间，学子们就像株株幼苗，滋润于似随意挥洒的涓涓点点。不知如今也纷纷戴上老花镜的昔日学子，身上还有几许当年的点点涓涓？

课后，曾经等在路上，想请教自己在人生和学业选择上的困惑，一时又不知道怎么说。程先生宽和地先道：“要读经典原著，不要满足于读小册子。”此语至今仍受用不已。记得老人家向着西部音乐新村的家，步履匆匆，一边又不愿拂了学子的求教，郑重地说：“以思想来划分阶级，不是马克思主义经典作家的观点。”言及时风中对郭沫若的颇多恶评，似乎非一时所能道明，在家属区的岔道口，先生略作站立、欲言又止，顾首而分走。

“万 岁” 考

王春瑜

宋人高承曾谓：“万岁，考古逮周，未有此礼。”[①]此说颇有见地。“万岁”与封建帝王划上等号，成了皇帝的代名词，是有个发展过程的。

在甲骨文中，无“万岁”，亦无“万寿无疆”的记载。在西周中、晚期的金文中，每见“眉寿无疆”、“万年无疆”（与“万寿无疆”同义），并亦有“万寿”的记载。但是，它并不是专对天子的赞颂，而是一种行文款式，铸鼎者皆可用。诸如“眉寿周邦，是保其万年无疆，子子孙孙，永保永享”，“乙公作万寿尊鼎，子孙孙永宝永之”，“唯黄孙子系君叔单自作鼎，其万年无疆，子孙永宝享，”[②]如此等等，不一而足。显然，这里的“万年无疆”云云，不过是子孙常保、永远私有之意。这一信息，我们从我国最古老的诗集《诗经》中，也不难窥知。固然《大雅·江汉》中有“天子万寿”语，表示了人们对天子“万寿”的祝福。但是，更广泛的意义，则不是这样。《豳风·七月》：“跻彼公堂，称彼兕觥，万寿无疆。”《小雅·南有嘉鱼·崇丘》：“南山有台，北山有叶。乐只君子，邦家之基。乐只君子，万寿无期。”“南山有桑，北山有杨。乐只君子，邦家之光。乐只君子，万寿无疆。”《七月》中的“万寿无疆”，是描写年终时人们在村社的公堂中举行欢庆的仪式后，举杯痛饮，发出兴高采烈的欢呼。至于后二首，无非是见兴比赋。所谓君子，朱熹谓：“指宾客也。”[③]若然，这里的“万寿无期”、“万寿无疆”，都是诗人对宾客的祝福语，很可能是当时人们口头上的家常便饭。

从战国到汉武帝之前，“万岁”的字眼尽管也常常在帝王和臣民的口中出现，但其用意，可分为两类，大体上仍与古法相同。其一，是说死期。如：“楚王游云梦，仰天而笑曰：‘寡人万岁千秋后，谁与乐此矣？’安陵君泣数行而进曰：‘大王万岁千秋后，臣愿以身抵黄泉驱蝼蚁。’”[④]刘邦定都关中后，曾说：“吾虽都关中，万岁后，吾魂魄犹乐思沛。”[⑤]“戚姬子如意为赵王，高祖忧万岁之后不全也。”[⑥]又，“万岁之期，近慎朝暮”。[⑦] 颜师古注谓：“万岁之期，谓死也。”这就清楚地表明，不管是楚王的仰天大笑说“万岁千秋”后也好，还是安陵君拍马有术所说的“大王万岁千秋后”也好，以及刘邦在深情眷恋故乡和为小儿子赵王忧心忡忡不同场合所说的“万岁后”，都是表明死后。这跟普通人称死，只能说卒、逝、谢世、蚤世、不讳、不禄、陨命、捐馆舍、弃堂帐、启手足之类比较起来，虽然显得有点特别，但与后来被神圣化了的“万岁”词意，毕竟还是大相径庭的。其二，是表示欢呼，与俄语中的“乌拉”颇相近。请看事实：蔺相如手捧稀世珍

---

① 《事物纪原》卷二。

② 《积古斋钟鼎彝器款识》卷三、四。

③ 《诗集传》卷八。

④ 《战国策·楚策》。

⑤ 《史记·高祖本纪》。

⑥ 《汉书·张苍传》。

⑦ 《汉书·翟方进传》。

宝和氏璧"奏秦王，秦王大喜，传以示美人及左右，左右皆呼万岁。"[①]孟尝君的门客冯驩焚券契的故事，是脍炙人口的。史载：冯驩至薛后，"使吏招民当偿者，悉来合券。……因烧其券，民称万岁"。[②] 田单为了麻痹燕军，"使老弱女子乘城，遣使约降于燕，燕军皆呼万岁"。[③] 纪信为陷入项羽大军重重包围中的刘邦定计，跑到楚军中撒谎说："'城中食尽，汉王降。'楚军皆呼万岁。"[④]陆贾遵刘邦之命著成《新语》，"每奏一篇，高帝未尝不称善，左右呼万岁"。[⑤] 汉九年，未央宫建成，刘邦"大朝诸侯，群臣置酒未央前殿。高祖奉玉卮，起为太上皇寿曰：'始大人常以臣无赖，不能治产业，不如仲力。今某之业所就，孰与仲多？'殿上群臣，皆呼万岁，大笑为乐。"[⑥]——凡此皆充分表明，从战国到汉初，人们虽常呼"万岁"，却并非专对帝王而呼。但有开心事，即作此欢呼，亦不过如此而已。

至汉武帝时，随着儒家的被皇帝定于一尊，"万岁"也被儒家定于皇帝一人。从此，"万岁"成了最高封建统治者的代名词。稽诸史笈，这是汉武帝精心炮制的政治谎言的产物。史载：元封元年"春正月，行幸缑氏。诏曰：'朕用事华山，至于中岳，翌日亲登嵩高，御史乘属，在庙旁吏卒咸闻呼万岁者三。登礼罔不答。"[⑦]"呼万岁者三"，谁呼的？荀悦注曰："万岁，山神称之也。"原来，是神灵向汉武帝高呼"万岁"，以致敬礼；而且，汉武帝向神灵致意还礼，无不答应。真是活龙活现！汉武帝为了神化君权以强化封建专制而编造的"咸闻呼万岁者三"的神话，成了后世臣民给皇帝拜恩庆贺时三呼"万岁"——并雅称"山呼"的不典之典。十五年后，亦即太始三年二月，汉武帝又编造了一个更神乎其神的谎言。他声称："幸琅邪，礼日成山。登之罘，浮大海。山称万岁。"[⑧]你看，石头都喊他"万岁"，臣民焉得不呼？从此，封建帝王的宝座前，"万岁"之声不绝于耳。"万岁"既归于皇帝一人，如他人用之，就成了僭越、谋逆、大不敬。后汉大将军窦宪，"威震天下……会帝西祠园陵，诏宪与车驾会长安。及宪至，尚书以下议欲拜之，伏称万岁，棱正色曰：'夫上交不谄，下交不黩，礼无人臣称万岁之制。'议者皆惭而止。"[⑨]这就表明，只有皇帝才可"称万岁之制"，已牢固确立。

"万岁"既与最高封建统治者划上了等号，臣民百姓必须在向皇帝顶礼膜拜时呼喊，否则当然就是大不敬。但是，考唐律、明律、清律等封建法典中，并无此等条文。这就表明，皇帝"称万岁之制"，及相应的大不敬律，是用不成文法固定下来的；而无数历史事实证明，不成文法比成文法要厉害百倍。重压之下，百姓只好供一块"当今皇上万岁万万岁"的牌位，以明心迹。正如清人张符骧在诗中所说的那样，"未必愚民真供佛，官家面上费庄严"。[⑩]

（原刊于《历史研究》1979 年第 9 期）

① 《史记 · 廉颇、蔺相如列传》。
② 《战国策 · 齐策》。
③ 《史记 · 田单列传》。
④ 《史记 · 项羽本纪》。
⑤ 《史记 · 郦生、陆贾列传》。
⑥ 《史记 · 高祖本纪》。
⑦ 《汉书 · 武帝纪》。
⑧ 《汉书 · 武帝纪》。
⑨ 《后汉书 · 韩棱传》。
⑩ 《自长吟》卷十。

五代辽宋金元的“指斥乘舆”罪

王曾瑜

“指斥乘舆”罪，且不说一般人，就是从事中华古史专业者，只怕也有相当比例者觉得生疏。但如果换一句现代语——“骂皇帝”，大家就都会懂得。明朝高拱解释说：“乘舆，谓天子也，不敢言天子，故言乘舆也。”[①]谁要骂皇帝，就算犯了弥天大罪，但也只能称为“指斥乘舆”，即指斥了皇帝的座车，避讳用“皇帝”一词，以示“皇帝”一词的神圣性。宋朝张浚也解释说：“自古言涉不顺，谓之指斥乘舆；事涉不逊，谓之震惊宫阙。是以见君辂马，必加礼而致恭，盖不如是，无以肃名分，杜僭乱也。”[②]

从古代史籍中搜索，尽管早在秦汉时代已确立了中国特色的帝制，但直到840年后的唐朝，今人方才在《唐律疏议》中，第一次看到对“指斥乘舆”罪作了法律上的规定。当然，唐律源于隋《开皇律》，但《开皇律》已佚亡。《唐律疏议》卷一《十恶》，确定如今人们常说的“十恶不赦”罪。“六曰大不敬”，其中就包括“指斥乘舆，情理切害”。但疏议又对此作了法律规范和说明：“若使无心怨天”，“不入十恶之条”，“盖欲原其本情，广恩慎罚”。同书卷一〇规定，“诸指斥乘舆，情理切害者斩”；“指斥谓言议乘舆，原情及理，俱有切害者斩”；“非切害者徒二年，谓语虽指斥乘舆，而情理非切害者，处徒二年”。同书卷二三又规定：“知指斥乘舆及妖言不告者，各减本罪五等。官司承告，不即掩捕，经半日者，各与不告罪同。”宋理学家程颢对“情理切害”有所解释，说：“旧言指斥乘舆，言理恶者死。今改曰情理，亦非也。”[③]从上引法律条文看，对“指斥乘舆”罪的处置是极其严厉的。

若追溯“大不敬”的刑名由来，《史记》卷九六《申屠嘉列传》载，他劾奏汉文帝幸臣邓通：“夫朝廷者，高皇帝之朝廷也。通小臣，戏殿上，大不敬，当斩。吏今行斩之！”同卷《魏相列传》记载，因“大不敬”罪，“长史以下皆坐死，或下蚕室”。《汉书》卷八九《黄霸传》说：“夏侯胜非议诏书，大不敬，霸阿从，不举劾，皆下廷尉，系狱，当死。”《后汉书》卷六〇下《蔡邕传》载：“下(蔡)邕、(蔡)质于洛阳狱，劾以仇怨奉公，议害大臣，大不敬，弃市。”经吕强营救，“有诏减死一等，与家属髡钳，徙朔方，不得以赦令除”。汉律源自秦律，故大致可以判断，在秦汉时，已有“大不敬”、“当死”、“弃市”的刑名，但还没有唐律那样细致的规定。

自晋朝以下，历代都有“大不敬，弃市”的刑名，[④]在此不必赘述。《隋书》卷二五《刑法志》记载，北齐河清三年(564)，定“齐律”，“又列重罪十条，一曰反逆，二曰大逆，三曰叛，四曰降，五曰恶逆，六曰不道，七曰不敬，八曰不孝，九曰不义，十曰内乱。其犯此十者，不在八议论赎之限”。北周保定三年(563)，定“大律”，“立十恶之目，而重恶逆不道、大不敬、不孝、不义、内乱之罪。凡恶逆，肆之三日”。隋律则“又置

---

① 高拱：《本语》卷六，文渊阁《四库全书》本，849册，第861页。

② 朱熹：《朱文公文集》卷九五上张浚行状，《四部丛刊》本。

③ 程颢、程颐：《二程集·河南程氏外书》卷一〇，中华书局1981年版，第406页。

④ 《晋书》卷五〇《庾旉传》，中华书局1974年版，第1403页；同书卷六一《周嵩传》，第1660页。《梁书》一六《王亮传》，中华书局1973年版，第268页；同书卷五三《伏暅传》，第776页。《魏书》卷七七《辛雄传》，中华书局1974年版，第1691页。《北齐书》卷四七《宋游道传》，中华书局1972年版，第654页。《北史》卷四二《刘逖传》，中华书局1974年版，第1551页。

十恶之条，多采后齐之制，而颇有损益。一曰谋反，二曰谋大逆，三曰谋叛，四曰恶逆，五曰不道，六曰大不敬，七曰不孝，八曰不睦，九曰不义，十曰内乱。犯十恶及故杀人狱成者，虽会赦，犹除名”。这就是前述唐律“十恶”之所本。

按照马克思主义的基本观点，法律无非是在社会经济基础之上的上层建筑之一，“经济关系反映为法原则”，“又对经济基础发生反作用”。[①] “在历史进程中，掠夺者都认为需要通过他们自己硬性规定的法律，来赋予他们凭暴力得到的原始权利以某种社会稳定性”。[②] 法律必须维护阶级社会的阶级统治秩序，体现统治阶级的意志，这是颠扑不破的真理。当然，由于国家的公权力是从原始社会的公共事务管理转化而来，部分法律也有管理公共事务规则的功能。这与前者是互相融合和渗透的，一般并不互相排斥。

就“指斥乘舆”罪的制订而论，它无非是服务于进一步强化皇权，并将此种功能推进到了极致，其阶级性和专制性极为鲜明。故“指斥乘舆”的罪名也必然被后代所继承。宋人因避宋太祖祖父赵敬名讳，在《宋刑统》卷一中，将“大不敬”罪改成“大不恭”罪。《元史》卷一〇二《刑法志》照抄《唐律疏议》，其“十恶”之六“大不敬”中，就有“指斥乘舆，情理切害”。同书卷一〇四《刑法志·大恶》规定：“诸指斥乘舆者，非特恩，必坐之。诸妄撰词曲，诬人以犯上恶言者，处死。诸职官辄指斥诏旨乱言者，虽会赦，仍除名不敍。”在中国古代史料中，有时也略去“乘舆”两字，简称为“指斥”罪；“指斥”罪的范围较宽，不一定全是“指斥乘舆”。

五代是武夫横行的时代，皇帝的权威下降。军阀安重荣上表晋高祖石敬瑭，“其表数千言，大抵指斥高祖称臣奉表，罄中国珍异，贡献契丹，凌虐汉人，竟无厌足”。但晋高祖无法给他治罪，“忧其变也，遂幸邺都，以诏谕之，凡有十焉”。[③] 后周时，得南唐“蜡丸书来上。多斥周过恶以为言”，周世宗大怒，责备南唐使者孙晟，说：“晟来使我，言（李）景畏吾神武，愿得北面称臣，保无二心，安得此指斥之言乎？”将孙晟“及其从者二百余人，皆杀之”。[④] 后周时，赵守微“本村民，因献策，擢拾遗，有妻复娶，又言涉指斥，坐决杖配流”，但没有处死，而御史中丞边归谠对周世宗说：“陛下何不决杀赵守微！”[⑤]但处事颇能决断的周世宗仍未采纳，大约赵守微虽是“言涉指斥”，而没有确实的“情理切害”证据。

辽朝法律的制订，当然参照唐律。辽太宗天显七年（932），“林牙迪离毕指斥乘舆，囚之”。[⑥] 辽圣宗统和十二年（994），辽圣宗“诏契丹人犯十恶者，依汉律”。[⑦] 太平八年（1028），“枢密使、魏王耶律斜轸孙妇阿聒指斥乘舆，其孙骨欲为之隐，事觉，乃并坐之，仍籍其家”。[⑧] 可知辽朝确是沿用唐律之“十恶”和“指斥乘舆”罪。辽朝末年，在金朝的攻击下，燕王耶律淳自立为帝，他死后，辽天祚帝下诏，历数耶律淳罪状，其中有“僭称帝号，私授天官，指斥乘舆，伪造符宝，轻发文字，肆赦改元”等罪。[⑨]

宋太祖时，丁德裕在西川，“奏转运使、礼部郎中李铉尝醉酒，言涉指斥。上怒，驿召铉下御史，案之。

---

① 《马克思恩格斯选集》第四卷，人民出版社 1972 年版，第 484 页。

② 《马克思恩格斯选集》第二卷，第 451 页。

③ 《旧五代史》卷九八《安重荣传》，中华书局 2015 年版，第 1524 页。

④ 《新五代史》卷三三《孙晟传》，中华书局 2015 年版，第 414 页。

⑤ 《宋史》卷二六二《边归谠传》，中华书局 1977 年版，第 9070 页。

⑥ 《辽史》卷三《太宗纪》，中华书局 1974 年版，第 33 页。

⑦ 《辽史》卷一三《圣宗纪》，第 145 页；卷六一《刑法志》，第 939 页。

⑧ 《辽史》卷一七《圣宗纪》，第 202 页。

⑨ 徐梦莘《三朝北盟会编》（以后简称《会编》）卷九，上海古籍出版社 1987 年版，第 59 页。

铉言德裕在蜀日，屡以事请求，多拒之，皆有状。御史以闻，太祖悟，止坐铉酒失，责授左赞善大夫”。[①] 开宝二年(969)，丁德裕奏张延通“尝对众言涉指斥，且多不法事”，又指张屿为同党。“太祖怒，即收延通、张屿及王班下御史台，鞫之，延通等引伏。太祖始欲舍之，及引问，延通抗对不逊，遂斩之。屿、班并内臣王仁吉并杖脊，屿配流沙门岛，班许州，仁吉西窑务”。[②]

宋太宗发动政变，篡位成功，于太平兴国七年(982)，举办亲弟秦王赵廷美狱案。其中有阎密“恣横不法，言多指斥”，予以处斩。[③] 此案又牵连宰相卢多逊，宋太宗亲自下诏说他“包藏奸宄，窥伺君亲，指斥乘舆，交结藩邸，大逆不道，非所宜言”，但并不处死，而是“配流崖州”。[④] 太平兴国八年(983)，宋太宗“斩孟州进士张两。两试吏部，不合格，纵酒大骂于街衢中，言涉指斥，游徼吏捕以闻。上怒，故抵于法，同保九辈永不得赴举，州长吏罚一季俸”。[⑤] 此次狱案甚至株连同保的举人，罚他们“永不得赴举”，连孟州知州也“罚一季俸”，足见宋太宗的盛怒，完全是法外加罚。他又下制书，说其宠臣弭德超“诟骂同列，指斥朕躬，为臣若斯，于法何逭”，“配琼州，禁锢”，[⑥]但没有处死。宋太宗宠信侯莫陈利用，后“京西转运副使宋沆籍利用家，得书数纸，言皆指斥切害，悉以进上。太宗怒，令中使斋杀之，已而复遣使，贷其死。乘疾置至新安，马旋泞而踣，出泞换马，比追及之，已为前使诛矣”。[⑦] 宋太宗实行特务政治，柴禹锡和赵镕“尝遣吏卒变服，散之京城察事。卒乘醉，与卖书人韩玉斗殴，不胜，因诬玉言涉指斥。禹锡等遽以闻，玉坐抵法。太宗寻知其冤”。[⑧] 在此件冤案中，韩玉显然被处死。至道时，郑元辅“诣检上书，告(赵)自化漏泄禁中语，及指斥非所宜言等事。太宗初甚骇，命(宦官)王继恩就御史府鞫之，皆无状，斩元辅于都市”。[⑨]

宋仁宗时，刘敞“纠察在京刑狱，营卒桑达等醉斗，指斥乘舆。皇城使捕送开封，弃达市。敞移府，问何以不经审讯，府报曰：‘近例，凡圣旨及中书、枢密所鞫狱，皆不虑问。’敞奏请一准近格，枢密院不肯行，敞力争之，诏以其章下府，著为令”。[⑩]

宋神宗熙宁三年(1070)，“皇城使、开州团练使沈惟恭除名，琼州安置，进士孙棐处死。惟恭，贵妃沈氏之弟，故宰相伦之孙。棐，开封人，惟恭门下客也。惟恭以干请恩泽不得志，觖望，尝为棐言：‘皇子生，必不久。’语涉咒诅，又假他人指斥乘舆之言以语棐。棐希惟恭意，每见，辄诋时事，亦尝指斥乘舆。后又诈为司马光陈五事章疏，以示惟恭，词极不逊。惟恭转以示人。四方馆归司官张泽得之，以示閤门使李评，评奏之，故败。棐既伏诛，余传写人皆释罪”。[⑪] 此处所谓“进士”，其实只是文士。熙宁八年(1075)，“沂州民朱唐告前余姚主簿李逢谋反，提点刑狱王庭筠言其无迹，但谤讟，语涉指斥及妄说休咎，请编配”。宋神宗特别派遣官员按治，“庭筠惧，自缢死。逢辞连宗室、秀州团练使世居、医官刘育等，河中府

---

① 《宋史》卷二七四《丁德裕传》，第9354页；李焘《续资治通鉴长编》(以下简称《长编》)卷一〇开宝二年十二月己亥，上海古籍出版社1986年版，第92页。

② 《宋史》卷二七四《张延通传》，第9355页；《长编》卷一〇开宝二年十月癸卯，第91页。

③ 《宋史》卷二四四《赵廷美传》，第8667页；《长编》卷二三太平兴国七年四月丁丑，第196页。

④ 《宋史》卷二六四《卢多逊传》，第9119页。

⑤ 《长编》卷二四太平兴国八年三月乙酉，第205页。

⑥ 《宋会要辑稿(以下简称《宋会要》)·职官》七八之二至三，中华书局1957年版。

⑦ 《宋史》卷四七〇《侯莫陈利用传》，第13679页；《长编》卷二九端拱元年三月乙亥，第250页。

⑧ 《宋史》卷二六八《赵镕传》，第9225页。

⑨ 《宋史》卷四六一《赵自化传》，第13508页。

⑩ 《宋史》卷三一九《刘敞传》，第10384页；《长编》卷一九〇嘉祐四年七月庚申，第1749页；刘攽《彭城集》卷三五《故朝散大夫给事中集贤院学士权判南京留司御史台刘公行状》，文渊阁《四库全书》本，1096册，第347页。

⑪ 《长编》卷二一一熙宁三年五月庚戌，第1965页；《宋会要·职官》六五之三二。

观察推官徐革,诏捕系(御史)台狱”。“狱具,赐世居死,李逢、刘育及徐革并凌迟处死,将作监主簿张靖、武进士郝士宣皆腰斩,司天监学生秦彪、百姓李士宁杖脊,并湖南编管。余连逮者追官落职,世居子孙贷死,除名,削属籍。旧勘鞫官吏并劾罪”。此案还“腰斩进士(文士)李侗”等。李逢谋反案是当时一件大案,也并非仅是“指斥乘舆”罪,而株连颇众。①

元丰四年(1081),宋神宗“诏前追官勒停人、越州山阴县主簿、太原府教授余行之陵迟处死”。“行之以废黜怨望,妄造符谶,指斥乘舆,言极切害”。“行之既伏诛,因赦其妻、子”。② 元丰六年(1083),宋神宗“诏泾原路京东第八将梁用、副将赵潜各罚铜二十斤,坐部卒常斌指斥乘舆,语切害,不可录奏,经略司以闻故也”。③ 梁用和赵潜仅属不上报,也受处分,而常斌大约处死。

宋哲宗元祐时,围绕着前任宰相蔡确的车盖亭诗案,其实是纯属捕风捉影的冤案,但谏官们,特别是刘安世,“谓其指斥乘舆,犯大不敬”,④而御史台官员等主张从轻,最后高太后将蔡确流放广南新州。王巖叟所写蔡确责词,也诟责他“曾不反思,尚兹归怨,形于指斥,播在歌谣,托深意以厚诬,包祸心而莫测”。⑤

绍圣四年(1097),“田嗣宗坐指斥,抵死”。⑥ 此人为中书侍郎李清臣“姑之子”,李清臣也因此罢政。⑦ 元符二年(1099),“熙河帅种朴败死”,宋哲宗“为之震骇,遂复弃鄯州。关中由此大困,开封民有因醉狂语者”,宰相章惇“请论如指斥乘舆法,上特贷死。惇再取旨不已,自是妄言者莫不诛死,然虽多杀不禁也”。⑧ 章惇的秉性还是相当残忍,这是他掌政后期,“取旨不已”,以“指斥乘舆”罪滥杀无辜。

宋徽宗即位之初,其弟宋神宗十三子赵似,“以王府史语言指斥,送大理寺验治,似上表待罪”。左司谏江公望上谏奏,结果邓铎因曾自写“随龙人、三班借职邓铎”,“伏诛,蔡邸不挂吏议”。但宋徽宗仍“颇以狱词平反太过,盖法官(按:指吴师礼)不肯以指斥切害之罪罪之也”。⑨ 宋制,皇帝登基后,“凡东宫僚吏一概超迁,谓之随龙”。⑩ 邓铎自称“随龙人”,表明他有意参加宋哲宗死后的帝位争夺,但也确实说不上是什么“指斥乘舆,情理切害”。

崇宁元年(1102),宋徽宗重新镇压反变法派,为箝制舆论,下令“禁羁置人入京,及诸色人妄议宗庙,指斥乘舆,并许人告,赏钱三千贯,白身与三班借职,有官人转两官”。⑪

政和元年(1111)到三年(1113),“以泰州李彪作殿试策题及答,语言指斥乘舆及嘲讪大臣等罪”,宰相张商英“以事在赦前,令开封府一面断放”,张商英责授崇信军节度副使后,又进一步贬责为汝州团练

---

① 《宋史》卷二〇〇《刑法志》,第4998页;《长编》卷二五九熙宁八年正月庚戌,第2432页,卷二六一熙宁八年三月甲午,第2445页,卷二六三熙宁八年闰四月壬子,第2481页,卷二六四熙宁八年五月甲子,丁卯,丁丑,第2484、2485、2490页。

② 《长编》卷三一二元丰四年四月壬申,第2921页。

③ 《长编》卷三三五元丰六年五月乙未,第3118页;《宋会要·职官》六六之二二。

④ 《宋史》卷三四五《刘安世传》,第10952页。

⑤ 《长编》卷四二七元祐四年五月辛巳,第4023页。

⑥ 陈均《皇朝编年纲目备要》卷二四,中华书局2006年版,第597页。

⑦ 徐自明著,王瑞来校补《宋宰辅编年录校补》卷一〇,中华书局1986年版,第631页;王称《东都事略》卷九六《李清臣传》,《宋史资料萃编》第一辑,文海出版社1967年版,第1483页。

⑧ 《皇朝编年纲目备要》卷二六建中靖国元年二月,第648页。

⑨ 《宋史》卷二四六《赵似传》,卷三四六《江公望传》,卷三四七《吴师礼传》,第8723、10987、10999页;《东都事略》卷一〇〇《江公望传》,第1547~1548页;《皇朝编年纲目备要》卷二六建中靖国元年七月,第653页。

⑩ 司马光《司马文正公传家集》卷三八《言郭昭选劄子》,《万有文库》本,商务印书馆1937年版,第502页。

⑪ 《皇朝编年纲目备要》卷二六崇宁元年五月,第661页。

副使。[①] 北宋晚期，执政安惇之子安郊“坐指斥诛”，因他有“有不欲立上之语，后为族人所告”。[②]

宣和六年(1124)和七年(1125)，开封出了两件奇案。宋徽宗“御楼观灯”，“从六宫于其上，以观天府之断决者。帘幕深密，下无由知。众中忽有人跃出，墨色布衣，若寺僧童行状，以手画帘，出指斥语。执于观下，帝怒甚，令中使传旨治之，棰掠乱下，又加炮烙，询其谁何，略不一语，亦无痛楚之状。又断其足筋，俄施刀脔，血肉狼籍。帝大不悦，为罢一夕之欢，竟不得其何人，付狱尽之”。另一次“都城东门外鬻菜夫至宣德门下，忽若迷罔，释荷檐向门戟手，出悖骂语，且曰：‘太祖皇帝、神宗皇帝使我来道，尚宜速改也。’逻卒捕之，下开封狱，一夕方省，则不知向者所为者，乃于狱中尽之”。所谓“悖駡语”，乃是“汝坏吾社稷矣”！[③] 以上两案其实都是反映民众对时政的憎恶。

宋钦宗在位的短暂时间内，教坊乐人司文政以“伏阙上书，无理狂悖”，“其言指斥”，“圣旨处斩”，“号令榜于市”。[④]

宋高宗登基之初，追究伪楚张邦昌的罪责，说有宫女华国靖恭夫人李氏以养女侍奉张邦昌，并对他“有语指斥乘舆”。宋高宗将张邦昌处死，另“有旨，李氏杖脊，降配〔车〕营务下〔名〕为妻”。[⑤]

陈东是北宋末年的太学生，曾领道数万人伏阙上书的爱国群众运动，因听到李纲罢相的消息，立即上书，“论李纲不可罢，黄潜善、汪伯彦不可用，乞亲征，邀请二帝”，又指责宋高宗“不当即大位，将来渊圣皇帝归来，不知何以处”。[⑥] 另有士人欧阳澈也上书，“极诋用事者”，并且“语侵宫掖”，指责宋高宗“宫禁宠乐”，[⑦]无非是批评皇帝沉湎女色，宠信宦官之类。宋高宗恼羞成怒，遂将两人处死，其罪名也无非是“指斥”。[⑧]

建炎时，向大猷“受金人伪命，知青州，其出榜文，多指斥，有反状明白”，无非是讥斥宋高宗的无道，皇帝下诏，“前知滨州向大猷为臣不忠，屡为叛逆，移文指斥，罪状深重，可令越州领赴市曹处斩”。[⑨] 大将曲端曾题诗说：“不向关中兴事业，却来江上泛渔舟。”后被张浚诬以“指斥乘舆”罪而处死，[⑩]当然是一件冤案。绍兴八年(1138)，宋高宗“诏内侍罗亶窜海岛，永不放还。亶为景灵宫干办官，有营卒章青告其语言指斥”，“刑寺拟私罪徒，勒停”，可知指斥之语肯定不属“情理切害”。宋高宗却说：“亶素凶悖不逞，无可恕者，当窜海岛。”[⑪]于法外加刑。

在南宋伟大爱国民族英雄岳飞的冤狱中，据传言，绍兴十一年(1141)，岳飞得知张俊、韩世忠等军在

---

① 《宋会要·职官》六八之二九；《宋宰辅编年录校补》卷一二，第761页。

② 《宋史》卷四七一《安惇传》，第13718页；《会编》卷二，第15页；洪迈《夷坚支景》卷六《富陵朱真人》，中华书局1981年版，第924页。

③ 《宋史》卷六五《五行志》，第1419～1420页；《皇朝编年纲目备要》卷二九宣和六年正月，第752页。

④ 《会编》卷六六，第499页。

⑤ 李纲《梁谿全集》卷一七六《建炎进退志总敍》，卷一八〇《建炎时政记》，《李纲全集》，岳麓书社2004年版，第1634、1672页。

⑥ 王明清《挥麈后录》卷九，《全宋笔记》第六编第一册，大象出版社2013年版，第197～198页；《会编》卷一一三，825页；李心传《建炎以来系年要录》(以后简称《要录》)卷八建炎元年八月壬午，中华书局2013年版，第234页。

⑦ 欧阳澈《欧阳修撰集》卷七许翰《哀词》，文渊阁《四库全书》本，第1136～421页；陈东《宋陈少阳先生集》卷八许翰《哀词》，《宋集珍本丛刊》第39册，线装书局2004年版，第175页；《要录》卷八建炎元年八月壬午，第234页；《宋史》卷四七三《黄潜善传》，第13744页。

⑧ 《梁谿全集》卷一一二《怀泽与吴元中别幅》说，“颍川(陈东)极论二人(黄潜善、汪伯彦)，以谓必误中兴，遂置极法”，“颍川之书，〔甚〕明白激切，初无指斥之语。但论此二人，中其要害，故下毒手，以绝来者”。按李纲只怕未必看到陈东上书原文，但反映陈东和欧阳澈的罪名确是“指斥”，见第1061页。

⑨ 《会编》卷一三一，951页；《要录》卷二九建炎三年十一月乙丑，第674页。

⑩ 《宋史》卷三六九《曲端传》，第11493页；周密《齐东野语》卷一五《曲壮闵本末》作“不向关中图事业，却来江上汎扁舟”，有“图”、“扁”两字不同。中华书局1983年版，第269页。

⑪ 《要录》卷一一九绍兴八年五月戊戌，第2221页。

淮西战败后，悲愤的心情再也难以克制，自上一年他被迫班师后，一句郁结半年有余的心声夺口而出："国家了不得也，官家又不修德！"又岳飞曾说："我三十二岁上建节，自古少有。"此语被引伸和篡改为"自言与太祖俱以三十岁为节度使"。这两句话都被定为"指斥乘舆"的弥天大罪，[①]为其"莫须有"的罪名之一。

在绍兴和议后的黑暗年代，"指斥乘舆"罪风靡一时，成为发生此罪案例相当密集的时期，这主要是对宋高宗屈辱和议的诟病和非议。太学生张伯麟在壁上题写："夫差！尔忘越王之杀而父乎！"用春秋时代的典故，讥斥宋高宗向杀父之仇屈膝，被判"杖脊，刺配吉阳军（治今海南崖城）"。与他同案的宦官白锷也"出言指斥"，被"特刺面，配万安军（治今海南万宁）"。[②] 绍兴二十一年（1151）十一月，"斩有荫人惠俊，以指斥乘舆，法寺鞫实，故有是命"。[③] 无品武官"进义副尉刘允中弃市，以上书希求恩赏，指斥乘舆，及谤讪朝廷，法〔寺〕鞫实，故抵于法"。[④] "临安府径山能仁禅院僧陆清言决脊杖二十，刺面，配广南远恶州军牢城，以清言撰造偈颂，蛊惑士庶，至有指斥语言，于法应绞，特贷之"。[⑤] 这还算是皇恩宽贷者。绍兴二十三年（1153），宦官"入内东头供奉官裴詠除名，琼州编管，永不放还。詠往盱眙，抚谕北使，私市北货，寻被拘收。心怀怨望，有指斥语，法当绞，特贷之"。[⑥] 这又是皇恩宽贷的一例。福州长溪县文士黄友龙在临安府余杭县"听读"期间，"醉酒作闹，语言指斥"，也是犯了骂皇帝的大罪，被"杖脊，刺配广南远恶州牢城收管"，服厢军的苦役。[⑦] 绍兴二十五年（1155），小武官王世雄"作诗有指斥语"，被判"追毁出身以来告敕文字，除名，勒停，决脊杖二十，不刺面，配邕州牢城收管"，服厢军的苦役。[⑧] 以上只是最简单的记录，而他们"指斥语"的具体内容，则为官史所掩覆。当时秦桧"矫诬"，"无罪可状，不过曰谤讪，曰指斥，曰怨望，曰立党沽名，甚则曰有无君心"。[⑨] 如对付参知政事李光，秦桧"令臣僚诬言其指斥之罪，遂责授建宁军节度副使，藤州安置"，又再三贬责。[⑩]

不仅是皇帝，秦桧依靠金人撑腰，当上了宋高宗无法罢免的宰相，权势几乎等同于皇帝。有官员吴元美作《夏二子传》，言"夏二子，谓蝇、蚊也"，居然被定为"指斥国家及讥毁大臣，以快私忿，法当死"，虽纯属捕风捉影的影射文章，宋高宗算是特予宽贷，改为"除名，容州编管"。[⑪] 一时之间，"讥毁大臣"也成了可怕的刑名。

金朝法律的制订，"兼采隋、唐之制，参辽、宋之法"，[⑫]也继承了"大不敬"中的"指斥乘舆"罪。金朝统治阶级内争激烈而残忍，屡次出现"指斥乘舆"罪的案例。金熙宗"屡杀大臣，（完颜）宗敏忧之，谓海陵（完颜亮）曰：'主上喜残杀，而国家事重，柰何？'宗敏言时，适左右无人，海陵将以此为指斥，构害之，自念

---

① 岳珂《鄂国金佗稡编》卷二四《张宪辨》，《鄂国金佗稡编、续编校注》本，中华书局1989年版，第1075～1076页；李心传《建炎以来朝野杂记》乙集卷一二《岳少保诬证断案》，中华书局2000年版，第701页；王明清《挥麈录余话》卷二，《全宋笔记》第六编第二册，郑州：大象出版社2013年版，第57页。

② 《要录》卷一五一绍兴十四年六月丙申，第2862页；《宋史》卷四七三《秦桧传》，第13759页。

③ 《要录》卷一六二绍兴二十一年十一月庚戌，第3084页。

④ 《要录》卷一六二绍兴二十一年十一月丁巳，第3085页。

⑤ 《宋会要·刑法》六之三二；《要录》卷一六二绍兴二十一年十二月戊子，第3086页。

⑥ 《要录》卷一六四绍兴二十三年六月丙戌，第3128页；《宋史》卷四七三《秦桧传》，第13762页。

⑦ 《要录》卷一六五绍兴二十三年闰十二月癸巳，第3146页；《宋史》卷四七三《秦桧传》，第13762页。

⑧ 《要录》卷一六八绍兴二十五年六月戊戌，第3197页；《宋会要·刑法》六之三三。

⑨ 《宋史》卷四七三《秦桧传》，第13764页。

⑩ 《宋宰辅编年录校补》卷一五，第1050页。

⑪ 《要录》卷一六一绍兴二十年九月甲申，第3058页。

⑫ 《金史》卷四五《刑志》，中华书局1975年版，第1015页。

无证不可发，乃止”。[①] 金海陵王时，金太祖长女完颜兀鲁的丈夫徒单斜也，有妾名忽挞，她上告“兀鲁语涉怨望，且指斥”，金海陵王“使萧裕鞫之，左验皆不敢言，遂杀兀鲁，而杖斜也，免其官”。[②] 参与金海陵王篡位活动的完颜秉德，后来被告“谋反有状”，“秉德妻尝指斥主上，语皆不顺。及秉德与（完颜）宗本相别时，指斥尤甚”等，金海陵王“杀秉德”。[③] 金世宗即位之初，完颜按荅海和完颜燕京兄弟据广宁府，“拒弗受”，完颜燕京“亦登谯楼，与使者语，指斥不逊”。后金世宗“释按荅海，乃诛燕京”。[④] 金朝季年，在金宣宗兴定时，“御史台奏（蒲察）移剌都在军中，买沙覆道，盗用官银，矫制收禁书，指斥銮舆”等，“坐是诛”。[⑤] 金哀宗亡国前夕，丞相完颜赛不之子完颜按春投降蒙古，“从攻京师（开封），曹王（完颜讹可）出质，朝臣及近卫有从出者，按春极口大骂，以至指斥”，后完颜按春逃归金朝，被“擒捕，斩之狱中”。[⑥]

元朝的《元典章》卷四一《诸恶》中有“大不敬”条目，但无“指斥乘舆”罪的实例。元世祖至元十六年（1279），宋“合州安抚使王立以城降”，但“东川行院遂言，立久抗王师，尝指斥宪宗（蒙哥），宜杀之”，“降臣李谅亦讼立前杀其妻、子，有其财物。遂诏杀立，籍其家赀偿谅”。但因“安西王具立降附本末来上”，元世祖又“即召立入觐，命为潼川路安抚使、知合州事”。[⑦] 就此案的处理而言，元世祖并未将王立“指斥宪宗”看得很重。元文宗天历二年（1329）八月，“四川囊加台以指斥乘舆，坐大不道，弃市”。[⑧] 元顺帝时，彻里帖木儿“尝指斥武宗为那壁，那壁者，犹谓之彼也”，连同其他罪名，“诏贬彻里帖木儿于南安，人皆快之，久之，卒于贬所”。[⑨] 由此可见，元朝虽沿用“指斥乘舆”罪，但量刑并不十分严格。

纵观五代辽宋金元官史中所载的“指斥乘舆”罪，显然有三个特点：第一，史书一般不记录“指斥乘舆”的具体内容和语言。上引岳飞“国家了不得也，官家又不修德”的话，官史同样并无记录，而是岳飞孙岳珂从狱案中摘录出来的。官史所以不记录，无非是为掩盖皇帝的秽行、劣迹和罪恶。第二，“指斥乘舆”罪的量刑轻重，并不一律。除了是否真有“情理切害”之外，主要还是在古代人治条件下，“皇帝是凌驾于法律之上的最大特权者”，[⑩]“皇帝的最高司法权，不受法律约束”，[⑪]皇帝愿意怎么判刑，就怎么判刑。不论判刑结果如何，“指斥乘舆”罪量刑之残酷，则没有任何疑义。第三，官史上对“指斥乘舆”罪显然有明显的疏漏，如前引宋哲宗时，章惇“再取旨不已”，对开封百姓以“指斥乘舆”罪判处死刑者，又不知有多少人，卻并未留下统计数。后引宋真宗的事例也同样说明。无辜百姓因没有文化，不懂法律，而触犯“指斥乘舆”罪者，就不可胜数了。

然而即使在专制主义意识笼罩一切的社会和政治环境下，宋代还有少量怀抱良知的士大夫，他们反对草菅人命的“指斥乘舆”罪，其理论武器则是先王之道。

北宋人王回说：“指斥乘舆，臣民之大禁，至死者斩，而旁知不告者，犹得徒一年半，所以申天子之尊于

① 《金史》卷六九《宗敏传》，第1609页。
② 《金史》卷七七《亨传》、卷一二〇《徒单恭传》，第1757、2616页。
③ 《金史》卷一三二《秉德传》，《乌带传》，第2818、2819、2821页。
④ 《金史》卷七三《按荅海传》，第1683页。
⑤ 《金史》卷一〇四《蒲察移剌都传》，第2303页。
⑥ 《金史》卷一一三《完颜赛不传》，第2483、2484页。
⑦ 《元史》卷一〇《世祖纪》，中华书局1976年版，第208页。
⑧ 《元史》卷三三《文宗纪》，第737页。
⑨ 《元史》卷一四二《彻里帖木儿传》，第3406页。
⑩ 郭东旭《宋代法制研究》，河北大学出版社2000年版，第5页。
⑪ 王云海等《宋代司法制度》，河南大学出版社1992年版，第18页。

海内，使虽遐逖幽陋之俗，犹无敢窃言讪侮者。然《书》称商、周之盛，王闻小人怨詈，乃皇自恭德，不以风俗既美，而臣民俨然戴上，不待刑也。则此律所禁，盖出于秦汉之苛耳。”①他对“指斥乘舆”罪持批判态度，认为不过是“秦汉之苛”，不合《尚书》中强调的先王之道。宋徽宗即位之初，龚夬上奏说，章惇在宋哲宗亲政后，“编类臣寮章疏，择其切直不讳之言，与夫陈乱世以讽今者，谓之讪上，谓之指斥。臣观《书》，见禹戒舜曰：‘无若丹朱傲，惟慢游是好。’周公戒成王曰，无若商王纣。丹朱，尧不肖子；纣，商之无道君。禹以尧不肖子戒舜，周公以商无道君戒成王，亦可谓之讪上乎？亦可谓之指斥乎？”②

南宋爱国儒学家胡寅在《尚书·无逸》“厥或告之，曰：‘小人怨汝詈汝。’则皇自敬德，厥愆，曰：‘朕之愆。’允若时不啻不敢含怒”一段话的传注中，更明确说：“蔡京继之，专以朋党一言，禁锢忠臣义士，或谓之诋诬宗庙，或谓之怨讟父兄，或谓之指斥乘舆，或谓之谤讪朝政。行之二十年，天下之士不仕则已，仕则必习为道谀，相师佞媚，歌功颂德，如恐不及。防民之口甚于防川。”③他特别引用了周厉王“监谤”，而“防民之口甚于防川”的古训，指出设立“指斥乘舆”罪的后果，无非是营造“习为道谀，相师佞媚，歌功颂德”的恶劣政治环境。

谏官陈渊说：“昔之治世，工诵箴谏，大夫规诲，士传言，庶人谤。夫谤犹不废也，非直不废而已，舜之求言，乃立谤木，④是使人谤已也。而周公之戒成王曰：‘小人怨汝詈汝。’则皇自敬德，是又不禁人之詈己也。由是言之，后世所谓谤讪之刑，指斥之诛，岂古之道哉！”⑤范浚也有相类似的议论：“臣闻古者天子听政，使公卿、列士献诗以讽，近臣尽规，亲戚补察，下至瞽蒙、百工、商旅、庶人，皆得以进谏传言，非议其上，而莫之罪。盖以为腹诽之愤，甚于指斥；目语之讥，切于面谤，与其壅天下之言以自欺，不若用天下之言以自治。传曰：‘防民之口甚于防川。’”⑥另一诤臣彭龟年说：“夫所谓小人怨汝詈汝者，乃后世指斥乘舆之类，其犯上渎尊，与抗疏陈讥者，盖不可同年而语矣。而四君（按：指商中宗太戊、高宗武丁、祖甲和周文王）闻之，反取之以为德，任之以为愆，然则怒安从而生哉？”⑦

综合以上议论，大致有三条：第一，按儒家仁义思想，反对以“指斥乘舆”罪草菅人命，滥杀无辜，认为“指斥乘舆”罪只是秦汉苛法，不合先王之道。第二，认为君主受“谤”是正常情况，不足大惊小怪。如果百姓怨王詈王，君主不但不应给百姓加罪，还须反躬自责，省愆念咎。第三，舜“立谤木”，“使人谤已”，而周厉王“监谤”，却“防民之口甚于防川”，为后世树立了正反两种借鉴和教训。这其实又是如何对待舆论批评的重大问题。彭龟年特别强调：“言路通塞，天下治乱系焉。言路通，则虽乱易治也；言路塞，则虽治易乱也。”⑧他将“言路通塞”的问题和效应说得非常透彻。笔者曾将彭龟年此言向若干史界同行转述，他们都认为这个八百年前的古人的见解相当高明，应当作为警诫后世的名言。

尽管有“指斥乘舆”罪的设置，但据《册府元龟》卷一〇二《招谏》记载，唐太宗对侍臣说：“隋帝性多

---

① 吕祖谦《皇朝文鉴》卷一二九王回书判，《四部丛刊》本。

② 黄淮、杨士奇《历代名臣奏议》卷一八〇龚夬奏，上海古籍出版社1989年版，第2365页。《宋史全文续资治通鉴》卷一四元符三年七月壬申载丰稷和陈师锡也有类似议论，《宋史资料萃编》第二辑，文海出版社1969年版，第867页。

③ 胡寅《斐然集》卷二二《无逸传》，文渊阁《四库全书》本，第1137～605、606页。

④ 《后汉书》卷五四《杨震传》：“臣闻尧、舜之世，谏鼓、谤木，立之于朝。”唐章怀太子李贤注：“《帝王纪》曰：‘尧置敢谏之鼓，舜立诽谤之木。’”第1766页。宋叶庭珪《海录碎事》卷一〇下《谤木》引汉应劭之说：“谤木，今桥梁两边板是也。古人以书政治得失。”此应为传说。参见文渊阁《四库全书》本，第921～518页。

⑤ 《历代名臣奏议》卷二〇〇陈渊奏，第2625页。

⑥ 范浚《范香溪先生文集》卷一一《策略》，《四部丛刊》本。

⑦ 彭龟年《止堂集》卷二《论羣臣进言当酌是非早赐处分疏》，文渊阁《四库全书》本，第1155～780页。

⑧ 《历代名臣奏议》卷二〇六彭龟年奏，第2713页。

猜忌，上下情不相逵，斯岂致治之理乎？朕今推赤心以相付，亦望公辈以直心相向，纵有指斥深切，无忧逆忤。”表现了中华古史第一英主的大度。“指斥乘舆”罪的量刑，自然有很大的伸缩余地。臣僚进谏诤直言，稍为激烈一点，就会迹涉“指斥乘舆”之罪。故北宋崔鶠就指出：“微言者坐以刺讥，直谏者陷以指斥，以杜天下之言，掩滔天之罪，谓之奸可也。”[①]陈惇修《唐史断》也议论说：“既以谏诤为职，则不居此职者，皆不得而谏也。有所谏则曰‘侵官’，有所谏则曰‘犯分’，语及天子者则曰‘指斥乘舆’，言关廊庙者则曰‘诽谤朝政’。所以然者，盖由谏官之有定职故也。”[②]认为臣僚若欲对皇帝进谏，就有可能触犯“指斥乘舆”罪，是不合理的。陈耆卿说：“小大廷绅，慷慨激烈，争言时政，或以为指斥太过，臣曰未害也。惟圣主为能受尽言，言之是，可为国家福，言之非，可为国家贺。贺者，非贺其言之已甚，贺其言之虽甚，而上之人能来之，且容之也。虽然，其甚者宜容也，其切且当者，不当止于能容。”[③]也表达了同样的看法。宗室赵必愿也对宋理宗说：“毋使人臣以指斥怀疑，毋致陛下以厌言得谤。”[④]

清朝汪由敦评论说：“明代奏章，多伤过激。指斥乘舆，则癸、辛再见；弹击大吏，则共、鲧比肩。迹其事实，初不尽然，但取沽名，颇伤直道。”[⑤]清朝皇帝的专制淫威，更甚于明朝，也缺少像明朝那样的诤臣，在他的眼里，明朝诤臣的直言，就成了“指斥乘舆”罪，以奴才自命的清朝臣僚，就决不可能有此类稍为激烈言词。在今人看来，当然是一代不如一代、每况愈下的倒退。

宋真宗时，“有百姓争财，以状投匦，其语有比上德为桀、纣者”。宋真宗“令宫中录所诉之事，付有司根治，而匿其状”，说：“百姓意在争财，其实无它，若并其状付有司，非惟所诉之事不得其直，必须先按其指斥乘舆之罪，百姓无知，亦可怜也。”理学家杨时为此评论说：“祖宗慈仁如此，《书》曰：‘小人怨汝詈汝，则皇自敬德。’祖宗分明有此气象，天下安得而不治。”[⑥]南宋人俞德邻也对此事评论说：“《书》曰：‘小人怨汝詈汝，则皇自敬德。’真庙有焉。”[⑦]又天禧时，官员陈靖上奏中有“必是不经圣览”之语，大理寺“以为指斥乘舆”。宋真宗下诏，说陈靖“受诬于吏议”，“非汝瑕疵，宜从洗涤”。[⑧] 宋真宗虽然算不上好皇帝，当时也根本说不上“天下安得而不治”，但处理此类事，还是表现了一定的肚量。

宋仁宗时，官员王益柔“作《傲歌》，语涉指斥，欲下御史按罪”。宰相杜衍“谓罗织狱今起都下矣，执不可”。[⑨] 据说他的诗中有“‘醉卧北极遣帝扶，周公孔子驱为奴’等语”，可能还有其他近乎“指斥”的语言，一些臣僚认为“罪当诛”，“仁宗大怒，即令中官捕捉”，[⑩]但在杜衍、韩琦等力辩后，最终还是没有加刑。

宋神宗时，吕希道“为开封府推官，民有相詈，激语近讪上，无悖慢情，尹及同僚皆欲以指斥抵法”。吕希道“力争，请上闻，神宗果笑曰：‘小人无知，灼非本情。’释之”。[⑪]

---

① 《宋史》卷三五六《崔鶠传》，第11214页。

② 引自章如愚《群书考索》续集卷三六《台谏·古者谏官无定员后世谏官有常职》（中文出版社1982年版，第1207页）注中原作“陈伯厚《唐史》”，文渊阁《四库全书》本作“《唐史断》”，疑是。《宋史》卷二〇三《艺文志》载有“陈惇修《唐史断》二十卷”，第5099页，伯厚应是其字。

③ 陈耆卿《篔窗集》卷四《代上请用人听言劄子》，文渊阁《四库全书》本，1178册，第39页。

④ 《宋史》卷四一三《赵必愿传》，第12410页。

⑤ 汪由敦《松泉集》卷二〇《史裁蠡说》，文渊阁《四库全书》本，1328册，第902页。

⑥ 杨时《杨龟山先生集》卷一三《语录·余杭所闻》，《宋集珍本丛刊》第29册，线装书局2004年版，第390页。

⑦ 俞德邻《佩韦斋集》卷一七《辑闻》，文渊阁《四库全书》本，1189册，第134页。

⑧ 《宋会要·刑法》三之一六。

⑨ 《东都事略》卷五六《杜衍传》，第835页。

⑩ 《宋宰辅编年录校补》卷五，第260页；黎靖德《朱子语类》卷一二九首句作“欹倒太极遣帝扶”，中华书局1986年版，第3089页。

⑪ 范祖禹《范太史集》卷四二《左中散大夫守少府监吕公墓志铭》，文渊阁《四库全书》本，1100册，第461页。

宋宁宗庆元初，中书舍人邓駬上奏追述绍熙时事："布衣余古上书狂悖，若以指斥之罪坐之，诚不为过，太上皇帝（宋光宗）始者震怒，降旨编管，已而臣寮论奏，竟从宽典。"①

拙作从论证"指斥乘舆"罪的方面，做了一点正本清源的工作。

（原刊于《隋唐辽宋金元史论丛》，上海古籍出版社2016年版）

① 《续编两朝纲目备要》卷四庆元元年四月庚申，中华书局1986年版，第62页。

《山海经》与巫文化

王廷洽

《山海经》是流传至今最古老的书籍之一。就书的性质而言,或以为古之地理书,或以为古代史书,或以为最古之小说。《汉书·艺文志》把它列为术数之书,与巫卜星相之书为伍;《宋史·艺文志》则归属五行类;胡应麟《四库正讹》视其为专讲神怪之书;鲁迅《中国小说史略》称之为巫书。自《汉志》至于鲁迅数说,说法虽异,而本质一致。从其书大量记述巫师形象、巫术以及用今天的眼光所看到的成果论之,巫书之称,最为允当。所感遗憾者,至今未见有对《山海经》中的巫文化作过全面的总结和介绍。于是笔者把平时学习的心得敷衍成文,介绍给读者。

一、多种多样的巫师形象

巫术或巫教曾经是人类文明的阶段性形式,是企图利用想象的"超自然力量"去谋求实现各种愿望的法术。究其实质,为神灵信仰的体现;其思维方式为意识与神灵之交感,或相似,或接触,或模拟,故又可以称巫术为"交感巫术"。而巫师则为这一类精神活动的物质承当者。一方面是人们愿望的代言人,一方面又是神灵的体现者。于是,在施行法术时,巫师们往往装神弄鬼以象征神灵。早期巫师的形象部分地在西安半坡仰韶文化彩陶盆上的图案得到反映,多为人首鱼纹。张光直说:"半坡遗址出土的彩陶盆上常见的带鱼形的人面,很早便有巫师形象的说法,《山海经》中所描写的巫师常常'珥两青蛇',令人想到半坡巫师'珥两鱼'的可能性。"①由于文物与文献的相互参证,使我们对上古巫师在施行法术时的形象有了比较清楚的认识。《山海经》所描述的珥蛇、操蛇、操鱼、持鸟、践蛇、乘龙、乘鱼、人面马身、人面蛇身、人面龙身等奇异形象的神、人,实即经化装后的巫师形象。《山海经》有关此类记载多达七十余处,其装扮的手法有化装、操持(或佩戴)各种神物神器,以及既化装又操持法器三大类,明显为巫师形象者竟多达五十来种。兹介绍于后。

甲、化装类

所谓化装,是把人装扮成人与动物兼具的,或化装成变异人形的,或墨面墨身的,或复合形的巫师形象。常见的动物有牛、马、彘、鸟、蛇、龙、鱼、虎、豹、羊等,人体变异多见二首、无首、方面三足、三面一臂、两足属头、一目中生等。

(1) 人马形。《西山经》:"凡《西次二经》之首,自钤山至于莱山……其十神者,皆人面而马身。"《北山经》:"凡《北次三经》之首,自太行之山以至于无逢之山……其神状皆马身而人面者廿神。"

---

① 张光直:《中国青铜时代》二集,三联书店 1990 年版,第 78 页。

（2）人彘形。《中山经》："凡荆山之首……其神状皆彘身人首。"

（3）人豕形。《中山经》："凡苦山之首，其十六神者，皆豕身而人面。……其神皆人面而三首，其余属皆豕身人面也。"

（4）人羊形。《东山经》："凡《东次三经》之首，自尸胡之山至于无泉之山……其神状皆人身而羊角。"

（5）人兽形。《中山经》："凡釐山之首，自鹿蹄之山至于玄扈之山……其神状皆人面兽身。"

（6）人鸟形。《中山经》："凡济山之首，自辉诸之山至于蔓渠之山……其神皆人面而鸟身。"《大荒南经》："（驩头之国）有人焉，鸟喙，有翼，方捕鱼于海。大荒之中，有人名曰驩头。……驩头人面鸟喙，有翼，食海中鱼，杖翼而行。"《大荒北经》还记有颛顼生驩头，驩头生苗民，苗民是有翼之人。驩头鸟喙、有翼、捕鱼于海，显然是一种捕鱼巫术，由巫师模拟鹳的样子，而鹳是一种捕鱼水鸟，堪称典型的模拟巫术。

（7）人蛇形。《北山经》："凡《北山经》之首，自单狐之山至于隄山，……其神皆人面蛇身。"又"凡《北次二经》之首，自管涔之山至于敦题之山，……其神皆蛇身人面。"《大荒北经》："西北海之外，赤水之北，有章尾山。有神，人面蛇身而赤，直目正乘，其瞑乃晦，其视乃明，不食不寝不息，风雨是谒，是烛九阴，是谓烛龙。"《海外北经》所记烛阴亦"人面蛇身赤色"，所司神职亦相近，烛阴似即烛龙。此乃祈求光明和热能的巫术。

（8）衣冠人蛇形。《海内经》："（南方）有人曰苗民。有神焉，人首蛇身，长如辕，左右有首，衣紫衣，冠旃冠，名曰延维，人主得而飨食之，伯天下。"

（9）变异人蛇形。《海外北经》："相柳者，九首人面，蛇身而青。"相柳这个巫师的法力很大，所到之处即为泽溪。《大荒北经》："共工臣名相繇，九首蛇身，自环，食于九土。其所歍所尼，即为源泽。"相柳似即相繇，或是同一部落中的两个巫师。都能为泽，形状一致，又都为禹所杀，其因似在大禹治水时施行巫术不力不灵。

（10）人龙形。《南山经》："凡《南次三经》之首，自天虞之山以至南禺之山，……其神皆龙身而人面。"《中山经》："（光山）神计蒙处之，其状人身而龙首，恒游于漳渊，出入必有飘风暴雨。"人龙形有两种，一为龙身人面，一为人身龙首。

（11）人虎形。《西山经》："（昆仑之丘）是实惟帝之下都，神陆吾司之。其神状虎身而九尾，人面而虎爪。是神也，司天之九部及帝之囿时。"陆吾掌管天象和历时的巫师。《中山经》："（和山）吉神泰逢司之，其状如人面虎尾，是好居于萯山之阳，出入有光。泰逢神动天地气也。"吉神泰逢看来也是掌管天文方面事务的巫师。

（12）变异人虎形。《大荒东经》："有夏州之国，有盖余之国。有神人，八首人面，虎身十尾，名曰天吴。"《海外东经》也提及天吴，为水伯，模糊地说是"八首人面，八足八尾，皆青黄"之兽。或为两巫师而同名，或即一神而有不同的记录。

（13）人鱼形。《海外东经》："（玄股之国）其为人衣鱼食躯，使两鸟夹之。"

（14）马龙形。《中山经》："凡岷山之首，自女儿山至于贾超之山，……其神状皆马身而龙首。"

（15）人豹形。《西山经》："嬴母之山，神长乘司之，是天之九德也。其神状如人而豹尾。"神长乘也是掌管天文的巫师。

（16）变异彘蛇形。《北山经》："凡《北次三经》之首，……其十神状皆彘身而八足蛇尾。"

(17) 鸟龙形。《南山经》:“凡鹊山之首,自招摇之山,以至箕尾之山,……其神状皆鸟身而龙首。”又“凡《南次二经》之首,自柜山至于漆吴之山,……其神状皆龙身而鸟首。”一则为鸟身龙首,一则为龙身鸟首。

(18) 变异人鸟形。《大荒北经》:“(北极天柜)有神,九首人面鸟身,名曰九凤。”

(19) 人马虎鸟复合形。《西山经》:“(槐江之山)实惟帝之平圃,神英招司之,其状马身人面,虎文而鸟翼。”

(20) 变异人与豕、豚、麟复合形。《海内经》:“韩流擢首、谨耳、人面、豕喙、麟身、渠股、豚止,取淖子曰阿女,生帝颛顼。”此数物之复合形,已很像后世的龙形了。

(21) 一目形。《海内北经》:“鬼国在贰负之尸北,为物人面而一目。”《大荒北经》:“有人一目,当面中生。”

(22) 人面无臂、两足属头。《大荒西经》:“大荒之中有山名日月山,天枢也。吴姖天门,日月所入。有神,人面无臂,两足反属于头山,名曰嘘。”袁柯校“头山”之“山”为“上”,是。谓两足可以反伸至头上,如后来杂技中的软功。

(23) 连臂形。《海外南经》:“(羽民国)有神人二八,连臂,为帝司夜于此野。”

(24) 二首人形。《中山经》:“(平逢之山)有神焉,其状如人而二首,名曰骄虫,是为螫虫,实惟蜂蜜庐。”此实为防止蜜蜂螫叮的巫术,所谓二首,可能是假面具。

(25) 方面三足。《中山经》:“(岐山)神涉䰠处之,其状人身而方面三足。”

(26) 三面一臂。《大荒东经》:“有人三面,是颛顼之子,三面一臂。三面之人不死,是谓大荒之野。”

(27) 囊状怪形。《西山经》:“(天山)有神焉,其状如黄囊,赤如丹火,六足四翼,浑敦无面目,是识歌舞,实为帝江。”

乙、操持(含珥、载、乘等)法器类

我们知道,巫师在施行法术时往往利用一些法器,法器多为蛇、鸟、鱼、棒、翳、环等神物和神器,其方式则为手操、佩带、足践、乘坐等。

(28) 操蛇。《中山经》:“(夫夫之山)神于兒居之,其状人身而身操两蛇,常游于江渊,出入有光。”又“(洞庭之山)是多怪神,状如人而载蛇,左右手操蛇。”《海外西经》:“巫咸国在女丑北,右手操青蛇,左手操赤蛇,在登葆山,群巫所从上下也。”

(29) 操蛇、珥蛇。《大荒北经》:“大荒之中,有山名曰成都载天。有人珥两蛇,把两蛇,名曰夸父。”

(30) 珥蛇、践蛇。《大荒南经》:“南海渚中,有神,人面,珥两青蛇,践两赤蛇,曰不庭胡余。”

(31) 操鱼。《海外南经》:“长臂国在其东,捕鱼水中,两手各操一鱼。一曰在焦饶东,捕鱼海中。”此为捕鱼巫术。

(32) 操鸟。《大荒东经》:“有人曰王亥,两手操鸟,方食其头。”

(33) 操柸(大棒)。《海内北经》:“蛇巫之山,上有人操柸而东向立。”

(34) 操祭器。《海外西经》:“女祭、女戚在其北,居两水间,戚操鱼䱇,祭操俎。”䱇即觛,觛、俎均为祭器。袁珂曰:“女祭、女戚当是女巫祀神之图像也。”①

① 袁珂:《山海经校注》,上海古籍出版社,1980年,第216页。

（35）乘龙。《海内北经》："从极之渊深三百仞，维冰夷恒都焉。冰夷人面，乘两龙。"

（36）乘鱼。《海外西经》："龙鱼陵居其北，状如貍。一曰鰕。即有神圣乘此以行九野。"

（37）乘龙、操翳、环、佩璜。《海外西经》："大乐之野，夏后启于此舞《九代》，乘两龙。云盖三层。左手操翳，右手操环，佩玉璜。"古者部落首领即大巫师，乐舞又从巫术演化而来。夏启身兼国王和巫师，手操翳、环，佩玉璜，乘龙作舞，尚保留了巫师形象。然夏启似对我国上古的音乐和舞蹈作出过大贡献，故《山海经》两处记载他与乐舞的关系。

（38）珥蛇、乘龙。《大荒西经》："西南海之外，赤水之南，流沙之西，有人珥两青蛇，乘两龙，名曰夏后开。开上三嫔于天，得《九辩》与《九歌》以下。此天穆之野，高二千仞，开焉得始歌《九招》。"夏启、夏开实为一人，然其形象有异，实因异地、异时、异法术所造成的不同记录。而西方大巫师蓐收也是珥蛇、乘龙的形象，《海外西经》："西方蓐收，左耳有蛇，乘两龙。"

丙、化装操持法器类

（39）变异人牛形操杖。《西山经》："凡《西次二经》之首，自钤山至于莱山，……其七神皆人面牛身，四足而一臂，操杖以行。"

（40）人兽形载觡。《东山经》："凡《东次二经》之首，自空桑之山至于堙山，……其神状皆兽身人面载觡。"

（41）人兽形乘龙。《海外南经》："南方祝融，兽身人面，乘两龙。"

（42）人豹形珥鐻。《中山经》："（青要之山）神武罗司之，其状人面而豹文，小要而白齿，而穿耳以镰，其鸣如鸣玉。"

（43）无首人形操干戚。《海外西经》："形天与帝至此争神，帝断其首，葬之常羊之山，乃以乳为目，以脐为口，操干戚以舞。"

（44）无首人形操戈盾。《大荒西经》："有人无首，操戈盾立，名曰夏耕之尸。故成汤伐夏桀于章山，克之，斩耕厥前。耕既立，胸首，走厥咎，乃降于巫山。"

（45）墨身虎首鸟足操蛇。《海内经》："又有黑人，虎首鸟足，两手操蛇，方啗之。"

（46）墨身操蛇（龟）珥蛇。《海外东经》："雨师妾在其北，其为人黑，两手各操一蛇，左耳有青蛇，右耳有赤蛇。一曰在十日北，为人黑身人面，各操一龟。"

（47）人鸟形践珥蛇。《海外东经》："东方句芒，鸟身人面，乘两龙。"

（48）变异人虎形衔操蛇。《大荒北经》："（北极天柜）又有人衔蛇操蛇，其状虎首人身，四蹄长肘，名曰彊良。"

（49）人鸟形珥践蛇。《海外北经》："北方禺彊，人面鸟身，珥两青蛇，践两青蛇。"《大荒东经》："东海之渚中，有神，人面鸟身，珥两黄蛇，践两黄蛇，名曰禺虢。"《大荒北经》："北海渚中，有神，人面鸟身，珥两青蛇，践两赤蛇，名曰禺彊。"《大荒西经》："西海渚中，有神人面鸟身，珥两青蛇，践两赤蛇，名曰弇兹。"

（50）变异人兽形珥蛇。《海外东经》："奢之尸在其北，兽身、人面、大耳，珥两青蛇。"《大荒东经》："有神，人面、犬耳、兽身，珥两青蛇，名曰奢比尸。"奢比尸即奢比之尸。大耳、犬耳，似大耳义长。

（51）人虎豹复合形而佩玉。《西山经》："（玉山）是西王母所居也。西王母其状如人，豹尾虎齿而善啸，蓬发戴胜，是司天之厉及五残。"《大荒西经》："（昆仑之丘）有神，人面虎身，有文有尾，皆白处之。其下有弱水之渊环之，其外有炎火之山，投物辄然。有人，戴胜，虎齿，有豹尾，穴处，名曰西王母。"西王母是神话传说中有神。根据《山海经》的记载，则可以明白：西王母原来是用豹尾虎齿作装饰，蓬发，佩戴胜玉的巫婆。

在以上51种巫师形象的介绍中，有的称为神，有的称为人，也有直接称为巫的，而巫正是人神之间的沟通者。有些材料还兼述其术事，如夏启珥蛇、乘龙、操翳、环而舞《九代》，施行巫术时，"云盖三层"，又向上天奉献"三嫔"后，获得了《九辩》、《九歌》、《九招》等乐舞。究其实质，是为夏启在前代巫术的基础上改造成为这几种乐舞。又如：英招、泰逢等巫师主司天文；夸父逐日的神话也是巫师们探求太阳运行规律巫术的反映；巫师驩头鸟喙有翼，捕鱼于海，或杖翼而行，食海中鱼，显然是捕鱼巫术。由于《山海经》的作者是巫师，故其写得自然，而后人读来颇感神奇、怪诞。如果上述51种形象确为巫师的形象，那么《山海经》所记载的一目民、贯胸国、二首国、羽民国、奇肱国、厌火国等，则多因巫师形象而得名。又因奢比之尸为巫师，则方齿虎尾的祖状之尸、人面兽身的犁灵之尸等也都是巫师的形象，反映了我国上古时期巫术的盛行，巫师形象也因异时异地和不同的术事而形象各异。

二、形形色色的巫术

《山海经》所记录的巫术相当繁复，有些是比较明确的巫术，如群巫上下于天；有些为祭祀仪式，如瘗埋玉器、牺牲等；有些则为物占，如凤鸟见，天下安宁；有些则以特技的形式出现，如厌火国的巫师口吐火焰；等等。兹介绍几种比较重要的巫术。

1. 通天巫术

我们已经知道，巫觋的基本职能是沟通人、神。神在何处？无处不在。主日月星云、风雨雷电的天神当然是在天上，也有理由认为许多自然神是从天上降下的。原始社会就有"天地相通"的传说。这一传说流传到春秋时代，楚昭王已经无法理解了，错误地认为初民时代天地真的连在一起。博学的观射父向他作了解释：所谓天地相通，原指民神混杂在一起，经高阳氏宗教改革后，"绝地天通"、"民神不杂"，使民、神各司其职。[①] 观射父从民神关系来解释天地相通的问题，却没有提及通天巫术。巫觋为了能把民意上通于神，把神旨下达于民，需要表演通天的法术。

> 《海外西经》："巫咸国在女丑北，右手操青蛇，左手操赤蛇，在登葆山，群巫所以上下也。"
>
> 《大荒西经》："有灵山，巫咸、巫即、巫肦、巫彭、巫姑、巫真、巫礼、巫抵、巫谢、巫罗十巫从此升降，百药爰在。"又"开上三嫔于天，得《九辩》与《九歌》以下。"又"有互人之国。炎帝之孙名曰灵恝，灵恝生互人，是能上下于天。"
>
> 《海内经》："华山青水之东，有山名曰肇山，有人名曰柏高，柏高上下于此，至于天。"

人怎么能上下于天呢？显然是巫术。

这种通天巫术不仅《山海经》有记录，而且甲骨文、金文和其他先秦文献也多有所反映。比如："我其

① 详《国语·楚语下》。

祀宾,乍帝降,若?”“我勿祀宾,乍帝降,不若?”[①]“贞:降陟? 十二月”。[②] 痶钟甲组铭文有“大神其陟降”句。[③]《诗·大雅·文王》“文王陟降,在帝左右。”很明显,通天的法术在商周时代仍旧存在。甲骨文、金文的陟字、降字就是表示足迹通过山阜或天梯升降的意思。直至战国中后期,人们还相信人能登天,1973年长沙出土的人物御龙帛画,画龙为舟,“似是在冲风扬波,这应当与古代人想象的神仙世界有一定的关系。古代传说中的神仙多在海中。因此求仙登天,必须经过沧海。”[④]另外,《楚辞》亦多有升天的描绘。然而,巫师怎样上下于天呢? 其方法有多种,或通过山峰进行升降,或依神树上下,或乘坐鸟、龙飞升,或用柴薪焚烧巫师等,而《山海经》提到了前三种方法。上引《海外西经》和《大荒西经》资料,即为巫师从山峰上下于天的。《海内南经》提到神树建木,“其状如牛,引之有皮,若缨、黄蛇。其叶如罗,其实如栾,其木若蓲。”《海内经》则曰:“有木,青叶紫茎,玄华黄实,名曰建木,百仞无枝,上有九欘,下有九枸,其实如麻,其叶如芒,大皞爰过,黄帝所为。”《淮南子·墬形训》一语道破天机:“建木在都广,众帝所自上下。”原来建木也是巫师们赖以上下于天的神树。由此,我们有理由认为《山海经》所提及的若木、扶桑、扶木等,都可能是巫师赖以表演通天法术的神树。从上文介绍的众多巫师形象中,有不少是人面鸟首、人面有翼、操鸟、乘龙等与鸟、龙有关的,可以认为是借助鸟、龙的神力飞升上天巫术的反映。

2. 祭祀

费尔巴哈说:“献祭的根源便是依赖感——恐惧、怀疑,对后果的无把握、未来的不可知,对于所犯罪行的良心上的咎责;而献祭的结果、目的则是自我感——自信、满意,对后果的有把握、自由和幸福。去献祭时,是自然的奴仆,但是献祭归来时,是自然的主人。”[⑤]祭祀的本质是巫术,这在《五藏山经》中得到充分的反映。

《五藏山经》指《南山经》、《西山经》、《北山经》、《东山经》、《中山经》。《五藏山经》的编写比较整齐,似出自一人手笔。《南山经》分首经、次二、次三三经,《西山经》分四经,《北山经》分三经,《东山经》分四经,《中山经》共十二经,除东次四经外,每一经结束时都进行总结,而《中次六经》例外地在开头即说祭祀之事,概略地交待各地的祭祀情况,共二十六处,例如:“凡《西经》之首,自钱来之山至于騩山,凡十九山,二千九百五十七里。华山冢也,其祠之礼:太牢。羭,山神也,祠之用烛,斋百日以百牺,瘗用百瑜,汤其酒百樽,婴以百珪百璧。其余十七山之属皆毛牷,用一羊祠之。”又如:“凡首阳之首自首山至于丙山,凡九山,二百六十七里。其神状皆龙身而人面。其祠之毛用一雄鸡瘗,糈用五种之糈。堵山,冢也,其祠之:少牢具,羞酒祠,婴毛一璧瘗。騩山,帝也,其祠羞酒,太牢具;合巫祝二人儛,婴一璧。”我们看到《山海经》所记录的这些祭祀方式要比其他先秦典籍的祭祀方式还要古老。总结这二十六处有关祭祀的记录,可以明了如下的情况。

(1) 关于祭祀的对象。有不少地方未交待所祭祀的对象,恐怕即为当地的山神。《西山经》之首说明了山神为羭,《中次十二经》说明所祭者为洞庭、荣余山神,《中次五经》提到首山神。《西山经》之首、《中次首经》、《中次七经》、《中次八经》、《中次九经》、《中次十经》、《中次十一经》、《中次十二经》都祭祀

---

① 郭沫若:《殷契粹编》1113。

② 罗振玉:《殷虚书契后编》11.14。

③ 《陕西扶风庄白一号西周青铜器窖藏发掘简报》,《文物》1978年第3期。

④ 《长沙楚墓帛画》的文字说明,文物出版社1973年版。

⑤ 费尔巴哈:《宗教的本质》(中译本),人民出版社1953年版,第31页。

冢,似为部落首领之葬所。《中次九经》和《十一经》提及祭祀的对象为"帝",帝在甲骨文为上天之意。另有"飞兽之神"(《西次二经》)、骄虫(《中次六经》说"实为蜂蜜之庐")。《中次三经》提到祭祀吉神泰逢、神熏池、神武罗三神,但不详其神性,恐为其时著名的大巫。吉神泰逢能"动天地之气",神武罗人面豹文,小腰白齿、穿耳以鐻,明显是巫师。

(2) 关于祭品和祭具。所见有三大类:一为玉器,有时统称为吉玉,有时则分别说明玉器名,主要有璧、珪、璋、瑜、藻玉、藻珪等;二为动物,常见的有百牺、太牢、少牢、毛(因牲畜的毛色而称)、雄鸡、犬、豚、䍩等;三为粮食,常用糈字表述,即为精美的粮食,常见的有稌米(即稻米)、稷米、稻米、黍等;法器则有白菅所织之席、樽、干、兵、璆冕、烛、鼓等。此外,祭品中也有酒,凡六见,可见其时并不常用酒作祭品,恐怕酿酒术尚不普及,粮食生产亦未多。而祭祀礼器中未明确记有青铜器,不似殷周时代青铜礼器那么繁复。由此可以推知《五藏山经》所记祭祀情况,恐属青铜时代以前。

(3) 关于祭祀的方式。《五藏山经》所记祭祀方式也比较简单,主要有瘗(埋祭品于土中),这是最常见的;有县(即把祭品悬挂起来);有投玉;有婴(用玉器祭祀的一种方式);有祈有禳;糈既为精美粮食之名,也是一种祭祀方式。另有两处提到祭祀时配以乐舞,[①]却一次也未提及人们在祭祀完毕后享用祭品的事,与殷周时代在祭祀完毕后把祭品分发给参与者享用的风俗迥异。反映其时人们对神灵的崇敬态度,而不是因为食物太多到不屑一顾的程度。这些简单的祭祀方式和敬畏神灵的态度,也应该属于青铜时代以前。

3. 物占

由于原始人相信万物有灵,相信人间吉凶、祸福、成败都有前兆,并可以通过奇异的天象、动植物等显现出来。巫师们在长期的占验过程中积聚了经验。《山海经》有丰富的动物占记录,列表介绍于次。

物占明细表

物名	形　　状	征　兆	
貍力	兽。其状如豚,其音如狗吠	见则其邑多土功	南次二经
鴸	鸟。如鸱而人手,其音如痺,其名自号	见则其县多放士	南次二经
长右	兽。如禺而四耳,其音如吟	见则郡县大水	南次二经
猾褢	兽。如人而彘鬣,穴居而冬蛰,其音如断木	见则县有大繇	南次二经
凤凰	鸟。如鸡,五彩而文,首文曰德,翼文曰义,背文礼,膺文仁、腹文信,饮食自然,自歌自舞	见则天下安宁	南次三经
鱄鱼	如鲋而彘毛,音如豚	见则天下大旱	南次三经
颙	鸟。如枭,人面四目有耳,其鸣自号	见则天下大旱	南次三经
肥𧔥	蛇。六足四翼	见则天下大旱	西山首经
鸾鸟	如翟而五采文	见则天下安宁	西次二经
凫徯	鸟。如雄鸡而人面,其鸣自叫	见则有兵	西次二经
朱厌	兽。如猿而白首赤足	见则大兵	西次二经

① 见《中次九经》和《中次十经》。

续 表

物名	形　　状	征　兆	
蛮蛮	鸟。如凫而一翼一目，相得乃飞	见则天下大水	西次三经
大鹗	如雕而黑文白首，赤喙虎爪，音如晨鹄	见则有大兵	西次三经
鵕鸟	如鸱而赤足直喙，黄文白首，音如鹄	见则其邑大旱	西次三经
文鳐鱼	如鲤鱼而鸟翼，苍文而白首，赤喙。常行西海，游于东海，夜飞，音如鸾鸡	食之已狂，见则天下大穰	西次三经
天神	如牛而八足，二首马尾，音如勃皇	见则其邑有兵	西次三经
狡	兽。如犬而豹文，角如牛，音如犬吠	见则其国大穰	西次三经
胜遇	鸟。如翟而赤，音如录	见则其国大水	西次三经
毕方	鸟。如鹤而一足，赤文青质而白喙，其鸣自叫	见则其邑有譌火	西次三经
嬴鱼	鱼身鸟翼，音如鸳鸯	见则其邑大水	西次四经
鳋鱼	如鳣鱼	动则其邑大兵	西次四经
××	鸟。如鸮而人面，蜼身犬尾，其名自号	见则其邑大旱	西次四经
山𤟤	兽。如犬而人面，善投，见人则笑，行如风	见则天下大风	北山首经
肥遗	蛇。一首两身	见则其国大旱	北山首经
酸与	鸟。如蛇而四翼，六目三足，其鸣自詨	见则其邑有恐	北次三经
大蛇	赤首白身，音如牛	见则其邑大旱	北次三经
蚩鼠	鸟。如鸡而鼠毛	见则其邑大旱	东山首经
××	兽。如夸父而彘毛，其音如呼	见则天下大水	东山首经
絛鳙	蛇。如黄蛇而鱼翼，出入有光	见则其邑大旱	东山首经
軨軨	兽。如牛而虎文，音如钦，其鸣自叫	见则天下大旱	东次二经
犰狳	兽。如兔而鸟喙，鸱目蛇尾，见人则眠	见则螽蝗为败	东次二经
朱獳	兽。如狐而鱼翼，其鸣自詨	见则其国有恐	东次二经
鵹鹕	鸟。如鸳鸯而人足，其鸣自訆	见则其国多土	东次二经
獙獙	兽。如狐而有翼，其音如鸿雁	见则天下大旱	东次二经
峳峳	兽。如马而羊目，四角牛尾，音如獆狗	见则其国多狡客	东次二经
絜钩	鸟。如凫而鼠尾，善登木	见则其国多疫	东次二经
××	神。人身羊角	见则风雨水为败	东次三经
薄鱼	如鳣鱼而一目，音如欧	见则天下大旱	东次四经
当康	兽。如豚而有牙，其鸣自叫	见则天下大穰	东次四经
䱻鱼	如鱼而鸟翼，出入有光，音如鸳鸯	见则天下大旱	东次四经
合窳	兽。如彘而人面，黄身赤尾，音如婴儿，食人、虫、蛇	见则天下大水	东次四经
蜚	兽。如牛而白首，一目而蛇尾	行水则竭，行草则死，见则天下大疫	东次四经
鸣蛇	四翼，音如磬	见则其邑大旱	中次二经
化蛇	人面而豺身，鸟翼而蛇行，音如叱呼	见则其邑大水	中次二经

续　表

物名	形　　　状	征　兆	
夫诸	兽。如白鹿而四角	见则其邑大水	中次三经
独狼	兽。如狐而白尾长耳	见则国内有兵	中次九经
跂踵	鸟。如鸮而一足彘尾	见则其国大邑	中次十经
雍和	兽。如蝯而赤目赤喙，黄身	见则国有大恐	中次十一经
耕父	神。游清泠之渊，出入有光	见则其国为败	中次十一经
猴	兽。如彙，赤如丹火	见则其国大疫	中次十一经
狙如	兽。如鼣鼠，白耳白喙	见则其国有大兵	中次十一经
狢即	兽。如膜大，赤喙赤目，白尾	见则其邑有火	中次十一经
梁渠	兽。如狸而白首虎爪	见则其国有大兵	中次十一经
闻獜	兽。如彘而黄身，白头白尾	见则天下大风	中次十一经

对于《山海经》中的物占情况，李镜池也曾列表统计，有鸟类17种、兽22种、虫类6种，鱼类6种、神3种、无生物1种。征兆则有安宁、大穰、旱、水、兵、疫、风、火、恐、土功、繇、螽蝗、风雨水、国败、放士、狡害16类。[①] 所谓无生物，指《中次九经》"有穴焉，熊之穴，恒出入神人。夏启冬闭。是穴也，冬启乃必有兵"的记录。

4．求雨、止风雨

风雨与农业生产、人类的生活密切相关。然而风雨并非按照人们的意志而风调雨顺的。因此求雨和祈止风雨也是原始社会的重要巫术。大概是由于某些人能把握风雨的规律，竟在战争中也使用这种巫术了。

求雨的巫术有许多种，其中最骇人听闻的莫过于暴巫、焚巫了。《海外西经》云："女丑之尸，生而十日炙杀之，在丈夫北，以右手障其面。十日居上，女丑居山之上。"上古时代有十日并出的传说，究其社会现实的根源，乃为发生连续的烈日暴晒而干旱不堪，于是发生暴女巫的法术，以及羿射十日的英勇故事。巫师女丑为了驱逐烈日被暴晒至死，也十分悲壮。后来商汤时也曾发生连续数年的干旱，国王兼大巫师的汤曾经使用自焚的法术。《淮南子・主术训》："汤之时，七年旱。以身祷于桑林之际，而四海之云凑，千里之雨至。"另一则材料说：汤时大旱七年，卜用人祀天，汤乃使人积薪，剪发及爪自洁，居柴上，将自焚以祭天，火将燃，即降大雨。[②] 舞雩求雨是古代的一般巫术，大概由于舞雩的不灵验，于是把巫师通过暴晒或焚烧献给日神或雨神。焚巫求雨的巫术一直沿用至战国时代。《左传・僖公二十一年》："夏大旱，公欲焚巫尪。"《礼记・檀弓下》："岁旱，穆公召县子而问然，曰'天久不雨，吾欲暴尪而奚若?'曰'天久不雨而暴之疾，子虐，毋乃不可与?'曰'然则吾欲暴巫而奚若?'曰'天则不雨，而望之愚妇人，于以求之，毋乃已疏乎！'"《庄子》云：昔宋景公时大旱，卜之必以人祠乃雨。景公将自当之，言未卒而大雨。[③] 暴巫、焚巫的求雨巫术看似愚昧，但反映了上古巫师战胜自然灾害的决心和奉献精神。

---

① 李镜池：《周易探源》，中华书局1978年版，第392～397页。

② 《文选・思玄赋》李善注。

③ 李昉：《太平御览》卷一〇及卷八三二引。

《山海经》还有一则与求雨有关的巫术。《海外东经》:雨师妾“其为人黑,两手各操一蛇,左耳有青蛇,右耳有赤蛇。一曰在十日北,为人黑身人面,各操一龟。”雨师妾显然是巫师名,墨身可能象征乌云,两手操蛇,耳有两蛇,或操龟。蛇、龟均为水物,就有理由认为这条资料所反映的也是巫术。

所谓在战争中使用求雨、止风雨的巫术,《大荒北经》云:“蚩尤作兵伐黄帝,黄帝乃令应龙攻之冀州之野。应龙畜水,蚩尤请风伯雨师,纵大风雨。黄帝乃下天女曰魃,雨止,遂杀蚩尤。魃不得复上,所居不雨。”蚩尤与黄帝争夺统治权而导致战争。黄帝凿河渠引水灌蚩尤军。蚩尤则施行巫术,求得风雨,阻止黄帝的军队。黄帝则派下女魃施行止风雨巫术。蚩尤技穷,战败而被杀。女魃则成了止风雨之神旱魃。《诗·大雅·云汉》“旱魃为虐,如惔如焚。”旱神魃产生后,求雨巫术中则出现逐魃、打魃的行为。当风雨过度时,巫师们祭祀旱魃以止风雨。

5. 其他

《山海经》所记录的形形色色的巫术中尚有一些比较有趣的法事。《海外南经》:“厌火国在其国南,兽身黑色,生火出其口中。”厌火国的巫师能作口吐火焰的魔术,其国名也有可能因此魔术而得。又有贯胸国,“其为人匈有窍”。现在我们尚能在杂技表演中看到以刀剑刺穿胸背的节目。这恐怕就是贯胸国中人“身有窍”的本质吧。我们知道杂技、魔术有许多是从巫术演化而来的。再比如:《大荒北经》说牛黎之国“有人无骨”,恐怕类似于杂技中的软功表演。《海内经》:“有钉灵之国,其民从膝已下有毛,马蹄善走。”则有如《水浒传》中神行太保戴宗的神行术。诸如此类,不一而足。有了这些介绍,读者也就比较容易地理解《山海经》其他有关巫术的记载了。

三、巫术与科学之间

巫术与科学的关系和差别,英国人类学家弗雷泽(J. G. Frazer)曾有精辟的论述:“巫术与科学在认识世界的概念上,两者是相近的。二者都认定事件的演替是完全有规律的和肯定的。并且由于这些演替是由不变的规律所决定的,所以它们是可以准确地预见到和推算出来的。一切不定的、偶然的和意外的因素均被排除在自然进程之外。对那些深知事物的起因、并能接触到这部庞大复杂的宇宙自然机器运转奥秘的发条的人来说,巫术与科学这二者似乎都为他开辟了具有无限可能性的前景。于是,巫术同科学一样都在人们的头脑中产生了强烈的吸引力:强有力地刺激着对于知识的追求。它们用对于未来的无限美好的憧憬,去引诱那些疲倦了的探索者、困乏了的追求者,让他穿越对当今现实感到失望的荒野。巫术与科学将他带到极高极高的山峰之巅,在那里,越过他脚下的滚滚浓雾和层层乌云,可以看到天国之都的美景,它虽然遥远,但却沐浴在理想的光辉之中,放射着超凡的灿烂光华!”当然,巫术具有严重的失误,“如果巫术能变为真实并卓有成效,那它就不再是巫术而是科学了。时在历史初期人们就从事探索那些能扭转自然事件进程为自己利益服务的普遍规律。在长期的探索中他们一点一点地积累了大量的这类准则,其中有些是珍贵的,而另一些则只是废物。那些属于真理的或珍贵的规则成了我们称之为技术的应用科学的主体,而那些谬误的规则就是巫术。”[①]有了这些精辟论述,就可以帮助我们理解《山海经》有关巫术与科技之间的成就。

① 弗雷泽:《金枝》(中译本),中国民间文艺出版社1987年版,第76、77页。

1. 对天的观测

人类生活在苍穹底下,怎样认识日月晦明、风云雨雪、寒暑消长? 上古社会的初民归结为神的因素,而氏族社会的后期开始设有专人观察天象,成为某些巫师的职事。《山海经》记载巫师对日月运行和日景、黑夜的观测,也对风向进行测定和命名。

巫师当然不可能对日月的运行规律作出科学的、正确的解释,于是产生神人生日月、神鸟载日飞行、日落神山神树的神话。《大荒南经》说帝俊的妻子羲和生出十日,《海外东经》则说汤谷水中有大木,名扶桑,十个太阳在汤谷中洗澡,九日居下枝,一日居上枝,准备飞至天空,于是有神鸟"乌"来载日飞向天空,运行一天后回到扶桑树,又载另一日飞行,十个太阳轮流在天空中"值日"。《大荒东经》则说日月出自明星山。当太阳西沉,入于何处呢?《大荒西经》说有丰沮玉门山、有日月山、有方山、有常阳之山、大荒之山等,山上有天门或神树,接纳运行了一天的太阳,然后再由神龟在冥冥之中把它送到东方。《西山经》云: 泑山"西望日之所入,其气员,神红光之所司也。"反映当时的巫师已经观察到衍射现象,但没法解释观察者的自身影子与落日同在一条直线上呈现出的圆形光圈,也无法解释阳光为什么会变红,所以只能说"其气员(圆),神红光之所司",落实到巫术的思维和表述方式。由于传说中太阳所出入的山有好几座,就有巫师想探个究竟,一位执着而勇敢的巫师夸父企图证实日入之山,作出了"逐日"的壮举,直至生命的最后一刻。"逐日"当然不会有结果,于是反被讥讽为不自量力。《大荒西经》说帝颛顼之孙黎处于西极,"以行日月星辰之行次",则比较科学。

有关月亮的观察和所得的结果大概与太阳相似,因此往往日月并称。而月有十二个,是帝俊的另一个妻子常羲所生,大体反映了女巫常羲把一年划分为十二个月的事实,产生了最初的历法。

历法需要数据,数据则通过对日影、白天和黑夜长短的观测的记录而获得。《西山经》:"长留之山,其神白帝少昊居之。……实惟圆神磈氏之宫。是神也,主司反景。"所谓主司反景,即利用日晷和"漏"测量日影的长短和方位,并作记录。《大荒西经》: 淑土国"有人名曰石夷,……处西北隅以司日月之长短。"《大荒东经》女和月母之国的巫师名叫鹓,"是处东极隅以止日月,使无相间出没,司其短长。"所谓司日月之短长,实为测定白天、黑夜的时间,从而确定一天的时辰。《海外南经》羽民国"有神人二八,连臂,为帝司夜于此野。"所谓司夜,即测定黑夜之长短。

《山海经》还有风向风名的记录。《大荒南经》"来之风曰狻",《大荒西经》"来风曰韦"等风向风名,属气象方面的内容。总之,以上这些情况说明: 对于天的观测,其方法已进入科学的轨道,而对日月运行的解释,则属于神话范畴。

2. 对地的认知

《隋书·经籍志》把《山海经》归属于史部地理类,这与"古之巫书"的说法并不矛盾。作为人类最早的文化人群体的巫师,是部落的成员,甚至部落的首领就是大巫师。由于部落的游徙性,促使人们对大地的了解。《山海经》就是各部落巫师对中华大地认知的总汇。作为我国,乃至全人类的第一部地理书,取得了如下几方面的成就。

其一,采取了测量的方法。山岳河湖是地球的表记,《山海经》在叙述这些表记时首先是划分地域,又以该地域的某山确定为认知点,然后向东西南北中各个方向延伸,以山为纲,以水为目。确定山名、水名,此山与彼山之间的距离、山水间的距离、水与水之间的距离和源流关系等。这些都是根据实地勘察和测量所得的结果。《海外东经》云:"帝命竖亥步,自东极至于西极,五亿十选九千八百步。竖亥右手把算,左手指青丘北。一曰禹令竖亥,一曰五亿十万九千八百步。"正是其时已使用测量技术的记录,而且已有亿、万(选)、千、百等数字概念,进位略同于今之进位。但语气中巫氛甚浓。

其二,记述了各方的风土人情。如上所述,各地的多种祭祀方式是巫术,也可以看作各地的风情。《五藏山经》所记录的数十种动物占,也是各方的风俗。上文介绍的51种巫师形象也是不同地区习惯的反映。所谓一目民、羽民国、厌火国、贯胸国等,多为各地民众的特点,或巫师技能的写照。《北次山经》提到"皆不火食",反映了其时其地的民众茹毛饮血的生食习惯。《中次三经》说青要之山"宜女子",因为此山有一种状如凫的鴢鸟,"食之宜子";又有荀草,"服之美人色"。总之,风土人情的内容是纷繁复杂的。

其三,对各地矿产的记述。

《山海经》所记其时对于矿物的研究成果,早已得到现代科学家的重视,并作出了统计和诠释。所见金属有金、黄金、白金、银、铜、铁、锡等。有关玉石类的记载则更丰富,分类详细。玉有白玉、水玉、赤玉等20种,石有42种。共计矿产12类、92种,产地652处。而且书中有简单的地质结构说明,金属共生现象较普遍。根据新中国成立后对全国地质分布进行勘探的结果,证实我国的地质特点与《山海经》所记的情况相符合。[①] 更有意思的是:有的学者认为《山海经》已有天然气和石油的记录,如《西次三经》讲到的"玉膏","其原沸沸汤汤",即为石油。《南次三经》提到的"多火",即为天然气。[②] 由于《山海经》记录了这许多地质方面的知识和成就,有的学者认为上古时代就曾有人对中华大地的地质情况作过"普查"。而笔者以为那些成就都是巫师们在随部落迁徙的过程中所获知识的记录和汇总,属于"无心插柳柳成荫"的结果,而不是自觉的普查行为。

《山海经》除了记录大量的矿产以外,也记录了各地的动植物情况,动物多属奇禽怪兽,主要用于占验,已见上文介绍。而所记植物主要在于它们的药用价值。

3. 巫医

上古时代巫即医、医即巫。《论语·子路》曰:"南人有言曰'人而无恒,不可以作巫医'。"《管子·权修》:"上恃龟筮,好用巫毉。"《国语》一书中的医字都从巫,作毉。《逸周书·大聚解》云:"乡立巫医,具百药以备疾灾,畜五味以备百草。"《说文解字·酉部》:"医,治病工也。殹,恶姿也。医之性然,得酒而使,从酉。王育说:'一曰殹,病声。酒所以治病也。'《周礼》有医酒。古者巫彭初作医。"由此可见,上古时代巫医一家,为人治病是巫师的重要职事之一,医学也是巫觋的一项文化创造。

赵璞珊《〈山海经〉记载的药物、疾病和巫医》对《山海经》所提到的药物、疾病和治疗方法作过统计。[③] 药物有矿物(5种)、植物(51种)、兽(16种)、禽(25种)、水族(30种)、其他(5种),共7类、132种。疾病名称如疥、疠、痈、疽、痁、疵、蛊等30余种。治疗的方法有服食、洗浴、佩带、箴(用石针针灸)、涂抹等。作为我国传统医学的两大特点的针灸和草药已经在《山海经》的时代形成了。但《山海经》毕竟是一部巫书,在治病和采药方面还保留了不少巫气。《海内西经》:"开明东有巫彭、巫抵、巫阳、巫履、巫凡、巫相,夹窫窳之尸,皆操不死之药以距之,窫窳者,蛇身人面,贰负臣所杀也。"这是一次会诊活动的记载。窫窳是一个蛇身人面的巫师,不幸被误杀,因此群巫会诊,各显神通,希望把他救活。郭璞注这群巫师曰

① 详《山海经新探》,四川省社会科学院出版社1987年版,第255~257页。

② 同上。

③ 详《山海经新探》,第264~267页。

"皆神医也",说得一点也不错。又《大荒西经》云:"有灵山,巫咸、巫即、巫肦、巫彭、巫姑、巫真、巫礼、巫抵、巫谢、巫罗十巫,从此升降,百药爰在。"这一群巫觋又何尝不是神医呢?他们一方面在灵山上施行通天的巫术,一方面又发现了许多草药。又"有鱼偏枯,名曰鱼妇。颛顼死即复苏,风道北来,天乃大水泉,蛇乃化为鱼,是为鱼妇。颛顼死即复苏。"人死而复活,这在医学院上称为假死、昏迷。不过这条材料却说鱼妇使颛顼死而复活,鱼妇又是蛇化为鱼而成的。虽然没有交待蛇怎样化为鱼?鱼妇怎样使颛顼复苏?但是其中的巫气却是很明显的。要言之,医学是巫觋创造的,故总带有几分巫气。

以上介绍了《山海经》有关巫术与科学之间的几种主要成就,有天学方面的,也有地学的,还有医学方面的。天地之间有生物,由于已介绍了动物占和医学,对于生物方面的成就就不独辟领域了。应该说《山海经》对生物方面的认知,除了物占、药效以外,尚有对动物、植物进行外部形态的描述,说已形成生物学,则缺乏分类及结构分析,只是生物学的萌芽。《山海经》还记录了不少创造发明、巫师的求知精神和实践,限于篇幅,不赘述。

本文叙述了《山海经》中保存的巫师形象,一些比较常见而重要的巫术,介绍三种处于巫术与科学之间的成就。有了这些情况介绍,也就不难理解《山海经》为巫书之说了。

附记:经过十年动乱后的上世纪 80 年代,百废待兴。有著名神话研究专家袁珂先生的《山海经校注》问世。初涉学界、尚未入门的我便叩问程应镠先生有关《山海经》的问题。先生一面解答,一面便拿起案头的《山海经校注》赐予我,谈及了袁珂先生以及晋朝郭璞的注,鼓励我研究上古的神话和巫文化。虽然此事已过去三十余载,而吾师的教导犹在耳边回响,作此文以纪念吾师百岁诞辰。

老子西去与孔子东行的历史意义与传承[①]

张荣明

（上海师范大学硕士研究生毕业，上海理工大学教授）

老子是道家的开山鼻祖，孔子是儒家的创始人，两人在中国思想史上都具有广泛而深刻的影响。老子晚年西去，孔子曾想东行，倘如把这两者联系起来作综合考察，就成为中国思想史上一个分量不轻的问题，同时也是一个长期被学术界所忽视的问题。一言蔽之：老子西去与孔子东行，体现了这两位大哲理想中的人生归宿与某种终极追求。[②]

一、老子西去的历史意义及传承

《史记·老子韩非列传》记载："老子修道德，其学以自隐无名为务。居周久之，见周之衰，乃遂去。至关，关令尹喜曰：'子将隐矣，强为我著书。'于是老子乃著书上下篇，言道德之意五千余言而去，莫知其所终。"老子在西去归隐途中经过函谷关，遇见了一位名叫"尹喜"的守关官吏，史称关尹子。《列仙传》说："关令尹喜者，周大夫也。善内学星宿，服精华，隐德行仁，时人莫知。老子西游，喜先见其气，知真人当过，候物色而迹之，果得老子。老子亦知其奇，为著书。与老子俱之流沙之西，服巨胜实，莫知其所终。亦著书九篇，名《关令子》。"同名的书又称："老子西游，关令尹喜望见有紫气浮关，而老子果乘青牛而过也。"[③]紫气、青牛，还有一位阅尽沧桑、白发皤然的大哲，三者构成了一幅传说中瑰奇美妙的图像。

老子为何西去，而不是东行，或是南下？学术界似乎对此并没有进行有深度的探索。笔者曾经指出：上古时代的中国西部是文明发祥之地，是传说中帝王圣贤高人哲士梦寐以求的神秘天堂。[④] 例如黄帝西至昆仑之丘，[⑤]周穆王西游见西王母，[⑥]距今5 000年的仰韶文化墓葬中的头颅也是朝着西方。[⑦] 大禹治水，足迹遍及天下，偏偏又是在西部巫山之下遇见"饮露吸气之民"。《吕氏春秋·求人》记载："禹……西至三危之国，巫山之下，饮露吸气之民。"《淮南子·时则训》亦透露出一些相关的线索："西方之极，自昆仑绝流沙沉羽，西至三危之国，石城金室，饮气之民，不死之野。"

---

① 本文部分内容曾以《老子西去与孔子东行》之名，刊载于2014年12月12日《文汇报·文汇学人》。

② 学界对于老子西去、孔子东行（乘桴浮于海）亦时有论述，如熊铁基、马良怀、刘韶军：《中国老子史》，福建人民出版社1995年版；刘雁翔、马毅明：《老子归隐地寻踪》，《中国地方志》2007年第2期；陈代湘：《道不行，乘桴浮于海——归隐与士之悲剧意识的消解》，《学术论坛》1992年第6期；黄永有：《道不行，乘桴浮于海——论孔子的"道隐"思想》，《乐山师范学院学报》2007年第9期；杨宗红、张晓英：《道不行，乘桴浮于海——论孔子隐逸思想本质》，《上饶师范学院学报》2007年第1期。本文不仅对老子西去、孔子东行（乘桴浮于海）作出不同以往的新阐释，并且揭示了老子西去、孔子东行的历史意义以及思想精神上的衣钵传人。

③ 引自《史记·集解》及《索隐》，文字与存世本《列仙传》稍异。

④ 参阅拙著《中国古代气功与先秦哲学》，上海人民出版社1987年版，第62页。

⑤ 《庄子·天地》。

⑥ 《穆天子传》。

⑦ 《元君庙仰韶墓地》，文物出版社1983年版。

夕阳西下，年迈的老子，青牛一骑，飘然而出函谷关，他还能干什么以及他还想干什么呢？《道德经》标榜“深根固柢，长生久视之道”，倡导“营魄抱一，能无离乎？专气致柔，能婴儿乎”的养生锻炼方法。因此，老子西去，或许正是想去西部的“不死之野”，与一些“饮气之民”、“饮露吸气之民”相互切磋，去追求或者探索世上是否真有一种延年益寿的长生之道。

老子是一位伟大的思想家，所著《道德经》的内容又是言简意赅，义涵丰富，但他飘然西去的行为，却留下了一个“莫知所踪”的千古谜团，如同孔子当年对他的形容：“其犹龙邪”，[①]但“神龙见首不见尾”，于是为后世提供了一个无限遐想的空间。归纳一下，后人对于老子西去产生了三种传说。简单地说：一是老子西去隐居，最终成仙；二是老子西去到达印度，最终成佛；三是老子西去，至东罗马，传播以八卦之数理为核心的中华文明。[②]

关于成仙的传说。西汉刘向《列仙传》对老子作了这样的评论：“老子无为，而无不为。道一生死，迹入灵奇。塞充内镜，冥神绝涯。德合元气，寿同两仪。”所谓“两仪”，指的是宇宙间产生天地万物的阴阳两气，亘古已存。既然老子的寿命能同阴阳两气并驾齐驱，则自然是长生不死已经成仙了。东汉王阜《老子圣母碑》则说：“老子者，道也。乃生于无形之先，起于太初之前，行于太素之元，浮游六虚，出入幽冥，观混合之未判，窥浊清之未分。”至此，老子不仅成仙，并进一步上升为道的化身，诞生于宇宙混沌未分之前。东汉边韶《老子铭》则说：“世之好道者，以老子离合于混沌之气，与三光为始终。观天作蹈，升降斗星，随日九变，与时消息。规矩三光，四象在旁，存想丹田，太一紫房，道成身（仙）化，蝉蜕度世，自羲农（黄）以来，世为圣者作师。”这表明老子是通过“存想丹田”的修炼方法，最后是“蝉脱”肉身，进入成仙的境界。后来道教进一步强化老子成仙的传说，编造了《西升经》、《太上老君开天经》、《老子变化无极经》、《三天内解经》等许多相关图书典籍。

关于成佛的传说。《后汉书・襄楷传》记载：“或言老子入夷狄，为浮屠。”《魏略・西戎传》记载：“浮屠所载与中国《老子经》相出入，盖以为老子出关，过西域之天竺，教胡。”[③]这两条史料皆指出老子西去，过西域，进入天竺（古印度）成佛。后来西晋道士王浮综合此前各种传说，编造《老子化胡经》，讲述老子西去流沙，途经八十余国，“又以神力为化佛形，腾空而来，高丈六身，体作金色，面恒东向。示不忘本，以我东来故显斯状”，“遍历五天，入摩竭国。我衣素服，手执空壶，置精舍中。立浮屠教，号清净佛，令彼刹利婆罗门等而奉事之，以求无上正真之道”。并且还宣讲了“断肉专食麦麨，勿为屠杀”、“剔除须发”、“兼持禁戒，稍习慈悲。每月十五日，常须忏悔”等教义。[④] 至此，老子一是化身为“高丈六身，体作金色”的“佛形”，二是在古印度开创了浮屠（佛）教，自称“清净佛”，完成了“化胡为佛”的从形态至教义的神圣华丽转型。

对于老子化胡为佛的传说，后世道士不仅广泛搜集各种资料，在文字上附会增添，而且还发挥无穷的想象力，绘画了八十一幅图，史称《老子八十一化图》。由于佛教徒认为其中内容谬托佛祖，诽谤佛教，故《老子八十一化图》在历史上崇奉佛教的特殊年代曾遭多次禁毁。但道教的文化传播能力不容小觑，至

---

① 《史记・老子韩非列传》。

② 参见拙文《〈老子〉首章七解——试探老子哲学的神秘性》，载《道佛儒思想与中国传统文化》，上海人民出版社 1994 年版。

③ 《三国志・魏书》卷三〇《乌丸鲜卑东夷传》裴松之注引。

④ 《老子西升化胡经序说第一》，李德范辑：《敦煌道藏》第 4 册，中华全国图书馆文献缩微复制中心，1999 年。

今还能找到不少明代以后《老子八十一化图》的版刻经本、道观壁画及石刻。① 《老子八十一化图》存世的明清版刻经本有多种，形态各异，有上图下文，有左图右文。1936年成都二仙庵刊本改名为《老君历世应化图说》。其中《第四十化》至《第四十三化》集中描绘了老子化胡成佛的具体过程。《第四十化・显诸国》记载："老子降伏外道，举起神通，即放九色神光，遍照十方尘沙国界。光耀所及，无有远近。得与来者，八十国土。国王、后妃及诸眷属人等，睹兹光相，围绕瞻仰，赞谈作礼，愿听法音。"《第四十一化・遍天竺》记载："老子先于葱岭降遣毒龙以后，南至乌苌，遍历天竺诸国，号古先生。广演法门，教化诸王、国人。其王欢喜，号称古皇，迎老子于耆阇精舍，合掌恭敬作礼瞻仰。老子与王宣说浮屠，立《桑门监审律度》、《忏悔仪法》，与以奉行。"《第四十二化・开摩竭》记载："老子入摩竭国，身作金色相，手和五明，以化其国王子，为说大乘法语。告诸国人，咸令信向。绝灭念想，破撇烦恼，剔剪无名业障，内外恬澈，则身心洒泰，志趣飘然。故广开浮屠之教，名为清静佛，令婆罗门等奉行。"《第四十三化・示胜相》记载："老子于舍卫国，自化佛陀之身，坐于七宝玄台，与诸圣众从天而降，下逮王宫。仙人侍卫，放大光明，遍照尘刹国土，皆大震动，国王众庶，绕佛道前，瞻仰身相——高广百千丈，遍满虚空，宣说无上《妙法》，告诸国王、会众：'修习大乘正宗，顿悟圆明。'"值得关注的是：《老君历世应化图说》开始大量引经据典，其中《第四十三化・示胜相》甚至还引用佛教《妙法莲花经》，企图进一步为老子化胡为佛自圆其说。

关于老子西去东罗马、传播八卦之数理的传说。杭辛斋《读易杂识》指出："易掌于太卜，老氏世为史官，阴阳之学，乃其所世守。易卦象数推演占卜，必有方式。"老子既然身为周朝史官，保管图书文献，必然掌握一整套以《周易》为核心的"易卦象数推演占卜"的方法及相关图书。因此，"老子出关，必挟图书以西行，故今日所传易之图象，皆出道家，皆得于川陕者为多，当为老子之所遗无可疑也。且不仅图书已也，即今西人算学开宗之几何原本，其形式数理，悉与八卦之数理相合，与易同为一源。西人之何由得此，考其时地，当亦为老子所传，西人称借根方为东来法，实不仅借根方也。"循此推理，人们不禁要问：老子出关西行究竟要去何方呢？杭辛斋继续发挥他的想象："老子西出函谷，踪迹不明。然老子绝不止于一隅、寂守空山以终老者，况其出关宗旨，原在传布大道，非为无意之云游也。其西去也，陆行直可达地中海，即土耳其京士但丁，史称东罗马，为欧洲文化之策源地，亦数学形学所肇始之地也。罗马今之译音字，其拉丁文原音，实为老孟或老门。老子西行至此，讲学布教，信仰者众，遂地以人名而曰老门，惟其言语不通，风俗不同，故不能尽传易象，而但传数学，数具形立，而形学附焉，盖象无定者也。俗尚既异，象难一致，而数则中外无异，形亦方圆有定，此所以不能传八卦四象，而只言点线面体也。然其进退变化正负乘除之理，与八卦无不相同，非深通天地之数，明阴阳之理者，必不能造，精奥而简易若此，所以断为老子所传者。"②应该说杭辛斋的想象力非常丰富，独辟蹊径，但缺乏强有力的旁证，故只能归之于"传说"或"猜想"。

撇开以上三种近似于神话的传说不谈，在中国历史上，真正与老子思想及老子西去精神指向遥相辉映的是两位杰出的宗教家。

一位是唐代佛门高僧玄奘大师。他为追求佛法真谛，不辞万里，舍身西去，"乘危远迈，杖策孤行"，途中九死一生，历经艰险，诚所谓"决志出一生之域，投身入万死之地"，最后到达印度，留学佛教最高学

---

① 至今尚完好保存《老子八十一化图》壁画的道观有陕西佳县白云山的白云观、甘肃平凉崆峒山的老君殿等处。

② 《读易杂识》，载杭辛斋《学易笔谈(附三种)》，天津市古籍书店1988年影印，第1030页。

府那烂陀寺，拜谒百岁高龄的戒贤法师，听其讲法，潜心研读佛典。又外出巡礼与参学，遍游五天竺，与外道及小乘僧人论战，以《破恶见论》击败论敌的《破大乘论》，终于名声大震异邦。西行15年后，他终于踏上了回国之路。

玄奘西行的主要目的是为了探求佛性问题的最终答案。佛教传入中国，至唐代对于佛性的解释，已分成南、北两派。北派主张“染净缘起依于黎耶染识，佛性就未来之果性说，需修行始有，故曰当常”；南派主张“染净缘起依于真如或黎耶净识，佛性就现在之因性说，修行之功，在于开显本有之佛性，故曰现常”。① 佛教的发源地印度对于佛性问题原本应有统一而正确的见解，但在传播及翻译的过程中，不免会产生歧异，恰如玄奘指出：“远人来译，音训不同；去圣时遥，义类差舛。遂使双林一味之旨，分成当、现二常；大乘不二之宗，析为南、北两道。纷纷诤论，凡数百年。”②以致究竟如何才能修证佛性，在当时成了“先贤之所不决，今哲之所共疑”的大问题，这正是促使玄奘西行求法的主要动机。

玄奘取经归来，开创慈恩宗（又称法相宗），主张“唯识无境”，构建了一个以阿赖耶识为本体的理论体系，认为由阿赖耶识变现为前七识（眼识、耳识、鼻识、舌识、身识、意识和末那识），“然后变现出客观世界和主观世界来，引导人们由整个世界的‘空’进一步认识到阿赖耶识的实性，把染净俱有的阿赖耶识转变为纯净的阿赖耶识，证涅盘成佛”。③

《道德经》曾说：“死而不亡者寿。”④老子西去追求长生久视成仙之道，与玄奘西去求证佛法真谛之不朽，理论取径虽然不同，但从辽阔的宏观大视野来看，两人在本质上都是去探索短暂的个体生命如何才能获得某种形式的永生。

另一位是宋末元初全真教领袖丘处机。公元13世纪初，蒙古大军入侵华北平原，锐不可当，“凡破九十余郡，所过无不残灭。两河山东数千里，人民杀戮几尽，金帛、子女、牛羊马皆席卷而去，屋庐尽毁，城郭丘墟矣”。⑤ 丘处机权衡天下大势，婉谢南宋及金朝统治者的聘请，而接受成吉思汗的征召，以73岁的高龄毅然带领18位弟子跋山涉水，历经戈壁荒漠、风尘弥漫之苦，远赴万里之外的成吉思汗大本营（设于现阿富汗境内阿姆河南岸），劝说这位旷代雄杰停止杀戮、保境安民。

丘处机踏上西行征程，频遇艰难险阻，但念及此行或可救助陷于战乱中的黎民百姓，便奋力前行，途中丘处机曾作诗自勉：“十年兵火万民愁，千万中无一二留。去岁兴逢慈诏下，今春须合冒寒游。不辞岭北三千里（皇帝旧兀里多），仍念山东二百州。”一路上，“大山高峻，广泽沮陷”，甚至“深谷长阪，车不可行”，有时“大风傍北山西来，黄沙蔽天，不相物色”，丘处机作诗自叹：“某也东西南北人，从来失道走风尘。不堪白发垂垂老，又蹈黄沙远远巡。未死且令观世界，残生无分乐天真。四山五岳多游遍，八表飞腾后入神。”⑥

丘处机自兴定五年（1221）二月率弟子从燕京出发，至次年四月到达成吉思汗大本营，觐见这位旷世雄主。同年十月，成吉思汗设屋斋戒，三次延请丘处机讲道。《玄风庆会录》记载：“逮乎壬午（1222）之冬十月既望，皇帝畋于西域雪山之阳，是夕御行在设庭燎，虚前席延长春真人以问长生之道”，成吉思汗关注

① 傅新毅：《玄奘评传》，南京大学出版社2011年版，第16页。
② 《大唐大慈恩寺三藏法师传》。
③ 引自陈扬炯：《玄奘评传》，京华出版社1995年版，第159页。
④ 《道德经》第三十三章。
⑤ 《建炎以来朝野杂记》卷一九“鞑靼塞”条。
⑥ 《长春真人西游记》卷上，载《道藏》第34册，文物出版社、上海书店、天津古籍出版社1988年版。

的是：有无长生之药，问："真人远来，有何长生之药以资朕乎？"师曰："有卫生之道，无长生之药。"①《玄风庆会录》记载两人问答之辞，内有"学道之人知修炼之术，去奢屏欲，固精守神"，"陛下修行之法无他，当外修阴德，内固精神耳。恤民保众，使天下怀安则为外行，省欲保神为乎内行"。概括一下，核心内容有三点：一是清心寡欲，固精养神，以至延年益寿；二是天道好生恶杀，应爱惜天下百姓生命，不能滥杀无辜；三是中原文教盛行，"治国治身之术为之大备"，"山东、河北天下美地，多出良禾美蔬、鱼盐丝玺以给四方之用，自古得之者为大国"。关于丘处机与成吉思汗的会晤，《元史·释老志》作了以下扼要的记载：

> 太祖（指成吉思汗）时方西征，日事攻战。处机每言：欲一天下者，必在乎不嗜杀人。及问为治之方，则对以敬天爱民为本。问长生久视之道，则告以清心寡欲为要。太祖深契其言。

丘处机西去劝说成吉思汗"欲一天下者，必在乎不嗜杀人"，在本质上完全契合老子所言："兵者不祥之器，非君子之器，不得已而用之。……夫乐杀人者，则不可以得志于天下矣。"②至于以"清心寡欲"来回答成吉思汗询"问长生久视之道"，更是彻底贯彻了老子所说的准则："致虚极，守静笃"，③"五色令人目盲，五音令人耳聋，五味令人口爽，驰骋畋猎令人心发狂"。④

《元史·释老志》记载："时国兵践蹂中原，河南、北尤甚，民罹俘戮，无所逃命。处机还燕，使其徒持牒招求于战伐之余，由是为人奴者得复为良，与滨死而得更生者，毋虑二三万人。"这说明在宋末元初的战乱中，丘处机凭借成吉思汗赐封"万乘之国师"的崇高地位，拯救了北方数万百姓的生命，功莫大矣。故当时即有人指出：

> 国师长春真人昔承宣召，不得已而后起，遂别中土，过流沙，陈道德以致君，止干戈而救物，功成身退，厌世登天。自太上玄元（指老子）西去之后，寥寥千百载，唯真人一人而已。⑤

此言从道家角度强调丘处机是老子西去精神指向的唯一传人，千百年后，唯有丘处机奋力西行的精神宗旨与老子思想遥相契合。

二、孔子东行的历史启示及传承

孔子学识渊博，精通六艺，面对春秋时期礼崩乐坏的局面，带领一帮弟子栖栖惶惶周游列国，游说君王，企图以周公之道拨乱反正，但结局却是屡遭冷遇，无功而返。对于孔子如此凄凉的遭遇，三国时代的李萧远写过一篇《运命论》，为孔子大鸣不平："夫道足以济天下，而不得贵于人；言足以经万世，而不见信

① 《长春真人西游记》卷上。
② 《道德经》第三十一章。
③ 《道德经》第十六章。
④ 《道德经》第十二章。
⑤ 《玄风庆会录》序，载《道藏》第3册。

于时；行足以应神明，而不能弥伦于俗。应聘七十国，而不一获其主；驱骤于蛮夏之域，屈辱于公卿之门，其不遇也如此。”①

屡屡碰壁之余，孔子后来大概也有所觉悟，声称：“天下有道则现，无道则隐。”②甚至悲愤之下还发出过这样的宣言：“道不行，乘桴浮于海。”③大海之中，波涛汹涌，孔子为何想东去“乘桴浮于海”，而不是西行，或者南下？理由或许并不复杂。居住在山东半岛齐鲁之邦的人们通常能够在一种特殊的自然条件下有机会看见飘浮在空中的海市蜃楼，时隐时现，给人以无限遐想的空间，而由此滋生的传说则是海外还有蓬莱、方丈、瀛洲三座神山仙岛。古代称山东蓬莱为“登州”，“登州”附近的海域时常会出现海市蜃楼的现象，历代文献对此皆有具体的描绘：“登州海中，时有云气如宫室、台观、城堞、人物、车马、冠盖，历历可见，谓之海市。”④“登州三面负海，止西南接莱阳，出海西北五六十里为沙门岛，与砣矶、牵牛、大竹、小竹五岛相为联。其上生奇草美石，遥望紫翠出没波涛中，是称方丈、蓬壶。春夏间，蛟蜃吐气幻为海市，常在五岛之上，现则皆楼台城郭，亦有人马往来……此宇宙最幻境界。”⑤总之，城市、楼台、宫室、人物、车马样样具备，俨然是海外的另一方国土。

当苍茫大地上的列国君主无法让孔子施展政治理想抱负之后，他或许梦想大海之中是否还存在另外一个像海市蜃楼般奇妙的国土，可以有空间容纳他去搞一块“复周礼”的政治试验田，或者更上一层楼，去开辟一个“夜不闭户、路不拾遗”的儒家式的大同世界。孔子对如何治国理政有较为成熟的方案，故有时也相当自负，他曾说：“苟有用我者，期月而已也，三年有成。”⑥意即如有聘用他主持国家政事，一年即可改观，三年便会很有成绩。他又说：“如有用我者，吾其为东周乎？”⑦倘如给他施政的机会，他将使周文王、武王之道在东方复兴。因此，说到底，东行“乘桴浮于海”，是孔子四处碰壁后在万般无奈之下萌发的一种理想中的终极追求。

终其一生，孔子似乎没有得到一个“乘桴浮于海”的机会。但后人或许出于一种补偿心理，编造了一个孔子移居海外的神话：

> 昔鲁人有浮海而失津者，至于亶州，见仲尼及七十子游于海中。与鲁人一杖，令闭目乘之使归，告鲁侯筑城以备寇。鲁人出海，投杖水中，乃龙也。具以状告，鲁侯不信。俄而群燕数万，衔土培城。鲁侯乃大城曲阜。城讫而齐寇至，攻鲁，不克而还。⑧

这个神话有几个特点：一是孔子实现了“乘桴浮于海”的愿望，有人亲眼目睹了“仲尼及七十子游于海中”；二是孔子虽然移居海外，但仍然关怀牵挂他的故国，并发出预言，齐国将兴师入侵鲁国，要鲁侯及早筑高墙严阵以待；三是孔子授杖化龙的神通与孔子成功地拯救鲁国于危难之际的预言，表明孔子浮海传

---

① 《昭明文选》卷五三。
② 《论语·泰伯》。
③ 《论语·公冶长》。
④ 沈括：《梦溪笔谈》卷二一。
⑤ 王士性：《广志绎》卷三。
⑥ 《论语·子路》。
⑦ 《论语·阳货》。
⑧ 《古微书》卷二五引崔鸿《北燕录》。

道正有无穷的可能性。

需要强调的是:"道不行,乘桴浮于海",并不是看破世事将去归隐,孔子浮海东去的目的是为了行道,简言之,是想传播以周礼为代表以及儒家式大同世界的中华文明。

明末大儒王夫之指出:

> 《集注》曰:"伤天下之无贤君",于义自明。惜未言欲行道于海外,遂使俗儒以鲁连蹈海、管宁渡辽拟之。一筏之泛,岂犯鲸波陵巨洋乎?夫子居鲁、沂、费之东即海也,其南则吴、越也。夫子此叹,伤中国之无贤君,欲自日照通安东、赣榆适吴、越耳。俗传夫子章甫鸣琴而见越王勾践,虽无其事,然亦自浮海之言启之。程子《春秋传》言:桓公盟戎而书"至",以讨贼望戎,盖居夷浮海之志,明其以行道望之海外。故子路喜,而为"好勇"之过,谓其急于行道而不忧其难行也。①

朱熹《四书章句集注》引程子曰:"浮海之叹,伤中国之无贤君也。"王夫子认为程子之言仅仅说对一半,孔子的"浮海之叹"在感伤天下无贤君之外,还要"欲行道于海外"。这才是孔子真正怀抱的理想。当然,王夫之也注意到孔子"乘桴浮于海"是否还另有一种可能?"伤中国之无贤君,欲自日照通安东、赣榆适吴、越耳",意即孔子在北方诸国行道受阻,会不会想乘桴浮海,从海路去南方吴、越两国传播周公之道。笔者认为:这种可能微乎其微,因为孔子如欲去吴、越两国游说君主以行道,他完全可以乘马车从陆地上前去,这样就可以避免海上的汹涌波涛不测风险。"一筏之泛,岂犯鲸波陵巨洋乎?"这说明"乘桴浮于海"的风险是非常巨大的,天下圣贤只有为了一展平生抱负,实现矢志不渝的人生理想,才会冒险犯难,虽九死而未悔,"欲行道于海外"。

公元前221年,秦始皇已统一天下。两年后,"齐人徐市等上书,言海中有三神山,名曰蓬莱、方丈、瀛洲,仙人居之。请得斋戒,与童男女求之。于是遣徐市发童男女数千人,入海求仙人。"②徐市又名徐福,数次入海寻找仙人及不死之药,未能成功。传说秦始皇后来提供童男童女3 000人,以及"五谷种种百工而行。徐福得平原广泽,止王不来"。③ 徐福所达之处或名亶州,"亶州在东海中,秦始皇遣徐福将童男女,遂止此州"。④ 笔者认为:徐福乘舟东去海上,可谓"一身而两任",肩负的使命虽是秦始皇嘱托的求仙及不死之药,但长生成仙、延年益寿的精神源泉不能不与道家老子有千丝万缕的牵连,而他的实践指向却无意间又承载着孔子当年"乘桴浮于海"的梦想:在华夏大地之外,海上是否还存在着一些可以传播中华文明的荒岛。

距孔子逝世1 200多年后,作为律宗的传戒大师,唐代扬州大明寺鉴真和尚,接受来唐留学的日本僧人的多次恳请,开始准备东渡传法,原来当时来唐留学的日本僧人获悉:"唐国诸寺三藏大德,皆以戒律为入道之正门,若有不持戒者,不齿于僧中。于是方知本国无传戒人。"因此,日本僧人来到扬州大明寺,向研究戒律颇有造诣的鉴真大和尚顶礼膜拜,并诚恳发出邀请:"佛法东流,至日本国,虽有其法,而无传法人。日本国昔有圣德太子,曰:二百年后,圣教兴于日本。今钟此运,愿大和上(尚)东游兴化。"促使鉴真

---

① 《四书稗疏·乘桴浮海》,《船山全书》第六册,岳麓书社1996年版,第29~30页。

② 《史记·秦始皇本纪》。

③ 《史记·淮南衡山列传》。

④ 《史记正义》引《括地志》。

东渡传法或许不能忽视两个原因，即鉴真所说："昔闻南岳思禅师迁化之后，托生倭国王子，兴隆佛法，济度众生。又闻日本国长屋王崇敬佛法，造千袈裟，弃施此国大德众僧。其袈裟缘上，绣着四句曰：'山川异域，风月同天，寄诸佛子，其结来缘。'以此思量，诚是佛法兴隆有缘之国也。"①

然而鉴真一行五度束装乘船飘海东渡，一路上遭遇飓风恶浪，触礁船破，历经千难万险，最终竟飘至广西。总之，5 次东渡，受尽种种折磨，皆无功而返。这一过程长达 11 个春秋。公元 753 年，鉴真第六次东渡，携带如来肉舍利 3 000 粒及佛像和大批佛经，终于在公元 753 年到达日本，并在东大寺内为日本太上皇、皇太后、皇太子授菩萨戒。日本皇室曾下诏宣布："朕造此东大寺经十余年，欲立戒坛，传受戒律，自有此心，日夜不忘。今诸大德远来传戒，冥契朕心。自今以后，受戒传律，一任大和上(尚)。"日本皇室对鉴真和尚高度尊重礼遇，特建唐招提寺，为其授戒传法的场所。②

鉴真东渡传法，对于日本佛教及文化作出了卓越的贡献，影响深远。这表现为：在鉴真赴日之前，日本"无人传戒"，唯有鉴真登坛授戒之后，日本佛教才具有名副其实的戒律，步入正规。鉴真无疑是日本律宗的开山祖。其次，鉴真一行传播佛教之余，还把大唐王朝的建筑设计、佛像雕塑、书版印刷、传统医学、书法艺术等传入日本东邻，使得日本历史文化的发展永远烙上中华文明的印记。

2 000 多年后，明末名儒朱舜水反抗清军南下，见大局日渐恶化，于是萌生漂泊海外、赴日传播儒家文化之念。其间过程极为复杂："舜水从消极避乱到积极抗清，从漂泊海外到回国参战"，③最后因联合郑成功等人反清复明遭到失败而壮志未酬。朱舜水从壮年 47 岁开始曾有 6 次赴日的曲折经历，直至 60 花甲之年第七次赴日，才正式留居彼邦开创他个体生命最后 20 多年的辉煌业绩。

当时日本盛行佛教，对于朱舜水崇儒自然不利，朱氏自称："不佞儒而日本遍地皆佛。嘘佛之气，足以飘我；濡佛之沫，中足以溺我。孰有誉之者哉?"④朱舜水在日本主要传播儒家思想文化，尤其是儒家圣贤中贵在实践的"实理实学"，这种"实学"一是有益于自我身心修养，二是有益于天下国家。朱舜水指出："知向学之方，推之政治而有准，使后人知为学之道，在于近里着己，有益天下国家，不在乎纯弄虚脾，捕风捉影。若夫窃儒之名，乱儒之实，使日本终不知儒者之道，而为俗子抵排，则罪人矣。"⑤因此，朱舜水反复声明："学问之道，贵在实行"，"圣贤之学，俱在践履"。⑥

朱舜水排斥宋明理学的谈论玄虚，推崇儒家圣贤修身养性以至于治国平天下的"实学"，主要原因不能不与他生平历经艰难险阻有关。朱舜水自述："自流离丧乱以来，二十六七年矣，其濒于必死，大者十余，似乎呼吸之间，可通帝座。……是故青天皦日，隐然有雷霆震惊于上；至于风波崄巇，倾荡颠危，则坦然无疑，盖自信素耳。"⑦朱舜水自称关心黎民，不敢以隐居为高，平生信奉及实践儒家圣贤之教导："仆素民物为怀，绥安念切，非敢以石隐为高，自矜名誉。……仆事事不如人，独于'富贵不能淫，贫贱不能移，威武不能屈'，似可无愧于古圣先贤万分之一。一身亲历之事，固可与士子纸上空谈者异也。"⑧鉴于此，后

① 见真人元开撰：《唐大和尚东征传》，附载于孙蔚民：《鉴真和尚东渡记》，上海古籍出版社 1979 年版。
② 见真人元开撰：《唐大和尚东征传》。
③ 引自钱明：《胜国兵师——朱舜水传》，浙江人民出版社 2008 年版，第 53 页。
④ 《朱舜水集》卷八《答奥村庸礼书之三》，中华书局 2008 年版。
⑤ 《朱舜水集》卷八《答奥村庸礼书之十一》。
⑥ 《朱舜水集》卷一〇《答安东守约问》。
⑦ 《朱舜水集》卷一六《德始堂记》。
⑧ 《朱舜水集》卷九《答小宅生顺书之一》。

人称赞朱舜水德行纯粹而意志坚强，以人格魅力获得日本人的尊重，“如七十子之服孔子”。

朱舜水学识渊博，是一位“百科全书”式的人物，暮年在日本收徒传道，讲授儒家思想真谛，旁及中国典章制度、园林艺术、建筑设计，门下有十大嫡传弟子，皆是当时政、学两界一代才俊，影响广泛深远。对于朱舜水在东瀛授业的丰功伟绩，梁启超对其作了高度评价：“德川二百年，日本整个变成儒教的国家，最大的动力实在舜水。……舜水不特是德川朝的恩人，也是日本维新最有力的导师。”①

三、结　语

把老子西去归隐探索“长生久视”之道与玄奘西去取经求法、丘处机西去劝说成吉思汗停止杀戮联系起来，指出佛、道两位大家西去怀抱的宗旨，与西去归隐的老子思想精神中某些部分有一脉相通之处。

把孔子遐想“道不行，乘桴浮于海”与鉴真东渡传法、朱舜水赴日传播儒学钩联起来，揭示这三位圣贤在向海外传播中华文明这一点上具有共同的愿望。区别在于孔子当年限于历史条件、只是怀着一个浮海东去传道的梦想，而鉴真与朱舜水历经艰险，百折不挠，却是孔子当年“道不行，乘桴浮于海”梦想的真正衣钵传人与杰出实践者。

揭橥中国思想史上两位圣人西去与东行的历史意义以及传承脉络，这或许在学术研究领域还是一种前贤尚未顾及的新探索，然而这里所展示的仅仅是一个初步研究的成果，倘若作全面深入的探索，就会发现老子西去与孔子东行的历史意义及启示将与中国文化传播史上的许多问题有千丝万缕的联系。

① 梁启超：《中国近三百年学术史》，东方出版社 1996 年版，第 101 页。

春秋战国社会发展原因的重新探讨

杨师群

春秋战国之际，虽战乱频仍，政局动荡，但随着生产力的显著提高，农业、手工业生产的迅速发展，城镇商品经济走向繁荣，社会文化在百家争鸣的氛围中，更是达到了古代史上绝无仅有的巅峰，社会的确取得了长足的进步。

战国封建说者认为，当时新兴地主阶级登上历史舞台，进行了一系列的社会改革，战胜了腐朽的奴隶主阶级，以封建制代替奴隶制，推动了社会的前进。从而一般将春秋战国之际社会发展的原因，主要归结为阶级斗争的结果。我们经过详尽的考证，认为春秋战国时期土地私有制并没有确立，更没有产生什么新兴地主阶级，①因而其社会发展决非什么阶级斗争推动的结果，而有其客观具体的综合条件，主要是三个方面的因素。

一、宗法制度崩溃与人的解放

西周时期，在严格的宗法制度的框构中，造就了一个以血缘族团为单位，以亲疏等级为纽带的层叠式社会结构，所谓："天子建国，诸侯立家，卿置侧室，大夫有贰宗，士有隶子弟，庶人、工商各有分亲，皆有等衰，是以民服事其上，而下无觊觎。"②其中秩序繁杂，等级森严，"天有十日，人有十等"诸史料及有关论证，都说明各级贵族、平民，乃至各类奴仆都被束缚在这个繁文缛节、层层压迫而令人窒息的社会结构中。

同时，社会的基本经济单位也与血缘宗法组织结合在一起。春秋中叶以前，贵族经济的基本单位是父系大家族，已为史学工作者所普遍首肯。而笔者又论证了平民经济的基本单位在春秋之前，也主要是家族村社。正如吴浩坤先生所指出的："当时的宗族确是一个紧密团结的政治经济实体，也可以目之为社会结构的基本细胞。"③在这样的情况下，个人的行为举动都要受到宗法族规、等级礼制的约束，在经济生活中一般没有私有者的身份，无法独立操作经营，而是被束缚在村社血缘共同体中。当"纯其艺黍稷，奔走事厥考厥长"，就是"肇牵车牛远服贾"，也同样"用孝养厥父母"。④

春秋时期，在社会的激烈动荡和村社逐步分田到户的生产关系变化中，使人们切实体验到："今以众地者，公作则迟，有所匿其力也；分地则速，无所匿迟也。"⑤尤其是生产力的提高，铁制农具与牛耕的出

---

① 参阅拙作《东周秦汉社会转型研究》，第一章第四节、第二章第一节，上海古籍出版社2003年版。

② 《左传·桓公二年》。

③ 吴浩坤：《西周与春秋时代宗法制度的几个问题》，《复旦学报》1984年第1期。

④ 《尚书·酒诰》。

⑤ 《吕氏春秋·审分》。

现，其威力之大，使个人或以户为单位进行独立的农业生产成为可能。晏子说："服牛死，夫妇哭，非骨肉之亲也，为其利之大也。"①这样，村社将土地分配给农户分散经营的生产关系慢慢固定下来，而西周那种"千耦其耘"的集体耕作场景逐步消失。

诸侯国也就在这一背景之下，以税亩制改革劳役地租的方式，为村社共同体的最终解体，确立农户分散独立耕作的生产关系，提供了国家政策依据。也就是说，家族村社的解体，农户个体家庭成为基本经济单位的社会发展进程，由国家的这个改革措施得以确认，从这个意义上说，"初税亩"确实大大激励了农业生产力，促进了农业生产的发展。

到战国初期，五口百亩独立的小农家庭已相当普遍，这就意味着生产力得到了极大的解放。因此，铁制农具得以迅速普及，牛耕也被全面推广，而个体农户为提高生活水平，更是勤奋劳作。"今也农夫之所以早出暮入，强乎耕稼树艺，多聚菽粟，而不敢怠慢者，何也？曰彼以为强必富，不强必贫，强必饱，不强必饥，故不敢怠倦。"②并逐步总结出包括深耕、灌溉、施肥等一整套精耕细作的经验，伴随着一年两熟制的推广，农业产量得到很大提高。

随着各国政治斗争的日趋激烈和社会各方面的发展，贵族的宗法制度到春秋中叶开始全面崩坏。《左传·昭公三年》，叔向在与晏子互述国内情况时，论及晋国"虽吾公室，今亦季世也。……栾、郤、胥、原、狐、续、庆、伯降在皂隶。……晋之公族尽矣，肸闻之，公室将卑，其宗室枝叶先落，则公室从之。肸之宗十一族，唯羊舌氏在而已。"有如此之多的贵族落泊，可见政局动荡之厉害。晏子也说齐国"此季世也"。看来，各国情况都相类似。许多贵族在政治斗争中失败，被剥夺地位与财产，或出逃外国，或"降在皂隶"。许多贵族由于亲属关系疏远已自然没落。这样，贵族宗法制度得以实行的社会基础在逐步消亡。

贵族地位的动荡与下降，使其宗族组织很快解体，使大部分贵族的社会基本单位，在春秋后期开始走向个体家庭，由是这时"家"字也出现了独立意义上的个体家庭的含意。③ 这样，许多贵族开始脱离宗法制度的庇荫与束缚，得以个人身份或家庭名义在社会上闯荡。越国大夫范蠡想到："计然之策七，越用其五而得意，既已施于国，吾欲用之家。"④便毅然辞官，去陶邑经商而三致千金，名扬天下。如在宗法制盛行的年代，一国大夫以个人家庭的名义，去辞官经商，恐怕是难以想象的。

孔子出身宋国没落贵族，春秋后期孤身在社会上奋斗，"少也贱，故能多鄙事"。⑤ 后开办私学招收弟子，游说君主，一生坎坷。再如齐田单，乃"齐诸田疏属也，湣王时，单为临淄市掾，不见知"。⑥ 应是田氏贵族的某一分支，而只为管理市场的小吏"市掾"，地位极低。可见没落贵族地位已等于平民，为了谋生，什么活都得干。

贵族宗法制度的衰败，使原来等级森严的社会秩序发生了很大变化。许多贵族地位下降，落泊街头，干起粗活；而许多庶民，甚至一些奴婢的地位却在各种机遇中上升，如以勇敢赢得军功，用智慧换取官职，或在工商业经济中大显身手。最引人注目的是："由于士阶层适处于贵族与庶人之间，是上下流动的汇合

① 《晏子春秋·内篇谏下第二》。
② 《墨子·非命下》。
③ 参阅拙作《东周秦汉社会转型研究》第一章第二节。
④ 《史记·货殖列传》。
⑤ 《论语·子罕篇》。
⑥ 《史记·田单列传》。

之所,士的人数遂不免随之大增。"[①]

"士"在古代主要是指战士,到春秋战国之际,由于社会需要逐步转化为文士。社会中这一知识阶层人数的大增,使当时社会的思想文化发展取得灿烂的成就。一些原来属于贵族的士人,开始将许多上层文化导向基层,"由于孔子'有教无类',他遂将古代贵族所独占的诗书礼乐传播到民间"。[②] 其他各阶层出身的士人,也都开始建立和宣传各自的学说、主张,从而造成百家争鸣的文化繁荣局面。

当贵族政治衰落之时,各国君主和大臣养士成风,并大量起用士人辅政为官,士人在各国政治中的作用日益明显。战国时期各国政治间斗争,在很大程度上便是挑选什么样的得力士人辅政的竞赛。"是故国有贤良之士众,则国家之治厚,贤良之士寡,则国家之治薄。"[③]这样,各国便从西周的旧贵族政治转向了君主与士人(或军功官僚)联合的政治。在这个转型过程中,由于政局的不稳定与不成熟,使政治经济诸方面的统治显出一定的松弛,也使各类士人在当时的政治、文化改革活动中,发挥了举足轻重的作用。

在上述各种因素作用下,当时最为明显的社会特点是:"社会升降的变动,极为活泼,蔚为中国历史上最有活力的时期。"[④]这一现象的实质是:社会各阶层的人们通过当时统治松弛的有利条件,进行各种形式和内容的竞争,即在政治、经济、文化各个领域中展开着优胜劣汰的竞赛。这一竞赛将原来等级森严而沉闷僵滞的社会顿时搞得活跃起来。

总之,"春秋以前由于旧的血族团体的长期存在,并且始终结成休戚相关、荣辱与共的政治经济实体而不可分割,这便是当时普遍盛行宗法制度的社会基础"。[⑤] 当这个宗法制度的旧社会基础结构一旦崩溃,个体家庭成为社会的基层活动细胞,个人也开始有了用武之地,而新的社会统治结构又没有最后完成,正处于这样的社会转型期中,春秋战国之际顿时涌现出一股无序的活力,使各阶层中的各类人都能在社会发展中,根据自己的能力,挑选一个合适的角色,演出了一幕幕精彩纷呈的悲喜剧。

二、迁徙与择业的宽松环境

春秋时期,出现了一种取其地而迁其民的大国侵占政策。公元前693年,"齐师迁纪郱、鄑、郚"。杨伯峻注:"郱、鄑、郚为纪国邑名,齐欲灭纪,故迁徙其民而夺取其地。"[⑥]公元前684年,"宋人迁宿",是宋国"迁其民而取其地也。""《元和郡县志》十泗州宿迁下云:'春秋宋人迁宿之地。'则是今江苏省宿迁县为宿民被迫迁徙之地。"[⑦]这里,宿民虽是被迫迁徙,但迁往何处,看来可以自由选择,只要是空旷无人之处。所以宿民将所迁之地取名"宿迁",沿用至今。

公元前660年,"齐人迁阳",也是"盖齐人逼徙其民而取其地"。[⑧] 公元前635年,晋文公勤王有功,周襄王"与之阳樊、温、原、攒茅之田"。"阳樊不服,围之,苍葛呼曰:'德以柔中国,刑以威四夷,宜吾不

① 余英时:《士与中国文化》,上海人民出版社1987年版,第12页。
② 余英时:《士与中国文化》,第25页。
③ 《墨子·尚贤上》。
④ 许倬云:《东周到秦汉国家形态的发展》,《中国史研究》1986年第4期。
⑤ 吴浩坤:《西周与春秋时代宗法制度的几个问题》。
⑥ 杨伯峻:《春秋左传注·庄公元年》,中华书局1981年版。
⑦ 杨伯峻:《春秋左传注·庄公十年》。
⑧ 杨伯峻:《春秋左传注·闵公二年》。

敢服也。此谁非王之亲姻,其俘之也?'乃出其民。"杨伯峻注:"出者,放之令去也,取其土地而已。"[①]即同意不愿臣服的居民可以自由迁徙他处。

为什么会采取这种政策?其重要条件之一,就是当时地广人稀,许多地方都荒无人烟,各国之间也没有严格的疆界划分。"东迁之初,郑所迁之地为邻近周东都之区域,然郑君与商人'庸次比耦以艾杀此地,斩之蓬蒿藜藋而共处之'。春秋初年,秦、晋逼迁戎于晋之'南鄙',亦近周畿之地,然其地为'狐狸所居,豺狼所嗥',诸戎'除翦其荆棘,驱其狐狸豺狼',始能居人。至春秋之末,'宋、郑之间有隙地焉'。……是等皆可证春秋时人口之稀少,虽中原中心之地亦然。"[②]因此,当时被迫迁徙的人们,只要付出一定的劳动,是有相当的空间可供他们选择重新安排生活的。

随着宗法制度的崩坏,村社血缘共同体的瓦解,个体家庭成为独立的经济单位。这就为分散单独的人户迁徙活动提供了条件,《诗经·魏风·硕鼠》便反映出一些农户不满贵族的欺压剥削,要重新寻找"乐土"。这类重新寻找乐土的农户,当时还为数不少。《管子·戒篇》说,隰朋"握路家五十室",王念孙以为"握"为"振"之讹,"路"通"露",就是救济过路的50户贫苦人家。前述宋、郑之间隙地,也就是由这些移民开发为6个邑,可见移民人数之多。

春秋后期,各国贵族间展开殊死的夺权斗争,其中最重要的一项内容就是吸引农户来自己领地,以增加生产,壮大势力。最典型的例子便是齐国陈氏用"以大斗出贷,以小斗收"的办法来笼络民心,"陈氏厚施也,民归之矣"。"归之如流水。"[③]最后夺取齐国政权。

《银雀山汉墓竹简·孙子兵法·吴问》中记载,晋国范氏、中行氏、智氏、韩、赵、魏各家,在领地采用了不同的亩税制。孙子断言,赵氏亩制大,税收少,必定取胜。这里,显然也是把各贵族的农业政策能否吸引农户,作为衡量其在斗争中胜负的关键因素。

到战国时期,各诸侯国为了发展生产,壮大军队,增强国力,更不遗余力地招徕人民。如《商君书·徕民篇》要求秦政府采取减轻赋税徭役,并分给田宅的办法,以招徕三晋移民。秦国地广人稀,这方面很有条件。同时,李端兰说:"商鞅变法时,为求'民不逃粟',即不避耕战,方建议下令'使民无得擅徙'。想借此将民固着在土地上,壹民于农。就可以反证,此前,秦民在境内似可以自由迁徙。"[④]

《管子·问》载:"外人之来徙而未有田宅者几何家?"政府要掌握外来移民有无田宅的情况,或可授之。"国子弟之游于外者几何人?"国家也允许国民外游或徙居他国。"外人来游在士大夫家者几何人?""问乡之良家其收养者几何人矣?"可见有一些贵族官僚,乃至富裕平民,在家中收养外来移民,以为己用。这些都清楚表明,在齐国,人民的迁徙还算较为自由。

就连地狭人众的三晋国家,也或给予外来移民较好的待遇。《睡虎地秦墓竹简》中"为吏之道",抄录了一条《魏户律》:"二十五年闰再十二日丙午朔辛亥,告相邦:民或弃邑居壄(野),入人孤寡,徼人妇女,非邦之故也。自今以来,叚(假)门逆吕(旅),赘婿后父,勿令为户,勿鼠(予)田宇。"这"假门,假人之门,即借宿、寄寓之意,这里用以指代寄居于别人家中的流民"。[⑤] 魏安王二十五年,即公元前252年,已近战

---

① 杨伯峻:《春秋左传注·僖公二十五年》。
② 童书业:《春秋左传研究》,上海人民出版社1980年版,第179页。
③ 《史记·齐世家》,《左传·昭公二十六年》。
④ 李端兰:《商鞅变法的性质与作用新探》,《研究生论文集·中国历史分册》,江苏古籍出版社1984年版。
⑤ 李解民:《睡虎地秦简所载魏律研究》,《中华文史论丛》1987年第1期。

国末年。这条《魏户律》可以反证，在此之前，魏国对于假门逆旅、赘婿后父之类外来移民，既“令为户”，且“予田宇”。

程涛平在《春秋时期楚国的平民阶层》一文中，论证了“楚民一般有迁徙的自由”。[①] 就连一丁点大的滕国，“有为神农之言者许行，自楚之滕……愿受一廛而为氓”。[②] 都乐于接受外来移民，并授以田宅。

尤其是各国特别欢迎有知识有能力的士人前来辅政定居。在这种情况下，部分士人以游为常，周游任职各国，人称为“游士”。当时规模较大的士人流动群有二：一是避难出逃的贵族所组成，一是各学派大师率其子弟所组成。当时这两类士人流动群产生的频率还相当高，时可在史籍记载中见到，也说明士人迁居之自由。

总之，在上述各种条件下，加上土地私有制并没有确立、中央集权的地方统治秩序也没有完成等情况，虽然没有哪一国正式宣布人民可以自由迁徙，而实际上却造成了迁徙较为自由的宽松环境。《战国策·秦策一》说：“赵氏，中央之国也，杂民之所居也。”中原国家民居之杂，应是迁徙频繁的结果。

在迁徙较自由的条件下，随着社会各方面的长足进步，民众从业也有了一定的选择面。各人可以根据社会的需要、价值的高低、获利的多少及个人的能力、喜好，选择务农、做工、从商或者入仕等。

《商君书·农战篇》指出：“见言谈游士事君之可以尊身也，商贾之可以富家也，技艺之足以糊口也。民见此诸便且利也，则必避农。”就说明秦国至少在商鞅变法前，民众有选择职业的自由。《管子·问》云：“士之有田而不耕者几何人，身何事?”齐国的有田之士不耕作，必然改做其他行业，而政府并不反对。

在一些诸侯国开放山泽之利的情况下，很快又涌现出一批从事商业、冶铁业、煮盐业、采矿业、珠宝业诸方面的私营工商业者。范蠡还弃官从商，而吕不韦是弃商入仕。《韩非子·外储说左上》载：“中牟之民，弃田圃而随文学者邑之半。”可见当时弃农从学而欲入仕为官者人数众多。同时，战国对军功官僚的任用，确也不以出身、履历为限，而看重的是能力。为官从政都如此开放，更何况其他职业，说明当时选择职业之天地的确十分广阔。

较为自由的迁徙和择业的宽松环境，给社会发展带来了最基本的必要条件。西周时那种“民不迁、农不移、工贾不变”[③]的礼制宗法社会已被完全改观了。随着血缘族别的互相混杂，职业分工的大量增加，贫富贵贱在重新分化组合，国野差别在逐渐消失，在某种程度上也减弱了民众对宗法领主的人身依附关系，原来等级森严的宗法社会秩序被基本打破。这样，又极大地调动了人们的生产积极性，各自发挥出最大的能量。经过人们艰苦卓绝的勤奋作业，大片荒原得到迅速开发，山泽资源得到积极利用，由此自动调整着人口与地力之间的矛盾关系。同时，人才得到流动，各地经济文化在不断交流，各类竞争带动全面发展。一句话：一盘棋开始走活了。

三、工商业市场经济的发展

社会基本经济单位由宗法血族组织解散为个体家庭，可以说是由不自由的财产形态走向了相对较为自由的财产形态（当然土地还没有完成私有制），再加上较为自由的迁徙、择业条件，使人们在经济生活

---

① 程涛平：《春秋时期楚国的平民阶层》，《历史研究》1983 年第 6 期。
② 《孟子·滕文公》。
③ 《左传·昭公二十六年》。

中,能以私有者的身份进行生存竞争,这应是促进当时私营工商业兴起和发展的首要因素。

傅筑夫说:"特别是到战国年间,随着经济的变化,引起社会的动荡,使旧的统治秩序陷于混乱。同时,在所谓'周室衰,礼法堕'和'嗜欲不制,僭差无极'的情况下,松弛了对'末业'的约束力量,从而使工商业特别是商业有了相当长时间的自由发展。"[①]当时一些诸侯国统治者出于实际情况的考虑,无法再拘泥于"工商食官"的传统中,开始对工商业改变政策。《管子·轻重篇乙》在论及齐国的冶铁行业具体操作方式时,借管仲之口说:"今发徒隶而作之,则逃亡而不守;发民,则下疾怨上;边境有兵则怀宿而不战。未见山铁之利而内败矣。故善者不如与民,量其重,计其赢,民得其七,君得其三,又杂之以轻重,守之以高下。若此,则民疾作而为上虏矣。"这一因时制宜的工商业政策的改变,使国、民二利,为当时许多诸侯国所效仿,从而使私营工商业者的活动天地更加宽广。当时工商业发展繁荣及造就了一批私营企业家和贸易理论家等情况,《史记·货殖列传》诸书已有详述。

随着商业的勃起,市场管理也形成一些制度。《周礼·地官》记载了当时各类市场的情况,以及各种专门官吏对市场的管理,包括刑法治安、制定度量衡、征收赋税、平稳物价、禁止伪劣商品、与商贾订立合同等市场规则,对繁荣市场或有相当促进作用。《周礼》成书于战国之后,其中虽不免有后人理想的成分,但不至于完全杜撰,应反映出当时统治者已重视市场经济,将其作为增加国库收入的一项治国方略。

在较为自由的迁徙与择业的宽松环境中和工商业发展的基础上,在交通便利、人物荟萃之地,或在旧城的原框架下逐渐形成了一批日益繁华的商业都会。张鸿雁指出:"应该说春秋时代是中国历史上城市人口构成之重要转变时期之一,比之西周时代城市人口构成,春秋时代最大的变化是私人工商业从'工商食官'的羁绊中走出来,成为城市人口的重要组成部分,从而影响着整个城市社会人口构成的衍化和转变。一反城堡、都邑政治、军事、宗教中心的历史,使具有经济中心意义的城市开始出现。"[②]到战国时,许多城镇"富冠海内,皆为天下名都"。[③]

在星罗棋布的商业城镇的中转作用下,各地物产能够流通的区域日益扩大,有关史料前已引述。或可说,战国时期全国市场初步形成。所以虽经秦的残暴统治和多年战争的破坏,"汉兴,海内为一,开关梁,弛山泽之禁,是以富商大贾周流天下,交易之物莫不通"。[④] 汉初商业能达到这样的水平,完全建筑在战国时期市场初步形成的基础上。

这样,由村社体农业自然经济为主导的"工商食官"的西周时代,发展到个体农业自然经济与私营工商业市场经济相结合的春秋战国之际,其中市场经济的调节作用日益重要和明显。《管子·乘马篇》云:"方六里命之曰暴,五暴命之曰部,五部命之曰聚,聚者的市,无市则民乏。""《周书》曰;'农不出则乏其食,工不出则乏其事,商不出则三宝绝,虞不出则财匮少。'财匮少而山泽不辟矣。此四者,民所衣食之原也。"[⑤]商业已是当时人民的衣食之源之一,也就是说,普通民众包括农户的日常生活,已离不开商品市场。

在激烈的市场竞争中,商人要学会根据国家的各种情况,分析了解市场信息,把握好货物的价值与价

① 傅筑夫:《中国经济史论丛》,三联书店 1980 年版,第 389 页。

② 张鸿雁:《论春秋城市经济的属性》,《华东师范大学学报》1988 年第 1 期。

③ 《盐铁论·通有篇》。

④ 《史记·货殖列传》。

⑤ 《史记·货殖列传》。

格的关系，调节各地的供求矛盾，以求取得最大的利润。就是说工商业者必须竭尽发挥自己的聪明才华，“设智巧，仰机利”，能够“乐观时变，人弃我取，人取我弃”。一旦把握时机，个个都“趋时若猛兽鸷鸟之发”，不遗余力地去追求财富。[①] 工商业者的这种劳动，既繁荣了商品市场，满足了人民生活的需要，又自觉平衡着各类生产的规模，促进了经济的全面发展。

在这样的市场经济全面拓展中，诸侯国统治者为控制经济、牟取利益，也不能不通过市场进行操作。李悝的“平籴法”便是国家利用市场平衡粮价，以稳固自耕农的经济基础。“轻重学派”学者要求国家利用市场物价的涨跌趋势，或人为地制造价格差，来垄断商品市场，以控制大部分的粮食、货币，从而操纵全国的经济命脉。这里，国家官府时要与商人发生冲突，以争夺市场的控制权。这种争夺，如果建筑在较为平等的基础上，也会有利于市场的繁荣，可是统治者必然会常常用超经济强制手段进行掠夺。

由于全国市场的初步形成，诸侯国之间也存在着激烈的市场争夺、物价控制诸方面的经济斗争。“夫善用本者，若以身济于大海，观风之所起，天下高则高，天下下则下；天下高我下，则财利税于天下矣。”[②]就是说，诸侯国要根据各国的市场粮食等物价，定出自己的价格对策，以控制粮食诸重要物资的市场流向。不能因为本国粮食诸价格偏低，造成谷物财货流向国外，而使本国国力下降的局面。所以说：“为诸侯则高下万物以应诸侯。”[③]要求诸侯明察物价形势，以驾驭全国市场。

从上述分析中，我们看到，在中央集权经济制度（如法家的重农抑商之类政策措施）没有完成之前，春秋战国时期的市场经济占据着很重要的地位，并在当时的社会发展中起着推波助澜的作用，以至一些统治者和思想家已觉察到：“农末俱利，平粜齐物，关市不乏，治国之道也。”[④]市场经济的地位与作用在当时已被认识到相当的高度。

春秋战国之际，诸侯国统治者所实行的一些其他开明政策，对当时社会的发展也都会有一定的促进作用，但它并不属于主要方面原因。

综上所述，当时社会发展的主要原因与动力，从总体上来说，是由于旧社会基础结构的崩溃而新社会的统治模式又没有完成，所造成的松弛状况，尤其是个体家庭成为基本经济单位，从而对人的解放，从阶级升降的频繁、士阶层的活跃、自由迁徙与择业的宽松环境，到市场经济的发展，这些因素结合在一起，激发了社会深层次的活力，推动了社会的进步。

然而，当新的严酷的统治模式逐步完成，具体来讲，就是法家改革的实现，新社会君主专制中央集权制度结构的完成，人民又被套上新的枷锁，社会发展很快就停滞起来。所以春秋战国之际的社会发展，并非什么新的阶级的产生，通过阶级斗争建立新社会所致，而是社会转型期所出现的统治松弛所致。

（原刊于《社会科学战线》1995 年第 3 期）

① 《史记·货殖列传》。
② 《管子·地数篇》。
③ 《管子·山至数篇》
④ 《史记·货殖列传》。

春秋县制新探

虞云国

中国历史上,在全国普遍推行县制,是秦统一中国以后的事情,这是战国时期秦国商鞅变法“集小乡邑聚为县”政策的继续。[①] 但县制的产生还可追溯到春秋时代,对此,前人已有研究,作了论断。本文试图对旧说中一些观点略作辨正,以就教于史学界。

一、春秋史料中“县”之涵义

在有关春秋史料中,“县”以名词出现时,多与典制有关。稍予辨析,可知“县”一词具有三种既有联系又有区别的涵义。

第一种涵义指县鄙。周初封建(本文“封建”一词均指裂土分封的意义),就每一封国而言,“国,郊以内也;鄙,郊以外也”,[②]“国有都鄙,古之制也”。[③] 从《国语·齐语》所载管仲“昔者圣王之治天下也,参其国而伍其鄙”的说法及其为齐国规划国鄙制度的史实,可以推断,凡国以外地区都是鄙,国指封国的国都,而鄙就是相对国都而言的较为鄙远而广大的地区。晋献公使太子申生居曲沃,重耳居蒲城,夷吾居屈,《左传·庄公二十八年》即说“群公子皆鄙,唯二姬之子在绛(国都)”,可印证此论。《说文》:“县,系也。”本是悬挂的意思,县鄙似有四鄙以国都为支点而悬系之义。县鄙这一复合名词频频见于先秦史籍:如《左传·昭公十九年》郑子产说郑国将沦为“晋之县鄙,何国之为?”次年齐晏子说“县鄙之人,入从其政,逼介之关,暴征其私”。有时以单独的“县”来指县鄙,在春秋史料中也不乏其例。

第二种涵义指都邑。邑,最宽泛的涵义就是聚落,即《公羊传·桓公元年》所说的“人聚会之称也”。至于“凡邑有宗庙先君之主曰都,无曰邑”,[④]已是具体而论了。西周封建之初,有宗庙先君之主的都仅指诸侯国都(亦即国),与此相对的即县鄙。诸侯国君封赐卿大夫的食邑不可能在国都之中,只能在县鄙之地。受封的卿大夫及其宗族,一般都居住国都之中,仅派家宰去管理封邑上的事务,这种封邑是世袭的私邑。周天子与诸侯还有一些公邑,直接委派大夫去管理。由于卿大夫势力的不断扩张,公邑私邑化是不可遏制的趋势,到春秋中后期,公邑已微乎其微了。卿大夫势力逐渐膨胀的另一表现,就是在其封邑上也建立起了宗庙先君之主,例如晋赵氏就在温建了祖庙。[⑤] 这种邑也称都或大都,鲁国三桓之三都,即其例证。邑大小不一,有所谓“千室之邑”和“十户之邑”之别,[⑥]但也许因为最初邑是在县鄙之地发展起来的,

---

① 《史记·商君列传》。

② 《国语·齐语》韦昭注。

③ 《国语·楚语》。

④ 《左传·庄公二十八年》。

⑤ 《左传·昭公元年》杜预注。

⑥ 《论语·公冶长》。

于是县又与邑组成了县邑这一复合名词,以反映春秋时期城邑之兴起。《礼记·檀弓上》说"国亡,大县邑公、卿、大夫、士皆厌冠哭于大庙",是这一涵义的合适书证。《檀弓下》说卫君为表彰太史柳庄,"与之邑裘氏,与县潘氏,书而纳诸棺曰:世世万子孙毋变也。"郑玄注曰:"裘,县;潘,邑名。"王懋竑曰:"裘氏潘氏,二邑名。"[①]《礼记》虽非春秋时书,但这种县、邑通称却在春秋史料中并不少见。据《汉书·古今人表》次第,柳庄为春秋末叶人,显而易见,这里的县或县邑仍是分封性质的卿大夫食邑,并非指后来县制的含义。

第三种涵义才是作为后来行政区划的县制的概念。这是本文主要讨论的对象。

既然春秋史料中县有不同释义,研究春秋县制时,就必须对涉及县的材料作一番严格的鉴别,汰选出第三种释义的史料,切忌"拣在篮里就是菜"。

不难发现,第一种涵义与"县"字本义最为接近,与第三种涵义较易区别。《国语·齐语》中管仲为齐桓公制鄙时有段议论:"制鄙……三乡为县,县有县帅;十县为属,属有大夫……是故正之政听属,牧政听县,下政听乡。"其中虽多次出现县字,但均不是郡县之县,而是县鄙之县。《国语·周语》单襄公引周制"国有班制,县有序民"的教训来对照陈国"国无寄寓,县无施舍"的现状,这里的县仍指与国对举的县鄙。《左传·昭公四年》鲁大夫申丰说"自命夫命妇,至于老疾,无不受冰。山人取之,县人传之,舆人纳之,隶人藏之",所谓县人,杜预注曰"遂属",也即县鄙之人。

而县的第二种涵义虽由第一种涵义推衍而来,在概念的内涵与外延上却最易与第三种释义混淆。从战国诸子书和《国策》直到《史记》、《汉书》,往往把县邑连称作为郡县之县的同义语。与此同时,又往往随笔所之,用单独的县来表达县的第二种涵义,即封赐给卿大夫的都邑。试以《史记》为例。

其一,《楚世家》记楚灵王时内乱,右尹劝灵王"且入大县而乞师于诸侯"。此事,《左传·昭公十三年》载右尹子革曰:"若入于大都而乞师于诸侯。"可见《楚世家》所谓大县乃大都,指楚国大夫的封邑,而非县制之县。

其二,《吴世家》载吴予庆封朱方之县一事,顾颉刚、童书业先生据之认为吴国有县制,[②]是值得推敲的。《左传·襄公二十八年》亦载此事,杜预注曰:"朱方,吴邑。"可证朱方之县并非直属吴王的郡县之县,不过是吴王赐封给庆封、使其安顿族人的封邑而已。而春秋时诸侯对他国来奔的大夫,视本国大夫例,赐以封邑的情况并不少见。据《左传·襄公二十年》,郑国"羽颉出奔晋,为任大夫";《左传·襄公二十六年》说,楚国贲皇、雍子先后奔晋,晋分别赐予晋邑苗与鄗,及至伍举去楚,晋又"将与之县",都是例证。显然,庆封得到的朱方之县与晋人对伍举"将与之县",都是分封食邑,绝不具有县制的性质。

这些例子说明,甄别春秋史料中县的不同涵义,是研究春秋县制的症结所在。此外,还有"县"字在古汉语中名词动词化的问题,也是应当细加分别的。为了便于问题的解决,还有必要对县制规定一个标准,借用顾颉刚先生语,即"直隶君主,没有封建的成分在内"的行政区划单位。下面,我们就依据这个标准,来进一步探讨春秋县制的有关问题。

---

① 《礼记训纂》。

② 顾颉刚:《春秋时代的县》(本书引顾先生论述,皆据此文,不再加注),《禹贡》卷七第六、七期。童书业:《春秋左传研究》(本文引童先生论述,皆据此书第 184 ~ 186 页,不再加注),上海人民出版社版。

二、春秋秦楚县制质疑

顾颉刚先生认为，秦、楚“每灭掉一国就建立一县”，并据有关史料著录的年代推断“县制在春秋初期确实有了”。郭沫若主编的《中国史稿》第一册沿袭了此说。这种秦楚灭国建县的说法，对各种通史及先秦史论著影响颇大，然而，这一说法却是值得商榷的。

关于秦县年代最早的记载出自《史记·秦本纪》：“（武公）十年（公元前688年），伐邽、冀戎，初县之。…… 十一年，初县杜、郑。”能否据此得出秦武公时代就有了县制呢？童书业先生认为：“《秦本纪》载武公所立之县，或即县鄙之意，以春秋时秦国尚甚落后，未必能有县制。”他释为县鄙，自是一说。我则认为，这是县的第二种涵义的名词动词化，也就是说秦武公时才把邽、冀、杜、郑作为秦国属邑。邽、冀原为戎地，并不属于秦国封域，只是在翦灭邽、冀戎后，两地始纳为秦土。同样，杜、郑原亦非秦国封地。郑原先是郑国旧封所在，西周末，郑桓公“东徙其民雒东”，[①]后犬戎攻灭西周，桓公被杀，郑武公遂以雒东新郑立国，旧郑遭戎人兵火，当已成为无主之地。秦武公时，秦国势力始达郑、杜，遂将郑国旧封与古杜伯国所在的杜正式作为秦邑。后人以县制之义来理解太史公“初县”云云，系因习惯以自己时代所有的制度来类推前代特有的典制，忽视了县在春秋史料中的不同涵义，遂得出县制出现于春秋初年的结论。

年代稍晚的秦县史料见诸《国语·晋语》。晋献公死，晋国内乱，逃亡在外的晋公子夷吾对秦国的公子絷说：“君苟辅我，蔑天命矣。亡人苟入扫宗庙，定社稷，亡人何国之与有？君实有郡县，且入河外列城五。”后人据此以为秦穆公时已有县制。然而，先郡后县的连称要到战国时才有，故童书业先生认为这或是战国时人根据当时的郡县制趁笔书入，确是卓识。

通过对有数的秦县史料的分析，春秋时期秦国已有县制的旧说，是根据不足的。

春秋楚县史料远较秦国为多。不妨先来研究《左传·宣公十二年》一段文字，因为这关系到对春秋楚县的理解。鲁宣公十二年（公元前597年）楚国克郑，郑襄公对楚庄王说：“若惠顾前好，不泯其社稷，使改事君，夷于九县，君之惠也，孤之愿也。”杜预注曰：“楚灭九国以为县，愿得比之。”楚灭国为县，最早是楚武王时期，后人往往据以推论楚国县制始于春秋初年，但杜注并未明言九县就是县制之县，《会笺》曰：“夷于九县，言服事恭谨，如其县邑耳。”以县邑释之，较杜注明白，说明“九县”应该以县的第二种涵义去理解，均不能贸然释为县制。楚县史料中颇多这样的情况，《左传·哀公十七年》追述楚文王“实县申、息”，宣公十一年楚第一次灭陈后的“今县陈”，“因县陈”，《左传·昭公十一年》说楚因“陈人听命，而遂县之”，皆属这一释例。

对《左传·庄公十八年》所著录的关于楚县年代最早的史料，也宜作类似理解。“初，楚武王克权，使斗缗尹之，以叛，围而杀之。迁权于那处，使阎敖尹之。”这无非说武王使斗缗为权这一封邑的邑主，不足以证明他是以一县的行政长官据县叛乱。至于“使阎敖尹之”不过是改封邑主而已，均系春秋常有的事情，不宜据之推论权有县制的性质。

《左传·襄公二十八年》说穿封戌“为方城外县尹”，这是关于楚国县尹的直接记载。现在有必要辨别一下，春秋楚国的县尹是如同后来县制时代的县令、丞那样的直属国君的官吏呢，还是仍为分封性质的

---

① 《史记·郑世家》。

封君？这是确证春秋楚国有无县制的关键问题。

顾颉刚、童书业先生对县尹有过精当的考证，认为就是县君、县公。诚然，直到元代还有直属中央君主的县尹的称呼，但从语义演进过程看，那不过是“县尹”消褪尽其分封色彩后却仍沿用旧名的结果。而春秋时“县尹”从其通“县君”“县公”，不难辨别其最初语义的浓烈的分封意味，因为春秋时代的“君”、“公”无不具备裂土封赐的性质。可惜顾、童二先生未能运用他们考证的正确结论，从而进一步推断出楚国县尹仍是封建性邑主的合乎逻辑的观点来。

《左传·宣公十一年》记楚灭陈后楚庄王对申叔时说：“诸侯县公皆庆寡人。”这里的诸侯显然指与楚盟好的列国国君。对“县公”，杜预注曰：“楚县大夫皆僭称公。”杜预觉察到依据春秋等级制，诸侯下面应连称卿大夫，而不该连称以等级悬殊的所谓“县”（县制之县）的长官，便以僭称来曲为疏解。实际上，楚国大夫因为皆有封邑，这邑又可称为县邑，也可仅以“县”称之，所以楚大夫都是县大夫，都“尹”县，都可称为县公，《左传·昭公八年》，楚再灭陈，使大夫穿封戌为陈公，即是其例。可见，在楚国，大夫即县大夫、即县公（县君），三者是一回事，并不存在什么“僭称”问题。只有这样，“诸侯县公皆庆”灭陈，才豁然可解，即其时列国诸侯与楚国大夫无不庆贺，唯申叔时与众大夫不同，独持己见。否则，对灭陈这样的大事，楚国唯有所谓灭国始设县制的十余个县大夫向楚庄王庆贺，反倒扞格难通，倘真若此，作为大夫的申叔时不贺，庄王何必“让之”呢？

据《左传·宣公十二年》“夷于九县”，杜注列举了楚国十一“县”，其中大多数已难考其详，惟所谓申县的记载稍多。对有关申县的史料作一考证，尤能说明，春秋时楚县并不是后来意义的县制，而仍是分封世袭的封邑。

《左传·庄公六年》记楚文王伐申，灭申当在本年或其后不久。《左传·庄公二十八年》初见斗班，不称其为申公，或是史文错落称名的书法。庄公三十年，《左传》正式称之为申公斗班，杜注曰：“申，楚县也。楚僭号，县尹皆称公。”斗班为申县尹并无疑问。是年，斗班在郢都杀公子元，可见他任事国都，并不赴申临政。

继斗班为申公的是斗克，又称申公子仪或申公子仪父。《国语·楚语》说“昔庄公方弱，申公子仪父为师”，据韦昭注，子仪父即“申公斗班之子，大司马斗克也”，可证楚县公是依分封制原则世袭的。申公斗克也并不赴申治事，而是在楚都为大司马与楚庄王师。这再次证实申不过是其父子的封邑，所以他们父子都不必如后来县制下的县令那样到县赴任，而只消把封邑上的事务委以家臣就是了。楚县公所“尹”之县并非直属国君的政区，这些县尹与其他诸侯国享有封邑的大夫实无不同。

其后为申公的是屈巫，即申公巫臣。他与斗氏似无直接的世系关系，当是楚庄王元年斗克与公子燮叛乱被杀，①夺其封邑转与屈巫。申公巫臣初见于《左传·宣公十二年》，两年后，楚围宋还师，子重请取申、吕以为赏田。巫臣当然不愿意划部分申田损己肥人，便以防御北方仰赖其赋为借口拦阻了。值得注意的是，《左传》所载申公巫臣的所有活动仍都在郢都（见宣公十二年、成公二年、七年记事），屈巫借聘齐之机出奔，“尽室以行，申叔跪适郢，遇之”，②说明其家族皆居于郢，而不居申，再次证明所谓楚县不过是县公无须亲赴视政的大夫封邑而已。

---

① 《左传·文公十四年》。
② 《左传·成公二年》。

总之，通过对楚县史料的分析，不难发现春秋时楚国所谓的县不是直属国君的地方政区，而仍是具有分封性质的大夫采邑，楚国并不存在后来意义的县制。

三、县制始于晋国

春秋齐县的材料不多，除去《国语・齐语》管仲制鄙一条，还有《叔夷钟铭》说齐灵王赐叔夷厘都“其县三百”一条。这三百县当是从属于大封邑厘下的小封邑，显然不是县制之县。《晏子春秋》卷七说“桓公予管仲狐与谷，其县十七……以为其子孙赏邑”，若史实可靠，当也属同一性质。

春秋时晋县史料最多。童书业先生虽与顾颉刚先生一样得出了“晋县多为大夫封邑”的正确结论，却仍以为是晋有县制的证据，并认为晋襄公之前已有县制。这是由于他未严格区分县的第二种涵义与第三种涵义的本质不同，因而就把县制在晋国产生的年代推得太早。据《左传・僖公三十三年》，晋襄公初即位，“败狄于箕，郤缺获白狄子”，胥臣以荐郤缺之功，襄公“命先茅之县赏胥臣”，杜注很明白，胥臣因“先茅绝后”而获赏。显然，这是食邑的分封，而非后来意义的县制。《左传・宣公十五年》说晋景公“赏士伯以瓜衍之县”，赏字同样点明了这是分封而不是直属国君的官吏任命。又据《左传・襄公三十年》，“绛县人或年长，赵孟问其县大夫，则其属也，以为绛县师”，绛县仍不是县制之县，还是赵孟世袭的封邑。

春秋时，晋国的州县数易其主，但都不能视为县吏的改任，而只是邑主的更变。州县最早封君是大夫郤称，[①]为晋惠公臣，后与郤芮反对公子重耳，[②]晋文公复国，郤芮被秦穆公杀死，[③]郤称或其后裔或许因此被夺封，改赐栾豹。据《左传・襄公二十年》，范、赵、中行氏“尽杀栾氏之族党”，栾氏当是因此之故失邑，州再易其主，被赐给郑国大夫公孙段。[④] 州县与上文先茅之县的例子，都说明了这时晋国的县都是卿大夫的封邑，倘无叛乱、绝后等特殊原因，是世代相袭的。《左传・昭公五年》说晋“韩赋七邑，皆成县也，羊舌四族，皆强家也。晋人因其十家九县，长谷九百，其余四十余县，遗守四千，奋其武怒，其蔑不济”。这里说的县也无一不是韩氏、羊舌氏及其他大夫的封邑，而不是县制之县。直到晋平公末年，晋国仍只有封邑性质的县。《左传・昭公七年》，郑公孙段子丰施把晋国赐予的州县还给晋，执政大夫韩宣子因四年前与赵文子争执州县归属时说过漂亮话，有了心病，便把晋平公转赐给他的州县“易原县于乐大心”，这才心安理得，可证两县皆为封邑。

晋顷公十二年（公元前514年）对研究春秋县制来说，是一个值得重视的年代。

这年，晋国韩、赵、魏、知、范、中行氏联合灭了祁氏和羊舌氏，“魏献子为政，分祁氏之田为七县，分羊舌氏之田以为三县，司马弥牟为邬大夫，贾辛为祁大夫，司马乌为平陵大夫，魏戊成为梗阳大夫，知徐吾为涂水大夫，韩固为司首大夫，孟丙为盂大夫，乐霄为铜鞮大夫，赵朝为平阳大夫，僚安为杨氏大夫”。[⑤]《史记・晋世家》记此事曰：“六卿乃遂以法尽灭其族，分其邑为十县，各令其子为大夫”，司马迁说六卿“各令

---

① 《左传・昭公三年》杜注。

② 《左传・僖公十年》。

③ 《左传・僖公二十四年》。

④ 《左传・昭公三年》。

⑤ 《左传・昭公二十八年》。

其子为大夫”,并不准确。这十个县大夫中只有魏戊、韩固、赵朝、知徐吾是魏、韩、赵、知四卿的“余子”,其余六大夫与六卿并无直接亲族关系。

魏献子所以使韩、赵、知氏之“余子之不失职能守业者”为县大夫,有平衡政局的需要,也许仍有分封邑地的用意。但他对其他六个县大夫的任命,已表现出并非封赐食邑的端倪了。贾辛、司马乌“有力于王室,故举之”;司马弥牟、孟丙、乐霄、僚安则“以贤举”;而且都是“受县而后见于魏子”。就是魏献子的庶子魏戊为梗阳县大夫,似也不能仅仅视为献子扩大魏氏封邑,他忐忑不安地问成鱄:“吾与戊也县,人其以为我党乎?”成鱄列举魏戊优点后说“虽与之县,不亦可乎?”回答大有举贤不避亲的意味,与上述六大夫以贤以功被举出于同一原则。举“贤”与举“亲”是直属君主的官僚政制与世袭的封建政制形式上的区别之一。而贾辛晋见魏献子时,献子无一语及私事,俨如郡县制下守令辞别执政一样。应该注意的是,这些县已非这些大夫的食邑,他们都必须犹如后来县制下的令、丞一样赴县治事。《左传·昭公二十八年》说,“贾辛将适其县,见于魏子”。魏子曰:“行乎,敬之哉,毋堕乃力。”说明贾辛并未留居绛都,以祁为食邑,而是到县视政,不堕其力的。

同年冬天,“梗阳人有狱,魏戊不能断,以狱上”,这表明魏戊也是与贾辛一样直接在县审理政事的。由于梗阳并不是魏戊的私人封邑,因此他对疑难之狱无权独断独行,必须报告上去。这时作为执政大夫的魏献子准备接受梗阳人的贿赂,曲断此狱,魏戊使两位大夫进谏,迫使魏献子“辞梗阳人”。这些事实表明,梗阳不但不是魏戊,也不是魏献子的私人封邑,所以不但魏戊就是魏献子也不能随心所欲地处理梗阳狱事。倘若梗阳是献子私邑,魏戊不过是他派去视事的家臣大夫,他接受梗阳人献上的女乐,是根本谈不上受贿的。可见,这时的梗阳确已不是某个大夫的封邑,而是晋国直属的行政区划了,晋国已经出现了县制的萌芽。对魏戊及梗阳县政的剖析,为我们提供了一个典型。除了韩固的马首、赵朝的平阳、知徐吾的涂水,可能还会保持分封性质的封邑的残余,其他六县完全可以依据梗阳县政来推断它们无不具备了县制的性质。

魏献子作为晋国执政大夫命十人为县大夫,其本意当然还是想沿用分封食邑的老一套,以平衡政治局势,加强魏氏势力。但他以执政大夫身份使诸县大夫直接对他负责(韩、赵、知三大夫及其县可能例外),这就使原先分封的食邑制度改变了性质,成为县制萌芽的条件。两种不同制度分别代表了两个时代,封邑制适应于西周春秋的世袭领主制的,县制则与战国以降中央集权的官僚地主制相协调。

当然,新县制的产生与旧封邑制的汰除,并不是一刀切齐的,而是你中有我、我中有你的。《左传·哀公二年》记赵简子与范氏、中行氏决战时誓曰:“克敌者,上大夫受县,下大夫受郡。”这里的“受县”“受郡”,①表明分封食邑制的残余仍然存在,因为就整个晋国而言,这些从赵简子那里“受县”“受郡”的上、下大夫,不过是晋国的六卿,这些县、郡仍不过是准封邑而已。但是,倘若赵氏与魏、韩一旦突破晋国国君控制而独立,并进一步剥夺这些大夫对县、郡的世袭权,这样的大夫不是立即可以转化为直属赵国国君的县、郡长吏吗?这样的历史条件,在春秋战国之际,通过三家分晋的途径在晋国渐趋成熟,因此,先进的县制最先在较为发达的晋国典型地形成,并非偶然。由于除晋国外,尚无可靠史料证明其他诸侯国在春秋

① 关于春秋时郡的史料,可征信者寥寥无几,本文未遑深论。但据郡“从邑,君声”(《说文》)的文字结构,笔者倾向于认为郡也是由封邑制发展而来的。

末年确实有了县制，[①]那么，《左传·昭公二十八年》关于晋国县制的记载，当是对研究春秋县制产生年代不可多得的极有价值的文献了。

最后，对春秋县制作些简短的概括：

第一，春秋末年以前，秦、楚均尚落后，并不存在所谓直属君主的没有封建成分在内的县制，因此，"秦国、楚国在征服了新地区之后，已不是分封子弟功臣，而是设县治理"的旧说，[②]似宜修正。

第二，县制主要是在西周、春秋以来的分封食邑制的母体中孕育而成的，那种认为"县最初是设在新征服区的权宜措施，以后就慢慢成为普遍的制度"的观点，[③]未必准确全面。

第三，晋国是春秋时代县制形成最为典型的诸侯国。《左传·昭公二十八年》保存的晋县史料是迄今所能见到的关于春秋县制最早、最可靠的文献资料。由此可以推断，县制产生年代为公元前6世纪末叶。

（原刊于《晋阳学刊》1986年第6期）

---

① 《史记·循吏列传》说楚昭王（鲁昭公二十七年至鲁哀公六年在位）时相石奢"行县，道有杀人者，相追之，乃父也"，此事《吕氏春秋·高义》、《新序·节士》、《韩诗外传》卷二皆有载，但均无"行县"之说，故不能据以论定楚国此时已有县制。《说苑·臣术》说齐景公"致千家之县一于晏子"，这显然仍是封邑性质，故不深论。《左传·昭二十九年》，鲁国人蔡墨在追述夏代御龙氏时说其"惧而迁于鲁县"（今河南鲁阳），夏代本无县制，可见这条材料有伪。但也许表明这时鲁国或已有县制，因此鲁人蔡墨才会把其制不慎窜入古事，惜乎史料不足，未可遽为定论。《史记·秦本纪》说"（厉共公）二十一年（公元前465年），初县频阳"，这条史料在年代上已入战国，究竟是秦国初在频阳建立城邑抑或是时也已有了县制萌芽，尚难考实。

② 郭沫若主编《中国史稿》第一册，人民出版社版，第354页。

③ 同上。

汉武帝钱币改革系年考

曾维华　窦　葳

（曾维华，上海师范大学教授；窦葳，上海师范大学博士研究生）

汉承秦制，汉初的钱币仍沿用秦代方孔圆形的半两钱。因当时经济凋敝，对秦半两进行减重，并实行民间放铸。由于当时缺乏标准化管理，各地所铸钱币大小、轻重、优劣均不一致，以致币制甚为混乱。因此，西汉前期货币制度一直处于调整阶段，进行了多次改革。高祖刘邦时铸行了一种小型半两钱，重三铢，钱文仍为“半两”，由于政府放铸，以致钱币越铸越轻小，小者或难以把握，不能盈指，小如榆荚，被称为“榆荚钱”。吕后时先后铸行了八铢钱和五分钱，亦是半两钱的形制，仅在重量上进行增减而已，钱币的规格一直没有定型。至文帝五年更铸四铢半两，即实重四铢的半两钱，币制才基本稳定。文帝虽也实行放铸，但采取了市场监管措施，以保证钱币的质量。1975 年在湖北江陵凤凰山 168 号汉墓出土了一件称钱天平衡杆，杆上墨书文字清楚地标明了“称钱衡”的名称和用途等。该墓是汉文帝初元十三年（公元前 167 年）入葬的。[①] 可以说，文帝时铸行的四铢半两钱是较为规范的，并使用了较长一段时间。

至武帝初年，钱币又出现优劣掺杂、轻重无常的现象。据《史记》、《汉书》等文献记载，武帝时先后进行了多次货币改革。但是，这些文献对货币改革的时间和内容记载不完全一致，即使同一文献，《纪》、《传》、《志》、《书》之间也有差异。例如关于“三铢钱”的改革，《史记・平准书》记载为元狩年间，而《汉书・武帝纪》则记载在建元年间，两者前后相差 20 余年。后人在讨论“三铢钱”的铸行时间时，往往各执一词，或以《史记》为本，或以《汉书》为据，亦有两说并存而不断是非者，至今尚无定论。故而有建元元年（公元前 140 年）说，元狩四年（公元前 119 年）说，亦有建元、元狩两次铸行说等。其他几次货币改革，《史记》与《汉书》的记载虽没有明显抵牾，由于《史记・平准书》多以“其明年”标注时间，不是十分具体清晰，而《汉书・武帝纪》则对年代有明确、具体的记载，遂有论者将《汉书・武帝纪》所载的时间与《史记・平准书》所载的货币改革内容进行简单的对应拼接，而未做必要的梳理和考证。如有论者说：“《平准书》载，元狩四年‘令县官销半两钱，更铸三铢钱，文如其重’。《平准书》载，元狩五年‘有司言三铢钱轻，易奸诈，乃更请诸郡国铸五铢钱，周郭其下，令不可摩取熔焉。’”[②]其实这些内容在《史记・平准书》中并没有注明具体年代，“元狩四年”和“元狩五年”实为《汉书・武帝纪》的记载。

从目前论述汉武帝货币改革情况看，不少论者将《汉书》所记载的年代直接套于《史记》，论定汉武帝货币改革的年代、内容为：建元元年，行三铢钱；建元五年，罢三铢钱，行四铢半两钱；元狩四年，销四铢半两钱，更铸三铢钱，发行白金币与皮币；元狩五年，罢三铢钱，行五铢钱（“郡国五铢”）；元鼎二年，禁郡国铸钱，由朝廷所辖钟官铸赤仄（侧）五铢钱；元鼎四年，禁止郡国铸钱，由朝廷所辖三个部门铸造五铢钱

---

① 纪南城凤凰山一六八号汉墓发掘整理组：《湖北江陵凤凰山一六八号汉墓发掘简报》，《文物》1975 年第 9 期；另参见杜金娥：《谈西汉称钱衡的砝码》，《文物》1982 年第 8 期。

② 刘森：《三铢钱论》，《中国钱币论文集（第三辑）》，中国金融出版社 1998 年版，第 210 页。

（"三官五铢"）。[①] 其实，这些论断是不完全准确的。现对《史记》、《汉书》等文献，以及相关考古发掘资料进行梳理、比对、分析，以考定汉武帝时期多次货币改革的具体年代、内容。这对汉史研究，包括社会经济、货币制度等均是有意义的。

一、始铸三铢钱的时间

《汉书·武帝纪》载：建元元年"春二月……行三铢钱"。[②] 将三铢钱的始铸年代定为建元元年。关于建元年间铸行三铢钱之事，《汉书·食货志》未见记载。《汉纪·孝武皇帝纪》载为：建元元年春三月"行三铢钱"。[③] 然而纵观《史记》，初见三铢钱之事，则载于《平准书》元狩三年，与造皮币、白金三品同年。其云：

> 自孝文更造四铢钱，至是岁四十余年，从建元以来，用少，县官往往即多铜山而铸钱，民间亦盗铸钱，不可胜数。钱益多而轻，物益少而贵。有司言曰："古者皮币，诸侯以聘享。金有三等，黄金为上，白金为中，赤金为下。今半两钱法重四铢，而奸或盗摩钱里取鋊，钱益轻薄而物贵，则远方用币烦费不省。"乃以白鹿皮方尺，缘以藻缋，为皮币，直四十万。王侯宗室朝觐聘享，必以皮币荐璧，然后得行。又造银锡为白金。以为天用莫如龙，地用莫如马，人用莫如龟，故白金三品：其一曰重八两，圆之，其文龙，名曰白选，直三千；二曰以重差小，方之，其文马，直五百；三曰复小，撱之，其文龟，直三百。令县官销半两钱，更铸三铢钱，文如其重。[④]

《史记·平准书》上述的这段文字，在《汉书·食货志》中亦有同样记载。由于《汉纪》成书于东汉末年，是荀悦奉诏"抄撰《汉书》，略举其要"[⑤]而成，可以说只是《汉书》的节略本。因此，《汉纪》的史料价值有限，不能作为支持《汉书》而否定《史记》的凭据。细看《汉书》关于铸行三铢钱的记载，是存在自相矛盾的。《汉书·食货志》既与《史记·平准书》一致，明载于元狩三年"令县官销半两钱，更铸三铢钱，文如其重。"在此之前，尽管盗铸严重，文帝以来的四铢半两钱越铸越轻小，以致在流通中恶币渐多而良币渐"用少"，但一直没有改铸新的钱币。而《汉书·武帝纪》所载建元元年就已铸行"三铢钱"，前后记载不一。又汉文帝于五年（公元前175年）"夏四月，除盗铸钱令。更造四铢钱"。[⑥] 而《史记·平准书》、《汉书·食货志》均载云：元狩三年"自孝文更造四铢钱，至是岁四十余年……"。其间未见有改币之事，一直使用的是"四铢半两钱"。从文帝五年至武帝元狩三年，有50余年，然《平准书》、《食货志》云："至是岁四十余年。"或许"四十余年"为"五十余年"之误。其实，无论是"四十余年"，还是"五十余年"，从文帝至武帝元狩三年，其间未有改币当是明确的。

---

① 参见赵德馨：《西汉前期的币制改革与五铢钱制度的确立（下）》，《湖北钱币专刊》总第8期；马飞海总主编，汪庆正、朱活、陈尊祥主编：《中国历代货币大系——秦汉三国两晋南北朝货币》，上海辞书出版社2002年版，第19页等。

② 班固：《汉书》卷六《武帝纪》，中华书局1962年版，以下版本同，第156页。

③ 荀悦：《汉纪》卷一〇《孝武皇帝纪一》，中华书局2002年版，以下版本同，第156页。

④ 司马迁：《史记》卷三〇《平准书》，中华书局1982年版，以下版本同，第1425～1427页。

⑤ 《汉纪·序》，第1页。

⑥ 《汉书》卷四《文帝纪》，第121页。

《史记·平准书》、《汉书·食货志》是专记经济、货币之史,应较《汉书·武帝纪》更为专门。再则,司马迁生于武帝建元六年,[①]生活在武帝时期,撰《史记》所用资料当比班固撰《汉书》更为可信。还有,《汉书·武帝纪》所说建元元年"行三铢钱"在考古资料中也难以证明。因此,应以《史记·平准书》、《汉书·食货志》为准,即三铢钱铸行于元狩三年。

二、关于建元五年"罢三铢钱、行半两钱"的问题

《汉书·武帝纪》载:建元五年"春,罢三铢钱,行半两钱"。[②]《史记》对此则无明确记载,仅在《汉兴以来将相名臣年表》的建元五年大事记中记有"行三分钱"。[③] 关于三分钱,与吕后时铸行的五分钱问题类似,究竟为何种钱币,至今尚无定论。有说是三分之十二铢的半两钱,也有说是钱径三分的半两钱。另外,目前考古出土资料也无法证实《史记·汉兴以来将相名臣年表》所载的"三分钱"与"三铢钱"有何关联。

根据《史记·平准书》、《汉书·食货志》所载:元狩三年"自孝文更造四铢钱,至是岁四十余年……"。其间未见有改币之事,一直使用的是"四铢半两钱"。因此,《汉书·武帝纪》所载:建元五年"罢三铢钱,行半两钱"与所载:建元元年"行三铢钱"一样,是有问题的,难以为据。

这里需要指出,1972 年,在山东临沂银雀山发掘出土了两座西汉时期的墓葬。[④] 有论者据这两座墓葬的资料进行多方研究,以证武帝在建元、元狩年间曾两次铸行三铢钱,对深入研究武帝时期铸行三铢钱的问题是颇有意义和价值的。[⑤] 但是,这些论证尚多为推论,并非确证。例如,在其中一号墓出土有一枚无郭三铢钱,出土时置于竹简之上,可能是缀在竹简的绳上作装饰所用。出土竹简计 4 942 枚,简上抄录有《孙子兵法》、《孙膑兵法》、《六韬》、《尉缭子》、《管子》、《墨子》、《晏子春秋》以及其他阴阳术、风角、灾异杂占等。根据《汉书·武帝纪》所载:"(建元元年)丞相绾奏:'所举贤良,或治申、商、韩非、苏秦、张仪之言,乱国政,请皆罢。'奏可。"[⑥]建元五年,"置五经博士"。[⑦] 武帝于建元元年罢法家、纵横家之言,建元五年独尊儒术。由于竹简墨书未见有法家、纵横家之论,而仍有其他杂说,于是认为这批竹简与三铢钱的入葬时间应在建元元年至建元五年间,进而认定建元年间铸废三铢钱的改革是确有其事的。其实这种说法仅为推测而已。汉武帝虽"推明孔氏,抑黜百家",但没有采取如秦始皇焚书坑儒那样的极端政策,因此,不能简单地认为建元元年后就没有法家、纵横家的典籍流传。即使因汉武帝"推明孔氏,抑黜百家",在建元元年以后无法家典籍流传,那么又何以证明将竹简入葬的时间限定在建元五年之前呢?难道在建元五年以后就没有可能吗?显然这种推定是难以自圆其说的。因此,银雀山一号汉墓出土的竹简不足以作为与之同出三铢钱的年代佐证。

又如,考古出土三铢钱的数量颇为有限,按其形制可分为两式:一式为背平素、面无外郭;另一式为

---

① 参见曾维华:《司马迁生年新证》,《中华文史论丛》2013 年第 1 期。

② 《汉书》卷六《武帝纪》,第 159 页。

③ 《史记》卷二二《汉兴以来将相名臣年表》,第 1134 页。

④ 山东省博物馆、临沂文物组:《山东临沂西汉墓发现〈孙子兵法〉和〈孙膑兵法〉等竹简的简报》,《文物》1974 年第 2 期。

⑤ 王裕巽:《西汉武帝建元年间初行三铢钱考》,《中国钱币》2000 年第 2 期。

⑥ 《汉书》卷六《武帝纪》,第 156 页。

⑦ 《汉书》卷六《武帝纪》,第 159 页。

背平素、面有外郭。对此,认为面无外郭的三铢钱与半两钱面背无郭的原始铸式一致,是武帝建元元年至建元五年间初铸之三铢钱;面有外郭的三铢钱,则为元狩年间销半两后改铸的三铢钱。这种论断实际上是基于建元元年铸行三铢钱的。其实从考古出土资料看,文帝四铢半两钱中已有不少面铸外郭者。经对湖北江陵凤凰山168号汉墓出土的101枚四铢半两钱研究,就发现很大一部分钱面铸有外郭,个别甚至还有内郭。[①] 唐颜师古注《汉书》引如淳曰:“钱一面有文,一面幕,幕为质。民盗摩漫面而取其鋊,以更铸作钱也。”[②]其实,仅在钱面铸文字和郭并不能防止民间摩刮钱背盗取铜料的问题,直至五铢钱采用“周郭其下,令不可磨取鋊”[③]的设计,即在钱面、背均铸郭,才具有防盗磨的功能。且若按《汉书·武帝纪》所载,建元元年就已铸行三铢钱,则建元年间的“三铢钱”行用了5年,而元狩年间所铸的三铢钱仅行用1年,但从出土数量看,有面郭的三铢钱却占多数,显然也不合无郭三铢钱铸行在前、行用时间长,有郭三铢钱铸行在后、行用时间短的推断。因此,以现有出土三铢钱的样式资料,尚不足以作为三铢钱有过两次铸废的证据。

三、造皮币、白金三品的时间

《汉书·武帝纪》载:

> (元狩)四年冬,有司言关东贫民徙陇西、北地、西河、上郡、会稽凡七十二万五千口,县官衣食振业,用度不足,请收银锡造白金及皮币以足用。[④]

认为造皮币和白金三品的年代为元狩四年(公元前119年)。

《史记·平准书》对此亦有记载,但没有明确注明具体年代,而是以“其明年”为间隔,叙述事件发生的先后时间。“其明年”即为“次年”或“下一年”,这可根据上下文进行推算。其云:

> ……其后四年,而汉遣大将将六将军,军十余万,击右贤王,获者虏万五千级。明年,大将军将六将军仍再出击胡,得首虏万九千级。……其明年,淮南、衡山、江都王谋反迹见。……其明年,骠骑乃再出击胡,获首四万。其秋,浑邪王率数万之众来降。……其明年,山东被水灾,民多饥乏,于是天子遣使者虚郡国仓廥以振贫民。犹不足,又募豪富人相贷假。尚不能救,乃徙贫民于关以西,及充朔方以南新秦中七十余万口,衣食皆仰给县官。乃以白鹿皮方尺,缘以藻缋,为皮币,直四十万。王侯宗室朝觐聘享,必以皮币荐璧,然后得行。又造银锡为白金。以为天用莫如龙,地用莫如马,人用莫如龟,故白金三品:其一曰重八两,圜之,其文龙,名曰“白选”,直三千;二曰以重差小,方之,其文马,直五百;三曰复小,撱之,其文龟,直三百。令县官销半两钱,更铸三铢钱,文如其重。盗铸诸金钱,罪皆

① 蒋若是:《秦汉半两钱系年举例》,《中国钱币》1989年第1期;又见蒋若是:《秦汉货币研究》,中华书局1997年版,第9页。
② 《汉书》卷二四下《食货志下》,第1164页,注引如淳曰。
③ 《史记》卷三〇《平准书》,第1429页。
④ 《汉书》卷六《武帝纪》,第178页。

死，而吏民之盗铸白金者不可胜数。[①]

另据《史记·卫将军骠骑列传》载，卫青统帅六军连续两年大规模攻伐匈奴的年份为元朔五年和六年，即公元前124和公元前123年。其云：

元朔之五年春，汉令车骑将军青将三万骑，出高阙。卫尉苏建为游击将军，左内史李沮为强弩将军，太仆公孙贺为骑将军，代相李蔡为轻车将军，皆领属车骑将军，俱出朔方；大行李息、岸头侯张次公为将军，出右北平：咸击匈奴。……汉兵夜至，围右贤王……得右贤裨王十余人，众男女万五千人，畜数千百万。……其秋，匈奴入代，杀都尉朱英。其明年春，大将军青出定襄，合骑侯敖为中将军，太仆贺为左将军，翕侯赵信为前将军，卫尉苏建为右将军，郎中令李广为后将军，右内史李沮为强弩将军，咸属大将军，斩首数千级而还。月余，悉复出定襄击匈奴，斩首虏万余人。[②]

这样，以《史记·卫将军骠骑列传》所载“元朔之五年”为基准，根据《史记·平准书》的叙述可推算得：

其后四年（按：为元朔五年），汉遣大将将六将军，军十余万，击右贤王，获者虏万五千级。明年（按：为元朔六年），大将军将六将军仍再出击胡，得首虏万九千级……。其明年（按：为元狩元年），淮南、衡山、江都王谋反迹见……。其明年（按：为元狩二年），骠骑乃再出击胡，获首四万。其秋，浑邪王率数万之众来降……。其明年（按：为元狩三年），山东被水灾，民多饥乏，于是天子遣使者虚郡国仓廥以振贫民。犹不足，又募豪富人相贷假。尚不能救，乃徙贫民于关以西，及充朔方以南新秦中，七十余万口，衣食皆仰给县官……。乃以白鹿皮方尺，缘以藻缋，为皮币，直四十万。王侯宗室朝觐聘享，必以皮币荐璧，然后得行。又造银锡为白金。以为天用莫如龙，地用莫如马，人用莫如龟，故白金三品：其一曰重八两，圆之，其文龙，名曰“白选”，直三千；二曰以重差小，方之，其文马，直五百；三曰复小，撱之，其文龟，直三百。

根据以上推算，《史记·平准书》所载这次货币改革的年代为“元狩三年”，与《汉书·武帝纪》所载“元狩四年”不同，相差一年。

据《史记·卫将军骠骑列传》载：元狩二年“浑邪王与休屠王等谋欲降汉……降者数万，号称十万。既至长安，天子所以赏赐者数十巨万。封浑邪王万户，为漯阴侯”。[③] 又《汉书·武帝纪》载：元狩三年“遣谒者劝有水灾郡种宿麦。举吏民能假贷贫民者以闻名”。[④] 皆与《史记·平准书》记载的年份相符。而《汉书·武帝纪》的元狩四年说，则有诸多疑点。根据《史记·匈奴列传》记载：

其秋，单于怒浑邪王、休屠王居西方为汉所杀虏数万人，欲召诛之。浑邪王与休屠王恐，谋降汉，汉使骠骑将军往迎之。浑邪王杀休屠王，并将其众降汉。凡四万余人，号十万。于是汉已得浑邪王，则陇西、北地、河西益少胡寇，徙关东贫民处所夺匈奴河南、新秦中以实之，而减北地以西戍卒半。[⑤]

① 《史记》卷三〇《平准书》，第1422～1427页。

② 《史记》卷一一一《卫将军骠骑列传》，第2925～2927页。

③ 《史记》卷一一一《卫将军骠骑列传》，第2933页。

④ 《汉书》卷六《武帝纪》，第177页。

⑤ 《史记》卷一一〇《匈奴列传》，第2909页。

《汉书·匈奴传》的记载与之一致，可知徙关东贫民、减戍卒在浑邪王降汉之时。《史记·卫将军骠骑列传》载："浑邪王与休屠王等谋欲降汉……。减陇西、北地、上郡戍卒之半，以宽天下之徭……。元狩四年春，上令大将军青、骠骑将军去病将各五万骑……。"①《史记·李将军列传》亦载："大将军、骠骑将军大出击匈奴……。是岁，元狩四年也。"②《汉书·霍去病传》记载与之相同。可知迁徙关东贫民并非元狩四年之事，故《汉书·武帝纪》关于元狩四年冬徙关东贫民、造白金及皮币的记载存在讹误。造皮币、白金三品的时间应从《史记·平准书》所载，即为元狩三年（公元前120年）。

四、销半两钱、更铸三铢钱的时间

《史记·平准书》载：

> 以白鹿皮方尺，缘以藻缋，为皮币，直四十万。王侯宗室朝觐聘享，必以皮币荐璧，然后得行。又造银锡为白金。以为天用莫如龙，地用莫如马，人用莫如龟，故白金三品：其一曰重八两，圜之，其文龙，名曰"白选"，直三千；二曰以重差小，方之，其文马，直五百；三曰复小，撱之，其文龟，直三百。令县官销半两钱，更铸三铢钱，文如其重。③

"销半两钱、更铸三铢钱"与造皮币、白金三品均在同一年。根据上文所述，这次货币改革的时间是元狩三年（公元前120年）。但是，后人常以《汉书·武帝纪》为据，认为"销半两钱、更铸三铢钱"的时间为元狩四年，如《资治通鉴》云：

> （元狩四年）冬……是时禁苑有白鹿而少府多银、锡，乃以白鹿皮方尺，缘以藻缋，为皮币，直四十万。王侯、宗室、朝觐、聘享必以皮币荐璧，然后得行。又造银、锡为白金三品：大者圜之，其文龙，直三千；次方之，其文马，直五百；小者椭之，其文龟，直三百。令县官销半两钱，更铸三铢钱，盗铸诸金钱罪皆死；而吏民之盗铸白金者不可胜数。④

其实《汉书·武帝纪》仅载元狩四年造皮币、白金三品，并没有说"销半两钱，更铸三铢钱"，况且元狩四年造皮币、白金三品说本身就存在讹误。《资治通鉴》这里所载实是将《史记·平准书》与《汉书·武帝纪》的两种记载进行了简单的拼接，其结论是不可取的。

五、郡国铸行五铢钱的时间

《史记·平准书》载：

---

① 《史记》卷一一一《卫将军骠骑列传》，第2933～2934页。

② 《史记》卷一〇九《李将军列传》，第2874页。

③ 《史记》卷三〇《平准书》，第1426～1427页。

④ 司马光撰，胡三省注：《资治通鉴》卷一九《汉纪·武帝元狩四年》，中华书局1956年版，第638～639页。

> 令县官销半两钱，更铸三铢钱，文如其重……。其明年，大将军、骠骑大出击胡，得首虏八九万级，赏赐五千万金……。是时财匮，战士颇不得禄矣。有司言三铢钱轻，易奸诈，乃更请诸郡国铸五铢钱，周郭其下，令不可磨取鋊焉。[①]

据上文所述，“销半两钱、更铸三铢钱”是元狩三年之事。那么，这里以“其明年”为据，可推定“郡国铸行五铢钱”的时间为元狩四年。《史记·卫将军骠骑列传》载：“元狩四年春，上令大将军青、骠骑将军去病将各五万骑，步兵转者踵军数十万，而敢力战深入之士皆属骠骑。”[②]这与《史记·平准书》所述年代是相吻合的。

但是，《汉书·武帝纪》的记载为：“（元狩五年）罢半两钱，行五铢钱。”[③]不仅年代与《史记·平准书》相差一年，改币的内容也有不同，言“行五铢钱”之前所用的货币是“半两钱”而非“三铢钱”。另外，《资治通鉴》载：“（元狩五年）罢三铢钱，更铸五铢钱。”胡三省注曰：“去年废半两钱，行三铢钱。《考异》曰：‘《汉书·食货志》：前已销半两钱，铸三铢钱；明年以三铢钱轻，更铸五铢钱。’武帝元狩五年乃云‘罢半两钱，行五铢钱’，误也。”[④]由于《史记·平准书》、《汉书·食货志》皆载罢三铢钱、行五铢钱，《汉书·食货志》载：“有司言三铢钱轻，轻钱易作奸诈，乃更请郡国铸五铢钱，周郭其质，令不可得摩取鋊。”[⑤]后人多认为《汉书·武帝纪》所载“（元狩五年）罢半两钱、行五铢钱”有误，但改币的时间却仍采用《汉书·武帝纪》的记载，而形成了类似《资治通鉴》所载的内容。这实是既不符合《史记》、又不符合《汉书》记载的臆断。

尽管，《汉书·武帝纪》所载有关“三铢钱”、“半两钱”、“五铢钱”等钱币改革的时间、内容是自成一体的：

> （建元元年）春二月……行三铢钱。[⑥]
> （建元）五年春，罢三铢钱，行半两钱。[⑦]
> （元狩）四年冬……收银锡造白金及皮币以足用。[⑧]
> （元狩五年）罢半两钱，行五铢钱。[⑨]

但是《汉书·武帝纪》并未记载元狩年间有罢半两钱、复行三铢钱的改革，以此推理，《汉书·武帝纪》中所载五铢钱改革前通行的货币应为半两钱无误。《汉书·食货志》的内容均抄录自《史记·平准书》，二者记载一致。《汉书·武帝纪》有关货币改革的记载与《史记·平准书》有很大差异，但自成一体。这不排除班固采用了《史记》以外资料的可能性。可是，以目前的考古资料尚无法证明《汉书·武帝纪》记载的可靠性。根据《史记·平准书》的记载：

---

① 《史记》卷三〇《平准书》，第 1427 ~ 1429 页。
② 《史记》卷一一一《卫将军骠骑列传》，第 2934 页。
③ 《汉书》卷六《武帝纪》，第 179 页。
④ 《资治通鉴》卷二〇《汉纪·武帝元狩四年》，第 648 页。
⑤ 《汉书》卷二四下《食货志下》，第 1165 页。
⑥ 《汉书》卷六《武帝纪》，第 156 页。
⑦ 《汉书》卷六《武帝纪》，第 159 页。
⑧ 《汉书》卷六《武帝纪》，第 178 页。
⑨ 《汉书》卷六《武帝纪》，第 179 页。

> 其明年,大将军、骠骑大出击胡,得首虏八九万级,赏赐五千万金……。是时财匮,战士颇不得禄矣。有司言三铢钱轻,易奸诈,乃更请诸郡国铸五铢钱,周郭其下,令不可磨取鋊焉……。商贾以币之便,多积货逐利。于是公卿言:"郡国颇被灾害,贫民无产业者,募徙广饶之地……。异时算轺车贾人缗钱皆有差,请算如故。诸贾人末作贳贷卖买,居邑稽诸物,及商以取利者,虽无市籍,各以其物自占,率缗钱二千而一算。诸作有租及铸,率缗钱四千一算。非吏比者三老、北边骑士,轺车以一算;商贾人轺车二算;船五丈以上一算。匿不自占,占不悉,戍边一岁,没入缗钱。有能告者,以其半畀之。贾人有市籍者,及其家属,皆无得籍名田,以便农。敢犯令,没入田僮。"[①]

《汉书·食货志》的记载与之相同。由此可知,铸行郡国五铢钱与出算缗令是同一年。而《汉书·武帝纪》载:元狩四年冬,"初算缗钱"。[②] 此乃元狩四年铸行郡国五铢钱的力证,故铸行郡国五铢的年代应以《史记·平准书》所载为准,即元狩四年。

《汉纪·孝武皇帝纪》亦有铸行五铢钱的相关记载,其云:"(元狩)四年春,有司言关东流民凡七十二万五千口,县官无以衣食赈禀,用度不足,请收银锡以白鹿皮造白金及皮币以足用……销半两钱,更铸五铢钱,重如其文。"[③](按:其中"五铢钱"或为"三铢钱"之误)同卷又载:"(元狩五年)行五铢钱。"[④]既言元狩四年销半两、铸五铢钱,又言元狩五年行五铢钱,前后不一,颇为混乱,难以为据。

其实对这一问题,早已有论者提出异议。宋王益之《西汉年纪》载:"(元狩)四年冬……有司言三铢钱轻,易奸诈,乃更请诸郡国铸五铢钱,周郭其下,令不可磨取鋊焉。《考异》曰:《汉书·本纪》元狩五年云'罢半两钱,行五铢钱'误也。按《食货志》前已销半两钱,铸三铢钱,后以三铢钱轻,更铸五铢,非行五铢而始废半两也。《食货志》又言'大将军、骠骑大出击胡',如是当是四年,《纪》载于五年亦非是。"[⑤]明确指出了《汉书·武帝纪》的错误。

六、铸行"赤侧钱"的时间

《史记·平准书》载:

> 郡国多奸铸钱,钱多轻,而公卿请令京师铸钟官赤侧,一当五,赋官用非赤侧不得行。白金稍贱,民不宝用,县官以令禁之,无益。岁余,白金终废不行。是岁也,张汤死而民不思。[⑥]

"是岁也,张汤死而民不思。"集解注引徐广曰:"元鼎三年。"[⑦]此注有误。据《史记·汉兴以来将相名臣年

① 《史记》卷三〇《平准书》,第1428~1430页。
② 《汉书》卷六《武帝纪》,第178页。
③ 《汉纪》卷一三《孝武皇帝纪四》,第218~219页。
④ 《汉纪》卷一三《孝武皇帝纪四》,第221页。
⑤ 王益之撰,王根林点校:《西汉年纪》卷一四《武帝》,中州古籍出版社1993年版,第265页。
⑥ 《史记》卷三〇《平准书》,第1434页。
⑦ 《史记》卷三〇《平准书》,第1434页。

表》载："元鼎二年，青翟有罪，自杀……汤有罪，自杀。"①又《汉书·武帝纪》载："(元鼎)二年冬十一月，御史大夫张汤有罪，自杀。十二月，丞相青翟下狱死。"②张汤死年为元鼎二年(公元前115年)。据《史记·平准书》所载，京师钟官铸赤侧钱后"岁余"，张汤死。"岁余"应理解为"一年有余"或"一年多"，跨两个年头。这样，赤侧钱的铸行时间应在张汤死年往前推两个年头，为元狩六年(公元前117年)。

这里主要是讨论"赤侧(仄)钱"的铸行年代，至于"赤侧(仄)钱"的具体形制尚有较多争议，③此不作讨论。

七、禁废"白金三品"的时间

《史记·平准书》载："白金稍贱，民不实用，县官以令禁之，无益。岁余，白金终废不行。是岁也，张汤死而民不思。"④这里明确记载，白金三品禁废的时间与张汤死年是同一年。上文已述，张汤死年为元鼎二年，则白金三品的禁废时间亦为同年。

1990年在陕西宝鸡市眉县常兴镇出土的一批四铢半两钱中有五枚银饼，其中圆形龙纹饼一枚，径5.6厘米，重118.5克；方形马纹饼三枚，长宽分别为3.2×3.3厘米、3.15×3.2厘米、3.1×3.2厘米，重量为22克、21克、20克；椭圆形龟纹饼一枚，径2.2×4.3厘米，重15克。⑤ 经化学分析含银、锡、铅、铜等成分，从纹饰、形制、重量及合金成分都与史书所载的白金三品相符。

八、废赤侧钱、禁郡国五铢钱、铸行三官五铢钱的时间

《史记·平准书》载：

> 是岁也，张汤死而民不思。其后二岁，赤侧钱贱，民巧法用之，不便，又废。于是悉禁郡国无铸钱，专令上林三官铸。钱既多，而令天下非三官钱不得行，诸郡国所前铸钱皆废销之，输其铜三官。⑥

据此记载，废赤侧钱、禁郡国五铢钱、铸行三官五铢钱为同一年，是在张汤死后二年，而张汤是死于元鼎二年。这样，可推得废赤侧钱、禁郡国五铢钱与铸行三官五铢钱的时间为元鼎四年。

这里尚需指出，有论者以《汉书·百官公卿表下》所载："(元鼎三年)郪侯周仲居为太常，坐不收赤侧钱收行钱论。"颜师古注曰："赤侧当废不收，乃收见行之钱也。"⑦认为周仲居在元鼎三年因未能积极收缴已作废的赤侧钱而获罪，以此推断赤侧钱的废除时间在元鼎三年。⑧ 其实，此理解是不正确的，颜师古的

---

① 《史记》卷二二《汉兴以来将相名臣年表》，第1139页。
② 《汉书》卷六《武帝纪》，第182页。
③ 参见曾维华：《释秦汉时期的"行钱"》一文，《中国古史与文物考论》，华东师范大学出版社2008年版，第57页注2。
④ 《史记》卷三〇《平准书》，第1434页。
⑤ 张立英：《谈对"白金三品"的认识》，《考古与文物》1994年第5期。
⑥ 《史记》卷三〇《平准书》，第1434~1435页。
⑦ 《汉书》卷一九下《百官公卿表下》，第778~779页。
⑧ 吴荣曾：《两汉五铢概述》，《中国历代货币大系·专论》，上海辞书出版社2002年版。

注文也是错误的。根据《史记·高祖功臣侯者年表》载:“元鼎三年,侯皋柔坐为汝南太守知民不用赤侧钱为赋,国除。”[①]《汉书·百官公卿表下》、《史记·高祖功臣侯者年表》所载的这二则史料皆反映当时官府规定“赋官用非赤侧不得行”的情况。周仲居是因不收赤侧钱为赋而论罪,并非因赤侧钱当废而不收缴论罪。[②] 可知在元鼎三年,赤侧钱仍在国家法令规定下行用,至元鼎四年废止,被三官五铢钱取代。

《资治通鉴》载:“(元鼎二年)白金稍贱,民不实用,竟废之。于是悉禁郡、国无铸钱,专令上林、三官铸钱,令天下非三官钱不得行。”[③]实际上三官五铢钱的铸行时间在白金禁废后两年,即元鼎四年,《资治通鉴》这里记载是错误的,且未载有关铸行赤侧钱的情况。

九、铸用麟趾金、裹蹏金的时间

汉武帝时期还铸行过麟趾金和裹蹏金,主要用作赏赐诸侯王等。《汉书·武帝纪》载:

> (太始二年)三月,诏曰:“有司议曰,往者朕郊见上帝,西登陇首,获白麟以馈宗庙,渥洼水出天马,泰山见黄金,宜改故名。今更黄金为麟趾裹蹏以协瑞焉。”因以颁赐诸侯王。应劭曰:“获白麟,有马瑞,故改铸黄金如麟趾裹蹏以协嘉祉也。”师古曰:“既云宜改故名,又曰更黄金为麟趾裹蹏,是则旧金虽以斤两为名,而官有常形制,亦由今时吉字金挺之类矣。武帝欲表祥瑞,故普改铸为麟足马蹏之形以易旧法耳。”[④]

由于《史记》所载史事迄于太初年间,未言及铸用麟趾金、裹蹏金之事,故铸用麟趾金、裹蹏金的时间当以《汉书》为准,即太始二年(公元前95年)。

根据考古出土资料看,麟趾金的形制为“截尖圆椎状,中空,斜壁,小口,圆底。壁有不规则横向波纹,一侧稍高,另一侧较低并有缺孔,缺孔近底部卷唇。内壁有横向波纹及麻点,内底一侧有不规则波纹状凸起。外底光洁,中心微凹,个别金饼外底有戳记或刻划文字、记重符号。整体形似兽蹄壳状。”在安徽、陕西、湖北、河南、江苏、辽宁等地均有出土。裹蹏金又称马蹄金,其形制为“截尖圆锥状,中空,上口略小,形状不规律,斜壁,椭圆底。壁一侧稍高,另一侧较低或为缺口,缺口近底外卷唇。外壁有不规则横向波纹,内壁有横向波纹及麻点。内底一侧有波纹状凸起,外底光洁,中心微凹,大部外底有戳记及刻划文字或记重符号。整体形似马蹄壳。”在陕西、河南、北京、江苏等地均有出土。[⑤]

根据以上的梳理与考证,可以确定汉武帝即位后继续沿用文帝时铸行的四铢半两钱,自元狩三年始先后共进行了多次货币改革,其具体年代与内容为:

元狩三年(公元前120年),造皮币、白金三品。销四铢半两钱,铸三铢钱,文如其重。另外,关于“皮币”的废除时间,史书未见记载。据《史记·平准书》载:“王侯宗室朝觐聘享,必以皮币荐璧,然后得行。”

---

① 《史记》卷一八《高祖功臣侯者年表》,第911~912页。

② 参见曾维华:《释秦汉时期的“行钱”》一文,《中国古史与文物考论》。

③ 《资治通鉴》卷二〇《汉纪·武帝元鼎二年》,第656页。

④ 《汉书》卷六《武帝纪》,第206页。

⑤ 张先得:《记各地出土的圆形金饼——兼论汉代麟趾金、马蹄金》,《文物》1985年第12期。

可能“皮币”仅是临时在一定范围内所用的。

元狩四年（公元前119年），罢三铢钱，铸行郡国五铢钱。

元狩六年（公元前117年），令京师钟官铸赤侧钱，并规定以赤侧钱为赋。

元鼎二年（公元前115年），废白金三品。

元鼎四年（公元前113年），废赤侧钱、禁郡国五铢钱、铸行三官五铢钱。

太始二年（公元前95年），铸麟趾金、褭蹏金，主要用作赏赐诸侯王等。

（原刊于《中原文化研究》2015年第4期）

东晋南朝农民起义的几点分析

刘 昶

【题记】1983 年国内有一个农民战争史讨论会，程应镠先生推荐我去参加，并把所搜集的东晋南朝时期农民起义的资料和他关于这一时期农民起义特点的笔记交给我，让我补充内容后提交讨论会。所以这篇论文前半部分关于东晋南朝农民起义的特点是程先生写的，后面关于这些特点的原因的探讨是我写的，全文由程先生审阅并定稿。因限于本纪念集体例，本文只能由我个人署名，但实际上是先生和我的合作，谨此说明。

论文提交后，我并未去参会。会后发表的会议综述摘录了本文的观点，但本文从未全文发表过。关于农民起义按照今天的学术规范可能要做更为确切的定义，文中提到的有些案例用集体暴动比农民起义可能更恰当。但为保持论文原貌，决定不做改动。我的研究生丁嘉晖帮助录入手稿，并核对了引文和注释，改正了个别错字。特此致谢。

中国历史上农民起义、农民战争规模之大、次数之频繁是世所仅见的。从陈胜、吴广揭竿而起到太平天国，2 000 多年间，农民起义、农民战争构成了中国历史上非常重要的一个篇章。仔细分析 2 000 多年中不同时期的农民起义、农民战争，我们会看到它们有着各自的一些特点，这些特点是同当时社会的经济、政治和思想文化状况有着密切关系。本文拟对东晋南朝农民起义做一些这样的分析。

东晋南朝凡 272 年（317 ~ 589），农民起义，见于记载的将近 50 次。这一时期的农民起义从历史记载来看，有着如下三个特点。

第一个特点为地方性强。

东晋南朝只据有半壁河山，然在这一时期，史书所载的农民起义却都发生在地方层面，没有超出地区规模、波及东晋南朝统治全境的起义。规模最大的一次起义——孙恩起义（399 ~ 411），其影响所及也只在东方八郡（会稽、吴郡、吴兴、义兴、新安、临海、东阳、永嘉），即今天的江浙沿海地区。其他如宋元嘉九年（432）赵广的起义，先后凡 5 年。其影响所及不过今四川北部及成都附近。齐末永元元年（499）赵续伯等人的起义亦只限于今四川北部及成都附近。各地小规模的农民起义始终没有汇成全国性的农民起义洪流，这种情况同其他历史时期，如秦末、汉末或隋末、唐末的农民大起义，或与同一历史时期北朝的农民起义相比，都有鲜明的反差。

除了上述这一方面外，东晋南朝农民起义地方性强的特点还表现在起义往往集中在某些地区，而四川和东土的农民起义最为频繁。以南朝为例，发生在四川的农民起义共 9 次。其中宋 3 次，即元嘉九年（432）的益州赵广起义；泰始二年（466）的益州地区农民暴动，攻打成都；泰豫元年（472）巴西李承明起义。齐一次，永元元年（499 ~ 500）赵续伯起义。梁 5 次，即天监四年（505）焦僧护起义；天监十年（511）姚景和起义；大中通五年（533）齐苟儿起义；大同十年（544）王勤宗起义；大宝元年（550）孙天英起义。

发生在东土(三吴之地)的农民起义,除孙恩外,宋时有泰始五年(469)的临海田流起义,元嘉二十八年(451)的司马顺则起义。齐时有永明三年(485)富阳唐寓之起义。梁时有天监九年(510)的宣城吴承伯起义。天监中建安方善的起义,太清三年(549)会稽田领群起义,承圣元年(552)宣城纪机起义。

除四川和东方几郡外,江西农民暴动的次数亦不少,其他农民起义较多的地区为交州和北方前线战区。

第二个特点为反抗地方官府暴政苛政者居多。

东晋南朝的农民起义,凡史书上明确记载的,多为反抗地方官府的暴政苛政,起义军攻打州郡,其斗争矛头大都对着地方官府的贪官酷吏。如孙恩起义的导火线就是东晋隆安三年(399)司马道子父子强令征发东土诸郡"免奴为客"者,集中京都,担任兵役。东晋时期,兵士地位与奴婢相同,征发"免奴客"当兵,等于把这些人重新降为奴隶,这种倒行逆施自然要激起"免奴客"的反抗。另一方面,官府在征发过程中,又枉滥侵害,征及一般自耕农,引起范围更大的骚动和反抗。史书记载说:"苦发乐属,枉滥者众,驱逐徙拨,死叛殆尽。"①当然,这一征兵令也危及占有这部分佃客的世家大族。所以,命令一出,"东土嚣然,人不堪命,天下苦之矣。既而孙恩乘衅作乱"。②

宋元嘉九年赵广起义是由于益州刺史刘道济任用贪官酷吏"聚敛兴利"、"伤政害民",搞得"民皆怨毒","百姓咸欲为乱"。③

宋泰始二年(466)益州民暴动围攻成都是由于益州刺史萧惠开的暴政,《宋书》卷八七《萧惠开传》说:"惠开为治,多任刑诛,蜀土咸怀猜怨。……晋原一郡遂反,于是诸郡悉应之,并来围城。"

沈攸之统治荆州时期"恒用奸数"、"蹙迫群蛮,骚扰山谷",使得"四野百县,路无男人,耕田载租,皆驱女弱",时人称"自古酷虐,未闻有此"。④ 他的残暴统治激起了元徽元年(473)荆州蛮的反抗和起义。

齐时,益州刺史刘季连"用刑严酷,蜀人怨之",永元元年"蜀人赵续伯等皆起兵作乱"。⑤ 南齐初年,富阳唐寓之起义起因于南齐政权在当地清理户籍。

梁天监中,衡州刺史武会超在州,子侄纵暴,州人朱朗聚众起义。梁武帝以萧恭为刺史前往镇压,萧恭采取了抚的手段,平定了这场起义。萧恭承认"贼以政苛致叛,非有陈、吴之心"。⑥

第三特点为宗教色彩浓厚。

东晋南朝农民起义大都打着宗教的旗号,披着宗教的外衣。《道藏·老君音诵诫经》说,当时"天下纵横,返逆者众,称名李弘,岁岁有之。其中精感鬼神,白日人见,惑乱万民,称鬼神语。愚民信之,诳诈万端,称官设号,蚁聚人众,坏乱土地"。⑦ 据《晋书》所载,在东晋统治区内,以李弘为名起事者有三起:太宁元年(324)道士李脱、李弘在建康一带活动,李弘"养徒潜山,云应谶当王。太宁二年,斩于建康市"。⑧ 永和末(356),桓温"遣江夏相刘岵、义阳太守胡骥讨妖贼李弘,皆破之,传首京师"。⑨ 太和五年(370),

① 《魏书》卷九七《桓玄传》。
② 《晋书》卷六四《司马道子传》。
③ 《宋书》卷四五《刘粹传》。
④ 《宋书》卷七四《沈攸之传》。
⑤ 《资治通鉴》卷一四二《齐东昏侯纪》。
⑥ 《南史》卷五二《萧恭传》。
⑦ 转引自《魏晋南北朝农民战争史资料汇编》上册,第220页。
⑧ 转引自《魏晋南北朝农民战争史资料汇编》上册,第220页。
⑨ 《晋书》卷九八《桓温传》。

"广汉妖贼李弘与益州妖贼李金根聚众反,弘自称圣王,众万余人,梓潼太守周虓讨平之"。[①] 宋孝建二年(455)亦有以李弘为名的起义。那么,李弘是什么人呢?《晋书》卷五八《周札传》云:"有道士李脱者,妖术惑众,自言八百岁,故号李八百。自中州至建邺,以鬼道疗病,又署人官位,时人多信事之。"李弘就是这位李八百的弟子。托名李弘起事就是打着道教的旗号起义。

东晋末,孙恩徒众是天师道的信徒。

前举宋赵广起义,史称"妖贼"。《宋书》卷五《文帝纪》云:"妖贼赵广寇益州,陷没郡县,州府讨平之。"

宋大明二年(458),"南彭城蕃县民高阇、沙门释昙标、道方等共相诳惑,自言有鬼神龙凤之瑞,常闻箫鼓音,与秣陵民蓝宏期等谋为乱"。[②]

宋泰始四年(468),广州刺史羊希,亦为起义的"妖贼"所杀。

齐初,唐寓之"以妖术惑众作乱,攻陷富阳城,三吴却籍者奔之,众至三万"。[③]

梁时农民起义,据《梁书》所载凡十次,其中六次俱被称为"妖贼"。这六次是:

天监九年(510),"宣城郡吏吴承伯挟祆道聚众攻宣城"。[④]

中大通元年(529),"妖贼沙门僧强自称为帝,土豪蔡伯龙起兵应之"。[⑤]

大同元年(535),鄱阳郡民鲜于琛"结其门徒,杀广晋令王筠,号上愿元年,署置官属。其党转相诳惑,有众万余人"。[⑥]

大同八年(542),"安成人刘敬宫挟祆道,遂聚党攻郡,内史萧倪弃走"。[⑦]

大同十年(544),"妖贼王勤宗起于巴山郡"。[⑧]

大宝元年(550),"益州沙门孙天英帅徒数千人夜攻州城,武陵王纪与战,斩之"。[⑨]

除了史书明确记载所谓以"妖术惑众",即打着宗教旗号的起事外,有道徒和沙门参加的起义为数也很多,如宋司马顺则起义时,有沙门司马百年聚众响应,齐永明三年(439)有建康莲华寺道人与州民周盘龙等的起义。

东晋南朝的农民起义为什么会有上述这些特点呢?这与东晋南朝时期的社会经济、政治和思想文化状况是密切相关的。

东晋南朝是中国历史上门阀士族占统治地位的时期,这种统治给这一时期社会的经济、政治和思想文化打上了深深的烙印,亦很自然地对这一时期的社会阶级矛盾、阶级斗争包括农民起义产生重大的影响。门阀士族是在东汉时期逐渐成长和发展起来的世家大族,这是一个身份性大土地占有者集团,他们不仅占有大量的土地和劳动人手,而且把持着中央和地方的许多重要官职,还垄断了思想文化。统治阶级中这一阶层政治势力的膨胀,导致了秦汉以来的专制主义中央皇权的削弱。东汉末年的黄巾起义推翻

---

① 《晋书》卷八《废帝纪》。
② 《宋书》卷七五《王僧达传》。
③ 《资治通鉴》卷一三六《齐武帝纪》。
④ 《梁书》卷二一《蔡撙传》。
⑤ 《梁书》卷三二《陈庆之传》。
⑥ 《梁书》卷二七《陆襄传》。
⑦ 《梁书》卷三四《张绾传》。
⑧ 《梁书》卷三二《陈庆之传》。
⑨ 《资治通鉴》卷一六三《梁简文帝纪》。

了已被世家大族蛀烂了的东汉王朝,整个社会陷入大分裂之中。西晋王朝的短暂统治并没有改变这一历史的趋势,反而建立了门阀政治。这种门阀统治导致了“八王之乱”,紧接着又是“五胡乱华”,中原广大地区烽火不息,北方的衣冠大族纷纷南下,和江南的世家大族联合起来,在江南建起了偏安一隅的东晋王朝,同时也把西晋的门阀士族制度完整无缺地搬到了江南。

东晋王朝既然建立在这种基础之上,对于南北士族自然十分优容。经济上,听任这些世家大族利用封建特权在江南求田问舍,广占田园山泽,庇荫大量的田客、部曲和僮奴,这样就发展起了封建庄园经济。这些封建庄园不负担朝廷的租税(其庇荫的佃客亦不服国家的徭役),不受地方官府的管辖,成为“不输不入”的独立经济实体。在整个东晋王朝的统治区内,特别是在经济发达的地区,遍布了这种封建庄园。庄园是自给自足的经济单位,能做到“闭门而为生之具以足”。[①] 庄园经济的发展,加强了世家大族经济上的独立地位和优势,另一方面,又减少了朝廷的租税收入,损害了朝廷的经济利益,并且分割了朝廷对地方的统治权力。在政治上,这些世家大族,特别是北方士族占据着中央和地方的重要官职,并享受一系列封建特权。南北士族既有自己独立的经济,又有强大的政治势力,自然就形成了一个独立于皇权的社会政治集团,专制皇权则被大大地削弱。东晋初年“王与马,共天下”的状况就是这种门阀士族统治的真实写照。

门阀士族相对皇权来说,虽然形成了一个独立的社会政治集团,其内部却并非铁板一块,而是因着各种利益而充满着种种矛盾,并结成大大小小的利益集团,相互之间明争暗斗不已,激烈之处则公然举兵相向,大肆火拼。当时,南北士族之间,南北士族内部都演出过这种同室操戈的闹剧。前者如义兴周氏举兵讨王导、刁协,后者如北方士族司马氏与王氏、王氏与庾氏,江东士族周氏与沈氏之间的角逐和火併。除了皇室与大族的矛盾,大族之间的矛盾外,由于门阀士族垄断了仕途,又广占土地,他们同一般无权无势,门第低下的寒族地主也存在着尖锐的矛盾。

东晋社会统治阶级内部的这种种矛盾表现在政治生活中就是高门与寒门的对立,中央与地方、地方与地方的冲突、争夺。这种情况毒化了整个社会,从东晋王朝建立之日就存在,并贯穿于东晋南朝270多年的整个历史之中。统治阶级内部的这种攘夺争斗,加剧了地方的割据性,加剧了各地政治经济发展的不平衡。对于身处不同地区、在不同统治者治下的被压迫者来说,他们的实际状况差别也会很大,他们的反抗因此就会带上浓重的地方色彩,且常常同统治阶级内部的争夺倾轧纠缠在一起。如东晋王朝后期,掌握朝政的司马道子父子为了建立自己的武装,以同占据荆州的桓玄抗衡,将东土八郡的免奴客编为乐属,结果触发了席卷东方八郡的孙恩起义。值得一提的是,孙恩本人就是统治阶级内部激烈角逐的失意者。再如宋泰始二年(466)皇室内讧,益州刺史萧惠开以支持晋安王刘子勋为名,从益州出兵,打算扩充自己的实力。由于他在益州的残酷统治,当地百姓和地方势力对他十分怨恨,他派出的军队被益州的地方武装打得七零八落。成都附近的农民和地方豪强乘机攻打成都,前后两次共达30万人。再如齐末益州刺史刘季连企图压服益州地方势力以独立,引起地方势力的反抗,益州地区被压迫的农民,便在此等力量的组织下,起义反抗刘季连。恩格斯在《德国农民战争》中说过这样两段话:

十六世纪初叶帝国各种不同的等级——诸侯、贵族、僧侣、城市贵族、市民、平民和农民形成一种

① 《颜氏家训》卷一。

极其庞杂的人群,他们的要求极其悬殊而错综复杂。每一等级都妨碍着另一等级,都不免与所有其他等级处在继续不断的明争暗斗中。整个民族分裂为两大营垒的情形。……在当时德国的条件下乃完全是不可能的事。

农民们在这样可怕的压迫之下受着折磨,可是要叫他们起来暴动却不容易。他们散居各地,要取得任何共同协议都困难无比。农民世代相传,习于顺从;在许多地区,已经戒绝使用武器;剥削的重担随主人之不同而或轻或重;所有这些情况,都促使农民默然忍受一切。因此我们在中世纪里找得到很多局部性的农民暴动,但是——至少在德国——在农民战争以前全国性的农民暴动却一次也找不到。①

恩格斯这两段虽然谈的是德国,用来说说明东晋南朝农民起义地区性强的特点是大致相当的。

由于世家大族广占土地,庇荫了大量劳动人手,朝廷的财政收入势必受到极大的影响。东晋初年,有人就指出:“南北权豪,竞招游食”,②造成“国弊家丰”的局面。东晋南朝时期的中央政权为了加强中央的力量,以同地方势力抗衡,还要抵御北朝,就必须保证自己的财政收入。这样,大量的赋税徭役负担就落在国家的编户,主要是自耕农的身上。东晋南朝时期,自耕农的赋役负担是很沉重的,这种沉重的赋役负担迫使大量自耕农破产。破产或面临破产的自耕农为了逃避沉重的赋役,不得不逃亡流徙,或托庇于世家大族,这种情况史不绝书。晋人刘波说:“今政烦役殷,所在凋弊,仓廪空虚,国用倾竭,下民侵削,流亡相属。”③不仅如此,当时地方割据离心倾向十分严重,吏治败坏,各地方官府可以不顾中央政令,自行其是,对百姓妄加诛求。连当时的统治者自己也承认这种事实。梁武帝于大同七年发布了一个诏令谴责地方官的贪婪暴虐,他说:“州牧多非良才,守宰虎而傅翼。……至于民间诛求万端,或供厨帐,或供厩库,或遣使命,或待宾客,皆无自费,取给于民。又复多遣游军,称为遏防,奸盗不止,暴掠繁多,或求供设,或责脚步。又行劫纵,更相枉逼,良人命尽,富室财殚。此为怨酷,非止一事。”④梁人贺琛说:“郡不堪州之控总,县不堪郡之裒削,更相呼扰,莫得治其政术,惟以应赴征敛为事。百姓不能堪命,各事流移,或依于大姓,或聚于屯封,盖不获已而窜亡,非乐之也。”⑤更有甚者,一些人为了躲避官府徭役赋税,自残肢体,不敢娶妻,生子不养。晋人范宁说:“古者使人,岁不过三日,今之劳扰,殆无三日休停,至有残刑剪发,要求复除,生儿不复举养,鳏寡不敢妻娶。”⑥《宋书》卷九二《徐豁传》说宋时百姓“年及应输,便自逃逸。……或乃断截支体,产子不养”。《南齐书》卷四〇《竟陵王子良传》说齐时有“自残躯命,亦有斩绝手足,以避徭役”者。在沉重的赋役压迫和各级地方官府层层盘剥、万般诛求之下,广大农民求生不得,只能铤而走险,进行武装的反抗斗争。由于各地方官府有清有浊,剥削压迫的程度不同,农民起义往往同地方官府的统治残暴与否联系在一起。这样,在史籍记载中,我们就看到东晋南朝农民起义带有另一个特点,即反抗地方官府苛政暴政统治者为主。我们知道,东晋南朝是世家大族的统治占优势的历史时期,按理说,在这一时期,依附农民(即农奴)同剥削和压迫他们的庄园主(世家大族)的矛盾、斗争应占当时社会阶级斗争

① 恩格斯:《德国农民战争》,人民出版社1962年版,第31~32页。
② 《晋书》卷八八《颜含传》。
③ 《晋书》卷六九《刘波传》。
④ 《梁书》卷卷三《武帝纪下》。
⑤ 《梁书》卷三八《贺琛传》。
⑥ 《晋书》卷七五《范宁传》。

的主导地位。但我们在史书上看到的农民起义大都是反抗地方官府暴政苛政的斗争。这可能基于这样两个原因：一、依附农民反抗庄园主的斗争往往只局限在一个个庄园之内，其范围和规模比地区性的农民反抗更小，史书上难以得到反映；二、更为重要的原因是，在当时庄园中的依附农民其地位往往要比作为国家编户的自耕农安定一些。虽然他们要受到庄园主的沉重剥削，但庄园主不会像各级官府，一般不至于对自己的佃客、部曲竭泽而渔，所以依附农在庄园中至少有一定的保障。这种情况与西欧中世纪农奴的地位颇为相似，恩格斯曾说，欧洲中世纪"农奴的生存有封建的社会制度来保障，在那种社会制度下每个人都有他一定的位置"。① 正因为这样，作为国家编户的自耕农在不堪忍受官府的压榨时，往往自动地"庇大姓以为客"，也正因为这样，他们反抗地方官府暴政苛政的斗争构成这一时期农民起义的主要方面。

东晋南朝时期，地方割据离心现象很严重，中央对地方的控制能力很弱。如在孙恩起义之前，东晋王朝的"政令所行，唯三吴而已"，"石头以外，皆专之于荆、江，自江以西则受命于豫州，京口暨于江北皆兖州刺史刘牢之等所制"。② 其余四朝的情况亦差不多。《南齐书》卷四〇《竟陵王子良传》说当时"皇明载远，书轨未一，缘淮带江，数州地耳。以魏方汉，犹一郡之譬。以今比古，复为远矣"。中央朝廷徒有虚名，实际上已沦为一个地方官府了。由于中央对地方的控制能力有限，朝廷庞大的财政负担就主要落在一些中央政令所能行的地区，这些地区百姓的赋役负担也就格外沉重。"役调深刻"的结果，必然是"百姓单贫"，而农民的反抗和起义也就较其他地区更为频繁。当时的东土（三吴之地）和四川地区就是这样的情况。东晋时人说："三吴群盗攻没诸县，皆由困于征役故也。"③四川的情况亦复如是。梁时人罗研说："蜀中积弊，实非一朝。百家为村，不过数家有食，穷迫之人，十有八九，束缚之使，旬有二三。贪乱乐祸，无足多怪。若令家畜五母之鸡，一母之豕，床上有百钱布被，甑中有数升麦饭，虽苏、张巧说于前，韩、白按剑于后，将不能使一夫为盗，况贪乱乎。"④另一方面，这两个地区又是东晋南朝经济比较发达的地区，世家大族或地方豪强的庄园经济在这些地区亦很发达，占去了大片土地，庇荫了大量人口，赋役负担都集中到国家编户身上。《隋书》卷一九《食货志》云："晋自中原丧乱，元帝寓居江左。……都下人多为诸王公贵人左右、佃客、典计、衣食客之类，皆无课役。"当时以会稽山阴为例，宋初，山阴有户三万，担负国家赋役的只有二万，此二万户中，家产不满三千文的要占一半，其余俱为"露户役民"，顾宪之说他们"死且不惮，矧伊刑罚，身且不爱，何况妻子"。⑤ 四川地区与东土情况有些不同，地方土豪势力较大，而"无强宗大族之汉人组织"，⑥所以易于为朝廷官府控制。《隋书》卷二九《地理志上》云：四川地区"少从宦之士……人多工巧，绫锦雕镂之妙，殆侔于上国。贫家不务储蓄，富室专于趋利。……其边野富人，多规固山泽，以财物雄役夷、獠，故轻为奸藏，权倾州县"。四川地区的这种情况使当地农民起义又带有一些个性色彩，即地方势力同被压迫农民一起反抗官府。总之，东土诸郡和四川地区的上述情况又使两地成为东晋南朝农民起义较为频繁之地区。

东晋南朝的门阀士族不仅独占着经济的优势，享有着政治上的特权，而且还垄断了思想文化。当时

① 《马恩全集》第二卷，第471页。
② 《魏书》卷九六《司马睿传》。
③ 《资治通鉴》卷一一八《晋安帝纪》。
④ 《南史》卷五五《罗研传》。
⑤ 《南史》卷三五《顾宪之传》。
⑥ 陈寅恪：《述东晋王导之功业》，《金明馆丛稿初编》，三联书店2001年版，第57页。

的思想文化深深地打上了门阀士族的烙印，而且同中国历史上其他历史时期截然不同。这是一个“经学中衰”的时代，体现门阀士族精神气质、世界观、人生观的玄学取代了维护秦汉那种专制皇权、宣扬孔孟纲常名教的两汉经学。玄学带有强烈的思辨色彩，使用的语言又常常十分深奥晦涩。所以，虽然它是门阀士族捍卫自身利益、对抗专制皇权的意识形态和思想武器，但是当时士族中玄学的只是少数人的专利，士族中大多数人并不理解和欣赏玄学，他们需要别寻一种精神寄托，当时的宗教就是满足这种需要的一种精神上的替代品。东晋南朝是中国历史上宗教思想最为弥漫泛滥的时期，道教和佛教得到广泛的传播。许多世家大族都虔诚地信奉道教、佛教。如琅邪王氏、高平郗氏、陈郡殷氏、会稽孔氏、吴兴沈氏、义兴周氏等均为世奉天师道的大族。《宋书·自序》云：“钱唐人杜子恭通灵，有道术，东土豪家及京邑贵望，并事之为弟子，执在三之敬。”佛教则后来居上，逐渐成为最大的宗教。统治者大兴寺院庙宇，传播佛教，唐人杜牧诗有云“南朝四百八十寺”，可以想见当时信佛、崇佛之盛况。陈寅恪先生在《天师道与滨海地域之关系》一文中说：“东西晋南北朝时之士大夫，其行事遵周孔之名教（如严避家讳等），言论演老庄之自然。玄儒文史之学著于外表，传于后世者，亦未尝不使人想慕其高风盛况。然一详考其内容，则多数之世家其安身立命之秘，遗家训子之传，实为惑世诬民之鬼道，良可慨矣。”①这种情况实际上并不奇怪。虽然，宗教就其思想核心来说，亦是一种哲学，而且可以是一种很精致的哲学，但一般说来，宗教之能吸引广大徒众，主要不靠其理论的精深彻底，而在其教义的浅显通俗、形式的神秘夸张，在于它适合社会上一般人的思想水平、精神趣味。当然，这只是当时宗教兴盛的一个原因。另一方面，宗教本身的发展必然要求成为一种独立至上的意识形态和精神力量。在皇权至上的秦汉时期，宗教要得到真正的发展是不可能的，它至多只能成为皇权的附庸。东晋南朝时期，皇权的衰落，士族在物质上、精神上、人格上的独立，使宗教发达成为可能。黑格尔说：宗教“是指‘精神’退回到了自身之内”，真正的宗教信仰，“只有潜退自修的个人，能够独立生存而不依赖任何外界的强迫权力的个人，才能具有”。② 东晋南朝时期佛理的探讨、研究十分发达，并且同玄学合流，这种情况就是证明。

显然，当时宗教如此兴盛和广为传播，绝不可能止于士族内部。宗教不仅是统治者的精神支柱，它也给正在尘世苦难中挣扎苟且的广大被压迫者一种精神上的安慰和渺茫的希望。在等级森严、苦难动荡的尘世生活中，宗教之所以对穷苦徒众有吸引诱惑力，不仅仅在于它对来世幸福的种种许诺，更在于它在现实生活中宣传了并在一定程度上实践了平等，在于它所从事的一些慈善事业和济贫活动。尽管这种善行义举是很有限的，但毕竟是实在的。一些道教或佛学大师，如杜子恭、陶弘景、支道林等，并非出身高门，却能通过宗教门径，跻身社会上层，得以交通王侯，这种情况对处于社会下层的人们来说，影响是不小的。道、佛教利用为人治病、向贫民灾民提供施舍救济来传教，更是获得了大量的信徒。除此之外，道观佛寺常常为逃避官府压迫剥削的贫民百姓提供了避难所。许多人“假慕沙门，实避役调”，③结果出现“避役钟于百里，逋逃盈于寺庙，乃至一县数千，猥成屯落”。④ 梁时“都下佛寺五百余所，穷极宏丽。僧尼十余万，资产丰沃。所在郡县，不可胜言。道人又有白徒，尼则皆畜养女，皆不贯人籍，天下户口，几亡其半”。⑤

① 陈寅恪：《金明馆丛稿初编》，第44页。

② 黑格尔：《历史哲学》，三联书店1956年中译本，第174～175页。

③ 《魏书》卷一一四《释老志》。

④ 《弘明集》卷一二。

⑤ 《南史》卷七〇《郭祖深传》。

道观寺庙当然不可能是天堂乐土，这里也有剥削压迫，但比起朝廷官府的剥削压迫来，它要轻一些，所以能吸引大批避难者。

东晋南朝时期宗教广泛传播，吸引了广大被压迫阶级的徒众，一方面固然容易麻痹和消弭他们的不满情绪和反抗斗志，有利于现存统治秩序的巩固；但另一方面，宗教的平等思想和组织形式又往往有利于被压迫阶级用来进行反抗和斗争。这种利用宗教旗号来反抗现存统治的斗争被统治者目为“妖贼”，并被记入史册，我们便从史书上就看到东晋南朝农民起义宗教色彩浓厚这样一个特点。

1983年9月6日初稿毕

2016年6月6日改定

《通鉴》三长制系年发微

——兼论北魏均田制的性质和作用

程念祺

一、三长制：由局部到全面的实行

《魏书·高祖纪》和《资治通鉴》均将北魏实行三长制的时间，系于太和十年(486)。[①]《南齐书·魏虏传》则将北魏实行三长制，系永明三年，即太和九年(485)。[②]

实行三长制，是为了统一全国的户籍制度以及与这一制度相关的赋税制度的一项重要举措。类似这种性质的制度，是历代开国之后都会实行的。实行的时间早一年或晚一年，一般并不值得深究。惟户口制度与税制联系在一起，税制又与田制联系在一起，北魏三长制与均田令的实行究竟孰先孰后，就是一个大问题。

许多学者都认为，三长制与均田制应该是配套实行的。根据这样的看法，三长制的实施，应在太和九年颁布均田令之前，或与均田令同时。[③] 然而，从北魏均田令的内容来看，其本身就含有核查户口的内容。[④]《魏书·食货志》所载均田令，有"恒从见口，有盈者无受无还，不足者受种如法"之文。[⑤] 即此"恒从见口"四字，亦足见均田令的实行，是以清查户口为前提的；与三长制核查户口的基本性质完全相同。《通鉴》记此内容，更将"恒从见口"改为"恒计现口"，[⑥]也是要强调均田令已包含了核查人口的内容。如此看来，《南齐书·魏虏传》将北魏三长制实行的时间系于公元485年，与北魏实行均田制的时间一致，自有它的道理。问题在于，司马光既已强调均田令中已含有核查人口的内容，也不可能忽略《南齐书·魏虏传》将北魏三长制的实行时间系于485年这一事实，为什么又根据《魏书·高祖纪》，将三长制实行的时间系于486年呢？

---

① 《魏书》卷七下，中华书局1974年版，第161页；《资治通鉴》卷一三六，北京：古籍出版社1956年版，第4272页。

② 《南齐书》卷五七，中华书局1972年版，第989页。

③ 蒙思明先生认为："必须有详密的户口调查，才能实施均田；故均田必须待三长而后行。太和九年已实行均田，十年才实行三长，或者是实施均田时发生了困难，才感觉这一制度的必要，因此才复此古制。"(见作者所著《北魏实施的田制与三长制的年代问题》，载《华文月刊》1942年第2期)缪钺先生认为："三长制既立，政府已将人民由豪强手中争取而得，则以荒地分配与农民耕种，增加租赋，使政府经济得以充裕……。先立三长后行均田一事之考定，对于解释北魏朝廷行均田制之用意极有帮助也。古今治历史学者往往谓北魏行均田制乃本于先秦儒家井田之理想，有为民制产以均贫富之意，乃一种合理之制度，此则未能深研史实，不免为古代统治者所欺也。"(见缪钺《北魏三长制年月考》，载《读史存稿》，三联书店1963年版)魏明孔先生认为："北魏颁布均田在前，设置三长制在后，而均田制的普遍推行则稍晚于三长制确立的时间。所以，如果说均田令颁布与三长制设置的时间顺序，一定是均田令在前，三长制在后；若论均田制推行和三长制创置的时间顺序，则是三长制先于均田制。"(见作者所著《北魏立三长、行均田孰先孰后》，载《西北师大学报》1991年第2期。)

④ 均田令有关受田对象的各项规定，都与户口核查有关。

⑤ 《魏书》卷一一〇，第2854页。

⑥ 《资治通鉴》卷一三六，第4268页。

陈守实先生认为，类似于用三长来掌控农村赋税的“老办法”，在三长制颁布实行之前，已有在不同地区先后实行过的记录；是当日拓跋国家“取以代替宗主督护及部落宗豪统治”的“最适合的一套办法”；“太和十年(486年)因李冲的建议，才明令颁布，使它一般化”。① 陈先生的看法，显然是我们理解《通鉴》三长制系年问题的一把钥匙。

实际上，北魏在全国范围内推行三长制之前，类似三长的制度在地方上已普遍实行。太和八年(484)，北魏下令实行班禄制，就有鲜卑贵族拓跋佗提出，还是应该“依旧断禄”。“依旧断禄”，就是按照过去的办法，任由官府苛取于民。针对拓跋佗的意见，一个叫高闾的官员上书说：“置立邻党，班宣俸禄，事设令行，于今久矣。苛慝不生，上下无怨。奸巧革虑，窥觎绝心。利润之厚，同于天地。以斯观之，如何可改？”②按高闾此说，不仅是三长制(置立邻党)，甚至班禄制，在此之前也都是付诸实行了的。当然，它们都不会是在全国范围内的实行。

《魏书·李孝伯传附李安世传》载李安世于太和元年(477)的上疏，其中说道：

> 井税之兴，其来日久；田莱之数，制之以限。盖欲使土不旷功，民罔游力；雄擅之家，不独膏腴之美；单陋之夫，亦有顷亩之分，所以恤彼贫微，抑兹贪欲，同富约之不均，一齐民于编户。窃见州郡之民，或因年俭流移，弃卖田宅，漂居异乡，事涉数世。三长既立，始返旧墟。庐井荒毁，桑榆改植。事已历远，易生假冒。强宗豪族，肆其侵凌，远认魏晋之家，近引亲旧之验。又年载稍久，乡老所惑，群证虽多，莫可取据。各附亲知，互有长短。两证徒具，听者犹疑，争讼迁延，连纪不判。③

这一段话，一是说“一齐民于编户”，即清查户口，是历代通行的做法；二是说在已经实行了三长制的地方，那些长期流亡于他乡的人民已纷纷返回原籍；三是说这些返回原籍的人民，在恢复他们原来占有的土地方面，法律纠纷甚至“连纪不断”。李安世的这一番话，不仅说明类似三长制的户籍和赋税制度，在太和元年之前已在北魏局部地区实施，甚至连三长之名也都早已有之。他所提出的要解决的问题，是那些地方由于土地占有关系不明确，而导致的“良畴委而不开，柔桑枯而不采；侥幸之徒兴，繁多之狱作”的状况。而他提出的解决问题的办法和所要达到的目标，就是“宜更均量，审其径术，令艺分有准，力业相称，细民获资生之利，豪右靡余地之盈”，以及“所争之田，宜断年限，事久不明，悉属今主，然后虚妄之民绝望于觊觎，守分之士永免于凌夺矣”。④

《魏书·李冲传》：

> 旧无三长，惟立宗主督护，所以民多隐冒，五十、三十家方为一户。冲以三正治民所由来远，于是创三长之制而上之。⑤

---

① 《中国古代土地关系史稿》，上海人民出版社1984年版，第150~151页。

② 《魏书》卷五四《高闾传》，第1199页。

③ 《魏书》卷五三，第1176页。

④ 《魏书》卷五三《李孝伯传附李安世传》，第1176页。

⑤ 《魏书》卷五三，第1180页。

《北史·李冲传》：

旧无三长，唯立宗主督护，所以多隐冒，五十、三十家方为一户。冲以三正（无“治民”二字）所由来远，于是创三长之制上之。①

这里，所谓“旧无三长”，盖指当时的中原地区而言。宗主督护是北魏立国后普遍实施的一种社会基层的控制制度，并推行于坞壁遍布的中原地区。② 在中原地区，宗主往往是“五十、三十家方为一户”的户主。他们所负的责任，就是向朝廷交纳租调。北魏在中原地区下达均田令之后，宗主必须根据均田令的规定，申报他们私籍上的实际人口和拥有的耕牛数量，把朝廷所征收的租调，由原来笼统的“户”，落实到具体的“家”。从此，宗主实际上已不再具有“督护”的性质，而与其他地区的三正、三长一样，成为北魏控制中原地区基层社会的“治民”者。而李冲所谓“三正治民所由来远”的说法，反映的正是在中原以外地区，北魏基层社会渐次以三长、三正“治民”的普遍情况。李冲正是根据“三正治民”的基本原则，“欲混天下一制”，③“于是创三长之制”的。④

《册府元龟》的编者显然忽略了李冲“创三长之制”之前，类似的制度已在各地区陆续推行，李冲只不过是将这些推行于不同地区的制度整合在一起，在全国范围内统一施行这一问题，而将李安世上疏中的“三长既立，始返旧墟”，改为“子孙既立，始返旧墟”。⑤ 一些研究者也认为《魏书》所记有误，只有《册府元龟》所记“子孙既立，始返旧墟”才是正确的。⑥ 之所以形成这样的看法，根本上还是由于不相信诸如三长之类的制度，早在太和元年之前，已于中原以外的各地区逐渐而广泛地推行开来。

对于李冲的三长制建议，当时朝廷中反对的意见，并不是一概而论的。有人提出，李冲“乃欲混天下一法。言似可用，事实难行”。这一意见，显然只是不赞成李冲的“混天下一法”。有人则讲得更具体，认为“民俗既异，险易不同，九品差调，为日已久。一旦改法，恐成扰乱”。⑦ 这样的意见明显是针对那些仍旧实行“九品混通”（即九品差调）之税制，而社会基层仍由鲜卑部落宗豪控制的地区而言的，而不是对三长制的全面反对。

---

① 《北史》卷一〇〇，中华书局1974年版，第3329～3330页。

② 严耀中先生认为：“宗主督护”是“拓跋旧制在向封建国家进化时的一种新形式”，是鲜卑“分部制下的一种基层组织”，而“在北魏政权力量的影响下”，“向北方很多地区波及”；在鲜卑“分部制编成内，包括各族新民，都是实行着一种准宗主督护制”；其时，“汉晋流传的乡村行政组织在一些地方已荡然无存”，“北魏统治者把在京畿行之有效的宗主督护制推行到其新占领的地区，让地方豪强充当宗主，负责地方，包括征收租调，以代替乡亭行政组织。见严耀宗《北魏前期政治制度》，吉林教育出版社1990年版，第95～99页。

③ 《魏书》卷五三《李冲传》，第1180页。

④ 关于“三正”，侯旭东先生对这一问题有所讨论，并介绍了日人松元善海“断定京畿地区称‘三正’，外州叫‘三长’”的观点。见侯旭东《北朝村民的生活世界》，商务印书馆2005年版，第125～126页。杨际平先生则指出：“北魏‘初立三长’以前不仅尚存乡里区划，而且还有‘乡邑三老’之设。……魏收说北魏‘旧无三长’，符合实际情况，说‘惟立宗主督护’，显然不符合史实。”见《北朝隋唐均田制新探》，岳麓书社2003年版，第53页。

⑤ 《册府无龟》卷四九五《邦计部·田制》，中华书局1960年影印本，第5924页。

⑥ 李剑农先生认为，李安世上疏，在均田制施行之前，而三长制施行于均田令颁布之后；故李安世上疏中的“三长既立”为《魏书》之误，应据《册府元龟》所记，改为“子孙既立”。见李剑农《魏晋南北朝隋唐经济史稿》，三联书店1959年版，第162页。许多学者都同意这一观点，而以杨际平的讨论最为详细。见《北朝隋唐均田制新探》，第48～53页。

⑦ 《魏书》卷五三《李冲传》，第1180页。

二、均田制：清查隐户、隐田

均田令从字面上看，它的基本精神，就是“均给天下民田”；[①]但在实际上，它却是一项清查中原地区人口和土地占有的法令。[②]

所谓“均给天下民田”，如付诸实施，是根本不切实际的。

首先，在拓跋部的征服过程中，北魏对被迫迁徙到畿内和近畿地区的“新民”实行“计口授田”；驱迫“兵户”和“杂户”在边境和内地大量屯田；使用“吏”或“干”耕种官府“公田”；出于对鲜卑本族人的优待，对于失去土地的鲜卑平民（国人）的经常性赐田。凡此人等，显然是不需要北魏国家“均给”土地的。

其次，北魏的坞壁主和贵族也占有大量土地，用“僮仆”、“佃客”、“部曲”和“隶户”从事耕作；那些跟随拓跋统治者征战的部落酋帅，在畿内和近畿地区的封地上，以“部民”和在战争中掳获的奴婢从事耕作；各地的寺院也占有大量土地，由“僧祇户”、“佛图户”和“沙弥”等从事耕作。显然，这些依附于私人的劳动者，也并不需要由国家来“均给”土地。

再次，就是中、小地主和自耕农占有的土地。一些拥有少量“僮仆”和耕牛的中小地主，本身就是坞壁主的部曲。这些人也都不会是均田令所要“均给”土地的对象。[③]

对于均田制是否实行，或是否全面实行，是有不同意见的。问题的关键，就在于对“均田”二字怎样理解。如果认为它是一种实实在在的“均给”土地的政策，由于缺乏“均给”的对象，是不可能实施的。还必须指出的是，上述国家对新民的“计口授田”和赐予鲜卑平民土地，与均田令所规定的“均给天下民田”，性质是完全不同的。认为均田制起源于“计口授田”，等于是说均田制改变了原有的土地剥削关系，而把相当大的一部分土地和劳动力，从地主和贵族手中夺归国家所有。这样的事情，在当时的那种历史条件下，根本就不可能办到。实际上，只有那些刚刚失去土地而尚未来得及成为各种依附性人口的破产自耕农，才需要北魏国家“均给”土地。即此而言，均田令中所谓的“均给天下民田”的政策，其可能实施的对象极其有限，是可以忽略不计的。

真正的问题是要清查人口。既然“三正”、“三长”之类的制度在中原以外地区已普遍实行，而“新民”、“兵户”、“杂户”、“吏”、“干”之类，以及鲜卑平民都已处于北魏国家的牢固控制之中，进一步亟待解决的问题，就是如何在中原地区控制那些被坞壁主和贵族所隐占的“僮仆”、“佃客”、“部曲”和“隶户”之类的人口。这才是北魏均田令的目的和意义所在。

在清查中原地区被隐占人口的问题上，北魏均田令的作用是卓有成效的。按照均田诸条例，所有被清查的人口，与他们实际耕种的土地，诸如“桑田”、“露田”和“倍田”，都有了切实的对应。这样的对应，一方面使被清查出来的人口，继续保持与宗主的依附关系；另一方面又使他们成为向国家缴纳

① 《魏书》卷一一〇《食货志》，第2853页。

② 程应镠先生指出：“均田令所要解决的问题，是北魏朝廷和汉族坞壁主对民户的争夺。”见程应镠《论北魏实现均田令的对象与地区》，载《程应镠史学文存》，上海人民出版社2010年版，第425页。张尚谦、范丹先生指出：“北魏太和九年的诏令是在‘均田’名义下的人口土地登记法。”并对相关问题做了很好的分析。见《户籍样、田令和“均田制”》，载《云南大学学报》2004年第1期。

③ 以上参见程应镠《论北魏实现均田令的对象与地区》，载《程应镠史学文存》，第419页。

租调的编户。[①] 为了尽可能多地占有编户,北魏均田令甚至还做出了“奴婢依良”[②]的授田规定。这同样是把奴婢与奴婢实际耕种的土地对应起来,使他们同时也成为向国家缴纳租调的编户。总而言之,不管何种身份,只要是种地的,无论在谁的控制下,都必须同时是北魏国家的编户,向国家缴纳租调。

另一方面,均田令还规定:“乐迁者听逐空荒,不限异州他郡。惟不听避劳就逸。”[③]这一规定,其实是“一石二鸟”。它的意义就在于,从此,凡是被坞壁主和贵族隐占的人口,一旦逃离其宗主,都将受到国家法律的保护;反之,凡已申报在籍者,他们与坞壁主和贵族的依附关系,则为国家法律所肯定。所谓“惟不听避劳就逸”,其实就是不允许这类依附者,擅自脱离所属的坞壁主和贵族。这一规定,和奴婢依良授田的规定结合在一起,有利于迫使坞壁主与贵族将他们所隐占的各种身份的人口向国家申报(瞒报的情况仍会存在)。由此,北魏国家才能达到其控制中原地区人口,以增加租调收入的目的。

当时下达均田令,并没有对税率作任何规定。在均田制实行的当年,中原地区的租调仍是旧额,形式上仍是由宗主负责缴纳。所不同的是,此类宗主对中原地区基层社会的管理,曾经在很大程度上属于国家委托性质,更多地代表着地方势力;而在均田制实行之后,他们对于北魏基层社会的管理,已属于国家委任性质,与中原之外的基层社会的三正、三长的作用相同。

根据以上所述,可知北魏均田令的性质,是把被隐占的人口纳入国家户籍;所谓“均给天下民田”,则是为北魏在中原地区废止按“户”征税,实行按“家(小家庭)”征税,确定基本的法理依据。[④] 据此,凡属私人占有的土地,都必须向国家缴纳租调。具体征收租调的办法,其实还是“税人”的。总之,原封不动地保留中原地区旧有的土地剥削关系,而不从根本上去触犯坞壁主和贵族的利益;在此基础上迫使他们让步,使国家获得更多的纳税人口,是北魏实行均田制所要达到的目的。

三、结　　论

根据以上论述,在北魏实行三长制的问题上,似可以得出以下四点看法:

一、拓跋氏立国过程中,随着其控制能力的加强,在中原以外的地区,逐渐采取了诸如三正、三长之类的制度,以强化国家对基层社会的人口和赋税控制。

二、均田制实施之后,在遍布坞壁的中原地区,宗主与三正、三长一样,成为代表国家控制北魏基层社会的人口与赋税的“治民”者。

三、那些反对李冲三长制的人,并不是反对三长制本身,而是反对将三长制推行于那些社会基层仍由部落宗豪控制的地区,以取代在那些地区行之已久的“九品混通”的租调征收制度。

四、由于均田令的实施,北魏控制基层社会的制度,大体已趋于一致,实现了李安世所谓的“一齐民

---

① 《魏书》卷六〇《韩麒麟传》:“太和十一年,京都大饥,韩麒麟陈时务曰:‘……往年校比户贯,租赋轻少。臣所统齐州,租粟才可给俸,略无入仓。虽于人为利,而不可长久。’”第1332~1333页。据此,可知均田制、三长制实施后所实行的新的租调制,税率是非常轻的。这恰恰说明,政府实施均田制,仅仅是要与地主和贵族瓜分地租。

② 《魏书》卷一一〇《食货志》,第2853页。

③ 《魏书》卷一一〇《食货志》,第2854页。

④ 作为入主中原的少数民族,拓跋统治者是十分重视其统治的合法性的。他们与中原坞壁主和贵族争夺民户的斗争,不仅具有财政上的意义。宣布实行均田,实际上也是拓跋统治者强调其政治主权的一项重大举措。为了得到汉族坞壁主和贵族对拓跋统治者这一政治主权的支持,均田令对汉族坞壁主和贵族的土地和人口占有是全盘承认的。

于编户”，北魏因此能够以此为基础，“混天下一法”，于太和十年(486)，在全国范围内实现由李冲所制定的“五家立一邻长，五邻立一里长，五里立一党长”①的统一的三长制，并实现以“家”为单位的统一的租调制度。《资治通鉴》据《魏书》将之系于太和十年，反映的正是这一制度在北魏各地区逐渐实行，最终“因李冲的建议，才明令颁布，使它一般化”的过程。

(原刊于《中华文史论丛》2012年第3期)

① 《魏书》卷一一〇《食货志》，第2855页。

述论东魏北齐社会政治中的鲜卑语影响

严耀中

多年前，缪钺先生注意到鲜卑语在北朝的使用情形，作文列举了许多有关当时鲜卑语的记载。[①] 本文在此基础上就鲜卑语在东魏北齐社会中的使用情况稍作增补，并着重讨论其对当时社会政治所起的作用。

一

在东魏北齐的社会政治中，鲜卑族与汉族之间的冲突历来为学者所关注。这种冲突既有利益上的，也有文化上的。就后者而言，“胡化（鲜卑化）”还是“汉化”作为民族矛盾的一个重要方面十分凸显。不管胡化还是汉化都是一种文化现象，而文化最基本的特征就是语言。由于至南北朝时，北方语言“南染吴越，北杂夷虏，皆有深弊”。[②] 在北朝后期，东魏北齐的语言问题更突出，因为在整个北齐政治统治集团中，武将出身的鲜卑贵族占有多数，且北齐皇室高氏虽然是汉族出身，[③]却由于“高氏生长于鲜卑，自命为鲜卑，未尝以为讳，鲜卑遂自谓贵种，率谓华人为汉儿，率侮诟之”。[④] 并且由于东魏北齐军队的主力为鲜卑族人，“高欢得六镇流民之大部”，[⑤]“高氏以鲜卑创业，当时号为健斗，故卫士皆用鲜卑”，[⑥]皇族中大多数也因长期生活在游牧地区及与胡族联姻，所以走的是政权鲜卑化的路子。从而与北周情况颇有差别。他们来自对北魏孝文帝以来的汉化倾向深有反感的六镇，[⑦]使该政权对汉族民众压迫比当时其他政权为甚。也由于汉族民众占北齐人口之多数，文化冲突在社会生活中就有相当的广度与深度，语言问题则是其中要点之一。为行文需要，将东魏北齐使用鲜卑语的一些情况重录以供说明。

如当时“高祖（高欢）每申令三军，常鲜卑语，（高）昂若在列，则为华言”。[⑧] 这是因为既然高欢早期所率军队中大部分是鲜卑兵，只有高昂所部为汉人。又如《乐府广题》云高欢曾在军中“悉引诸贵，使斛律金唱《敕勒》，神武自和之”，而“其歌本鲜卑语，易为齐言，故其句长短不齐”。[⑨] 和唱的高欢当然也是用鲜卑语。这两条史料证明东魏北齐勋贵将领之间通行的是鲜卑语。至少可以说在北齐的军、政系统里鲜

---

① 缪钺：《北朝之鲜卑语》，载《读史存稿》，三联书店 1963 年版。

② 《颜氏家训》卷七《音辞篇》，王利器集解本，上海古籍出版社 1980 年版，第 474 页。

③ 不过周一良先生《领民酋长与六州都督》（《魏晋南北朝史论集》，中华书局 1963 年版）及缪钺先生《东魏北齐政治上汉人与鲜卑之冲突》（《读史存稿》）等均疑高欢本系鲜卑人。

④ 《资治通鉴》卷一七一陈宣帝太建五年四月文宗子师为左外兵郎中条胡注。

⑤ 陈寅恪：《隋唐制度渊源略论稿》，中华书局 1963 年版，第 43 页。

⑥ 《资治通鉴》卷一六三《梁纪一九》简文帝大宝元年八月胡三省注。

⑦ 《陈寅恪魏晋南北朝史演讲录》（万绳楠整理）云：“北齐的建立，依靠六镇军人。而六镇军人作为一个保持鲜卑化的武装集团，本是洛阳汉文化文官集团的反对者。六镇起兵是对孝文帝汉化政策的反动。这种反动，在北齐的鲜卑化中，表现出来了。”贵州人民出版社 2007 年版，第 251 页。

⑧ 《北齐书》卷二一《高乾传附高昂传》。

⑨ 郭茂倩：《乐府诗集》卷八六杂歌谣辞《敕勒歌》。

卑语和汉语是混杂使用的,在有关北周的史料中诸如此类的事例则较少,背景也很不一样。①

在东魏北齐的官制中,有着一些鲜卑名职官。如韩凤"善骑射,稍迁乌贺真、大贤真正都督"。② 又如《北史》卷九二《高阿那肱传》云:"阿那肱初为库直,每从征讨,以功封直城县男。天保初,除库直都督。"这里"库真之职名系来自北魏之旧称",其"为鲜卑旧称,渊源甚远"。③ 这些以鲜卑语读音为名的职官之存在本身就说明了鲜卑语在东魏北齐军政中的使用。还可以回顾一下的是,北魏孝文帝推行汉化改革后,以鲜卑语读音为名的官职基本上在北魏官制中消失,因此东魏北齐的鲜卑名职官和鲜卑语通行一样是一种政治兼文化的回潮。

北齐统治上层流行说鲜卑语还有更多的例子。如孙搴"又能通鲜卑语,兼宣传号令,当烦剧之任,大见赏重。赐妻韦氏,既士人子女,又兼色貌,时人荣之"。④ 孙搴得到那么多好处,"通鲜卑语"是个关键。同样,祖珽在北齐后期任侍中"专主机衡",此前高欢觅人撰并州定国寺碑,有人"荐珽才学并解鲜卑语,乃给笔扎",由此"掌诏诰"。可见其"解四夷语"也是被赏识而掌机要的一个条件。⑤《世说新语·教子篇》更有记载齐朝有一士大夫所云当时官场的一个要诀:"我有一儿,年已十七,颇晓书疏,教其鲜卑语及弹琵琶,稍欲通解,以此伏事公卿,无不宠爱,亦要事也。"正因为如此,在汉族士大夫眼里,"天文、画绘、棊博、鲜卑语、胡书、煎胡桃油"⑥等皆成为符合时尚和讨好上层权贵而扩展仕途的技艺了。

还有一些间接的例子。在北齐上层,语言使用是混乱的,这在称呼中也可看出。武成帝高湛诸子"兄弟皆呼父为兄兄,嫡母为家家,乳母为姊姊,妇为妹妹"。⑦ 王鸣盛据《北齐书》诸传,指出"对兄自称儿亦当时语"。⑧ 然而这些称呼显然与汉语传统的称谓不合,此或与游牧民族的婚姻及家庭关系有关。北齐颜子推在《颜氏家训·风操篇》里屡屡强调"名以正体,字以表德","凡亲属名称,皆须粉墨,不可滥也",以及家族中如何称呼才正确,恐怕这也是汉族士大夫为了维护传统伦理与礼法、免受上层胡语称谓混乱影响的体现。

与此相关,由于高欢等原在六镇鲜卑环境里,故高氏及勋贵往往皆同时有汉名与鲜卑名,若高欢即名贺六浑,当比鲜卑人有鲜卑名者更甚。这种习惯延及他们的子孙,如高洋生时,"及产,命之曰侯尼于,鲜卑言有相子也"。⑨ 又如高叡"小名须拔",高湛"小字步落稽"。⑩ 又如段韶"字孝先,小名铁伐"。⑪ 说明彼等年幼时,生活环境一若其父兄,有如此小名,故侯景称他们为"鲜卑小儿"。高欢所娶蠕蠕公主来到

① 正如唐长孺先生指出,在西魏北周军中也通行过鲜卑语,因为也有来自于六镇的军人(《拓跋族的汉化过程》,载《魏晋南北朝史续编》,三联书店1959年版)。不过六镇军人去西魏者不过万人,在邙山之战中又几乎消耗殆尽,故不得不建立汉族士兵为主的府兵制,而"别采取一系统之汉族文化,以笼络其部下之汉族"(陈寅恪:《隋唐制度渊源略论稿》,第126页)。所以西魏北周使用的鲜卑语有很大的局限性,应该考虑到北周皇族本身是鲜卑人,故与北齐的使用背景也有根本的差异。

② 《北史》卷九二《韩凤传》。

③ 严耀中:《唐初期的库真与察非掾述论》,载《史林》2003年第1期。

④ 《北齐书》卷二四《孙搴传》。

⑤ 《北史》卷四七《祖莹传附祖珽传》。

⑥ 《颜氏家训》卷五《省事篇》,第301页。

⑦ 《北齐书》卷一三《南阳王高绰传》。

⑧ 王鸣盛:《十七史商榷》卷六八"对兄自称兄"条。

⑨ 《北史》卷七《齐显祖文宣帝纪》。

⑩ 《北齐书》卷一三《赵郡王高叡传》、卷一四《上洛王高思宗传》。

⑪ 《北齐书》卷一六《段荣传附段韶传》。"铁伐",汉语无义,当是胡语之读音。

东魏北齐后，“一生不肯华语”。[①] 而公主所属柔然国语正是一种“含有鲜卑语成分的混合语言”。[②] 这也证明东魏北齐宫室中流行语属鲜卑语系。此外，流传在隋代的一些有关鲜卑语的书，如《鲜卑语》五卷、《国语物名》五卷、《国语御歌》十一卷等，恐怕都是语音注读。[③] 此因“后魏初定中原，军容号令，皆以夷语。后染华俗，多不能通，故录其本言，相传教习，谓之‘国语’”。[④] 这些书在隋代仍有相当的存在应当与其在北朝后期使用有关，但在北齐似比北周为多。因为在北魏孝文帝改革后的一大段时间里是不会有诸如此类书的，只有在鲜卑语使用比较多的环境里，才有流传保存的较大几率。

特别要指出的是，上述语言中汉语与鲜卑语的混杂使用，既有在生活的场合，也有在政治和军事的场合。

二

“语言首先并且最终地把我们唤向某个事情的本质”，[⑤]因此东魏北齐的这种语言杂用现象，并非是一个自然的文化现象。即不仅仅是汉族和鲜卑族人的文化习俗所致，而是执政的高欢有意将汉族和鲜卑族分别对待的结果，他常常使人对鲜卑族人说汉人是你们奴婢，对汉族人则说鲜卑人是雇来保你们安宁的。胡三省就此评之曰：“史言高欢杂用夷、夏，有抚御之术。”[⑥]双语杂用其实还有这样的背景，即使用鲜卑语满足了勋贵将领们的权势需要和优越感。但是南北朝时鲜卑语尚未有文字表达，[⑦]而没有文字的语言是难以应用于行政管理的，也就是说行政机构的运行又不得不使用汉语文字。而且当语言以文字的形式表达出来时，它的效率不仅体现着空间的平面，而且体现在时间的纵深，诏令等所订之制度作为规范，对于一个政权的延续也是至关紧要的。因为语言的使用体现着规范行为的话语权，所以分用汉语和鲜卑语所造成某种失范成了这种政策的一个必然结果。[⑧] 在高欢死后，由于以鲜卑勋贵为主的武将集团和汉族士大夫为主的文官集团之间矛盾的延续和激化，上演着一幕又一幕的血腥斗争。

这些斗争不光是有关利益，而且牵涉到治国理念和文化观念的冲突。因此这些冲突虽然表面上是鲜卑化与汉化的冲突，实际上又是武将集团与文官集团之间的一种较量。如以武将勋贵为主的“鲜卑共轻中华朝士”，及将汉人蔑称为“头钱价汉”。[⑨] 又典型的如位居领军大将军、时称“三贵”之一的韩凤“尤嫉人士，朝夕讌私，唯相谮诉。崔季舒等冤酷，皆凤所为也。……朝士谘事，莫敢仰视。动致呵叱，辄詈云：

---

① 《北史》卷一四《蠕蠕公主传》。

② 朱学渊：《中国北方诸族的源流》，中华书局2002年版，第95页。

③ 从现存的资料看，汉语中保留下来的鲜卑语多是音译的词句，意译的也往往是音译的注释，如北魏前期官职中有“内行阿干”、“给事阿干”等名称，此“阿干”当是鲜卑语在汉语中的音译，而“鲜卑谓兄为阿干”（《晋书》卷九七《西戎吐谷浑传》），则是对此音译之注释。

④ 《隋书》卷三二《经籍志一》。

⑤ 马丁·海德格尔：《演讲与论文集》，中译本，三联书店2005年版，第199页。

⑥ 《资治通鉴》卷一五七梁武帝大同三年高欢号令军人条胡注。

⑦ 史籍中没有长段的以意译为主的汉译鲜卑语文字，可能说明一个事实，即没有鲜卑语的文字，史籍中也没有相关的记载。缪钺先生也指出：“现存文献亦未见有记录鲜卑字之资料，魏、齐、周三朝石刻保存者虽尚多，亦未见有刻鲜卑文者。”见《读史存稿》，第62页。

⑧ 北周皇室虽出自鲜卑族，但从宇文泰开始就“崇尚儒术”，倚仗苏绰等汉士大夫治国。《周书·文帝纪》云宇文泰以“二十四条及十二条新制，方为中兴永式”，又“行《周礼》，建六官”，完全实行汉制，没有若北齐那般有勋贵集团干扰和行政中胡汉语言之混杂，所以“数年之间，百姓称便”。

⑨ 《北史》卷三一《高允传附高昂传》。流风所及，“高齐上层深染胡俗，提倡鲜卑化，佛教造像一反北魏孝文以来褒衣博带式之服饰，接受多种形式之薄衣叠褶的印度服制”。见宿白《青州龙兴寺窖藏所出佛像的几个问题》，载《文物》1999年10期。由此可见北齐的鲜卑化是全方位的。

'狗汉大不可耐！唯须杀却！'若见武职，虽厮养末品，亦容下之"。① 在如此风气中，反鲜卑化就可以作为随时给人按上的罪名，如高洋给高德正定的罪名就是他"常言宜用汉除鲜卑，此即合死"。② 又如高洋长子高殷继位后，由于高殷之母李后是汉人，所以高殷自幼"得汉家性质"，"温裕开朗，有人君之度，贯综经业，省览时政，甚有美名"，③但也较为懦弱。于是深受鲜卑勋贵们拥戴的高演，半年后就发动宫廷政变，废黜高殷而自为帝。此举得到娄太后支持，她因"尚书令杨愔等受遗诏辅政，疏忌诸王。太皇太后密与孝昭及诸大将定策诛之，下令废立"。④ 杨愔是当时汉族士大夫的代表，这次鲜卑勋贵反对汉族文官执政的政变，成了北齐政治上的进一步"鲜卑化"的要点，于是北齐朝廷为鲜卑勋贵集团专政，嗣后不断有"汉儿文官"成为牺牲品。但语言文字既然作为一种实用的交流与传播工具，为行政实施必不可少。如此，由于政权的维持少不了擅长文字的汉族士大夫，所以这种斗争又不断反复进行，并构成了严重的政权内耗，正是北齐被北周所灭的一个重要原因。

陈寅恪先生指出："北朝胡汉之分，不在种族，而在文化"，⑤其中北齐尤甚。所以说如此的政治斗争其实也是一种语言文化冲突。而语言文字却是文化的基石，所以这冲突也会在语言文字的使用上反映出来。北齐鲜卑集团的当政既然着意以鲜卑化来显示其高人一等，成为表示身份特殊的一种符号，所以对鲜卑语在朝廷上层流行关系极大。如由于出身鲜卑族的娄氏对鲜卑语在北齐流行影响甚大，故在她病故前，有童谣流传："周里跂求伽，豹祠嫁石婆，斩冢作媒人，唯得一量紫綖靴"。⑥ 这是一首含意隐晦、胡汉语相杂的谶谣，其中"跂求伽"系义为"去已"的鲜卑语音读。这首在语言结构上非常少见的谶谣当与娄太后时代胡汉语混用的情况相关，一如其所反映的当时胡汉斗争形势之复杂。

三

在社会中同时使用二种语言，而又不是仅仅在各自民族中通行，就会对整个社会发生影响。首先，无论是行政管理还是军事指挥，双语并用必然带来行政或军事系统效率的低下。由于语言的规范就是行为的规范，包括政令军令的规范，所以行政控制是通过语言来实施的。它们一旦失范，势必引起混乱，这是可想而知的。这是因为规范是要通过语言表达，"话语权"是行政权力的一种体现，话语权的大小和效率反映着行政权力的大小和效率。卢梭说："语言因人类的需要而自然形成，而且随这些需要的变化而变化。"⑦因此追求语言效率，减少语言使用成本实际上就是在追求行政效率和行政成本。当时会通二种语言者毕竟是少数，《隋书·经籍志》里所载《鲜卑语》、《国语物名》、《鲜卑号令》等音读本，应该是给那些非以鲜卑语为母语的人看的。对大多数行政官员或军官，语言之间的转换不仅费时费力而效率大减，而且容易出差错。这也包括两个方面：其一是对原本使用该语言的人群来说，减少文盲增加识字率就非常要紧。因为文字是最简洁的语言表达。在前无线电时代，写成文字的语言要比原来的声音可使更多的人

① 《北史》卷九二《韩凤传》。
② 《北史》卷三一《高允传附高德正传》。
③ 《北齐书》卷五《废帝纪》。
④ 《北齐书》卷九《神武娄后传》。
⑤ 陈寅恪：《隋唐制度渊源略论稿》，第41页。
⑥ 《北齐书》卷三三《徐之才传》。
⑦ 卢梭：《论语言的起源》第二〇章，中译本，上海人民出版社2003年版，第131页。

接收到，无论从时间还是空间而言。因此以文字为载体的行政命令本身就体现着一种行政效率，而习用鲜卑语操作汉语文字当然更加困难。如曾为定州刺史的厍狄干“不知书，署名为干字，逆上画之，时人谓之穿鎚”，只能“不闲吏事”[①]了。又如操鲜卑语的斛律金“不识文字。本名敦，苦其难署，改名为金，从其便易，犹以为难。司马子如教为金字作屋况之，其字乃就”。[②] 如此鲜卑勋贵为军政主官，政事如何可想而知。其二，在不同的民族中间，语言的同一性当然更有利于行政命令在不同族群之间贯彻，至少这样可以大大减轻语言的使用成本。因此如何削弱族语乃至方言，就成了行政权力强化的一个标志。或者更简单地说，没有文书只凭口语是不能维持北齐政权的，所以汉族士大夫如杜弼回答“治国当用何人”时，就会说出这样的话：“鲜卑车马客，会须用中国人”，[③]当然他由此得罪为帝为相的高洋、高德正等而被诛。高欢对鲜卑将士说鲜卑话，对汉族将士说汉语，就是费时费力的例子。再如在东魏北齐实际上存在两个行政中心，在都城邺和并州的晋阳各有一个尚书省，两者分庭抗礼，隐含着东魏北齐文武与胡汉对立的双重二元倾向，[④]由此也造成了军政上的混乱。东魏北齐社会政治生活中鲜卑语混杂的使用势必带来一种管理或指挥上的出轨。因为实行规范的道理必然要符合语言的逻辑，作为思想的载体，语言的无序和行政的无序在意识深层是一致的。所以可以见到不少有关北齐军政混乱的记载，如“开府千余，仪同无数。领军一时二十，连判文书，各作依字，不具姓名，莫知谁也”，“法令多闻，持瓢者非止百人，摇树者不唯一手”。[⑤] 这样的行政混乱是难以治国的。

其次是加剧了民族矛盾，因为语言是情绪的表达，语言冲突当然会给原本抗争的情绪火上浇油。在东魏北齐政权内进行着一次又一次残酷的流血斗争中，话语上的对立也非常显著，一如前文所述。

再次，是与语言文化相联系的道德失范，语言是思想的载体，也是观念的表达。或即《礼记·表记》所谓“天下无道，则言有枝叶”。前文所引东魏北齐鲜卑统治阶层中通行着与汉族礼法相异的“兄弟皆呼父为兄兄”之类的称呼，其语词中实质上包含着游牧民族对亲属关系的一种理解。东魏北齐鲜卑统治阶层内部保持着游牧社会的亲属关系。[⑥] 如高欢妃蠕蠕公主在欢死后，欢子高澄“蒸公主，产一女焉”。[⑦] 这位公主正是从来不讲汉语的。又如高欢侧室尔朱氏在欢死后为太妃，“及文宣（高洋）狂酒，将无礼于太妃，太妃不从，遂遇祸”。[⑧] 在《北齐书》、《北史》中还记载着不少高氏内兄死弟纳嫂为妻的事例，如高洋纳高澄皇后元氏，高湛纳高洋皇后李氏，及王嫔、卢嫔等。这些由汉族士大夫所撰正史中凸显“鉴之近代，于齐为甚”[⑨]的“乱伦”行为，其实都是以儒家礼法为话语准则的，在游牧社会中却是被族众接受的习俗。

又北齐皇位实际上是体现着“兄终弟及”的形式。高欢死后，及稍后北齐建立，他的四个嫡子高澄、高洋、高演、高湛先后把持朝政或登上帝位。其中最小的高湛为了防止其他兄弟觊觎皇位，就匆匆传位于子，自己早早地做了“太上皇”。实际上他刚死，他的一个弟弟高济就宣称“计次第也应到我”[⑩]了。其实

---

① 《北史》卷五四《厍狄干传》。

② 《北史》卷五四《斛律金传》。

③ 《北史》卷五五《杜弼传》。

④ 严耀中：《北齐政治与尚书并省》，《上海师范大学学报》1990 年第 4 期。

⑤ 《北齐书》卷八《幼主纪》，后文出于《纪》末之魏征总论。

⑥ 《后汉书》卷九〇《乌桓鲜卑列传》云乌桓：“贵少而贱老，其性悍塞。怒则杀父兄，而终不害其母”，“其俗妻后母，报寡嫂”。又云鲜卑“其语言习俗与乌桓同”。

⑦ 《北史》卷一四《蠕蠕公主传》。

⑧ 《北史》卷一四《尔朱氏传》。

⑨ 《北史》卷一四《后妃传论》。

⑩ 《北齐书》卷一〇《博陵文简王高济传》。

这种在中原封建王朝极少见到的传位现象，也是游牧行国所常见，此已被众多学者所证实，自不待言。

由此可见，鲜卑语言其实和游牧社会风习及政治传统是一致的，可谓彼有此亦有。其对立面是包括语言在内的汉化和儒家观念及封建政体，也是一致的。《北齐书》中既无"孝行传"，也无"节义传"、"列女传"等被儒家视为"与天地合其德，与日月齐其明；诸侯士大夫行之于国家，则永保其宗社"[①]的事迹记载，这些人物在北齐之少恐怕与此也有很大关系。高氏政权既采纳封建政体，又要保持鲜卑的游牧社会传统，二者在行为准则及其表达上遂陷入不可调和的矛盾之中，促使其被原本弱于北齐的北周所灭。

最后，虽然鲜卑语和汉语的混用，征兆着东魏北齐社会的各种矛盾，但所谓影响总会是多方面的，从长远的文化观来说并非一无是处。因为不同语言的交错使用，都会把各自的语词带到别的语言中去，也就扩大了对方语言的词汇量和应用面。在与语词相关的乐曲中，黎虎先生据《新唐书·礼乐志》考证出在隋唐传承鲜卑乐曲的侯氏系"并州人，世传北歌"，[②]而并州此前系北齐重镇。此和斛律金唱"敕勒歌"正可谓异曲同工，应该是同一传统风习和环境所致。[③] 此外，鲜卑语使用有利于东魏北齐与漠北乃至西域的游牧民族的交往，如与蠕蠕，"及齐受东魏禅，亦岁时往来不绝"。[④] 这不仅是因为语系上的接近，也表示着对非汉语的尊重，故也会促动其他民族语言的使用，如史云刘世清"能通四夷语，为当时第一"。[⑤] 通四夷语者被公众排座次，正说明他们在社会上被重视。这样至少会间接促进胡汉与中西的交流和典籍翻译。

四

从东魏北齐社会政治中使用鲜卑语的前因后果展开，还可以看到更多的意义。其一，由于在古代中国，文字更是以夷变夏还是以夏变夷的关键。因为虽然口头语言是文字的基础，但文字规范着语言，"文字不仅改变了语言的语词，而且改变了语言的灵魂"。[⑥] 又由于族群大小不等而造成不同语言使用总量的不对称性，"被看做文化中心的人群的语言，自然更可能对附近的语言发生显见的影响，而不那么为它们所影响"。[⑦] 这也可以解释为什么中国历史上"汉化"的现象总是大大超过"胡化"的现象。其二，在东魏北齐，使用鲜卑语的人数毕竟是少数，且从现存来自鲜卑语的词语看，没有一个是与农耕相关的。这和鲜卑族的游牧属性一致，却和建都于农业区的北齐社会需要不一致。"语言之替社会服务，乃是作为人们交际的工具，作为社会中交流思想的工具，作为使人们相互了解并使人们在其一切活动范围中调整其共同工作的工具。这一切活动范围包括生产的领域，也包括经济关系的领域，包括政治的领域，也包括文化的领域，包括社会，也包括日常生活。"[⑧]作为工具，其使用范围（包括使用者和使用领域）决定着其使用价值。文献中所表露的东魏北齐鲜卑语使用现象表明，必然是使用鲜卑语的社会成本远远高于汉语而导致

① 《北史》卷八四《孝行传序》。

② 黎虎：《魏晋南北朝史论》，学苑出版社1999年版，第605、606页。

③ 田余庆先生指出，鲜卑"拓跋爱歌的风习是历史上早已形成的，到了平城和洛阳已有汉字可供使用的年代，这种风习仍然依旧"。见其《拓跋史探》，三联书店2003年版，第220页。这种风习当然在北齐传承着。

④ 《北史》卷九八《蠕蠕传》。

⑤ 《北齐书》卷二〇《斛律羌举传附刘世清传》。

⑥ 卢梭：《论语言的起源》第五章，第32页。这里所谓的"灵魂"，当指语言的文化属性。

⑦ 爱德华·萨丕尔：《语言论》第九章，中译本，商务印书馆1985年版，第173页。

⑧ 斯大林：《马克思主义与语言学问题》，中译本，人民出版社1951年版，第35页。

其最终的淘汰。到唐前期已经是“燕、魏之际鲜卑歌,歌辞虏音,竟不可晓”[①]了。其三,无论是社会还是政权,其内部的交流程度是其有否活力的标志。而语言可以促进交流也可以造成阻隔,民族之间、阶层之间,甚至政体内文武官员之间的交流也都需要有共同的语言,北齐上层通行鲜卑语的结果造成了种种阻隔,使矛盾难以调和,也是其政权失败的因素之一。其四,汉字源于象形而非表音,从而形成文字一致方言相异的语言结构,能加速没有文字的语言化入到汉字系统,也是合成大一统中国文化的一个关键因素。这也完全可以解释鲜卑语一度流行的北齐在政治上不可避免地最后被走向大一统。

(原刊于《第三届中日学者中国古代史论坛文集》,中国社会科学出版社2012年版)

① 《旧唐书》卷二九《音乐志二》。

也谈《敕勒歌》的原来语言

邢丙彦

《敕勒歌》这首脍炙人口的北朝民歌，据宋郭茂倩编撰的《乐府诗集》题解引《乐府广题》云：高欢败于玉璧后，"使斛律金唱《敕勒》，神武（高欢）自和之。其歌本鲜卑语"，后来才译成汉语。胡三省首先就《敕勒歌》的原来语言为鲜卑语提出了异议。《通鉴》卷一五九胡注云："斛律金，敕勒部人也，故使作《敕勒歌》。洪迈曰：斛律金唱《敕勒歌》，本鲜卑语。按《古乐府》有其辞云：（略）余谓此后人妄为之耳。敕勒与鲜卑殊种，斛律金出于敕勒，故使之作《敕勒歌》，若高欢则习鲜卑之俗者也。"今日本学者小川环树先生对《敕勒歌》的原来语言为鲜卑语亦提出疑问。小川先生云："不管《乐府广题》所根据的资料是从哪里来的，它肯定是汉人的记录，恐怕没有注意到鲜卑语与敕勒语之间的区别。"[①]王达津先生在《〈敕勒歌〉小辩》[②]一文中则断言："北魏统治者虽出自鲜卑族，但高欢是渤海蓨人，斛律金是朔州敕勒人（着重号原有——笔者注）而不是鲜卑族人，所唱歌（谓《敕勒歌》——笔者注）当是敕勒语，高欢应和，也是应和其声。"

很显然，上述诸先生颇为身是敕勒人的斛律金用鲜卑语唱《敕勒歌》所困惑，故有如此种种议论。其实若对当时实际情况略作考察，对于《敕勒歌》的原来语言为鲜卑语之困惑将冰释。

北魏孝文帝迁都洛阳后所推行的"汉化"运动并未波及北镇地区，北镇地区仍旧保持着鲜卑语言风俗。而高欢与斛律金均为北镇地区鲜卑化的汉人与敕勒人。《北齐书》卷一《神武纪》云：北魏时，高欢祖父"坐法徙居怀朔镇"。高欢"既累世北边，故其习俗，遂同鲜卑"。另外高欢生母、妻子及其姻亲或为北镇鲜卑人，或为北镇鲜卑化的其他少数民族人。姚薇元先生曾考定高欢为鲜卑人也未尝过分。[③] 不管高欢原为汉人或为鲜卑人，高欢已鲜卑化早成定论。至于高欢自称是渤海高氏后裔，这完全是为争取河北大族对其支持的一种手段，切莫当真。

《北齐书》卷一七《斛律金传》云："斛律金，朔州敕勒部人也。高祖倍侯利，以壮勇有名塞表，道武时率户内附。"北魏时内附的敕勒人大都被安置北镇地区。《魏书》卷一〇六上《地形志》载：朔州，原怀朔镇。北魏肃宗"孝昌中改为州"。斛律金曾当过怀朔镇的"军主"。斛律金家族入魏日久，其鲜卑化程度非浅自不待言。

524年，北镇起义后，北镇边民纷纷南下。高欢主要依靠北镇边民的力量，夺取了北魏的统治权力。为了夺取和巩固统治，高欢竭力笼络鲜卑人，一反北魏孝文帝以来的"汉化"政策，极力排除汉族文化。于是鲜卑语又重新流行起来，成为宫廷通行语言。《北齐书》卷二一《高乾传附弟昂传》云："高祖（高欢）每申令三军，常鲜卑语。"同书卷二四《孙搴传》云：高欢时孙搴为"相府主簿，专典文笔。又能通鲜卑语，

① 详见《敕勒之歌》，载《北京大学学报》1982年第1期。

② 《光明日报》1983年4月12日《文学遗产》专刊。

③ 详见《北朝胡姓考》。

兼宣传号令。当烦剧之任,大见赏重"。同书卷三九《祖珽传》云:"会并州定国寺新成,神武谓陈元康、温子升曰:'……今《定国寺碑》当使谁作词也?'元康因荐(祖)珽才学,并解鲜卑语。"高氏政权是一个以鲜卑及鲜卑化了的民族为主的政权,故当时一些汉族士大夫为其子弟求得一官半职,教他们学习鲜卑语。《颜氏家训》卷一《教子篇》云:"齐朝有一士大夫,尝谓吾曰:'我有一儿,年已十七,颇晓书疏,教其学鲜卑语及弹琵琶,稍欲通解,以此伏事公卿,无不宠爱,亦要事也。'"

通过以上简略考察,我认为:高欢、斛律金通解鲜卑语。在当时鲜卑语盛行的情况下,身是敕勒人的斛律金用鲜卑语在宫廷咏唱《敕勒歌》是可以理解的;同时,斛律金也只有用鲜卑语咏唱,高欢才能和之。而怀疑《敕勒歌》其本非鲜卑语,是没有根据的。

(原刊于《光明日报》1983 年 7 月 26 日《文学遗产》专刊)

附记:

我大学毕业后考上了硕士研究生,1982 年初春,在程应镠教授的指导下开始研究魏晋南北朝史。研究生一年级时,程老师要求我通读《资治通鉴》,同时查找《资治通鉴》的史源,以此方法让我熟悉一些史书、懂一点史籍校勘和史实考证。另外,程老师还结合报刊杂志上的论文观点提出问题,启发我思考辨析。我在硕士研究生学习期间发表的三篇文章均与史籍校勘和史实考证有关,两篇文章讨论的问题也是程老师提出的,本文是其中第一篇。

本文写作反映了程老师的教学方法,同时也反映了程老师的有关学术观点。遵循程老师教导,我查找了《敕勒歌》的出处和《资治通鉴》的有关记载及注释。另外,依据程老师有关北魏孝文帝所推行的"汉化"运动并未波及北镇地区的论断,我具体论证了高欢统治集团内部仍通行鲜卑语,因而《敕勒歌》的原来语言完全有可能是鲜卑语。

《尚书正义》中被孔疏作为反面教材使用的郑玄注[①]

吕友仁

一、绪　论

友仁本来拟定的题目是《〈尚书正义〉中孔疏如何使用郑玄注的调查报告》,《报告》含四个部分:

第一,用郑注破孔传。《尚书》孔安国传(下称"孔传")虽然是孔颖达《尚书正义》(下称"孔疏")选用的注家,但孔疏并不认为孔传百分之百地都对。当审查到《尚书》孔传的某句具体的注文是对是错的时候,孔疏按照惯例要货比三家,即看看郑玄是怎么注解《尚书》此句(下称"郑玄注"或"郑注")的,看看王肃是怎么注解《尚书》此句(下称"王肃注"或"王注")的。三家比过之后,如果孔传是对的,自然平安无事。但不排除有这样的时候,孔疏会断然说孔传错了,而且是以郑注为根据。这种现象在整个《五经正义》中相当常见,我把它叫作"直言破注"。直言者,直言不讳之谓也。

例如:

(1)《舜典》:"金作赎刑。"孔传:"金,黄金。"孔疏:"此传'黄金',《吕刑》'黄铁',皆是今之铜也。古之赎罪者皆用铜,汉始改用黄金,但少其斤两,令与铜相敌。故郑玄《驳异义》言:'赎死罪千锾,锾六两大半两,为四百一十六斤十两大半两铜,与金赎死罪金三斤为价相依附。'是古赎罪皆用铜也。"(第91页)[②]

吕按:经文"金"字,孔传训为"黄金",孔疏不以为然,于是破注,并以郑玄《驳异义》为依据。

(2)《费誓》:"公曰:'嗟!人无哗,听命。'"孔传:"伯禽为方伯,监七百里内之诸侯,帅之以征,叹而敕之,使无喧哗,欲其静听誓命。"孔疏:"郑云:'人,谓军之士众及费地之民。'案下句令填塞坑穽,必使军旁之民塞之,或当如郑言也。"(第808页)

吕按:经文"人"字,孔传训为"七百里内之诸侯,帅之以征",盖皆军士,郑注则训为"军之士众及费地之民",孔疏根据上下文,以为"或当如郑言也"。

在《尚书正义》中直言破注的情况,相对较少。

第二,用郑注质疑孔传。即《尚书》某句的孔传是对是错,孔疏拿不准。于是乎就旁及异闻,《尚书》郑玄注及《尚书》王肃注都属于"异闻"之列。[③] 而郑、王相比,郑注则是"异闻"的首选和大宗。旁及郑注之后,郑注之是对是错,孔疏仍然拿不准。在这种情况下,孔疏就以"未知孔、郑谁得经旨"、"先儒各以意

① 本文为作者主持的国家社科基金项目《孔颖达〈五经正义〉中疏与注的关系研究》阶段成果之一,项目批准号:14BZS007。

② 本文每条《尚书正义》孔疏最后括注的页码,都是上海古籍出版社2007年校点本《尚书正义》页码。下同,不一一。

③ 所谓"异闻",在《五经正义》中,是指除了被孔疏选用为注家以外的其他曾经立于国学的注家。以《尚书正义》为例,曾经立于国学的注家有三,即孔传、郑玄注、王肃注。孔传被选用为注家,郑注、王注即为异闻。

说，未知孰得其本"、"未知孰是，故两存焉"一类的话语结之。这种情况，表面上看是对孔传的质疑，实质上是动摇了孔传一家独尊的地位，形成了郑注与孔传分庭抗礼的局面。我认为，这是另外一种形式的破注，名曰"微言破注"。微言者，闪烁其词，婉而成章之谓也。例如：

（1）《益稷》："予欲观古人之象，日、月、星辰、山、龙、华虫，作会宗彝。藻、火、粉、米、黼、黻絺绣。"孔传："日、月、星为三辰。华，象草华。虫，雉也。画三辰、山、龙、华虫于衣服、旌旗。宗庙彝樽，亦以山、龙、华虫为饰。藻，水草有文者。火为火字，粉若粟冰，米若聚米，黼若斧形，黻为两己相背。葛之精者曰絺，五色备曰绣。"孔疏："郑意以华虫为一，粉米为一，加宗彝谓虎蜼也。《周礼》宗庙彝器有虎彝、蜼彝，故以宗彝谓虎蜼也。此经所云凡十二章，日也，月也，星也，山也，龙也，华虫也，六者画以作绘，施于衣也。宗彝也，藻也，火也，粉米也，黼也，黻也，此六者紩以为绣，施之于裳也。郑玄云：'至周而变易之，损益上下，更其等差。'《周礼·司服》之注，具引此文。乃云：'此古天子冕服十二章也。王者相变，至周而以日、月、星画于旌旗，冕服九章，登龙于山，登火于宗彝，尊其神明也。九章，初一曰龙，次二曰山，次三曰华虫，次四曰火，次五曰宗彝，皆画以为缋；次六曰藻，次七曰粉米，次八曰黼，次九曰黻，以絺为绣。则衮之衣五章，裳四章，凡九也。鷩画以雉，谓华虫也，其衣三章，裳四章，凡七也。毳画虎蜼，谓宗彝也，其衣三章，裳二章，凡五也。'是郑以冕服之名，皆取章首为义。衮冕九章，以龙为首，龙首卷然，故以衮为名。鷩冕七章，华虫为首，华虫即鷩雉也。毳冕五章，虎蜼为首，虎蜼毛浅，毳是乱毛，故以毳为名。如郑此解，配文甚便，于絺绣之义，总为消帖。但解宗彝为虎蜼，取理太回，未知所说，谁得经旨。"（第170～71页）

吕按：由于孔传对冕服十二章的取义注解得不够明白，孔疏就大段援引郑玄之说，并云"未知所说谁得经旨"，则是微言破注也。王应麟《困学纪闻》卷二："郑康成《书注》间见于《疏义》，如作服十二章，州十二师，孔注皆所不及。"①

（2）《顾命》："大辂在宾阶面，缀辂在阼阶面。先辂在左塾之前，次辂在右塾之前。"孔传："大辂，玉。缀辂，金。面，前。皆南向。先辂，象。次辂，木。金、玉、象，皆以饰车，木则无饰。皆在路寝门内左右塾前，北面。"孔疏："郑玄以'缀'、'次'是从后之言，二者皆为副贰之车。先辂是金辂也，缀辂是玉辂之贰，次辂是金辂之贰。不陈象辂、革辂、木辂者，主于朝祀而已。未知孔、郑谁得经旨。"（第734～735页）

吕按：据《周礼·巾车》，天子之车有五路，一曰玉路，二曰金路，三曰象路，四曰革路，五曰木路。孔传以经文之四路（大辂、缀辂、先辂、次辂），即天子之玉路、金路、象路及木路，皆天子正路。而郑玄以为其中的缀辂、次辂是副车，非正路。此两家之异也。孔疏云"未知孔、郑谁得经旨"，然则是微言破注也。

在《尚书正义》中，微言破注的情况比较多。据统计，仅仅据郑注而微言破注者就有81例。

第三，用郑注补孔传之未备。首先说一下孔传为什么会有未备。《朱子语类》卷一三五："汉儒注书，只注难晓处，不全注尽本文，其辞甚简。"②朱子此言是也。孔安国《尚书序》："伏牺、神农、黄帝之书，谓之《三坟》，言大道也。少昊、颛顼、高辛、唐、虞之书，谓之《五典》，言常道也。"孔颖达疏："其《三坟》直云'言大道也'，《五典》直云'言常道也'，不训'坟'、'典'之名者，以'坟，大'、'典，常'，常训可知，故略之也。"③如孔颖达所说，有的字词，在汉代人看来是"常训可知"，但到了孔颖达编撰《五经正义》的唐初，时过境迁，唐代的学者未必就"可知"了。更何况《五经正义》的读者对象主要是"童稚"，是"幼蒙"，这就引

① 王应麟：《困学纪闻》，文渊阁《四库全书》本，第854册，第170页。

② 黎靖德：《朱子语类》卷一三五，中华书局1986年校点本，第3228页。

③ 孔颖达：《尚书正义》，上海古籍出版社2007年校点本，第5页。

发了注文不够用的问题，这就是孔疏为什么设计了补注的原因。而补注的数据从哪里来呢？自然是取自所谓异闻。而异闻之中，郑注仍是首选。例如：

（1）孔安国《尚书序》："始画八卦，造书契，以代结绳之政。"孔疏："言结绳者，当如郑注云：'为约，事大，大其绳；事小，小其绳。'言书契者，郑云：'书之于木，刻其侧为契，各持其一，后以相考合，若结绳之为治。'孔无明说，义或当然。"（第2～3页）

吕按：何谓"书契"？何谓"结绳之政"？"孔无明说"，孔疏即以郑注补之。

（2）《尧典》："曰放勋钦明文思安安。"孔传："言尧放上世之功化，而以敬、明、文、思之四德安天下之当安者。"孔疏："郑玄云：'敬事节用谓之钦，照临四方谓之明，经纬天地谓之文，虑深通敏谓之思。'孔无明说，当与之同。"（第36页）

吕按：经文"钦明文思"四字，"孔无明说"，孔疏即以郑注补之。

第四，把郑注作为反面教材，以便让学者引以为鉴，不再谬种流传。这种情况相当多。或曰：既然是错误的异闻，孔疏不予理睬不就行了吗，为什么还要如此辞费？答曰：孔疏之所以这样做，势使然也。盖郑注曾长期立于国学，[①]此类错误异闻在学者中长期流行，甚至一度占据主导地位，很有市场，如果不指出其谬误，正确的注文也不容易为学者所接受。孔颖达编撰《尚书正义》时，尽管被选中的注家是孔传，但毫无疑问，历史的巨大惯性还在继续，在社会上郑注仍然是一隐然敌国，强劲对手。在这种情况下，如果不把错误的郑注公之于众，恐怕还会谬种流传。试看《尚书正义》中的两个例子：

（1）《尧典》："曰若稽古帝尧。"孔传："若，顺；稽，考也。能顺考古道而行之者帝尧。"孔疏："郑玄信《纬》，训'稽'为'同'，训'古'为'天'。言能顺天而行之，与之同功。《论语》称'惟尧则天'，《诗》美文王'顺帝之则'。然则圣人之道，莫不同天合德，岂待同天之语，然后得同之哉！《书》为世教，当因之人事。以人系天，于义无取。且'古'之为'天'，经无此训，高贵乡公皆以郑为长，非笃论也。"（第35页）

吕按：被孔疏痛斥的郑注，曾经得到贵为皇帝的高贵乡公的认可，其影响之大，可见一斑。孔疏为排除干扰计，亦不得不旁及异闻也。

（2）《舜典》："宾于四门。"孔传："四门，四方之门。舜流四凶族，四方诸侯来朝者，舜宾迎之。"孔疏："郑玄以'宾'为'摈'，谓舜为上摈，以迎诸侯。今孔不为'摈'者，则谓舜既录摄，事无不统，以诸侯为宾，舜主其礼，迎而待之，非谓身为摈也。"（第75页）

吕按：此引郑玄注，孔疏不以为然。按《汉书·百官公卿表》："谒者掌宾赞受事，秩比六百石。"《后汉书·百官志》"谒者"刘昭注引荀绰《晋百官表》注曰："明帝诏曰：'谒者，乃尧之尊官，所以试舜"宾于四门，四门穆穆"者也。'"以"宾"字释"谒者"，是用郑义也。这种理解出现在晋明帝的诏书中，也可见郑注影响之大。

以上四个部分如果都写的话，好处是可以让读者对郑注的作用有全面的认识，可以帮助读者纠正诸如"疏不破注"等习非成是的错误观念。缺点是篇幅过大。此其一。关于"疏不破注"这一命题，友仁已经写过一篇《"疏不破注"——一个亟待重新认识的概念》，见拙作《〈礼记〉研究四题》（中华书局2014年版）。还写了一篇《试说孔颖达〈五经正义〉的九条"例"》，承蒙北京大学《儒家典籍与思想研究》编辑部

① 《隋书·经籍志》经部《尚书》类小序："梁、陈所讲，有孔、郑二家，齐代唯传郑义。至隋，孔、郑并行，而郑氏甚微。"郑注在当时学者中之影响，由此可见一斑。

不弃，将于2016年第八辑发表。该文也论证了所谓“疏不破注”是不实之词，上诬孔疏，下误读者。前贤有云：他人讲过的东西自己不再讲，自己讲过的东西也不再讲。友仁不学，心窃慕之。此其二。据此两点，遂决定仅写第四部分，于是就有了《〈尚书正义〉中被孔疏作为反面教材使用的郑注》这个题目。

友仁为什么要写这个题目？

第一，为了纠正学术界长期流行的下述观点：孔颖达《五经正义》（简称“孔疏”）“只据一家之说，不旁及异闻”。此说发端于宋。北宋孙复在其《孙明复小集·寄范天章书二》中说：“国家以王弼、韩康伯之《易》，左氏、公羊、谷梁、杜预、何休、范宁之《春秋》，毛苌、郑康成之《诗》，孔安国之《尚书》，镂板藏于太学，颁于天下。噫！专主王弼、韩康伯之说而求于《大易》，吾未见其能尽于《大易》者也；专守左氏、公羊、谷梁、杜预、何休、范宁之说而求于《春秋》，吾未见其能尽于《春秋》者也；专守毛苌、郑康成之说而求于《诗》，吾未见其能尽于《诗》者也；专守孔安国之说而求于《书》，吾未见其能尽于《书》者也。又后之作疏者，无所发明，但委曲踵于旧之注说而已。”[①]后人不作调查，轻率附和。例如清惠士奇《礼说》：“唐人正义，据一家之说，不旁及异闻。”[②]《四库全书总目》著录《尔雅注疏》曰：“然疏家之体，惟明本注。注所未及，不复旁搜，此亦唐以来之通弊。”[③]皮锡瑞《经学历史·经学统一时代》：“议孔疏之失者，曰不取异义，专宗一家。”[④]刘师培《国学发微》：“然自吾观之，则废黜汉注，固为唐人正义之大庇，然其所以贻误后世者，则专主一家之故也。”[⑤]窃以为上述认为孔疏“只据一家之说，不旁及异闻”的说法是不实之词，上诬孔疏，下误读者。《尚书正义》是孔颖达《五经正义》之一。面对本文所列事实，我们还有什么理由不放弃上述传统旧说呢！

第二，在经学史上，融合古文今文，遍注群经，其地位之高，影响之大，信徒之众，东汉以降之经学家中，唯郑玄一人而已。学者对郑玄的崇拜，曾经达到狂热的程度，以至于有“宁道孔圣误，讳闻郑、服非”之说。[⑥] 现在，当我们看到孔颖达坚持真理，不迷信权威，敢于把郑玄放在反面教材的位置上，不应该对孔颖达发出由衷的感叹吗！纵观经学史，有如此作为者，以我辈之孤陋寡闻，迄今似乎独此一家，值得大书特书。

二、《尚书正义》中被孔疏作为反面教材使用的郑玄注[⑦]

凡69例：

1.《虞书》孔疏：“其百篇次第，于序孔、郑不同。孔以《汤誓》在《夏社》前，于百篇为第二十六；郑以为在《臣扈》后，第二十九。孔以《咸有一德》次《太甲》后第四十，郑以为在《汤诰》后第三十二。孔以《蔡仲之命》次《君奭》后，第八十三；郑以为在《费誓》前，第九十六。孔以《周官》在《立政》后，第八十八；郑

① 孙复：《孙明复小集·寄范天章书二》，文渊阁《四库全书》本，第1090册，第171页。

② 惠士奇：《礼说》卷九，文渊阁《四库全书》本，第101册，第558页。

③ 《四库全书总目》，中华书局1965年版，第339页。

④ 皮锡瑞：《经学历史》，中华书局2004年版，第201页。

⑤ 刘师培：《国学发微》，宁武南氏校印本，第73页。

⑥ 《旧唐书·元行冲传》，中华书局1975年校点本，第3181页。

⑦ 在《五经正义》中，郑注的异闻身份仅仅体现在《周易正义》、《尚书正义》二书中。《周易正义》中也有被孔疏作为反面教材使用的郑注，当另文。

以为在《立政》前，第八十六。孔以《费誓》在《文侯之命》后，第九十九；郑以为在《吕刑》前，第九十七。不同者，孔依壁内篇次及序为文，郑依贾氏所奏《别录》为次。孔未入学官，以此不同。考论次第，孔义是也。”（第28页）

吕按：孔疏历数“百篇次第，孔、郑不同”，而结论是“孔义是也”。

2.《尧典》：“曰若稽古帝尧。”孔传：“若，顺；稽，考也。能顺考古道而行之者帝尧。”孔疏：“郑玄信《纬》，训‘稽’为‘同’，训‘古’为‘天’。言能顺天而行之，与之同功。《论语》称‘惟尧则天’，《诗》美文王‘顺帝之则’。然则圣人之道，莫不同天合德，岂待同天之语，然后得同之哉！《书》为世教，当因之人事。以人系天，于义无取。且‘古’之为‘天’，经无此训，高贵乡公皆以郑为长，非笃论也。”（第35页）

吕按：被孔疏痛斥的郑注，曾经得到贵为皇帝的高贵乡公的认可，其影响之大，可见一斑。

3.《尧典》：“乃命羲、和，钦若昊天，历象日月星辰，敬授人时。”孔传：“重、黎之后羲氏、和氏，世掌天地四时之官，故尧命之，使敬顺昊天。此举其目，下别序之。”孔疏：“马融、郑玄皆以此‘命羲、和’者，命为天地之官。下云‘分命’、‘申命’，为四时之职。天地之与四时，于周则冢宰、司徒之属，六卿是也。孔言此举其目，下别序之，则惟命四人，无六官也。”（第43页）

吕按：孔疏征引马融、郑玄之说，但未表认可。孙星衍《尚书今古文疏证》：“西汉诸儒用今文说，以羲仲等四人即羲、和，不以为六官，与马、郑异。”①

4.《尧典》：“放齐曰：‘胤子朱启明。’”孔传：“放齐，臣名。胤，国；子，爵；朱，名；启，开也。”孔疏：“夏王仲康之时。胤侯命掌六师。《顾命》陈宝有胤之舞衣。故知古有胤国。胤既是国，自然子为爵，朱为名也。马融、郑玄以为‘帝之胤子曰朱也。求官而荐太子，太子下愚，以为启明’。揆之人情，必不然矣。”（第54页）

吕按：马融、郑玄对“胤子朱”的解释与孔传不同，孔疏很不以为然。孙星衍《尚书今古文疏证》则以马融、郑玄说为是。②

5.《尧典》：“帝曰：‘吁，咈哉！方命圮族。’”孔传：“咈，戾。圮，毁。族，类也。言鲧性很戾，好比方名，命而行事，辄毁败善类。”孔疏：“郑以‘方’为‘放’，谓‘放弃教命’。《易·坤卦》：‘六二，直方大。’是‘直方’之事为人之美名。此经云‘方’，故依经为说。”（第56页）

吕按：从孔传的串讲中，可知孔传训“方”为端方。孔疏为孔传找出了文献根据，认为孔传是“依经为说”，故不以郑玄注为然。林之奇《尚书全解》卷一：“‘方命’者，孔氏云：‘鲧性很戾，好比方直之名，命而行事，辄毁败善类。’以‘方’字为一义，以‘命’字连‘圮族’之文，非语辞也。《孟子》云：‘方命虐民。’赵氏注云：‘方犹放也。’谓放弃不用先王之命，但为虐民之政，其说可通。”③孙星衍《尚书今古文疏证》云：“汉时俱读方为放。”④按“方命圮族”，《史记·五帝本纪》作“负命毁族”，唐张守节《正义》曰：“负，音佩，依字通。负，违也。族，类也。鲧性狠戾，违负教命，毁败善类，不可用也。《诗》云‘贪人败类’也。”⑤实际上，用的也是郑义。

① 孙星衍：《尚书今古文疏证》，中华书局1986年校点本，第11页。
② 孙星衍：《尚书今古文疏证》，第27页。
③ 林之奇：《尚书全解》卷一，文渊阁《四库全书》本，第55册，第25页。
④ 《尚书今古文疏证》，第27页。
⑤ 《史记·五帝本纪》，中华书局2013年修订本，第25页。

6.《舜典》:"宾于四门。"孔传:"四门,四方之门。舜流四凶族,四方诸侯来朝者,舜宾迎之。"孔疏:"郑玄以'宾'为'摈',谓舜为上摈,以迎诸侯。今孔不为'摈'者,则谓舜既录摄,事无不统,以诸侯为宾,舜主其礼,迎而待之,非谓身为摈也。"(第75页)

吕按:孔疏征引郑玄注,但不以为然。按《汉书·百官公卿表》:"谒者掌宾赞受事,秩比六百石。"[①]《后汉书·百官志》"谒者"刘昭注引荀绰《晋百官表》注曰:"明帝诏曰:'谒者,乃尧之尊官,所以试舜"宾于四门,四门穆穆"者也。'"[②]以"宾"字释"谒者",是用郑义也。这种理解出现在晋明帝的诏书中,也可见郑注影响之大。

7.《舜典》:"正月上日,受终于文祖。"孔传:"上日,朔日也。终,谓尧终帝位之事。文祖者,尧文德之祖庙。"下文又云:"月正元日,舜格于文祖。"孔传:"月正,正月。元日,上日也。舜服尧丧三年毕,将即政,故复至文祖庙告。"孔疏:"月之始日,谓之朔日,每月皆有朔日,此是正月之朔,故云'上日',言一岁日之上也。下云'元日'亦然。郑玄以为'帝王易代,莫不改正。尧正建丑,舜正建子。此时未改尧正,故云"正月上日"。即位乃改尧正,故云"月正元日",故以异文。'先儒王肃等以为,惟殷、周改正,易民视听,自夏已上,皆以建寅为正。此篇二文不同,史异辞耳。孔意亦然。"(第77页)

吕按:经文"正月上日"的理解,郑玄与孔、王异,孔疏认可孔、王,不以郑注为然。

8.《舜典》:"肆类于上帝。"孔传:"肆,遂也。类,谓摄位事类。遂以摄告天及五帝。"孔疏:"郑玄笃信谶纬,以为'昊天上帝,谓天皇大帝,北辰之星也。五帝,谓灵威仰等,太微宫中有五帝座星是也'。如郑之言,天神有六也。《家语》云:'季康子问五帝之名。孔子曰:"天有五行金、木、水、火、土,分时化育,以成万物,其神谓之五常。"'王肃云:'五行之神,助天理物者也。'孔意亦当然矣。"(第79页)

吕按:"上帝"之训,郑玄笃信谶纬,被孔疏否定。

9.《舜典》:"修五礼、五玉、三帛、二生、一死,贽。"孔传:"二生,卿执羔,大夫执雁。"孔疏:"郑玄曰:'羔,小羊,取其群而不失其类也。雁,取其候时而行也。《曲礼》云:"饰羔雁者以缋。"谓衣之以布而又画之。'郑之此言,论周之礼耳。虞时每事犹质,羔、雁不必有饰。"(第86页)

吕按:郑注不分时代,一概而论,近乎刻舟求剑,被孔疏否定。

10.《舜典》:"归,格于艺祖,用特。"孔传:"巡守四岳然后归,告至文祖之庙。"孔疏:"四巡之后乃云'归格',则是一出而周四岳。郑玄以为'每岳礼毕而归,仲月乃复更去'。若如郑言,当于东巡之下即言'归格',后以'如初'包之,何当北巡之后始言'归'乎?且若来而复去,计程不得周遍,此事不必然也。"(第87页)

吕按:此节所引郑注,被孔疏断然否定。林之奇《尚书全解》卷二:"郑氏以孟月礼毕而归,仲月复往。夫一年而巡四岳,胡舍人尚计其地理,考其日程,而谓不能周历万五千里。若巡一岳归,至于仲月复往,则一岁间周数万里,此必无之理也。"[③]是亦以郑注悖理也。

11.《舜典》:"流共工于幽洲,放驩兜于崇山,窜三苗于三危,殛鲧于羽山,四罪而天下咸服。"孔传:"皆服舜用刑当其罪,故作者先叙典刑,而连引四罪,明皆征用所行,于此总见之。"孔疏:"此四罪者,征用之初,即流之也。知此等诸事皆征用所行者,《洪范》云:'鲧则殛死,禹乃嗣兴。'僖三十三年《左传》云:

① 《汉书》,中华书局1962年校点本,第727页。

② 《后汉书》,中华书局1965年校点本,第3578页。

③ 林之奇:《尚书全解》卷二,文渊阁《四库全书》本,第55册,第44页。

'舜之罪也殛鲧,其举也兴禹。'襄二十一年《左传》云:'鲧殛而禹兴。'此三者,皆言殛鲧而后用禹为治水,是征用时事,四罪在治水之前,明是征用所行也。而郑玄以为'禹治水事毕,乃流四凶'。故王肃难郑,言:'若待禹治水功成而后以鲧为无功殛之,是为舜用人子之功而流放其父,则禹之勤劳适足使父致殛,为舜失五典克从之义,禹陷三千莫大之罪,进退无据,亦甚迂哉!"(第94页)

吕按:郑玄以为"禹治水事毕,乃流四凶",由于事涉名教,孔疏遂对郑注大张挞伐。

12.《舜典》:"五服三就。"孔传:"既从五刑,谓服罪也。行刑当就三处,大罪于原野,大夫于朝,士于市。"孔疏:"'行刑当就三处',惟谓大辟罪耳。《鲁语》云:'刑五而已,无有隐者。大刑用甲兵,次刑斧钺,中刑刀锯,其次钻笮,薄刑鞭扑,以威民。故大者陈之原野,小者致之市朝。五刑三次,是无隐也。'孔用彼为说,故以三就为原野与朝、市也。《国语》贾逵注云:'用兵甲者,诸侯逆命,征讨之刑也。大夫已上于朝,士已下于市。'传虽不言已上、已下,为义亦当然也。《国语》所言'三次',即此'三就'是也。惟死罪当分就处所,其墨、劓、剕、宫,无常处可就也。马、郑、王三家皆以三就为原野也,市朝也,甸师氏也。案刑于甸师氏者,王之同族,刑于隐者,不与国人虑兄弟耳,非所刑之正处。此言正刑,不当数甸师也。又市、朝异所,不得合以为一。且皆《国语》之文,其义不可通也。"(第102页)

吕按:马、郑、王三家对"三就"的注解,皆与孔异,被孔疏否定。

13.《舜典》:"五流有宅,五宅三居。"孔传:"谓不忍加刑,则流放之,若四凶者。五刑之流,各有所居。五居之差,有三等之居:大罪四裔,次九州之外,次千里之外。"孔疏:"《周礼》与《王制》既有三处之别,故约以为言。郑玄云:'三处者,自九州岛之外,至于四海,三分其地,远近若周之夷、镇、蕃也。'然罪有轻重不同,岂五百里之校乎?不可从也。"(第102页)

吕按:经文"三居",孔、郑异解,孔疏认为郑注"不可从也"。

14.《舜典》:"帝曰:'咨!汝二十有二人。'"孔传:"禹、垂、益、伯夷、夔、龙六人新命,有职四岳、十二牧,凡二十二人,特敕命之。"孔疏:"郑玄云:'自"咨十有二牧"至"帝曰龙",皆"月正元日,格于文祖"所敕命也。'案经'格于文祖'之后,方始'询于四岳','咨十二州牧',未必一日之内即得行此诸事。传既不说,或历日命授,乃总敕之,未必即是元日之事也。郑以为'二十二人,数殳斨、伯与、朱虎、熊罴,不数四岳'。彼四人者,直被让而已,不言居官,何故敕使敬之也?岳、牧俱是帝所咨询,何以持牧不敕岳也?必非经旨,故孔说不然。"(第110页)

吕按:经文"二十有二人"的理解,孔、郑不同,孔疏断然否定郑注。而四库本《尚书注疏》卷二考证则不以孔传为然:"臣召南按:孔传之失,在解四岳为四人,故于九官中强分禹、垂六人为新命。夫稷、契、皋陶,大圣大贤,不在二十二人之数,可乎?且十二牧中,岂必尽出新命?四岳则历官为最久矣,又何以得并数之?"①

15.《舜典》:"庶绩咸熙,分北三苗。"孔传:"考绩法明,众功皆广。三苗幽闇,君臣善否,分北流之,不令相从,善恶明。"孔疏:"郑玄以为'流四凶者,卿为伯子,大夫为男,降其位耳,犹为国君,故以三苗为西裔诸侯。犹为恶,乃复分北流之',谓分北西裔之三苗也。孔传'窜三苗'为诛也,其身无复官爵,必非黜陟之限。其所分北,非彼窜者。王肃云:'三苗之民有赦宥者,复不从化,不令相从,分北流之。'王肃意彼赦宥者,复继为国君,至不复从化,故分北流之。禹继鲧为崇伯,三苗未必绝后,传意或如肃言。"(第

① 《尚书注疏》卷二考证,文渊阁《四库全书》本,第54册,第76页。

111页)

吕按：孔传解“分北三苗”未析，孔疏复旁及郑、王两家异闻，以为“传意或如肃言”。然则，是否定郑注也。

16.《舜典》:“舜生三十征庸，三十在位，五十载陟方，乃死。”孔传：“方，道也。舜即位五十年，升道南方，巡守死于苍梧之野而葬焉。三十征庸，三十在位。服丧三年，其一在三十之数。为天子五十年，凡寿百一十二岁。”孔疏：“《孟子》云舜服尧三年丧毕，避尧之子，故服丧三年。三年之丧，二十五月而毕，其一年即在‘三十在位’之数，惟有二年，是舜年六十二。为天子五十年，是舜凡寿百一十二歳也。《大禹谟》云‘帝曰：朕宅帝位三十有三载’，乃求禅禹。《孟子》云：‘舜荐禹于天子，十有七年。’是在位五十年，其文明矣。郑玄读此经云‘舜生三十’，谓生三十年也；‘登庸二十’，谓历试二十年；‘在位五十载，陟方乃死’，谓摄位至死，为五十年，舜年一百岁也。《史记》云：‘舜年三十，尧举用之。年五十，摄行天子事。年五十八，尧崩。年六十一，而践天子位。三十九年，崩。’皆谬耳。”(第111页)

吕按：孔传以为“舜凡寿百一十二岁”，而郑注与《史记》皆以为舜寿一百岁，孔疏以郑注与《史记》之说“皆谬”。既云“皆谬”，何以出之？盖郑注与孔传，乃旗鼓相当之敌国，《隋书·经籍志·尚书类》序云“梁、陈所讲，有孔、郑二家，齐代唯传郑义，至隋，孔、郑并行，而郑氏甚微”是也。[①] 郑注拥有大量读者，苟不揭出郑注之谬，孔传亦不得畅行也。而《史记》一书，裴骃所谓“虽时有纰缪，实勒成一家，总其大较，信命世之宏才也”，[②]不辟其谬，其可得乎！

17.《大禹谟》:“天之历数在汝躬。”孔传：“历数，谓天道。”孔疏：“历数，谓天历运之数。帝王易姓而兴，故言历数谓天道。郑玄以‘历数在汝身，谓有图箓之名’。孔无谶纬之说，义必不然。当以大功既立，众望归之，即是天道在身。”(第134页)

吕按：郑注以谶纬解经，被孔疏否定：“孔无谶纬之说，义必不然。”

18.《皋陶谟》:“曰若稽古皋陶。”孔疏：“此‘曰’上不言皋陶，犹《大禹谟》‘曰’上不言禹。郑玄以‘皋陶’下属为句，则‘稽古’之下无人名，与上三篇不类甚矣。”(第144页)

吕按：此句经文之句读，孔郑不同。孔疏是孔而非郑。而孙星衍《尚书今古文注疏》、皮锡瑞《今文尚书考证》皆以郑玄之句读为是。详见二氏书，此不赘。

19.《皋陶谟》:“同寅协恭和衷哉！”孔传：“衷，善也。以五礼正诸侯，使同敬合恭而和善。”孔疏：“郑玄以为‘并上典礼，共有此事’。五典，室家之内，务在相亲，非复言以恭敬。恭敬惟为五礼而已。孔言是也。”(第152页)

吕按：孔疏虽征引郑注，但据理驳斥，以为“孔言是也”。

20.《皋陶谟》:“天聪明自我民聪明，天明畏自我民明威。达于上下，敬哉！有土。”孔传：“言天所赏罚，惟善恶所在，不避贵贱。有土之君，不可不敬惧。”孔疏：“《丧服》郑玄注云：‘天子、诸侯及卿大夫有地者皆曰君。’即此‘有土’可兼大夫以上。但此文本意，实主于天子，戒天子不可不敬惧也。”(第154页)

吕按：孔疏认为郑玄《仪礼·丧服》注对“有土”的解释，只适用于彼而不适用于此，因而被否定。

21.《益稷》:“暨稷，播奏庶艰食鲜食。”孔传：“艰，难也。众难得食处，则与稷教民播种之；决川有鱼

---

① 《隋书·经籍志》，中华书局1973年校点本，第915页。

② 裴骃：《史记集解序》，中华书局2013年修订版，第4007页。

鳖,使民鲜食之。”孔疏:“郑玄云:‘与稷教人种泽物菜蔬艰厄之食。’稷功在于种谷,不在种菜蔬也。言后稷种菜蔬艰厄之食,传记未有此言也。”(第162页)

吕按:孔疏先征引郑注而后据理否定之。

22.《益稷》:“藻、火、粉、米、黼、黻絺绣。”孔传:“火,为火字。”孔疏:“‘火,为火字’,谓刺绣为火字也。《考工记》云:‘火以圜。’郑司农云:‘谓圜形似火也。’郑玄云:‘形如半环。’然《记》是后人所作,何必能得其真。今之服章,绣为火字者,如孔所说也。”(第169页)

吕按:郑注《考工记》之说,孔疏举出两点理由否定之。

23.《益稷》:“无若丹朱傲,……罔水行舟。”孔传:“丹朱,尧子。丹朱习于无水陆地行舟,言无度。”孔疏:“郑玄云:‘丹朱见洪水时人乘舟,今水已治,犹居舟中,頟頟使人推行之。’案下句云‘予创若时’,乃勤治水,则丹朱行舟之时,水尚未除,非效洪水之时人乘舟也。”(第176页)

吕按:此节孔疏斥郑注非是。《孟子·梁惠王下》:“《书》曰:罔水行舟。”邢昺疏采用孔传之说。

24.《益稷》:“娶于涂山,辛、壬、癸、甲。”孔传:“涂山,国名。惩丹朱之恶,辛日娶妻,至于甲日,复往治水,不以私害公。”孔疏:“娶于涂山,言其所娶之国耳,非就妻家见妻也。惩丹朱之恶,故不可不勤,故‘辛日娶妻,至于甲日,复往治水’。孔云‘复往’则已尝治水,而辍事成昏也。郑玄云:‘登用之年,始娶于涂山氏,三宿而为帝所命治水。’郑意娶后始受帝命,娶前未治水也。然娶后始受帝命,当云闻命即行,不须计辛之与甲,日数多少。当如孔说,辍事成昏也。”(第176页)

吕按:郑注禹先娶而后治水之说,被孔疏否定。

25.《益稷》:“弼成五服,至于五千。”孔传:“五服,侯、甸、绥、要、荒服也。服五百里。四方相距,为方五千里,治洪水辅成之。”孔疏:“据《禹贡》所云五服之名数,知五服即甸、侯、绥、要、荒服也。彼五服每服五百里,四面相距,为方五千里也。郑玄云:‘辅五服而成之,至于面方各五千里,四面相距,为方万里。《春秋传》曰:“禹朝群臣于会稽,执玉帛者万国。”’郑云‘禹弼成五服,面各五千里’,王肃《禹贡》之注,已难之矣。传称‘万’,盈数也。‘万国’,举盈数而言,非谓其数满万也。天地之势,平原者甚少,山川所在,不啻居半,岂以不食之地,亦封建国乎?王圻千里,封五十里之国四百,则圻内尽以封人,王城宫室无建立之处,言不顾实,何至此也?”(第177页)

吕按:此节孔疏以郑注为“言不顾实”,且斥其论证方法荒谬。

26.《益稷》:“戛击,鸣球、搏拊、琴瑟以咏,祖考来格。”孔传:“戛击柷敔,所以作止乐。搏拊,以韦为之,实之以糠,所以节乐。球,玉磬。”孔疏:“此经文次,以柷敔是乐之始终,故先言‘戛击’,其球与搏拊、琴、瑟,皆当弹击,故使‘鸣’冠于‘球’上,使下共蒙之也。郑玄以‘戛击鸣球’三者皆总下乐,擽击此四器也。乐器惟敔当擽耳,四器不擽,郑言非也。”(第181页)

吕按:此节经文之句读,孔郑不同。孔疏以为“郑言非也”。

27.《禹贡》:“厥赋惟上上错。”孔传:“赋,谓土地所生,以供天子。上上,第一。错,杂,杂出第二之赋。”孔疏:“郑玄云:‘赋之差,一井上上出九夫税,下下出一夫税,通率九州岛一井税五夫。’如郑此言,上上出税,九倍多于下下。郑《诗笺》云:‘井税一夫,其田百亩。’若上上一井税一夫,则下下九井乃出一夫,税太少矣;若下下井税一夫,则上上全入官矣。岂容轻重顿至是乎!”(第195页)

吕按:孔疏征引之郑《诗笺》,出《小雅·甫田》,被孔疏否定。

28.《禹贡》:“三危既宅。”孔传:“西裔之山已可居。”孔疏:“《舜典》云:‘窜三苗于三危。’是三危为西裔之山也。郑玄引《地记书》云：'三危之山，在鸟鼠之西，南当岷山。'则在积石之西南。《地记》乃妄书，其言未必可信。"（第224页）

吕按：孔疏驳斥郑注所引《地记》"乃妄书，未必可信"。

29.《禹贡》："织皮昆仑、析支、渠、搜，西戎即叙。"孔传："织皮，毛布。有此四国，在荒服之外，流沙之内。"孔疏："郑玄云：'衣皮之民，居此昆仑、析支、渠搜三山之野者，皆西戎也。'郑并渠搜为一，孔传不明，或亦以渠搜为一，通西戎为四也。郑以昆仑为山，谓别有昆仑之山，非河所出者也。所以孔意或是地名、国号，不必为山也。"（第225页）

吕按：孔疏征引郑注，但不以为然。《尚书注疏》卷五考证："颜师古曰：'昆仑、析支、渠搜，三国名也。'胡渭曰：'三国，西戎之大者，皆来入贡，则余无不宾服，故曰西戎即叙。传疏作四国，非是。'"①

30.《禹贡》："导弱水至于合黎。"孔传："合黎，水名，在流沙东。"孔疏："积石山非河上源，记施功之处，故云'导河积石'，言发首积石起也。漾、江先山后水，淮、渭、洛先水后山，皆是史文详略，无义例也。郑玄云：'凡言导者，发源于上，未成流。凡言自者，亦发源于上，未成流。'必其俱未成流，何须别'导'与'自'？"（第230页）

吕按：孔疏不以郑注为然，遂质问之。

31.《禹贡》："北过降水，至于大陆。"传："降水，水名，入河。大陆，泽名。"孔疏："郑以'降'读为'降，下江反'，声转为'共'，河内共县，淇水出焉，东至魏郡黎阳县入河。此近降水也。周时国于此地者，恶言降水，改谓之共。此郑胸臆，不可从也。"（第232页）

吕按：经文"降水"，孔、郑异解，孔疏谓"此郑胸臆，不可从也"。

32.《禹贡》："东为北江，入于海。"孔传："自彭蠡，江分为三，入震泽，遂为北江而入海。"孔疏："郑玄以为'三江既入'，入于海，不入震泽也。"孔必知入震泽者，以震泽属扬州，彭蠡在扬州之西界。"（第234页）

吕按：孔疏不以郑注为然。按阎若璩《古文尚书疏证》："朱子言：'孔安国解经，最乱道。'余谓乱道之尤者，是江自彭蠡，分而为三，共入震泽。大江安流，千古无易，远在震泽东北二百余里，由扬子以入于海，此岂入震泽者哉！善乎郑氏言'三江既入，入海耳，不入震泽也'。"②

33.《禹贡》："又东至于澧。"传："澧，水名。"孔疏："郑玄以此经自'导弱水'已下，言'过'言'会'者，皆是水名；言'至于'者，或山或泽，皆非水名，故以合黎为山名，澧为陵名。郑玄云'今长沙郡有澧陵县'，其以陵名为县乎？孔以合黎与澧皆为水名。弱水余波入于流沙，则本源入合黎矣。合黎得容弱水，知是水名。《楚辞》曰：'濯余佩兮澧浦。'是澧亦是水名。"（第234页）

吕按：孔疏引经据典，论证郑注之非是。

34.《禹贡》："二百里流。"传："流，移也。言政教随其俗。凡五服相距为方五千里。"孔疏："凡五服之别，各五百里，是王城四面，面别二千五百里，四面相距为方五千里也。贾逵、马融以为甸服之外百里至五百里，特有此数，去王城千里。其侯、绥、要、荒服各五百里，是面三千里，相距为方六千里。郑玄以为五服服别五百里，是尧之旧制，及禹弼之，每服之间，更增五百里，面别至于五千里，相距为方万里。司马迁

① 《尚书注疏》卷五考证，文渊阁《四库全书》本，第54册，第143页。

② 阎若璩：《尚书古文疏证》卷六下，上海古籍出版社1987年版，第4页。

与孔意同，王肃亦以为然。故肃注此云：‘贾、马既失其实，郑玄尤不然矣。’禹之功在平治山川，不在拓境广土。则郑玄创造，难可据信。”（第246页）

吕按：此节孔疏旁及贾逵、马融、郑玄三家异闻，皆斥而不取，谓“贾、马既失其实，郑玄尤不然矣”。

35.《汤誓》：“王曰。”孔传：“汤称王，则比桀于一夫。”孔疏：“《泰誓》云：‘独夫受。’此汤称为‘王’，则比桀于一夫。桀既同于一夫，故汤可称王矣。是言汤于伐桀之时始称王也。《周书·泰誓》称‘王’，则亦伐纣之时始称王也。郑玄以‘文王生称王’，亦谬也。”（第286页）

吕按：孔疏云：“郑玄以‘文王生称王’，亦谬也。”

36.《咸有一德》：“呜呼！七世之庙，可以观德。”孔传：“天子立七庙，有德之王则为祖宗，其庙不毁，故可观德。”孔疏：“《汉书》韦玄成议曰：‘周之所以七庙者，后稷始封，文王、武王受命而王，是以三庙不毁，与亲庙四，而七也。’郑玄用此为说，惟周有七庙，二祧为文王、武王庙也。故郑玄《王制》注云：‘此周制。七者，太祖及文王、武王二祧，与亲庙四。太祖，后稷也。殷则六庙，契及汤与二昭二穆。夏则五庙，无太祖，禹与二昭二穆而已。’良由不见古文，故为此谬说。刘歆、马融、王肃虽则不见古文，皆以七庙为天子常礼，所言二祧者，王肃以为高祖之父及祖也，并高祖已下共为三昭三穆耳。《丧服小记》云：‘王者禘其祖之所自出，以其祖配之，而立四庙。庶子王亦如之。’所以不同者，王肃等以为受命之王是初基之王，故立四庙。庶子王者，谓庶子之后，自外继立，虽承正统之后，自更别立已之高祖已下之庙，犹若汉宣帝别立戾太子悼皇考庙之类也。或可庶子初基为王，亦得与嫡子同，正立四庙也。”（第325页）

吕按：孔传以为天子七庙，刘歆、马融、王肃亦皆以为七庙为天子常礼，夏、商、周皆然。唯郑玄主周七庙，商六庙，夏五庙之说，孔疏以为“谬说”。

37.《盘庚上》：“序：盘庚五迁，将治亳殷，民咨胥怨。”孔传：“胥，相也。民不欲徙，乃咨嗟忧愁，相与怨上。”孔疏：“民不欲迁，而盘庚必迁者，郑玄云：‘祖乙居耿后，奢侈逾礼，土地迫近，山川尝圮焉。至阳甲立，盘庚为之臣，乃谋徙居汤旧都。’又《序》注云：‘民居耿久，奢淫成俗，故不乐徙。’郑玄既言君奢，又言民奢。案检孔传，无奢侈之语，惟下篇云：‘今我民用荡析离居，罔有定极。’传云：‘水泉沉溺，故荡析离居，无安定之极，徙以为之极。’孔意盖以地势洿下，又久居水变，水泉舄卤，不可行化，故欲迁都，不必为奢侈也。此以君名名篇，必是为君时事，而郑玄以为上篇是盘庚为臣时事，何得专辄谬妄也！”（第336页）

吕按：盘庚迁都的原因，郑注与孔传异，此其一。孔传以为此篇是盘庚为君时事，郑注以为是盘庚为臣时事，此其二。孔疏征引郑注，以为“专辄谬妄”。

38.《盘庚上》：“不常厥邑，于今五邦。”孔传：“汤迁亳，仲丁迁嚣，河亶甲居相，祖乙居耿，我往居亳，凡五徙国都。”孔疏：“孔以盘庚意在必迁，故通数我往居亳为五邦。郑、王皆云‘汤自商徙亳，数商、亳、嚣、相、耿为五’。计汤既迁亳，始建王业，此言先王迁都，不得远数居亳之前充此数也。”（第339页）

吕按：“五邦”之数，郑玄、王肃两家与孔传异，皆被孔疏否定。

39.《盘庚上》：“今汝聒聒。”孔传：“聒聒，无知之貌。”孔疏：“郑玄云：‘聒，读如聒耳之聒。聒聒，难告之貌。’此传以聒聒为‘无知之貌’，以聒聒是多言乱人之意也。”（第340页）

吕按：经文“聒聒”之义，孔、郑异解，而孔疏不认可郑注。

40.《盘庚下》：“盘庚既迁，奠厥攸居，乃正厥位。”孔传：“定其所居，正郊、庙、朝、社之位。”孔疏：“训‘攸’为‘所’，定其所居，总谓都城之内，官府、万民之居处也。郑玄云：‘徙主于民，故先定其里宅所处，次乃正宗庙、朝廷之位。’如郑之意，‘奠厥攸居’者，止谓定民之居，岂先令民居使足，待其余剩之处，然后

建王宫乎?”(第359页)

吕按：孔、郑两家对“奠厥攸居”的解释不同,孔疏不以郑注为然,故质问之。

41.《盘庚下》:“呜呼！邦伯。”孔传:“国伯,二伯及州牧也。”孔疏:“郑玄注《礼记》云:‘殷之州长曰伯,虞夏及周皆曰牧。’此殷时而言牧者,此乃郑之所约,孔意不然,故总称牧也。”(第362页)

吕按：经文“邦伯”之解,孔疏征引《礼记》郑注,但不以为然。

42.《西伯戡黎序》:“殷始咎周,周人乘黎。”孔传:“咎,恶。乘,胜也,所以见恶。”孔疏:“郑玄云:‘纣闻文王断虞芮之讼,又三伐皆胜,而始畏恶之。’所言据《书传》为说。伏生《书传》云:‘文王受命,一年断虞芮之质,二年伐邘,三年伐密须,四年伐犬夷,五年伐耆,六年伐崇,七年而崩。’耆即黎也。乘黎之前,始言恶周,故郑以伐邘、伐密须、伐犬夷,三伐皆胜,始畏恶之。《武成》篇‘文王诞膺天命,九年乃崩’,则伐国之年,不得如《书传》所说,未必见三伐皆胜,始畏之。”(第381页)

吕按：孔疏据《尚书·武成》篇驳斥郑注所据之《尚书大传》。

43.《微子》:“父师若曰:‘王子。’”孔传:“比干不见,明心同,省文。”孔疏:“谘二人而一人答,‘明心同,省文’也。郑云:‘少师不答,志在必死。’然则箕子本意,岂必求生乎？身若求生,何以不去？既不顾行遯,明期于必死,但纣自不杀之耳。若比干意异箕子,则别有答,安得默而不言？孔解‘心同’是也。”(第390页)

吕按：孔疏据理驳斥郑注。

44.《泰誓序》:“一月戊午,师渡孟津。”孔传:“十三年正月二十八日,更与诸侯期而共伐纣。”孔疏:“武王以殷之十二月发行,正月四日杀纣,既入商郊,始改正朔,以殷之正月为周之二月。其初发时,犹是殷之十二月,未为周之正月。《易纬》称‘文王受命改正朔,布王号于天下’,郑玄依而用之,言文王生称王,已改正。然天无二日,民无二王,岂得殷纣尚在而称周王哉？若文王身自称王,已改正朔,则是功业成矣,武王何得云‘大勋未集’,欲卒父业也?”(第398页)

吕按：孔传认为武王伐纣之后改正,郑注则认为文王为诸侯时已改正,孔疏征引郑注并据理对郑注进行驳斥。

45.《牧誓》:“王朝至于商郊牧野,乃誓。”孔传:“纣近郊三十里地名牧。癸亥夜陈,甲子朝誓,将与纣战。”孔疏:“言‘至于商郊牧野’,知牧是郊上之地,战在平野,故言野耳。《诗》云:‘于牧之野。’《礼记·大传》云:‘牧之野,武王之大事。’继牧言野,明是牧地。而郑玄云:‘郊外曰野。将战于郊,故至牧野而誓。’案经‘至于商郊牧野乃誓’,岂王行已至于郊,乃复倒退适野,誓讫而更进兵乎？何不然之甚也!”(第420页)

吕按：经文“牧野”,郑玄死抠字眼,违情悖理,孔疏予以严厉批评:“何不然之甚也!”

46.《洪范》:“三,八政：一曰食,二曰货,三曰祀,四曰司空,五曰司徒,六曰司寇,七曰宾,八曰师。”孔疏:“八政者,人主施政教于民有八事也。八政如此次者,人不食则死,食于人最急,故教为先也。有食又须衣,货为人之用,故货为二也。所以得食货,乃是明灵佑之,人当敬事鬼神,故祀为三也。足衣食,祭鬼神,必当有所安居,司空主居民,故司空为四也。虽有所安居,非礼义不立,司徒教以礼义,故司徒为五也。虽有礼义之教,而无刑杀之法,则强弱相陵,司寇主奸盗,故司寇为六也。民不往来,则无相亲之好,故宾为七也。寇贼为害,则民不安居,故师为八也。此用于民缓急而为次也。郑玄云:‘此数本诸其职先后之宜也。食,谓掌民食之官,若后稷者也。货,掌金帛之官,若《周礼》司货贿是也。祀,掌祭祀之官,若宗伯者也。司空，掌居民之官。司徒，掌教民之官也。司寇，掌诘盗贼之官。宾，掌诸侯朝觐之官，《周礼》大行人是也。师掌军旅之官，若司马也。’王肃云：‘宾，掌宾客之官也。’如郑、王之说，自可皆举官名，何独三事举官也？八政主以教民，非谓公家之事。司货贿掌公家货贿，大行人掌王之宾客，若其事如《周礼》，皆掌王家之事，非复施民之政，何以谓之政乎？且司马在上，司空在下，今司空在四，司马在八，非取职之先后也。”（第457页）

吕按：经文“八政”之解，郑、王之说甚泥，孔疏驳之是也。

47.《旅獒序》：“西旅献獒。”传：“西戎远国贡大犬。”孔疏：“郑云：‘獒，读曰豪。西戎无君，名强大有政者为酋豪，国人遣其酋豪来献见于周。’良由不见古文，妄为此说。”（第485页）

吕按：孔疏直斥郑注“妄为此说”。

48.《金縢》：“二公曰：‘我其为王穆卜。’周公曰：‘未可以戚我先王。’”孔传：“穆，敬；戚，近也。召公、太公言王疾当敬卜吉凶，周公言未可以死近我先王，相顺之辞。”孔疏：“郑云：‘戚，忧也。周公既内知武王有九龄之命，又有文王曰“吾与尔三之期”，今必瘳，不以此终，故止二公之卜云：未可以忧怖我先王。’如郑此言，周公知王不死，先王岂不知乎？而虑先王忧也？”（第495页）

吕按：“戚我先王”之解，郑注与孔传意异，孔疏不以郑注为然。

49.《金縢》：“凡大木所偃，尽起而筑之，岁则大熟。”孔传：“木有偃拔，起而立之，筑有其根，禾木无亏，百谷丰熟。”孔疏：“郑、王皆云：‘筑，拾也。禾为大木所偃者，起其木，拾下禾，无所亡失。’意太曲碎，当非经旨。”（第504页）

吕按：孔疏征引郑、王之说，云：“意太曲碎，当非经旨。”按《史记·鲁周公世家》：“凡大木所偃，尽起而筑之。”南朝宋裴骃《集解》引徐广曰：“筑，拾也。”骃案：“马融曰：‘禾为木所偃者，起其木，拾其下禾，乃无所失亡也。’”[①]可见，第一，郑、王之说，源出马融；第二，南朝学者，皆宗马、郑、王之说，可知此说在学者中影响之大。《尔雅·释言》：“筑，拾也。”郭璞注：“谓拾掇。”邢昺疏：“拾，谓拾掇。《金縢》云：‘凡大木所偃，尽起而筑之。’马融云：‘起其木，拾其禾。’”[②]郝懿行《尔雅义疏》亦是马、郑、王之说。[③]

50.《大诰序》：“武王崩，三监及淮夷叛。”孔传：“三监，管、蔡、商。”孔疏：“《汉书·地理志》云：‘周既灭殷，分其畿内为三国，《诗风》邶、墉、卫是也。邶以封纣子武庚；墉，管叔尹之；卫，蔡叔尹之，以监殷民，谓之三监。’先儒多同此说。惟郑玄以三监为管、蔡、霍，独为异耳。”（第505页）

吕按：孔疏此节征引之“郑玄以”云云，并非出自《尚书》郑注，而是出自郑玄《毛诗谱·邶鄘卫谱》：“周武王伐纣，以其京师封纣子武庚，为殷后。庶殷顽民被纣化日久，未可以建诸侯，乃三分其地，置三监，使管叔、蔡叔、霍叔尹而教之。”[④]

51.《大诰》：“王若曰：‘猷大诰尔多邦。”孔传：“周公称成王命，顺大道以诰天下众国。”孔疏：“周公虽摄王政，其号令大事，则假成王为辞。郑、王本‘猷’在‘诰’下，《汉书》王莽摄位，东郡大守翟义叛莽，莽依此作《大诰》，其书亦‘道’在‘诰’下。此本‘猷’在‘大’上，言以道诰众国，于文为便。但此经云‘猷大’，传云‘大道’，古人之语多倒，犹《诗》称‘中谷’，谷中也。郑玄云：‘王，周公也。周公居摄，

---

① 《史记·鲁周公世家》，中华书局2013年修订版，第1835页。

② 《尔雅·释言》，中华书局影印阮刻《十三经注疏》本，第2583页上栏。

③ 郝懿行：《尔雅义疏》，《续修四库全书》本，187册，第467页。

④ 郑玄：《毛诗谱·邶墉卫谱》，上海古籍出版社2013年校点本，第148页。

命大事则权称王。’惟名与器，不可假人。周公自称为王，则是不为臣矣。大圣作则，岂为是乎？”（第507页）

吕按：此节孔疏为孔传辩护，严词驳斥郑注、王注。

52.《大诰》：“曰：‘有大艰于西土，西土人亦不静越兹蠢。’”孔传：“曰，语更端也。四国作大难于京师，西土人亦不安于此蠢动。”孔疏：“郑云：‘周民亦不定，其心骚动，言以兵应之。’当时京师无与应者，郑言妄耳。”（第509页）

吕按：孔疏征引郑注，云“郑言妄耳”。

53.《康诰》：“周公初基，作新大邑于东国洛，四方民大和会。”孔传：“初造基，建作王城大都邑于东国洛汭，居天下土中，四方之民大和悦而集会。”孔疏：“‘初基’者，谓初始营建基址，作此新邑。郑以为此时未作新邑，而以‘基’为‘谋’，大不辞矣。”（第531页）

吕按：“基”字之训，郑注与孔传异解，孔疏云郑注“大不辞矣”。

54.《康诰》：“兄亦不念鞠子哀，大不友于弟。”孔传：“为人兄亦不念稚子之可哀，大不笃友于弟，是不友。”孔疏：“言‘亦’者，以兄弟同等而相‘亦’，所谓《周书》云‘父子兄弟，罪不相及’，即此文也。不孝罪子，非及于父之辈，理所当然。而《周官》邻保以比伍相及，而赵商疑而发问，郑答云：‘《周礼》太平制，此为居殷乱而言。’斯不然矣！《康诰》所云，以骨肉之亲，得相容隐。故《左传》云：‘父子兄弟，罪不相及。’《周礼》所云，据疏人相督率之法，故相连获罪。故今之律令，大功已上，得相容隐，邻保罪有相及是也。”（第542页）

吕按：孔疏直言郑答“斯不然矣”。又按：郑答云云，乃《郑志》之语，此乃撮引，详见《周礼·地官·族师》正义。

55.《大诰》：“周公咸勤，乃洪大诰治。”孔传：“周公皆劳勉五服之人，遂乃因大封命，大诰以治道。”孔疏：“序云‘邦康叔’，洪，大也，为大封命，大诰康叔以治道也。郑玄以‘洪’为‘代’，言周公代成王诰。何故代诰而反诰王，呼之曰‘孟侯’，为不辞矣。”（第532页）

吕按：孔疏征引郑注，斥为“不辞”。

56.《康诰》：“王若曰：‘孟侯，朕其弟，小子封。”孔传：“周公称成王命，顺康叔之德，命为孟侯。孟，长也。五侯之长谓方伯，使康叔为之。言王使我命其弟封。而郑以‘总告诸侯’，依《略说》，以‘太子十八为孟侯’而呼成王。既礼制无文，义理骈曲，岂周公自许天子，以王为孟侯？皆不可信也。”（第533页）

吕按：孔疏征引郑注，以为“皆不可信”。按四库本《尚书注疏》卷十三考证云：“按康成本《书传》谓太子年十八曰孟侯，犹之《毛传》以‘公孙硕肤’之公孙为成王，皆汉人解经最无理者。”①

57.《康诰》：“王曰：‘呜呼！小子封，恫瘝乃身。”孔传：“恫，痛。瘝，病。治民务除恶政，当如痛病在汝身，欲去之。”孔疏：“郑玄云：‘刑罚及已为痛病。’其义不及去恶若已病也。”（第536页）

吕按：孔疏云“其义不及去恶若已病也”，盖谓郑注之释义不如孔传也。

58.《酒诰》：“酒诰。”孔传：“康叔监殷民，殷民化纣嗜酒，故以戒酒诰。”孔疏：“以《梓材》云‘若兹监’，故云‘康叔监殷民’也。郑以为连、属之监，则为牧而言。然康叔时实为牧，而所戒为居殷墟化纣余

---

① 《尚书注疏》卷十三考证，文渊阁《四库全书》本，第54册，第306页。

民,不主于牧。下篇云监,监亦指为君言之也。明监即国君监一国,故此言'监殷民',不言监一州,若《太宰》之'建牧立监'也。"(第548页)

吕按:《礼记·王制》:"千里之外设方伯,五国以为属,属有长;十国以为连,连有帅。"[①]又《周礼·大宰之职》:"建其牧,立其监。"[②]郑玄所理解之"监",盖如是也。孔疏不以郑注为然。

59.《酒诰》:"王若曰。"孔疏:"马、郑、王本以文涉三家而有'成'字,郑玄云:'成王,言成道之王。'三家云'王年长,骨节成立',皆为妄也。"(第550页)

吕按:质言之,此处之"王若曰",马、郑、王本作"成王若曰",多一"成"字。陆德明《经典释文》:"马本作'成王若曰',注云:'言成王者,未闻也。'俗儒以为成王骨节始成,故曰成王。或曰以成王为少,成二圣之功,生号曰成王,没因为谥。卫、贾以为戒成康叔以慎酒,成就人之道也,故曰成。此三者,吾无取焉。吾以为后录书者加之。未敢专从,故曰未闻也。"[③]是早于孔颖达斥其妄也。

60.《酒诰》:"尔尚克羞馈祀,尔乃自介用逸。"孔传:"能考中德,则汝庶几能进馈祀于祖考矣。能进馈祀,则汝乃能自大用逸之道。"孔疏:"以圣人为能飨帝,孝子为能飨亲,考德为君,则人治之已成。民事可以祭神,故考中德能进馈祀于祖考。人爱神助,可以无为,故'大用逸之道',即上云'饮食醉饱'之道也。郑以为'助祭于君',亦非其义势也。"(第554页)

吕按:孔疏征引郑注,以为"亦非其义势也"。

61.《召诰》:"太保乃以庶邦冢君出取币,乃复入。"孔传:"诸侯公卿并觐于王,王与周公俱至,文不见,王无事。召公与诸侯出取币,欲因大会显周公。"孔疏:"召公与诸侯出取币,欲因大会显周公之功。既成,将令王自知政,因赐周公,遂以戒王,故出取币复入,以待王命。其币盖玄纁、束帛也。郑玄云:'所赐之币,盖璋以皮,及宝玉大弓。'此时所赐,案郑注《周礼》云:'璋以皮,二王之后享后所用。'宁当以赐臣也?宝玉、大弓,鲁公之分,伯禽封鲁乃可赐之,不得以此时赐周公也。"(第579页)

吕按:经文"币"字,孔传与郑注异解,孔疏驳斥郑注。

62.《洛诰》:"公曰:'汝其敬识百辟享。'"孔传:"奉上谓之享。"孔疏:"享训献也,献是奉上之辞,故'奉上谓之享'。百官诸侯,上事天子,凡所恭承,皆是奉上,非独朝觐贡献乃为奉上。郑玄专以朝聘说之,理未尽也。"(第600页)

吕按:经文"享"字,孔疏批评"郑玄专以朝聘说之,理未尽也"。

63.《无逸》:"乃或亮阴,三年不言。其惟不言,言乃雍。"孔传:"在丧则其惟不言,丧毕发言,则天下和。"孔疏:"郑玄云:'其不言之时,时有所言,则群臣皆和谐。'郑玄意谓此'言乃雍'者,在三年之内,时有所言也。孔意以为出言在三年之外,故云'在丧其惟不言,丧毕发言,则天下大和'。知者,《说命》云:'王宅忧,谅阴三祀,既免丧,其惟不言。'除丧犹尚不言,在丧必无言矣,故知丧毕乃发言也。"(第632页)

吕按:此节孔疏征引郑注,意在驳郑。

64.《无逸》:"其在祖甲,不义惟王,旧为小人。"孔传:"汤孙太甲,为王不义,久为小民之行,伊尹放之桐。"孔疏:"王肃亦以祖甲为太甲。郑玄云:'祖甲,武丁子帝甲也。有兄祖庚贤,武丁欲废兄立弟,祖甲以此为不义,逃于人间,故云久为小人。'案《殷本纪》云:'武丁崩,子祖庚立。祖庚崩,弟祖甲立,是为

---

① 《礼记正义》,上海古籍出版社2008年校点本,第468页。
② 《周礼注疏》,上海古籍出版社2010年校点本,第58页。
③ 《经典释文》,上海古籍出版社1985年影印本,第183页。

帝甲，淫乱，殷道复衰。'《国语》说殷事云：'帝甲乱之，七代而殒。'则帝甲是淫乱之主，起亡殷之源，宁当与二宗齐名，举之以戒无逸？武丁贤王，祖庚复贤，以武丁之明，无容废长立少。祖庚之贤，谁所传说？武丁废子，事出何书？妄造此语，是负武丁而诬祖甲也。"（第633页）

吕按：孔疏征引郑注，且痛诋之，可谓甚矣。但为一面之辞也。按：《尚书注疏》卷十五考证云："郑玄云：'祖甲，武丁子帝甲也。'蔡沈曰：'孔氏以祖甲为太甲，盖以《国语》称"帝甲乱之，七世而殒"，意谓帝甲必非周公所称者。殷世以甲名者五帝，以太，以小，以沃，以阳，以祖别之，不应二人俱称祖甲。《国语》旁记曲说，不足尽信，要以周公之言为正。又下文周公言"自殷王中宗，及高宗，及祖甲，及我周文王"，"及"云者，因其先后次第之辞也。则祖甲非太甲明矣。'臣召南按：祖甲与太甲，先后不同，名号亦异，但两王并享国三十三年，孔据《国语》则疑帝甲不可以配中宗、高宗，郑据此经则谓祖甲即武丁子、祖庚弟。以经断之，郑说是也。若是太甲，《史记》明云称太宗，周公当于中宗之前先叙其事，当云'我闻曰：昔在殷王太宗'矣。"①孙星衍《尚书今古文注疏》："帝甲非令主，然或以能让，且知小民之艰难，故见称于《书》，古人不求备之道也。"②然则，是郑说者亦不乏其人也。

65.《君奭序》："召公为保，周公为师，相成王，为左右，召公不说，周公作《君奭》。"孔疏："《周官》篇云：'立太师、太傅、太保，兹惟三公。'则此'为保、为师'亦为三公官也。此实太师、太保而不言'太'者，意在师法保安王身，言其实为左右尔，不为举其官名，故不言'太'也。郑玄不见《周官》之篇，言此'师保'为《周礼》师氏、保氏大夫之职。言贤圣兼此官，亦谬矣。"（第643页）

吕按：孔疏征引郑注，云"亦谬矣"。

66.《顾命》："越七日癸酉，伯相命士须材。"孔传："邦伯为相，则召公。于丁卯七日癸酉，召公命士致材木，须待以供丧用。"孔疏："于丁卯七日癸酉，则王乙丑崩，于今已九日矣。于九日始传顾命，不知其所由也。郑玄云：'癸酉，盖大敛之明日也。'郑以大夫已上殡敛皆以死之来日数，天子七日而殡，于死日为八日，故以癸酉为殡之明日。孔不为传，不必如郑说也。"（第728页）

吕按：孔疏云"孔不为传，不必如郑说也"。

67.《吕刑》："苗民弗用灵，制以刑，惟作五虐之刑，曰法。"孔传："三苗之君，习蚩尤之恶，不用善化民，而制以重刑，惟为五虐之刑，自谓得法。蚩尤，黄帝所灭；三苗，帝尧所诛。言异世而同恶。"孔疏："郑玄以为苗民即九黎之后。颛顼诛九黎，至其子孙为三国。高辛之衰，又复九黎之恶。尧兴，又诛之。尧末，又在朝。舜臣尧，又窜之。后禹摄位，又在洞庭逆命，禹又诛之。穆王深恶此族三生凶德，故着其恶而谓之民。孔惟言异世同恶，不言三苗是蚩尤之子孙。"（第774页）

吕按：孔传与郑注之异，孔疏以二句概括之："孔惟言异世同恶，不言三苗是蚩尤之子孙。"

68.《吕刑》："五刑之疑，有赦；五罚之疑，有赦，其审克之。"孔传："刑疑，赦从罚；罚疑，赦从免，其当清察，能得其理。"孔疏："郑玄云：'不言五过之疑有赦者，过不赦也。《礼记》云："凡执禁以齐众者，不赦过。"'如郑此言，'五罚不服，正于五过'者，五过皆当罪之也。五刑之疑，赦刑取赎，五罚疑者，反使服刑，是刑疑而输赎，罚疑而受刑，不疑而更轻，可疑而益重，事之颠倒，一至此乎？谓之祥刑，岂当若是？"（第785页）

---

① 《尚书注疏》卷十五考证，文渊阁《四库全书》本，第54册，第356页。

② 孙星衍：《尚书今古文注疏》，第439页。

吕按：孔疏痛诋郑注之谬。

69.《吕刑》："王若曰：'父义和。'"孔传："文侯同姓，故称曰父。义和，字也。"孔疏："郑玄读'义'为'仪'，'仪'、'仇'皆训'匹也'，故名仇，字仪。古人名字，不可皆令相配，不必然也。"（第801页）

吕按：孔疏征引郑注，意在驳郑。

城墙修筑与隋唐五代江南城市的发展

张剑光　邹国慰

邹国慰,上海师范大学历史系80级,《高等学校文科学术文摘》编辑

本文所论述的隋唐五代的江南范围,与唐代后期的浙东西、宣歙三道相当,大约指今浙江全境和苏南、皖南地区。隋唐五代时期,江南的开发呈现出了较快的态势,城市的大量设立和建设是其中一个最为突出和极其重要的方面。这一时期,江南多层次的城市格局体系基本得以建立,江南区域内先后共出现了18个州级以上的城市和70多座县级城市。在城市总数量有所增长的同时,江南城市逐渐发生着一些重要的变化,无论是物质结构、社会结构,还是生产和消费、文化生活、日常生活,都在潜移默化地发展着。从江南城市的发展过程中,可以看出当时社会的发展水平、基本特点和潜在的演变趋向。

正如章生道先生所指出的:"中国绝大部分城市人口集中在有城墙的城市中,无城墙型的城市中心至少在某种意义上不算正统的城市。"①中国古代的主要城市大都被城墙围绕,城墙对一个城市发展的重要性是不言而喻的。学术界普遍认为,没有城墙的城市,不算真正意义上的城市。城市的发展,往往首先是指城市物质形态的变化,其中城墙的修建就是一个重要的标志。城墙修筑的完善,反过来又会对城市的繁荣产生相当显著的推动作用。因此,研究江南城市城墙修筑的情况,对研究隋唐五代江南城市的发展史,具有相当重要的意义。

本文通过收集江南地区宋元以来的地方志史料,并结合其他史籍文献及考古材料,主要回答如下四个问题:隋唐五代时期,江南城市是否都修筑了城墙?在各个时段上的分布呈现出什么特点?这些城墙的形制大体上是怎样的?城墙的修筑对江南城市发展的意义主要体现在哪些方面?上述问题的探讨,应该能够深化对隋唐五代之际江南城市发展以及隋唐五代社会经济整体发展的相关认识。

一、隋与唐前期江南城市城墙的持续修筑

隋朝统治江南,时间不长,前后不到三十年。大业十一年(615),隋炀帝下诏,提出天下州县要修城郭:"近代战争,居人散逸,田畴无伍,郛郭不修,遂使游惰实繁,寇攘未息。今天下平一,海内晏如,宜令人悉城居,田随近给,使强弱相容,力役兼济。"②不过这个诏书下达时,隋朝已经到了末期,已不可能很好地去执行。所以总体上隋代绝大部分江南州县城市,是沿用了前代遗留下来的城垣。③ 如阳羡初筑于东吴,本就有城墙,高、厚都在一丈二尺左右,城外有护城河。不过时间久了,城墙可能有所损坏,所以"隋大

---

① 章生道:《城治的形态与结构研究》,施坚雅主编:《中华帝国晚期的城市》,中华书局2000年版,第84页。

② 魏徵:《隋书》卷四《炀帝纪下》,中华书局1973年版,第89页。

③ 隋唐五代以前江南城墙的修建情况,参见刘丽《六朝江南城墙的修筑和形制》(《史学集刊》2013年第5期)一文中的论述。

业初,路道德重修",[1]估计城墙的高度和宽度不会有太大的变化。

部分州城新造或改造了城垣,但数量较少。如越州,隋开皇间进行了大规模的城市修缮,筑起了子城。北宋熙宁时,沈立《越州图序》载:"杨素筑子城十里。"《嘉泰会稽志》卷一《子城》记:"《旧经》云:子城周十里,东面高二丈二尺,厚四丈一尺。南面高二丈五尺,厚三丈九尺,西北二面,皆因重山以为城,不为壕堑。"这里谈到的子城,是隋朝杨素修筑。由于越州在江南的政治和军事地位十分重要,因而子城城墙很高,也很厚。又因为是因山为城,所以不筑城壕。此后,隋朝在子城之外又建罗城,"周回二十四里步二百五十…今州城以步计之八千八百二十有八,按度地法,步三百六十为一里,举今步数总归于里,亦二十有四,余步百八十八"。罗城筑有城墙,"城东面高二丈四尺,其厚三丈。西面高二丈六尺,其厚一丈八尺。南面高二丈一尺,其厚一丈八尺。北面高二丈二尺,其厚二丈六尺。故老云,后虽间有坠圮,寻复缮治,旧址尚在,不能损圮甚矣。城门九,东曰都赐门(有都赐埭,门之名盖久矣,见《南史·何胤传》)、曰五云门,东南曰东郭门(有东郭埭)、曰稽山门,正南曰殖利门(有南埭),西南曰西偏门(有陶家埭)、曰常喜门(州城至此与子城会,门在其上,盖九门之一也),正西曰迎恩门,北曰三江门。凡城东南门有埭,皆以护湖水使不入河,西门因渠漕属于江以达行在所,北门引众水入于海"。[2] 越州子城和罗城城墙的高度大致相当,而子城城墙的厚度超过了罗城。再如,杭州州城始建于隋文帝开皇十一年(591)。《太平寰宇记》卷九三《杭州》云:"隋平陈,废(钱塘)郡,改为钱塘县,又省陈留为绥安县,割吴郡之盐官、吴兴之余杭,合四县置杭州,在余杭县,盖因其县以立名。十年,移州居钱塘城。十一年,复移州于柳浦西,依山筑城,即今郡是也。"杨素所创杭州州城范围,《乾道临安志》卷二《城社》引《九域志》云:"隋杨素创州城,周回三十六里九十步。"

隋朝江南地区部分县城亦修造了城墙。如杭州於潜县城"相传隋开皇十三年越国公杨素筑。今城周回四百五十二步,高一丈五尺,厚五尺,基厚一丈八尺,濠阔一丈八尺,深四尺"。[3] 城墙的长度、高度和厚度都有比较明确的数字,城墙基部较厚,达一丈八尺,但到墙顶部仅厚五尺。此外,县城外常挖城壕,其宽和深度都有具体的规定。盐官县有个古城,"周六百步,高八尺,隋大业十三年筑",[4]应是隋末至唐初的盐官县城,城墙的长度超过於潜县,但高度仅八尺,是比较低矮的。湖州长兴县城,前朝时屡有迁移,"隋大业十一年又徙于吴夫概废城,距今县治二里百六十步",[5]说明隋代是重新筑城的,只是县城一些具体的数字未见记载。再如武康县城,"隋仁寿二年中使苏伦徙于汉南"。唐代宗广德二年袁晁作乱时,朱泚、沈皓"举亡命之徒以应之",他们"攻陷城垒县郭,室庐变为灰烬",看来当时是修筑城墙的。[6]

县城之外,隋朝还筑过一些其他的城市。如杜城,"在溧水州南一十二里,环四百余步,隋大业末杜伏威屯军于此。旧有庙及战场"。[7] 虽说这是杜伏威修建的军事堡垒,但从"环"字分析,应是筑有城墙的。

总的来说,隋朝江南州县城新修造的城墙不多,这与隋朝的江南政策有关。隋朝灭陈后,在南方实行了强制性的政策,大肆改变行政区划,撤换南方地方长官,强行灌输北方的意识形态,尽力压低江南的政

---

① 史能之:《咸淳毗陵志》卷三《城郭》,《宋元方志丛刊》,中华书局1990年版,第2983页。

② 施宿:《嘉泰会稽志》卷一《城郭》,《宋元方志丛刊》,第6724页。

③ 潜说友:《咸淳临安志》卷一八《城郭》,《宋元方志丛刊》,第3537页。

④ 潜说友:《咸淳临安志》卷一八《城郭》,第3537页。

⑤ 谈钥:《嘉泰吴兴志》卷二《城池》,《宋元方志丛刊》,第4687页。

⑥ 谈钥:《嘉泰吴兴志》卷二《城池》,第4688页。

⑦ 张铉:《至正金陵新志》卷一二上,《宋元方志丛刊》,第5722页。

治和军事地位。在这种情况下,筑城防御的需要并不突出,自然没必要大规模地修筑城池。

唐代前期,城墙的作用相对隋代更为人们重视。一些城市往往根据实际情况,因地制宜,有的沿用旧城垣,有的修整旧城垣,一些原来没有城墙的城市还新筑了城垣。

隋唐嬗替,江南受到的战火破坏并不严重,所以六朝、隋朝修筑的一部分城市仍在使用。如隋越州城完好无损,入唐以后并没有重新修造。润州城"子城并东西夹城,共长十二里七十步,高三丈一尺。子城吴大帝所筑,周回六百三十步,内外固以砖,号铁瓮城"。罗城"周回二十六里十七步,高九尺六寸"。一般认为吴国开始兴筑,此后多次修造,"晋宋间,城固不废"。① 唐代前期,润州城是直接沿用前朝的,史书未见兴修的记载。润州城上有城楼,唐代一直作为登高的地方,如"月观,在谯楼之西,即古万岁楼也。楼亦王恭所创。至唐犹存"。② 苏州城建于春秋时期的吴国,大城"周四十七里二百一十步二尺",有陆门、水门各八座。外有城郭"周六十八里六十步",内有小城"周十二里"。③ 隋代曾将苏州迁至城西南十多里的横山,"空其旧城",④不过到了唐武德九年(626),又迁回古城,重加以整修,而城墙仍是沿用原来的。一些保存完好的县城,唐朝前期也是没有修造,直接沿用。

唐代前期,根据政治和经济发展的需要,在江南地区新设立了一些州县城市,这些城市一般都筑有城墙。一些六朝以来的城市,由于新的功能性需要,增筑、修缮了城墙。

州一级城市中,湖州是新筑的大城市之一。唐武德四年(621),赵郡王李孝恭新筑湖州城。新筑的湖州城:"罗城东西一十里,南北一十四里。《统记》云:一十九里三十步,折二十四里。"⑤由于子城在北宋太平兴国三年(978)已被拆毁,所以史书没有记录子城的长度。围绕罗城有护城河,"罗城壕周罗城外,唐武德四年李孝恭筑城时所筑"。子城也有护城河,"子城濠分霅溪支流,自两平桥入桥之西隅,有柱石存。旧可通舟楫,市鱼虾菱藕者集焉"。再如睦州城,最初筑于贞观二十年(646),城内"崎岖不平,展拓无地,置州筑城,东西南北,纵横才百余步",⑥是否有城墙没有明确记载。开元二十六年(738),因水患,遂将州城迁至桐江口的建德县。不过这时的睦州只有子城,"东面濠上,西面临谷,南枕新安江,北连冈阜,周回二里二百五十步"。⑦ 子城是依凭自然山势建造的,城东利用了自然河道作为护城壕。由于谈到了子城具体的周长,应是有城墙的。

唐代前期,新修造的县城较多,见于记录的,数量超过十多个。润州丹阳县,一名曲阿,武德五年曾改设简州,三年后废。丹阳城"周五百六十步,高一丈五尺,四面无壕,即古简州城"。⑧ 因此丹阳县城修于唐初,虽武德间是作为州城,但规模不大。苏州华亭县设于天宝年间,修建了县城。南宋绍兴年间,曾"得唐燕胄妻朱氏墓碑,以咸通八年窆于华亭县城西一里,乡名修竹,是唐之置县,固有城矣"。南宋年间的华亭县,"周回一百六十丈,高一丈二尺,厚九尺五寸"。⑨ 宋代并没有修城墙的记录,估计城墙是唐代设县

① 俞希鲁:《至顺镇江志》卷二《城池》,江苏古籍出版社 1999 年版,第 8 页。
② 俞希鲁:《至顺镇江志》卷一三《观》,第 510 页。
③ 袁康:《越绝书》卷二《吴地传》,《丛书集成初编》,第 7 页。
④ 朱长文:《吴郡图经续记》卷下《往迹》,江苏古籍出版社 1999 年版,第 58 页。
⑤ 谈钥:《嘉泰吴兴志》卷二《城池》,第 4686 页。
⑥ 董诰:《全唐文》卷二〇〇,沈成福《议移睦州治所疏略》,上海古籍出版社 1990 年版,第 2027 页。
⑦ 刘文富:《淳熙严州图经》卷三《城社》,《宋元方志丛刊》,第 4332 页。
⑧ 俞希鲁:《至顺镇江志》卷二《城池》,第 10 页。
⑨ 杨潜:《云间志》卷上《城社》,《宋元方志丛刊》,第 7 页。

时修建的。常熟县城南朝萧梁时筑，但“武德七年移县治海虞乡，城遂不存”。① 宋朝人谈到：“县城，前志云县城周回二百四十步，高一丈，厚四尺，今不存。”②这里谈到的城墙应该是唐代移城后新修造的。海盐县设于唐开元五年(717)，元人谈到海盐县城“周回一百七十步，高一丈二尺五寸，厚一丈，后废”。③ 此城元朝已废，估计这里的城墙是唐代设县时修筑的。再如常州无锡县，修筑于前朝，但唐代多次加以修建，“旧城下筑濠，阔一丈五尺”。④ 无锡县城“周七百步，高一丈五尺，唐长寿改元新筑，至万岁通天中甃以砖”。⑤ 无锡县城有城墙，而且外用包砖，围绕城墙有护城河。杭州盐官县城，唐永徽六年(655)修筑，“城周四百六十步，高二丈”，城墙外有护城河，“濠阔五丈，深四尺”。⑥ 湖州长兴县，唐武德七年(624)移于郡治西北七十一里，“内有子城，外有六门，东曰朝宗门，南曰长城门，西曰宜兴门，东南曰迎恩门，西南曰广德门，东北曰茹茹门”。⑦ 一个县城有六个城门，实属少见。越州诸暨县开元中县令罗元开建，城墙高一丈六尺，厚一丈。城的东北门是天宝中县令郭密之建。⑧ 剡城武德中立，“县有城池”。剡城东吴时已建，但由于武德中曾短暂以县为嵊州，估计城池是唐代重新修建的。《嘉泰会稽志》卷一二《八县》引《旧经》谈到“县城周一十二里，高一丈二尺，厚二丈”。县城的规模远超过一般的县城，且城墙的厚度也大大超过其他县城，其原因大概就在于此时以县为州的缘故。县有四门，东曰东曦，西曰西成，南曰望仙，北曰通越。⑨ 剡县城门有楼，方干《和剡县陈明府登县楼》诗写道：“郭里人家如掌上，檐前树木映窗棂。烟霞若接天台地，分野应侵婺女星。”⑩站在城楼，可以看到整个县城。浦阳县城，天宝十三年(754)置，“周一里二百四十步，高一丈三尺，厚亦如之”。⑪ 台州黄岩县，高宗上元中筑，城约四百五十步；仙居县，周回六百步，上元二年(675)修筑。⑫ 宁海县，高祖“永昌元年，于废县东二十里又置，载初元年移就县东一十里”，⑬县周回六百步，“四隅旧各有门”，估计都是有城墙的。⑭ 乐清县城原无城墙，“惟用木栅”围圈，天宝年间始筑城，“仅周一里”。⑮

大体而言，县城城墙的高度在一至二丈之间，最为常见的城墙在一丈二尺至一丈五尺左右；厚度在四尺至二丈之间，最为常见的是一丈左右。护城河有的县城有，有的无，护城河的阔度不等。

从上面叙述中可以看到，唐前期州城城墙新筑的仅二个，但新筑县城城墙的数量激增，见于记载的超过十个，而且肯定还有一些县城城墙的修筑不见于记载，这是唐朝历史上修造县城城墙较多的一个时期。那么，为什么会出现这种状况的？

---

① 凌万顷：《淳祐玉峰志》卷上《城社》，《宋元方志丛刊》，第1055页。

② 孙应时：《琴川志》卷一《县城》，《宋元方志丛刊》，第1154页。

③ 徐硕：《至元嘉禾志》卷二《城社》，《宋元方志丛刊》，第4424页。

④ 佚名：《无锡志》卷一《城关一之六》，《宋元方志丛刊》，第2189页。

⑤ 卢宪：《嘉定镇江志》卷二《城池》，《宋元方志丛刊》，第2336页。又据《咸淳毗陵志》卷三《城郭》(第1982页)云：“无锡城周回二里十九步，高二丈七尺，四郭周回十一里二十八步，高一丈七尺，门皆有屋。”意谓无锡城有子城和罗城，各有城墙，城门上有城楼。

⑥ 潜说友：《咸淳临安志》卷一八《城郭》，第3537页。

⑦ 谈钥：《嘉泰吴兴志》卷二《城池》，第4687页。

⑧ 施宿：《嘉泰会稽志》卷一二《八县》，第6932页。

⑨ 高似孙：《剡录》卷一《城景图》，《宋元方志丛刊》，第7197页。

⑩ 彭定求：《全唐诗》卷六五一，中华书局1960年版，第7482页。

⑪ 毛凤韶：《嘉靖浦江志略》卷四《城池》，《天一阁藏明代方志选刊》第19册，上海古籍书店1982年版，第1页。

⑫ 陈耆卿：《嘉定赤城志》卷二《城郭》，《宋元方志丛刊》，第7292页。

⑬ 李吉甫：《元和郡县图志》卷二六《江南道二》，中华书局1983年版，第629页。

⑭ 陈耆卿：《嘉定赤城志》卷二《城郭》，第7292页。

⑮ 齐召南：《乾隆温州府志》卷五《城池》，《中国地方志集成》(浙江府县志辑)第58册，上海书店1993年版，第61页。

隋朝江南地区共有县45个，扣除郡治所在的县城11座，实有县城仅34座。唐朝初年，“权置州郡颇多”，县城权置的也有很多。不过唐太宗上台后，“始命并省”，取消了一部分县，并省后县的数量相对固定了下来。随着经济发展，江南地区新设立了一些县城。高宗武则天时江南新设27县，除山阴、武进、长洲设于州治所在地外，计新设了24座县城。唐玄宗时，江南新增12县。据《新唐书》卷四一《地理志五》，唐代江南地区共有93个县，扣除20个州治附郭县，江南共有县城73座。可知，江南县城约占总量的一半左右是安史之乱前渐渐设立的。这些逐步设立的县城，一般都是新筑城墙。因此，见于史书记载的县城城墙修筑数量，就增多了起来。

二、中唐至五代江南城墙修筑高潮的出现

安史之乱，江南并没有遭受大规模的战乱。不过之后，“江淮多盗”的现象出现，[①]江南地区动荡不定。一些江南农民“相聚山泽为群盗，州县不能制”。浙东和宣歙是以大规模的民乱为主，而浙西以兵乱为主。浙东和宣歙的叛乱时间长而且规模大，对地方经济的破坏较大；浙西的兵乱主要在平原地区，时间略短。[②] 在这种情况下，一些城市兴筑、扩修了城垣，一些州的子城得以加固，增加了城墙的厚度和高度。

明州在唐后期新筑了子城。明州于开元二十六年(738)设立，州治在鄮县。大历六年(771)，州、县治均移至今三江口。长庆元年(821)，刺史韩察征发民众修筑子城，周长四百二十丈，“环以水”，[③]南端建谯楼，北端建州衙，老百姓居子城外，“岁久，民居跨濠造浮栅，直抵城址”。[④] 宋代明州子城有三门，分别为东、南、西门，估计唐代也是如此。明州罗城是没有城墙的，《宝庆四明志》卷三《城郭》云：“按《通鉴》大中十三年，贼裘甫攻陷象山，明州城门昼闭。咸通元年，甫分兵掠明州，州民相与谋曰：‘贼若入城，妻子皆为菹醢，况货财能保之乎？’乃相率出财募勇士，治器械，树栅浚沟，断桥为固守之备，然则虽有子城而无罗郭，备御所以难也。”再如，歙州设立于隋朝，但筑城是在唐代后期。唐大中九年(855)，歙州新修建了子城，“周一里四十二步，高一丈八尺，广一丈三尺五寸”。[⑤]

一些州城的城墙设施进行了规模大小不一的维修加固。湖州城是唐武德四年时修筑的，但中唐以后对城墙和城门、护城河多次进行整修。如放生池边的阊门，是湖州城门之一，贞元十五年(799)刺史李词修建，有城楼，“《统记》载东阊门楼云：正元十五年李词造跨河楼三间，挟楼三间，下有颜真卿放生池碑”。武宗会昌三年(843)，张文规再次改造阊门，“开拓东向一百五十步，仍建造”。湖州城北有奉胜门，也有门楼，“《统记》云：宝历中刺史崔元亮改旧栅造门楼一间两厦，跨路门屋一间。《旧编》云正元十五年误矣，楼今不存”。湖州罗城的护城河武德四年开挖，“广德四年刺史独孤问俗重开。北壕自清源门沿城至迎禧门又至奉胜门又至临湖门，自古苕水入太湖之溪也。阔数十丈，深不可测，实为天险。西壕自定安门至清源门。南壕自迎春门至定安门，北壕自临湖门至迎春门，或假人力开凿。然西壕受西南诸山之水，南壕受余不众溪之水，东壕兼受运河之水，皆成溪泽，而东壕又为二重，曰外壕，曰里壕”。[⑥] 护城河有

① 刘昫：《旧唐书》卷一九二《隐逸·吴筠传》，中华书局1975年版，第5129页。

② 刘丽、张剑光：《唐代后期江南户数新论》，《上海师范大学学报》2011年第2期。

③ 张津：《乾道四明图经》卷一《城池》，《宋元方志丛刊》，第4878页。

④ 方万里：《宝庆四明志》卷三《公宇》，《宋元方志丛刊》，第5023页。

⑤ 罗愿：《新安志》卷一《城社》，《宋元方志丛刊》，第7607页。

⑥ 谈钥：《嘉泰吴兴志》卷二《城池》，第4686～4687页。

的是人工开挖，有的是借助了天然河道，而城东的护城河有内外两重，是城市防御中的一种重要手段。润州子城周长仅十二里左右，中间或许进行过扩建。唐文宗大和六至八年间，王璠为润州刺史，“在浙西，缮城壕，役人掘得方石”。① 《万历丹徒县志》卷一《城池》谈到王璠所修建的城隍“深数尺”。看来这次主要是维修护城河，进行加宽深挖。

唐后期也有一些县城修筑了城墙。如湖州武康县筑于隋朝，中唐战乱中“城垒县郭”被攻占，县城被毁。唐代宗永泰元年(765)平乱后，左卫兵曹参军庆澄兼武康、德清二县令，“舆瓦砾，伐榛莽，复于溪北古城筑之，铜岘之水三面环绕，浚为壕堑，今之县城是也”，“有四门”。② 新筑的武康县城三面有护城河，并且有四座城门，推测是有完备城墙系统的。富阳县城周回六百步，城墙高一丈，护城濠阔一丈五尺，相传是唐末咸通十年(869)县令赵讷修筑。总体而言，江南新修筑的县城数量有限，一些城市只是进行了城门、城墙、护城河的修缮。

安史之乱后，江南许多城市虽然常有城墙的修筑，但并没有迎来一个全面兴修的热潮。因为江南总体上没有出现大的社会动荡，修筑城墙的迫切性没有体现出来。一些城市在局部动乱中遭到破坏，或者有的城市在唐后期的军事格局中占据有重要地位，所以才出现了修筑城墙的举动，但毕竟这类城市的数量还很有限。

唐僖宗乾符二年(875)，以王仙芝、黄巢领导的唐末农民起义爆发。两年后，义军自北方来到南方，对江南的社会生活带来了很大的影响。我们发现，从这个时候开始，直到五代时期，江南有大量城市的城墙或新筑，或加固。而且随着战事的变化，有的城市多次对城墙增高增厚，特别强调城墙在军事防御中的作用。

唐末五代，江南大量州城修筑了城墙，这是一个值得引起注意的问题，是江南城市建设中的重要一点。据史料记载，共有金陵、杭州、常州、润州、苏州、睦州、明州、婺州、温州、宣州、歙州、池州、秀州(嘉兴)、越州、湖州等十多个州级城市修筑过城墙。

金陵城原本只是个县城，至唐末升格为昇州，州城是以县城为基础的，所以比较狭小。冯弘铎为昇州刺史(892—902)，曾“遂增版筑，大其城为战守之备”。③ 虽不见得真对城墙作了全面的改造，但为了防守而重新修整应该是可能的。这种情况在徐知诰为刺史时发生了变化，后梁乾化四年(914)，他“始城昇州”。二年后“城成，(徐)温来观，喜其制度宏丽，徙治焉”。④ 其时的昇州“城隍浚整，楼堞完固”，⑤四周城墙“周二十五里四十四步，上阔二丈五尺，下阔三丈五尺，高二丈五尺，内卧羊城，阔四丈一尺，皆伪吴顺义中所筑也”，“夹淮带江，以尽地利”，⑥利用自然山水作为凭障，但城墙的高度和宽度超过了一般的州城。金陵水陆共有八个城门：“由尊贤坊东出曰东门，镇淮桥南出曰南门，由武卫桥西出曰西门，由清化市而北曰北门，由武定桥溯秦淮而东曰上水门，由饮虹桥沿秦淮而西出折柳亭前曰下水门，由斗门桥西出曰

① 刘昫：《旧唐书》卷一六九《王璠传》，第4408页。

② 谈钥：《嘉泰吴兴志》卷二《城池》，第4688页。

③ 路振：《九国志》卷二《冯宏铎传》，齐鲁书社1998年版，第23页。

④ 吴任臣：《十国春秋》卷一五《南唐烈祖本纪》，中华书局1983年版，第185页。不过各书记述建城的时间略有不同，如《景定建康志》卷一二(第1467页)云贞明二年始建，徐温来时仍未建成，贞明六年(920)十一月“吴金陵城成，陈彦谦上费用之籍”。

⑤ 史虚白：《钓矶立谈》，《全宋笔记》(第一编第四册)，大象出版社2003年版，第216页。

⑥ 周应合：《景定建康志》卷二〇《今城郭》，《宋元方志丛刊》，第1629页。

龙光门,由崇道桥西出曰栅寨门。"①至南唐,金陵城是都城,城墙更有所加固扩展。陆游曾说:"建康城,李景所作。其高三丈,因江山为险固,其受敌惟东北两面,而壕堑重复,皆可坚守。至绍兴间,已二百余年,所损不及十之一。"②中主李璟时曾加高城墙,从原来的二丈五尺改成了三丈。陆游看到的城墙有学者认为是金陵城墙的西段及南段。南唐的金陵城有完整的护城河系统。《景定建康志》卷一五《桥》云:"长干桥,在城南门外,五代杨溥城金陵,凿濠引秦淮水绕城西入大江,遂立此桥。"说明城墙外有濠,濠上建桥以便交通。南唐还建设了环卫宫城的河道,史称护龙河。护龙河是利用了一段青溪故道作为其东段,又利用了一段运渎作为其西段,将青溪、运渎连接的一段成为南段。清甘熙《白下琐言》卷一谈到护龙河的西段时说:"南唐护龙河……其地有河身一段,长十余丈,宽二三丈,清水一泓,资以灌溉,两旁石岸犹存,乃西护龙旧址也。"

杭州是吴越国的都城,在唐末五代多次修筑扩建。吴越王钱镠曾于唐昭宗大顺元年(890)闰九月修筑新城,城垣"环包氏山洎秦望山而回,凡五十余里,皆穿林架险而版筑焉"。③ 城墙可能全部是用砖砌的,全长有五十里。时设城门二,一曰龙山门,一曰西关门。这次主要是扩建了杭州城的西南部。景福二年(893)钱镠再次进行了扩建,"新筑罗城"。城垣"自秦望山由夹城亘江干",凡"七十里"。这次是对隋代的杭州城全方位的扩建。扩建杭州罗城的时候建起了十座城门,即朝天门、龙山门、竹车门、新门、南土门、北土门、盐桥门、西关门、北关门、宝德门。④ 如朝天门,"规石为门,上架危楼,楼基叠石,高四仞有四尺,东西五十六步,南北半之。中为通道,横架交梁,承以藻井,牙柱壁立三十有四,东西阒门对辟,名曰武台,夷敞可容兵士百许。武台左右北转,登石级两曲,达于楼上。楼之高,六仞有四尺,连基而会,十有一仞。贮鼓钟以司漏刻"。⑤ 其后又陆续兴建了涌金门、天宗水门、余杭水门、保安水门等,并设置了相应的关闸。吴越天宝三年(910),钱氏又对杭州城进行了第三次大规模的扩建:"是岁,广杭州城,大修台馆,筑子城,南曰通越门,北曰只门。"⑥既扩大了罗城,又修筑了子城。

润州是浙西观察使的治所。唐僖宗乾符六年(879),周宝为浙西观察使,对润州城进行了扩建,"筑罗城二十余里"。⑦ 宋人见到的润州"罗城周回二十六里十七步,高九尺五寸",但已颓圮,"旧有十一门。东二门,北曰新开,南曰青阳。南三门,东曰德化,正南曰仁和,西曰鹤林。西二门,南曰奉天,北曰朝京。北三门,西曰来远,东曰利涉,次东曰定波"。⑧《万历丹徒县志》卷一谈到南唐时,刺史林仁肇重修了子城。⑨

常州城在唐末修筑了子城和罗城。子城周回七里三十步,高二丈八尺,厚二丈,外用砖包城墙。先是景福元年(892),淮南节度使杨行密遣节衙检校兵部尚书唐彦随权领州事重修,"立祠天王祠、鼓角楼、白橹屋",之后吴国顺义中,刺史张伯悰增筑,号金斗城。子城有四门,西迎秋,南金斗,北北极,"外缭以

---

① 周应合:《景定建康志》卷二〇《门阙》,第1634页。

② 陆游:《老学庵笔记》卷一,中华书局1979年版,第3页。不过《十国春秋》卷一一五《拾遗》(第1700页)认为这次修城是李后主时期:"李后主重筑建康城,高三丈。"

③ 吴任臣:《十国春秋》卷七七《武肃王世家上》,第1051页。

④ 吴任臣:《十国春秋》卷七七《武肃王世家上》,第1053~1054页。

⑤ 田汝成:《西湖游览志》卷一三,浙江人民出版社1980年版,第157页。

⑥ 吴任臣:《十国春秋》卷七八《武肃王世家下》,第1087页。

⑦ 司马光:《资治通鉴》卷二五六"唐僖宗光启三年三月",中华书局1956年版,第8345页。

⑧ 卢宪:《嘉定镇江志》卷二《城池》,第2334页。

⑨ 董诰:《全唐文》卷八七七,韩熙载《宣州筑新城记》(第9172页)云:"公前在京口日,浚沟池,崇壁垒。"据此,林仁肇不但整修子城的城墙,还深挖了子城的护城河。

池”，应是在城门外有护城湖泊。常州的罗城周回二十七里三十七步，高二丈，厚称之，吴国天祚二年(936)刺史徐景迈筑。罗城有九座城门，“东通吴，次东怀德，南德安，次南广化，西南南水，西朝京，北青山，次北和政，东北东钦”。城门外皆有池，估计罗城四周都是有护城河的。唐末的常州，处于吴和吴越国的战场前沿，军事形势决定了修筑城墙的目的是为了防御，因而城墙的高和宽都达二丈以上，此外还有许多附属建筑都是为了战争的需要。北宋太宗太平兴国初年，战争结束，“诏撤御敌楼、白露屋，惟留城隍、天王二祠、鼓角楼，后移城隍祠于金斗门内之西偏”。①

唐末乾符二年(875)王郢攻占苏州后，苏州内外城都受到一定程度的破坏。之后刺史李绘曾对子城进行了修整。罗城城墙是在乾符三年由继任的刺史张搏加以修葺。②《吴地记后集》云：“自唐王郢叛乱，市邑废毁，刺史张搏重修罗城。”唐末十数年间，苏州成为战场。钱氏占有苏州后，在梁龙德二年(922)又将城墙加砖筑，“高二丈四尺，厚二丈五尺，里外有壕”。③ 城墙不但变高，而且砖砌后更加坚固。城墙内外有两条护城河的环绕，使苏州城更容易防守。

睦州城唐前期只有子城，未见罗城。唐末中和四年(884)，陈晟占领睦州，修筑罗城：“按《旧经》周回十九里，高二十五尺，阔二丈五尺。”北宋徽宗宣和三年(1121)平方腊后重筑睦州，“旧有复城，出溪湖雨间，相传为凤凰嘴，即重筑，悉平之，塞为城隅”。这里说的“复城”，当是子城外还有罗城。④ 据万历《续修严州府志》卷三《城郭》，唐城十九里，而北宋末年修的宋城只十二里。⑤

明州唐穆宗长庆元年修建的是子城城墙，而罗城一直是没有城墙的。唐末昭宗时，刺史黄晟修筑了罗城。明州罗城周回二千五百二十七丈，计一十八里。黄晟墓碑说：“此郡先无罗郭，民苦野居，晟筑金汤，壮其海峤，绝外寇窥觎之患，保一州生聚之安。”⑥说明因为唐末战乱，明州才修筑罗城的城墙。罗城利用了自然河道作为护城河，“四面阻水，其东北则汇三江之险，以达于海，重门击柝之防，视他郡宜尤密”。⑦ 宋代明州罗城有十座城门，西为望京门，南为雨水门，东南为鄞江门，东为灵桥门、来安门、东渡门，东北为渔浦门，北面为盐昌门、达信门，西北为郑堰门，推测这些门的建筑是始于唐末的。1997年，宁波文物考古研究所对唐宋明州子城进行了考古发掘，发现唐代明州子城筑城的填土全部是异地搬运来的，在夯筑的城墙外全用砖包砌，在砌法上大多错缝并加上泥浆粘合，经包砌的墙面十分平整。⑧ 因此推测罗城的城墙与子城大致是相似的。

婺州城新建于唐昭宗天复三年(903)四月。沈麟趾康熙《金华府志》卷二《城池》谈到城周长九里一百步，城墙高一丈五尺、厚二丈八尺，开设四个城门。衢州城在吴越国时修建了城墙。《吴越备史》卷一《武肃王上》云：“初，王命(陈)璋城衢州，工毕，以图献之。”陈璋修的衢州城有多大，史书没有记载，但从“城衢州”三字推测，当时是修建了城墙。衢州也是分成罗城和子城两重，史云：“钱镠潜遣衢州罗城使叶

① 史能之：《咸淳毗陵志》卷三《城郭》，《宋元方志丛刊》，第2982页。子城的高度，该书一云二丈一尺；子城的周长，一云“口里三百一十八步”，略有不同。

② 王鏊：《正德姑苏志》卷三八《宦绩》，《天一阁藏明代方志选刊续编》第13册，上海书店1990年版，第394页。

③ 王鏊：《正德姑苏志》卷一六《城池》，《天一阁藏明代方志选刊续编》第12册，第2页。

④ 刘文富：《淳熙严州图经》卷一《城社》，第4278页。

⑤ 佚名：《万历严州府志》卷三《城郭》(《日本藏中国罕见地方志丛刊》，书目文献出版社1990年版，第73页)云：“严州府城，建德县附，西南临水，东北倚山，唐中和间刺史陈晟筑，城十九里。”

⑥ 方万里：《宝庆四明志》卷三《城郭》，第5020页。

⑦ 梅应发：《开庆四明续志》卷一《城郭》，《宋元方志丛刊》，第5929页。

⑧ 宁波市文物考古研究所：《浙江宁波市唐宋子城遗址》，《考古》2002年第3期。

让杀刺史陈璋。”①罗城使当主要是巡查罗城城墙的军官。

再如温州,“后梁开平初,钱氏增筑,内外城周围一十八里一十步,旁通壕堑”。② 显然温州有外城和内城两重,筑有城墙,墙外有护城河。不过钱氏增筑的是内城,据《十国春秋》所云,“温州子城,周三里十五步”。③ 温州筑于东晋,此后城址没有发生变化。后人认为,环绕温州外城的护城河是钱氏修筑的,“东濠长五百七十六丈,南临大河为濠五百丈,西濠长六百七十丈五尺,北临大江为濠长五百七十一丈”。④

歙州子城修于大中九年,至唐僖宗中和三年(883)又修罗城。新修的歙州“罗城周四里二步,高一丈二尺,子城周一里四十二步,高一丈八尺,广一丈三尺五寸”。中和五年(885)“增广”州城,“城之南北总之为九里七步”,应是罗城城墙扩筑了一倍多。懿宗咸通间在城的西北曾筑堤御水进入城区,昭宗光化时干脆“因堤筑为城,命曰新城”,城市区域进一步扩大。“源于东北,抱城而转至西南而下”的城溪,⑤则成为天然的护城河。天祐中,新城为水淹没,遂重建新城。⑥

南唐末年,宣州刺史林仁肇在宣州老城的基础上修筑了宣州新城。据《全唐文》卷八七七韩熙载《宣州筑新城记》云:“自金光门西北转至旧城崇德门东北角,长五里三百三十三步,从崇德门以南转至金光门东,长四里三百三十步。”这次修建后,宣州新老城相加,周回达一十里一百九十三步。《十国春秋》卷二五《张易传》云:“前刺史方筑州城,役徒数万,一切罢工遣之。”说明工程量是很大的。从有城门名称,有城周长的具体数字来推测,宣州有完整的城墙。

池州也有城墙,但城墙的具体长度与高、厚度史料记载不是十分清晰。《全唐文》卷八二九窦潏《池州重建大厅壁记》谈到黄巢掠过池州,“郡人有廨宇城壁之请。既城壁焉,则人得以避寇;既廨署焉,则物得以营豸”。黄巢攻打池州在僖宗广明元年(880),可知这年或稍前池州修筑了城墙。又《嘉靖池州府志》卷三《城池》云:“自五代杨吴徙秋浦于贵池后即有城,但经始岁月,文献无征。”吴国池州迁址后也是建有城墙的。

唐代苏州嘉兴县是否有城墙,宋元方志中没有太具体的史料。《崇祯嘉兴县志》谈到嘉兴“子城周围二里十步,高一丈二尺,厚一丈二尺。《图经》云三国吴黄龙时筑,有正门一,楼曰丽谯……现存子城者,即子墙,唐之县治,宋之军州,元之路衙,今之府治墙也”。明代人认为县治是有城墙的。唐僖宗文德元年吴越武肃王钱镠命制置使阮结筑嘉兴县城,推测唐代嘉兴县是有城墙的,在唐末城墙十分完整。五代时嘉兴升格为州,吴越王钱元瓘于晋天福四年(939)“拓为州城”,史云:“晋天福四年吴越文穆王元瓘拓罗城,周围一十二里,高一丈二尺,厚倍,高三尺,明年二月升为州。”⑦《至元嘉禾志》谈到:“按《旧经》云:罗城周回一十二里,高一丈二尺,厚一丈五尺。子城周回二里十步,高一丈二尺,厚一丈二尺。”⑧由于北宋宣和年间知州宋昭年曾经更筑州城,所以这里《旧经》谈到的州城城墙的长、高和厚度,应是五代至北宋时的嘉兴州城。嘉兴城有四门,“门各置水旱,上各有楼门,外各置吊桥,跨隍池,以通往来。东门旧曰青

① 司马光:《资治通鉴》卷二六五“唐昭宗天祐元年十二月”,第8638页。
② 张孚敬:《嘉靖温州府志》卷一《城池》,《天一阁藏明代方志选刊》第17册,第3页。
③ 吴任臣:《十国春秋》卷七七《武肃王世家上》,第1079页。
④ 王棻:《光绪永嘉县志》卷三《城池》,《中国地方志集成》(浙江府县志辑)第60册,上海书店1993年版,第59页。
⑤ 罗愿:《新安志》卷一《城社》,第7607页。
⑥ 董诰:《全唐文》卷八六七,杨夔《歙州重筑新城记》,第9082页。
⑦ 黄承昊:《崇祯嘉兴县志》卷二《城池》,《日本藏中国罕见地方志丛刊》,第73页。
⑧ 徐硕:《至元嘉禾志》卷二《城社》,第4423页。

龙,后改春波,西门旧曰永安,后改通越,南门旧曰广济,后改澄海,北门旧曰望京,后改望云,续改望吴”。①

一些原有完整城墙系统的大城市,在唐后期城墙也进行了整修。如越州城修筑于隋代,罗城、子城都有城墙。唐末钱镠击败董昌后,对受到战争破坏的城市进行了“重修”。② 再如唐末昭宗景福二年(893),刺史李师悦对湖州城再次进行了整修,“重加版干之功”。③

中唐以后,县级城市修建城墙越来越多。比如杭州余杭县城,唐五代的大部分时间是在溪南,周回六里二百步。至北宋雍熙初“再徙溪北,周五百四十三(丈)[步],高一丈三尺,下广一丈五尺”,县城有护城河,“濠阔二丈五尺,钱武肃王又修广之”。县城有四座城门,“曰荣春、湖光、迎波、永丰”。到南宋时,人们仍能看到唐代的县城,“旧城今间有存者”。④ 虽然没有关于唐县城城墙的记载,但唐县城范围更广。新城县是“因山为城”,应是城内有山,所以县城范围较大,城周二千五百七十一步,城墙高为二丈七尺。城是唐末大顺二年(891)吴越杜棱修筑。城有四门,东曰熙春,南曰太平,西曰顺城,北曰宁海,城外修筑城壕。罗隐《东安镇新筑罗城记》谈到城修后没几年,吴军来攻,吴越“军凭其城,毙贼将于城下者,其数盈千,濠塞堑堙。自是群寇不复有图南之意”,⑤城墙的威力显示了出来。昌化县城周回三百六十步,护城濠阔一丈五尺。虽史书没说城墙具体的宽和高,但至南宋时“古木环城基”,说明唐代是有城墙的。临安县周回五百二十步,“池在东北”,有护城河。考虑其在吴越国的特殊地位,城墙肯定是修筑的。⑥ 又,清人谈到临安县:“周五里,门四,有濠。唐末吴越依太庙山筑,号衣锦城。”⑦可以肯定临安是有城墙的。

常州江阴县城始筑于萧梁,“隋陈唐皆因其旧”。不过进入五代,吴国杨行密时进行了改造:“《祥符图经》云周回一十三里,天祐十年筑,建门四,曰延庆、钦明、通津、朝宗。”⑧县城应是新建了城墙和城门。由于杨行密仍用唐代的年号,所以天祐十年实是朱梁末帝乾化三年(913)。南唐时江阴改县为军,城市地位升高,北宋时才增筑子城,也有四门。

明州定海县城“世传钱氏开邑时置”,应是修筑于吴越国设县之时的后梁开平三年。县城周长四百五十丈,“壕三百余丈”,⑨推测是有城墙的。

《嘉泰会稽志》引《旧经》谈到越州的萧山县城周一里二百步,高一丈八尺,厚一丈一尺;上虞县城周一里九十步,高一丈七尺,厚一丈;新昌县城周一十里,高一丈,厚一丈三尺。⑩ 新昌县是后梁开平年间钱镠析剡东鄙十三乡设置的,因此估计这些县城的城墙在唐末五代已经存在。新昌县城的城墙是土质的。《万历新昌县志》卷一《城池》谈到:“尝考《会稽郡志》,新昌旧有土城,高二丈,厚一丈二尺,周十里。”城墙的高度该书稍后又谈到“高十尺”,与《嘉泰会稽志》的“一丈”一致,应是。

---

① 黄承昊:《崇祯嘉兴县志》卷二《城池》,第73页。

② 张淏:《宝庆会稽续志》卷一《城郭》,《宋元方志丛刊》,第7093页。

③ 谈钥:《嘉泰吴兴志》卷二《城池》,第4686页。

④ 潜说友:《咸淳临安志》卷一八《城郭》,第3536页。

⑤ 董诰:《全唐文》卷八九五,第4143~4144页。

⑥ 潜说友:《咸淳临安志》卷一八《城郭》,第3537页。

⑦ 四库馆臣:《大清一统志》卷二一六《杭州府》,文渊阁《四库全书》本,第479册,第6页。

⑧ 张衮:《嘉靖江阴县志》卷一《城池》,《天一阁藏明代方志选刊》第13册,第3页。

⑨ 方万里:《宝庆四明志》卷一八《城郭》,第5229页。《浙江通志》卷二三《城池上》引嘉靖《定海县志》谈到:“高二丈四尺,址广一尺,面八尺,周围一千二百八十八丈,延袤九里,辟五门,东曰镇远,南曰南薰,又南曰清川,西曰武宁,又西曰向辰。门各有楼。”显然这是明代改造后的城墙,不能作为唐代的数据来使用。

⑩ 施宿:《嘉泰会稽志》卷一二《八县》,第6935页、6939页、6940页。

歙州婺源县开元二十八年(740)置。唐末咸通年间,在县境内置弦高、五福二镇,后于弦高立婺源都镇。至天祐三年(906),由于政治情况发生变化,别置新县,县城设在弦高镇,“自是不复还旧县”。南唐昇元二年(938),刘津为都制置使,乃集所辖四县,增筑新城。刘津为建城作记,说“城周环十里”,“雉堞皆新,启昇元二门,建东南两市”。因此《新安志》谈到“县城周九里三十步,高一丈八尺”,[①]应是刘津建造的县城规模。

唐末战争期间,江南还有一些以驻军为目的而修建的军事性城市。如昆山东南七十里的度城,“相传黄巢时所筑,今城虽不存,犹有城濠及掘地间得城砖”。[②] 说明度城是有砖砌的城墙,城外有护城河。有的城市规模很大,甚至大于一般的县城。如富阳县东南有一古城,“周十二里,高二丈一尺,阔二丈,有屋七百一十九间,楼十二间。五代时城在县东南,钱氏以地偪江,乃垒砖砾为之,略存封邑”。[③] 又高又厚的砖砌城墙内是一个有数百间房屋的城市。

从这些记载来看,唐末五代时期,江南有十五个州和十个县,或新建或新修了城墙。这种大规模修筑城墙的情况在隋、唐前期、唐后期都没有过。我们认为之所以有大量城市修筑城墙,将城墙筑得更厚实更高耸,主要还是从军事角度考虑的,是为了更有效地防御外部军事力量的入侵。因此,这一时期修筑城墙出现高潮,尤其几乎是每个州级城市的城墙都经过了修筑,与唐末五代政局和军事形势出现的混乱局面有关,是各个重要政治据点自保的需要。

三、江南城市城墙修筑的渐进性

现存的资料不可能对江南每一个州县城市的城墙修筑情况都有详细的记载。如台州,唐初武德年间设立,州城的兴修没有具体时间。《嘉定赤城志》卷二《地理门·城郭》:“按《旧经》周回一十八里,始筑时不可考。太平兴国三年吴越归版图,隳其城,示不设备,所存惟缭墙,后再筑。”说明台州城是有城墙的,吴越归并宋王朝,才毁城示不设备。台州子城“按《旧经》周回四里,始筑时不可考”,“其门有三,南曰谯门,上有楼,不名,东曰顺政门,楼名东山,西曰延庆门,楼名迎春”。[④] 这些没有详细记载修筑时间的城市同样是有城墙的。

隋唐五代时期,大部分江南城市的城墙都经历了一个修筑的过程。从上面我们的描述来看,州一级的城市,部分是沿用六朝以前保存下来的城市,如苏州、润州、越州,但这些城市在隋以后,都是经过或大或小的维修和扩建,因而城墙系统十分完整。大部分的州城,都是在这一时期新建的,一般是先筑子城墙,后来又筑罗城墙,而且建筑是分多次完成的,当然也有子城和罗城墙一起修筑的。至于县城的城墙,我们列举了一部分当时的修建情况,但限于史料记载的缺失,一些可能有城墙修建的县城我们今天没法知晓。我们可以初步得出结论,至唐末五代时期,州级城市基本上都是有城墙的;相当数量的县城,特别是地处平原地区的县城,都是筑有城墙的。

隋唐五代之际,江南城市城墙的修筑是一个渐进的过程。就州城来说,沿用前代的城市,大多是有城

① 罗愿:《新安志》卷四《城社》,第7660页。

② 凌万顷:《淳祐玉峰志》卷上《城社》,第1055页。

③ 潜说友:《咸淳临安志》卷一八《城郭》,第3537页。

④ 陈耆卿:《嘉定赤城志》卷二《城郭》,第7290、7292页。

墙的，但时间久了就得维修；新设立的城市往往需要修筑城墙，这就形成了隋朝、安史之乱前、安史之乱后几个阶段都有数个州城在修筑城墙。而到了唐代末年，州城军事地位的重要，州城的防御形势严峻，造成了几乎每个州城都在修筑城墙，或加筑罗城，或将墙体增高增厚，或修补城门，或疏浚深挖护城河。就县城而言，同样有沿用前朝城池的情况，一般对时间较久的城墙略加维修。至高宗、玄宗时期，大量县城新设，所以修筑县城城墙出现了一般热潮。唐代末年，新设县城对城墙的需要，加上一些县城军事防御上的需要，县城城墙修筑又出现一波热浪。

此外，我们还应看到，城墙并不是构成一个城市的必要条件。实际上，唐代前期，有不少城市是没有城墙的，包括个别州城在某一段时间内也是没有城墙的。鲁西奇、马剑认为，唐代有很多城市是没有城墙的。他们用了日本学者爱宕元的成果，认为爱宕元的《唐代州县城郭一览》中，共有164个州县城郭注明了筑城年代，其中有90个是唐天宝以后（不含天宝年间）所筑，这些天宝以后方修筑城郭的州县治所，在天宝以前，也就是唐前中期100多年里，并未修筑城垣；而在唐前中期，可能有一半以上的州县治所，并未修筑城垣。[①]这个观点应该说是可信的，因为事实上，六朝至隋朝设立的城市中，可能的确有一部分是没有城墙的，而且这种情况在江南也同样存在，尽管没有修城墙的城市比例可能没有那样高。除了城墙修筑于六朝而在唐代还在使用的城市外，那些没有记录修筑的城市，可能是没有城墙的。我们发现，中唐以后，浙东一旦出现战事，叛乱者攻陷城镇易如反掌。如宝应元年（762），袁晁起事台州，刺史落荒而逃。不久又攻占温州、明州。贞元中，又有“山贼栗锽诱山越为乱，陷浙东郡县”，[②]还处死了明州刺史卢云。叛乱者能轻易地攻下城市，反过来可以说明其中有一部分城市可能是没有城墙的，或者说城墙设施十分不完备。再如处州城，齐抗为刺史时，“先是山越寇攘，荡覆城寺”，[③]估计是没有城墙的，才被人一攻就破。《元和郡县图志》卷二六云：“贞元六年，刺史齐抗以旧州湫隘，屡有水灾，北移四里就高原上。”原来的处州城范围很小，而齐抗只北移四里就建城了，估计新城的规模也不会很大，至于是否有城墙，未见明确记载。

从目前已知的情况来看，至唐末五代时期，没有城墙的城市占江南城市的比例不算太高，不过仍能看到有一些县城是没有城墙的。如湖州安吉县“南面大溪，望天目浮玉群峰，直去五十余里”，位于大溪大山的包围中，地形上比较封闭，“县无城郭，有六门，惟西北二门有名，余皆无名，西曰齐云门，北曰迎恩门”。[④] 有城门而无城墙，而且有的城门没有名字，说明城门制度不太完善。因为地处山区，人烟稀少，所以才出现这样的局面。如遂安县，“唐武德四年徙今治，然未有城”。[⑤] 直到明清时期，睦州清溪县、桐庐县、分水县仍没有筑城，仅“垒石为四门”。[⑥] 再如婺州永康县，到清代仍未筑城，只是建有东西二门，“叠石为楼，北倚栅，南阻水为固”，[⑦]以自然山水作为天然城墙。处州下辖数县，估计都没有筑城。至清代，缙云、松阳、遂昌、龙泉都是“无城”，一般只是设“关门”。而青田县城是明嘉靖三十五年才筑，估计之前也是没有城墙的。[⑧]

---

① 鲁西奇、马剑：《城墙内的城市？一中国古代治所城市形态的再认识》，《中国社会经济史研究》2009年第2期。所据爱宕元文，即《唐代州县城郭的规模与构造》，《第一届国际唐代学术会议论文集》，学生书局1989年版，第647页。

② 刘昫：《旧唐书》卷一七七《裴休传》，第4593页。

③ 权德舆：《权载之文集》卷一四《唐齐成公神道碑铭》，《四部丛刊初编》，第2A页。

④ 谈钥：《嘉泰吴兴志》卷二《城池》，第4688页。

⑤ 佚名：《万历严州府志》卷三《城郭》，第74页。然雍正《浙江通志》卷二四引《严陵志》云唐武德四年建，周二里二步，不知何据。

⑥ 四库馆臣：《大清一统志》卷二三四《严州府》，第365页。

⑦ 四库馆臣：《大清一统志》卷二三一《金华府》，第304页。

⑧ 四库馆臣：《大清一统志》卷二三六《处州府》，第417页。

之所以一些城市没有城墙,我们发现他们有一个共同特点,都是和地处山区这样的自然环境有关。睦州、处州位于山丘地带,县城往往背倚大山和溪水,有天然的屏障可以保护安全,而且由于人口不多,流动性又少,没有外来的兵火到达,城墙的建设并没有迫切的需要,因而这些县城到清代仍未建城墙。不过,从总体情况看,随着唐末五代江南许多城市的不断建设,江南大部分的城市都筑起了城墙,而没有城墙的城市并不太多见,唐末的战乱使江南许多城市都建起了一定的防御设施。为了避免战争的侵袭,许多城市被迫修建起高高厚厚的城墙作为防御工具。

四、隋唐五代时期江南城墙的形制

从城市的构架上看,隋唐之际,不少州城只有子城而无罗城。由于百姓都是居住在子城之外,一旦有战乱发生,缺少有效的保护措施,所以罗城的建设渐渐被重视。唐代后期至五代,经过修筑,州一级的城市大多有罗城和子城两重。一般的州城都是先修筑子城,之后根据财力和军事形势的需要,又修筑了罗城,使州城处于两道城墙的守护中。县级城市除个别有两重城墙外,一般都是一重城墙。

城墙的保护作用能否有效体现,主要看修成多少高和宽。决定城墙高和宽的标准,主要有两个原因:一是城市的政治地位。城市的行政级别高,其城墙也修得高;二是军事的需要。城墙实际上是一种军事防卫手段,所以地处战略重要地位的城市城墙修得既高又厚,反之战略地位不太重要的城市城墙的标准就比较低。从已有记载来看,罗城城墙最高的是南唐都城金陵,曾被加高至三丈,而一般的州城,除润州仅为九尺五寸比较特殊外,大多在一丈二尺至二丈八尺之间。除这两城外,新修的州罗城城墙高度有记录的共有七城,超过二丈的有四城,三城在浙西,一城在浙东。子城城墙的高度已知的有五城,其中润州子城高三丈一,远高过罗城的九尺六,而常州子城城墙比罗城高八尺,歙州高六尺,越州、嘉兴州子城墙和罗城墙大体相同。唐末期与唐前期相比,城墙的高度一般平均增高了五尺左右。县城中城墙最高的新城县为二丈七尺,富阳县的一古城为二丈一尺,而一般的县城大多在一丈至一丈八尺之间,县城城墙高度唐前期和唐末五代时期相差不多。城墙的厚度,从总体来看,也是与政治地位的重要、是否地处战争前线有关。金陵作为首都,城墙很厚;其他一般的州级城市城墙厚度均超过二丈,低于二丈的仅有歙州和嘉兴两州;县城城墙的厚度在一丈五尺至一丈之间。唐前期一般城市城墙的厚度在一丈左右,而唐末期仅见上虞一县为一丈,县一级城市的城墙厚度大多在一丈三尺至一丈五尺左右。唐末城墙的高度和厚度均超过唐前期,当然是与唐末五代军事形势有关。战争频现,为了守卫城市,只能用建造又高又厚的城墙来规避。

其次,一些资料表明,城墙是下宽上窄的。如隋代於潜县,城墙基厚一丈八尺,厚五尺;唐初的潜州,基厚一丈八尺,厚九尺;唐末的昇州,下阔三丈五尺,上阔二丈五尺;余杭县,城墙下厚一丈五尺。显然,城墙的下部两面都是做成侧脚的。由于必须考虑城墙的牢固度,建造城墙时非常注意基础部分,夯土层是上阔上窄,渐渐收缩,这样的地基比较牢固。而且城墙越高,对底部基础需要更宽。问题是,大部分的资料描述城墙时只有一个厚度数字,并没有谈到上下有所不同,是否意味着这些城墙的地基和上部是一样宽而没有侧脚的?今天我们无法简单回答是还是否,但推测其中的一些城市城墙是下宽上窄的,因为从建筑技术而言,这样的建造更加实用,对城市的安全更加有利。

筑有城墙的城市,城墙是封闭的,形成一个城市的有效保护圈。城墙的材质,隋唐五代时期,一般是夯土筑成，有的外部采用以砖包土的形式。有学者认为，这一时期大部分城市是局部用砖或石材建造城墙，一般而言多用在城门附近、城墙转角等重要或易损的部位，[①]城门的基址用砖或石的最为多见。如唐代的苏州城墙人们认为是版筑土质，到五代梁龙德二年(922)才改建为砖城。[②] 再如五代时修的杭州朝天门，“规石为门”，“楼基叠石”，城门从底部开始全是用石头筑成。富阳县某五代古城的城墙用“垒砖砾为之”，采用砖和石修筑。这种纯粹是砖和石质的城墙当然比用砖包城墙更为牢固，但代价更大，修筑时用工量大。

与传统相一致，为了城市的安全，江南大多数的城市不但修筑城墙，而且在城墙外开挖护城河。护城河有的是利用天然河流，而更多的是人工挖掘而成。如金陵“濠堑重复”，徐知诰修金陵后，“凿濠引秦淮水绕城西入大江”，于是在城南门外的秦淮河上建长干桥以方便行旅来往。一般州城都有完备的护城河系统，如越、润、常、苏、明、温州都有护城河。湖州、苏州和明州的子城和罗城外，环绕两重城墙有两道河流，“子城环以水”，同时“罗城四面阻水”。县城一般也有护城河系统，无锡县的护城河阔有一丈五尺，余杭县为二丈五尺，富阳和昌化都为一丈五尺。盐官县的护城河宽五丈，深四尺，在县城中是最宽的。护城河宽窄不等，如果是利用自然河道作为护城河的，一般就比较宽，如湖州的护城河阔数十丈，而一般城市的护城河在数丈之间，如盐官县阔五丈，余杭县阔二丈五尺。较窄的如富阳、昌化、於潜等县的护城河，都在一丈五尺至一丈八尺之间。护城河的深度各不相同，自然河道的湖州护城河“深不可测”，而人工开挖的如润州的护城河，深达数尺；盐官、於潜等县的护城河都是深四尺。江南得天独厚的自然优势，使得大多数城市都有条件设置护城河。

在城墙和护城河的双重卫护下，人们在城市内生活和生产。不过，孤立而不和外界接触的城市是不可能存在的，城市内外必然会有紧密的联系。城市向外联系的通道是城门。通常城墙会辟有数个城门，城门的数目并不一致，有多有少，要根据道路交通、军事防御和城市所处的地理环境决定是否开城门。一般而言，州级城市由于城市范围较大，所以城门较多，如隋代修的越州有九门，唐初的湖州有七门，杭州罗城有十门，润州罗城有十一门，常州子城四门、罗城九门，南唐都城金陵有八门。但并不是州级城市一定比县城城门更多，要考虑各个城市的安全和交通方便，有的州城规模较小，只有四门，如婺州、嘉兴等。县城一般以四门最为多见，如余杭、新城、武康、江阴都是四门，但如湖州长兴县有六门，并不是十分多见。唐末偶也会有少于四门的，如婺源仅两门。

江南城市的城门一般设有城楼。高高的城楼既是一个城市的重要建筑，使远道而来的人可以看到城门的具体位置，同时对城市里的人来说可以观察和控制人员的进出，窥探远处的敌情，以便能及时向城内发警戒信号。如湖州阊门贞元十五年修建，有城楼，“造跨河楼三间，挟楼三间”。至武宗会昌三年，再次改造阊门，“开拓东向一百五十步，仍建造”。湖州城北有奉胜门，也有门楼，“造门楼一间两厦，跨路门屋一间”。润州城楼较高，所以常常吸引了士大夫们登高望远，如刘长卿、李中等人曾来到润州城楼，只见“江田漠漠全吴地”，[③]“水接海门铺远色，稻连京口发秋香”。[④]《稽神录》卷五记载：“周宝为浙西节度使，治城隍。至鹤林门，得古塚，……宝即命改葬之，具輀车声乐以送。宝与僚属登城望之。”这里提到润州鹤

① 贾亭立：《中国古代城墙包砖》，《南方建筑》2010 年第 6 期。

② 苏州市文物管理委员会、苏州博物馆：《苏州古胥门调查与瓮城遗址发掘报告》，《东南文化》2001 年第 11 期。

③ 彭定求：《全唐诗》卷一五一，刘长卿《和樊使君登润州城楼》，第 1564 页。

④ 彭定求：《全唐诗》卷七四八，李中《秋日登润州城楼》，第 8520 页。

林门是有城楼的。

除城门高楼外，城墙上常建角楼，角楼建在城墙转角处。由于城墙的作用主要是用来防御的，角楼建在城墙转角处的用意，主要是可以观察两个方向城墙的情况。由于城墙的一面较长，虽然中间会建一或两个城门，但从城门上瞭望到城墙的转角处在晚上仍然是十分困难的，于是通过建角楼的办法来弥补。由于角楼一般都是建得比较高，所以登高望远的作用十分明显。如润州城上有角楼，《至顺镇江志》卷一三《观》："月观，在谯楼之西，即古万岁楼也。"李德裕为浙西观察使时，曾登万岁楼，说明谯楼瞭望是发挥着作用的。长庆元年韩察修筑明州子城后，在城的南端建谯楼。《咸淳毗陵志》卷三《城郭》谈到唐景福元年杨行密遣唐彦随权领常州事时重修子城，立"鼓角楼、白橹屋"。由于上举数例均为州级城市，县城是否有角楼我们并不能肯定，通常认为城市建角楼应与城市的大小规模、城市的形状、城市所处的地理位置、当时的军事形势等因素有关。

五、城墙修筑对江南城市发展的影响

隋唐五代时期，江南城墙的修筑是一个渐进的过程。它既是江南城市发展的结果，同时也是江南城市继续得以发展的一个重要推动力。

唐末五代许多城市城墙的修筑和不断加固，最直接的意义，是在战争动乱时期保护了城市的安全，使很多城市少遭或免遭战火的破坏，保存了江南城市的发展基础。江南很多城市城墙修建的目的，最初常是从军事上考虑的。如昭宗大顺元年(890)在上元县设昇州后，"遂增版筑，大其城为战守之备"，[①]开始了扩修城池。天祐六年(909)，徐温遣养子徐知诰治理金陵，兴建金陵城。此后经过徐知诰的多次兴修，金陵城府舍甚盛，"城隍浚整，楼堞完固，府署中外肃肃，咸有条理"。[②] 金陵能够成为南唐首都，出现"四方之所聚，百货之所交，物盛人众，为一都会"的局面，[③]与完善的城墙体系大有关系。再如钱镠驻扎杭州后，多次扩建杭州城池。景福二年(893)，钱镠筑新罗城后，使杭州城墙周回达七十里，建有十座城门。这种对杭州城墙的建设，确保了杭州几乎没有受到战争的影响。时人谈到杭州时说："地上天宫，轻清秀丽，东南为甲，事兼华夷，余杭又为甲。百事繁庶，地上天宫也。"[④]把杭州比喻成完美的地上天宫。五代时的杭州，"邑屋之繁会，江山之雕丽，实江南之胜概也"。[⑤] 至宋初，杭州成为"东南形胜，三吴都会，钱塘自古繁华。烟柳画桥，风帘翠幕，参差十万人家。……市列珠玑，户盈罗绮，竞豪奢"。[⑥] 达到这种富裕，与城墙建设的完善，使城市少遭或免遭战火的侵袭，是有一定关联的。

除了军事上的防护外，城墙的修筑，对江南城市的发展是否还有其他的有益意义？我们认为，处于隋唐五代之际的江南环境之下，城墙的修筑不仅是城市发展的结果，更是城市进一步走向繁荣的重要推动力，因而具有重要的积极意义。城墙的修筑对江南城市发展具体的推动作用，大体来说可以表现在如下五个方面：

---

① 路振：《九国志》卷二《冯宏铎传》，第23页。

② 史虚白：《钓矶立谈》，第216页。

③ 欧阳修：《欧阳修全集》卷四〇《有美堂记》，中华书局2001年版，第585页。

④ 陶谷：《清异录》卷上，《全宋笔记》(第一编第二册)，第17页。

⑤ 薛居正：《旧五代史》卷一三三《世袭列传二》，中华书局1974年版，第1771页。

⑥ 唐圭璋：《全宋词》第一册，柳永《望海潮》，中华书局1979年版，第39页。

1. 城墙的修筑，能确定一个城市的城区范围。江南城市城墙的修筑，既使江南城市的城区范围得以固定，同时一些城市数次修筑城墙，也是城区面积不断扩大的过程。对一个城市来说，城墙在很大程度上决定了城市的空间规模和形状大小。

城区面积的大小，并不是衡量一个城市商品经济和文化繁荣的标准，但城区面积的大小多少能说明一个城市能容纳的人口数量，一个城市街道、桥梁、河道的布局状况，及其相应的城市工商服务行业的发展程度。修筑城墙后，江南州县城市的区域范围大体上固定下来。其中，州一级城市以杭州和苏州规模最大，两城市的范围远远超过一般州级城市。如唐代杭州城始建于隋朝开皇十一年（591），其范围据《乾道临安志》卷二《城社》引《九域志》谈到是周回三十六里九十步。唐末，杭州成了吴越国的都城，至五代多次修筑扩建，杭州城区包括了一些山丘和湖泊，周回七十里。苏州城主要是沿用了旧城，只是局部地区多次进行了改造，因而城市面积很大。唐末乾符二年苏州刺史张搏重筑罗城后，“其城南北长十二里，东西九里”，①四周合计四十二里。

对大多数江南州城来说，城市面积基本可以分为三个类型，一是城墙在25里左右的大城市，如南唐都城金陵、润州、常州、湖州和越州。这些是江南的大都市，前三者都是唐末五代重修的，湖州是唐初定下的规模，越州是隋朝修筑。第二类是城墙在20里左右的城市，如睦州、明州、温州、台州，这些都可以算为中等规模的大城市，对一个地区的发展来说，这些城市是极为重要的。第三类城市的城墙在10里左右，婺州、宣州、歙州、嘉兴、处州等城市。嘉兴是五代升为州的，显示出了城市地位上升的趋势。这一类的几个城市，由于地处丘陵地带，平原面积较小，这样的地理条件使城市面积比其他州要小一些。特别是处州，山地高低不平，自然条件恶劣，城区面积很小。衢州和池州在唐后期至五代都有修建城市的记载，但具体面积不明。总体上看，随着江南各州城墙的修建，州城四边周长在20里左右的规模是最为常见的。

隋唐五代之际，大部分的县城范围都不是很大。江南县城根据原有的基础设施、自然地理环境、经济条件是否允许、实际的需要等进行修筑，大多数的城市在700步至170步之间，相当于现在的1 050米至255米之间。城墙超过二里的县城，一般认为是较大的县城了。

江南地形地貌十分复杂，要修建城墙，将城区的范围固定下来，在当时的科技条件下并不是十分容易的事情。如杭州经吴越国的多次修筑后，为了避开山丘，罗城形成了南北修长，东西狭窄的不规则的矩形。乾宁三年（896），杨行密打算率军攻打杭州，派僧人祖肩到杭州侦察。祖肩回去后说：“是腰鼓城也，击之终不可得。”②越州在隋开皇年间进行了大规模的城市修建，扩建后的越州城垣有别于一般的城市。为适应地形，根据自然河道作为护城河，还考虑河水流向和水流缓急，使城墙建造成曲折形。越州城的东南部成正方，城墙相交成一直角，西北部大致成一菱形状，城墙的走势并不成一直线，城内有多座小山丘。再如歙州，据《新安志》卷一《城社》说：“城壁之设，因山溪以为险。山起于东北至南而止，故因而续之以为城溪，亦源于东北，抱城而转至西南而下，故假之以为隍。乃穿九井，使阴相灌输，上通铜井，下通釜底，皆溪流之深为潭者也。”根据溪水走向来修筑城市。歙州城的西北部，“咸通六年，即城之西北为堤以御水。光化中，因堤筑为城，命曰新城”。歙州城形状大体呈圆形，城墙弯弯曲曲，沿山而建，而且不断扩展。

在没有修筑城墙之前，城市的发展是无序和杂乱的，城区是不固定的，一些城市主要是倚靠了子城而

① 陆广微：《吴地记》，江苏古籍出版社1999年版，第111页。

② 吴任臣：《十国春秋》卷一四《僧祖肩传》，第177页。

向外散状弥漫式地发展。但一旦修筑了城墙,就将城区范围硬性确定了下来,城市就会在一定的区域内发展。尽管城市各区域的发展有快有慢,但都是属于城市的一个组成部分,与城墙外的区域存在着很大的不同。

2. 城墙的修筑,使城市管理者能根据城市的大小和形状,合理地规划城市内的河流、街道、坊里建设。城市中人们的生活和生产活动,要受到城市物质条件的限制。对一个城市来说,城墙在很大程度上决定了城市内部交通的发展,决定里坊街区的形状,街道和桥梁等城市交通建设的布局。说到底,城墙修筑后,城市的物质形态会更加完善,直接影响到城市内部人们的生存状态。

修筑了城墙的城市,需要有四通八达的道路供人们来往。从城市的中心区域向四周城门的通行,决定了修筑道路的宽窄和方向,既要考虑不会占去过多的城市空间,又要考虑能方便人们的进出,便于物资的运送和行车的通畅。修筑城墙时,根据地形特点,江南城市往往在四面修筑数量不等的城门。城门外接重要的交通线路,内和城内的街道相通,城内外的交通联系就会紧密结合在一起。城市一边有两门时,城门到城墙拐角处的距离几乎的相等的,城内道路的规划大多是纵横垂直交叉,形成的街区也是成方形的,道路笔直通畅。白居易笔下的苏州:"半酣凭槛起四望,七堰八门六十坊。远近高低寺间出,东西南北桥相望。水道脉分棹鳞次,里闾棋布城册方。人烟树色无隙罅,十里一片青茫茫。"①苏州城的形状似亚字形,所以道路规划严整,大多数干道都是南北、东西交叉,构成一个个方形的坊里。受到河道和山丘的影响,不少城市的形状呈不规整,所以城市道路也就做不到正对南北、东西。比如歙州,城内有山,城外也有山,除正北、正西方向有两城门外,其他的三个城门建在东南、东北、西北方向,这就决定了城内的道路也会呈现出弯弯曲曲的形状,有的道路呈半圆形,有的道路呈斜形。道路要避让山丘,决定了歙州城内很难建成笔直的路。

围绕着城门而布置的城市交通,使大小道路建成为网络状的一个系统。一般而言,江南城市都会建主干道,这是全城的交通枢纽,路面较为宽阔,方向是正南北或正东西,通向主要的城门。城市都有一至数条的主干道,即使较小的县城可能都有南北或东西的主干道,或者两条主干道交叉,形成十字形,而道路的尽头都是与城门相通。城市范围较大的,与主干道相连的是一些次要的街道,这些路一般也是比较笔直,很少弯曲,方向都是正东西或正南北,与主干道连接处会形成十字形或丁字形路口。与这些次要街道相连的是深入坊里的小街小巷。齐己曾有诗云:"城中古巷寻诗客,桥上残阳背酒楼。"②但也有一些城市道路不是正东西或正南北向的,道路有所弯曲,城市内水道纵横,冈阜隐现,就可能限制城市内部整齐的规划,城内的里坊就可能是不规则的。

对城墙包围中的城市进行合理规划,苏州可以说是最有代表性,其主要道路都连接八道陆门和八道水门,这些水陆交通线构成进出城市的重要通道。刘禹锡云:"二八城门开道路,五千兵马引旌旗。"③意谓从城门进出的道路很方便,部队行军都十分畅通。唐代在苏州城内修筑了大量的道路,"城中有大河,三横四直",三横四直的河道是重要的水路交通线。苏州六十坊,坊与坊之间道路称街,"郡郭三百余巷",④坊内的道路称巷,而三百余巷是各坊连接主要水陆交通线的小路,说明道路建设是呈方形的网格

---

① 白居易:《白居易集》卷二一《九日宴集醉题郡楼兼呈周殷二判官》,中华书局1979年版,第456页。

② 彭定求:《全唐诗》卷八四五,齐己《寄吴国知旧》,第9559页。

③ 刘禹锡:《刘禹锡集》卷三一《白舍人曹长寄新诗有游宴之盛因以献酬》,中华书局1990年版,第419页。

④ 陆广微:《吴地记》,第111页。

状的联接,道路建设深入到城市的各个角落。这种方形的网格状的街巷制道路,构成了苏州城市道路布局的主要形式。

由此可知,城墙的修筑对城区内的建设有较大的影响,城市道路安排的走向和宽狭程度,都以连通城门作为重要的因素,而道路走向又影响到坊里的大小和形状。

3. 城墙的修筑,既保证了城市的安全,又使进入城市的人口越来越多。城市人口密度的提高,相应地使城市工商服务行业迅猛兴起,城墙中的人们财富快速聚积。江南城市的高高城墙,使城市与农村的界限清晰起来。城市不但比农村更为安全,而且和政治机构相依偎,有更多的政治和经济机会,这大大促进了人口向城市的涌入,使江南城市人口不断增加。

唐五代江南州级城市大多有十万以上的人口,更有部分达二、三十万。如苏州在唐五代江南是最为发达的大城市之一,所谓"江南诸州,苏最为大,兵数不少,税额至多",①"甲郡标天下"。② 苏州城内的人口合理地估计在30万左右。杭州在唐代中期,人口仅10至15万左右,比苏州要少;但唐代末期至吴越时,随着吴越国的建立,杭州人口增加较快,有可能达到20至25万左右,与苏州相仿。③ 越州城内人数可能少则14~15万人左右,多时或许可达16~18万人。④ 江南一些小州,如睦州和温州城内,约有2万5千人左右。县级城市,一般在万人以下。总体上说,同一级别的江南城市,唐五代的人口比六朝要多,⑤城市中的人口密度有较大增高。就整个隋唐五代时段来说,人口呈现出一个渐渐增加的趋势。

城市人口的增加与城市物质形态的变化有着密切的关系。随着城墙的修筑,城区面积有所扩大,有的城市郭城原本没有明确界限,这时都以城墙为限,使城市的空间有了拓展的可能,所以一个应引起注意的事实是大量人口涌进城市。六朝时期,部分政治性人口向大城市流动,但也有相当一部分人是居住在大城市郊区。到了唐五代,政治性人口继续在向各级城市流动,而且这种流动有加剧的趋势,住在城市外的政治性人口比较少见,就连文士也是迁居城市,蔚然成风。同时,农村人口也出现了向城市转移的倾向,越来越多的农村人口流进城市,从事城市服务业。江南城市人口聚集的方向以大城市为主,一般小城市未见太明显的人口增张趋势。工商业较为发展的位处于交通沿线的大城市,特别是唐代的苏州、杭州、越州,五代的金陵,成为流动性人口的聚集中心。

被城墙包围着的城市内,居住着众多不同层面、不同职业的人口。唐末五代时的杭州、南唐的金陵,曾经作为吴越和南唐的都城,成为政府的所在地,因而在这两个城市中居住着皇帝、宗室、外戚和官员等特权阶层,他们是城市的上流阶层,是城市真正的掌控者。而各地的州、县城都是政府的统治据点,也有很多官员,在城里过着富裕的生活,有着较好的经济条件。江南城市还吸引了众多退职官员和文人学士。安史之乱发生后,北方居民多避乱南奔,"天下衣冠士庶,避地东吴,永嘉南迁,未盛于此"。⑥ 北方大量的文人寓居到了江南各城市,流连于江南山水美景之中。

---

① 白居易:《白居易集》卷六八《苏州刺史谢上表》,第1434页。

② 白居易:《白居易集》卷二四《自到郡斋仅经旬日方专公务未及宴游偷闲走笔题二十四韵》,第531页。

③ 苏、杭两州城市人口的推测,可参张剑光《唐五代江南工商业布局研究》,江苏古籍出版社2003年版,第348~358页。

④ 越州人口的推测,可参张剑光《唐代越州城市商品经济研究》,《绍兴文理学院学报》2010年第5期。

⑤ 如东吴前期都城吴郡,城内人口仅约十万人。东吴县城中的人口,一般不会超过二、三千人;郡城内的人口,在数千人至一万人左右。除都城建康是个特例外,东晋一般郡城内的人口在一万人左右,大的郡城能达到二万。南朝京口城内的人数大概在四万到五万人左右,会稽城有十至十一万。南朝一些小县城中的人口仅一千多人。见张剑光、邹国慰《六朝江南人口数量的探测》,《上海师范大学学报》2014年第3期。

⑥ 李白著,瞿蜕园校注:《李白集校注》卷二六《为宋中丞请都金陵表》,上海古籍出版社1980年版,第1514页。

城市人口的增加,为商业和手工业的发展带来了契机,城市服务业以前所未有的面貌在江南各大城市迅猛发展。这些人中,以经商为职业的在城市人口中占有相当大的比重。其中有的是往来于各地,甚或远涉海外,他们将江南地区的商品运向各地,又将各地的商品运到江南。有的开设了各种店铺、茶楼、酒楼、馆舍,集中在市内经商。城市手工业发达,从业人员众多,无论是官方手工业者还是民间私人手工业者,在江南城市中都是有一定的数量。昭宗天复二年(902),徐绾在杭州发动叛乱,时杭州城中有锦工二百多人在替钱氏织造,而这些锦工都是润州人,可以确定润州在战乱前已有数百人的织锦队伍。[①] 官手工业者外,还有大量民间的私手工业者。唐末皮日休《吴中苦雨因书一百韵寄鲁望》诗云:"吴中铜臭户,七万沸如臛。"皮氏夸张性地说苏州城内工商业者数量极多,告诉我们城内有一定数量的铜器制作工匠。

4. 城墙的修筑,促使了城市商业经营模式发生着一定的变化,促进了江南城市商业的发展。比如江南城市中的市,在设市地点、市的形制上显现出了一定的灵活性。

唐代江南城市实行市制,苏州、润州、金陵、越州等都有专门的商业市。但一些城市中的市场设立地点,与城门的位置、道路和河道的走向有关。如越州城内的市场,据元稹诗云:"暮竹寒窗影,衰杨古郡濠。鱼虾集橘市,鹤鹳起亭皋(越州宅窗户间尽见城郭)。……渔艇宜孤棹,楼船称万艘。"[②]知罗城外有护城河,渔船可直至城中,众多运送商品的楼船直接将货物运进城内。城中设市,市边有河道,水边有堆置货物的平地,四周是民居,市离城墙不远,市场与城墙有一定的联系。再如池州祁门县市,据明人说:"(唐)置县时街分田字,历(五代宋元)及(国朝)因之,时加修治,平坦如旧。"[③]祁门连接四城门的是两条大街,相交之处就是县市的中心,商业店铺沿街而立。

城墙修筑后,城区面积有所扩大,人口数量增加,因而迫使市场的规模也要更加庞大,以保证城市生活用品的供应。但市场不可能无限制扩大规模,所以有的城市新的小规模的商业市场不断出现。如歙州婺源县城原设在清化镇,杨吴大和年间,在弦高镇重筑新城,"启昇元二门,建东西两市"。[④] 五代时的婺源有两市,设立的原因史虽未明言,但恐怕主要是"茶货实多,兵甲且众,甚殷户口"。两市主要靠近两个城门。市场的设立,与城门以及城墙建造后的主要街道、河道的规划,都是紧密相关的。

在江南的州级大城市中,原有的市场一般在市中心,而且在子城附近。苏州子城西门上的西楼叫"望市楼",登临楼上,可见全市容貌。元稹诗曾说:"弄涛船更曾观否,望市楼还有会无?"注云:"望市楼,苏之胜地也。"[⑤]官员只要在子城城楼上就能观察市中动静。但固定的市场经营模式,越来越不能满足城市居民的生活,人们需要更多离家较近的市场,为生活带来方便。而城墙修筑后,在一些主要街道,或者城门内外,以及居民聚居区,会出现一些经商场所。如贞元时,湖州刺史李词开拓东郭门置闾门,"以门内空闲招辑浮客,人多依之"。门前的运河上,元和时刺史辛秘建了一座人依桥。之后,随着水陆交通的方便,这儿遂"集商为市",成了一个自发的商品经营场所。[⑥] 吴国处士吴亮居住在金陵杨某的家里,"初吴以金

① 吴任臣:《十国春秋》卷八三《钱传瑛传》,第1194页。

② 元稹:《元稹集》外集卷七《奉和浙西大夫李德裕述梦四十韵》,中华书局1982年版,第692页。

③ 彭泽:《弘治徽州府志》卷一《坊市》,《天一阁藏明代方志选刊》第21册,上海古籍书店1982年版,第48页。

④ 董诰:《全唐文》卷八七一,刘津《婺源诸县都制置新城记》,第926页。

⑤ 元稹:《元稹集》卷二二《戏赠乐天复言》,第246页。

⑥ 谈钥:《嘉泰吴兴志》卷一九《桥梁》,第4852页;嵇曾筠:《浙江通志》卷三五《关梁三》引《万历湖州府志》,文渊阁《四库全书》本,第520册,第39页。

陵为州,筑城西临江,东至潮沟,处士指城西荒芜之地,劝杨市之。及建为都邑,所市地正值繁会之处,遂制层楼为酒肆焉”。① 城外地在修筑城墙后变成了城内热闹场所,成了大力发展商业的地方。南唐时,金陵城内的居民住宅区域出现了一些为人们日常生活服务的市集,这些市集大多在城南地区。《南唐近事》中提到鸡行,而宋代的《庆元建康续志》载:“鸡行街,自昔为繁富之地,南唐放进士榜于此。”此外还有银行、花市等,戚光《金陵志》云:“银行,今金陵坊银行街,物货所集。花行,今层楼街,又呼花行街,有造花者。诸市但名存,不市其物。”②这些原来是商业店铺和手工业作坊的地方,以行为名,估计银行主要是打制金银器的,花行是专门制作装饰用花的。可以肯定的是,在城内外交通便利的地方,出现了许多新的市集,或者说是新的商业和手工业的聚散地,在五代后期渐渐演变成一片片的商业街巷,成为城市中新出现的繁华的商业区域。

修筑了城墙的城市,街坊布置比较密集,纵横交错的街道巷弄系统越来越完善。随着居民的增多,街道巷弄中出现的商店越来越多。李白多次到金陵,流连于金陵的酒楼。他在《金陵酒肆留别》中说:“风吹柳花满店香,吴姬压酒唤客尝。金陵子弟来相送,欲行不行各尽觞。”他的《玩月》诗题曰:“金陵城西孙楚酒楼达曙,歌吹日晚,乘醉著紫绮裘乌纱巾,与酒客数人棹歌秦淮,往访崔四侍御。”③金陵酒楼众多,杜牧《泊秦淮》有“烟笼寒水月笼沙,夜泊秦淮近酒家”句,④使我们知道唐代秦淮河边有很多酒楼。不少商店开设在城墙不远,而且生意红火。《金华子杂编》卷下谈到邑人出售货物后,“每抵晚归时,犹见(张)祜巾褐杖履相玩酒市,已则劲步出郭,夜回县下,及过祐门,则又先归矣”。这位邑人出售货物应该是在市内,张祜喝酒的地方离城郭不远处。

我们并不是说城市一旦修筑了城墙,就会明显地带来商业的繁荣。因为一个城市商业的繁荣,是很多条件共同促成的,但我们也得承认,城墙的修筑,在当时的社会环境之下,对商业的繁荣有一定的促进作用。城墙修筑后,城市的物质形态的变化,人口的增加,会促使城市商业市场和店铺沿主要街道、河道,甚至城门扩散。因此,江南城市中商业发生的一些新变化,与城墙的修筑或多或少存在有一定的关联。

5. 城墙的修筑,为城市文化生活提供了更为宽阔的活动空间。城墙上往往建有高楼,便于官员闲暇赋诗吟对,极目远眺。城市内,众多园林分布于一些重要街区,州衙、权贵豪宅、寺院等都会建起大小不等的园林。城市的权贵们凭着自己的人文眼光,将州衙、庭园、寺院建成一个个大园林,厅斋堂宇,亭榭楼阁,疏密相间,高低错落有致。

园林建筑是城市物质形态的一部分,标志着城市建设达到了一定的水准。唐代苏州新建了很多园林。《吴郡志》卷九《古迹》云:“临顿,旧为吴中胜地。陆龟蒙居之,不出郛郭,旷若郊墅。今城东北有临顿桥,皮陆皆有诗。”用现在的眼光来看,城墙包围着的城区并不全是街道和房子,很多地方仍是空地和农田。于是,一些富裕者在城市内开始建设园林,临顿是一处具有田园风光的园林,其具体地点可能在今拙政园一带。皮日休有《临顿为吴中偏胜之地陆鲁望居之》,⑤描写临顿四周全是竹林和树木,有小池塘,景色以幽静著称,俊雅秀丽,精巧玲珑。苏州子城上,齐云楼高耸雄伟。白居易“半日凭栏干”,看到了苏州

① 吴任臣:《十国春秋》卷一二《钱亮传》引《江淮异人录》,第158页。

② 张铉:《至正金陵新志》卷四《疆域志·镇市》,《宋元方志丛刊》,第5513页。

③ 李白著,瞿蜕园等校注:《李白集校注》卷一五、卷一九,第928、第1122页。

④ 杜牧:《樊川文集》卷四《泊秦淮》,上海古籍出版社2007年版,第70页。

⑤ 彭定求:《全唐诗》卷六一二,第7060页。

城“复叠江山壮,平铺井邑宽。人稠过杨府,坊闹半长安”的景象。[①] 湖州城内登高的场所有销暑、会景、清风等“四楼”,以销暑楼最为著名。《嘉泰吴兴志》卷一三《宫室》曰:“销暑楼在谯门东,唐贞元十五年李词建,有诗四韵,给事中韦某等诗六首。开成中刺史杨汉公重修,毕工在中秋日,有诗四首。”销暑楼高耸入云,官员们以登楼作为附弄风雅之举。高斋在杭州州宅东,临大溪,紧依山麓,因建筑单体高大,在城墙上,可俯瞰城内景象,吸引了很多人去登高远眺。严维《九日登高》云:“诗家九日怜芳菊,迟客高斋瞰浙江。汉浦浪花摇素壁,西陵树色入秋窗。”[②]

城墙修筑后,城区面积扩大,为富豪高官建造园林提供了便利条件。时人曾描绘金陵的园林修建情况云:“有唐再造,俗厚政和,人多暇豫,物亦茂遂,名园胜概,隐辚相望。至于东田之馆,西州之墅,娄湖张侯之宅,东山谢公之游,青溪赋诗之曲,白杨饮酒之路,风流人物,高视昔贤。京城坤隅,爰有别馆,百亩之地,芳华一新。”[③]金陵城私人园林众多,有财有势者想方设法在自己的住宅中建楼造园。如司徒徐玠家里的池亭苑囿十分出名:“亭榭跨池塘,泓澄入座凉。扶疏皆竹柏,冷淡似潇湘。萍嫩铺波面,苔深锁岸傍。朝回游不厌,僧到赏难忘。”[④]园中有亭榭等建筑,有水面很广的池塘,种植了很多竹子和树木,给人幽静淡雅的感觉。

城墙的修筑,城区面积的扩大,带来了人口数量的增加,使城市人口的文化结构发生了较大的变化,加上商品经济的活跃,江南城市出现了较为开放的城市文化氛围,一些新型的民众文化生活开始显现。如江南的官宦和文人学士流行饮酒作乐,他们以游玩山水为风雅,江南的一些城市渐渐成为他们的游览地。日渐发展的江南城市经济,使江南地区日渐富庶强盛起来,造就了“江外优佚,暇日多纵饮博”的景象。[⑤] 饮酒、游山玩水是中唐以后官员和文人学者在江南城市中休闲活动的主旋律。如德宗贞元四年(788)秋,韦应物被任命为苏州刺史,他来到重玄寺,眺望整个苏州城,写下了《登重玄寺阁》:“时暇陟云构,晨霁澄景光。始见吴都大,十里郁苍苍。山川表明丽,湖海吞大荒。合沓臻水陆,骈阗会四方。俗繁节又暄,雨顺物亦康。禽鱼各翔泳,草木遍芬芳。”[⑥]江南城内的普通居民,也十分热衷游览,或出城,或在城内,俨然形成为一种社会风尚。常常见到人们在日常闲暇的时候,或携妻女,或与乡邻,呼朋唤友一起出游。特别是在一些节日期间,普通居民四处游览十分普遍。杭州城内,一派游玩景象。西湖已是士女优游娱乐之所,“绿藤荫下铺歌席,红藕花中泊妓船”,[⑦]是游玩者的天堂。

六、结　　论

总体来说,隋唐五代时期,城市最重要的功能是政治上的,其次才是经济上和军事上的。大多数江南城市是政府行政力量的据点,所以行政级别的高低对城市的发展影响较大。行政地位高的城市,规模一般较大,经济发展速度较快,聚集的人口较多。反之,行政地位低的城市规模就小,发展速度缓慢。隋唐

① 白居易:《白居易集》卷二四《齐云楼晚望偶题十韵》,第550页。
② 彭定求:《全唐诗》卷二三六,第2922页。
③ 彭定求:《全唐文》卷八八三,徐铉《毗陵郡公南原亭馆记》,第9225页。
④ 彭定求:《全唐诗》卷七四七,李中《徐司徒池亭》,第8506页。
⑤ 李昉:《太平广记》卷二五一“冯衮”条,中华书局1982年版,第1591页。
⑥ 韦应物:《韦江州集》卷七,《四部丛刊初编》,第3B页。
⑦ 白居易:《白居易集》卷二三《西湖留别》,第514页。

五代的江南城市，仍然继承了前代的传统，基本是一个个受城墙包围着的不同层级的行政治所。州级城市一般远大于同地区的县级城市，如越州、苏州、润州、金陵、杭州等都是因为有较高的行政级别，城市规模在江南是比较大的，聚集了大量人口。州级城市城墙的修筑十分完备，城市的规模、人口数量、城市工商业的发展就超出一般的县级城市。平原地区发展较快的县城，大多是筑起了城墙，城市的发展有很大的潜力。山区中的县城，有一些是没有城墙的，城市规模较小，人口不多，工商业发展有限。从这一意义上说，城墙修筑是隋唐五代江南城市发展的一个重要标志。城墙修筑的不断完备，既是江南城市发展的客观要求，同时也推动了江南城市进一步向前发展。

（原刊于《文史哲》2015 年第 5 期）

唐与波斯：以西安出土波斯胡伊娑郝银铤为中心

李锦绣

（中国社会科学院研究员）

1989年，西安市西郊沣登路南口基建时出土银铤三笏（银铤现藏西安市考古所）。银铤出土地点在原唐长安城义宁坊，此地是唐金胜寺遗址。有一笏长274，宽61毫米的长方形银铤，重2130克，正面刻有四行铭文。铭文如下：

1. 阿达忽□频陁沙等纳死波斯伊娑郝银壹铤，伍拾两官秤。

2. 银青光禄大夫，使持节都督广州诸军事，广州刺史，兼御史大夫，充岭南节度、支度、营田、五府经略、观

3. 察处置等副大使，知节度事，上柱国，南阳县开国子，臣张伯仪进。

4. 岭南监军市舶使，朝散大夫，行内侍省内给事，员外置同正员，上柱国，赐金鱼袋，臣刘楚江进。①

此银铤为研究海上丝绸之路、唐与波斯的海路交通的重要资料，是唐代管理海外贸易和波斯人在海上丝绸之路中重要地位的实证。惜自王长启、高曼发表以来，似未引起足够注意，甚至银铤的性质，也未见清晰探讨。今汇集史料，从唐与波斯关系史角度进行考证，请方家指正。

一、银铤的年代与进献背景

（一）银铤的年代

此银铤铭文记录了银铤的来源、性质、重量及负责进献的官员。虽然有4行，但第3行与第2行内容相接，是第2行写不下后而折返书写的，并不是因新的内容而另起一行。因此，银铤的铭文实际上包括了三个部分。其一为第1行银铤来源、性质的记录；其二为第2、3行岭南节度副使知节度事张伯仪的署名，他是银铤的进献人；其三为第4行岭南市舶使刘楚江的署名，他是宦官，任岭南监军使、市舶使，参与岭南海外贸易的管理，因而也在银铤上署名。

银铤上未书时间。王长启、高曼根据张伯仪任岭南节度的时间，推测“这笏银铤进奉的时间应是大历

① 详见王长启、高曼：《西安西郊发现唐银铤》，《中国钱币》2001年第1期，第56页。银铤上的铭文，王长启、高曼录文为：“第一行：阿达忽□频陁沙等纳死汳斯伊娑郝银壹铤伍拾两官秤。第二行：银青光禄大夫，使持节都督广州诸军事，广州刺史兼御史大夫，充岭南节度支度营田□府□观察处置等副大使知节度事，上柱国南阳县开国子臣张伯仪进。第三行：岭南监军□舶使，朝散大夫行内侍省内给事员外置同正员，上柱国赐金鱼袋臣刘楚江。”由于银铤图版文字漫漶，本文录文多根据唐代制度进行填补。金德平录文为：“阿达忽□频陁沙等纳死波斯伊娑郝银壹铤伍拾两官秤。银青光禄大夫使持节都督广州诸军事广州刺史兼御史大夫充岭南节度支度营田五府经略观察处置等副大使知节度事上柱国南阳县开国子臣张伯义进。岭南监军事郡使，朝散大夫行内侍省企事员外置同正员上柱国赐金鱼袋臣刘楚江进。”见金德平：《唐代笏形银铤考》，载中国钱币学会编：《中国钱币论文集》，第5辑，中国金融出版社2010年版，第109～120页。

十二年(777)左右,最迟不超过德宗建中三年(782)”,所论甚是。《旧唐书》卷一一《代宗纪》云:“(大历十二年五月)甲戌,以前安南都护张伯仪为广州刺史,兼御史大夫,充岭南节度使。”同书卷一二《德宗纪》云:建中三年三月戊戌,“以岭南节度使张伯仪检校兵部尚书,兼江陵尹、御史大夫、荆南节度等使;以容管经略使元琇为广州刺史、岭南节度使”。[①] 张伯仪自大历十二年至建中三年任广州刺史、节度岭南,吴廷燮《唐方镇年表》、[②]郁贤皓《唐刺史考全编》[③]均无异词,可为此银铤断代的依据。

张伯仪官职,《旧唐书》本纪作“广州刺史,兼御史大夫,充岭南节度使”。但据银铤,知其职事官及使职为:“使持节都督广州诸军事,广州刺史,兼御史大夫,充岭南节度、支度、营田、五府经略、观察处置等副大使,知节度事。”张伯仪实际上是以副大使身份掌领岭南节度事的。名誉上的岭南节度大使,可能是代宗的第四子睦王李述。《旧唐书》卷一一六《肃宗代宗诸子传》云:

> 睦王述,代宗第四子。大历九年……大臣奏议请封亲王,分领戎师,以威天下。十年二月,诏曰:“述可封睦王,充岭南节度、支度、营田、五府经略、观察处置等大使……”是时,皇子胜衣者尽加王爵,不出閤。

可能在两年之后张伯仪任广州刺史时,睦王述仍是“岭南节度、支度、营田、五府经略、观察处置等大使”。相应的,张伯仪的使职则为“岭南节度、支度、营田、五府经略、观察处置等副大使”。由于睦王并不出閤,真正的节度使是张伯仪,所以张伯仪的职掌中特意标出“知节度事”。

(二)银铤进献的历史背景

正如法国学者索瓦杰(J. Sauvaget)所指出的:“在中国唐代的对外贸易中,广州起着首要作用。”[④]唐代的广州,作为西南沿海外商入唐的海港和国际贸易的市场,海舶往来,珍货辐辏,是对外贸易的大都会,也是海外贸易的中心。广州的政治军事形势、广州节度使的品行和政绩,直接影响唐代的外贸经济。[⑤]

---

① 《旧唐书》,中华书局1975年点校本,第312、332页。

② 中华书局1980年版,第1023~1024页。

③ 安徽大学出版社2000年版,第3167页。

④ 穆根来、汶江、黄倬汉译:《中国印度见闻录》,中华书局1983年版,第39页。

⑤ 唐代广州的海外贸易研究,日本學者起步较早,参见石桥五郎:《唐宋時代の支那沿海貿易並貿易港に就て》,《史学杂志》12编8號,第48~71页,12编9号,第33~59页,12编10号,50~66页,1901年。中村久四郎:《唐時代の廣東》、中村久四郎《唐时代の广东》(一)、(二),《史学杂志》28编3号,36~52页,28编4号,26~48页,28编5号,67~75页,28编6号,1~24页;中译本见朱耀廷译:《唐代的广东(上)》,《岭南文史》1983年第1期,第35~44页,《唐代的广东(下)》,《岭南文史》1983年第2期,第33~49页。桑原骘藏著,陈裕菁译:《蒲寿庚考》,中华书局1954年版,第2~45页。筑山治三郎:《唐代嶺南の政治と南海貿易》,《京都產業大學論集》創刊號(社會科學系列第1號),1972年,第23~47頁;家岛彦一《唐末期における中国・大食間のインド洋通商路》,《历史教育》一五卷5、6號,1967年,第56~62頁。中国学者的研究,详见:吕思勉:《唐代市舶》一至五,见《吕思勉读史札记》丁帙,上海古籍出版社1982年版,第991~1008页;韩振华:《唐代南海贸易志》,《福建文化》二卷3期,1945年,收入《韩振华选集之三:航海交通贸易研究》,香港大学亚洲研究中心2002年版,第328~370页;吴泰:《试论汉唐时期海外贸易的几个问题》,《海交史研究》第3期,1981年,第52~62页;陈高华、吴泰:《宋元时期的海外贸易》,天津人民出版社1981年版,第11~19页;陈尚胜、陈高华:《中国海外交通史》,文津出版社,1997年,第40~81页;邓端本:《广州港史(古代部分)》,海洋出版社1986年版,第45~72页;沈光耀:《中国古代对外贸易史》,广东人民出版社1985年版;沈福伟:《论唐代对外贸易的四大海港》,《海交史研究》1986年第2期,第19~32页;汶江:《唐代的开放政策与海外贸易的发展》,《海交史研究》1988年第2期,第1~13页;李庆新《论唐代广州的对外贸易》,《中国史研究》1992年第4期,第12~21页;陈柏坚、黄启臣编着:《广州外贸史》上册,广州出版社1995年版;杨万秀主编,邓端本、章深著:《广州外贸史》上册,广东高等教育出版社1996年版,第42~89页;黄启臣主编:《广东海上丝绸之路史》,广东经济出版社2003年版,第113~224页;李庆新:《滨海之地:南海贸易与中外关系史研究》,中华书局2010年版,第21~121页。

张伯仪进献伊娑郝银铤之时,唐代的海外贸易,正处于从动荡起伏到平稳发展阶段。[①] 安史之乱,连带广州政局不稳。乾元元年(758)九月"癸巳(24日),广州奏:大食、波斯围州城,刺史韦利见逾城走,二国兵掠仓库,焚庐舍,浮海而去"。[②] 大食、波斯进攻的原因,日本学者中村久四郎认为可能和大食、回纥助唐平安史叛乱有关。[③] 大食、波斯的攻掠,标志着开元时期兴盛繁荣的岭南外贸经济时代的结束。十月乙〔丁〕未(8日),唐"以濮州刺史张方须〔顷〕[④]为广州都督,五府节度使"。[⑤] 但新上任的张万顷并没有挽狂澜于既倒,而是一味贪赃枉法,上元二年(761)张万顷"以赃贬巫州龙标县尉员外置,长任",[⑥]岭南的海外贸易并未走出低谷。

广德元年(763)十一月甲辰(5日),[⑦]"宦官、市舶使吕太一发兵作乱,节度使张休弃城奔端州,太一纵兵焚掠,官军讨平之"。[⑧] 负责海外贸易的市舶使反叛,广州的海商一定首当其冲,多遭"焚掠"。至迟在永泰元年(765)初,[⑨]吕太一平定。杜甫在著名的《自平》诗中写道:"自平宫中吕太一,收珠南海千余日。近供生犀翡翠稀,复恐征戍干戈密。蛮溪豪族小动摇,世封刺史非时朝。蓬莱殿里诸主将,才如伏波不得骄。"[⑩]此诗记载了从永泰初到大历二年(767)岭南地区的政局变化。吕太一平定后,唐"收珠南海",重新拥有岭南地区的进贡和赋税,岭南地区平静的形势持续了千余日。杜诗的"珠"有岭南百姓所采之珠,也应有外蕃海商贸易所携之珠。《新唐书》卷一四三《徐申传》记载,徐申"进岭南节度使","外蕃岁以珠、瑇瑁、香、文犀浮海至",可见杜诗中的珠与"生犀翡翠",都是外商浮海贸易之物。平吕太一后千余日的太平,使"生犀翡翠"流布京师,岭南海外贸易有一定程度的恢复。

据《旧唐书·代宗纪》,大历二年四月,徐浩为岭南节帅,但"初,浩以文雅称,及广州,典选部,多积货财",[⑪]节度广州后,徐浩"贪而佞"。[⑫] 徐浩"多积货财"以岭南海外贸易的繁盛为基础,但"贪而佞"的吏

---

① 李庆新论述广州贸易大势时,将至德至兴元间定为"对外贸易起伏不定"期,见其著《滨海之地:南海贸易与中外关系史研究》,第25~26页。沈福伟认为"广州对外贸易自八世纪出现过三起三落",见《论唐代对外贸易的四大海港》,《海交史研究》1986年第2期,第24页。

② 《资治通鉴》卷二二〇"乾元元年"条,中华书局1956年点校本,第7062页,参见《旧唐书》卷一〇《肃宗纪》、《旧唐书》卷一九八《西戎传·波斯国》,第253、5313页。

③ 中村久四郎:《唐時代の廣東(第二回)》,《史學雜志》第28編第4號,第354。朱耀廷译:《唐代的广东(上)》,《岭南文史》1983年第1期,第43页。

④ "须"为"顷"之误,见郁贤皓《唐刺史考全编》,安徽大学出版社2000年版,第3164页。

⑤ 《旧唐书》卷一〇《肃宗纪》,第253页。但乾元元年十月无乙未,可能是"丁未"之误。

⑥ 《册府元龟》卷七〇〇《牧守部·贪黩》,中华书局1960年影印本,第8352页。

⑦ 《旧唐书》卷一一《代宗纪》(第274页)作"十二月"。按十二月无甲辰,当从《资治通鉴》作"十一月"。《新唐书》卷六《代宗纪》(中华书局1975年点校本)云:"(广德元年)十一月壬寅(3日),广州市舶使吕太一反,逐其节度使张休。"

⑧ 《资治通鉴》卷二二三"广德元年十一月"条。

⑨ 吕太一叛平定的时间,史书无确载。但《文苑英华》卷九二七豆卢诜撰《岭南节度判官宗公(羲仲)神道碑》记载:"无何杨公(慎微)拜御史中丞,岭南节度,乃谘参公谋,授以参军。时宦官吕太一怙恃宠灵,凌虐神主,前节度张休为之弃甲。公于是稽韬略,演遁法,算之以孤虚,考之以风角,潜军间道,克复旧藩。甲士不勤,而凶党歼矣。所谓不战而胜者也。乃大贡方贿,丕叙庶绩,朝议嘉焉,授大理少卿,且监察御史,仍充节度判官,懋赏也……永泰三年四月六日寝疾,捐馆于上京务本里第。"永泰无三年,三应是元年之误,因广德三年改为永泰元年也。宗羲仲永泰元年四月在上京去世,显然吕太一已经平定。考虑到岭南至上京的路程,吕太一平定当在广德二年,最晚不会晚于永泰初。而从宗羲仲墓志看,平定吕太一似未经过艰苦战斗,至少岭南节度使下的军队,是不战而胜的,所以不会持续很长时间。

⑩ 仇兆鳌注:《杜诗详注》,中华书局1979年版,第1809~1810页。杜诗诸家注释颇多,互有歧义。仇兆鳌注云:"上四,忧南海之乱。下四,言柔远之道。"所论甚是。下四句,以钱谦益笺注最确,见《钱注杜诗》卷五,上海古籍出版社1979年版,第157~158页。上四句,写自平定吕太一至大历二年事。中村久四郎据此认为"收珠南海千余日",表明自吕太一叛乱至平定,约经过三年的时间(见注7引中村久四郎文)。此说不确。因为"收珠南海千余日",是"自平宫中吕太一"之后的。"平",即平定。也正是吕太一被平定,唐才能"收珠南海"。诗义甚明。由于笔者认为吕太一平定在广德二年或永泰初,杜甫此诗应作于大历二年(768)。

⑪ 《旧唐书》卷一三七《徐浩传》,第3760页。

⑫ 《资治通鉴》卷二二四"大历五年"条,第7214页。

治破坏了岭南的宁静。经过千余日的安宁之后，“蛮溪豪族小动摇”。其具体情形，《新唐书》卷六《代宗纪》：

(大历二年)是秋，桂州山獠反。

颇疑山獠反，与徐浩“贪而佞”直接相关。岭南不稳，导致“近供生犀翡翠稀”。杜甫力主怀柔，故而用“小动摇”，以示山獠反叛无关宏旨，不必大惊小怪。实际上，动荡的局势严重影响了岭南的海外贸易。《旧唐书》卷一三一《李勉传》①云：

四年，除广州刺史，兼岭南节度观察使。番禺贼帅冯崇道、桂州叛将朱济时等阻洞为乱，前后累岁，陷没十余州。勉至，遣将李观与容州刺史王翃并力招讨，悉斩之，五岭平。前后西域舶泛海至者岁才四五，勉性廉洁，舶来都不检阅，故末年至者四十余。

李勉节度岭南的时间，《旧唐书》卷一一《代宗纪》作：“(大历三年十月)乙〔己〕②未(19日)，以京兆尹李勉为广州刺史，充岭南节度使。”当从之。大历四年，应该是平定番禺冯崇道、桂州朱济时反叛之年，是“悉斩之，五岭平”的年代。大历二年秋开始的番禺、桂州山獠等“动摇”，至四年才告一段落，可称为“累岁”。番禺、桂州的战乱，波及“十余州”，影响范围较大。不仅如此，以岭南为中心的海外贸易，也严重受损，到大历四年平定山獠叛乱时，到广州的外商船舶只有四、五艘，屈指可数。外贸经济的萧条，可见一斑。

李勉出任岭南后，平定了叛乱，为经济发展提供了安定的环境。他为官清廉，不干预市舶事务，任外商往来，自由贸易。平稳的局势和宽松的政策，吸引了各国海商，至大历七年(772)年李勉离任③时，外商船舶进广州港的船舶数激增，“至者四十余”。④ 虽不及开元天宝之盛，因西南商舶的来华贸易，广州的海

① 参《新唐书》卷一三一《李勉传》，《册府元龟》卷六七九《牧守部·廉俭》。

② 大历三年十月无乙未，只有丁未和己未。《旧唐书·代宗纪》在“乙未”前记载了“甲寅”(14日)事，则此处只能是“己未”之误。

③ 见《旧唐书》卷一一《代宗纪》及郁贤皓《唐刺史考全编》，第3166页。

④ 来广州贸易的西南商舶，《新唐书·李勉传》一本作“四千余柁”。到底是“四十”还是“四千”，学界多有争论。日本学者基本未否认“四千”，如中村久四郎认为“柁”与“舵”通，但没有证据可以判断是“四十”还是“四千”，见中村久四郎著、朱耀廷译：《唐代的广东(下)》，《岭南文史》1983年第2期，第33页。桑原骘藏认为因李勉廉洁，海舶来者多至千倍，见《蒲寿庚考》第22～23页。筑山治三郎引用了“四千余柁”的史料，指出“柁”即“只”，但也怀疑李勉使入港船增加千倍有些疑问。见前引筑山治三郎文，第37页。中国学者张星烺、朱杰勤、莫任南等认为唐代广州年驶进四千艘海舶是可能的，见张星烺编注、朱杰勤校订：《中西交通史料汇编》，中华书局2003年版，第2册，第762页；朱杰勤：《古代的广东》，原载《开放时代》1985年2～4期，收入《中外关系史》(《朱杰勤文集》)，广西师范大学出版社2011年版，第488～508页，esp493页；莫任南：《“海上丝路”研究札记》，《海交史研究》1987年1期，第7～13页，esp8～10页。韩振华：《韩振华选集之三：航海交通贸易研究》，第351页。余思伟：《广州市舶司的历史沿革及其在对外贸易中的作用和影响》，《海交史研究》1983年第5期；沈福伟：《论唐代对外贸易的四大海港》，《海交史研究》1986年第2期，第19～32页。更多学者则主张“四千”为“四十”之误。如陈寅恪先生在《新唐书》卷一三一《李勉传》后批注云：“四千恐亦太多。《新书》‘千’字疑是‘十’字伪写。”见《陈寅恪读书札记》“新唐书之部”，上海古籍出版社1989年版，第85页。吕思勉亦认为：“何以十倍之数，不足以见宽政之效，而必有待于千倍？且夷舶至者，岂易增至千倍乎？此‘千’字恐正是‘十’字”之误，不足为子京咎。”见《吕思勉读史札记》丁帙《唐代市舶二》，第1001页。岑仲勉指出：“四十余柁虽非极盛，亦已大有可观。如曰不然，广州口港内安能于同一季节容纳四十(千)余海舶。”见《隋唐史》下册，中华书局1982年版，第604页。陈坚红从唐代海上航行技术和历代文献中记载的到广州船舶数量两方面，否定了广州外舶一年四千余艘的可能性，见《关于唐代广州港年外舶数及外商人数之质疑》，《海交史研究》1987年第2期，第71～74页。顾敦信根据海舶进港的季节性否定了“四千”之说，见《略论唐代的市舶事务》，《扬州师范学院学报》1990年第2期，第103～108页。

外贸易逐渐展开。

但随着李勉离任，刚刚起步的海外贸易又处于风雨飘摇之中。《旧唐书》卷一二二《路嗣恭传》[①]略云：

大历八年，岭南将哥舒晃杀节度使吕崇贲反，五岭骚扰。诏加嗣恭兼岭南节度观察使……招集义勇，得八千人……出其不意，遂斩晃及诛其同恶万余人，筑为京观。俚洞之宿恶者皆族诛之，五岭削平。检校兵部尚书，知省事……及平广州，商舶之徒，多因晃事诛之，嗣恭前后没其家财宝数百万贯，尽入私室，不以贡献，代宗心甚衔之。故嗣恭虽有平方面功，止转检校兵部尚书，无所酬劳。

大历八年的哥舒晃之叛，使广州又陷于战乱之中。路嗣恭在广州节帅军队之外，另行招募八千人，"出其不意"平叛，所用时间不长。但从其诛"同恶万余人"及"俚洞之宿恶者皆族诛之"看，此次哥舒晃叛乱规模不小，"五岭骚扰"。路嗣恭平叛后，又大量诛杀"商舶之徒"，趁机没收商人财宝，尽入私囊。"所谓商舶之徒，乃通海外贸易之富商。"[②]应包括广州本地海商和外国入华海商两类。路嗣恭屠杀海商，与上元元年(760)田神功因刘展之乱在扬州"杀商胡以千数"[③]相类似。田神功的诛杀，"商胡大食波斯等商旅死者数千人"，路嗣恭斩杀"商舶之徒"，大食波斯等海外商舶也一定在劫难逃。正因为路嗣恭诛杀无辜，使刚刚复原的外贸经济再次元气大伤，代宗皇帝颇为不满，故而对他的平叛之功，不予赏赐，并很快将其调离广州。

正是在这种形势下，张伯仪出任岭南节度使。张伯仪其人，《新唐书》卷一三六《张伯仪传》记载：

张伯仪，魏州人。以战功隶光弼军。浙贼袁晁反，使伯仪讨平之，功第一。擢睦州刺史。后为江陵节度使。朴厚不知书，然推诚遇人，军中畏肃，民亦便之。

张伯仪在岭南节度使任上政绩如何，《新传》并未记载，甚至连其出任岭南节度都未提及。但《册府元龟》卷六八〇《牧守部·推诚》记载：

张伯义为广州刺史，岭南节度。朴直不知书。然能推诚委任，军府简肃，人皆便之。

此"张伯义"应即银铤铭文中的张伯仪。张伯仪为李光弼部下，以战功起家，出身行伍，故而"朴直不知书"。但在任岭南节度的五年期间，他为政"简肃"，简约廉整而有序。值得注意的是，张伯仪的"简肃"，与李勉"舶来都不检阅"不同："简肃"是管理严格，制度严整，是非分明，井然有序；"不检阅"是无为而治，放任自流。如果张伯仪象李勉一样"不检阅"，可能也就没有伊娑郝银铤的进献了。张伯仪"简肃"的结果，"军中畏肃，民亦便之"，为岭南军事稳定和经济发展提供了一个有利而有序的环境。

---

① 参《新唐书》卷一三八《路嗣恭传》，《册府元龟》卷三三八《宰辅部·奢侈》、卷四五五《将帅部·贪黩》、卷四二二《将帅部·任能》、卷六九四《牧守部·武功二》。

② 《陈寅恪读书札记》"旧唐书之部"，第101页。

③ 《资治通鉴》卷二二一"上元元年十二月"条。

波斯人伊娑郝的银铤，就是这一时期，在广州这样的形势下，被张伯仪从广州进献给皇帝的。本文的论述也在此拉开序幕。

二、死波斯银和海商遗产法

此银铤为"阿达忽□频陁沙等纳死波斯伊娑郝银"。"伊娑郝"，可能是 إسحق［ishaq］的音译。① 阿［a］达［dat］忽［xuət］□频［bien］陁［da］沙［shea］，是一个人还是两人之名？其为何名之音译？尚不可知。请方家指教。

"死波斯伊娑郝银"是什么性质的银呢？我认为，此银即伊娑郝死后的遗产。张伯仪将"死波斯伊娑郝银"进贡，体现了唐代中期对外商遗产的处理制度。

关于外国人遗产继承法，日本学者中田薰、②我国学者吕思勉、③毛起雄④先后对其进行细致分析研究。本文在中田氏等论述基础上，结合伊娑郝银铤，继续探讨唐五代外商遗产继承法规。

《新唐书》卷一六三《孔戣传》记载：

> 旧制，海商死者，官籍其赀，满三月无妻子诣府，则没入。戣以海道岁一往复，苟有验者不为限，悉推与。

《新传》的史料来源于韩愈撰写《唐正议大夫尚书左丞孔公墓志铭》，其文云：⑤

> （元和）十二年，自国子祭酒拜御史大夫，岭南节度等使……蕃舶之至泊步，有下碇之税，始至有阅货之燕，犀珠磊落，贿及仆隶，公皆罢之。绝海之商有死于吾地者，官藏其货，满三月无妻子之请者，尽没有之。公曰"海道以年计往复，何月之拘？苟有验者，悉推与之，无算远近。"

据此可知，唐旧规，海商死者，其财物由官府收藏，三个月没有妻子等继承人来领取，就由官府没收。对这种外商遗产继承制度，吕思勉先生评价说：⑥

> 户绝者资产入官，中国法亦如是，初非歧视蕃商；然海道岁一往复，则不应三月即没入，盖故立苛例以规利也。

所论甚是。元和十二年（817），孔戣认为，海商家属由海路来唐，至少需要一年。因而在他任内，有死亡

---

① 此承北京大学东方语言文学系王一丹教授见告，谨此致谢！

② 见中田薰：《唐代法に於ける中外国人の地位》，《法制史论集》第3卷下册，岩波书店1943年版，第1361～1391页，esp. 1382～1392。

③ 《吕思勉读史札记》丁帙《唐代市舶三》，第1004～1005页。

④ 毛起雄：《唐朝海外贸易与法律调整》，《海交史研究》1988年第2期，第14～20页。

⑤ 《韩昌黎文集校注》卷七，马其昶校注，马茂元整理，上海古籍出版社1986年版，第531页。

⑥ 《吕思勉读史札记》丁帙《唐代市舶三》，第1004～1005页。

的海商亲属来领取遗产，只要能证明亲属关系，就交还海商遗产。也就是说，海商亲属来唐继承遗产不再有时间限制。这样的外商财产继承规定，是合理的，正如毛起雄所指出的，其基本原则和措施，“与近代国际法、私法、贸易立法的基本精神是一致的”。① 因而，中田薰指出：与欧洲诸国中世纪外国人地位低于国内人的法律相比，唐代法律体现了国内与国外人平等的立法原则，令人惊叹。②

海商遗物三月没入的规定，当是由岭南节度制定的，相沿成俗。正因为它当时并没有被列入唐代法律——《律》、《令》、《格》、《式》中，岭南节度使可以自主处理，故而新任岭南节度等使孔戣能够更改它。据韩愈撰写的墓志铭，孔戣改革海商遗物的处理方式之前，似并没有向中央申报。因而可以推知，到元和末期，对海商遗产，岭南节度使仍拥有自主处理权和随意性；唐代外商遗产法还没正式确立。这一方面体现了唐代律令制定的滞后性，另一方面也展示了唐代对岭南海外贸易认知过程的阶段性。

元和十二年孔戣改革后，外商遗产规定走向法律化。唐五代外商遗产继承法及其变化，完整记载于《宋刑统》中。今详引如下。《宋刑统》卷一二《户婚律》“死商钱物”③云：

〔准〕《主客式》：诸商旅身死，勘问无家人亲属者，所有财物，随便纳官，仍具状申省。在后有识认勘当，灼然是父兄子弟等，依数却酬还。

〔准〕唐大和五年二月十三日敕节文：死商钱物等，其死商有父母、嫡妻及男，或亲兄弟、在室姊妹、在室女、亲侄男，见相随者，便任收管财物。如死商父母、妻儿等不相随，如后亲属将本贯文牒来收认，委专知官切加根寻，实是至亲，责保讫，任分付取领，状入案申省。〔准〕唐大和八年八月二十三日敕节文：当司应州、郡死商，及波斯、蕃客资财货物等，谨具条流如后：

一、死商客及外界人身死，应有资财货物等，检勘从前敕旨，内有父母、嫡妻、男、亲侄男、在室女，并合给付；如有在室姊妹，三分内给一分。如无上件亲族，所有钱物等，并合官收。

一、死波斯及诸蕃人资财货物等，伏请依诸商客例，如有父母、嫡妻、男女、亲女、亲兄弟元相随，并请给还。如无上件至亲，所有钱物等并请官收，更不牒本贯追勘亲族。

右户部奏请，自今以后，诸州、郡应有波斯及诸蕃人身死，若无父母、嫡妻、男及亲兄弟元相随，其钱物等便请勘责官收。如是商客及外界人身死，如无上件亲族相随，即量事破钱物瘗瘗，明立碑记，便牒本贯追访。如有父母、嫡妻、男及在室女，即任收认。如是亲兄弟、亲侄男不同居，并女已出嫁，兼乞养男女，并不在给还限。在室亲姊妹，亦请依前例三分内给一分。如死客有妻无男女者，亦请三分给一分。敕旨：“宜依。”

〔准〕周显德五年七月七日敕条：死商财物，如有父母、祖父母、妻，不问有子无子，及亲子孙男女，并同居大功以上亲幼小者，亦同成人，不问随行与不随行，并可给付。如无以上亲，其同居小功亲，及出嫁亲女，三分财物内取一分，均给之。余亲及别居骨肉不在给限。其蕃人、波斯身死财物，如灼然有同居亲的骨肉在中国者，并可给付。其在本土者，虽来识认，不在给付。

《宋刑统》所记载的唐五代商人遗产继承法规，可分大和五年（831）前、大和五年、大和八年（834）和周显

① 毛起雄：《唐朝海外贸易与法律调整》，第19～20页。

② 中田薰：《法制史论集》第3卷下册，第1390～1391页。

③ 窦仪等撰，吴翊如点校：《宋刑统》，中华书局1984年版，第199～200页。

德五年(958)四个阶段,每一时期法规不同。

大和五年前“诸商旅身死”的继承法规,见于《主客式》。“主客郎中、员外郎,掌二王后及诸蕃朝聘之事。”①正如中田薰所指出的,“诸商旅”虽在唐代用语中指本国商旅,但其财产继承法列于《主客式》中,“诸商旅”一词应该也包含诸蕃商。《主客式》中“诸商旅身死,勘问无家人亲属者,所有财物,随便纳官,仍具状申省。在后有识认勘当,灼然是父兄子弟等,依数却酬还”,正与孔戣改革后的外商遗产继承原则相符,“父兄子弟”前来领取蕃商遗产,无期限限制。因而可以推知,《宋刑统》所条列的《主客式》是元和十二年至大和五年之间的法规。这时外商身死财物没官之后,“父兄子弟”等亲属可以前来领取遗产,但对可以继承外商遗产的亲属,《主客式》没有详细规定。

大和五年,以“格后敕”的形式,对诸商旅遗产继承法规进行了补充,规定死商钱物的继承者为“父母、嫡妻及男,或亲兄弟、在室姊妹、在室女、亲侄男”等,对本不相随,后来认领的亲属,要求出示本贯文牒,并由专知官仔细检查,还要有保人书面保证,取领遗产后,要向尚书省(应该是主客司)申报备案。大和五年的格后敕对商旅遗产继承的规定更加详细和严密了。同《主客式》一样,这里的“死商”包括本国商旅和外商两部分。因本国商旅和外商情况不同,大和五年敕文中将之一律处理,并不妥当,法规条文还有待完善。

大和八年,商旅遗产继承法规再次修订,完善的商旅继承法最终建立起来。这次法规修订,由户部上奏,户部奏请中,将外商与本国商人分开处理,专门提出外商遗产的处理办法,即“诸州、郡应有波斯及诸蕃人身死,若无父母、嫡妻、男及亲兄弟元相随,其钱物等便请勘责官收”。重新强调了外商死后身边无亲属财产官收的原则。本国商人死后,还要“牒本贯追访”亲属,父母、嫡妻、男及在室女,可以直接继承;亲兄弟、亲侄男不同居,和出嫁女、养男养女,则无继承权;在室亲姊妹,给三分之一,有妻无男女者,也给三分之一。户部的奏请,皇帝批:“宜依。”之后,根据户部奏请,另行起草敕旨。② 敕旨内容分为本国商和外商两部分,关于外商的内容为:“死波斯及诸蕃人资财货物等,伏请依诸商客例,如有父母、嫡妻、男女、亲女、亲兄弟元相随,并请给还。如无上件至亲,所有钱物等并请官收,更不牒本贯追勘亲族。”本条敕旨,编入“格后敕”,成为处理外商遗产的法律依据。

大和八年的商旅遗产法,在中国古代法律中具有重要地位。它第一次清晰规定了外商遗产的继承法律,第一次将外商遗产处理方式从笼统的诸商旅概念中分离出来,单独明确提出,具有重要意义。同时需要指出的是,敕文又将在诸蕃商中,单独提出波斯商,称“波斯及诸蕃人”,表明波斯成为诸蕃商的主体,也昭示了唐后期在唐波斯商人的普遍存在。

但如果根据《宋刑统》的记载,大和八年敕节文关于“死波斯及诸蕃人”的法规似乎并不完全。敕文中只规定“死波斯及诸蕃人”,“不牒本贯追勘亲族”,没有亲属来认领,是否给付的文字。但因为敕文中规定外商遗产“请依诸商客例”,表明外商亲属之后来认领,其父母、嫡妻、男及在室女等的给付如本国商人。由于敕文的前条已明确记载了死后认领遗产的法规,在波斯及诸蕃商条就不再重复了。

大和八年以后,外商未随行亲属可以来继承遗产,我们还可以从阿拉伯史料中得到印证。《中国印度见闻录》第43条记载:

---

① 《唐六典》卷四“主客郎中员外郎职掌”条,陈仲夫点校,中华书局1992年版,第129页。

② 敕旨的产生过程,参见拙著:《唐“王言之制”初探》,《季羡林教授八十华诞纪念论文集》,江西人民出版社1991年版,第273~290页;张弓主编:《敦煌典籍与唐五代历史文化》,中国社会科学出版社2006年版,第451~455页。

> 如果到中国去旅行，要有两个证明：一个是城市王爷的，另一个是太监的。城市王爷的证明是在道路上使用的，上面写明旅行者以及陪同人员的姓名、年龄，和他所属的宗族，因为所有在中国的人，无论是中国人，阿拉伯人还是其他外国人，都必要使其家谱与某一氏族联系起来，并取该氏族的姓氏。而太监的证明上则注明旅行者随身携带的白银与货物，在路上，有关哨所要检查这两种证明。为了不使其白银或其他任何物品有所丢失，某人来到中国，到达时就要写明："某某，某某之子，来自某某宗族，于某年某月某日来此，随身携带某某数目的白银和物品。"这样，如果出现丢失，或在中国去世，人们将知道物品是如何丢失的，并把物品找到交还他，如他去世，便交还给其继承人。①

值得注意的是"如他去世，便交还给其继承人"一句，并未记载外商财产还给继承人的时间性。《中国印度见闻录》的作者是阿拉伯商人，对中国的经济法规记载极为详细，如第44—48条对契约、税收、国家教育费用的记录等等。因此，如果还给继承人遗产有时间限定，此书作者会有记录下来的。而此处对外商遗产继承只提到"如他去世，便交还给其继承人"一句，这只是表明他记录的是孔戣改革之后的事，外商死后亲属领取遗产没有时间限制。这也反证了大和八年的格后敕中，本土外商亲属可以来唐领取遗产，而外商所持的亲属证明则是记载"他所属的宗族"的过所。

综上所述，大和八年，外商遗产法从本国商人财产继承法中独立出来，外商遗产分随行亲属直接继承和本土亲属领取继承两种，每种的继承人都规定严格，规则严密，外商遗产法趋于完善。实际上，外商遗产法规完全比照唐代本国商人遗产法规，继承人范畴、继承数额等，与本国商人毫无二致，真正体现了华夷一体的精神理念。在具体执行中，外商与本土商人遗产处理的最大区别，只是：外商身死，"不牒本贯追勘亲族"。

终唐之世，大和八年确立的外商遗产继承法一直延续下来，直到五代末变得苛刻。显德五年敕文规定，蕃人、波斯身死财物，"其在本土者，虽来识认，不在给付"，不允许外商不随行亲属财产认领。这种对外商遗产继承的严苛规定，在宋代得到纠正。

唐代笔记小说中，多有关于波斯商人遗产的故事。如《太平广记》卷四〇二"李勉"条引薛用弱《集异记》略云：

> 司徒李勉，开元初，作尉浚仪……忽有波斯胡老疾，杖策诣勉……胡人极怀惭愧，因曰："我本王贵种也，商贩于此，已逾二十年。家有三子，计必有求吾来者。"不日，舟止泗上。其人疾亟，因屏人告勉曰："吾国内顷亡传国宝珠，募能获者，世家公相。吾衒其鉴而贪其位，因是去乡而来寻，近已得之，将归即富贵矣。其珠价当百万，吾惧怀宝越乡，因剖肉而藏焉。不幸遇疾，今将死矣。感公恩义，敬以相奉。"即抽刀决股，珠出而绝。勉遂资其衣衾，瘗于淮上。掩坎之际，因密以珠含之而去。即抵维扬，寓目旗亭，忽与群胡左右依随，因得言语相接。傍有胡雏，质貌肖逝者。勉即询访，果与逝者所叙契会。勉即究问事迹，乃亡胡之子。告瘗其所，胡雏号泣，发墓取而去。

李绰撰《尚书故实》记载：

① 《中国印度见闻录》，第18页。

兵部李约员外，尝江行，与一商胡舟楫相次。商胡病，固邀相见，以二女托之，皆绝色也。又遗一珠，约悉唯唯。及商胡死，财宝约数万，悉籍其数送官，而以二女求配。始殓商胡时，约自以夜光含之，人莫知也。后死商胡有亲属来理资财，约请官司发掘验之，夜光果在。其密行皆此类也。

《太平广记》卷四〇二“李灌”条引李亢《独异志》略云：

李灌者，不知何许人。性孤静。尝次洪州建昌县，倚舟于岸。岸有小蓬室，下有一病波斯。灌悯其将尽，以汤粥给之，数日而卒。临绝，指所卧黑毡曰，中有一珠，可径寸，将酬其惠……灌取视得珠，买棺葬之，密以珠内胡口中，植木志墓。其后十年，复过旧邑，时杨平为观察使，有外国符牒，以胡人死于建昌逆旅，其粥食之家，皆被梏讯经年。灌因问其罪，囚具言本末。灌告县寮，偕往郭墦伐树，树已合拱矣。发棺视死胡，貌如生，乃于口中探得一珠还之。

这三个故事的主人公都姓李，故事的主题都是波斯商人和宝珠，虽情节有出入，但显然是从一个底本推衍出来的。本文不辨析三个故事版本的因果关系及其真实程度，只推寻三个故事所反映的外商遗产继承制度。

李勉的故事点明了时间，即“开元初”。李勉埋葬波斯老胡后，并未将其财产上报，只是找到其子，私自处理了。这表明当时对外商遗产，尚无严格登录、没官、认领等规定。由于这个故事中没有官府干涉和管理的痕迹，这种外商遗产继承方式应该发生在外商管理制度未为完善的时期，所以故事中提到的“开元初”，与当时的外商遗产处理方法是相符合的。

李约的故事比李勉要晚，①这不仅因为李约为李勉之子，而是故事中体现的外商遗产处理显然不是唐前期的制度。可以判定此故事时间的情节有几点：一是病胡“以二女託之”，二是李约将外商财宝“悉籍其数送官”，三是之后死商胡亲属来领资财。李约在商胡死后嫁其二女，可见商胡亲属并未在商人去世不久赶来，结合孔戣所谓“海道以年计往复”之语，可以推知死商亲属不是在三个月之内赶来的。这表明李约故事体现的外商遗产继承事发生在元和十二年之后，这是时间的上限。根据《宋刑统》记载的大和五年敕文，死商如有“在室女”相随，其财产则应给付，而不应没官。李约的处理方式显然和大和五年敕文不符合，因而李约故事的下限是大和五年。李约应该是按照元和十二年至大和五年之间《主客式》的规定，处理外商遗产的。

在李灌的故事中，死波斯亲属在十年后来领取遗产，显然只能发生在元和十二年之后。李灌照顾的波斯商孤身一人，没有“在室女”。波斯商人亲属通过“外国符牒”索取遗产，显然李灌没有上报，唐官府也没有牒波斯本贯“追勘亲族”。因此，李灌的故事发生在大和八年之后，反映的是大和八年至唐末的外商财产继承制度。

在以上三例关于商胡遗产的笔记小说中，李勉和李灌的故事明确记载病死的商人为波斯。李约故事中只简约称为商胡，并未突出强调其为何种胡。但从其“财宝约数万”及有夜光珠看，与元稹记载的“南方呼波斯为舶主，胡人异宝，多自怀藏，以避强丐”②情况相符，波斯人称为唐后期最富裕的社会群体，以

① 中田薰据李约为李勉之子，推测李约为德宗时代人。见上引中田薰书，第1386～1388页。

② 元稹：《和乐天送客游岭南二十韵》“舶主腰藏宝”句注，见《元稹集》卷一二《律诗》，冀勤点校，中华书局1982年版，第139～140页。

致"穷波斯"和不甚识字的教书先生一样,都是"不相称"的。[①] 波斯商人成为财富和宝物的代名词,故而李约故事中所叙述的商胡,时人也会自然想象为波斯商人。正因为中唐以后涌入大量富裕的波斯商人,其遗产继承成为当时一个社会问题,因之引起的纠纷,在所难免。因而笔记小说中记载这些关于其遗产的传奇故事,唐代外商遗产继承法令中,专门提及波斯商,将其与诸蕃商并列。李勉等义行故事,大和八年波斯商遗产法的出台,都是唐代海外贸易兴盛、波斯遗产纠纷频繁出现的社会现象的反映。

唐代笔记小说中的波斯商人遗产都和宝珠有关。而我们论述的银铤的主人伊娑郝,却没有这样的传奇色彩。伊娑郝没有死在孔戣改革之后,因而他的财产没能等到长途涉海跋涉的亲属继承。在元和十二年之前,外商在唐身死,如身边无亲属相随,财产由官府登记、保管,三个月后亲属认领,则由官府没收。波斯商人伊娑郝于大历末、建中初在广州身死,三个月后无亲属索求遗产,其资产被广州官府没收,由负责广州外贸管理的岭南节度使和市舶使将伊娑郝遗产上供给皇帝。

伊娑郝银铤,是唐代外商遗产法的演变过程的重要实证。将伊娑郝银与李勉、李约、李灌故事结合起来,唐代外商遗产法演变的经过历历在目:开元时无严格管理制度,安史乱后外商遗产三月无人认领没官,元和十二年后外商遗产根据《主客式》由亲属认领,大和五年法规中对继承遗产亲属严格限定,大和八年完善的波斯商、外商遗产法出台,唐代经历了五个发展阶段。伊娑郝银不仅补充了遗产继承演变历程中的重要一环,而且还将告诉了我们没入遗产的最终去处,即上供给皇帝。本文论述的这五十两波斯死商伊娑郝银铤,从个人财产进入了被皇帝支用的程序,纳入了唐国家财政循环体系。这就是"死波斯伊娑郝银"的由来。

三、唐与波斯的海交史

此银铤为唐与波斯海交史的重要实证,反映了开元天宝后,波斯船舶逐渐成为唐代南海蕃舶主体的现实。这里从三个方面简论如下。

(一) 阿达忽□频陁沙与蕃长

此银铤铭文第1行记录了银铤的来源:"阿达忽□频陁沙等纳死波斯伊娑郝银壹铤"。因为铭文中有"等"字,故而认为阿达忽□频陁沙可能是两个人。由于"忽"与"频"之间的缺字无法辨认,"阿达忽□频陀沙"[Adatxuət…biendashea]之名笔者无法复原,姑存疑于此。

交纳伊娑郝银铤的"阿达忽□频陀沙"应该是广州负责伊娑郝所在地区蕃客事务的首领,易言之,可能就是大历末、建中初岭南蕃坊的管理者。

唐代蕃坊制度,自桑原骘藏、[②]韩振华[③]先生将蕃坊与广州海外贸易结合探索以来,相关研究成果众

① 《义山杂纂》,见《杂纂七种》,曲彦斌校注,上海古籍出版社1988年版,第6页。

② 桑原骘藏著,陈裕菁译:《蒲寿庚考》,中华书局1954年版,第47~62页。

③ 韩振华:《唐代南海贸易志》,《福建文化》2卷3期,1945年;《唐宋时代广州蕃坊地域考》,《广东日报·民族学刊》第5期,1948年;《唐宋时代广州蕃坊是居住甚么人》,《广东日报·文史》第20期,1948年9月14日。收入《韩振华选集之三:航海交通贸易研究》,香港大学亚洲研究中心2002年版,第328~370,412~420页。

多。[1] 其中范邦瑾探讨了蕃坊出现的历史背景、唐政府与蕃坊的关系及蕃坊的活动，[2]论述较为全面。廖大珂提出了代表政府行使行政管理权和部分司法权、作为官府与海外商人之间的中介人、协助官府管理对外贸易和外交事务的蕃长，与宗教首领教长性质不同，职责迥异；蕃长制度的形成与伊斯兰教无关，而是源于波斯人早期的航海商业活动；蕃长即沙班达尔（shahbandar）；[3]怀圣塔的创建者应来自波斯[4]等观点，不但令人耳目一新，而且立论严谨，分析深入，是唐代蕃坊研究中的重要突破，值得重视。

蕃坊，是为海外蕃商建立的居留区域，主要为管理海外贸易之便。关于广州蕃坊出现的时间，笔者同意李庆新先生的观点，即至迟在开元二十年，广州蕃坊已经创置。[5] 管理蕃坊外商具体事务的首领，即蕃长。

关于蕃长，《唐国史补》卷下记载：

> 海舶，外国船也。每岁至安南、广州。师子国舶最大，梯而上下数丈，皆积宝货。至则本道奏报，郡邑为之喧阗。有蕃长为主领，市舶使籍其名物，纳舶脚，禁珍异，蕃商有以欺诈入牢狱者。[6]

据此，可知蕃长是海外蕃商的主领，协助节度使、市舶使管理市舶事务。《国史补》所记简约，论者多引北宋人朱彧著《萍州可谈》卷二所记："广州蕃坊，海外诸国人聚居，置蕃长一人，管勾蕃坊公事，专切招邀蕃商入贡，用蕃官为之，巾袍履笏如华人。"[7]唐蕃长职务应与之相当。

唐代史籍中明确记载姓名的蕃长，除天祐元年（904 年）任福建道都番长的"佛齐国入朝进奉使"蒲诃粟[8]外，只有开元末的伊习宾。《宋高僧传》卷一《唐京兆大兴善寺不空传》记载：

> 初至南海郡，采访使刘巨邻（鳞）恳请灌顶……及将登舟，采访使召诫番禺（广州）界蕃客大首领伊习宾等曰："今三藏往南天竺师子国，宜约束船主，好将三藏并弟子含光、慧習等三七人、国信等达彼，无令疏失。"二十九年十二月，附昆仑舶，离南海。[9]

刘巨麟开元二十九年（741）至天宝三载（744）任广州都督，岭南道采访使。[10] 伊习宾即开元二十九年的广州蕃长。笔者同意廖大珂之见，伊习宾应即沙班达尔的异译。阿达忽□频陀沙可能也和伊习宾一样，是

---

① 如杨怀中：《唐代的番客》，载甘肃省民族所编《伊斯兰教在中国》，宁夏人民出版社 1982 年版，第 107 ~ 138 页；邓端本：《广州蕃坊考》，《海交史研究》第 6 期，1984 年；陈达生：《论蕃坊》，《海交史研究》1988 年第 2 期；马娟：《唐宋时期穆斯林蕃坊考》，《回族研究》1998 年第 3 期，第 31 ~ 36 页；刘莉：《试论唐宋时期的蕃坊》，《中央民族大学学报》1999 年第 6 期，第 53 ~ 58 页；邱树森：《唐宋"蕃坊"与"治外法权"》，《宁夏社会科学》2001 年第 5 期，第 31 ~ 37 页。

② 《唐代蕃坊考略》，《历史研究》1990 年第 4 期，第 149 ~ 154 页。

③ 《蕃坊与蕃长制度初探》，《南洋问题研究》1991 年第 4 期，第 93 ~ 102 页。

④ 《唐宋时期广州的波斯蕃商与怀圣塔》，《海上丝绸之路与中国南方港学术研讨会论文集》，岭南文史杂志社 2002 年版，第 129 ~ 137 页。

⑤ 《论唐代广州的对外贸易》，《中国史研究》1992 年第 4 期，第 12 ~ 21 页，esp. 21 页，注 56。

⑥ 《唐国史补　因话录》，上海古籍出版社 1979 年版，第 63 页。参王谠撰、周勋初校证：《唐语林校证》卷八，中华书局 1987 年版，第 728 页。

⑦ 《后山谈丛　萍洲可谈》，中华书局 2007 年版，第 134 页。

⑧ 《唐会要》卷一〇〇《归降官位》，中华书局 1955 年版，第 1799 页。

⑨ 《宋高僧传》，范祥雍点校，中华书局 1987 年版，第 7 页。

⑩ 郁贤皓：《唐刺史考全编》，第 3161 页。

蕃坊的首领,即蕃长。

蕃长负责蕃坊的具体事务。外商的名籍、财产,也由蕃长管理。上引李冗《独异志》记载李灌的故事,赠珠李灌的波斯胡,因未死在蕃坊,而死于建昌"逆旅",旅店相关人员均有谋财害命之嫌,因而被监禁审问十余年。此案之所以会牵连到很多人,就是因为李灌与病波斯是私相授受,没有经过申报蕃长等手续。这则唐代流传的故事,从一个侧面证明了唐对外商管理之严格。

也正是因为蕃长掌蕃商在唐土经商、财产、生死等情况,蕃商在唐土死亡要由蕃长向节度使、市舶使申报,蕃长要协助处理已死蕃商的财产问题,作为蕃长的阿达忽□频陁沙才上交了死波斯伊娑郝的白银。这笏伊娑郝银铤,不但为我们提供了另一个蕃长人选,而且也丰富了我们对蕃长管理外商事务职掌的认识。

(二)唐与波斯的海交史

萨珊(Sāsānian)王朝(226—651)建立伊始,便进行了一系列海上扩张行动。波斯人积极致力于开拓与东方的海路交通,逐步将阿拉伯商业驱逐出波斯湾。至六世纪后期(约570年前),萨珊帝国征服也门,成为印度洋贸易霸主。八世纪初,波斯人仍活跃于东南亚航海贸易中。① 在阿拉伯征服初期,波斯依然继续着萨珊朝的航海业绩,成为阿拉伯在东亚航海贸易的先驱。②

拜占庭史家普洛科皮乌斯(Procopius)记录了531年左右波斯在印度洋的垄断贸易:"原来埃塞俄比亚人不可能从印度人那里买到丝,因为波斯商人总是到印度船只最先停泊的那些港口来(要知道,他们就居住在相邻的国土之上),并且通常总是把全部船上的货物买断。"③不管是实情如此,还是埃塞俄比亚因为与波斯在垄断香料和丝绸上达成默契,④总之拜占庭查士丁尼(Justinian,527-565在位)试图通过埃塞俄比亚人到印度购丝而打破波斯丝绸垄断的计划彻底失败。

结合中文史料,可知在南朝时期波斯人不仅活跃于印度洋沿岸,其足迹已远届中国。廖大珂已举出《广志》"波斯家用木为船舫"及《续高僧传·吉藏传》所载隋波斯裔高僧吉藏之祖移居南海之例。⑤ 广东省曲江5世纪末的南华寺墓3、⑥约5世纪末的遂溪南朝窖藏、⑦497年的英德南齐墓8⑧ 分别出土8、20、3枚(片)萨珊银币,似可推知5世纪末波斯人已沿海路到达中国。⑨

突厥的兴起及六世纪后期突厥与拜占庭结盟⑩可能是波斯拓展东方海上交通的诱因。唐初,中国东

---

① Hādī H, asan, *A History of Persian Navigation*, London: Methuen & Co., LTD., 1928, pp. 59~92, pp. 95~105.

② Gabriel Ferrand, *Relations de Voyages et Textes Géographiques, Arabes, Persans et Turks, relatifs à l' Extrême-Orient, du VII au XVIII siècles*, Introduction, Vol. I., pp. 1~3, Paris, 1913.

③ 《战争史》,1~20,王以铸、崔妙因译,商务印书馆2010年版,第79页。

④ G. F. Hudson, *Europe and China*, p. 157; G. F. Hourani, *Arab Seafaring in the Indian Ocean in Ancient and Early Medieval Times*, Princeton, 1951, p. 44.

⑤ 前注所引廖大珂文,第130页。

⑥ 广东省博物馆:《广东曲江南华寺古墓发掘简报》,《考古》1983年第7期,第601~608页。

⑦ 遂溪县博物馆:《广东遂溪发现南朝窖藏金银器》,《考古》1986年第3期,第243~246页。

⑧ 广东省文物管理委员会、华东师范大学历史系:《广东英德、连阳南齐和隋唐古墓的发掘》,《考古》1961年第3期,第139~141页。

⑨ 姜伯勤:《广州与海上丝绸之路上的伊兰人:论遂溪的考古新发现》,载广东省人民政府外事办公室等编:《广州与海上丝绸之路》,广东省社会科学院1991年版,第21~33页。王仲殊认为中国与波斯的海上交通可上溯至三世纪中后期,见其著:《试论鄂城五里墩西晋墓出土的波斯萨珊朝玻璃碗为吴时由海路传入》,《考古》1995年第1期,第81~87页。

⑩ 详见张绪山:《6—7世纪拜占庭帝国与西突厥汗国的交往》,《世界历史》2002年第1期,第81~89页。

南沿海的波斯船舶已有一定规模。义净《大唐西域求法高僧传》云：

> 于时咸亨二年(671)，坐夏扬府。初秋，忽遇龚州使君冯孝铨，随至广府，与波斯舶主期会南行。①

这是“波斯舶主”首次见诸记载。“舶主”指船舶所有者。②“波斯舶主”的出现，表明波斯人并不是藉印度或狮子国船在东南沿海贸易，而是乘波斯船来到中国。这种贸易已不是个别波斯商人的行动，而是较大规模的商队贸易。

不过开元以前，唐海外蕃舶贸易中，波斯船舶并不独占举足轻重的地位，昆仑舶一度比波斯舶更为活跃。《旧唐书》卷八九《王方庆传》略云：

> 则天临朝，拜广州都督。广州地际南海，每岁有昆仑乘舶以珍物与中国交市。旧都督路元睿冒求其货，昆仑怀刃杀之。方庆在任数载，秋毫不犯。③

昆仑商胡杀路元睿经过，《资治通鉴》卷二〇三光宅元年(684)条记载：

> 秋七月，戊午(9日)，广州都督路元睿为昆仑所杀。元睿闇懦，僚属恣横，有商舶至，僚属侵渔不已，商胡诉于元睿，元睿索枷，欲系治之。群胡怒，有昆仑袖剑直登听事，杀元睿及左右十余人而去，无敢近者，登舟入海，追之不及。④

高宗武后时，昆仑舶每年至广州，成为唐代海外贸易主要交易国。也正因为昆仑商舶人多势众，熟悉广州地理，昆仑商才敢于刃杀唐掌管蕃舶的最高长官及其僚属十余人，之后顺利乘船回国。对广州都督被杀一事，唐也未加深究。这些都表明，这一时期，昆仑舶在东南亚贸易中占重要地位。

《龙筋凤髓判》卷二“主客”条云：

> 波斯、昆仑等舶到，拟给食料。已前隐没不付，有名无料，虚破官物，请停。⑤

张鷟卒于开元中。⑥《龙筋凤髓判》之作，可能早于开元。据此可知，开元前，“波斯、昆仑等舶”是海外蕃舶的代表。也就是说，唐的主要海外贸易国是波斯和昆仑，波斯与昆仑双峰对峙，分庭抗礼。

随着市舶使的设立，波斯在唐海外贸易中更加活跃。《册府元龟》卷一〇一《帝王部·纳谏》云：

---

① 义净著，王邦维校注：《大唐西域求法高僧传校注》卷下“义净自述”，中华书局1988年版，第152页。

② 百田笃弘：《中国における西アジア商人——“蕃客”、“舶主”をめぐって》，《東洋哲學研究所紀要》25號，2009年，第3~31页。

③ 《旧唐书》，第2897页；参《新唐书》卷一一六《王琳传》，第4223页。

④ 《资治通鉴》，第6420页。

⑤ 张鷟撰，田涛、郭成伟校注：《龙筋凤髓判校注》，中国政法大学出版社1996年版，第62页。

⑥ 《旧唐书》卷一四九《张鷟传》，第4023页。

开元二年十二月，右威卫中郎将周庆立为岭南市舶使，与波斯僧广造奇巧，将以进内。监选使、殿中侍御史柳泽上书谏，帝嘉纳之。[①]

伴随开元二年(714)市舶使周庆立的，是波斯僧及烈(Gabriel)。[②] 围绕市舶使和及烈进献，唐廷掀起了不小的风波。[③] 浓郁波斯色彩的奇器异巧，就这样在唐廷亮相，震骇朝野。其时，波斯国在东南亚的贸易，正如火如荼地进行。726—727年西行求法路过中亚的慧超对波斯海外贸易有较详记载，称：

(波斯人)常于西海泛舶入南海，向师子国取诸宝物，所以彼国云出宝物。亦向昆仑国取金。亦泛舶汉地，直至广州，取绫绢丝绵之类。[④]

除入唐外，波斯舶也直接与狮子国、昆仑贸易。一些学者指出，唐宋文献中多将马来西亚物产冠以波斯之名，[⑤]这正是因为波斯转运贩卖东南亚将沿途各国货物，东南亚等地货物是经波斯人手入华的缘故。[⑥] 慧超已指出了波斯宝物有来自狮子国者。波斯与印度贸易，更为繁盛。《太平广记》卷四六四《水族一》"南海大蟹"条引《广异记》云：

近世有波斯，常云：乘船泛海，往天竺国者已六七度。[⑦]

住唐的这位波斯商人，已往来印度六七次，可见波斯与印度商贸之频繁。也正是因为波斯商直接泛舶印度、狮子、昆仑等国，把东南亚等地的产物输入中国，印度、狮子、昆仑等国在与中国的贸易中逐渐失去优势。

天宝九载(750年)，鉴真到达广州，看到：

江中有婆罗门、波斯、昆仑等舶，不知其数；并载香药、珍宝，积载如山。其舶深六、七丈。师子国、大石国、骨唐国、白蛮、赤蛮等往来居〔住〕，种类极多。[⑧]

---

① 《册府元龟》，中华书局1960年影印明本，第1209页。参见《玉海》卷一八六《食货·理财》"唐市舶使"条，江苏古籍出版社、上海书店1988年影印光绪九年浙江书局本，第3402页。《旧唐书》卷八《玄宗纪》作：开元二年十二月乙丑(12日)"时右威卫中郎将周庆立为安南市舶使，与波斯僧广造奇巧，将以进内。监选使、殿中侍御史柳泽上书谏，上嘉纳之。"(第174页)《旧唐书·玄宗纪》与《册府》史料来源相同，"安南市舶使"当为"岭南市舶使"之误，参《册府》及《玉海》可知。笔者同意王冠倬(《唐代市舶司建地初探》，《海交史研究》1982年第4期，第100～107页)、傅宗文(《中国古代海关探源》，《海交史研究》1988年第1期，第14～23页)、施存龙(《唐五代两宋两浙和明州市舶机构建地建时问题探讨(上)》，《海交史研究》1992年第1期)等学者论考，认为终唐之世，市舶使只设于广州，安南、扬州、泉州等地无市舶使之设。

② P. Y. Saeki, *The Nestorian Documents and Relics in China*, Tokyo, 1937, pp. 93～94, 朱谦之：《中国景教》，人民出版社1993年版，第66页。

③ 详见拙著：《关于唐代市舶使的一些意见》，《跨越海洋："海上丝绸之路与世界文明进程"国际学术论坛文选》(2011·中国·宁波)，浙江大学出版社2012年版，第211～221页。

④ 慧超著，张毅笺释：《往五天竺国传笺释》"波斯国"条，中华书局1994年版，第101页。慧超巡礼天竺，辗转中亚的时间，见该书"前言"，第2～3页。

⑤ 劳费尔著，林筠因译，《中国伊朗编》，商务印书馆1964年版，第294～315页。

⑥ 张星烺：《中西交通史料汇编》第二册，中华书局2003年版，第1141～1146页。

⑦ 李昉等编：《太平广记》，中华书局1961年版，第3819页。

⑧ 真人元开著，汪向荣校注：《唐大和上东征传》，中华书局1979年版，第74页。

在鉴真的叙述中，婆罗门、波斯、昆仑等舶呈三足鼎立局面，成为第一等级，远远超过狮子、大石等国。但鉴真所列举的婆罗门、波斯、昆仑三国舶，并不是在伯仲之间的。出于佛教徒对天竺的神往，鉴真首举婆罗门，但天宝时婆罗门与唐的贸易已成明日黄花，昆仑也逐渐被波斯压倒，婆罗门、昆仑、波斯在唐海外贸易中的地位和发展趋势大不相同。开元天宝年间，波斯与唐商贸之盛，可引劫掠波斯商船的海盗为例说明。在鉴真到广州的前两年，曾至万安州大首领冯若芳家，目睹了其家的豪富：

> 若芳每年常劫取波斯舶二、三艘，取物为己货，掠人为奴婢。其奴婢居处，南北三日行，东西五日行，村村相次，总是若芳奴婢之住处也。若芳会客，常用乳头香为灯烛，一烧一百余斤。其宅后，苏芳木露积如山；其余财物，亦称焉。①

冯若芳靠劫掠波斯船舶起家，富甲天下。被其所劫者，在庞大波斯船舶中微不足道。波斯海外贸易之兴盛、规模之大，不难想见。

安史乱后，波斯船舶成为唐代南海蕃舶的主体。乾元元年(758)，“波斯与大食同寇广州，劫仓库，焚庐舍，浮海而去”。② 与武后时的昆仑一样，波斯也以在唐杀人越货、浮海而逃的形式，宣告了其东南亚贸易霸主的地位。上元元年(760)，田神功入淮南助邓景山平刘展之乱，在扬州抢掠，目标是富商财产，“商胡波斯被杀者数千人”。③ 据此，不难推知住唐波斯商胡数量之多。

元稹在《和乐天送客游岭南二十韵次用本韵》④中有“舶主腰藏宝”之句，自注曰：

> 南方呼波斯为舶主。胡人异宝，多自怀藏，以避强丐。

“舶主”一词，由来已久。据日本学者百田笃弘研究，唐之前，即五至六世纪，史籍文献中的“舶主”，多为印度系信仰佛教者。⑤ 从印度系的舶主，到呼波斯人为舶主，可见从五世纪到唐中叶，来中国南海贸易国家的兴衰嬗变。五世纪时，印度、斯里兰卡等信仰佛家诸国为南海贸易主体，舶主多指这些拥有大型船舶远距离大规模航海的船舶主人。唐初，昆仑一度执唐海外贸易牛耳。到唐中叶，印度、昆仑风光不在，波斯成为南海航行商贸的主体。故而“蕃客”一词，含有了西亚商人之义；⑥舶主成了波斯人的专称。正如六世纪波斯垄断印度丝绸贸易一样，安史乱后的唐代海外贸易中，波斯船舶一枝独秀。

波斯拥有先进的造船技术和航海技术(如在航海中使用信鸽等⑦)是其海外贸易蒸蒸日上的保证，而

---

① 《唐大和上东征传》，第68页。

② 《旧唐书》卷一九八《波斯传》，第5313页。参见《旧唐书》卷一〇、《新唐书》卷六《肃宗纪》、《新唐书》卷二二一下《波斯传》。邓端木认为此次暴乱是因波斯大食商人不满当地官员过分侵剥而发动的，见《广州港史(古代部分)》，海洋出版社1986年版，第55页。

③ 《旧唐书》卷一二四《田神功传》，第3533页。参见《新唐书》卷一四四《田神功传》，《旧唐书》卷一一〇、《新唐书》卷一四一《邓景山传》，《资治通鉴》卷二二一上元元年条，第7101～7102页。

④ 元稹撰、冀勤点校：《元稹集》卷一二《和乐天送客游岭南二十韵次用本韵》，第140页。

⑤ 百田笃弘：《中国における西アジア商人——“蕃客”、“舶主”をめぐって》，《東洋哲學研究所紀要》25號，2009年，第3～31页。

⑥ 桑原骘藏：《蒲寿庚考》，第18～19页。

⑦ 《酉阳杂俎》卷一六《羽篇》：“波斯舶上多养鸽，鸽能飞行数千里，辄放一只至家，以为平安信。”方南生点校，中华书局1981年版，第154页。参《唐国史补》卷下。

其船舶遍布天竺、狮子、昆仑诸国,无所不至,广购商品,转手货卖,更使其在唐后期部分垄断了东南亚贸易。波斯本土物产和东南亚所产,经波斯商手行销于唐,如在唐建筑宫廷时,“波斯大商李苏沙进沉香亭材”,[①]令唐皇室自叹不如;唐的丝绸、陶瓷等,也由波斯商舶运往西亚。[②] 住唐波斯商胡以富有著称,波斯在唐海外贸易中牢固占据主体地位。

伊娑郝正是在这种背景下,携银入唐贸易。伊娑郝银铤展示了波斯在海上丝绸之路中的地位。唐大和八年(834)八月二十三日敕文中关于蕃商遗产处理条文为:“死波斯及诸蕃人资财货物等,伏请依诸商客例,如有父母、嫡妻、男女、亲女、亲兄弟元相随,并请给还。如无上件至亲,所有钱物等并请官收,更不牒本贯追勘亲族。”[③]敕文在诸蕃商中,单独提出波斯商,称“波斯及诸蕃人”,表明波斯成为诸蕃商的主体,也昭示了唐后期在唐波斯商人的普遍存在。[④] 伊娑郝银铤,也成为唐处理波斯商人遗产的制度化、法律化的一个脚注。唐代法律中关于波斯商人的条款、伊娑郝银铤的出现和进献,都是唐与波斯海外贸易发展、兴盛的结果。

(三)金胜寺与波斯

伊娑郝银铤的出土地点也值得注意。众所周知,金胜寺即唐朝的崇仁寺。而提到崇仁寺,治史者多会想到大秦景教流行中国碑。[⑤] 此碑 1625 年在周至被发现后,移入崇仁寺。[⑥] 而十分巧合并富有趣味的是,300 多年后,波斯伊娑郝的银铤在此寺出土。

《大秦景教流行中国碑》记载了波斯僧及烈的活动,称先天(712—713)末,“大德及烈,并金方贵绪,物外高僧,共振玄纲,俱维绝纽”,[⑦]为振兴景教做出了贡献。关于这个及烈的记载还有:《册府元龟》卷九七一《外臣部·朝贡四》所记“[开元二十年(732)]九月,波斯王遣首领潘那密与大德僧及烈朝贡”,以及上引波斯僧及烈与岭南市舶使周庆立广造奇器异巧进献。一般认为,这三个“及烈”是同一人。及烈或为景教僧,或市买奇器异巧物进献,或为朝贡使人。唐代从海路来华的波斯人主要包括僧侣、商人和贡使三类,及烈似乎一身兼三任。而伊娑郝的身份只是商人。象伊娑郝这样从海路入唐的波斯人,虽主要行商贸易,但他们的活动客观上也对唐与波斯的经济文化交流起了重要的促进作用。

伊娑郝银铤在金胜寺遗址出土,可能是皇帝将藏在内库中张伯仪进奉的银铤赏赐给金胜寺,或者是内库中的张伯仪进奉银铤被赐给某位大臣,这位大臣又将银铤布施给金胜寺。因为唐后期皇帝赏赐寺院、大臣等银器和银铤,均是极其普遍的。[⑧]

总之,波斯人的银铤又回到了记载波斯僧碑铭的金胜寺。千百年后的这种变化,显然为进献人张伯

---

① 《旧唐书》卷一七上《敬宗纪》长庆四年(824)九月条,第 512 页。参见《旧唐书》卷一七一《李汉传》、《资治通鉴》卷二四三“长庆四年九月”条,第 7839 页。

② 波斯湾发现唐代陶瓷,相关研究见李庆新:《论唐代广州的对外贸易》,《中国史研究》1992 年第 4 期,第 12 ~ 21 页,《滨海之地:南海贸易与中外关系史研究》,中华书局 2010 年版,第 35 ~ 61 页;沈福伟:《中西文化交流史》,上海人民出版社 1985 年版,第 208 页;三上次男:《陶瓷之路》,文物出版社 1984 年版,第 82 页。

③ 窦仪等撰,吴翊如点校:《宋刑统》,第 199 ~ 200 页。

④ 详见上引拙著:《西安出土波斯胡伊娑郝银铤考》。

⑤ 《大清一统志》卷一八〇记载:“金胜寺,在长安县西郭外,即崇仁寺。唐建寺。有唐檀法师塔铭、景教流行中国碑。明天顺中,秦藩重修。壮丽甲于诸寺。”

⑥ 阿·克·穆尔著、郝镇华译:《一五五〇年前的中国基督教史》,中华书局 1984 年版,第 34 ~ 48 页。

⑦ 佐伯好郎:《景教之研究》,东京,1935 年,第 577 页,第 22 图,朱谦之:《中国景教》,第 223 ~ 226 页。

⑧ 参见拙著:《唐代财政史稿》(下卷),北京大学出版社 2001 年版,第 1076 ~ 1082 页。

仪及接受银铤的代宗皇帝等始料不及。这虽是巧合，冥冥之中，却昭示了唐与波斯的经济文化交流的频繁和密切，颇有藕断丝连的意味。唐与波斯海路交通的意义，于此可见一斑。

四、银币贸易圈与白银贸易圈：萨珊银币的不同命运

20世纪以来，中国境内出土和发现了大量萨珊银币，引起中外学者的广泛关注，成为钱币学研究的热门问题。

中外学者关于中国境内萨珊钱币研究成果众多，其中，夏鼐、①冈崎敬、②桑山正进③的论著奠定了相关研究的基础。近年来，孙莉结合新发现钱币，对萨珊银币在中国的分布及其功能进行综合研究；④李铁生汇聚了萨珊早期、中期、晚期和附属国及后萨珊王朝钱币数据，⑤为银币断代提供了重要参照。此外，姜伯勤、⑥卢向前、⑦斯加夫、⑧荣新江、⑨韩森⑩等论著也都是这一领域重要成果。其他零星发现及研究成果还有很多，本文随文引用，这里不再一一列举。

从银币的数量和分布地区看，西北多，东南少，极不平衡。值得注意的是，在波斯人"海上丝绸之路"入华第一站的岭南，却没有一枚萨珊银币被发现于唐代遗址、墓地及窖藏中，这成为难解之谜。由海路入唐的波斯、粟特、阿拉伯商人携带的银币流向何处？这里试根据伊娑郝银铤，结合唐代财政政策和岭南地区的货币经济状况，对萨珊银币在唐代岭南的去向提出推测。

（一）中国境内发现的萨珊银币

萨珊（Sāsānian）王朝（226—651）货币以银币为主。随着萨珊王朝的强大和扩张，萨珊银币成为广泛流通于西亚、中亚地区的通货。正如夏鼐所指出的，"萨珊银币当时在中东、近东和东欧，是和拜占庭金币一样，作为这样一种国际货币而广泛地通行使用的"。⑪

《大慈恩寺三藏法师传》卷一记载，玄奘告别高昌王时，高昌王为玄奘准备行装，并赠大量财物：

> 黄金一百两、银钱三万，绫及绢等五百匹，充法师往返二十年所用之费……又以绫绡五百匹，果

---

① 夏鼐：《中国最近发现的波斯萨珊银币》，《考古学报》1957年第2期，第49~60页；《综述中国出土的波斯萨珊银币》，《考古学报》1974年第1期，第91~107，110页，收入中国社会科学院考古研究所编：《夏鼐文集》下，社会科学文献出版社2000年版，第18~31，51~70页。

② 岡崎敬：《ササン・ペルシア銀貨とその東傳について》，《東西交涉の考古學》，東京平凡社1980年版，第249~265页。

③ 桑山正進：《東方におけるサーサーン式銀貨の再檢討》，《東方學報》第54號，1982年第3期。

④ 孙莉：《萨珊银币在中国的分布及其功能》，《考古学报》2004年第1期，第35~54页。

⑤ 李铁生：《古波斯币》，北京出版社2006年版，第159~328页。

⑥ 姜伯勤：《敦煌吐鲁番文书与丝绸之路》，文物出版社1994年版，第29~36页。

⑦ 卢向前：《高昌西州四百年货币关系演变述论》，《敦煌吐鲁番文书论稿》，江西人民出版社1992年版，第217~266页。

⑧ Jonathan Karam Skaff, "The Sasanian and Arab-Sasanian Silver Coins from Turfan: Their Relationship to International Trade and the Local Economy", *Asia Major* 11, 1998, pp. 67-116. 斯加夫：《吐鲁番发现的萨珊银币和阿拉伯萨珊银币——它们与国际贸易和地方经济的关系》《敦煌吐鲁番学研究》第4卷，北京大学出版社1999年版，第421~429页。

⑨ 荣新江：《波斯与中国：两种文化在唐朝的交融》，《中国学术》2002年第4期，第56~76页；《丝路货币与粟特商人》，上海博物馆编：《丝绸之路古国钱币暨丝路文化国际学术研讨会论文集》，上海书画出版社2011年版，第1~7页。

⑩ 韩森：《钱币及其它形式的货币在丝绸之路贸易中的地位》，上海博物馆编：《丝绸之路古国钱币暨丝路文化国际学术研讨会论文集》，第114~135。

⑪ 《夏鼐文集》下，社会科学文献出版社2000年版，第66页。

味两车献叶护可汗。①

玄奘此行向西,高昌王赠"银钱三万",即三万文。可见这银钱是西行途中的主要通货。值得注意的是,银钱以文计,与黄金按两计不同。当时西域为西突厥统叶护控制,高昌王带国书和国信物即给统叶护的。这也表明银钱在西突厥控制地区也是作为货币使用的。

关于中亚地区流行的银币,当不应严格限定为萨珊王朝法定铸造的银币。其他仿制品或别的地区以萨珊银币为标准的铸造品,也应属于广义的"萨珊银币"范围。姜伯勤认为中亚流行的银钱为波斯银币、粟特银币和克什米尔地区的西域银币。② 由于迄今为止中国境内未见克什米尔地区西域银币,反而发现了萨珊帝国灭亡后,阿拉伯统治者仿萨珊币铸造的增加了阿拉伯铭文的银币,③因而本文说的萨珊银币可能包括三种:波斯银币、粟特银币和阿拉伯—萨珊银币。

目前中国境内已发现约1 900枚萨珊银币,④广泛分布于新疆、西安、洛阳、太原、定县、固原等"丝绸之路"沿线。据中外学者考订,可知这些钱币埋藏年代距制造年代最短只有十年左右,最长大百年有余。⑤

萨珊钱币沿"丝绸之路"进入中国境内,在中国分布较广,密集于新疆和唐两京(长安、洛阳)及其周边区域,形成了与自东向西的"绢之路"相对应的自西向东的"银之路"。⑥ 银币的具体分布情况:新疆1132枚,主要聚集于高昌古城和乌恰山地区,出土银币墓葬年代主要为7世纪,也有的晚至8世纪;长安、洛阳两京附近地区560枚,银币的埋藏时代主要集中于隋、唐两代,银币出土方式有墓葬、塔基、窖藏、征集等;西安以西的甘肃(23枚)、青海(76)枚、宁夏(3枚),银币埋藏方式为墓葬、窖藏和征集,银币时间为5、6世纪,但也有隋唐时期埋藏者。此外,尚有河北41枚、湖北15枚,内蒙古4枚,辽宁2枚,山西1枚,⑦可视为两京钱币的辐射地区。这些均与波斯、粟特商人由路上丝绸之路进入中原贸易有关。近年来,李肖等补充了在交河沟西、巴达木、木纳尔、阿斯塔那等墓地清理中发现的银币13枚。⑧

通过海上丝绸之路到达者,主要分布在广东。其中广东省曲江5世纪末的南华寺墓3有9枚、⑨约5世纪末的遂溪南朝窖藏出土20枚、⑩497年的英德南齐墓8出土3枚(片)萨珊银币。⑪ 这32枚银币,是迄今为止广东地区发现的所有萨珊银币,年代均属于南朝,比新疆及两京等地埋藏时间早。江苏南京也

---

① 慧立、彦悰著,孙毓棠、谢方点校:《大慈恩寺三藏法师传》,中华书局1983年版,第21页。

② 姜伯勤:《敦煌吐鲁番文书与丝绸之路》,第30页。

③ 参 Jonathan Karam Skaff, "The Sasanian and Arab-Sasanian Silver Coins from Turfan: Their Relationship to International Trade and the Local Economy"及《夏鼐文集》下,第56页。

④ 康柳硕指出,中国境内的波斯银币应为1 700枚左右,一些学者将上海博物馆藏杜维善捐赠品和走私进入我国新疆又流入内地的萨珊银币也统计进来,才形成了1 900枚的概念。见康柳硕《关于波斯萨珊银币在中国流通使用的若干问题》,上海博物馆编:《丝绸之路古国钱币暨丝路文化国际学术研讨会论文集》,第309~321页。

⑤ 《夏鼐文集》下,第60页。

⑥ 岡崎敬:《ササン・ペルシア銀貨とその東傳について》。

⑦ 数据统计见孙莉:《萨珊银币在中国的分布及其功能》,《考古学报》2004年第1期,第35~54页。

⑧ 李肖、张永兵、丁兰兰:《吐鲁番近年来出土的古代钱币》,上海博物馆编:《丝绸之路古国钱币暨丝路文化国际学术研讨会论文集》,第136~150。

⑨ 广东省博物馆:《广东曲江南华寺古墓发掘简报》,《考古》1983年第7期,第601~608页。

⑩ 遂溪县博物馆:《广东遂溪发现南朝窖藏金银器》,《考古》1986年第3期,第243~246页。

⑪ 广东省文物管理委员会、华东师范大学历史系:《广东英德、连阳南齐和隋唐古墓的发掘》,《考古》1961年第3期,第139~141页。

发现1枚卑路斯银币，与刘宋元嘉四铢、五铢钱及萧梁铁五铢钱同时出土，应是南朝时期埋葬，[①]也被视为通过海上丝绸之路进入南京的。

这是中国境内发现萨珊银币的状况。

（二）萨珊银币在唐代的行用

经过中外学者研究，尤其是将银币与吐鲁番文书结合，可以得出肯定的结论，即：新疆等地的银币，在隋唐时期，是作为货币使用的。[②]

《隋书》卷二四《食货志》记载：

> 后周之初，尚用魏钱。及武帝保定元年七月……时梁、益之境，又杂用古钱交易。河西诸郡，或用西域金银之钱，而官不禁。[③]

可知自北周以来，西北地区行用西域金银钱。从中国境内发现的钱币看，拜占庭金币是否在中国依然为流通货币，尚有疑问。但萨珊银币，无疑在隋唐时期流通于西北地区。吐鲁番文书中以银币购买、支付、交税的现象大量存在，前贤学者已经详细列举。本文仅举两个官府收支之例。吐鲁番出土"唐永徽二年(651)牒为征索送冰井芀银钱事"文书记载，每年年末藏冰，西州里正都要向百姓征收冰井柴。顺义乡征"芀四车，车别准银钱二文"。[④] 在这里，冰井柴以银钱计价，官府收入以银钱为标准。又如举北馆文书为例，大谷一〇三二"北馆文书"记载：

> 1. 市司牒上仓曹为报酱估事。
> 2. 酱参硕陆㪷贰胜。准次估贰胜直银钱一文。[⑤]

北馆买酱，市司申报的价钱"准次估贰胜直银钱一文。"在这次官府购买行为中，同样为官府机构的市司报价也银币计算，可见银币既是支付手段，又是价值尺度。

银币与唐代国家法定货币开元天宝铜钱的比价，是1∶32。吐鲁番出土"武周如意元年里正李黑收领史玄政长行马价抄"记载：

---

① 邵磊：《南京出土萨珊卑路斯银币考略》，《中国钱币》，2004年第1期，第56～59页。

② 池田温：《敦煌の流通經濟》，《講座敦煌3敦煌の社會》，大東出版社1980年版，第397～343页，esp. 307～311。郑学檬：《十六国至曲氏王朝时期高昌使用银钱的情况研究》，韩国磐主编：《敦煌吐鲁番出土经济文书研究》，厦门大学出版社1986年版，第293～318页。宋杰：《吐鲁番文书所反映的高昌物价与货币问题》，《北京师范学院学报》1990年第2期。郭媛：《试论隋唐之际吐鲁番地区的银钱》，《中国史研究》1990年第4期。林友华：《从四世纪到七世纪高昌货币形态初探》，《敦煌吐鲁番学研究论文集》，汉语大词典出版社1991年版，第872～900页。卢向前：《高昌西州四百年货币关系演变述论》，《敦煌吐鲁番文书论稿》，江西人民出版社1992年版，第217～266页，esp. 232～246。姜伯勤：《敦煌吐鲁番文书与丝绸之路》，文物出版社1994年版，第29～36页。钱伯泉：《吐鲁番发现的萨珊银币及其在高昌王国的物价比值》，《西域研究》2006年第1期。康柳硕：《中国境内出土发现的波斯萨珊银币》，《新疆钱币》2004年增刊；《关于波斯萨珊银币在中国流通使用的若干问题》，《丝绸之路古国钱币暨丝路文化国际学术研讨会论文集》，第309～321页。最近杨洁撰文指出吐鲁番文书中的银钱不是波斯萨珊银币（见《论流入中国的波斯萨珊银币的功能——以吐鲁番出土银币为例》，《中国社会经济史研究》2010年第2期），但其列举史料，尚不足以动摇银钱是波斯萨珊银币说。

③ 魏征：《隋书》，中华书局1973年点校本，第691页。

④ 《吐鲁番出土文书》第6册，文物出版社1985年版，第513页。

⑤ 小田义久编：《大谷文书集成》壹，法藏馆1984年版，第6页，图版10。

1. 史玄政付长行马价银钱贰文，准铜
2. 钱陆拾肆文。如意元年八月十六日，里正
3. 李黑抄。其钱是户内众备马价。李黑记。①

"银钱贰文，准铜钱陆拾肆文"，则1文银钱等于铜钱32文。这里的铜钱是开元通宝钱，银钱则是在西域地区普遍行用的萨珊银币。

不局限于吐鲁番地区，唐代使用银币作为通货的范围要大得多。《唐六典》卷三"户部郎中员外郎"条云：

凡诸国蕃胡内附者，亦定为九等，四等已上为上户，七等已上为次户，八等已下为下户。上户丁税银钱十文，次户五文，下户免之。附贯经二年已上者，上户丁输羊二口，次户一口，下户三户共一口。（无羊之处，准白羊估，折纳轻货。）②

自武德七年(624)始，蕃胡税银钱。但究竟是哪些蕃胡税银钱？史籍记载不详。我们可以通过一条"羊钱"的史料推测。《新唐书》卷一二五《张说传》云：

〔宇文融〕乃与崔隐甫、李林甫共劾奏说，引术士王庆则夜祠祷解、而奏表其闻……所亲吏张观、范尧臣依据说势，市权招赂，擅给太原九姓羊钱千万。③

这里的羊钱，即指附贯经二年以上的蕃胡所税羊和初内附的蕃胡所税银钱。而纳羊钱的太原九姓，同书卷一二七《张嘉贞传》云：

突厥九姓新内属，杂处太原北。④

《资治通鉴》卷二一一"玄宗开元四年六月"条略云：

癸酉，拔曳固斩突厥可汗默啜首来献。……拔曳固、回纥、同罗、霫、仆固五部皆来降，置于大武军北。⑤

拔曳固为铁勒九姓之一，因隶属突厥，被称为"突厥九姓"。《张嘉贞传》所谓"突厥九姓新内属、杂处太原北"者，即指拔曳固等铁勒部族降唐，唐处之于大武军北事。纳羊钱的太原九姓即指处于太原北的突厥

① 《吐鲁番出土文书》第7册，文物出版社1986年版，第441页。
② 李林甫等撰，陈仲夫点校：《唐六典》，中华书局1992年版，第77页。
③ 欧阳修、宋祁：《新唐书》，第4409页。
④ 《新唐书》，第4442页。
⑤ 司马光：《资治通鉴》，第6719页。

(铁勒)九姓。据此可知,铁勒九姓初内附时要纳银钱,易言之,铁勒部落以银钱支纳赋税,银钱在铁勒部落中是支付手段。结合上引西突厥以银钱为通货事,可见西北、北方、甚至东北突厥、铁勒等游牧族也以银钱为通货。

"唐仪凤三年(679)度支奏抄"[①]略云:

4. 一雍州诸县及诸州投化胡家,富者[丁别]
5. 每年请税银钱拾文,次者丁别伍文,全
6. 贫者请免。其所税银钱,每年九月
7. 一日以后十月卅日以前,各请于大州
8. 输纳。

"大州"指有城傍部落的州。大州所辖部落百姓纳银钱等轻税,这种轻税被交由管辖这些小州部落的军州〔大州〕。城傍、轻税州、小州皆为对内附置于边州界内蕃族部落的称呼。[②] 与置于太原北的城傍铁勒部族一样,置于其他大州的自雍州以下的城傍都交纳银钱、羊钱等轻税。据此可以推断,西北、北方、东北城傍游牧部落都以银钱作为支付手段。

城傍的蕃胡税银钱、羊钱,表明唐代银钱在更广阔的范围内行用。这也与中国境内的萨珊银币沿新疆、甘肃、青海、宁夏至长安、洛阳,又沿山西、内蒙、河北、辽宁向东北延伸的路线相符合。荣新江指出,萨珊银币主要持有人不是出自波斯国商人,中亚的商业民族粟特商人是萨珊银币东川的主要承载者。[③] 西北、北方、东北城傍部落以银钱为通货,可能主要是由于粟特商人的影响。粟特人广泛活跃于突厥、铁勒等游牧部落中,以自身携带的银币作为支付手段和价值尺度,也将银币行用范围扩展到草原游牧部族中。

结合吐鲁番文书和唐代奏抄、《赋役令》等,可以推断唐代有一宽阔的萨珊银币行用区,这一区域包括绿洲丝绸之路和草原丝绸之路。在这一区域内,萨珊银币具有货币功能。萨珊银币充当一般等价物时,银币按其数量单位(文)来计算。这样的行用区与在中国境内自新疆至东北的陆上丝绸之路线上发现萨珊银币的区域是一致的。

(三)海上丝绸之路入华的银币:碎块化和银铤化

海上丝绸之路上萨珊银币与其在绿洲和草原丝绸之路上的遭际不同。目前广东省发现的波斯银币有三处:一处是出土于广东曲江南华寺5世纪末古墓中的银币碎片。共9片,除两片能对合外,其余不能对合,各片大小不等。(图1)这些碎片很显然被切割了。

另一处是出土于英德南齐墓(497年)的银币。共发现三枚,其中两枚残破,一枚保存较为完好。残破者大小不一,被无规则切割过;即使保存较完好的一枚,也有两边被切割过,切边大小不一。(图2,图3)

---

① 见大津透:《唐律令国家の予算について》,《史学杂志》95编12号,第1~50页,esp. 12。

② 详见拙著:《"城傍"与大唐帝国》,《学人》第8辑,1995年,收入《唐代制度史略论稿》,中国政法大学出版社1998年版,第256~294页。

③ 见荣新江:《丝路货币与粟特商人》。

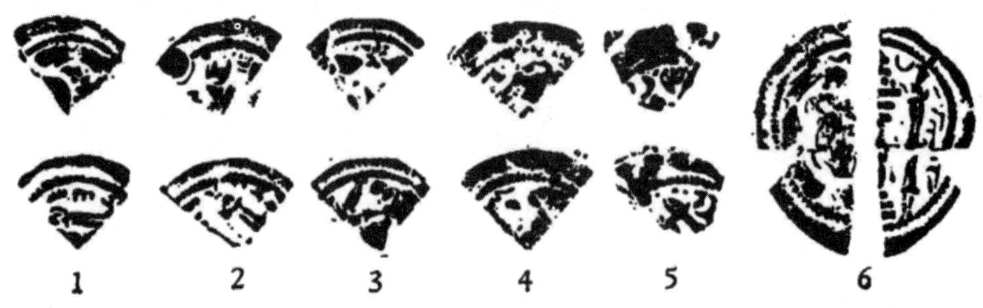

图1　广东曲江南华寺古墓银币碎片[①]

（1—5上为正面，下为背面；6左半为正面，右半为背面）

图2　英德南齐墓出土三枚波斯萨珊卑路斯银币正面

图3　英德南齐墓出土三枚波斯萨珊卑路斯银币背面[②]

第三处是遂溪县边湾村窖藏银币，与金碗、银盒等大量银器一起出土，每个银币上都有穿孔，显然是作为装饰物，悬挂的漂亮银质首饰，不具有货币职能。

总结广东所发现的三处银币，可以看到，除被穿孔作为悬挂装饰物而能保持完整外，其它的银币都因被切割成碎片而得以保存。银币的切割具有随意性，大小不一，可见切割者并未考虑银币的铸造图案、币面价值等。易言之，并未将银币作为货币，而只是将其作为散碎银块使用，这一现象值得注意。

① 见广东省博物馆：《广东曲江南华寺古墓发掘简报》，图八。

② 图2、图3见广东省文物管理委员会、华东师范大学历史系：《广东英德、连阳南齐和隋唐古墓的发掘》，《考古》1961年第3期，图版玖：3、4。

唐代岭南未发现波斯银币。岭南是波斯人通过“海上丝绸之路”入华的第一站，与陆上丝绸之路的新疆具有同样重要的地位，但没有一枚萨珊银币被发现于唐代岭南遗址、墓地及窖藏中，令人费解。唐与波斯海外贸易发展兴盛，显而易见，波斯商人携银币入华贸易，也同样不容置疑。但为什么唐代岭南没有波斯银币出土？易言之，由海路入唐的波斯商人携带的银币流向何处？这是引人深思的问题。

笔者认为，广东发现的银币碎片和西安出土的伊娑郝银铤，都暗示了这个问题的答案。

伊娑郝银铤，丰富了我们对唐代白银之路的认识。

波斯银以精好著称。① 唐代笏形银铤已发现19件，其中伍拾两银铤重量为1950—2115克之间。② 伊娑郝银铤重2130克，官秤，比已发现银铤均重，表明此银铤银含量之高。

此50两伊娑郝银铤是伊娑郝的财产，但是根据他死后留下的遗产重铸的，而伊娑郝本人入唐携带的并不是这笏重50两的银铤。伊娑郝入唐原携带的是什么？是白银，还是银币？这是我们首先必须回答的问题。

9世纪中叶游历广州的阿拉伯商人苏来曼撰《中国印度见闻录》，描述了外国客商在唐的商贸情况，其中第43条记载了外商携带货物钱币情况。中译本内容如下：

> 如果到中国去旅行，要有两个证明：一个是城市王爷的，另一个是太监的。城市王爷的证明是在道路上使用的，上面写明旅行者以及陪同人员的姓名、年龄，和他所属的宗族，因为所有在中国的人，无论是中国人，阿拉伯人还是其它外国人，都必要使其家谱与某一氏族联系起来，并取该氏族的姓氏。而太监的证明上则注明旅行者随身携带的白银与货物，在路上，有关哨所要检查这两种证明。为了不使其白银或其它任何物品有所丢失，某人来到中国，到达时就要写明：“某某，某某之子，来自某某宗族，于某年某月某日来此，随身携带某某数目的白银和物品。”这样，如果出现丢失，或在中国去世，人们将知道物品是如何丢失的，并把物品找到交还他，如他去世，便交还给其继承人。③

据中译本，给太监(即市舶使)的证明上则注明旅行者随身携带的白银与货物，似波斯、阿拉伯商人入唐携带的是白银。但阿拉伯原文作：④

وأمّاكتابالحضيّفبامالومامعهمنالمتاع

直译应为：“给太监的文书上注明随身携带的货币和财产。”与阿拉伯文对比，中译本有误。中译本的“白银”一词，阿拉伯文原文作 مال (māl)，指金钱、货币，与白银 فضّة 一词(fid, d, at)有明显区别，应译为货币。⑤ 因而《中国印度见闻录》的阿拉伯商人记载的海路贸易中，波斯、阿拉伯商人携带入唐的是金银货

① 唐慎微等撰：《重修政和经史证类备用本草》卷四《玉石部中品》“银屑”条：《海药》云：“谨按《南越志》云：出波斯国，有天生药银，波斯国用为试药、指环。大寒，无毒。主坚筋骨，镇心，明目，风热，癫疾等。并入薄于丸散服之。又烧朱粉瓮下，多年沉积有银，号杯铅银，光软甚好，与波斯银功力相似，只是难得。今时烧炼家，每一斤生铅，只煎得一二铢”(陆拯等校注，中国中医药出版社2013年版，第263页)。同书同卷“生银”条引《宝藏论》云“夫银有一十七件”(第265页)。但《格致镜原》卷三四“《宝藏论》银有十七种”下，仍有“外国四种：新罗银、波斯银、林邑银、云南银，并精好”句，可能今本《证类本草》引文不全。

② 见金德平：《唐代笏形银铤考》，载中国钱币学会编《中国钱币论文集》第5辑，中国金融出版社2010年版，第109～120页。

③ 穆根来、汶江、黄倬汉译：《中国印度见闻录》，中华书局2001年版，第18页。

④ Jean Sauvaget, *Relation de la Chinese et de L' inde*, Paris: Les Belles Lettres, 1948, Text, p. 19.

⑤ (مال māl)一词，Tim Mackintosh-Smith 英译本译作“Momey”，以与其它商品“Goods”相区别。见 *TwoArabic Travel Books*, New York University Press, 2014, p. 51. 日本学者家岛彦一译本作“金钱”，也较中译本准确。见家岛彦一译注：《中国とインドの諸情報》1(第一の書)，平凡社2007年版，第61页。

币，而不是白银。

这与出土文物情况也相符合。1959 年，新疆乌恰县发现金条和大批波斯银币，其中金条 13 根；银币完整者 878 枚，已残碎者 63 枚，又清理出 6 枚，共计 947 枚。埋藏金条、银币之地，位于古代葱岭以北的深山谷中，近旁可能是一条中西交通古道。据估计，金条、银币主人可能是唐代一位在东西方（粟特、波斯、大食）进行国际贸易的商人，在旅途上遇到了强盗，仓促逃走时将所带金条银币埋在路旁。① 这位商人携带的是银币而不是白银。可见无论是陆路还是海陆，粟特、波斯、大食商人入华携带的都是银币，而不是块状或铤状的白银。

值得注意的是，波斯人伊娑郝携带的银钱被重新铸为银铤。这可能是我们理解为何唐代岭南不见波斯银币问题的关键。

自南北朝至隋唐时期，粟特、波斯、阿拉伯商人进入广州，携带了大量银币作为通货。这些银币并未像新疆地区一样，完整保留下来，而是或成碎片，或杳无踪迹。究其原因，当与这一时期岭南地区的货币形态直接相关。六朝以来，岭南的货币体系不同于中原。《隋书・食货志》记载：

> 梁初，唯京师及三吴、荆、郢、江湘、梁、益用钱。其余州郡，则杂以縠帛交易。交广之域，全以金银为货。②

这里的金银，不是如上引后周“河西诸郡”一样指金银钱币，而是指金银本身。在作为货币使用的金银中，银更普遍。金银计价不是以数量单位“文”计，而是以重量单位“斤”、“两”、“钱”计。

广东曲江、英德出土的银币碎片，正显示了银币被切割成银块使用的情况。也正因为岭南地区以银块作为通货，波斯银币才没能保存银币形状，变成了面目全非的碎片。这种碎片，则是当时岭南贸易中的货币。

唐代货币以开元天宝铜钱为本位，与绢帛“钱货兼行”。但岭南地区则以银为主要通货，③“百姓市易，俗既用银”。④ 不仅民间用银交易，官府财务收支，也以银计算，银的计量单位是“两”。如敦煌市博物馆藏“唐天宝年间地志残卷”，⑤就清晰记载岭南 44 州、192 县以白银为公廨本钱。⑥ 兹略引其中几行如下：

> 1. 下。同谷，成。（京一千卌，都一千九百。贡蜡烛。本七百七十。）
> 6. 下。敦煌，沙。（京二千七百六十四，都四千六百九十。贡碁子。本八百八十。）
> 112. 下。高要，端。（准前。二千一百两。）

---

① 李遇春：《新疆乌恰县发现金条和大批波斯银币》，《考古》1959 年 9 期，第 482 ~ 483 页。

② 《隋书》，第 689 页。

③ 详见加藤繁：《唐宋时代金银之研究——以金银之货币功能为中心》，中华书局，2006 年，第 94 ~ 97 页；王承文：《晋唐时代岭南地区金银的生产和流通——以敦煌所藏唐天宝初年地志残卷为中心》，《唐研究》第 13 卷，北京大学出版社 2007 年版，第 505 ~ 548 页。

④ S. 1344《唐开元户部格残卷》，武则天天授二年七月二十七日敕文。

⑤ 此残卷原为敦煌县博物馆藏，编号为 58，见马世长《敦煌县博物馆藏地志残卷——敦博第 58 号卷子研究之一》，《敦煌吐鲁番学文献研究论集》，中华书局 1982 年版，265 ~ 428 页。后县馆改敦煌市博物馆，此文书编号为 76 号，图版见段文杰主编：《甘肃藏敦煌文献》，第 6 卷，甘肃人民出版社 1999 年版，第 224 ~ 227 页。

⑥ 见王承文：《晋唐时代岭南地区金银的生产和流通——以敦煌所藏唐天宝初年地志残卷为中心》。

113. 下。新兴，新。（准上。本一千一百两。）

作为下州的成州（同谷郡）设有本钱770文、沙州（敦煌郡）设本钱880文；而在岭南的端州、新州则设本钱2 100两、1 100两。[①] 成州、沙州的本钱以铜钱开元通宝计，而端州、新州的本钱则以白银计，计量单位是两。可见岭南货币制度之一斑。岭南还以白银纳税、进贡。[②] 因而，唐代岭南地区以白银为价值尺度和支付手段，与中原地区截然不同，与以银币为支付手段的绿洲、草原丝绸之路也不同。

粟特、波斯、阿拉伯商人携带的银币，进入白银货币化的岭南地区，纳入了岭南以白银重量计量而不是以银币数额计量的价值体系中。不论在官府还是百姓交易中，萨珊银币，只是含有高质量银的银块，其币面价值，并不在交易中起任何作用。萨珊银币纯度85—90%，[③]杂质较少，可以直接熔铸，几乎等同白银。在岭南的货币背景下，萨珊银币和岭南的散碎银块没有区别，因而或被切割成碎片，或像伊娑郝携带的银币一样，在岭南最终被熔铸成铤状、饼状的银铤或银饼。纳入官府者，上贡中央，或充作军饷或赏赐之用；流行于民间者，也被切割或重铸成唐代通行的块、饼、铤形状，被反复使用。在已发现19件笏形银铤中，除上论伊娑郝银铤外，还有天宝二年（743）郎宁郡贡银、[④]天宝十年（752）阳朔县后限税银、[⑤]建中二年（781）岭南减判课料银、[⑥]岭南道税商银两笏、[⑦]广明元年（880）崔焯进容管贺冬银[⑧]等6笏。这些岭南五管地区银铤性质不同，但都不能排除其中有熔铸粟特、波斯、阿拉伯商人入华携带银币的成分。

不论纳入官府还是流落民间，萨珊银币在岭南都丧失了其本来面目，与岭南地区生产、交易的白银融合在一起，难分彼此了。这正是迄今为止我们无法在岭南地区发现唐代窖藏、埋葬的萨珊银币的主要原因。

在《伊朗与中国》一文中，威廉·沃森指出：

> 如果我们把中国——伊朗贸易中的珍贵奇异物品不计在内，而考虑有较大经济意义的物品，就产生了一个问题，即贸易额是如何平衡的。我们并没有听说，就像普利尼关于印度贸易的报导，是用黄金来支付的，而在中国发现的不属于五世纪和六世纪后期或七世纪早期萨珊银币的少量积聚，不一定证明硬币的大量转移。除非用银子支付符合中国的财政政策，而大量银币曾被改铸成流通的银锭。[⑨]

---

① 关于公廨本钱的分析，详见马世长：《地志中的“本”和唐代公廨本钱——敦博第58号卷子研究之二》，《敦煌吐鲁番文献研究论集》，中华书局1982年版，第429～476页。

② 礪波護：《唐代社会における金銀》，《東方学報》（京都）62卷，1990年，第233～270页。

③ Jonathan Karam Skaff, “The Sasanian and Arab-Sasanian Silver Coins from Turfan: Their Relationship to International Trade and the Local Economy”, p. 68。

④ 万斯年：《关于西安市出土唐代天宝年间银铤》，《文物参考资料》1958年第5期。秦波：《西安近年来出土的唐代银铤、银板和银饼的初步研究》，《文物》1972年第7期，第54～58页。

⑤ 王慧明：《阳朔银铤发现记》，《广西金融研究》2002年增刊第1辑，第33页。周庆忠、陈功印：《桂林地区发现唐代阳朔县限税银铤》，《中国钱币》2002年第3期，第55～56页。

⑥ 师小群：《陕西历史博物馆征集一件唐代银铤》，《中国钱币》2000年第1期。

⑦ 刘向前、李国珍：《西安发现唐代税商银铤》，《考古与文物》，1981年第1期。

⑧ 朱捷元：《陕西蓝田出土唐末广明元年银铤》，《文物资料丛刊》1997年1期。

⑨ William Watson, “Iran and China”, in *The Cambridge History of Iran*, Vol. 3, Cambridge University Press, 1983, pp. 537～558, esp. 550. 马小鹤中译，载《中外关系史译丛》第3辑，上海译文出版社，1986年，第258～277页，esp. 269～270页。

而在唐代金胜寺遗址出土的伊娑郝银铤,正表明波斯商人携带银币被改铸成流通的银铤的事实。伊娑郝银铤由萨珊银币改铸,岭南节度使张伯仪进奉给代宗皇帝。之后,皇帝又将藏在内库中这枚银铤赏赐给金胜寺,或者是赐给某位大臣,这位大臣又将银铤布施给金胜寺。不论流通过程中的细节如何,它始终是以银铤而不是以银币的形式流通的。

广东曲江、英德出土银币显示了银币被切割成银块使用的情况,伊娑郝银铤上的铭文,则昭示了银币被改铸成银铤的情况。如果不是银铤上的铭文,伊娑郝携带银币入唐交易的内幕,将永远不会被揭开了。而沿海陆入唐的波斯银币,也就在被改铸为银铤、银饼、甚至银块的过程中,失去了其本身的色彩,以致在岭南湮没无闻,无法寻觅其本来踪迹了。幸而有伊娑郝银铤上的4行,波斯银币在岭南被熔化、改铸的历史,千百年后,才能被重新揭示、复原出来。

银币被改铸的现象,在中外货币史中,大量存在。中唐时期,佛教盛行,铜原料短缺,一些开元通宝钱被销铸为铜器。[①] 贞元九年,张滂上奏:

> 诸州府公私诸色铸造铜器杂物等。伏以国家钱少,损失多门。兴贩之徒,潜将销铸。钱一千为铜六斤,造写器物,则斤直六百余。有利既厚,销铸遂多,江淮之间,钱实减耗。伏请准从前敕文,除铸镜外,一切禁断。[②]

时铜器与铸钱获利之比为3.6∶1。1贯铜钱铸铜器价值3 600文,获利甚丰,故而江淮之间出现大量销铸铜钱的现象。对外贸易中的钱币改铸行为更为普遍。两宋时期,日本也将中国的铜钱熔化重铸为佛教器物。13世纪,斯堪的纳维亚半岛的维京人也将阿拉伯银币改铸成项链、手镯、臂钏等首饰,这种首饰也有一定的货币职能,如杀死一本地人(图4)、非本地自由人(图5)、奴隶,只要赔偿一定重量的银饰,即可免受刑罚。

图4 由阿拉伯银币改铸的银饰,其数额为杀死一本地自由人的赔偿金

(2015年9月13日摄于瑞典历史博物馆)[③]

① 王永兴:《中晚唐的估法与钱币》,《社会科学》5卷11期,1949年。

② 《旧唐书》卷四八《食货志》,第2101页。

③ 感谢Eva Myrdal博士和Charlotte Hedenstierna Jonsson博士的讲解。

图5　由阿拉伯银币改铸的银饰，其数额为杀死一外地自由人的赔偿金

（2015年9月13日摄于瑞典历史博物馆）

不论萨珊银币，还是唐宋铜钱、阿拉伯银币，都有部分被熔化重铸，或为器物，或为首饰，或为另外形状的货币。在被销铸之时，钱币的金属成分称为主要考虑对象，钱币的价值在于金属价值，而不是币值本身。故而熔铸时的计量单位都是根据重量定，而不是以币值作为价格标准。与铜钱和阿拉伯银币被销铸不同的是，萨珊银币在岭南被剪切销铸，是为了进入另一以白银为货币的贸易圈，银仍是货币，只是换了形状和计量单位。这在中外货币史上是较为独特的。

（四）余论：得与失

当粟特、波斯或阿拉伯商人漂洋过海，携带银币进入岭南进行贸易时，其银币的购买力以重量计算。以两计量的银币与其在绿洲、草原丝绸之路上以文计量的钱币，购买力是否不同？易言之，对中亚、西亚商人而言，同样数额的萨珊银币，是在绿洲、草原丝绸之路上更值钱，还是被铸成银铤后利润更大？这需要我们以唐代的铜钱为基准，算一笔经济账。

据上引吐鲁番“武周如意元年里正李黑收领史玄政长行马价抄”文书，可知1枚银币值铜钱32文。1枚萨珊银币“德拉克麦”（Drachm），平均重量4克左右，[①]则可推知由陆上丝绸之路入华的银币4克值32文铜钱。

根据已发现的银铤估算，50两一笏的银铤平均重约2 000克。唐代白银的价值，官方也有定价。《通典》卷一〇《食货十·盐铁》载开元二十五年《屯田格》云：

> 蜀道陵、绵等十州盐井总九十所，每年课盐都当钱八千五十八贯……随月征纳，任以钱银兼纳。其银两别常以二百价为估。[②]

则银两的官方估价是每两值200文铜钱。这样我们可以得到这样的数据：

① 《夏鼐文集》下，第51页。

② 杜佑撰，王文锦等点校：《通典》，中华书局1988年版，第232页。

白银 50 两 =2 000 克 =200 文铜钱 ×50 两 =10 000 文铜钱

白银 1 克 =5 文铜钱

白银 4 克 =20 文铜钱

也就是说：1 枚“德拉克麦”以数量计，在绿洲和草原丝绸之路上相当于铜钱 32 文，而经由海上丝绸之路进入岭南，1 枚“德拉克麦”被以重量计值，只相当于 20 文铜钱，显然是贬值了。

金属被制造成钱币，就形成了币面价值。这时的币面价值，都会大于金属价值。萨珊银币在岭南的贬值，也是符合货币与金属转换的规律的。值 32 文的波斯银币，在岭南作为白银，只值 20 文。从这一点看，粟特、波斯、阿拉伯商人将萨珊银币作为白银使用，显然是亏本买卖。但相较于陆路的跋涉流沙，沐雨栉风，海路更为快捷便利，而且海路贸易多长途贸易，更易一本万利，也对这种亏损进行了补偿。这也是中亚、西亚商人明知所带货币亏损，仍由海路来华贸易的原因。

综上所论，萨珊银币由陆上丝绸之路和海上丝绸之路入华的命运截然不同。陆上丝绸之路的银币以数量计，单位是文；海上丝绸之路以重量计，主要单位是两。绿洲、草原丝绸之路上，萨珊银币进入银币贸易圈，作为通货，充当一般等价物，故而保存完整；由海上丝绸之路入华的银币，则进入白银贸易圈，只被视作白银，变成了块、饼、铤形状，不见真身了。波斯银币在丝绸之路经济带和海上丝绸之路的不同命运，值得关注。其不同的背景，昭示了南北朝隋唐时期西域、南海的地区性经济差异。

说 储 光 羲

钱玉林

储光羲，作为孟浩然、王维的同时代人，重要的山水田园诗歌作家，在相当长一段时间里，是受到了今人的轻视的。一些选本多只选他一首《钓鱼湾》，聊作点缀，有的加一首五绝《江南曲》："日暮长江里，相邀归渡头。落花如有意，来去逐轻舟。"（如选诗800首的《大唐诗作》）给人的印象，他的小诗轻松优美，只是王维的跟班，在唐代文学史上，与綦毋潜同属于"可有可无"的作家。这能不能反映盛唐诗人储光羲创作的真正面貌和实际水准呢？我认为，既有诗体方面的原因，也有"政治"原因，使他被大大地"遮蔽"或"缩小"了，所透露出的也不仅是选家的眼光问题。我怀疑，有的选家根本没有读他的全部作品，只是人云亦云。这跟家喻户晓的清人通俗选本《唐诗三百首》对他的诗一首不选也不无关系。

我们只有认真通读了储光羲现存224首诗作，并对其生平有了较深入的了解之后，我们才明白：闻一多《唐诗大系》，为什么选王昌龄17首，王维50首，孟浩然22首，常建5首，而给储光羲以18首的地位。追溯上去：明高棅《唐诗品汇》将他列为"名家"，选诗53首；明唐汝询《唐诗解》选诗19首；清王士禛《唐贤三昧集》选诗14首。直到20世纪90年代，陈伯海先生的大型选集《唐诗汇评》出来，选储光羲诗36首；孙映逵教授的《全唐诗流派品汇》选诗66首，这才恢复了储光羲在唐诗中应有的地位。

鲁迅论选本不足以"知人论世"时说："倘有取舍，即非全人，再加抑扬，更离真实……我每见近人的称引陶渊明，往往不禁为古人惋惜"（《"题未定"草六》），其感慨是何等深刻！

储光羲（约706～约763），润州（天宝元年改丹阳郡）延陵县（今江苏丹阳市延陵镇）人，郡望兖州（今山东兖州市）。新旧《唐书》都没有为他立传。据陈铁民先生的考证，他开元十一年（723）冬入长安，两度应举落第，曾入太学为诸生，那时不超过十九岁。开元十四年（726）玄宗居洛阳，他此年春在东都得中严迪榜进士，与崔国辅、綦毋潜为同年。释褐后，曾在冯翊县（治今陕西大荔县）任佐官。开元十八年前后，又曾任安宜（今江苏宝应）、下邽（今陕西渭南）、汜水（今河南荥阳）三县的县尉。他有一首《登戏马台作》的七言歌行，不知是哪一年所作。戏马台，在今江苏徐州市南，传说项羽曾在此驰马。全诗是对南朝宋武帝刘裕在晋朝时举行北伐，消灭南燕、后秦，剪除北方割据势力的赞颂。诗曰：

君不见宋公仗钺诛燕后，英雄踊跃争趋走。
小会衣冠吕梁壑，大征甲卒碻磝口。
天开神武树元勋，九日茱萸飨六军。
泛泛楼船游极浦，摇摇歌吹动浮云。
居人满目市朝变，霸业犹存齐楚甸。
泗水南流桐柏川，沂山北走琅琊县。
沧海沉沉晨雾开，彭城烈烈秋风来。

少年自言未得意，日暮萧条登古台。

刘裕是京口丹徒人，储光羲润州延陵人，润州即京口，今江苏省镇江市，可以算得上是同乡。这首不为人注意的诗，抚今追昔，写得慷慨沉郁，风格与李东川（颀）相近，被清代王渔洋选到了《唐贤三昧集》中，可谓具眼。估计是储光羲青年宦游途中所作。诗中充分表现了作者对历史人物建立非凡功业的追慕，末两句"未得意"的"少年"，应指诗人自己。

离乡数千里，十年在外，就任卑职，储光羲无法实现自己经邦济世的志愿。大概到开元二十一年（733），储光羲辞官回乡。然而，当时他才三十岁不到，乡居终非长久之计。于是，天宝初（742 年后），他再入长安，这一次是受朋友阎防的影响，去终南山隐居修道。当时，诗人王维任左补阙，开始营造他的蓝田山居，光羲也曾到山居访问王维和裴迪，他们之间建立了很好的友谊。这段时间，也是他创作上最旺盛的时期，写下了不少歌咏田园生活的诗。

然而，开元后期，朝政越来越腐败。唐玄宗宠爱杨贵妃，生活骄奢淫逸，罢斥了贤相张九龄，信任宦官高力士等，朝政大事放手交给"口蜜腹剑"的奸相李林甫，继而是外戚杨国忠，又盲目宠信胡族将领安禄山，对他滥加赏赐……而正派官员相继被逐，不能立足于朝。这也是储光羲对宦途失望，与朝廷、权贵始终保持远距离的原因。他的思想中，隐居出世的意愿远大于做官。他深入道家哲学与道教，诗里除了写农村生活，写大自然，便是对隐居生活的肯定，是黑暗现实使他走向了遁世之路。归乡期间，他在《游茅山》诗中说："世业传儒行，行成非不荣。其如怀独善，况以闻长生？家近华阳洞，早年深此情。"号为"山中宰相"的南朝道教学者、医药学家、炼丹家陶弘景曾隐居于此。他又在《同王十三维偶然作十首》中，进一步表示，他鄙弃官场生活，向往仙家境界："日暮登春山，山鲜云复轻。远近看春色，踟蹰新月明。仙人浮丘公，对月时吹笙。丹鸟飞熠熠，苍蝇乱营营。群动汩吾真，讹言伤我情。安得如子晋，与之游太清？"这一点，他和李白、李颀是一致的。

天宝六载至七载（747—748），朝廷委命储光羲为太祝。这是个在皇家宗庙祭祀中管理祖宗神位的小官，正九品上，比起地方上的主簿、县尉，倍加无聊。后人称他为"储太祝"，就是源于这个职位。

天宝九载（750）前，诗人迁监察御史（正八品上），并在这年夏季，奉使赴范阳（治所在今北京市西南）。当时胡族将领安禄山正以一人而兼范阳、平卢、河东三镇节度使，强兵劲卒，正在积极准备发动推翻唐朝的叛乱。

诗人途经邯郸所作的《效古》二首，表面拟古，实为伤时之作。河北旱灾严重，赤日如火，庄稼颗粒无收，而安禄山这时在当地征兵劳役无已，百姓痛苦不堪，情形与杜甫《兵车行》中所写的相同。第一首说：

晨登凉风台，暮走邯郸道。
曜灵何赫烈，四野无青草。
大军北集燕，天子西居镐。
妇人役州县，丁男事征讨。
老幼相别离，哭泣无昏早。
稼穑既殄绝，川泽复枯槁。
旷哉远此忧，冥冥商山皓。

天子住在京城长安,哪里知道外边的情况?只有如商山四皓这样逍遥世外的隐士,才能毫无忧虑。第二首诗人自述:"翰林有客卿,独负苍生忧。中夜起踯躅,思欲献厥谋。君门峻且深,踠足空夷犹。"还有一首《观范阳递俘》,是写安禄山军献奚族战俘于朝廷。这些都表明他对玄宗的昏聩,安禄山的野心,洞若观火。可是他职位卑微,连接近皇帝的机会都没有,更不必说进言了。

当时的玄宗,完全被安禄山的巧言伪装所迷惑,皇太子及宰相杨国忠、韦见素屡言安禄山将反,他一概不信(《新唐书·安禄山传》)。天宝十载(751),玄宗命有司为安禄山在长安城起造府第,"但穷壮丽,不限财力",其陈设用物,与皇宫中一样考究。十三载,玄宗命令给安禄山加"同平章事"的头衔,欲以他为宰相,未成,结果加了左仆射(尚书省长官,从二品)。又批准安禄山用朝廷数千空白"告身"(委任状)奖赏他手下征伐契丹的有功将领,结果有将军五百余人,中郎将二千余人。十四载(755),同意他在三镇军队中以三十二名番将代替汉将。此时,安禄山掌握的兵力达唐帝国的三分之一。更不能理解的是,谁上告安禄山将谋反,玄宗就将谁"缚送"安禄山,任其处置。"由是人皆知其将反,无敢言者。"(《资治通鉴》卷二一七)

诗人除了中夜彷徨,他还能做什么?

天宝十四载(755)十一月,时机成熟,安禄山谎称奉玄宗"密诏",命他入朝诛杀杨国忠,他自乘铁车,率叛军十五万从范阳起兵。十二月,攻破东都洛阳。次年六月初八,守潼关的大将哥舒翰在病中兵败被俘,潼关破。至此,玄宗唯有逃奔一法。六月十二日他下诏"云欲亲征",傍晚即"命龙武大将军陈玄礼整比六军,厚赐钱帛,选闲厩马九百余匹,外人皆莫之知。"在次日(乙未)黎明时分,"上(玄宗)独与贵妃姊妹、皇子、妃、主、皇孙、杨国忠、韦见素、魏方进、陈玄礼及亲近宦官、宫人出延秋门。妃、主、皇孙之在外者,皆委之而去。"实际上是置国都、至戚、臣民于不顾,只顾自己逃命。这些被抛下的公主、王妃、驸马、皇孙、郡主、县主等,再加上"杨国忠、高力士之党及禄山素所恶者",共上百人,包括唐玄宗的妹妹霍国公主,被安禄山部将孙孝哲分两次残忍杀害,剖腹刳心,流血满街,以祭奠留居长安、此前被玄宗腰斩的安禄山的儿子安庆宗。叛军入长安后,大肆搜掠宫廷和民间财物,"禄山命搜捕百官、宦者、宫女等,每获数百人,辄以兵卫送洛阳。王侯将相扈从车驾,家留长安者,诛及婴孩。"(以上见唐郑处诲《明皇杂录》、《资治通鉴》肃宗至德元载)。数百名官员被俘,大诗人杜甫也被叛军俘虏,后侥幸逃脱,到达肃宗的行在凤翔。

储光羲遭遇如何?只有简略的记载。唐顾况《监察御史储公集序》说他"挟身虏庭,竟陷危邦",也即被押送和囚禁于叛军占领的洛阳。《新唐书·艺文志三》儒家类在"储光羲《正论》十五卷"条下特加注:"兖州人,开元进士第,又诏中书试文章,历监察御史,安禄山反,陷贼自归。"《唐诗纪事》卷二二曰:"禄山乱,陷焉。贼平,贬死。"《郡斋读书志》卷四上云:"后从安禄山伪署,贼平,贬死。"《直斋书录解题》卷十九云:"天宝末任伪官,贬死。"元辛文房《唐才子传》则曰:"值安禄山陷长安,辄受伪署。贼平后自归,贬死岭南。"

应该说,顾况的序和《新唐书·艺文志三》小注所述,是符合事实的,后者强调"陷贼自归",亦决非无意。《唐诗纪事》的说法含混,晁公武与陈振孙的记载,简单偏颇。至辛文房的叙述,离开真相愈远,只能算是五百年后的悬拟之词了。它给人印象是:安禄山一到长安,储光羲就投降,并做了伪官,直到唐王朝平定乱后才"自归"。事实远非如此。因安禄山自叛乱以来,光羲一直是在洛阳,从未进入长安。储光羲被俘送到"虏庭"和"危邦"洛阳,是在天宝十五载(756年,也即至德元年)夏天。第二年,至德二载(757年)夏末,洛阳尚在叛军手中,他即自行逃归长安,并非是在"贼平"之后。

僭称“大燕皇帝”的安禄山，有他的一套文武班子，其中出谋划策的主要文官有高尚、严庄、张通儒等，武将的骨干有史思明、何千年、高邈、安忠志、田乾真、孙孝哲、尹子奇、崔乾佑、田成嗣、阿史那承庆等。而主动投降安禄山，受到重用的几个唐朝高官，都是先受玄宗宠信、重用，后因私欲得不到满足，或与杨国忠集团结仇，而心怀怨恨的人。如李林甫的副手、原宰相陈希烈，原河南尹达奚珣，故宰相张说的儿子张均、张垍兄弟等。其中，张垍是驸马，张均欲为宰相，遭杨国忠排斥而未如愿。陈希烈、张均兄弟、达奚珣这一伙真正的叛徒，全当了安禄山的宰相。

至于“受伪署”是怎么一回事？大诗人王维在《大唐赠秘书监京兆韦公神道碑铭》中叙述，“逆贼安禄山……藉天子之宠，称天子之官，征天子之兵，逆天子之命，始反幽蓟，稍逼温洛，云诛君侧，尚惑人心，列郡无备，百司安堵，变折冲为贼矣，兼法令而盗之。将逃者已落彀中，谢病者先之死地。密布罗网，遥施陷阱……”当时安禄山以“左仆射、范阳大都督、东平郡王、范阳等三镇节度使”的名义，打着奉天子“密诏”、“诛君侧”，杀奸臣杨国忠的旗号，他一语不及背反唐朝，取玄宗而代之，而平日又极受玄宗的信任与重用，他们之间的关系变化，智者或能加以揣测，但一时谁也不能全明真伪。由于玄宗和宰相杨国忠等于十三日凌晨离宫出走，去向不明，朝官们面对叛军，手无寸铁，“举足便跌，奋飞即挂，智不能自谋，勇无所致力”，遭遇的是求生不得、求死不能的困境。

叛军一切都用皇帝的名义，包括搜捕朝官，连家属一起押送洛阳。被俘者只是叛军手中可以随时杀害的人质。王维追忆说：叛乱者对他们“劫之以兵，署之以职，以孥为质，遣吏挟行。”即他们被手持利刃的叛军士兵绑架、看押，署上职衔，以妻子儿女的性命作人质，命令军吏挟持着向洛阳进发。王维说：“上京既骇，法驾大迁……君子为投槛之猿，小臣若丧家之狗……白刃临者四至，赤棒守者五人，刀环筑口，戟枝叉颈，缚送贼廷。”所谓的“受伪职”，就是这样一种情形！从朝臣们对汉族、汉文化的认同以及当时的形势看，他们中的大多数，都是忠于唐王朝的。有几个愿意追随肆行残暴、“名不正，言不顺”的胡人安禄山？

正如王维在《韦公神道碑》中所叙，身陷洛阳的原太常少卿、临汝太守韦斌（睿宗时宰相韦安石之子，娶宗室女），也是一位任职洛阳近畿而“陷贼”的高级官员，他在刀剑丛中秘密救护王维，忧愤不已，最后服毒自杀，呕血而死，以表明对朝廷的忠贞。唐军克复两京后，乾元元年（758），肃宗“悲怜其意，下诏褒美，赠秘书监。”王维分析韦斌的处境：“种族其家，则废先君之嗣；戮辱及室（指妻子），则累天子之姻。非苟免以全其生，思得当有以报汉。”这里用了西汉李陵初被俘，思“有以报汉”的典故。这正是当时没有一头撞死在叛军刀尖上、以卵击石的大多数被俘唐朝官员的思想。

王维所说，在真相未明、双方力量悬殊、手无寸铁、一时无法抵抗的情况下，为保存实力，徐图反正，而暂时屈从的策略，在历史上不乏其例。就拿颜真卿的从兄、真正的抗敌烈士，常山太守颜杲卿（常山，治今河北省石家庄市北）来说，他乱前曾被安禄山保举为范阳节度判官，当叛军主力抵达常山城下，他担心叛军会西向直取潼关，危及朝廷，他更要对满城军民的生命负责，因此表面上归顺了安禄山。安禄山“赐杲卿金紫，质其子弟，使仍守常山。”未久，他即利用手中力量，与其弟平原郡太守颜真卿秘密联合河北十七郡，一齐举兵反抗，有力地打击、牵制了叛军，成为敌后抗敌的主要力量。后不幸被俘，在洛阳他当面痛斥安禄山负恩谋反，被凌迟牺牲，一门同时殉难者三十余人。有没有哪位历史学家认为他是“受伪职”的叛徒呢？

又如诗人、书画家、广文馆博士郑虔，亦被俘押送东都。当时安禄山双目已失明，授他伪职水部郎中，他称病不就，并“潜以密草达灵武”，将情报托人送达肃宗行在。至德二载（757）春，他逃回长安，与大诗人杜甫相遇。杜甫在《郑驸马池台喜遇郑广文》诗中有句：“然（燃）脐郿坞败，握节汉臣回。”把安禄山被其子安庆绪所杀比作被吕布所杀的董卓，称赞郑虔像苏武一样坚持了气节。可是郑虔后来与储光羲一样被下狱，并且不分青红皂白，以“从贼”论罪，贬为台州司户参军，最后死于贬地。

储光羲情况如何？史载，肃宗至德二载（757）正月，安禄山被其子安庆绪与部下严庄合谋杀死。九月，郭子仪军收复长安，十月收复洛阳。姚汝能《安禄山事迹》卷下：“初，汾阳（指郭子仪）收东都后，差人送伪朝士陈希烈等三百五十余人赴京，兼奏‘请从宽恕、以招来者’三表。”储光羲不在这群人中，他在收复洛阳前的夏末，已脱身逃出虎口。由于西行入秦的道路不便，诗人带着一个僮仆先折向南，再经湘鄂北上入秦。他的一首诗《登秦岭作》小注“时陷贼归国”，即是写这段艰辛旅程的。大约在初秋，他抵达长安，立即被拘留。他在《狱中贻姚张薛李郑柳诸公》的诗中，悲愤地写道：“诬善不足悲，失听一何丑？大来敢遐望，小往且虚受。中夜囹圄深，初秋缧绁久。……哀哀害神理，恻恻伤慈母。妻子垂涕泣，家僮日奔走。书词苦人吏，馈食劳交友。寒服犹未成，繁霜渐将厚。吉凶问詹尹，倚伏信北叟。鬼哭知己冤，乌言诚所诱……”，他深感自己被冤屈为叛徒，但不敢怨皇帝，只能怨办案官。一个俘虏千辛万苦，冒着被杀的危险，载饥载渴，载欣载奔，从敌人的牢笼中逃回故都，难道不是爱国，而是“叛国”的表现？

十二月，太上皇（指玄宗）回到长安。肃宗命礼部尚书李岘、御史大夫崔器、兵部侍郎吕諲共同负责，对由洛阳返回的受伪职官员作出处分。“崔、吕上言：诸陷贼官，背国从伪，准律皆应处死。上（指肃宗）欲从之。”后来，由于李岘坚持要分别对待，争论了好几天，肃宗才同意李岘将“陷贼官”分六等定罪的意见。“重者刑之于市，次赐自尽，次重杖一百，次三等流、贬。壬申，斩达奚珣等十八人于城西南独柳树下，陈希烈等七人赐自尽于大理寺；应受杖者于京兆府门。”（见《资治通鉴》肃宗至德二载）储光羲本是八品小官，虽是“陷贼，自归”，也被判流贬南方。

崔器和吕諲“皆应处死”的主张，意在迎合玄宗和肃宗。如果没有李岘的抗争，大诗人王维、书画家郑虔、古文家李华和诗人储光羲、卢象等无辜者都将成为刀下之鬼。首恶者自当严办，包括运用死刑，但三百五十余人一律处死，必定冤滥。其主张的“理由”，竟是这些朝官没有“扈从”唐玄宗，保护他逃跑。姚汝能《安禄山事迹》说：“上皇以朝官不扈从，其恨颇深，遂下敕云：‘初陷寇逆，忽被胁从，受任数年，得非同恶？戴天履地，为尔之羞！宜付三司详理处分。’”很清楚，这是要把造成“安史之乱”的责任最终推给“陷贼”的诸臣。

唐玄宗早年为太子时，诛灭韦后，为其父睿宗李显夺得政权。睿宗传位于他，他果断铲除了专权的太平公主集团，使天下安定。在开元初期，他重用姚崇、宋璟、张九龄等贤明大臣，励精图治，使唐帝国的繁荣兴盛达到了顶峰。开元后期，他听信武惠妃谗言，一天里下令赐死三个亲生儿子——太子李瑛、鄂王李瑶、光王李琚，又夺取自己儿媳妇寿王妃杨氏为贵妃，重用高力士等大宦官，不理朝政，只顾荒淫享乐，先后任用奸相李林甫、外戚杨国忠，对野心家、胡人安禄山丧失警惕，宠信无度，结果酿成了大灾难“安史之乱”。而当大火燃烧起来的时候，他命宦官监军边令诚赴军中处斩忠心耿耿的大将封长清、高仙芝，又错误估计敌情，拒不采用郭子仪、李光弼和哥舒翰坚守潼关不出战的正确方略，日夜催逼半身不遂、重病在身的哥舒翰出关进攻，结果中了叛军埋伏，造成潼关失守。在危急存亡之际，他听信杨国忠的主张“巡幸剑南”，避乱蜀中，弃朝廷、臣民于不顾，一走了之，结果引出了马嵬之变，太子李亨毅然与他分手，北上抗敌。这样一个荒淫自私，给国家、百姓带来了巨大灾难的昏君，明显是想通过惩治“陷贼”官员来掩饰自己的历史罪责。

756年6月京师失陷前，身为最高统治者的玄宗一伙，一夜之间出宫逃走，试问群臣如何“扈从”？至757年十月收复洛阳，大批朝臣被俘仅一年三个月，储光羲仅一年，郑虔才八个月，他所指摘的“受任数年，得非同恶”，又从何说起？史学家司马光在《资治通鉴》至德二载叙此段历史后的“臣光曰”中拆穿了玄宗的谎言，他批评说：“至于微贱之臣……谋议不预，号令不及，朝闻亲征之诏，夕失警跸之所，乃复责其不能扈从，不亦难哉！”为那些不知内情、未闻召唤而被俘的普通官员做了辩护。

事实上，安禄山身为唐臣，其叛变的性质并非外国入侵，而是以胡人将领为核心的幽州地方武装集团企图推翻中央政权。因而，不能将被俘“迫受伪署”的官员看成是“叛国”行为。其次，诸“陷贼官”情况各别，有主动投降叛军，为虎作伥者，更多的是一时隐忍，不肯盲目牺牲，随时准备反正抵抗或逃走者。我们决不应将“被俘”与“不忠”、“叛变”的概念等同。

一切都只为皇帝着想，天下为其私产，臣民是其奴隶，所有是非衡量标准都从皇帝一己私利出发，这是中国专制统治者要求臣下遵守的奴隶道德，有时就成了“政治正确”的标准。所谓“君辱臣死”（《国语・越语下》），就是帝王如遭受耻辱，臣僚应当死节。然而玄宗皇帝并没有死，他逃走了。今天评价唐代人物的是非功过，如果依然与唐玄宗站在一个立场，那我们比古代的史学家也要倒退。最高统治者平日荒淫奢侈，任用奸佞，最后造成天下大乱，生灵涂炭，可是他对臣民被俘，妇女被俘，却要求他们立刻自尽，或被敌人千刀万剐，而不管于抗敌究否有益，于人道是否合理，这正是鲁迅所谴责的“吃人”的“道德”。对于历史上的李陵、蔡琰、储光羲等，我们无权指责他们为什么不立刻去死。对于他们的不幸，我们只能抱着深深的同情。否则，为李陵辩护而惨遭宫刑的司马迁将是“咎由自取”，蔡文姬只能是“失节于胡虏”。事实上，唐玄宗、李林甫、杨国忠集团、安禄山等，才是这场历史灾难的真正根源。

储光羲流贬何处，诸书无记载，《唐才子传》说他“贬死岭南”，有此可能。公元762年四月间，玄宗、肃宗相继病死，代宗即位，改元宝应元年，五月大赦天下。诗人自至德二载（757）岁末带着家属流放，生活于困顿穷苦之中，已近四年半。从他最后一首诗《晚霁中园喜赦作》里“池光摇万象，倏忽灭复起。嘉树如我心，欣欣岂云已？”诗句来看，尽管世事变幻，如同池水中物象，但赦令传来，还是令他欣喜不已。可能是衰病已深，他拟作归乡之计而未能行，终于在第次年，以58岁凄凉地客死异方。

储光羲厌烦虚伪的官场，天宝后，他对政治前途失望，沉浸于道家思想和隐居生活，赞赏大自然的美好与深邃。他一生对普通人民怀着真挚的同情，历来很少有诗人，像他这样真心地喜爱农民、樵夫、渔叟、莲娃、牧童，把他们作为主人公写进诗中。他在山水田园与农业劳动中发现诗意，以至他笔下的农村人物也诗意化了，有时难免带有老庄哲学的倾向。清贺贻孙《诗筏》将他与王维作比较说：“储光羲五言古诗，虽与摩诘五言古诗同调，但储韵远而王韵隽；储气恬而王气洁；储于朴中藏秀，而王于秀中藏朴；储于厚中有细，而王于细中有厚；储于远中含淡，而王于淡中含远。与王着着敌手，而储似争得一先，观《偶然作》便知之。然王之所以独称大家者，王之诸体悉妙，而储独以五言古胜场耳！”总体看来，储光羲的题材与诗体，不及王维丰富多样，他所长主要在五言古诗，小诗绝句亦时有佳作，但几乎没有律诗，但是他的率真与朴厚，王、孟或有所不及。因此，《四库全书总目》说储光羲诗“源出陶潜，质朴之中，有古雅之味，位置于王维、孟浩然间，殆无愧色。”是个十分公正的评价。沈松勤等先生的《唐诗研究》对储诗有细致的分析，但最后认为：“在盛唐山水田园诗人中，除王维与孟浩然，成就最高的当推常建。”我认为，恐怕仍与《唐才子传》所谓“值安禄山陷长安，辄受伪署”的模糊说法有关。为了“政治正确”，文学史家不得不把储光羲降格一等。而傅璇琮先生在《唐才子传校笺》前言中，既给予《唐才子传》很高的评价，同时也指出："其主旨却似乎在因人而品诗，重点是标其诗格，而不在于考叙行迹……可惜的是，过去我们的一些研究者，在引用此书时，未加复核，往往把他的错误记载作为论证的依据。"这个意见是值得重视的，不然何必再发动众多专家为其书做"校笺"？

除诗歌外，诗人还着有《正论》和《九经外义疏》。编选《河岳英灵集》的殷璠，评价说："储公诗格高调逸，趣远情深，削尽常言，挟风雅之道，得浩然之气。"并将他与王昌龄相提并论，认为"两贤气同体别"，都是有"风骨"的作家。又因他读过以上两种著作，故评曰："璠尝睹公《正论》十五卷、《九经外义疏》二十卷，言博理当，实可谓经国之大才。"可见储光羲对国家社会、政治历史俱有不凡的见解，对儒家经籍，亦有相当的研究。至北宋时，二书失传。他儿子储溶整理其父文章赋论为《储光羲集》七十卷，请顾况重为之序，至南宋也不存。今通行之《储光羲诗集》仅五卷，《全唐诗》编为四卷，遗篇零落，我们今日所见，岂足以尽斯人哉！

论唐代吴兴良才沈既济的科举选官法改革主张

俞　钢

（上海师范大学硕士研究生毕业，上海师范大学教授）

历来学界对唐代吴兴良才沈既济的评价，较多偏重于他在文学方面的成就，将他创作的《任氏传》和《枕中记》两篇小说视为唐中叶小说繁荣的标志。其主要原因是沈既济的史学和政论著述没有完整地流传下来，后世无法详细了解他的史学思想和政治主张，也就难以全面地作出评价。然而，笔者发现，尽管沈既济的史学和政论著述已亡佚，但《通典》和《全唐文》仍保存有他的若干篇论议唐代科举选官法的文章，这对于我们系统了解他的科举选官法改革主张，进而理解《枕中记》描述的内容，应该有所裨益。本文不揣浅陋，就此略作探讨述论，祈请方家指正。

一、沈既济生平事迹梳析

关于沈既济的生平事迹，《旧唐书》卷一四九《沈传师传附既济传》云：

> 沈传师字子言，吴人。父既济，博通群籍，史笔尤工，吏部侍郎杨炎见而称之。建中初，炎为宰相，荐既济才堪史任，召拜左拾遗、史馆修撰。既济以吴兢撰《国史》，以则天事立本纪，奏议非之。……事虽不行，而史氏称之。……德宗初即位，锐于求理。建中二年夏，敕中书、门下两省，分置待诏官三十员，以见官前任及同正试摄九品已上，择文学理道、韬钤法度之深者为之，各准品秩给俸钱，廪饩、干力、什器、馆宇之饰，以公钱为之本，收息以赡用。物论以为两省皆名侍臣，足备顾问，无劳别置冗员。既济上疏论之。……其事竟不得行。既而杨炎谴逐，既济坐贬处州司户。后复入朝，位终礼部员外郎。……既济撰《建中实录》十卷，为时所称。①

《新唐书》卷一三二《沈既济传》所述与《旧传》基本相同。从中略知，沈既济为传师之父，苏州吴（今江苏苏州）人，博通群籍，有良史才，宰相杨炎雅善之，荐为左拾遗、史馆修撰，曾上疏论事，并撰《建中实录》10卷。杨炎遭谴逐，沈既济也坐贬处州司户参军，后复入为礼部员外郎。然而，笔者翻检诸种文献，发现沈既济的生平事迹仍有可资补充和讨论之处。

其一，沈既济的籍贯和家族。唐林宝《元和姓纂》卷七吴兴武康县沈氏条云：

> （沈）朝宗，婺州武义主簿。朝宗生既济、克济。既济，进士，唐翰林学士；生传师、弘师、述师。

① 刘昫：《旧唐书》卷一四九《沈传师传附既济传》，中华书局1975年版，第4034～4037页。

传师，进士，礼部侍郎；生枢、询。枢，进士，谏议大夫、商州防御使。询，进士，浙东观察、泽潞节度；生仁卫，进士。①

宋王安石《贵池主簿沈君（播）墓表》云：

君讳某，字某，再世家于杭州之钱塘，而其先湖州之武康人也。武康之族显久矣，至唐有沈既济者，为尚书礼部员外郎。生传师，为尚书吏部侍郎，赠吏部尚书。尚书生询，为潞州刺（长）史、昭义军节度使。自昭义以上三世，皆有名迹，列于国史。②

宋谈钥《嘉泰吴兴志》云：

沈传师，《吴兴统记》云："德清县人，贞元十九年进士及第，二十年登制科，儒学、文艺为一时冠。"《图经》云："《吴兴统记》所载如此，必有所本，而《唐史》以为苏州吴人，岂后所徙耶？"宋王文公作《沈君主簿墓表》云："武康之族显久矣，至唐有沈既济者，为尚书礼部员外郎。生传师，为尚书吏部侍郎。"当是时，虽已割武康为德清，文公盖推本言之，证据必确，史氏所传不无误也。③

按以上所述的武康或德清县，检《新唐书》卷四一《地理志五》江南道条，均为湖州吴兴郡的属县。这样看来，沈既济的籍贯当为唐吴兴郡（今浙江湖州）人，两《唐书》本传所载应误。至于沈既济的家族，所谓"武康之族显久矣"、"自昭义以上三世，皆有名迹，列于国史"，足以反映出它是唐代江南地区一个世系有序的大家族。这个家族恪守着门风和礼教，所以其成员多有进士及第、位列朝官者，荣耀于乡里。④

其二，沈既济的生卒年、事迹和著述。沈既济的生卒年，未见文献记载，现今学者的有关介绍皆为推断，大致以沈既济约生于玄宗天宝九载（750）、约卒于德宗贞元十六年（800）的说法最为流行，⑤实际上已无法具体确定。关于沈既济的事迹线索，这里略作析理补充。《元和姓纂》卷七吴兴武康县沈氏条云："既济，进士，唐翰林学士。"岑仲勉《元和姓纂四校记》卷7考云："既济未尝为翰学，传师为翰学又迟在元和十二，在林书后，故知'唐翰林学士'五字，乃后人记传师所历而误错于此者。"⑥也就是说，沈既济进士出身，及第时间不详，但不曾为翰林学士。沈既济《任氏传》云：

唐天宝九年夏六月，（韦）崟与郑子偕行于长安陌中，将会饮于新昌里。……大历中，沈既济居钟陵，尝与崟游，屡言其事，故最详悉。……建中二年，既济自左拾遗于金吾将军裴冀、京兆少尹孙存、户部郎中崔需、右拾遗陆淳，皆谪居东南，自秦徂吴，水陆同道。⑦

---

① 林宝：《元和姓纂》卷七，文渊阁《四库全书》本。
② 王安石：《临川文集》卷九〇《贵池主簿沈君（播）墓表》，文渊阁《四库全书》本。
③ 谈钥：《嘉泰吴兴志》卷一六《贤贵事实》，民国《吴兴丛书》本，第180页。
④ 中国唐代文学学会：《唐代文学研究》之《沈既济父子籍贯史略考》，广西师范大学出版社2004年版，第496～501页。
⑤ 鲁迅：《中国小说史略》第8篇《唐之传奇文（上）》，上海古籍出版社1998年版，第46页。
⑥ 岑仲勉：《元和姓纂四校记》卷七，商务印书馆1948年版，第740页。
⑦ 李时人编校：《全唐五代小说》卷一九《任氏传》，陕西人民出版社1998年版，第535页。

从中可知三个关键时间，即天宝九载，故事发生；大历中，作者在钟陵（今江西南昌）亲闻于韦鉴；建中二年（781），作者自左拾遗被贬东南。笔者以为，从唐人小说的叙事特点来看，《任氏传》记事始于天宝九载，这可以是作者的虚构，但这个时间显然不可能是他的出生年，或出生年更早，至于提及的大历中与韦鉴游、建中二年被贬东南，则应该基本可信。《资治通鉴》卷二二六唐代宗大历十四年八月条云：

> 协律郎沈既济上《选举议》。[①]

《新唐书》卷四五《选举志下》云：

> 至德宗时，试太常寺协律郎沈既济极言其（选举法）弊。[②]

检《新唐书》卷七《德宗纪》的记载，大历十四年（779）五月辛酉，代宗崩；癸亥，德宗即皇帝位于太极殿；八月甲辰，道州司马杨炎为门下侍郎、同中书门下平章事。[③] 显然，《通鉴》和《新志》所记沈既济事，与两《唐书》本传吻合，即大历十四年五月德宗即位，至八月杨炎拜相，时沈既济为（试）太常寺协律郎，上《选举议》，杨炎荐其"才堪史任，召拜左拾遗、史馆修撰"。此后，沈既济参与了国史修撰，并有上疏论议，《唐会要》卷六三《国史》云：

> 建中元年七月，左拾遗、史馆修撰沈既济以吴兢所撰《国史》则天事为本纪，奏议驳之。[④]

同书卷二六《待制官》云：

> 建中二年五月二日敕，宜令中书、门下两省，分置待制官三十员，仍于见任前资及同正兼试，九品已上官中，简择文学理道、兵锋法度优深者，具名闻奏。度支据品秩量给俸钱，并置本收利，供厨料所须。干力、什器、厅宇等，并计料处分。左拾遗、史馆修撰沈既济上疏论之。[⑤]

宋陈振孙《直斋书录解题》卷四云：

> 唐《建中实录》十卷，唐史馆修撰吴（兴）郡沈既济撰。其书止于建中二年十月既济罢史官之日。[⑥]

显然，建中元年（780）至二年十月间，沈既济在左拾遗、史馆修撰任上。据两《唐书》本传，沈既济被贬是

① 司马光：《资治通鉴》卷二二六唐代宗大历十四年八月条，中华书局1956年版，第7267页。

② 欧阳修：《新唐书》卷四五《选举志下》，中华书局1975年版，第1168页。

③ 欧阳修：《新唐书》卷七《德宗纪》，第183～187页。

④ 王溥：《唐会要》卷六三《史馆上·修国史》，中华书局1955年版，第1095页。

⑤ 王溥：《唐会要》卷二六《待制官》，第508页。

⑥ 陈振孙：《直斋书录解题》卷四《起居注类》，文渊阁《四库全书》本。

受到杨炎罢相遭逐的牵连，而杨炎罢相在建中二年七月，以左仆射遭逐并赐死在此年十月，故沈既济于建中二年十月罢史官，被贬为处州司户参军，应该不误。此后，沈既济再入朝为礼部员外郎，则与陆贽推荐有关。据陆贽《陆宣公翰苑集》卷一四《奉天荐袁高等状》所载，德宗避难奉天时，也即建中四年（783）十月至兴元元年（784）七月之间，陆贽曾推荐“或有因连累左黜，或遭谗忌外迁，互有行能，咸著名迹，置之清列，皆谓良才”者13人，其中就有沈既济，①所以沈既济应在兴元元年七月后不久得以再入朝，并于贞元年间位终礼部员外郎。至于杜牧《樊川文集》卷一四《故尚书吏部史郎沈公（传师）行状》题注所云：“父某皇，任尚书礼部员外郎，赠太子少保。”②则是沈既济卒后因其子传师显达所获的追赠。

稽考诸种文献，现所知沈既济的著述，主要有已亡佚的《建中实录》10卷、《选举志》10卷、《刘展（江淮）乱纪》1卷等，以及小说《任氏传》、《枕中记》两篇。其中《建中实录》10卷，为时所称，唐赵璘《因话录》卷二《商部》云：“公（沈传师）先君礼部员外郎既济撰《建中实录》，体裁精简，虽宋、韩、范、裴亦不能过。自此之后，无有比者。”③宋王尧臣等的《崇文总目》卷三《实录类》也指出：“唐史馆修撰沈既济撰，起大历十四年德宗即位，尽建中二年十月既济罢史官之日。自作五例，所以异于常者：举终必见始；善恶必评；月必举朔；史官虽卑，出入必书；太子曰薨。自谓‘辞虽不足而书法无隐’云。”④《刘展（江淮）乱纪》1卷，据宋宋敏求《春明退朝录》卷下的记载，宋人修《新唐书》时未见，故所载刘展事殊略，后此书得之于两浙民家，“其所纪用兵次第甚详”，⑤可补《新唐书》之不足。笔者检《通鉴考异》，发现司马光修《通鉴》时曾参用过《建中实录》和《刘展乱纪》两书，现仍可从《通鉴考异》中辑出十数条。至于留存于《通典》、《全唐文》中的沈既济论议文章，除《论则天不宜称本纪议》和《论增待制官疏》两篇外，其余《选举论》、《选举杂议》等若干篇主要阐述科举选官法改革主张，很有可能是他所著《选举志》的部分内容。⑥

综合以上梳析，我们大致可以理出沈既济生平事迹的一些重要线索：沈既济，吴兴郡人，朝宗子。生卒年不详，主要活动于代宗、德宗时，约卒于德宗贞元年间。进士及第，大历中曾居钟陵，与韦崟交游。大历十四年五月德宗即位，八月杨炎拜相，沈既济以（试）太常寺协律郎上《选举议》，杨炎荐其为左拾遗、史馆修撰，始修《建中实录》。建中元年七月，沈既济有《论则天不宜称本纪议》；次年五月，有《论增待制官疏》。同年七月，杨炎罢相；十月，杨炎遭逐并赐死，沈既济受此牵连，随即罢史官，贬为处州司户参军，期间或作《刘展（江淮）乱纪》，以及小说《任氏传》和《枕中记》。兴元元年七月后不久，因陆贽推荐，沈既济再入朝为礼部员外郎，卒后追赠太子少保。

二、沈既济论议科举选官法现状与创作《枕中记》

考察沈既济的生平事迹和留存著述，我们不难发现，他主要生活于江南地区，又身处于唐中叶社会政

---

① 陆贽：《陆宣公翰苑集》卷一四《奉天荐袁高等状》，《四部丛刊》本，第98～99页。

② 杜牧：《樊川文集》卷一一《故尚书吏部史郎沈公（传师）行状》，文渊阁《四库全书》本。

③ 上海古籍出版社编：《唐代笔记小说大观（上）》之《因话录·商部上》，上海古籍出版社2000年版，第845页。

④ 王尧臣等：《崇文总目》卷三《实录类》，文渊阁《四库全书》本。

⑤ 宋敏求：《春明退朝录》卷下，文渊阁《四库全书》本。

⑥ 按：沈既济曾作《选举志》10卷，今已亡佚。检《全唐文》卷四七六，收有沈既济论议选举法的文章共4篇，分别为《上选举议》、《选举杂议》、《词科论并序》、《选举论》，其中《上选举议》和《选举杂议》2篇缺文较多，而《通典》卷一八《选举典六·杂议论下》所录较完整，故本文引述基本采用《通典》的录文。梳析沈既济诸篇论议内容，应该大部分原属《选举志》的内容，或作于他任左拾遗、史馆修撰时。

局剧烈变动时期。从史载沈既济"经学该明"和子传师"能治《春秋》"来看,这个江南大族具有深厚的家学渊源,且应与当时啖助、赵匡、陆淳等一派的新《春秋》学有关。沈既济进士及第,说明他兼具经学、史学和文学的能力;仕途浮沉,反映出他对社会现实的了解。因此,沈既济的史著、论议和小说,皆有独到之处,历来评价甚高。这里,笔者仅就沈既济有关唐代科举选官法现状的论议,结合他所撰小说《枕中记》,略作阐析。

众所周知,唐因隋旧,确立了科举取士制度,这不仅满足了统治者选拔人才的需要,也给天下才学之士指明了仕进方向。随着科举取士制度的演进,进士科一枝独秀,且逐渐偏重于诗赋杂文考试,从而造成了官员选拔重文辞、轻吏道的风气,其势不可阻挡。对此,沈既济在《词科论并序》中作了较为系统和精辟的阐述,其云:

> 开元以后,四海晏清,无贤不肖,耻不以文章达。其应诏而举者,多则二千人,少犹不减千人,所收才百一。礼部员外郎沈既济论曰:"初国家自显庆以来,高宗圣躬多不康,而武太后任事,参决大政,与天子并。太后颇涉文史,好雕虫之艺。永隆中,始以文章选士。及永淳之后,太后君天下二十余年。当时公卿百辟,无不以文章,因循遐久,浸以成风,以至开元、天宝之中,上承高祖、太宗之遗烈,下继四圣理平之化,贤人在朝,良将在边,家给户足,人无苦窳,四夷来同,海内晏然。虽有宏猷上略无所措,奇谋雄武无所奋。百余年间,生育长养,不知金鼓之声、烽燧之光,以至于老。故太平君子,唯门调户选,征文射策,以取禄位,此行已立身之美者也。父教其子,兄教其弟,无所易业,大者登台阁,小者任郡县,资身奉家,各得其足,五尺童子耻不言文墨焉。是以进士为士林华选,四方观听,希其风采,每岁得第之人,不浃辰而周闻天下。故忠贤隽彦、韬才毓行者,咸出于是,而桀奸无良者或有焉。故是非相陵,毁称相腾,或扇结钩党,私为盟歃,以取科第而声名动天下。或钩摭隐慝,嘲为篇咏,以列于道路,迭相谈訾,无所不至焉。"①

沈既济所言,有三点值得注意:首先,进士科试重文辞始于高宗永隆中武后临朝任事时,此后"浸以成风"。其次,玄宗开天时期,天下太平,取禄位者以进士及第为士林华选,因而造成了"无贤不肖耻不以文章达"、"五尺童子耻不言文墨"的社会风气。其三,进士科考试重文辞带来了桀奸无良者"无所不至"的弊病。应该说,沈既济的看法符合唐代科举选官法的演进轨迹和现状,代表了代宗、德宗时期杨绾、梁肃、赵匡、杜佑等一批有识之士的观点。

从唐代科举选官法擢拔精于吏道之人才的角度,沈既济发出了"今礼部、吏部一以文词贯之,则人斯远矣"的感叹,并对科举选官法的得失作了辨析。沈既济云:

> 夫选举者,经邦之一端,虽制之有美恶,而行之由于法令。是以州郡察举,在两汉则理,在魏、齐则乱;吏部选集,在神龙则紊,在开元、天宝则理。当其时,久承升平,御以法术,庆赏不轶,威刑必齐,由是而理,匪用吏部而臻此也。向以此时用辟召之法,则其理不益久乎!夫议事以制不以权,当征其

① 董诰等编:《全唐文》卷四七六《词科论并序》,中华书局1983年版,第4867~4868页。

本末,计其遐迩,岂时得时失之可言耶!①

他认为,作为一种选官法,无论是隋以前的察举法,还是隋以后的科举选官法,均有美恶得失,只有"征其本末,计其遐迩",才能扬长避短,收到好的效果。而隋以后所变的科举选官法,由于入仕之门太多、代胄之家太优、禄利之资太厚、督责之令太薄,则背离了选官用能的宗旨。他揭示"四太"现状云:

《管子》曰:"夫利出一孔者,其国无敌;出二孔者,其兵不诎;出三孔者,不可以举兵;出四孔者,其国必亡。先王知其然,故塞人之养,隘其利途。"使人无游事而一其业也。而近代以来,禄利所出,数十百孔,故人多歧心,疏泻漏失而不可辖也。夫入仕者多,则农工益少,农工少则物不足,物不足则国贫。是以言入仕之门太多。《礼》曰:"天子之元子,士也。天下无生而贵者。"则虽储贰之尊,与士伍同。故汉王良以大司徒位免归兰陵,后光武巡幸,始复其子孙邑中徭役,丞相之子不得蠲户课。而近代以来,九品之家皆不征,其高荫子弟,重承恩奖,皆端居役物,坐食百姓,其何以堪之!是以言代胄之家太优。先王制士,所以理物也;置禄,所以代耕也。农工商有经营作役之劳,而士有勤人致理之忧。虽风猷道义,士伍为贵,其苦乐利害,与农工商等不甚相远也。后代之士,乃撞钟鼓,树台榭,以极其欢;而农工鞭臀背,役筋力,以奉其养。得仕者如升仙,不仕者如沉泉。欢娱忧苦,若天地之相远也。夫上之奉养也厚,则下之征敛也重。养厚则上觊其欲,敛重则下无其聊。故非类之人,或没死以趣上,构奸以入官,非唯求利,亦以避害也。是以言禄利之资太厚。《语》曰:"陈力就列,不能者止。"昔李膺、周举为刺史,守令畏惮,睹风投印绶者四十余城。夫岂不怀禄而安荣哉?顾汉之法不可偷也。自隋变选法,则虽甚愚之人,蠕蠕然,第能乘一劳,结一课,获入选叙,则循资授职,族行之官,随列拜揖,藏俸积禄,四周而罢;因缘侵渔,抑复有焉。其罢之日,必妻孥华楚,仆马肥腯,而偃仰乎士林之间。及限又选,终而复始,非为巨害,至死不黜。故里语谓"人之为官若死然,未有不了而倒还"者。为官如此易,享禄如此厚,上法如此宽,下敛如此重,则人孰不违其害以就其利者乎!是以言督责之令太薄。②

从沈既济对唐代科举选官法弊端的归纳和论析中,我们大略可知,唐代科举选官法在其发展过程中存在的问题,诸如入仕者多,禄利所出百孔;高荫子弟,坐食百姓;得仕者如升仙,不仕者如沉泉;循资授职,终身不黜等,皆切中时弊,深刻独到。

沈既济不仅在论议中抨击了唐代进士科试偏重文辞、吏部铨选"四太"的弊病,而且还在他所撰的小说《枕中记》里作了具体生动的诠释。作者将故事设定于开元七年(719)的背景下,描述了科举士子卢生追求功名利禄的人生梦想。其云:

俄见旅中少年,乃卢生也。衣短褐,乘青驹,将适于田,亦止于邸中,与(吕)翁共席而坐言,言笑殊畅。久之,卢生顾其衣装敝亵,乃长叹息曰:"大丈夫生世不谐,困如是也。"翁曰:"观子形体,无苦

① 杜佑:《通典》卷一八《选举典六·选举论》,中华书局1984年版,第444页。

② 杜佑:《通典》卷一八《选举典六·选举论》,第441~443页。

无恙。谈谐方适，而叹其困者，何也？”生曰：“吾此苟生耳，何适之谓？”翁曰：“此不谓适，而何谓适？”答曰：“士之生世，当建功树名，出将入相，列鼎而食，选声而听。使族益昌，而家益肥，然后可以言适乎。吾尝志于学，富于游艺，自惟当年，青紫可拾。今已适壮，犹勤畎亩，非困而何？”言讫而目昏思寐。时主人方蒸黄粱为馔，共待其熟。翁乃探囊中枕以授之，曰：“子枕吾枕，当令子荣适如志。”①

我们注意到，沈既济刻画的卢生，是一个“衣装敝亵”、穷困潦倒的科举士子，他能够“勤畎亩”，自食其力，却自觉“苟生”，一心想求取功名，过舒适生活，所谓“士之生世，当建功树名，出将入相，列鼎而食，选声而听。使族益昌，而家益肥，然后可以言适乎”，显然这是作者赋予主人公的符合科举选官法现实的想法，而与沈既济《词科论》所言“得仕者如升仙，不仕者如沉泉”等相一致。那么，唐代科举士子又如何仕进呢？作者让卢生入梦去体验：

数月，娶清河崔氏女。……明年，举进士登第，释褐秘校。应制，转渭南尉，俄迁监察御史，转起居舍人、知制诰。三载，出典同州，迁陕牧。……移节汴州，领河南道采访使，征为京兆尹。是岁……会吐蕃悉抹逻及烛龙莽布支攻陷瓜沙，而节度使王君㚟新被杀，河湟震动。帝思将帅之才，遂除生御史中丞、河西道节度。大破戎虏，斩首七千级，开地九百里，筑三大城以遮要害，边人立石于居延山以颂之。归朝册勋，恩礼极盛。转吏部侍郎，迁户部尚书兼御史大夫。时望清重，群情翕习，大为时宰所忌，以飞语中之，贬为端州刺史。三年，征为常侍。未几，同中书门下平章事。与萧中令嵩、裴侍中光庭同执大政十余年。嘉谟密命，一日三接。献替启沃，号为贤相。同列害之，复诬与边将交结，所图不轨。下制狱。府吏引从至其门而急收之。生惶骇不测，谓妻子曰：“吾家山东，有良田五顷，足以御寒馁。何苦求禄？而今及此，思衣短褐，乘青驹，行邯郸道中，不可得也。”引刃自刎，其妻救之，获免。其罹者皆死，独生为中官保之，减罪死，投驩州。数年，帝知冤，复追为中书令，封燕国公，恩旨殊异。生五子……其姻媾皆天下望族。有孙十余人。两窜荒徼，再登台铉。出入中外，徊翔台阁，五十余年，崇盛赫奕。性颇奢荡，甚好佚乐。后庭声色，皆第一绮丽。前后赐良田、甲第、佳人、名马，不可胜数。后年渐衰迈，屡乞骸骨，不许。病，中人候问，相踵于道。名医上药，无不至焉。将殁，上疏曰：“臣本山东诸生，以田圃为娱。偶逢圣运，得列官叙。过蒙殊奖，特秩鸿私。出拥节旌，入升台辅。周旋中外，绵历岁时。有忝天恩，无裨圣化。负乘贻寇，履薄增忧。日惧一日，不知老至。今年逾八十，位极三公，钟漏并歇，筋骸俱耄。弥留沉顿，待时益尽。顾无成效，上答休明，空负深恩，永辞圣代。无任感恋之至，谨奉表陈谢。”诏曰：“卿以俊德，作朕元辅。出拥藩翰，入赞雍熙，升平二纪，实卿所赖。比婴疾疹，日谓痊平。岂斯沉痼，良用悯恻。今令骠骑大将军高力士就第候省。其勉加针石，为予自爱。犹冀无妄，期于有瘳。”是夕，薨。②

梦中的卢生可谓精彩，娶了五姓女为妻，又进士及第和制举登科，一路仕进畅达，官至宰相，后虽遇官场挫折，依然“崇盛赫奕”，享尽荣华富贵，致家族兴旺，子孙满堂，年过八十而薨。笔者以为，尽管唐人小说带

① 李时人编校：《全唐五代小说》卷一九《枕中记》，陕西人民出版社1998年版，第543页。

② 同上书，第543～545页。

有夸饰成分，所及人物未必能坐实，但描述美梦框架下卢生官场的经历，仍然值得关注，因为它几与唐代科举仕进成功者的走势相一致，也与沈既济对唐代科举选官法现状的总体看法相一致。从本质上说，沈既济的细致叙写，并不意味着他赞赏卢生获取的功名利禄，而是通过“困”与“适”的比较，揭示了仕进之途是非相陵、毁称相腾、祸福无常等的现实，抨击了举场和官场攀附高门、不择手段、依傍中官等的恶习。篇末，作者更是点出了创作主旨：

> 卢生欠伸而悟，见其身方偃于邸舍，吕翁坐其傍，主人蒸黄粱尚未熟，触类如故。生蹶然而兴，曰：“岂其梦寐也？”翁谓生曰：“人生之适，亦如是矣。”生怃然良久，谢曰：“夫宠辱之道，穷达之运，得丧之理，死生之情，尽知之矣。此先生所以窒吾欲也。敢不受教。”稽首再拜而去。①

显见，所谓“人生之适，亦如是矣”和“夫宠辱之道，穷达之运，得丧之理，死生之情，尽知之矣”，均蕴含着沈既济看淡仕途人生的态度。如果说在论议中沈既济展现了揭露时弊、进行改革的精神，那么在《枕中记》里他更多地表达了对仕途人生的无奈，而两者所反映的唐代科举选官法现状则是一致的。

三、沈既济的科举选官法改革主张

唐代宗、德宗时期，为了重振朝纲，急需经邦济世的官员，而现行的科举选官法弊端丛生，难以选拔精于吏道的人才。因此，一批有识之士纷纷建言献策，提出了许多改革现行科举选官法的主张。如代宗宝应时，礼部侍郎杨绾上疏指陈进士科试杂文诗赋之弊，建议恢复古察孝廉，停废进士科。② 给事中李栖筠等赞同杨绾之见，但认为“必欲复古乡举里选，窃恐未尽”，建请“十道大郡，置太学馆，遣博士出外，兼领郡官，以教生徒。保桑梓者，乡里举焉；在流寓者，庠序推焉”。③ 洋州刺史赵匡也有《举选议》，他列举现行科举选官法有十弊，而“选人不约本州岛所试，悉令聚于京师，人既浩穰，文簿繁杂，因此渝滥，其事百端，故俗闲相传云：‘入试非正身十有三四，赴官非正身十有二三。’此又弊之尤者”，提出：“今若未能顿除举选，以从古制，且稍变易，以息弊源，则官多佳吏，风俗可变。”④德宗建中元年，陆贽在起草的《冬至大礼大赦制》中指出：“致理之本，在乎审官，审官之由，资乎选士，将务选士之道，必精养士之方。魏晋以还，浇风未革，国庠乡校，唯尚浮华，选部礼闱，不稽实行。学非为己，官必徇人，法且非精，弊将安救？宜令百僚详思所宜，各修议状，送中书门下，参较得失，择善而行。”⑤二年，中书舍人权知礼部贡举赵赞奏请取消进士科诗赋试，以箴、论、表、赞等代替。⑥ 显而易见，在这些改革主张中，杨绾的观点最为极端，而占多数的建议是“稍变易”，也即进行结构、内容、标准等方面的调整，以期革除现行科举选官法偏重文辞、“不稽实行”的弊端。

沈既济身处热议科举选官法改革的浪潮之中，基于对现行科举选官法弊病的深刻认识，也加入了建

① 李时人编校：《全唐五代小说》卷一九《枕中记》，陕西人民出版社1998年版，第543页。
② 欧阳修：《新唐书》卷四四《选举志上》，第1167～1168页。
③ 同上书，第1168页。
④ 杜佑：《通典》卷一八《选举典五・选举议》，第419页。
⑤ 陆贽：《陆宣公翰苑集》卷二《冬至大礼大赦制》，第21页。
⑥ 欧阳修：《新唐书》卷四四《选举志上》，第1168页。

言献策的行列，充满激情地提出了自己的观点。笔者认为，沈既济在《选举论》、《选举杂议》等文章中的论议，层次明晰，辨析有理，乃后世认识唐代科举选官法的珍贵资料。特别是他就"四太"、"三科"、府州辟用、"键旧门、峻宦途"等展开的论议和提出的主张，系统严谨，多有独到精辟之处。

沈既济以独特的观察视角，归纳唐代科举选官法存在"四太"弊病，并针对性地提出了改革主张：

> 既济以为，当轻其禄利，重其督责，使不才之人，虽虚座设位，置印绶于旁，揖而进授之，不敢受。宽其征徭，安其田里，使农商百工各乐其业，虽以官诱之，而莫肯易。如此，则规求之志不禁而息，多士之门不扃而闭。若上不急其令，下不宽其徭，而欲以法术遮列，禁人奸冒，此犹坯土以壅横流也，势必不止。①

这里，沈既济以为，解决"四太"之弊，需从轻禄利、重督责、宽征徭、安田里等本质方面进行改革和引导，若没有深谋远虑，仅以一时之法术和禁令，就如同用坯土塞横流，无法革除积弊。基于这一思考，沈既济对古今选举法注重"三科"进行了具体阐析：

> 夫古今选用之法，九流常叙，有三科而已，曰德也，才也，劳也。而今选曹，皆不及焉。何以言之？且吏部之本，存乎甲令，虽曰度德居官，量才授职，计劳升秩，其文具矣，然考校之法，皆在判书簿历、言词俯仰之间，侍郎非通神，不可得而知之。则安行徐言，非德也；丽藻芳翰，非才也；累资积考，非劳也。苟执此不失，犹乖得人，况众流茫茫，耳目有不足者乎！盖非鉴之不明，非择之不精，法使然也。先朝数人以下言之详矣，是以文皇帝病其失而将革焉。夫物盈则亏，法久终弊，虽文武之道，亦与时张弛，五帝三王之所以不相沿也。是以王者观变以制法，察时而立政。按前代选用，皆州府察举，及年代久远，讹失滋深。至于齐、隋，不胜其弊，凡所置者(署)，多由请托。故当时议者以为，与其率私，不若自举；与其外滥，不若内收，是以罢州府之权而归于吏部。此矫时惩弊之权法，非经国不刊之常典。②

在沈既济看来，古今选举法不外乎注重德、才、劳三者，且皆有详细规定，这并无问题。然而，考校制度的不同，往往会带来结果的相异。唐代科举选官法，责在礼、吏部，举选在判书簿历、言词俯仰之间，侍郎难以把握，所以只能将"安行徐言"视为德，"丽藻芳翰"视为才，"累资积考"视为劳。如此尚会出现"犹乖得人"，更何况面对众多举选人，考官"耳目有不足"而致失断。究其原因，这是唐代科举选官法本身造成的。沈既济认为，欲革除弊病，就应"观变以制法，察时而立政"。所谓"观变以制法"，就是借鉴前代选举法演变中州府察举、吏部掌选等的得失，制定扬善去弊的新科举选官法。所谓"察时而立政"，就是考察现行科举选官法的利弊，确定改革的方向。他指出：

> 或曰："按国家甲令，凡贡举人，本求才德，不选文词，故《律》曰：'诸贡举人非其人者，徒。'注

① 杜佑：《通典》卷一八《选举典六·选举论》，第443页。

② 同上。

云:‘谓德行乖僻者也。’居州郡则廉使升闻,在朝廷则以时黜陟,用兹惩劝,足为致理。有司因循,不修厥职,浸以讹谬,使其陵颓。今但修旧令,举旧政,则人服矣,焉用改作?”答曰:“州郡以德行贡士,礼闱以文词拣才,试官以帖问求学,铨曹以书判择吏,俱存甲令,何令宜修?且惟德无形,惟才不器,搏之弗得,聆之弗闻,非在所知,焉能辨用?今礼部、吏部一以文词贯之,则人斯远矣。使臣廉举,但得其善恶之尤者耳,每道累岁,罕获一人。至如循常谆谆,蚩騃愚鄙者;或身甚廉谨,政为人蔽者;或善为奸滥,秘不彰闻者:一州数十人,曷尝闻焉?若铨不委外,任不责成,不疏其源,以导其流,而以文字选士,循资授职,虽口诵律令,拳操斧钺,以临其人,无益也。非改之不可。”①

从沈既济的这番答辩中,我们不仅明显感受到了他主张改革的鲜明态度,而且清晰可知其进行制度改革的具体指向,也即用铨分内外、任有责成、疏源导流的新方式代替“礼部、吏部一以文词贯之”的现行做法。对此,他述云:

今吏部之法蹙矣,复宜扫而更之,无容循默,坐守刓弊。伏以为当今选举,人未土著,不必本于乡闾;鉴不独明,不可专于吏部。谨详度古制,折量今宜,谓五品以上及群司长官,俾宰臣进叙,吏部、兵部得参议焉;其六品以下,或僚佐之属,许州府辟用。则铨择之任,悉委于四方;结奏之成,咸归于二部。必先择牧守,然后授其权:高者先署而后闻,卑者听版而不命。其牧守、将帅或选用非公,则吏部、兵部得察而举之。圣王明目达聪,逖听遐视,罪其私冒不慎举者,小加谴黜,大正刑典,责成授任,谁敢不勉。夫如是,则接名伪命之徒,菲才薄行之人,贪叨贿货,懦弱奸宄,下诏之日,随声而废。通计大数,十除八九,则人少而员宽,事详而官审,贤者不奖而自进,不肖者不抑而自退。除隋权道,复古美制,则众才咸得,而天下幸甚。②

梳析沈既济的论议,有四点值得我们关注:首先,他主张“当今选举,人未土著,不必本于乡闾;鉴不独明,不可专于吏部”,这是基于考察前代和现行选法后提出的较为客观的看法,既不盲从古制,也不“坐守刓弊”。其次,他折量今宜,明确提出了铨分内外的改革主张,即“五品以上及群司长官,俾宰臣进叙,吏部、兵部得参议焉;其六品以下,或僚佐之属,许州府辟用”。其三,他强调了府州辟用后任有责成的重要性,宜先择牧守,后授其权,并由礼部和吏部负责监督。其四,他认为,此法的施行可以疏源导流,革除时弊,收到“众才咸得”的良效。显然,沈既济选举法改革主张的重点在铨选法,核心是上收下放,以改变现行铨选统归吏部和兵部的体制,这无疑与当时皇权削弱、藩镇坐大的政治环境相适应。为了阐发“六品以下,或僚佐之属,许州府辟用”的益处,沈既济还以设问自答的形式作了深入诠释。其述云:

或曰:“若使外州辟召,必是牧守亲故,或权势嘱托,或旁邻交质,多非实才,奈其滥何?”答曰:“诚有之也。然其滥孰与吏部多?请较其优劣。且州牧郡守,古称共理,政能有美恶之迹,法令有殿

① 杜佑:《通典》卷一八《选举典六·选举杂议》,第446页。
② 杜佑:《通典》卷一八《选举典六·选举论》,第444页。

最之科，分忧责成，谁敢滥举。设如年多人怠，法久弊生，天网恢疏，容其奸谬，举亲举旧，有嘱有情，十分其人，五极其滥，犹有一半，尚全公道。如吏部者，十无一焉。请试言之：凡在铨衡，唯征书判，至于补授，只校官资，善书判者何必吏能？美资历者宁妨贪戾？假使官资尽惬，刀笔皆精，此为吏曹至公之选，则补授之际，官材匪详。或性善缉人，则职当主辨；或才堪理剧，则官授散员。或时有相当，亦幸中耳，非吏曹素得而知也。有文无赖者，计日可升；有用无文者，终身不进。况其书判，多是假手，或他人替入，或旁坐代为，或临事解衣，或宿期定估，才优者一兼四五，自制者十不二三。况造伪作奸、冒名接脚，又在其外。令史受赂，虽积谬而谁尤？选人无资，虽正名而犹剥。又闻昔时公卿子弟亲戚，随位高低，各有分数，或得一人、二人、三人、四人不在放限者，礼部明经等亦然，俗谓之'省例'，斯非滥欤？若等为滥，此百而多者也。"①

沈既济承认有可能会出现地方牧守不法滥用的情况，但他认为，在任有责成的前提下，能够遏制滥举的现象。即使年多人怠，出现滥举的弊病，甚至滥举一半，至少尚可全一半公道，比之于吏部铨选十无一用，滥相从生，还是有其好处的。

又述云：

或曰："吏部有滥，止由一门；州郡有滥，其门多矣。若等为滥，岂若杜众门而归一门乎？"答曰："州郡有滥，虽多门，易改也；吏部有滥，虽一门，不可改也。何者？凡今选法，皆择才于吏部，述职于州郡。若才职不称，紊乱无任，责于刺史，则曰：'官命出于吏曹，不敢废也。'责于侍郎，则曰：'量书判资，考而授之，不保其往也。'责于令史，则曰：'按由历出入而行之，不知其他也。'黎庶从弊，谁任其咎？若牧守自用，则罪将焉逃。必州郡之滥，独换一刺史则革矣；如吏部之滥，虽更其侍郎，无益也。盖九流浩浩，不可得知，法使之然，非主司之过。故云门虽多而易改，门虽一而不可改者，以此。"②

沈既济强调，吏部一门有滥，选拔在上，述职在下，责任不明，容易造成互相推托，即使更换侍郎，也难以改正；而府州多门有滥，责在牧守，无法推托，甚至还可以通过独换刺史加以改正。两者比较，显然后者更为有益。

又述曰：

或曰："顷年尝见州县有摄官，皆是牧守所自署置，政多苟且，不议久长，才始到官，已营生计，迎新送故，劳弊极矣。今令州郡召辟，则其弊亦尔，奈何？"答曰："国家职员，皆禀朝命，摄官承乏，苟济一时，不日不月，必乎停省，人虽流而责不及，绩虽著而官不成，便身而行，不苟何待？若职无移夺，命自州邦，所摄之官，便为己任，上酬知己，下利班荣，争竭智力，人谁不尽？今常调之人，远授一职，已数千里赴集，又数千里之官，挈携妻孥，复往劳苦，必一周而在路，料闲岁而停官，成名非知己之恩，后

① 杜佑：《通典》卷一八《选举典六·选举杂议》，第447～448页。

② 同上书，第448页。

任可计考而得，此之不苟，而谁为苟！”①

对于实行府州辟用后是否会重蹈现行体制下牧守自署摄官带来的“政多苟且，不议久长”问题，沈既济认为，牧守自署的摄官确实会“不议久长”，“苟济一时”，而吏部常调铨选，选人赶数千里赴集，再奔数千里上任，循环往复，“成名非知己之恩，后任可计考而得”，更是让其不苟济也难；只有改为府州召辟属官，“命自州邦”，可议长久，才能收到“上酬知己，下利班荣”的效果。

又述云：

或曰：“今四方诸侯，或有未朝觐者。若天下士人既无常调，久不得禄，人皆怨嗟，必相率去我，入于他境，则如之何？”答曰：“善哉问乎！夫辟举法行，则搜罗毕尽，自中人以上，皆有位矣。此禄之不及者，皆下劣无任之人，复何足惜！当今天下凋弊之本，实为士人太多。何者？凡士人之家，皆不耕而食，不织而衣，使下奉其上不足故也。大率一家有养百口者，有养十口者，多少通计，一家不减二十人，万家约有二十万口。今有者既为我用，愚劣者尽归他人有，万家归之，内则二十万人随之，食其黍粟，衣其缣帛，享其禄廪，役其人庶。我收其贤，彼得其愚；我减浮食之口二十万，彼加浮食之人二十万：则我弊益减，而彼人益困。自古兴邦制敌之术，莫出于是。唯惧去我之不速也，夫何患焉！”②

那么，一旦改变吏部常调做法，天下士人是否会投向藩镇呢？沈既济自信不会，理由是改用府州辟用法，可搜罗中等才能以上的士人，至于“下劣无任之人”，则舍之而不足惜。他算了一笔经济账，认为府州收贤能之士，藩镇养愚劣之人，不仅可以减轻百姓负担，还能够以贤制愚，实在是一件大好事。

又述云：

或曰：“帝王之都，必浩穰辐辏，士物繁合，然后称其大。若权散郡国，远人不至，则京邑索矣。如之何？”又甚不然。自古至隋，数百千年，选举之任，皆分郡国。当汉文、景、武帝之时，京师庶富，百廛九市，人不得顾，车不得旋，侈溢之盛，亦云极矣，岂待选举之士为其助哉！又夫人有定土，土无剩人，浮冗者多，则地著者少。自隋罢外选，招天下之人聚于京师，春还秋往，鸟聚云合，穷关中地力之产，奉四方游食之资，是以筋力尽于漕运，薪粒方于桂玉，是由斯人索我京邑，而谓谁索乎？且权分州郡，所在辟举，则四方之人无有遐心，端居尊业，而禄自及；禄苟未及，业常不废。若仕进外绝，要攒乎京，惜时怀禄，孰肯安堵。必货鬻田产，竭家赢粮，糜费道路，交驰往复，是驱地著而安为浮冗者也！夫京师之冗，孰与四方之实；一都之繁，孰与万国之殷。况王者当繁其天下，岂廛闬之中校其众寡哉！③

从社会经济视角看，权散郡国是否会影响京师繁荣呢？沈既济持否定态度，且简要论列了四点理由：首先，隋代以前，选举之任本就分郡国。其次，汉代京师的繁荣，并不是待选举之士造成的。其三，隋代以后，始罢外选，大量选人集于京师，造成京师和选人不堪重负。其四，若府州辟用，则四方选人可“端居尊

① 杜佑：《通典》卷一八《选举典六·选举杂议》，第449页。
② 同上书，第449页。
③ 杜佑：《通典》卷一八《选举典六·选举论》，第445页。

业，而禄自及”。笔者注意到，沈既济一再强调府州辟用可以减轻百姓和选人经济负担的观念，与他在《论增待制官疏》中表达的裁官省俸思想是完全一致的，这应是他观察思考问题的一个独特视角。

又述曰：

> 或曰：“仕门久开，入者已众。若革其法，则旧名常调，不足以致身，使中才之人，进无所容，退无所习，其将安归乎？”既济以为，人系贤愚，业随崇替，管库之贤既可以入仕，则士之不肖宁愧乎出流？从古以然，非一代也。故《传》云：“三后之姓，于今为庶。”今士流既广，不可强废，但键其旧门，不使新入；峻其宦途，不使滥登。十数年间，新者不来，而旧者耗矣，待其人少，然后省官。夫人之才分，各有余裕，自为情欲所汩，而未尝尽焉，引之则长，萦之则短，在勉而已。故凡士族，皆禀父兄之训，根聪明之性，盖以依倚官绪，无湮沦垫溺之虞，故循常不修，名义罕立，此教使然也。若惟善是举，不才决弃，前见爵禄，后临涂泥，人怀愤激，孰不腾进。则中品之人，悉为长材，虽曰慎选，舍之何适。①

沈既济通过系统翔实的辨析，阐明了改革科举选举法、推行府州辟用的必要性和合理性。然而，急变现行的科举选官法，定会带来新旧法衔接问题，所谓：“仕门久开，入者已众。若革其法，则旧名常调，不足以致身，使中才之人，进无所容，退无所习，其将安归乎？”对此，沈既济主张缓进，他指出：“今士流既广，不可强废，但键其旧门，不使新入；峻其宦途，不使滥登。十数年间，新者不来，而旧者耗矣，待其人少，然后省官。”也就是说，可以先不强废旧法，通过键旧门、峻宦途的方法，使新者不来，旧者渐耗，逐渐完成新旧法过渡。至于中才之人的进退顾虑，沈既济认为，不必有被舍弃的想法，还是应当加以勉励，只要坚持“惟善是举，不才决弃”，让他们“前见爵禄，后临涂泥”，必定会激愤腾进，成为有用之材。

综上，沈既济归纳了唐代科举选官法的“四太”弊病，从考察历来选举法注重德、才、劳“三科”入手，强调应“观变以制法，察时而立政”，进行适应时代需要的改革。他围绕科举选官法改革主张的核心“五品以上及群司长官，俾宰臣进叙，吏部、兵部得参议焉；其六品以下，或僚佐之属，许州府辟用”，采用设问自答的论议方式，展开了较为系统的阐述，其中提出的任有责成、可议长久、以贤制愚、选人端居尊业而禄自及、渐进式改革等主张，辨析明晰，见解独到，多有开启人们思考的意义。笔者认为，尽管沈既济难以改变唐中叶科举选官法弊端丛生的现状，但他的改革主张对当时和稍后的君臣产生了积极影响。如德宗“虽嘉其言，而重于改作，讫不能用”；②陆贽称沈既济为“良才”，推荐其重新入朝，并在其后掌贡举时一度纠正偏重文辞的风气，注重选拔艺实之士，这足以证明两人具有共同的认识；杜佑则对沈既济倍加推崇，不仅在所撰《通典》中较为完整地引述了他的论议，自己还评论指出：“苟济其末，不澄其源，则吏部专总，是作程之弊者。文词取士，是审才之末者；书判，又文词之末者。”又云：“诚宜斟酌理乱，详览古今，推仗至公，矫正前失，或许辟召，或令荐延，举有臧否，论其诛赏，课绩以考之，升黜以励之，拯斯刓弊，其效甚速，实为大政，可不务乎！”③明显表达了与沈既济接近的观点。可见，沈既济的唐代科举选官法改革主张，曾经受到时人的广泛关注。

归纳全文，我们可以获知，唐代江南良才沈既济主要活动于代宗、德宗时期，仕宦进退与宰相杨炎有

---

① 杜佑：《通典》卷一八《选举典六·选举论》，第445～446页。
② 欧阳修：《新唐书》卷一八《选举志下》，第1179页。
③ 杜佑：《通典》卷一八《选举典六》，第456页。

关，一生著述颇丰，所撰史著、论议和小说皆有独到之处，历来评价甚高。特别是迄今保存于《通典》和《全唐文》中的他的若干篇论议唐代科举选官法的文章，揭露现状“四太”弊病切中要害，且与他所作小说《枕中记》的主旨相吻合；阐述科举选官法改革主张，从考察“三科”入手，力辨府州辟用六品以下官员的益处，分析明晰，见解独到，多有开启人们思考的意义。尽管沈既济难以改变唐中叶科举选官法弊端丛生的现状，但他的改革主张仍受到时人的广泛关注，产生了积极影响，当然也应是后世了解唐代科举选官法的珍贵资料。

（原刊于《山西大学学报》2014 年第 3 期）

“唐宋变革”论的首倡者及其他

张邦炜

何谓“唐宋变革”，学者见仁见智。有研究者认为：“‘唐宋变革’是一种历史分期”；“‘唐宋变革’的起点是中唐”；不应混淆“唐宋变革”与“唐宋变化”；不能在“唐宋变革期”与“唐宋时期”之间画等号。上述论断或可成为学界共识。同时又强调：“唐宋变革”论“最早由日本的京都学派提出”。① 此说由来已久，几成定论。愚见以为，并不确切。以下四点，只怕是我们应当知道，但又常常被忽视的事实。正视这些事实，并非无关紧要。

一、“唐宋变革”论的首倡者不是日本学者，而是南宋史家郑樵

“唐宋变革”论的发明权果真非日本学者莫属吗？不，在不少论著中都有其反证。如有研究者指出：“中国史家对唐宋之际所发生的巨大社会变迁亦早有认识。”他引用明人陈邦瞻《宋史纪事本末·叙》：“宇宙风气，其变之大者有三：鸿荒一变而为唐虞，以至于周，七国为极；再变而为汉，以至于唐，五季为极；宋其三变，而吾未睹其极也。”并解释道：“陈邦瞻认为我国从原始社会（‘鸿荒’）进入阶级社会（‘唐虞’），经夏商周古代以迄战国，这是第一阶段；汉唐以迄五代为第二阶段；宋代进入第三阶段。”②另一位学者也说：“陈氏在这里提出了中国社会发展可分为三个阶段的理论。”③这两位学者的阐释很有道理，但存在两个缺陷：第一，陈邦瞻认为中国历史经过三大变革、四大阶段，即鸿荒、唐虞至战国、汉至五季、宋以后，并非三个阶段，这还在其次。第二，更重要的是，“唐宋变革”论者在陈邦瞻之前早已有之，南宋史家郑樵（1104～1162）就比陈邦瞻（？～1623）早，而且要早400多年之久。

郑樵《通志》卷二五《氏族略》称：“自隋唐而上，官有簿状，家有谱系，官之选举必由于簿状，家之婚姻必由于谱系。”“自五季以来，取士不问家世，婚姻不问阀阅。”这段名言言简意赅，不是枝枝节节的史料，而是高屋建瓴的史论。它准确无误地表明郑樵是个相当标准的“唐宋变革”论者。此外，如北宋沈括、南宋王明清以及清初顾炎武等人从不同角度、在不同程度上对“唐宋变革”都有所涉及。他们有关“婚姻之变”、“氏族之乱”、从“豪民”到“田主”等论述，治史者无人不晓，无须一一征引。沈括在时间上早于郑樵，但他对“唐宋变革”只是有所察觉而已。顾炎武对“唐宋变革”的揭示虽然既深又广，但在时间上远远晚于郑樵。可见，“唐宋变革”论并非舶来品。

有关研究者或许会说：郑樵等人的论述属于古代史家的传统史学观点，不是近代史学体系规制下的学说。可是即使就近代而言，在内藤湖南（1866～1934）之前，我国学者夏曾佑（1863～1924）便率先提出

① 柳立言：《何谓“唐宋变革”》，《中华文史论丛》2006年第1辑。

② 葛金芳：《唐宋变革期研究》，湖北人民出版社2004年版，第4页。

③ 何忠礼：《宋代政治史·绪言》，浙江大学出版社2007年版，第3页。

"唐宋变革"论。内藤《中国近世史》一书和《概括的唐宋时代观》一文刊行于20世纪初期,而夏氏《中国古代史》一书是其上世纪初年的讲稿。他认为:"自传说时代至周末,为上古之世;自秦至唐,为中古之世;自宋至今,为近古之世。"①夏氏与内藤在时代上并无古代与近代之分,夏氏的"近古"说与内藤的"近世"论都应当属于近代史学体系规制下的学说。值得注意的是,"内藤于1902年会见过夏曾佑,对他的学问多有褒赞"。"内藤湖南从夏曾佑的书中,获得了某些启发,引起了思想共鸣"。② 总之,不是内藤影响夏氏,而是夏氏影响内藤。而夏氏和内藤都受提倡"史界革命"的梁启超(1873～1929)影响。已有研究者指出:"中国新史学先锋之一的夏曾佑的中国史分期、日本著名学者内藤湖南的中国史分期'三分法'均在不同程度上与梁氏分期说有着内在联系。"③

二、在我国影响最大的"唐宋变革"论者不是日本学者,而是我国学者

20世纪30年代以后,我国的"唐宋变革"论者可分为马克思主义史家与非马克思主义史家。他们的"唐宋变革"论的形成虽然晚于日本学界,但大体上是独立发展的结果,并非日本学者影响下的产物。

就非马克思主义史家而言,最具代表性和影响力的"唐宋变革"论者莫过于钱穆。在其1939年出版的《国史大纲》一书中就有关于"唐宋变革"的论述。他在1942年出版的《中国文化史导论》一书中,更是将中国历史划分为三个时期:"先秦以上可说是第一期,秦汉、隋唐是第二期,以下宋、元、明、清四代,是第三期。"并称:第三期"可说是中国的近代史"。④ 由于《国史大纲》作为教材一再重印,而读者往往又将它与《中国文化史导论》合读,钱穆的"唐宋变革"论在我国影响之大可想而知。此后,钱穆的"唐宋变革"论又有新发展,集中地体现在其《理学与艺术》一文中。⑤ 从时间上说,内藤湖南提出"唐宋变革"论,早于钱穆。20世纪三四十年代,宫崎市定继承并发展内藤的有关理论,大约与钱穆同时。钱婉约《内藤湖南研究》一书认为,钱穆的"近代"说与内藤的"近世"论系"不谋而合","并没有发现钱穆直接或间接受到过内藤湖南的影响"。⑥

钱穆的"唐宋变革"论可能有两个来源:一是其前辈学者夏曾佑。钱穆对夏曾佑很崇敬,其《中国历史教科书》是他反复精研熟读的著作。他在《师友杂忆》中回忆道:"读夏曾佑《中国历史教科书》,因其为北京大学教本,故读之甚勤。余对此书得益亦甚大。""此后余至北平教人治史,每常举夏氏书为言。"后来又"细读夏氏书",订正其"疏失,凡一百七十余条"。⑦ 二是其恩师吕思勉。吕思勉是钱穆在常州府中学堂读书时的历史、地理两课老师,钱穆当时对老师就"争相推敬",以后又长期保持联系,或通信或登门请益。吕思勉还是其《国史大纲》初版的审订者,对钱穆有"特加赏识之恩"。⑧ 据虞云国考察,吕思勉就是一位"唐宋变革"论者。他指出:"对唐宋之际一系列重大变化,吕思勉表现了充分的关注,给出了自己

---

① 夏曾佑:《中国古代史》,《民国丛书》第二编第73册,上海书店1990年版,第5页。

② 钱婉约:《内藤湖南研究》,中华书局2004年版,第88、99页。

③ 顾天羽:《梁启超的中国史分期"三段论"说述论》,《历史教学问题》2005年第3期。

④ 钱穆:《中国文化史导论》(修订本),商务印书馆1994年版,第175页。

⑤ 钱穆:《理学与艺术》,《故宫季刊》第7卷第4期,1974年。

⑥ 《内藤湖南研究》,第115页。

⑦ 钱穆:《八十忆双亲·师友杂忆》,生活·读书·新知三联书店2005年版,第87～88页。此事承蒙陈鹤学友告知。

⑧ 《八十忆双亲·师友杂忆》,第58～62页。

的解释。”[①]总之，钱穆的“唐宋变革”论有可能渊源于我国学者夏曾佑、吕思勉的潜移默化。

除钱穆而外，还有某些非马克思主义史家提出“唐宋变革”论。如蒙文通“较早注意到唐宋之间的社会变革”，[②]他将周秦至明清的中国古代社会划分四个阶段，认为“唐前唐后之变最为剧烈”，并强调：“旧者息而新者盛，则在庆历时代。”[③]据蒙文通自述，他的历史分期主张虽然正式发布于1957年，但早在30年代已形成。

就马克思主义史家而言，最具代表性和影响力的“唐宋变革”论者当推侯外庐。他在1959年接连发表两篇论文：一篇是《中国封建制社会的发展及其由前期向后期转变的特征》，作为第一章刊载于他主编的《中国思想通史》第四卷；另一篇是《中国封建社会前后期的农民战争及其纲领口号的发展》。他认为：“中国封建社会可分为前期和后期两个阶段。”“唐代则以建中两税法为转折点，处在由前期到后期的转变过程中。”[④]侯外庐提出“唐宋变革”论虽晚于内藤乃至宫崎，但其理论与日本学者并无因袭关系。他从马克思主义的基本观点出发，分析“唐宋变革”，既注重经济基础，认为这一变革的关键在于：“中唐以后，由于生产力的发展与劳动熟练程度的提高，以实物地租为支配的形态，代替了以劳动为支配的形态。”[⑤]又突出阶级斗争，指出：“前一时期的农民起义主要表现在反徭役并争取人身权方面”，“后一时期的农民起义主要表现在分产均产方面”。[⑥] 侯外庐特别强调“以建中两税法为转折点”，固然由于“唐宋变革”确实肇端于中唐前后，同时又与当时中国大陆学者普遍致力于“打破王朝体系”这一时代背景关系极大。稍后因舆论导向转变，研究者又普遍认为不能“腰斩古代王朝”，于是“中唐前后变革”论演变成为“唐宋之际变革”论。其实，两者在本质上并无二致。

三、“唐宋变革”论在我国学界不是第一次，而是第二次成为热门论题

不应当忘记，“唐宋变革”论在我国学界第一次受到广泛关注和热议，是在20世纪五六十年代之交。当时史学战线掀起群众性的修史热潮，将要编写的中国通史“不是按照王朝断代，而是按照社会性质分期”，因此出现了如何“打破王朝体系”的争议，并开展了中国封建社会内部分期问题的讨论。在“打破王朝体系”的过程中，产生了“连王朝的称号和王朝本身的历史也要从中国通史中削减或删去”的倾向。1959年，翦伯赞站出来纠偏，指出：“这等于在倾倒脏水的时候，连小孩也一并倒掉。”[⑦]郭沫若也说：“打破王朝体系，并不是要把中国历史上的朝代抹掉。事实上既存在过朝代，如何能抹得掉呢?”[⑧]于是，研究者们又转而强调一般不要“腰斩王朝”，即在进行历史分期时，保持王朝自身的完整性，不必将一个王朝的前期和后期分别划分到两个不同的历史发展阶段。

侯外庐的“唐宋变革”论正是在这一时代背景下提出的。关于中国封建社会内部分期问题的讨论，

① 虞云国：《论吕思勉的宋史观》，《史林》2007年第6期，第158页。此文承蒙陈鹤学友推荐。
② 朱瑞熙：《文通师论宋史》，蒙默编：《蒙文通学记（增补本）》，生活·读书·新知三联书店2006年版，第168页。
③ 蒙文通：《中国历代农产量的扩大和赋役制度及学术思想的演变》，《四川大学学报》1957年第2期。
④ 侯外庐主编：《中国思想通史》第4卷，人民出版社1959年版，第1页。
⑤ 《中国思想通史》第4卷，第107页。
⑥ 侯外庐：《中国封建社会前后期的农民战争及其纲领口号的发展》，《历史研究》1959年第4期。
⑦ 翦伯赞：《关于打破王朝体系的问题》，《新建设》1959年第3期。
⑧ 郭沫若：《关于目前历史研究中的几个问题——答〈新建设〉编辑部问》，《新建设》1959年第4期。

参与者甚多,几乎是整个中国古代史学界。学者的认识各不相同,有两分法、三分法、四分法等多种主张。每种主张当中,又有种种歧见。如金宝祥、赵俪生、陈守忠力主四分法,他们以生产方式为基础、阶级斗争为线索,将中国封建社会分为形成、巩固、发展、衰落四个时期。① 漆侠力主三分法,他主张以黄巾大起义和黄巢大起义为界标,将中国封建社会划分为三个历史阶段。② 这类论文太多,难以一一列举。在这些论文中,都不乏有关"唐宋变革"的论述。

在这场讨论的参与者中,特别值得一提的是胡如雷。他可称为继侯外庐之后又一大"唐宋变革"论者。他"把中国中世纪史划分为封建社会的早期和盛期两个阶段",认为"由均田制的最终破坏至北宋初","是中国封建社会发生巨大变革的历史阶段"。他强调以"北宋的建立划分历史阶段最合适",③旨在避免"腰斩王朝",保持王朝自身的完整性。此后,胡如雷在《中国封建社会形态研究》一书中对"唐宋变革"有进一步的阐释。④ 显而易见,胡如雷等人的"唐宋变革"论与内藤等人的论著并无关联。

四、日本学者的"唐宋变革"论在我国影响增大是在20世纪80年代以后

早在1934年,周一良便有《日本内藤湖南先生在中国史上的贡献》一文发表。⑤ 或许是由于抗日战争不久爆发,内藤的论著在我国学界的影响很有限。1963年,商务印书馆出版《宫崎市定论文选集》。其中虽有阐述"唐宋变革"论的论文,但此书作为内部读物发行,影响并不大。直到1981年,《中国史研究动态》第2期发表夏应元《内藤湖南的中国史研究》一文。此后,该刊又陆续刊载若干介绍性文章。特别是90年代中华书局出版刘俊文主编的《日本学者研究中国史论著选译》,其中收有内藤湖南、宫崎市定等人的多篇颇具代表性的论文。此后,更有介绍与研究并重的论著问世,如钱婉约《内藤湖南研究》一书。

只怕中国大陆学者应当记得,最初接触日本学者的"唐宋变革"论时,我们的感觉不是欣然同意,而是不理解,甚至很诧异。无论是其"宋代近世说"还是其"宋代中世论",中国大陆学者大多至今仍然难以认同。我们只是抽象地赞成其宋代进入中国历史新阶段的见解。至于其具体论点,则不敢苟同之处较多。如果说内藤等人好用"独裁",而中国大陆学者好用"专制",只是语言习惯的差异,那么内藤等人在阐述"六朝至唐中叶"的历史时,几乎言必称"贵族",我们不免感到很刺眼。历史上的"门阀"与"贵族"自有其不同的质的规定性,不能混淆。内藤等人论著中的所谓"贵族政治"、"贵族时代"、"贵族阶级",在我们看来,"贵族"一词均应改为"门阀"或"士族"。至于宋代"宰相的地位不再是辅佐天子,而变得和秘书官差不多"⑥一类的说法,不免言过其实。然而内藤等人的论著毕竟为我们提供了不少新的信息,其借鉴价值毋庸置疑。

进入21世纪后,"唐宋变革"论在我国第二次成为热门论题。其内因应当在于不少唐宋史研究者力

---

① 甘肃师范大学历史系中国古代中世纪史教研室(金宝祥、赵俪生、陈守忠执笔):《关于中国封建社会内部的分期问题》,《历史教学与研究》1959年第2期。

② 河北大学历史系中国古代史教研组集体讨论(漆侠执笔):《中国封建社会历史分期问题》,《河北大学学报》1961年(无期号)。

③ 胡如雷:《唐宋之际中国封建社会的巨大变革》,《史学月刊》1960年第7期。

④ 胡如雷:《中国封建社会形态研究》,生活·读书·新知三联书店1979年版。

⑤ 周一良:《日本内藤湖南先生在中国史上的贡献》,《史学年报》第2卷第1号,1934年。

⑥ 内藤湖南:《概括的唐宋时代观》,刘俊文主编、黄约瑟译:《日本学者研究中国史论著选译》第1卷《通论》,中华书局1992年版,第13页。

图摆脱研究中的琐碎化倾向。而其外因无疑是内藤等人的论著的正面影响和负面刺激。当前关于“唐宋变革”问题的热议，有两大可喜现象。一是史学界探究的范围早已不局限于经济基础与阶级斗争，而是涉及经济、政治、文化以及社会生活等诸多领域的方方面面。二是不仅史学界，而且文学史界、哲学史界都十分关注“唐宋变革”。在文学史界，“近十年来，唐宋文化与唐宋文学转型成为学界的热点话题，成为唐宋文学研究中最流行的一个‘主题词’，甚至构成一种研究范式”。[①] 哲学史家同样认为：“唐宋之际是中国历史上值得高度重视的一个转折阶段，无论从政治史、经济史、社会史还是思想文化史角度看，这一时期都可谓是个重要的分水岭。”[②]不同专业背景的学者的共同参与，不同学术门类的交叉与互动，势必推动“唐宋变革”论的研究向更深更广的方向发展。

正视上述事实，并非毫无意义。它至少给予我们三个启示：第一，“唐宋变革”论研究不能局限于介绍和阐释日本学者的有关理论；第二，还应追溯从郑樵到顾炎武，回顾从夏曾佑到钱穆，总结从侯外庐到胡如雷；第三，更应将“唐宋变革”论作为虽然并非唯一，但确实颇有价值的认知体系，从史实再出发，站在史论结合的应有高度，纲举目张，切实推进唐宋史研究。

（原刊于《中国史研究》2010年第1期）

［附记］：本文草稿写成后，曾送请王化雨、成荫、邱志诚、陈鹤等学友指正。在修改时，采纳了他们的若干意见和建议。谨在此略表谢意。

① 陈元锋：《唐宋之际：一个历久弥新的学术史话题》，《江西师范大学学报》2006年第5期。

② 徐洪兴：《唐宋间中国思想转型及其提供的思考》，《解放日报》2008年7月27日第8版。

进入宋代皇室的乳母与宫廷政治斗争

程　郁

在宋代，乳母俨然成为一种职业，她们受雇于上层社会家庭，其身份实际等同于婢，故亦被蔑称为“乳婢”。但由于乳母与所育儿女关系密切，可能成为上层家庭不可或缺的一员，进入皇室的乳母更可能取得某些特权。在中国古代史的长河里，皇宫内的乳母往往地位特殊，由于种种原因，生育公主、王子的后妃并不亲自哺乳，而由乳母将他们养育成人。皇室儿女将对母亲的深厚感情移于乳母，于是，一些乳母甚至因此登上当时的政治舞台，尤其在东汉与明代，乳母甚至与宦官连手，成为内宫干政的一股势力。

有关女性史的资料本来就相当缺乏，对乳母更语焉不详，因此相关的先行研究并不多。东汉后期乳母干政的现象较为突出，几乎与宦官之祸相始终，学界对此有一些研究。① 五代以前，乳母时而被授予内命妇系列的称号。如西晋贾皇后之乳母徐氏，从才人、良人拜为美人。② “乳母之贵，无有过于元、魏者”，③北魏甚至有乳母取得皇太后称号。④ 唐代的皇室乳母已逐渐转为雇佣平民，⑤但其封号并不一律为外命妇，亦时而封为内命妇。⑥ 直至五代，仍时见皇室乳母的赐号依内命妇系统。⑦ 明代设有专门的奶子府，自宣宗乳母李氏被封为夫人之后，皇帝乳母地位逐渐提高。⑧ 明朝亦出现皇帝乳母与宦官勾结干政的现象，最典型的如熹宗乳母客氏。⑨ 清朝前期沿明制，仍册封皇帝乳母，但至乾隆朝终止，亦吸取了明朝的教训，乳母的干政并未出现。⑩ 值得注意的是，明清的乳母封号并无郡国号，而只是“奉圣”等美称。

在士大夫警惕的目光下，宋代后妃始终未能形成强大的势力，乳母自然亦被压抑，但这个群体仍有相当的特权，尤其在宫内外的皇室家庭生活中，她们的身影仍时隐时现。而对宋代乳母，至今未见系统的论述。方建新、徐吉军著《中国妇女通史·宋代卷》于第二章第四节中有一段论及宋代乳母，讨论了乳母、乳婢的雇佣方式，认为宋慈善机构曾大量雇佣乳母，使这一群体呈现出职业化的特征。⑪ 笔者认为，该书高估了慈善机构中乳母的比重，其实她们主要还是被中上层家庭所雇佣的。本文将主要考察皇室中的乳母，至于她们对士人家庭生活所产生的影响将另作专文表述。

---

① 曹金华：《东汉时期乳母干政的历史考察》，《南都学坛》1992 年第 2 期，第 1 页。

② 汤淑君：《西晋贾皇后乳母徐美人墓志》，《中原文物》1994 年第 1 期，第 119 页。

③ 赵翼：《廿二史札记》卷三〇《元封乳母及其夫》，商务印书馆 1968 年版，第 652 页。

④ 王德栋、曹金华：《北魏乳母干政的历史考察》，《扬州师院学报》1995 年第 4 期，第 104 页。

⑤ 刘琴丽：《论唐代乳母角色地位的新发展》，《兰州学刊》2009 年第 11 期，第 215 页。

⑥ 王溥：《唐会要》卷三《杂录》，中华书局 1955 年版，第 35 页。

⑦ 薛翘：《唐百胜军节度使江王乳母尚书杏氏墓铭》，《江西文物》1991 年第 2 期，第 87 页。

⑧ 杨光：《明奉圣夫人李氏及其子吕俊墓志考》，《文物春秋》2010 年第 5 期，第 66 页；黄朴华：《湖南望城蚂蚁山明墓的特殊现象及相关问题研究》，《文物》2007 年第 10 期，第 61 页。

⑨ 雷大受：《“奉圣夫人”客氏》，《紫禁城》1981 年第 4 期，第 40 页。

⑩ 晏子有：《佑圣夫人事略》，《紫禁城》1992 年第 2 期，第 44 页；刘小萌：《清朝皇帝与保母》，《北京社会科学》2004 年第 3 期，第 138 页。

⑪ 方建新、徐吉军：《中国妇女通史·宋代卷》，杭州出版社 2011 年版，第 204 ~ 213 页。

一、乳母怎样进入皇室

下层妇女是如何成为王公贵族家的乳母呢？由史料看，上自皇室，下至一般士大夫，都是通过女性中介来寻找乳母的。北宋哲宗初，谏官刘安世“呼牙媪为其兄嫂求乳母，逾月无所得，安世怒诘之，姥曰：‘非敢慢也，累日在府司，缘内东门要乳母十人，今日方入了。’安世惊曰：‘汝言益妄。上未纳后，安有此！’媪具言内东门指挥，令府司责军令状无洩漏。安世犹未之信，任府司者适安世故人，亟以手簡问之，答云‘非妄’。”[①]刘安世通过牙媪给家人找乳母，却久觅不得，因正逢开封府负责为皇室找乳母，便逼着牙媪先为官家服务，而且皇室一下要找十名，于是民间就更难觅了。这条史料透露出两方面信息：一、合适的乳母并不好找；二、皇室找乳母往往不止一名，乳母多至十人，其工作恐怕不仅是哺乳吧？

被雇为乳母，这位妇女便只能抛下亲生的孩子，于是只能从下层家庭寻找，皇帝的乳母也可能从偏远的农村觅来。司马光说：“真宗乳母秦国夫人刘氏，本农家也，喜言农家之事，真宗自幼闻之，故为开封尹以善政著闻。及践大位，咸平、景德之治，为有宋隆平之极，《景德农田敕》至今称为精当。”[②]可以想象，乳母常给所育儿女讲述高墙外的百姓生活，这些公子、小姐听到这些从未见过的生活故事，该有多好奇。

进入皇宫的乳母经过严格的挑选，除身体健康外，还要求长相姣好。《钱塘遗事》谓：宋末“有张蕃孙者，入京调官，邻居一妇人，乃宫乳母，因病还家。张见其美而不之察，日以服玩通殷勤。事闻，押归本贯。台章继上，谓蕃孙之为人专以蛊惑人家妾妇为能，有赵左司希建者，因身没而乱其家，今敢窥伺宫婢，无忌惮如此。削籍徙岭南。”[③]此条颇耐人寻味，宫中乳母有美色，她们被称为“人家妾妇”或“宫婢”，下级官员不知情，殷勤追求，竟被处流放岭南的重刑，可见，宫中乳母已被视为与皇室有关的女人。

乳母的出身与性格也成为选择的条件。汉刘向记先秦流传下来的经验为：“礼，为孺子室于宫，择诸母及阿者必求其宽仁慈惠、温良恭敬、慎而寡言者，使为子师，次为慈母，次为保母，皆居子室，以养全之，他人无事不得往。”[④]宋司马光作《家范》，有专章谈及乳母的选择：大体与刘向所言相似。[⑤] 他亦曾上疏谈及如何挑选皇室乳母：“凡初入宫，皆须幼年未适人者。若求乳母，亦须选择良家性行和谨者，方得入宫。传之子孙，为万世法，此诚治乱之本，祸福之原，不可以为细事而忽之。”[⑥]南宋真德秀亦曰：“乳母不良，非惟败乱家法，兼令所饲之子性行亦类之。”[⑦]

乳母带不好皇家贵子，或发生某种事故，她也可能被辞退。元笔记谓：宋“度宗庚子岁生于八大王府，日夕啼号不已，更数乳母，多获谴。最后一乳母捧抱行廊庑间，入小阁见所粘塔影，忽然而笑，既去复顾，因以水噀取置手中，自是不复啼泣”。[⑧] 乳母告八大王，始想起当初曾答应布施造塔而未兑现，问寺僧方知讨布施的行童已死，计其死之时即度宗生之旦也，大王遂捐赀予寺庙。故事谓度宗乃断臂求布施之

---

① 李焘：《续资治通鉴长编》卷四三六，哲宗元祐四年十二月，中华书局1992年版，第10515页。

② 李焘：《续资治通鉴长编》卷三五九，哲宗元丰八年八月己丑，第8590页。

③ 刘一清：《钱塘遗事》卷六《戏文诲淫》，上海古籍出版社1985年影印本，第3B叶。

④ 刘向：《列女传》卷五《节义传 · 魏节乳母》，辽宁教育出版社1998年版，第54页。

⑤ 司马光：《家范》卷一〇《乳母保母附》，天津古籍出版社1995年版，第215页。

⑥ 司马光：《司马光全集》卷二七《后宫等级札子》，四川大学出版社2010年版，第687页。

⑦ 真德秀：《西山读书记》卷二一，景印文渊阁四库全书本，商务印书馆1986年版，第705册，第644页上。

⑧ 刘一清：《钱塘遗事》卷五《度宗即位》，第8A页。

行童转世，自然不可信，但带不好孩子，乳母便遭辞退，却是真实的事情。

二、乳母对亲情伦理的影响

在宋代的民间传说中有一种“乳母鸟”，它带有几分恐怖的妖气：“姑获，能收人魂魄。今人一云乳母鸟，言产妇死，变化作之，能取人之子以为己子，胸前有两乳。《玄中记》云：姑获一名天帝少女，一名隐飞，一名夜行游女，好取人小儿养之，有小子之家则血点其衣以为志，今时人小儿衣不欲夜露者，为此也。时人亦名鬼鸟。”①“取人之子以为己子”，便是乳母的典型特征，剥开神话的外衣，可见传说背后的社会心理，实际上，它饱含着孩子生母的愤怒与担心。

乳母与孩子朝夕相处，他们之间感情的亲密度往往会超过幼儿与生母，以至幼儿离不开这位乳母，所以许多乳母便一直留在主家；另一方面，乳母将别人的孩子养大，也会对这个孩子产生亲人般的感情。即使其家败落，有的乳母也会继续照顾这家的孩子。孝宗谢皇后幼孤，为乳母养大，因而一度姓翟，立为皇后方复姓。② 靖康之乱，亦时见乳母携所育子逃亡的记载：“广平郡王楗年十六，给使何义奉楗及乳母隐民间，后数日敌檄徐秉哲取之，楗遂不免。”③南渡以后，贵族败落更为常见，有的皇族贵胄只剩一老乳母来照看：

> 绍兴二年三月二日，臣僚言：“窃闻皇兄故〔利〕州观察使安信亡殁，有孤遗男女三人，止是乳母张氏提携往来，寄食他舍，行路之人，见者怜悯。其本宫尊长安时，亲则伯父，又职承祀，实任一官（官）之事，坐视不恤，乞赐行遣。”诏安时特降一官，其张氏并孤遗三人并给孤遗钱米，令仲蒸收管存恤。④

乳母的地位主要因子女而升降，仅凭母以子贵一条，似乎与生子之妾相似，但由于乳母之恩并不能取代生母，所以一般乳母不会与主母发生激烈冲突。在观念上，乳母亦似乎比妾少一点暧昧。然而，文献中却常见有关乳母的暧昧记载。

《素烧喂乳妇女》⑤是一尊宋代雕塑，一位妇女怀抱婴儿正在哺乳。她头梳发髻，脸部丰腴，身材壮实，上身着印花衣，抱婴盘坐，敞怀喂乳，形态慈祥可亲。妇女的发式与坐姿表明她不是上层家庭中的妇女，笔者认为她应该是一位乳母。宋代的绘画和雕塑有不少流传至今，下层妇女往往当众敞怀喂乳，即使是不哺乳时，其襦裙的衣领也较上层妇女为低。对这个阶层的妇女来说，露出丰乳或胸部微露并不是惊世骇俗的。她们未必典雅端庄，但却是极具女性特征的。⑥ 凭藉这些图像史料，我们可以推测出乳母的形象。为了孩子的健康，必然挑选身体壮健的妇人为乳母，她进入上层家庭之后饮食无忧，自然更为丰

---

① 佚名：《重修政和证类本草》卷一九，景印文渊阁四库全书本，第740册，第829页下~830页上。

② 周必大撰：《淳熙玉堂杂记》卷中，《全宋笔记》第五编第八册，大象出版社2012年版，第291~292页。

③ 李心传：《建炎以来系年要录》卷二，建炎元年二月丁卯，文海出版社1980年影印本，第123页。

④ 《宋会要辑稿·帝系》六之一，中华书局1957年影印本，第1册，第130页下。

⑤ 《素烧喂乳妇女》，高7.1 cm 宽3.8 cm 厚3.7 cm，1981年2月出土于山东省宁阳县西磁村古窑址，山东省宁阳县文化馆藏。该图选自中国美术全集编辑委员会：《中国美术全集·工艺美术编12·民间玩具剪纸皮影》，人民美术出版社1988年版，第72幅。

⑥ 详见程郁未刊稿《宋代女性形象背后的社会性别观念与阶级差别》。

雕塑《素烧喂乳妇女》

满，其装束也许会改变，但为了哺乳的方便，仍会自然地露出乳房。特别是年轻的乳母又健康又有活力，比那些胸脯平板的上层女性更具吸引力，对男主人形成诱惑。于是，暧昧之事便难以避免。

雍熙元年(984)，太宗害死其弟廷美后，曾在大臣间散布廷美为太宗乳母耿氏所生的说法。某日，太宗从容谓宰相曰："廷美母陈国夫人耿氏，朕乳母也。后出嫁赵氏，生军器库副使廷俊。朕以廷美故，令廷俊属鞬左右，廷俊泄禁中事于廷美。"在廷美死前，耿氏已卒，《长篇》载：太平兴国八年(983)正月"壬戌，上乳母陈国夫人耿氏卒，涪陵县公廷美之亲母也"。[①] 而《宋史》仅书太平兴国八年正月，"涪陵县公廷美母陈国夫人耿氏卒"。[②] 这时廷美尚未降为涪陵县公，而太宗亦未言耿氏为廷美母，《宋史》应抄国史而成，不称太宗乳母，似有蹊跷。后代颇有学者辩驳此事，认为这是太宗故意散布的谣言，以证明廷美血统不纯。[③] 今所见宋代史料皆经宋人修改，也可能太宗为了减轻杀弟的负罪感，而故意将廷美说成是乳母所生。但笔者关注的仅是乳母与男主人之间的暧昧，即使此事不真，此俗则的确在上流社会存在，并且为这些家庭容忍，因此太宗才会"从容"言之。

文献中更有男主人与乳母私通的明确记载。进士李遵勖，大中祥符间尚真宗姊万寿长公主。后"坐私长公主之乳母，责授均州团练副使"。《续资治通鉴长编》引《司马光日记》云：

> 李遵勖坐无礼于长公主之乳母，降授均州团练副使。真宗欲杀之，先召长公主欲观其意，语之曰："我有一事欲语汝而未敢。"公主惊曰："李遵勖无恙乎？"因流涕被面，僵仆于地，乃不果杀。及李淑受诏撰长公主碑，先宣言"赦李遵勖事尤美，不可不书。"诸子闻之惧，重赂淑，不果书。[④]

则李得赦死罪，乃因公主相救。真宗治驸马，也不是直接处罚，而是令臣僚上疏弹劾。大中祥符二年(1009)：

> 四月九日，左龙武将军、澄州刺史、驸马都尉李遵勖责授均州团练副使，坐私主之乳母。初，帝以使臣所取遵勖状，示宰相王旦等曰："遵勖先曾请对，意在归过于人，矫诬如此。缘已经赦宥，姑务恩贷，及有彰露，止令询其端由，而略无畏忌。朕以长公主为性至善，未尝言其失，不欲深行，恐伤其

---

① 李焘：《续资治通鉴长编》卷二五，太宗雍熙元年春正月乙丑，第572、537页。

② 《宋史》卷二四四《魏王廷美传》，中华书局1977年版，第8668页。

③ 元陈世隆：《北轩笔记》(知不足斋丛书本，清乾隆嘉庆刊，第22集，第173册，第19A～20B页)曰："予阅宋昭宪太后本传，生邕王光济，早死；次太祖、太宗、秦王光美，夔王光赞，幼亡。又燕国、陈国二长公主。则廷美为昭宪出无疑矣。""廷美之致祸则昭宪贻之。金匮之诏曰：'汝百岁后当传位于汝弟。'""盖太宗一时为涂面之言，以遮饰谋杀廷美之故，当时讳之，史臣难之，故其纪错乱而矛盾。"

④ 李焘：《续资治通鉴长编》卷七五，真宗大中祥符四年四月，第1718页。

意。”于是中书、枢密院同奏议正朝典，故有是命。①

公主的乳母应该比公主大许多，而驸马宁与年长的乳母私通，除了可见驸马多么不喜欢长公主也反映出乳母的魅力。

中国传统医学一直有成年男子食人乳而长寿的传说：西汉“张苍长八尺余，免相后口中无齿，食乳，女子为乳母，妻妾以百数，尝孕者不复幸。年百余岁乃卒。”②食人乳并不单纯为了营养，妇女的乳房也是性器官，成年男子玩弄之，带有性的意味，与妻妾百数相关。

如上所述，哲宗元祐年间，刘安世发现皇宫在找十名乳母时，大惊失色，因为哲宗只有13岁，不应该有孩子，他一而再地向执政的宣仁高太后及小皇帝进谏，并动员范祖禹一起上谏。当哲宗亲政之后，刘安世与范祖禹先后被贬至远恶州军。刘安世说：“乃者民间喧传禁中见求乳母，臣窃谓陛下富于春秋，尚未纳后，纷华盛丽之好，必不能动荡渊衷，虽闻私议，未尝辄信，近日传者益众，考之颇有实状。”范祖禹劝皇帝说：“今陛下未建中宫，而先近幸左右，好色伐性，伤于太早，有损圣德，无益圣体。此臣之所甚忧也。……陛下今年十四岁，而生于十二月，其实犹十三岁，此岂近女色之时乎？陛下上承天地、祖宗、社稷之重，守祖宗百三十年基业，为亿兆人父母，岂可不爱惜圣体哉！”③又上疏太皇太后曰：“千金之家有十三岁之子，犹不肯使近女色，而况于万乘之主乎？陛下爱子孙而不留意于此，非爱子孙之道也。譬如美木方长，正当封植培壅，以待其蔽日凌云，若戕伐其根，岂不害哉？……今若不加止节，女色争进，数年之后，败德乱政，无所不有，陛下虽欲悔之，岂可及乎？”④后章、蔡进谗言曰：“刘安世尝论禁中雇乳母，谓陛下已亲女宠，又论不御经筵，谓陛下已惑酒色，诬罔圣躬形于章疏者，果何心也！今挚贬死，废及子孙，而安世不问，罪罚殊科如此，臣不知其说也。”⑤而哲宗对章惇说：“元祐初，朕每夜只在宣仁寝处前阁中寝处，宫嫔在左右者凡二十人，皆年长者。一日，觉十人非寻常所用者，移时，又十人至，十人还，复易十人去，其去而还者皆色惨沮，若尝泣涕者。朕甚骇，不敢问，后乃知因刘安世章疏，宣仁诘之。”⑥不久，哲宗诏范祖禹移化州安置，刘安世移梅州安置。以后二人甚至被逮捕，关入槛车，所幸哲宗突然病逝，二人才拣获幸免。《名臣言行录》的说法是哲宗刘婕妤专宠后宫，高太后初不知此事，在后宫穷诘，“乃知雇乳母者为刘氏也，后怒而挞之，由是刘深以望公”。⑦ 但高太后都不知道谁下令觅乳母的，范祖禹或刘安世更无从知道是刘氏所为，更重要的是，遍寻文献，皆无刘氏此时怀孕的证据。其他史料亦指皇帝有好色的倾向：“范祖禹与刘安世上疏言宫中求乳母，皇帝年十四未纳后，无溺所爱而忘所戒。后章惇、蔡卞诬元祐大臣尝有废立议，指二人之言为根。”⑧可见，所谏好色是泛指的，而不是专指刘氏。那么，难道这么多乳母不是为了哺乳孩子，而是为皇帝准备的吗？为此，臣僚们将司马光所言也抬了出来，说：“章献明肃太后保护仁宗皇帝最为有法，自即位以后，未纳皇后以前，仁宗居处不离章献卧内，所以圣体完实，在位历为长久。章献于

① 《宋会要辑稿·帝系》八之四七、四八，1册，第186页上、下。
② 祝穆：《古今事文类聚》后集卷一六《孕者不幸》，景印文渊阁四库全书本，第926册，第249页下。
③ 李焘：《续资治通鉴长编》卷四三六，哲宗元祐四年十二月，第10511页。
④ 朱熹：《三朝名臣言行录》卷一三之一，四部丛刊本，商务印书馆1936年版，第8册，第12B～13A页。
⑤ 朱熹：《三朝名臣言行录》卷一二之三，第7册，第21A页。
⑥ 李焘：《续资治通鉴长编》卷四三六，哲宗元四祐年十二月，第10520页。
⑦ 朱熹：《三朝名臣言行录卷一二之三，第7册，第13A页。
⑧ 吕中：《宋大事记讲义》卷二〇《小人诬君子有调停之说》，景印文渊阁四库全书本，第686册，第382页上。

仁宗此功最大。"①朱子曾与其学生议论:"问:章献不如宣仁,然章献辅仁宗,后来却无事。曰:亦是仁宗资质好,后来亦是太平日久,宫中太宽。如雇乳母事,宣仁不知此一事,便反不及章献。"②这便是哲宗时期著名的谏进乳母事件,而在李焘作《续资治通鉴长编》时,事件的真相已显得扑朔迷离了。令人好奇的是,哲宗为何对此事耿耿于怀呢?即使章惇、蔡京进谗言,那也要皇帝听得进才是,他们的哪些话挑起皇帝的愤怒呢?不同的文献在细节上略有不同,共同点有,一、高太后开始并不知道找乳母的事情;二、高太后多次叫停刘、范的当众进谏,说"此非官家所要,乃先帝一二小公主尚须饮乳也",③即太后也认为此事太丢脸;三、刘、范谏书的核心都是劝皇帝节欲,而章、蔡的谗言也主要指出这一点,于是皇帝的冲天怒火就被点燃了。

有的家庭会允许乳母将亲生儿女带来,甚至让他成长于上流社会。如果乳母与男主人有特殊关系,就会产生男儿血统方面的疑惑。如上所述,太宗在害死其弟廷美后,曾说廷美是自己的乳母耿氏所生,"耿氏后出嫁赵氏,生供奉官赵延俊,即廷美之同母弟也。朕待延俊固无猜忌,常令属鞬侍左右"。④ 廷美是否真是太宗乳母所生,后世一直是有疑问的,而这位赵延俊,应该确是乳母的亲生儿,其身份则更为尴尬。

仁宗时,皇室中的乳母子再次成为疑案。嘉祐六年,"翰林侍读学士刘敞尝奏疏言:'为国之道防患于未然,远嫌于万一,所以安群情、止邪谋也。伏闻张茂实本周王乳母子,尝养宫中,故往年市人以狂言动茂实,颇骇物听。近者韩绛又以谗说倾宰相,重摇人心。则是一茂实之身,远则为小人所指目,近则为群臣所疑惧,虽圣心坦然,于物无猜,恐未能家至户晓,使人人不惑也。假令茂实其心如丹,必无他肠,亦未能家至户晓,使人人不忧也。如此则备宿卫典兵马,适足以启天下之惑,动天下之忧,甚非重宗庙、安臣民、备万一之计。臣谓今日之宜,要令两善,莫若解茂实兵权,处以外郡,于茂实不失富贵,而朝廷得远嫌疑,此最策之善者也。……'敞时受命知永兴,久之,茂实乃罢"。⑤ 周王乃真宗次子佑,生母郭后,周王九岁即亡,其乳母之子应与仁宗年纪相仿,因此才会发生所谓"狂言",使群臣疑惧。

司马光的记载更为详细:

> 初,周王将生,诏选孕妇朱氏以备乳母。已而生男,真宗取视之曰:"此儿丰盈,亦有福相。留宫中娱皇子。"皇子七岁薨,真宗以其儿赐内侍省都知张景宗为养子,名曰茂实。及长,累历军职,至马军副都指挥使。有军人繁用,其父尝为张氏仆。用幼闻父言,茂实生于宫中,或言先帝之子,于上属为兄。用冀幸恩赏,即为表具言其事,于中衢邀茂实,以表呈之。茂实衔之,以用属开封府,以用妄言杖之,配外州下军。然事遂流布,众庶讙然。于是言事者请召用还察实。诏以嘉庆院为制狱案之。至和元年八月,嘉庆院制狱奏:"军人繁用素病心,妄对张茂实陈牒,称茂实为皇亲,案署茂实得状当奏,擅送本衙取勘。"台谏官劾茂实当上言而不以闻,擅流配卒夫,不宜典兵马。狱成,谏院张择行录问,驳繁用非心病,诏更验定,繁用配广南牢城,所连及者皆释之。茂实先已内不自安,求出,除宁远军节度使、知滁州。"⑥

---

① 朱熹:《三朝名臣言行录》卷一二之三,第7册,第12B~13A页。
② 黎靖德《朱子语类》卷一二七"本朝一",中华书局1986年版,第3044页。
③ 李焘:《续资治通鉴长编》卷四三六,哲宗元祐四年十二月,第10515页。
④ 钱若水:《太宗皇帝实录》卷二八,太平兴国九年正月丁卯,四部丛刊三编本,第1册,第4页下。
⑤ 李焘:《续资治通鉴长编》卷一九三,嘉祐六年五月己亥,第4669页。
⑥ 司马光:《涑水纪闻》卷九,上海书店1990年影印涵芬楼本,第5页上。中华书局《唐宋史料笔记》1989年标点本第194页同条较简略。

一场风波虽然平定，但群臣心中的疑惑仍无法散去，即张茂实也有可能为真宗的儿子。

这位周王的乳母寿至百岁，到神宗时还看到有关她的消息。熙宁四年六月壬申，“岐国贤寿夫人朱氏言：‘昨以老病恩许开圣尼院养疾，今得安全复见宫省，本位使臣、祗应人等乞赐推恩。’上语枢密院曰：‘此真宗子周王乳母也，百岁而耳目聪明，宫中无出其右者。可特听许。’”第二年朱氏卒，“上批：朱氏入宫八十余年，可特追封魏国夫人。”[①]王子的乳母一般不会封为国夫人，她所得到特别恩典倒使人更加怀疑张茂实的血统。

三、皇帝乳母所享特权与宫内的政治斗争

1. 皇帝乳母所得封号与恩赐

在进入皇室的乳母当中，以皇帝乳母地位最高，她一般能得到国夫人的称号。各朝皇帝乳母之封号见文末所附《皇帝乳母封号简表》。

在宋代史料中首见太宗的乳母，她始封巨鹿郡夫人，太平兴国二年（977）八月封陈国夫人。[②] 如上所述，太宗说她生了太宗的亲弟廷美，后来又嫁给赵氏，生了赵延俊。[③]

自真宗开始，皇帝给乳母加封美号。真宗对自己的乳母刘氏有特别的恩眷，一登基便大封乳母，“上以汉、唐封乳母为夫人、邑君故事付中书，因问吕端等曰：‘斯礼可行否？如不可行则止，朕不敢以私恩紊政法也。’端等奏曰：‘前代旧规，斯可行矣，或加以大国，或益之美名，事出宸衷，礼无定制。’己酉，诏封乳母齐国夫人刘氏为秦国延寿保圣夫人”。[④] 最初真宗似乎还有点心虚，而重臣吕端乐得作顺水人情，在他的支持之下，此事方得行。其实，在此之前，真宗乳母已为齐国夫人，加封四字意味着有更多的实在恩典。刘氏故后，又被追封为齐鲁国肃明贤顺夫人。[⑤] 乳母封兼二国，其地位竟与皇后母亲比肩，史载：“旧制惟妇人封得兼两国，若大长公主及上乳母、皇太后娣妹、皇后母之类是也。”[⑥]

仁宗似乎更具有乳母情结。综合各方史料，先后出现五位仁宗的乳母。其中，林氏和许氏的地位最高，二者都先后获封兼二国并美称四字，地位相差无几。林氏为皇太后的心腹，小皇帝自然比较畏惧，而对许氏似乎更亲一些，这与朝政相关。许氏一死，仁宗便打算封下一个乳母，以至臣僚们再也忍不住了。宝元二年（1039）四月九日，“六宅使、象州团练使郭承佑奏，自宣魏国夫人入内，以永圣保寿赐名，今魏国即已即世，诸事当悉如旧。晋国夫人陈氏，内外传言特继永圣之例。乞宣谕大臣，自今后依先朝旧式，更不添创名职，永为定制”。[⑦] 结果，这位陈氏虽贵为晋国夫人，但其乳母名号终未得到确认。而到仁宗执政的最后几年，又出现第三个、第四个乳母，这只能说明仁宗的滥恩。钱氏早在天禧二年（1018）九月便封为安吉县君，后进封为荣国夫人，至和二年（1055）追封为燕国夫人。[⑧] 又嘉祐二年（1057）五月“辛巳，

① 李焘：《续资治通鉴长编》卷二二四，熙宁四年六月壬申，第5454页。

② 《宋会要辑稿》后妃三之二九，第262页上。

③ 钱若水：《太宗皇帝实录》卷二八，太平兴国九年正月丁卯，第4页下。

④ 李焘：《续资治通鉴长编》卷四一，太宗至道三年八月己酉，第876页。

⑤ 宋王珪：《华阳集》卷三一《真宗皇帝乳母故秦国肃明贤顺夫人刘氏追封齐鲁国肃明贤顺夫人制》，丛书集成本，1915册，第401页。

⑥ 李心传：《建炎以来朝野杂记》甲集卷一二，《全宋笔记》第六编第七册，第194页。

⑦ 《宋会要辑稿》后妃三之三〇，第262页下。

⑧ 《宋会要辑稿》后妃三之三〇，第262页下。

追封乳母戴氏为崇国夫人"。[①] 称追封,则当时钱氏、戴氏已死,或许在许氏出宫后,她们曾照顾过小皇帝。仁宗宽厚,宫中诸女一提要求,他便给予满足。可见,乳母有时不过是一种职位或称号,可能未必真正哺育过幼儿。被定为乳母,能给家人带来实在的利益。至和二年六月"四日以左卫大将军、郢州防御使宗颜为卫州防御使","宗颜以其母钱氏尝为仁宗乳母……特迁之"。[②]

以后,各朝皇帝照例给自己的乳母加封。英宗的乳母贾氏,治平四年(1067)三月被封为韩国夫人。[③]

神宗给乳母加四字嘉号"安仁保佑"晚一点,熙宁八年(1075)二月"丁卯,手诏:'乳母崇国夫人张氏可特进封魏国安仁保佑夫人。'"[④]但神宗给予乳母的恩眷并不少,如"元丰元年正月六日,神宗乳母魏国安仁保佑夫人张氏乞依赦封二代。从之。"[⑤]"元丰三年九月八日诏:魏国安仁保佑夫人张氏,自今遇大礼增奏亲属恩泽一人,仍岁加赐冠帔三道。"[⑥]神宗一死,其乳母张氏便被派去守陵,理由便是她与宦者勾结干预朝政,但不久她的特权又得到恢复,还得到更多的实利。"哲宗元祐二年六月二日,诏:神宗皇帝乳母秦晋国安仁保佑夫人张氏守陵回,特封吴楚国安仁贤寿夫人。八月五日诏,以奉先寺后空营地半赐安仁贤寿夫人张氏为寿堂,其制度悉放(仿)仁宗皇帝乳母林氏之制。诏:后许张氏买寿堂北民间地二段及赐官地一段,仍诏张氏本阁许置房缗为寿堂费用。……崇宁中即寿堂建院,赐金额。"[⑦]

哲宗同样一登基就加封乳母,但其乳母的地位似乎低一些。元丰八年(1085)四月"戊辰,封上乳母窦氏为安康郡夫人"。[⑧] 到元祐四年(1089),其乳母才封为国夫人,可能这些举措是吸取了神宗乳母干政的教训,而特意采取的。元符三年(1100),哲宗驾崩,其乳母受罚。"降大行皇帝乳母魏国福康惠佑夫人窦氏为扶风郡夫人,乐安郡夫人李氏为陇西郡君,永嘉郡夫人陈氏为颍川郡君。……以大行皇帝弥留侍疾无状及蔽匿不以闻故也。"可见,皇帝身体不好乃至不测,乳母可能受责。到徽宗建中靖国元年(1101),窦氏得复魏国夫人。[⑨] 陪伴在哲宗身边的人,只有窦氏被认定为乳母,其他只是殿中伴人。

徽宗在被金军俘虏之后多次提到自己的乳母,说他在襁褓中时乳母曾救其一命,[⑩]"徽庙在路中苦渴,令摘道旁桑椹食之。语臣曰:'我在藩邸时,乳媪曾啖此,因取数枚食,甚美,寻为媪夺去。今再食而祸难至此,岂非桑实与我为终始耶?'"[⑪]徽宗在位时封过三位乳母,一位称燕越国安仁顺懿静和恭恪夫人刘氏,一位是邠兖国康静恭懿惠穆夫人王氏,另有一位管氏多少有点莫明其妙。"徽宗崇宁四年七月五日诏:初供奉御乳人管氏特封县君,月支料钱五贯。以管氏自陈先于钦慈皇太后殿备月权乳,遇皇帝降生,首进御乳故也。八月七日又诏,管氏每月添料钱一十五贯文。以管氏陈乞依神宗朝司饰刘氏等例入内祗应,故有是诏。"[⑫]可见,由于乳母的地位崇高,入宫后更可得到不少实利,一些女性便千方百计证明自己曾哺育过小皇帝。

---

① 李焘:《续资治通鉴长编》卷一八五,第4478页。
② 《宋会要辑稿》帝系四之一〇,第98页上。
③ 《宋会要辑稿》后妃三之三一,第263页上。
④ 李焘:《续资治通鉴长编》卷二六〇,第6332页。
⑤ 《宋会要辑稿》仪制一二之六,第2042页上。
⑥ 《宋会要辑稿》后妃三之三一,第263页上。
⑦ 《宋会要辑稿》后妃三之三二、三四,第263页上、264页下。
⑧ 李焘:《续资治通鉴长编》卷三五四,哲宗元丰八年夏四月,第8469页。
⑨ 李焘:《续资治通鉴长编》卷五二〇,哲宗元符三年春正月壬辰,第12383页。
⑩ 曹勋:《北狩见闻录》,《全宋笔记》第三编第十册,大象出版社2008年版,第189页。
⑪ 曹勋:《北狩见闻录》,第三编第十册,第187页。
⑫ 《宋会要辑稿》后妃三之三三,第264页上。

钦宗的乳母封为国夫人，但封号不详。“靖康内降王氏封国夫人，渊圣中批：‘可入朕之乳母四字。’”①

高宗的乳母共有两位，即寿国夫人王氏和庆国夫人吴氏，其美称由四字加至六字，最后达到十字。②王氏似乎更得到眷顾，逝世时皇帝所给赏赐惊人：绍兴二十年(1150)四月“丙辰，寿国育圣夫人王氏卒，王氏上乳母也。辍视朝五日，追封福寿国夫人，赐帛二千匹，钱万缗为葬费。”③乳母的身边人也照例得到照顾，同年二月二日诏：“寿国柔惠淑婉和懿慈穆育圣王夫人位官吏诸色祗应人，自到位未曾陈乞推恩，各特转一官资。……七月十四日诏：故寿国柔惠淑婉和懿慈穆育圣夫人王氏本位官吏可特转两官资。”④

正因为皇帝乳母的待遇优厚，南渡后居然又冒出一个哲宗乳母。据《宋会要辑稿》：“绍兴元年九月，(王氏)自陈元丰二年蒙取入皇太妃阁，常有乳抱之勤，元丰三年放出。望封一县君，诏特封安平县君，月给钱五十。”⑤南渡以后，宫人四散，连公主都有假，她是否真正哺育过哲宗，恐怕只好姑妄听之了。

宋代史料中，有关乳母的封赏记载至光宗朝为止，光宗曾封两位乳母，一位是吉国柔明慈惠淑谨和顺端懿夫人张氏，一位是绍熙三年(1176)十一月十日追封的宁国夫人徐氏。⑥

邵育欣《宋代内命妇封号问题研究》一文有专节论述皇帝乳母的封号，认为自真宗朝以来，皇帝乳母封号的基本形式就固定下来，即郡国夫人并加四字到十字不等的美称，形成一套特有的体系，“南宋时期封国的级别明显降低。与北宋均封大国不同，南宋授封国基本都是次国和小国”。⑦

首先，宋代皇帝乳母的封号基本上属郡、国夫人等外命妇系列，和唐、五代时的内外相淆已大为不同，这一点已见于邵文。但笔者注意到，个别乳母的初授封号仍时见内命妇系列者，如仁宗的乳母戴氏原为尚服，定为乳母之后，方得授崇国夫人的称号。其次，邵文谓“自徽宗大观二年开始，两国四字夫人便很少出现”，间有者亦主要见于追赠，“随着美名字数的增加，封国的级别却在降低”等等，笔者则难于苟同。邵文显然未注意，正是在徽宗政和六年(1116)，其乳母刘氏得到燕越国安仁顺懿静和恭恪夫人的封号，不仅时间晚于大观二年(1108)，而且身兼两国，美称达八字。

所育子为乳母服丧，已见于先秦礼书。《仪礼》“缌麻三月”。郑玄注：乳母，“养子者有它故，贱者代之慈己。传曰：何以缌也？以名服也。释曰：荀子曰：乳母，饮食之者也，而三月；慈母，衣被之者也，而九月；君，曲被者也，三年毕乎哉。”⑧

乳母亡故，皇帝为其服丧按缌礼，即同于为庶母所服丧礼。“真宗乳母秦国延寿保圣夫人卒，以太宗丧始期疑举哀，礼官言：‘通礼：皇帝为乳母缌麻。按《丧葬令》，皇帝为缌，一举哀止。秦国夫人保傅圣躬，宜备哀荣，况太宗之丧已终易月之制，今为乳母发哀，合于礼典。从之。”⑨看来，真宗对其乳母特别眷顾，秦国夫人刘氏“咸平元年薨。帝以乳保之恩，事之如母，举哀制服”。⑩

① 谢伋：《四六谈麈》，景印文渊阁四库全书本，1480册，第24页下。
② 《宋会要辑稿》后妃三之三四，第264页下。
③ 李心传：《建炎以来系年要录》卷八九，绍兴五年五月甲申；卷一六一，绍兴二十年夏四月，第2899、5118页。
④ 《宋会要辑稿》后妃三之三四，第264页下。
⑤ 《宋会要辑稿》后妃三之三三，第264页上。
⑥ 《宋会要辑稿》后妃三之三四，第264页下。
⑦ 邵育欣：《宋代内命妇封号问题研究》，《历史教学》2009年第14期，第22页。
⑧ 李如圭：《仪礼集释》卷一九“丧服缌麻三月者”，景印文渊阁四库全书本，第103册，第341页下。
⑨ 《宋史》卷一二四《礼志二七》，第2905页。
⑩ 马端临：《文献通考》卷二五六《帝系七》，万有文库本，第2024页上。

《宋会要辑稿》有皇帝为乳母辍朝的记录:"乳母陈国夫人耿氏(太平兴国八年正月特辍朝二日)。秦国夫人刘氏(咸平元年五月特辍朝三日,权殡及葬各辍一日)。魏国永圣宝夫人许氏(宝元二年二月辍三日,葬一日)。秦晋国贤正夫人林氏(至和二年八月辍一日)。庆国柔懿淑美保慈夫人吴氏(绍兴九年七月辍三日)。寿国柔惠淑婉和懿慈穆育圣夫人王氏(二十年六月辍五日)。崇国慈良保育贤寿夫人周氏(绍兴三十一年十二月辍三日)。"①以高宗乳母王氏死时辍朝日最多。

明人王世贞曰:"乳媪之有谥也,自宣宗始也;乳媪之夫之有谥也,亦自宣宗始也。"②从本文附表可知宋代皇帝的乳母既有生前的尊号,亦有死后所定的谥号。

2. 与朝政相关的乳母

皇帝的乳母位高言尊,往往会为自己的亲戚或朋友求官,因为她与皇帝有特殊感情,皇帝往往难以拒绝。在士大夫眼中,这便是干政。"真宗乳母刘氏号秦国延寿保圣夫人,言惟宽宗族。近有幸求内批者,上咸不违。康定元年十月戊子,谓宰相曰:'自今内批与官及差遣者,并具旧条复奏取旨。"③可见,真宗皇帝曾听任自己的乳母大做人情,导致内批官职泛滥,直到康定年间,仁宗意识到内批对朝政的祸患,才予以抑制。

个别乳母因某种机缘参与政治。章献刘皇后于真宗逝后,以辅佐幼小的仁宗为名,在朝廷垂帘听政。《宋史》谓:"晋国夫人林氏以太后乳母多干预国事,太后崩,(驸马李)遵勖密请置之别院,出入伺察之,以厌服众论。"④《宋会要辑稿》⑤与《续资治通鉴长编》卷九八皆谓林氏为仁宗乳母,"封上乳母福昌县君林氏为南康郡夫人。林氏,钱塘人,大中祥符初由刘美家入宫。天禧末皇太后内管政事,林氏预掌机密云。"⑥从前后记载看,林氏为仁宗乳母为可信。因林氏为钱塘人,而刘皇后是蜀人,林氏到京师前已嫁给龚美,刘氏十五岁入襄王府,刘、林二氏是在王府结交的,林氏成为刘氏的心腹。真宗即位后,林氏随刘氏入宫。以后刘氏从李宸妃处抢到一个儿子,又抢到皇后的位子,林氏便被指定为仁宗的乳母,所以仁宗即位后,太后便给林氏加封。《长编》惟一指林氏为刘后乳母的记载亦附在李遵勖卒的条目后,应为循李行状之误。⑦

仁宗真正的乳母另有其人。《续资治通鉴长编》又载:"天禧初,上乳母许氏为宫人所谗,出宫,嫁苗继宗。及是,邀驾自陈。(天圣二年四月)丙寅,封临颍县君,以继宗为右班殿直,寻加许氏当(高)阳郡夫人,复入宫。"⑧仁宗生于大中祥符三年(1010),天禧初许氏出宫时,仁宗约七八岁,应该已记得这位乳母。由此我们可以推测仁宗的心情,一旦亲政,自然要将许氏再召入皇宫。值得注目的是给乳母丈夫加官。这时刘太后的势力尚强,而皇帝只有14岁,为照顾刘太后一派,亦给林氏加封。天圣六年(1028)十月"戊辰,进封乳母南康郡夫人林氏为蒋国夫人"。⑨ 即林氏的地位仍高于许氏。明道二年(1033)三月,刘

---

① 《宋会要辑稿》礼四一之四〇,第1397页下。

② 王世贞:《弇山堂别集》卷七〇《谥法考序》,中华书局1985年版,第1303页。

③ 司马光:《涑水纪闻》卷八,第3页上。中华书局1989年标点本(第148页)此条作:"真宗乳母刘氏号秦国延寿保圣夫人言,仁宗圣性宽仁,宗戚近幸有求内批者,上咸不违。"然刘氏卒于咸平元年(998),未亲见仁宗执政,故不取。

④ 《宋史》卷四六四《李遵勖传》,第13568~13569页。

⑤ 《宋会要辑稿》后妃三之三〇,第262页下。

⑥ 李焘:《续资治通鉴长编》卷九八,真宗乾兴元年四月庚子朔,第2278页。

⑦ 李焘:《续资治通鉴长编》卷一二二,仁宗宝元元年八月庚辰,第2878页。

⑧ 李焘:《续资治通鉴长编》卷一〇二,仁宗天圣二年夏四月,第2355页。

⑨ 李焘:《续资治通鉴长编》卷一〇六,仁宗天圣六年十月戊辰,第2483页。

太后崩，根据上述李遵勖传，因李的建议，太后的死党林氏便被软禁。同时，仁宗显得特别照顾许氏，她很快得到一国夫人之封号。景祐元年(1034)十一月“乙未，进封乳母高阳郡夫人为崇国夫人”。景祐三年十一月“己亥，进封乳母崇国夫人许氏为齐国太夫人，寻又加号曰永圣保寿”。① 许氏得到四字尊号，已达到乳母地位的最高处。在这前后，许氏将自己的女儿也弄进宫里。史载：“苗贵妃，开封人。父继宗，母许，先为仁宗乳保，出嫁继宗。帝登位，得复通籍。妃以容德入侍，生唐王昕、福康公主。封仁寿郡君，拜才人、昭容、德妃。英宗育于禁中，妃拥佑颇有恩。既践祚，畴其前劳，进贵妃。”②这母女俩都靠抚养嗣君上位，可知是精明之人。

到庆历元年(1041)十二月，林氏又见记载。“乙未，进封乳母晋国慈寿福圣夫人林氏为韩国贤和佑圣夫人”。③ 则林氏被软禁后至少又活了八年，还加封晋国夫人，并加了“慈寿福圣”四字封号，但她得到封号明显晚于许氏。王珪文集中的制词更说明，林氏晚年获得两国封号，由韩国贤和佑圣夫人升为秦晋国永寿佑圣夫人。④ 而许氏终老时为魏国肃成贤穆夫人，死后追封为吴越国肃成贤穆夫人，即死后才得到两国封制的殊荣，其制词亦为王珪撰。⑤ 对比二人的制词，谈到养护皇帝之功差不多，只是林氏的制词有“肆予之主大器，厥功茂焉”数字，显得颇为特别。可见，仁宗幼时即位，的确曾得到林氏的辅佐，尽管刘太后去世之后林氏势落，但她仍能得到皇帝的敬重。林、许两位乳母的升沉，隐含着帝后两党之间的争斗。

神宗的乳母张氏与权重宦者宋用臣关系密切，因知，乳母弄权必与宦者勾结。神宗过世后，“宋用臣等既被斥，祈神宗乳媪入言之，冀得复用。后见其来，曰：‘汝来何为？得非为用臣等游说乎？且汝尚欲如曩日求内降干挠国政耶？若复尔，吾即斩汝！’媪大惧，不敢出一言，自是内降遂绝”。⑥ 不久，神宗乳母被遣去守陵，可能在皇帝陵前。渡过寂寞的余生。因此，中书舍人彭汝砺吹捧哲宗说：“陛下自履大位，于今五年，好恶循理，是非以道，暬御无过与，宗室无假借，近幸贪功，废之终身而不齿，乳媪弄权，一日弃之如涕唾。”⑦所谓乳媪，应指神宗的乳母张氏。但这位张氏在徽宗时却得到乳母的最高待遇。

徽宗刚即位时曾对乳母封号采取特别的措施。元符三年(1100)三月，削低最著名的三位前朝乳母之封号，即真宗乳母刘氏由齐鲁国夫人改为荆杨国夫人，仁宗乳母林氏由秦晋国夫人改为吴越国夫人，仁宗乳母许氏由吴越国夫人改为燕冀国夫人，即由大国改为小国，而美称不变。

同年，徽宗却给予神宗乳母张氏以最崇高的封号，“诏神宗乳母进封韩魏国保圣赞慈安仁贤寿惠和夫人。建中靖国元年四月……遂以为两朝佑圣太夫人，品秩视贵妃”。品秩同于贵妃，也就是说仅次于皇后。被削改封号的三位前朝乳母都曾权倾一时，如果说削改是表明皇帝对乳母干政的态度，那么神宗乳母张氏也曾以干政被谴责，却同时将她升至高位，又是为何呢？这可能与徽宗正欲大封自己的乳母有关(参见附表可知)，大封神宗乳母前后徽宗正在封自己乳母，也可能徽宗以此表示自己对神宗的崇敬；此时，真、仁朝的乳母都已不在世，而其亲人仍享有迁官等优遇，压低乳母的封号正可减少一些无谓的恩典。

---

① 李焘：《续资治通鉴长编》卷一一五，仁宗景祐元年，第2706页；卷一一九，仁宗景祐三年，第2812页。

② 《宋史》卷二四二《后妃传》，第8623页。

③ 李焘：《续资治通鉴长编》卷一三四，第3208页。

④ 王珪：《华阳集》卷三一《皇帝乳母韩国贤和佑圣夫人林氏可进封秦晋国永寿佑圣夫人制》，第401页。

⑤ 王珪：《华阳集》卷三一《皇帝乳母故魏国肃成贤穆夫人许氏可追封吴越国肃成贤穆夫人制》，第401页。

⑥ 《宋史》卷二四二《后妃传》，第8627页。

⑦ 李焘：《续资治通鉴长编》卷四二二，哲宗元祐四年二月，第10217页。

在20位皇帝乳母的有关史料中，神宗乳母张氏所享哀荣最高，她死时称“薨”而不称“卒”，这一点同于真宗乳母刘氏，而其他待遇却远超刘氏，崇宁五年(1106)十二月，“两朝佑圣安仁保庆荣寿太夫人张氏薨，诏许特于苑中治具车驾临奠，辍朝三日。大观元年正月，以卤簿鼓吹葬，是日车驾为郊驻跸于崇福隆寿禅院。赠燕陈国太夫人，谥恭懿”。[①] 张氏追封身兼三国，美称多达14字，这才是乳母最显赫的名号。

综上所述，尽管宋代的皇帝乳母封号美称达到新的高度，但主要还限于取得更多的经济利益，除仁宗朝的林氏之外，她们所谓干政，无非是利用她与皇帝的关系谋取一些私利罢了，和汉、明两朝的乳母干政为祸甚烈，不可同日而语。

四、后妃乳母所得恩典

皇后的乳母也可得到国夫人称号。庆历元年(1041)“封皇后乳母长安县君周氏为汝南郡君。”皇祐五年(1053)八月“壬寅，追封皇后乳母荣国夫人周氏为鲁国夫人”。[②] 仁宗先后有三位皇后(包括追封者)，景祐元年(1034)立曹彬之孙女为皇后，由年代推算，这位周氏应为曹皇后的乳母，由县君升为国夫人。史载郭皇后被废后，曹氏便入宫。胡宿《文恭集》有《贵妃乳母周氏可特封长安县君制》，联系前文，可知这位周氏应为曹氏乳母，而不是后来那位炙手可热的张贵妃乳母。[③] 曹氏初入宫时或曾封为贵妃，周氏便是那时被封为长安县君的。

皇后乳母的俸禄相当优厚，绍兴二十一年(1151)四月十五日诏：“皇后乳母建国夫人蔡氏、姊楚国夫人吴氏、越国夫人吴氏，与依张浚等妻见请禄式《则例》，支破诸般请给。”[④]

文献中亦有皇太后乳母封为国夫人的记载，神宗元丰二年“封皇太后乳母永嘉郡夫人贾氏为燕国夫人”。[⑤] 与皇帝乳母只差数字尊号而已。这位贾氏应是英宗高皇后的乳母，这么晚才由郡夫人升为国夫人，可能由于英宗早死的关系，实际上神宗朝加封乳母似乎都比较晚。如上所引，直至熙宁八年(1075)，神宗才给自己的乳母加四字嘉号，那么太后的乳母加封也就更晚一些了。

《皇朝类苑》卷五曰：治平元年(1064)，“诏葬皇后乳母永嘉郡夫人贾氏，而开封府言徙掘民墓不易，上曰：‘岂宜以此扰民耶！’命勿徙”。[⑥] 虽说最终未搬迁民墓，但由此可见皇后乳母的坟墓规模不小。

妃嫔的乳母也有封号，但这些乳母一般封号不高，刘攽《彭城集》有《皇太妃乳母赵氏可封掌赞夫人制》，[⑦]掌赞夫人为内命妇系列。刘攽约与司马光同时，文集一般都不注明年月，很难推测这是为哪位皇太妃的乳母所作。

妃嫔的乳母可以取得一定的特权。哲宗时皇太妃为亲戚求地，王岩叟认为应请求皇帝减少一些，而韩忠彦说：“前日批出，宋司婉请两坐废营与乳母作寿堂，昨日已进呈依讫。”[⑧]皇宫内批的圣旨，三省往往

---

① 《宋会要辑稿》后妃三之三三、三四，第264页上、下。

② 李焘《续资治通鉴长编》卷一三四，仁宗庆历元年冬十月戊子，第3189页；卷一七五，仁宗皇祐五年八月，第4227页。

③ 胡宿：《文恭集》卷一九，丛书集成本，1887册，第246页。

④ 《宋会要辑稿》后妃二之一〇，第238页上。

⑤ 李焘：《续资治通鉴长编》卷二九六，神宗元丰二年春正月丁亥，第7198页。

⑥ 江少虞：《皇朝类苑》卷五“祖宗圣训”，文海出版社1981年影印本，第200页。

⑦ 刘攽：《彭城集》卷二〇《皇太妃乳母赵氏可封掌赞夫人制》，丛书集成本，1909册，第282页。

⑧ 李焘：《续资治通鉴长编》卷四六四，哲宗元祐六年八月己酉，第11086页。

只能照办,其中便包括为乳母所要求的特权。

妃嫔乳母所得恩典之大小,主要还是视妃嫔的得宠程度有所上下。仁宗庆历至皇祐间最得宠的并不是曹皇后,而是张贵妃,张氏的父亲及伯父尧封、尧佐都被任以高官。如上所述,曹皇后的乳母周氏被封为郡君,而张贵妃的乳母贾氏才是宫中最有权势的。贾氏被封为遂宁郡君,制词为:"贾氏保育中宫,有夙夜顾复之劳,无德不酬,宜锡以荣号,郡田裂封,用备脂泽,优异之宠,惟其祇饬,以安尔之寿康。可。"①嘉祐三年(1058),"枢密使、山南东路节度使、同平章事贾昌朝罢为镇东节度使、右仆射兼侍中、景灵宫使。……初,温成皇后乳母贾氏,宫中谓之贾婆婆,昌朝以姑事之。谏官劾昌朝交通女谒,指贾氏也。"②朝廷大臣居然屈尊以贵妃乳母为"姑",可以想象贾氏之显赫。实际上,谏臣弹劾贾昌朝非常艰难:"温成皇后乳母贾氏,宫中谓之贾婆婆。贾昌朝连结之,谓之姑姑。台谏论其奸,吴春卿欲得其实而不可。近侍有进对者曰:'近日台谏言事,虚实相半,如贾姑姑事,岂有是哉!'上默然久之曰:'贾氏实曾荐昌朝。'非吾仁祖盛德,岂肯以实语臣下耶?"③张贵妃死于皇祐五年(1053),当年便追封曹皇后已故的乳母,五年后贾昌朝才下台。乳母的加封史料亦透露出后妃之间的明争暗斗。

五、宗室近亲乳母之特权

王子、公主的乳母亦被封为命妇,其恩典自然主要依据所育儿女的身份。太祖子德昭之子守节卒,追赠镇江军节度,追封丹阳郡王,其乳母徐氏亦随之得封高平县君;允良为太宗子元俨之子,于真宗为堂弟,真宗时被命为安德军节度使、华原郡王,其乳母王氏被封为永寿县君。④ 两位王子皆不是皇帝的直系,乳母皆封为县君。

曾巩为神宗亲弟颢之乳母宋氏作制词,则明言封为郡君:"某氏惟雍王颢于国属之亲且爱,而尔有乳养之勤。故其生也锡之爵邑,其殁也饰以恩荣。是用追命尔封,进于列郡。以光幽穸,尚服宠章。可。"⑤曾巩所作应为一般格式的制词,生得以爵邑,已同于其生母。颢为皇帝亲弟,关系近于上列两位,其乳母便得到郡君。

如上所述,出身农民家庭的刘氏为真宗乳母,真宗被定为太子即封为襄王,刘氏便得到齐国夫人的封号。可见,身为太子的乳母封号更高。南宋孝宗时,太子乳母初封为郡夫人。淳熙四年(1177)四月七日,诏:"故宫字徐氏,特赠新安郡夫人(以皇太子乳母故也)。"⑥而亲王的乳母也可能得到郡君的封号,如太宗至道三年(997)六月,"楚王乳母刘氏封彭城郡君"。⑦

乳母在哺育的同时,亦负有教育的职责,故皇子往往对她非常服帖。真宗在藩府时,手下一位亲密侍从夏守恩,其父母早亡,弟守赟仅4岁,守恩在王府当差无法照顾,真宗"即日召入宫,而怜其幼,听就外

---

① 郑獬:《郧溪集》卷七《皇后乳母贾氏可封遂宁郡君制》,景印文渊阁四库全书本,1097册,第171页上。

② 李焘:《续资治通鉴长编》卷一八七,仁宗嘉祐三年六月丙午,第4512页。

③ 苏轼:《东坡志林》卷三《贾婆婆荐昌朝》,中华书局1981年版,第212页。

④ 胡宿:《文恭集》卷一九《赠镇江军节度追封丹阳郡王守节乳母徐氏可封高平县君制》、《皇弟安德军节度使华原郡王允良乳母王氏可封永寿县君制》,4册,第246页。

⑤ 曾巩:《曾巩集》卷二二《雍王颢乳母宋氏赠郡君制》,中华书局1984年版,第353页。

⑥ 《宋会要辑稿》后妃四之二一,第275页下。

⑦ 《宋会要辑稿》仪制一〇之二二,第2015页上。

舍。后二年,复召入。王乳母齐国夫人使傅婢拊视之。稍长,习通文字,王为太子,守赟典工作事,及即位,授右侍禁。"[①]乳母刘氏能指使襄王府中的婢仆,可见已成为事实上的内务总管,在襄王府中极有权威。真宗刘皇后早岁为孤儿,嫁龚美,被带入京师。真宗一日谓左右曰:"蜀妇人多材慧,吾欲求之。"刘氏辗转"得召入,遂有宠。王乳母秦国夫人性严整,不悦,固令王斥去,王不得已。……使别筑馆居之。其后请于秦国夫人,得复召入"。[②] 这个故事广为流传,据其他史料,"太宗一日问乳母曰:'太子近来容貌清瘦,左右有何人?'乳母以后对,上命去之,太子不得已,置于殿侍张耆家。未几,太宗晏驾,太子即位,祥符五年立为皇后"。[③] 真宗为襄王时,乳母刘氏为齐国夫人,真宗即位后,改封为秦国夫人。即使是小王子心爱的女人,未得到乳母的许可,也不能带入府内。可见,这位乳母在王府中享有相当的权威,而其权威主要来自父皇,因为乳母常见父皇,向他汇报太子的一言一行。

其他史料也说明,侍奉王子、公主的乳母,因直接照顾孩子,当皇帝要了解孩子的情况时,往往直接宣召乳母,而不去问孩子的生母。"太宗时姚坦为兖王翊善,有过必谏。左右教王诈疾。逾月,太宗召王乳母入问起居状。乳母曰:'王无疾,以姚坦故郁郁成疾耳。'太宗怒曰:'王年少,不知为此,汝辈教之!'杖乳母数十,召坦慰勉之。"[④]袒护孩子的未必仅仅是乳母,也许王子的生母教她这样回复,也可能她代王母受过,而令人注目的仍是生母的缺位及乳母与皇子的亲近。

和真宗乳母刘氏一样,其他进入王府的乳母,如果得到主人的信任,年久日深,可能成为其家的内府总管。大中祥符八年(1015)四月二十三日夜,"荣王宫火起,时大风从东北来,五更后火益盛。未明,东宫六位一时荡尽,宫人多有走上东华门楼,有出不及者,焚死百余人。"而这场大火为荣王宫人故意纵火引发,因"掌茶酒宫人韩小姐新与亲事官孟贵私通,多窃宝器以遗之。后事泄,王乳母将决责之,小姐乃谋放火,因而奔出"。[⑤] 可见,荣王府中的乳母对下属的宫人及婢仆有责罚权。

王子夫妇的家事中也能看到乳母的身影。神宗弟"岐王颢之夫人,冯侍中拯之曾孙也,失爱于王,屏居后阁者数年。是春,岐王宫遗火,寻扑灭。夫人闻有火,遣二婢往视之。王见之,诘其所以来。二婢曰:'夫人令视大王耳。'王乳母素憎夫人,与二嬖人共譖之曰:'火殆夫人所为也。'"岐王颢大怒,令人拷打二婢,婢只得承认是冯夫人指使纵火。颢向高太后哭诉,要皇帝杀了冯夫人,神宗知道他们夫妻关系一向不睦,令官吏重审,才得知真相。神宗"乃罪乳母及二嬖人,命中使送夫人于瑶华宫,不披戴,旧俸月钱五十缗,更增倍之,厚加资给,曰:'俟王意解,当复迎之。'"[⑥]乳母一言,竟几乎使王妃丧命,而乳母所得罪罚语焉不详,恐怕也并不很重。据《长编》此案发生于元丰二年(1079),而据《宋史》本纪,元丰三年颢改封为雍王,如上所引曾巩撰雍王乳母宋氏加封为郡夫人制书,则在此事件之后其乳母仍得到加封。元丰七年,颢乳母孙氏去世,亦享尽哀荣:"诏雍王颢乳母孙氏葬,报先禅院每岁同天节度一僧。"[⑦]一称宋氏,一称孙氏,雍王颢可能有两位乳母,但也可能是文献记载有误。这说明,王妃被赶出王府,而王乳母的地位并没有受到影响。

---

① 《宋史》卷二九〇《夏守赟传》,第 9715 页。

② 李焘:《续资治通鉴长编》卷五六,真宗景德元年正月乙未,第 1225 页;《宋史》卷二四二《后妃上》,第 8612 页。

③ 李攸撰:《宋朝事实》卷一,丛书集成本,第 11 页。

④ 朱熹:《三朝名臣言行录》卷七之一,册 4,第 154 页。

⑤ 陶宗仪:《说郛》卷四一引宋高文虎《蓼花洲闲录》,《说郛三种》(5),上海古籍出版社 1988 影印本,第 1910 页下、1911 页下。

⑥ 李焘:《续资治通鉴长编》卷二九七,神宗元丰二年三月,第 7229 页。

⑦ 李焘:《续资治通鉴长编》卷三四七,神宗元丰七年秋七月癸丑,第 8327 页。

公主的乳母亦有封号。苏颂撰有《祁国长公主乳母侯氏可封寿光县君》制,[①]祁国长公主为仁宗女、英宗妹,其乳母初封为县君。

公主出嫁后,其乳母仍可不时入宫,她们往往借机向后妃提些私利要求。吴元扆于太平兴国八年(983)尚太宗第四女蔡国公主,得授左卫将军、驸马都尉。"公主有乳媪,得入参宫禁,元扆虑其去后妄有请托,白上拒之。真宗深所嘉叹,于帝婿中独称其贤。及殁,甚悼惜之。"[②]这条史料称赞吴元扆这样贤明的驸马十分少见,正说明公主乳母入宫求利是相当普遍的事情。

其实,驸马请求皇宫拒绝公主乳母入内,未必全是出于公心,老乳母到公主娘家说东道西,易令驸马惶惶不安。贤穆大长公主为仁宗第十女,"贤穆乳母永嘉董夫人一日入禁中,慈圣(仁宗曹后)问云:'主主以未得子为念,为甚不去玉仙圣母处求嗣?'董奏曰:'都尉不信,事须是官家娘娘处分。'后数日光玉入禁中,上笑云:'董婆来娘娘处说都尉来。'光玉皇恐谢罪,钦圣(神宗向后)云:'别没事,只是娘娘要教主主去玉仙求嗣,董奏云都尉不信。'光玉奏云:'既得圣旨,安敢不信?'遂择日与贤穆同诣玉仙,止留知观老道士一人,祝香祈祷。道士见贵主车服之盛,歆艳富贵,云:'愿得贫道与大主做儿子。'归而有娠。"[③]

公主带乳母外嫁,乳母当然成为公主的心腹,她甚至参与公主夫妇的矛盾,以至与驸马的家人对抗。仁宗念及自己的生母李宸妃未得到孝养,便将自己的长女兖国公主下嫁给亲舅的儿子李玮。而"玮貌陋性朴,公主常佣奴视之,(乳母)韩氏复相离间。公主尝与(内臣梁)怀吉饮,(李玮生母)杨氏窥之,公主怒,殴杨氏,夜开禁门诉于帝所。言者皆咎公主。怀吉等既坐责,公主恚怼,欲自尽,或纵火欲焚第,以邀上必召懷吉等还。上不得已,亦为召之。谏官杨畋、司马光、龚鼎臣等皆力谏,上弗听"。公主还是要死要活地闹个不休,为讨好皇帝,得宠的苗贤妃等欲指使人毒杀李玮,而曹皇后得知说:"陛下念章懿皇后,故玮得尚主,今奈何欲为此?"因此嘉祐七年(1062)二月癸卯"诏兖国公主入内,安州观察使、驸马都尉李玮知卫州,玮所生母杨氏归其兄璋,公主乳母韩氏出居外,公主宅勾当内臣梁怀吉归前省,诸色祗应人皆散遣之"。[④] 由此可见,兖国公主乳母影响力巨大。

英宗第二女魏国大长公主,母亲是宣仁高太后。元丰三年(1080),公主病笃。"主好读古文章,喜笔札,赒恤族党,中外称贤。诜不矜细行,至与妾奸主旁,妾数抵戾。主薨后,乳母诉之。帝命穷治,杖八妾以配兵。既葬,谪诜均州。"[⑤]乳母陪公主下嫁,亲见公主的委屈,最后能为公主报仇,可知公主乳母与皇室是有联系的,她说的话有一定的分量。

公主乳母出入宫廷,往往为自己的亲戚牟取私利。有的乳母与自己的家庭保持联系,有的甚至会离开雇主家庭,重新嫁人。由于乳母与所育儿女的特殊关系,乳母的亲人也会得到许多好处。仁宗嘉祐五年(1060)十月甲子,"殿中侍御史吕诲言:'兖国公主乳母昌黎郡君韩氏出入内中,尝因公主奏其侄婿于润为右班殿直,典主第服玩器物,而盗归私家,请下有司推鞫之。'诏降于润为下班殿侍,削韩氏郡封"。[⑥]乳母韩氏得以"典主第服玩器物",可见在公主府内应有不小的权势。

---

① 苏颂:《苏魏公文集》卷三五,中华书局1988年版,第527页。

② 《宋史》卷二五七《吴元扆传》,第8951~8952页。

③ 陶宗仪:《说郛》卷四五引宋钱世昭《钱氏私志》,《说郛郛三种》(5)第2102页。

④ 李焘:《续资治通鉴长编》卷一九六,仁宗嘉祐七年二月,第4741页。

⑤ 《宋史》卷二四八《公主传》,第8779页。

⑥ 李焘《续资治通鉴长编》卷一九二,仁宗嘉祐五年冬十月,第4647页。

当主家长辈过世之后，如果孩子尚幼，乳母甚至可能有机会操控这家的财产。真宗时大臣程琳欲买豪宅，"故枢密副使张逊第在武成坊，其曾孙偕才七岁。宗室女生也。贫不自给，乳媪擅出券鬻第，琳欲得之，使开封府吏密谕媪，以偕幼，宜得御宝，许鬻乃售。乳媪以宗室女故入宫见章惠太后（真宗杨淑妃），既得御宝，琳乃市取之。"①

由于宗室近亲的乳母常以各种理由出入宫中，直接提出各种诉求，为此大宗正司非常恼火。哲宗元祐四年（1089）"大宗正司言：'宗室近来多以合经本司管勾事务，明知碍法或无例难行，规避越诉约束，却令外官宗室或母宗妇乳母，经执政或他司陈状，难以齐一，欲乞宗室表状直于御前唐突及差人于诸处投下，或三省、枢密院出头者，并断罪勒住起居，克罚俸钱。'从之。"②可见，这种现象频发，宗正司才特下禁令，而由文献看，禁令的效果似乎并不理想。

宗室的乳母去世，对治丧有些特别的规定。英宗治平元年（1064）闰五月十一日，"太常礼院言，宗室嫡母存，则所生母、庶母、乳母，妇之所生母、乳母卒，请皆令治丧于外。从之"。③ 这明显考虑到嫡母的心理，但所生母与乳母并称，亦可见对乳母的重视。

宋朝廷规定：宗室近亲的乳母去世，朝廷可按例给予一定的赙赠："宗室期、功、袒免，乳母，殇子及女出适者，各有常数，其特恩加赐者，各以轻重为隆杀焉。"④朝廷规定，赙赠按乳母所育子女的品秩及与皇帝的亲等而不同，最亲者所得相当可观，"钱百贯，绢二百疋，酒三十瓶，羊十口。新式：三年服绢三百五十疋，烛各二十条，香茶各二十斤，酒各二十瓶，羊二十口；期年服第一等绢酒各减半，羊五口；第二等绢减三十疋，酒羊同第一等；第三等绢减二十疋，酒羊同第二等；大功服绢减二十疋，酒羊各或二；任防御使以下不赐"。⑤

由于王公贵族对自己的乳母有特殊的感情，乳母因能得到士大夫的尊重。英宗、神宗时文臣李清臣"权判太常寺。一日，公方召客饮，而中贵人踵门。客曰：'中贵人何为来哉？'俄呼曰：'传宣李学士。'公遽出拜，则有旨撰楚国夫人墓铭。楚国夫人者，英宗乳母也。时孙洙、王存、顾临在坐，曰：'内制不以属代言者，而以命子，异眷也。'"⑥士大夫为皇帝乳母撰墓志铭，被视为荣耀之事。当然，他们言语讥刺说明士大夫从骨子里还是鄙视这类人群。

仁宗时，韩琦上疏论召两府大臣商议皇帝乳母丧事，就认为过于兴师动众。他说："昨日午后，又闻就宅宣两府臣寮入内，搢绅士庶无不忧惑。至晚，方知只是魏国夫人薨谢。陛下虽隆乳母之爱，其如在礼，止为缌麻三月之服，若言乎亲，则非近也；若言乎尊，则不崇也。此止可一中人传诏于宰臣之第，令议而奏之，何必遍宣近辅，震恐都人？事往不追，后当为戒。"⑦"言乎亲则非近"，"言乎尊则不崇"，正道出士大夫对乳母的真实看法。

一旦男主人成为政治斗争的失败者，乳母也和其他家眷一样深受其害。熙宁八年（1075）闰四月，发生沂州李逢谋反案，其狱连及宗室右羽林大将军赵世居。世居及其子被赐死，去宗室名，"孙五岁以上

① 《宋史》卷二八八《程琳传》，第 9675 页。
② 李焘：《续资治通鉴长编》卷四二七，哲宗元祐四年五月癸巳，第 10334 页。
③ 《宋会要辑稿》帝系四之一四，第 100 页上。
④ 《宋史》卷一二四《礼志第七十七》，第 2907 页。
⑤ 《宋会要辑稿》礼四四之一一、一二，第 1437 页下、1438 页上。
⑥ 晁补之：《济北晁先生鸡肋集》卷六二《资政殿大学士李（清臣）公行状》，四部丛刊缩印本第 221 册，第 486 页。
⑦ 赵汝愚：《宋朝诸臣奏议》卷九三韩琦《上仁宗论魏国夫人薨就第宣召两府臣寮》，上海古籍出版社 1999 年版，第 1004 页。

(下)听所生母若乳母监鏁处鞠养”,世居乳母允度为尼,其他鞠养幼子的乳母直至“衣服损坏,舍屋疏漏”,亦不能外出,直至四个月后才“免锁闭房室”。①

综上所述,乳母出身于下层家庭,在进入上层家庭之后,由于她与所育儿女结下深厚的感情,往往成为这个家庭的一员,由主家为她养老送终。一些乳母取得主人的信任,可能成为内务主管,而进入皇室的乳母一般都能取得命妇称号,有的甚至一度干预朝政。由非文字数据看,由于乳母与诸多下层女性相似,具有健康丰硕的体态,其性感往往会成为吸引男主人的因素,为此,她也会给主家的后代带来血缘上的困惑,甚至给这个家庭带来伦理亲情的危机。

附表 《皇帝乳母封号简表》

皇帝	乳　母	所封国号及尊号	出　处
太宗	陈国夫人耿氏	始封巨鹿郡夫人,太平兴国二年八月封今号,八年正月卒。	《宋会要》后妃三之二九
真宗	荆杨国肃明贤顺夫人刘氏	初封齐国夫人。至道三年八月封秦国,加号延寿保圣。咸平元年九月卒,帝辍视朝三日,葬时车驾临奠,给卤簿鼓吹,成服于苑中。进号成圣继明天圣。四年,改号秦国肃明贤顺。仁宗至和二年追封齐鲁国夫人。哲宗元符三年三月改封今号。	《宋会要》后妃三之二九
仁宗	吴越国佑贤肃圣夫人林氏	天禧五年四月始封福昌县君。乾兴元年四月进封南康郡夫人。六年十月进蒋国,徙晋国,加号慈寿福圣。庆历元年十二月进韩国贤和佑圣,益秦晋二国,更号永寿佑圣,又号肃恭贤正。至和二年八月卒,帝成服于苑中,辍视朝三日。赠秦晋国佑贤肃圣夫人。元符三年三月改封今号。	《宋会要》后妃三之三〇
	燕冀国肃成贤穆夫人许氏	被谗出宫嫁苗继宗。天圣二年四月邀车驾自陈,诏封临颍县君,补继宗右班殿直,寻封高阳郡夫人。景祐元年十一月进崇国。四年六月进齐国。五年二月加永圣保寿之号。肃月进魏国。宝元二年三月卒,帝辍视朝三日为制服发哀,追改号肃成贤穆。至和二年二月赠吴越国夫人。哲宗元符三年三月改封今号。	《宋会要》后妃三之三一
	燕国夫人钱氏	天禧二年九月封为安吉县君,进封荣国夫人。至和二年追封今号。	《宋会要》后妃三之三〇
	崇国夫人戴氏	嘉祐二年五月,自尚服追封。	《宋会要》后妃三之三〇
	晋国夫人陈氏		《宋会要》后妃三之三〇
英宗	徐国仁良懿恪夫人贾氏	治平四年三月封韩国夫人。元符三年三月追封徐国夫人,仍赐谥仁良懿恪。	《宋会要》后妃三之三一
神宗	燕鲁陈国两朝佑圣安仁保庆荣寿体慈履顺太夫人张氏	初封永康县君,治平四年三月封崇国夫人。熙宁八年二月封魏国,加号安仁保佑。元丰八年四月封秦晋国安仁保佑夫人。元祐二年六月,封吴越国,加号安仁贤寿。元符三年正月封韩魏国,加号保圣赞慈安仁贤寿惠和。建中靖国元年四月,封两朝佑圣太夫人,品秩视贵妃。崇宁二年二月,改封两朝佑圣安仁保庆荣寿太夫人。崇宁五年十二月薨,徽宗于苑中车驾临奠,辍朝三日。大观元年正月,以卤簿鼓吹葬,赠燕鲁陈国太夫人,增体慈履顺四字,谥曰恭懿。	《宋会要》后妃三之三一

① 李焘:《续资治通鉴长编》卷二六三,神宗熙宁八年闰四月壬子,第6446页;卷二六四,神宗熙宁八年五月丙寅,第6459页;卷二六五,神宗熙宁八年六月甲辰、癸丑,第6486、6514页。

续 表

皇帝	乳　母	所封国号及尊号	出　处
哲宗	韩燕国翊德保顺勤惠肃穆夫人窦氏	元丰八年四月封安康郡夫人。元祐四年三月封庆国夫人。绍圣二年十月封魏国,加号福康惠佑。元符三年正月,降扶风郡夫人。建中靖国元年五月复魏国夫人。崇宁元年正月封楚越国,加号翊德保顺。崇宁四年三月卒,赠韩燕国,加勤惠肃穆四字。	《宋会要》后妃三之三二
	安平县君王氏	绍兴元年九月,自陈元丰二年蒙取入皇太妃阁,常有乳抱之勤,元丰三年放出。特封安平县君,月给钱五十。	《宋会要》后妃三之三三
徽宗	燕越国安仁顺懿静和恭恪夫人刘氏	元符三年二月安康郡夫人。建中靖国元年三月封荣国夫人。十二月封秦国夫人,加号安和顺懿。大观二年二月封燕国,加号安和顺懿恭恪。政和六年十二月,进封越国,加号安和顺懿静和恭恪。七年正月,改安和字为安仁。	《宋会要》后妃三之三三
	郊兖国康静恭懿惠穆夫人王氏	元符三年二月封和义郡君,四月封安定郡夫人。建中靖国元年三月封嘉国夫人,十二月封楚国,号康靖惠恭。大观二年二月,封鲁国,加康靖惠恭懿穆。政和元年五月,封鲁国,加康靖顺和懿穆。三年五月卒,赠郊兖国,易今号。	《宋会要》后妃三之三三
	县君管氏	崇宁四年七月自陈,先于钦慈皇太后殿备月权乳,遇皇帝降生首进御乳,特封县君,月支料钱五贯。八月七日,管氏陈乞依神宗朝司饰刘氏等例入内,又诏管氏每月添料钱一十五贯文。	《宋会要》后妃三之三三
高宗	福寿国柔惠淑婉和懿慈穆育圣夫人王氏	原为寿国柔惠淑婉夫人,绍兴五年五月十一日加育圣二字。九年九月二十四日诏加和懿慈穆四字。二十年卒,二月二日诏,给其下官吏诸色祗应人各特转一官资。六月十五日诏,特赠今号,赐绢二千匹钱一万贯充敕葬,七月十四日诏其本位官吏特转两官资。	《宋会要》后妃三之三四
	庆国柔懿淑美靖肃保慈夫人吴氏	原为庆国柔懿淑美夫人,绍兴五年五月十一日加保慈二字。九年卒,八月六日诏,特加赠靖肃二字。	《宋会要》后妃三之三四
孝宗	崇国慈良保佑贤寿柔嘉静庄夫人周氏	绍兴三十二年八月二十七日诏为崇国夫人,十一月十五日加慈良保佑贤寿六字。十二月十四日薨,乾道二年九月二十一日,加赠柔嘉静庄四字。	《宋会要》后妃三之三四
	柔靖夫人孙氏	随龙时为红霞帔,乾道二年九月二十一日特赠今号。	《宋会要》后妃三之三四
光宗	吉国柔明慈惠淑谨和顺端懿夫人张氏	淳熙十六年三月九日诏,特封为吉国柔明慈惠夫人。绍熙三年三月二十四日加淑谨和顺端懿六字。	《宋会要》后妃三之三四
	宁国夫人徐氏	原为新安郡夫人,绍熙三年十一月十日追赠今号。	《宋会要》后妃三之三五

(原刊于《中华文史论丛》2015 年第 3 期)

宋代职官品阶制度研究

俞宗宪

（上海师范大学硕士研究生毕业）

一、序

宋代官制向以繁杂著称，往往使人觉得混乱不堪，然而仔细研究，也有规律可循。宋代官制之所以显得繁杂，主要原因是宋代有一套独特的品阶制度，其表示品阶的官称与实际职务往往混淆，若不细加辨别，就会名实颠倒。而自宋代以来的史家著作都没有把宋代职官的品阶制度完整准确地记载清楚，《宋史·职官志》中有关史料虽比较集中，但因元脱脱等修《宋史》时于宋代官制已不很了然，仓促从事，掇拾成文，以致错误百出；同时《宋史·职官志》把不同时期不同的制度混杂地记在一起，更使人摸不着头脑，若不梳理考正，难见史实。

近代以来，研究宋代官制的论著，首推邓广铭先生的《宋史职官志考正》，但惜其于品阶制度考订过于简略。1963 年日本宫崎市定先生发表《宋代官制序说》，[①]提出要将宋代元丰改制前后制度分辨清楚，颇有启发，惜其具体考证尚有一些错误，而于品阶制度亦尚言之不详。1975 年梅原郁先生发表《宋初的寄禄官及其周围》，[②]专门研究了宋初文官的品阶问题。台湾金中枢先生的《北宋选人七阶试释》，[③]考证了有关选人的一些问题。这说明对宋代品阶制度的研究正在逐渐引起国内外学术界的重视，并不断取得进步。

如何在前人研究的基础上，进一步较完整地把宋代职官品阶制度整理清楚，并进而研究其特点、成因、影响等，这就是我们现在所要探讨的课题。

宋代职官品阶制度大致可分为前后二期：前期，自宋初至元丰改制前，特点是在继承唐、五代制度的基础上进行不尚虚名、专务实际的改革，逐渐形成了一套宋代特有的以本官阶为主的品阶制度。后期，自元丰改制至宋末，特点是保留前期制度的实际内容，以按《唐六典》厘正官制为名，将前期制度简化、系统化，形成了以寄禄官阶为主的品阶制度。

以下即分二期进行研究。

---

① 佐伯富：《宋史职官志索引》，京都大学东洋史研究会 1963 年版。宫崎市定《宋代官制序说——宋史职官志をいかに読むべきか》。

② 梅原郁：《宋初の寄禄官とその周边——宋代官制の理解のために》，《东方学报》，1975 年 12 月。

③ 宋史座谈会编辑：《宋史研究集》第 9 辑，"国立编译馆中华丛书编审委员会"，1977 年。

二、宋前期品阶制度

（一）宋初新品阶制度的形成

由于宋初开国之际政治斗争的需要，随着官制的全面改革，逐渐形成了一套不同于前代的新品阶制度。① 新制度主要是本官与差遣分离，以差遣为实际职务，而以本官为主要品阶。而唐制官品、散阶、勋、爵、检校、武班环卫诸级等完全保留旧制，但实际上作用已消失。

宋代本官阶由若干方面的旧官职组合而成，这些旧官职成为本官阶以后就失去了原来的意义而仅仅成为品阶之一级。

文官的本官阶由两部分组成，较高的部分由唐制外朝官组成，唐制常参官宋称为朝官，而未常参官则称京官，合起来称为京朝官；较低的部分由幕职州县官组成，又称选人。武官本官阶也由两部分组成，较高的部分由节度使至刺史等原地方长官组成；较低的部分由唐末五代的内诸司与三班组成。这样从中央到地方职官的品阶就统一成为一个完整的体系。

宋初的新品阶制度是起了积极作用的，除了拙作《宋初官制改革概述》中所论及的解决前朝与各国原官留用、团结更多官僚地主分子及解决内外两套班子争权问题外，新制度也有利于拔擢人才、澄清吏治。

宋初建国，内外多事，急需人才，太祖与太宗都十分重视这个问题，太祖主张循名责实，废除了原来官员任职岁满叙迁的制度，太宗建审官院等机构考查官员的政绩，并在引对时亲自加以升擢或黜退。而差遣与本官分离的新制度有利于超级提拔本官低、资格浅的有用人才到重要职位上去，也有利于将昏庸无能的官员从要职上撤下来安置到闲职上去，或干脆让他们只带本官阶不领任何具体职事，这样既保住了士大夫的面子与俸禄，又可以放手改组朝廷，提高效率，澄清吏治。

但同时新品阶制度也埋下了冗官耗财的种子。只要不犯大罪，差遣可以丢了，本官却丢不了，俸禄照样拿，于是官越来越冗，费用越来越大，终于成为宋朝政治上与经济上的不堪负担的重压。

（二）宋前期品阶制度的内容

（1）官品

唐制，官品分为九品，每品分正从，四品以下正从之中又分上下，共计三十阶。②

宋初至元丰改制前，具体的官品令已不可详考，但有证据说明这一时期的官品是沿袭唐制的。

《宋史》卷一六八记载唐官品令的历次修改之后说："宋初，并因其制，唯升宗正卿为正四品，丞为从五品。"

北宋元祐间孙逢吉撰《职官分纪》，③记载了两类宋代官品，一类注明"元祐官品令"或"官品令"，都

---

① 关于这一过程的论述，参看拙作《宋初官制改革概述》，《上海师范大学学报》（哲学社会科学版）1982年第1期。

② 《旧唐书》卷四二。

③ 《四库全书总目提要》子部类书类《职官分纪》条以为孙逢吉为南宋时人，"谓元祐时秦观序之，殆谬误也"。《四库全书总目提要补正》之《职官分纪》条所引陆氏《仪顾堂续跋》明钞本跋，已发现宋时有三人名孙逢吉，作《职官分纪》者，《浙江通志》有传，而仍以为元祐七年秦观序谬误。按《浙江通志》卷一七八人物六《文苑》杭州府宋条引《富阳县志》，及《富阳县志》卷一八人物上，均记："宋孙逢吉，字彦同，博学多文，习于典故，元祐间撰《职官分纪》五十卷。"《直斋书录解题》卷六《职官分纪》条："富春孙逢吉彦同撰，大抵本《职林》而增广之，其条例精密，事实详备矣。秦少游序之，元祐七年也。"《职官分纪》撰于元祐间可以肯定。

是元祐之制；另一类不注明时代，显然是宋初之制。[1] 现辑录如下表：

表1　宋初官品表(残)

正三品	亲王府傅
从三品	司天监、上州刺史
正四品上	中州刺史
正四品下	下州刺史
从四品下	司天少监、少尹、上州别驾
正五品	赤县令
正五品下	中州别驾
从五品上	上州长史、下州别驾
从五品下	王府友、上州司马参军事
正六品上	中州长史、三京畿县令
正六品下	中州司马
从六品上	下州司马、诸州上县令
正七品上	司天监丞、开封司录、中县令
正七品下	开封诸事参军事
从七品上	上州录事参军事、赤县丞、中下县令
从七品下	司天监主簿、上州司法参军事、下县令
正八品上	中州录事、司户
正八品下	中州司法
从八品上	下州录事、赤县主簿、上县丞
从八品下	下州司户、司法、赤县尉、中县丞
正九品上	三京畿县主簿、中下县丞
正九品下	上州医博士、三京畿县尉、上县主簿、中县主簿、下县丞
从九品上	上县尉、中县尉、中下县主簿、下县主簿
从九品下	中下州医博士、中下县尉、下县尉

以此表与《唐六典》及《旧唐书》卷四二所载官品对照，基本相同。

《宋史》卷一五二载元丰二年详定《朝会仪注》所言："隋唐冠服皆以品为定，盖其时官与品轻重相准故也。今之令式，尚或用品，虽因袭旧文，然以官言之，颇为舛谬。概举一二，则太子中允、赞善大夫与御史中丞同品，太常博士品卑于诸寺丞，太子中舍品高于起居郎，内常侍才比内殿崇班，而在尚书诸司郎中之上，是品不可用也。"

[1] 其中有司天监，宋初设司天监，元丰改制改为太史局，隶秘书省(《宋史》卷一六五司天监条)。

上述诸官官品见下表：

表 2　御史中丞等官品对照表

	御史中丞	太子中允	赞善大夫	太常博士	诸寺丞	太子中舍	起居郎	内常侍	诸司郎中
《旧唐书》卷四二	正五品上	正五品上	正五品上	从七品上	从六品上	正六品下	从六品上	正五品下	从五品上
《神宗正史职官志》	从三品			正八品	正八品		从六品		从六品
《元祐令》	正三品	正八品	正八品	正八品	正八品	从七品	从六品	正八品	从六品

显然，这里所说的官品高下情况与唐制基本符合，而与元丰改制以后不合，可见直到元丰二年官品令基本上还是因袭唐制旧文的。其他许多散见于史籍中的官品资料也都可以证明元丰以前的官品基本上都是沿用唐制的。①

唐代官品与官职的实际地位相应，因此有种种作用，如奏荫、叙阶、议刑当赎、改换服色等都以官品为标准。宋代官员以差遣来决定实际地位和权力，以本官阶分别等级，官品的作用大多由本官阶代替，甚至服色也可以年劳改换，②官品变得无关紧要，因此虽与官职多不相称，仍相沿未改，直到元丰改制才修订了官品令。

(2) 散阶

宋代史籍提到元丰以前官制的"阶"，一般都指"散阶"。散阶，又称散官。

唐制，依令，有执掌者为职事官，无执掌者为散官。③ 散官又有两种含义，一种指闲散不厘务的官职。另一种即指散阶，也称散位或本品。九品以上职事官都带散位，是一种加官，仅表示一定的级别，而不领职务，因此也称散官。散阶的等级与官品一致，只是没有正一品，因此是二十九阶，文武散官都一样。④

唐代散阶按门荫等起家，以年劳或庆恩等逐渐升迁。四品以下散官都要到吏部或兵部番上当差，番满，通过铨选，方可任职事官。

唐代散官除开府、特进外，一般无俸禄。⑤

据《唐律琉议》，官员犯罪时可以用散官来当赎一部分罪。

唐代散官本身作用不大，而到唐末更加滥授，以致有朝士僮仆衣金紫称大官而执贱役者，散官已失去实际作用。

---

① 如《宋史》卷二七六《安忠传》淳化四年条记诸卫大将军三品，《长编》卷六八大中祥符元年三月庚辰条记正言、监察(御史)"品第八"，《宋会要辑稿》职官一七之三八天禧四年四月条记工部尚书三品，同上书六一之一〇庆历三年五月条诸卫将军"品第三"等，皆同唐制，而不同于元丰改制以后之制。《长编》卷二九端拱元年闰五月己丑条："近制，宰相子起家即授水部员外郎，加朝散阶，吕蒙正固让，止授六品京官，自是为例。"原注：此事见富弼作《蒙正神道碑》，云蒙正长子从简当得水部员外郎，蒙正恳辞，止授将作监丞。……六品京官，《宋史》卷二六五《吕蒙正传》作"九品京官"，《宋宰辅编年录》卷二引《长编》及《挥麈后录》卷二宰相奏补于第(子弟?)，止授九品京官自吕文穆始条，亦作"九品"。按《唐六典》将作监丞从六品下，元丰改制将作监丞改宣义郎，《职官分纪》元祐令，《宋史》卷一六八官品表皆为从八品，"九品"显然错误。

② 《宋史》卷一五三："雍熙初，郊祀庆成，始许升朝官服绯、绿二十年者，叙赐绯、紫。"《长编》卷四一至道三年四月乙未条："京朝官衣绯、绿及二十年并与改服色，官未升朝亦听叙，赐绯、紫自此始。"

③ 《唐律疏议》卷一。

④ 《旧唐书》卷四二载永泰二年制武散官三十一阶，《新唐书》卷四六载武散官四十五阶，除去专加给少数民族归化者的怀化、归德诸阶，都仅有二十九阶。

⑤ 《通典》卷三四。

宋代散官沿袭唐制，但作用更小。门荫之类起家品阶已由本官阶代替。唐制朝议郎以下散官黄衣，番上期满始令参选，[①]宋制斋郎、试衔等选人白衣，[②]太平兴国六年五月令吏部黄衣选人改为白衣选人，[③]从此散官与铨选无关。淳化元年正月诏："自今免官者，并以职事官，不得以勋、散、试官之类。"[④]于是，散官不再能折罪了。

一方面因为宋代散官不被重视，另一方面因为散阶的名称与元丰改制以后的寄禄官阶混淆，所以史籍上有关散官的记载错误极多。[⑤] 现将有关史籍所载唐宋散阶排列于下，以见其因袭之迹：[⑥]

表3 文散官表

	《旧唐书》卷四二	太平兴国元年改名	《宋史》卷一六九	《职官分纪》卷四九
从一品	开府仪同三司		同左	同左
正二品 从二品	特进 光禄大夫		同左 同左	同左 同左
正三品 从三品	金紫光禄大夫 银青光禄大夫		同左 同左	同左 同左
正四品上 正四品下	正议大夫 通议大夫	正奉大夫 通奉大夫	同左 中奉大夫	同左 通奉大夫
从四品上 从四品下	太中大夫 中大夫		同左 同左	同左 同左
正五品上 正五品下	中散大夫 朝议大夫		同左 同左	同左 朝议大夫(误)
从五品上 从五品下	朝请大夫 朝散大夫	朝奉大夫	同左 同左	朝散大夫(误) 朝奉大夫(误)
正六品上 正六品下	朝议郎 承议郎	朝奉郎 承直郎	同左 同左	(缺) 同左
从六品上 从六品下	奉议郎 通直郎	奉直郎	同左 同左	(缺) 同左
正七品上 正七品下	朝请郎 宣德郎		同左 同左	同左 同左
从七品上 从七品下	朝散郎 宣议郎	宣奉郎	同左 同左	同左 宜义郎(误)
正八品上 正八品下	给事郎 征事郎		同左 同左	同左 同左

① 《旧唐书》卷四二。

② 《宋史》卷一六九；《长编》卷九五。

③ 《长编》卷二二。

④ 《长编》卷三一。

⑤ 如《山堂群书考索》后集官制门卷一九宋朝沿唐制设文阶而等级小异条，续集卷二九新旧官制条，《古今合璧事类备要》后集卷六二文武阶官门，皆以为文阶旧阶为十五阶，即以宋初之散阶混同于元丰寄禄官阶而误。

⑥ 表中太平兴国元年改名据《宋朝事实》卷一太宗条原注及《愧郯录》卷七散阶勋官寄禄功臣检校试衔条，《宋史》卷一七〇叙阶之法条注有脱误。又据《宋史》卷一七〇叙阶之法条，朝散，银青为五品、三品之末阶，故《宋史》卷一六九文散官条朝请大夫与朝散大夫颠倒，此表已改正。

续 表

	《旧唐书》卷四二	太平兴国元年改名	《宋史》卷一六九	《职官分纪》卷四九
从八品上 从八品下	承奉郎 承务郎		同左 同左	同左 同左
正九品上 正九品下	儒林郎 登仕郎		同左 同左	同左 同左
从九品上 从九品下	文林郎 将仕郎		同左 同左	（缺） 同左

武散官之制，《宋史》卷一六九所载与《旧唐书》卷四二完全相同，不再赘引。惟官品三品只分正从，不分上下，故《宋史》记冠军大将军为“正三上”，云麾将军为“从三上”，皆衍“上”字。①

宋代文武散官的叙阶之法承唐末的弊政而有滥加之嫌，一般郊祀庆恩，京朝官、幕职自将仕郎至朝奉郎每加五阶，至朝散大夫以上每加一阶，已服绯紫者才能加朝散、银青阶，令录、判司簿尉自将仕郎起每加一阶。幕职州县官计考当服绯紫就奏加朝散、银青阶。诸司使以上，如使额高就加金紫阶，内殿崇班初授加银青阶。三班军职、使职遇恩加检校官与兼宪衔官止，就加银青阶。使相丁忧起复授云麾将军。武散官冠军大将军，使相、节度使起复改授游击将军。胥吏掌事而衣绯，授游击将军。千牛备身则授陪戎副尉以上。② 制度十分繁杂，而大多实际作用很小，这是宋初品阶制度的特点之一。

（3）文官本官阶

宋初官员系衔往往将散阶、本官、差遣三者并列。本官，简称“官”，实际上是升迁的官阶，为了与散阶分别起见，我们称之为本官阶。③ 本官一般不理实务，但按等级有一定的俸禄，差遣则另有杂用钱等（元丰以后职事官有职钱）。

宋代官员的荫补、荐举、封赠当赎等制度都以本官阶为标准，担任具体差遣也有本官阶的一定要求，因此本官阶制度在宋代官员的生活中发挥着相当大的作用。因为是在实际任命过程中逐渐形成，进士出身与带职的官员在升迁时往往超迁二资以上，依例跳过某些官阶，而某些官阶又不常任命，所以本官阶制度并不是十分整齐划一的。

宋代本官阶的等级与叙迁制度大致在太宗时期逐渐形成，《宋史》卷一五八：“淳化以前，资叙未一，及是始定迁秩之制。”

《宋史》卷一五八记载了文武官叙阶的制度，其中内职叙迁之制有景福殿使而无延福宫使，景福殿使置于大中祥符五年十二月，④延福宫使置于明道二年，⑤可知这是真宗到仁宗时的制度。

《宋史》卷一六九也记载了文武官叙阶的制度，其武臣三班借职至节度使叙迁之制中有西作坊使、东作坊使，据《宋会要辑稿》职官五二之二一及《职官分纪》卷四四，熙宁三年改南北作坊为东西作坊，因此

① 《新唐书》卷四六兵部武散阶条，正从三品都分上下，也是错误的，当据《旧唐书》及《唐会要》卷一〇〇。

② 《宋史》卷一六九、一七〇。

③ 史籍中关于宋代散阶、本官、寄禄官三个概念的称呼十分混乱。散阶，又称“阶”、“阶官”、“散官”。而本官，也有称为“阶官”的，如《职源撮要》左右司条记左右司郎中、员外郎“国朝以为阶官”，也有称为“寄禄官”的，如《挥麈录》前录卷二：“国朝侍从以上自有寄禄官，如左右正言、二史、给谏、吏礼部郎中之类是也。”而寄禄官，也有称为“阶官”的，如《宋史》卷一六一：“阶官未行之先，州县守令多带中朝职事官外补；阶官既行之后，或带或否，视是为优劣。”因此此类概念之内涵常需细加辨别。

④ 《宋史》卷八。

⑤ 《职官分纪》卷四四。

这当是熙宁三年以后之制。

将以上两种制度对照起来,可以看到叙阶方法自确定以后至神宗时无多大改变。现将文臣京朝官叙迁之制整理如下表:①

表4　文臣京朝官叙阶表

<table>
<tr><td>1</td><td colspan="2">太师</td></tr>
<tr><td>2</td><td colspan="2">太尉</td></tr>
<tr><td>3</td><td colspan="2">太傅</td></tr>
<tr><td>4</td><td colspan="2">太保</td></tr>
<tr><td>5</td><td>太子太师</td><td>司　徒</td></tr>
<tr><td>6</td><td>太子太傅</td><td rowspan="2">司　空</td></tr>
<tr><td>7</td><td>太子太保</td></tr>
<tr><td>8</td><td>太子少师</td><td>左仆射</td></tr>
<tr><td>9</td><td>太子少傅</td><td rowspan="2">右仆射</td></tr>
<tr><td>10</td><td>太子少保</td></tr>
<tr><td>11</td><td colspan="2">吏部尚书</td></tr>
<tr><td>12</td><td colspan="2">兵部尚书</td></tr>
<tr><td>13</td><td colspan="2">户部尚书</td></tr>
<tr><td>14</td><td colspan="2">刑部尚书</td></tr>
<tr><td>15</td><td colspan="2">礼部尚书</td></tr>
<tr><td>16</td><td colspan="2">工部尚书</td></tr>
<tr><td>17</td><td colspan="2">左、右丞</td></tr>
<tr><td>18</td><td colspan="2">吏、兵部侍郎</td></tr>
<tr><td>19</td><td colspan="2">户、刑部侍郎</td></tr>
<tr><td>20</td><td colspan="2">礼、工部侍郎</td></tr>
<tr><td>21</td><td colspan="2">中书舍人、太子宾客、给事中</td></tr>
<tr><td>22</td><td colspan="2">秘书监、左右谏议大夫</td></tr>
<tr><td>23</td><td colspan="2">光禄卿</td></tr>
<tr><td>24</td><td colspan="2">卫尉卿</td></tr>
<tr><td>25</td><td colspan="2">少府监</td></tr>
<tr><td>26</td><td colspan="2">司农卿</td></tr>
<tr><td>27</td><td colspan="2">太常少卿、光禄少卿、左右司郎中</td></tr>
<tr><td>28</td><td colspan="2">卫尉、司农少卿</td></tr>
<tr><td>29</td><td colspan="2">前行郎中</td></tr>
<tr><td>30</td><td colspan="2">中行郎中</td></tr>
</table>

① 据《宋史》卷一五八、一六九及《长编》卷四三五。

续 表

31	后行郎中
32	前行员外郎
33	中行员外郎、侍御史、起居郎、舍人
34	后行员外郎、殿中侍御史、左右司谏
35	太常、国子博士、监察御史、左右正言
36	殿中丞、太常、宗正、秘书丞、著作郎
37	太子中允、赞善大夫、中舍、洗马
38	大理寺丞、著作佐郎
39	诸寺监丞
40	大理评事
41	太常寺太祝、奉礼郎
42	诸寺监主簿、秘书省校书郎、正字

上表共四十二阶，无出身逐级转，有出身及带职、诸曹侍郎以上任两府及宰相超资转。郎中与员外郎的叙迁制度也有具体规定。六部二十四司名次如下表：①

表5　六部二十四司表

	左名曹	左　　曹	右名曹	右　　曹
前行	吏部	司封　司勋　考功	兵部	职方　驾部　库部
中行	户部	度支　金部　仓部	刑部	都官　比部　司门
后行	礼部	祠部　主客　膳部	工部	屯田　虞部　水部

一般常调转员外郎，只能转右曹：有出身转屯田，无出身转虞部，赃罪叙复人、杂流转水部，然后分别向上逐级升迁，加水部转司门、再转库部，虞部转比部、再转驾部等等，直转到前行郎中，而转左名曹、右名曹、左曹则表示恩典或奖励。担任某些重要职务的官员，如发运、转运使副，三司、开封府判官等则可转左曹以至右名曹，带待制以上职可以转左名曹，以示优待。

宋制：文臣分京朝官与选人两类。《云麓漫钞》卷四："选人之制始于唐，自中叶以来，藩镇自辟召，谓之版授，时号假版官，言未授王命假摄之耳。国朝既收诸镇权，自一命以上皆注吏部选，而选人有七阶。"说得很明白。选人七阶分为四等，如下表：②

表6　选人阶官表

两使职官	1	三京府判官，留守判官，节度、观察判官
	2	节度掌书记，观察支使，防御、团练判官
	3	军事判官，京府、留守、节度、观察推官

① 据《长编》卷四三五，《宋史》卷一六九文臣京官至三师叙迁之制，中行郎中条下："任发运，转运使副，三司、开封府判官，左曹转左名曹。"及"任三司副使，知杂、修撰、修起居注、直舍人院，转左名曹"。其中"左名曹"皆当为"右名曹"。

② 据《宋史》卷一五八，《宋会要辑稿》职官五六之二五，《云麓漫钞》卷四，《石林燕语》卷三。《宋史》卷一六九文林郎条下"军、监判官"当为"军事判官"，从事郎条下"监判官"之上亦脱"军"字。

续　表

初等职官	4	防御、团练、军事推官，军、监判官
令　　录	5	县令，录事参军
	6	试衔知县、知录事
判司簿尉	7	三京军巡判官，司理、户曹、司户、法曹、司法参军，主簿，县尉

选人叙阶之法并非逐阶上升，而是分等进行，选人升迁阶官，只称为"循资"，不称"磨勘"，而各级选人考满，有足够的举主，方可磨勘改换京官，升入京朝官升迁的序列，这被特称为"改官"，是一个颇不易通过的重要关口。

选人循资之法：判司簿尉常调循资升入令录，其中不同出身者要求不同的考任年限和举主人数。判司薄尉得到酬奖，初任循一资升入知令录，次任二考以上升入令录，用恩例陈乞可以升入试衔知县。判司簿尉得到奏荐，根据不同出身、考任年限与举主人数，可以循入令录、初等职官或两使职官。知令录得到酬奖循一资入初等职官，正令录则入两使职官，通过奏举升入令录者，任内有京官举主二人，循资升入两使取官。初等职官得到酬奖循一资升入两使职官，两资升入支、掌、防团判官，三资升入节察判官。通过奏举升入初等职官而知县者，任内有京官职举主二人，循资升入两使职官。①

选人磨勘改官之法：有京官举主五人，其中必须有本部转运使副或提刑，才能磨勘。判司簿尉三任七考，进士授大理丞，余人卫尉寺丞。初等职官、知令录三任六考，进士授大理寺丞，余人卫尉寺丞。两使职官、令录三任六考，进士授著作佐郎，余人大理寺丞。支、掌、防团判官三任六考，进士授太子中允，余人著作佐郎。节察判官三任六考，进士授太常丞，余人太子中允。② 进纳人则需要四任十考。

（4）武官本官阶

宋代武班沿唐制，从副率以上至上将军，有四十八阶，但宋兵制已改，武班仅作为环卫官阶，以宗室为之，或作为武臣的赠典与武官责降的散官，不领具体职务，所以已是名存实亡。③ 宋代内职逐渐成为武官阶，大致在太祖、太宗、真宗三朝形成了比较完整的体系。

大小使臣中新创设的有：淳化二年正月乙酉，置内殿崇班，左、右侍禁；改殿前承旨为三班奉职。④ 大中祥符二年正月乙丑，置内殿承制。⑤

诸司使副大多因袭唐、五代旧制，宋初犹有实际执掌，如建隆二年三月内酒坊起火事件，酒坊使与副使以酒工为盗，坐弃市，⑥后来逐渐变成阶官。

诸司使副分东、西二班，各二十使，其序列见下表：⑦

---

① 《宋史》卷一六九，《山堂群书考索》后集官制门卷一九。

② 据《宋史》卷一五八。《宋史》卷一六九选人选京官之制，"有出身"条："两使职官，知令、录，六考除著作佐郎。""无出身"条："两使职官，知令，录，六考除大理寺丞。""令、录"上皆衍"知"字，据《长编》卷二二二，《宋史》卷一五八改官条删。按选人循资之法，知令录升初等职官，正令录升两使职官，皆以六考改合入京官，故初等职官、知令录为一类，两使职官、令录为一类。《长编》卷二三一，《宋会要辑稿》职官六一之一三文武换官之制，两使职官、令录换右侍禁，初等职官、知令录换左班殿直，亦可资证明。

③ 《宋史》卷一五八、一六六。

④ 《宋史》卷五，《宋会要辑稿》职官三四之一四引《续宋会要》。

⑤ 《宋史》卷七。

⑥ 《宋史》卷一，《长编》卷二。

⑦ 本表据《职官分纪》卷四四，其中"榷易"原作"榷场"，"西京作坊"原作"西京左坊"，"礼宾"原作"礼宾院"，据《宋会要辑稿》职官五二之二一，《宋史》卷一六八建隆以后合班之制及卷一六九武选新旧官对照表改。《宋史》卷一六八建隆以后合班之制，见左右骐骥及南北作坊使，当为雍熙二年至熙宁三年间之制，其中脱漏舛误之处颇多，应以此表为准。

表7 诸司使序列表

东班					西班				
皇城	翰林(茶酒)	尚食	御厨	军器库	宫苑	左骐骥	右骐骥	内藏库	左藏库
仪鸾	弓箭库	衣库	东绫锦院	西绫锦院	东作坊	西作坊	庄宅	六宅	文思
东八作	西八作	牛羊	香药库	榷易	内园	洛苑	如京	崇仪	西京左藏库
毡毯	鞍辔库	酒坊	法酒库	翰林医官	西京作坊	东染院	西染院	礼宾	供备库

东班翰林医官使等部分使名也作为医官阶。宋初武官带东班诸司使副者尚多,以后渐少见,治平时皇城副使犹升改本班诸司使,熙宁以后东班翰林以下十九司使、副并授伎术官。①

翰林使,宋初为茶床使,后改名。弓箭库使,宋初为内弓箭库使,后去"内"字。衣库使,宋初置内衣库使,后去"内"字。酒坊使,宋初为内酒坊使,后去"内"字。东、西八作使,宋初为八作使,太平兴国二年始分东、西。内藏库使,太平兴国三年十一月置内藏库及使名。东、西染院使,唐染坊使,太平兴国三年分置东、西二院,使名亦分。崇仪使,唐有闲厩使,太平兴国五年正月改崇仪使。左、右骐骥使,原左右飞龙院,太平兴国五年正月改为左右天厩坊,雍熙二年改左右骐骥院,使名从之。东、西作坊使,开宝九年九月分作坊为南北,使名亦分,熙宁三年改东、西作坊使。②

班官:延福宫使、景福殿使、宣庆使、宣政使、昭宣使,朝参时位在东班前,称为班官。③ 昭宣使,淳化四年二月置。④ 宣政使,淳化五年八月置。⑤ 宣庆使,大中祥符元年置。⑥ 景福殿使,大中祥符五年十二月置。⑦ 延福宫使,明道元年置。⑧ 班官多为内侍阶官,但武臣也有带班官者,由皇城使迁转。⑨

横班,又称横行,共十阶:内客省使,客省使,引进使,四方馆使,东、西上閤门使,客省副使,引进副使,东、西上閤门副使。四方馆使,宋初以检校官判馆,淳化四年改置使名。⑩

自小使臣东头供奉官可转閤门祇候,閤门祇候转大使臣内殿崇班或特恩转閤门通事舍人,閤门通事舍人带诸司副使,转至皇城、宫苑副使可转西上閤门副使或诸司正使,閤门副使以上即转横行诸阶,⑪带閤门之职称为閤职,被比作文臣的馆职,为右列清选。⑫

节度使、节度观察留后、观察使、防御使、团练使、刺史六阶为武阶之最高者,自宋初将藩镇军权收回朝廷以后,节度使等逐渐成为阶官,而知州为实际差遣。凡出领地方而带节度使等为正任,任其他官而带节度使等为遥郡,遥郡低于正任。

---

① 《宋史》卷一六九

② 《宋会要辑稿》职官五二之二一,《长编》卷一七、一九、二一。

③ 《宋会要辑稿》职官五二之二〇,《职官分纪》卷四四,《文献通考》卷一〇八《正冬御殿朝贺上寿垂拱殿枢密以下称贺班图》。

④ 《宋史》卷五。

⑤ 同上。

⑥ 《职官分纪》卷四四。

⑦ 《宋史》卷八。

⑧ 《职官分纪》卷四四。

⑨ 《宋史》卷一五八。

⑩ 《宋会要辑稿》职官五二之二〇。

⑪ 《宋史》卷一五八,《宋会要辑稿》职官三四之二~三。

⑫ 《宋会要辑稿》职官三四之一一,《宋史》卷一六六东西上閤门条。

现据《宋史》卷一五八及卷一六九制《武臣叙阶表》如下：①

表8 武臣叙阶表

<table>
<tr><td>1</td><td colspan="5">节度使</td><td rowspan="27">(内客省使)
客省使
引进使
四方馆使
东上閤门使
西上閤门使
客省副使
引进副使
东上閤门副使
西上閤门副使
閤门通事舍人
(閤门祇候)</td></tr>
<tr><td>2</td><td colspan="5">节度观察留后</td></tr>
<tr><td>3</td><td colspan="5">观察使</td></tr>
<tr><td>4</td><td colspan="5">防御使</td></tr>
<tr><td>5</td><td colspan="5">团练使、遥郡防御使</td></tr>
<tr><td>6</td><td colspan="5">刺史、遥郡团练使</td></tr>
<tr><td>7</td><td colspan="5">遥郡刺史</td></tr>
<tr><td>8</td><td colspan="5">皇城使</td></tr>
<tr><td>9</td><td>宫苑使</td><td>左骐骥使</td><td>右骐骥使</td><td>内藏库使</td><td>左藏库使</td></tr>
<tr><td>10</td><td>东作坊使</td><td>西作坊使</td><td>庄宅使</td><td>六宅使</td><td>文思使</td></tr>
<tr><td>11</td><td>内园使</td><td>洛苑使</td><td>如京使</td><td>崇仪使</td><td>西京左藏库使</td></tr>
<tr><td>12</td><td>西京作坊使</td><td>东染院使</td><td>西染院使</td><td>礼宾使</td><td>供备库使</td></tr>
<tr><td>13</td><td colspan="5">皇城副使</td></tr>
<tr><td>14</td><td colspan="5">宫苑副使(以下序列同诸司正使)</td></tr>
<tr><td>15</td><td colspan="5">东作坊副使(以下序列同诸司正使)</td></tr>
<tr><td>16</td><td colspan="5">内园副使(以下序列同诸司正使)</td></tr>
<tr><td>17</td><td colspan="5">西京作坊副使(以下序列同诸司正使)</td></tr>
<tr><td>18</td><td colspan="5">内殿承制</td></tr>
<tr><td>19</td><td colspan="5">内殿崇班</td></tr>
<tr><td>20</td><td colspan="5">东头供奉官</td></tr>
<tr><td>21</td><td colspan="5">西头供奉官</td></tr>
<tr><td>22</td><td colspan="5">左侍禁</td></tr>
<tr><td>23</td><td colspan="5">右侍禁</td></tr>
<tr><td>24</td><td colspan="5">左班殿直</td></tr>
<tr><td>25</td><td colspan="5">右班殿直</td></tr>
<tr><td>26</td><td colspan="5">三班奉职</td></tr>
<tr><td>27</td><td colspan="5">三班借职</td></tr>
</table>

诸司使副转法：真宗之制，“副使以上或一资，或五资、七资，或直为正使者，至正使亦如之”。景祐元年，把直升正使者改为升十五资，②治平二年五月改为每升五资，在閤门供职每升七资，皇城、宫苑副使磨勘时各于本班使额下升五资改诸司使，左藏库副使以上因酬奖及非次改官者如旧制转皇城副使。③ 熙宁

① 《宋史》卷一六九武臣三班借职至节度使叙迁之制，内殿承制条下转供备库使，“库”下脱“副”字，“供备库使”条亦同此误，东染院副使条与西染院使条之间有大段脱文，可据本表拟补。

② 《宋史》卷一六九，《宋会要辑稿》职官一一之一一。

③ 《长编》卷二〇五，《宋史》卷一六九，《宋会要辑稿》职官五二之二四皆在治平二年五月一日，《宋会要辑稿》职官一一之一七记在三年五月六日，误。

以后之制诸司使副每转对行升五资,①有战功七资。

(5) 文武本官阶的转换

宋制文武官员可以按相应的级别对换文武本官阶。太宗时文武换官往往是为了边境战争等实际需要,临时措置。真宗祥符三年正月诏:"京朝官欲换武职,诸司使副、三班使臣欲换文资者并试时务策三道,不习文辞者许直述其事,其换武职者问以边事。"五月五日诏:"自今文臣求换武职者并询其武艺。"②开始建立文武官员通过考试对换本官阶的制度。

当时文武官资之间差别尚不显著,③乾兴元年时因为父母年高,希图在父母亡故时享受武官免持服的特权,所以援引条例乞换武职的文官也很多,以致规定只有父母双亡者才能换武职。④ 但由于宋政权持续推行重文轻武的政策,文阶重于武阶的倾向越来越明显,仁宗时开始对武官换文资作出了种种限制。⑤ 熙宁五年重修了换官法,并对武官换文资规定了严格的考试办法。当时修订的文武换官之制如下表:⑥

表9 文武换官表

文官	武官
秘书监	防御使
大卿、监	团练使
秘书少监,太常、光禄少卿	刺史
少卿、监	皇城使、遥郡刺史
带职郎中	閤门使、遥郡刺史
前行郎中	宫苑使、遥郡刺史
中行郎中	内库藏使、遥郡刺史
后行郎中	庄宅使、遥郡刺史
带职前行员外郎、前行员外郎	洛苑使、遥郡刺史
带职中行员外郎,起居舍人,侍御史,中行员外郎	西京作坊使、遥郡刺史
带职后行员外郎,左右司谏、殿中侍御史,后行员外郎	供备库使、遥郡刺史
带职博士,左右正言,监察御史	閤门副使
太常博士	内藏库副使
国子博士	左藏库副使
太常丞	庄宅副使

① "五资"即"五官"。据《文献通考》卷一〇八《正冬御殿朝贺上寿垂拱殿枢密以下称贺班图》,诸司使副朝贺时分东西班左右侍立,其队列见表7。"对行升五资"即自后一行对直升至前一行。如西班供备库使升为西京左藏库使,超越了礼宾、西染院、东染院、西京作坊使,正是升了五资。

② 《宋会要辑稿》职官六一之五。

③ 《宋会要辑稿》职官六一之二三隆兴元年六月臣僚言:"祖宗朝文武两途视为一体,未尝偏轻偏重。"

④ 《长编》卷九九,《宋会要辑稿》职官六一之六。

⑤ 《宋会要辑稿》职官六一之七。

⑥ 据《宋会要辑稿》职官六一之一三,《长编》卷二三一。《宋史》卷一六九文臣换右职之制脱"正字,秘校,监簿,两使职官,防、团判官,令录并换右侍禁"条。

续 表

文　　官	武　官
秘书丞	六宅副使
殿中丞,著作郎	文思副使
太子中允	礼宾副使
太子左右赞善大夫、中舍、洗马	供备库副使
秘书郎,著作佐郎	内殿承制
大理寺丞	内殿崇班
诸寺监丞,节度、观察判官	东头供奉官
大理评事,节度掌书记,观察支使	西头供奉官
太常寺太祝,奉礼郎	左侍禁
正字,秘校,监簿,两使职官,防、团判官,令录	右侍禁
初等职官,知令录并两使职官,防、团判官,令录未及三考	左班殿直
初等职官,知令录未及三考	右班殿直
判、司、簿、尉	三班奉职
试衔,斋郎并判司簿尉未及三考	三班借职
(以上京官至太常丞带职,加一资换)	

(6) 其他

宋初还有许多附加性的官衔,也有各种等级,因为宋政权标榜合法继承前朝,所以前朝旧制都继续存在。

贴职:这是附加性官衔中最起作用的一种,带有贴职是一种令人羡慕的荣誉,在升官阶时会得到超迁的优待。贴职有观文殿、资政殿大学士,观文、资政、端明殿学士,龙图、天章、宝文等阁学士、直学士、待制,集贤殿修撰,直龙图等阁、直秘阁等。一般宰执资格者带观文阁大学士至端明殿学士,侍从资格者带诸阁学士至待制,卿监资格者带修撰、直阁,京官以上带直秘阁。[①] 武官贴职指閤门通事舍人、閤门祗候等閤职,也有相当的荣誉和超迁优待,但由于宋代实行重文轻武政策,武官贴职远比不上文臣贴职重要。

试衔:有试大理司直、大理评事、秘书省校书郎、正字、寺监主簿、助教诸级,一般作为幕职加官。宋初,以恩泽得授试衔,但不得赴选。太宗太平兴国二年三月诏试衔特定七选赴集,从此试衔得以参选,以后科举出身者也有授试衔守选的,[②]选人七阶中也有试衔知县。[③] 乾兴元年,令学士院试诸州进奉贺登位人,曾举进士,试大理评事;曾举诸科,试秘书省正字;余试校书郎;不愿试人,太庙斋郎:凡四等。[④] 这样试衔就成为一种入仕的出身,起了某种类似唐散官的作用。

勋:上柱国、柱国、上护军、护军、上轻车都尉、轻车都尉、上骑都尉、骑都尉、骁骑尉、飞骑尉、云骑尉、武骑尉十二级,全同唐制。淳化元年正月诏勋官不得用以荫赎。政和三年废勋官。

① 《朝野类要》卷二。
② 《长编》卷四六真宗咸平三年。
③ 《长编》卷二四太平兴国八年六月,进士为簿尉者改试大理评事知令录。
④ 《燕翼诒谋录》卷三。

检校官：检校太师、太尉、太傅、太保、司徒、司空、左仆射、右仆射、吏部尚书、兵部尚书、户部尚书、刑部尚书、礼部尚书、工部尚书、左散骑常侍、右散骑常侍、太子宾客、国子祭酒、水部员外郎十九级。

兼宪衔：兼御史大夫、御史中丞、侍御史、殿中侍御史、监察御史五级。

检校及宪衔多武臣所带，官止则加散阶银青光禄大夫等。①

爵：王、嗣王、郡王、国公、郡公、开国公、开国郡公、开国县公、开国侯、开国伯、开国子、开国男十二级。

食邑：一万户至二百户共十四级。

食实封：一千户到一百户共七级。宋食实封无给。②

功臣：有"推忠、佐理"等十一种赐中书、枢密臣僚，"推诚、保德"等十九种赐皇子、皇亲、文武臣僚、外臣等，"拱卫、翊卫"等十种赐将士。

赐：剑履上殿、诏书不名、赞拜不名、入朝不趋、紫金鱼袋、绯鱼袋六种。

自试衔以下所加官衔，大多很少有实际作用。

（三）宋本官磨勘制度的形成和发展

随着品阶制度的改革，新的磨勘制度产生。唐以来旧制，文武常参官等以曹事繁省为月限，有三年满任的，也有三十个月，二年或二十个月的，考满迁秩，庆恩止加阶（散阶）、勋、爵、邑。当时资任是一致的，任满即称成资。

随着宋代本官与差遣的分离，资任也开始分离了。差遣有具体任期，称为"任"，而本官升迁之阶，则专称为"资"，差遣任满虽然也称成资，但与本官升资已是两回事。

宋制称磨勘往往特指升迁本官阶时的考课，于选人更是特指改京官时的考课，这种升迁本官阶的磨勘制度，经过了太祖、太宗朝的酝酿后，于真宗朝正式形成。

宋太祖于建隆二年五月，因右监门卫将军魏仁涤等监临酒曲市征额外有羡利，特命迁秩，从此循名责实，非有劳绩不再进秩，废除了岁满叙迁的制度，于是有"张之华之无闻至十六年不迁"的现象。③ 建隆三年十一月统一京官任期为三十个月。这样差遣任期有一定之规，而本官升资却无定则，直接由皇帝掌握。

太宗时十分重视官员的考核、注拟。太平兴国六年九月，创设了差遣院。八年十二月，中书外庑已置磨勘司，淳化三年十月又创设磨勘院，四年二月改名为审官院与考课院，磨勘与差遣有了分工。

太宗时百官在郊祀庆典时升迁本官阶，虽然创设磨勘机构，但仍由皇帝亲自掌握黜陟权，因此磨勘时"有迁转者，有贬黜者，或引对而不改秩，或供奉而至四十年不迁"，④磨勘制度尚未正式形成。

真宗咸平二年十一月，接受司谏孙何、耿望"以能授官"的建议，废止了郊祀庆恩例迁本官阶的制度，以后郊祀只加阶（散阶）、勋、爵、邑。⑤

咸平四年四月，开始正式建立本官磨勘制度，京朝官任中外职事代还引对，由审官院考其殿最，皇帝

① 《山堂群书考索》后集官制门卷二一宋朝官制条，《宋史》卷一六九，卷一七〇。

② 《宋史》卷一六八，卷一七〇。

③ 《山堂群书考索》续集官制门卷三八磨勘考课条。

④ 《山堂群书考索》续集官制门卷三八磨勘考课条。

⑤ 《宋史》卷三〇六，《长编》卷四五。

亲自黜陟，不过引对者多半获迁。但此时制度尚不精密，如三司与三馆等就不在内，常有多年未获升改本官者，于是咸平五年八月特别提升了一批。又，此时尚未规定年限，于是代还者都得到引对迁官。景德四年七月开始规定任满三年以上方得磨勘引对升秩，代还时未满三年，就不予迁秩。此时外任官只有代还京师才能磨勘引对，如果在外地转任或留任，不回京师，就不能磨勘，显然不合理，于是大中祥符时又规定外任京朝官不代还者转官及三周年并磨勘以闻。以后又渐渐制订犯有各种过错、罪行的官员展期磨勘的规定，伎术官不得同京朝官例磨勘的规定等等，京朝官磨勘制度逐步完善起来。

天禧二年六月诏三班使臣汾阴后七年磨勘，三年十一月规定掌事殿直以上至供奉官带閤门祗候五年磨勘，外任亦施行，天圣中横行与诸司副使四年一迁，[①]武臣磨勘制度也开始形成。[②]

以后基本上形成了文臣三年、武臣五年的磨勘制度。[③]

磨勘制度继续发展，趋势大致有如下几个方面：

①资任分离的现象更趋明显。宋代差遣的任期相对稳定，甚至略有缩短的趋势。宋初，官员常有久任者，[④]此后对连任控制甚严，但任期一般规定为三年，间有三十个月或二年的，北宋末到南宋任期二年的职务大大增加，但总趋势还算稳定。与之比较，本官磨勘的年限却大大延长，这样差遣的注拟与本官的磨勘就只能分别进行。

②随着冗官现象的严重，磨勘条件越来越苛刻。宋太祖时科举取士尚少，自建隆元年至开宝九年16年间取士还不到500人。太宗重文抑武，大开科举，自太平兴国二年至淳化三年15年间取士5 700多人，[⑤]再加上任子、进纳、流外、摄官、军功等诸色入流，官员人数大增。真宗初，冗官已成为朝臣议论的重大问题之一。此后这个问题越来越严重，官员既多，升迁又快，无论在政治上或经济上都产生了问题，这就不得不在磨勘制度上加以限制。

首先是磨勘年限延长。如景祐二年五月规定大两省以上四年磨勘，治平三年规定待制以上六年、京朝官四年磨勘，元丰三年十二月规定京朝官朝请大夫以上、大两省待制以上官、太中大夫以上进士八年、余人十年磨勘，[⑥]熙宁三年规定正任与遥郡刺史、团练、防御使十年方迁等等。

其次是缩减所升品阶。如诸司副使升迁，起初往往升二十资直迁正使，景祐元年二月改为升十五资，治平二年五月又改为每升五资。

再次是订立止法。如嘉祐三年诏非军职当罢、横行岁满当迁及有战功殊绩皆不得除正任，正任当迁则改州名或加检校官、勋、封、食邑，正任刺史以上不再磨勘。治平二年五月又改为十年以上再经改州名或改检校官与改官，至节察留后止。治平三年九月规定待制以上转至谏议大夫止，京朝官至前行郎中止

---

① 《历代名臣奏议》卷一五九。

② 本节主要材料见《宋会要辑稿》职官一一磨勘条。

③ 《通鉴长编纪事本末》卷四二庆历三年九月范仲淹等奏。

④ 《长编》卷一二开宝四年七月乙未条注引《宋史全文》。

⑤ 据《长编》所载各次举士人数合计，《长编》卷四二至道三年五月王称奏称："太宗时登第近万人。"

⑥ 《宋会要辑稿》职官五六之五元丰三年十二月六日诏："应迁官除授者并即寄禄官，除大两省待制以上至太中大夫，余官至朝请大夫，并通磨勘，进士八年，余十年一迁，所理年月，自降指挥日为始。"同书职官一一之二〇，《长编》卷三一〇所记略同，李焘注："所称进士八年、余十年一迁当考。"按《宋会要》原文无标点，意义含混，进士八年、余人十年实为太中大夫与朝请大夫以上磨勘之制，理由如下：(1) 本条下文记："其大两省待制以上自通直郎至太中大夫磨勘理三年，承务郎以上至朝请大夫理四年，自如旧制。"因此"进士八年、余十年一迁"决非指太中大夫及朝请大夫以下磨勘；(2)《宋会要辑稿》职官一一之二二元祐元年六月十六日，王觌言："近制，通议大夫已上皆通行磨勘。"(3)《宋史》卷一六三考功郎中条："磨勘之法，文选官之等四：银青光禄大夫至朝议大夫，进士理八年，非进士理十年，通直郎至太中大夫充谏议大夫、待制以上职任者，理三年；朝散大夫至承务郎，理四年。"此制与《宋会要》本条所记基本相同，可以证明。

等等。①

又次是限员。如嘉祐三年定客省、引进、四方馆使各一员，东、西上閤门使共四员，客省、引进、东西上閤门副使共六员，閤门通事舍人八员，有缺方补。治平三年限少卿监七十员为额，有缺方得升补等等。

又次是增加举主。如庆历三年七月曾规定朝官转员外郎、员外郎转郎中、郎中转少卿监都要有安抚、提刑、转运或清望官五人保举，举主不足者增二年磨勘。治平二年五月规定皇城使改官及七年，曾任边，有本路安抚、转运、总管五人以上保举，除遥郡，至防御使止。选人磨勘改京官，举者从四人增为五人，其中须有本部监司、长吏按察官等等。

③磨勘制度渐渐脱离"以能授官"的初衷，成为例行公事。《山堂群书考索》后集官制门卷一五考课条："祥符八年及上玉皇圣号，大赦，内外文武官满三年者，有司即考课以闻，于是引对之法废矣。天禧元年诏不限内外职守，但及三岁，非犯入己赃者，皆磨勘迁陟，则其他赃私败皆得以迁官，于是黜陟之法废矣。"《通鉴长编纪事本末》卷四二庆历三年九月范仲淹等上奏："今文资三年一迁，武职五年一迁，谓之磨勘，不限内外，不问劳逸，贤不肖并进。"《长编》卷二二〇熙宁四年二月辛酉条："安石因言：'制辞太繁，如磨勘转常参官之类，何须作诰称誉其美。'……上曰：'常参官多不职，每转官，盛称其材行，皆非实，诚无谓。'安石曰：'臣愚以为但可撰定诰辞云：'朕录尔劳，序进厥位，往率职事，服朕命，钦哉。'他放此撰定。'……上卒从安石言。"

真宗朝磨勘制度的形成是宋初官制改革的合理结果，随着本官阶成为宋代官制中发挥实际作用的主要品阶，加强对本官阶升迁的管理是十分必要的。磨勘制度使宋王朝在实际差遣的升降之外，又多了一项考核官员、进行奖惩的手段，但以后逐渐变成了例行公事，不但失去了意义，反而助长了因循腐败的政治气氛，助长了冗官的趋势。

元丰改制以后，本官阶改为寄禄官阶，但磨勘制度无多大变动。

三、宋后期品阶制度

（一）元丰改制与政和改制

宋初的官制改革在形式上保存了大量的旧制度，名不符实的现象十分突出，品阶制度上尤其如此。因此，自太宗以后不断有人建议按照《唐六典》的制度改革官制，改革品阶制度，使之名实相符。但因宋代官制实际上自成体系，因此这些建议一直没有实行。

直到神宗即位，起用王安石为相，实行变法，在政治、经济、文化各领域进行了大量改革，官制改革才得以实行。元丰改制的主要内容之一就是改革品阶制度。改制的指导思想是什么呢？熙宁九年二月，神宗曾说："本朝太平百有余年，由祖宗法度具在，岂可轻改也。"②元丰四年十一月，议者欲废枢密院归兵部，神宗说："祖宗不以兵柄归有司，故专命官统之，互相维制，何可废也。"③又有议置殿中监以易内侍省，改都知、押班之名的，神宗又说："祖宗为此名有深意，岂可轻议？"④从这些言论看，神宗对本朝官制基本

① 《长编》卷二〇八在治平三年九月癸亥（十二日），《宋会要辑稿》职官一一之一六在治平三年二月十九日。

② 《长编》卷二七三。

③ 《长编》卷三二〇。

④ 《宋史》卷一六六。

持肯定态度。那么，他为什么还要元丰改制呢？

首先，从当时形势看，神宗变法初期，为了冲破占据着政府各部门要职的反对派的阻挠，创立制置三司条例司，作为推行新法的决策机构，改组司农寺为中央新法执行机构，扩大其权力，使之与三司地位相当，同时改组了军器监、将作监等部门，地方上置提举常平司，掌执行新法，并以执行新法的成绩考察州县官吏，夺了原转运司的人事考课权，这样建立了相对独立于旧统治系统的推行新法的系统。同时增置大量宫观闲职以安置反对派，使新法减少阻力，得以较顺利地推行。到了元丰时，新法派已在朝廷占主导地位，于是这些新制度大多不但失去了原来的作用，反而在官制上增加了杂乱的因素。为了统一事权，提高效率，按《唐六典》改革官制的主张被重新考虑实行。

其次，解决冗官费财问题也是变法理财的内容之一。变法以来，已采取了并省州县等措施，元丰五年五月行新官制，比旧制每月省俸钱 2 万余贯，坚定了神宗改制的决心。①

概括地说，元丰改制的指导思想是肯定本朝官制的有效成分，改革名实不符的杂乱成分，以统一事权，提高效率，减省费用。

这一思想在元丰品阶制度改革上得到了贯彻。元丰改制，根据宋代职官掌握实权的情况重新修订了官品令，并废除散阶，将本官阶改为采用散阶形式的寄禄官阶，将本官用来改称职事官，并废除了不起实际作用的检校、兼宪衔等杂加官，这样形式上采用唐制品、阶、官三者并列，实际上却保留了作为宋品阶制度核心的本官阶制度。所以元丰品阶改制可以说是宋前期品阶制度的简化和系统化。这一点在改制的具体内容上反映得很清楚。

元丰改制仅改了京朝官寄禄阶，选人、武官、内侍、医官等的寄禄官阶都到了徽宗时才改定。徽宗时，蔡京当国，穷奢极欲，政治腐败，虽然模仿元丰改制搞了政和改制，其实只是好大喜功、自我炫耀而已，品阶改名主要是形式上的，武阶的增加也反映了当时冗官的发展。

南宋以后品阶制度基本上没有什么大的改革。

（二）宋后期品阶制度的内容

（1）官品

宋前期官品沿用唐制旧文，而实际官制已经改革，官品与官职多不相称，元丰改制，正名责实，修订了官品令。

元丰官品令未见史籍记载，惟《宋会要辑稿》引《神宗正史职官志》尚有部分记录，现辑出，见下表：

表 10 《神宗正史职官志》官品表

正一品	中书令，尚书令
从一品	左右仆射
正二品	中书侍郎，尚书左右丞
从二品	观文殿大学士，尚书，御史大夫
正三品	观文殿学士，资政殿大学士、学士，端明殿学士，枢密直学士，龙图、天章、宝文阁学士，左右散骑常侍，翰林学士

① 《长编》卷三二六据蔡惇《官制旧典》。

续 表

从三品	龙图、天章、宝文阁直学士，侍郎，御史中丞
正四品	太常、宗正卿，秘书监
从四品	龙图、天章、宝文阁待制，光禄、卫尉、鸿胪、司农、太府(大理、太仆)寺卿，国子监祭酒，左右谏议大夫
正五品	
从五品	太常、宗正少卿，秘书少监，枢密都承旨，客省使，入内内侍省都都知
正六品	左右司郎中，光禄等七寺少卿，国子监司业，枢密副都承旨，四方馆使，东西上閤门使，入内内侍省、内侍省左右班都知、副都知、押班
从六品	左右司员外郎，起居郎，起居舍人，郎中，侍御史
正七品	侍读，侍讲，左右司谏，员外郎，殿中侍御史
从七品	崇政殿说书，左右正官，监察御史，太常、宗正丞，秘书监丞，著作郎，客省、四方馆、东西上閤门副使，閤门通事舍人
正八品	光禄等七寺丞，秘书郎，著作佐郎，太常博士，国子监丞
从八品	太常等九寺主簿，校书郎，正字，国子监主簿、博士，御史台检法官、主簿，閤门祗候，内东西头供奉官
正九品	太官令，籍田令，太社令，国子监学正、学录，殿头，高品
从九品	高班，黄门内品

《职官分纪》记元祐官品令较详，亦辑出下表，以清眉目，以供比较：

表 11　元祐官品令官品表

正一品	侍中，中书令，尚书令，王
从一品	特进，左右仆射，太子太师、太傅、太保，嗣王，郡王，国公，公
正二品	金紫光禄大夫，中书侍郎，尚书左右丞，吏部尚书，御史大夫，知枢密院事，同知枢密院事，上柱国
从二品	银青光禄大夫，观文殿大学士，太子少师、少傅、少保，户、礼、兵、刑、工部尚书，左右金吾卫，①左右卫上将军，开国县公，柱国
正三品	光禄大夫，观文殿学士，资政殿大学士、学士，翰林学士承旨、学士，龙图、天章、宝文阁学士，枢密直学士，左右散骑常侍，御史中丞，开国侯，上护军
从三品	正议大夫，龙图、天章、宝文阁直学士，开封府牧、尹，尚书列曹侍郎，大理寺卿，②诸卫上将军，太子宾客、詹事，节度使，护军
正四品	通议大夫，给事中，中书舍人，太常卿，宗正卿，③秘书监，殿中监，诸卫大将军，节度观察留后，开国伯
从四品	太中大夫，龙图、天章、宝文阁待制，左右谏议大夫，光禄、卫尉、太仆、鸿胪、司农、太府寺卿，国子祭酒，少府监，④将作监，诸卫将军
正五品	中大夫，观察使，开国子
从五品	中散大夫，太常，宗正少卿，殿中少监，客省、引进使，延福宫、景福殿使，入内内侍省都都知、都知，秘书少监，太子左右庶子，枢密都丞旨，防御使，团练使，诸州刺史，开国男

① 左右金吾卫上将军，原作从六品，据《宋史》卷一六八元丰以后合班之制及官品条移正。
② 大理寺卿疑当为从四品。
③ 宗正卿，原作四品。
④ 少府监，原作从七品。

续 表

正六品	朝议大夫,集贤殿修撰,光禄、卫尉、太仆、鸿胪,司农、太府寺少卿,尚书左右司郎中,国子司业,军器监,都水使者,太子左右谕德,枢密承旨,副都承旨,四方馆、东西上閤门使,昭宣使,入内内侍省副都知、押班,知上州
从六品	朝请、朝散、朝奉大夫,起居郎、舍人,侍御史,尚书左右司员外郎,诸司郎中,少府、将作、军器少监,陵台令,太子少詹事,内侍省左右班都都知,左右班都知、副都知、押班,知中、下州
正七品	朝请、朝散、朝奉郎,殿中侍御史左右司谏,①诸司员外郎,直龙图、天章、宝文阁,枢密副承旨,太子侍读、侍讲,皇城使以下诸司使,上州通判,两赤县令
从七品	承议郎,左右正言,监察御史,太常、宗正丞,太医丞,秘书丞,殿中丞,太史局令,大理正,尚食、尚药、尚酝、尚衣、尚舍、尚单奉御,太子中舍人、舍人,诸率府率,亲王府翊善、侍读、侍讲,客省、引进、东西上閤门副使,閤门通事舍人,开封府录事参军事,中、下州通判
正八品	奉议、通直郎,大理承、司直、评事,卫尉、太仆、司农、太府寺丞,太常博士,秘书郎,著作郎,国子监丞,博士,少府监丞,②太史局正、五官正,枢密诸房副承旨,尚书省都事,内殿承制,开封府诸曹参军事,左右军巡使、判官,畿县令,两赤县丞,三京赤县、畿县令
从八品	宣德、宣义郎,校书郎,正字,著作佐郎,奉礼郎,太祝,协律郎,宗正寺主簿,③卫尉、太仆、鸿胪、司农寺主簿,国子、少府、将作监主簿,军器、都水监丞、主簿,太学、武学、律学博士,太史局丞、直长,灵台郎,保章正,枢密诸房副承旨,中书省、尚书省、枢密院主事、令史、书令史,太子诸率府副率,诸王府记室参军,内侍省东西头供奉官,节度行军司马,节度、防、团副使,节、察判官,节度掌书记,观察支使,节、察推官,防、团、军事判官、推官,军、监判官,上、中、下州录事参军,上州司户、司法、司理参军
正九品	承事、承奉郎(理亲民资序者从八品),挈壶正,太常寺郊社令,光禄寺太官令,司农寺籍田令,州长史、司马,京畿县丞,三京畿县丞,诸州上、中、下县令,两赤县主簿、尉
从九品	承务郎(理亲民资序者从八品),三班奉职、借职,内侍省殿头、高品、高班、黄门,中、下州司户、司法、司理参军,诸州司士参军、参军事、文学,诸州上、中、下县主簿、尉

将以上两表与《宋史》卷一六八所载南宋绍兴以后官品对照研究,可以得出如下结论:①元丰改制减少了官品的等级,改为九品正从十八阶;②元丰至元祐至绍兴以后,官品基本相同,其间官名虽有变化,而品位大多不变。

元丰官品主要根据官职地位升降的实际情况,而同时也考虑照顾前期的习惯,采取了一些折中的方法。如宋前期因唐制,三品以上服紫,五品以上服朱,七品以上服绿,九品以上服青,元丰元年改为四品以上服紫,六品以上服绯,九品以上服绿,而官品改革卿监由三品降为四品,诸司郎中由五品降为六品,光禄等七寺丞由六品降为八品,服色皆可依旧。《历代名臣奏议》卷一六一元祐间开封推官毕仲游上言:"昔之官品难于进,今之阶秩易为高,而又降七品为八品,降五品为六品,降三品为四品,至其不可用也,则议请减荫仅以旧品为定,而章服之令徒降五为六,降三为四,以迁就新品之失,而不知义理之所在,则所谓非汉唐之旧而不合今日之务者可验于此,然犹未有害也。"值得注意的是,这番话反映了一个事实,即元丰官品改革不是恢复唐制,而是在宋前期官制的基础上努力在实际官制与官品之间建立起直接联系,为了尽可能照顾实际情况,因此产生了"新品之失",这一点也有助于我们认识元丰改制的实质。

① 左右司谏,原作七品。
② 少府监丞,原作八品,也可能从八品。
③ 宗正寺"主簿",原作"丞簿",显误,据理改。

(2) 文官寄禄官阶

元丰改制取消了文武散阶,[①]以后散官专指闲散不厘务的官职,如节度副使、司马、参军等,后来分为九等。[②] 也往往用来安置犯罪贬降的官员。同时还取消了检校仆射以下的检校官和兼官(宪衔)、试衔、功臣等,只存检校三公三师以待节度使之久次者,[③]政和以后勋官也废除了。[④]

元丰改制将前期本官阶改为寄禄官阶,寄禄官阶的名称采用原来散官阶的名称并加以增减重编,寄禄官用来定俸禄。文官原本官的名称则用来改称实际职务,职事官另有职衔。这样既保留了前期制度的特点,又加以简化和系统化。

元丰三年改制,只改了文臣京朝官的本官阶为寄禄官阶,共二十五阶。

改制以后,品阶减少,升迁加快,于是元祐有分左右阶之举。

《宋会要辑稿》职官五六之一七,元祐三年二月六日诏:"自今朝议、中散、正议、光禄、银青光禄、金紫光禄大夫并置左右,进士出身及带职转至左朝议、中散为二资,余人转至朝议、中散分左右字为四资,以上各理七年磨勘,其正议至金紫并分左右为八资,应今官已及此者悉加之。"这样一来就增加了六阶,减慢了官员升迁的速度。

元祐四年十一月四日,又将承务郎以上至朝散、朝请大夫都分左右,进士出身人加左,余人加右,不过这只是为了区分流品,实际升迁仍依原制。绍圣二年四月三日又废除此法,只将朝议、中散、正议、光禄、银青光禄大夫五阶分左右。[⑤]

大观二年六月二十七日,又将右银青光禄大夫改称光禄大夫,左光禄大夫改称宣奉大夫,右光禄大夫改称正奉大夫,右正议大夫改称通奉大夫,左中散大夫改称中奉大夫,右朝议大夫改称奉直大夫,而除去了左右字,[⑥]除光禄大夫是原有名称外,又加了五个新阶的名称,而实际上这些阶是从元祐三年已经开始增加,这样京官以上文阶官就成了三十阶。

其演变概见于下表:[⑦]

表 12 京朝官寄禄官阶表

<table>
<tr><th>旧　官</th><th>元丰三年</th><th>元祐三年</th><th>元祐四年</th><th>绍圣二年</th><th>大观二年</th></tr>
<tr><td>使相(节度使兼侍中、中书令、同平章事)</td><td>开府仪同三司</td><td>同左</td><td>同左</td><td>同左</td><td>同左</td></tr>
<tr><td>左、右仆射</td><td>特进</td><td>同左</td><td>同左</td><td>同左</td><td>同左</td></tr>
<tr><td rowspan="2">吏部尚书</td><td rowspan="2">金紫光禄大夫</td><td>左金紫光禄大夫</td><td>同左</td><td rowspan="2">金紫光禄大夫</td><td rowspan="2">同左</td></tr>
<tr><td>右金紫光禄大夫</td><td>同左</td></tr>
</table>

① 《宋会要辑稿》职官五六之八。

② 《宋史》卷一六三吏部条。

③ 《长编》卷三〇八元丰三年九月乙亥条注,《宋会要辑稿》职官五六之三,《文献通考》卷六四,《建炎以来朝野杂记》甲集卷一二,《愧郯录》卷七。

④ 《愧郯录》卷七。

⑤ 《宋会要辑稿》职官五六之一九、二一。

⑥ 同上书五六之二七。

⑦ 《宋史》卷一六九《元丰寄禄格》条、"朝议大夫"条下旧官"太常卿、少卿",据《长编》卷三二八、《宋会要辑稿》职官五六之二,当作"太常至司农少卿"。又"通直郎"条下旧官"太子中允、赞善大夫、洗马",同上书及《山堂群书考索》后集卷四,尚有"中舍"。

续　表

旧　官	元丰三年	元祐三年	元祐四年	绍圣二年	大观二年
五曹尚书	银青光禄大夫	左银青光禄大夫	同左	同左	银青光禄大夫
		右银青光禄大夫	同左	同左	光禄大夫
左、右丞	光禄大夫	左光禄大夫	同左	同左	宣奉大夫
		右光禄大夫	同左	同左	正奉大夫
六曹侍郎	正议大夫	左正议大夫	同左	同左	正议大夫
		右正议大夫	同左	同左	通奉大夫
给事中	通议大夫	同左	同左	同左	同左
左、右谏议大夫	太中大夫	同左	同左	同左	同左
秘书监	中大夫	同左	同左	同左	同左
光禄卿至少府监	中散大夫	左中散大夫	同左	同左	中奉大夫
		右中散大夫	同左	同左	中散大夫
太常至司农少卿，左、右司郎中	朝议大夫	左朝议大夫	同左	同左	朝议大夫
		右朝议大夫	同左	同左	奉直大夫
前行郎中	朝请大夫	同左	（分左右）	（同元祐三年）	同左
中行郎中	朝散大夫	同左	（分左右）	（同元祐三年）	同左
后行郎中	朝奉大夫	同左	（分左右）	（同元祐三年）	同左
前行员外郎，侍御史	朝请郎	同左	（分左右）	（同元祐三年）	同左
中行员外郎，起居舍人	朝散郎	同左	（分左右）	（同元祐三年）	同左
后行员外郎，左、右司谏	朝奉郎	同左	（分左右）	（同元祐三年）	同左
左、右正言，太常、国子博士	承议郎	同左	（分左右）	（同元祐三年）	同左
太常、秘书、殿中丞，著作郎	奉议郎	同左	（分左右）	（同元祐三年）	同左
太子中允、赞善大夫、中舍、洗马	通直郎	同左	（分左右）	（同元祐三年）	同左
著作佐郎，大理寺丞	宣德郎	同左	（分左右）	（同元祐三年）	同左
光禄卫尉寺、将作监丞	宣义郎	同左	（分左右）	（同元祐三年）	同左
大理评事	承事郎	同左	（分左右）	（同元祐三年）	同左
太祝、奉礼郎	承奉郎	同左	（分左右）	（同元祐三年）	同左
校书郎，正字，将作监主簿	承务郎	同左	（分左右）	（同元祐三年）	同左

寄禄官阶虽已改就，而京朝官等称呼仍从本官阶旧制，如承务郎以上为京官、通直郎以上为朝官等，而朝官的概念与唐常参官也已完全不同了。

选人寄禄官阶改于徽宗时，崇宁二年九月二十五日改选人七阶名称为承直郎、儒林郎、文林郎、从事郎、通仕郎、登仕郎、将仕郎，以与京官寄禄官统一。①

元丰改制，曾将试衔、斋郎改为假板官，政和六年十一月十八日，改假板官为通仕、登仕、将仕郎，授予初与官人犹未入仕者，又将选人末三阶的通仕、登仕、将仕郎改为从政、修职、迪功郎，选人七阶终于改定了。②

① 《宋会要辑稿》五六之二五，《宋史》卷一六九。

② 《燕翼诒谋录》卷三、四，《宋会要辑稿》职官五六之四四。

(3) 武官等寄禄官阶

武官阶改于政和二年九月,正任节度使至刺史六阶仍旧,另设太尉为武阶之首,①横行及诸司正使带遥郡亦仍旧,横行增加延福宫使及景福殿使为十二阶,都改新名称,通事舍人、閤门祇候、看班祇候仍旧,皇城使以下诸司使改大夫八阶,诸司副使改郎八阶,大小使臣都改了新名称。

政和二年十一月五日诏新官制内武阶横行四方馆旧无副使,因置拱卫郎在左武郎之上,②于是横行正副使有十三阶。

政和六年十一月三十日诏:"官爵以待劳能,今兴事造功,能者辈出而官名不足,何以宠奖多士,可增下项,仍通旧依此,郎亦如之,惟不置通侍。右武、左武、拱卫、中卫、中亮、中侍、正侍、通侍凡八阶旧已有,今又增亲卫、翊卫、协忠、履正、宣正凡五阶。"③于是横行正副使增为二十五阶。

政和七年又改节度观察留后为承宣使。④

今比较政和改制前后武官阶如下表:⑤

表13 政和武官阶表

		旧官	新官
正任		(政和二年增置)	太尉
		节度使	(仍旧)
		节度观察留后	承宣使(七年改)
		观察使	(仍旧)
		防御使	(仍旧)
		团练使	(仍旧)
		刺史	(仍旧)
横行	正使	内客省使	通侍大夫
		延福宫使	正侍大夫
		(政和六年增置)	宣正大夫
		(政和六年增置)	履正大夫
		(政和六年增置)	协忠大夫
		景福殿使	中侍大夫
		客省使	中亮大夫
		引进使	中卫大夫
		(政和六年增置)	翊卫大夫
		(政和六年增置)	亲卫大夫
		四方馆使	拱卫大夫
		东上閤门使	左武大夫
		西上閤门使	右武大夫

		旧官	新官
横行	副使	(政和六年增置)	中侍郎
		客省副使	中亮郎
		引进副使	中卫郎
		(政和六年增置)	翊卫郎
		(政和六年增置)	亲卫郎
		(政和二年增置)	拱卫郎
		东上閤门副使	左武郎
		西上閤门副使	右武郎
大使臣	诸司正使	皇城使	武功大夫
		宫苑使,左、右骐骥使,内藏库使	武德大夫
		左藏库使,东、西作坊使	武显大夫
		庄宅、六宅、文思使	武节大夫
		内园、洛苑、如京、崇仪使	武略大夫
		西京左藏库使	武经大夫
		西京作坊使,东、西染院使,礼宾使	武义大夫
		供备库使	武翼大夫

① 《宋会要辑稿》职官一之一二。

② 《宋会要辑稿》五六之三九。

③ 此据《宋会要辑稿》职官五六之四五,"郎亦如之"原作"即亦如之","宠奖"原作"宠赉",据同书五五之二六及《山堂群书考索》后集官制门卷二〇校改。按此条《宋会要辑稿》职官五六官制杂录26页、27页、45页出现三次,大同小异,27页与45页皆为政和六年十一月三十日,26页为政和三年八月三十日,《宋史》卷一六九记政和六年增宣正等阶,政和三年八月显误,当为错简误入政和三年八月条下。

④ 《宋史》卷一六六承宣使条。

⑤ 据《宋会要辑稿》职官五六官制杂录、《宋史》卷一六九、《长编纪事本末》卷一二五编成。

续 表

		旧官	新官
横行	副使	(政和六年增置)	正侍郎
		(政和六年增置)	宣正郎
		(政和六年增置)	履正郎
		(政和六年增置)	协忠郎
大使臣	诸司副使	庄宅、六宅、文思副使	武节郎
		内园、洛苑、如京、崇仪副使	武略郎
		西京左藏库副使	武经郎
		西京作坊副使,东、西染院副使,礼宾副使	武义郎
		供备库副使	武翼郎
	内承承制		敦武郎
	内殿崇班		修武郎
小使臣		东头供奉官	从义郎
		西头供奉官	秉义郎
		左侍禁	忠训郎
		右侍禁	忠翊郎

		旧官	新官
大使臣	诸司副使	皇城副使	武功郎
		宫苑勘使,左、右骐骥副使,内藏库副使	武德郎
		左藏库副使,东、西作坊副使	武显郎
小使臣		左班殿直	成忠郎
		右班殿直	保义郎
		三班奉职	承节郎
		三班借职	承信郎
		三班差使	进武校尉
		三班借差	进义校尉
军大将		军将	进武副尉
		守阙军将	进义副尉
		下班祗应	守阙进义副尉
殿待			下班祗应
(进武校尉以下未入流)			

研究政和武官阶改制应该注意到如下几点:

①正任及遥郡节度使至刺史未改,因此以后习惯上,如《宋史》卷一六九国朝武选条所载,仅以太尉及大夫、郎等诸阶为阶官,遥郡带大夫诸阶,升正任时称为落阶官,而实际上政和二年十月定太尉为从二品,[①]元祐官品令客省使为从五品,中间脱了一大截,少了节度使至刺史诸阶。

那么正任节度使以下为什么不改名呢?这是因为宋初武阶本由两部分组成,节度使等正任本握地方重柄,释权之后优以礼遇,所谓"贵于正任","若朝谒御燕惟正任预焉,盖正任方号武臣,得与文臣分班也"。而横行、大使臣以下"皆为祗应官尔",[②]礼遇很薄,这也是宋朝重文轻武政策的反映,政和改制保留了这点差别。

②政和虽改武官阶名,但"所有武阶磨勘、迁改、请给、奏荫等,凡厥思数,悉如旧章",[③]正因为并非诸司正使迁转横行副使,所以绍兴时将横行副使阶移至诸司正使阶之下,实际上也并无什么影响。

③改制以后文武阶的转换基本上仍沿用熙宁旧制。[④]

由此我们可以认为政和武官阶改制主要是形式上的,其作用只是增加了一些武官阶而已。

---

① 《宋宰辅编年录》卷一二。

② 《山堂群书考索》后集官制门卷二一张演论官制条。

③ 《长编纪事本末》卷一二五。

④ 《宋史》卷一六九,《宋朝事实》卷九文武换官格。

政和二年所改尚有内侍和医官阶。内侍阶诸司副使以上与武官基本相同,只是内侍多迁班官,政和二年改与武官阶名称相同。但其待遇、转法与武官尚有差别。内侍内东头供奉官以下各阶改名亦在政和二年。①

表 14　内侍班官以上及内东头供奉官以下改名表

<table>
<tr><th>旧　官</th><th>新　官</th><th>旧　官</th><th>新　官</th></tr>
<tr><td rowspan="2">内客省使</td><td rowspan="2">通侍大夫</td><td>内东头供奉官</td><td>供奉官</td></tr>
<tr><td>内西头供奉官</td><td>左侍禁</td></tr>
<tr><td rowspan="2">延福宫使</td><td rowspan="2">正侍大夫</td><td>殿　头</td><td>右侍禁</td></tr>
<tr><td>高　品</td><td>左班殿直</td></tr>
<tr><td rowspan="2">景福殿使</td><td rowspan="2">中侍大夫</td><td>高　班</td><td>右班殿直</td></tr>
<tr><td>黄　门</td><td>(仍旧)</td></tr>
<tr><td rowspan="2">宣庆使</td><td rowspan="2">中亮大夫</td><td>祗候殿头</td><td>祗候侍禁</td></tr>
<tr><td>祗候高品</td><td>祗候殿直</td></tr>
<tr><td rowspan="2">宣政使</td><td rowspan="2">中卫大夫</td><td>祗候高班内品</td><td>祗候黄门</td></tr>
<tr><td>内　品</td><td>(仍旧)</td></tr>
<tr><td rowspan="2">昭宣使</td><td rowspan="2">拱卫大夫</td><td>祗候内品</td><td>(仍旧)</td></tr>
<tr><td>贴祗候内品</td><td>(仍旧)</td></tr>
</table>

医官阶亦在政和二年九月改名,自和安大夫至翰林医正十四阶。政和三年八月立医官额,又定医效至祗候八阶,其中医愈、医证、医诊三阶系新创立。

表 15　政和医官阶表②

<table>
<tr><th>新　官</th><th>旧　官</th><th>新　官</th><th>旧　官</th></tr>
<tr><td rowspan="2">和安、成和、成安、成全大夫</td><td rowspan="2">军器库使
(翰林、尚食、仪鸾使)</td><td>翰林医正</td><td>翰林医官副使</td></tr>
<tr><td>翰林医官</td><td>(政和三年立额)</td></tr>
<tr><td>保和大夫</td><td>西绫锦使</td><td>翰林医效</td><td>(政和三年立额)</td></tr>
<tr><td>保安大夫</td><td>榷易使</td><td>翰林医痊</td><td>(政和三年立额)</td></tr>
<tr><td>翰林良医</td><td>翰林医官使</td><td>翰林医愈</td><td>(新立)</td></tr>
<tr><td rowspan="2">和安、成和、成安、成全郎</td><td rowspan="2">军器库副使
(翰林、尚食、仪鸾副使)</td><td>翰林医证</td><td>(新立)</td></tr>
<tr><td>翰林医诊</td><td>(新立)</td></tr>
<tr><td>保和郎</td><td>西绫锦副使</td><td>翰林医候</td><td>(政和三年立额)</td></tr>
<tr><td>保安郎</td><td>榷易副使</td><td>翰林祗候(翰林医学)</td><td>(政和三年立额)</td></tr>
</table>

(三)关于元丰品阶改制的评论

元丰品阶改制以后,批评意见很多,归结起来主要是“爵位轻滥”与“流品混淆”两点,③为了全面正确

① 《宋史》卷一六九、一六六入内内侍省、内侍省条。
② 据《宋史》卷一六八、一六九,元丰以后合班之制,《宋会要辑稿》职官二二之三九、三六之一〇二。
③ 《直斋书录解题》卷六《祖宗官制旧典》条。

评价元丰品阶改制，有必要就此进行分析。

首先讨论"爵位轻滥"问题。这里所谓"爵位"即指本官阶及寄禄官阶，①前期旧制京朝官有四十二阶（见表4），元丰改制改为二十五阶，其中兵部至工部尚书原分五阶，缩为银青光禄大夫一阶，六曹侍郎原分前、中、后三行为三阶，缩为正议大夫一阶，光禄卿至司农少卿原分六阶，缩为中散、朝议大夫两阶等。官阶减少，虽然将高级官阶磨勘年限增为八年、十年，升迁加速，于是元祐三年以后朝议大夫以上增加了六阶。这样看来，所谓"爵位轻滥，是符合事实的。不过元祐以后增加了官阶也是治标不治本，不能解决冗官的问题。爵位轻设、官冗成灾是宋代官制固有的大弊病，元丰改制不能独任其咎。

下面讨论"流品混淆"问题。这里的流品问题主要指进士出身与其他入流的区别问题。前期旧制，宰执侍从为一等，卿列馆职为一等，进士为一等，世赏、杂流各为一等，前三等可以超资转官，后二等则只能逐资转官。如旧制前行郎中进士则直接迁太常少卿，非进士则先迁司农、卫尉少卿，再迁光禄少卿，元丰新制太常至司农少卿合为朝议大夫，进士与非进士升迁不再有区别。② 又旧制尚书六曹二十四司及其他本官阶名目繁多，分别用作不同出身者升迁的官阶。③ 元丰新制统一称呼，无法再分辨。如洪迈《容斋随笔》三笔卷一六中舍条："官制未改之前，初升朝官，有出身人为太子中允，无出身人为太子中舍，皆今通直郎也。……苏子美在进奏院，会馆职，有中舍者欲预席，子美曰：'乐中既无筝、琶、筚、笛，坐上安有国、舍、虞、比。'国谓国子博士，舍谓中舍，虞谓虞部，比谓比部员外、郎中，皆任子官也。"苏子美之类进士出身者自视甚高，瞧不起无出身者，他们对分别流品是很重视的，而元丰改制使"流品混淆"，确也是事实。

然而我们要进一步研究的是，流品混淆是好事还是坏事？让我们把进士与其他入流者的优劣作一番比较。

进士与任子：进士颇有贫寒出身者，而且通过多次考试，虽然不一定有治国的才能，却总有相当的文化水平。任子者都是贵家出身，通过父兄恩荫得官，大多纨绔习气严重而文化水平不高，更无论治国才能。元祐间毕仲游言："今科举之士，虽以文章为业，而所习皆治民之说，选于十万人之中，取其三二百，使之治民，理或可也。而公卿大夫所任之子弟，有骄愚未知字书而从政者亦甚众。"④两者相较，显然进士为优。

进士与流外吏人：进士进取心强，讲求儒家道德，比较注意治国平天下之道，而流外吏人难于进身，虽娴于事务，却眼光短小，习惯于贪赃为生。两者相较，亦宁取进士。

进士与进纳：进纳出身靠家里有钱，只要纳粟、纳钱，不问才能、品行。两者相较，当然进士为优。

进士与伎术杂流：伎术官以医道、天文、占卜、书画等得官，技术固然精熟，但于治道多半不通，显然也是进士为优。

总的说来，宋代科举取士弊病不少，进士出身者也往往只重词章，不知实务，并非都能治国，但与其他几种入流者比，还是进士较优。

既然如此，分别流品，让进士出身者得以较快地升迁似乎是合理的。那末，神宗元丰改制又是如何考虑的呢？

---

① 《文献通考》卷二〇二经籍二九《百官公卿表》一百四十五卷条，司马光等序："其所谓官者乃古之爵也，所谓差遣者乃古之官也。"

② 《山堂群书考索》续集官制门卷二九新旧官制条。

③ 《宋史》卷一五八迁秩之制，卷一六九文臣京官至三师叙迁之制；《山堂群书考索》后集官制门卷一九寄禄官条引《官职旧典》。

④ 《历代名臣奏议》卷一六一。

流品问题是变法派十分注意的问题。神宗用王安石为相实行变法，王安石早已有不分流品的思想，嘉祐三年《上仁宗皇帝言事书》说："又其次曰流外。朝廷固已挤之于廉耻之外，而限其进取之路矣，顾属之以州县之事，使之临士民之上，岂所谓以贤治不肖者乎？……州县之吏，出于流外者往往而有，可属任以事者殆无二三，而当防闲其奸者皆是也。盖古有贤不肖之分，而无流品之别。……及后世有流品之别，则凡在流外者，其所成立，固尝自置于廉耻之外而无高人之意矣。夫以近世风俗之流靡，自虽士大夫之才。……往往休而为奸，况又其素所成立无高人之意，而朝廷固已挤之于廉耻之外限其进取者乎？其临人亲职，放僻邪侈，固其理也。……凡此皆取之非其道也。"他希望不仅进士出身的官员，而且其他入仕的，尤其是由吏途入仕的官员也能提高质量，从而改善整个吏治。

在这一思想指导下，王安石革新吏治的主要设想之一即吏士合一。《长编》卷二三七熙宁五年八月甲申条："王安石因白上：'今利州路役钱剩十万缗，余路仿此，比已令用常平法蓄息，赋州县吏，州县吏若得禄，又有新降赎法，又近令察访官搜举吏有才行者，自此善士或肯为吏，善士肯为吏，则吏士可复如古合而为一，吏与士、兵与农合为一，此王政之先务也。'"

为了实现吏士合一，王安石采取了许多措施。如原来"内外胥吏素不欺禄，推以受赇为生"，[①]利用职权，玩法舞弊，蠹害政治。他用免役钱等款项，颁发丰厚的吏禄，同时建立仓法，如果胥吏有禄之后继续犯赃，则以仓法严厉惩办。另外还提高吏人的政治待遇，使他们得用赎法赎罪等等。[②] 这些措施都得到了神宗的赞同。

元丰改制时，王安石虽已不在相位，但其思想仍指导着变法，为了以"贤不肖"而不是以"流品"取人，品阶改制时采取了不分流品的统一的寄禄官阶。

王安石给吏禄，行仓法，限制了贪赃枉法的现象，确实改善了吏治，但他那吏士合一的目标却远未达到。因此不分流品的寄禄官阶也就缺乏坚实的基础。保守派从流品有别的现实出发，群起反对，于是元祐时寄禄官阶分左右，进士为左，余人为右，以分别流品，绍圣至大观行新法又去左右，绍兴举行元祐之法，又分左右，淳熙初又去之。品阶上的流品问题成为新法派与旧法派长期争论不休的问题之一。

综上所述，元丰改革品阶流品制度是一项值得肯定的大胆措施，但是改革不彻底，没有达到预期的目标，反而造成与现实脱节的现象，这种历史的局限性也是必须指出的。

四、结　　论

宋代职官品阶制度是宋初政治斗争的产物。宋王朝初建，为了巩固权力，加强统治，采取了中央集权、控制地方与军队、重文抑武、广泛团结官僚地主、拔擢人才、甄别官员、提高政府效率等一系列措施，取得了显著的成绩，这些政策措施最后都落实到制度上，于是产生了新品阶制度。这一制度在宋初对巩固政权、改善政治、安定局势都起了相当大的作用。

但新品阶制度也带来了致命的弊病，随着时间的推移，它不可避免地造成了一个庞大而腐败的官僚体系。在新品阶制度下，一旦为官，终身食禄，无论贤不肖，年限一到，本官阶照例升迁，即使失去了差遣，

① 《文献通考》卷一二，《梦溪笔谈》卷一二。

② 参看宫崎市定《アジア史の研究(一)》，《王安石的吏士合一策——仓法法を中心として》。

只要还带本官或寄禄官阶，仍可依旧领取俸禄。到致仕时非但可升一资，[①]而且可领半俸以至依分司官例领全俸，[②]甚至致仕以后经恩还可能再加阶进俸。[③] 这样必然入籍多，出籍少，造成冗官的局面。《长编》卷三一〇元丰三年十一月壬子，勾当三班院曾巩上言："……略以二年出入之籍较之，熙宁八年入籍者四百八十有七，九年五百四十有四，十年六百九十，而死亡退免出籍者岁或过二百人或不及之。"这就是一个例子。

官员既多，升迁又有保障，于是任子大增，后来甚至大大超过进士，成为官员的主要来源。《山堂群书考索》续集官制门卷三九宋朝资荫之滥条记："诞节之恩起于至道"，"郊禋之恩起于祥符"，"其后至于一郊所奏且数百人"。《宋会要辑稿》选举二六之一隆兴元年二月五日臣僚言："三岁大比所取进士不过数百人，三岁一部(郊?)以父兄任官者乃至数千人。"这样，官员的质量也难免下降。

元祐间毕仲游上言谈到："至于今日尚书侍郎左右之选多至数千，居家未仕与禄食于四方者倍乎在选之数，被代赴选与已选待次，又与居家未仕食禄者比，而科举、任子益来而不已，不知数十年外官冗之弊将何如邪?"[④]这是一种很现实的忧虑。

宋代冗官的发展十分惊人。北宋真宗景德时已有10 000余员，仁宗皇祐时20 000余员，英宗治平时24 000员，[⑤]哲宗元祐三年"一倍皇祐，四倍景德"，徽宗大观三年"较之元祐已多十倍"。[⑥] 南宋因金人入侵，官僚体系破坏，重建之初官尚不太冗，而到了光宗绍熙二年吏部四选共计已达33 516员，"冗倍于国朝全盛之际"，宁宗庆元二年更增加到43 000员，[⑦]冗官已经到了恶性发展的地步。

冗官之下弊病极多。首先，俸禄支出倍增自不必说，即以郊祀赏赐来说，景德时郊费600万，皇祐1 200万，治平1 300万，[⑧]亦与冗官成正比倍增，经济上实不堪负担。

同时员多缺少，矛盾突出，如政和二年"吏部人数凡四万三千有奇，而吏部阙额一万四千有奇"，[⑨]于是以所谓"添差厘务"、"添差不厘务"等名目大量添置不必要的职位，使组织混乱，效率降低。缺额既然难得，待缺者不得不钻营贿赂。待缺既然已久，到任者就往往搜刮聚敛，政治空气也日趋腐败。

宋朝士大夫有很多人看到了这些弊病，但他们没有能提出一个解决问题的方案。即使有一些改革，也不是制度上的根本改革，如庆历时范仲淹等的改革，不过是"任子恩薄，磨勘法密"而已，[⑩]元丰改制也只重于形式，实质部分大多保留。即便如此，也还是遭到了官僚们的攻击。腐败的既得利益官僚集团阻碍着社会政治的合理改革。不从制度上作根本改革，是无法克服这些弊病的。

(原刊于《文史》总第二十一辑)

---

① 《宋史》卷一七〇熙宁三年编修中书条例所言："近世致仕并与转官。""今若令文武官带职致仕人许仍旧职，止转一官。"

② 《宋史》卷一七〇景祐三年诏。

③ 如《宋会要辑稿》职官一一之四〇绍兴三十二年六月十三日(孝宗已即位，未改元)登极赦书："应文臣承务郎、武臣承信郎以上并内臣及致仕官并与转官，合磨勘者仍不隔磨勘。"

④ 《长编》卷三一〇，《文献通考》卷二四。

⑤ 《历代名臣奏议》卷一六一。

⑥ 此据《宋史》卷一七九、《通鉴长编纪事本末》卷一二五政和二年九月吏部人数43 000有奇，卷一三二朱胜非言宣和时文武官35 000余员，虽不能得其确数，而皆甚可观。

⑦ 《容斋随笔》四笔卷四

⑧ 《长编》卷三一〇。

⑨ 《长编纪事本末》卷一二五。

⑩ 《长编纪本本末》卷四二。

宋代祠禄官的几个问题

金　圆

（上海师范大学教授）

在宋代，有相当多的官员曾任祠禄官，尤以北宋末到南宋灭亡期间为多。对于这类历史现象，甚有深入研究之必要，为此提出几个问题，以期抛砖引玉。

一、渊源与内涵

宋代祠禄官又称宫观官、宫观、祠官、宫祠，分内祠（又称在京宫观、京祠）和外祠（又称在外宫观）两类。内祠指在京师（北宋时东京、南宋时临安行在）诸宫观所置之祠禄官，在外州府诸宫观岳庙所置者称为外祠。祠禄官正员大致有使、副、判官、都监、提举、提点、管勾（主管）、监。同员有同副使、同都监、同提举、同管勾。

宫观使之名称并非始见于宋代，早在唐代就有。《旧唐书·杨国忠传》载杨国忠在李林甫死后，“遂代为右相，兼吏部尚书、集贤殿大学士、太清宫使，判度支、剑南节度使、山南西道采访、两京出纳租庸铸钱等使如故”。《宋朝事实类苑》云“唐制，宰相四人，首相带太清宫使”。[①] 这些记载都说明唐代太清宫使乃是宰相的兼职。之所以出现这种现象，《文献通考》的解释是：唐代“宰相事无不统，故不以一职名官。自开元以后，常以领他职”，“故时方用兵则为节度使，时崇儒学则为大学士，时急财用则为盐铁转运使。……至于国史、太清宫之类”。[②] “盖以国家方重其事，而以宰相提纲，则下不敢以泛泛之司存视之”。[③]

宋代始设宫观官在真宗朝，其时真宗崇尚道教，于大中祥符元年建昭应宫（次年改称玉清昭应宫）。[④]二年，以三司使丁谓为修昭应宫使，翰林学士李宗谔为同修宫使，皇城使刘承珪为副使，供备库使蓝继忠为都监，[⑤]这都是为了修建玉清昭应宫而设的。五年，玉清昭应宫成，始命首相王旦充使。[⑥] 自此宫观使每为现任宰相兼职，而执政兼任副使，在朝从官皆兼在京宫观。如大中祥符七年八月，任宰臣向敏中为景灵宫使；十一月八日，参知政事丁谓任玉清昭应宫副使，十一月二十七日，右正言、直集贤院夏竦任玉清昭应宫判官，入内内侍省押班周怀政任玉清昭应宫都监、勾当景灵宫会灵观事。大中祥符九年五月，丁谓管勾景灵宫太极观事。[⑦] 这种情况一直延续至天圣七年七月，时玉清昭应宫遭火灾，而朝廷崇尚之意亦稍

---

① 《宋朝事实类苑》卷二八。

② 《文献通考·职官三》。

③ 《文献通考·职官四》。

④ 《宋史》卷七《真宗二》。

⑤ 《续资治通鉴长编》（以下简称《长编》）卷七一。

⑥ 《石林燕语》卷七。

⑦ 《宋会要辑稿》（以下简称《宋会要》）职官五四之二。

缓，仁宗采纳了吕夷简、张耆、夏竦的意见，罢辅臣所领宫观使。① 其后唯以使相、节度、宣徽使为宫观使，无所职掌，奉朝请而已。② "康定元年，李若谷罢参知政事留京师，以资政殿大学士为提举会灵观事，宫观置提举自此始。自是学士、待制、知制诰皆得为提举，因以为优闲不任事之职。"③然徽宗"政和中，诏天下咸建神霄玉清万寿宫，复置使，宰相、使相领之，执政为副使，侍从为判官。判官惟盛章尝以开封尹领之，它未尝命。而天下郡守皆兼管勾，通判兼同管勾，虽前二府领州亦如之。盖欲重其事也"。④ 应该说天圣七年以前和徽宗建玉清万寿宫时，以在任宰执兼宫观使、副，这与唐朝宰相兼太清宫使相类，均反映了朝廷欲重其事之意图。但出现于有宋一代的祠禄官的主流则是一种闲而不任事的特殊的闲散差遣，是与宰相兼宫使不能同日而语的。名义上为掌管某宫观岳庙，实际上"既免亲执祠事，而又给廪禄"，⑤名义上仕于朝廷，却不任以事，这才是宋代祠禄官的内涵。因此祠禄官之始设，当是天禧元年七月宰臣王旦因病致仕以太尉领玉清昭应宫使时。其时王旦无职掌，但享受"月给俸钱百二十千，其他俸料及衣，悉依丞相之半"⑥的待遇。

二、制度、除授途径与方式

宋代祠禄官在任官资序、年龄、任期、生活待遇等方面的规定，基本上完成于神宗朝，而在徽宗与南宋高宗时有所变动。

关于任官资序。在京宫观，北宋时规定以宰相、执政充使，或丞、郎、学士以上充副使，两省或五品以上为判官，内侍官或诸司使、副（政和改武臣官制，以使为大夫，以副使为郎）为都监，又有提举、提点、主管。⑦ 南宋时，凡前执政在经筵者，不以官高卑，率为宫观使，若其他官，则需使相以上才能为宫观使；居外官员则需官至三少乃除。⑧ 武臣任提举、提点在京宫观寺院的规定，定于熙宁五年十月十七日。凡武臣横行使并两省押班以上并充提举，余官充提点。⑨ 文官任提举、管勾在外宫观的规定，于熙宁六年四月制定。凡系大卿监及职司并本州知州自来管勾者，并充提举，余官管勾。⑩ 武官任外处宫观的规定，定于熙宁六年闰四月十八日。凡武臣遥郡刺史以上曾历五路路分钤辖"不因体量，并有战功曾经转资历路分都监以上差遣，不以官资"，都可陈乞。⑪ 徽宗时，对熙宁时规定稍作改变。大观时，诸宫观差遣，中散大夫以上及职司资序并充提举，余官充管勾。政和三年八月二十四日改为"中散大夫以上及职司资序充提举。朝奉郎以上，或曾任职事官监察御史以上，若曾带贴职，充提点；余充管勾"。⑫ 政和七年十月敕规定

---

① 《长编》卷一〇八。
② 《却扫编》卷上。
③ 《石林燕语》卷七。
④ 《却扫编》卷上。
⑤ 《宋会要》职官五四之三〇。
⑥ 《宋会要》职官五七之三一。
⑦ 《宋史》卷一七〇《职官十》。
⑧ 《文献通考·职官一四》。
⑨ 《宋会要》职官五四之六。
⑩ 《宋会要》职官五四之六。
⑪ 《宋会要》职官五四之六、七。
⑫ 《宋会要》职官五四之二九。

"选人、小使臣并大使臣武功郎以下"不得陈乞宫观岳庙差遣。[①] 宣和二年五月十三日，针对宫观冗滥情况规定："见在并曾任职事官监察御史以上及监司(原注：并谓责降)、并见久任归明人并蕃官，并依旧。见任职事官监察御史以上及监司陈乞(原注：并谓合堂除)，并依熙、丰法久任，内非癃老疾病人并罢。随龙官依旧。太中大夫及武臣正任以上见任都下宫观依旧，内太中大夫以上任职事兼宫观人并罢。太中大夫及武臣正任以上正领宫观兼别差遣、或见领差遣兼宫观人并罢，内太中大夫以上兼书局人依旧。太中大夫及武臣正任以上领在外宫观人依旧"。"岳庙并依宫观已降指挥"。[②]

南宋时，绍兴五年闰二月二十二日诏陈乞宫观人，"曾任左、右司郎官以上，并充提点宫观"。[③] 高宗时对宫观官资序限定还有某些附加条件，反映出其时以宫观处无缺官员而地窄缺少之特点。如建炎三年五月二十六日诏文臣承务郎以上许权差宫观一次。所有见任并已授差遣之人并不许陈乞。九月七日诏"京师、河北、京东以至淮甸见任待阙之人。……内有缘罪犯未能赴部之人，许破常格差岳庙宫观一次"。[④] 绍兴五年闰二月二十七日诏"京朝官知县以下资序并选人，如委是西北流寓无产业之人，及非流寓人有若占射差遣恩例，或父母、祖父母年七十以上，或系省员废并、并曾任诸州教授，并令赴尚书省投状，与差岳庙一次。如无逐件恩例，在部实及半年以上，无阙可入者，许经吏部陈乞，注破格岳庙一次。内西北流寓人，仍依去失法，召保官一员"。二十八日又补充规定陈乞岳庙人"若出身偶用开封府等处户贯，而物产在江南，及祖父母、父母虽年七十以上，有兼侍之人，并不许陈乞"。[⑤]

关于任期、年龄。任期一般有一任、二任、三任三等。任期次数多少主要决定于官员资序之高低，但与年龄也有一定的关系。如熙宁六年诏乞宫观人"年六十以上者乃听差，毋过两任。兼用执政恩例者，通不得过三任"。[⑥] 元丰令规定诸宫观岳庙"知州军年六十以上、精神不至昏昧堪厘务，以长官审验，差不得过两任。若用执政官陈乞者，加一任"。又令诸年七十乞宫观岳庙者，"曾历侍御史听两任，寺监长官及职司、中散大夫以上并一任"。[⑦] 崇宁元年七月十一日，中书省参照熙、丰以来条制，规定诸陈乡宫观岳庙者，"年七十以下不得过三任，七十以上、曾历侍御史以上，听两任，'寺监长贰'(原注：六曹郎中以上同)及职司、中散大夫以上并一任"(原注：曾历堂除知州人资序准此)。[⑧] 建炎三年五月二十六日敕定"文臣承务郎以上，许权差宫观一次"，旋又定"曾任监察御史以上而年四十以上者，不限资序，许权差宫观一次。知州资序年六十以上已经两任者，更权许差注一次。通判资序年五十以上，若四十以上历任曾经堂除终满一任者(原注：知州资序人并依此)，知县资序人年四十以上历任无赃私罪、曾经堂除满一任人，并权许差一任"。[⑨]

南宋恩赦时，祠禄官任期次数、年龄方面有所放宽。如淳熙十三年庆寿赦，规定：无官宗室见年七十以上者"特与补承信郎，仍添差岳庙差遣一次"。文武臣宫观岳庙任数已满，依法不应再陈乞者，"年七十以上特更许、陈乞一次，八十以上特许两任"。选人任州县官因年老被改差应格岳庙任满不许再陈乞、确

① 《宋会要》职官五四之三〇。
② 《宋会要》职官五四之三一。
③ 《宋会要》职官五四之三四。
④ 《宋会要》职官五四之三三。
⑤ 《宋会要》职官五四之三四。
⑥ 《文献通考·职官一四》。
⑦ 《宋会要》职官五四之三一、三二。
⑧ 《宋会要》职官五四之二九。
⑨ 《宋会要》职官五四之三三。

是年老不堪厘务者，“许经所在州军知、通保奏，再差岳庙一次”。大、小使臣年七十以上不堪厘务者，“并特与差注岳庙一次，八十以上特许两任”。曾经十三处有战功而任岳庙差遣者，“如任数已满，可更与放行一次”。拣汰离军大小使臣、校副尉、下班祗应“年七十以上许更添差遣岳庙一次”。① 绍熙五年正月一日庆寿赦时，规定文武臣宫观岳庙任数已满，依法不应再陈乞者，“该今来庆恩日，年八十以上特更许陈乞一次”。② 从上述任期的规定中可以看出，任宫观岳庙者年龄，北宋时一般在六十岁以上，在南宋时则下伸，有四十岁以上任宫观岳庙者。

每任之年限又有规定。熙宁二年十二月二十四日诏定宫观以三十个月为任。③ 政和三年八月十五日定宫观以三年为任，八月十七日定岳庙以二年为任。④ 建炎三年九月定选人以二年为任。⑤ 绍兴初宫观以三十个月为任。绍兴三年二月十四日定宫观岳庙人“京官已上二年，选人三年为任”。⑥ 绍兴二十一年五月三十日定在京宫观依在外宫观，并以三十个月为任。⑦ 淳熙三年“九月二十三日诏外官任宫观者依宗室宫观例，以二年为任”。⑧

关于生活待遇。主要有添支（又称增给）、供给、请给（又称请受，谓衣粮、料钱）、人从、元随廉人衣粮、公用钱、茶炭纸酒等。待遇的高低决定于宫观官等级与官员的资序。

关于添支。诸宫观使三十千；宫观判官二十千；宫观都监、勾当官十七千；提举宫观曾任两府者三十千；余二十千；提点十千。⑨ 熙宁三年七月二十七日诏诸州宫观岳庙所差提举、主管官等合给添支，“大两省、大卿监及职司资序人视知小郡，知州资序人视小州通判，仍各依本人见任官。武臣仿此。遥郡以上罢正任，及遥郡改授南班官，元系文资换者却换文资。功绩殊异者别取旨”。⑩ 元丰六年四月十八日诏定前宰臣执政官宫观差遣添支，依知大藩府《禄令》给。⑪ 以后添支屡经裁减，而诸州供给亦无明文，乃于崇宁元年七月，参照熙、丰以来条制，规定诸州宫观岳庙提举、管勾等官添支，“前宰相、执政官依知判诸路州府例，待制以上依见任官知郡例，中散大夫以上并职司资序人依知诸州府大卿监例，知州资序人依见任官充小郡通判例，通判资序人依见任官充军通判例。武臣正任横行以上依诸司副使知州例，路分钤辖以上依侍禁、阁门祗候知州例，路分都监以上依殿直充诸路走马承受例”。⑫ 绍兴二年十一月二十五日诏定“中散大夫以上提举在外宫观，依《嘉祐禄令》随资序立等支破添支”。⑬ 绍兴五年二月二十二日诏定陈乞宫观人“在内曾任左、右司郎以上，在外曾任帅臣、转运司（疑“司”为“使”）副使、提点刑狱以上，依第二等知州例支破添支。在内曾任监察御史以上，在外曾任节镇、知州、转运判官、提举茶盐以上，依第三等知州例支破添支。”二十七日又诏“中散大夫以上宫观人依曾任监察御史例支破添支”。⑭

---

① 《宋会要》职官五四之四一。
② 《宋会要》职官五四之四一、四二。
③ 《宋会要》职官五四之五。
④ 《宋会要》职官五四之二九。
⑤ 《宋会要》职官五四之三三。
⑥ 《宋会要》职官五四之三三。
⑦ 《宋会要》职官五四之一四。
⑧ 《宋会要》职官五四之三九。
⑨ 《宋会要》职官五七之八、九。
⑩ 《宋会要》职官五四之二七。
⑪ 《宋会要》职官五四之二八。
⑫ 《宋会要》职官五四之二八。
⑬ 《宋会要》职官五七之六八。
⑭ 《宋会要》职官五七之七一。

关于供给。据《建炎以来朝野杂记》和《宋会要》职官五四之三五载，徽宗以前祠禄官无供给。前者云："旧制祠官无供给，政和中，蔡京著令，庶官降本资二等，侍从以上不降，赵忠简为相始除之。"[①]后者则云："止因崇宁间蔡京用事，创立格法，支破宫观供给，王黼作相之后已行任罢。"[②]但在南宋时却将宫观官供给之文修入《绍兴令》，规定诸陈乞及非责降宫观岳庙差遣者，并月破供给于所居处，依资序降一等支（原注：职司以上资序人依通判例，知州资序人依签判例。无签判处及通判资序人，并依幕职官例，武臣武功大夫以上未及知州、职司资序人准此）。其前宰相、执政官及见带学士以上职者不降。实际上此条文未为诸州军所执行，故于绍兴五年十月十日下诏删去。然以后宗室任岳庙者似仍享有供给。如隆兴二年六月五日户部状称："本部照得宗室任岳庙，除身分请受外，自有立定添支，并每月合破供给钱。"[③]

关于请给（请受）、人从。政和三年十月规定承务郎以上任宫观差遣，其人从，"提举二十人，提点十五人，管勾一十人"。"承务郎以上任宫观差遣（原注：谓外任许在京居住者），提举十五人，提点十人，管勾四人"。[④] 建炎三年十一月，诏令流寓文武员破格差岳庙宫观者，其请受，与支破本身料钱衣赐外，"选人自承直郎至迪功郎，给钱五贯文"。而堂除并依格除授宫观岳庙者，则"文臣朝奉郎以上、武臣武翼大夫以上十贯，文臣宣教郎以上、武臣修武郎以上七贯，文臣承务郎以上五贯，武臣承信郎以上三贯"。[⑤] 绍兴五年七月一日诏"任在京宫观请给、人从，前宰执依见任减十分之二，阁学士以上依六曹侍郎，直学士以上依中书舍人，太中大夫以上依左、右司郎中。任枢密都承旨，阁学士以上依六曹尚书，直学士以上依六曹侍郎，太中大夫以上依中书舍人"。[⑥]

关于元随、傔衣粮。玉清昭应宫、景灵宫、会灵观、三部副使、判官五人。[⑦]

关于月给公用钱。玉清昭应宫使百千，景灵宫使七十千，会灵观使六十千，祥源观都大管勾五十千。[⑧]

月给纸者，有宫观副使、判官。[⑨] 月给茶者有宫观副使。提举宫观则月给炭十五秤。[⑩] 曾任二府提举宫观，日给酒法酒自五升至一升，有四等，法糯酒自一升至二升，有三等。[⑪]

由于官员资序的高低决定宫观生活待遇的高低，在外任宫观中出现了妄称资序而冒领之现象，"谓如知县人称作通判，知州人作职司，未应请而妄请，当请少而受多，或匿其照检，州县不察"，因此于政和六年三月二十日规定："今后任宫观、岳庙人，并令吏部以本官资序符所住州郡，及于所受付身内声说"，"其见任人，诸州供具所请月给等第，申吏部勘验。如有冒请，即行改正"。[⑫] 绍兴二年十一月二十五日诏定"中散大夫以上提举在外宫观，依《嘉祐禄令》随资序立等支破添支。如州郡官失觉察，从杖一百科罪"。[⑬]

---

① 《建炎以来朝野杂记》甲集卷一二。
② 《宋会要》职官五四之三五。
③ 《宋会要》职官五七之八三。
④ 《宋会要》职官五四之二九。
⑤ 《宋会要》职官五七之六四、六五。
⑥ 《宋会要》职官五七之七一。
⑦ 《宋会要》职官五七之一五。
⑧ 《宋史》卷一七二《职官十二》。
⑨ 《宋史》卷一七一《职官十一》。
⑩ 《宋会要》职官五七之一七。
⑪ 《宋会要》职官五七之一六。
⑫ 《宋会要》职官五四之三〇。
⑬ 《宋会要》职官五七之六八、六九。

宋代祠禄官除授途径有二：一是“自陈”，由官员自己要求奉祠。但也有由朝廷优恩特授理作自陈，即看作与自陈宫观一样。绍兴三十二年四月庚辰著令郡守年七十之人，由吏部与自陈宫观。① 二是由朝廷指令特差，其如降黜之例。② 凡自陈者往往皆俟力请而后授，并且“将来尚可以复任职守”。③ 如系自陈宫观，即不能视作责降。④ 因此自陈宫观在生活待遇上优于责降者。如《绍兴令》规定：“诸臣僚因陈乞及非责降宫观岳庙差遣者，并月破供给于所居处，依资序降一等支。”⑤此外在享受朝廷恩典、荫补子孙方面似亦不同。如《庆元条法事类》荫补门载，冬祀大礼或其他大荫补子孙，需明具某官员“是与不是降任宫观及通判以下职任……”；“其见任宫观者，则声说因何事差充上件差遣，系与不系自陈元差，有何因依”。

除授方式也有两种，一为堂除，即由都堂奏差者，武臣则由枢密院专差者。⑥ 一为部差，指由吏部差注，在元丰改官制前由审官院差注。堂除宫观一般用于恩例和特旨者。如北宋时规定随龙人子孙并与堂除差遣。⑦ 南宋绍兴六年规定现任知州军以上及曾任侍从官宫观人，依旧采取堂除方式，“余令吏部按格拟申尚书省给降付身”。⑧ 南宋时，堂除与部差争缺的矛盾突出，在乾道二年二月规定：“量州部大小各置宫观岳庙立为定额，内以五分之一为堂除，以处恩例特旨者，余悉为部阙。”堂除宫观岳庙所得俸钱较部差者优厚。⑨

三、王安石与祠禄官的关系

宋代祠禄官初创于真宗朝，但其时以职事官兼领，以后逐渐过渡到以闲散官的面目出现，而这完成于神宗朝；并且祠禄官的一整套制度也在此时奠定基础。这很容易使人们联想到这样一个问题，即在神宗朝风云一时的宰臣王安石对祠禄官有什么影响？这一问题在南宋时就已众说纷纭，概括起来大致有两种说法：

（一）在外宫观由王安石创设，出其安置异议者之意。此说之代表为《挥麈录》，云：“熙宁间始置在外宫观，本荆公意，以处异议者。”⑩持类似看法的是《朱子语类》，云：“自王介甫更新法，虑天下士大夫议论不合，欲一切弹击罢黜，又恐骇物论，于是创为宫观祠禄，以待新法异议之人”，然“惟监司、郡守以上眷礼优渥者方得之”。⑪

（二）熙宁后增广宫观，与朝廷经理时政及王安石处异议者有关。此说之代表为《宋史·职官志》，云：“时朝廷方经理时政，患疲老不任事者废职，欲悉罢之，乃使任宫观，以食其禄。王安石亦欲以此处异议者，遂诏宫观毋限员，并差知州资序人，以三十月为任。又诏杭州洞霄宫、亳州明道宫、华州云台观、建州武夷观、台州崇道观、成都玉局观、建昌军仙都观、江州太平观、洪州玉隆观、五岳庙，自今并依嵩山崇福

① 《建炎以来系年要录》卷一九六。
② 《职源撮要》引《四朝志》。
③ 《朝野类要》卷五。
④ 《庆元条法事类》卷一二。
⑤ 《宋会要》职官五四之三五。
⑥ 《朝野类要》卷三。
⑦ 《宋会要》职官五四之三五。
⑧ 《宋会要》职官五四之三六。
⑨ 《宋会要》职官五四之三七。
⑩ 《挥麈录·前录》卷二。
⑪ 《朱子语类》卷一二八。

宫、舒州灵仙观置管干或提举、提点官。"[①]《文献通考·职官考》与《群书考索·后集》所载同。持相似说法者有《却扫编》和《皇朝编年纲目备要》、《石林燕语》。《却扫编》云熙宁初始诏杭州洞霄宫……五岳庙、太原府兴安王庙,皆依西京崇福宫、南京鸿庆宫……等置提举、管勾官,"盖以优士大夫之老疾不任职者,而王荆公亦欲以置异议之人也"。[②]《皇朝编年纲目备要》云:"增置三京留司御史台、同判国子监及诸州宫观官,以待卿监、监司、知州之老不任职者,王安石亦欲以此处异议者,遂诏毋限员"。[③]《石林燕语》云熙宁初,神宗患四方士大夫年高者多疲老不可寄委,"罢之则伤恩,留之则玩政,遂仍旧宫观名,而增杭州洞霄宫及五岳庙等,并依西京崇福宫置管勾或提举官,以知州资序人充,不复限以员数"。[④]

应该说持王安石始创在外宫观说是不妥当的。在《宋会要》中反映出仁宗时就有官员任提举外州府宫观。如庆历五年,京东路同提点刑狱公事、崇仪副使耿从正因年齿已高,乞提举兖州景灵宫太极观,获准。[⑤] 故可肯定在熙宁前早就存在外宫观了,熙宁时仅为增广在外宫观而已。然增广在外宫观是否与王安石处异议者有关?

根据《宋会要》记载,增在外宫观是出于神宗之意,云:"上以诸臣历知州有衰老不任职者,令处闲局。"于熙宁三年五月十四日诏杭州洞霄宫、永康军丈人观、亳州明道宫、华州云台观、建州武夷观、台州崇道观、成都玉局观、建昌军仙都观、江州太平观、洪州玉隆观、五岳庙、太原府兴安王庙,依嵩山崇福宫、舒州灵仙观置管勾或提举官,"使便乡里,示优恩也"。一般来讲,在封建社会里,每一个重大措施如果没有取得皇帝的同意,要想付诸实施,那是不可想象的。说增广在外宫观出自神宗之意,这是毋须多说的。但这并不能否定该措施也出自王安石处异议者之意。

神宗朝增广在外宫观与王安石处异议者是否有关的问题,可在以考辨精当著称的李焘撰《续资治通鉴长编》中寻觅踪迹。是书云:"时以诸臣历监司、知州有衰老不任职事者,令与闲局。王安石亦欲以置异议者,故增宫观员。"在此正文下有小字注云:"朱本削去王安石欲处异议者,又为之说曰:'因使人各得便乡里,且以优老示恩。'今并用初本。"[⑥]在此,李焘提出了增设在外宫观是否与王安石欲处异议者有关的问题,介绍了《神宗实录》初本与朱本的两种说法,而以初本为正文,实际上表明了他的倾向性意见。联系他在同卷乙巳条中,记载了围绕龙图阁直学士、兵部侍郎、集贤殿修撰何郯提举成都府玉局观一事,文彦博与王安石的争论,就更清楚了。文彦博认为置宫观差遣非是,且何郯身为两制而令提举玉局观,是朝廷安置不当。王安石则认为:"如郯者既衰病不能治事,遂肯分司、致仕,岂不善?若未肯而朝廷强使之去,则于人情,或以视遇群臣为薄。即使领州郡,则又废事务、害百姓。故广置宫观,使食其俸给而不害事也。"在这里,李焘实际上再次强调了增设在外宫观与王安石处异议者有关的观点。应该说,在外宫观之增广,与神宗、王安石推行变法是有关的,也是王安石所竭力主张的。公允地说,通过在外宫观安置那些"疲老不任事者",这对吏治的整顿不无好处,而更主要的是安排"疲老不任事者"与"异议者",可以减少变法之阻力。反对变法甚烈之司马光任提举嵩山崇福宫,也就可以理解了。而南宋时那些对变法持否定

① 《宋史》卷一七〇《职官十》
② 《却扫编》卷下
③ 《皇朝编年纲目备要》卷一八。
④ 《石林燕语》卷七。
⑤ 《宋会要》职官五四之五。
⑥ 《长编》卷二一一。

态度者攻击王安石“乃挟祠禄以为挤屏之具”，[①]也就不足为怪了。

四、祠禄官的性质

宋代祠禄官的性质是什么？传统的说法是“佚老优贤”，此见于《宋史·职官志》及一些宋人著述。《宋史·职官志》云：“宋制，设祠禄之官，以佚老优贤。”[②]其实此种说法仅停留在表面现象，亟需从祠禄官种种情况之现象入手，由表及里地探求。

据不完全统计，祠禄官主要有以下十一种情况：

（一）病耄为宫观。如田况因多病求去位，于嘉祐四年五月丙辰自礼部侍郎罢为尚书右丞、观文殿学士兼翰林侍读学士，提举景灵宫事。[③] 南宋时集英殿修撰，知明州潘良贵“引疾乞宫观”，乃充徽猷阁待制、提举亳州明道宫。[④]

（二）落致仕为宫观。如宣和七年正月二十五日，诏保和殿大学士、银青光禄大夫致仕孟昌龄落致仕为醴泉观使。[⑤]

（三）用父祖恩例为宫观。如熙宁九年五月一日，“以殿中曾孝纪同管勾西京崇福宫，从父公亮所乞也”。[⑥] 绍兴六年正月二十六日，“诏右通直郎沈云纪，许用父参知政事与求依条岁许陈乞亲属差遣恩例，特差监潭州南岳庙”。[⑦]

（四）以侍亲为宫观。如胡交修于绍兴八年，“以亲老，除宝文阁学士、知信州”。当其入辞时，“力言母老，愿奉祠里中以便养”，即改差提举江州太平兴国宫。[⑧]

（五）优礼戚里近属和大臣予宫观。如左藏库使、昌州刺史曹誌为太皇太后侄，故于元丰元年十月十八日诏其为提点万寿观，使处闲局。[⑨] 信王璩为太祖七世孙，孝宗时由判西外宗正司除醴泉观使。[⑩] 天禧元年七月，宰臣王旦以太尉领玉清昭应宫使。

（六）随龙人予宫观。元丰六年四月二十八日，诏宫苑使、荣州刺史、干当军头引见司时君卿为皇城使、嘉州团练使、提举醴泉观。因时君卿“昔事濮邸，真宗遇之甚厚故”。[⑪]

（七）侍读充宫观。北宋元丰八年以来，有吕公著、韩维、范镇、冯京等均充宫观兼侍读。南宋时则有朱胜非、张浚、谢克家、赵鼎、万俟卨、张焘、汤恩退、刘章等。[⑫]

（八）待阙官员差注宫观。这是南宋特有的情况。“绍兴以来，士大夫多流离，困厄之余，未有阙以处

① 《群书考索·续集》卷三七。
② 《宋史》卷一七〇《职官十》
③ 《宰辅编年表》卷五。
④ 《建炎以来系年要录》卷一三五。
⑤ 《宋会要》职官五四之一一。
⑥ 《宋会要》职官五四之七。
⑦ 《宋会要》职官五四之三五。
⑧ 《宋史》卷三七八《胡交修传》。
⑨ 《宋会要》职官五四之七。
⑩ 《宋史》卷二四六《宗室三》。
⑪ 《宋会要》职官五四之七。
⑫ 《宋史》卷一六二《职官二》。

之。于是许以承务郎以上权差宫观一次,续又有选人在部无阙可入与破格岳庙者。"[①]

(九)持不同政见、为执政者所忌而被排挤为宫观。如曾公亮因反对王安石行青苗法,屡请致仕,于熙宁三年九月庚子罢相,为"守司空、检校太师、兼侍中、河阳三城节度使、集禧观使"。[②] 徽宗朝,右仆射赵挺之因屡陈时相蔡京奸恶,为蔡京所恶,而居位数月,即被罢为观文殿大学士、中太一宫使。后会慧见南方,其长竟天,徽宗以免蔡京挡灾,赵挺之复为右仆射。后京复相时,赵挺之又为观文殿大学士、佑神观使。[③] 钦宗朝李纲因力主战议,被罪以"专主战议,丧师费财"而落职提举亳州明道宫,责授保静军节度副使、建昌军安置。高宗即位,李纲任右仆射兼中书侍郎,又因力主恢复和迎徽、钦二帝招忌,致被劾以私意杀侍从和论其买马招军之罪,罢为观文殿大学士、提举洞霄宫。虽后因镇压荆湖、江淮流民溃卒之需而起用之,然终因其力主恢复之议,又罢为提举西京崇福宫。[④] 南宋时,解潜因与大臣不合,"以祠禄罢居平江"。[⑤]

(十)失职受罚或被弹劾为宫观。如熙宁七年二月己卯,知河中府、太常丞、集贤校理鞠真卿落职管勾洞霄宫,"以察访使李承之言其在郡不治,一岁中燕饮九十余会故也"。[⑥] 荆南府帅臣邓雍临敌弃城去,诏邓雍"落职与宫祠"。[⑦] 绍兴元年七月,范宗尹罢右仆射,自观文殿大学士提举洞霄宫。是时范宗尹针对明堂恩赦文武官转官多侥倖,建言讨论崇、观、政、宣以来滥赏,遭高宗及参知政事秦桧反对,侍御史沈与求乘机弹劾之,遂求罢政而获宫观。[⑧]

(十一)坐朋党而为宫观。如绍圣四年十一月二十三日,知常州刘当时差监潭州衡山南岳庙,因御史中丞邢恕言其元祐间附吕大防等。[⑨]

上述十一种情况反映了祠禄官在总体上具有两种性质,一为优礼官员(包括一至八种),二为贬黜官员(第九至十一种),而后者的贬黜是寓于退闲之中。这里必须指出,祠禄官的两种性质并非在其始设时即具备,而是随其发展而逐步形成。

在崇尚道教的真宗朝,兼任宫观官被视作为皇帝信任的标志,这可以从王钦若争当会灵观使来说明。时天禧元年,会灵观初置使,命参知政事兼领,按理应由王曾兼任,但枢相王钦若"方挟符瑞固恩宠,欲得此,曾因恳辞,钦若遂兼会灵观使"。[⑩] 神宗朝以前宫观初创时期,员数极少,仅为佚老优贤。这从戚里近臣及前宰执留京师者多任宫观,可见一斑。《文献通考》引《官制旧典》云:"祖宗待臣以礼,虽年及挂冠,未尝直令致仕,皆以宫观处之,假以禄耳。"[⑪]

神宗朝起,宫观性质逐渐有了变化,除了优礼官员外,还赋有贬黜的意义。《燕翼诒谋录》云:"王安石创宫观以处新法之异议者,非泛施之士大夫也,其后朝臣以罪出者,多差宫观。"[⑫]在《哲宗正史职官志》

---

① 《宋史》卷一七〇《职官十》
② 《宰辅编年表》卷七。
③ 《东都事略》卷一〇二。
④ 《宋史》卷三五八、三五九《李纲传》。
⑤ 《建炎以来系年要录》卷一七一。
⑥ 《长编》卷二五〇。
⑦ 《中兴小记》卷一。
⑧ 《宰辅编年表》卷一五。
⑨ 《宋会要》职官六七之一九。
⑩ 《宰辅编年表》卷四。
⑪ 《文献通考·职官一四》。
⑫ 《燕翼诒谋录》卷四。

中明确记载:“外任宫观非自陈而朝廷特差者,如降黜人例。”①崇宁元年禁元祐党人,降一批官员为宫观官,在五月乙亥诏中指出:“推原罪匿,在所当诛,追削故官,置之冗散,庶其党类知所创惩。”②这就说得更为明白了。

祠禄官所具有的贬黜官员性质,又是寓于优礼之中。正如南宋权吏部尚书韩元吉于淳熙三年九月所云:“自唐至本朝,百官有分司者,号为降黜,禄不全给。神宗皇帝始置宫观差遣以易分司之任,当时优待耆老侍从及庶官知州资序年六十以上人。”③即使降为祠禄官,其待遇尚属优厚;而且远非仕宦生涯之终点,今后继续起用甚至重用的可能性仍是大的,所以易为官员所接受,而自乞奉祠。翻检宋代史籍,降为祠禄官后复出的事实,比比皆是,其中得到重用的也不乏其人。

奉祠后能否起用或重用,最终决定于当时皇帝的政治主张。张浚在高宗朝的际遇很能说明这一点。当金兵南攻威胁南宋小朝廷的苟安时,主战派的张浚就获重用;当宋金双方力量对峙,朝廷尚能苟安或金兵诱和时,张浚就被投置宫观闲地。如“建炎三年春,金人南侵,车驾幸钱塘”,形势极为危急,以张浚同节制军马。他向皇帝提出“中兴当自关陕始,虑金人或先入陕取蜀,则东南不可保”。赵构为保持其岌岌可危的统治,就听取了张浚的意见,任命其为川陕宣抚处置使。高宗即位初期对金采取且守且和之策,屡遣使至金,但多见拘留,而金未尝遣一介报聘。直至绍兴三年十二月己酉,金国元帅府方遣李永寿、王栩来。高宗对此作出的反应之一是:于绍兴四年三月,借坐张浚富平败绩之罪,罢其为提举洞霄宫。早在绍兴元年三月庚子,张浚以富平之败而上疏待罪时,高宗曾下令免其罪责。后因伪齐引金兵入侵,高宗被迫应战,又复起用张俊,于绍兴五年任右仆射、同中书门下平事兼知枢密院事,都督诸路军马。七年以却敌功,除特进。为秦桧所憾,旋于九月罢为观文殿大学士、提举江州太平兴国宫。随着高宗与秦桧力主和议,张浚于十一年被任为检校少傅、崇信军节度使、万寿观使。十六年七月,落节钺提举江州太平兴国宫,居连州。二十八年八月落职提举江州太平兴国宫,居永州。三十一年,南宋再度面临大危机,时完颜亮率兵大举南侵,遂起用张浚为判建康府兼行宫留守,于次年兼节制建康、镇江府、江州、池州、江阴军军马。④

五、原因与利弊

宋代出现祠禄官固然与真宗崇尚道教不无关系,但根本原因还在于没有经过大规模急风暴雨式农民起义的涤荡而建立起来的宋王朝,有鉴于唐末五代以来藩镇割据、大臣擅权,将国策的重点放在缓和统治阶级内部矛盾上。由此而采取的措施是扩大统治基础,给地主阶级士人以广泛参政的机会,从而造成了大量冗官。而醉心于“多士以宁之美”的宋王朝,不可能采取有力措施来汰冗官、限仕进,必然采取扩大闲官队伍来缓和官多缺少的矛盾。这就是作为闲官之一的祠禄官产生与不断发展的原因之一。正如政和二年六月《复宫观县丞御笔手诏》中所说:“世之以官为冗,而不知多士以宁之美。”⑤

此外,祠禄官的出现是推行“异论相搅”策略的需要。宋朝统治阶级内部的争斗是很激烈的,可能今

---

① 《宋会要》职官五四之二七。
② 《长编纪事本末》卷一二一。
③ 《宋会要》职官五四之三九。
④ 《宋史》卷二七《高宗四》、卷三六一《张俊传》、卷三七〇《刘子羽传》,《宋史纪事本末》卷七二,《十朝纲要》卷二三、二四、二五。
⑤ 《宋大诏令集》卷一六三。

天在朝、明天被贬在野，这种政治上的瞬息变化，是皇帝推行“异论相搅”策略的反映。真宗曾说：“且要异论相搅，即各不敢为非。”①如徽宗知道蔡京奸邪，使其“屡罢屡起，且择与京不合者执政以柅之”。蔡京在徽宗即位不久，曾罢为提举洞霄宫，居杭州。后于崇宁二年进左仆射。五年免为开府仪同三司、中太一宫使。大观元年复拜左仆射，大观三年又罢。数起数落，至宣和六年再领三省，至是四当国。② 皇帝为了保持其至高无上、不受臣下威胁的地位，必须使各派官员不断争斗，使他们在争斗中受到削弱，从而不能成为威胁皇权的力量，各派力量处于相对平衡。这就需要不时地将某些官员投置闲地，又不时地准备起用他们，而祠禄官对达到这样的目的无疑是非常合适的。皇帝通过祠禄官这一环节，对官员的进退升降可处之自如。在宋代，有官员被贬为宫观的现象，也有被贬官员在朝廷准备重用他们时，先任以为宫观的事实。如张商英数诋蔡京“身为辅相，志在逢君”，致受劾，罢知亳州，入元祐党籍。“京罢相，削籍知鄂州。京复相，以散官安置归、峡两州。”大观四年京再逐，起张商英为资政殿学士、中太一宫使。顷之除中书侍郎，遂拜尚书右仆射。③ 这些都是司空见惯不以为怪的事。祠禄官的设置，为执行“异论相搅”策略提供了必要的储备官员。

祠禄官在宋代历史条件下，确是对那些勋望重臣以及年高不能治事之官员的较为妥善的安排。因为对他们罢之则伤恩，留之则玩政。通过祠禄官的安排，无疑对维持统治集团内部的团结、防止分裂局面的出现是有利的。尽管自庆历党争以来，朋党之争越演越烈，但始终未酿成危及王朝存在的大祸，原因虽然是多方面的，但不能不说与祠禄官的维系作用是有关的。对于那些在统治集团内部争斗中失势的官员，祠禄官的安置减少了他们对皇帝的离心力。使这些人身处名为“佚老优资”之地，心存有朝一日复出重用之企望，而对皇帝仍保有拳拳忠心。而以祠禄官安置昏老罢耄之官，对澄清地方吏治不无裨益。王安石指出：“自增置宫观，昏病阘茸之人就者已多，少清州郡之选，不为无补也。”④宋高宗则认为那些昏老罢耄的官员“难当郡寄”，然无明显过失，无法由台谏之手来迫使他们下台；而让他们继续留任，则使千里之民“阴被其害”，而只能以宫祠来安置他们。⑤ 应该指出高宗一段话的关键在于“难当郡寄”，即昏老罢耄的官员难以承担朝廷赋予他们管理地方的职能。

总的看，宋王朝通过祠禄官对官员施以优厚之待遇是有深意的，是在优厚之中寓控制之旨。这对稳定统治集团内部秩序、确保皇权至上的地位是有利的。

然而宋代祠禄官的弊端更是不容忽视的，主要是对士风的恶劣影响，以及使冗官剧增而带来的庞大财政开支。真宗朝至神宗朝前为祠禄官的初创阶段，其时员数甚少，用以优待戚里勋臣。神宗朝起员数增多，至徽宗时发展迅速，南宋时更是泛滥成灾。早在神宗元丰时就出现“臣僚趋闲贪禄，冒居无耻。或精神未衰、年齿方壮，以便私避事，亦求此职”。⑥ 在徽宗时，小使臣任宫观官，“曾无汗马横草之劳，率皆规避重难，以就安逸”。⑦ 南宋时，祠禄官又是作为抚安不调之官员的措施，祠禄官是任家居而食厚禄的，这更加剧了侥求泛与之弊。以致有年甲资序未及而辄陈乞者，有任数已过而陈乞再任者。有的郡守到官

① 《长编》卷二一三。
② 《宋史》卷四七二《蔡京传》。
③ 《宋史》卷三五一《张商英传》。
④ 《长编》卷二一一。
⑤ 《建炎以来系年要录》卷一四八。
⑥ 《宋会要》职官五四之二八。
⑦ 《宋会要》职官五四之三〇。

未满任或未成资，也动辄请宫观。尽管朝廷为此作了某些限制，但无助于改变其泛滥的局面。这就越益在士大夫中滋长了逃避重难、坐享俸禄、以求安逸的坏风气。

冗滥的祠禄官耗费了大量财政收入。神宗时祠禄官尚属难得，元丰元年正月截止，内外宫观仅约百余员，而"岁费廪食不下数万缗"。[①] 徽宗时祠禄官剧增，单小使臣任宫观差遣就有427员，而此仅为文武百官任宫观岳庙差遣中之一小部分，其时祠禄官总数之多可想而知。南宋时祠禄官很冗滥，尤以高宗朝为最，为此，孝宗即位未改元时，即立定堂除宫观岳庙差遣员额，"文武臣宫观以四百人为额，岳庙以三百人为额，大使臣注岳庙以一百人为额，小使臣曾从军添置岳庙以三百人为额，宗室依格通差岳庙以七百人为额"。该员额指明"除在京宫观、文臣曾任监察御史以上、监司、郡守及带职人。武臣曾任宫观，知阁、御带、郡守、遥郡、横行及带军职人外"。[②] 所以堂除宫观岳庙实际数大大超过此数。如果再加上吏部差注（部差）之宫观岳庙，数字更为惊人。如按乾道二年所定堂除员额为全部宫观岳庙的五分之一计，则所有堂除宫观岳庙加部差，总数约在9 000人以上。再按元丰时百员岁费廪食数万缗计，则岁费则是数百万缗。而南宋时地窄民困，渡江初岁入不满千万缗，至淳熙末才增至6 530余万缗。[③] 可知祠禄乃是朝廷不堪负担的沉重包袱。"国家所患，正在官冗而财匮。若以既匮之财给至冗之官"，"徒使州郡之间用度不支"。[④] 必然要在残酷榨取人民血汗上找出路。所谓"臣之厚，民之薄，势使然也"。[⑤] 以致"财取于万民者，不留其有余"。[⑥] 残酷的经济剥削，激化了统治阶级与被统治阶级之间的矛盾，宋代频繁的农民起义和各行业中下层人民（如上兵、茶园户、盐户、坑冶户、茶盐贩、渔民等）的斗争，就是其必然产物。这是赵宋统治者所始料不及的，也是他们所无法抗拒的。

（原刊于《中国史研究》1988年第2期）

---

① 《宋会要》职官五四之二八。
② 《宋会要》职官五四之三六。
③ 《建炎以来朝野杂记》甲集卷一四。
④ 《宋会要》职官五四之三七。
⑤ 《群书考索·续集》卷三七。
⑥ 《廿二史札记》卷二五。

北宋的州县学

郭宝林

（上海师范大学硕士研究生毕业，空军政治学院教授）

中唐以来，我国封建社会内部的生产关系发生了一些新的变化，教育制度也随之变化。新的教育制度对近千年的科举、教育乃至整个中国文化都产生了巨大的影响。本文拟就北宋的州县学作一探讨。

一、州县学的兴起

宋初是否有州县学，南宋人已不太清楚，多以为"国初未有学，天下惟四书院"。[①] 此说影响至今。实则不然。宋初承唐末五代丧乱之余，文教事业固不发达，但在统一南方的过程中，也承袭了一些原有的州县学。成都华阳县学，即系后蜀孟氏广政十二年（945）所建的都内二县学馆之一，宋师平蜀，仍而不废。[②]说明在宋太祖乾德三年（965），华阳已有县学。豫章郡学，在江南底定时，"郡庠式新而典教之位尚虚"，太宗太平兴国初，遂由新任江西安抚使王明任命邓晏"典教席"。[③] 观此数例，可见宋初已有州县学的存在。

此外，宋初部分地区的守令也重建了州县学。如，太宗雍熙元年（984），县令李昭文建明州慈溪县学；[④]二年，知睦州田锡"即庙建学"。[⑤] 据明清方志追述，宋太祖、太宗时还建有简州、泉州、秀州州学和兖州奉符县学。由此可见，"宋初无学"说欠妥。唯其与全国州县总数相比，尚觉太少，故可称之为州县学的滥觞阶段。

宋初州县学不发达，主要是由当时的政治、经济所决定的。宋太祖、太宗兄弟代周之际，朝廷不得不集中力量来稳固新建的政权，因此对学校事务尚无暇顾及。在稳定新建的政权方面，宋太祖、太宗鉴于唐末五代武人专权的教训，用"杯酒释兵权"的方法解除诸大将的兵权，逐渐用文官取代武人。这对中央集权制的重建和发展起了极大的作用，形成了有宋一代的国策。然而，文官的选拔在宋初很长一段时期内，主要是通过科举制来实行的，学校仅被用作一种主张文治的点缀，并且形成一种社会风气，士大夫子弟以入国子学为耻，[⑥]更何况州县学。在财政方面，宋初社会经济萧条，朝廷没有更多的财力来兴办州县学校。

由于以上原因，宋初的州县学或仍五代之旧，或因个别地方官员自建，朝廷没有积极鼓励地方办学或

---

① 魏了翁：《鹤山先生大全集》卷四九《潭州州学重建稽古阁明伦堂记》。

② 《宋蜀文辑存》卷二四《华阳县学馆记》。

③ 孔武仲：《秀溪书院记》，见清刘坤一《江西通志》卷八一。

④ 《宝庆四明志》卷一六。

⑤ 《严州图经》卷一。

⑥ 杨亿：《武夷新集》卷一七《代人转对论太学状》。

在经济上给予资助。因此，州县学不可能有大的发展。

宋真宗时，社会安定，经济稳步发展，州县学校逐步受到朝廷的重视。真宗咸平四年(1001)，赐诸州县学校《九经》。景德三年(1006)，“诏天下诸郡咸修先圣之庙。又诏庙中起讲堂、聚学徒，择儒雅可为人师者以教焉”。① 一些州县，纷纷应诏建学。知袁州杨侃“出公钱，市良材，计日程工，应徒兴事”，“立学于西，生徒受业者集焉”。② 杭州余杭县也应诏即庙建学。③ 这时的州县学比较简单，多于宣圣庙所在处建一讲堂，俾师生讲学之用，各种制度也不健全，但是它为仁宗时的大兴州县学打下了基础。

北宋大规模的发展州县学，一般以为始于仁宗庆历四年(1044)。其实，自仁宗即位至庆历四年以前的二十几年间，已经开始了北宋第一次兴学运动。特别是明道、景祐间(1032—1037)，“累诏州郡立学，赐田给书，学校相继而兴”。④ 笔者据《续资治通鉴长编》(以下简称《长编》)等书记载，作了粗略的统计，在此期间，全国共建州学67所，而明道、景祐6年之间所建45所，多为政治、经济、文化发达的中原和江南地区。

对京东西、京西北、两浙、福建、江南东、西6路57州军(已除去不详建学时间的5州军)建学时间统计的结果表明，在这期间，两浙路新建杭、越、苏、润、湖、常、台、处、明、睦、秀11所。福建路新建福、建、漳、汀、泉、南剑6所；江南西路新建洪州、临江、兴国3所；江南东路新建昇、宣、江3所；京东西路新建的有应天、兖、徐、郓、濮5所；京西北路新建的有许、郑、孟、蔡、陈、颍6所；6路共新建州学34所(其中明、睦、秀、洪、泉5州学在太宗、真宗时已建，后中废，此时重建)，占州军总数的60%，可见半数以上州学是在这时建成的。再加上前三朝所建的河南府，歙、信、袁、温州，兴化、广德、南安军8所，则总数已达42，庆历四年以前，这些地区的建学率达74%。故苏颂说，“国朝自景祐以来，天下建学”，⑤《嘉泰会稽志》卷一也说这时“学校殆遍天下”。由此可见，北宋第一次大兴州县学是在景祐前后。

在这期间，不但天下州军普遍建学，同时也建立了各种制度。

朝廷一改以前的放任态度，将建州学的审批权收归中央。宋太祖、太宗、真宗三朝，修建州县学在很大程度上取决于地方官，所谓“有贤守令，学校必兴”。⑥ 州郡建学，无须申报朝廷。仁宗即位之初，孙爽为兖州州学申请学田与学官，得到了朝廷的批准。⑦ 其后各地纷纷仿效，要求朝廷批准建学，赐田给书。天圣间，知江宁府张士逊“奏徙庙于浮桥东北建府学，给田十顷，赐书一监”。⑧ 明道间，知京兆府范雍奏立府学，景祐元年，中书批准，赐田5顷，《九经》1部，其公文程式还刻石立于府学。⑨《三山志》卷八载有福州的建学奏章与中书的批文，可见建学必须申请与批准已成了固定的制度。至景祐四年底，“诏自今须藩镇乃许立学，它州勿听”。⑩ 次年支郡颍州欲立学，知州蔡齐向朝廷申请，经特许然后建学。⑪ 令行禁止，审批权已完全收归朝廷，知州不能擅自建学了。景祐兴学，除建立审批制度外，还开创和确立了一些

① 杨侃：《重修先圣庙并建讲堂记》，见明《正德袁州府志》卷一三。
② 杨侃：《重修先圣庙并建讲堂记》，见明《正德袁州府志》卷一三。
③ 《咸淳临安志》卷五六《诸县学》。
④ 《宋会要辑稿》(以下简称《宋会要》)崇儒二之三。
⑤ 《苏魏公文集》卷一五《议学校法》。
⑥ 范仲淹：《范文正公文集·褒贤祠记》卷一《高邮军兴化县重建县学记》。
⑦ 《宋会要》)崇儒二之三。
⑧ 《景定建康志》卷二八。
⑨ 《金石萃编》卷一三二《中书门下碟永兴军碑》。
⑩ 《长编》卷一二〇，仁宗景祐四年十二月壬申。
⑪ 《宋会要》崇儒二之三。

基本制度，如学田制度、赐《九经》制度和制定学规等。这一时期，朝廷大举兴学的直接目的，是想用学校制来弥补科举制的弊病，培养德才兼备的官僚队伍。

宋代科举取士之滥，始于真宗。咸平三年（1000）三月、五月，两次取士共 2100 余人。[①] 景德二年（1005）又取千人，"虽艺不及格，悉赐同出身，试秩解褐"。[②] 这种科举政策，除为了选拔人才外，亦含有以利禄为诱饵、引天下读书人尽入彀中的用心。故考试重诗赋而轻治术，其弊在于空疏。朝廷得不到人才，却徒增了许多冗官、冗吏。

至仁宗初，这种弊病越加严重。有识之士，纷纷提出改革意见。天圣间，晏殊提出："唐明经并试策问，参其所习，以取材识短长。今诸科专记诵，非取士之意，请终场试策一篇。"[③]范仲淹提出"慎选举"、"敦教育"的主张，而要搞好教育就应该兴办地方学校，"先于都督之郡复其学校之制"。[④] 谏议大夫夏竦也上疏仁宗，请兴学校，"明太学之道于中，广庠序之学于外，分命郡国，各置学官，讲信修睦，以裨教化"。[⑤]

科举的弊病与改革的呼声，引起了朝廷的重视。仁宗于天圣五年（1027）和景祐元年先后两次诏贡院，试进士要参考策、论的成绩，不能仅以诗赋的好坏定去留。同时累诏州郡立学，赐田给书。各地官员，亦应诏而起，大办州县学校，形成了北宋第一次兴学高潮。

庆历三年（1043），范仲淹出任执政，再次提出"精贡举"、"兴学校"的主张。他说："《六经》传治国治人之道，而国家乃专以辞赋取进士，以墨义取诸科。士皆舍大方而趋小道，虽济济盈庭，求有才有识者，十无一二。况天下危困乏人，如此将何以救在乎？教以经济之业，取以经济之才，庶可救其不逮。……臣请诸路州郡有学校处，奏举通经有道之士专于教授，务在兴行。"[⑥]改革派的官员如宋祁、王拱辰等人也起而响应，认为"教不本于学校，士不察于乡里，则不能核名实"，今应"使士皆土著而教之于学校，然后州县察其履行，则学者修饬矣"。[⑦]

仁宗接受了他们的意见，一方面，对科举制度加以改革，将策、论考试置于诗赋之前，废除了死记硬背的帖经与墨义。同时，大兴州县之学，于庆历四年"诏诸路州、府、军、监除旧有学外，余并各令立学。如学者二百人以上，许更置县（学）"，[⑧]在全国范围内再次掀起兴学高潮。

庆历兴学，实质上是景祐兴学的继续和发展，仍然是想用学校教育来弥补科举制的不足，以培养德才兼备的人才，并将其选拔到统治阶级中来，从而达到整顿吏治的目的。其范围比景祐时更广，从藩府、大州推及中小州军及县，从政治、经济、文化发达地区推广至边远地区。当时有人叙述这一发展过程说："今四方学可谓至盛，……其讲磨养育之具，独完于京师，浸渍于齐、鲁、闽、益，而盛大于吴、越。惟夔为西南之陋，当天下学者翕然响动之时，此邦之人尚不识书。至庆历诏郡县立学，今龙图阁直学士、庐江何公郯为郡别乘，始能用文章理道感悟其俗，于是人渐知读书。"[⑨]除夔州外，连僻在海南的琼州也"因诏立学"。[⑩]

① 《长编》卷四六，真宗咸平三年三月甲午；卷四七，真宗咸平三年五月壬寅。
② 《长编》卷六〇，真宗景德二年六月丁丑。
③ 《宋史·选举志一》。
④ 《范文正公集》卷八《上执政书》。
⑤ 《历代名臣奏议》卷一一四《夏竦请郡国各置学官》。
⑥ 《范文正公政府奏议》卷上《答手诏条陈十事》。
⑦ 《长编》卷一四七，仁宗庆历四年三月甲戌。
⑧ 《宋会要》崇儒二之四；《宋史·职官志七》。
⑨ 《宋蜀文辑存》卷一九《重修至圣文宣王庙记》。
⑩ 《正德琼台志》卷一五。

据对上述6路57州军建学时间的统计，终仁宗去世止，共有53州军建学，建学率达93%，故《会要》说：仁宗兴学诏下后，“州郡不置学者鲜矣”。[①] 可以说，州学的建置，在仁宗时已经大体完成，县学也有相当的发展。

继仁宗之后，神宗和徽宗又曾两度大兴州县学。但其重点主要是建立、完善独立的学校取士制，采取严格选择学官、扩大养士数量、建立三舍法、普及县学及扩大学校规模等措施。间有新建州学者，仅限少数边远小州军而已。

北宋州县学的建筑规模，宋人学记中多有记载，兹以《湖州新建州学记》所述，可窥一斑：“论堂邃如也，书阁屹如也，皆相次东西。序分十八斋，治业者群居焉。入门而右为学官之署，入门而左有斋宿之馆。又为窣道，距闉挟阁，构二亭，凡溪山之胜，眺望悉会。庖圃有次，廥藏备设。”[②]可见当时州学一般设有讲堂、教授官署、学生斋舍、园庭、食堂、仓库、大成殿、藏书楼等建筑。

州县学的规模并无定制，主要取决于房屋之多少，而房屋多少，又视其州县学生多寡和本地区经济实力而定。总的来说，州学大于县学，后期大于前期，南方普遍大于北方。仁宗、神宗、徽宗时的兴学，规模一次大过一次，学生逐渐增加，校舍也不断扩大。当时江南地区经济最为发达，学生数量远远超过北方，故学校规模亦大于北方。

二、州县学的经济

北宋州县学在其发展盛时，规模之大，学生之多，远过于以前历代。唐代学生最多时，全国共63 070人。[③] 而宋徽宗大观间，仅州县学生就达167 000余人，[④]超过唐代10万多。之所以有如此大规模的发展，是与官府和私人的支持分不开的。尤其是学田制度的创立，更为学校的维持和发展提供了可靠的经济保障。

修建学校，所费颇巨，少则十数万，多则数百万，原则上应由官府支给。景祐初，知楚州魏廉指出：“孔祠坏缺，黉肆未立，愿为如律令，官为缮完。”[⑤]表明朝廷曾有律令，修建州县学概由官府出资。庆历四年，诏令又明确规定，“若州县未能顿备，即且就文宣王庙或系官屋宇”中办学。[⑥] 这些律令和诏令在实际上得以贯彻，所以官府出钱修学较为普遍。如天圣九年，知青州王曾缮官舍为州学。[⑦] 元祐时，朝廷给苏、润二州度碟各十道充修学之费，当时十道度碟约值2 000万，数目相当可观。[⑧] 县学的规模相对要小些，经费也少。崇宁二年(1103)，武功县建学，转运司给官钱54万资其用。[⑨] 总之，修建州县学的经费主要来源于官府。也有些州县官将地方上用于宗教活动的费用移建学校。张友直知越州，“州民每春敛财，大

① 《宋会要》崇儒二之三。
② 张方平：《乐全集》卷三三。
③ 《新唐书·选举志下》。
④ 葛胜仲：《丹阳集》卷一《乞以学书上御府并藏辟雍札子》。
⑤ 宋祁：《楚州建学碑记》，见《古今图书集成·职方典》卷七五一。
⑥ 《宋会要》崇儒二之四。
⑦ 《群书考索》后集卷二六。
⑧ 朱长文：《乐圃余稿》卷六《苏州学记》；王林：《燕翼诒谋录》卷五。
⑨ 《金石萃编》卷一四三《武功县学碑》。

集僧道士女，谓之‘祭天’。友直下令禁绝，取所敛财，建学以延诸生”。[①] 古田县宰李堪，“毁淫祠三百一十五，撤佛宫四十九，取其材植为县庙学”。[②] 此外，建学的人工，也多仰仗官府，“役用徒卒，不劳于民”。[③]

州县建学的经费，按规定由公府承担，与此同时朝廷也鼓励吸收民间资金办学，因此北宋私人捐赠钱财建学的现象相当普遍。其一是地方官员之捐赠。如王曾为地方官时，“所至悉兴学校，辍俸钱以助其费”。[④] 其二为州县百姓之捐赠。庆历四年，吉州守李宽应诏兴学，“吉之士，率其私钱一百五十万以助。用人之力，积二万二千工，而人不以为劳。其良材坚甓之用，凡二十二万三千五百，而人不以为多”。[⑤] 襄州光化县重修县学时，“愿献赀以助用者，愿献地以益基者，愿新绘塑者，愿新祭器者，愿按图指位，则治材董工自作某处者，板筑朴斫，涂泥丹雘，惟恐或后”，[⑥]真是有钱出钱，有力出力。私人出钱修建的州县学，除吉州、光化县外，有资料可证的还有福州、虔州、邠州等 21 州县，除邠州、寿阳县、光化县地属北方，其余 18 处均在南方。私人出资建学者，多为地方上的吏、豪富、大姓、士人、州县学生，表明了宋代经济重心南移以后，南方地主在经济上的崛起。他们希望自己的子弟在学校学习后进入仕途，以保护其经济利益和政治地位。

建学经费很大，但维持学校的经费更大。北宋朝廷于修建州县学的同时，创立了学田制度，为州县学的发展提供了可靠的经济保证，这在中国教育史上是一个创举。

宋代始赐州县学田之时间，南宋陈傅良以为是在庆历四年，适值庆历兴学时。[⑦] 其说实误。据《宋会要》、《长编》记载，仁宗乾兴元年即位初，曾从翰林侍讲学士孙奭之请，给赐兖州学职田十顷充养士费，李焘说：“诸州给学田盖始此。”[⑧]这是现存资料中关于州学赐田的最早记录，故可断定，宋代赐学田应始于乾兴元年。

继兖州之后，天圣九年（1031），又赐青州学田 30 顷。[⑨] 到了景祐年间，凡新建或虽建而无学田之州学，均赐田 5～10 顷。仅《长编》一书记载，在此 4 年间，有 34 所州学得赐学田，可见赐田制度在景祐间已经形成，这与景祐兴学的时间是相一致的。

仁宗时，除少数藩府大州外，一般州学赐田数为 5 顷，当时学生较少，似勉强够用。其后扩大养士，赐田也随之增加。神宗熙宁四年（1071）诏，凡“朝廷选差学官州军，发田十顷充学粮”。[⑩] 各地亦时有特赐，或将寺庙设官田赐予府学，或将久讼不决的公田奏请为养士的学田。到了徽宗崇宁兴学时，又诏各地“将系官折纳、抵当、户绝等田产，召人添租争佃，充助学费”，[⑪]普增了各州县学田。这样，各地学田在从仁宗到徽宗的百年间，数量增长很快。据当时朝廷统计，大观三年（1109）全国学田总数已达 105 990 顷。[⑫]

除州学外，县学也有赐田，其始赐时间不详，在神宗熙宁七年已有记载：“荆湖北路察访章惇言，‘邵

---

① 《宋史·张友直传》。
② 《三山志》卷九《诸县庙》。
③ 余靖：《武溪集》卷六《洪州新置州学记》。
④ 李元纲：《厚德录》卷三。
⑤ 欧阳修：《欧阳文忠公集》卷三九《吉州学记》。
⑥ 李廌：《济南集》卷七《襄州光化县重修县学记》。
⑦ 陈傅良：《止斋文集》卷三九《温州淹补学田记》。
⑧ 《宋会要》崇儒二之三；《长编》卷九九，乾兴元年十一月庚辰。
⑨ 石介：《徂徕石先生文集》卷一九《青州州学公用记》。
⑩ 《宋会要》崇儒二之五；《长编》卷二二一，熙宁四年三月庚寅。
⑪ 《宋会要》食货七〇之二一。
⑫ 《丹阳集》卷一《乞以学书上御府并藏辟雍札子》。

州新化县已建学，乞下转运司给水田二百亩为学田'。从之。"[①]其赐田数量比州学要少。

州县学田，还有一部分来自私人的捐赠，其出现的时间，比朝廷赐田稍晚些。庆历元年(1041)，万寿县建学，"邑之士买田十有二顷以献"。[②] 庆历六年，饶州百姓输钱"市美田三顷以赋其(学生)日廪"。[③]此外尚有台州、邵武军、耒阳县、长汀县等例。私人捐田亦以南方居多，上举六州县，五处为南方，北方仅万寿县一例。

宋代的学田属于官田的一种，用出租给佃户以收取地租的方法维持学计。有些州学还有耕牛，也与学田一起出租。田租主要是收取粳米、糙米、菽麦等粮食作物，少数地方采用折钱租的形式，如郓州学田"二千五百亩有奇，与民耕□，岁输钱百万"。[④] 楚州学田年入70万帛。[⑤]

地租的收入虽然比较稳定，但地方官府挪用教育经费的现象时有发生。景祐间，知楚州魏廉曾"奏割山阳、淮阴、艿场三区，立为学田。……君既去州，或夺三区以界他用"。[⑥] 也有地方豪强鲸吞蚕食学田的情况。庆历六年，袁州学"曩岁入四千余石，今夺于豪右"。[⑦] 官府与教授对之也无可如何。

学田是学校的主要经济支柱，使学校给食养士成为可能，寒俊之士在学期间，经济上有最低的保证，扩大了学生的来源和取士的范围。学田的另一作用，是保证州县学的稳定性和连续性。学田制度创立前，州县学兴废不时，缺少稳定性，其主要原因之一就是没有固定的经济收入。学田制度基本上解决了这一问题。因此，南宋、元、明、清历朝都沿用而不改。除战争等特殊情况外，很少有兴废不时的现象发生。

除了学田收入外，州县学还用多种方法筹措经费。官府将房廊拨充学产，出租取僦以充学钱便是较普遍的一种方式。青州学建成日，王曾"旁学作屋百二十间，岁入于学，钱三十一万"。后太守"又作屋八十三室，别为钩盾六十二门，岁入于学，通六十七万"。[⑧] 福州学于政和间有房廊314区，收租以助学粮。[⑨]房僦的收入，一般地说在学校总收入中不占主要部分，但个别地方，因学田收入被夺于豪右时，则依赖房僦以补其不足，成了主要的经济来源。徽宗大观间，诸路州县学共有房廊155 454楹，[⑩]几乎都有出租。当时朝廷诏每州置库子一名收掠租钱，多者仍置专副主管。

印书出卖，也是州学的一宗收入。仁宗以后，各地官府、私人都纷纷印书牟利。特别是南方地区，纸、木很多，为雕版印刷提供了方便。部分州学遂刻印书籍，收钱以助学粮。元祐间，知杭州苏轼上奏朝廷，要求将废罢市易务的一批书版赐与州学，印书出卖，每年可有280贯左右的收入。[⑪]《武林藏书录》卷上记载有许多北宋杭州学书版，可见杭州州学印书出卖的规模不小。绍圣间，越州学教授慕容彦逢于州学"刊印《三史》，雠校精审，遂为善书。四方士大夫搆求之，鬻以养士，迨今(宣和间)蒙利焉"，[⑫]其收入亦相当可观。

① 《长编》卷二五一，神宗熙宁七年三月乙巳。
② 张耒：《张右史文集》卷五〇《万寿县学记》。
③ 《武溪集》卷六《饶州新建州学记》。
④ 《金石萃编》卷一三九《郓州新学学田记》。
⑤ 宋祁：《楚州建学碑记》。
⑥ 宋祁：《楚州建学碑记》。
⑦ 徐正夫：《州学房钱记》，见《正德袁州府志》卷一三。
⑧ 《徂徕石先生文集》卷一九《青州州学公用记》。
⑨ 《三山志》卷一二。
⑩ 《丹阳集》卷一《乞以学书上御府并藏辟雍札子》。
⑪ 《苏东坡奏议集》卷六《乞赐州学书板状》。
⑫ 《永乐大典》卷五三九《文友公墓志》。

此外,还有用收过桥费和承包酒坊等办法维持学计的。

自仁宗至哲宗四朝,州县学虽然不断发展,但其经费主要是学田收入及通过赁租或经商的办法解决,对朝廷的经济没有过大的压力。

徽宗崇宁间,用学校取士制取代了科举制,州县学得到空前的发展。当时朝廷除大量增赐学田外,其增加学校经费的方法尚有数种。

其一,以买扑醋坊钱充学费。崇宁二年,“涟水军使兼知楚州涟水县钱景允,乞依例买扑醋坊拨充军学应干支费”,得到朝廷的准许,并令各地依此而行。①

其二,增加酒价,以充学费。崇宁二年,朝廷诏“诸路官监酒直,上者升增钱二,中、下增一,以充学费”。②

其三,恢复钞旁定帖钱,取息以赡学。钞旁定帖钱作为一种苛捐,创始于元丰年间,当时曾有诏废止。崇宁三年,又加恢复,“敕诸县典卖牛畜契书并税租钞旁等印卖田宅契书,并从官司印卖。……量收息钱,助赡学用。收息不得过一倍”。③ 同年又增息钱,“诏府界诸路官卖钞旁契书等,收息不得过四倍。……如旧卖钱多者听从多”。④ 就此一项,两浙路每年从民间苛取约数十万贯。⑤

其四,扑买湖陂池塘等水利,收钱以助学。对于州县扑买地利收钱,元丰时曾加禁止。崇宁兴学,又随之而兴。湖北路“州县将久来众共灌溉食利陂湖,一概比附坊场,令人户买扑,收钱以助学费,致妨人户灌溉及细民食利,为害不细”。⑥ 淮西路“蕲州等处沿江湖池不少,自来系众人采取,小民所赖。向缘学院支费,令人户请佃出课”。⑦ 这种方法,至政和初又诏禁止。

宋徽宗、蔡京将仁宗、神宗以来发展的州县学推到了最高峰。作为辅助科举制的学校制完全取代了科举制,成为朝廷取士的唯一途径。在封建制度下,通过学校取士制培养、选拔人才是不切实际的空想。特别是学校养士经费惊人,远远超过科举制的费用。宋徽宗时,学校规模与养士数量大大超过了社会需要,也超过了朝廷的经济承担能力。地方官府对如此纷繁的学校事务也不胜其烦,因此招致朝野上下的反对,于宣和三年(1121)最终宣告失败。恢复科举制,减少学校经费,州县学缩小到元丰时的规模。

三、朝廷和地方官府对州县学的管理

北宋朝廷对州县学的管理主要是制定学制,责成地方官府执行。

仁宗景祐、庆历兴学,朝廷先后发布许多诏令,确立了一些新的制度,但是没有坚持下去,科举制的弊病因此而不断加深。神宗熙宁初,为了改革弊病,培养变法人才,王安石再次改革学校和科举制度,一方面,大力发展州县学,由朝廷直接任命州学教授,改变学校学习和科举考试的内容,加强学校与科举制之间的联系;另一方面,开始尝试在科举制以外,另辟一条选士的途径,即采用由学校直接取士的方法。并

① 《宋会要》崇儒二之一〇。
② 《宋史·食货志下七》。
③ 《宋会要》食货七〇之一三五。
④ 《宋会要》食货七〇之一三五。
⑤ 《皇朝编年纲目备要》卷二八,宣和元年秋八月。
⑥ 《宋会要》食货六一之一〇四。
⑦ 《宋会要》食货六一之一〇四。

首先在北方五路设教授州学实行三舍法,[①]学生优等者升入太学,太学也通过三舍逐及提升,上舍优等者释褐注官。这条途径在当时尚处于试验阶段,取人十分谨慎,从元丰二年至八年,太学上舍优等生得推恩授官才一人。[②] 但学校制作为一种独立于科举制的取士制度已经开始形成。

鉴于当时各州县学还没有一个统一的学制,给朝廷的集中管理以及州县学的发展带来诸多不便,因此,朝廷着手编修诸路学制。熙宁间,习学中书刑房公事王震上诸路学制,[③]为北宋编制诸路学制之始。

元丰三年(1080),朝廷特设诸路学制所,命权御史中丞李定、判国子监张璪、管勾国子监范镗同蔡京编修诸路学制。[④] 从此以后,设置专门机构主持学制的编修。

哲宗绍圣二年(1095),又命蔡卞详定国子监三学及外州州学制,修成救、令、式22册,以绍圣重修为名,四年初班行。[⑤]

徽宗崇宁初,再次大兴州县学,在实行科举制的同时,进一步发展学校取士制。其兴学的原因正如宋徽宗所言:"朕不惜百万之财以教养天下士,而以育才官人,善风俗,修改事为急。"[⑥]为了配合这次兴学运动,朝廷遂又命令讲议司编修新的州县学制。新编学制的主要内容有三点:一、命令州县置学,特别是普建县学,县学设学官,州县各设小学。这样,从太学到州、县的三级学校基本齐全。二、将三舍法普遍推广到各州学。通过德行评定和经术考选的乡举里选制,学生从县学升补入州学外舍,再逐级提升,然后补试入太学。三、命令监司、知通、令佐加强对州县学的管理。新学制共13册,于崇宁二年初颁行,称为"崇宁学制"。[⑦]

崇宁三年,各地州县学基本建成,在路一级已设立提举学事司专管州县学事务,朝廷还任命了500教授,配备到全国300多个州学,[⑧]独立的学校取士制已经成熟,在这年年底,徽宗下诏废罢科举:"其诏天下除将来科场如故事外,并罢州郡发解及省试法,其取士并由学校升贡。"[⑨]学校成为朝廷取士的唯一途径。学校取士制将培养、选拔人才的两种职能集合于一身,这是中国古代的教育、选士制度上的一种创新。

为了保证这一制度的贯彻执行,朝廷制定了一系列学令、学法、学规。崇宁五年,命讲议司重新修订学制。同年,学制局上诸路州县学敕、令、格、式等凡35册,诏颁行之。[⑩] 因其颁行之日实在大观元年(1107)初,故称"大观学制",又称"大观学令"。《大观学制》是在《崇宁学制》基础上编定的,基本精神一脉相承。《宋史·选举志三》中保留有学令中的一段内容,详细论述了学生三舍升贡的方法与要求,比之以前更为周到详密。朝廷对此亦很满意,认为"学校法度已见完备,唯在奉行"。[⑪]《大观学制》对南宋州县学的影响亦很大,它的全文虽在靖康兵火中散失,但部分条文在绍兴中尚见遵用。[⑫] 其后,徽宗重和

① 《长编》卷二五五,熙宁七年八月丙戌。
② 程颐:《伊川文集》卷三《论礼部看详(学制)状》。
③ 《宋史·王震传》。
④ 《长编》卷三〇二,元丰三年二月癸卯。
⑤ 《宋会要》刑法一之一七。
⑥ 王相:《增建儒学记》,见《古今图书集成·选举门》。
⑦ 《宋会要》刑法一之二二。
⑧ 《文献通考》卷四六。
⑨ 《宋会要》崇儒二之一〇。
⑩ 《长编纪事本末》卷一二六。
⑪ 《长编纪事本末》卷一二六。
⑫ 《宋会要》崇儒二之三六。

间，又编修《政和学制》173册，与《大观学制》兼行。[①]

朝廷在编制学令的同时，还制定了一整套旨在以法律形式来保证学校制度的学法。宋代的学法始制于神宗、大盛于徽宗时。现在尚可知其名目的有“师生收司连坐法”、“教授禁谒法”、“辄请佃学田业法”、“动摇学校法”等。徽宗政和元年（1111），颁布了郑居中汇编的“政和新修学法”，达130卷之多，[②]可谓集北宋学法之大成。

学法之外，还有学规。北宋的学规，在景祐兴学时由各州县学自定。京兆府学建于景祐元年，次年范雍上奏朝廷：“乞特降敕命指挥下本府管勾官员，令常切遵守所立规绳，不得隳废。”[③]可见立学之初已定有学规。庆历四年，朝廷始有意统一各地学规，拟令国子监详定其制颁行。但不久新政失败，学规仍由各地自定。仁宗皇祐、至和间，韩琦守并州，“既徙学而广之，又取法于大学及河南、大名、京兆府、苏州，除苛补漏，以为新规”。[④] 县学与州学相仿。

各地学规不尽相同，各有侧重，但其主旨应大体相同。据现存的“京兆府小学规”[⑤]来看，共包括了入学手续，讲肄、课试、惩赏、假期等五方面的内容，都是根据当时的教育理论演化而成。

朝廷颁布统一的州县学规是在徽宗时，这与实行独立的学校取士制度的时间相一致，原文已佚，其详不可得而闻，仅知“学规、斋规行罚各五等”，“以谤讪朝政为第一等罚之首”。[⑥] 在《宋会要》中保存了“政和学规”的两条内容：“一、州县学生有犯在学，杖以下从学规，徒以上若在外有犯，并依法断罪。一、州县学生有犯，教授、令佐、职事人不纠举与同罪，知通失按减一等，提举官又减一等，若故纵并加二等。”[⑦]这是增补的两条学规，对学生犯法严加处理，并强调各级官员的按察责任。学规对学生在操行方面的要求十分严格，据说当时学生“无敢以秃巾短后之版行道上者。遇长上，无敢不避道拱揖者。茶肆酒垆，无敢辄游者。市人不逞者、醉者或凌嫚之，士人皆避去，无与较者”。[⑧]

朝廷有关州县学事务，在路一级，主要责转运司督察，其他诸司虽也可以干预，但其权限要比转运司轻得多。元符二年（1099），朝廷在全国设学官，州军行三舍考选法，为了加强对学校的管理，诏“诸路各选监司一员提举学校”。[⑨] 宋代监司提举学校自此始。徽宗崇宁元年，在全国普行三舍法，又诏每路自朝廷选监司二人提举。[⑩] 监司提举由一人增加到二人，由诸路自选发展到朝廷选任。

为了进一步加强对州县学的管理，健全管理体制，在路一级又设立了专门的管理机构提举学事司，简称“提学司”。提学司曾几度兴废，其过程是：崇宁二年置，五年三月罢；同年七月复置，宣和三年废。提学司的长官称作“提举学事使”，简称“提学”，“掌一路州县学政，岁巡所部以察师儒之优劣，生员之勤惰，而专举刺之事”。[⑪] 提学的主要属官称为“管勾文字”，帮助提学处理日常事务，岁巡所部学校，实际上就是提学的副贰。

---

① 《群书考索》后集卷二八。

② 《宋会要》刑法一之二五。

③ 《金石萃编》卷一三二《中书札子》。

④ 司马光：《温国文正司马公集》卷六四《并州学规后序》。

⑤ 《金石萃编》卷一三四。

⑥ 《嘉泰会稽志》卷一。

⑦ 《宋会要》崇儒二之二一。

⑧ 《嘉泰会稽志》卷一。

⑨ 《宋会要》崇儒二之七。

⑩ 《宋会要》崇儒二之八。

⑪ 《宋史·职官志七》。

北宋的州县学，从其兴建开始，就由地方官府加以控制，守、令负责。在宋仁宗时，长吏委派幕职州县官一员专门负责州学事务，称为“学事官”。如景祐元年京兆府建学后，委派“权节度掌书记陈谕管勾”。[①] 约同时建学的洪州也“选文行之士观察推官陈肃总其众而谨其号令”。[②] 他们代表官府直接管理学校，所以权力很大。直到崇宁三年，朝廷诏“教授之官，主行教事，当在学事官之上后”，[③]其主宰州学的局面方全部让位于教授。

州学除有学事官管勾外，仁宗至和元年(1054)，京兆府还增派两名通判提举府学。[④] 至崇宁三年，又诏“诸路知州、通判并增入‘主管学事’四字”，[⑤]强调知通对州县学事务的责任。北宋县学事务概由令佐负责，县学如无学官，多以令佐兼任。崇宁时，令佐也被诏“御带管勾，专切检查学事”，[⑥]“通判岁中遍行诸县”学校，[⑦]州县官对县学的管理也进一步加强了。

(原刊于《历史研究》1988 年第 2 期)

① 《金石萃编》卷一三二《中书札子》。

② 《武溪集》卷六《洪州新置州学记》。

③ 《宋会要》崇儒二之一〇。

④ 《金石萃编》卷一三四《京兆府小学规》。

⑤ 《长编纪事本末》卷一二六，崇宁三年七月庚子。

⑥ 《宋会要》崇儒二之一八。

⑦ 《嘉泰会稽志》卷一。

关于北宋官田私田化政策的若干问题

葛金芳

中唐均田制瓦解与杨炎两税法诞生以后，我国中古社会的土地所有制关系开始出现一系列新的历史特点。这些特点围绕着一个总的方向，就是土地所有权的日趋深化和土地私有制的渐臻成熟。这一趋势的出现，迫使其时历届封建政府就国家土地政策作出与之相应的全面调整；这些调整反过来又对土地所有制关系的变动趋势给予多方面的影响。因此，就唐宋之际封建国家对于各类官私田土的不同对策作出科学分析，便成为研讨其时土地所有制关系的发展趋势及其规律所不可缺少的一环。本文即欲从国家土地政策的调整这一角度，对唐宋之际封建国家的官田处理方针进行探讨。

一、概况与形式

所谓官田私田化政策，指的是这样一种历史现象，即唐宋之际的历届封建政府，把大量官田或本应转化为官田的荒闲、无主田土，通过种种方式下放为民田，交由私家地主和个体农民直接经营，以赋役征调代替官租课取。这些方式，概括起来，无非是有偿转化（出卖）与无偿转化（赐赋）两大类型，而以有偿转化为其主要形式。

无论是有偿转化，还是无偿转化，晚唐均已有之。据杜牧《樊川集》所载，唐武宗（841—846）灭佛运动中，全国毁寺四千六百所，得良田数千、万顷。十五万寺院奴婢，“口率与田百亩，编入民籍；其余贱取民值，归于有司”。[①]《新唐书·食货志》亦载此事，“腴田鬻钱送户部，中下田给寺家奴婢丁壮者为两税户，人十亩”，每口赋田数似更为可信。[②] 显然，这种籍没田已不再像均田制经济下那样，作为官田由政府以地主身份直接经营，或作为政府对均田户进行田业授受的物资手段，而是通过肥田鬻值（即有偿转化）和瘠土赐民（即无偿转化）两种方式转化为私人直接控制和经营的民田了。

后周广顺三年（953），周太祖郭威下令：“京兆府耀州庄宅三百、渠使所管庄宅并属州县，其本务职员、节级一切停废。除见管水硙及州县镇廓下店宅外，应有系官桑土、屋宇、园林、车牛、动用，并赐见佃人充永业。”[③]除去水磨、邸店外，这里的官田私田化，几乎包括官田上所有的动产和不动产，较之晚唐更为彻底。

到了北宋，这种无偿转化虽然继续存在，但已非主流，有偿转化即官田出卖成为官田私田化的主要方式。由于官田出卖愈益成为官府的经常性事务，因而由常平司总其成，并为此制定了官田出卖法。“天下

① 《樊川集》卷一〇《杭州新造南亭子记》。

② 十五万寺院奴婢，按人均十亩计，需田万五千顷，与“得良田数千、万顷”恰相合。若人授百亩，则需田十五万顷，显已超过“数千、万顷”之数。考虑到李唐开国初期的均田户授田每每不足百亩，则此时人授百亩就更不足为信了，故《新唐书》所载较为近实。

③ 《册府元龟》卷四九五《邦计部·田制》。

系官田产在常平司有出卖法，如出纳、抵挡、户绝之类是也。”①

以户绝田为例。所谓户绝田，是因人户绝嗣、无后承继而形成的无主之田，其处置权自然转归官府所有。北宋初年，此类田土依照惯例是按“均与近亲”方式处理的。到了真宗祥符年间（11 世纪初）变为部分出卖了。“祥符八年敕：户绝田并不均与近亲，卖钱入官；肥沃者不卖，除二税外召人承佃，出纳租课。”②四年后又重申此令，“其沃壤、园林、水硙止令官司召人租佃，及明设疆界、数目附籍收系，其硗瘠田产即听估直出市”。③ 这种部分出卖的方针执行不到十年，又为全部出卖所取代。仁宗初年，因召佃部分“租课积累物数已多，送纳不前”，甚至“摊配在邻人户下，送纳不办遂至逃移”，故户绝田不再区分肥瘠，令民间“全户收买”。④ 其实，此前已有局部地区先走一步了，“川界户绝田土，昨准敕除二税外悉定租课，召人承佃。切虑租赋稍重，望且许依旧估直货鬻。从之”。⑤

促成这一变化的原因有二：一是留官召佃部分因“租赋稍重”、“送纳不办”，反而亏失原额赋税；一是沃壤请佃之后，“兑下瘠土已远，无人请买”，⑥以致荒芜熟田，反而影响土地垦辟。针对第二个原因，天圣五年（1027）又规定，无人承买之瘠土，“如已有人租佃者并给原佃人，更不出纳租课，只依元税供输、出为户主。如无，即许无田产户全分请射”。⑦ 这里出现的无偿转化，是在全业出卖遇到困难时不得已而为之的变通办法；就全局看，有偿转化仍居主导地位。此后仁宗天圣六年、至和二年、嘉和二年、嘉祐二年、英宗治平四年、神宗熙宁元年、四年、七年，徽宗宣和四年、七年多次重申户绝田的全业出卖方针，⑧就是明证。

我们看到，北宋时期的户绝田处理方针有两变：真宗初年从均与近亲变为部分出卖；仁宗初年再从部分出卖变为全业出卖。说明随着时间的推移，官田私田化之条件日益苛刻——以有偿转化为主；然官田私田化之政策亦日趋坚定——以全业出卖为主。土地私有化之门，是开得越来越大了。

之所以说是“以全业出卖为主”，是因为户绝田出卖政策曾一度稍打折扣。“嘉祐二年（1057）诏：以天下没入户绝田募人耕，收其利，置广惠仓以赈贫人。”⑨但并非全部留而不鬻，而是视县之大小，“户不满万留田租千石，万户倍之……十万以上留万石。田有余则鬻如旧。”⑩即各县留部分户绝田出租取课，作为救灾赈济之资。但熙宁新法中，又取消了这一保留，“王安石请鬻天下广惠仓田，为三路及京东常平仓本。从之”。⑪ 户绝田再度全部出卖。

此外，北宋籍没庄田的处理办法中，有允许本主及其直系后裔依原价收赎的规定。仁宗天圣元年（1023）“九月敕：三司言，‘旧假欠官物、估纳抵挡产业入官，除已标充职田、牧地不许收赎外，如十五年内

① 《宋会要辑稿》食货一之三一。

② 《宋会要辑稿》食货六三之一七一。

③ 《宋会要辑稿》食货六三之一六六。

④ 《宋会要辑稿》食货六三之一七一～一七二。

⑤ 《宋会要辑稿》食货六三之一六八。

⑥ 《宋会要辑稿》食货六三之一七一。

⑦ 《宋会要辑稿》食货六一之五八。

⑧ 参见《宋会要辑稿》食货六一之五九、五三之八；《文献通考》（此书以下简称《通考》）卷二六《国用四・赈恤》；《宋会要辑稿》食货六三之一八二、六一之六〇；《宋史》卷一五《神宗纪》；《宋会要辑稿》食货六一之六一、六一之七三～七四、六九之四四。

⑨ 《通考》卷七《田赋七》。

⑩ 《通考》卷二六《国用四・赈恤》。

⑪ 《宋史》卷一五《神宗纪》。

本主或子孙亲的骨肉却要元纳庄，许以元估价钱收赎……’从之”。[①] 显而易见，这种收赎方式亦属有偿转化形态。

如果说，户绝、没纳庄宅是以有偿转化为主的话，那么各类荒闲田土便是以无偿转化为其主要方式了。

晚唐武宗时，荒地已被允许任民垦耕。武宗会昌元年（841）敕：“荒闲、陂泽、山原，百姓有人力能垦辟耕种，州县不得辄问。所收苗子五年不在税限，五年之外依例纳税。”[②]后晋宣布“应所在无主空闲荒地，一任百姓开耕”。[③] 宋初奖励垦荒，太祖赵匡胤下诏“有能广植桑枣、开垦荒地者，并只纳旧租，永不通检”。[④] 宋太宗一即位就宣告“所垦田即为永业，官不取其租”，[⑤]后又重申“应州县旷土，并许民请佃为永业”。[⑥] 因此，在官田私田化的两种途径中，有偿转化固然有逐步取代无偿转化的趋势，但起码至北宋初年，无偿转化这一渠道仍是畅通的。

这种无偿转化方式显然是消除晚唐以来长期延续之农业生产危机状况的一剂良方。承晚唐五代战乱之弊，北宋初年人户减耗、土地荒芜，一片凋敝衰飒景象。然经宋初三四十年农民阶级的辛勤劳动，农业生产逐步恢复生机。真宗时土田日益开辟，荒土垦为熟田。与此同时，土地的社会属性也起了变化，原系在官的荒田旷土，现在已是私家民田了。真宗天禧四年（1020），对于此类“耕耘官荒田今成熟土”之农户，开始采取“首罪收税”[⑦]的办法，要求垦荒者呈报占垦亩积，以便进行赋役征取。此后，神宗熙宁十年（1077），对于“系官并人户包占无税荒闲田土”，有“渐行检括”[⑧]之举；元丰元年（1078）又立“一年自陈”[⑨]之法。总之是只有在“立税”、“给帖”之后，才能“听为永业”，即正式给予土地所有权。

荒地私有化之程序，或是先由农民垦熟、再经官府认可、最后上簿起税；或是先经官招耕，俟三五年垦熟后再起纳二税。无论何种程序，只有到了垦荒者承担国家赋役之时，其土地私有权才算有了法律保障。这说明招垦之初“永不通检”、“止输旧租”云云，对于拓荒农民来说，无非诱饵而已。因此，荒田私田化虽取无偿转化方式，若究其实却并非统治阶级的恩赐，而是封建国家基于赋税考虑对农民垦荒劳动的被迫承认。但无论如何，从唐末五代的“一任百姓开耕”、“州县不得辄问”，到北宋的“垦田即为永业”、“佃者起税给帖”，其政策方向是一致的，即是承认、甚至鼓励荒田旷土的私化倾向，这就卡住了官田的一个相当重要的来源。

荒闲田土私有化以无偿转化为其形式，是由此类田土的自然属性——硗瘠难耕和须预支垦荒工本——约亩费三百钱[⑩]这两个因素决定的。农民在三五年的拓垦过程中所付出的劳动血汗和预支的实物消耗，实际上是地价支付的一种隐蔽形式。从这个意义上讲，这种无偿转化并不如一般想象的那么

---

① 《宋会要辑稿》食货六三之一七四～一七五。

② 《通考》卷三《田赋三》。

③ 《册府元龟》卷四九五《邦计部·田制》。

④ 《宋会要辑稿》食货六一之一六一。

⑤ 《宋史》卷一七三《食货志上一》。

⑥ 《宋会要辑稿》食货六三之一六三。

⑦ 《宋会要辑稿》食货六三之一六八：“（天禧四年八月）是月，两浙路劝农使言：‘人户自括田均税已后，多耕耘官荒田，今成熟土，岁月已久。今不即首露者虑邻人争夺，望听元佃人首罪收税，复给佃者。’从之。”

⑧ 《宋会要辑稿》食货六一之七二。

⑨ 《宋会要辑稿》食货七〇之一三。

⑩ 垦荒工本亩费三百文，是根据熙宁年间秦凤路官员王韶的估计推算的。《宋会要辑稿》食货六三之一八六载王韶言：“渭源城下至秦川，沿河五六百里，良田不耕者何啻万顷。但自来无钱作本，故不能致利。……量地一顷，约用钱三十千。”

彻底。

如果说北宋初年的荒地私化尚可归入无偿转化一类的话，那么在北宋中叶的官庄下放过程中，这种私化政策无论从内容还是形式看，均属有偿转化范畴了。试以较为典型的福州官庄的下放过程说明之。

福州官庄源起五代闽南割据之时。到北宋仁宗初年，福州十二县“共管官庄一百四，熟田千三百七十五顷八十四亩，佃户二万二千三百人”。① 其规模大致是一县九官庄，一庄十余顷，人均六亩地即一户三十亩（按小农一户五口计）的样子。但这时的官庄，早已是徒具虚名了。据天圣三年监察御史朱谏所言，“福州屯田，②耕佃岁久，虽有屯田之名，父子相承以为已业”。③ 其实质是系官佃户对于官庄田土的使用权（“耕佃岁久”），通过继承权之中介（“父子相承”），深化而为所有权（“以为已业”），只是法律形式尚欠完备而已。故早在太宗初年，即“准敕差朝臣均定二税，给帖收执”。④ 这种所谓官庄，在同其他官田一样享受“复免差徭”的同时，又与私田一般“只纳税米”，“中田亩钱四文、米八升，下田亩钱三文七分、米七升四勺”，⑤显为私税性质。李焘《续资治通鉴长编》卷一〇六亦载此事，云“授券与民耕，岁输赋而已”。事情十分明显，除“复免差徭”这一点还留有官田痕迹而外，福州千三百余顷官庄田土，既依民间体例止有二税之征，复有官授券书以为地权之证，其私田化过程，应当说早在北宋初年即告完成。

就是此类已经私化的官庄，仍然逃不脱有偿转化之命运。真宗天禧四年，福州路转运使方仲荀向朝廷建议：将福州官庄“差官估价，令见佃人次买”。⑥ 其实质是对此已经私化的官庄田土，再由政府补收地价。当时朝廷走得更远，“诏福州官庄更不出卖……依漳、泉州例均定租课”。⑦ 此欲变税为租，重新恢复福州官庄的官田性质。这样，两万余官佃户通过几辈人的辛勤劳作，其由土地使用权逐步深化而来的土地所有权，就会被剥夺殆尽。这种违背土地私有化潮流的反动措施，势必受到官庄佃户的抵制与抗拒，所谓“别定租课，增起升斗，经久输纳，不易兼从”⑧即其反映。故仅仅时隔四月，就被迫退回原地，令“福州佃官庄户依旧佃莳，更不均定租课”。⑨

但是，问题只是暂时搁置，坚持有偿转化的想法并未消失。仁宗天圣三年（1025），朝廷对福州官庄只依私产纳税、复免徭役仍不甘心，又采取“相均米数，依州价折纳现钱，铜铁中半”⑩的办法。此乃加税性质，是五年前变税为租这一倒行逆施的缓和形态。然而也行不通，于是方仲荀再次坚请出卖官庄。鉴于上两次碰壁的教训，这次仁宗同意了方之建议，“诏屯田员外郎辛惟庆乘递马往彼，与本州出卖，不得亏损官司”。⑪ 为了防备佃户拒付地价，诏书中特别提出了采取有偿转化的根据，此即当年太宗所给券书上

---

① 《宋会要辑稿》食货六三之一七五。

② 此处“屯田”，实则仍指福州官庄。北宋时期，因营田不独以民，屯田又不独以兵，屯营田“兵民参错，固无异也”（《通考》卷七，《田赋七》），故屯营田可以统称并提。同样，由于屯营田在转化为私田之前，往往经由“召民承佃”这个阶段，与官庄所取之出租取课方式并无二致，故屯田与官庄又可混称。除福州一例外，《通考》卷七还载有江西官庄被称为屯田一例，可资参证：“诸路惟江西乃有屯田，非边地，其所定租课比税苗特重。”这种召民承佃又课取租额的所谓屯田，显为官庄无疑。

③ 《宋会要辑稿》食货六三之一七六。

④ 《宋会要辑稿》食货六三之一七五。

⑤ 《宋会要辑稿》食货六三之一七五。

⑥ 《宋会要辑稿》食货六三之一六七。

⑦ 《宋会要辑稿》食货六三之一六七。

⑧ 《宋会要辑稿》食货六三之一七五。

⑨ 《宋会要辑稿》食货六三之一六七。

⑩ 《宋会要辑稿》食货六三之一六七。

⑪ 《宋会要辑稿》食货六三之一七五。

有“官中却要,不得占吝”[①]字样,以剥夺土地使用权和实际占有权相威胁,迫使二万二千余佃农为早已私化、形同己业之所谓官庄,倾其所有来支付巨额地价。

欧洲封建社会有过出钱赎回农奴身份而成为自由民的事实。北宋的系官佃户是出钱赎回土地所有权而取得编户身份。付出地价之后,随着土地使用权和实际占有权升格为所有权,其身份亦由系官佃农升格为封建后期之自耕农。

从上述分析中,至少可以得出如下三点认识:

第一,官田私田化政策的实质是对土地私有化潮流的被迫承认。虽然封建国家老大不愿意,但因无其他道路可走,只好顺水推舟,采取顺应历史潮流的现实政策;

第二,真宗时逆潮流而动,企图恢复福州官庄已经消退了的官田性质,几度碰壁后不得已而恢复原状,表明土地私有化潮流确已不可逆转;

第三,仁宗朝退而求其次,迫使官庄佃户补交地价,否则就要剥夺其土地所有权,这是一种强制性的变相掠夺,有偿转化日益成为官田私田化政策的主要方式这点也就因之更加明显。

二、原因与动力

上一节关于户绝没纳庄田、无主荒闲田土以及政府官庄等各类系官田土私化形式的讨论,从不同侧面说明,晚唐至北宋历届封建政府执行官田私田化政策,并非偶一为之的权宜之计,而是具有连续性的一贯政策。那么,隐藏在这种连续性背后的基础性动因是什么呢?

我们认为,中唐以来日形明显的土地私有化潮流,便是官田私田化政策的幕后推动力。在大土地所有制因膨胀而更为坚强有力、土地所有权因深化而愈加不可动摇、土地私有制因渐趋成熟而日益显示出优越性的历史环境中,官田的私田化趋势,便不能不表现为历史的必然。说到底,“国家的愿望总的说来是由市民社会的不断变化的需要,是由某个阶级的优势地位,归根结底,是由生产力和交换关系的发展决定的”。[②] 而官田私田化政策,就其实质而言,无非是土地私有化潮流在国家政策上的必然反映罢了。

这里所说的“土地私有化潮流”指的是小土地所有制逐步挣脱中古法权的层层束缚而日趋独立;大土地所有制持续膨胀终于在比重上独占鳌头;而急剧衰落中的国家官田数量上已微不足道这样一种趋向。在唐宋之际,其表现大致有如下几个方面:一是小农土地所有权因中古田制的崩溃而更加巩固,不仅地主阶级一般不能对之随意凌夺,就是封建国家亦不能将其套上田制框框,重新纳入授受领域。北宋太宗至道年间“陈靖田制”很快夭折的历史命运就是明证(这一点下面还要提到)。二是各类荒闲田土通过借荒置牧、许民请射、奖励垦辟等方式加速向私家民田转化。三是各地官庄、屯营田通过土地使用权向所有权的深化而自然转化为民田。四是地主阶级对于各类系官田土的蚕食吞并使之成为地主私田。五是官田私田化政策,它不仅进一步减少了原本不多的官田数量,而且对土地私有化潮流无疑起着一种明显的鼓励作用。结果到神宗元丰年间(1078~1085),政府所有之官田不过六万三千余顷,仅占当时簿载垦田面积四百六十万顷的1.37%。[③] 而地主阶级则在其自身发展史上第一次达到了自其诞生以来梦寐

① 《宋会要辑稿》食货六三之一七五。

② 《马克思恩格斯选集》第四卷,第247页。

③ 《通考》卷四《田赋四》。

以求的如下目的：即由其直接控制、经营的耕地面积，在数量上压倒其余各类官私田土的总和而跃居首位。北宋中叶所谓“天下田畴半为形势所占”、[①]“一邑之财十五六入于私家”[②]即其反映。

对这些方面细加条析非本文篇幅所能容纳，而且其中某些侧面上节亦略有涉及，这里不再详列。要而言之，在这种情势之下，封建国家既无法逾越、更无法改变大土地所有制的优势地位；又不得不对日趋巩固之中的土地使用权、占有权和所有权给予更多的尊重；加之新时期中官田经营的弊病又在增长之中（详后）；因而摆在其面前的，除了承认并顺应土地私有化这一不可抗拒的历史潮流而外，确已别无他途可循。

事实上，终宋一代官田经营普遍很不景气。这从北宋屯营田经营中收效甚微、弊端丛生即可窥见一斑。首先是日益扩大的土地私有化潮流，使得屯营田已不可能大面积兴办，“（真宗）天禧（1017～1021）末，诸州屯营田总四千二百余顷”，[③]不到官田面积六万余顷的十分之一和在籍垦田四百六十万顷的千分之一，为数甚微。其次是在晚唐以来超经济强制趋向松弛、人身依附关系大为减弱的历史环境中，各地屯营田皆缺人耕种。不仅“戍卒皆惰游，仰食县官”，不习耒耜；而且主事之武臣“亦耻于营葺”，[④]不谙农事。于是差拨内地厢军赴边屯垦者有之；将刺配流放之罪囚发充边地、顶替屯卒者有之；更有甚者，差借当地民夫及耕牛作务营田，危害波及周围小农，州县为之骚扰。缺人少地、强民代耕，必然导致生产率低下。真宗咸平年间（998～1003）京西路营田才人耕十亩地，[⑤]显然低于当时小农人耕三四十亩[⑥]的平均水平；英宗治平年间（1064～1067）“河北屯田有田三百六十顷，得谷三万五千四百六十八石”，[⑦]平均亩产不到一石，也低于当时一般产量。[⑧]

在上述种种条件的限制下，各地屯营田普遍入不敷出。仁宗天圣年间（1023～1032），陕西“缘边屯田军马支费甚多，所入课利全然不足”。[⑨] 河北屯田“丰岁所入亦不偿费”。[⑩] 荆湖北路沅州屯田务自兴置以来“所收未偿敷额”。[⑪] 襄州营田至仁宗初年收支相抵，亏损四万余贯，相当于总支出十三万贯的三分之一左右，约亩亏一贯。[⑫] 唐州营田亦如是。[⑬] 所以各地屯营田多数寿命不长，短者二三年，长者二三十年，不是变为官庄，“召民请佃”；便是“赐民永业”，转为民田。故《通考》作者马端临对宋代屯营田有如下

---

① 《宋会要辑稿》食货六三之一六九。

② 《淮海集》卷一五《财用上》。

③ 《通考》卷七《田赋七》。

④ 《通考》卷七《田赋七》。

⑤ 《宋会要辑稿》食货六三之六九。

⑥ 劳动生产率的高低，取决于每个小农的耕地面积及每亩单产。关于宋代小农的耕种面积，据方回《续古今通考》卷二“计佃户岁入岁出”条载，“一户可耕三十亩”。据《吴郡志》卷一九“水利”条载：“国朝之法，一夫之田四十亩。”故《龙川集》卷一六“记寺田”条云：“一夫耕三四十亩。”《宋会要辑稿》食货六三之八四载南宋高宗绍兴年间劝农垦辟事中亦云，“招诱人户十家，耕田三顷”，“二百五十家，耕田七十五顷”，平均户耕三十亩。前引福州官庄佃户人均占地六亩，按一户五口计亦为三十亩。故大致而言，宋代小农生产率不过人耕三十至四十亩之间。

⑦ 《宋会要辑稿》食货六三之四四。

⑧ 河北屯田多为水田，作物以水稻为主。宋代水稻产量，一般在亩米二石左右。范仲淹《文正公别集·奏议上·答手诏陈十事》云，仁宗时江南水稻产量，“中稔之利，每亩得米二石至三石”。朱熹《朱子别集》卷一六《奏救荒事宜状》云，南宋孝宗时稻米产量“每亩出米二石”。又前引《龙川集》亦云，“一夫耕三四十亩，亩收米二石”。而太湖流域在北宋中叶“上色（田）可收谷四石”（据岳珂《愧郯录》卷一五《祖宗朝田米值》）。屯田亩产不足一石，约当宋代平均产量的一半弱。

⑨ 《宋会要辑稿》食货六三之一七七。

⑩ 《通考》卷七《田赋七》。

⑪ 《宋会要辑稿》食货六三之四七。

⑫ 《宋会要辑稿》食货六三之七二。

⑬ 《宋会要辑稿》食货六三之七二。

评价："前后施行或以侵占民田为扰，或以差借耨夫为扰，或以诸郡括牛为扰，或以兵民杂耕为扰，又或以诸路厢军不习耕种、不能水土为扰。至于岁之所入不偿其费，遂又报罢。"[①]这是一点也不过分的。

与之形成鲜明对照的是，屯营田等系官田土一旦下放为私家经营的民田，其经营状况顿时改观。后周广顺二年(952)，"悉罢户部营田务。以其民隶州县，其田庐、牛、农器并赐现佃者为永业，悉除租牛课。是岁，户部得三万余户。民既得永业，始敢葺屋植木，获地利数倍"。[②] 这里明确反映出民田经营较之官田经营具有无庸置疑的优越性。北宋神宗熙宁年间(1068～1077)，京西路转运司在一个请示报告中说："许州长社等县有牧马草地四百余顷。先为不堪放牧，权令人租。今相度可以拘收入官，次邢山溪河、石限等水溉种稻田。"[③]牧马草地原属政府牧马监管辖，是为官田性质，因经营不善而致地力减退、禾草无收。不得已而召人承佃，交由佃户作务。一段时间后，竟可辟为水田，地力显已完全恢复。牧地转为官庄已具偌大效果，若再进而转化为民田，其变化还要更大。

若将上述言论与事实综合起来考虑，可以得到如下认识，即官田私田化政策的诞生以至形成，乃是当时社会经济运动的必然产物。

三、流向与性质

在讨论了官田私田化政策的形式与动因之后，这里还必须提出如下问题：从官田私田化政策中得到好处的主要是哪个阶级？为此须就土地私有化潮流的"流向"作出判断。

唐宋之际的土地私有化潮流，固然造就了一批稍有田宅的小自耕农；但大量事实表明，处在私有化过程中的各类荒闲、系官田土，主要流入了地主阶级手中，壮大了大土地所有制。让我们先看有关事实，然后对其原因略作分析。

前面提到，关于户绝田的处理方针，起先曾有肥壤留官召佃、瘠土出卖取值的规定。但是此类规定在实际生活中的执行却像是故意要和规定本身作对似的，常常是"官司以户绝田肥沃者市于人，而以瘠土租课"。[④] 这当然是一种蔑视中央条文的作弊行为。显而易见，能够和主事胥吏通同作弊者，非势家豪户莫属。就是召佃部分，亦多由私家地主揽占，所谓"伏见没纳、欠析、户绝庄田不少，自来州县形势、乡村有力食禄之家假名占佃，量出租课"，[⑤]即其反映。更为严重的是，这些权势之家佃、买到系官田土后，又往往以二地主身份驱逐现有的系官佃农，另觅劳动人手，所以官田下放常闹到"豪强兼并、佃户失业"[⑥]的地步。这就加剧了土地与劳力的分离趋势，不利于封建统治的稳定。

作为防止此类现象的再度发生及其严重化之对策，真宗时有"从来无田税者方许请射系官荒田及远年落业"[⑦]之限制；仁宗一上台，又作出现佃户在承买下放官田中享有优先权的规定。[⑧] 但是，这些新增条

① 《通考》卷七《田赋七》。

② 《资治通鉴》卷二九一。

③ 《宋会要辑稿》食货六一之九八—九九。

④ 《宋会要辑稿》食货六三之一六六。

⑤ 《宋会要辑稿》食货六三之一七七。

⑥ 《宋会要辑稿》食货六三之一九三。

⑦ 《通考》卷四《田赋四》。

⑧ 《宋会要辑稿》食货六三之一七二载，仁宗天圣元年七月诏书："若见佃户无力收买，即向地邻；地邻不要，方许中等以下户全户("户"疑为"业"之误)收买。"

文并没给佃户和小农带来什么实惠。自建中两税法提出“兼并者不复追正”的原则之后,历史已经进入了大土地所有制取得合法膨胀地位的新时期,系官田土在私有化过程中主要转变为地主私田的势头不可遏止,因而上述规定和限制事实上形同具文。天圣五年(1027),陕西路转运使杜詹说:“(系官田土)见佃人多是豪幸之辈。”①可见就在上述限令刚刚发布的几年之内,此类禁条对于地主阶级也不发生什么实际效力。发展到北宋末年,情况就更为严重了。徽宗政和元年(1111),一臣僚言:“天下系官田产……往往荒废不耕。虽间有出卖请佃之人,又为豪右侵冒,输官税赋十无一二。”②如果说农民阶级在五代和北宋初叶曾从官田私田化中得到过一些好处的话,那么至迟到北宋中叶以后,这种好处已微不足道了。

官田下放中,官府条令对于地主阶级的诸多限制,为什么全无些微效果?除了上面提到的大土地所有制在唐宋之际已经确立自身的主导地位这一根本原因之外,各级官府和当地豪势的同情欺幸亦是一因。如徽宗时期“王羲叔在宣和中因缘后宫,遂叨侍从……落职放罢,后居江州。买没官田,官价三万余贯,只作一万六千余贯,又只纳一千二百贯入官”。③ 该王羲叔虽已罢官赋闲,但他买没官田不仅折价一半,而且实纳只及原价的4%。没有主事官吏与其沆瀣一气、串通作弊是不可能办到的。南宋孝宗时,“浙西所管营田、官庄共一百五十九万余亩,内有未承佃六十七万余亩。缘上件田产皆系肥饶,多是州县公吏与形势之家通同管占,不行输纳租课,乞委官根括出卖”。④ 约占浙西官田总额五分之二左右的67万亩系官肥壤,既然尚未承佃,“通同管占”的形势地主当然不输租课;而在官府根括出卖之前,也未曾交付分文地价;由于这是冒佃侵耕而来的非法私田,所以又无赋役负担。这就是说,上述67万亩肥田沃土实际上是无代价地转入地主手中。

当然私家地主亦非一文不花就能得到如许好处的。据宋代著名史家李心传说,南宋关外营田的私化过程中,“(令)民户自陈增垦之数……独豪民大姓则密赂行遣,胥吏以为无侵,给公据与之,由是有‘鬻公据’之谤矣”。⑤ 这是地方官吏在慷国家之慨,以中饱私囊。只是地主为此付出的代价落到了监司与州县胥吏的腰包罢了。

同情欺幸而又往往得计的情况,反过来势必进一步刺激地主阶级串通官司胥吏的舞弊行为。因而北宋中叶以后,随着官田私田化以有偿转化为其主要途径,官田私田化之流向亦为地主阶级所完全控制。徽宗宣和三年二月一日诏书所云“请佃人多是权势之家,广占顷亩,公私请求”⑥即其写照。《文献通考》对北宋一朝的官田下放有如下评价:“盖买产之家无非大姓。估价之初,以上色之产轻立价贯;揭榜之后,率先投状;至于拆封,往往必得。”⑦地方官府与豪户大姓配合默契,是各类官田在私化过程中多入地主之手的直接原因。

从农民阶级的角度看问题,由于官田私田化是以有偿转化为其主要方式的,官庄佃农迫于本身有限的经济力量,多半无力承纳沉重之地价。这是影响官田私田化流向的又一个因素。前述福州官庄出卖

① 《宋会要辑稿》食货六三之一七七。
② 《宋会要辑稿》食货六三之一九一。
③ 《斐然集》卷一五《缴王羲叔、黄愿、李膺复职》。
④ 《宋会要辑稿》食货六一之二九~三〇。
⑤ 《建炎以来朝野杂记》乙集卷一六《财赋·王德和括关外营田》。
⑥ 《宋会要辑稿》食货六三之一〇六。
⑦ 《文献通考》卷七《田赋七》。

中,1 375 顷官庄田土,索价 35 万贯,亩价 2.54 贯;后又“三分减一”,每亩亦达 1.7 贯,且“限三年纳足”。[①] 按平均数小农一户五口佃地30亩计,三年内一户农家需付地价51贯。这个数目远远超过了当时下五等户的全家资产总值。[②] 佃农的经济状况一般不及下户,除少数佃富农外,他们常年处在捉襟见肘、啼饥号寒的境况之中,51贯地价显然超越了多数佃户的支付能力。在当时关于官庄出卖的文件中,我们每每遇见“见佃户内有单贫户承买者,别立宽限送纳价钱”,[③]“或见佃人无力收买,即问地邻”[④]等等记载,就是明证。不仅如此。各地州县出卖户绝、没官庄田,在“检估之时……多高起估钱”,[⑤]刻意盘剥。神宗熙宁年间,宋廷又令推行“实封投状”[⑥]之法,让承买官田者自行出价投标,官府拣价高者卖之,利用佃户之间的竞争来抬高地价,这种掠夺已达敲骨吸髓的程度了。

官府逼迫系官佃农对所耕土地竭产买充永业,结果往往是不堪承受的沉重地价将他们推向倾家荡产、被迫逃移的深渊。仁宗天圣五年(1027)密州户绝田出卖中,甚至在一年之内,催纳三重,“人户请射之初田各荒废,才入佃莳未及一年,续许承买。催纳价钱并是卖牛破产,竭力送纳未足,又更勒纳租课”。[⑦] 在此类场合,官田私田化政策不仅没有给佃农带来土地使用权向土地所有权深化的好处,倒是在逼纳地价的过程中将他们剥夺殆尽了。这样,本来是一项顺应历史潮流的政策,在其演进过程中便走向了自己的反面。当然,这主要是就其剥夺佃农使之破产,从而加剧了土地与劳力的分离趋势这一点而言的。

总之,官田私田化政策的主导方面,是壮大了地主阶级的大土地所有制,这是由于这一政策所固有的阶级属性所决定的。

这样看来,官田私田化政策是一种带有两重性的政策。它在扩大与增强小土地所有制的独立性,从而为农业小生产者展现了更为广阔的发展前景的同时,也给他们带来了财力拮据、减缓上升速度,甚至失去土地、离乡背井等等灾难,特别是在有偿转化的场合之下。因此,这个政策既有顺应历史潮流、调动直接生产者劳动积极性之积极的一面;又有延缓土地使用权向土地所有权的深化进程、加剧土地与劳力的分离趋势之消极的一面。当然,这两个方面是变动的、有主有次的。大致而言,在晚唐以至北宋初期的两个多世纪中,这个政策的积极面占主导地位;而北宋中叶以后,其消极面则有了明显的增长。正如恩格斯所指出的那样:“由于文明时代的基础是一个阶级对另一个阶级的剥削,所以它的全部发展都是在经常的矛盾中进行的。生产的每一进步,同时也就是被压迫阶级即大多数人的生活状况的一个退步。”[⑧]

四、反证与限制

无庸讳言,在晚唐以来某些短暂的历史段落中,也曾有过相反方向的运动,即不是官田下放为私田,

① 《宋会要辑稿》食货六三之一七六。

② 按照宋代户籍的有关规定,以38贯500文为划分四、五等户的分界。《梅溪先生后集》卷二五《定夺余姚县和买》:“绍兴府余姚县,物力及三十八贯五百文者,为第四等;三十八贯四百九十九文者,为第五等。”这并非余姚一县之规定。《宋会要辑稿》食货七〇之七五~七六载,孝宗淳熙十六年四月十四日诏:“元科则例,自三十八千五百以上为四等、合科和买,三十八千五百以下为下五等、免科。”既称“元科则例”,可能即是北宋以来多数地区划分户等中沿用之惯例。

③ 《宋会要辑稿》食货六三之四。

④ 《宋会要辑稿》食货六一之五九。

⑤ 《宋会要辑稿》食货六三之一七四。

⑥ 《宋会要辑稿》食货六一之六〇。

⑦ 《宋会要辑稿》食货六三之一七八。

⑧ 《马克思恩格斯选集》第四卷,第173页。

而是采用各种办法在可能范围内变私田为官田。太宗至道年间的"陈靖田制",神宗熙宁年间的"拘纳民田"以及北宋末年的"西城、浙西括田"之举,均系"化私为公"的反方向运动。如何解释此类矛盾现象呢?

先看"陈靖田制"。太宗至道二年(996),陈靖奏进"给授田土之制",建议"募民耕田,官给耕具粮种"。[①] 具体办法是以荒闲田土为资,仿照中古田制模式,由政府对无地农民进行田土授受:以人丁多少分户为四等,以肥瘠级差分田为三品,大致是人授十亩。[②] 实施地区限于京东西路的宿、亳、陈、蔡、邓、许、颍七州,即今豫南及苏北地区,共措置到"荒地二十余万顷"。[③] 当时宰相吕端因其"多改旧法又大费资用,不以为然";[④]大理寺丞皇甫选等"以为功难成,愿罢其事"。[⑤] 陈靖七月上书,八月"三司以费官钱数多,万一水旱恐致散失,事遂寝",[⑥]其寿命之短仅止月余。马端临指出此制"有授无还",[⑦]与昔日均田制不可同日而语;王夫之认为此制目的不在均田而在聚敛,"假募民之说,使寸土一民词穷而尽之",[⑧]与五朝均田毫无共同之处。十分明显,欲将荒闲土田再度括入政府之手的"陈靖田制",不仅与中古田制的基本精神已大相径庭,而且因其很快夭折的历史命运而对官田私田化政策的执行,几乎未发生什么实际影响。

再看熙宁年间的"拘纳民田"。此类侵犯民田私有权的事例在变法期间虽不普遍,然亦时有发生。京东蔡州在检括无契冒侵耕地时,真正冒佃侵耕官田之豪右势家安然无恙,却"夺下户闲田,募客自占",[⑨]受到打击的农户不少。熙宁五年(1072)永兴军兴平县有240余顷"久输两税"之民田,被"抑令退为牧地"。[⑩] 京西路永安县亦曾发生"沿路河百姓地土拘纳入官"。[⑪] 对于新法推行过程中这种反常现象作出解释显已超出本文范围。这里要说的是,此类事情既非大量,又在神、哲之交很快得到纠正。对于蔡州"夺下户闲田"的纠正是在元丰三年(1080),"诏止蔡州客户请射田,追收已给关子"。[⑫] 对兴平县"退民田为牧地"的纠正在元祐元年(1086),不仅令原田主"依旧耕种",而且扩而大之,"如本路更有将民户税地改为牧地者,亦依此"。[⑬] 同年对永安县"拘纳民田"亦作纠正:"将拘到土地给还旧日人户"。[⑭] 这种纠正本身就说明,官田私田化政策在其执行过程中虽然小有波折,但基本上是连续的和一贯的。

规模较大的反方向运动要数北宋末叶的西城、浙西括田之举了。"政和间,谋利之臣建议,以为彼处减匿赋税,乃创置一司,号'西城所'。命内侍李彦主治之,尽行根刷拘摧,专供御前支用。"[⑮]宣和年间,又推广到浙西,"惟人户见业已纳省税不括外,其余逃田、天荒、草田、葑茭荡及湖泺、退滩、沙涂等地,悉格记

① 《宋太宗实录》卷七八。
② 《宋史》卷一七三《食货志上一》。
③ 《宋会要辑稿》食货六三之六八。
④ 《宋史》卷一七三《食货志上一》。
⑤ 《宋太宗实录》卷七八。
⑥ 《宋史》卷一七三《食货志上一》。
⑦ 《文献通考》卷四《田赋四》。
⑧ 《宋论》卷二《太宗一二》。
⑨ 《宋会要辑稿》食货六三之一八八。
⑩ 《长编》卷三七二"熙宁五年"条。
⑪ 《宋会要辑稿》食货六一之六一。
⑫ 《宋会要辑稿》食货六三之一八八。
⑬ 《宋会要辑稿》食货六三之四九。
⑭ 《宋会要辑稿》食货六一之六一。
⑮ 《挥麈后录》卷二。

置籍，召人请射种植。[依]乡例拘纳租课，捀充御前钱物”。[①] 无论西城、浙西，均系“化私为公”，这个事实确与本文论点不无扞格之处，故拟稍稍申论之。

首先，这一现象波及的地区，仅限于京东、浙西等地，因而是局部的；其次，此后即起的宋江、方腊起义，给予这种倒行逆施以覆灭性打击，因而又是暂时的。如果我们再深入一步作过细审察，那么西城、浙西括田所引起的土地私有化潮流之有限逆转：

第一，实由聚敛所致，乃是财政危机已达燃眉之急时采取的非常措施。“以为彼处减匿税赋”云云，可见其目的在于增加赋入，并非要由国家再度插手土地分配或土地经营。

第二，整个括田过程中，打的是“根括荒田”、“纠举冒佃”旗号，披上“均平赋税”、“纠弊兴利”的合法外衣，并非要把该地之全部民田括为官产。事实上，当时括纳不及的民田仍占多数。

第三，当然，在根刷拘纳过程中由于种种原因而走向极端，侵犯了大量的土地私有权。仅西城一所强占民田即达3万余顷。但杨戬的办法是“立法索民契，自甲之乙、乙之丙，展转究寻，至无可证”；[②]李彦的办法是“使他人投牒告陈，皆指为天荒”。[③] 无论是从法律手续上钻地契阄书的空子（如杨戬），还是利用地痞无赖的漫指天荒、上状诬告（如李彦），都不敢、也没有对私家民田的合法性提出公开挑战。

上述分析归结到一点，就是西城、浙西括田之举，亦不能视为唐宋之际历届封建政府曾经长期而又坚定地执行过官田私田化政策的反证。

虽然如此，这种“化私为公”之反方向运动的存在，毕竟表明官田私田化政策之执行不是绝对的。历史实际表明，在官田大量转化为私田的同时，也有少量私田在转化为官田，官、私田土实际上是处在对流之中。例如，官府没收冒法抵罪户的全部庄宅，职役户因失陷官物等原因而入田赔抵，户绝、天灾、战乱造成的无主荒闲田土转归政府支配，等等，这些民田便失去了原来的私有性质而暂时成为“官产”。不过比较而言，官田私田化的流量毕竟要大得多，故应视为主流；而私田官田化至多不过是回旋一时的支流而已。与此相联系，我们说官田私田化政策曾经得到坚定的执行，也并不意味着政府会将全部官田统通下放。换言之，这一政策的执行，是有其内部必然性所规定的若干限制的。概略而言，这些限制有如下几个方面：

一是出于宋辽争战的军事需要，北宋沿界地带的屯田不在私田化之列。前面说过，内地屯田多以烦扰罢之；惟独河北缘边屯田，自太宗端拱年间（988～989）兴置以来，尽管岁入无几，却仍维持到北宋末年，其因盖在于“利在蓄水，以限戎马”。[④] 真宗咸平五年（1002），牛睿又以“为胡马之阂”为由，请求增广北境屯田，于是“顺安军、威虏军、保州、定州皆有屯田”。[⑤] 顺安军（治高阳）在北平（今定县）之东，两地相距二百余里，其间“平广无隔阂，每岁胡骑多由此入”，于是因屯田而“建阡陌、浚沟洫、树五稼，所以实边廪而限戎马”。[⑥] 安肃军边吴、宜子两淀“久来潴蓄塘水为险固”。[⑦] 在北宋中叶以后官田私田化政策之实

① 《文献通考》卷七《田赋七》。
② 《宋史》卷四六八《杨戬传》。
③ 《宋史》卷四六八《杨戬传》。
④ 《文献通考》卷七《田赋七》。
⑤ 《文献通考》卷七《田赋七》。
⑥ 《宋会要辑稿》食货六三之六七。
⑦ 《宋会要辑稿》食货六三之四四。

施范围日趋扩大的情况下,政府仍旧明令河北、陕西、河东等地“存留屯田”,“事干边防利害之处不可出卖”。[①] 由于边防弛固事涉宋廷安危,上述限令一般均能得到比较认真的执行。

二是政府出于履行农业社会公共职能的需要,凡事关一方水利的陂塘、渠畔等地,亦被排除在官田私田化政策的适用范围之外。为纠晚唐以来地主阶级兼并及水、涸湖为田之积弊,英宗治平年间规定:“应天下州县及京畿陂泽之类,皆不得请射。”[②]到神宗熙宁年间,连已经私化了的此类田土也要收回:“应人户见耕占古迹陂塘地土,如可兴修浇灌、委实便利,其所占地土……系请射者即与破税;如施功开垦,量给功直”。[③] 徽宗宣和元年(1119),又令各处在此等水利用地明立界址,“用大石碑雕镌地名、丈尺、四至,以千字文为号……无令损动、堙塞、请占”,[④]力图防其私化,但其效甚微。

三是官田私田化政策受到国家财政状况的某些影响。在戍兵倍增、军储失备之时,往往大兴营田,使荒地私有化受到一定阻滞。如仁宗庆历年间(1041～1048),陕西路以“空闲地置营田务……以助边计”。[⑤] 而在财政拮据之时,又因税入不及租课之多而“住卖官田”,如熙宁二年三司曾为“(官田)每亩所出子粒比田税数倍,及户绝田已拨入广惠仓者,并乞不许卖”[⑥]而得到允准。徽宗政和年间(1111～1118)的原则是:“如屯田纽利多于二税即住卖之,为税田而税多租少即鬻之。”[⑦]此类限令曾在部分地区延缓了官田下放速度,影响亦不很大。

四是官田私田化政策受封建经济内在规律的制约。任何一种生产方式均要求生产资料与活的劳动相结合,否则现实的生产力便无从发生。如若官田下放反而导致豪强兼并、佃户失业,此时官田私田化的执行便会变得踌躅迟疑,甚至有所倒退。由于这个政策偏重于照顾地主阶级的利益,我们在“流向与性质”一节中看到过此类情况的发生。为此北宋政府提出的对策有二:一是暂停执行,“系官田宅一切卖鬻……更不施行”;一是召回原佃户耕种,“元佃贷人员愿依旧佃贷者听”。[⑧] 希望由此缓和因官田下放而加剧的土地与劳力的分离趋势,然终是缓不济急了。

五是晚唐以来土地使用权加速深化和小农土地所有权的经济权威日益增长的客观情势,迫使政府对某些种类田土的下放预加限制。真宗咸平二年(999)规定,在请射系官田土中,“系帐逃户庄园、有主荒田,不得误有给付”。[⑨] 究竟原委,实因此类田土虽已荒芜,但其主人尚在,因而该地之所有权须由政府代为看守,待田主归来时交还本人。这不能不说是农民阶级从土地所有权摆脱中古法权束缚而日趋独立中,得到的一个主要好处。在户绝、没纳及官庄出卖过程中,我们看到政府于仁宗天圣元年、三年、六年多次重申现佃户有优先权;[⑩]英宗治平年间,还在价格政策上给予优待,“(佃)及五十年者如自收买,与十分价钱内减三分”。[⑪] 到神宗熙宁年间,干脆下令“天下屯田省庄,皆子孙相承、租佃岁久,乞不许卖……从

① 《宋会要辑稿》食货六三之一九三。
② 《宋会要辑稿》食货六三之九六。
③ 《宋会要辑稿》食货六一之九九。
④ 《宋会要辑稿》食货六一之一〇六。
⑤ 《宋会要辑稿》食货六三之七二。
⑥ 《宋会要辑稿》食货五三之八。
⑦ 《文献通考》卷七《田赋七》。
⑧ 《宋会要辑稿》食货六三之一九三。
⑨ 《文献通考》卷四《田赋四》。
⑩ 《宋会要辑稿》食货六一之五九、六三之一七六。
⑪ 《宋会要辑稿》食货六三之一八二。

之”。[①] 显而易见，诸如此类租佃岁久的系官田土由他人买之，势必影响现佃户长期化了的土地使用权与实际占有权。因此，虽说这些规定确乎包含着保持农业生产连续性的官方意图在内，但也体现了晚唐以来政府更加尊重土地使用权和土地所有权这一重要倾向。

官私田土的互相对流以及官田私田化政策的上述限制，便是宋以后仍有部分官田长期存在的基本原因。此后官田数量在某些特定时期虽曾有过畸形膨胀，但其总趋势仍在逐步缩小之中。影响宋以后官田数量变动的因素很多，对此作出分析已是另外一个问题了。

（原刊于《历史研究》1982 年第 3 期）

① 《文献通考》卷七《田赋七》。

再论宋初两浙东北路、两浙西南路的废置时间与辖区

李昌宪

（上海师范大学硕士研究生毕业，南京大学教授）

拙作《中国行政区划通史》宋西夏卷，对两浙路、福建路前身两浙东北路、西南路的废置时间与两路辖区曾有所探讨。顾宏义就此问题在《文史》2009年第4辑发表题为《宋初两浙东北路、两浙西南路考》的论文，提出了若干点批评意见。下面谨就此重申我的观点，以答顾先生。

在拙作中，我认为太平兴国三年（978），漳泉、吴越相继所献之地，最初宋统称为"两浙诸州"。五月丙戌，以"刑部郎中杨克让充两浙西南路转运使，宗正丞赵齐副之；祠部郎中河南刘保勋充两浙东北路转运使，右拾遗郑骧副之"。[①] 始分闽、浙诸州为两路，即两浙东北路、两浙西南路。两浙西南路，《元丰九域志》明言于雍熙二年（985）改称福建路。两浙东北路，我依据《长编》所载王德裔、高冕的官衔，推断可能在太平兴国六年中改称两浙路。[②] 至于开宝八年（975）得自南唐的润、常、汀、建、剑六州及江阴一军，则于次年（即太平兴国元年），命知升州杨克逊（让）兼江南诸州水陆计度转运使事[③]后，即隶属于江南诸州，并于太平兴国三年漳泉、吴越归地后拨隶两浙诸州。[④]

顾宏义认为两浙西南路改福建路，在雍熙二年，那么，两浙东北路也"应同时或相先后"改为两浙路，否则两浙路当统摄两浙西南路。[⑤] 这样的推断，一般来讲，是有道理的。但其所引史料并非确证。他首先引了《宋史·周渭传》，该传载：

> 太平兴国二年，为广南诸州转运副使，……就加监察御史，在岭南凡六年。徙知扬州，进殿中侍御史，改两浙东西路转运使。入为盐铁判官，迁侍御史。

又引《宋太宗实录》卷三一，"太平兴国九年八月甲辰，以监察御史周渭为两浙西南路转运使"。由此认为两浙东、西路"实指两浙东北路、西南路"，进而断言："周渭任两浙西南路在太平兴国九年八月，故推知其任职两浙东北路转运使当在太平兴国八年至九年八月间，是亦为两浙东北路未于太平兴国六年改称两浙路之一证。"[⑥]但是，《宋太宗实录》载，周渭是以监察御史出任两浙西南路转运使的，并非殿中侍御史，后者的品阶要比前者高，不可能先以殿中侍御史出任东北路，再以监察御史出任西南路，除非失职，降其品阶，否则是说不通的。顾宏义引《实录》，而未引"监察御史"，可能是无心之失，但我们据此可知宋传

---

① 李焘：《续资治通鉴长编》（以下简称《长编》）卷一九，第428页。

② 《中国行政区划通史》宋西夏卷，第63、78页。

③ 王象之：《舆地纪胜》卷二六《隆兴府》，中华书局1992年影印本，第5页。

④ 《中国行政区划通史》宋西夏卷，第70页。

⑤ 《文史》2009年第4辑，第192页。

⑥ 《文史》2009年第4辑，第193页。

记载可能存在疏失，也由此知顾先生推断之疏漏。对于《宋史》而言，我们更加看重《实录》，因为相对而言，《实录》是第一手史料。由此我认为《周渭传》中的两浙东西路，倒有可能是两浙西南路之讹，这与西南路雍熙二年改称福建路倒吻合。《宋史·周渭传》，短短数十字，可疑之处有二，因此难以持此立论。

宋太宗在削平僭伪诸国后，于太平兴国六年为消除积弊，曾三次成批派遣精明强干的官员担任各路转运使。正月第一次派遣六名官员，石熙载、王沔、宋潭、张齐贤、徐休复、赵昌言，分别为"京东、江西、江南、两浙、剑南、荆湖"转运副使。七月第二次六名，胡旦、赵化成、张宏、魏庠、许骧、杨缄，分别为"淮南西路、京东、峡路、两浙西南、陕府南北及御河转运副使"。九月第三次"选留朝臣十人，复为诸路转运使：右补阙刘甫英河东路，殿中侍御史刘度西川路，王晦名峡路，吏部郎中许仲蟠淮南路，监察御史李惟清荆湖路，礼部郎中张去华江南路，膳部郎中高冕两浙路"。三次中，"两浙路"出现两次，"两浙西南路"出现一次，惟独"两浙东北路"未出现，这不可谓之巧合，只能说明此时两浙东北路已改称两浙路。太平兴国七年十二月，"两浙转运使高冕条上旧政之不便者，凡百余事。庚午，诏两浙诸州自太平兴国六年以前逋租及钱俶日无名掊敛，吏至今犹征督者，悉除之"。① 由"两浙诸州"来看，此时两浙路可能兼总两浙西南路。这种治理方式，太平兴国年间在荆湖、江南、广南等路都曾实行过。②

再论两浙东北路、西南路的辖区，即润、常、汀、建、剑六州及江阴一军，太宗一朝的隶属问题。我在拙作中曾引《元一统志》卷八《常州路》言，常州"雍熙四年(987)属江南道，至道三年(997)属两浙路"。③ 这与前面推论六州军"当于太平兴国三年漳泉、吴越归地后拨隶两浙诸州"，④合而观之，则六州在太宗朝的隶属关系就非常的清楚了，即开宝八年隶属江南诸州，太平兴国三年，汀、建、剑三州与福、漳、泉三州组成两浙西南路，常、润二州与吴越之地组成两浙东北路。⑤ 常州雍熙四年还隶江南路，润州在常州之西，也当一并改隶。

但顾宏义认为两浙东北路、西南路的辖区只包括吴越、漳泉之地，"汀、建、剑、常、润五州并不在内"，并引马亮事证明在至道三年以前，常、润均属江南路。⑥ 他引《长编》卷四〇至道二年十月己未条为证，该条正文如下：

> 诏以池州新铸钱监为永丰监。先是，饶州有永平监兵匠多而铜锡不给，知州马亮请分其工之半别置监于池州，诏从之。于是，岁增铸钱数十万缗。亮，合肥人也。始通判常州，吏民有因缘亡失官钱，籍其赀犹不足偿，妻子连逮者至数百人，亮纵去，缓与之期，不逾月尽输所负。罗处约使江东，以亮治行闻，擢知濮州。其后苏易简荐其才任繁剧，自福州召还，同提点三司都勾院磨勘凭由司。久之，出知饶州，州豪白氏持吏短长，尝杀人，以赦免，愈骜横，为里闾患。亮发其奸，诛之，部中慑服。

① 《长编》卷二三，第530页。

② 按：《中国行政区划通史》宋西夏卷第19~20页可参考。

③ 《中国行政区划通史》宋西夏卷，第63页。

④ 按：我之所以将六州军划入两浙诸州的时间推定在太平兴国三年，一是宋代文献无此次合并的明确记载，二是润、常二州及江阴军，唐代是浙西观察使的巡属，建、剑、汀三州唐代是福建观察使巡属。在南唐克平、吴越、漳泉献地后，适时改变因长期争战、割据而形成的不合理的行政区划，是可能的。

⑤ 《中国行政区划通史》宋西夏卷，第78页。

⑥ 《文史》2009年第4辑，第193页。

该条正文,顾宏义未全引,所引为“始通判常州……擢知濮州”一段,由此得出结论,“因宋朝转运使有察举所属州郡官员之责,故江南东路转运使罗处约以常州通判马亮‘治行闻’。由是知常州于雍熙四年自两浙路改属江南东路,至至道三年再归属两浙路”。① 顾宏义希望通过马亮通判常州之事,得出至道二年常州隶属于江南路,进而证明自开宝八年以来常州一直隶属于江南路。但是,我们从其所引并不能看出他要得出的结论。稍稍留意该段文字,马亮通判常州并不在至道二年,顾宏义所引中的“先是”二字已表明了这一点。再者,查《长编》原文,已未条除上引正文外,尚有李焘注文。注文说:“马亮常州、福州事皆不得其时,因铸钱附见。”因此,马亮通判常州,肯定不是至道二年十月之事。那么,马亮通判常州在何时呢? 马亮,“太平兴国五年登进士第”,②至道二年知饶州。出知饶州前,历任通判常州、知濮州。又任职福州,再赴京,“同提点三司都勾院磨勘凭由司,久之,出知饶州”。马亮在福州的经历,《宋史·马亮传》有记载,“会诸路转运司置纠察刑狱官,以福建路命亮。覆讯冤狱,全活者数十人,迁太常博士,知福州”。这就是说,马亮在福州时有两个职务。其中转运司下辖的纠察刑狱官一职,可以确定较准确的时间,在淳化二年至四年间,这是宋朝转运司纠察刑狱官一职的废置时间。③ 也就是说此时马亮正在福建路纠察提刑官任上,而他通判常州应在太平兴国以后、淳化以前,即雍熙、端拱时。问题尚不止于此,引文中的罗处约也并非江东路转运使。检《宋史·罗处约传》,罗处约“登第为临涣主簿,再迁大理评事、知吴县。王禹偁知长洲县,日以诗什唱酬,苏杭间多传诵。后并召赴阙,上自定题以试之,以禹偁为右拾遗,处约著作郎,皆直史馆”。罗处约又以著作郎、直史馆,“受诏荆湖路巡抚,欲以苛察立名,所奏劾甚众,官吏多被黜责。淳化三年卒,年三十三”。由此可知,罗处约并非以江南东路转运使出使。因此,罗处约任江东转运使,实为想当然。使,在宋代并非专指转运使。在北宋前期常有以巡抚、安抚等名义出使的事例。且罗处约的资历也距转运使颇远。宋代差遣制度成熟时期,由知县、通判、知州,提点刑狱而转运使,中间层级颇多。罗处约虽处北宋前期,此时不次用人之事较多,但谅也难及,不可能委以方面。

罗处约为著作佐郎、直史馆,在端拱元年(988)正月。④ 其“受诏荆湖巡抚”,是端拱元年至淳化三年(992)四年间事。如果“罗处约使江东,以亮治行闻”属实,也应是端拱时事。这与常州雍熙四年(987)属江南道,倒颇吻合。雍熙四年距淳化四年为六年时间,马亮自通判常州、知濮州至任福建路转运司纠察刑狱官,从时间上讲,是合乎情理的。总而言之,顾宏义引马亮之事并不能证明常州开宝八年至至道二年就属江南路。

至于建、剑、汀三州,顾宏义引用了《长编》雍熙元年十一月癸酉条、《宋史·张齐贤传》、《容斋四笔·国初救弊》等史料,以张去华、张齐贤的事迹证明建、剑二州太平兴国三年至雍熙元年属江南路,所引有相当的证明力。不过,《长编》卷二一也有相关的记载:

> 是岁(太平兴国六年),先是,诸州罪人皆锢送阙下,道路非理而死者,十常六七。所坐或夤缘细微,情可悯恻。江南西路转运副使、左拾遗张齐贤上言,罪人至京,请择清强官虑问,若显负沉屈,则量罚本州官吏。自今令只遣正身,家属别俟朝旨,干系人非正犯者,具报转运使,酌情理免锢送。虔

① 《文史》2009年第4辑,第194页。

② 曾巩:《隆平集》卷一四,四库全书本,第4页。

③ 马端临:《文献通考》卷六一《职官考一五》,中华书局1986年版,第558页。

④ 《长编》卷二九,第646页。

州尝送三囚，坐市牛肉并家属十二人悉诣阙，而杀牛贼不获，齐贤悉纵遣其妻子。自是江南送罪人，岁减太半。

有趣的是，《长编》中，所言及的罪人，只有虔州一处，而无建州、南剑州，与《宋史·张齐贤传》、《容斋四笔·国初救弊》异。且《容斋随笔》中，有江州司理院建、剑等州"经过寄禁罪人"的记载，顾宏义由此断言："是证太平兴国后期，建州、南剑州皆属江南路，故二州民犯罪即由江州司理院审理。"我认为这是误解。"寄禁"当是赴京罪人路过江州，于江州司理院临时羁押之意。江州位于长江南岸，于江州寄禁或是在此等候渡江，所以造成江州寄禁罪囚达 324 人之多。因此，由"寄禁"得不出二州皆属江南路之义。《容斋四笔·国初救弊》言张齐贤授命之时，太宗"谕以民间不便事，令一一条奏"，而张齐贤处理建、剑、虔等州罪囚是在蕲州，蕲州在江北，属淮南路，因此张齐贤未入境即处理诸州罪囚，可能是依据太宗面谕，超越管辖权限的"便宜处置"。

顾先生认为建、剑、汀三州属于江南路，由此带来的一个问题是，两浙西南路在此期间只领福、漳、泉三州和析泉、福二州地设立的兴化军，政区只相当于唐代通常一方镇的地盘，未免过小。且《舆地纪胜·兴化军》还记载"初隶江南东路"。[①] 因而，顾宏义"推测今浙南诸州当时亦应属两浙西南路"，[②]以此自圆其说。

我们认为关于建、剑、汀三州在太平兴国三年至雍熙元年这七年间隶属江南路之事，包括《舆地纪胜》、《太平寰宇记》、《元丰九域志》、《宋史·地理志》在内的宋代全国性的地理总志都无记载。而《淳熙三山志·转运行司》言，"太平兴国三年，钱氏纳土，闽为两浙西南路。五年，始命太子左赞善大夫贾昭明为本路转运判官。雍熙改福建路"。[③] 上引明言"太平兴国三年，钱氏纳土，闽为两浙西南路"，并未提及建、剑、汀三州隶属江南路之事，也不言两浙西南路改为福建路时辖区的巨大变动，因此推测也就只是推测而已。而且这种推测也违背了"山川形便"这一政区划分的最基本的原则。自从唐代后半期设置福建道以来，福建这一政区均以八闽为其范围，直至明清，宋的福建路、元的福建道宣慰司、明清的福建省，盖莫能外，从未西向跨越闽赣间的武夷山脉，也未北向越过闽浙丘陵，与相邻的江西、浙江州县组成同一政区。因此，《舆地纪胜·建州》所言，"国朝初平江南，属江南转运使"，"其后隶两浙(西)南路"，其注"在钱氏纳土后"，应是指的是太平兴国三年，而非雍熙元年，这样似更合乎情理。

(原刊于《文史》2010 年第 4 期)

① 按："隶江南东路"，顾宏义认为是"江南东道"之讹，但江南东道是唐代的建制，兴化军，宋太平兴国四年始置，因此解释不免牵强。
② 《文史》2009 年第 4 辑，第 195 页。
③ 梁克家：《淳熙三山志》卷七，宋元方志丛刊本，第 13 页。

科举制度的骄子

——宋代贤相王曾

张其凡

(暨南大学教授)

王曾(978~1038),字孝先,青州益都(今山东青州)人,封沂国公,谥文正,故世称王沂公或王文正公。宋真宗朝初期,他参加科举考试,连中三元,踏上仕途。宋仁宗朝初期,他两度为相,欧阳修称颂他"在中书最为贤相"。[①] 虽著述传世不多,但其行事、为人、从政,多有可称道之处,堪称宋仁宗朝第一位名相。究其生平仕宦,真是科举制度的骄子。

21世纪以前,少有学者对王曾进行研究。仅在《北方文物》杂志1978年第1期上,刊有贾敬颜先生所撰《王曾上契丹事疏证稿》一文。进入21世纪后,情况发生了很大变化。2005年,笔者与白效咏博士在《中州学刊》第3期上刊发了《乾兴元年至明道二年政局初探》一文,即是对王曾为相前后政局之探讨。2007年,河南大学中国古代史专业硕士生董学连,在导师程民生指导下,完成了硕士论文《王曾年谱》,并在《开封大学学报》2007年第2期上刊发了《王曾与石介的交游》一文。2008年,山东师范大学专门史专业硕士生王丽亚,在导师仝晰纲指导下,完成了硕士论文《论王曾》,并在《潍坊学院学报》2008年第1期上刊发了《王曾与宋辽关系辨析》,在《兰台世界》2009年12月上半月刊上刊发了《王曾与北宋前期地方政治》两篇文章。此外,网络上还有一篇《王沂公年谱》,作者不明,稍缺历史学功底,对专业学者来说,参考价值不如两篇硕士论文。两篇硕士论文对研究王曾作出了很大贡献,但一限于体例,一限于功力,都尚有不足,而且两文均未公开发表。本文在这两篇硕士论文的基础上,结合当时政局,对王曾认真考察,着重探讨作为科举制度骄子的王曾的发迹、升腾及其在北宋中期政坛的地位和作用。不当之处,尚祈指正。

一、家世与附会

(一)家世

王曾的家族,据说源出赫赫有名的太原王氏。

北宋名臣富弼撰《王文正公曾行状》(下称《行状》),称其祖上出于太原王氏,屡经迁徙,至后晋,始定居青州益都:

> 王氏以爵祖于周,至东汉,霸始居太原。别族支居琅琊及祁,皆为望姓,而太原者尤著,世世有子

① 欧阳修:《归田录》卷一,中华书局点校本1981年版,第7页。

不绝。公即太原人也。其先旅于燕无棣。唐末屡徙,晋避地青社,遂家。[①]

宋祁所撰《文正王公墓志铭》(下称《墓志铭》)亦载:

公字孝先。由逸民霸,飞遁天汉,显基素德,支裔屡徙,今为青州益都著姓。[②]

《行状》所言,显然出自王曾家族所言。那么,王曾就是汉代世家太原王氏的后裔了?《行状》姑妄言之,人们也不屑辩之。然而,这种附会的家世光荣,恐怕信者不多吧。试看宋祁《墓志铭》、《隆平集》本传、《东都事略》本传、《宋史》本传等处,均未采用行状之说,即可窥知了。

撇开附会的家世不论,王曾可信的家世应自曾祖始。《行状》载王曾家族世系云:

曾祖铎,累赠太师、尚书令、中书令、越国公。曾祖母赵氏,越国太夫人。祖继华,累赠太师、尚书令、陈国公。祖母刘氏,陈国太夫人;卫氏,楚国太夫人。考兼,皇任著作佐郎,累赠太师、尚书令、鲁国公。母张氏,燕国太夫人;何氏,鲁国太夫人。

《墓志铭》又载:

曾祖讳铎,祖讳继华,皆阴储世烈。考讳兼,甘节难进,终著作佐郎。深根浚源,藆沛来祉。公贵推泽,并赠开府仪同三司、尚书令、中书令,爵皆为公。大王父国于越,父国于鲁。

由此可知,王氏并非官宦高门,王曾曾祖、祖父、父亲的显赫官爵,均系因王曾功业而获赠的追封。《墓志铭》便云:"公由布衣狃君门。"宋人陈师道《后山谈丛》甚至戏称王曾的祖先为农人:"王沂公之先为农,与其徒入山林,以酒行。既饮,先后至失酒,顾草间有醉蛇,倒而捋之,得酒与血,怒而饮焉。昏闭倒卧,明日方醒,视背傍积虱成堆,自是无虱终身。"[③]王曾曾祖以下家世,更说明他的家族,实在与显赫的太原王氏没有多大关系。[④]

(二)父母及兄弟

王曾之父王兼,相继娶张氏、何氏,王曾系何氏所生。

《墓志铭》载:

妣曰张,别赠燕夫人;曰何,为鲁夫人。公即鲁夫人之子。

① 杜大珪:《名臣碑传琬琰集》中集卷四四《王文正公曾行状》,文海出版社《宋史资料萃编》影印清抄本1969年版,第1037页。

② 宋祁:《景文集》卷五八《文正王公墓志铭》,武英殿聚珍版,第18页。

③ 陈师道:《后山谈丛》卷二,广陵书社《学海类编》本2007年版,第七册,第3915页。

④ 有关王曾家世,王丽亚《论王曾》一文述之甚详,此不赘。

《渑水燕谈录》云，王曾生母何氏为太平兴国年间的起居郎何保枢之女：

国初，州郡自置邸吏，散在都下，外州将吏，不乐久居京师，又符移行下，率多稽迟，或漏泄机事。太平兴国初，起居郎何保枢奏，置钤辖诸道都进奏院以革其弊，人给铜朱印一纽。院即石熙载旧第也。起居，王沂公外祖，而予妻曾祖父也。①

据龚延明《宋代官制辞典》，宋朝前期，起居郎依唐制为从六品上，王曾之父王兼所任著作佐郎亦为从六品上，皆属中下级官职，何、曾两氏联姻，可谓门当户对。

王曾有二弟，《墓志铭》载：

母弟曰皞，字子融，为刑部郎中、直集贤院；曰悯，字孝德，终国子博士。

王皞，宋王称《东都事略》卷五一有传，元脱脱《宋史》卷三一〇附其传于《王曾传》后，且云西夏赵元昊反，王皞请以字为名，故称王子融。

王曾八岁时父母双亡，幸得叔父宗元尽心抚养。

《行状》云："八岁亡怙，恃仲父工部抚爱，逾所生。"《墓志铭》亦载："八岁，终二丧，斩焉致毁。仲父宗元育之，过所生，一情以均，公亦以所爱事仲父如父。"王曾大贵之后，便上书为叔父博赠封号，《燕翼诒谋录》云："王曾为参知政事，改葬叔太子中舍宗元、叔母严氏，自言幼孤，叔父母育之。诏赠宗元工部员外郎，严氏怀仁县太君。"②

（三）妻室

王曾先后娶过三位妻子，分别是蔡氏、大李氏和小李氏。

《墓志铭》有云：

公始合姓于蔡，实处士光济之女。又合姓于李，故相文靖公之女。卒，继室以其妹，芳猷淑则，迭映中壶。后夫人独偕公老，故启许国，享脂田焉。

故相文靖公即真宗朝名相李沆，《石林燕语》记载：

王沂公初就殿试时，固已有盛名。李文靖公沆为相，适求婿，语其夫人曰："吾得婿矣。"乃举公姓名曰："此人今次不第，后亦当为公辅。"是时吕文穆公家亦求姻于沂公，公闻文靖言，曰："李公知我。"遂从李氏，唱名果为第一。③

① 王辟之：《渑水燕谈录》卷五，中华书局点校本1981年版，第60页。
② 王林：《燕翼诒谋录》卷四，中华书局点校本1981年版，第32页。
③ 叶梦得：《石林燕语》卷九，中华书局点校本1984年版，第139页。

宋祁《故丞相文正王公碑阴记》又云：

> 丞相未贵时，娶蔡、李二夫人，早亡。及贵，谦不封国。天章岁比当迁，辄上书还一官为二夫人追封，成公志也。①

天章即王曾之弟王子融，因曾任天章阁待制，故有是称。由上可知，王曾娶蔡氏、大李氏于未大贵之时，小李氏则陪伴其终老。

（四）儿女

《宋史》卷三一〇本传云，王曾"无子，养子曰繂。又以弟子融之子绎为后"，此说实误，与《行状》、《墓志铭》所载不合，不可信之。

《行状》云，王曾有"四男三女，曰絪，光禄寺丞；曰繂，亦光禄寺丞；曰演，将作监丞；曰缘。演与二女并早夭。初以子幼，取从兄子大理寺丞、秘阁校理绎为子主后，遂克以葬。一女适屯田郎中沈惟温。"按，演既为将作监丞，早夭之人或为缘？文渊阁《四库全书》本《景文集》卷五八《墓志铭》，亦记载王曾有"子四人，曰絪、缘、繂、演。絪止光禄寺丞，缘夭阏，演止将作监丞，繂为光禄寺丞。繂之幼，公取皞子绎以嗣，及终，又命之，故绎即丧序，今为大理寺丞、秘阁校理"。可知，《行状》云"演与二女并早夭"，应为"缘与二女并早夭"。

然武英殿聚珍版《景文集》卷五八《墓志铭》所记王曾诸子中却没有繂："子四人，曰絪、缘、绎、演。絪止光禄寺丞，缘夭阏，演止将作监丞，绎为光禄寺丞。绎之幼，公取皞子绎以嗣，及终，又命之，故绎即丧序，今为大理寺丞、秘阁校理。"笔者以为，当以文渊阁《四库全书》本为正。其一，武英殿聚珍版书先云"绎止光禄寺丞"，次云其"为大理寺丞、秘阁校理"，前后重复，相互抵牾，不合叙事逻辑。其二，台湾文海出版社影印清抄本、文渊阁《四库全书》本《名臣碑传琬琰集》中集卷五，均录有宋祁《墓志铭》，与文渊阁《四库全书》本《景文集》所载一致。又，清嵇璜等所修《钦定续通志》②卷三三六《王曾传》中有案语亦云："《墓志》载曾有子四人：絪、缘、演、繂。絪、繂俱光禄寺丞，演将作监丞，缘夭。以子幼，取母弟皞字子融之子绎以嗣。"其三，文渊阁《四库全书》本《景文集》所载王曾诸子及继子之名，与《行状》完全吻合。武英殿聚珍版《景文集》为木活字排版，其所载《墓志铭》或在排印时出现错误，其中，"子四人，曰絪、缘、绎、演……绎为光禄寺丞。绎之幼"本应作"子四人，曰絪、缘、繂、演……繂为光禄寺丞。繂之幼"。

从上述可知《宋史》之误。故王曾共育有四男（絪、缘、繂、演）三女，四子中缘早夭，繂为其亲生，非养子。因亲生诸子年幼之故，王曾收其弟王子融之子王绎为继子，加上继子共有五子。又，宋曾巩《隆平集》卷五《王曾传》云"子纬幼，以侄绎为后"，则王曾有子名纬；《续资治通鉴长编》（以下简称《长编》）卷九七天禧五年（1021）八月丙午条又载，以参知政事"王曾子奉礼郎纲为大理评事"，则王曾尚有子名纲；纬、纲或为亲子、继子中的某人，姑且存疑待考。兹据以上考证，制成王曾家族世系表，俾便参考。

---

① 《景文集》卷四六，第24页。

② 清光绪十二年刻本，浙江书局印。

表一　王曾家族世系表

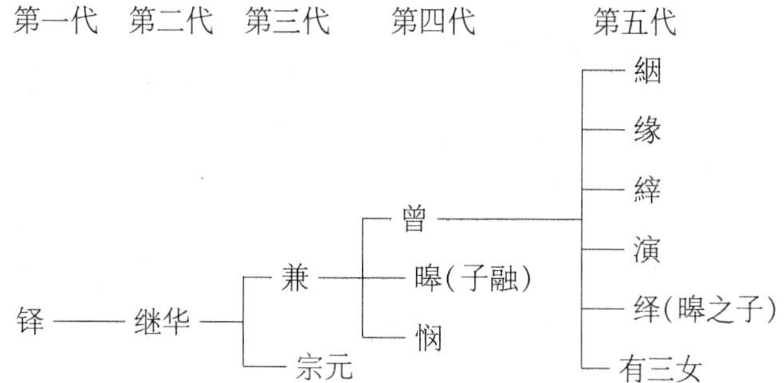

(五)后世附会

王曾家族源出太原王氏,本系附会,后世复有附会至王曾者。明代以后,文献中出现王曾源出福建泉州晋江的记载。明陈懋仁《泉南杂志》卷下云:"王文正公曾,本泉州人,八岁徙青州益都。"①明何乔远《闽书》卷一三四《英旧志・裔派》"泉州府晋江县"条下亦载:"王曾,字孝先,审邽五世孙也。父克,太平兴国间任益都尉,因家焉。"同书卷二三《建置志》又载:"宋二丞相祠,以祀韩魏公琦、王沂公曾。魏公以父国华守泉生此,而沂公则泉产也。"②清道光年间,周学曾修《晋江县志》,又据《闽书》云:"王沂公曾,字孝先,晋江人,武肃王审邽六世孙。少随父兄官于益都。父卒,贫不能归,因家焉。……嗣曾孙判贺州晔回居泉州。"③王曾为福建晋江人遂成一家之说。

按,在诸多史料中,《行状》与《墓志铭》所记载的人物家世是较为可靠的。《泉南杂志》等云王曾八岁时,因其父任益都尉而举家迁徙青州益都,但据《行状》与《墓志铭》,王曾八岁时便父母双亡,此后由叔父抚养,一直生活在青州。王氏应早已占籍青州,因官任变动不可能连带兄弟家族也举家迁徙。又,《闽书》云王曾为王审邽五世孙(或云六世孙),与后者的家族世系排行亦不吻合。按,王审邽,字次都,固始(今河南固始县)人。唐末黄巢起义时,王审邽随兄弟王潮、王审知率义军入闽。后王潮成为闽王,王审邽任泉州刺史。清吴任臣《十国春秋》卷九四《王审邽传》云,王审邽有"子延彬、延美、延武,孙继崇、继勋",则王审邽二世孙名讳排行为"继"。王曾祖父名继华,王曾若果真为王审邽五世孙或六世孙,则其祖继华只能是王审邽的三世孙或四世孙(见表二)。中国古代社会非常重视避讳,不同辈分之间的亲人不大可能发生名讳相冲的现象。且王审邽家族为五代十国之际闽地的高门王族,若王曾为其后裔,《行状》、《墓志铭》没有理由隐秘其事。所谓王曾为福建晋江人,很可能是明代以后某支移民晋江的王氏为融入当地社会而有意杜撰的故事,故乃伪说也。

表二　王审邽家族世系对照表

世　代	《十国春秋》所载世系	依《闽书》所排世系
王审邽		
一世孙	延彬、延美、延武	

① 陈懋仁:《泉南杂志》卷下,明《宝颜堂秘籍》本,第19页。
② 何乔远编:《闽书》,福建人民出版社1994年版,第4009~4010、826页。
③ 周学曾:《道光晋江县志》卷七五《杂志上》,福建人民出版社1990年版,第1800页。

续 表

世 代	《十国春秋》所载世系	依《闽书》所排世系
二世孙	继崇、继勋	铎
三世孙		继华
四世孙		兼
五世孙		曾

二、生平与仕宦

(一) 生卒年与少年时期

王曾的生卒年,史籍有明确记载。《行状》云:"王氏讳曾,字孝先,年六十一。……(景祐)五年冬十月甲戌,有巨星陨于寝。十一月癸卯感疾,丙午薨。"《墓志铭》载:"戊寅仲冬,感疥,门子谒急书闻,亟命将高手医跳驱趣视,不半道,丙午,公薨。"

据此,王曾卒于宋仁宗景祐五年(戊寅年)十一月丙午(十四日),按陈垣先生《二十史朔闰表》推算,即公元1038年十二月十二日,时年61岁。《墓志铭》又载:"公薨。上推甲子,得三百六十六,复所生之辰。"则王曾应生于宋太宗太平兴国三年(戊寅年)十一月庚子(十九日),即公元978年十二月二十一日。

据说,王曾出生时有祥瑞出现。《分门古今类事》[①]卷一五引《沂公言行录》云:

> 王沂公曾,青州人,郊居。门直大路,夹以槐阴,两大槐夹路,交枝连理。是岁公生,作相之祥也。

宋张舜民《画墁集》[②]卷八更说王曾是孔门高第曾参转世:

> 宋王沂公父虽不学问,而酷好儒士。每遇故纸,必掇拾,涤以香水。尝发愿曰:"愿我子孙以文学显。"一夕,梦宣圣抚其背曰:"汝敬吾教何其勤欤!恨汝已老,无可成就,当遣曾参来汝家。"晚年果得一子,乃沂公也。因以曾字名之。

这些后人的传闻,使王曾的出生蒙上了神秘的色彩,也多少反映了王曾的名望与民众的推崇。

王曾年少时,已以才智非凡闻名乡里,《行状》记载:

> 乡先生清河张震,年过九十,名有道,以经术教授门人,达者甚夥。公从而学,震以语工部曰:"老矣,未尝见如是儿。观其识致宏远,终任将相。"

① 影印文津阁《四库全书》本,商务印书馆2005年版,第三四八册,第519页。

② 《知不足斋丛书》第二二集,中华书局影印本1999年版,第239页。

此事王称《东都事略》卷五一本传、章定《名贤氏族言行类稿》卷二四《王曾》、《宋史》卷三一〇本传，均有记载。

据说，王曾年仅15岁时，即能断案。《行状》载：

年十五时，郡有田讼久不质，将佐患之。公偶与典校者坐，亟闻其昧语，谓不可白。公立为发其奸隐，讼者气索，狱遂判理。人服其幼悟。

宋郑克《折狱龟鉴》卷六《证慝·王曾判田》引《沂公言行录》记载同一件事云：

王曾丞相，少时谒郡僚，有争负郭田者，封畛既泯，质剂且亡，未能断决。曾谓："验其税籍，曲直可判。"郡将从之，其人乃服。①

不管二者孰正，王曾年少时似已能断案了。

据说，王曾少时，"以所业贽吕文穆蒙正，中有早梅诗，其警句云：'雪中未论和羹事，且向百花头上开。'文穆云：'此生次第，已安排作状元宰相矣。'已而果然。"②吕蒙正乃太宗朝宰相，且为宋朝第一位状元宰相。《宋史》卷二六五有传。王曾出生前一年——太平兴国二年(979)，吕蒙正已高中状元。端拱元年(988)王曾10岁时，吕蒙正已任宰相。后于淳化四年(993)与真宗咸平四年(1001)吕蒙正又两度入相。吕蒙正二度入相时，王曾16岁。王曾见吕蒙正或在此时？吕蒙正三度入相时，王曾于当年参加发解试。王曾考中进士时，吕蒙正是首相，而次相即是王曾岳父李沆。

上述这些传闻，多少有些传奇的味道。姑妄言之，姑妄听之吧。

少年时即已表现不凡、被人赏识的王曾，从他踏上仕宦的第一步——贡举，即一鸣惊人，一飞冲天了。

（二）连中三元

宋真宗咸平四年(1001)秋，王曾在家乡青州参加了发解试，高中榜首，夺得解元。由此，他开始了科举制度骄子的仕途。

咸平五年(1002)正月，王曾在京师开封参加了礼部的贡举考试(即省试)。此次省试，朝廷任命吏部侍郎陈恕、翰林学士师颃权知贡举，主客郎中谢泌、屯田郎中杨覃权同知贡举，主持考试。③

这一年，各州发解到京的举人甚多，有14 562人之多，④齐集阙下，热闹非常。两位知贡举官，师颃号称"和豫"之臣，"旷达夷雅"、"谦逊自晦"。⑤ 所以实际是陈恕掌事。"恕为宋人能吏之首"，⑥史称其"颇涉史传，多识典故，精于吏理，深刻少恩，人不敢干以私。前后掌利柄十余年，强力干事，胥吏畏服，有称职

① 《折狱龟鉴译注》，上海古籍出版社1988年版，第471页。

② 江少虞：《宋朝事实类苑》卷三六，上海古籍出版社1981年版，第471页；《湘山野录》卷上《寇莱公诗有唐人风格》，中华书局点校本1984年版，第9页。

③ 徐松辑：《宋会要辑稿·选举》一之七，中华书局影印本1957年版，第4234页。

④ 李焘：《续资治通鉴长编》(以下简称《长编》)卷五一，咸平五年三月，中华书局点校本2004年版，第1120页。

⑤ 《宋史》卷二九六《师颃传》，第9860、9861页。

⑥ 《宋史》卷二六七《论》，第9218页。

之誉。”陈恕是洪州(今江西南昌)人,“恕以洪人避嫌,凡江南贡士,悉被黜退。又援贡举非其人之条,故所取甚少”。[①] 结果,进士、诸科共取218人,平均约66人取1。[②] 在218人中,王曾名列第一,成为省元。

三月二十三日,真宗御崇政殿,试礼部奏名进士218人。这次殿试是糊名考校,考试题目是《有物混成赋》、《高明柔克诗》、《君子黄中通理论》。结果录取进士38人,王曾再次名列第一,成为状元。第二名是陈知微,第三名是李天锡,第四名是王随,第五名是孙冲,前五名“并为将作监,通判诸州”。第六名夏焕以下33人及九经及第第一名高丙,“并为大理评事、知县”。[③] 王曾此榜的进士可知的还有韩亿、章得象等人。

本来,此次省试取士甚少,而王曾中了省元,因此颇有议论,等到殿试,经过“糊名考校”,王曾“复得甲科,时议称之”。[④]

史籍特别标明,王曾经过“糊名考校”仍为第一,方能“时议称之”,说明此前殿试不是“糊名考校”。此次殿试“糊名考校”,据说是理财有名的陈靖建议的。省试“糊名考校”,则是景德四年(1007)十二月,陈彭年与晁迥“更定条制”,才下令“礼部糊名考校”,并且从第二年的大中祥符元年(1008)贡举开始实行的。故吕中《类编皇朝大事记讲义》卷七云:“糊名之法,始于景德。”[⑤]因此,王曾是宋代第一个“糊名考校”的状元,故为“时议称之”。

陈恕知贡举,取王曾为省元,颇为自豪。《宋史》卷二六七《陈恕传》载:“恕每自叹曰:‘吾得曾,名世才也,不愧于知人矣。’”

欧阳修《归田录》卷二载,咸平五年省试的赋题是《有教无类赋》。王曾获省元所作此赋今犹存,已收入《归田录》附录二中。据该书卷二载:“赋盛行于世,其警句有云‘神龙异禀,犹嗜欲之可求;纤草何知,尚熏莸而相假’。”[⑥]

王曾殿试所作《有物混成赋》,更为人称颂。《隆平集》卷五云:“所试《有物混成赋》,天下以为赋格。”《宋史》卷三一〇本传则载:“杨亿见其赋,叹曰:‘王佐器也’。”杨亿乃当时的文坛盟主,为其称赞,殊为不易。杨亿当是见过王曾《有教无类赋》和《有物混成赋》两篇而发话的,宋叶梦得《石林燕语》卷一〇记载,杨亿曾向宰相寇准推荐王曾,说:“但见其两赋,志业实宏远。”并为寇准“诵之,不遗一字”。寇准听后大惊曰:“有此人乎?”因此,寇准便赏识并提拔王曾。[⑦]《墓志铭》说:“当此时,二篇赋学者争传都纸,以鵷鶵王佐期之。”

王曾一榜,除进士外,九经及诸科共取高丙以下180人,并赐本科及第出身。加上进士38人,王曾一榜,共录取118人。[⑧] 即经殿试后,礼部奏名进士全部录取。

---

① 《宋史》卷二六七《陈恕传》,第9202～9203页。

② 《宋会要辑稿·选举》七之八,第4359页;《文献通考》卷三〇《选举三》,第286页。

③ 《宋会要辑稿·选举》七之八,第4359页;《选举》二之四,第4247页。

④ 《长编》卷五一,第1120页;《宋史》卷二六七本传,第9202页;《太平治迹统类》卷二八,江苏广陵古籍刻印社影印民国间刊本1990年版,第477页。

⑤ 上海人民出版社点校本2014年版,第152页。

⑥ 中华书局点校本,第25页。

⑦ 第101页。

⑧ 《宋会要辑稿·选举》七之八,第4359页。按,《九经》及诸科所取人数,诸书所载不同:《宋史全文》卷五,黑龙江人民出版社点校本2004年版,第191页,作“百八十二人”;《长编》卷五一作“百二十一人”;《辑稿·选举》二之四、《皇朝编年纲目备要》卷六、《太平治迹统类》卷二八、《通考》卷三〇均作“百八十人”。按,据《辑稿·选举》七之八,省试共取士218人。进士38人加《九经》、诸科180人,合共已是218人。故《宋史全文》、《长编》等记载误。

王曾一榜，颇出了些人才。除王曾外，第二名陈知微（《宋史》卷三〇七有传），字希颜，高邮（今属江苏）人。官至判司农寺，纠察在京刑狱。本传之《论》称："知微敦实有材干，不辱其职，亦可尚也。"

第四名王随，《宋史》卷三一一有传，字子正，河南（今河南洛阳）人。宋仁宗景祐四年（1037）四月王曾罢相后，他出任昭文相，监修国史，当上了首相，为相一年，至宝元元年（1038）三月罢。本传说他"外若方严，而治失于宽"。《论》称他"起孤生"、"练习民事"、"数遭谴斥"。

第五名孙冲，《宋史》卷二九九有传，字升伯，赵州平棘（今河北正定）人，本传称"冲为吏，所至以强干称，能任钩距"。官至给事中。

第三名李天锡、第六名夏焕、《九经》高丙，则在《宋人传记数据索引》中也查找不到一点材料。

据《太平治迹统类》卷三八记载，王曾榜进士还有韩亿与章得象。

韩亿（《宋史》卷三一五有传），字宗魏，其先真定灵寿（今属河北）人，徙开封之雍丘（今属河南）。官至参知政事。其家即有名的"桐木韩氏"家族。杨恒平《桐木韩氏家族研究》的博士论文，可资参考。

章得象（《宋史》卷三一一有传），字希言，徙居泉州（今属福建）。他在宝元元年（1038）三月王随罢相前出任集贤相。

也就是说，仅据已知史料记载，王曾一榜，即有官至宰相而且是首相者三人，官至参知政事者一人，可以称得上是"龙虎榜"、"将相榜"了。

要之，王曾通过参加咸平五年贡举，连中三元，一举成名，显赫一时，在宋代历史上留下了许多异闻。

王曾是宋代乃至中国古代史上第一个连中三元的人。唐代尚无殿试，不可能有"三元"。宋初实行殿试以来，能在乡试、省试、殿试连中三元者，王曾是第一位。据何忠礼《宋代科举一览表》，[①]宋代连中省元、状元"二元"者不少，北宋有吕蒙正、胡旦、苏易简、程宿、陈尧叟、孙何、孙仅、孙暨，八人之后即是王曾，名列第九。王曾之后，还有徐奭、杨寘、冯京、彭汝砺、许安世、焦蹈 6 人。南宋则仅有黄公度、傅行简、王会龙 3 人。两宋合共只有 13 人连中"二元"。至于连中三元者，则更为稀少。清宫梦仁辑《读书纪数略》卷二二《三人不愧科名》条载："宋进士自乡举至廷试皆第一者才三人：王曾、宋庠、宋京。"[②]按，宋庠即宋郊，乃天圣二年（1024）状元，该年省元乃吴感，宋庠连"二元"都未中，更遑论"三元"了。宋代状元中无宋京其人，或为"冯京"之误？冯京在皇祐元年（1049）连中二元，有可能连中"三元"。又据李焘《长编》卷一三五记载，庆历二年（1042）杨寘"初试国子监、礼部皆第一"，及殿试，又是第一，连中三元，宋仁宗"喜动颜色""公卿相贺为得人"。如是，两宋能够连中三元者，也仅有王曾、冯京、杨寘 3 人了，而王曾是第一位。宋代自开宝八年（975）实行殿试后，共开科 104 次，有状元 104 位。其中，连中二元者 13 人，仅占 12.5%；连中三元者仅 3 人，约占 3%。王曾不仅在 12.5% 中占有一席，而且在 3% 中也占有首席，在宋代科举史上，这样的成绩，可算是独占鳌头了。三位"连中三元"者，两人在仁宗朝，一人在真宗朝。

宋初进行的科举改革，到真宗时大致定型。欧阳修即说："真宗尤重儒学，今科场条制皆当时所定。"[③]宋代科举考试中的糊名考校，进入殿试，是从王曾一榜开始的。王曾是殿试"糊名考校"后的第一个状元。吕中《类编皇朝大事记讲义》卷七曰：

① 何忠礼：《宋史选举志补正》，浙江古籍出版社 1992 年版，第 291～301 页。

② 清雍正刻本，第 34 页。

③ 《归田录》卷二，第 22 页。

自糊名之法始于景德，誊录之法始于祥符，同保连坐之法严于天禧，法令虽密，所取非人望矣。[①]

咸平五年贡举，正是景德年前最后一次，其后，接着便是景德二年(1005)贡举，继续在殿试实行"糊名考校"。景德四年(1007)，令礼部"糊名考校"，但此年不开考，实际是从大中祥符元年(1008)贡举开始实行的。[②]

王曾不仅是第一批参加殿试"糊名考校"的进士，而且是第一批共同主持省试"糊名考校"的主考官。

景德四年十二月，天下贡士达13 000余人，"当黜者不止万人"。所以，仁宗说："典领之臣，必须审择，晁迥兢畏，当以委之，周起、王曾、陈彭年皆可参预。"宰相冯拯说："封印卷首，若朝廷遣官主之，于理亦顺，尤宜用素有操守之人。"宰相王旦说："滕元晏于士大夫间少交游。"仁宗便说："今当以朱巽代周起知举，令起与元晏同事封印事。"

《长编》卷六七记载：

于是，命翰林学士晁迥，知制诰朱巽、王曾，龙图阁待制陈彭年同知贡举。既受诏，上谕以取士之意，务在至公，擢寒畯有艺者。又命监察御史严颖、张士逊监贡院门，都官员外郎乔颜、太常博士郑彝、太常丞陈既济巡试铺，太常丞直集贤院任随、著作佐郎陈覃点检进士程试，大理寺丞马龟符等六人考较诸科程试。又命知制诰周起、京东转运使祠部员外郎滕元晏封印举人卷首，用奉使印；殿中丞李道监封印院门。进士诸科试卷，悉封印卷首，送知举官考校，仍颁其式。知举官既考定等级，复令封之进入，送覆考所考校，然后参校得失。凡礼部封印卷首及点检程试别命官，皆始此。[③]

省试在第二年——大中祥符元年(1008)正月举行。这一年，开始在省试"糊名考校"，所以一是谨慎选用知贡举官，二是为加强对"糊名考校"的监督与实行，专门任命官员负责此事。此后，贡举即循例进行。王曾参加了殿试的第一次"糊名考校"，而在礼部第一次"糊名考校"时，王曾又担任了知贡举官之一。"糊名考校"是宋代贡举改革的一件大事，王曾与此事关系如此密切，引人注目，堪称"关键人物"。

大中祥符八年(1015)，礼部初置誊录院，自此，省试开始誊录。这样看来，咸平五年的贡举，在宋代科举史上是一个明显的界限：自此以后，制度日严，但"所取非人望矣"。

据何忠礼《宋代贡举一览表》，真宗即位后所取进士，咸平元年(998)50人，二年70人，三年427人，五年38人，景德二年(1005)393人，大中祥符元年(1008)207人，二年、四年均31人，五年126人，六年21人，八年203人，天禧三年(1019)162人。咸平五年取士数，名列倒数第四。咸平、景德年间(997～1007)的10年间，五次开科，以咸平五年取士人数最少。王曾能在这取士人数少而比例为66取1的年份，不仅考中进士，而且连中三元，如何能不声名大噪？而且这一榜还是"龙虎榜"、"将相榜"，王曾尚能连中三元，能不天下闻名乎？

在号称"科举社会"的宋代，通过科举所建立的"同年"关系，虽不许称"座主"，但仍关系密切的知贡举与考生的情谊，对仕途的影响是极大的。王曾在这一点上占有很大的优势。

---

① 《类编皇朝大事记讲义》，第152页。
② 《长编》卷六七，第1512页。
③ 《长编》卷六七，第1512页。

（三）仕宦经历

咸平五年殿试后，前五名均授将作监丞、通判诸州。状元王曾通判济州（今山东巨野），第二名陈知微通判歙州（今安徽歙县），第四名王随通判同州（今陕西大荔），第五名孙冲通判晋州（今山西临汾）。第三名李天锡，因史料阙，不知通判何州。王曾从此走上了仕途。这一年，王曾25岁。

其余夏焕等33名进士与《九经》高丙，并为大理评事、知县。①

从咸平五年（1002）四月登科入仕至景祐五年（1038）十一月病逝，王曾共为官37年7个月。现据相关史料，将其仕宦经历，制表如下：

表三　王曾仕宦简表

类别	职　任	任职年月	任职年龄	任职时间②	史　源	备　注
地方官	将作监丞、通判济州	咸平五年（1002）四月	25岁	2年11个月	《行状》、《墓志铭》、《宋会要辑稿·选举》二之四、《东都事略》本传、《宋史》本传	高中甲科后授官。《东都事略》本传作通判“齐州”，应为“济州”之误
中央官	著作郎、直史馆、主判三司户部案	景德二年（1005）三月	28岁	2年3个月	《行状》、《墓志铭》、《宋会要辑稿·选举》三三之三、《东都事略》本传、《宋史》本传	
	右正言、知制诰	景德四年（1007）闰五月	30岁	任知制诰5年3个月	《长编》卷六五同年闰五月甲戌条、《行状》、《墓志铭》、《隆平集》本传、《东都事略》本传、《宋史》本传	
	加史馆修撰	大中祥符二年（1009）	32岁		《行状》	
	迁主客郎中	大中祥符四年（1011）	34岁		《行状》	
	判大理寺	大中祥符五年（1012）八月	35岁	约10个月	《长编》卷七八同年八月丙辰条、《行状》、《宋史》本传	任知制诰至此时
	翰林学士、知审刑院	大中祥符六年（1013）六月	36岁	知审刑院约3年3个月	《行状》、《东都事略》本传、《翰苑群书·学士年表》	知审刑院在翰林学士之后，当在六七月间，《长编》卷八一大中祥符六年七月壬子条有云：“翰林学士、知审刑院王曾建议，乃降是诏。”
	摄御史大夫，为考制度使	同年十二月			《长编》卷八一同年十二月辛巳条	此为临时差遣
	知审官院、通进银台司、勾当三班院	大中祥符八年（1015）十月	38岁		《宋史》本传、《长编》卷八五同年十月辛卯条	兼职

① 《宋会要辑稿·选举》二之四，第4247页。

② 为了便于累计任职时间长短，该项不按年头而按周年计算，且以计差遣官的任职时间为主。

续 表

类别	职　任	任职年月	任职年龄	任职时间	史　　源	备　　注
中央官	兵部郎中	大中祥符九年（1016）八月	39岁		《行状》、《文庄集》卷一《翰林学士主客郎中知制诰王曾可兵部郎中余依旧制》	
	左谏议大夫、参知政事	同年九月		任参知政事1年，次年九月罢	《长编》卷八八同年九月丙午条、《宋史》卷二一〇《宰辅表》、《宋史》本传、《宋宰辅编年录校补》卷三	
	迁给事中	天禧元年(1017)正月	40岁		《行状》、《容斋随笔》卷七	
	礼部侍郎	同年九月		4个月	《长编》卷九〇同年九月癸卯条	罢参知政事
	判检院、判都省	天禧二年(1018)正月	41岁	约2个月	《宋会要辑稿·职官》三之六六、《长编》卷一〇二天圣二年正月壬申条后	
地方官	出知应天府	同年三月		7个月	《长编》卷一〇二天圣二年正月壬申条后	
	知天雄军	同年九月		数月	《长编》卷一〇二天圣二年正月壬申条后	
	知应天府①	天禧三年(1019)	42岁	约1年多	《临川先生文集》卷八九《尚书屯田员外郎赠刑部尚书李公神道碑》、《长编》卷九四同年十一月辛未条	
中央官	礼部侍郎、参知政事	天禧四年（1020）八月六日	43岁	任参知政事约1年11个月	《长编》卷九六同年八月癸卯条、《东都事略》卷五一本传、《宋史》卷三一〇本传	《宋宰辅编年录校补》卷三、《宋史》卷二一〇《宰辅一》俱云王曾从“自吏部侍郎除参知政事”
	迁吏部侍郎，并兼领太子宾客	同年十一月			《长编》卷九六同年十一月乙丑条	
	加礼部尚书	乾兴元年(1022)二月	45岁		《长编》卷九六同年二月丙寅条	
	中书侍郎、同平章事、集贤殿大学士、充会灵观使	同年七月		此次拜相共计约6年11个月	《宋宰辅编年录校补》卷四、《宋大诏令集》卷五二	拜集贤相
	特授门下侍郎、兼户部尚书、同中书门下平章事、充玉清昭应宫使、昭文馆大学士、监修国史	天圣三年（1025）十一月	48岁		《宋大诏令集》卷五三《王曾进昭文制》	拜昭文相
	加吏部尚书	天圣六年(1028)三月	51岁		《长编》卷一〇六同年三月壬子条	

① 按，《临川先生文集》卷八九《尚书屯田员外郎赠刑部尚书李公神道碑》云：“所收恤亲属多贫，不能北归，留治丧南京，哀戚毁甚，未及服除而卒，年五十三。天禧三年六月八日也。留守王沂公赙助之，乃能具棺殡。”《四部丛刊》本。《长编》卷九四天禧三年十一月辛未条又载：“知应天府王曾言：‘府民五户共扑买酒……’”据此，王曾天禧三年知应天府，应是在迁天雄军之后又迁应天府，但不知确切时间，姑且附此。

续 表

类别	职　任	任职年月	任职年龄	任职时间	史　源	备　注
地方官	出知兖州	天圣七年(1029)六月	52岁	3个月	《宋大诏令集》卷五三《王曾罢相知兖州》制、《长编》卷一〇八同年六月甲寅条	
	知青州	同年九月		约2年	《北宋经抚年表》卷二	
	知天雄军、彰德军节度使	天圣九年(1031)	54岁	知天雄军2年多	《行状》、《长编》卷一一〇同年九月庚辰条	
	天平节度使、加同平章事，知天雄军如故	明道元年(1032)十二月	55岁		《长编》卷一一一同年十二月壬寅条	
	判河南府	明道二年(1033)十一月	56岁	约2个月	《长编》卷一一三同年十一月己卯条	
	西京留守	景祐元年(1034)正月	57岁	约7个月	《长编》卷一一四同年六月乙酉条后	
中央官	吏部尚书、同平章事、枢密使	同年八月		约7个月	《长编》卷一一五同年八月庚午条、《宋宰辅编年录校补》卷四	
	行尚书右仆射、兼门下侍郎、同中书门下平章事、集贤殿大学士	景祐二年(1035)二月	58岁	约2年2个月	《宋大诏令集》卷五三《王曾拜相制》	
	封沂国公	同年十一月			《长编》卷一一七同年十一月乙巳条	
地方官	左仆射、资政殿大学士，判郓州	景祐四年(1037)四月	60岁		《长编》卷一二〇同年四月甲子条、《宋大诏令集》卷六六《王曾罢相授大资政判郓州制》、《宋宰辅编年录校补》卷四	景祐五年(1038)十一月薨于任，赠侍中，谥文正

依据上表统计，在王曾37年7个月的官宦生涯中，大抵在地方任职时间短(约12年1个月)，在中央任职时间长(约25年6个月)。他是吕蒙正之后宋代第二个状元宰相，[①]在真、仁两朝几度担任宰执，先后拜参知政事、集贤相、昭文相、枢相、集贤相，共计约12年7个月，位极人臣。他三度罢相，出任地方官职。他当过济州通判，第一次罢相出知应天府、天雄军，第二次罢相出知兖州、青州、河南府、任西京留守，第三次出知郓州，最终薨于任上。《行状》总结其仕宦经历云：

公自一命至考终，位上宰，官二品，阶与爵第一，勋第二，衍邑过万户，恩礼之极也。中外烦使，大

① 叶梦得：《避暑录话》卷上云："国朝状元为宰相自吕文穆公蒙正后，五十年间相继得者三人：王沂公、李文定、宋元宪。"文渊阁《四库全书》本。按，吕蒙正之后，王曾之前，尚有端拱二年(989)状元陈尧叟，连中二元。据《宋史》卷二一〇《宰辅一》，陈尧叟在大中祥符五年与王钦若"并加检校太傅、同平章事、枢密使"，此之谓"枢相"，非宰相也。

凡知通进银台司、审官院、礼仪院、三班院,各再判都省、大理寺、审刑院,纠察京狱。契丹生日,幸亳,考制度使、南郊大礼使各一,试贡士三。修书《时政记》,定仪注,删条敕,释御集等局,总十有二书。尊号宝受,命宝谥册文各一,于任之重也。自余尤烦者不列焉。更城所至,必首建学校,多出俸赐备经费。

总体来看,王曾的仕途可谓一帆风顺,没有遇到什么大的挫折。究其肇始,连中三元乃是其起点与基础,也是其平生功业的凭借。王曾堪称是科举制度的骄子。

三、"三次入朝"与真、仁之际的政局

王曾在朝廷时最重要的政治活动,就是他三次入朝执政。正是这些活动,使他在北宋中期政坛上留下了浓墨重彩的一笔。

真宗咸平五年(1002)王曾登科入仕时,恰值北宋多事之秋,北境不宁,契丹(辽)不断扰边。景德元年(1004)七月,虎视已久的契丹纠集10万兵马,号称20万,大举南下攻宋,十二月,兵临黄河边上。时任执政的宋朝参知政事王钦若和佥书枢密院事陈尧叟,极力主张南迁金陵或成都,但宰相毕世安和寇准力排众议,促使宋真宗御驾亲征,最终在1005年与契丹(辽)签订澶渊之盟,开启了宋辽之间长达百余年的和平局面。边患平息,朝廷内争却开始涌动。澶渊之盟缔结不到两年,王钦若便以"孤注"之诬成功地将宰相寇准排挤出执政集团,他向真宗进言:"城下之盟,虽春秋时小国犹耻之。今以万乘之贵而为澶渊之举,是盟于城下也,其何耻如之!"又云:"博者输钱欲尽,乃罄所有出之,谓之孤注,陛下,寇准之孤注也,斯亦危矣。"①为了消除"城下之盟"的耻辱,宋真宗与王钦若君臣又导演了一场长达14年的"天书封祀"的闹剧,试图用"神道设教"的手段夸示内外。② 以上就是王曾第一次入朝前后的政治背景。

(一)第一次入朝

景德二年(1005)三月,澶渊之盟签订后两个月,王曾通判济州任满回朝。此时,毕士安、寇准为相。寇准因澶渊之功,备受信任,权势逼人。王曾经由杨亿的推荐,有幸受知于寇准,在任满还朝的测试时得到了特殊对待。《石林燕语》记载:

寇莱公初入相,王沂公时登第后为济州通判,满岁,当召试馆职,莱公犹未识之,以问杨文公曰:"王君何如人?"文公曰:"与之亦无素,但见其两赋,志业实宏远。"因为莱公诵之,不遗一字。莱公大惊曰:"有此人乎?"即召之。故事,馆职皆试于学士院或舍人院。是岁,沂公特试于中书。③

"特试于中书"后,王曾被任命为著作郎、直史馆、主判三司户部案,留在朝廷为官了。

值得一提的是,王曾入朝不久,对其有知遇之恩的宰相寇准,便由于王钦若的谗言,失去了宋真宗的

---

① 《长编》卷六二景德三年二月戊戌条,第1389页。

② 详见拙文《宋真宗"天书封祀"闹剧之辨析》,收入拙著《宋代政治军事论稿》,安徽人民出版社2009年版。

③ 《石林燕语》卷七,第101~102页。参见《长编》卷五九景德二年三月己巳条。

宠信,最终被排挤出朝。但王曾的仕途并未受到寇准与王钦若之争的影响。从景德二年三月第一次入朝,至大中祥符九年(1016)八月拜参知政事,王曾30岁知制诰,39岁便厕身宰执行列,仕途顺畅。

宋真宗的赏识,对其入朝后的升迁起了关键性的作用。在通判济州时,王曾不但勤于政事,更敢于上章为民请愿,议论时政,给宋真宗留下了良好的印象。

《行状》云:

> 会北虏寇边,京东地迫河朔,缘督供馈,济人大扰。公推是具陈二道被苦,且指画便宜以闻。上嘉其初任能志于民,报可。

《长编》卷五八景德元年十二月辛丑条又载:

> 录契丹誓书,颁河北、河东诸州军。始,通和所致书,皆以南、北朝冠国号之上。将作监丞王曾言:"是与之亢立,失孰甚焉,愿如其国号契丹足矣。"上嘉纳之,然事已行,不果改。

与此同时,王曾的岳父李沆在太宗朝任太子宾客,是宋真宗的潜邸师臣,真宗即位后,更担任真宗朝宰相6年之久,被后人誉为"圣相",与宋真宗的感情非同一般,深受信任。李沆虽于澶渊之盟前的景德元年(1004)病逝,但旧情仍存,宋真宗因此也会对李沆富有才干的女婿王曾青眼相看的。

王曾几次任职,都得到了宋真宗的大力提携。景德四年闰五月,王曾迁右正言、知制诰,史载:"先是,上谓宰臣曰:'李维、王曾、孙仅,文行可称,并宜召试。'翌日,览所试,曰:'曾颇得诏诰之体,而书翰兼美,是其精勤不怠也。'因并命焉。"①在这三人之中,宋真宗最赏识的还是王曾,故最终任命他为知制诰。同年十二月,宋真宗又任命王曾知贡举,云"周起、王曾、陈彭年皆可参预"。② 他们共同主持了宋代第一次实行"糊名考校"的省试。大中祥符五年(1012),王曾判大理寺,真宗亲自面谕,还应允了王曾自辟僚属的请求,并且"著为令"。

《长编》卷七八大中祥符五年八月丙辰条载:

> 判寺,旧用郎官,上欲重其任,故特命曾,对便殿,谕之曰:"天下之命系于狱,今以屈卿。"曾顿首谢,仍赐钱三十万,因请辟奏僚属,遂著为令。

知制诰、知贡举、判大理寺,这三个重要差遣的指派,充分反映出真宗对王曾青眼有加。

《长编》卷八五大中祥符八年(1015)十月辛卯条还记载了一则故事:

> 辛卯,以翰林学士晁迥权判吏部流内铨,知制诰盛度知通进银台司、兼门下封驳事。迥以父名佺为辞,遂命与度两换其任。时翰林学士王曾亦领银台司,宰相议令迥代曾。上曰:"朕闻外议谓曾尝

① 《长编》卷六五景德四年闰五月甲戌条,第1460页。

② 《长编》卷六七景德四年十二月癸卯条,第1512页。

封驳诏敕，自是中书衔之，多沮曾所奏，今若罢去，是符外议。”旦曰：“臣等本无忌曾之意，今圣慈宣谕为宰司避谤，请迥与度相易，曾如旧。”上可之。[①]

真宗朝，封驳权力由银台司掌管，具有制约宰执的功能，皇帝就是需要像王曾这样的封驳官来平衡皇权与相权。宋真宗的回护之语，充分显示了真宗视王曾为心腹、王曾以真宗为倚靠的依存关系。真宗对王曾亦敬重有加，《宋史》卷三一〇《王曾传》记载：

迁翰林学士。帝尝晚坐承明殿，召对久之，既退，使内侍谕曰：“向思卿甚，故不及朝服见卿，卿勿以我为慢也。”其见尊礼如此。

正是这种依存关系，决定了王曾在这一阶段的政治态度。他很聪明地没有介入到寇准与王钦若的权力斗争中，对真宗“天书封禅”的行为也没有像张咏、孙奭那样直接提出反对意见，而是依违其间，参与了东封的一些事宜，还写了一些歌功颂德的文赋。如，宋王应麟《玉海》卷一六〇收录了王曾所作的《祥符仙仪殿》：“祥符元年，东封。十月辛丑，次郓州。壬寅，朱巽言玉册、玉牒。十四日，至翔鸾驿，有光照室。十一月戊子朔，以郓州奉安天书殿为仙仪殿。”[②]但在内心之中，王曾对“天书封禅”的行为是不以为然的。《宋史》卷三一〇《王曾传》记载：

时瑞应沓至，曾尝入对，帝语及之。曾奏曰：“此诚国家承平所致，然愿推而弗居，异日或有灾沴，则免舆议。”及帝既受符命，大建玉清昭应宫，下莫敢言者，曾陈五害以谏。

王曾的劝谏也只能到这个程度了。真宗热衷于装神弄鬼，为此不惜将寇准罢相外放，甚至“行贿”宰相王旦。此时的王曾人微言轻，明哲保身也在情理之中，而且还可以保留进言之阶。

但在其他问题上，王曾在真宗面前还是表现出忠谏敢言的一面，《行状》记载：

俄知审刑院，法有违制者报徒，公请非亲被旨以失论，从杖。既外郡有以是具狱闻者，真宗怒，诏论如法。公执前议，上谨容曰：“若卿，自是无违制者。”公遽曰：“如诏旨，不复有失者。天下之广，岂人人尽知制耶？惟上裁幸。”上悟，欣然下其议，因为著令。佐吏赵廓立其后，闻之，出语人曰：“王公犯颜不挠，廓汗下不能仰视，公施施自若。”

宰相王旦曾评论此事云：“王君昨让会灵观使，颇拂上旨，而进对详雅，词直气和，了无所慑。且王君始被进用，已能若是。我自循任政事几二十年，每进对，上意稍忤，即蹙蹜不能自容，以是知其伟度矣。”[③]由此可知，同样是得遇于真宗，王曾还算有些风骨，与王钦若之流不可同日而语。

入朝以来，王曾也遭遇了几次险恶风波，但与王钦若却在很长的一段时间内相安无事。《长编》卷七

① 《长编》卷八五大中祥符八年十月辛卯条，第1954页。
② 王应麟：《玉海》卷一六〇，扬州广陵书社影印本2003年版，第2943页。
③ 《长编》卷九〇天禧元年九月癸卯条，第2078页。

二大中祥符二年(1009)十月辛亥条载:"知制诰王曾,有从妹适孔冕家,而闺门不睦。曾从东封,因至冕家,啜茗中毒,得良药,乃解。事已暴露,曾密疏,言方行大礼,愿罢推究。宰相亦以冕先师之裔,将有褒擢,遂隐其事。"此后,御史中丞王嗣宗却反过来诬告王曾诬陷孔冕,并连带诬告宰相王旦有意包庇王曾。在这个问题上,真宗显然是维护王曾与王旦的,他对王旦等说:"曾实无罪,若嗣宗上章,亦须裁处。"王钦若亦进言:"臣请审问嗣宗,或再鞫冕,不能自隐,则如何区处?"结果,王嗣宗主动撤回了告讦。王钦若在这件事情上虽也维护了王曾,但其原因是唯真宗是从。寇准罢相后,真宗虽然十分宠信王钦若,但也深知其不孚众望,转而任命循谨小心的王旦为宰相。王旦在相位12年,一直压制王钦若,不让其任相,故王钦若曾对人说:"为王子明(王旦)故,使我作相晚却十年。"①由于宋真宗非常信任王旦,王钦若从来不与王旦发生正面冲突。当时王曾职位尚低,也深得真宗信任,王钦若亦与之相安无事。

其后,王曾还遭受过攻讦,但也都是有惊无险。

《宋史》卷二四九《魏昭亮传》记载:

> 李维即王曾妻之叔父,同在翰林,曾受诏试举人,以家事属维。昭亮意曾受祁请,奏其窃语。遣中使参问无他状,曾始得释。

《宋会要辑稿·职官》六之四九载:

> 大中祥符八年闰六月,学士院草赐钱惟演诏,误书祭为癸。诏劾,孔目吏决杖,待诏赎铜十斤,学士王曾特释之。②

王曾对王钦若也比较退让。《长编》卷八九天禧元年(1017)三月戊午条记载了王曾因王钦若之故恳辞会灵观使一职之事:

> 以枢密使王钦若为会灵观使。会灵初置使,命参知政事兼领,于是王曾次当为之,钦若方挟符瑞固恩宠,意欲得此,曾因恳辞焉。上颇不怿,谓曾曰:"大臣宜傅会国事,何遽自异耶?"曾顿首谢曰:"君从谏谓明,臣尽忠谓义。陛下不知臣驽病,使待罪政府,臣知义而已,不知异也。"

不料王曾竟因辞让之事惹得真宗不悦,王钦若乘势进谗言,当年九月,王曾罢参知政事,不久便被排挤出朝。《长编》卷九〇天禧元年九月癸卯条记载:

> 给事中、参知政事王曾罢为礼部侍郎。初,曾以会灵观使让王钦若,上意不怿。及钦若为相,因欲排异己者,数谮之。会曾市贺皇后家旧第,其家未迁而曾令人辇土置其门,贺氏入诉禁中。明日,上以语钦若,遂罢政事。

① 《长编》卷九〇天禧元年八月庚午条,第2075页。
② 《宋会要辑稿·职官》六之四九,第2521页。

自大中祥符二年(1009)至天禧元年(1017)8年间相安无事,此时王钦若为何突然对王曾发难?这其实反映了当时朝政形势的变化。天禧元年五月,一直压制着王钦若的王旦因病辞去宰相一职,处于半休养的状态。王钦若久郁得伸,于当年八月庚午拜"左仆射兼中书侍郎、平章事",[①]随即开始为了巩固权位而排斥异己的行动。王曾时为参知政事,素具人望,又深得真宗信任,很容易就被王钦若视为威胁,此前的退让反而加速了王曾被谗害的命运。史载,王曾既罢参知政事,"往谒王旦,旦疾甚,辞弗见。既而语其家人曰:'王君介然,他日德望勋业甚大,顾余不得见尔。'"[②]这时王曾或许还寄希望于王旦,或许想讨教对策,但王旦病势已重,深知自己已无力遏制王钦若,遂辞而不见。不久,王旦病逝。次年(天禧二年)三月,王曾罢参知政事,出知应天府(今河南商丘)。

(二)第二次入朝

天禧四年(1020)八月六日,王曾第二次入朝,拜参知政事。此时朝中形势又发生了变化。执政近两年的宰相王钦若在天禧三年六月被罢免出朝,寇准再度被任命为宰相,丁谓拜参知政事。真宗晚年因病中风,形成昏瞶病,不能正常处理政务,皇后刘氏遂渐预朝政。寇准与丁谓关系逐渐破裂,转向对立,朝堂形成丁、寇两党。丁党依附于势力逐渐强大的刘皇后,寇党则试图联合宋仁宗以太子监国的形式掌控政局。最终,丁党取得胜利,丁谓在刘皇后的支持下登上相位。寇准则于天禧四年六月罢相,七月被贬出朝。[③] 数日之后,王曾拜参知政事。

此时,汲引王曾入朝的,不会是自身难保的寇准,也不大可能是已经昏聩的宋真宗,而是当时权势日盛的丁谓。寇准罢相之后,宰执集团成员需要调整补充。天禧四年七月,被贬在外的王钦若,突然上章表奏自己在地方上的政绩。[④] 接着又上章强调自己太子太保的身份,自"请入朝",八月五日,朝廷下诏召王钦若。[⑤] 次日,任中正、王曾二人拜参知政事,钱惟演拜枢密副使。[⑥]

虽同为"五鬼",但丁谓并不愿意看到资深的王钦若重新得势,遂赶在王钦若到朝之前,将宰执的职位任满。结果,王钦若虽得回朝,但未能入相,最终被任命为资政殿大学士,"仍令日赴资善堂,侍皇太子讲读",[⑦]并且在两个月之后便被丁谓设计逐出了朝廷。[⑧] 新任命的宰执中,任、钱二人皆为丁谓亲信,王曾则遭受过王钦若的排挤,丁谓当时恐怕是抱有藉助王曾来压制王钦若的想法,王曾此时也比较亲近丁谓。《默记》有云:"丁谓当国,权势震主。引王沂公为参知政事,谄事谓甚至。"[⑨]

王曾"谄事"丁谓之事,则有所指。当时真宗有病,朝政基本操纵于刘后和丁谓二人之手,这不仅使得皇太子的地位非常尴尬,而且与宋朝开国以来的政治传统相冲突,违背了"祖宗之法"。王曾应该是想维护传统政治的,但他无力或暂时不欲同刘后、丁谓发生正面冲突。《长编》卷九六天禧四年(1022)十一月乙丑条载:

---

① 《宋史》卷八《真宗三》,第163页。
② 《长编》卷九〇天禧元年九月癸卯条,第2078页。
③ 《长编》卷九五天禧四年六月丙申条,第2196页;《长编》卷九六天禧四年七月丁丑条,第2210页。
④ 《长编》卷九六天禧四年七月戊辰条,第2207页。
⑤ 《长编》卷九六天禧四年八月甲申条,第2211页。
⑥ 《长编》卷九六天禧四年八月乙酉条,第2211页。
⑦ 《长编》卷九六天禧四年十月壬辰条,第2220页。
⑧ 《长编》卷九六天禧四年十二月丁酉条,第2230页
⑨ 王铚:《默记》卷上,中华书局点校本1981年版,第9页。

> 自寇准贬斥,丁谓浸擅权,至除吏不以闻。李迪愤懑,尝慨然语同列曰:"迪起布衣,十余年位宰相,有以报国,死且不恨,安能附权臣为自安计乎!"及议兼职,时迪已带少傅,欲得中书侍郎、尚书,谓执不可……谓专意抑迪,迪不能堪,变色而起。丙寅,晨朝待漏,谓又欲以特为枢密副使,仍领宾客。迪曰:"特去岁迁右丞,今年改尚书,入东宫,皆非公选,物议未息,况已奏除詹事,何可改也。"因诟谓,引手板欲击谓,谓走得免。同列极意和解,不听,遂入对于长春殿。……上顾谓曰:"中书有不当事耶?"谓曰:"愿以询臣同列。"乃问任中正、王曾,皆曰:"中书供职外,亦无旷阙事。"

时丁谓专权,宰相李迪孤注一掷,在真宗面前揭发丁谓及其党羽的恶行。在这场纷争中,王曾帮助了丁谓,导致最终李迪外贬。王曾与丁谓的关系应该还不错,丁谓才有可能那么自信地让真宗去询问同僚。而在当时复杂的朝政形势下,依靠昏聩的真宗皇帝是不可能扳倒丁谓的,王曾此举也算是明哲保身。乾兴元年(1022)二月,丁谓再贬已经外放的寇准为道州(今湖南道县)司马,王曾质疑责罚太重,丁谓即恶狠狠地盯着王曾说:"居停主人恐亦未免耳。"大概是说曾经借给寇准房子居住的王曾,恐怕也难逃和寇准一样的命运。王曾惊惧之下,"遂不复争"。①

不过,王曾还是尽力采取了一些迂回手段,来协调刘后与皇太子之间的关系。《长编》卷九六天禧四年(1020)闰十二月庚午条记载:

> 时太子虽听事资善堂,然事皆决于后,中外以为忧。惟演,后戚也,王曾说惟演曰:"太子幼,非中宫不立,中宫非倚皇储之重,则人心亦不附。后厚于太子,则太子安,太子安,乃所以安刘氏也。"惟演以为然,因以白后,两宫由是益亲,人遂无间。

在一些原则性问题上,王曾也会提出自己的意见。乾兴元年二月二十九日,宋真宗驾崩,因即位的宋仁宗年幼,遗命尊刘氏为皇太后,权听取军国事。撰写正式遗诏时,丁谓想去掉具有临时之意的"权"字,遭到王曾的极力反对:"皇帝冲年,太后临朝,斯非国家常典,称'权'犹足示后,况言犹在耳,何可改也!"丁谓遂未能去"权"字。② 但是,当王曾接着提出不必将尊淑妃杨氏为皇太妃之事载入遗诏时,丁谓就翻脸了,云:"参政顾欲擅改制书耶?"王曾在得不到同僚支持的形势下,便不再与丁谓对抗。③ 此后,他们又在帝后如何共同执政的问题上再起争执。王曾援引东汉故事,"请五日一御承明殿,皇帝在左,太后坐右,垂帘听政"。这个建议保证了仁宗与诸大臣对朝政的共同参与。但丁谓很快提出了不同的意见:"皇帝朔望见群臣,大事则太后与帝召对辅臣决之,非大事悉令雷允恭传奏,禁中画可以下。"丁谓试图避开仁宗与诸大臣,将朝政操控于刘太后与自己之手。王曾极力反对,刘太后却顺水推舟,"忽降手书,处分尽如谓所议"。④ 不久,丁谓又给包括自己和王曾在内的执政大臣加了相当高的官位。王曾提出异议:"今主幼,母后临朝,君执魁柄,而以数十年旷位之官一旦除授,得无公议乎?"⑤但丁谓根本就不听王曾的意见。为

① 《长编》卷九八乾兴元年二月庚申、戊辰条,第2274页。
② 《渑水燕谈录》卷二,第11页。
③ 《长编》卷九八乾兴元年二月戊午条,第2271页。
④ 《长编》卷九八乾兴元年二月癸亥条,第2273页。
⑤ 《长编》卷九八乾兴元年二月丙寅条,第2273页。

了维护宋开国以来的政治传统，王曾进行了一些抗争，总体而言是失败的，但正如《长编》卷九八乾兴元年(1022)二月戊午条所言："时中外汹汹，曾正色独立，朝廷赖以为重。"王曾总算是一个敢于提出意见的中枢大臣，令丁谓不能忽视。

随着刘太后与丁谓权势的膨胀，二人之间逐渐产生了矛盾，王曾便迎来了扳倒丁谓的契机。刘太后曾以仁宗年幼贪睡为借口，"令内侍传旨中书，欲独受群臣朝"，被丁谓断然拒绝；丁谓又"尝议月进钱充宫掖之用"，对宫廷开支加以限制，更惹得太后不悦。[①] 恰巧此时，与丁谓关系密切的内侍雷允恭擅自改变真宗陵墓的位置，王曾看准时机乘势出击。《默记》卷上记载：

> (王曾)每因闲暇与谓款，必涕泣作可怜之色，晋公问之数十次矣。一日，因问，闵然对曰："曾有一私家不幸事，耻对人言。曾少孤，惟老姊同居，一外生不肖，为卒，想见受艰辛杖责多矣。老姊在青州乡里，每以为言。"言讫又涕下。谓亦恻然，因为沂公言："何不入文字，乞除军籍？"沂公曰："曾既污辅臣之列，而外生如此，岂不辱朝廷？自亦惭言于上也。"言毕，又涕下。谓再三勉之："此亦人家常事，不足为愧，惟早言于上，庶脱其为卒之苦尔。"自后谓数数勉之留身上前奏知。沂公必涕下曰："岂不知军卒一日是一日事？但终自羞赧尔。"晋公每催之，且谓沂公曰："某日可留身奏陈。"沂公犹不欲，谓又自陈之。一日，且责沂公："门户事乃尔缓？谓当奉候于阁门。"沂公不得已，遂留身。既留身逾时，至将进膳犹不退，尽言谓之盗权奸私，且言："丁谓阴谋诡谲多智数，变乱在顷刻。太后、陛下若不亟行，不惟臣身齑粉，恐社稷危矣！"太后大怒，许之，乃退。晋公候于阁门，见其甚久，即顿足捩耳云："无及矣！"方悟知其令谓自为己谋，不使之觉，欲适当山陵之事而发故也。[②]

这次斗争的结果是，刘太后杀了雷允恭，罢免了丁谓，并贬谪了丁谓的大部分党羽。王曾之所以能够扳倒丁谓，首先是利用了刘太后与丁谓之间的矛盾，同时也动用了一定的权术。《默记》卷上将这一过程描述得活灵活现，且云："向使谓防闲沂公，则岂有此祸？故知权数在谓之上也。"王曾的"权术"，就是在隐忍中待时而发，先麻痹政敌的防御心，然后一击而中的。

"计除丁谓"之后，朝廷有了新的宰执集团。乾兴元年(1022)七月，次相冯拯升为首相；王曾加中书侍郎、平章事，拜集贤相；吕夷简、鲁宗道拜参知政事。这个宰执集团立即致力于改变刘太后的听政方式，《长编》卷九九乾兴元年八月乙巳条记载："上与皇太后御承明殿垂帘决事，始用王曾议也。……自是，事一决于两宫。"于是，皇帝与太后共同参与朝政的体制得以确立。王曾和吕夷简又建议，将真宗朝伪造的天书随葬真宗陵墓，算是对"天书封禅"事件作最后交待。[③] 这样的结果，展现了王、吕二人的政治智慧，极大地稳定了当时的政局。

朝廷政局虽然步入稳定阶段，政治斗争却并未落下帷幕。刘太后对自己屡遭抑制的政治局面并不满意。天圣元年(1023)八月，宰相冯拯因病辞职，刘太后利用手段起用了当年支持她成为皇后的王钦若为

---

① 《长编》卷九八乾兴元年六月庚申条，第2285页。

② 《默记》卷上，第9～10页。《长编》卷九八乾兴元年六月庚申条亦记载了此事，而王曾得以独对的理由略有不同，云："一日，语同列曰：'曾无子，将以弟之子为后，明日退朝，当留白此。'谓不疑曾有异志也。"第2285页。《宋史》卷三〇〇《王曾传》同此说。按，据前文考证，王曾实有子，故不取此说。

③ 《长编》卷九九乾兴元年九月己卯条，第2297页。

相，中书其他大臣不变。① 但刘太后欲通过调换宰相来改变政局的做法则行不通。朝臣尤其是其他宰执大臣不与之合作，王钦若很难施展开拳脚，碌碌无为，最终在天圣三年十一月薨于宰相任上。王曾便从次相升为首相，张知白任次相。

其后，仁宗年龄渐长，逐渐具备了一定的行政能力，但刘太后却留恋权势，并无还政之意，朝廷中开始出现了请太后还政的风声。这使得刘太后与以王曾为首的两府大臣之间的积怨越来越多。天圣六年，左司谏刘随提出让仁宗分享更多的权力："帝既益习天下事，而太后犹未归政，随请军国常务，专禀帝旨。"结果触怒了刘太后，被贬出朝。② 王曾也以违背祖制为由而反对太后在天安殿接受尊号与朝贺，并对太后左右姻家多所压制，结果是任首相3年多以后，于天圣七年六月罢相，被刘太后排挤出朝。

《长编》卷一〇八天圣七年六月甲寅条记载：

> 始，太后受尊号册，将御天安殿，曾执不可。及长宁节上寿，曾执不可如前，皆供张别殿。太后左右姻家稍通请谒，曾多所裁正，太后滋不悦。会玉清昭应宫灾，曾以使领不严，累表待罪，乃罢出守。

《长编》的记载，指明了王曾罢相的直接原因是"使领不严"，稍嫌含混，其背景则是"太后滋不悦"。

王曾虽罢相出朝，但他所建立的两府宰执班底，大都依旧，他所建立的帝后共同听政的体制，也难以改变。刘太后依然受到掣肘而不能尽意。③

《长编》卷一二一载，宝元元年(1038)三月，仁宗亲政才五年，王曾罢相后10年，韩琦数言执政非才，"尝所用者王曾、吕夷简、蔡齐、宋绶亦人所属望，何不图任也!"④

《长编》卷一九八嘉祐八年(1063)四月引司马光言：

> 大臣忠厚如王曾，清纯如张知白，刚正如鲁宗道，质直如薛奎者，殿下当信之用之，与共谋天下之事。⑤

《长编》卷一三九庆历三年(1043)正月载：

> 吕夷简数求罢，上优诏未许。陕西转运使孙沔上书言："往者庄献总政，陛下恭默，有王曾、张知白、鲁宗道、李迪、薛奎、蔡齐以正直迭居两府，曹修古、李纮、刘随、鞠咏、孔道辅以亮节更任论列。于时斜封侥幸、阍寺威福，虽未悉去，然十余年间，中外无大故。"⑥

韩琦在仁宗亲政后5年时，即称王曾等4人为"人所属望"。又5年后，孙沔亦提及，刘太后当政时，以正直迭居两府，使"中外无大故"的6位大臣。两处所言，合共10位大臣，这些就是王曾为首相时建立

---

① 《长编》卷一〇一天圣元年八月己未条，第2332页。
② 《宋史》卷二九七《刘随传》，第9889页。
③ 《长编》卷一三九，第3345页；卷一二一，第2866页。
④ 第2866页。
⑤ 第4801页。
⑥ 第3346页。

的两府班子。天圣七年(1029)六月王曾罢相后,中书是吕夷简为相,薛奎、陈尧佐、王曙参知政事,姜遵枢密副使。① 当时,这个两府班子,似乎无人与王曾不和,吕夷简、薛奎、王曙、姜遵诸人,多能继承王曾意志,维护宋朝法制。

《长编》卷三七二元祐元年(1086)三月引刘挚语:

> 仁宗时则有若王曾、吕夷简,简重方严,镇抚内外,以才谋识略,平治四方。晚年得富弼、韩琦,付属大事,世以永宁。②

刘挚将王曾、吕夷简作为宋仁宗朝前期"平治四方"的大臣,而富弼、韩琦则作为宋仁宗朝后期"世以永宁"的大臣,说明王曾虽罢,但吕夷简等宰执集团,继承与维护了王曾在位时的方针政策,"镇抚内外",故得以"平治四方"。

在寇准、李迪采用强硬手段对抗失败后,作为寇准提携且与寇准关系密切的王曾,汲取寇准、李迪的经验教训,实行绵里藏针的策略,不在一事一行争高下,而着眼于一举击垮丁谓一伙,使刘太后失去最有力的外助。结果,王曾成功了,刘太后被遏制。他又逐步扩大同道的宰执队伍,宰执集团又涌进鲁宗道等强硬人物。宰执集团成为刘太后无法逾越的权势障碍。宋人有云:"国事成败在宰相。"观乎王曾与刘太后的暗斗,诚乎斯言。而当这个宰执集团可以控制朝政时,王曾忽略了关键的一点,即皇权仍是决定性,代行皇权的刘太后的一击,仍然可以瞬间改变宰执大臣的个人命运的。同时,由于多年运作的成功,也多少使王曾有些志骄气满,不免自我估计太高,有些忘乎所以,因此,被刘太后抓住把柄,一击出朝。幸亏,宰执集团大致未变,大政方针亦未变,帝后共政局面亦已成制,刘太后仍然不能为所欲为。

(三)第三次入朝

明道二年(1033)三月,王曾罢相后4年,刘太后去世,宋仁宗开始亲政。次年(景祐元年,1034)八月,王曾即被召回朝廷,拜枢密使。这也多少说明,当时的宰执集团,还是维护王曾的。一年后,景祐二年,王曾拜集贤相,不久却与首相吕夷简发生了矛盾。

吕夷简是宋朝第一个状元宰相吕蒙正的侄子,颇具才干,天圣年间王曾任首相时,曾在刘太后面前力荐其为次相,③如今二人地位正好互换了。吕夷简行事专断,此前曾将次相李迪排挤出朝。④ 王曾其实是接替了李迪的位置,但他身为老臣,自然不会相让于吕夷简。其时范仲淹刚刚回朝,对吕夷简亦颇有意见,便向仁宗进献了自绘的百官图,指出近年百官迁转中宰相所包藏的私心。吕夷简大为恼火,以"越职言事,荐引朋党"为由,将范仲淹连带欧阳修、尹洙、余靖等好上书言事者,一并贬出京城。⑤ 王曾对范仲淹等人的遭遇甚为不平,与吕夷简的矛盾白热化,遂在朝堂上直接发生了争斗。

王、吕二人在朝堂吵闹不休,皆以求去胁迫仁宗,王曾更主动攻击吕夷简。《长编》卷一二〇景祐四

---

① 《宋史》卷二一〇《宰辅一》,第5451页。

② 第9021页。

③ 《长编》卷一〇七天圣七年二月丙寅条,第2495页。

④ 据《长编》卷一一六景祐二年二月丁卯条载,御史庞籍弹劾李迪的姻亲范讽贿赂交通外戚,"吕夷简疾讽诡激多妄言,且欲因讽以倾李迪,故特宽籍而重贬讽。凡与讽善者皆黜削。"次日,李迪罢相。第2721、2722页。

⑤ 《长编》卷一一八景祐三年五月丙戌条,第2783~2784页。

年(1037)四月甲子条记载:

> 夷简专决,事不少让,曾不能堪,论议多不合,曾数求去,夷简亦屡匄罢。上疑焉,问曾曰:"卿亦有所不足耶?"曾言:"夷简招权市恩。"时外传夷简纳知秦州王继明馈赂,曾因及之。帝诘夷简,至交论帝前,夷简乞置对,而曾言亦有失实者。帝不悦,绶素与夷简善,齐议事闲附曾,故并绶、齐皆罢。

王曾在没有做好充分准备的情况下便攻击吕夷简,以致言有失实,使自己陷入被动,这与他在乾兴年间计除丁谓的谨慎态度形成了鲜明对比。《龙川别志》卷上详记其事,可为补充:

> 上惊,复召吕公面诘之。吕公请付有司治之,乃以付御史中丞范讽。推治无之,王公乃请罪求去。吕公族子昌龄,以不获用为怨,时有言武臣王博古尝纳赂吕公者,昌龄误以博文告,王不审,遂奏之。[①]

吕夷简确实有"收恩避怨"为私的一面,二人之争在时人眼中便带有君子小人道德之争的涵义了,宋田况《儒林公议》卷上在记载这件事情时便表现出明显的"抑吕褒王"倾向,其言有云:"吕夷简、王曾同在相府,曾公忠守道,夷简专用小数,笼引党类,复纵其子公绰交结人士,盛纳货赂,其门如市,曾知而恶之。……"[②]田况的记载,多少反映了当时的朝议。

不过,吕夷简总体上还是致力于国计大政、维护"祖宗家法"的,仁宗也曾对辅臣称赞吕夷简"忧公忘身"。[③] 韩琦也曾对仁宗说:"尝所用者,王曾、吕夷简、蔡齐、宋绶,亦人所属望。"[④]王、吕二人相互攻讦,严重影响朝政运作,仁宗不胜其扰,又疑二人皆有结党行为,最后干脆将两派宰执都罢免了。

《宋史》卷二九二《盛度传》载:

> 时王曾、吕夷简为相,度与宋绶、蔡齐并参知政事,曾与齐善,而夷简与绶善,惟度不得志于二人。及二人俱辞相,仁宗问度曰:"王曾、吕夷简力求退,何也?"度对曰:"二人腹心之事,臣不得而知,陛下询二人以孰可代者,则其情可察矣。"仁宗果以问曾,曾荐齐,又问夷简,夷简荐绶,于是四人俱罢,而度独留。

从上述记载来看,吕、王之争可以说是仁宗朝"君子小人"朋党之争的开端。景祐四年(1037)四月,王曾出知郓州,次年薨于任上,走完了他人生之路。

四、时誉、为官及著述

(一)时誉

王曾自幼即有令誉,参加科举后,更是誉满天下。"靡不有初,鲜克有终。"王曾却是有始有终,始终

---

① 苏辙:《龙川别志》卷上,三秦出版社2003年校注本,第195页。

② 影印文津阁《四库全书》本,第344册,第729~730页。

③ 《长编》卷一五二庆历四年九月戊辰条,第3698页。

④ 《长编》卷一二一,宝元元年三月,第2866页。

如一地享有时誉。因此在他去世后，评价甚高。

富弼撰《行状》云：

居大位不植私恩，孜孜推进人物，终身使勿知。或有谢者，必正容拒去。惟不引用亲属。

公在相府仅七年，绝亡论事被黜者。又首议择名儒、敦劝讲，继命孙公奭、冯公元番侍经筵。每秋终，公率同列献诗以贺。二者尤大佳事，一时朝廷翕然有风采。上尝亲署"忠亮忠厚"四大字，独赐公。用是益自感奋，勤劳王家，知无不为，人望素重。比外迁，天下惜其去。再用，乃大喜。及是终也，皆失声，闾巷相吊。非德至厚者，孰与焉？

宋祁撰《墓志铭》则总结道：

当国七年，万物茂宜，四夷休宁。稼茨于原，兵仆于鄙，嘉生回薄，无有恫怨。务大体若丙吉，清净如曹参，总领众职如魏相，内文明如邓禹，于时被公之化，察察者敦，沾沾者愧。建启露门秘禁，召惇儒硕老，侍摘劝讲。复谏署旧员，使正辞謇议日兴于朝。进贤不植私，爱士不谋党。退不肖，不奸怨。奉群母孝，与诸弟友。亲族可任，言之上，不可任，厚分之财。姻娅进用，皆以嫌自退。上尝大书"忠亮忠厚"四字赐之，天下称为贤公。

《行状》可谓推崇备至，而"尤大佳事"，乃不罪论事者与择硕儒"侍经筵"两件事。"居大位不植私恩"则被特别提出，大力表彰。《墓志铭》则将王曾推崇为西汉的丙吉、曹参、魏相，东汉的邓禹。这几位都是汉代名相，留名青史的人物。而撰写《行状》、《墓志铭》的富弼、宋祁，也是当时颇有声誉的风云人物。于此可见，当王曾去世时，朝野已极为推崇。

宋祁在《文正王公碑阴记》中，称王曾为"贤丞相"。刘敞《王沂公祠堂记》，将王曾比作周朝的周公、姜太公。欧阳修在《归田录》中也称"王文正公曾为人方正持重，在中书最为贤相"。[①] 作为《五朝国史》稿本的《隆平集》卷四《王曾传》云："世皆谓之贤相。"《宋史·王曾传》亦称他为"贤相"。罗大经《鹤林玉露》便云："唐太宗使太子承干监国，旋以罪废。国朝天禧亦尝行之，若非寇准、王曾，几生大变。"[②]在北宋诸多大臣中，能以"贤"字著称，是难得的荣誉。

王曾德、行、才俱佳，死后定谥号为"文正"。这是宋代历史上第一次将"文正"这个谥号赐给大臣，更是莫大光荣。南宋史家李心传云：

大臣谥之极美者有二：本勋劳，则忠献为大；论德业，则文正为美。有国二百年，谥忠献者才三人，赵韩王、韩魏王、张魏公是也。谥文正者亦才三人，王沂公、范汝南公、司马温公是也，其品可知矣。李司空、王太尉皆谥文贞耳。宣、政间，蔡卞、郑居中亦谥文正，终不足录。[③]

---

① 《宋朝事实类苑》卷九引《涑水纪闻》，第94页。

② 罗大经：《鹤林玉露》甲编卷六《太子参决》，中华书局点校本2008年版，第105页。

③ 李心传：《建炎以来朝野杂记》甲集卷九《大臣谥之极美者》，中华书局点校本2000年版，第189～190页。

范汝南公即范仲淹，司马温公即司马光，王曾与这两位在宋代乃至中国古代赫赫有名的人物同谥文正，而且在两人之前，充分反映了当时朝廷对他的尊崇。李司空即李昉，王太尉即王旦，后世虽称李文正、王文正，但二人实谥“文贞”，因避宋仁宗赵祯之讳而改“文贞”为“文正”的，与谥“文正”者终究不同。故王曾才是宋代第一个谥“文正”的大臣。蔡卞、郑居中谥“文正”，则被视为“终不足录”，难以得到认可。而且也到了宋徽宗时期，距北宋灭亡已不远了。

皇祐二年(1050)，宋仁宗亲自为王曾墓碑题篆曰“旌贤之碑”，改其乡为“旌贤乡”。宋朝皇帝御书赐给大臣碑篆，正是自王曾开始的。仁宗驾崩，择将相配享庙庭，亦以王曾为第一。[①] 所有的这些荣誉，无不彰显出王曾在当时声名卓著，在北宋真、仁之际政局中，发挥出举足轻重的作用。

（二）为官

王曾为官颇有风骨。他从不藉助宰执之权援引同党，“以恩市人”，充分显示出“贤相”的风采。

欧阳修《归田录》卷一载：

> 王文正公曾为人方正持重，在中书最为贤相。尝谓大臣执政，不当收恩避怨。公尝与尹师鲁(即尹洙)曰：“恩欲归己，怨使谁当?”闻者叹服，以为名言。[②]

《东都事略》卷五一本传载：

> 士大夫服其清修，莫敢干以私者。尝云：“大臣执政，不当收恩避怨。”故其言曰：“恩若己出，怨将谁归?”闻者叹服。

二书的记载，虽有小异，大略相同。但“恩怨”之说，成为王曾为相的名言，则是确定无疑的了。“恩若己出，怨使谁当?”王曾为相的这八字真言，充分反映了王曾为相的原则与行事，表现出很高的境界。

欧阳修不但记录王曾八字真言，并深为叹服，而且在有机会时，竭力仿效，身体力行之。《长编》卷二〇九记载，治平元年(1067)欧阳修为参知政事，当时“英宗以疾未亲政，太皇太后垂帘，修与二三大臣主国论”，英宗尝称赞欧阳修，说他“性直不避众怨”。欧阳修遂诵王曾八字真言“恩欲归己，怨使谁当”以答之，表示自己学习与继承王曾的意志。[③]

《宋史》卷二〇〇《王曾传》云：

> 曾进退士人，莫有知者。范仲淹尝问曾曰：“明扬士类，宰相之任也。公之盛德，独少此耳。”曾曰：“夫执政者，恩欲归己，怨使谁归?”仲淹服其言。[④]

---

① 《宋史》卷三一〇《王曾传》，第10186页。

② 又见《宋朝事实类苑》卷九引《庐陵居士集》，第94页。

③ 《长编》卷二〇九，第5082页。

④ 又见于《豫章罗先生文集》卷六。

事实上,受王曾提携的士人还是不少的,其中便包括后来与之争权的吕夷简。王曾还暗中委托晏殊举荐范仲淹,《长编》卷一〇六天圣六年十二月甲子条记载:

王曾见而伟之,亦知仲淹乃晏殊客也。于是,殊荐人充馆职,曾谓殊曰:“公实知仲淹,舍而荐此人乎?已为公置不行,宜更荐仲淹也。”殊从之。

这应该是荐引贤才却“恩不归已”的典型范例了。

王曾荐举的士人,钩稽史籍,至少还有下列数人。

《宋朝事实类苑》卷一四载:

韩魏公言:王沂公德器深厚而寡言,当时有得其品题一两句者,人皆以为荣。某为谏官时,因纳札子,忽云:“近日频见章疏,甚好,只如此可矣。向来如高若讷辈,多是择利。范希文,亦未免近名。要须纯意于国家事尔。”公闻此言,益自信也。[①]

《宋史》卷三一二《韩琦传》则载:

凡事有不便,未尝不言,每以明得失、正纪纲、亲忠直、远邪佞为急,前后七十余疏。王曾为相,谓之曰:“今言者不激,则多畏顾,何补上德?如君言,可谓切而不迂矣。”曾闻望方崇,罕所奖与。琦闻其语,益自信。

二处记载略异,但赏识韩琦则一。

姜遵,王曾荐为监察御史、殿中侍御史。史称其“长于吏事,为治尚严猛,所诛残者甚众。”[②]冯元,宋朝前期著名文臣,博学多识的一代大儒。“罢翰林学士,知河阳。王曾为言:‘元,本朝旧臣,不宜以细故弃外。’即召为翰林侍读学士。”[③]嵇颖,“举进士,时王曾、张知白相继为南京留守,见颖谨厚笃学,谓其子弟曰:‘若曹师表也。’”“王曾知青州,徙天雄军,皆辟为从事。后用曾荐,迁太子中允。”[④]富弼,“少笃学,有大度,范仲淹见而奇之,曰:‘王佐才也。’以其文示王曾、晏殊,殊妻以女”。[⑤] 邢敦,王曾荐举为许州助教,称他“早预词场,勤修天爵,超然处是”。敦辞不受。[⑥] 张昇,“举进士,为楚丘主簿。南京留守王曾称其有公辅器。”[⑦]

从上述事例看,王曾虽不轻易荐人,但还是很注意奖拔人才,只不过不使人知而已。他所赏识、荐拔

---

① 第169页,《豫章集》卷六所载同。

② 《宋史》卷二八八《姜遵传》,第9677页。

③ 《宋史》卷二九四《冯元传》,第9822页。详见拙文《冯元:博学多识的一代大儒》,收入《宋代人物论稿》,上海人民出版社2009年版。

④ 《宋史》卷二九八《嵇颖传》,第9900页。

⑤ 《宋史》卷三一二《富弼传》,第10249页。

⑥ 《宋史》卷四五七《邢敦传》,第13431页。

⑦ 《宋史》卷三一八《张昇传》,第10362页。

的人,后多为名臣,其眼光确实过人。吕中即称颂曰:“王文正、韩忠献为相,所荐皆当世名士。”①

王曾为政,重法、重制度,但又不墨守成规。为了坚持用人原则,王曾不惜得罪刘太后,《长编》卷一〇六载:

> 太后欲擢季良侍从,王曾难之。会曾移疾,太后谕中书,令亟行除命,执政承顺且遽,故季良止以三丞充待制,盖三丞未有预内阁清职者,朝论哗然,益重曾之守正云。②

《长编》卷九〇天禧元年(1017)六月引《王曾言行录》载:

> 堂吏刘明怨,宰相以其服勤岁久,官为望郎,引枢密都承旨宣例,将异其礼。公以政府表则之地,不可隳旧章;乃议群吏晨谒之际,独俾升阶,复援恩例改三品服,公皆以为不可。由是止令先谒于阶所之前。其后又议谨择堂吏,将以进士策名者充选。公曰:“我朝承有唐故事设此科,谓之将相科,岂当屈以趋走吏耶?”众皆赧服而止。③

从上述记载中,可以看到王曾坚持按规章办事的坚定意志。当仁宗对审官院“一以名次用人”提出异议时,王曾说:“不次用人,诚足以劝群吏,然须更为选任之法乃可也。”④强调要依法改变。因此,在王曾任职的部门,多能形成按制度办事的风气,以致为后世引为“故事”。《长编》卷一八九载,嘉祐四年(1059)四月丙子,吏部郎中、天章阁待制何郯同知通进银台司兼门下封驳事。时封驳职久废,郯上言:“本朝设此司,实代给事中封驳之职,乞准王曾、王嗣忠故事,凡有诏敕,并由银台司。”从之。⑤

但是,王曾又不固步守旧,反对“先朝法令,不可轻改”之说。《长编》卷一〇四载:

> 翰林学士夏竦、蔡齐、知制诰程琳等重删定编敕时。时有司言编敕自大中祥符七年至今复增及六千七百八十三条,请加删定。帝问辅臣曰:“或谓先朝法令不可轻改,信然乎?”王曾曰:“此憸人惑上之言也。咸平中,删太宗诏令,十存一二。盖去繁密之文,以便于民,何为不可。今有司但详具本末,又须臣等审究利害,一一奏禀,然后施行也。”上然之。⑥

王曾在宰执期间所为,获得了朝野的称颂,形成了高大形象,深入人心。所以在景祐年间的吕、王之争中,天下士论多倾向王曾。吕夷简在有宋后世,多被列入“小人”之列。

王曾亦颇具外事才干。在对辽交往中,宋廷或顾虑使者应对有失国体,或有意炫耀其文明,往往派著名的文人或有智之士出使辽朝和接待辽朝使者。真宗年间,王曾多次担任过接待任务,并出使辽朝,回朝后所进奉的《行程录》(即《上契丹事》)流传至今,成为研究辽朝历史地理的重要资料。宋人笔记小说中

---

① 《类编皇朝中兴大事记讲义》卷二六,第824页。
② 《长编》卷一〇六天圣六年六月丁亥条,第2475页。
③ 第2071页。
④ 《长编》卷一〇五天圣四年九月壬申条,第2423页。
⑤ 《长编》卷一八九,第4561页。
⑥ 《长编》卷一〇四,第2423页;又见《宋史》卷一九九《刑法一》,第4962页。

更记载了一些王曾凭睿智折服辽人的故事，如王辟之《渑水燕谈录》卷二云：

祥符中，王沂公奉使契丹，馆伴耶律祥颇肆谈辨，深自衒鬻，且矜新赐铁券，公曰："铁券，盖勋臣有功高不赏之惧，赐之以安反侧耳，何为辄及亲贤？"祥大沮矣。

王曾为地方官，治理地方，也颇有政绩，中外敬重。《长编》卷一一〇天圣九年九月庚午条记载，王曾"知天雄军。契丹使者往还，肃车徒而后过，无敢大声疾呼者。人乐其政，为画像而生祠之。"王丽亚《论王曾》一文对王曾治理地方的业绩，有详细考述，可供参考。需要强调的是，王曾为官地方，特别重视建设学校。他在朝廷时，曾"请下三馆校《道德经》"，又使孙奭、冯元等人为仁宗讲《论语》。[①] 至地方，更重视文化与学校。《行状》云："更城所至，必首建学校，多出俸赐备经费。"他在大名府，请求立学、赐九经，得到朝廷同意。到青州，又请赐青州州学九经。[②] 这对促进当地文化发展、培育人才，发挥了巨大作用。因此，王曾所莅之地，多有建祠纪念者。

（三）著述

王曾不以文称，著述不多。其著述，《行状》云，有《两制杂著》50 卷、《大任后集》7 卷、《笔录遗逸》1 卷，上之朝廷。《宋史》卷二〇三《艺文二》著录 1 种：王曾《笔录》1 卷；卷二〇四《艺文三》著录 2 种：王曾《九域图》3 卷、王曾《契丹志》1 卷。

《行状》所云前两种著述，《宋志》已不著录；《宋志》著录之《九域图》与《契丹志》，《文献通考》已不著录，《文献通考》卷一九八《经籍二十五》仅著录《王沂公笔录》1 卷、《王沂公言行录》1 卷。清《四库提要》亦仅著录王曾《笔录》一书也。

《笔录遗逸》，当即《王文正公笔录》也。《宋志》著录，今尚存。

《契丹志》一书，又名《行程录》、《上契丹事》，据贾敬颜先生《王曾〈上契丹事〉疏证稿》研究，《续资治通鉴长编》卷七九、《宋会要辑稿·蕃夷》二之六、《契丹国志》卷二四、《武经总要》卷二二《北蕃地里》、《宋朝事实》卷二〇、《文献通考》卷三四六《四夷三三·契丹》中，《辽史》卷三九、四〇《地理三、四》，《元史》卷六四（按，贾书误为"六一四"）《河渠一》等处均有《上契丹事》文字保留。其书名，则有《行程录》、《使辽录》、《契丹志》等，当以《上契丹事》为准。是故，《宋史》卷二〇四著录之"王曾《契丹志》一卷"，尚存于世。

《王沂公言行录》，虽是记载王曾的言行，但并非他本人的著作，今亦不存，但《长编》等书间有引用者。《九域图》一书，则现已不存。

五、结　语

王曾在宋代历史上占据了许多第一：

---

① 《长编》二四〇一页，第 2303 页。
② 《长编》二六一八页，第 2555 页。

第一个连中三元的士子，第一个参加殿试“糊名考校”的状元，第一批主持省试“糊名考校”的知贡举官，第一个死后谥“文正”的大臣，第一个配飨皇帝庙堂的状元，第一个皇帝御书赐碑篆的大臣。能够同时占据这许多“第一”的人，在宋代即便不是唯一的，也是罕见的。

综观王曾的一生，盖棺定论，他可以称得上是宋朝前中期的一大功臣，宋仁宗朝的第一位贤相。

王曾活动于北宋真、仁之际。宋承五代开国，至真宗朝，国家典章法令、运作模式，已经逐渐形成定制，即有宋后人所称的“祖宗之法”。公元1005年澶渊之盟的缔结，更为宋朝的繁荣发展提供了和平的外部环境。然而，在看似平稳的政局中却蕴藏着隐忧。澶渊之盟后，真宗与王钦若等人便大搞“天书封禅”活动，耗费国家财力。至真宗晚年中风之后，皇后刘氏逐渐掌控了朝权，并在仁宗朝成了太后，垂帘听政，成为宋朝第一个当权的太后，权势达到了顶峰。为掌控朝政，刘太后不得不倚仗一批大臣来巩固自己的权势，从而为宰执弄权大开方便之门。“女主当政”与“权臣当道”，对宋朝开国以来的“祖宗之法”构成极大挑战，有可能危及宋朝法统。为维护国家体制与法统，遵循“祖宗之法”，一批朝臣进行了不懈的斗争。寇准、李迪、王曾、鲁宗道等人便是其中的佼佼者。王曾更是其中的中流砥柱，而且获得了相当大的成功。他设计铲除了宋代历史上第一个权相丁谓，奠定了仁宗朝前期帝后共同参政的政治格局。此后，又联合群臣，抑制刘太后的野心，在很大程度上牵制了后权的过度发展，使得政局更加平稳。在维护“祖宗家法”的同时，又成功地树立了母后听政的典范，并成为后来“祖宗家法”的一部分。正如《东都事略》卷五一本传云：“是时，中外汹汹，曾正色立朝，奸邪惧焉。”吕中《大事记讲义》卷一三则云：“在真宗之初，则有吕端，仁宗之初则有王曾，其皆安国家定社稷之名臣欤！”[①]他的生平仕宦经历，则是典型的科举制度骄子的足迹。

2014年10月26日

于广州暨南花园骏雅阁

附注：本文得江西师范大学熊鸣琴博士协助，谨此致谢！

① 《大事记讲义》，第256页。

论北宋熙宁变法的实质

李国强

（上海师范大学硕士研究生毕业，上海师范大学副教授）

一、何为熙宁年间的新法

北宋熙宁年间王安石执政时期的变法，自元祐初年被司马光尽废之后，距今亦有近千年。千余年不同身份的人们评论、研究这一时期的变法，毁誉参半，莫衷一是。但似乎无论是宋人还是后人对王安石执政时期的变法认知都有一个偏差。自从宋人提出王安石执政时期的变法是“富国强兵”、[①]“独于财利兵刑为汲汲”后，[②]特别是“富国强兵”这四个字又出自南宋高宗之口，似乎就定下了一个基调，人们评论、研究这一时期的变法都把注意力集中在“富国强兵”之上了，那就是诸项经济变法、将兵法以及科举新法等等，宋人争论的是这些新法，后人研究的也是这些新法，然而事实是如何呢？我们还是听听王安石当时与宋神宗的对话吧。

熙宁五年闰七月丙辰，王安石对宋神宗说：“今为天下立法，固有不便之者。陛下初欲更法度，先措置宗室条贯，非但宗室所不便，前后两省内臣以至大宗正司管勾所公人并官媒之类皆失职。既而修仓法，即自来说纲行赇之人又皆失职。既而修左藏内藏库法，即说纲行赇之人又皆失职，在掖门外僦舍几为之空，以自来说纲行赇人力不能复据要便处僦舍故也。既而又修三班、审官东西院、流内铨法，即自来书铺计会差遣行赇之人又皆失职。今修市易法，即兼并之家以至自来开店停客之人并牙人又皆失职。”最后王安石指出：“若均天下之利，立朝廷政事，即凡因新法失职者皆不足恤也。”[③]上引可见，第一，王安石执政时期变更法度除了人们常说的关于经济方面的新法外，至少还有宗室条贯法，仓法，左藏内藏库法，三班、审官东西院，流内铨法等。而这些恰恰是人们包括今天的学者们所忽略的。尤其值得注意的是上述这些有关政治制度方面的条法是与经济方面的新法之一的市易法相提并论的，王安石都把这些条法看作是新法。第二，这些新法都取得了一定的效果，即种种利用旧法弊端而获不义之财的人“皆失职”。第三，这也是王安石实施变法的基本态度之一，就是对“凡因新法失职者皆不足恤”。第四，也是本文讨论的最重要的一点，即王安石执政的变法为两个方面：一为“均天下之利”，一为“立朝廷政事”，二者不可偏废。

二、历来研究偏差的原因

为什么很多学者研究王安石执政时期的变法会集中在经济变法、强兵变法等方面，这与宋人提出王

① 王称：《东都事略》卷七九，《文渊阁四库全书》，台湾商务印书馆影印本，第382册，第516页。

② 朱熹：《读两陈谏议遗墨》，《晦庵先生朱文公文集》卷七〇，《四部丛刊》初编本，上海书店1989年影印本。

③ 李焘：《续资治通鉴长编》（以下简称《长编》）卷二三六“熙宁五年闰七月丙辰”条，中华书局2004年标点本，第5738页。

安石执政时期的变法是“富国强兵”不无关系。这四个字一提出，后人大都陷入这一误区。殊不知宋人提出的“富国强兵”非但不是对王安石的褒奖，而恰恰是对王安石的非难。恕我疏于检索，好像王安石本人并没有明确提出他变法的目的是“富国强兵”，这四字倒大多出自变法反对者之口。例如熙宁七年五月戊戌朔，左司郎中、天章阁待制李师中言：“陛下欲为富国强兵之事，则有禁暴丰财之务；欲为代工熙载之事，则有利用厚生之道。有臣如是，陛下其舍诸！”[①]“代工”、“熙载”语出《尚书》，意为人臣辅佐君主，以代行天之使命，弘扬功德。而“富国强兵”，必然会有“禁暴丰财之务”，显然“富国强兵”这四个字绝非是赞美之辞，而是指责、非难之意。难怪宋神宗会大怒，批示：“师中敢肆诞谩，辄求大用。朋邪罔上，愚弄朕躬。识其奸欺，所宜显黜。”最后责降他为检校水部员外郎、和州团练副使，并且是“本州安置，不得签书公事”。[②] 到了南宋，“富国强兵”这四个字又出自宋高宗之口：“（王）安石之学杂以伯道，取商鞅富国强兵，今日之祸，人徒知蔡京、王黼之罪，而不知天下之乱生于（王）安石。”[③]宋高宗把靖康之变的根源归咎于王安石，可见“富国强兵”这四个字完全是贬义词。自然今日学者赋古辞以新义亦是常事，但把思路局限于“富国强兵”方面无疑是有缺陷的。

另一方面，之所以历代学者包括今日学者会把注意力集中在“富国强兵”上，主要的原因在于王安石在经济方面的变法措施后代一直在沿用。且不说北宋哲宗、徽宗时期即已恢复部分王安石在经济方面的变法措施，即便到了明清时期，也在变相地实施。明人于慎行就指出：“募役之法，即今之均徭；保甲之法，即今之坊保；保马之法，即今之种马；均税之法，即今之税粮。行之数百年未见其弊。”[④]清人颜元则更进一步指出：王安石“所行法如农田、保甲、保马、雇役、方田、水利、更戍、置弓箭手于两河，皆属良法，后多踵行”。[⑤]

另一个重要原因在于当时王安石执政时期进行的诸项变法中争论最多的是经济方面的变法，这是反对变法者选择的最佳攻击点。自古以来，“义利之辨”是人们议论的热门话题。当时司马光就写信给王安石说：“孔子曰：‘君子喻于义，小人喻于利。’樊须请学稼，孔子犹鄙之，以为不如礼义信，况讲商贾之本利乎？”[⑥]王安石《上五事书》更是明确讲过：“今陛下即位五年，更张改造者数千百事”，“就其多而求其法最大、其效最晚、其议论最多者，五事也：一曰和戎，二曰青苗，三曰免役，四曰保甲，五曰市易。”[⑦]御史刘挚在反对变法时说：“今数十百事交举并作，欲以岁月变化天下。”[⑧]在“百”字之前无论是“千”还是“十”，皆言当时变法的事项之多，这是可以确定的，怎么可以以当时争论最激烈的、反对呼声最高的有关经济方面的变法措施作为王安石执政时期变法的全部内容或主要内容呢？我赞成漆侠先生在《王安石变法》一书中的论述：“‘理财’是这次变法的关键问题之一。”[⑨]

① 《长编》卷二五三“熙宁七年五月戊戌”条，第6188页。

② 同上。

③ 李心传：《建炎以来系年要录》卷八七“绍兴五年三月庚子”条，《丛书集成新编》，第116册，台北新文丰出版公司1986年版，第1449页。

④ 于慎行：《读史漫录》卷一二，《四库全书存目丛书》，齐鲁书社1997年影印本，第285册。

⑤ 李塨：《颜习斋先生年谱》卷下，《丛书集成新编》，第102册，第74～75页。

⑥ 司马光：《与王介甫书》，《温国文正司马公集》卷六〇，《四部丛刊》初编本。

⑦ 王安石：《上五事书》，《王文公文集》卷一，上海人民出版社1974年标点本，第18页。

⑧ 《长编》卷二二五“熙宁四年七月丁酉”条，第5484页。

⑨ 漆侠：《王安石变法》，上海人民出版社1979年版，第101页。

三、"变风俗、立法度"是王安石变法的初衷和目标

那么王安石执政时期变法的初衷或目标到底是什么，这还是要从他在变法前后一系列的言行中探索。在《上皇帝万言书》中，王安石虽然提到"天下之财力日以困穷，而风俗日以衰坏"，也提到"因天下之力，以生天下之财，取天下之财，以供天下之费"，但在文中他的中心思想讲的是怎样识别人才、怎样造就人才。尤其是在文中最后部分，他特别提到："臣又观朝廷异时欲有所施为变革，其始计厉害未尝熟也，顾一有流俗侥幸之人不悦而非之，则遂止而不敢为。"①他预计到变法之初，各项改革措施不一定成熟，一旦遇到流俗侥幸之人的非难，改革就会中止，这是王安石最担心的。这就是为什么他要在文中大谈人才的重要性，这就是为什么当王安石一遇到宋神宗就会说："变风俗，立法度，方今所急也。"这句话在后来变法过程中王安石说过多次。何谓"变风俗"？就是"凡欲美风俗，在长君子，消小人"。② 而当时的风俗却是"人习于苟且非一日，士大夫多以不恤国事、同俗自媚于众为善"。③ 何谓"立法度"？就是改革现行的条法、条例，具体来说就是重修现行条例，在设立编修中书条例司时，王安石说得很明白："今中书乃政事之原，欲治法度，宜莫如中书最急。"④并乐观地称道："法度成立有期。"⑤但当时朝廷上下一致认为理财为急。宋神宗即位之初即认为"政事之先，理财为急"。⑥ 他曾多次询问群臣"富民之术"，而诸大臣亦以节用、理财对，如宰相文彦博言："所谓慎经费者，此乃方今至切之务，最要讲求。"⑦御史中丞司马光亦言："国用不足真急务。"而王安石则明确地说："且国用不足非当今之急务也。"⑧那么，后来王安石又怎么会请立制置三司条例司、从理财入手的呢？这是因为王安石自己认识到"今天下财用困急尤当先理财"，⑨"今所以未举事者，凡以财不足，故臣以理财为方今先急。未暇理财而先举事，则事难济"，⑩这才先从理财着手，开始变法。也就是说理财只是个前提，而举事才是终极目标。事实上在熙宁年间，他始终没有改变自己"变风俗、立法度"的变法初衷。早在熙宁初年，他就提醒宋神宗："然今欲理财，则须使能，天下但见朝廷以使能为先，而不以任贤为急，但见朝廷以理财为务，而于礼义教化之际有所未及，恐风俗坏，不胜其弊，陛下当先验国体有先后缓急。"⑪熙宁四年，王安石对宋神宗说："自古未有政事修而财用不足、远人不服者。"⑫之后不久，他又提到："为天下，要以定取舍、变风俗为先务"，"今日之患，正为君子道不长，小人道不消。"⑬这些言语都是"变风俗、立法度"的具体阐释。而对于经济方面的变法措施，他似乎并不以

---

① 王安石：《上皇帝万言书》，《王文公文集》卷一，第9、14页。

② 黄以周等辑：《续资治通鉴长编拾补》（以下简称《长编拾补》）卷四"熙宁二年二月庚子"条，中华书局2004年标点本，第153～154页。

③ 王安石：《答司马谏议书》，《王文公文集》卷四，第97页。

④ 《宋会要辑稿·职官》（以下简称《宋会要》）五之九，中华书局1957年影印本，第2467页。

⑤ 《宋会要·职官》五之八，第2466页。

⑥ 《长编》卷二一二"熙宁三年六月辛巳"条，第5157页。

⑦ 《长编拾补》卷一"治平四年六月辛未"条，第25页。

⑧ 《长编》"熙宁元年八月癸丑"条，第1628页。

⑨ 《长编拾补》卷六"熙宁二年十一月乙丑"条，第254页。

⑩ 《长编》卷二二〇"熙宁四年二月庚午"条，第5351页。

⑪ 《长编拾补》卷四"熙宁二年三月戊子"条，第171页。

⑫ 《长编》卷二二〇"熙宁四年二月辛未"条，第5352页。

⑬ 《长编》卷二二四"熙宁四年六月乙丑"条，第5451页。

为然。例如，当宋神宗与他谈到常平法(即青苗法)时，王安石称："此于治道极为毫末。"[①]请注意"毫末"前还要加"极为"。熙宁四年五月，王安石请求辞职，曾慨叹道："陛下试观前代兴王，亦有为政数年而风俗不变、纪纲不立如今者乎？"[②]这是一个政治家对自己的政治理想不能完全实现的无奈之言。可以说在熙宁时期整个变法过程中，王安石始终没有放弃他"变风俗、立法度"的初衷。他不仅是这样想的，也是一步步在这样做的。今仅据《续资治通鉴长编》、《宋史》等史籍，略记当时的诸项有关政治、军事方面的变法措施如下：

熙宁二年十一月甲戌，诏裁宗室授官法。[③]

熙宁二年十二月癸酉，增失入死罪法。[④]

熙宁三年三月丙辰，立试刑法及详刑官。[⑤]

熙宁三年夏四月戊子，立宗室见外官法。[⑥]

熙宁三年七月癸丑，详定宗室袭封制度。[⑦]

熙宁三年八月戊寅，立远官就移之法。[⑧]

熙宁三年八月癸未，立仓法。[⑨]

熙宁三年十一月甲辰，立中书吏试补及功过升降法。[⑩]

熙宁三年十一月癸丑，诏定内外官避亲法。[⑪]

熙宁四年正月乙未，诏详定大辟覆谳法。[⑫]

熙宁四年十月壬子，立选人及任子出官试法。[⑬]

熙宁五年三月戊戌，立文武换官法。[⑭]

熙宁五年四月庚戌，立殿前马步军春秋校试殿最法。[⑮]

熙宁六年三月丙辰，定武臣叙法。[⑯]

熙宁六年十一月辛酉，诏定武臣差遣法。[⑰]

熙宁八年九月庚申，立武举绝伦法。[⑱]

---

① 《长编》卷二二三"熙宁四年五月丙午"条，第5434页。
② 《长编》卷二二三"熙宁四年五月庚戌"条，第5435页。
③ 《长编拾补》卷六，第259页。
④ 《宋史》卷一四《神宗一》，中华书局1977年标点本，第272页。
⑤ 《长编拾补》卷七，第345页。
⑥ 《长编》卷二一〇，第5115页。
⑦ 《长编》卷二一三，第5182页。
⑧ 《长编》卷二一四，第5216页。
⑨ 《长编》卷二一四，第5222页。
⑩ 《长编》卷二一七，第5278～5279页。
⑪ 《长编》卷二一七，第5282页。
⑫ 《长编》卷二一九，第5323页。
⑬ 《长编》卷二二七，第5520～5521页。
⑭ 《长编》卷二三一，第5616～5617页。
⑮ 《长编》卷二三二，第5627页。
⑯ 《长编》卷二四三，第5918页。
⑰ 《长编》卷二四八，第6048页。
⑱ 《宋史》卷一五《神宗二》，第289页。

上引这些诸法，一部分属于中书所创，一部分属于枢密院所创，在当时都是新法，而且也仅仅是熙宁年间变法中的一小部分。熙宁七年四月和五月，宋神宗先后下诏，“中书自熙宁以来创立更改法度，令具本末，编类进入”。[①]“熙宁以来朝廷创改法度属枢密院者，令中书取索一就编类进呈”。后在熙宁八年由范镗、练亨甫修成《熙宁政录》，最后名为《政录》。[②] 这就是王安石“变风俗、立法度”的改革成果之一，只是被后人囿于“富国强兵”的偏见而忽略了。

事实上在熙宁年间，王安石试图建立一个健全的法制王朝和职能高效的行政机构。在法制思想上，王安石继承的是孟子的思想。熙宁三年九月二日，在与神宗一次谈古论今时，王安石“因引孟子瞽瞍杀人事曰：‘先王制法，虽天子之父犯法，不得贷也。此孟子所言，尧、舜所行，非申、韩之言也。’”[③]追求的是一种法律面前人人平等的理想境界，而在实践中他与神宗一起构筑法制的框架，这就是熙宁年间不断设立的编敕局和看详编修中书条例司。

关于宋代“以敕代律”的问题，史学界有争论。但在宋朝的司法实践中，敕的效力逐渐优于律条，这是事实。早在熙宁二年，当时就“议置嘉祐编敕局”。而熙宁三年七月，神宗下诏编修敕所，“见编敕续降宣敕、删定嘉祐编敕，仰候修成一卷日，于逐条上铺贴增损之意，先赴中书门下看详，俟书成日同进呈”。[④]“铺贴增损”就是要修改以前的各类敕，以适合变法需要。而“先赴中书门下看详”，就是赋予王安石修改编敕的权力，甚至直接任命王安石提举编敕。[⑤] 而当时具体修改编敕的中书检正官同时就是编修中书条例的人，如任命编修中书条例、检正五房公事曾布兼详定编敕。[⑥]

条例分条和例。条即条法、条贯，是指法即宣敕；例即成例，前事所创，后便援引以为例。“乃若例者，或出于以一时之特恩，或出于一时之权宜，有徇亲故而开是例者，有迫于势要而创是例者。”[⑦]编修条例实际上就是编修敕和成例。宋朝有“用例破条”风俗，正如司马光所言“近岁三省及百司多用例破条，诸色人亦多于条外攀援体例，希求恩泽”，[⑧]特别是在行政制度方面例优于律，甚至优于敕，王安石着手从中书开始编修条例，继而到枢密院及其他中央机构普遍编修条例，开始重修政府机关条例以及国家各种制度之例。据不完全统计，当时编修的条例有：三司令敕，三司令式及诸司库务岁计条例，中书礼房条例，在京、一司、一路、一州、一县敕，大宗正司敕，八路、都亭西驿条例，将作监敕，审官西院敕等。[⑨] 当时最主要的两个机构是编修中书条例司和编修司农寺条例司。此外，在中书机构改革的影响下，枢密院也于熙宁四年十月仿效中书置检正官而置检详官，称“检详枢密院诸房文字”，后又负责编修枢密院条例。[⑩] 陆续审官东西院、流内铨、三班院等机构由本司主簿“看详条例”，遇到难以删定的事项，上中书裁定。[⑪] 当时

① 《长编》卷二五二“熙宁七年四月壬辰”条，第6175页。
② 《长编》卷二五三“熙宁七年五月戊午”条，第6197页。
③ 《长编》卷二一五“熙宁三年九月己丑”条，第5232页。
④ 《长编》卷二一三“熙宁三年七月庚戌”条，第5180页。
⑤ 《长编》卷二一七“熙宁六年九月辛丑”条，第6006页。
⑥ 《长编》卷二二三“熙宁四年五月丁亥”条，第5417页。
⑦ 黄淮等：《历代名臣奏议》卷二一四许应龙上奏，上海古籍出版社1989年影印本，第2184页。
⑧ 司马光：《乞令三省诸司无条方用例白札子》，《温国文正司马公集》卷五五。
⑨ 参阅《长编》，第5638、5877、6006、6121、6210、6348页。
⑩ 《长编》二二七“熙宁四年十月丙辰”，第5524页。
⑪ 《长编》卷二一八“熙宁三年十二月丁丑”条，第5307页。

编修条例特别是编修中书条例,“大臣所不欲,小臣又不欲”,[①]连神宗也觉察到“吏人不喜条例分明”。[②]而王安石想重修中书条例的最终目的是人事制度和行政制度的改革。宋代中书行政特别是任官皆须检用条例。中书“政出吏胥之手。吏胥行遣只检旧例,无旧例则不行”。[③] 直到熙宁中,王安石欲除著作郎许将(字冲元)为太常博士,“方下笔作‘太’字时,堂吏以手约笔,具陈祖宗之制,荆公乃改‘太’字右笔作‘口’字,冲元遂迁右正言”。[④]《宋史·许将传》载:“超改右正言。”[⑤]此事是否属实,尚待考证,但堂吏可以援例阻滞、干涉宰相任免官员是无可置疑的。同样是在熙宁八年,王安石还责问枢密院:“与杜纯转官用何条贯?”枢密院答:“无条贯。”“用何例?”“无例。”“有何意义?”但曰:“奉圣旨而已。”[⑥]而编修中书条例最关键的就是破旧例。正如宋人吕中在《大事记讲义》中所谈到的:“然三司条例司,兴财利者也;中书条例司,立法度者也。”“不知安石意正欲尽破旧例,以立法也。”[⑦]而重编中书条例重点就在任官条例的修改。熙宁年间,一大批支持变法的人得到了快速升迁。如曾布,因提出“厉风俗、择人才”为政之本,得到王安石的赏识,从选人升至知制诰仅一年零十个月。[⑧] 又如李承之“尝建免役议,王安石见而称之”,神宗特为之改官,并说:“朕即位以来,不轻与人改秩,今以命汝,异恩也。”[⑨]其他如吕惠卿、章惇、邓润甫等人都非次升陟,成为变法的积极支持者和参与者。

为了“变风俗”、激励士风,熙宁四年十一月壬午,诏:应朝廷擢用才能、赏功罚罪,事可惩劝者,中书、枢密院各专令检正、检详官一员月以事状送进奏院,遍下诸路。颁告天下。[⑩] 当时朝廷上下赏功罚罪已成风气,即以中书检正官为例,“太子中允、检正中书刑房公事李承之为太常丞。以驳正法寺大辟四人及刑部失覆大辟一人,特迁之”。[⑪] “权检正中书五房公事吕嘉问、检正刑房公事张安国”“各展磨勘二年”。[⑫] 而检正官在俸钱、随从、荐举、班位等各方面待遇更有别于其他官员。“例须有酬奖”是王安石重修条例的动因之一,[⑬]这恰恰是王安石“变风俗、立法度”的关键举措之一。

当然在整顿中书堂吏、规范中书行政制度等方面,王安石都进行了一系列的改革。当时政府机构经改革后机构紧凑、职权分明、效率提高。[⑭] 史称“于是法度明,庠序兴,农政修,武备饬,刑狱清,械器利,亹亹乎董正治官之实举矣”,当非虚词。[⑮]

北宋熙宁年间王安石执政时期实行的诸项变法措施,不仅经济方面的新法后世大多推行,其政治制度等方面的新法同样影响到后世。关于王安石执政时期在政治制度等方面的改革对北宋末年以至整个南宋政治格局的影响,拟有专文探讨,现仅就这一时期某些政治措施对后世的影响叙述一二。制置三司

---

① 《长编拾补》卷四“熙宁二年五月”条,第 189 页
② 《长编》卷二一一“熙宁三年五月戊戌”条,第 5122 页。
③ 《长编》卷五三“咸平五年十月庚寅”条,第 1160 页。
④ 曾敏行:《独醒杂志》卷一,上海古籍出版社 1986 年标点本,第 6 页。
⑤ 《宋史》卷二四三,第 10908 页。
⑥ 《长编》卷二六四“熙宁八年五月丙子”条,第 6467 ~ 6468 页。
⑦ 吕中:《宋大事记讲义》卷一六,《文渊阁四库全书》,第 686 册,第 350 页。
⑧ 《长编》卷二二五“熙宁四年七月丁酉”条,第 5481 页。
⑨ 《宋史》卷三一〇《李承之传》,第 10178 页。
⑩ 《长编》卷二二八,第 5539 页。
⑪ 《长编》卷二二六“熙宁四年九月丁酉”条,第 5513 页。
⑫ 《长编》卷二七六“熙宁九年六月丁酉”条,第 2599 页。
⑬ 《长编》卷二六四“熙宁八年五月丙子”条,第 6468 页。
⑭ 参见拙文:《北宋熙宁年间政府机构改革述论》,《中华文史论丛》2010 年第 3 期。
⑮ 《宋会要·职官》一之七五,第 2367 页。

条例司这一机构的设置，一定程度上纠正了以往中书、枢府、三司各不相知的弊病，在当时引起极大争论。这一机构在北宋末年即被复制。崇宁元年设立的讲议所，徽宗在诏书内明确提到“宜如熙宁置条例司，都省置讲议司”。[①] 钦宗靖康元年于尚书省置详议司为同一性质。[②] 南宋以后，王安石被否定，但孝宗乾道年间的国用司、宁宗嘉泰年间和开禧年间的国用参计所与三司条例司如出一辙。[③] 至于熙宁年间设置的中书检正官，南宋以后仍在设置甚至还设有检正所。[④] 而熙宁年间大量派遣的察访使，至少在哲宗元符年间仍有派遣。[⑤]

关于编修中书条例司，及上引诸项有关政治、军事方面的新法，限于篇幅，将有专文探讨。

综上所述，“变风俗、立法度”是王安石在熙宁年间的变法初衷，也是他在整个变法过程中一以贯之的。“变风俗”就是“长君子、消小人”，在于选择人才、提拔人才、奖励人才；而“立法度”应包括政治、经济、军事、教育等方面的改革，具体来说就是重新编敕重修条例。“凡考课、铨选、学校、贡举、荫补、磨勘、试刑法者、州县编类，始则属于中书条例所，后则属于检正五房。”[⑥]在“均天下之利”和“立朝廷政事”这两方面，王安石更注重后者。王安石在政治制度等方面的改革影响到了北宋末年以至整个南宋的政治格局。而“变风俗”与“立法度”的关键效果之一就是有利于人才的涌现。这就是王安石一再强调的新法“得其人缓而谋之，则为大利；非其人急而成之，则为大害”。[⑦] 事实上在熙宁年间王安石也确实做到了识才、用才、奖才。正如当时人毕仲游给司马光的信中所说“昔安石之居位也，中外莫非其人，故其法能行”。[⑧] 但这正就是王安石一而再再而三地被当时人和后人指责为轻信小人、误用小人的缘故。这些都是今后继续深入研究北宋熙宁年间王安石执政时期的变法应注意的。

（原刊于《史林》2011 年第 2 期）

① 《宋会要·职官》五之一八，第 2468 页。
② 《宋会要·职官》五之一九，第 2472 页。
③ 《宋会要·职官》六之二〇，第 2506 页；六之二八，第 2510 页。
④ 参见拙文：《宋中书检正官考释》，《中华文史论丛》1988 年第 1 期。
⑤ 参见拙文：《北宋熙宁年间的察访使》，《上海大学学报》1996 年第 6 期。
⑥ 吕中：《宋大事记讲义》卷一六，第 350 页。
⑦ 王安石：《上五事书》，《王文公文集》卷一，第 19 页。
⑧ 《宋史》卷二八一《毕仲游传》，第 9526 页。

元祐六年后的苏、秦关系及其他

——试论秦观《踏莎行》的曲折寄托

程　怡

绍圣四年(1097),被贬郴州的秦观作《踏莎行》,哀莫大焉:

雾失楼台,月迷津渡,桃源望断无寻处。可堪孤馆闭春寒,杜鹃声里斜阳暮。

驿寄梅花,鱼传尺素,砌成此恨无重数。郴江幸自绕郴山,为谁流下潇湘去。①

黄庭坚跋此词说秦观当时是"多顾有所属而作"。② "有所属"的意思是有所寄托。这首词中的寄托是什么呢?纵观全篇,上阕的意思颇为直白,但抒其寂寞失意而已;真有深意存焉者乃其下阕。而"郴江幸自绕郴山,为谁流下潇湘去",历来被看作是"淡语之有情者",③是全词最动人的地方。《冷斋夜话》云:"少游到郴州作此词,东坡绝爱其尾两句,自书于扇曰:'少游已矣,虽万人何赎。'"④王国维却认为:"东坡赏其后二语,犹为皮相。"⑤王国维显然不认为这两句有什么深意。

《蓼园词评》按曰:"次阕言书难达意,自己同郴水自绕郴山,不能下潇湘以向北流也。语意凄切,亦自蕴藉,玩味不尽。"⑥按照这一解释,北流意味着重新回到京都官场,秦观则向往"北流"而不能;今人胡云翼先生引顾祖禹《读史方舆纪要·湖广》所言,说"郴水在'州东一里,一名郴江,源发黄岑山,北流经此……下流会耒水及白豹水入湘江'"。⑦ 胡先生认为潇湘即湘江。他说苏轼之所以喜爱这两句,是因为苏轼自身的贬谪经历,使他"有足够的经验来体会秦观这种失望和希望交织的心情"。⑧ 然而其中表现了怎样的希望呢?胡先生没说,只是笼统地将这两句的意思表述为:原本绕着郴山的"郴江也不耐山城的寂寞,流到远方去了",⑨而秦观自己却不得不留在这片黄昏的春寒之中。以上说解在郴江到底是否北流下潇湘这一点上,是矛盾的。但我想讨论的不是这个问题。我以为更重要是,如此这般的"戚戚之语",苏轼是不会"绝爱"之的。⑩ 据

---

① 周义敢、程自信、周雷:《秦观集编年校注》卷三九,人民文学出版社2001年版,第848页。

② 《山谷集》卷一二。

③ 唐圭璋:《词话丛编》,第一册,引王世贞《艺苑卮言》语,中华书局1981年版,第388页。

④ 同上书,第一册,《魏庆之词话》引,第206页。

⑤ 同上书,第五册,第4245~4246页。

⑥ 同上书,第四册,第3048页。

⑦ 胡云翼:《宋词选》此词注七,上海古籍出版社1978年版,第103页。

⑧ 同上。

⑨ 同上。

⑩ 苏轼以为"不应戚戚徇无已之悲"(参阅《苏轼集》卷七五《答刘巨济书》)。他曾在给钱穆父的信中说:"'愁人泪眼'之句,读之惘然。公达者,何用久尔戚戚"(参阅《苏轼集》补遗《与钱穆父五十七首》之三十四);他多次在自己的诗文中表示自己虽历经坎坷而"未尝戚戚"。他在给王定国的信中说:"定国必不以流落为戚戚,仆不复忧此。"(孔凡礼点校:《苏轼文集》卷五二《尺牍·与王定国四十一首之四》,中华书局1986年版,第1513页)。

说，东坡读后叹道："吾负斯人。"[①]这两句中到底有何寄托而令东坡如此感喟？

在苏轼充满坎坷的一生中，受他牵连的朋友，何止秦观！苏轼却认为"定国为某所累尤深"，[②]他在"王定国诗集序"中写道："今定国以余故得罪，贬海上三年，一子死贬所，一子死于家，定国亦病，几死。余意其怨我甚，不敢以书相闻。而定国归至江西，以其岭外所作诗数百首寄余，皆清平丰融，蔼然有治世之音，其言与志得道行者无异。幽忧愤叹之作，盖亦有之矣，特恐死岭外，而天子之恩不及报，以忝其父祖耳。孔子曰：'不怨天，不尤人。'定国且不我怨，而肯怨天乎！余然后废卷而叹，自恨其人之浅也。"[③]当苏轼"自恨其人之浅"的时候，我们可以体会到苏轼对王定国的人格怀有真挚的敬意，对王定国的友情充满了感激。以苏轼这样深刻的思想，这样深挚的情感，怎么会对秦观的《踏莎行》，仅识其"皮相"呢？

秦观与苏轼的交往，始于熙宁七年。[④] 苏轼有一段文字说明自己认识、赏识秦观，是在秦观尚未发达之时。"如黄庭坚鲁直、晁补之无咎、秦观太虚、张耒文潜之流，皆世未之知，而轼独先知之。"[⑤]元丰元年，30 岁的秦观入京应试不第，退居高邮，杜门却扫，颇为惆怅。苏轼有《和参寥寄秦观失解诗》一首，叹"回看世上无伯乐"[⑥]云云，并给秦观写了一封信，说："此不足为太虚损益，但吊有司之不幸耳。"[⑦]这是苏轼给秦观的第一封信，此前秦观已给过苏轼好几封信，但苏轼因"既冗懒且无便，不一裁答"。[⑧] 而在秦观落第、情绪最坏的时候，苏轼却给了他真诚的关怀。当时的苏轼在秦观的心目中，绝不仅仅是一个长自己13 岁的朋友，"我独不愿万户侯，唯愿一识苏徐州。徐州英伟非人力，世有高名擅区域"，[⑨]对秦观说来，苏东坡就是晦暗生活里的一束光啊！来自苏轼的安慰，使颇感沦落的秦观感激涕零。第二年，"乌台诗案"事起，苏轼九死一生。在苏轼被贬黄州的这段时期，秦观又有过一次落第的经历。

元丰七年秋，自黄州量移汝州的苏轼，[⑩]在真州给王安石写信推荐秦观："向屡言高邮进士秦观太虚，公亦粗知其人，今得其诗文数十首，拜呈。词格高下，固已无逃于左右，独其行义修饬，才敏过人，有志于忠义者，其请以身任之。此外，博综史传，通晓佛书，讲集医药，明练法律，若此类，未易以一一数也。才难之叹，古今共之，如观等辈，实不易得。愿公少借齿牙，使增重于世，其他无所望也。"[⑪]当时苏轼自己尚处于"盘桓江北，俯仰逾月"、[⑫]立足未稳的境地，却已经在关照秦观了。他希望借重王安石的人望及其在朝的故旧僚属，使秦观得显于世。秦观中进士是元丰八年春天的事，[⑬]而苏轼在给王安石的这封信中，却已经称其为进士，未免有"虚美"之嫌。北宋对进士殿试后的等第有严格的五等之分，进士及第与同进士出

① 《双砚斋词话》说："东坡读之叹曰：'吾负斯人。'盖古人师友之际，久要不忘如此。"唐圭璋：《词话丛编》，第三册，第 2530 页。

② 《苏轼文集》卷五二《尺牍・与王定国四十一首其二》，第四册，第 1513 页。

③ 《苏轼文集》卷一〇《序・王定国诗集叙》，第一册，第 318 页。

④ 当时 27 岁的秦观"闻嵋山苏公轼为时文宗，欲往游其门，未果。会苏公自杭倅徙知密州，道经维扬"，便"预作公笔语，题于一寺中"。据说当时苏轼"见之大惊，及晤孙莘老，出先生（指秦观）诗词数百篇，读之，乃叹曰：'向书壁者，必此郎也。'遂结神交"。《秦谱》中的这段记载，无从证实。参阅徐培均：《淮海集笺注》下，熙宁七年甲寅条下引《秦谱》，上海古籍出版社 1994 年版，第 1640 页。

⑤ 《文章辨体汇选》卷二二七《答李昭玘书》。

⑥ 王文诰辑注，孔凡礼点校：《苏轼诗集》卷一七《次韵参寥师寄秦太虚三绝句时秦君举进士不得》，第三册，中华书局第 1982 年版，第 904 ~ 905 页。

⑦ 《苏轼文集》卷五二《答秦太虚七首》一，第四册，第 1534 页。

⑧ 同上。

⑨ 徐培均：《淮海集笺注》（上）卷第四《别子瞻学士》，第 135 页。

⑩ 同上书："元丰七年……正月……二十五日，神宗手札移苏轼汝州团练副使。"第 596 页。

⑪ 《苏轼文集》卷五〇《与王荆公二首（二）》，第四册，第 1444 页。

⑫ 王安石：《临川先生文集》卷七三《回苏子瞻简》。

⑬ 徐培均：《淮海集笺注》（下）附录一《秦观年谱》，第 1673 页。

身犹判然有别,[①]何况是对一个已数番落进士第的人呢！苏轼在当时已经远离权力核心的王安石面前称秦观为高邮进士,与官场的俗套不能说完全无关,但更能说明的倒是苏轼"爱才"而不遗余力的风格。王安石的回信很短,但很有趣：

> 某启：承诲喻累幅,知尚盘桓江北,俯仰逾月,岂胜感怅。得秦君诗,手不能舍,叶致远适见,亦以为清新妩丽,与鲍、谢似之。不知公意如何？余卷正冒眩尚妨细读,尝鼎一脔,旨可知也。公奇秦君,数口之不置,吾又获诗,手之不舍。然闻秦君尝学至言妙道,无乃笑我与公嗜好过乎？未相见,跋涉自爱,书不宣悉。[②]

苏轼之所以要强调秦观"博综史传,通晓佛书,讲集医药,明练法律",是因为他知道王安石对这些方面特别有兴趣,[③]希望秦观的此类文章能受到王安石的赏识。王安石在简短的回信中,引叶致远的话说秦观的诗词"清新妩丽,与鲍、谢似之",但对其诗词之外的文字,王安石却以"冒眩尚妨细读"一语避开了正面评价,而"尝鼎一脔,旨可知也"一句,实在也说明不了什么。妙就妙在王安石这个多深刻而少幽默的政治家突然变得诙谐起来,"然闻秦君尝学至言妙道,无乃笑我与公嗜好过乎",此话与其说是王安石对自己与苏轼的调侃,毋宁说是对苏轼"过热"之举的挖苦。在王安石看来,秦观如果真的懂"至言妙道"的话,一定会对苏轼这样的偏爱发笑的。无论在官场政治还是在仕途人际,"至言妙道",都应该是一种可以把握的分寸感,而苏轼这样的天才文人,恰恰是不谙此道的。

元丰八年六月戊子(26日),司马光、范纯仁等力荐二苏。[④] 十月,苏轼被从登州召还京师,任礼部郎中,弟弟苏辙也于此时升任右司谏。第二年(元祐元年),苏轼在"免试为中书舍人,仍赐金紫"[⑤]之后,又入翰林。这一年秋,司马光去世,朝廷命程颐主司马光丧事,苏轼对程颐泥行古礼的作法颇不以为然,就公然嘲弄程颐与其门生。程颐要以素馔供奉,苏轼偏要准备肉食供品。于是乎程颐及其门下范祖禹等食素,而苏轼及秦观、黄庭坚等食肉。以苏轼为首的蜀党与程颐为首的洛党,从此结怨立敌。程颐的门下朱公掞为御史,"端笏正立,严毅不可犯,班列肃然。苏子瞻语人曰：何时打破这敬字?"在理学家眼里,苏轼真是太过分了！朱熹说:"东坡与伊川(程颐)是争个什么？只看这处曲直,自显然可见,何用别商量。只看东坡所说云：几时得与他打破这'敬'字。看这说话,只要奋手捋臂,放意肆志,无所不为便是。"[⑥]显然,苏东坡的口莫遮拦,深深地得罪了洛党。

尽管政见上的干戈最初表现在上述互不相容的个性冲突中,但洛党却认为,苏轼之所以要与程颐唇

---

① 《宋史》卷一五六《选举二》:"是秋,四方士集行在,帝亲策于集英殿,第为五等,赐正奏名李易以下四百五十一人进士及第、进士出身、同学究出身、同出身。第一人为左宣教郎,第二、第三人左宣义郎,第四、第五人左儒林郎。第一甲第六名以下并左文林郎,第二甲并左从事郎,第三甲以下并左迪功郎。特奏名第一人附第二甲,赐进士及第,第二、第三人赐同进士出身,余赐同学究出身。登仕郎、京府助教、上下州文学、诸州助教入五等者,亦与调官。"

② 《临川先生文集》卷七三《回苏子瞻简》。

③ 此前苏轼"在金陵,时晤王安石。苏轼欲安石言天下弊事于朝廷以救之。安石劝轼重修《三国志》。轼为安石言精、神、动、静之理,王安石称叹。……安石为轼传神宗偏头痛医方。二人共论扬雄"。参阅孔凡礼:《苏轼年谱》,中册,此条后所附佐证,中华书局 1998 年版,第 638 ~ 643 页。

④ 《苏轼年谱》,中册,第 677 页。

⑤ 同上书,中册,第 711 页。

⑥ 同上书,中册,第 734 ~ 736 页。

枪舌剑，是因为当时的宰相吕公著“凡事有疑，必质于伊川。进退人才，二苏疑伊川有力，故极口诋之云”。[①] 不管这是他们以己度人，还是胡乱推测，“进退人才”，恰恰是这一变革时期最重大的政治问题。

早在熙宁间，苏轼就对当时要求改革考试制度以选拔人才的一些作法提出了尖锐的批评，他说：“……若欲设科立名以取之，则是教天下相率而为伪也。上以孝取人，则勇者割股，怯者庐墓。上以廉取人，则弊车羸马、恶衣菲食，凡可以中上意者无所不至。自文章言之，则策论为有用，诗赋为无益；自政事言之，则诗赋、论策均为无用。然自祖宗以来莫之废者，以为设法取士，不过如此也。近世文章华丽，无如杨亿。使亿尚在，则忠清鲠亮之士也。通经学古，无如孙复、石介。使复、介尚在，则迂阔诞谩之士也。矧自唐至今，以诗赋为名臣者，不可胜数，何负于天下，而必欲废之？”[②]明白无误地表现出对“迂阔诞谩之士”的不屑及对文人辞章的偏爱。所以他会在“吏部以有限之官待无穷之吏，户部以有限之财禄无用之人”[③]的元祐初年，举黄庭坚以自代，又以贤良方正荐秦观。[④]《举黄庭坚自代状》曰：“蒙恩除臣翰林学士。伏见某官黄某，孝友之行，追配古人；瑰玮之文，妙绝当世。举以自代，实允公议。”[⑤]偏爱之情溢于言表。他这种“不外饰”且拙于权衡官场分寸的个性，也遭到他的政敌的白眼。[⑥]

元祐二年，苏轼在试馆职策问命题时，被洛、朔两党的朱光庭、王岩叟等罗织了讥讽祖宗的罪名而数遭弹劾，[⑦]更有曾被苏轼斥为“聚敛小人；学行无取”[⑧]的监察御史赵挺之奏曰：“苏轼专务引纳轻薄虚诞，有如市井俳优之人以在门下，取其浮薄之甚者，力加论焉。前日十科，乃荐王巩（定国）；取其自代，乃荐黄庭坚。二人轻薄无行，少有其比。……庭坚罪恶尤大，尚列史局。”紧接着赵挺之又攻击苏轼的学问类战国纵横揣摩之术，又说苏轼专门喜欢讨论王莽、袁绍、董卓、曹操的篡逆之举云云。赵挺之颇为耸人听闻地说：“今二圣在上，轼代王言，专引莽、卓、袁、曹之事，及求所以篡国迟速之术，此何议也！公然欺罔二圣之聪明，而无所畏惮，考其设心，罪不可赦。轼设心不忠不正，辜负圣恩，使轼得志，将无所不为矣。”[⑨]

此后，侍御史王觌也上了差不多意思的奏折，他说：“轼自立朝以来，疢愆不少。……若使量狭识暗、喜怒任情如轼者，预闻政事，则岂不为圣政之累耶！”[⑩]他认为，对苏轼这样的人“若使久在朝廷，则必立意妄作，以为进取之资；巧谋害物，以快喜怒之气”，并建议把苏轼调离京城。[⑪]

但太皇太后高氏在苏轼本人坚乞“补外”[⑫]的情况下，依然对弹劾苏轼的傅尧俞、王岩叟等说：“此小事，不消得如此。”[⑬]王岩叟坚持指陈苏轼的策问选题，太皇太后竟在帘中厉声说：“更不须看文字也！”[⑭]甚

---

① 《苏轼年谱》，中册，引《二程集》《河南程氏外书》，第734页。

② 《苏轼文集》卷二五《议学校贡举状》，第二册，第724页。

③ 《宋史》卷一五五。

④ 《苏轼年谱》，中册，第739～741页。

⑤ 《苏轼文集》卷二四，第714页。

⑥ 《续资治通鉴长编》（以下简称《长编》）卷四〇八第二十四条：“轼习为轻浮，贪好权力，不通先王性命道德之意，专慕战国纵横捭阖之术。是故见于行事者，多非理义之中，发为文章者，多出法度之外。……轼胸中颇僻，学术不正，长于辞华而暗于义理。若使久在朝廷，则必立异妄作，以为进取之资；巧谋害物，以快喜怒之气”。第28册，中华书局1992年版，第9922页。

⑦ 《长编》卷三九四第十二条：“是日，诏：‘傅尧俞、王岩叟、朱光庭以苏轼撰试策题不当，累有章疏……。’”第27册，第9592页。

⑧ 《苏轼文集》卷二九《乞郡札子》，第三册，第828页。

⑨ 《长编》卷四〇七，第28册，第9915页。

⑩ 《长编》卷四〇五，第28册，第9866～9867页。

⑪ 同上。

⑫ 《苏轼年谱》，中册，庚申（十一日）条下，第790～791页。

⑬ 同上书，中册，引《太平治绩统类》卷二三，第763页。

⑭ 同上。

至说要将弹劾苏轼的人和苏轼一起外放。于是执政的范纯仁等出来为苏轼说话，太皇太后才消了气。[①]

苏东坡的喜怒任情，他的文采，他对长于辞华的人的偏爱，以及太皇太后高氏对他的偏爱，使他在身边聚集了许多才子[②]的同时，成为元祐党争的焦点人物。

由于同处京城的时间很少，苏轼与秦观在这一时期的交往并不多。秦观于元祐三年九月到京城应孙觉、苏辙等主持的制科考试，被人在“了无事实”的情况下“诬以过恶”，[③]只好非常失意地回到了蔡州，继续当他的蔡州教授。元祐五年五月，秦观又一次赴京，去当太学博士，但不久，又因为洛党右谏议大夫朱光庭的劾奏，[④]被免去了这一任命。六月，秦观终于被任命为秘书省校对黄本书籍，心境为之一畅，[⑤]而苏轼此时正在杭州任上。元祐六年三月苏轼被召回京城，任翰林学士承旨，知制诰，兼侍读。这一年的七月，秦观由秘书省校对黄本书籍迁为正字。此时洛党的朱光庭、贾易等因为朔党的刘挚当了宰相便都归附了朔党。贾易是个自以为是的偏执狂，[⑥]元祐二年八月，他就在试馆职策问命题上攻击苏氏兄弟，并将矛头指向反对如此罗织文字狱的文彦博与范纯仁，触怒了太皇太后高氏。在宰相吕公著极力捍卫其发言权的情况下，他才未被高氏“峻责”。[⑦] 此番再用贾易为侍御史，无疑给羽翼正丰的朔党领袖刘挚提供了对付苏氏兄弟的枪手。[⑧]

贾易此番对苏轼兄弟的攻讦连刘挚都觉得可骇。[⑨] 苏辙被他说成是“厚貌深情，险于山川。诐言殄行，甚于蛇豕”，“挟私怨，蔑公义”等等，又说苏轼“趋向狭促……趋近利，昧远图，效小信，伤大道……真倾危之士也！”还攻击道：“轼、辙不仁，善谋奸利，交接左右，百巧多门。”[⑩]大有睚眦必报、磨牙吮血之势。贾易还附带弹劾秦观，以加重苏轼“专务引纳轻薄虚诞、有如市井俳优之人”[⑪]的罪名。

秦观为正字，是赵君锡举荐，而贾易弹劾秦观时，赵君锡却附和贾易曰：“臣前荐观，以其有文学。今始知其薄于行，愿寝前荐，罢观新命。臣妄荐观罪，不敢逃也。”不久赵君锡又上一疏，说：“二十七日，观来见臣，言贾御史之章云‘邪人在位，引其党类’，此意是倾中丞也。今贾之遗行如观者甚多，中丞何不急作一章论贾，则事可解。观之倾险如此。乞下观吏究治之！缘臣与贾易二十六日弹观，才一夕而观尽得疏中意，此必有告之者！朝廷之上不密如此！观访臣既去，是日晚有王遹来，苏轼之亲也。自言轼遣见臣有二事：其一则言观者公之所荐也，今反如此；其二则两浙灾伤如此……臣以为观与遹，皆挟轼之威势，逼臣言事，欲离间风宪臣僚，皆云奸恶。乞属吏施行。”[⑫]

贾易弹劾苏氏兄弟的疏奏虽然被太皇太后高氏“封付吕大防、刘挚，且谕令未得遍示三省官”，[⑬]而时任尚书右丞的苏辙却不知通过何种途径知道了疏奏的内容。他意识到贾易来者不善，便要屡遭暗箭的兄

① 《苏轼年谱》，中册，丙子（二十三日）条下，第764页。

② 李公麟作《西园雅集图》：绘苏轼等有姓名者十七人雅集西园之状，米黻为之记。《苏轼年谱》，第852页。

③ 《淮海集笺注》（下）附录一“九月辛亥”条下引《长编》卷四一四、四一五元祐三年事，第1690页。

④ 同上书引《长编》四四二卷，第1700页。

⑤ 同上书，第1701页。

⑥ 《长编》卷四六三引吕本中《杂说》，第31册，第11062页。

⑦ 《长编》卷四〇四第一条，第28册，第9928页。

⑧ 参阅徐培均：《淮海集笺注》下册附录一《秦观年谱》，元祐六年七月纪事引《苏诗总案》卷三三，第1706～1707页。

⑨ 《长编》卷四六三，挚云：“苏、贾之仇可骇。”第31册，第11062页。

⑩ 同上书，第11054页～11056页。

⑪ 《长编》卷四〇七，第28册，第9915页。

⑫ 《长编》卷四六三第三条，引刘挚私志其事云，第31册，第11050页。

⑬ 同上书，据吕大防家所藏诏札，第11058页。

长有所防范;但苏轼却在"一夕"[①]之中,把弟弟透露给他的不该外传的信息又传给了秦观。对秦观来说,知道了这一内幕后如何举措,已经不仅仅是一个政治上自卫的问题了。按说,为了不至于给苏氏兄弟惹麻烦,他应该装作毫不知情才对;而他,居然马上就去找不久前还推荐过他的赵君锡,以为自己可以说服赵君锡,让赵君锡反过来弹劾贾易。这与其说是政治上的天真,还不如说他是一下子乱了方寸。当时秦观已年过不惑,眼看着好不容易才获得的正字之职又要保不住,他沉不住气了,竟没有想到,自己找台谏官员疏通,对正处于朔党睽睽冷眼之中的苏氏兄弟来说,等于是授人以柄。

早在元祐二年,贾易就曾利用言官可"以风闻言事"的条则,[②]攻击"苏辙持密命以告人,志在朋邪而害正"。[③] 当时,深谙官场守则的苏辙,立刻反击说:"臣非台谏,凡易所言,不敢条析论奏,唯有言臣一节,理当辩明。易虽顷为谏官,今出守郡,于条不当复以风闻言事。"结果是"御史交章论易'人才庸下……附下罔上,背公死党……意欲盗敢言之名以欺中外。奸险之心,欲盖弥彰'",贾易被看作是一个"谄事程颐"的小人;[④]这一次,贾易卷土重来,本想以元丰八年五月苏轼题诗扬州僧寺的事情,再搞一次"乌台诗案"式的文字狱。但他的疏奏却使"太皇太后不悦"。太皇太后发话后,首鼠两端的刘挚说:"轼虽无事,然却有赵君锡所陈王遹云云[⑤]乃实迹,故两罢之。"[⑥]党争到了此时,即使君子亦难免小人之举了。

被太皇太后封付刘、吕的疏奏的内容,因二苏而外传,当然会使得苏氏兄弟的政治品格受到反对派的强烈质疑。二苏的对手很多都是那些出自理学家门下的、以品节高尚自我标榜的政客,朝廷在他们眼中不过"为定流品分清浊之场"。[⑦] 其中有不少人将"视二苏如深仇"的贾易看作是"刚果敢言"的"直臣",[⑧]而苏轼即便有太皇太后护着,副相刘挚依然敢说:"轼高才,使少循步骤,谁能过之者?夫知自贵,盖有道者之事,古人所难也。"[⑨]刘挚用的是虚拟语气,言下之意当然是说苏轼不守官场的规矩(步骤),而且不自重,所以称不上是"有道者";苏辙、苏轼在在为自己辩白的奏折中,不能不承担"朝廷文字"外泄的罪责。但是同时,他们也自觉不自觉地用当时官场的道德标准审视自己,为的是能给自己的不"循步骤"辩护。比如苏轼对自己要王遹去找赵君锡的事情是这样解释的:"臣与赵君锡,以道义交游,每相见论天下事,初无疑间。近日臣召赴阙,见君锡崇政殿门,即与臣言老缪非才,当此言责,切望朋友教诲。臣自后两次见君锡,凡所与言,皆忧国爱民之事。……臣既见君锡,从来倾心,以忠义相许,故敢以士君子朋友之义,尽言无隐。"苏轼还说:"臣知遹与君锡亲,自来密熟,因令传语君锡,大略云:'台谏、给事中互论灾伤,公为中丞,坐视一方生灵,陷于沟壑,略无一言乎?'臣又语遹说与君锡,公所举秦观,已为贾易言了。此人文学议论过人,宜为朝廷惜之。臣所令王遹与赵君锡言事,及与秦观所言,止于此矣。二人具在,可覆按也"。[⑩] 苏轼的自劾状说自己之所以把贾易弹劾秦观的事情告诉秦观,是希望他能够"力辞恩命,以全进退",但根本不知道秦观跑到赵君锡那儿去说了些什么。[⑪] 我想这是事实。如果他知道秦观会跑去找赵

① 《长编》卷四六三第三条,引刘挚私志其事云,第31册,第11050页。
② 参阅虞云国:《宋代台谏制度研究》(上海社会科学院出版社2001年版,第49~51页)"风闻言事"节。
③ 《长编》卷四〇六第六条,第28册,第9878页。
④ 同上。
⑤ 参阅《长编》卷四六三第三条,引刘挚私志其事云,第31册,第11050页。
⑥ 《长编》卷四六三第十四条,第31册,第11060页。
⑦ 王夫之:《宋论》卷七哲宗第四条,中华书局1964年版,第141页。
⑧ 《长编》卷四六三第十四条,引刘挚言,第31册,第11060页。
⑨ 同上。
⑩ 《苏轼文集》卷三三《辩贾易弹奏待罪札子》,第3册,第935~936页。
⑪ 同上。

君锡,又怎么会把弟弟向他透露的消息告诉秦观呢?这不是要让自己的兄弟担一个泄露朝中机密的恶名吗?苏轼为弟弟辩解说:"臣本为见上件事,皆非国家机密,不过行出数日,无人不知,故因密熟相知议论及之。又欲以忠告君锡,欲其一言以救两浙亿万生齿,不为触忤。"①他还解释说:"右臣既备位从官,弟辙以臣是亲兄,又忝论思之地,不免时时语及国事。"②总之,事情既然已经发生了,苏轼也只能承认自己"不合辄与人言"。③ 尽管苏辙从来就知道哥哥难免"祸从口出",④但出了官场,两兄弟之间无话不谈的亲情,毕竟是他看得最重的东西。一向谨慎的他,在这一风波之后,也在奏折中说:"臣兄所以知朝廷文字,实缘臣退朝多与兄因语次遂及朝政。臣非久,亦当引咎请外。"⑤

值得注意的是,假如没有秦观的失态,苏氏兄弟真不至于如此尴尬。王遹去找赵君锡,虽然也会引起赵君锡对二苏的猜测,但猜测毕竟不能作为苏辙一夕之间泄露朝廷文字的凿凿证据。秦观跑去游说赵君锡,等于将苏轼的软肋暴露在他的对手出拳之际,苏轼挨了狠狠的一拳,却怨不得别人,还要承担过错以保护弟弟苏辙,而苏辙也尽力担当以淡化哥哥所犯的低级错误。本来,秦观在整个事件中,不过是一块强加于苏轼莫须有罪责之上的小小砝码,但最后,他却成了二苏犯规的直接证据,成了贾易们落败之际堂皇退场的台阶。他在苏轼和苏辙心目中的地位,也因此发生了微妙的变化。风波过后,秦观罢正字,⑥苏轼以龙图阁学士知颍州。苏轼在给他和秦观共同的朋友参寥子的信中说:"少游近致一场闹,皆群小忌其超拔也。"⑦苏轼没有跟他的朋友们说自己此番外放,罪在莫须有。更没有在朋友们面前埋怨秦观给他带来的实实在在的麻烦。但显然,秦观成为事件以如此方式结束的主要原因,他的节外生枝,在苏轼心灵深处引起的波动,远远超过了贾、赵凶狠的弹劾。

苏轼到颍州后,秦观有《献东坡诗一首》,⑧其中"见说官闲事亦无"句,至少可以证明苏轼与他之间关系的疏离。官闲、无事云云,无非是说自己已置身事外,对一切都可以淡然处之,但另一方面,是否也可以理解为一种敷衍呢?苏轼重情,对秦观即使心存芥蒂,也不会形于辞色,何况这番风波的由头是他自己的不谨慎呢!东坡和秦观之间,再也没有提起过此事。朋友间的沉默,有时确实是因为对友情的失望。

以秦观的敏感,不会觉察不到苏轼的疏远。当时未被放逐的他,回顾上述风波时,忿忿然写道:"而今世荐绅之士,闲居负道德、矜仁义、羞汉唐而不谈、真若无循于世者。一旦爵位显于朝,名声彰于时,稍迫利害,则释易而趋险,叛友而诬亲,挤人而售己,更相伺候,若弈棋然。"⑨对于贾、赵的痛恨,使他忽略了对自己行为的反省。但对苏轼,他却依然是充满了感情。元祐七年的春天,他的《金明池词》曰:"况春来,倍觉伤心,念故国情多,新年愁苦,纵宝马嘶风,红尘拂面,也则寻芳归去。"⑩李商隐的"斑骓只系垂杨岸,

① 《苏轼文集》卷三三《辩贾易弹奏待罪札子》,第3册,第935~936页。

② 同上。

③ 同上。

④ 《苏轼年谱》"辙以慎于口舌相戒",并引涵芬楼《说郛》卷一二所引文字曰:"苏子瞻泛爱天下士,无贤不肖,欢如也。……子由晦默少许可,常戒子瞻择交。子瞻曰:'吾眼前见天下无一个不好人,此乃一病。'"中册,第623~624页。

⑤ 《长编》卷四六三第十四条,第31册,第11059页。

⑥ 《长编》卷四六四第二十七条,第31册,第11073页。

⑦ 《苏轼年谱》,下册,第988页。

⑧ 徐培均:《秦少游年谱长编》,下册,中华书局2002年版,第448页。

⑨ 《秦观集编年校注》下册《二侯说》,第525页。

⑩ 《秦少游年谱长编》下册,此词也有人认为不是秦观所作。徐培均将其系于元祐七年春三月,徐说是。第468页。

何处西南待好风”,[①]和刘禹锡被贬十年重回长安所发的“紫陌红尘拂面来”[②]的感慨,被他用来表达再次得到重用的希冀。“寻芳归去”,唱出的是他怀旧的心声,而“好花枝、半出墙头,似怅望、芳草王孙何处”,曲折地道出了他对往昔的留恋。这首词中的“怎得东君长为主?把绿鬓朱颜,一时留住”云云,也或许有所寄托?

外放颍州一年后,苏轼又被召回京城,元祐七年的十一月迁“端明殿学士、翰林侍读学士、礼部尚书”。[③] 这一次他和秦观同处京城近一载,彼此却几乎不往来。[④] 元祐官场人心险恶,苏轼、秦观屡遭弹劾,上一场风波的阴影还在,他们自会处处小心。这期间又有人弹劾苏轼并秦观,但未得逞。[⑤] 元祐八年七月,由宰相吕大防推荐,秦观“由正字迁国史院编修,授左宣德郎”。九月,太皇太后高氏卒。在她垂帘听政期间倍感压抑的哲宗亲政以后,很快就起用元祐元年被罢政出朝的章惇为相。章惇的做法很简单:恢复已废新法,放逐元祐旧臣。[⑥] 苏轼被驱逐得更早,他的保护人太皇太后一死,他就被外放“知定州”,[⑦]绍圣元年四月,又以讥刺先朝(神宗朝)的罪名贬知英州,八月再贬惠州,十月到达惠州贬所。[⑧] 而秦观则于绍圣元年的春天离开京城,“蒙恩除馆阁校勘,通判杭州”。[⑨] 不久又被刘拯弹劾,贬到处州监酒税。[⑩]秦观在处州“管库三年”,又被劾“败坏场务”、“以谒告写佛书”等等,“削秩徙郴州”。[⑪] 这些年来的遭遇,使他在“自警”之时,对元祐旧臣间的纷争作出了如下总结:“莫嫌天地少含弘,自是人心多偏窄。争鸣竞利走如狂,复被利名生怨隙。”[⑫]当初那些自以为占领了道德制高点、不断对苏轼以及门下横行攻讦的人,如今也全部被放逐。□□秦观在远离朝廷的同时,也远离了朋友和敌人,很多时候,他不得不面对往事、面对孤独的自我。绍圣元年春天,他写过一首《望海潮》,这首也题作“洛阳怀古”的词,确实多委曲、婉转的寄托。[⑬] 其中“长记误随车,正絮翻蝶舞,芳思交加,柳下桃蹊,乱分春色到人家”句,尤为引人注目。“误随车”用的是韩愈《嘲少年》诗的典,韩愈嘲笑那些京城的轻狂少年“只知闲信马,不觉误随车”,[⑭]跟错了别家女眷的车。一般注家都认为秦观这是在回忆自己往年春游中发生的趣事,我却不敢苟同。当时正是哲宗亲政改元之初,秦观的亲家范祖禹等也在这“东风暗换年华”之际被罢官放逐。[⑮] 秦观那么多年被政敌攻击为轻薄无行,却在党祸黑云压城之际,念念不忘自己的“轻狂”,怎么可能呢!如果说,“误随车”指的是自己曾把赵君锡当朋友,稀里糊涂找上门去游说,结果让自己与二苏陷于窘困难言的境地,倒是完全讲得通。这样一来,后面那句“柳下桃蹊,乱分春色到人家”,就很有意思了。“桃李不言,下自成

---

① 冯浩:《玉溪生诗集笺注》,《无题二首》(凤尾香罗薄几重),上海古籍出版社1979年版,第457~458页。

② 瞿蜕园:《刘禹锡集笺证》,中册,《元和十一年自郎州承召至京戏赠看花诸君子》,上海古籍出版社1989年版,第702页。

③ 王水照、崔铭:《苏轼传》,天津人民出版社2001年版,第644页。

④ 秦观的年谱上,记载他当时与苏轼交往的材料,包括非直接接触且无旁证材料者,也不过两条(参阅《秦少游年谱长编》元祐七年至元祐八年事,下册,第479~514页)。而苏轼年谱上只载有元祐八年五月十一日秦观与多人一起造访一笔。《苏轼年谱》卷三二,下册,第1188页。

⑤ 《秦少游年谱长编》引《长编》卷四八四,五月壬辰条,下册,第502页。

⑥ 参阅虞云国《细说宋朝》,上海人民出版社2002年版,第251~253页。

⑦ 《苏轼年谱》元祐八年九月戊子条下,下册,第1101~1102页。

⑧ 《秦少游年谱长编》,下册,521页,引《淮海集》卷一一《留别平阇黎跋》语。

⑨ 同上。

⑩ 同上书,下册,绍圣元年闰四月丙戌条下,第526页。

⑪ 同上书,下册,绍圣三年丙子条下引“秦谱”,第539页。

⑫ 《淮海集》,下册,第1389页。

⑬ 《秦观集编年校注》,下册,第837页。

⑭ 参阅朱东润:《历代文学作品选》,中编,第二册,该词注六,第36~37页。

⑮ 《秦少游年谱长编》,下册,四月癸丑条下,第520页。

蹊”当然是喻苏门,然而苏轼对赵君锡是否一度“乱分春色”,把他说得很好呢?按照苏轼的天性,我想是可能的。秦观也许就因此把赵君锡看成可信赖的人,以至于造成了自己对苏轼终身都讲不清楚的愧疚。这首作品和我们在本文开头提出讨论的《踏莎行》一样,都是向朋友表白心迹的佳作。《白雨斋词话》论秦词深厚沉着时说:“如‘柳下桃蹊,乱分春色到人家’,思路幽绝,其妙令人不能思议。较‘郴江幸自绕郴山,为谁流下潇湘去’之语,尤为入妙。”①也拈出了这两篇作品共通的心绪。

黄庭坚《跋少游踏莎行》曰:“少游发郴州回横州,多顾有所属而作,语意极似刘梦得楚蜀间诗也。”②中唐刘禹锡曾被弃置“巴山楚水凄凉地”二十三年,他的诗因此而多沧桑。白居易序其诗曰:“其锋森然,少敢当者……其诗在处应有神物护持。”③刘禹锡偃蹇寡合的人生,他的人格与诗格,引起200多年以后同样“流落感凉温”④的元祐诸公的同情,是很自然的事情。苏东坡流放期间也在给张耒的信中提到刘梦得的《楚望赋》,他在惠州的时候还书写刘禹锡的《竹枝词》等等。黄庭坚不久前收到过秦观的一封信,他的回信措辞客气但语气颇不亲切,大意是这样的:我现在简直就是个不中用的老农了,你给我写信,高谈阔论,但就好像庄子《逍遥游》中接舆给肩吾所讲的道理一样“河汉而无极”,让我觉得自己的脑子不好使。……欧公有“老去自怜心尚在”之句,我却已经是枯木寒灰,心也不在了。你学富五车,那么有才,假如碰到一个有实权的大人物提拔你,那你将来的通达,恐怕就不止是我们这么说说的了。……希望你能把平时写的文字,寄给我,我在浇灌了我的菜园子之后,很想有些东西念念,老朽也可以从中得到些安慰。⑤

秦观写给黄庭坚的信已经丢了,我想他当时一定是非常怀念老朋友,而黄庭坚的自嘲语气,会不会让秦观感到被朋友冷落呢?元祐六年秦观“致一场闹”的时候,黄庭坚已经回家“丁母安康太君忧”,⑥直到元祐八年才回到京城,七月“除编修官”。据“秦谱”说,这时并列史馆的有黄鲁直、张文潜与晁无咎。⑦九月黄庭坚辞职,而苏轼是在这时出知定州的。绍圣元年底,黄庭坚即被贬黔州。第二年春天到黔州时,苏轼马上自惠州去信慰问。⑧以苏、黄之间的交情,他多少会知道秦观犯了一个怎样的错误,在感情上他当然是更多地偏向苏轼。因而他在给秦观回信的时候,真有点绵里藏针的意思。《踏莎行》中的“驿寄梅花,鱼传尺素,砌成此恨无重数”,说的是远方朋友带给秦观的音信,像沉重的砖头一样,重重叠叠砌在一起,压在他的心头。秦观这辈子在京城的最高职务就是国史院编修,他自比《后汉书》的作者范晔,⑨应该说是比较贴切的。那么,这里所说的朋友的来信,会不会就是曾经与之同列史局的黄庭坚的回信呢?根据上述黄庭坚的信与秦观这首词写作的时间以及黄庭坚为之作跋的史实,我认为这个推测是有可能的。“郴江幸自绕郴山,为谁流下潇湘去!”很可能是向朋友表示:尽管我被看作是苏轼的朋党而流放潇湘,但我觉得,就像郴江本来就绕着郴山一样,我之所以会成为苏轼的朋党,全然是因为我不可移易的天性。很

① 唐圭璋:《词话丛编》,第四册,第3785页。
② 《山谷集》卷一二。
③ 《全唐诗》卷三五四“刘禹锡”条。
④ 刘禹锡:《武陵抒怀五十韵》,瞿蜕园《刘禹锡集笺证》,第607页。
⑤ 参阅《秦少游年谱长编》,下册,绍圣三年条下所引原文,第547~548页。
⑥ 《山谷集》卷一二所附《山谷年谱》载元祐六年事。
⑦ 《秦少游年谱长编》,下册,元祐八年八月条下,第509页。
⑧ 《苏轼年谱》,下册,引《苏轼文集》卷五二《与庭坚第四简》,第1198页。
⑨ 参阅胡云翼:《宋词选》,此词注六,第102页。

多年以后,张耒“闻苏轼讣,为举哀行服”,①都免不了被责罚,足见秦观在绍圣四年这样表达自己的心迹,需要下多大的决心了! 而同被看作苏轼一党的黄庭坚,即使明白秦观之“所属”为何,也不会公之于世。由于后世解人对苏、秦之间这一段曲折不甚了了,对这两句词的含义也就难免误解了。

绍圣四年的四月,苏东坡又从惠州被谪海南,六月渡海,七月到贬所。直到元符三年五月大赦,量移廉州,才离开海南。② 秦观于元符二年编管雷州,与苏轼的流放地“隔海而实近”。③ 秦谱说:“先生至是,复得与苏公通问,不至寂寂如横州时矣。”④苏谱在该年条下,系有“秦观自雷州惠诗书累幅”⑤事,但根据苏轼给秦观的最后两封信来看,两人之间恢复书信来往是在元符三年苏轼移廉之前不久。《苏轼文集》中一共有7封给秦观的信,其中5封都是在元丰八年以前写的。而排序第六、第七的两封信,应该是第七在前,第六在后。先是秦观听说了苏轼将移廉州的消息,故给苏轼一信。苏轼的回信说:“近累得书教,海外孤老,志节朽败,何意复接平生钦友。”⑥“何意复接”云云,显然是说他们之间已经很久没有联系。苏轼在信中问秦观听到的消息是否确切,说如果消息确切的话,自己也需要打点半个月,过海之后,不知能否见上一面。此信尚未发出,大赦移廉的诰命下来了,⑦所以苏轼又写道:“某书已封讫,乃得移廉之命,故复作此纸。”⑧然后苏轼告诉秦观,十余日之后可出发,已经托人安排渡海的船只并雇了脚夫等等,并表示:“若得及见少游,即大幸也。”六月二十五日,历尽沧桑的苏轼与秦观相会于雷州的海康。⑨ 秦观的一首《江城子》写道:“绿鬓朱颜重见两衰翁。别后悠悠君莫问,无限事,不言中。”⑩读来令人怆然。见面时秦观还把自作挽词给苏轼看,苏轼抚其背曰:“某长忧少游未尽此理,今复何言!”⑪他没有想到,此后不到两个月,秦观就死在北归的途中。

我们无从知道苏轼是什么时候读到秦观的《踏莎行》的,但《苏轼年谱》将苏轼书扇的事情系于宋徽宗建中靖国元年,也就是苏轼生命的最后一年。三月二十一日,他为秦观的《好事近》作跋,赠送湖南的供奉官侬沔。也许就在此刻,想到已经阴阳睽隔的老友,想到自己坎坷一生中的人与事,他在自己的扇子上书写了《踏莎行》的末二句,⑫可以想见这首词在他心中的位置。忧患余生中与秦观的重逢竟成了永诀,这使苏轼深为内疚,元祐六年七月以后对秦观的有意疏远,成了生者与死者之间永远的遗憾。“少游已矣,虽万人莫赎”,秦观留在苏轼生命中的,除了他堪称一流⑬的辞章外,还有那令苏轼心痛的真诚的表白。

(原刊于《华东师范大学学报》2003年第6期)

---

① 《宋史》卷四四四《张耒传》。
② 王水照、崔铭:《苏轼传》,第645页。
③ 《秦少游年谱长编》,下册,第566页。
④ 同上。
⑤ 《苏轼年谱》,下册,第1318页。
⑥ 《苏轼文集》卷五二《尺牍》,第四册,第1538页。
⑦ 《苏轼年谱》,下册,第1327页。
⑧ 《苏轼文集》卷五二《尺牍》,第四册,第1537页。
⑨ 《秦少游年谱长编》,下册,第576页。
⑩ 同上书,第577页。
⑪ 《苏轼年谱》,下册,引《春渚纪闻》卷六叙事,第1342页。
⑫ 《苏轼年谱》,下册,二十一日条下,第1382~1383页。
⑬ 《苏轼年谱》,下册,六日条下引《文集》卷五八《与欧阳元老简》,称观:“乃当今文人第一流,岂可复得。”第1348页。

岳飞狱案发覆

戴建国

民族英雄岳飞之死，史学界多有论述。由于岳飞被害后，宋高宗有旨不许上诉，官司亦不得受理；又由于秦桧父子肆意篡改历史，使得传世的有关岳飞狱案的资料不多，且真伪混淆，给研究者造成许多困难。本文试图从宋代的司法制度入手，就岳飞狱案谈一些看法，不当之处请指正。

一

关于岳飞狱案的断案，今天我们所能看到的，唯有李心传记载于《建炎以来朝野杂记》和《建炎以来系年要录》（以下简称《要录》）中的那件行遣《省札》，叙述的较为详细。李心传云：

> 岳武穆飞之死，王仲言《挥麈录》载王俊告变状甚详，且云："尝得其全案观之。"仲贯甫为尚书郎，问诸棘寺，则云："张俊、韩世忠二家争配飨时，俊家厚赂，取其原案藏之，今不存矣。"余尝得当时行遣《省札》……今录于后：
>
> "绍兴十一年十二月二十九日，刑部、大理寺状：准尚书省札子；张俊奏：张宪供通，为收岳飞文字后谋反，行府已有供到文状。奉圣旨，就大理寺置司根勘，闻奏。今勘到……今奉圣旨根勘，合取旨裁断。
>
> 有旨：岳飞特赐死。张宪、岳云并依军法施行，令杨沂中监斩，仍多差兵将防护。余依断……仍出榜晓谕：应缘上件公事之人，一切不问，亦不许人陈告，官司不得受理。"[①]

岳飞狱案的断案全案根据当时的制度，在岳飞遇害后，是收入大理寺架阁库存档的，[②]后流入张俊家人之手而亡佚。李心传抄录的这件行遣《省札》是份珍贵的历史资料。案文主要由三部分组成：大理寺审理所得的岳飞"罪行"和检法断刑的条款；刑部看详意见；宋高宗的批示。案文虽然很长，但仔细分析便不难发现，这件《省札》并不是大理寺、刑部进呈取旨，高宗就状批示的断案原件。首先，宋规定：凡一案审理完毕进状，审讯官和议刑官必须联名签书。[③]《宋会要辑稿·职官》一五之一二载元丰六年（1083）定制云：

① 李心传撰、徐规点校：《建炎以来朝野杂记》乙集卷一二《岳少保诬证断案》，中华书局1999年版，第700～705页。

② 李焘撰：《续资治通鉴长编》（以下简称《长编》）卷三七四"元祐元年四月辛卯条"载："诏大理寺左断刑架阁库专委主簿管勾，其余台、寺、监有架阁处依此。"（中华书局2004年版，第9069页）又《庆元条法事类》卷一七《架阁·断狱令》规定："诸司鞫狱毕，封印文案，宋本州架阁。"

③ 李焘：《长编》卷二一四"熙宁三年八月辛酉条"载：明州错判的裴士尧贪污案件，上级复查查出，"于是尝签书上尧狱事者，虽去官，皆罚铜二十斤"（第5199页）。

> 分(大理)评事、司直与正为断司,丞与长贰为议司。凡断公案,先上正看详当否,论难改正,签即(印)注日,然后过议司覆议。如有批难,具记改正,长贰更加审定,然后判成录奏,从之。①

又南宋《吏部条法·磨勘门·尚书考功令》载:

> 诸大理寺左断刑官任内因出入刑名书罚三次以上者,至磨勘日取旨(通签连累者非——原注)。

所谓"通签连累者",是指依法令规定签书狱案的非主审官。这两份史料说明的都是大理寺狱案的断、议程序,都涉及到了狱案审理官的签书手续。据此推断,刑部官看详后,也一定有签书制度。而李心传抄录的关于岳飞案件的《省札》,却没有大理寺和刑部法官的签名。其次,宋代审判程序,凡情重奏裁案先经宰相审议,才能呈送皇帝定夺(此下文详叙)。而此《省札》无宰相的审议意见。其三,王明清是看过断案全文的,他看过后说:"岳侯之坐死,乃以尝自言与太祖俱以三十岁为节度使。"他还说断案"又云岳云与张宪书,通谋为乱,所供虽尝移缄,既不曾达,继复焚如"。② 这些断案原文,《省札》内也没有。可知《省札》同断案原件是有差别的,它只是岳飞断案原件的节本,为了某种需要从原件中摘录出来的部分案文。《要录》卷一四四绍兴十二年(1142)正月戊申条载:"尚书省乞以飞狱案令刑部镂版,遍牒诸路。"③李心传抄录的这件当时行遣《省札》,很可能就是刑部镂板颁下诸路的岳飞狱案的布告全文。

从这件《省札》来看,有两点疑问不容忽视:第一,《省札》节录了高宗的圣旨,但没有节录降旨日期。按宋惯例,皇帝降旨裁决案件是要注明日期的。《要录》卷七建炎元年(1127)七月癸卯:"是日腰斩通直郎宋齐愈于都市。"李心传于其下注曰:"齐愈死,《小历》及诸书在此月壬子,《日历》在癸丑。案:壬子张俊已入台,无容不辩。案款降旨在癸卯,今从之。"④此乃降旨注日期一例。《省札》既然节录了刑部、大理寺上奏状的日期,为何独不录降旨日期?第二,岳飞被害于绍兴十一年十二月二十九日,李心传等人记载得很清楚,尤其是岳珂,决不会将其祖父的忌辰搞错。《省札》节录的大理寺、刑部进状日期亦在岳飞被害的同一天。依正常的审判程序,刑部、大理寺的奏状先进政事堂由宰相审议,再交由高宗定夺,然后降圣旨于三省、枢密院,命杨沂中率兵监斩。期间手续繁多,颇费时日,从进奏状到杀害岳飞,这诸多手续,一天之内有办妥的可能吗?这里试举一例作一比较。元丰二年(1079)八月苏轼作诗受弹劾,下御史台狱受审。御史台十一月三十日审理完毕,"结按具状申奏",至十二月二十四日才降旨作出处分,⑤其间间隔20多天。综上所述,我认为高宗的圣旨是在十二月二十九日岳飞遇害以后下达的。《省札》为了掩饰这一事实,故意删去降旨日期不录,仅节录了刑部、大理寺进状的时间。

关于这件《省札》,有人认为是在岳飞被害以后,秦桧一伙用倒填月日的办法炮制出来的。⑥ 这种看法似可商榷。如果倒填月日,只会填写十二月二十九日以前的日子,而决不会填写二十九日。此外更重要的是,从《省札》所录大理寺、刑部判处岳云徒刑罪这点来看,大理寺等奏状确是在处决岳飞前所写的,

① 徐松辑,刘琳、刁忠明等点校:《宋会要辑稿·职官》一五之一二,上海古籍出版社2014年版,第3414页。

② 王明清撰、王松清点校:《挥麈录·余话》卷之二,上海古籍出版社2012年版,第211页。

③ 李心传撰、胡坤点校:《建炎以来系年要录》卷一四四,"绍兴十二年正月戊申条",中华书局2013年版,第2708页。

④ 《要录》卷七"建炎元年七月癸卯条",第207~209页。

⑤ 朋九万:《东坡乌台诗案》,《丛书集成初编》本,第32页。

⑥ 邓广铭:《岳飞传》,收入《邓广铭全集》(第二卷),河北教育出版社2005年版,第374页。

如果是事后炮制，完全可以给岳云胡乱安上一个足以处死刑的罪名，直接判其死罪，而不必再由高宗下旨将徒刑改作死刑。《省札》中唯有圣旨部分是在岳飞遇害后炮制的，圣旨改岳云徒刑为死刑，降下执行。表面上似乎合乎逻辑，因为皇帝具有特断——即不依常法判决的权力。然而，事实上岳飞父子俱已被害，圣旨只是高宗读秦桧审核大理寺、刑部奏案后所写判语的批复。可能当时的经过是：十二月二十九日，刑部、大理寺奏状送交宰相秦桧签署意见，秦桧接到后立即下令处决岳飞父子，然后拟写了一份判决报告，交高宗过目，再以圣旨名义颁布，以欺天下。岳珂在《金佗粹编·张宪辩》中说岳飞遇害，“初未有旨也”。岳珂为替其祖父申冤，搜访有关资料，不遗余力。在《吁天辩诬录》中他先后引用了枢密行府审讯张宪的奏案、尚书省有关岳飞狱案的敕牒之文、万俟卨的奏状等。应当承认，对于狱案的真实情况，他是有所了解的。“初未有旨也”，是符合史实的，不能笼统地说他这句话是为高宗开脱罪责。细细品味，“初未有旨也”，并不等于说后来没有圣旨，实际上他间接地承认了高宗后来是有圣旨的。

或问，秦桧为何不等降旨后再杀岳飞？这主要出于当时急于向金求和这一原因。杀害岳飞是宋作出让步、向金求和的重要条件。这在下文还要叙述。

《要录》卷一四四于绍兴十二年（1142）正月戊申（十四日），即岳飞被害后的第十五天载曰：

> 御史中丞万俟卨、大理卿周三畏同班入对，以鞫岳飞狱毕故也。①

入对，就是万俟卨和周三畏两人的汇报奉诏推治岳飞一案的情况。宋代司法制度，凡重大的案件以及涉及朝廷命官的要案，一般由皇帝临时派遣官员组成审讯班子，称“制勘院”，进行审讯。受诏负责审讯的官员在审讯完毕后，须向皇帝汇报案件的审讯结果。北宋太宗端拱二年（989）二月曾规定云：“今后应宣敕差出勘事使臣，朝辞日，具所勘公事因依，回日，具招对情罪事节进呈。”②制勘院仅负责案情的审讯。汇报后，案子便移到大理寺和刑部检法议刑，再送交宰相乃至皇帝复核，作出正式判决。下引两件诏狱为例。《长编》卷二八九元丰元年（1078）四月乙巳载：“知谏院蔡确既被旨同御史台按潘开狱，遂收大理寺详断官窦苹、周孝恭等，枷缚暴于日中。凡五十七日，求其受赂事……确引陈安民置枷于前而问之，安民惧，即言：‘尝请求文及甫，及甫云已白丞相，甚垂意。’丞相，指吴充也。确得其辞喜，遽欲与（御史中丞邓）润甫登对。”③又《长编》卷五一一元符二年（1099）六月己卯：“是日，制勘官安惇、赵挺之上殿寻，寻乞重断时彦、林郡、王诏等一行公事……于是林郡拜受香药酒，于语录内隐避不奏，约法合罚铜三十斤，放罪。”④以上两件诏狱，制勘院官员汇报皆在案件审讯后、正式判决前。

据此，我们再看岳飞狱案，万俟卨和周三畏向高宗汇报，按理当在岳飞案作出判决之前，可是根据《要录》记载，却是在岳飞被害半个月以后，这种违反司法常规的做法充分表明，岳飞是在十分仓促的情况下被杀害的，以至于制勘官还来不及进殿向高宗汇报。

岳飞自十月十三日下大理狱受审，到十二月二十九日遇害。在此期间，宋正紧锣密鼓地同金议和。赵构、秦桧之流为了自身利益，极力向女真贵族求媚。毋庸置疑，像岳飞这样一个屡挫金兵、坚决抗战、主

① 《要录》卷一四四，“绍兴十二年正月戊申条”，第2708页。

② 徐松辑，刘琳、刁忠明等点校：《宋会要辑稿·刑法》三之四九，第8419页。

③ 《长编》卷二八九“元丰元年四月乙巳条”，第7059页。

④ 《长编》卷五一一“元符二年六月己卯条”，第12160页。

张收复失地、令女真贵族胆寒的民族英雄，不能不成为宋金和议的重要障碍，不唯赵构要杀之以恐吓抗战派，金亦必以杀岳飞为议和条件之一。《金佗粹编》卷八《岳飞行实编年》云："先臣死，洪皓时在虏中，驰蜡书还奏，以为虏所大畏服，不敢以名呼者唯先臣，号之为岳爷爷。将酋闻其死，皆酌酒相贺曰：'和议自此坚矣。'"①又《宋史》卷三八〇《何铸传》载：何铸充金国报谢进表使，"盖秦桧之阴谋，以铸尝争岳飞之狱，而飞竟死，使金知之而其议速谐也"。② 高宗和秦桧一伙已就杀害岳飞一事与金达成协议，只是慑于舆论而没有公开罢了。

虽然秦桧等极尽诬陷之能事，罗织罪状，但直至十一月宋金和约即将正式缔结之时，岳飞狱仍未能结案，无法做出判决。这一来是岳飞在严刑酷打下，始终未肯自诬。其次，主审官何铸良心未泯，不愿苟随秦桧之流陷害岳飞，从而拖延了时间。高宗和秦桧无奈，只好改命万俟卨代替何铸主审岳飞案。据《要录》记载，此事在十一月乙卯（二十一日），至此，岳飞一案已审理38天，占了整个岳飞案审理时间的一半。万俟卨接任后，加快了陷害岳飞的步伐，指使爪牙，物色对象，制造伪证，企图以众证定罪法结案。这些罪恶活动又花了38天，到了十二月二十九日，岳飞一案才匆匆结案，再过一天，便是新年初一，而宋金和约已于一个月前正式议成，再不杀岳飞，拖至第二年无法向金交代。在高宗、秦桧看来，和约虽早已缔结，但毕竟是书面的东西，并不牢固，还须有实际行动才行。不杀岳飞，不履行诺言，无以为信，生怕女真贵族翻脸撕毁条约。于是手握高宗所赐专杀岳飞的"尚方宝剑"的秦桧，接到大理寺、刑部的奏案后，便迫不及待地杀害了岳飞。好让金早日得之，以坚其和议之心。果然，金兵将帅获悉此消息后，酌酒相贺，弹冠相庆。

基于以上原因，万俟卨和周三畏事先没有时间进殿入对，只能在处决岳飞父子后，在过了一个安稳的新年以后，从容地向高宗补报了岳飞案的审讯情况，这种违反常规的做法高宗不会不清楚，只是"非常时期"，只得特殊行事了。

二

以上我提到了秦桧先斩后奏的看法，这牵涉到秦桧究竟有无这种权力的问题，也是学术界争论的一个焦点，在此有必要加以探讨。

就宋代司法制度而言，宰相在奏案的复核程序中操有生死大权。所谓奏案，是指狱有疑难、情轻法重、情重法轻、司法部门无法判决、奏请朝廷裁决的案子。《庆元条法事类》卷七三《决遣·断狱敕》："诸罪人情轻法重，情重法轻，奏裁。"奏案的裁决程序是："凡狱具上奏者，先由审刑院印讫，以付大理寺、刑部断覆以闻，乃下审刑院详议，中覆裁决讫，以付中书，当者即下之，其未允者，宰相复以闻，始命论决。"③元丰改制，审刑院撤并刑部，但奏案裁决程序基本未变，由大理寺断，刑部议，宰相复核，乃至皇帝定夺。④奏案的裁决权实际上主要由中枢首脑——宰相掌握着。由于封建社会，皇帝是统治阶级最高权力代表，

① 岳珂编、王曾瑜校注：《鄂国金佗粹编续编校注》卷之八《经进鄂王行实编年》，中华书局1989年版，第719页。

② 脱脱等：《宋史》卷三八〇《何铸传》，中华书局1977年版，第11709页。

③ 《长编》卷三二"淳化二年八月己卯条"，第718页。

④ 《长编》卷三一九"元祐元年十一月丙子条"，载："门下侍郎韩维言：'天下奏案，必断于大理，详议于刑部，然后上之中书，决于人主。'"第9520页。

君权高于一切,因此宋代宰相对奏案的裁决议,往往是借圣旨的名义来行使的。庄绰《鸡肋篇》卷中载:"凡天下狱案谳,其状前贴方寸之纸。当笔宰相视之,书字其上。房吏节录案词大略,粘所判笔,以尚书有印印之。其案具所得旨付刑部施行。虽系人命百数,亦以一二字为决。得'上'字者,则皆贷;'下'字者并依法;'中'字则奏请有所轻重;'聚'则随左右相所兼省官商议;'三聚'则会三省同议。不过此数字而已,此岂所以为化笔欤!"[①]王铚《默记》卷上载:"李之仪端叔言:'元祐中,为六曹编敕删定官,见断案:李士宁本死罪,荆公就案上亲笔改作徒罪;王巩本配流,改作勒停;刘瑾、滕甫凡坐此事者,皆从轻比焉。'"[②]考《长编》卷二六三熙宁八年(1075)闰四月壬子条,李士宁等人为熙宁八年李逢谋反奏裁案的案犯。显然,当时的宰相王安石是在复核此案的程序中减轻了对这几个人的处罚的。

又《长编》卷四五六元祐六年(1091)闰八月壬午条:"初,刑部有劫杀人狱,侍郎彭汝砺引例,乞加贷配。执政不以汝砺为是,降特旨皆杀之。"[③]李焘注曰:"曾肇志汝砺墓云:自礼部徙刑部,会有具狱,执政以为可杀,汝砺以为当贷,而执政以特旨杀之。"[④]这一例子表明,所谓奏案降旨裁决,其中不乏为宰相的判决意见。

在特殊情况下,宰相还可以先行事后奏报。王明清《挥麈后录》卷一云:"明清尝得英宗批可进状一纸于梁才甫家,治平元年,宰执书臣而不姓,且花押而不书名,以岁月考之,则韩魏公、曾鲁公、欧阳文忠公、赵康靖作相、参时也,但不晓不名之义。后阅沈存中《笔谈》,云:'本朝要事对禀,常事拟进入,画可然后施行,谓之'熟状';事速不及待报,则先行下,具制草奏知,谓之'进草'。熟状白纸书,宰相押字。'始悟其理。不知今又如何耳。"[⑤]南宋时宰相是否有先行后奏的制度,王明清说他不知道。众所周知,南宋时宰相权并未减弱,像秦桧这样的权相,其于急事先行后奏的权力不会没有。岳飞一案虽属诏狱,但宋代诏狱的判决程序与一般奏案相同,都经宰相复核。由于当时宋急于向金求和,迫于形势,秦桧行使了宰相先行后奏的权力,先杀害了岳飞父子,然后奏报高宗。无名氏《朝野遗记》记载说秦桧以片纸下狱致岳飞于死,从史料的真实性来看,是要打折扣的;然从司法角度来看,它却是合理的。这里必须指出,要杀岳飞这样的高级将领,事先没有高宗的旨意,秦桧权再大,也是不敢贸然行事的。换言之,高宗、秦桧一伙事先已经过密谋,欲杀岳飞,然后由秦桧具体操办。《宋史·何铸传》云:"初命何铸鞫治岳飞,铸察其冤,白之桧,桧不悦曰:'此上意也。'"[⑥]一语道破天机,这是赵构早有预谋、要杀岳飞的有力证据。

本文叙述的秦桧先斩后奏的看法,是指岳飞被害的具体经过而言,毫无秦桧矫诏杀岳飞的意思。所谓"秦桧矫诏杀岳飞"的说法是不确切的,他掩盖了赵构在杀害岳飞一案中所扮演的幕后指挥者的角色。当然,仅有高宗的旨意,而无秦桧的精心操办、具体执行、制造伪证、罗织罪状,高宗要违背祖宗不杀大臣的誓言置岳飞于死,也是办不到的。

由于封建社会特定的规矩,宋代一些史家,包括岳珂在内,在记述岳飞狱案方面,不得不为尊者讳,有意避开最高统治者高宗不言;由于宋代宰相在司法审判活动中操有生死大权;又由于秦桧本人在岳飞狱案中的罪恶行径,因而在史家笔下,秦桧与岳飞一案自然紧紧连在了一起,成了杀害岳飞的罪魁祸首。这

① 庄绰撰、萧鲁阳点校:《鸡肋编》卷中《凡天下狱案谳》,中华书局1983年版,第54页。
② 王铚撰、朱杰人点校:《默记》,中华书局1981年版,第15页。
③ 《长编》卷四六五"元祐六年闰八月壬午条",第11118页。
④ 《长编》卷四六五"元祐六年闰八月壬午条",第11121页。
⑤ 王明清撰、王松清点校:《挥麈录·后录》卷之一,第48页。
⑥ 《宋史》卷三八〇《何铸传》,第11708页。

不是历史的全部真相。我们必须撩开宋代史家人为织成的罩在岳飞狱案上的迷纱，还历史以本来面目，既不忽视秦桧所起的作用，更不能放过幕后的实际指挥者赵构。

《要录》卷一四四绍兴十二年正月戊申于万俟卨、周三畏同班入对的条目下记载云：

> 中书言："专差到三省、枢密院吏人六名，行遣制勘文字，参照案牍，委得平允，颇见究心。"诏各转一官资。①

李心传附注云："中书吏行遣制勘文字，前此未有，故出也。""制勘文字"，即诏狱公文。考当时诏狱，除岳飞外，别无他人。显然这里所说制勘文字，即岳飞狱案的公文。宋法，"神宗以来，凡一时承诏置推者，谓之'制勘院'，事出中书，则曰'推勘院'，狱已乃罢"。② 制勘院由皇帝临时命官组成，独立办案，在审理案情过程中，中书机构的官吏是不能参与的。秦桧一伙陷害岳飞，生怕泄露阴谋，狱案不成，故置常规于不顾，派遣亲信爪牙参与审讯活动，高宗不仅没有斥责这种违法行为，相反还奖励了这些爪牙，这是高宗蓄志要杀岳飞的又一铁证。李心传似乎看出了这中间的问题，但因牵涉到高宗，不便明言，只在附注中隐晦地提示了一下。

《挥麈后录》卷二载："高宗尝语吕颐浩云：'朕在宫中，每天下奏案至，莫不熟阅再三，求其生路，有至夜分。卿可以此意戒刑寺官，凡于治狱，切当留心，勿草草。'"③高宗的这番话，听起来颇有仁厚之义，然而在对待岳飞父子问题上却凶相毕露。大理寺、刑部给岳云判的是徒刑奏裁，高宗降旨则改为死刑。如果说是秦桧矫诏杀岳飞父子，那么颇有"仁"心的高宗看了奏案后，不会不追究秦桧的责任。事情很清楚，杀害岳飞父子的指令，追根溯源，实际上是高宗下的。

岳飞在酷吏的严刑拷打下，始终没有屈服，他的所谓"案子"，是以"众证定罪法"结案的。④ 宋法，犯人罪证俱在而不肯招服，可以众证定罪法结案。宋初制定的《宋刑统》卷二九《断狱律》曰："不合拷讯者。取众证为定"、"称众者，三人以上，明证其事，始合定罪。"⑤不合拷讯者，在宋代指怀孕妇女、有残疾的犯人以及宗室人员。这条法令，宋后来逐渐改用于任何犯了罪而不肯招供的人。对于诏狱案件，如以众证定罪法结案，必须奏请皇帝批准方可。《长编》卷三四八元丰七年(1084)九月庚申载："命殿中侍御史蹇序辰、右司员外郎路昌衡往熙州劾李宪。初，御史台鞫皇甫旦狱，召宪赴阙，至秦州，会有边警，诏止之。台请宪三问不承即追摄，诏用众证结案。"⑥哲宗时，大理正张近受诏鞫治权江淮等路发运使吕温卿，"温卿谩不肯置对，近言：'温卿所坐明白，倘听其蔓词，惧为株连者累。'诏以众证定其罪"。⑦ 又元符二年(1099)御史台制勘所审讯违法官员蹇序辰，蹇序辰不肯招服，制勘所上奏："乞依吕温卿近例，止以众证结案，更不取勘录问。"结果诏依所奏。⑧ 上引三件案例，皆经皇帝批准，以众证结案定罪的。岳飞一案，

---

① 《要录》卷一四四"绍兴十二年正月戊申条"，第2709页。
② 《宋史》卷二〇〇《刑法二》，第4997页。
③ 王明清撰、王松清点校：《挥麈后录》卷之二，第49页。
④ 《要录》卷一四三"绍兴十一年十二月癸巳条"，第2694页。
⑤ 窦仪等详定、岳纯之校正：《宋刑统校正》卷二九《断狱律》，北京大学出版社2015年版，第395～396页。
⑥ 《长编》卷三四八"元丰七年九月庚申条"，第8360页。
⑦ 《宋史》卷三五三《张近传》，第11145页。
⑧ 《长编》卷五一一"元符二年六月癸巳条"，第12166页。

亦以众证定罪。在岳飞案中作伪证的,据现存资料可以考知姓名的,有姚政、庞荣、傅选、王俊。其中傅选还因作伪证有功,得进一官。[①] 岳飞狱案,以众证定罪,依惯例,制勘官当上奏高宗批准。原案今天我们虽无从看到,但岳飞狱以众证定罪,经过高宗批准,这一点似乎是可以肯定的。

岳飞一案,是奉圣旨根勘的,什么是圣旨?《要录》卷六〇绍兴二年(1132)十一月庚午载:"诏自今御笔并作圣旨行下。时右谏议大夫徐俯言:'祖宗朝应批降御笔,并作圣旨行下。自宣和以来,所以分御笔、圣旨者,以违慢住滞,科罪轻重不同也。今明诏许缴驳论列,当依祖宗法,作圣旨行下。方其批付三省,合称御笔,三省奉而行之,则合称圣旨,然后名正言顺……。'上从之。"[②]奉圣旨根勘,就是尚书省按照高宗的指令,命大理寺对岳飞进行审讯。

宋代对于案件的审理,通常十分慎重,唯恐天下冤案不能昭雪,规定一般案件允许上诉。宋建国初,中央设有鼓司、登闻院,专门受理上诉案件。后改鼓司为登闻鼓院,登闻院为登闻检院。另外又置理检使。"其称冤滥枉屈而检院、鼓院不为进者,并许诣理检使审问以闻。"[③]但属圣旨所断案件则不允许上诉。《宋史》卷二二《徽宗纪》载:宣和六年(1124)七月丁酉诏:"应系御笔断罪,不许诣尚书省陈诉改正。"[④]此后遂成定制。岳飞一案,有旨:"应缘上件公事之人,一切不问,亦不许人陈告,官司不得受理。"[⑤]正是承袭了徽宗时的定制。

综上考述,不难看出,岳飞一案,从岳飞下大理寺狱受审到被害,所有活动自始至终都是在高宗的旨意下进行的。

(本文原题"关于岳飞狱案问题的几点看法",载于《岳飞研究》第2集,《中原文物特刊》总9期,河南省博物馆《中原文物》编辑部,1989年7月)

---

① 岳珂编、王曾瑜校注:《鄂国金佗粹编续编校注》卷之八《经进鄂王行实编年》,第710页。又见《要录》卷一四五"绍兴十二年六月戊辰条",第2737页。

② 《要录》卷六〇"绍兴二年十一月庚午条",第1198~1199页。

③ 《长编》卷一〇七"天圣七年闰二月癸丑条",第2501页。

④ 《宋史》卷二二《徽宗纪》,第414页。

⑤ 李心传撰、徐规点校:《建炎以来朝野杂记》乙集卷一二《岳少保诬证断案》,第705页。

神仙境界与浪漫主义

杨康荪

一、古代文艺中的理想乐土

中国山水画是以水墨或“墨骨”淡彩形式为主流的，以上两章叙述的作品风格都不出其范围。然而，中国绘画史上还存在另一种重色轻墨甚至倾向于装饰风的山水画形式，它在前人文献中被称作“金碧山水”或“青绿山水”。就宋代青绿山水的继承关系而言，唐代李思训父子当然是其模范，但如果作文化构成的探讨，那么寻根的线索就要指向中国古代文化的深层——神话和仙话。

孔子不论“怪力乱神”，是儒家学说实践理性特征的一个重要侧面。墨家标榜鬼神，在很大程度上是战国时代平民反对君主集权统治的一种理论假设。与中原北中国的理性传统相比，富于感性色彩的神话形态文化在以楚地为中心的南中国则表现出惊人的生命力。著名的《山海经》和《楚辞》就是这一文化圈的产物。

《山海经》的成书年代至今未有定论，①但它记录了古代初民对于极乐世界的观念及其对以后社会意识形态的影响是没有疑问的。张光直先生将商周神话分为自然的、神仙世界及其与人间世界分裂的、天灾的与救世的、英雄世系的四个部类。② 在《山海经》或《楚辞》中，尤具艺术感染力的无疑都属于其第二部类，甚至可以说其第一、第三、第四部类所以能得到广泛的传播，也在于它们不同程度地涉入了第二部类的范围。在《山海经》中，能够缘着天梯自由升天降地的只有神人、仙人和巫师，那天上世界或者说极乐的神仙境界因此而显得十分神秘而富于浪漫主义色彩。如“南山经之首，曰䧿山。其首曰招摇之山，临于西海之上，多桂多金玉。有草焉，其状如韭而青华，其名曰祝余，食之不饥；有木焉，其状如谷而黑理，其华四照，其名曰迷谷，佩之不迷；有兽焉，其状如禺而白耳，伏行人走，其名曰狌狌，食之善走；丽麂之水出焉，而西流注于海，其中多育沛，佩之无瘕疾”。③ 再如“又东七十里，曰半石之山，其上有草木焉，生而秀，其高丈余，赤叶赤华，华而不实，其名曰嘉荣，服之者不霆；米需之水，出于其阳，而西流注于伊水，其中多鯩鱼，黑文，其状如鲋，食者不睡。……又东五十里，曰少宝之山，百草木成囷。其上有木焉，其名曰帝休，叶状如杨，其枝五衢，黄华黑实，服者不怒。其上多玉，其下多铁，休水出焉，而北流注于洛，其中多䲢鱼，状如盩蜼而长距，足白而对，食者无蛊疾，可以御兵”。④ 这是一个多么令人向往的乐园世界！不仅是风

① 蒙文通先生认为《山海经》成书年代在西周前期至春秋战国之交；袁珂则认为在战国初年至汉代初年。

② 《中国青铜时代·商周神话之分类》。

③ 《后汉书·莋都夷传》。

④ 《山海经》第五《中山经》。

光旖旎多姿，还有取之不尽的宝藏和食之佩之可以"不饥"、"不迷"、"善走"、"无瘕疾"、"不霆"、[①]"不睡"、"不怒"——一言以蔽之，即可以成神仙——的各种奇花异草怪兽。在那生产力极其低下、为了争夺生活资料必须拼死搏击的荒古时代，维持生存的欲望必然要超过审美的需要，所以，《山海经》的许多文字是对力的歌颂、对丰实的赞美、对不死的企羡。将这些期盼心理的幻象组合起来，就成为一种富于浪漫主义情调的乐土境界。《山海经》原配有图画，这些画早已不存，但通过郭璞的《图赞》文字还是可以想象其形态，如"桂生南裔，枝华岑岭，广莫熙葩，凌霜津颖，气王百药，森然云挺"（《南山经·桂》）。"华岳灵峻，削成四方，爰有神女，是挹玉浆，其谁由之，龙驾云裳"（《西山经·太华山》）。虽然只是一树一山，但可以相信画者一定是竭尽想象之能事以描绘出人间无比的绚烂妙容。中国绘画的浪漫主义大概最早发端于此。

同属于南中国文化系统的《楚辞》，则有各自不同的主题，寄托长生极乐意识的神话境界以及浪漫主义的抒写风格是其共同特征。《远游》大概是这方面最具代表性的作品，其云："惟天地之无穷兮，哀人生之长勤；往者余弗及兮，来者吾不闻。……贵真人之体德兮，美往世之登仙；与化去而不见兮，名声著而日延！……闻至贵而遂徂兮，忽乎吾将行；仍羽人于丹丘兮，留不死之旧乡。……嘉南州之炎德兮，丽桂树之冬荣；山萧条而无兽兮，野寂漠其无人。载营魄而登霞兮，掩浮云而上征。……欲度世以忘归兮，意恣睢以担挢；内欣欣而自美兮，聊媮娱以自乐。……使湘灵鼓瑟兮，令海若舞冯夷。玄螭虫象并出进兮，形蟉虬而逶蛇。雌蜺便娟以增挠兮，鸾鸟轩翥而翔飞。音乐博衍无终极兮，焉乃逝以徘徊。"《远游》是我国游仙诗的首制。诗中的主人公原来是尘世间的凡人，他不堪人间种种烦恼和无休止的劳碌，留下枯槁的形体，以其精神远游神仙境界。在那里他领略了无与伦比的美的感官享受，从而乐而忘返，超然于太初世界。长生意识在这里不是此岸而是彼岸的；主人公最终的超脱也不是一蹴而就，而是经历了一个漫游仙境的过程。通过对这一过程极其奇丽、鲜艳的描写，作者向读者呈现的是极乐世界所能给予的一切美好，它向读者暗示：主人公的真实旨趣与其说是超脱，还不如说是对这美妙天堂的津津玩味。王逸《楚辞章句》说："屈原放逐，忧心愁瘁……见楚有先王之庙及公卿祠堂，图天地、山川、神灵，琦玮僪佹，及古圣贤、怪物行事，周流罢倦，休息其下。仰见图画，因书其壁，向而问之，以渫愤懑，舒泻愁思。"王逸这段文字是说明《天问》来由的，但同时又透露了楚国贵族庙堂图妆"天地、山川、神灵"的消息。所谓"琦玮僪佹"，正揭示当年的画工是以超经验的浪漫主义笔调描画那"天地山川"之羽化登仙世界的。

1949年于长沙陈家大山楚墓出土的《龙凤人物图》和1973年长沙子弹库楚墓出土的《御龙图》，虽没有对仙境天地山川的直接描画，但死者仙化的主题是很明显的。关于《龙凤人物图》中的龙凤，郭沫若先生的解释是恶灵与善灵相搏，这一论说很勉强。实际上帛画中的侧立女子应是死者的画像，其中的龙凤则是死者登天仙化的导者。整个作品所表现的意蕴与道德无关。同样，《御龙图》的驾龙男子也应是墓葬者的画像；画面上呈舟形的龙身、下方的游鱼，以及舆盖、衣着、龙缰飘带的逆向风动，无不衬托死者乘龙舟、泛大海、赴仙山的主题。

以上两幅帛画均出土于楚地，它们与《山海经》和《楚辞》相互发扬，[②]可以证明神仙传说中的生命意识和浪漫主义的艺术风格与南中国文化圈的密切关系，但不能由此否认类似文化形态在古代中国其他地

① 郭璞注："不畏雷霆霹雳也。"

② 《汉书·地理志》："楚人信巫，重淫祀。"楚辞中的《九歌》即楚国巫师祭祀歌辞的艺术化作品。李泽厚《美的历程》则直称南中国文化为"神化—巫术文化体系"。

域的发生。楚地崇尚神仙境界的观念文化与巫术活动是互为因果的。在邹衍五行阴阳学的影响下，战国时期燕齐一带方士俨然以不死境界引渡者自居，其鼓吹仙术的言辞较南方巫觋更富于描述性。《史记·封禅书》说："自威、宣、燕昭使人入海求蓬莱、方丈、瀛洲。此三神山者，其传在渤海中。……盖尝有至者，诸仙人及不死之药在焉。其物禽兽尽白，而黄金银为宫阙。"所谓三神山，最初可能是海市蜃楼般的幻影，经过方士们的虚构，成为一个帝王、庶民无不企羡的神仙佳境。在山东临沂金雀山前汉墓出土的非衣帛画上，有三个图案化的山形和一座建筑物，当是画工依据方士宣传的蓬莱、方丈、瀛洲三仙山以及仙人所居的"琼阁"的想象描绘。今天的文学史家在论述先秦的浪漫主义文艺风格时，常常以《庄子》为论证。庄周是宋国蒙邑人（按传统说法），正处今日山东、河南交界地方。虽然被大多数学者论定为庄周本人文字的《庄子》内篇所提到的真人、神人都是指圣人而不具备神仙的涵义，但代表庄子后学思想的《庄子》外杂篇却渗透着不少仙化意识，如《天地》篇云："千岁厌世，去而上仙；乘彼白云，至于帝乡。"这里说千岁厌世，但《刻意》、《在宥》、《达生》、《田子方》、《庚桑楚》诸篇却在不同程度上涉及吐纳、养形。仙乐世界、生命意识和充满奇幻理想的浪漫主义文字再一次联系一起，无怪乎顾颉刚先生论断《庄子》承受昆仑、蓬莱两个神话系统的影响。①

"汉承秦制"的说法目前已遇到了史学界的挑战。如果说秦汉间的制度渊源关系还需要进一步探讨的话，那么"文学艺术领域，汉却依然保持了南楚故地的乡土本色"，②则已为大多数学者所认识。《史记》和《汉书》记载了汉武帝宠信方士的大量史实，如"李少君亦以祠灶、谷道、却老方见上，上尊之。……少君言上曰：'祠灶则致物，致物而丹沙可化为黄金，黄金成以为饮食器则益寿，益寿而海中蓬莱仙者乃可见，见之以封禅则不死，黄帝是也。臣尝游海上，见安期生，安期生食巨枣，大如瓜。安期生仙者，通蓬莱中，合则见人，不合则隐。'"蓬莱仙境依然是汉人观念中的不死世界，泛海赴山也依然是登仙之道，它们在视觉艺术上的反映就是前述金雀山的非衣帛画。王延寿《鲁灵光殿赋》云："图画天地，品类群生，杂物奇怪，山神海灵。"③这是宗室贵族达官喜好神仙造像的记录，至于外郡府舍，也"皆有雕饰，画山神海灵奇禽异兽以眩耀之"，④可见制作大幅描写超经验神灵物象的壁画已成为汉人的造型艺术风尚。从功利性的追求到愉悦性的审美，汉代的神仙题材艺术是一个重要的转折点，而精致的装饰风又是其主要的表现形式。1972 年长沙马王堆一号墓出土的非衣帛画中部是侧面拄杖而立的女墓主、三个侍女、两位跪迎的导升使者以及由双龙双虎构成的引渡舟；画面的下方有巨鳌、灵龟、鸮鸟等灵怪异兽，正暗示了趋往仙境的海途；画的上部有天门及其司阍、月亮、蟾蜍、嫦娥、玉兔、太阳、扶桑、阳离鸟以及人身蛇尾的神祇"烛龙"（一说是伏羲），均为天上仙界的象征。此画设色十分丰富而讲究，"其中主要颜色大致可以归纳为矿物色、植物色和动物色三种。矿物色中包括朱砂、上红和银粉，植物色中包括青黛和藤黄，还有动物色的蛤粉。……从整体看，这件作品具有强烈的装饰风"。⑤ 画的主题当是墓主羽化升仙，然而诡奇的形象和富丽的色彩在很大程度上弱化了主题意识，生者——而不是死者——的视觉愉悦性占据了作品的主导地位。

① 顾颉刚：《〈庄子〉和〈楚辞〉中的昆仑和蓬莱两个神话系统的融合》，《中华文史论丛》1979 年第 2 期。

② 李泽厚：《美的历程》四《楚汉浪漫主义》。

③ 萧统：《文选》卷一一。

④ 《后汉书·莋都夷传》。

⑤ 刘炳森：《临摹马王堆帛画的点滴体会》，《文物》1973 年第 9 期。

在浪漫主义精神的指导下，汉代绘画虽已发展到相当水准，但与完美境界仍有一段距离，何况上述几件作品不一定出自高手。相对而言，浪漫主义的文学则在《庄子》、《楚辞》的基础上，进达一个更趋成熟的阶段，著名的汉赋即其代表。司马相如《子虚赋》中有一段楚使子虚对云梦泽的描写："其中有山焉。其山则盘纡岪郁，隆崇嵂崒；岑崟参差，日月蔽亏。交错纠纷，上干青云；罢池陂陁，下属江河。其土则丹青赭垩，雌黄白坿，锡碧金银，众色炫耀，照烂龙鳞。其石则赤玉玫瑰，琳瑉昆吾，瑊玏玄厉，碝石碔砆。其东则有蕙圃，衡兰芷若，芎䓖菖蒲，江蓠蘼芜，诸柘巴苴。其南则有平原广泽，登降阤靡，案衍坛曼，缘以大江，限以巫山。其高燥则生葴菥苞荔，薛莎青薠，其埤湿则生藏莨蒹葭，东蘠雕胡，莲藕觚卢，奄闾轩于。众物居之，不可胜图。其西则有涌泉清池，激水推移，外发芙蓉菱华，内隐巨石白沙，其中有神龟蛟鼍，瑇瑁鳖鼋。其北有阴林，其树楩柟豫章，桂椒木兰，檗离朱杨，樝梨梬栗，橘柚芬芳，其上则有鹓雏孔鸾，腾远射干，其下则有白虎玄豹，蟃蜒貙犴。"如此铺张汪洋的文字，如此闳丽靡艳的景物形象，对于富于想象力的读者来说，这就是后世青绿山水的原型！既然神仙境界是可望不可即的，在有限人生旅途中尽情享受现实生活中的一切美好，包括富贵堂皇的艺术形象，是汉人崇尚浪漫主义艺术风格的主要心态。

东汉后期，在谶纬之学和东渐佛教的刺激下，原先的神仙方士伪托老子创立道教，支离破碎的仙化、长生理论经过宗教形式的整理演变为一个颇具规模的体系。在整个魏晋南北朝时期，《抱朴子》、《神仙传》的作者葛洪是道教理论家的代表人物。葛洪思想十分庞杂，涉及儒道关系、玄本体论、炼丹医道、佐时治国等范围，而长生与成仙仍然是其中的一个重要方面。他在《抱朴子》内篇卷二《论仙》篇引《仙经》说："上士举形生虚，谓之天仙；中士游于名山，谓之地仙；下士先死后蜕，谓之尸解仙。"其内篇卷四《金丹》篇又云："上士得道，升为天官；中士得道，栖集昆仑；下士得道，长生世间。"按照这番理论，原来神仙也有等级之别，"上士举形升虚"似乎过于玄妙而难以企及，相比之下，中士、下士得道之后可以仙居昆仑名山或长生不死则显得较为"真切"。其内篇卷一八《地真》篇又描述黄帝遍游风山、洞庭、具茨、峨眉诸地，寻访真人隐士讨教长生方术的故事。经过葛洪等人的宣传，东晋以后社会各阶层人士又开始热衷于长生不死之术，神仙境界的主题以及浪漫主义的风格再次成为当时文艺创作的内容和形式，道教徒郭璞的《游仙诗》即其代表。如"翡翠戏兰苕，容色更相鲜，绿萝结高林，蒙笼盖一山。中有冥寂士，静啸抚清弦。放情凌霄外，嚼蕊挹飞泉。赤松临上游，驾鸿乘紫烟，左把浮丘袖，右拍洪崖肩。借问蜉蝣辈，宁知龟鹤年"（其三）；"吞舟涌海底，高浪驾蓬莱。神仙排云出，但见金银台。陵阳挹丹溜，容成挥玉杯。姮娥扬妙音，洪崖颔其愿。升降随长烟，飘飘戏九垓"（其六）。前人论《游仙诗》多强调它的语言风格或感遇抒怀，实际上作为《穆天子注》、《山海经注》、《楚辞注》作者的郭璞还是继承了前人浪漫主义的精神，以一种更为飘逸优雅的、从而也更符合中世纪文人审美趣味的诗歌样式描写神话般的理想境界。优雅美丽的形式与虚无幻想的主题浑然一体，寂寞的主体精神隐伏在蓬莱般的形象背后，这又是后世青绿山水画家创作形式的另一种文学原型。与汉赋相比，宋人的青绿山水与此原型更为贴近。

二、在再现和想象之间——宋以前青绿山水的样式

也许应当归因于神话处在中国观念文化最深层的地位，山水画诸风格形式中，惟青绿山水或金碧山水在宋代以前已臻于成熟阶段。如果说宗炳的《画山水序》和王微的《叙画》分别是自然主义山水和意象山水的理论奠基之作，那么，葛洪、郭璞的同代人顾恺之的《画云台山记》就是浪漫主义的青绿山水的创

作论首制。

《画云台山记》描写的是张天师(张道陵)七试弟子的故事,[①]从文字语气看,整篇文章是艺术家本人创作构思的记录。[②] 文章开篇说:“山有面,则背向有影,可令庆云西而吐于东方清天中。凡天及水色,尽用空青,竟素上下以映日。”所谓“庆云”,指一种象征祥瑞的彩云;[③]所谓“空青”,是指四川西昌出产的一种青色矿物质。[④] 以青蓝诸色敷染画面的天水背景,类似画法可以在传为李思训的《江帆楼阁图》得到印证,与被认为是中国画正统的水墨山水很不相同。上述文字后,作者分三段构思画面:

第一段:“西去山,别详其远近。发迹东基,转上未半,作紫石如坚云者五六枚,夹冈乘其间而上,使势蜿蟺为龙,因抱峰直顿而上。下作积冈,使望之蓬蓬然凝而上。次复一峰,是石,东岭向者峙峭峰,西连西向之丹崖,下据绝涧。画丹崖临涧上,当伎巘隆崇,画险绝之势。”

第二段:“中段,东面丹砂绝㟧及荫,当使嵃峣高骊,孤松植其上。对天师所壁以成涧,涧可甚相近。相近者,欲令双壁之内凄怆澄清,神明之居,必有与立焉。可于次峰头作一紫石亭立,以象左阙之夹。高骊绝㟧,西通云台以表路。……其西,石泉可见,乃因绝际作通冈,伏流潜降,小复东出。下涧为石濑,沦没于渊。……云台西、北二面,可一图冈绕之。上为双碣石,象左右阙,石山作孤游生凤,当婆娑体仪,羽秀而详,轩尾翼以眺绝涧。”

第三段:“后一段赤岓,当使释弁如裂电。对云台西凤所临壁以成涧,涧下有清流,其侧壁外面作一白虎,匍石饮水。后为降势而绝。”

关于这篇文字,唐代张彦远曾说“自古相传脱错,未得妙本勘校”,今天就更是诘屈聱牙而难以句读。作大致分析,可以看出作者是为张天师及其弟子勾画了一个人间仙境:第一段画面是张天师和弟子处身的山崖涧水,[⑤]峭峰兀峙刺天,丹崖俯临险涧,峰下卧岗,涧中树桃。文章虽未说明山峦峰石的敷色,但比较“紫石”、“丹崖”、人物“衣服彩色殊鲜微”等文字及其《洛神赋图卷》中的青绿山石树木,似可以推断艺术家以青绿染山石。第二段画面有丹砂设色的绝壁悬崖,蜿蜒入渊的泉瀑涧溪,孤松成荫,凤鸟婆娑,画境气氛幽冷清朗,俨然是神仙居境。第三段画面大致是低缓的构图,临壁涧流,饮水白虎,降势坡岗,借以衬托世外桃源和平静谧的总体印象。

从上引文字我们可以断言《画云台山记》所设计的山水形象已不是人物的陪衬,艺术家以略六倍于人物形象描写的文字详尽地叙述其自然环境的种种物象,正说明形态诡奇、色彩艳丽的仙化境界是顾恺之构思此作的主体形象。而张天师等人物在这里只是充当了此作意蕴的提示。顾恺之《论画》说:“凡画,人最难,次山水,次狗马。台榭,一定器耳,难成而易好,不待迁想妙得也。”关于“迁想妙得”的解释,历来不一。我以为其中一定含有以浪漫主义的技巧风格勾画理想化形象的意思。其《论画》又云:“若以

① 《画云台山记》中的云台山,系指蜀地苍溪县、阆中市交界的云台山。相传张天师在其地修炼。葛洪《神仙传》云:“陵语诸人曰:……其有九鼎大要,唯付王长,而后合有一人从东方来,当得之。……至时,果有赵升者从东方来。……乃七度试升,皆过。乃授升丹经。”

② 《画云台山记》中多有“可令”、“当使”、“宜”、“凡”、“可”、“当”等语词。

③ 《汉书·天文志》:“若烟非烟,若云非云,郁郁纷纷,萧索轮囷,是谓庆云。”

④ 《历代名画记》卷二《论画工体工用榻写》:“越嶲之空青,蔚蔚曾青,武昌之扁青。”越嶲在四川省西昌市西南。

⑤ 第一段画面记载张天师及其弟子的文字是:“画丹崖临涧上,当使赫巘隆崇,画险绝之势。天师坐其上,合所坐石及荫宜涧中,桃旁生石间。画天师瘦形而神气远,据涧指挑,回面谓弟子。……作王良(按:即葛洪所谓“王长”)穆然坐答问,而超升(按:即葛洪所谓“赵升”)神爽精诣,俯眄桃树。又别作王、赵趋,一人隐西壁倾岩,余见衣裾;一人全见家中,使轻妙泠然。凡画人,坐时可七分,衣服彩色殊鲜微,此正盖山高而人远耳。”本段王长、赵升各有两种形象,当是连环画式一构法。

临见妙裁，寻其置陈布势，是达画之变也”；“神仪在心，而手称其目者，玄赏则不待喻。不然，真绝夫人心之达。”从“妙裁”“置陈布势”到“达画之变”，由“神仪在心”至“人心之达”，都是指摆脱物象拘限的想象性自由构造。将这些理论诉诸画面，就产生了一系列想象中极乐仙境的超自然的完美形象，一种浪漫主义的风格情调。顾恺之的《洛神赋图卷》即其代表之作。

现存的《洛神赋图卷》有五卷，都是后人的摹本，其中有三卷是同一底稿的摹本，大略是唐宋人的手笔。曹植的《洛神赋》原就是一部极富幻想色彩、感情缠绵的文学杰作，经过顾恺之由时间艺术而空间艺术的“迁想妙得”的勾画，梦幻般的浪漫主义情调愈加浓郁。艺术家描画人物所运用的“春蚕吐绿”线条和“行云流水”般的笔法，典雅优美，飘逸欲仙，显然受到了道教和玄学思潮及其审美趣味的影响。由于男女恋情故事是该作的主题，作为环境的山水树石被有意识地缩小了应有的比例，但观者仍可以从中领略到青绿山水的先期风格和样式特征：装饰性的线条勾勒；以青绿为主调的敷色；超自然的自由造型和布局；乌托邦式的意境以及非理性的纯形式视觉美感。过去有一些学者据文献记载推论张僧繇的“凹凸花”启发了后世的青绿山水，实在是舍本求末的臆测之说，除了魏晋以前不知名的画师，无论从理论或实践看，顾恺之都无愧为中国青绿山水画的创导。

张彦远说：“魏晋以降，名迹在人间者，皆见之矣。其画山水，则群峰之势，若钿饰犀栉。或水不容泛，或人大于山，率皆附以树石，映带其地。列植之状，则若伸臂布指。”[①]用这段话解说《洛神赋图卷》中香菇状的树木和波浪形的山丘，似乎是恰当的。然而，需要我们注意的是：张彦远的批评是从唐人山水画审美观出发，故注重形似或意象的形构。他没有理解从神话传统脱胎而来的浪漫主义山水的装饰画风。无论如何，我们无法设想有过“山高而人远”之语的顾恺之会在类似《画云台山记》所描述的以写山水为主题的画面上，仍出现“人大于山”的现象。顾恺之以及南北朝画家没有留下可资研究的纯山水画作，因此，对于青绿山水画迹的考察只能从继承顾氏遗风的隋代的展子虔《游春图》开始。

展子虔也许是隋代最富声誉的画家，人物、山水、车马各种题材无所不工。现藏北京故宫博物院的《游春图》原无款署，但此作传至北宋末已有了宋徽宗“展子虔游春图”六字题签。周密《云烟过眼录》也有著录。看来至少可断之为唐代画家的摹本。此作系典型的大青绿设色。明代詹景风《东图玄览编》记此画说：“其山水重着青绿，山脚则用泥金。山上小林木以赭石写干，以水瀋靛横点叶。大树则多勾勒，松不细写松针，直以苦绿瀋点。松身界两笔，直以赭石填染而不作松鳞。人物直用粉点成，后加重色于上分衣折，船屋亦然。此殆始开青绿山水之源，似精而笔实草草，大抵涉于拙，未入于巧，盖创体而未大就其时也。”其前段文字大致是《游春图》的实录。至于说此作始开青绿山水样式，仍然是疏忽了顾恺之等人的前导之功。

《游春图》的结构颇具特色：在左上而右下的对角分割空间中，位于右上的主峰、堤岸与处在左下的峦坡隔水相望，因此产生了富于变化的视觉平衡效果。山石刻画有线无皴，一律的青绿赭石敷染；树的干枝多呈叉角，树叶也是规则的双钩染绿；漪涟的湖水以近疏远密的网巾线或鱼鳞线铺写，进一步加深了人们对其装饰风的印象！至于画面上那些荡舟、策马、漫游的红男绿女们，则更给画面增加了几分欢乐的情趣。

唐代是一个宽容宗教的历史时期。由于皇帝与被奉为道教教祖的李耳同姓，道教的发展尤为突出。

① 《历代名画记》卷一《论画山水树石》。

唐太宗曾对侍臣说："神仙事本虚妄，空有其名。"但赵翼《二十二史札记》说唐太宗本人也是因服丹毒而身亡的。太宗以后的几位皇帝不时也有批评神仙虚假之说，但对炼丹合药依然是趋之若鹜。作为对武氏、韦氏佞佛政策的反动，唐玄宗登位后建设了一系列崇道抑佛的措置，道教势力因此进达历史的高峰期。李思训出身宗室，卒于开元六年，其专写"海外山"的创作风格受到了当时道教思潮的影响，是可以想象的。

二李——李思训的儿子李昭道的画风极似其父，画史上常称"大小李将军"——的真迹传世者极少，《宣和画谱》登录府藏李思训作品十七幅，李昭道六幅，但到了清朝乾隆时期，仅一帧《江帆楼阁图》被钦定为李思训真迹，另有《明皇幸蜀图》和《青山行旅图》被认为是李昭道的手迹。无论这些鉴定是否正确，这三幅画是唐代李思训画派画师的作品是可以断言的。

《江帆楼阁图》也是斜角构图，它与展子虔《游春图》的区别在于：展作是横卷，并以近景坡岸呼应隔湖主峰，其透视是低俯角的；李作是直挂，依斜角线构造山阁树木湖舟等形象，其透视法是"门板"式的。清代安岐《墨缘汇观》描述此作："上作江天阔渺，风帆溯流。下段长松秀岭，山径层迭，碧殿朱廊，翠竹掩映。"大致是此作景物的实录。《明皇幸蜀图》和《青山行旅图》一为立幅，一为横幅，都是表现安史之乱时唐玄宗入四川避难的题材，其视点构图略呈正俯。唐明皇及其嫔妃、侍臣等人物刻画虽堪称生动，但在画面所占空间极其细小，富丽的山水才是这两幅作品的真正主题。

张彦远说："李思训……其画山水树石，笔格遒劲，端濑潺湲，云霞缥缈，时睹神仙之事，窅然岩岭之幽"。"思训子昭道……变父之势，妙又过之，……创海图之妙"。[①] 董其昌说："李思训写海外山，……若夫方壶蓬阁，必有羽人传照。""宋画至董源、巨然脱尽廉纤刻划之习，然惟写江南山则相似，若海岸图必目大李将军。"[②]清人杜瑞联所辑《古芬阁书画记》有云："唐小李将军《落照图卷》……完善精致，而设色施彩无一点烟大景象。"此三家评论不约而同地指点神仙境界为大小李山水的母题，对于今人是一个很重要的启示！相对而言，《江帆楼阁图》倾向于写实，山峦树木楼阁的造型较展子虔《游春图》有显著进步。然而，我们在《明皇幸蜀图》和《春山行旅图》中却发现画家有意识地放弃运用他已具备的写实技巧，而用坚挺的墨线勾画各种装饰性变形的奇峰怪石，兼以石青、石绿甚至泥金敷设山石丘壑的阴阳向背和凹凸结构，[③]以白粉填染缭绕山际的游雾。景物的异象变形，显著的装饰风，富丽响亮的色彩和浪漫主义的情调，经过种种渲染，唐明皇一行避难跋涉的母题已显得微不足道了。不管是出于讽喻式羡恋，通过形式的"净化"，艺术家向观者展示的主要是一种"纯粹"的美妙，一个无忧无虑的憧憬性境界。

青绿山水到大、小李时代已臻于成熟。从大、小李上溯到顾恺之，尽管不难发现青绿山水样式的变化，但他们的表现方法，大多介于再现和想象之间，还是可以认定的。在设色方面，青绿就是对自然物象的记录，但泥金以及其他一些夸张性的色彩的运用，显然出于艺术家美之"理念"；在造型和用线方面，山水树人均与人们视觉中的物象大体吻合，但一定程度上的变形和装饰风又在观者和画面之间设置了一种

① 《历代名画记》卷九《唐朝上》。

② 《画旨》。

③ 大、小李的青绿山水又称"金碧山水"。裴伯谦《壮陶阁书画录》云："唐大李将军《江山渔乐图卷》……青绿重色。初得时钩金尚可见，重装后渐隐，凡峰峦有黄色者皆金也。历见著录。……峰峦峭立如屏，但钩勒廓染以青绿，阳面涂金，阴面加蓝。"这是说以泥金敷染山之向光面。另又有泥金染坡脚和泥金勾线说，如属于李思训画派的唐人《宫苑图》即以金线勾描山石、波纹。现见《明皇幸蜀图》和《青山行旅图》中崖峰石屏坡脚均有一些青绿的色迹，估计原先是石绿打底，泥金点罩。时间长久引起了矿物质原料的化学变化，原来的金色逐渐隐褪了。

距离，这种距离在意蕴方面经常是一种生活现实和仙化境界之间的异质。当然，不同时代不同艺术家在再现和想象之间的倚重也是各不相同的。就上述一些作品而言，展子虔的《游春图》和李思训的《江帆楼阁图》较侧重于写实——尽管他们的构象具备了一定的装饰风；而其他几位画家的作品，则更多地趋向于自由构造。与宋代青绿山水作品相比较，是想象而不是再现更接近于这一时期青绿山水样式的风格特征，所以如此，当是该时期玄、道思潮使然。

三、融合与个性——宋代青绿山水的变调

浪漫主义的青绿山水是中国神话——道教文化的艺术反映。宋代各朝君主对道教大多持扶植立场。因此，在逻辑上宋代青绿山水似仍应有大量作品问世，宋以前青绿山水样式也应得到延续。然而，事实上，宋代青绿山水的命运略同于自然主义山水，在意象山水审美趣味的冲击下，能够写青绿山水并成为大家的画师在当时是有限的。发生这类矛盾现象的原因不会是单一的，无论如何，宋人功利主义的宗教态度是其中一个重要的因素。

宋代崇道高潮见于真宗、徽宗两朝。从真宗伪造天书、假托天神降临，以及徽宗自封教主道君皇帝等事实就可以发现最高统治者的宗教态度原来是十分清楚的，所以如此作为，主要是为了维护自身崇高地位和政治秩序，功利主义的利用是其扶植立场的出发点。如果说其中多少有一些真实意愿的话，那也是希冀生命的延长而不是追求羽化成仙。同样，一些士大夫如富弼、吴阶、苏轼等事奉道教，也只是讲求吐纳炼丹术，并不是入门造室期达神仙境界。这种理性的、认知的态度在当时理学家那里，又变为入其室、操其戈，汲取道教中的本体论和万物生成说，建构庞大的形而上的思辨体系，反之批判其成仙观念的虚妄。在宋代士大夫自觉意识以及主体价值观的巨大影响下，宋代社会文艺思潮的基本趋向是以文载道，以诗讲理，以词寄情，以画表意。游仙诗题材的消遁和宗教题材造型艺术的世俗化倾向，也从一个侧面说明神秘主义、浪漫主义艺术风格为理性的、主观表现的审美趣味所替代的必然趋势。

于是，宋代青绿山水画家所面临的首要难题是：如何改造在唐代已臻成熟和“完美”——对唐人来说是如此——的青绿山水样式，探索某种风格上的“变调”，使之顺应时代的审美趣味。

既然当时的审美思潮正趋向于理性的和主体表现的，宋代青绿山水画家便从自然主义山水和意象山水画家那里汲取一些有益的经验，在自己的作品中增加一些写实的和表现的因素，这便是本节标题中所谓的“融合”。“融合”其他山水画派技巧、造意是当时青绿山水风格“变调”的主要趋势，由于艺术家们的天赋、个性及其修养方面的差异，宋代青绿山水作品又因人而异地呈现出一些风格上的差异，这就是本文标题中所谓的“个性”。宋代成名的青绿山水画家不多，能够在“融合”和“个性”两个方面获得显著成就的，主要是北宋的王诜、王希孟和南宋的赵伯驹、赵伯骕兄弟。

王诜，字晋卿，祖籍太原，生于庆历八年(1048年)，卒于元符三年后。[①] 作为宋初元勋王全斌的后裔，他在熙宁二年娶英宗女长公主，授驸马都尉、利州防御使。然而，王诜生性风流蕴藉，极嗜书画诗文，曾筑宝绘堂收玩名画法书，过从者皆苏轼之类的名士，且不时有风流逸事。元丰二年苏轼受政敌弹劾下狱，王诜受牵连，因公主请，复为庆州刺史。元丰三年公主病逝，神宗批训“诜内则朋淫纵欲无行，外则狎邪罔上

① 参见翁同文《王诜生卒考略》，载于台湾《宋史研究集》第五辑。

不忠”，遂贬置均州。元祐时旧党执政，王诜又复为登州刺史、驸马都尉。他与同时回朝的苏氏兄弟、黄庭坚等再叙旧谊，依然是作东西园，宴集同道，切磋诗画。米芾《西园雅集图记》记载这类宴席云：“后有女奴，云鬟翠饰侍立，自然富贵风韵，乃晋卿之家姬也。”真可以说是公子本色难易了。

今存王诜画迹有《烟江迭嶂图》、《梦游瀛山图》、《渔村小雪图》三种。其中的《烟江迭嶂图》传世的有四幅，目前上海博物馆收藏的青绿设色绢本是公认的真迹。夏文彦《图绘宝鉴》卷三《宋》论王晋卿画作：“学李成山林，清润可爱。又作著色山水，师唐李将军，不古不今，自成一家。”比照王诜画迹，可以知道前人诸家评说中，夏氏此语最是中的。

《渔村小雪图》的构图颇具特色：画卷偏中位置并充当前景的是隐顶设底的一列玉峰迭嶂，以此为间隔，左侧的构象是群峰环绕的寒塘以及点缀其间的几条渔舟和一些正在从事扳罾、收网等劳作的渔民；右侧的画面上是一座近景兀石，一抹斜坡以及盘踞其上的几株古槎，稍远的山凹涧泉之下有一位依杖踏雪的老翁以及随后的荷锄侍童。远山和兀石后的湖面笼罩在迷蒙的云雾之中……。这幅作品的意蕴耐人寻味，即使自然主义的再现式意象的表现都无法解释它所传达的情绪。也许，画家正是通过中间峰嶂的间隔，隐喻两种截然不同的境界——右侧是“仙翁”所处的和平乐土，左侧是渔人生存的现实世界。如果这一猜测不错的话，那么王晋卿这幅作品又在时空表现的样式上突破了前人的规范。就笔法技巧而言，王诜此作与李成的画风确实接近，如山石的皴法有李成的鬼脸皴，也有继承李成画风的郭熙《幽谷图》中的湿笔层叠横皴；又如松针以尖锐的墨线聚成，即《图画见闻志》所说的李成“攒针”。李成山水原有自然和意象的双重风格，王诜承其遗风，正反映了这一时期青绿山水画家汲取其他画派技巧的特征。夏文彦以“不古不今”品评王作，这里的“今”大约就是指这类表现形式而言。至于“古”，当然是指李思训青绿山水的样式，它在《渔村小雪图》中首先表现为湖水和天空敷设的重绿，即顾恺之《画云台山记》中所谓的“凡天及水色，尽用空青”，二者的区别仅在于前者用以“映日”，后者用以衬雪。其次，画上的岸峦、石棱不同程度上描有泥金（需要注意的是：这类闪烁的金色基本局限在中峰右侧的画面，它似乎也是暗示左右两种不同境界的一种手法），由此给画面增添了几分奇丽冷艳的装饰效果。一方面是“今”——“师李成”；另方面是“古”——法李思训，因此，夏文彦所谓的“不今不古”还不如说“今古兼施”更为恰当。王诜所以能“自成一家”，正在于他在继承大小李画风的同时，兼顾时人的审美趣味，融水墨与金碧于一炉，兼写实与想象为一体，师法参用之余，还有其独特的“变调”。

现由台北故宫博物院收藏的《梦游瀛山图》是现存王诜画迹中最具大、小李山水特征的一幅作品。画家本人题款云：“元祐戊辰春正月梦游瀛山，既觉，因图梦中所见。”所谓瀛山，原出于方士们的假说，因梦而图，自然是有利于想象性构造！楼钥记王诜《江山秋晚图》云：“宋大夫闻襄王之梦，孙兴公见天台山图，皆想象为之赋，文章之妙如此。若丹青非亲见景物则难为工，晋卿固自名胜，然方其以金狨游冶都城嫩寒中，安知江山晚秋时事？”[①]楼钥为王诜作无本画而惊诧，殊不知想象构造正是浪漫主义山水的本色。从摄影图片看，作品中的峰岸石都以坚挺顿挫的墨线钩斫而成，其形构虽不如李昭道《春山行旅图》那般奇倔怪耸，却也是作了变形的处理；山际、村舍旁的树木大多如李昭道的《明皇幸蜀图》中的树形，株干独立，枝叶云堆；近处的木桥、茅屋与远处的楼观梵宇“皆以粉染”，[②]散落在浅濑峻岭之间，一派天上人间的

① 《攻愧集》卷七〇《王晋卿江山晚秋图》。

② 《墨缘汇观》。

气象。李之议记于王诜家观画感说："忽闻绣障半天来，举头不是人间色。方疑绚塔镫炤耀，更觉丽天星的历。此时遥望若神仙，结绮临春犹可忆。"①可见描画仙境的题材在王诜作品中占有相当的比例。黄山谷曾跋王晋卿墨迹云："飘渺风尘之外，他日当不愧小李将军。"②则进一步证明王作的基调仍在浪漫主义山水的风范。有意思的是，还是这位黄山谷，曾批评王诜收藏的书画说："书画以韵为主，足下囊中物无不以千金购取，所病者韵耳。"③就王诜的审美趣味而言，他给黄庭坚鉴赏的很可能都是形构华美、赋色鲜丽的作品，黄山谷论以无韵，更贬为"一钱不值"，正反映了二者审美观上的——即在形式与气韵之间——分歧。

也许是受意象山水构图的影响，《烟江迭嶂图》的大部空间是浩渺的烟江，画的右侧才是悬岸迭峰、林木掩映的实景。山石的画法依然是墨线勾斫，青绿垂色；主峰造型古奇朴崛，其纵向轴坡上多青墨点苔，苍翠之中更见鲜丽郁碧；缭绕山际、掩映楼阁的白云则学李昭道的淡线勾出，只是线条走势多呈菇状而不似《明皇幸蜀图》中的那样任意飘逸的游丝。苏轼《书王定国所藏〈烟江迭嶂图〉》云："江上愁心千叠山，浮空积翠如云烟，山耶云耶远莫知，烟空云散山依然。但见两崖苍苍暗，绝谷中有百道飞来泉，……不知人间何处有此境，径欲往置二顷田。"④所谓"不知人间何处有此境"，当是对王晋卿所表现的"仙境"或者说美之理念的认知，居士真不愧为晋卿的过从知音！《式古堂书画汇考》卷十二有王诜和东坡题《烟江迭嶂图》诗次韵答谢诗二首，其一云："山重水远景天尽，翠幕金屏开目前。晴云羃羃晓笼岫，碧嶂溶溶春接天。四时为我供画本，巧自增损媸与妍。"以四时为画本，即前人所谓的"师法造化"，可证王晋卿汲取了自然主义写实性技巧；然而，经过画家"巧自增损"后，呈现于画面的仍然是"翠幕金屏"、"碧嶂溶溶"，正说明精神上的浪漫主义和形式上的青绿始终是王诜山水画的基调。

在现存的宋代青绿山水画作中，没有比王希孟《千里江山图》更令人心旷神怡了。可惜的是，我们对于这位杰出画家身世的了解，除了此作隔水黄绫上的蔡京题跋，以及宋荦诗注外，再无其他线索了。跋文云："政和三年闰四月八日赐。希孟年十八岁，昔在画学为生徒，召入禁中文书库，数以画献，未甚工。上知其性可教，遂诲谕之，亲授其法。不逾半岁，乃以此图进。上嘉之，因此赐臣京，谓天下事在作之而已。"又宋荦诗注云：王希孟"年二十余"去世。据此我们大体了解到：王希孟生于1096年，卒于1117年至1125年之间；北宋政和间为画院学生；曾受宋徽宗指点，其十八岁即完成了《千里江山图》巨制。

《千里江山图》全长达1 188公分，大概是在一幅整绢上画成的。其构图是典型的中国画移点视透。通过江水的间隔，从画卷的右倾至左倾呈现了六个山体结构群，各个山体形状富于变化而没有任何人为雕饰布置的痕迹。如果从总体上观赏这幅作品，那么观画者首先可能产生类似观照自然主义山水的印象：造化的力量是惊心动魄的，经过多少世纪沧海桑田的变化，才造就了眼前的高山长江！与这雄浑浩瀚的自然力相比，点缀在画面上的渔村野市、寺观屋宇、桥榭舟楫、人流车马似乎显得太纤细、太渺小了，尽管它们在本质上也是造化的存在。毫无疑问，与王诜的作品相比较，王希孟的这幅画显然更倾向于写实风。

然而，在具体的表现手法上，王希孟此作与自然主义山水画派常用的技法有许多区别。作品中，山石

① 《姑溪居士后集》卷一。
② 《山谷别集》卷八。
③ 《山谷别集》卷六《题北齐校书图后》。
④ 《东坡集》卷一七。

的描绘几乎全用浓郁的石青石绿染成，不仅不见墨骨，一般的钩皴也很难发现。《绘事微言》说："宋人有大青大绿、大丹大粉，遂成山水，命为没骨山水，皆高克明、董奴子辈手出，见有真迹，亦自可人。但后学为之，若无四五层工夫，自然不及，幸勿以未见而反嗤没骨为失体也。"所谓"没骨"，指单以色彩而不用墨骨描写物象的一种技法，一般认为最初由徐熙之子徐崇嗣发明，且专用以描写花鸟题材。记载宋人没骨山水，这似乎是唯一的一条史料。《千里江山图》虽不能说完全摒弃传统的钩皴，但不见墨骨确为事实。从其中描写树干的没骨法推论，王希孟大概是受到了当时院体花鸟表现程式的影响，或者如唐志契所论是继承了仁宗朝画院待诏高克明等人的变体画风，才推陈出新地对色彩的构象力作如此形式的运用。需要指出的是，王希孟的敷色没有受制于院体花鸟的拘谨风格，而是在山体丛林之外的天空、江水、云气处都点染了不同色度的蓝与绿，使整个画面呈现出一种异常夺目的蓝宝石般的光彩。因此，对于初见此画的观者来说，自然主义式的观感往往产生于整个观赏过程的更深层次的联想；作品开卷一瞬间首先摄住观者心魄的还是这绚烂的色彩，当习惯性的辨认物象的知性审美态度过去以后，由这般华丽色彩刺激产生的愉悦感仍会激动着每一个观赏者，从师法造化的构象到汲取院体花鸟的设色技巧，在融合其他画派表现手法的意义上，王希孟较王晋卿更有成就。

王希孟的早夭对中国画史是一个不小的损失。南宋以后青绿山水的创作大都是迁就文人们的审美趣味，趋向于意境的表现而没有在运用色彩方面开辟新径。严格地讲，只是到了当代的张大千先生，才重新注意到王希孟的价值。大千先生近年在台湾形成的大泼彩山水风格，很大程度上可视之为对《千里江山图》色彩风格的继承和发扬。此外，在当代世界画坛闻人、法籍华裔画家赵无极的一些作品中，除了可以看到美国水彩画家透纳以及法国印象派大师的影响之外，还能发现类似王希孟用色风格的一些印迹。

南宋伊始，青绿山水在画院内曾有过一度的复兴，一些著名的画师在创作水墨山水的同时，往往也兼写青绿。前述李唐除有学范宽的《万壑松风图》，更有不少"法李思训"①的作品，高宗就曾在其《长夏江寺图》上亲题"李唐可比李思训"，②吴其贞也说过"李唐《海山图》绢画一卷，古雅效李思训"。③ 从流传至今的《江山小景图》看，虽然在敷色、网巾状的水纹等形式方面与李派山水较为接近，但其山石树木的形构质感仍属于范宽方硬坚实的风范。此外，传说刘松年、李嵩、萧照等也常创作以仙山楼阁为母题的青绿山水，如邓文原题刘松年《春山仙隐图》："何时许我游真境，野色桥边踏紫苔"；④唐肃题刘松年《仙居图》云："曾逐大茅君，峰头卧古云；鸟青呼作使，鹤白养成群。"⑤可惜的是，这类作品均未传世。从刘松年《四景山水卷》看，其设色清雅，界笔工整，石皴疏放，与青绿山水的一般特征有质的区别。因此，在对现存画迹批评的意义上，南宋杰出的青绿山水画家只有赵伯驹、赵伯骕兄弟二人。

赵伯驹，字千里，生年不详，卒年约在绍兴三十年(1160)后，乾道九年前(1173)。⑥ 赵伯骕，字希远，生于宣和五年(1123)，卒于淳熙九年(1182)。兄弟二人系宋太祖七世孙，宋王朝南迁后，他们也随之流

---

① 《格古要论》。

② 《图绘宝鉴》卷四《宋·南渡后》。

③ 《书画记》。

④ 《元诗选二集·素履斋稿》。

⑤ 《丹崖集》卷三。

⑥ 《松隐文集》卷三〇《径山罗汉记》和《径山读画罗汉记》分别记述赵伯驹为径山杲禅师画五百大士百轴，前文书于绍兴三十年，后文书于乾道九年。

落南方，颇得高、孝二朝宠遇。赵伯驹"仕至浙东兵马钤辖，而享寿不永，终于是官"。[①] 赵伯骕于绍兴初荫补承节郎，经历一些税务职务后又介入武职，曾与中书舍人赵雄同赴金朝办理外交，"南渡宗室北使自公始"，其最后的官职是和州防御使。[②] 兄弟二人的绘画题材较为广泛，佛像罗汉、花鸟竹石、江湖小景等均能涉入，赵千里曾受命高宗绘集英殿屏，[③]赵希远也曾设计过姑苏天庆观样式，[④]但兄弟二人的擅长还在于金碧山水。关于他们作山水师法大、小李的事实，历代批评家是众口一致的，这里不再赘述。值得注意的是，赵氏兄弟曾强调"画家类能具其相貌，但吾辈胸次，自应有一种风规，俾神气翛然，韵味清远，不为物态所拘，便有佳处。况吾所存，无媚于世而能合于众情者，要在悟此"。[⑤] 这里的"不为物态所拘"，原为浪漫主义山水画家按照"理想美"构造作品的共通原则；赵氏兄弟的美学思想特征是在此基础上，更讲求一种"无媚于世而能合于众情"的"风规"，即在继承青绿山水传统样式的同时，探索另一种既适应时代审美趣味又足以表现"无媚于世"之"吾辈胸次"的艺术风格。从这段纲旨性的文字看，在融合同时代山水画派风格技巧方面，赵氏兄弟要比北宋二王更倾向于意象山水。

赵伯驹、赵伯骕流传至今的作品极有限，《江山秋色图》、《仙山楼阁图》、《汉宫图》等传为赵伯驹所作，是否真迹尚无定论。至于赵伯骕的《万松金阙图》，上有赵孟頫的鉴题，被大多数专家鉴定为真品。

《江山秋色图》系长卷绢本。由于江水与山体的间距并不开阔(间或有未曾完全隔断的笔迹)，以及画面上部天空位置的相对狭仄，它予观者的视觉印象不如王希孟《千里江山图》那般旷荡。然而，画上的山体形构却很有特色：几乎所有山体的延伸轴都指向第三度；各个山体形象皆呈扭曲状，似乎刚刚从平静的江底冉冉升起；也许是为了追求变化，画家笔下的山貌或嶙峋清癯，或妖娆妩媚，很容易使观赏者联想到一些只有人类才具备的情感和品质；虽然石青石绿仍是其主色调，勾勒物体外廓的墨线仍清晰可见。《江山秋色图》的另一个特色是画面上点缀了难以历数的人间印迹：崖谷的栈道、山冈的石阶、飞瀑下的庄院、茂竹中的寺观、跨水长桥、江面小舟、水滨垂钓、溪岸待渡，以及岫岭行旅、林间放牧，加之用以描绘秋色、霞光、楼观、人物的朱砂、赭石、花青、白粉等颜色，使整个作品又予人以一种天上人间的美好和平印象。陈白题赵千里《江山秋晚图》云："人间何处有此境，无乃潇湘与洞庭。白波青嶂天冥冥，熟视仿佛闻秋声。"[⑥]借以品评此卷，也是恰当。明代董其昌是南北宗说的鼓吹者，并坚执抑北扬南的态度，然而就是对于这位被他归入北宗的赵伯驹，董其昌也说了"精工之极，又有士气"，"虽妍而不甜"的好话。[⑦] 要在"精工"和"士气"、"妍"与"甜"之间把握分寸，原是很不容易的，赵千里所以能成功，主要在于他独到的构象能力和对于墨色以及其他色调之间关系的恰当处理。当然，艺术家通过作品所表现的富贵而雅驯的气度也是一个重要的因素。

与上述《江山秋色图》相比，赵伯驹的《仙山楼阁图》有更明显的装饰风。也许是为了表现飘飘欲仙的气氛，作品采取了纵长的构图。画面的中景是四座云烟掩映的楼阁，远景山形呈笔立状，云雾缠绕的山

---

① 《画继补遗》卷上。

② 有关赵伯骕的生平事迹均见于《周益园文忠公集》卷三〇《和州防御使赠少师赵公神道碑》。《画继补遗》卷上说他"官至观察使"，恐不确。楼钥《攻愧集》卷六〇《娶奎堂碑》云："兵部尚书赵师羼师谓臣钥曰：'淳熙初年龙集乙未，高宗在德寿宫，先臣和州防御使赠少师伯骕，久被眷顾。'"与《周益园文忠公集》所载碑文同。

③ 《画继》卷二《侯王贵戚》。

④ 《图绘宝鉴》卷四《宋・南渡后》。

⑤ 《松隐文集》卷三〇《径山续画罗汉记》。

⑥ 《夷白斋稿》外集。

⑦ 《画禅室随笔》。

际间又点置了一些仙阁,真称得上"仙气"盎然了。赵伯驹本人对李思训的画风大概是十分推崇的,陈基、于立分别有题赵伯驹临李思训金碧山水和《煎茶图》的诗。[①] 此外,还有仇远题赵千里《溪山春游图》诗:"楼观玲珑云飘缈,须知画里别乾坤。"[②]吴镇《赵千里〈山水〉长幅》:"宋室有千里,疑自蓬莱宫。"[③]又《赵千里画》:"仙姬仙客居仙境,试展殊觉晴云翻;持向故山茅屋底,咫尺却拟蓬莱根。"王冕《赵千里〈夜潮图〉》:"便欲吹箫骑大鲸,去看海上三山青。"[④]都是从赵伯驹的作品中认识到神仙境界的母题,上述《仙山楼阁图》,自然也属于这类作品。一方面在作品中注入了主体情趣和个性,另一方面依然维持传统的题材,二者所以能统一,艺术家富于创造力的表现技巧和当时士大夫对于现实生活若即若离的态度大略是两个最主要的因素。

赵伯骕的《万松金阙图》横长136公分,纵27.7公分。在这样一个狭长的横卷上,画家的构图自左而右同由近向远依次布置了三个空间层次:处于第一个空间层次的景物是斜下的冈坡以及耸立其上的三株松树;第二个层次是隔着涧谷的彼岸,那里有茂密的冈松,尖峭的峰巅,以及隐现于浮云之间的琼楼金阙和临江岸滩上的几颗松树;画面的第三个层次是浩瀚的江水、云烟和当空的一盘银月。仅仅从构图考虑,这幅作品并没有惊人之处。然而,当观画人的视觉注意力逗留在构象的笔法、色调时,先前不以为然的印象便会完全改观。无论在第一层次或第二层次,那些植被厚重严实的山冈没有任何轮廓线的痕迹,通体由墨、绿相间的簇点构成。这类笔法使我们联想起米点山水,但二者又有许多区别:大小米一般只在墨晕易于渗化的纸本上作画,因为惟由此才能产生烟云变幻、氤氲濛鸿的视觉效果,赵希远此作却系绢本,形状、色度不一的点簇笔迹大都清晰可辨,画家通过这种笔法传达给观者的是一种漫不经心的态度,一种似拙而雅的意味;米点山水用笔大多是卧笔横施,加以泼墨、积墨、焦墨的点施,整个作画的程序相当复杂紧张,而《万松金阙图》中松冈用笔大多是中锋摁点,各个山冈用笔或竖或横,互不参用,予人以率朴而不单调、儒雅而不拘谨的美感。类似的用笔又见于北宋赵令穰的《湖庄消夏图》,不过赵令穰的点笔只用于写树叶和石苔,不似赵希远用得这般自如和广泛。既然笔法风格趋向于拙朴,为了进一步的和谐,赵伯骕这幅作品的色调似乎应当以墨色为主,至少也要淡雅,但事实恰恰相反:一般青绿山水常运用的绿色调在这里只见于丛林、松针和部分山体,整个天空、江水,以及石脊、岸脚、长桥、阙瓦、树干却用了赭石、朱红等暖色调,加之一些金线的勾勒、点缀,整个画面因此而显得异常华丽而辉煌,较赵千里的《江山秋色图》更有一种高华气象的魅力!虽然目前我们尚不能确定袁华的《题赵希远〈万松金阙图〉》诗就是因此本而作,但其中"峥嵘阆风岑,杳眇蘂珠宫;紫皇中建极,金阙凌万松"[⑤]几句,确实像我们目前这幅熠熠生光、仙话般美妙的作品的实录。

尽管我们在赵伯骕《万松金阙图》的母题以及描绘云廓和波纹的线条中看到了宋以前青绿山水的影响(这些线条如李昭道作品中勾勒的云朵,婉转有致而富于装饰的意味),尽管作品中描绘松树躯干的方法类似北宋山水写实的技巧(赵伯骕运用褐、黑、绿三色分点面画成松干不仅有充分的体积感和质感,甚至还有一些光影层次),与这些"融合"的因素相比较,赵伯骕在笔法和色彩运用方面表现出的风格个性

---

① 《草堂雅集》卷二、卷一三。
② 《金渊集》卷四。
③ 《元诗选二集·梅花庵稿》。
④ 《竹斋诗集》。
⑤ 《耕学斋诗集》卷四。

显然在其作品中居于主要地位。如果说大、小李作品是宋以前青绿山水业已进入成熟时期的象征,那么,赵伯骕这幅佳作则是宋代青绿山水画家在融合其他画派技巧、表现主体风格个性的探索道路上,形成了新一代浪漫主义山水样式的标志。

赵氏兄弟的山水作品虽然在当时就享有很高的声誉,但传人不多。《画继补遗》卷上云:"赵大亨,乃二赵皂隶,每供其昆仲研朱调粉,遂亦能画。……至得意处,人误作二赵笔迹,倍价收之。""卫松,亦二赵昆仲之皂隶,尝供役使,遂多获其遗稿,且识熟其行笔意及傅色制度。与赵大亨每仿二赵图写,皆能乱真。"另有单邦显者,传说也能写赵氏山水,和两位仆隶相同,也只是规模二赵的风格技巧,没有自己的建树,无作品传世。南宋末钱选[①]擅青绿山水,其《浮玉山居图》中的山石树叶画法与赵伯骕的用笔有相似处,但他更注重水墨与青绿的融体,至于他的《幽居图》,其山石有线无皴,树叶也是空勾填彩,似乎是远规展子虔和二李的画风。另有入元的宋宗室赵子昂也兼写青绿山水,由于是有意识地追古之作,与二赵的画格全不相同。

(原刊于《客观和主观的宋代绘画》,上海书店出版社,2015年4月版)

① 钱选系宋景定间乡贡进士,宋亡入元,一般画史多归之为元人。

上海地区的施相公信仰

范　荧

“施相公”是生成于上海地区[①]的民间俗神，其信仰的流行范围也主要集中在上海及其周边的苏州、嘉兴等地区。宋元以来，施相公逐渐成为最受上海城乡居民尊崇的民间“显神”之一，其祠祀之广泛、香火之旺盛，皆表明其在人们心目中的地位几可与城隍、关帝、观音等相埒。尤值得关注的是，滋生于上海本土草根之中、极具上海地方特色的施相公信仰，直至今日仍绵延不绝，故考察其缘起、传承与演变，实可藉以窥见上海民俗文化的某些特点。然而，中国民间俗神所具有的共同特点，即信仰成分的多元性和演进过程的多变性，在施相公信仰上也有明显的体现，因此，早在明清时代，施相公即身处重重迷雾之中，有关其来历、职掌等，世人皆不甚了了，以致当代学者的论述也生出不少歧说。本文欲依据上海的地方文献和今人的实地调查，对上海地区施相公信仰的来龙去脉作一番梳理和阐述，以求正于大方之家。

一

有关上海地区施相公信仰的记载，目前所知，最早见诸宋代文献。南宋洪迈记述：

> 钱仰之林宗，寓居于华亭之北庵净居院，为人颇耿耿。一日，有蛇百数出室宇间，屏帐之内，亦蜿蜒纠结，甚至甑釜蒸炊中亦然。钱不以为异，但命仆驱逐之。因步至僧堂，见有新置神像一躯，乃俗所事施菩萨者，其前正塑一蛇。时邑人敬奉此妖，至不敢斥其姓，迨左畔方字亦谨避焉。院僧欲乘势立祠，诱民祷供，以牟利入。钱悟家怪所起，立取斧椎破，掷于水中。是夜，僧挈囊而遁，钱氏自此宁居。北庵日以萧条，几无人迹，惟钱子孙犹处之。施之为厉久矣，此岁稍息。[②]

由于笔者未查得更早的史料，探讨施相公信仰的起源只能由此开始。洪迈所说的“施菩萨”即为民间习称的“施相公”，[③]而在其记载中尤值得关注的是以下一些重要信息：其一，此位俗神与蛇有密切的关联，俨然为“蛇妖”的化身或统辖蛇类的神灵；其二，上海民间对此神的信仰由来已久，人们对其虔诚奉祀，无比敬畏；其三，当时民间已有为此神塑造神像、置于庙堂中供奉的举动，并有人拟建立专祠以行祭祀；其四，洪迈提及此神时仅称其为“施”姓，尚未将其与某位真名实姓的历史人物相联系。根据这条最为“原始”的史料，不难看出，施相公信仰当起源于上海地区的蛇崇拜。

---

① 本文所说的上海地区是以现今上海市的行政区划为界，即包括历史上的松江府以及曾隶属于苏州府和太仓州的嘉定、宝山、崇明地区。

② 洪迈：《夷坚支志》戊集卷三《钱林宗》，中华书局1981年版，第1075页。

③ 除“施菩萨”之称外，民间也习称施相公为“施府君”、“施王”等，所指皆为同一神灵。

说施相公信仰源于原始的蛇崇拜是有充分理由的。远古时代的上海地区，属湖沼密布、遍长水生植物的低湿之地，在这样的生态环境中，蛇是一种极为常见的动物。在与蛇相伴的漫长岁月中，蛇与人类的生活也发生了密切的联系。出没无常的蛇类既对人们的生命安全构成很大威胁，同时，作为鼠类的天敌，蛇对田鼠的大量捕食，也维持了生态平衡，在一定程度上有利于稻作农业的生产。正是在这种既畏惧又敬重的心理作用下，久而久之，蛇便成为上海先民崇拜的主要对象之一。早在三四千年前的马桥文化时代，其印纹陶上精巧细致，极具地方特色的几何形图案，即被不少学者认为与时人的蛇图腾崇拜有关，诸如云雷纹、回纹、曲折纹、叶脉纹、三角形纹、圈点纹等，皆为“蛇状和蛇的斑纹的模拟和演变”。[①] 马桥文化时代的上海先民属古越族的一支当无疑问，而古越族与蛇的密切关系，在文献记载中也可找到不少例证。《说文解字》在解释“蛮”字时称：“蛮，南蛮，蛇种。”（古代泛指南方诸族为“南蛮”，故应包括古越族在内）同书在解释“闽”字时又称：“闽，东南越，蛇种。”《开元录》也明确记载：“闽州，越地，即古东瓯，今建州亦其地，皆蛇种。”[②]古人认为东南地区的各支古越族皆属蛇的后裔，正是古越族曾盛行蛇崇拜的明证。又据《吴越春秋》记载：

> （阖闾）欲东并大越，越在东南，故立蛇门以制敌国。……越在巳地，其位蛇也，故南大门上有木蛇，北向首内，示越属于吴也。[③]

显然，春秋时期，人们仍以蛇作为越人的象征和标志。《淮南子·原道训》记南方之民“被发文身，以像鳞虫”，《汉书·地理志》记越地之民“文身断发，以避蛟龙之害”等，也均可视为古越族以蛇为崇拜对象的例证。且不论蛇对于古越人而言，究竟是原始图腾崇拜的对象，还是原始动物崇拜的对象，[④]蛇崇拜在上海地区渊源久远、长期流行，应当是没有问题的。

原始自然崇拜的对象，包括自然物、自然现象和动植物，转化为民间信仰在后世长期传承时，大凡会经历一个“人神化”的过程，于是，原先的崇拜物被神化为具有人物形象的神灵，其中不少被附会于某些历史人物，与此同时，还被赋予一系列的社会属性和人事职掌。关于蛇类，东晋干宝的一则志怪故事说得很有意思：

> 吴郡海盐县北乡亭里，有士人陈甲，本下邳人，晋元帝时，寓居华亭。猎于东野大薮，欻见大蛇，长六七丈，形如百斛船，玄黄五色，卧冈下。陈即射杀之，不敢说。三年，与乡人共猎，至故见蛇处，语同行云：“昔在此杀大蛇。”其夜，梦见一人，乌衣黑帻，来至其家，问曰：“我昔昏醉，汝无状杀我。我昔醉，不识汝面，故三年不相知。今日来就死。”其人即惊觉，明日，腹痛而卒。[⑤]

“华亭大蛇”可化身为“乌衣黑帻”之人，且有报仇雪恨、置人死地的神力，据此推测，上海地区蛇崇拜的

---

① 详见陈文华：《几何印纹陶与越族的蛇图腾崇拜——试论几何印纹陶纹饰的起源》，《考古与文物》1981年第2期。

② 据《太平御览》卷一七〇《州郡部·江南道上》引，上海书店影印《四部丛刊三编》本。

③ 《吴越春秋》卷二《阖闾内传第四》，上海书店影印《四部丛刊初编》本。

④ 这一问题目前在学术界有很大争论，惟因与本文所论并无多大关系，故不赘述。

⑤ 干宝：《搜神记》卷二〇“华亭大蛇”条，中华书局1979年版，第242～243页。

"人神化"过程,可能始于晋代。由晋、唐入宋,最晚至南宋前期,[①]其"人神化"当已基本完成,故在洪迈的记载中,"蛇妖"已成为施姓人物,且被塑成神像供奉于庙堂之上,原始的蛇崇拜遂演变为施相公信仰。

南宋时期施相公信仰的状况虽仅见洪迈一条记载,但从后人的追记中仍可推知其余,其中元代《至元嘉禾志》的记载颇为重要。该志在记述嘉兴县的祠庙时称:

灵显侯庙,在县北五里。考证:土神施府君也,宋人,讳伯成,九岁为神,几百余年,有祷辄应。岁旱涝,乡贡进士闻人刚中等祷于祠下,遂获大雨。遂请于朝,景定五年九月准敕赐今额。[②]

在这条史料中,施相公已完全"人神化"了,所以成了"九岁为神"的宋人施伯成。时人建祠奉祀后,百余年来一直很灵验,宋朝廷遂于景定五年(1264)应乡人之请,敕封其为"灵显侯",赐匾额于祠庙。南宋时,嘉兴、华亭二县同属嘉兴府,诚所谓"同俗并土",故上海地区的情形实可据以知之。自景定五年上推100多年,正是高宗在位的南宋前期,而其时的建祠奉祀之举,恰与洪迈的记载相吻合。

自南宋开始上海及其周边地区陆续建起施相公的祀祠后,其信仰在民间更趋盛行。由元入明,上海境内纷纷建祠供奉,明朝廷也因人们的虔诚尊崇而敕封其为"护国镇海侯"。《嘉庆松江府志》即记载:

镇海侯庙,在城东紫霞宫西,即施相公庙。……按《至元嘉禾志》:施府君,宋人,名伯成,九岁为神。景定五年,敕封灵显侯。明,敕封护国镇海侯,所在立庙,甚著灵应。[③]

然而,人们顶礼膜拜日趋狂热的过程,实际上也是施相公"蛇妖"本色不断消退、"人神"光环愈益耀眼的过程。因此,自明代以来,施相公的本来面目变得越来越模糊,上海民间对其来历流传起诸多歧说,其中较重要的有以下几种说法。[④]

其一,"蛇神说"。此说主要以洪迈的记载为依据,又据实地调查,民间确有人传说施相公"是蛇变的",[⑤]所以当代学者中也有人认为"上海地区民间普遍信仰的蛇神叫施相公"。[⑥] 虽然这一说法最为"原始",也最接近历史真实,但实际上在后世民间并不流行。

其二,"华亭书生施锷说"。清代顾禄在考证吴地流行的"盘龙馒头"时称:

《华亭县志》载:施相公讳锷,宋时诸生,山间拾一小卵,后得一蛇,渐长,迁入篇。一日,施赴省试,蛇私出乘凉,众见金甲神在施寓,惊呼有怪,持锋刃来攻,无以敌。闻于大僚,命总兵殛之,亦不敌。施出闱知之,曰:"此吾蛇也,毋患。"叱之,奄然缩小,俯而入篇。大僚惊曰:"如是,则何不可为?"奏闻,施立斩。蛇怒为施索命,伤人数十,莫能治。不得已,请封施为护国镇海侯。侯嗜馒首,造巨馒祀之。蛇蜿蜒其上以死。至今祀者,盘蛇象于馒首,称侯曰"相公"云云。吾乡谢神筵中,必祀

① 洪迈的生卒年为1123年至1202年,故其所记当为南宋前期之事。

② 《至元嘉禾志》卷一二《祠庙》,影印《文渊阁四库全书》本。

③ 《嘉庆松江府志》卷一七《建置志·坛庙》,嘉庆二十二年刊本。

④ 有关施相公来历的歧说,可参见施哲:《四访"施相公庙"》,载《当代宗教研究》2001年第4期。

⑤ 朱建明:《上海县圣堂道院及其太平醮考查记实》,台湾《民俗曲艺丛书》1993年第12期。

⑥ 见姜彬主编:《稻作文化与江南民俗》,上海文艺出版社1996年版,第519页。

> 施相公。馒首特为施而设，蜿蜒于上者，乃蛇也，而皆作龙形，亦日久沿讹耳。①

这条记载常为后人转引，故此说在后世流传得比较广泛。顾禄为嘉、道间人，其所引《华亭县志》究竟为何本，不得而知，笔者查阅乾隆五十六年冯鼎高、王显曾等人纂修的《华亭县志》，实无此条记载。② 且不论其出处，惟据顾禄的生平可以推知，此说的出现不会晚于清代前期，而文中封护国镇海侯这一情节又说明其不可能早于明代。细察此说，虽"人神"的色彩更浓一些，但施姓书生与蛇的密切关系及其统辖蛇类的法力，实为"蛇神说"提供了重要的佐证。

其三，"抗倭英雄施斑说"。施斑是明代崇明县人，据《嘉庆直隶太仓州志》记载：

> 施斑，西沙人，性慷慨好义，有胆略。嘉靖三十二年，斑年已老，官称为耆民。时倭入寇，斑偕勇敢士与战，无不胜者，因号耆民兵。四月，倭据南沙，大掠。斑率其众与战。贼帅萧显素患斑，闻其至，设伏以待。战，佯北，斑追数里，伏兵起，且战且走。贼先断桥，不得渡，前后夹击，斑与其众千人尽死去。是斑援太仓，战于城南，大捷。太仓人思斑，请于总督，即其地建祠祀之。祠在普救寺东。③

据说，施斑后被封为护国镇海侯，民间相传其就是施相公的俗身。可能这一说法自明末清初以来盛传于崇明、太仓一带，故在后世有不小影响，当代学人也有以之备一说的。④ 施斑被封为护国镇海侯，实为民间讹传，官方文献中并无其事；更重要的是，不仅宋、元时已有"施菩萨"、"施府君"的记述，而且明《正德松江府志》在叙述当地俗神祀祠时更明确记载："施相公庙在茅祈汇。"⑤由此可见，将嘉靖年间战死的施斑作为施相公信仰的起源，显属毫无根据的后人附会之说。

其四，"名医为神说"。根据当代学人的实地调查，这一说法在后世民间流传得最为普遍而广泛。如青浦一带盛传，施相公是500年前皇帝身边的一个御医，姓施，名明德，有很高的医术，因治愈皇后的痼疾而颇受优渥，皇帝忌之，一怒之下将他杀害。死后转化为神，当地人尊称其为"太太"（青浦一带对祖辈老人的称呼），为之建祠奉祀，笃信其会显灵治病，救苦救难。⑥ 然而，从历史上考察，施相公兼掌医疗的说法始见于晚明文献（其事将于下文详述），故"名医为神说"实为晚起的民间传闻，不足凭信。

此外，还有施相公原为宋将军施全或施谔的说法，如《嘉庆松江府志》记载："施相公庙，相传神为宋将军施全，又云施谔。"⑦其实，究竟是施伯成，还是施全、施锷、施谔，并不重要。民间俗神信仰多符合"层累式"的构建规律，将施相公附会于某位真名实姓的历史人物，无非说明其是较洪迈更晚的说法，是"人

---

① 顾禄：《清嘉录》卷一二《十二月·盘龙馒头》，上海古籍出版社1986年版，第171页。

② 现知嘉、道之前的《华亭县志》有三：聂豹、沈锡等纂修的《正德华亭县志》，今存；王廷和纂修的《乾隆华亭县志稿》，光绪以后亡佚；冯鼎高、王显曾等纂修的《乾隆华亭县志》，今存。顾禄所引为佚本，或引述有误，皆有可能。当代学人径引《乾隆华亭县志》立论，如姜彬主编：《稻作文化与江南民俗》，第519页；薛理勇：《上海滩地名掌故》，同济大学出版社1994年版，第193页，均据顾书转述，实未查阅原书。

③ 《嘉庆直隶太仓州志》卷二九《人物·忠节》，上海古籍出版社影印《续修四库全书》本。

④ 见薛理勇：《上海滩地名掌故》，第194页。

⑤ 《正德松江府志》卷一五《坛庙》，上海书店影印《天一阁藏明代方志选刊续编》本。

⑥ 详见施哲：《四访"施相公庙"》。

⑦ 《嘉庆松江府志》卷一七《建置志·坛庙》。

神化”进一步发展的结果。重要的是，上述施姓人物皆被追溯到宋代，恰好证明蛇崇拜的“人神化”至晚在宋代已基本完成。

清代，虽然人们对施相公的来历已说不清楚，但崇奉的热情却有增无减。清人汪巽东的诗作《施相公庙》即反映了这种情形：

为谔为全总未真，杨梅乍对已成神。
相公岂是贪杯杓，贯作堂前伴食人。

其自注称：

郡共十四所神庙，伯成九岁为神，宋景定中始封。或云神为施将军全，又云施谔。俗有响荐神必与焉，号陪堂施相公。①

晚清葛元煦记载上海市区的情况时也称：

（施）庙在城中虹桥上，神之来历无可考证。庙基不过四五椽，求方许愿者麕至麻集，青楼中尤为敬信。②

至于汪巽东所说“郡共十四所神庙”，这一数字并不准确。据现存县志和乡镇志的记载看，明清以来，上海境内各县及其属下各乡镇，多建有施相公庙或在其他祠庙中供奉施相公像，清《重辑张堰志》的编者称：

春间迎神赛会，如城隍（保障一方）、莽将（俗称猛将，驱蝗）、照天侯（掌酆都府，出入生死）、施相公（医疮患）、牛郎（治牛）等神，村落中都立庙祀之。③

实际上代表了上海地区的一般情况。据统计，截至1949年，仅上海县、新泾区、龙华区内，即有施相公祀祠21所。④ 又据实地调查，奉贤区境内约有施相公祀祠十余所，其中每年举行庙会的即有10所。⑤ 据此推测，旧时上海境内的施相公祀祠当不下一二百所。时至2000年，青浦区某村还新建了一所施相公庙。施相公信仰在上海民间的巨大影响，藉此可见一斑。

---

① 汪巽东：《天马山房诗别录·施相公庙》，此著亦名《云间百咏》，载雷梦水等编：《中华竹枝词》第二册，北京古籍出版社1997年版，第766页。

② 葛元煦：《沪游杂记》卷一《施庙》，上海古籍出版社1989年版，第6页。

③ 清《重辑张堰志》卷一《志区域·风俗》，《上海乡镇旧志丛书》第5辑，上海社会科学院出版社2005年版，第24页。

④ 上海县县志编纂委员会编：《上海县志》，上海人民出版社1993年版，第1104页。

⑤ 详见姜彬主编：《稻作文化与江南民俗》，第519页；姜彬主编：《吴越民间信仰习俗——吴越地区民间信仰与民间文艺关系的考察和研究》，上海文艺出版社1992年版，第152～154页。

二

作为民间俗神的施相公，其职掌在历史上也经历了不小变化，后人对其来历的莫衷一是，即在一定程度上与其职掌的演变有关。

洪迈的记载虽未明确提及施相公的职掌，但据文义可知，其具有统率、辖制众蛇的神力，既可纵蛇出动，加害于人，又能抑制蛇类出没，使人免遭蛇害。"施之为厉久矣"、"时邑人敬奉此妖，至不敢斥其姓"等语，皆表明人们崇祀施相公意在获其庇佑，以避免蛇类的危害。华亭书生施锷的传闻实际上也证明了施相公辖蛇的职掌，隐约地显露出其"蛇妖"的本色。由此可见，最初的时候，施相公的"神性"仍在一定程度上保留着自然崇拜中的动物属性，因而其职掌也较多地与蛇类本身的活动相关联。

自然崇拜对象的"人神化"必然使其被赋予越来越多的社会职能，南宋以降，施相公逐渐与人间事务发生了密切的联系。从《至元嘉禾志》"几百余年，有祷辄应。岁旱涝，乡贡进士闻人刚中等祷于祠下，遂获大雨"的记载可知，约在南宋后期，施相公已具有掌管雨水、潮水之类的职能，从而对农业收成的丰歉产生了直接的影响。此后，主水旱丰歉一直是施相公的主要职掌之一，明朝廷封其为"护国镇海侯"，显然与其"掌水"的职能有关。清代康熙年间的文献记载松江府的风俗，每年正月七、八、九"数日内，各乡镇社祠中祷卜，以占一岁之丰歉水旱，颇验，而佘山施相公祠为盛"。[①] 可见，至明末清初时，上海地区的乡民于正月上旬群集佘山施相公祠占卜旱涝，祈祷丰收，已成为惯例。应该说，施相公职掌的上述延伸是有民间信仰之心理基础的。在古人的观念中，龙、蛇之类往往与水相关联，文献中不乏此类记载。明代华亭士人李绍文所记载的一些传闻，即为典型的事例：

> 嘉靖十二年六月中旬，重固地方，白日起蛟，禾苗荡尽。又嘉靖四十年五月十四日，佘山前一起九蛟，水涌丈余，平地成河。又万历二十五年五月廿八日，钟贾山蛟起，崩西南一角。又万历三十六年五月十七日，凤凰山蛟起，张东海墓前，倏忽成潭。[②]

蛟或蛟龙属想象中的动物，世间并不存在，故此处所说的"蛟"，当指大蛇。显然，上海民间笃信蛇有兴水作浪的魔力，因此，"掌蛇"的施相公进而又能"掌水"，实属顺理成章。

然而，颇为奇怪的是，约自晚明以来，施相公的职掌中又增添了"医治病患"这一项，于是，民间的虔诚崇祀也就有了求医的目的，如《崇祯松江府志》记载："施相公镇海侯祠在佘山，近年祷水旱、疾病者甚验，香火甲于一郡。"[③]蛇神如何与治病产生了联系？施相公职能的这一转换性扩展，确实很令人费解。有关这一问题，虽因文献无征致使后人难以得知其究竟，但笔者仍想作出一些臆测。中国古代民间医药中包含不少交感巫术的成分，基于模拟巫术的观念，蛇皮的光滑致密，应当具有制服人体皮肤疮疡的效应，因此，民间以蛇治疮的"验方"是很多的。明代李时珍的《本草纲目》即记录了诸多蛇类的药用方法。

① 《古今图书集成·方舆汇编·职方典》卷六九六《松江府部汇考八·松江府风俗考》，中华书局影印本。

② 李绍文：《云间杂志》卷上，齐鲁书社影印《四库全书存目丛书》本。

③ 《崇祯松江府志》卷五三《道观》，书目文献出版社影印《日本藏中国罕见地方志丛刊》本。《正德松江府志》卷一五《坛庙》在述及施相公庙时，并无"祷疾病"的说法，据此，其治病的职能当出现在晚明。

如书中论及治疗疔疮、恶疮、杨梅疮、风疠、疥癣、热疮、瘑疮、手疮、足疮、胻疮等皮肤疾患时，便大量使用蛇类入药。治疗“恶疮”，可用“蛇蜕、自死蛇、蝮蛇皮，并烧敷；蚺蛇、鳞蛇、白花蛇、乌蛇，并酿酒作丸治恶疮”。治疗“杨梅疮”（今称“梅毒”），可用“白花蛇，同穿山甲诸药丸服，亦入熏照药”。[①] 民间赋予施相公精于医术、尤擅治疮的法力，是否与此有些关联？还值得一提的是，负海枕江的上海，河流交错，气候温湿，瘟疫容易流行。明清时期，缺医少药的情况依然存在，农村地区尤甚，而且限于当时的医学水平，即便有医生，也往往对一些疑难杂症和凶险的传染病束手无策。于是，人们只得祈求神灵保佑，礼请巫师驱鬼，企图以自己的虔敬来祛病延年。清代雍、乾年间华亭士人陈金浩的一首竹枝词，对当时的状况作了真切的描述：

方书药性记参苓，今日医无秦景明。
云惨雨昏秋祭鬼，村村巫鼓不停声。

作者还在自注中明确指出：

近时名医绝少，乡农信巫喜祷。[②]

出于现实生活的需要，民间往往在其最为尊崇的神灵身上不断地附加以包括驱邪辟瘟、治病除灾在内的诸多职能，后世的关帝、观音成为能拯救人间一切疾苦的尊神，其实正是上述民俗心理长期作用的结果。施相公是上海民间最为尊崇的“显神”之一，人们自然也期望其能解除诸般疾苦，或许正是这种心理需要，使“蛇神”出身的施相公逐渐与“治病”建立了联系。

尽管我们现在已不可能确切地知晓施相公职掌演变的具体原因和详细经过，但自清初以来，其医治病患的职能日益凸显则是事实，以致在晚清和民国时期的文献记载中，往往只提及其“掌医”的一面。前引《民国重辑张堰志》在述及“施相公”时，即明确指出其职掌为“医疮患”。《民国青浦县续志》也记载：

四月初八日，白鹤江施相公庙香火颇盛，相传神为疡医，远近乡民携瓶挹水洗眼，云可治目疾。[③]

尤其在上海市区，非农业的居民最关心的显然不会是风调雨顺之类，所以施相公主水旱丰歉的职能更被人们逐渐淡忘。胡道静于1934年据实地调查撰写的《龙华群祀志》便是典型的一例。其《卧龙庵——施相公庙》一篇写道：

（庙）在百步桥的北堍，创建的年代也不清楚。《嘉庆志》载施相公殿的别殿计有四只（城隍庙西、虹桥、学士桥南、积善寺西），却没有说到龙华的。其中供的是施相公。……据庙祝说：“小孩子初次要过百步桥的，都得来拜施相公，就可以免了惊吓。”这是因为龙华港在今日已不是水路要道，所

① 李时珍：《本草纲目》卷四《百病主治药下・诸疮上》，影印《文渊阁四库全书》本。
② 陈金浩：《松江衢歌》，新文丰出版公司影印《丛书集成新编》本，第95册，第131页。
③ 《民国青浦县续志》卷二《疆域下・岁时》，民国二十三年刊本。

以施相公也不得不屈就管桥的职务了吧？施相公的塑像，面是红的，一只手是金的，一只手是红的。那只金手据说能够医毛病；殿的东偏有一条椅子，供着小小的马夫与其马，是预备给施相公骑了去出诊的。①

文中的施相公俨然为一"医神"，所突出的仅是其"掌医"的职能，不论是述说者还是记录者，皆未言及其原先的"掌水"之职。施相公"掌医"的说法在文艺作品中也常有反映，如晚清时批评吴地迷信风俗的小说《扫迷帚》即写道：

人于神祇，不可不尊。你不信，但想那施相公能为人治疮毒，那观音、灶君等更各有仙方仙丹，以疗人疾病。②

由此推测，后世盛传的施相公来历之"名医为神说"，很可能就是在施相公"掌医"说的基础上出现的。

特别值得一提的是，正因为民间相传施相公具有"治病"尤其是"医疮"的法力，所以旧时上海滩上容易感染梅毒之类性病的娼妓便将其视为自己的救星，奉之为娼妓业的行业保护神，葛元煦《沪游杂记》称："青楼中尤为敬信。"即反映了当时的情形。晚清寓居上海的王韬也记载：

沪多淫祀，如三茅真君祠及虹桥施庙，勾栏中敬奉倍至。凡妓患恶疡，辄往施庙，斩牲设醴，侑以鼓乐而偿之，云其灵如响。此外尚不下数十处。每岁楮帛费不赀，伤民财，耗物力，莫此为甚。③

清末民初，此风仍非常流行，《上海轶事大观》记载：

妓女知识卑陋，以故迷信鬼神尤甚，昔年沪上各妓在城内时，逢朔望俱至新北门内五圣堂及虹桥之施相公庙进香。④

中国民间信仰的基本特点是自发性、多元性、实用性和功利性，当人们出于此岸的、世俗的强烈功利目的去崇拜某些神灵时，他们的行为实际上是与特定时空条件下现实生活中的某些需要和追求联系在一起的。因此，施相公的"神性"及其职能由"蛇神"向"水神"、"医神"乃至妓业之神的转化，实际上也折射出上海地区社会文化的演变。

三

施相公为上海民间信仰中的"显神"，因而人们对施相公的崇祀方式也堪称形形色色、五花八门。但

① 胡道静：《龙华群祀志·卧龙庵——施相公庙》，上海通社编：《上海研究资料》，上海书店1984年版，第525～526页。

② 壮者：《扫迷帚》第8回《官惑堪舆徒资嗢噱，神医疾病实骇听闻》，《中国近代珍稀本小说丛书》，春风文艺出版社1997年版。

③ 王韬：《瀛壖杂志》卷二，上海古籍出版社1989年版，第35页。

④ 陈伯熙：《上海轶事大观》二十三《倡优·妓院迷信之一般》，上海书店2000年版，第403页。

总括起来看,大致不外乎以下几种类型。

其一,在日常生活中,信奉者因个人或家庭遭遇某些灾难疾患,出于某种现实需要,从而个别地、分散地前往祠庙祭献祈祷。施相公信仰初起之时,以分散的、个体的、不定时的形式到祠庙中进香跪拜,捐献钱物,当为一种最为常见而普遍的崇祀方式。如洪迈所记"院僧欲乘势立祠,诱民祷供,以牟利入"即反映了南宋时的情况。建祠者企图利用人们对蛇害的恐惧心理,诱人崇奉进献,以达到牟利的目的。但蛇类危害生命的事例往往是偶然而个别地发生,人们只有在切身感受到蛇类的威胁时,例如家中经常有蛇出没,才会有求神保佑的强烈愿望,所以在一般情况下,为避蛇害而祈祷总是分散进行的。降及后世,虽施相公的职掌有所变化,但个体的、不定时的崇祀方式仍然很流行,人们每每于患病之际前去祭献求助。如前引王韬所记,晚清时的上海妓女在染上梅毒后,"辄往施庙,斩牲设醴,侑以鼓乐而偿之"。

其二,在某些固定的日期,群集性地前往祠庙祭祀祷告。民间的俗神信仰往往在其传承、发展的过程中,逐渐形成一些固定的祭祀崇奉之日,上海民间俗称为"香期"。各路神灵的"香期",或为其生日,或为其成道日,或为某些特殊的岁时节令,施相公也不例外。明清以来,人们崇祀施相公也形成诸多"香期"。如前引《古今图书集成》的记载,明末清初,松江府乡民于每年正月七、八、九数日群往佘山施相公祠占卜旱涝,祈祷丰收,已成为惯例。不过,因民间信仰固有的自发性、区域性特点,上海境内各地的施相公"香期"并不一致。如上海市区,以每月初一和十五为其崇奉日,故"昔年沪上各妓在城内时,逢朔望俱至新北门内五圣堂及虹桥之施相公庙进香"。川沙地区,以八月十五日为其崇奉日,故当地居民"中秋,以斗香酬愿,邑庙及东岳庙、观音堂、施相公庙尤盛。庭列两行,焚至竟夕,游人杂遝,同于元宵"。[①] 金山枫泾一带,则以八月初一为施相公生日,届时信奉者云集祠庙,异常热闹,"八月朔,施王神诞,往海慧寺施王堂进香,镇北各村妇女至者尤众"。[②]

在固定日期举行的崇奉活动,人们往往不约而同地前往祠庙进香,形成川流不息、络绎不绝的人流,与个体的、分散的崇祀方式相较,其场面自然大得多。如青浦地区以农历初八、十八、二十八为施相公"香期",近年来信奉者甚众,届时常有数千乃至上万人前往祠庙烧香。有学者通过实地调查,记录了2000年1月14日(农历十二月初八)的进香情况:

> 当车刚拐进小路时,便能隐约看见远处密密麻麻的人群,路上还有三五成群的妇女结伴往庙里走去。汽车在庙门口停下。我们刚下车,便有好几个卖香烛的摊贩向我们兜售香、烛、锡箔等物,到庙里来的人,这些东西是必须要买的。庙里庙外挤满了人,绝大多数是农村的中老年妇女,由于天冷,她们头上都包着绿色或蓝色的围巾,眼前宛如出现一片蓝绿色的海洋。我们无法统计确切的人数,现场估计不会少于2 000人,而且人是流动的,从早上四五点钟就有人来,人群不断的走,又不断的来,一直持续到中午,今天的香客估计在5 000~6 000人以上。

调查者还记录了进香者诵经祈祷的内容:

---

① 《道光川沙抚民厅志》卷一一《杂志·风俗》,道光十七年刊本。

② 《光绪重辑枫泾小志》卷一《志区域·风俗》,《上海乡镇旧志丛书》第6辑,上海社会科学院出版社2005年版,第17页。

她们首先念的是一首“全家香”:“今朝要烧全家香,希望全家老小爱烧香,一柱(支)烧香身体好……南无阿弥陀佛。”第二遍是“……二柱烧香来和气……”。然后是“……三柱烧香亲眷朋友来闹猛……”,“……四柱烧香子子孙孙全漂亮……”,“……五柱烧香全家老小福气大……”,一直念到十炷香。……她们念了一段又一段,内容多是保佑健康、平安,或表达敬神的喜悦心情的。①

不难看出,在固定日期常规性举行的崇祀活动,祈求神灵保佑其实现的主要是日常生活中的一般性的心愿,故与不定时的、因遭遇某种突发性灾难或疾病而求神禳解的祈祷诉告有所不同。

其三,以聚众集会方式举行的祀神赛会。中国民间的祀神赛会也俗称“庙会”、“社会”、“社火”、“社伙”等,因其规模浩大,参与人数众多,而且在整个活动程序中,既包含繁复的信仰内容,又掺杂丰富多彩的文艺表演,所以场面极其热闹,实属俗神崇祀的最高形式。明清以来,尤其是晚清民初,上海民间崇奉施相公常采用赛会的形式。《民国重辑张堰志》称:“迎神赛会如……施相公……等神,村落中都立庙祀之。”即指此而言。与其他祀神赛会一样,施相公赛会也有多种类型。从兴会时间看,在固定日期举行的,称为“例会”;因遭遇水旱、瘟疫之灾而临时举行的,称为“难会”。就兴会过程而言,以祠庙为中心,定点举行的,称为“座会”;舁神像出巡,形成盛大游行队伍的,称为“出会”或“巡会”。

有学者对奉贤地区一年中定期举行的祀神赛会作了调查和统计,其中施相公赛会的情况如下表所列:

奉贤地区年内施相公赛会一览表②

日期(农历)	赛会名称	时　间	赛会活动地区
八月廿四	李匠桥庙会	一天	庄行、华严一带
八月廿四	胡桥庙会	一天	胡桥镇
九月十三	潼泉寺庙会	三天	光明镇
九月十五	头桥庙会	三天	头桥镇
十月初三	亭子头庙会	一天	头桥幸福村
十月十四	白沙庙庙会	三天	南汇、萧塘、刘行、金汇、齐贤
十月十四	屠家庙庙会	三天	李窑一带
十月十四	阮仙庙庙会	三天	青村、头桥、泰日、齐贤、金汇
十月十五	西港庙会	一天	西湾、南桥
十月廿四	白沙庙庙会	四天	三官、青村、泰日、金汇、齐贤

从表中内容可以看出,奉贤地区定期举行的施相公赛会一年中多达十次,会期少至一天,多至四天,崇祀活动波及的乡镇村落,少至一二处,多至五处。上海城乡的一般情况,当可从中窥见一斑。

临时性的“难会”在民间也很流行。掌水旱丰歉为施相公的主要职能之一,而天旱又是众人的共同灾难,故以施相公为崇祀对象的“求雨会”颇为常见。《至元嘉禾志》称:“岁旱涝,乡贡进士闻人刚中等祷于祠下,遂获大雨。”所记虽极简略,但可以推知,由众乡绅为首前往祠庙祈祷求雨时,必有普通乡民随从参与,且不论其集会规模大小,当可视为后世求雨会之滥觞。明清以来,尽管施相公的职掌有所变化,但

① 施哲:《四访“施相公庙”》。

② 该表资料取自姜彬主编:《吴越民间信仰习俗——吴越地区民间信仰与民间文艺关系的考察和研究》,第152~154页。

其“掌水”的职能仍在一些地方颇有影响。旧时，上海龙华一带舁施相公神像出游的“求雨会”便很有代表性。据载：

求雨，多在七八月间久旱无雨时举行。通常干旱两月即行求雨。求雨形式类同出会。其过程为：首推主持人若干，次向各家各户募集费用，多寡不论，无钱以物相抵。

求雨时，人们从祠庙中抬出施相公等神像，走在队伍最前面，

后面随有“荡香炉”、“荡金锣”及演唱等，略同于出会。又有许多青年女子身着红衣，脚蹬绣鞋，肩挑红漆水桶，盈盈作舞，称“挑水娘”。……更有若干穿戴古怪滑稽者，或赤身光头，口中喊热；或身裹皮裘，手捧暖炉，口中称冷；或男扮女相，乔饰新娘，扭捏作态。游行至日落，将神像请进漕河庙，面南而坐，设坛焚香，捧上酒浆，并有八炒四大菜，另设24供桌，置各色供果。菜肴上齐，由一说唱先生逐一将菜献至神像前，口中且名且赞。每像前又各有两人连连叩首致敬。日暮，乡人聚于庙旁旷地戏台前观看打唱和皮影戏。[①]

最后再谈一下民间祭祀施相公的供品。从前文可看出，人们往施相公庙中祭祀祈祷时，除焚香爇烛外，还要“斩牲设醴，侑以鼓乐”，并进献钱财、物品等。清代顾禄还提及吴地流行的一种特殊供品——“盘龙馒头”。据称，当时民间于年末祭谢诸神时，“必祀施相公”，所用供品为俗称的“盘龙馒头”。其制法为“以面粉抟为龙形，蜿蜒于上，循加瓶胜、方戟、明珠、宝锭之状，皆取美名，以谶吉利”。[②] 这一风俗应当也流行于上海地区。[③] 今人曾对近年青浦某村新建施相公庙的开光仪式作了报道，其中有这样一个情节：开光仪式结束后，仍有不少香客未离去，

忽然，大殿内一阵骚乱，几个人站在供台上，向下发馒头、糕饼，人们纷纷上前争要，前拥后挤。……香客说吃了施相公的馒头能得到保佑，是有福的，有人抢到馒头后立即掰开与别人“分享”，直到几塑料格馒头糕饼都发完了，人们才安静下来。[④]

上述情形或许就是“盘龙馒头”的遗风流响所致。

无庸讳言，包括施相公信仰在内的各类民间信仰，确实含有诸多虚妄荒诞的历史糟粕，然而，对于这样一种客观存在，最好的处理方法是正确地加以引导，而非简单地否定、封堵。为此，学界人士应做一些深入研究、理性分析的工作，而这正是笔者撰作本文的动机与目的。

（原刊于《史林》2006年第1期）

① 龙华镇人民政府编：《龙华镇志》，上海社会科学院出版社1996年版，第172页。

② 顾禄：《清嘉录》卷一二《十二月·盘龙馒头》，第171页。

③ 顾禄所记虽主要是苏州一带的风俗，但苏、松毗邻，民俗类同，且今上海地区淞北的嘉定等地历史上曾在苏州府境内。

④ 施哲：《四访“施相公庙”》。

明代江南文人的文物鉴藏及其审美趣味

陈　江

（上海师范大学历史系78级，华东师范大学教授）

近年来，在江南社会生活史的研究中，因士绅富豪导引而煽起的“奢靡之风”，学界多有论及。然而细究之下，所谓的“奢”，其实迥然有别。权贵富商所追求的主要是物质生活的奢华、惬意，而文人学士更注重的是精神生活的闲适、优雅。明代中后期的江南文人刻意区分“清”与“浊”、“雅”与“俗”的差别，意在以一种富有文化内涵、高品位和艺术化的生活情趣，彰显其文才学养，标榜其道德情操，由此拉开与达官贵戚、富商巨贾的距离，凭借文化上的优越感，抚慰内心的失落和愤懑。盛行一时的园林、书斋、茶寮，即为江南文人构建其理想生活的主要场所，而其间的文物古玩尤凸显出他们的生活品味和审美情趣。

一

如果说园林、书斋、茶寮为江南文人所倾心的生活样式提供了独特的活动空间，那么贮藏其中的图书及各类文物古玩则是其精神生活具体体现的重要构件。谈论经史子集之书，抚琴啜茗，题诗作跋，玩赏书帖绘画、鼎彝名瓷，可谓江南文人普遍追求的精神享受。为此，明代文献中有关江南文人醉心于古书古玩的记载比比皆是，随手拈出数例，便可见其一斑。松江名士何良俊在京任职时，“郁郁不得志，每喟然叹曰：‘吾有清森阁在东海上，藏书四万卷，名画百签，古法帖鼎彝数十种。弃此不居，而仆仆牛马走，不亦愚而可笑乎？’”[①]吴江隐士史鉴，“家居甚胜，水竹幽茂，亭馆相通”，书斋中收藏颇富，“客至，陈三代、秦汉器物，及唐宋以来书画名品，相与鉴赏”。[②] 长洲文士顾国本，“家多蓄古书法帖，性耽山水，尝筑小园于舍旁，颜曰：澹园”；其家“藏书数千卷，率皆秘本。唐宋以来法书名画，充栋插架，以及尊罍彝器，杯盎几案，入其室无一近今物。士大夫之博雅好古者，遂往无虚日”。[③] 常熟名士钱谦益收藏之富尤称江南之最，所筑绛云楼，“房栊窈窕，绮疏青琐。旁龛古金石文字，宋刻书数万卷。列三代、秦汉鼎彝环璧之属，晋、唐、宋、元以来法书名画。官、哥、定、汝、宣、成之瓷，端溪、灵璧、大理之石，宣德之铜，果园厂之髹器，充物其中”。[④] 钱谦益的从弟钱谦贞也以富于收藏闻名，时人称其“筑室种树，似仲长统；明窗棐几，丹黄校勘，似陆龟蒙；蒲团茗碗，栖心释梵，似白乐天；临池泼墨，淋漓绢素，似米元章；钟鼎彝器，金石翰墨，辨别款式，似赵明诚；而忍辱不较，阖户自守，又似管幼安。于虞山城东构怀古之堂，愚公之榭，居平栖迟偃仰其中，

① 钱谦益：《列朝诗集小传》丁集上《何孔目良俊》，上海古籍出版社1983年版，第450页。

② 吴宽：《匏翁家藏集》卷七四《隐士史明古墓表》，上海书店影印《四部丛刊初编》本。

③ 叶昌炽：《藏书纪事诗》（王欣夫补正）卷四引盛王赞《君宁顾君墓志铭》、张思孝《顾生玉书小传》，上海古籍出版社1989年版，第458页。

④ 顾苓：《塔影园集》卷一《河东君传》，新文丰出版公司影印《丛书集成续编》本，第152册，第372页上栏。

一觞一咏,移日易月,将以是终身焉”。[①] 杭州文士高濂对清秘阁的描述:“左右列以松桂兰竹之属,敷纡缭绕。外则高木修篁,郁然深秀。周列奇石,东设古玉器,西设古鼎尊罍,法书名画。每雨止风收,杖履自随,逍遥容与,咏歌以娱。望之者,识其为世外人也。”[②]非常真切地道出了江南文人的内心追求。以至游宦在外,也往往特辟一室,购藏几件文物,用作政务之余的清赏。如上海士人顾从礼赴京任职,便建有研山斋,“窗明几静,折松枝梅花作供,凿玉河冰烹茗啜之。又新得凫鼎奇古,目所未见。炙内府龙涎香,恍然如在世外,不复知有京华尘土”。[③] 沈德符对江南文人嗜好古玩的现象有一段颇为详细的记述:

嘉靖末年,海内宴安,士大夫富厚者,以治园亭、教歌舞之隙,间及古玩。如吴中吴文恪之孙,溧阳史尚宝之子,皆世藏珍秘,不假外索。延陵则嵇太史应科,云间则朱太史大韶,吾郡项太学锡山、安太学、华户部辈,不吝重赀收购,名播江南。南都则姚太守汝循、胡太史汝嘉,亦称好事。……吾郡项氏,以高价钩之,间及王弇州兄弟,而吴越间浮慕者,皆起而称大赏鉴矣。近年董太史其昌最后起,名亦最重,人以法眼归之,篋笥之藏,为世所艳。山阴朱太常敬循,同时以好古知名,互购相轧。[④]

一时风气之盛,超过达官显贵集聚的京城。嘉靖时的归安士人姚翼曾感叹:“余尝观世之贵游公子,往往驰心于金玉珠玑、珊瑚翡翠之好,而竭其力以致之;间或厌苦世俗而稍务为清虚者,则或奇花怪石,或古器图画,终其身淋漓燕嬉于其中而不出。”[⑤]

就江南文人收藏鉴赏的文物种类而言,古版善本图书集典籍、文物于一身,自然极受珍视,其余古玩也按照“文化”含量的高低,被人次第看待。其中,字画、鼎彝既有丰富的历史内涵,又有较高的文物、艺术价值,鉴藏此类古董,不仅反映其有深厚的文化素养,而且显现出趣味的清逸高雅,因而江南文人多痴迷于此。[⑥] 除古籍外,各类文物在江南文人心目中的等第大致为:字画、碑帖、青铜器、玉器、瓷器及竹木工艺品。对此,顾起元在记载南京的鉴藏之风时说得颇为明白:

赏鉴家以古法书名画真迹为第一,石刻次之,三代之鼎彝尊罍又次之,汉玉杯玦之类又次之,宋之玉器又次之,窑之柴、汝、官、哥、定及明之宣窑、成化窑又次之,永乐窑、嘉靖窑又次之。留都旧有金静虚润,王尚文徽,黄美之琳,罗子文凤,严子寅宾,胡懋礼汝嘉,顾清甫源,姚元白淛,司马西虹泰,朱正伯衣,盛仲交时泰,姚叙卿汝循,何仲雅淳之,或赏鉴,或好事,皆负隽声。黄与胡多书画,罗藏法书、名画、金石遗刻至数千种,何之文王鼎、子父鼎最为名器,它数公亦多所藏。近正伯子宗伯元介出

---

① 叶昌炽:《藏书纪事诗》(王欣夫补正)卷四引《未学庵诗稿序》,第343页。

② 高濂:《遵生八笺·起居安乐笺》上卷“清秘阁、云林堂”条,人民卫生出版社2007年标点本,第198页。

③ 叶昌炽:《藏书纪事诗》(王欣夫补正)卷三引《眉公笔记》,第203页。

④ 沈德符:《万历野获编》卷二六《玩具》“好事家”条,中华书局1959年版,第654页。

⑤ 姚翼:《玩画斋藏书目录序》,载黄宗羲编:《明文海》卷二一二《序三》,商务印书馆影印《文渊阁四库全书》本,第1455册,第351页上栏。

⑥ 书画与诗文关系密切,因此明代中后期的江南文人往往以是否工于诗文、擅长书画作为品鉴人物的重要标准。如徐渭:《徐渭集·徐文长三集》卷二六《陈山人墓表》记述嘉靖时寓居南京的山阴人陈鹤,“生而颖悟绝群,年十余,已知好古,买奇帙名帖,穷昼夜诵览”。成年后名望极高,“所作为古诗文,若骚赋词曲、草书图画,能尽效诸名家,既已间出己意,工赡绝伦。……于是四方之人,日造其庭,尽一时豪贤贵介,若诸家异流,无不向慕,愿得山人片墨,或望见颜色,一谈一饮以为幸”。徐渭之言固不免溢美之词,但时人以诗文书画论列才情高下、人品清浊,则为事实。

而珍秘盈笥，尽掩前辈。伯时、元章之余风，至是大为一煽矣。[①]

有关各类文物的鉴藏次第，高濂的《遵生八笺》和文震亨的《长物志》罗列颇详，议论精审，尤能代表江南文人的一般看法。古籍收藏，高濂称："宋元刻书，雕镂不苟，校阅不讹，书写肥细有则，印刷清朗。况多奇书，未经后人重刻，惜不多见。……故以宋刻为善。海内名家，评书次第，为价之重轻。若坟典、六经、《骚》、《国》、《史记》、《汉书》、《文选》为最，以诗集百家次之，文集道释二书又其次也。"[②]文震亨也称："藏书贵宋刻，大都书写肥瘦有则，佳者有欧、柳笔法，纸质匀洁，墨色清润。……书以班、范二书、《左传》、《国语》、《老》、《庄》、《史记》、《文选》、诸子为第一，名家诗文、杂记、道释等书次之。纸白板新绵纸者为上，竹纸活衬者亦可观，糊背批点，不蓄可也。"[③]

书法墨迹和碑帖的鉴藏，大体遵行厚古薄今的原则。文震亨明确指出："书学必以时代为限，六朝不及晋魏，宋元不及六朝与唐。"[④]为此，他列举了鉴赏家"收藏不可缺"的历代名家法书，"周、秦、汉则史籀篆《石鼓文》、坛山石刻"以及李斯、蔡邕诸碑，魏晋南北朝有钟繇、二王、萧子云、智永等，隋唐有薛道衡、欧阳询、虞世南、褚遂良、颜真卿、柳公权、张旭、怀素、李邕等，宋元有苏轼、黄庭坚、米芾、蔡襄、赵孟頫、鲜于枢、倪瓒等。至于本朝名家，"所书佳者，亦当兼收，以供赏鉴，不必太杂"。[⑤] 其实，文震亨的主张完全承袭高濂，《燕闲清赏笺》中开列的必藏品虽更为详细，但评价的标准如出一辙。高濂的书学同样以古为贵："吾人学书，当自上古诸体名家所存碑文，兼收并蓄，以备展阅。求其字体形势，转侧结构，若鸟兽飞走，风云转移，若四时代谢，二仪起伏，利若刀戈，强若弓矢，点摘如山颓雨骤，而纤轻如烟雾游丝，使胸中宏博，纵横有象，庶学不窘于小成，而书可名于当代矣。"[⑥]

绘画作品的鉴藏准则与书法不同。文震亨评论诸科绘画的收藏次第："山水第一，竹、树、兰、石次之，人物、鸟兽、楼阁、屋木小者次之，大者又次之。"[⑦]而山水以及梅、竹、兰、菊、树、石之类的文人墨戏，其流行较人物、楼阁、走兽为晚，故文震亨辨古今优劣称：

> 书学必以时代为限……画则不然。佛道、人物、仕女、牛马，近不及古，山水、林石、花竹、禽鱼，古不及今。如顾恺之、陆探微、张僧繇、吴道玄及阎立德、立本，皆纯重雅正，性出自然；周昉、韩幹、戴嵩，气韵骨法，皆出意表，后之学者，终莫能及。至如关仝、徐熙、黄筌、居寀、李成、范宽、董源、二米、胜国松雪、大痴、元镇、叔明诸公，近代唐（唐寅）、沈（沈周），及吾家太史（文徵明）、和州（文嘉）辈，皆不藉师资，穷工极致，借使二李复生，边鸾再出，亦何以措手其间。故蓄书必远求上古，蓄画始自顾、张、吴，下至嘉、隆名笔，皆有奇观。[⑧]

① 顾起元：《客座赘语》卷八"赏鉴"条，中华书局1987年标点本，第251页。
② 高濂：《遵生八笺·燕闲清赏笺》上卷"论藏书"条，第448页。
③ 文震亨：《长物志》卷五《书画》"宋板"条，江苏科学技术出版社1984年陈植校注本，第219页。
④ 文震亨：《长物志》卷五《书画》"古今优劣"条，第141页。
⑤ 详见文震亨：《长物志》卷五《书画》"名家"、"法帖"条，第152～153、185～188页。
⑥ 详见高濂：《遵生八笺·燕闲清赏笺》上卷"论历代碑帖"条，第449～457页。
⑦ 文震亨：《长物志》卷五《书画》"论画"条，第138页。
⑧ 文震亨：《长物志》卷五《书画》"古今优劣"条，第141～142页。

其所列举的“皆名笔不可缺”的77位古今名家中，元明画家有45位，约占总数的60%。[①] 高濂曾论及时人品评画作的标准称：“今之论画，必曰士气。所谓士气者，乃士林中能作隶家画品，全用神气生动为法，不求物趣，以得天趣为高，观其曰写而不曰描者，欲脱画工院气故耳。”又称：“士夫画家，各得其趣。若郑颠仙、张复阳、钟钦礼，蒋三松、张平山、汪海云，皆画家邪学，徒逞狂态者也，俱无足取。”[②]显然，江南文人尤为推重的是合诗、书、画、印于一体，兼具人品、学问、才情、思想，崇尚意趣，温润清雅的文人画，而惟求形似、剑拔弩张的“工匠画”，则遭到鄙视和摒弃。其实，略观画史即可明白，王维、苏轼、元四家以来的文人画，正是经过明代吴门派画家的发扬光大和董其昌等人的极力倡导，才一统天下，占据了画坛的主导地位。

对于其他文物的鉴藏，文震亨也有明确的论断：

> 玉器中圭璧最贵，鼎彝、觚尊、杯注、环玦次之；钩束、镇纸、玉璏、充耳、刚卯、瑱珈、珌琫、印章之类又次之；琴剑觿佩、扇坠又次之。铜器：鼎、彝、觚、尊、敦、鬲最贵；匜、卣、罍、觯次之；簠、簋、钟、注、歃血盆、奁花囊之属又次之。窑器：柴窑最贵，世不一见，闻其制，青如天，明如镜，薄如纸，声如磬，未知然否？官、哥、汝窑以粉青色为上，淡白色次之，油灰最下。纹取冰裂、鳝血、铁足为上，梅花片、黑纹次之，细碎纹最下。官窑隐纹如蟹爪；哥窑隐纹如鱼子；定窑以白色而加以泑水如泪痕者佳，紫色、黑色俱不贵。均州窑色如胭脂者为上，青若葱翠、紫若黑色者次之，杂色者不贵。龙泉窑甚厚，不易茅蔑，第工匠稍拙，不甚古雅。宣窑冰裂、鳝血纹者，与官、哥同，隐纹如橘皮、红花、青花者，俱鲜彩夺目，堆垛可爱。又有元烧枢府字号，亦有可取。至于永乐细款青花杯、成化五彩葡萄杯及纯白薄如玻璃者，今皆极贵，实不甚雅。[③]

二

富于历史文化内涵、具有高度艺术观赏性的文物古玩，原本唯有才情横溢、学问渊博的文人士夫方能真正懂得其内在的价值，才能凭藉深厚的文化素养从事鉴赏和研究。然而，随着宋元以来文物市场的日益繁盛，文物不仅是文化的物化形态，而且成为财富的象征。于是，江南的权贵富豪也蜂拥而起，或炫耀富贵，或附庸风雅，往往不吝千金，竞相购藏古玩字画。黄省曾记载：“自顾阿瑛好蓄玩器、书画，亦南渡遗风也。至今吴俗权豪家好聚三代铜器、唐宋玉窑器、书画，至有发掘古墓而求者。”尤骇人听闻的是，“自正德中，吴中古墓如城内梁朝公主坟、盘门外孙王陵、张士诚母坟，俱为势豪所发，获其殉葬金玉、古器万万计，开吴民发掘之端。其后，西山九龙坞诸坟，凡葬后二三日间，即发掘之……所发之棺则归寄势要家人店肆以卖”。[④] 郎瑛曾记述一则富家以名画标榜清雅的逸事，虽颇发噱，却很能说明问题：

> 宜兴吴尚书俨，家巨富，至尚书益甚。其子沧州，酷好书画，购藏名笔颇多。一友家有宋官所藏

① 文震亨：《长物志》卷五《书画》“名家”条，第152～153页。
② 高濂：《遵生八笺·燕闲清赏笺》中卷“论画”、“画家鉴赏真伪杂说”条，第467、469页。
③ 文震亨：《长物志》卷七《器具》“海论铜玉雕刻窑器”条，第316～318页。
④ 黄省曾：《吴风录》，载《吴中小志丛刊》，广陵书社2004年标点本，第177页。

唐人《十八学士》袖轴一卷，每欲得之，其家非千金不售。吴之弟富亦匹兄，惟粟帛是积，清士常鄙之。其弟一日语画主曰："《十八学士》果欲千金耶?"主曰："然。"遂如数易之。而后置酒宴兄与其素鄙己者，酒半，故意谈画，众复嗤焉，然后出所易以玩。其兄惊且叹曰："今日方可与素之鄙俗扯平。"吴下至今传为笑柄。[1]

流风之下，文物价格腾贵，市场上伪作迭出，真赝难辨。王士性记载苏州人仿制文物的技艺，称："书画之临摹，鼎彝之冶淬，能令真赝不辨。"[2]沈德符也记载："玩好之物，以古为贵"，但因嗜之者众，而前代之物今已不可多得，"故以近出者当之。始于一二雅人，赏鉴摩挲。滥觞于江南好事缙绅，波靡于新安耳食。诸大估曰千曰百，动辄倾橐相酬，真赝不可复辨。以至沈、唐之画，上等荆、关，文、祝之书，进参苏、米，其蔽不知何极。"[3]

显然，文人学士若非家财万贯，其购藏的文物，无论品种、数量还是价格，皆无法与达官贵戚、富商巨贾相埒，唯一能胜出的是对文物内涵的真正了解。因此，江南文人论及文物鉴藏皆极力分清"鉴赏家"与"好事家"的差别。高濂引述前贤之语称："好事家与赏鉴家，自是两等家。多资蓄，贪名好胜，遇物收置，不过听声，此谓好事。若赏鉴家，天资高明，多阅传录，或自能画，或深知画意，每得一图，终日宝玩，如对古人，声色之奉不能夺也，名曰真赏。"[4]文震亨也论道：

金生于山，珠产于渊，取之不穷，犹为天下所珍惜。况书画在宇宙，岁月既久，名人艺士，不能复生，可不珍秘宝爱? 一入俗子之手，动见劳辱，卷舒失所，操揉燥裂，真书画之厄也。故有收藏而未能识鉴，识鉴而不善阅玩，阅玩而不能装褫，装褫而不能铨次，皆非能真蓄书画者。又蓄聚既多，妍蚩混杂，甲乙次第，毫不可讹。若使真赝并陈，新旧错出，如入贾胡肆中，有何趣味！所藏必有晋、唐、宋、元名迹，乃称博古；若徒取近代纸墨，较量真伪，心无真赏，以耳为目，手执卷轴，口论贵贱，真恶道也。[5]

可见，在江南文人的心目中，唯有发自内心地酷爱，且能以专业的、内行的真知灼见对文物进行仔细的辨识、鉴定和精审的整理、研究，才是真正的"鉴赏家"。若胸无点墨，品味低下，仅凭道听途说，人云亦云，唯识材质贵贱、市价高低，所藏文物即便堆积如山，琳琅满目，也只是暴殄天物的"好事之徒"。江南文人反复论证这一点，正是希望以此凸显自己的才艺和学识，划清与权贵富商的界线。

于是乎，懂不懂文物，尤其是字画，在明代中后期的江南竟成为是不是"高雅之士"的标志。松江文士孙克弘题倪瓒画时引沈周之语："石田云：云林戏墨，江东之家以有无为清浊。"名士董其昌也称："云林画入逸品，江南人以有无为清俗。"[6]文人用语中，"清"，自然是指兼具才学、人品的清雅、高逸之士，而"俗"与"浊"，无疑是指不学无术，孜孜逐利的低俗、污浊之辈。品鉴人物，无视文治武功、权位高下，而以

① 郎瑛：《七修类稿》卷四四《事物类》"十八学士卷"条，文化艺术出版社 1998 年标点本，第 536 页。
② 王士性：《广志绎》卷二《两都》，中华书局 1981 年标点本，第 33 页。
③ 沈德符：《万历野获编》卷二六《玩具》"时玩"条，第 653 页。
④ 高濂：《遵生八笺·燕闲清赏笺》中卷"画家鉴赏真伪杂说"条，第 467 页。
⑤ 文震亨：《长物志》卷五《书画》"导论"，第 135 页。
⑥ 董其昌：《题云林画》，载《清閟阁全集》卷一二《外纪下》，康熙五十二年刊本。

有无收藏和能否欣赏倪瓒画作为准绳，个中意蕴，值得玩味。考察当时的实际情况，江南名士的确多工书善画，精于文物鉴赏。高濂的《遵生八笺》和文震亨的《长物志》，既是江南文人的生活指南，而其中的部分篇章又堪称明代最具代表性的文物研究专著。在他们的论述中，鉴赏文物不仅是文人精神生活不可或缺的部分，也是作为文人必须具备的才艺修养。从有明一代数得上的书画鉴赏名家看，诸如无锡人华夏、嘉兴人项元汴，长洲人沈周、文徵明、韩世能，太仓人王世贞、王世懋、南京人黄琳、丹徒人张孝思，以及著有《珊瑚木难》的长洲人朱存理、编订《铁珊瑚网》的常熟人赵琦美、著有《寓意编》的吴县人都穆、著有《钤山堂书画记》的长洲人文嘉、著有《清河书画舫》的昆山人张丑、著有《书画题跋记》的嘉兴人郁逢庆，皆为明代中后期的江南士人。至于在文集、笔记、杂著中兼及古玩字画的，更是不胜枚举。上述状况，绝非偶然。

有意思的是，江南文人虽以善于鉴别文物的真伪和优劣自矜、自夸，但不少人又热衷于作伪，出售给无知的好事之徒。沈德符记载："骨董自来多赝，而吴中尤甚，文士皆借以糊口。近日前辈，修洁莫如张伯起（张凤翼），然亦不免向此中生活。至王伯穀（王穉登），则全以此作计然策矣。"他还以亲身经历举例，董其昌曾携一卷陈继儒秘藏并视为异宝的颜真卿所书《朱巨川告身》请沈等欣赏，沈看出是后人摹本，不久，这件赝品便售予一名徽州富商。[①] 当时，不乏以伪造文物而发财起家的，如苏州人陈谦，字士谦，"能楷、行书，专效赵松雪（赵孟頫），华媚可人。时染古纸，伪作赵书，猝莫能辨。购书者踵接门外，势家贵人每酬以金帛，用是起家"。[②] 牟利自然是作伪的主要动机，但从相关记载的字里行间，往往可读出江南文人的复杂心态。一则笑话称：

> 嘉靖初，南京守备太监高隆，人有献名画者，高曰："好，好，但上方多素绢，再添一个三战吕布最佳。"人传为笑。余曰："此中官宜然。闻沈石田送苏守《五马行春图》，守怒曰：'我岂无一人跟者耶？'沈知，另写随从者送入，守方喜。沈因戏之曰：'奈绢短，少画前面三对头踏耳。'守曰：'也罢，也罢。'"[③]

面对势焰熏天的权贵和挥金如土的富豪，文人学士颇感英雄气短，惆怅失落，故喜传此类好事家不懂装懂、遭人愚弄的谑语笑话。正是在这种冷嘲热讽中，他们宣泄了愤懑，找回了几分自尊。

江南文人鉴藏文物除注重真伪、优劣外，更提出一系列文人特有的欣赏标准，以此标榜其超凡脱俗的审美趣味。他们尤为重视文物的艺术特色和文化内涵，崇尚古朴典雅、自然含蓄的整体观感，鄙视富丽堂皇的金银珠宝之类，意在说明，他们鉴赏文物或为证经补史，求道问学，或为调适心志，愉悦情性，追求的完全是精神上的满足，而好事之徒收藏文物或等同于财富的积累与炫耀，或为附庸风雅，博取清名，二者截然不同。高濂自述其鉴藏文物的用意，说得非常真切：

> 孰知闲可以养性，可以悦心，可以怡生安寿，斯得其闲矣。余嗜闲，雅好古，稽古之学，唐虞之训；好古敏求，宣尼之教也。好之，稽之，敏以求之，若曲阜之舄，岐阳之鼓，藏剑沧鼎，兑戈和弓，制度法

① 沈德符：《万历野获编》卷二六《玩具》"假骨董"条，第655页。
② 朱国祯：《涌幢小品》卷二二"伪赵"条，文化艺术出版社1998年标点本，第546页。
③ 郎瑛：《七修类稿》卷五〇《奇谑类》"不知画"条，第622页。

象,先王之精义存焉者也,岂直剔异搜奇,为耳目玩好寄哉?故余自闲日,遍考钟鼎卣彝,书画法帖,窑玉古玩,文房器具,纤细究心。更校古今鉴藻,是非辨正,悉为取裁。……时乎坐陈钟鼎,几列琴书,帖拓松窗之下,图展兰室之中,帘栊香霭,栏槛花研,虽咽水餐云,亦足以忘饥永日,冰玉吾斋,一洗人间氛垢矣。清心乐志,孰过于此?①

为此,江南文人极为重视文物欣赏中的雅、俗之别。王士性记载:“姑苏人聪慧好古……尚古朴不尚雕镂,即物有雕镂,亦皆商、周、秦、汉之式。”②董含引何良俊之语称:“士君子读书出身,虽位至卿相,当存一分秀才气,方是名士。今人几席间往往宝玩充斥,黄白灿陈,若非贾竖,则一富家翁耳。”③文震亨所著《长物志》中,“古”、“雅”、“韵”为使用频率极高的赞美词,书中反复强调的审美标准是“古朴”、“清雅”、“天趣”、“自然”、“不露斧斤”、“无脂粉气”等。凡与上述标准相左的,皆遭摒弃,被斥为“恶俗”、“最忌”、“不入品”、“俱入恶道”、“断不可用”、“俗不可耐”等。如论香炉,“三代、秦、汉鼎彝,及官、哥、定窑、龙泉、宣窑,皆以备赏鉴。……惟不可用神炉、太乙,及鎏金白铜双鱼、象鬲之类。尤忌者,云间潘铜、胡铜所铸八吉祥、倭景、百钉诸俗式,及新制建窑、五色花窑等炉。又古青绿博山亦可间用,木鼎可置山中,石鼎惟以供佛,余俱不入品”。④ 论铜镜,“秦陀、黑漆古,光背质厚无文者为上;水银古花背者次之。有如钱小镜,满背青绿,嵌金银五岳图者,可供携具。菱角、八角、有柄方镜,俗不可用。”⑤论漆雕,“雕刻精妙者,以宋为贵。俗子辄论金银胎,最为可笑。盖其妙处在刀法圆熟,藏锋不露,用朱极鲜,漆坚厚而无敲裂,所刻山水、楼阁、人物、鸟兽,皆俨若图画,为绝佳耳”。至于世俗喜爱的雕刻果核,“虽极人工之巧,终是恶道”。⑥

三

上文提及,江南文人鉴藏文物,主要出于精神生活的需要,并未将其等同于物质财富。因此,收藏的根本目的是为了欣赏,而这种欣赏又是基于文人特有的文化品味和审美情趣的“清赏”,与凡夫俗子的“喜爱”迥异。从江南文人大量的议论评说中可以看出,他们并不一味求多求贵,而是追求古、雅、真、优,注重与文人学士的身份相适宜,无论求购、贮藏,还是陈设、悬挂、展玩,整个鉴藏过程,无不以恰到好处为旨归。松江文人董含的一段议论颇具代表性:“士大夫陈设,贵古而忌今,贵雅而忌俗。若乃排列精严,拟于官署;几案纵横,近于客馆;典籍堆砌,同于书肆;古玩纷遝,疑于宝坊,均大雅之所切戒也。”⑦对好事家惟求华贵的一味堆砌,文人多有批评,文震亨称:“今人见闻不广,又习见时世所尚,遂致雅俗莫辨,更有专事绚丽,目不识古,轩窗几案,毫无韵物,而侈言陈设,未之敢轻许也。”⑧松江名士陈继儒也称:“书画鉴赏

① 高濂:《遵生八笺·燕闲清赏笺》上卷“导论”,第423页。
② 王士性:《广志绎》卷二《两都》,第33页。
③ 董含:《三冈识略》卷三“林史”条,辽宁教育出版社2000年标点本,第62页。
④ 文震亨:《长物志》卷七《器具》“香炉”条,第247页。
⑤ 文震亨:《长物志》卷七《器具》“镜”条,第274页。
⑥ 文震亨:《长物志》卷七《器具》“海论铜玉雕刻窑器”条,第318页。
⑦ 董含:《三冈识略》卷三“林史”条,第62页。
⑧ 文震亨:《长物志》卷七《器具》“导论”,第246页。

是雅事，稍一贪痴，则亦商贾。”[①]又称：“文房供具，借以快目适玩，铺叠如市，颇损雅趣。其点缀之注，罗罗清疏，方能得致。”[②]高濂批评徒有其名的“好书”者称：“富而好书，不乐读诵，务得善本，绫绮装饰，置之华斋，以具观美，尘积盈寸，经年不识主人一面，书何逸哉？”[③]文震亨论及字画时，明确指出：“书画名家，收藏不可太杂，大者悬挂斋壁，小者则为卷册，置几案间”，[④]关键在于布列得体。

显然，江南文人对斋室中文物展示的数量、位置等都极其讲究，刻意营造的是一种清幽、古朴、恬淡、雅致的，充满文化气息的特殊美感。李渔所著《闲情偶寄》中，《器玩部》“位置篇”即专论文物的陈设摆放。其“忌排偶”称：

> 胪列古玩，切忌排偶。……大约排列之法，忌作八字形，二物并列，不分前后，不爽分寸者是也；忌作四方形，每角一物，势如小菜碟者是也；忌作梅花体，中置一大物，周遭以小物是也；余可类推。当行之法，则与时变化，就地权宜，视形体为纵横曲直，非可预设规模者也。

其“贵活变”称：

> 幽斋陈设，妙在日异月新。若使骨董生根，终年匏系一处，则因物多腐象，遂使人少生机，非善用古玩者也。……或卑者使高，或远者使近，或二物别之既久，而使一旦相亲，或数物混处多时，而使忽然隔绝，是无情之物变为有情，若有悲欢离合于其间者。但须左之右之，无不宜之，则造物在手，而臻化境矣。

在详论文物摆放的各种宜忌后，他声称惟有精于此道，方为真正的“雅人君子”。[⑤]

明代中后期关于书斋内文物、文具的论述，当以高濂之作最为翔实，从中可以想见江南文人所向往的精神生活：

> 书斋宜明净，不可太敞。……斋中长桌一，古砚一，旧古铜水注一，旧窑笔格一，斑竹笔筒一，旧窑笔洗一，糊斗一，水中丞一，铜石镇纸一。左置榻床一，榻下滚脚凳一，床头小几一，上置古铜花尊，或哥窑定瓶一。花时则插花盈瓶，以集香气；闲时置蒲石于上，收朝露以清目。或置鼎炉一，用烧印篆清香。冬置暖砚炉一。壁间挂古琴一，中置几一，如吴中云林几式佳。壁间悬画一。书室中画惟二品，山水为上，花木次之，禽鸟人物不与也。或奉名画山水云霞中神佛像亦可。名贤字幅，以诗句清雅者可共事。……盆用白定官哥青东磁均州窑为上，而时窑次之。几外炉一，花瓶一，匙箸瓶一，香盒一，四者等差远甚，惟博雅者择之。然而炉制惟汝炉，鼎炉，戟耳彝炉三者为佳。大以腹横三寸极矣。瓶用胆瓶花觚为最，次用宋磁鹅颈瓶，余不堪供。……法帖，真则《钟元常季直表》、《黄庭

---

① 陈继儒：《小窗幽记》卷一《醒》，上海古籍出版社2000年标点本，第7页。
② 陈继儒：《小窗幽记》卷七《韵》，第101页。
③ 高濂：《遵生八笺·燕闲清赏笺》上卷“论藏书”条，第448页。
④ 文震亨：《长物志》卷五《书画》“名家”条，第152页。
⑤ 详见李渔：《闲情偶寄·器玩部·位置第二》，上海古籍出版社2000年标点本，第258～260页。

经》、《兰亭记》,隶则《夏丞碑》、《石本隶韵》,行则《李北海阴符经》、《云麾将军碑》、《圣教序》,草则《十七帖》、《草书要领》、《怀素绢书千文》、《孙过庭书谱》。此皆山人适志备览,书室中所当置者。画卷旧人山水、人物、花鸟,或名贤墨迹,各若干轴,用以充架。斋中永日据席,长夜篝灯,无事扰心,阅此自乐,逍遥余岁,以终天年。①

江南文人对于文物鉴赏的具体过程也极为重视。何时何地开卷张册,是独自玩赏,还是众人品评,皆不苟且。一般来说,惟有志同道合的清雅之士方能进入主人的书斋,观赏其秘藏的心爱之物。陈继儒曾论及鉴藏古帖的诸般妙处:"裒访古帖,置之几上,其益有五。消永日,汰俗情,一益也。分别六书宗派,二益也。多识古文奇字,三益也。先贤风流韵态如在笔端,且可以搜其遗行逸籍,交游宅墓,四益也。不必钩榻,日与聚首如熏,修法自然得解,五益也。"最后说:"胜客晴窗,出古人法书名画,焚香评赏,无过此时。"②在陈继儒看来,能与知心好友一同谈经论史,听琴赋诗,玩赏骨董,确为人生莫大的快事:"读理义书,学法帖字,澄心静坐,益友清谈,小酌半醺,浇花种竹,听琴玩鹤,焚香煮茶,泛舟观山,寓意弈棋,虽有他乐,吾不易矣。"③如若对方为好事家的伧父俗子,江南文人则万万不肯与之同观共享,尤其是古书和字画。文震亨解释了个中缘由:

看书画如对美人,不可毫涉粗浮之气,盖古画纸绢皆脆,舒卷不得法,最易损坏。尤不可近风日,灯下不可看画,恐落煤烬,及为烛泪所污;饭后醉余,欲观卷轴,须以净水涤手;展玩之际,不可以指甲剔损;诸如此类,不可枚举。然必欲事事勿犯,又恐涉强作清态,惟遇真能赏鉴,及阅古甚富者,方可与谈。若对伧父辈惟有珍秘不出耳。④

高濂也认为鉴藏字画必须小心翼翼,绝不可让低俗之辈观赏把玩:"藏画之家,当自检点,不恤勤烦,乃收藏之要",字画遭到损坏的一大原因为,"出示俗人,不知看法,即便手托画背,起就眼观,绢素随折"。⑤ 正因如此,陈继儒夸张地声称:"书图受俗子品题,三生浩劫;鼎彝与市人赏鉴,千古奇冤。"⑥

明代中后期,政治环境的险恶和社会的剧烈动荡,使江南文人深感畏惧与彷徨,他们醉心于园林、书斋、茶寮,沉迷于古书古玩,其实是想躲避尘世喧嚣和政治漩涡,实现精神上的退隐,并试图以精神世界的极致快感缓解现实感受的深切痛楚。我们不妨摘录陈继儒的几段文字,聆听一下他们的心声:

怪石为实友,名琴为和友,好书为益友,奇画为观友,法帖为范友,良砚为砺友,宝镜为明友,净几为方友,古磁为虚友,旧炉为薰友,纸帐为素友,拂麈为静友。

余尝净一室,置一几,陈几种快意书,放一本旧法帖,古鼎焚香,素麈挥尘。意思小倦,暂休竹榻;饷时而起,则啜苦茗。信手写《汉书》几行,随意观古画数幅,心目间觉洒空灵,面上尘当亦扑去

① 高濂:《遵生八笺·起居安乐笺》上卷"高子书斋说"条,第199~200页。
② 陈继儒:《岩栖幽事》,商务印书馆《丛书集成初编》本。
③ 陈继儒:《小窗幽记》卷四《灵》,第59页。
④ 文震亨:《长物志》卷五《书画》"赏鉴"条,第147页。
⑤ 高濂:《遵生八笺·燕闲清赏笺》中卷"画家鉴赏真伪杂说"条,第467页。
⑥ 陈继儒:《小窗幽记》卷一《醒》,第7页。

三寸。

净几明窗，一轴画，一囊琴，一只鹤，一瓯茶，一炉香，一部法帖；小园幽径，几丛花，几群鸟，几区亭，几拳石，几池水，几片闲云。①

然而，以陈继儒的行迹论，其实并未远离世事，表面看似闲云野鹤般的恬静与优雅，内心却隐藏着满腔的不平和失落。深受儒学熏陶的文人士大夫，修身、齐家、治国、平天下，始终是他们萦绕于心的政治理想，"独善其身"毕竟是一种无奈的选择。欲平衡二者的落差，妙诀在于："居轩冕之中，要有山林的气味；处林泉之下，常怀廊庙的经纶。"②

显然，对江南文人耽于文物古董，不能简单以消极遁世、玩物丧志作评。就学术史而言，正是江南文人的文物鉴藏之风，推动了中国传统文物鉴定学的长足进步，其所总结的评价标准和鉴定经验，至今仍不乏参考价值。从社会史的视角看，以特有的情怀意趣反复厘清"雅"与"俗"、"清"与"浊"的差别，与此同时，士人群体的自觉意识也由此不断被触动和唤起。在专制皇权趋于极端、拜金主义日益盛行的状况下，不少文人学士正是凭借标榜清高和孤芳自赏，保留了几分自尊、自信，持守了知识阶层的道德节操，没有完全屈从于权力和金钱的淫威。以极力倡导和亲身实践闲适生活的代表文震亨为例，关键时刻敢于挺身而出，力抗暴政，鼎革之际置生死于度外，以身殉国。明末清初，江南地区出现一系列可歌可泣的暴力或非暴力抗争事件，如顾炎武的"国家"、"天下"之辨，江阴、嘉定的浴血奋战，众多遗民沉默中的抗愤，其实皆与文化自觉和崇尚气节有关。由此说明，惟有细致分析江南文人的复杂心态，方能就其生活追求和历史影响作出全面而准确的解读。

（原刊于《华东师范大学学报》2012 年第 2 期）

① 陈继儒：《小窗幽记》卷七《韵》、卷五《素》，第 104 ~ 105、74 页。

② 陈继儒：《小窗幽记》卷三《峭》，第 42 页。

“三教合一”：明清民间宗教的哲学动因和历史命运

周育民

（上海师范大学历史系77级，上海师范大学教授）

明清时代中国民间教门的兴起，是历史上佛教、道教在民间长期积淀、融合和发酵的结果。多年以来，中国学术界关于民间宗教教义的认识，受到农民战争史的影响，偏重于以无生老母为中心、以红阳末劫和弥勒救世为主题的具有政治颠覆性的信仰，而对于民间宗教追寻的以成圣、成道、成佛的人生哲学观念缺乏必要的强调和关注。这种人生哲学观念的形成，是一种智慧，但在明清时代群众性的宗教创新和实践中，却演化成了一幕幕无法验证、信仰冲突和血与火的悲剧。这些悲剧，本身就是传统中华文明转折的一个组成部分。

一、陆王心学：开启化解精神世界三元分立钥匙

在人类历史上，哲学与宗教的关系形影相随，密不可分。在人类由蒙昧走向文明的过程中，宗教文化起了十分重要的作用。由地方性的神灵崇拜，到佛教、基督教、伊斯兰教等世界性大宗教的出现，同时也形成了一些以这些宗教为名称的文明符号。在哲学和科学未能对天人关系给出答案之前，首先给出答案的是宗教，只要前者未能全面解决，宗教就依然有其滋生的精神土壤。在人类步入近代以前，基督教文明在天人关系上的现实模板，是二元政治结构；伊斯兰文明的现实模板就是政教合一。尽管在基督教世界、伊斯兰世界，都各有其哲学的发展，但是，基于《圣经》、《可兰经》为基础的基本教义，上帝、真主作为唯一的真实存在，是不容置疑的。佛教同样作为世界性的宗教，在亚洲不少国家曾被定为国教，甚至有以“佛法”治化国家的信念，但由于其“出世”的基本修行方式，多神主义的信仰结构，不可能提供任何现实的政治模板。“中国佛教”，作为佛教的一大支脉，虽然成为中华文明的一个方面，但不可能成为这个文明的基调。

早在夏商周三代，中国就出现了“天”、“帝”崇拜。这个“天”或“帝”无论有无人格，显然是日月星辰、天空大地、宇宙万物、人世命运的主宰。“天子”只是依照“天意”要统治人世的政治代表，只要“天命”未改，他的政治统治地位就不容挑战。人们可以通过龟占、卜筮与“天意”沟通，也可以通过观察“天象”而察乎人事，但无论“天意”还是“天命”，都没有刻板的经文规定下来，如果没有政治高压，根本就不存在不可涉足的信仰禁区。汉初讲黄老之术，提倡“无为而治”，至汉武帝时一变而“独尊儒术”，在哲学上，这实际上是融儒于道，“儒”不过是“天道”在人世的伦理秩序而已。汉儒大力鼓吹的“天人合一”思想，在中国思想史和宗教史上，实际上循着两条途径延伸。一条是儒学的人道即天理，至宋明理学而臻于极致。另一条是由道家而演变为道教，尤其是内丹派的理论，通过特殊的修行方式，循由“人”及“天”的阶梯而达到与天地同在的永生目标。

但东汉时期佛教的传入，引起了中国思想界的极大困扰。以“天人合一”融合儒道两家，可以回答宇宙形成、万物产生、人世治道等一系列问题，西汉以后的思想史、宗教史的发展，只是这些理论和实践的完善和精致。但佛教作为一种异质宗教文化思想的输入，打破了这种平衡，宇宙的成住坏空，三佛轮流治世，佛法的正、像、末时，人生的“四大皆空”之类，打破了中国传统思想的统一性。魏晋时代的“玄学”、“清淡”之风，实际上是士大夫阶层试图以黄老之学重建思想理论统一性的努力。而广建寺庙、崇拜偶像的世俗之风，也在统治者中由“尚浮屠之仁祠”发展到像梁武帝这样舍身佛寺以证明自己是“法王”的极端行为。佛教与中国传统思想文化无法“合一”的局面，从魏晋到五代，演变为统治者对佛教的打击，出现“三武一宗之祸”，在宗教信仰领域则有激烈的佛道之争。

在儒、释、道混战之中，较早提出统合三教理论的却来自于佛教。华严宗五祖宗密（780～841）精研《圆觉论》，撰写了对后世思想影响极大的《原人论》。他开篇即批评三教各有偏执：

> 今习儒道者，只知近则乃祖乃父，传体相续，受得此身；远则混沌一气，剖为阴阳之二，二生天地人三，三生万物，万物与人皆气为本。习佛法者但云：近则前生造业，随业受报得此人身；远则业又从惑展转，乃至阿赖耶识为身根本。皆谓已穷，而实未也。然孔、老、释迦皆是至圣，随时应物设教殊途，内外相资，共利群庶。策勤万行，明因果始终；推究万法，彰生起本末。虽皆圣意而有实有权，二教唯权，佛兼权实。策万行，惩恶劝善，同归于治，则三教皆可遵行；推万法，穷理尽性，至于本源，则佛教方为决了。然当今学士，各执一宗，就师佛者，仍迷实义。①

他用佛教因缘、业相理论阐述道一殊分、天地万物人类形成的原理，认为，

> 心外的无别法，元气亦从心之所变，属前转识所现之境，是阿赖耶相分所摄，从初一念业相分为心境之二，心既从细至粗，展转妄计乃至造业，境亦从微至著，展转变起乃至天地。业既成熟，即从父母禀受二气，与业识和合，成就人身。据此则心识所变之境，乃成二分：一分即与心识和合成人，一分不与心识和合，即成天地、山河、国邑，三才中唯人灵者，由与心神合也。②

进入宋代，三教互相兼容并蓄的局面开始蔚然成风，至宋孝宗赵眘颁《三教论》，提出“以佛修心、以道养生、以儒治世”的观点，政治层面对于佛、道的崇抑问题基本上不复存在，但并没有根本解决世界观的内在统一性问题。③

化解中国人精神世界的儒、释、道三元分立的局面，宋明理学家们同样具有自觉的使命意识。他们以“天理”为最高范畴，建立了一套“中国特色”的哲学体系，回答了宇宙生成、万物起源、人世社会等一系列重大问题，但其根本之点依然是论证儒学的伦理价值观念是“天理”的体现。而其探索的重点也在于认知天理的途径。只要认清了天理，佛老邪说自然可以息止。

北宋周敦颐提出《太极图说》，深受道教影响，是融道于儒的宋明理学的开山，师事周敦颐的程颢发

① 宗密：《原人论》序。

② 宗密：《原人论·会通本末第四》。

③ 此文初稿，蒙虞云国教授赐教，垂示其未刊《三教融通》稿，特补入此段文字。其于史乘发微、观点精妙之处，余不敢掠美。

明"天理"范畴,成为理学形成的标志。至南宋而形成了"格物穷理"的朱熹学派;而与朱熹同时代的陆九渊到明代王阳明则构建了"万物皆备于我"的"心学"体系。朱熹的"格物致知",认为人的知识来源于对客观世界的认识,循此而可知天理。而陆九渊认为,人心本身也是客观世界的一部分,何必假于外物而知天理?"人之初,性本善",只要求得人之初性、良心,就可以"致良知"。王阳明学说在明代风靡一时,他的心学在哲学理念上与宗密的"心外无法"如出一辙。王学传人管志道说:阳明心学,"原其本,则以洙泗、濂溪两家宗趣并合于方寸中,虽平日以良知提掇,而隐然犹有宗门秘藏焉"。[①] 阳明心学仅融佛于儒,还只是其表象,他的弟子黄绾曾透露在他从学王阳明时,王阳明曾"令看六祖《坛经》,会其本来无一物,不思善,不思恶,为直超上乘,以为合于良知之至极。又以《悟真篇·后序》为得圣人之旨。以儒与仙、佛之道皆同,但有私己、同物之殊。以孔子《论语》之言,皆为下学之事,非直超上悟之旨"。[②]

王阳明提到的张伯端的《悟真篇》,是道教内丹学的经典,其后序开头即讲心法:

> 窃以人之生也,皆缘妄情而有其身。有其身则有患;若其无身,患从何有!夫欲免乎患者,莫若体夫至道;欲体至道者,莫若明乎本心。故心者,道之体也;道(之体)[者],心之用也。人能察心观性,则圆明之体自现,无为之用自成。不假施功,顿超彼岸。此非心镜朗然,神珠廓明,则何以鉴彼如如不可定之法,而使诸相顿离,纤尘绝染,心源自在,决定无生者哉!

序之结尾,又总结心法与佛道之关系:

> 奈何凡夫,业缘有厚薄,性根有利钝,纵闻一音,纷然异见,故释迦、文殊所演法宝,无非一乘,而听学者随量会解,自然成三乘之差。此后若有根性猛烈之士,见闻此篇,则知仆得达摩、六祖最上一乘之妙旨,可因一言而悟万法也;如其习气尚愚,则归中小之见,亦非仆之咎矣。[③]

在张伯端看来,儒学、内丹学,不过是圣人因世俗而强言之道,导以修身、修生之法,最高一层,乃是格于本心之禅悟,张伯端实际上已由道而入于佛。所以,王阳明推崇张伯端,其心法实际上也是儒学在哲学上容纳佛、道的一个标志。

宋元之后,儒释道三教在思想信仰领域的激烈冲突趋于缓和,三教各自的"兼容并包"思想潮流无疑起到了重要作用。这种思潮经明代以主流意识形态面目出现的阳明心学的泛滥,化解了精神世界三元分立的局面,开启了士大夫与民众进行广泛宗教实践的大门。明清民间宗教的蓬勃兴起,就是在这样一个思想背景下展开的。

二、"三教合一":由佛、儒而归于道

明清两代的新兴民间宗教,种类繁多,但其教义之大脉,发端于罗清的无为教和林兆恩的三一教,两

① 据林国平《林兆恩与三一教》转引顾宪成《证性篇》,福建人民出版社 1992 年版,第 31 页。春秋时,孔子在洙、泗二水之间的曲阜讲学,后人遂以"洙泗"指代儒学。

② 吴国鼎:《明道编》卷一。

③ 张伯端:《悟真篇·后序》,据民国十二年涵芬楼影印《道藏》洞真部玉诀类岁下卷八。

者分别由佛教和儒教而把修行的重点转到了道教。

罗清在《苦功悟道卷》中,详述了他为超越生死苦修十三年的宗教禅悟过程,以亲身体验的形式描绘了他苦参十二步所达到的“豁开慧眼心光见,透彻根尘性月圆”的境界,但虽“认得我是真空法性,又不知纵横自在,又不知临危怎么归落,生死事大,不肯放参,生死无常,呼吸之间,沉沦之苦,如何躲避”。罗清说他的意念“惊动虚空老真空”,“老真空,发慈悲,梦中光见;梦中里,放白光,摄省己身”,“朝西南,端然坐定,忽然间,心花现,体透玲珑。浑身上,透玲玲,无有遮挡。行与坐,坐与卧,自在纵横。心头空,无一物,无有遮挡”。完成了第十三参后,他进行第十四参,进入了“生而不生,死而不死,无生无灭,光照十方,坐净不净,坐垢不垢”,与真空浑然一体的“难画胜境”,看到了世界万物人身不过是真实虚空变化之相而已,从而完成了修行的“末后一着”。

禅宗六祖惠能的《坛经》,是佛教中国化的标志。他以“本来无一物,何处惹尘埃”的偈语认定“世界虚空,能含万物色相”;众生皆有佛性,“一念悟时,众生是佛”,开启了佛教世俗修行的方便之门;佛教本身的“虚空”与“色相”的关系论,在哲学上为道教的无极而太极而阴阳而万物的演化论留下了空间。慧能的“识自本心,达诸佛理”,实际上也是阳明心法的源头。但“识诸本心,达诸佛理”,只是一个认识过程,罗清在前十二参已经完成了这个过程,想明白了,但还破不了肉身生死之“执”,只能借助“老真空”的启示。“老真空”启示了什么,罗清未予详述,但有迹象表明,其实就是内丹道理。罗清说:“一颗明珠,在我这里,拨着动着,放光动地。”①在禅宗佛子读来,这颗“明珠”,指的是人人所具之佛性;在内丹道看来,则是人人所具的先天之气,只要依一定方式修行,自能在丹田结成丹珠。罗清所说的“拨着动着”,实际上是内丹道运丹的过程。

从理论思辨的角度看,佛教禅宗的虚空与色相论,只要用心去破,就可以达到虚空境界。纯心即是虚空本相,与肉身无关。但心从何来?如果说纯心是本相,“本来无一物,何处惹尘埃”的纯心何以会被“染”?世界万物既为虚空之相,自然也具虚空之本相。在内丹道看来,人的生命是先天之气所聚而成,生死不过是先天之气的聚散过程。采用逆时针的方式,将人体中的先天之气由散而聚,即可回归先天,进而进入世界本源的真空境界。所以,罗清的无为教,实际上将佛教禅宗与内丹道融为一体,提倡心身俱修而成佛的修行方法。密藏道开曾经描述明代罗教徒修炼内丹时的情况:“或三更静夜,咒诅盟誓,以密传口诀;或紧闭六门,握拳拄舌,默念默提,救拔当人,以出苦海。”②在张伯端看来,依本心禅悟而成佛,非“根性猛烈之士”不成,而罗清则将内丹术与禅悟相结合,为凡夫俗子开启了另一扇方便之门。

罗清的“五部六册”大谈坐禅悟空成佛的道理,其无为教的内丹修行方式,除密藏道开提及外,很少为外人道。闻香教继其坐禅悟空的余绪,王森的弟子、后来的圆顿教主弓长借无生老母之口批评道:“无个运转,呆呆的坐到几时?”③在他看来,只靠静禅,不运气练功,是得不到正果的。他自称得到老母真传的“后天出细功夫”的“十步修行”讲的就是内丹道。④

明末清初的一些民间教派,如黄天道、圆顿教、一炷香教、八卦教等,大多重视丹道功夫,但对于儒教

① 以上引文均见《苦功悟道卷》。

② 密藏道开:《藏逸经书》,第12页。

③ 《龙华经》元集卷一,《明清民间宗教经卷文献》,第5册,第660页。

④ “头一步修行:恰定玉诀,开闭存守。第二步修行:先天一炁,穿透中宫。第三步修行:卷起竹帘,回光反照。第四步修行:西牛望月,海底捞明。第五步修行:泥牛翻海,直上昆仑。第六步修行:圆明殿内,性命交宫。第七步修行:响亮一声,开关展窍。第八步修行:都斗宫中,显现缘神。第九步修行:空王殿里,转大法轮。第十步修行:放去收来,亲到家中。”同上书,第661页。

同样给予肯定,认为它是修行人必须遵循的道理,忠孝仁义,大抵是这些教门经书必讲的内容。

儒家知识分子对于三教论理,同样进行了整合的尝试。与罗教的创立者罗清由佛而道的路径不同,他们是以儒教为本,而走向佛道。

创立"三一教"的林兆恩,本来就是阳明心学的热衷者,后专研释、道,黄宗羲评论说,他"挽二氏以归儒而婚娶之,率吾儒以宗孔而性命之。以坐禅之病释也,运气之病道也,支离之病儒也,为说非之"。"兆恩之教,儒为立本,道为入门,释为极则。然观其所得,结丹出神,则于道家旁门为庶几焉"。[①] 实际上,儒行只是三一教徒的起步功夫,由儒而道,由道而佛,才是"极则"。林兆恩发明的所谓"九序心法",是将信徒在日常生活中践行儒家伦理道德视为启悟天理的起步,而修炼内丹则为修身,"人身乃一天地",通过内丹修炼,可以体悟天理,而进入心身合一的最高层,则是无心无身的佛陀境界。[②]

清中叶四川刘沅创立的刘门教,弟子入教时,要老师先代弟子向孔子行跪拜礼,然后再由弟子拜师,老师授以德行戒律,弟子恪守之后,方秘传九步丹法。刘沅以名儒由国史馆列传,但从父辈到他,均精研丹道。他这样用理学阐述丹道的原理:

> 天命之谓性。性者,理气之原,而人与天地共者也。以其所自出言之,则曰命。从古圣贤,教人尽性,必由养心。心者,神气之主。而或以空空寂守为治心,则必废天地民物之常经。气者,理所载以行。而或以口鼻吐纳为养气,则必为偏枯怪诞之异学。三代以后,儒释道分门,历代先贤,扶而抑之,可谓详且切矣。然不究理之主宰,与吾身所以相关之故,则人固不知此心何以与天地参,而不明言养气存心所以然,则人尤不知此身可以与乾坤一气也。夫理至虚而至实,离气则理无以见;人心至虚而至灵,离理气又何以立?[③]

他在这里所批评的"空空寂守"的"心法"与弓长所说的"呆呆的坐到几时",几乎如出一辙,但更富有儒表道里、儒道合一的哲理。

总而言之,明清时代的民间宗教家与正统儒士殊途同归地以内丹道作为桥梁,建立了一个比偏执于儒家的宋明理学更为宏大的哲学体系。这个哲学体系认为,世界系"从无生有",循天理而分天地、生万物和人类。因此,天理普遍存在于天地万物和人类身心之中。人类认识天理的路径,无须依赖身外之物,可以"格心"而致知,致知的目的是身心俱归于天理。要进入这一境界,须循返朴归真的路径修炼内丹,使身心与天地同在。最终由"有"返归于"无",达到成佛的最高境界。在这个体系中,儒释道三教各得其位,道一三分、殊途同归的观念得到了完整的体现。因此,明清时代的一些新兴宗教,虽然门派众多,但无不受到这种三教合一的哲学思潮影响。

三、无生老母:民间宗教教义的再整合

在"三教合一"观念驱动下形成的一个"自圆其说"的哲学体系,是明清时代中国哲学发展的一个新

① 《黄梨洲文集·传状类·林三教传》,中华书局1959年版,第46~47页。

② 林国平:《林兆恩与三一教》,福建人民出版社1992年版,第74~94页。

③ 刘沅:《性命微言》序,《藏外道书》,第25册,第524页。

阶段，对信仰领域产生了巨大的影响，引起了一个多神教信仰的国度里神位的大错动。

正统佛教的“三世佛”、道教“三清”，在这个“三教合一”的哲学体系中，丧失了其最高神位。佛教的过去、现在、未来“纵三世佛”分别为燃灯佛、释迦佛、弥勒佛，“横三世佛”则为东方药师佛、中央释迦佛、西方阿弥陀佛，在这个“从无生有”的世界创造过程中，这些神灵没有丝毫作用；道教的元始天尊（“太清”）直到魏晋南北朝才逐渐位居太上老君之上，但其神格是在天地未分的混沌之际，还是在“虚空不动”之时，道教自身也众说纷纭，在创教之后相当一段时期内没有明确。① 道教神灵与佛教神灵各成系统，作为“三教合一”的哲学体系，虽然无须回应神祇信仰的问题，但是，在这个哲学思潮涌动催生下产生的明清民间新兴宗教，必须整合佛、道两教的神祇体系，“无生老母”成为许多民间教门的最高神祇，从宗教信仰的“三教合一”这个角度看，就不是一种偶然的历史现象。

“无生老母”的提法，一般认为出自罗清的“无生父母”。根据马西沙先生的研究，罗清提出的最高神祇本为“无极圣祖”，但他又说“母即是祖，祖即是母”，化育万物的“无生老母”由其传人提出来，顺理成章。② 他认为，首先提出“无生老母”一名的是孙真空的《真空扫心宝卷》。林万传先生认为：

> “无生老母”之名称，并未出现在罗祖五部六册上。……今所见有关无生老母最早之文献，系载于《金丹真传》续编《葫芦歌》中，其文云：“修行人要识货，赤县神州选九个，离山老母整坛禅，无生老母登宝座。”《葫芦歌》系嘉靖二十年（1541）年前后，金丹道南宗孙汝忠之师祖安老师所著。由此可知，无生老母之信仰在嘉靖年间即已流行，不仅为当时新兴宗教所信仰，传统的金丹道亦融合虔奉之。③

这是一个重要发现。林万传先生根据安老师离开孙汝忠之父孙教鸾的大致年代推测《葫芦歌》的创作年代，④也就是说，在罗清去世不久之后，在金丹道南宗中已有“无生老母”的名称，并且登上了“九州”的最高神位，位居“离山（骊山）老母”之上。这是不是受到罗清教义的影响，目前还很难判断，但毫无疑问，“无生老母”与丹道修炼相关，而在明清新兴的宗教中，最后成为统摄一切神佛的最高神。

万历二十七年重刻的《普明如来无为了义宝卷》中，无生老母救世的故事已经清晰可见：

> 有金公，空王殿，巍巍不动；九莲池，无生母，盼望儿童。在东土，爱财色，贪尘妄想，怎么躲他，无常鬼，地府阎君。今遇着，古弥陀，通传大道。⑤

这里的所谓“金公”，是指“金刚不坏”、“人人俱有，个个不无”的“如来佛性”，并非特定的神祇。“古弥

---

① 元始天尊之名，起源于古代神话中的“元始天王”，原型则是开天辟地的盘古。南北朝时，上清派道士陶弘景在《洞玄灵宝真灵位业图》中，始创元始天尊之名，而把元始天王降到第四位。

② 马西沙、韩秉方：《中国民间宗教史》，上海人民出版社1993年版，第213～214页。

③ 林万传：《先天道研究》，第1～22页，

④ 孙汝忠在“自序”中说，其父教鸾生于弘治十七年，“安师辞去，父师寥寥湖海二十余年。未获同志，六十始至潞安”，故安老师收教鸾为徒当在其30多岁；孙汝忠又称，《葫芦歌》为“安祖师为父师所作”，故可断此歌所作大体在嘉靖二十年左右。见孙汝忠、孙汝孝编：《金丹真传》，《藏外道书》，第25册，第459、462页。

⑤ 《普明如来无为了义宝卷》，释迦牟尼如来分第一，濮文起编《民间宝卷》，第2册，第346页。

陀，通传大道”，则是说释迦牟尼投凡传道，实现“无生母盼望儿童”的愿望。而“古弥陀”所传大道，即黄天道的金丹九转之法，“得无上之道，返本还源，同见无生圣母”。①

从《了义宝卷》用如此简略的形式叙述尘世儿女返本还原见无生老母，我们可以推断，无生老母创世生下九十六亿儿女，并准备一举普度众生的故事，已经成为当时民间信仰的一个常识，而这个故事的基本构架在嘉靖年间已经完成。万历年间乃至明末清初的宝卷中被大量叙述，并不是这些宝卷作者的进一步创造。

在这个故事中，传统佛教以禅悟或念诵佛号的方式“普度众生”，变成了传授修炼金丹方式，佛道神圣的存在，就是这种修炼的正果，而他们下凡临世，也是奉老母之命，授信徒以修炼秘诀。明清时期林林总总的各色新兴教门的教祖、传头都可以在故事之下，以传统佛道神圣化身或修炼得道的名义，各得神位，同奉无生老母。因此，明末“无生老母”的出现，在某种意义上，是中国宗教历史上的一次最伟大的造神运动。“从无生有”的无极这一最高哲学范畴，演化成了统摄三教神圣的最高神祇“无生老母”这一偶像，让信徒顶礼膜拜，而大乘佛教的“普度众生”主题也被丹道化了。“无生老母”在信仰上的高度包容性，为各色教门各开“方便之门”打开了通道，成为明清之际民间新兴宗教蓬勃兴起的宗教动因。

在这兼容儒、释、道三教的新兴民间宗教运动中，从16世纪到18世纪末，中国民间形成了长达近300年的丹道修炼运动，以验证“丹道成佛”的“三教合一”论的哲学主题。这种具有某种哲学理性的宗教运动的出现，在某种程度上反映了中国哲学的实践理性特征。而这场大规模的群众性的丹道修炼实践到20世纪中叶趋于退潮，其原因既有政治与宗教的冲突，又有民间信仰领域内在的激烈冲突。

四、弥勒信仰：难以消弭的宗教与政治冲突

在中国民间信仰领域，佛道神灵信仰在其漫长的历史发展过程中，大多被儒化或实用化，一些因其邪恶而为民间供奉的神灵，由于专制皇朝不断地取缔淫祠，难以登入宗教的大雅之堂。在明末以“无生老母”这一新创的最高神祇统摄之下，虽然可以包容各教神圣，但并不能消弭一些神祇与生俱来的信仰结构。带有强烈政治颠覆性的弥勒信仰，即使在“无生老母”信仰的新构造中，依然保持着其独特地位，成为不断酝酿明清民间新兴宗教内在冲突和与政治发生冲突的渊薮。

作为未来佛的弥勒佛，在佛教中是位掌管未来世界的最高神祇。据《弥勒下生经》称，弥勒下生时，“法王出现”，“正法治化”，人民安康富裕长寿，天下太平。② 弥勒佛将托生大婆罗门主妙梵婆罗门女梵摩波提，以为父母。据说，弥勒初会说法，九十六亿人得阿罗汉；第二大会说法，九十四亿人得阿罗汉；第三大会说法，九十二亿人得阿罗汉。③

在弥勒信仰的结构中，法王当国是弥勒降世的前提条件，而弥勒治世以后，人民就会过上幸福美满的生活。在中国民间佛教信仰中，三世佛的轮换与三阳劫变联系在一起，过去、现在、未来与佛法的正、像、末三时论混淆。因此，在临近佛陀灭度1 500年，也就是公元三四世纪以后，中原出现了许多迎接弥勒降生的沙门造反，甚至像梁武帝这样的帝王，也不惜三次舍身佛寺，以表明自己是真正的“法王”。弥勒教

① 《普明如来无为了义宝卷》，宝月如来分第十，《民间宝卷》，第2册，第368页。
② 竺法护译：《佛说弥勒下生经》，《中华大藏经》，第18册，第726～729页。
③ 摩罗鸠什译：《佛说弥勒下生成佛经》，《中华大藏经》，第18册，第734～737页。

的造反活动，到宋以后逐渐沉寂，在元末复以“明王出世”再起，已经渗透到了民间香会之中。在明末的民间新兴宗教中，信仰结构发生了重大变化，信徒通过修炼内丹而成仙成佛成为得救的主要方式，带有政治颠覆性的弥勒信仰在新兴教门中的影响大为削弱。即使像弘阳教，明确声称“弘阳法者，现在释迦佛掌教，以为是弘阳教主，过去清阳，现在弘阳，未来才是白阳”，但弥勒佛也只是诸多下凡佛祖的一位，“弥勒佛，临凡世，修行伴道”，[①]并不是改天换地的特殊角色。

但到明清鼎革之际，社会动荡，兵乱不息，弥勒佛信仰重新复活起来。在天启、崇祯年间，出现了一本《弥勒定劫经》，经文称：

> 第一界圣人下生，怀胎八十岁，指李为姓，名曰老君，第一界清阳会也。第二界圣人是梵王下生，号牟尼佛，第二界黄阳是也。第三界圣人是孔丘下生，号弥勒佛，第三界白阳是也。
>
> 当来弥勒领兵去下方，透虚南闫浮提，立镇乾坤，改换世界，重立人伦。……北极紫微星现在下方，将领二十八宿、九曜星君，落在秦州界，与胡人相争。……弥勒速去救济残缘。……

经文描绘了“末劫之年，皇胎之子，遭大劫难，男女受冤，十分人民死九分”的恐怖景象，指秦州为众神仙降临之地，[②]显然描绘了李自成、张献忠揭竿而起、后金向关内步步紧逼的危急形势，这种末劫恐怖的描述和弥勒下凡救世的许诺尤其打动人心。

1636年，闻香教徒胡有升给后金多铎的一份书信中，显然根据《定劫经》的内容，发挥己意，其中写道：“陕西秦地，出一真佛，通著乾坤。”这个“秦地真佛”，就是下生的弥勒佛，但他不是“与胡人相争”，而是“夜梦境中，观你金身，他要见你，山路遥远，难以来到，久等至今。乾坤变乱，该你大破燕京，四面八方，齐来护你坐殿”。[③] 可见，在崇祯年间，滦州石佛口王姓家族已借《定劫经》把弥勒崇拜引入了闻香教。

稍后，在与闻香教有着密切教缘关系的圆顿教主弓长的《古佛天真考证龙华宝经》中正式提出了三佛劫数、龙华三会的观念，将弥勒应劫救世信仰纳入到新兴教门之中，最终演化成无生老母生下九十六亿皇胎儿、皇胎女，流落尘世，燃灯佛青阳期龙华初会度了二亿，释迦佛红阳期龙华二会度了二亿，红阳末劫将临，无生老母派弥勒佛及众仙佛一齐下凡，共度九十二亿皇胎，共享白阳期天人之福的神话故事。

入清以后，由于民间普遍存在的“反清复明”意识，一些民间秘密结社不断抬出象征朱明王朝后裔的“牛八”作为“真命天子”，将之与“法王”的形象糅合在一起，红阳末劫来临、弥勒下世的信仰更加活跃，成为民间教门发动武装起事的重要信仰支柱。

明末的新兴宗教虽然成功地将末劫来临、法王治世与弥勒下生合为一体的信仰结构融入到无生老母普降仙佛、教尘世儿女修炼内丹以回归真空家乡的新兴教义之中，并为清代教门所继承下来，但无法排除教义的内在冲突和外部的政治压力。

民间宗教教义，在各教门中虽然经常有融会之处，但各有侧重。由儒入道的三一教、刘门教等，佛教教义实际上被虚化，而以儒行、道行为信徒的必修课。这些教门基本上与弥勒信仰无缘。罗清无为教衍生出来的许多教派，也有一些脱离罗教由内丹修行而进入真空家乡的主旨，演化成一种世俗佛教的形态。

① 《弘阳叹世经》，《明清民间宗教经卷文献》，第6册，第723、733页。
② 《佛说弥勒定劫经》。
③ 转引自庄吉发：《真空家乡：清代民间秘密宗教史研究》，（台北）文史哲出版社2002年版，第68～69页。

如老官斋教的姚门，入清之后，越来越侧重于烧香拜佛念经，做道场超度亡灵，通过宗教服务收取大量资财，清静无为的内丹修炼变成了繁文缛节的仪式道场。在这将民间宗教教义中所包容的佛教教义世俗化的过程中，弥勒信仰随时会因天灾人祸而被激发起来，成为信徒发动暴动的动因。

一些教门的教祖，立教之时，多有修炼苦禅的功夫，但传及子孙或师徒相传，其宗教修养未必如乃祖乃师，故教权多靠既有组织系统维持，能否审时度势地利用现实形势以追求教门组织的利益成为许多教门发展的常态，教义的主旨也会因时而变。石佛口王姓家族，在清代仍宣传弥勒佛必降王门，不过是为了维持王家世代传教敛钱的现实利益。八卦教在刘佐臣创教时，以内丹修行的《五女传道》风靡华北，但到乾隆时代，刘家子孙和各卦卦长日益注重源源不断的信徒奉献，靠虚构的先天祖李亭玉来维持其教权。从林清、李文成起事中，我们可以看到弥勒信仰的一些构造，在同治年间离卦的一个支派直接抬出了李向善为无生老母派来下凡的弥勒佛真身的神话，发展成了遍及华北和东北的大教门——九宫道。

民间教门为明清两代王朝所严禁，这与民间教门自认的宗教上的神圣性与世俗中的非法地位形成了尖锐冲突。明代后期的新兴民间宗教在教义上努力避免与世俗皇权的冲突，我们可以从晚明民间宝卷大多刊有“皇帝万岁万万岁”的牌位可以看出来，但这并没有能改变明王朝的取缔政策。满族入关以后，对于民间教门的取缔虽较明代更加严厉，但在顺治、康熙、雍正三朝，基本上没有大肆杀戮之举。但到乾隆十年以后，由于滇黔川大乘教案，清政府对民间教门的政策发生重大转变，引发了众多民间教门的“教难”，迫使许多民间教门走上了反抗道路，这个过程大体到同治年间才趋于消退，光绪九年王觉一的“末后一著教”起事，基本上成了尾声。“教难”作为“劫变”到来的明证，也就不断点燃推立法王、迎接弥勒下生的激情。清静无为的修炼内丹以求解脱的教义，根本无法救济迫在眉睫的“劫难”，晚明新兴宗教的教义主题到乾隆中叶以后，便开始了历史性的退潮。晚清崭露头角而迅速发展成为大教门的先天道系统和九宫道，虽然多少都继承了明末的新兴教义，但前者通过儒化和强化教规教仪而排除弥勒信仰中的政治颠覆因素，后者虽以弥勒降世为教主，但却通过佛化而渗透到佛教组织之中，反映了晚清到民国民间宗教对于自身信仰和生存环境的重新调适。

从陆王“心学”走向内丹修行成仙、成佛，在“三教”哲学思辨范畴之内，可以说是传统中华文明的一种智慧之果。这种智慧果实一旦成为民间的普遍信仰，便演化成为波澜壮阔的群众性宗教实践。从某种意义上说，从晚明到清代中叶，中国大地曾经出现过长达二三百年的前所未有的群众性内丹修炼“运动”。而在反清复明的民族矛盾和专制王朝的取缔镇压之下，传统的弥勒信仰不断冲击着由修炼内丹而得解脱的新兴宗教主题。如何摆脱现实政治的困扰，保存和光大民间教门组织自身，成为在太平天国运动以后幸存下来的一些民间教门当务之急。“三教合一”虽然在晚清和民国的民间宗教界依然流行，但在西学东渐的浪潮之下，已在思想界退出了主流地位而日益边缘化。在“三教合一”催生下的旷日持久而此起彼伏的群众性超越生死的宗教实践，林林总总的教门，数不清的仙佛下凡，五花八门的炼丹真经宝卷，都无法验证和实现其“普度众生”的宗教目标。随着“三教合一”思潮在主流意识形态的消退，明清新兴教门唤醒每个人身心中自存的“佛性”的教义，也最终依然回归到宗教自身对于形形色色“救世主”的期待。

论文渊阁《四库全书》二十四史的开创之功和学术贡献

李伟国　尹小林

（李伟国，上海师范大学硕士研究生毕业，上海人民出版社原总编；
尹小林，首都师范大学教授）

关于文渊阁《四库全书》二十四史，目前学术界的研究成果，有阐述乾隆纂修思想的，①有研究改订《辽》、《金》、《元》三史译名问题的，②有研究个别史的，③但进行总体研究并作出评价的论著甚少。④

本文拟以现代观点实事求是地评价文渊阁《四库全书》对于形成"二十四史"的开创之功及其整理诸史的学术贡献，并澄清一些学术误解，如文渊阁《四库全书》二十四史与武英殿本没有大的区别而差错更多，因而文渊阁《四库全书》二十四史价值不高，四库馆臣对《辽》、《金》、《元》三史的整理只是改译名，而且此举意义不大，"谬误百出"，《明史》的最后定本是乾隆四年武英殿刻本，等等，从而指出在文渊阁《四库全书》二十四史中蕴含着大量有待挖掘的学术成果。

一、二十四史最初形成于文渊阁《四库全书》

《隋书·经籍志》史部正史小序："自是世有著述，皆拟班、马，以为正史，作者尤广。……今依其世代，聚而编之，以备正史。"⑤这是以纪传体著作为正史，其后的目录学著作多循此例，但唐刘知几《史通》以《尚书》、《春秋》及以后之编年、纪传二体史书均为正史，⑥《明史·艺文志》又以纪传、编年二体并称正史。⑦

正史是何时定为二十四种，并出现日后家喻户晓、深入人心的"二十四史"这一名称的呢？或者说，二十四史最后形成于何时何本？作为一个图书的集合体，第一部二十四史是什么？这些问题看似简单，甚至会被认为不是什么问题，至少不是学术问题，但这确实是一个问题，而且是一个事关重大的学术问题。以权威的工具书为例。《辞海》："清乾隆时，《明史》定稿，诏刊二十二史，又诏增《旧唐书》，并从《永乐大典》等书中辑出薛居正《旧五代史》，合称二十四史。""流行的二十四史有两种：一为武英殿本，即清代官刻本。清末以来各种翻刻本大体以此为根据。一为商务印书馆的百衲本，集合各史较早刻本影印，

---

① 刘开军：《二十四史的刊刻与乾隆皇帝政治思想探析》，《天津社会科学》2010 年第 5 期，第 139 ~ 144 页。

② 如金鑫：《乾隆改定辽金元三史译名探析》，《满语研究》2009 年第 1 期，第 58 ~ 62 页。

③ 近年研究文渊阁本《明史》的文章有多篇，如乔治忠、杨艳秋：《四库全书本〈明史〉发覆》，《清史研究》1999 年 11 月，第 67 ~ 73 页。

④ 如程喜霖：《论〈四库全书〉对研究历史的意义——〈四库全书〉史部研究之一》，《湖北大学学报》（哲学社会科学版）1994 年第 5 期，第 60 ~ 64 页。

⑤ 魏征等：《隋书》卷三三《经籍二》，中华书局 1982 年版，第 957 页。

⑥ 刘知几撰，清浦起龙释：《史通通释》卷一二《古今正史》，上海古籍出版社 1978 年版，第 329 页。

⑦ 张廷玉等：《明史》卷九七《艺文二》，中华书局 1974 年版，第 2377 页。

原书刻误多据殿本修改，但亦有误改之处。新中国成立后对二十四史整理、标点，为研究提供了很大方便。”[①]《中国历史大辞典》的表述基本相同。[②] 但乾隆官刻武英殿本二十四史的最后完成时间，是乾隆四十九年，这是二十四史作为集合体的第一个版本吗？两部权威的工具书都没有明说。至于流行于网上的说法，“百度百科”认为：乾隆四年至四十九年武英殿刻印的《钦定二十四史》，是中国古代正史最完整的一次大规模汇刻；“维基百科”则说：清朝乾隆初年，刊行《明史》，加先前各史，总名“二十二史”。后来又增加了《旧唐书》，成为“二十三史”。从《永乐大典》中辑录出来的《旧五代史》也被列入。乾隆四年(1739)，经乾隆帝钦定，合称“二十四史”，并刊“武英殿本”。这样的表述是有问题的。

二十四史以《史记》为首，在二十四史形成之前，数史合称的曾经有“三史”、“四史”、“十史”、“十三史”、“十七史”、“二十一史”和“二十二史”等。三国时社会上已经有“三史”之称，通常是指《史记》、《汉书》和东汉刘珍等写的《东观汉记》。《后汉书》出现后，取代了《东观汉记》。“三史”加上《三国志》，称为“前四史”。唐代有“十史”之称，它是记载三国、晋、宋、齐、梁、陈、北魏、北齐、北周、隋朝十个王朝的史书的合称。后来又出现了“十三代史”，包括了《史记》、《汉书》、《后汉书》和“十史”。《旧唐书·吴汝纳传》：“吴汝纳者，澧州人，故韶州刺史武陵兄之子。武陵进士登第，有史学，与刘轲并以史才直史馆，武陵撰《十三代史驳议》二十卷。”[③]《新唐书·艺文志》：“宗谏注《十三代史目》十卷。”[④]到了宋代，在“十三史”的基础上，加入《南史》、《北史》、《新唐书》、《新五代史》，形成了“十七史”。北宋王令著有《王先生十七史蒙求》，[⑤]南宋吕祖谦则有《十七史详节》。[⑥] 明代又增以《宋史》、《辽史》、《金史》、《元史》，合称“二十一史”。成于明末的顾炎武《日知录》卷一八《监本二十一史》云：“宋时止有十七史，今则并宋、辽、金、元四史为二十一史。”[⑦]清朝雍正年间，纂修了九十年的《明史》完成，乾隆初年刊行，加先前各史，总名“二十二史”。《四库全书》《史记》卷前有一篇乾隆十二年二月朔《御制重刻二十一史序》云：“司马迁创为纪、表、书、传之体以成《史记》，班固以下因之，累朝载笔之人，类皆娴掌故，贯旧闻，旁罗博采，以成信史。后之述事考文者，咸取征焉。朕既命校刊十三经注疏定本，复念史为经翼，监本亦日渐残阙，并敕校雠，以广刊布。其辨讹别异，是正为多，卷末考证，一视诸经之例。《明史》先经告竣，合之为二十二史，焕乎册府之大观矣。”[⑧]

正史增加《旧唐书》和《旧五代史》，是乾隆官修《四库全书》期间的一大贡献。

《四库全书》《旧五代史》书前乾隆四十年奏折：“谨奏：伏查《永乐大典》散片内所有薛居正等《五代史》一书，宋开宝中奉诏撰述，欧阳修《五代史》之前，文笔虽不及欧之谨严，而叙事颇为详核，其是非亦不诡于正。司马光《通鉴》多采用之。当时称为《旧五代史》，与欧阳修之本并行。自金章宗泰和间，始专以欧史列之学官，而薛史遂渐就湮没。兹者恭逢圣主，稽古右文，网罗遗佚，获于零缣断简之中，搜辑完备，实为此书之万幸。至其纪载该备，足资参考，于读史者尤有裨益，自宜与刘昫《旧唐书》并传，拟仍昔时之

① 辞海编辑委员会：《辞海》(第六版彩图本)，上海辞书出版社2009年版，第545页。

② 中国历史大辞典编纂委员会：《中国历史大辞典》(音序本)，上海辞书出版社2007年版，第603页。

③ 刘昫等：《旧唐书》卷一七三《吴汝纳传》，中华书局1975年版，第4500页。

④ 欧阳修、宋祁：《新唐书》卷五八《艺文志》，中华书局1975年版，第1498页。

⑤ 脱脱等：《宋史》卷二〇七《艺文六》，中华书局1977年版，第5297页。

⑥ 永瑢等：《四库全书总目》卷六五，中华书局1965年版，第579页。

⑦ 顾炎武撰，黄汝成集释：《日知录集释》卷一八《监本二十一史》，上海古籍出版社1985年版，第1371页。

⑧ 司马迁：《史记》卷前，《景印文渊阁四库全书》，台北商务印书馆1983年版，第243册，第1页。

称，标为《旧五代史》，俾附二十三史之列，以垂久远。……奉旨：知道了，钦此。”①

《旧五代史》之列入正史较《旧唐书》早一年，二十二史加《旧五代史》为二十三史。

乾隆四十一年《旧唐书》书前提要：“臣等谨案：《旧唐书》二百卷，石晋宰相刘昫等撰。因韦述旧史增损而成。林駉、晁公武皆讥其失，盖其书不出一手，或一事两见，一文两载，一人两传，复乱之失，在所不免。又顺宗以前，其事较详，宣宗以后，其事多略。宋嘉祐中，乃命重修。然叙事条畅，有胜于新书者。杨慎、顾炎武皆谓不可偏废是也。向少传本，学者罕见，今与《新唐书》并刊列正史，可以互考矣。乾隆四十一年十月恭校上。”②

当然，“两旧”之进入正史之列，是顺应了学术界的呼声的，前引顾炎武《日知录》卷一八《监本二十一史》复有云：“《旧唐书》病其事之遗阙，《新唐书》病其文之晦涩。当兼二书刻之为二十二史，如宋、魏诸国既各有书，而复有南史、北史，是其例也。”③主张在二十一史之上加《旧唐书》为二十二史。乾隆四十七年成书（其时《旧五代史》刚刚辑出）的清乾嘉学派名家钱大昕的《廿二史考异》，已包括《旧唐书》，没有《明史》。成书于乾隆五十二年的清王鸣盛《十七史商榷》，对《史记》以下十三种正史，加上《南史》、《北史》、《旧唐书》、《新唐书》、《旧五代史》、《新五代史》，实际是十九部正史进行校勘和考订，因宋人习惯称为十七史，故沿用旧称。乾隆六十年成书的清乾嘉学派名家赵翼的代表作《廿二史札记》，实为廿四史札记，已包含《旧唐书》、《旧五代史》，只是在撰写之初两史尚未被定为正史，姑仍旧称。

文渊阁《四库全书》之史部正史类小序正式宣布了二十四史的确立：“正史之名，见于《隋志》，至宋而定著十有七，明刊监板，合宋、辽、金、元四史为二十有一，皇上钦定《明史》，又诏增《旧唐书》，为二十有三，近搜罗四库，薛居正《旧五代史》得裒集成编，钦禀睿裁，与欧阳修书并列，共为二十有四。今并从官本校录，凡未经宸断者，则悉不滥登，盖正史体尊，义与经配，非悬诸令典，莫敢私增，所由与稗官野记异也。”④程喜霖《论〈四库全书〉对研究历史的意义——〈四库全书〉史部研究之一》用“盖定”一词揭示了这件事。⑤

这是中国学术史乃至中国文化史上一件了不起的大事，日后名满天下、家喻户晓、深入到社会行进过程每个角落的二十四史由此诞生了。

武英殿本至《明史》刻成，在乾隆初年。“两旧”进入正史则是乾隆四十七年，以文渊阁《四库全书》的成书为正式断限，二十四史是在文渊阁《四库全书》中首次形成的，武英殿本《旧唐书》的补刻，与四库馆臣的辑录整理工作大体同步，《旧五代史》则稍后，所以武英殿本并不是第一部二十四史。

二、文渊阁《四库全书》本二十四史对武英殿本的再整理

如上所述，四库馆臣对于正史的贡献，首先是增入了《旧唐书》和从《永乐大典》中辑出了《旧五代史》，从而确定了与十三经相侔的二十四史，并且形成了第一部二十四史。

---

① 薛居正等：《旧五代史》卷前，《景印文渊阁四库全书》，第277册，第2页。
② 刘昫等：《旧唐书》卷前，《景印文渊阁四库全书》，第68册，第40页。
③ 顾炎武撰，黄汝成集释：《日知录集释》卷一八《监本二十一史》，第1376页。
④ 永瑢等：《钦定四库全书总目》卷四五，《景印文渊阁四库全书》，第2册，第2页。
⑤ 见前引程喜霖文。

文渊阁《四库全书》中的其余二十二史，其所据版本虽然均标示为“内府刻本”即武英殿本，但也不是照录照抄，而是作了不同程度的精心整理和修订，留下了丰富的学术成果。

文渊阁《四库全书》二十四史中的考证，是四库馆臣在整理中进行本校、他校和内容考证的部分成果。武英殿本二十二史除《金史》和《明史》以外，原均有考证，文渊阁《四库全书》二十二史在武英殿本的基础上再次进行了校理并撰写考证。在附于《四库全书》之末的《钦定四库全书考证》中，对《史记》、《前汉书》、《晋书》、《南齐书》、《梁书》、《陈书》、《魏书》、《北齐书》、《周书》、《隋书》、《南史》、《北史》、《旧唐书》、《新唐书》、《五代史》、《宋史》等十六部书均据各种版本和大量史籍校改武英殿刊本，有定论者均在正文中一并改正，亦有存疑未改者。

其中《旧唐书》原为武英殿本所无，四库馆臣将其收入时即作了考证，武英殿据以刻入之后馆臣又有所考证，故《钦定四库全书考证》之《旧唐书》部分又有考证订正刊本。其中如卷三考证：“太宗纪戊午，以结骨部置坚昆都督。乙亥，幸玉华宫。乙卯，赐所经高年笃疾粟帛有差。乙卯，蒐于华原。案《新唐书》帝纪此俱二月中事。二月上有癸丑、戊午，下不得有乙卯，且不得有两乙卯。《新书》乙卯见京城父老劳之，乙亥幸玉华宫，己卯猎于华原。疑此赐所经粟帛与劳京城父老同为一事，而误置其文在幸玉华宫之下，且讹蒐日之己卯为乙卯也。”①所考有理，中华书局标点本唯后乙卯作己卯，无校记。文渊阁《四库全书》本《旧唐书》之校勘成果尚未被中华本汲取者甚多。②

其余八史，《旧五代史》和《明史》，《四库全书》中的考证均为新写，《辽史》、《金史》和《元史》的考证几乎为重写，唯《后汉书》、《三国志》和《宋书》没有新的考证。可以说，文渊阁《四库全书》二十四史对武英殿刊本已作了全面的再整理。

《辽》、《金》、《元》等史是四库馆臣再整理的重点，《金史》因原修纂状况较好，四库馆臣仅在卷四一补了考证，《辽史》和《元史》的考证则有大幅增加，试看下表的不完全统计：

	《辽　史》		《元　史》	
卷　数	原条目数	现条目数	原条目数	现条目数
一	5	12	7	21
二	2	8	0	7
三	6	12	0	13
四	2	19	0	7
五	1	1	0	10
六	2	2	0	7
七	2	3	0	6
八	2	3	1	6

① 《钦定四库全书考证》卷二七，《景印文渊阁四库全书》，第1498册，第130页。

② 如中华本《旧唐书》卷一二《德宗本纪》唐德宗李适建中三年（782）六月：“怀宁李希烈检校司空。”“怀宁”，武英殿本同，然实当作“淮宁”，李希烈为淮宁节度使，故当称“淮宁李希烈”，库本《旧唐书》即作“淮宁”。又中华本《旧唐书》卷七四《刘洎传》：“臣以愚短，幸参侍从，思广离明，愿闻径术。”“径术”，武英殿本同，库本《旧唐书》作“经术”，当以库本为是。又中华本《旧唐书》卷一四《顺宗本纪》贞元二十一年（805）三月戊子：“郑瑜吏部尚书。”“郑瑜”当作“郑珣瑜”，《新唐书》卷一六五有传，顺宗初立时授吏部尚书者乃郑珣瑜，而非郑瑜。库本《旧唐书》即作“郑珣瑜”。

续 表

	《辽 史》		《元 史》	
卷 数	原条目数	现条目数	原条目数	现条目数
九	1	3	1	8
十	2	11	1	10
合计	25	74	10	95

可见两史的考证大部分是新增加的。

四库馆臣认为《辽史》编纂粗率,书中提要云:

臣等谨案:《辽史》一百十五卷,元托克托等奉敕撰。至正三年四月诏儒臣分撰《辽史》,四年三月书成,为本纪三十卷,志三十一卷,列传四十五卷。考辽制书禁甚严,凡国人著述,惟听刊行于境内,有传于邻境者罪至死(见沈括《梦溪笔谈》僧行均《龙龛手鉴》条下)。盖国之虚实不以示敌,用意至深。然以此不流播于天下。迨五京兵燹之后,遂至旧章散失,澌灭无遗。观袁桷《修三史议》、苏天爵《三史质疑》,知辽代载籍可备修史之质者,寥寥无几,故当时所据惟耶律俨、陈大任二家之书,见闻既隘,又蒇功于一载之内,无暇旁搜,潦草成编,实多疏略。其间左支右绌,痕迹灼然。如每年游幸,既具书于《本纪》矣,复为《游幸表》一卷;部族之分合,既详述于《营卫志》矣,复为《部族表》一卷;属国之贡使,亦具见于《本纪》矣,复为《属国表》一卷;义宗之奔唐,章肃之争国,既屡见于纪志表矣,复累书于列传;文学仅六人,而分为两卷;伶官、宦官本无可纪载,而强缀三人。此其重复琐碎,在史臣非不自知,特以无米之炊,足穷巧妇,故不得已而缕割分隶,以求卷帙之盈,势使之然,不足怪也。然辽典虽不足征,宋籍非无可考。《东都事略》载辽太宗建国号大辽,圣宗即位,改大辽为大契丹国,道宗咸雍二年,复改国号大辽。考重熙十六年《释迦佛舍利铁塔记》,石刻今尚在古尔板苏巴尔汉,其文称维大契丹国兴中府重熙十五年丙戌岁十一月丁丑朔云云,与王称所记合,而此书不载,是其于国号之更改,尚未详也。《文献通考》称辽道宗改元寿昌,洪遵《泉志》引李季兴《东北诸蕃枢要》云,契丹主天祐年号寿昌,又引《北辽通书》云,天祚即位,寿昌七年改为乾统,而此书作寿隆,殊不思圣宗讳隆绪,道宗为圣宗之孙,何至纪元而犯祖讳。考今兴中故城(即古尔板苏巴尔,汉译言三塔也,故土人亦称三座塔云)东南七十里柏山有安德州灵岩寺碑,称寿昌初元,岁次乙亥,又有玉石观音像唱和诗碑,称寿昌五年九月,又易州有兴国寺太子诞圣邑碑,称寿昌四年七月,均与洪遵所引合。又《老学庵笔记》载圣宗改号重熙,后避天祚嫌名,追称重熙曰重和。考兴中故城铁塔记旁有天庆二年释迦定光二佛舍利塔记,称重和十五年铸铁塔,与陆游所记亦合,而此书均不载。是其于改元之典章,多舛漏也。《潜研堂金石文跋尾》又称据太子诞圣邑碑诸人结衔,知辽制有知军州事、通判军事、知县事之名,而《百官志》亦不载。是其于制度有遗阙也。至厉鹗《辽史拾遗》所摭,尤不可更仆数。此则考证未详,不得委之文献无征矣。然其书以《实录》为凭,无所粉饰,如《宋史》载太平兴国七年战于丰州,据此书则云,保裔被擒而降,后为昭顺军节度使,审其事势,《辽史》较可征信。此三史所由并行而不可偏废欤。乾隆四十九年十一月恭校上。①

① 脱脱等:《辽史》卷前,《景印文渊阁四库全书》,第289册,第19~21页。

正因为如此，馆臣于此史用工甚深。现以《辽史》卷四为例，来考察四库馆臣所做考证的学术内涵。①

原　　文	库　本　考　证	中华本校记	本文作者按
(会同元年二月)丙申，上思人皇王，遣惕隐率宗室以下祭其行宫。	会同元年二月丙午　丙午原本作丙申。按丙申应在丁酉、戊戌之上，据下文丁未考之，当系丙午，今改正。		殿本作“丙申”，无考证。中华本亦作“丙申”。
(会同元年夏四月)西南边大详稳耶律鲁不古奏党项捷。	夏四月耶律罗卜科奏党项捷　罗卜科原本作鲁不古，列传同此，与卷三之卢不姑、本卷后之鲁不姑系一人而音转歧误，今并改为罗卜科。		此为库本统一译名之例，卷三、卷四六均有卢不姑。
(会同元年十一月)丙寅，皇帝御宣政殿，刘昫、卢重册上尊号曰睿文神武法天启运明德章信至道广敬昭孝嗣圣皇帝。大赦，改元会同。	十一月丙寅改元会同　按此为天显十二年十一月事，《五代欧史》载契丹改天显十一年为会同元年系误。此条考证沿用殿本而明指《新五代史》有误。		殿本考证云：臣长发按：《五代新史》契丹改天显十一年为会同元年，更其国号大辽。考《太宗本纪》，止有改元而无改国号一事，但改元在天显十二年，《五代新史》则在十一年。中华本无校记。
会同三年冬十月辛丑，遣克朗使吴越。			殿本考证云：克朗，《资治通鉴》作遥折。殿本考证共两条。
(会同四年二月)丙子，铁骊来贡。	四年二月丙午　丙午原本作丙子，按上正月书丙子，则二月不得复有丙子，以上甲辰下丁巳计之，应系丙午，今据《永乐大典》改。		中华本未改。
(会同四年秋七月)丙寅，袅古只奏请遣使至朔令降，守者犹坚壁弗纳。且言晋有贡物。命即以所贡物赐攻城将校。	秋七月尼固察奏晋遣使至朔令降　原本晋讹请，今据《永乐大典》改。		中华本未改。
(会同五年春正月)是月，晋以朔州平，遣使来贺，遂遣客省使耶律化哥使晋，并致生辰礼。	五年春正月晋以朔州平遣使来贺　原本遣讹请，今据《永乐大典》改。		中华本已改。
(会同五年二月壬辰)遂诏以明王隈恩代于越信恩为西南路招讨使以讨之。			库本作：遂下诏以明王温代裕悦新为西南路招讨使以讨之。
(会同五年)三月乙卯朔，晋遣齐州防御使宋晖业、翰林茶酒使张言来问起居。	三月晋遣齐州防御使宋晖业来问起居　按宋晖业《五代薛史》作宋光邺，此避太宗讳。	齐州防御使宋晖业　晖业，《旧五代史》八〇作光邺，此避太宗德光名改。	中华本与库本同。

① 表中材料分别见《辽史》之三种版本：《景印文渊阁四库全书》，台北商务印书馆1983年版，第289册，第58～59页；中华书局，第43～62页；上海古籍出版社，《二十五史》之《辽史》，第6794～6796页。

续　表

原　文	库　本　考　证	中华本校记	本文作者按
(会同五年)五月五日戊子,禁屠宰。	五月五日戊子　戊子,原本作戊午,以上四月甲寅朔考之,则五月五日应系戊子,今据《永乐大典》改。	五月五日戊子戊子　子,原误午。按朔考,五月甲申朔,五日为戊子,据改。	中华本已校改。库本有《永乐大典》为据。
(会同五年)秋七月庚寅,晋遣金吾卫大将军梁言、判四方馆事朱崇节来谢。	秋七月晋遣判四方馆事朱崇节来谢　朱崇节,按《五代史》作宋崇节。	四方馆事朱崇节　《新五代史》九《出帝纪》作"四方馆使宋崇节"。	中华本与库本同。
(会同五年)十一月乙未。	十一月己未　按本史《历象志》,是年十一月系辛巳朔,计辛巳距己未三十九日,十一月内不应有己未日,系误。		库本原作"己未",中华本已改。
(会同八年三月)戊子,赵延寿率前锋薄泰城	八年三月戊午　戊午原本作戊子,按三月内不应有戊子,以上庚戌下己未计之,应系戊午,今改正。		中华本未改。
(会同九年)五月庚戌,晋易州戍将孙方简请内附。	九年五月晋易州戍将孙方简请内附　孙方简,按《五代欧史》作孙方谏。	孙方简,《国志》三同。《新五代史》九《出帝纪》及四九本传、《册府元龟》作孙方諫。《通鉴·后晋纪》六胡注:"盖孙方简后避周太祖皇考讳,遂改名方諫也。"	中华本校记说得更清楚。
(会同九年十一月)丙申,先遣候骑报晋兵至。	十一月先锋候骑报晋兵至　先锋原本作先遣,据《永乐大典》改。		中华本未改。
(会同九年十一月丙申)杜重威遣贝州节度使梁汉璋率众来拒。	杜重威遣贝州节度使梁汉璋率众来拒　贝州节度使原本作其将节度使,据《永乐大典》改。		中华本已改。
(会同九年十一月丙申)宋彦筠堕水死	宋彦筠堕水死　按《资治通鉴》载,晋兵与契丹夹滹沱而军,晋军争桥不胜,杜重威遣王清与宋彦筠俱进,清战甚锐,契丹以新兵继之,清及士卒皆死,彦筠战败,浮水抵桥得免。《册府元龟》载,王清从杜重威北征,至中渡桥,清为先锋,开桥夺路,重威遣宋彦筠与俱,彦筠寻退走,清酣战不息,与其下俱没焉。《五代欧史》亦书彦筠退走,王清力战而死。又按《通鉴》,是年十二月契丹遥以兵环晋营,军中食尽,杜重威与李守贞、宋彦筠谋降契丹。又按陶岳《五代史补》云,后汉乾祐中,宋彦筠为郑州节度使。据此则王清战死,而宋彦筠之未死明矣。此书彦筠堕水死,盖当时因其堕水,遂误以为死耳。		中华本无考。
(会同九年十二月丙寅)监军傅桂儿。	监军富珠哩　原本作傅桂儿,他卷又作傅住儿,今据《五代欧史》并改。	桂儿,《新五代史》七二、《国志》三及《通鉴》并作住儿。	两本基本相同。

续　表

原　　文	库 本 考 证	中华本校记	本文作者按
(大同元年春正月)辛卯,降重贵为崇禄大夫。	大同元年春正月降重贵为崇禄大夫　按《五代薛史》作光禄大夫,此避太宗讳。	崇禄大夫,《旧五代史》八五作光禄大夫,此避太宗德光名改。	两本同。
(大同元年春正月癸卯)太妃安氏。	太妃安氏　原本缺太字、安字,今据《永乐大典》增。	太、安二字原缺,道光殿本已据《大典》补入,与《新五代史》八五合,据补。	两本同。

以上共19条,库本考证有《永乐大典》为据者7条,以其他史料为据者7条,理校者5条。19条中中华本7条有校记,库本据《大典》校改之7条,中华本有3条未改。

《辽史》之祖本应为元刻本,初刻本已佚,现存数种元末明初翻刻本和明钞本。明杨士奇《文渊阁书目》卷二登录了四部《辽史》,其中三部为二十册,一部为十五册,是明初朝廷应藏有较早刻本的完整《辽史》,《永乐大典》即据以录入,因此《大典》所载《辽史》,实可视为一种早期版本。清修《四库全书》时,《大典》大部尚存,馆臣用以校勘之成果,在《大典》大部已佚之今日是十分可贵的。中华本在校勘中未能充分使用,有学术误解和历史原因。

中华书局本《辽史》曾校道光殿本。前述文渊阁《四库全书》本二十二史是在乾隆四年完成的武英殿本的基础上在加工而成的,又据陆枫先生研究,道光年间殿本有过一次大规模的重刻,其中《辽》、《金》、《元》诸史,据文渊阁《四库全书》本作了较大的修订,[①]所以中华本吸收了道光殿本的成果实际上就是文渊阁本的成果。中华书局本校记采纳时或标"张校",实即库本考证。

可见文渊阁《四库全书》本二十四史之《辽史》是一部质量较高的古籍整理著作,其间仍有大量宝贵学术成果有待利用。而《辽史》仅为一例,整部文渊阁《四库全书本》二十四史中有待梳理挖掘的学术宝藏定不在少。

三、清修《明史》的定本是文渊阁《四库全书》本

后朝修前朝史,是我国的优良文化传统,就如同宋修《唐》、《五代史》,元修《宋》、《辽》、《金史》等一样,清朝也担负起了修《明史》的责任。清修《明史》延续的时间很长,最后究竟定稿于何时?学术界的认识是逐步明朗的。编纂于上世纪八九十年代的《中国历史大辞典》说:"顺治二年(1645)设明史馆,开始纂修,不久即止。康熙十八年(1679),又诏开明史馆,以学士徐文元、叶方蔼及庶子张玉书为总裁,召彭孙遹等五十人入馆纂修。后复以徐乾学、王鸿绪总其事。万斯同则以'布衣'参与编修,用力尤多。王鸿绪《明史稿》,实出其手。雍正元年(1723),张廷玉为总裁,据王稿增损成编,纂成于十三年十二月,乾隆四年(1739)刊行。先后纂修九十年,与修者共六十人,其中不乏一时名儒。是书取材丰富,文字简练,叙事评论人物,颇称平允,较前朝之史增《七卿表》及《阉党》、《流贼》、《土司》三传,尤足以显示明朝政治之

① 陆枫:《试论武英殿刻二十四史版本源流及其历史作用》,《古籍整理与研究简报》1989年,总第213期。

特点;《历志》中加图,使便于理解。但书中颇多忌讳,于满洲先世及南明诸帝之事,均语焉不详,且有失实之处。乾隆四十年,以蒙古人、地名音译未真,对音讹舛,译字鄙俚,曾下令改订。其后又以《英宗本纪》事实疏略,谕令增修,对是书之缺漏舛误进行补编考订的著述亦多。"[①]《辞海》第六版(2009)的表述大部分与之相同,唯最后进一步指出:"乾隆四十年,以元时人地名对音讹舛,译字鄙俚,曾谕令改订,其后又以《本纪》事实疏略,复命考核增修,刊成《本纪》二十四卷,有故宫博物院影印本。"[②]指出乾隆时除了改订元时人地名对音以外,还考核增修了《本纪》。

发表于《清史研究》1999年11月的乔治忠(南开大学历史系教授)和杨艳秋(南开大学历史系博士研究生)的文章《四库全书本〈明史〉发覆》对文渊阁《四库全书》二十四史之《明史》作了较为深入的研究,[③]指出,武英殿本刊行后《明史》的改修于乾隆四十年(1775)开始,主要是对《明史》中有关的元朝人名、地名按照乾隆时新的译音标准进行了查核改订。乾隆四十二年(1777),清高宗已不满足于仅仅改译《明史》中的人名、地名,而谕令修改《明史本纪》。

《发覆》文认为,《明史本纪》主要做了史事原委的补充、史事记述的润色、增补史事和赞语的修改四方面的工作,并以大量例子证明,《明史本纪》得到了全面改修。此点《辞海》"《明史》"条目已有所反映。

《发覆》文进一步指出,四库馆臣对《明史列传》也进行了精心的考证和修订。库本《明史》从卷一一六列传四开始有考证共223卷,每卷少则数条、多则二十条,这是武英殿本所没有的。考证所引述的资料极为丰富,其中有的是年代、人名、地名的订讹,有的则是史实错误的勘正,以及注释说明、考异存疑等,重在澄清事实,改正谬误。这是《明史》改修取得的一大成果,也使库本《明史》在质量上显著优于原乾隆四年武英殿刊本。

库本《明史列传》在撰写考证的同时,原文错误一经考证确定,便对列传正文进行更正。还有一些讹误之处,已在正文中改正,却不再附于卷末考证,这大多是有关年代、人名、地名和职官名的错误,也有一些史实记载的更正。如卷二一三《张居正传》库本:"六年满,加少傅、吏部尚书、建极殿大学士。"[④]中华书局本于"六年满加少傅"[⑤]下有一条100多字的校记,以考证"少傅"原作"太傅"之误,盖因殿本误作太傅也。

《明史列传》中赞语的修改亦不在卷末附有考证,这种修改约有十余处。和本纪中赞语的修改一样,列传中赞语的修改也反映出了清代官方对明代史事评断的变化。

库本《明史》志、表部分没有"考证",但据笔者考察,也对武英殿本有所改动,如卷九六《艺文一》库本"大学士梁储等具疏奏请检内阁并东阁藏书",中华本作"大学士梁储等请检内阁并东阁藏书残缺者",又库本两处将"钱谦益"改为"后之人"或"明季人"。[⑥]

《发覆》文的结论是:《明史》曾被认为是"二十四史"中除"前四史"外质量最好的一部。然而,过去很少有人注意到,这部《明史》后来经过精心细致的勘改和修订,从而形成了《明史》的最后定本即《四库

① 中国历史大辞典编纂委员会:《中国历史大辞典》(音序本),第1805页。

② 辞海编辑委员会:《辞海》(第六版彩图本),第1591页。

③ 乔治忠、杨艳秋:《四库全书本〈明史〉发覆》,《清史研究》1999年11月,第67~73页。

④ 张廷玉等:《明史》卷二一三,《景印文渊阁四库全书》,第300册,第521页。

⑤ 张廷玉等:《明史》卷二一三,中华书局1974年版,第5644、5654页。

⑥ 以上三例分别见:张廷玉等《明史》卷九六,《景印文渊阁四库全书》,第298册,第505、506、562页;中华书局1974年版,第2343、2346、2484页。

全书》本,这是研究《明史》和研究清代官方史学值得注意的问题。若干年来,学术界虽对《明史》一书多所研究,但对《明史》刊行后的再次改修注意不够,甚至略有微辞,这应当客观地予以重新审视。因原本《明史》刊行较早,乾隆四年书成后,不仅官方大量印行,还允许私人广为刊刻。相反,《四库全书》本《明史》则未能得以刊印,而且收藏严密,人们不易得见,所以行世的仍是乾隆四年刊本。直至1972年中华书局标点本《明史》印行,仍未对《四库全书》本《明史》予以应有的重视,甚至未用以校勘,不免令人遗憾。

库本与殿本有很大差异,早在民国时代,前辈学人已经有所觉察。张元济先生编印《百衲本二十四史》时,对于《明史》,傅斯年先生就建议改用库本。

1936年,张元济与傅斯年互致信函讨论百衲本的编印问题,关于《明史》,傅斯年致张元济信有云:"《明史》无殿本以外之刊本,故百衲本仅附《捃遗》,然四库本系(殿本)刊行后复修改者。百衲本既以补正殿本为宗旨,似不妨于《明史》舍殿本而用四库本,俾已有殿本者不有重复之累,而别得一秘本。"(《捃遗》即清王颂蔚《明史考证捃逸》)张元济接信后在信上批注云:"请岫庐、拔可先生台阅。"(岫庐即王云五先生)又于天头批注:"《明史》苦无善本,北平图书馆四库本如叶数不增多,能照从前借照《衲史》不索重酬,即采用傅氏之说,何如? 祈核示。复傅氏信固已谢绝矣。"王云五先生批注:"鄙意如四库本与殿本无更动,仍以用殿本为便。因商借费时,且必不能免酬也。"张元济在批注之前(同日),复信傅氏云:"《明史》本纪前闻故宫有写本,与殿本稍有异同。曾商借印,坚拒不许。四库本别无更动,出书期迫,亦拟不再变易,尚希鉴察。……国立机关所藏善本流通行世极所欣愿。惟故宫及北平图书馆索酬较重(前在日本图书寮、内阁文库、静嘉堂文库等处借书,印成之后仅送书十数部耳),同人为营业计,以是不免趑趄。"①

可见当年在商务印书馆影印《百衲本二十四史》之时,对于版本的选用,张元济先生与傅斯年先生曾多次商讨,于《明史》傅先生是主张选用四库全书本的,理由有两点,第一为"四库本系(殿本)刊行后复修改者",第二为"俾已有殿本这不有重复之累,而别得一秘本",傅先生确认四库本《明史》乃殿本之修改本,实为卓见。但张元济先生经过商讨之后没有采纳傅先生的建议,理由有三条,第一是"《明史》本纪前闻故宫有写本,与殿本稍有异同""四库本别无更动",第二是故宫索酬较重,第三是"出书期迫"。这三条理由中最主要的一条,是张先生以为四库本除了本纪以外,别无更动。我相信如果张先生得知四库本实际上对殿本作了相当大的修订,也许会不顾成本增加,毅然改用四库本的。而如果张先生当时采用了四库本,那么建国后整理二十四史,《明史》的底本选择也就颇费斟酌了。因为虽然学人一定可以借助四库本的流行得知清朝编纂《明史》的最后成果乃此本,但因为此本在提高纂修质量的同时,也改订了元代译名,可能仍然会被舍弃。当然即使不将此本选为底本,在整理时充分利用其成果,则是可以肯定的。

清人改订《辽》、《金》、《元》史译名,在现代史学界曾饱受诟病,甚至被嗤之以鼻,我认为在清朝被推翻一百年后的今日,在这个问题上也应进行实事求是的分析和评价,且不说此举在当时的必然性和合理性,在清人对诸朝译名的改订中,也蕴含着大量有用的学术成果,不可视而不见。

由于所见早期版本不够,文渊阁《四库全书》本二十四史也存在不少问题,虽然其考证每每有与佳本暗合者。

限于历史的条件和学术界的某些模糊认识,在上世纪中华书局出版二十四史整理本的时候,对于文

① 张元济著:《张元济全集》第3卷《书信》,商务印书馆2009年版,第270~271页。

渊阁《四库全书》本，除了《旧五代史》以1921年南昌熊氏影印《四库全书》本为底本以外，几乎没有加以利用，《辽史》等所用不同于早期殿本的"道光殿本"，实为据库本重刻，这是一种被动的使用。相信目前正在进行的修订工作，一定会对文渊阁《四库全书》本二十四史所蕴含的宝贵学术成果予以充分的开掘和利用。而不管怎么说，文渊阁《四库全书》本二十四史都会以中国历史上第一部二十四史而享有崇高的地位，并具有独立的价值。

关于中国茶史研究若干问题的考证

——《中国茶书全集校证》导言

方　健

中国是茶的原产地，也是茶文化的发源地，这是毋庸置疑的史实。但关于茶的起源问题，却被蒙上了神秘色彩，长期得不到科学的确证。在我国曾长期流传神农发明茶的说法。许多茶人乃至有些茶史学者迄今仍深信不疑，奉之为不二法门。但这实在不过是经历代渲染，不断重复、有多个版本的神话或传说而已。而在将茶道奉作“国粹”的日本则另备一说，认为茶乃佛祖释迦牟尼所“发明”。其说云：佛祖有一次在沉思中睡着了，醒后十分懊丧，便割下自己的眼睑扔在地上，生根长成茶树。其叶浸泡于热水，饮后即有却睡之功（见《简明不列颠百科全书》第二册的记载），堪称言之凿凿，信而有征。但显而易见，那不过是一个神话而已。无独有偶，与此异曲同工的神农发明茶之说，却在我国广泛流传，迄今对此深信不疑者仍大有人在。似乎将中国饮用茶的历史向前推得越久远，就愈能证明我国是茶饮唯一的发源地，这不过是某些茶人一厢情愿的美好愿望罢了。正是这种虚妄的茶起源说使海内外的学者产生了困惑，从而为多起源说起了推波助澜的负面作用。因此探索茶之为饮起源于何时何地，就成为茶史研究首先需要搞清楚的重要问题。

一、中国茶起源的时间与地点考

神农发明茶之说，究竟由谁提出，今已难确考，但最先将此说付诸文字并加以阐述者首推陆羽。他在《茶经・六之饮》中指出：“茶之为饮，发乎神农氏”，在同书《七之事》中又提出“三皇炎帝神农氏”为茶祖的观点，又引相传为神农所撰的《神农食经》云“茶茗久服，令人有力悦志”，以证其说。其实神农、三皇、炎帝皆为传说和神话中的人物，是先秦至秦汉间言人人殊的人们“想象中的人物”。其发明农业，医药等传说，不过是人神合一的蒙昧时代的象征。《白虎通・号篇》就已指出，神农不过是“教民农耕，神而化之”的人物。西汉刘安主编的《淮南子・修务训》就已指出：“世俗之人，多尊古而贱今，故为道者，必托之于神农、皇帝而后能入说。”一语道破伪托神农者的虚妄和迷信者的可悲！两千年前的古人实在比笃信神农发明茶的今人高明许多。《汉书・艺文志》虽著录《神农》二十篇，班固自注却云：“六国时，诸子疾时怠于农业，道耕农事，托之神农。”颜师古注更引刘向《别录》之说谓：“疑李悝及商君之说。”陆羽提出神农发明茶之说后，即遭到唐宋时人的痛斥。如南宋著名思想家叶适（1150～1223）在其读书笔记中明确指出，所谓神农发明农业、商业之说，实在不过是汉代易学家的伪造。其说见《习学记言序目》卷四《周易四・系辞下》。陆羽曾被誉为茶圣、茶祖、茶仙，《茶经》更被奉为茶学百科全书，不二法门，但“盛名之下，其实难副”。由于其所处时代的认知局限，留下不少经不起推敲的似是而实非之论，神农发明茶之说，即为典型一例。但《茶经》产生于1 200年前，其为茶学经典之作，当非不虞之誉。早在80年前，有“当代茶圣”

之誉的吴觉农先生就已指出：对于神农尝百草、遇毒得茶而解的神话，“自然没有信奉的必要”。约略稍前，曾学过医的鲁迅先生也指出：“我们一向喜欢恭维古人，以为药物是一个神农皇帝尝出来的。他曾经一天遇到七十二毒，但都有解法，没有毒死。这种传说，现在不能主宰人心了。”20世纪已有定论的事，在生物工程和互联网的信息时代却被有些人反复炒作，信其说者仍大有人在，不能不是一大悲剧。是信从可靠历史文献的记载，还是信从人云亦云的传说，这是科学的史学研究与所谓“茶人”及其“茶文化研究”的根本区别。

不妨从文献学的角度考察一下神农发明茶之说的虚妄，必然涉及到茶学界另一个争论已久的问题：即茶是从药用进化到食用，还是从食用进化到饮用？文献考证的结果，应以后者为妥。关于神农尝百草的传说，最初的记载中，只是为了解决果腹的问题，然后教民耕种，发展栽培农业。这种传说，似始见于《淮南子·修务训》：“古者，民茹草饮水，采树木之食，食蠃蛖蚘之肉，时多疾病、毒伤之害。于是神农乃始教民播种五谷，相土地宜，燥湿肥硗高下。尝百草之滋味，水泉之甘苦，令民知所避就，当此之时，一日而遇七十毒。”类似之记载还见于《新语·道基》：“至于神农，以为行虫走兽，难以养民，乃求可食之物，尝百草之实，察酸苦之味，教民食五谷。”《逸周书》等也有相似的载述。这里并未提到过“茶”字，而且茶也根本不会有解植物中毒和水毒之功能。神农其人，尽管子虚乌有，但上述记载似乎反映了这样的史实：在由渔猎向农耕时代过渡的漫长岁月，古代先民，历尽艰辛，尝百草，采树食，首先是为了解决吃饭的问题。由于环境的恶劣，生活条件的困苦，才在同疾病的斗争中逐步发现了中草药。在较早的资料中，并没有神农尝百草而中毒的记载。《诗经》中保存了一张从西周到春秋时期人们食用各种食物的“菜单”，其中并无茶。迄今在西南少数民族中仍保留着食用腌茶的习俗，也许即为古人食用茶的遗风。综合上述两方面的情形，比较合乎情理的结论似是：所谓尝百草，首先应是食用，在长期的食用过程中，发现某些草本或木本植物的药理功能及疗疾作用，才被遴选出来作为中草药。茶的演变过程似乎应是从食用到饮用。虽然《本草》中有茶，但按现代审评标准，与其说茶有药用功能，不如说茶有某些保健作用更加切合实际些。

值得注意的是《孔丛子·连丛子下》有记载称：“伏羲始尝草木可食者，一日而遇七十二毒，然后五谷乃形。”这里虽说神农换成了伏羲，日遇七十毒也变成了七十二毒，但仍然没有茶，说明这类传说有多种版本，是会在长久的口耳相传中变换内容，力求其“可信”性而已，但这丝毫改变不了其虚妄性。

今考《本草》之名，似始见于《汉书·楼护传》，时间约在汉平帝元始五年（公元5年），梁《七录》始著录《神农本草》三卷。但因是书所载郡县已有东汉地名而令时人怀疑。《颜氏家训·书证篇》已认为出于后人附益。宋人张耒（1054～1114）则已有《本草》起东汉之说。《隋书·经籍志三》又著录《神农本草》八卷，附注云“梁有《神农本草》五卷，《神农本草属物》二卷，《神农明堂图》一卷”，当为这三种书的合编。注中又著录东汉以下十五家《本草》，还有托名雷公集注的《神农本草》四卷。上述诸书今已全佚，古本《神农本草经》中的零星佚文，今可考见者，似始于《楚辞章句》东汉王逸注。余嘉锡先生曾据郑玄注《周礼·天官》称：“治合之齐，存乎神农、子仪之术。”进而推测，《神农本草经》或即《子仪本草经》。子仪为战国名医扁鹊的弟子。余说虽不无道理，今之治中药史者亦有类似说，谓《神农本草经》当撰于战国时期。但甄志兴先生撰文指出：《本草经》并非出于一时一人之手笔，应是秦汉以来医药家采集药物，并在医疗实践中加以总结整理而成的集大成之作。从书中所记采药时间以寅月为首考察，则是书完成的时间上限，当不早于始定历法通行以寅月为岁首的西汉武帝太初元年（前104）；而从书中所及地名多东汉时郡县名，且书中所云重视养生、服石、炼丹等也与东汉的社会风尚吻合。其又称《本草经》佚文以三国吴《本草》所存为早，则似可断言《神农本草经》当编定于东汉之世。其说虽仍未得到出土文献的确证，但这也许是最有说服力的论述之一。

重要的是：《本草》经历代传承，由《唐本草》—《开宝本草》—《嘉祐本草》—《政和本草》的发展完善过程，在距今约900年时终于有了里程碑式的定本。但从《神农本经》起至《政和本草》，均无神农日遇七十二毒、得茶而解的片言只字。令人难以置信的是，这条记载竟出于清人孙壁文的伪造。当代茶学泰斗吴觉农先生在其遗著《茶经述评·前言》中论定："茶树原产地是在我国的西南地区，而在战国以前的历史条件下，还不可能把西南地区的茶叶传播到中原地区。至于《茶经》说的春秋时代晏婴曾食用过茗已不能使人置信；则神农最先使用茶叶之说，就更难以成立了。"其说尚矣！

目前，海内外茶学界关于茶的起源时间仍众说纷纭，分歧很大。有主张上古、西周、春秋说的，也有主张战国、秦汉、魏晋说的。究其原因，实乃主春秋以前说者，对史料进行了随心所欲的曲解、臆解。可以断言：先秦古籍中的"荼"字，均不是今之"茶"，九经无"茶"字，是完全可以成立的不易之论。文献资料和考古成果都显示，茶应起源于战国或秦汉之际。但这一问题的含混不清由来已久，关键在于搞清楚古代文献中"荼"字之形、音、义。虽然我国的古文字十分丰富又很复杂，但皆有形可识、有音可读、有义可究。研究文字的学问称为小学。最早对古文献中的"荼"字作出比较正确释读的是两宋之际人王观国，他在其学术名著《学林》卷四中考辨了"荼"字的五种义项，四种读音。即：苦菜之荼、茅莠之荼，皆音"徒"；涂玉之荼，音舒（方按：荼通古"舒"字，即玉之上圆下方者。《荀子·大略》"诸侯御荼"是其证）；蕈荂之荼，音食遮反；槚之苦荼，音茶，宅加反。只有最后一种别名槚的苦荼，才能与今之茶划上等号，但这乃始见于晋郭璞《尔雅注》。稍后，南宋人王楙（1151～1213）也指出："《诗》曰：'谁谓荼苦，其甘如荠'者，乃苦菜之荼，如今苦苣之类；《周礼》'掌荼'、《毛诗》'有女如荼'者，乃苕荼之荼也，正萑苇之属；唯荼槚之荼乃今之茶也。"此与王观国之说如出一辙，更简明扼要而已，前者之论则更为严谨缜密。

南宋著名学者魏了翁（1178～1237）有《邛州先茶记》（刊《鹤山先生大全集》卷四八，《四部丛刊》本）一文，值得注意的是他说：虽然"传注例谓荼为'茅莠'，为'苦荼'"，而且苏轼（1036～1101）早就有云："周诗记苦荼，茗饮出近世"，"其义亦已著明"；但有人仍然把古之"茅莠"、"苦菜"之荼与茶饮之"茶"混为一谈，所以他感叹："予虽言之，谁实信之？"这种由来已久的夹缠不清实在难以廓清辨明。明代杨慎（1488～1559）、明末清初方以智（1611～1167）分别在其《丹铅录》、《通雅》中也对"荼"字作了考析，其不过沿袭宋人陈说，既无发明，甚至不如王观国所论详实，故不具论。清初学术大师顾炎武（1613～1682）在《唐韵正》卷四、《日知录》卷七中，旁征博引，集古之大成，指出荼有苦菜之荼（又可借作"荼毒"之"荼"）、茅莠之荼、蕈荂之荼、委叶之荼、虎杖之荼、槚之苦荼等七种含义，又引经据典，不厌其烦地对荼字的形、音、义进行辨析，最后得出结论："槚之苦荼，不见于《诗》、《礼》"，"知自秦人取蜀，而后始有茗饮之事。"顾氏所谓"秦人取蜀"，当指秦惠王九年（前316）司马错伐蜀，灭之。从西汉王褒《僮约》"武都买茶"、扬雄《方言》、司马相如《凡将篇》已出现茶字分析，蜀地当为茶的发源地之一。武都，即武阳（治今四川彭山东），是我国最早的茶叶集散中心。《僮约》是公元前59年的作品，距今已2 075年。这表明随着秦、汉帝国的相继建立，原产于西南的茶，也沿长江流域向东南拓展，作为饮料，日益流传和推广。武阳作为西汉著名的茶叶集市和流转中心，这一确凿无疑的史实已充分表明：作为茶原产地之一的蜀地，已有相当长时间的饮茶史了。因此笔者认为：茶的起源应始于距今约近2 500年的战国时代。就其具体地点而言，学者又有云南、贵州、云贵高原或川西、鄂北等诸说。笔者以为：就其较大的地域范畴而论，似可概括为起源于我国西南地区。

总之，“荼”在古代文献中是一个多义字，读音也各不相同，有荈茗之含义的“荼”仅为其七项义符之一。又，历来的学者多认为继中唐以后，尤其是陆羽《茶经》行世以来，释作槚、茗、荈的“荼”字才减去一划成为“茶”字，此亦失考之言。不仅上述王褒《僮约》已作茶字，《三国志·吴书·韦曜传》、晋左思《娇女诗》、王羲之书《蕲茶帖》早已作“茶”字，即20世纪以来出土的东汉茶具上已刻有“茶”字，晋、唐碑刻上亦多已出现“茶”字。众所周知，专用茶具总比茶饮略晚些问世，据陶瓷史专家颇为一致的研究成果认为，我国已出土的茶具可确证最早为东汉时烧造，亦可为上述战国或秦汉茶起源说提供有力的佐证。

二、对今人“茶起源说”种种误解的辨析

令人费解的是：迄今为止，无论文献或考古，汉代以前尚无任何可以确证为茶的可信资料。王褒《僮约》为今存唯一的茶事记载，虽仅有寥寥四字，却又那么成熟。无非只有两种可能：一是由于秦始皇的焚书坑儒，大量先秦文献已被毁灭，或是有些先秦古文字尚未出土或被释读，如迄今被释读的甲骨文字仅1 000余个，仅占已出土的甲文三分之一左右，但这种可能性毕竟太小。另一种可能则是西汉或战国以前确实无茶。令人困惑不解的是：一个多世纪以来的田野考古，取得举世瞩目的成就，丝绸、陶瓷、水稻及酒的起源问题已全可据以论定，唯独茶，却难觅任何蛛丝马迹。

马王堆汉墓的考古发掘，是20世纪70年代震惊全球的重大成果。其一、三号汉墓中出土有标“楕”及“楕一笥”字样的简册、木牌及其已灰化的实物。湖南的考古学者周世荣先生将“楕”释读为“槚”，笔者不能无疑，遂求教于裘锡圭先生，得到裘先生亲笔答复云：“这个字的右旁，与三号墓遣策中‘介胄’的‘胄’字十分相似，似可隶定为‘楕’，释为‘柚’。”又说：“楕只可能是水果一类东西，而不可能是茶。”马王堆汉墓出土的漆耳杯上，书有“君幸食”、“苦羹”的字样，周世荣先生将杯上之“苦”说成“苦荼”，即今之茶；“苦羹”，则释为“以苦荼作为羹饮”，将这显而易见的餐具或食具释为“既可饮酒”的“茶杯”，这种曲解也许只能给茶的起源问题造成新的不便。

令人类似的误解充斥于茶学界的论著之中，因茶的起源问题有关我国的学术声誉，故仍有必要对其中数条颇为重要且关键性的史料略作辨析。

其一，所谓巴族贡茶于周武王。茶学界有一种流行已久的说法，称周武王伐纣时，从征的巴族等向周王室贡茶，从而将茶的起源和贡茶之始上溯到公元前11世纪。实际上，这是对《华阳国志·巴志》中所载一段史料未能正确点读、解释而导致的误解，任乃强先生是书校补本早已作出正确的解读，其说确凿无疑。

周武王伐纣，实得巴蜀之师，著乎《尚书》。巴师勇锐，歌舞以凌殷人，殷人倒戈。……武王既克殷，以其宗姬[封]于巴，爵之以子。

任按：“以上《巴志总序》之首章，记巴国古史，是《巴汉志》旧文。于巴国本源未详。”

其地，东至鱼复，西至僰道，北接汉中，南极黔涪。土植五谷，牲具六畜。桑蚕、麻苎、鱼盐、铜铁、丹漆、茶蜜……皆纳贡之。

任按：以上"《巴志总序》第二章，述故巴国界至与其特产和民风。其述民风，时间性颇不明晰，大抵取材于谯周之《巴记》，通巴国地区秦、汉、魏、晋时代言之。"

《华阳国志》，晋常璩(约291～361)撰。引文第一段，任注称出《巴汉志》，此书亦常璩所撰。第一段"武王伐纣"云云，与第二段所引贡物十八种(其中之一为"茶")，两者乃时代悬隔、判然不同的二事，显然不能混为一谈。

任注指出：两段话所据史源不同，前者出常璩《巴汉志》，后者出谯周(201～270)《巴记》；两段引文论述的对象不同，前者述巴之古史，后者记巴国疆域四至及其特产、民风；两段引文所指时间也不同，前者指周武王伐纣时的牧野之战(约公元前11世纪)，后者乃通指秦汉、魏晋时代而言之，两者时差1 400年之久。更重要的是：从征周武王伐纣者，其中并无巴族。常璩所云乃得之传闻，不足置信。《尚书·牧誓》记载周武王伐纣前会师于孟津的出师盟誓，从征诸族为庸、蜀、羌、髳、微、庐、彭、濮八族，当时仅为部落氏族而已。何有巴族、巴国？前辈学者认为：彭、巴双声，巴即可能为彭，彭在四川彭县，春秋后已不见彭，而只见巴，且往往巴汉连用，可见巴、彭即使同一族源，巴族始见于史料也已是春秋后之事了。故"巴"始见于《左传·桓公九年》绝非偶然，此已是公元前703年，上距伐纣已400余年之久了。对《左传》有精湛研究的杨伯峻先生指出："巴国当在楚之西北，春秋之世，巴国可能在今湖北省襄樊市附近，迁入夔门，则战国时事。"杨先生还认为，巴国故城在江州，即今重庆市。可信史料揭示，以彭为巴，不过是一种附会，战国后，巴才从鄂西向四川迁移。如果彭、巴同源，其迁移路线应完全相反。结论很清楚：巴师从征牧野之战纯属子虚乌有，更遑论贡茶。

更重要的是：上引贡物十八种，实乃巴王旧所征取其族民之物品，绝非巴向周武王所贡之物。其上所云四至地名据《汉书·地理志》所载，全为秦汉时地名，与任注所云十分吻合。其地为巴国全盛时的疆域，在今黔、鄂、川、陕交界之处。而巴国早就为秦统一时所灭，又何来"贡品"！我国历史上最早的贡茶实乃始于晋温峤，"上表贡茶千斤，茗三百斤"。近年，有人在引了上述巴族向周武王贡茶之谬说后，认为巴即"布朗族先民濮人部落"，又将云南邦葳古茶树的历史前推至"三四千年以前的新石器时代"；全然不顾专家已论定的这不过是近千年前的古茶树，这据年轮测定并不困难。实际上，今存关于普洱茶的最早记载，当始见于唐樊绰《蛮书》卷七，其云"茶出银生城界诸山"，即指唐银生节度使司辖地，即今西双版纳自治州及思茅地区诸县，正是普洱茶的产地。

其二，《诗经》中的"荼"，今见七例，其义项有五，无一可释为今之茶。原因很简单，在《诗经》所反映的时代(约公元前11世纪至前6世纪的500余年间)，根本就没有作为饮料的茶之存在。现分述《诗》中"荼"之主要例证如下：(1) 苦菜。《诗·邶·谷风》中的"谁谓荼苦"，《诗·豳·七月》的"采荼薪樗"，《诗·大雅·绵》中的"堇荼如饴"，均为苦菜。释见朱熹《诗集传》、王应麟《困学纪闻》卷三、《太平御览》卷九八〇。作为蔬菜的"苦荼"，在汉末起就已有人工栽培。如曹植《藉田赋》称："夫凡人之为园，植其所好焉。好甘者植乎荠，好苦者植乎荼"，"好辛者植乎蓼"(《太平御览》卷八四二引)。这就充分证明，西周以来，荼作为一种味苦的蔬菜，至迟在汉末，已开始人工种植，成为特殊风味的蔬菜品种，而且一直延续至今。荠菜和苦菜今天仍有野生和人工种植之分，是被广泛食用的蔬菜之一。(2) 茅秀，亦称茅华，即茅草花。《诗·郑·出其东门》："有女如荼"，朱熹《诗集传》云："荼，茅华。"是其证。《国语·吴语》："望之如荼"，亦相同意思，指吴军白旗素甲，万人为阵。(3) 芦苇花，亦作萑苕。《诗·豳·鸱鸮》："予所捋荼。”上述两种用法，其义相近，常混为一谈，细辨仍有不同。(4) 残害生民或毒害生灵。《诗·大雅·桑柔》：“宁为荼毒”，“宁”，释乃；荼毒，指残害生民。《尚书·汤诰》：“弗忍荼毒”，其义正同。(5) 泛指田间杂草。《诗·周颂·良耜》：“以薅荼蓼，荼蓼朽止。”见孔颖达疏。又，其上句云：“其镈斯赵”，《太平御览》卷八二三引《释名》曰：“镈，亦锄类，迫也，迫地去草也。”综上所述，《诗》中之“荼”，绝无一例可释为今之茶茗，殆无可疑。

其三，《周礼》“掌荼”、“聚荼”、“用荼”，茶学界历来认为此即今之茶，且将茶与丧葬礼仪相联系，这又是一种误解。其说称，《周礼·地官·掌荼》云：“掌以时聚荼，以共丧事。”《仪礼·既夕礼》“茵者用荼”，据郑注贾疏，这里所说的“荼”，都是茅秀，即茅草花，同上举《诗经》中义项(2)。因为茅花与廉姜、泽兰一样，兼具御湿功能和有香味，故在人死下葬之时，用染成浅黑色的带毛边的布二幅，缝合成双层袋状物；其中置放茅花、廉姜、泽兰三种东西，二竖于下，三横于上，垫在墓穴的底部，然后将棺材置于其上，既能防潮，又有茅香，可起延迟棺木及尸体腐朽的作用。也许是茶亦有较强吸湿的功能，并有真香，故今人误以为此“荼”即今之茶。“既夕礼”的“用茵”，就指上述的下葬过程。而所谓“掌荼”，指职司掌“聚荼”之官，即专门负责周王室成员葬礼中所需茅秀等物的采集及储存、以备葬礼时使用的官员。“用荼”，即指使用茅花为“茵”，与今之茶毫无关系。此“荼”，与《周礼·考工记·鲍人》“欲其荼白”及《诗》“有女如荼”的用法完全一致，也即成语“如火如荼”的出典。又，茶之用于葬礼，始见于南朝萧齐武帝遗诏，见《南齐书》卷三《武帝纪》。陈椽《茶业通史》(第15页)却又将《尚书·顾命》中“王三宿、三祭、三咤”这种纯粹的祭拜行为，称为“死后三祭三茶的活动”。此实应作如下解读：前行为“宿”，返回为“咤”，如是者“三”而已，不能将“咤”误解作“茶”。

其四，《晏子春秋》中“苔菜”、“茗菜”的聚讼纷纭，由来已久。晏子(？～前500)，名婴，春秋齐人，著名政治家。为齐灵、庄、景公三朝元老，执政凡50余年。约战国中期，后人集其言行编为《晏子》一书，凡内外篇8篇，215章。《汉书·艺文志》已著录。《隋书·经籍志》始著录为《晏子春秋》。是书因无唐以前人注疏，故窜乱及讹衍误脱甚夥，有些章节难以卒读。今传版本较多，但迄今仍无一公认为权威本子。仅四库本及清人吴则虞集释本、张纯一校注本为通行本。因世无善本，遂导致一桩千余年聚讼已久的公案。因为事关春秋时期是否有茶，故言人人殊。始作俑者仍是陆羽，《茶经·七之事》引《晏子春秋》云：“婴相齐景公，时食脱粟之饭，炙三弋(方按：原误‘戈’)五卵、茗菜而已。”此据南宋末《百川学海》本(今存《茶经》祖本)录文。《茶经·七之事》所辑茶事资料，见于《太平御览》者凡31条，皆有异文；唯此条与《御览》卷八六七是条引文全同而一字不差。显然，《御览》当转引自《茶经》。至少，宋初存世《茶经》版本已作“茗菜”。但南宋末著名学者王应麟早已指出，“茗菜”应作“苔菜”，乃形近而讹，二字是否鲁鱼之讹似无从论定，因而春秋是否有茶至少争论了700余年。笔者30年前曾偶检《太平御览》卷八四九亦见《晏子》这条引文，与《茶经》所引《晏子春秋》文完全不同。显然，《晏子》当为较早版本，此文首尾完整，文从字顺，比较可信。这条引文中既无“茗”字，亦无“苔”字，足以为春秋是否有茶划上可以论定的圆满句号。其文如下：

> 《晏子》曰：晏子相景公，食脱粟之饭，炙三弋，五卵菜耳。公曰：“嘻，夫子家如此贫甚乎，而寡人之罪。”对曰：“脱粟之食饱，士之一足也；炙三弋，士之二足也；菜五卵，士之三足也。婴无倍人之行，而有三士之食，君之赐厚矣。婴之家不贫！”再拜而辞。

晏子有节俭、谦恭的美德，著称于当时，故唐柳宗元(773～819)、宋薛季宣(1134～1173)称其有墨家思想。上引之文，与其思想、行为准则完全吻合，因此而更可信。这条引文在茶文化史上有极为重要的意义，远非校勘学上的文字订误证讹可比。这段话并不难理解。春秋时期，贵为宰相的晏婴十分满足于以脱粟之饭为主食，三种禽肉、五种蔬菜为副食的平常饮食。与贵族王侯的酒池肉林的奢侈形成了鲜明对照，主张俭朴、淡泊生活方式的晏子，以知足常乐的方式回答了齐景公略带愧疚的故作姿态。两人间的对话完全是如闻其声，如见其人，其真实性毋庸置疑。这里的“五卵菜”和“菜五卵”是同义语，“卵”同“茆”，即为莼菜之类的水生蔬菜。如加上“茗”，或“苔”字，反而读不通而点不断了。因此，好事者据此“茗”字证明春秋有茶，或据“苔”字证明无茶，实在是无谓的争论，均是上了《晏子春秋》误本的当。春秋无茗饮，斯可断言！孔子饭蔬饮水，《孟子・公都子》云：“冬日则饮汤，夏日则饮水。”亦可佐证！

其五，“《春秋》书齐荼”中的“齐荼”实为人名，与茶茗之“茶”毫无关联。此语始见于魏了翁《鹤山先生大全集》卷四八《邛州先茶记》，他说：“《春秋》书齐荼，《汉志》书荼陵。”博学如魏氏，已误认“齐荼”为今之茶，但其后句说《汉书・地理志》所记载的“荼陵”乃产茶之地是正确的。此姑置勿论。因此，这两句话被广泛流传作为春秋就已有茶的力证，但显然前者是完全错误的。齐荼之“荼”，乃齐景公宠妃所生幼子之名，这实乃记载了一个“兄弟阋于墙”的故事。哀公五年(前490)，已在位58年之久的齐景公燕姬所生之子未冠而卒，遂立宠妾鬻姒(芮姬)所生孺子“荼”(人名)为王。齐景公晚年得此幼子，宠爱幼子荼堪称无以复加。一次，与荼游戏，尝自己作牛，在地上爬行，令荼牵之，景公跌倒，折断牙齿。此即《左传・哀六年》所载：“君之为孺子牛而折其齿”，此亦“孺子牛”一词始出之典。同时，景公又放逐诸子于齐东鄙邑莱(今山东烟台莱山区)，后诸子相继出逃卫、鲁。次年，公子阳生自鲁入齐，遣朱毛杀荼(景公临终时立荼为君)而夺其位，自立为君，是为悼公。其事始作俑者乃大臣陈乞，他迎立阳生。故《左传・哀六年》直书：“齐陈乞弑其君荼”，乃为尊者讳而指陈乞为罪魁祸首。因此，这作为人名的“齐荼”，实在与今之茶毫无共同之处。

其六，还有所谓“神荼”，是上古传说中镇鬼的门神而已。张衡《东京赋》注云：“上古有神荼与郁垒昆弟二人，能执鬼度朔，[禁]山鬼所出入。”(《太平御览》卷八八四引)蔡邕《独断》卷上也有类似之说：“海中有度朔之山。……卑枝东北有鬼门，万鬼所出入也。神荼与郁垒二神居其门，主阅领诸鬼。”令人匪夷所思的是，这传说中镇鬼的门神，竟也被与茶划上了等号。总之，汉代以前古籍中出现的“荼”字，既有植物名，又有地名、人名等，如不加考证辨析，恣意曲解臆说为茶，就免不了会贻笑大方。其关键在于对众多涉茶文献资料认真考证，并正确释读。

《茶经・一之源》中曾列举茶的四种别名槚、蔎、茗、荈。槚，其本义为楸，又作梓，指一种可作棺材的落叶乔木，见《说文》。《孟子・告子上》云：“舍其梧槚”，即其例。槚，是一种速生树种，各地多有。以槚为茶之别名，乃后起之义。始见于《尔雅・释木》，是书虽伪托周公，但学界公认为汉代之书。其“槚，苦荼”条下，晋郭璞注云：“树小似栀子，冬生叶，可煮作羹饮。”这种丛生灌木才是茶，而自《尔雅》中的“苦荼”始，才能与茶划上等号。茶的别名槚和其本义梓、楸也有区别，引申义是后起的。

蔎，作为茶的别名，始见于《茶经・七之事》引扬雄《方言》：“蜀西南人谓茶为蔎。”则“蔎”用作茶的别名，当始于汉。蔎的本意为香草或草香。《说文》云：“蔎，香草也。”段注曰：“香草，当作草香。”《楚辞・九叹・忧苦》有云：“怀椒聊之蔎蔎兮。”王逸注曰：“蔎，香貌。蔎，一作蔼。”则又似以段玉裁注为是。蔎的本意为草香，其被借用为茶，可能是兼取其有香味之本义，而又偶同蜀西南人方言茶字之音而然。显然，此又为川蜀西南地区乃我国茶之原产地之一的力证。

葭萌，也历来被认为是茶的代名词，同样始见于《方言》："蜀人谓茶曰葭萌。"葭萌，原亦为人名，后演变成地名。《华阳国志·蜀志》载："蜀王别封弟葭萌于汉中，号苴侯。命其邑曰葭萌。……周慎王五年(前316)秋，秦大夫张仪、司马错，都尉墨等从石牛道伐蜀。蜀王自于葭萌拒之，败绩。王遁走至武阳，为秦所害。冬十月，蜀平。司马错等因取苴与巴焉。"其事亦见《战国策·秦策》及《史记·张仪列传》，虽两书所载事颇有不同，但诸书所载葭萌初为人名(蜀王之弟)，后转作地名(封邑名)则无二致。此事，常璩乃据谯周《蜀记》之说立论。周安王十五年(前387)，蜀王始封其弟葭萌于汉中。营邑，治今四川剑阁东北。秦兵至则国灭。葭萌作为地名，至少已存在71年。作为人名、地名的葭萌原与茶了不相涉。但"葭"之本义为芦科植物，已见《诗·秦风·蒹葭》，朱熹《诗集传》云："葭，芦也。"《说文》："葭，苇之未秀者。"即苇之初生者。萌，《说文》曰："草芽也。"茶芽，与初生的芦芽颇相似。葭萌，其地原属巴蜀，蜀人方言又代指称茶。葭萌其地与邻近之武阳皆产茶，故取其萌芽之义而借作茶名。今人仍知取茶芽为饮称佳，当即始于蜀地。所以顾炎武《日知录》卷七说："是知自秦人取蜀，而后始有茗饮之事。"至少可以认为，饮茶从战国秦灭蜀时起，就开始自西向东逐渐流传。至西汉时，邻近葭萌的武阳已成茶之集散中心。葭萌作为茶的代称是与茶的起源问题密切相关的，而我国西南地区的巴蜀无疑是茶的发源地之一。当代关于茶生长的气候、土壤、温湿度、纬度等指标的研究成果也充分证明了这一点。

三、魏晋南北朝：茗饮与茶文化的孕育期

两汉的茶事资料见于文献者，仅寥寥数条。与此形成鲜明对照的是，魏晋南北朝史料中，茶事资料明显增多。这表明，茗饮作为一种生活方式和文化现象，已渐成气候并稳步发展。故唐宋时人主张茶起源于魏晋说者颇有人在。

约与陆羽同时代的韩翃曾代田神玉作《谢茶表》，内有一联名句称："吴主礼贤，方闻置茗；晋臣爱客，才有分茶。"(《文苑英华》卷五九四引)前句指吴主孙皓密赐韦曜(原名昭)以茶代酒的故事，后句指晋臣分茶给友人。此乃中国文人常见之礼俗，又称"分甘"或"分贶"等，而有学者竟又与宋代才有的茶艺形式分茶混为一谈。唐宋时人仍有将名茶赠给友人称作"分茶"者，如邵雍《击壤集》卷五《谢城中张孙二君惠茶》："仍携二友所分茶，每到烟岚深处点。"即为明显之例证。韩翃，字君平，南阳人。天宝十三载(754)进士。大历九年(774)，为节度使田神玉(? ~776)从事，《谢茶表》当代撰于这三年间。韩翃为"大历十才子"之一，约卒于贞元初。他就主张茶饮始于魏晋。无独有偶，欧阳修亦以为："茶之见载前史，盖自魏晋以来有之。"《茶经·七之事》凡辑录茶事资料45条，其中39条为魏晋南北朝时期的茶事，占87%。茶事记载的增多，与茶饮的由南向北逐渐推广应是同步的。故陆羽卒后约半个世纪，唐杨晔在《膳夫经·茶录》中写道："茶，古不闻食之。近晋宋以降，吴人采其叶煮，是为茗粥。至开元、天宝之间，稍稍有茶；至德、大历遂多；建中以后盛矣。"《膳夫经·茶录》约撰于大中十年(856)，作者认为晋宋间吴人还保留着茶叶菜食的习俗，可能是指寻常百姓人家，也许当时茶还是贵族、文士的专享品，犹如"旧时王谢堂前燕"，尚未"飞入寻常百姓家"。他还认为，中唐以后，茶事始盛。此乃颇有见地之论。杨晔是书，罕见前人论及。

在陆羽《茶经》成书以前，关于饼茶的制作及煮饮，仅见一条独家记载，据称出之于《广雅》："荆巴间

采茶作饼，既成，以米膏出之。[若饮]，先炙令色赤，捣末置瓷器中，以汤浇覆之，用葱、姜、桔子芼之。其饮醒酒，令人不眠。"这段引文，始见于《茶经·七之事》。日本学者布目潮沨教授早在半个世纪前就已指出，此文与张揖《广雅》之文体完全不同，不可能是《广雅》中文字，疑是书名有误。此文亦见宋本《太平御览》卷八六七、《太平寰宇记》卷一九三等，皆引作《广雅》。是否在唐以前还存在另一种同名为《广雅》之书呢？三国魏张揖不可能如此详尽地记载饼茶的制作、煮饮法及其功效，殆无可疑。但是南朝后期乃至隋唐间，随着茗饮的推广，人们对饼茶的认识有可能达到这样的水平。但毕竟某种程度承继了《修文殿御览》资料汇编功能的《太平御览》，完全有可能据同名之《广雅》记录下这条可贵的资料。这条唐以前史料最值得注意者有二：一是茶以"米膏出之"，这是茶米一词最合理的诠释；二是以姜葱等"芼之"，即保持茶菜食的孑遗。可认为是从菜食到饮用的过渡期方式。诚如明人曹学佺《蜀中广记》卷六五所云，这一捣末煮饮饼茶之法，一直流传到明代，"蜀人饮擂茶是其遗制"。上引资料的重要性还反映了魏晋南北朝时从茗粥到茶饮的过渡期，也是中国茶文化史上的孕育、奠基期。

所谓"魏晋风流"，即主张个性的解放和张扬。《世说新语》中的许多故事，堪称其代表。这种"风流"，并非终于东晋，南朝仍一脉相承。茶文化就在这样的人文环境中得以充分展示其独特魅力。正如陈寅恪先生所论，魏晋风流与两宋文化是中国思想文化史上的黄金时代。其相先后辉映的基本特征，即为"独立精神，自由思想，批评态度"。发人深思的是：这两个时代堪称茶文化史上的两大转折期，前者以茗饮从王公贵族到士大夫间的流行为其特征；后者则以茶饮的精致化、普及化、平民化为主要特征。茶，成为像米盐一样不可一日或缺的生活必需品，茶饮遍布全国各地城乡，煎茶、点茶、斗茶、分茶等技艺及以贡茶为代表的制造技术均达到空前的程度。如果说魏晋还是茶饮的发轫期，宋代无疑已是其成熟的顶峰期。盛行于日本的茶道，正是由于南宋茶艺东传，经其本土化的改造孕育而成的。但其核心技艺如代表性茶具茶筅的运用，则早在宋徽宗的《大观茶论》中就有高度成熟、出神入化的描绘，可见一斑。比日本茶道的萌芽期早了100余年。

无独有偶，魏晋与两宋，又都是对释、道比较宽容或包容的时期，是儒释道三教并存交流、融合渗透的时期。茶作为三家共同嗜饮的饮料，绝非偶然。三教茶饮方式的各不相同，也将我国的茶艺水平推向极致。而今天如雨后春笋般涌现的茶艺馆，无非是不得要领的程式化表演而已，犹如"假古董"一样，完全失去了唐宋茶艺的真韵，甚至也远不如魏晋风流的真率。魏晋玄学的兴起，也与茶不无关系：以茶养廉，以茶示俭，藉以为媒；服食祛疾，参禅打坐，藉茶以助；甚至以茶为祭品，亦始见于齐武帝祭母及遗嘱。茶之为功，又不仅在醒酒却睡而已。道家将茶作为养生保健饮料，亦始于此时；其代表人物，即为有深厚道学修养的陶潜。

四、中唐至两宋：茶饮的普及与茶文化的鼎盛期

中唐以后，"茶道大行"。这绝非如封演小说家言所谓，禅教盛行而为之推波助澜。如是，则唐武宗灭佛，作为"三武灭佛"中规模最大的一次，则与此相伴随之茶饮岂非也要绝迹？封氏其说之妄，不值一驳，但其说亦为今之"茶人"奉若圭臬，深信不疑。中唐以后，茶文化的发展并步入繁荣期有着更为深刻的社会原因。

长庆元年(821)，李珏曾论："茶为食物，无异米盐，人之所资，远近同俗。既蠲渴乏，难舍斯须。至于

田间[之间],嗜好尤切。”消费需求的激增,必然刺激生产的发展,这是商品经济的规律。据今存唐宋时人著作中涉及的唐五代产茶之地,已近70州,遍及今秦岭、淮河以南的14省区,与当今全国的产茶区比较,除台湾省外几乎在唐、五代都有产茶的记载。至唐末、五代,人工栽培茶的技术已相当成熟,已接近于现代的水平,而每亩的茶产量,更高达120斤(折合今量约183斤),令人吃惊。笔者认为:这可能是刚采摘的毛茶,加工成成品茶,每斤约需三斤毛茶。故如以古今同一口径即成品茶折算,亦不过亩产60余斤而已(已折成今量)。

中唐以前,未见有茶税;唐德宗建中三年(782),赵赞始建议征收茶税,为十一税率。贞元时,茶税约为四五十万贯。史称唐代最大的茶叶集散中心饶州浮梁县,“每岁出茶七百万驮,税十五万余贯”。颇疑此“百”字衍,一县流转之茶达700万斤(一驮为百斤),已近乎天文数字,唐茶的产量也绝无可能达到7亿斤。即使如此,如以茶税折计,则唐代之茶亦已达到2 000余万斤,已接近南宋初东南六路66州郡242县茶产量的水平。唐茶的最高年产量约在四五千万斤左右。当然,因南宋国土仅北宋的三分之二,比唐幅员更小,但无论产茶地区及产量较唐已有大幅增长。据我近年已发表的研究成果:南宋产茶地区极为广泛,凡16路,121州郡,333县产茶,分别占南宋州郡数的61%和县分数46%。至南宋中期,茶的产量高达2亿宋斤左右。总之,宋代茶产地和产量比唐大幅增加及提高已是不争的史实。

宋代的茶,已成为人们日常生活必需品。所谓“开门七件事,柴米油盐酱醋茶”的民谚就产生在宋代。而王安石(1021～1086)已云:“茶之为民用,等于米盐,不可一日以无。”李觏(1009～1059)也说:“君子小人靡不嗜也,富贵贫贱靡不用也。”其普及程度则又远胜于唐。茶的生产、栽培加工制造技术,宋人也有明显的进步。如赵汝砺《北苑别录·开畲》指出:茶园在六月要中耕除草追肥,茶宜与桐木、竹间作。采茶最宜清晨、阴天,操作上要以甲不以指,采茶应剔除紫芽、白合、乌蒂等,否则有害茶之色香味。今似未见唐以前人采夏秋茶的记载,宋人则普遍开采。黄庭坚(1045～1105)、陆游(1125～1210)、范成大(1126～1193)等人的游记中均有关于卖秋茶的记载。茶的一年数采,即始于宋人,不仅可大幅提高产量,而且有利于茶树之新陈代谢,生长发育,此已为当代茶树栽培理论所证实。宋代的制茶工艺已达到精致化、艺术化的程度,以北苑贡茶为代表。当然唐代已开大规模制造贡茶的先河,如湖州顾渚紫笋茶,会昌中岁贡达18 400斤;“贞元以后,每岁”“役工三万人,累月方毕”。所谓“役工三万人”,疑有夸张,即使算上采茶的茶农,也未必会达到这一数字。但其规模之大,可与宋代北苑贡焙相颉颃则无疑。历代的贡茶制作则以宋代工艺水平最高,也最为奢华和精美,甚至成为可供赏玩的工艺品。更为令人叹为观止的是,北宋已有茶苗异地移栽成活的例子,南宋时这项技术已相当成熟,当时已大规模推广。在四川甚至有颇具规模的茶苗走私贸易。

唐宋时期,因茶的规模生产已达到较高的水平,故自然产生了一批产茶专业户,称茶户或园户(方按:宋代文献中,园户又指蔬菜或种花专业户等)。如唐文宗(828～840在位)时,“江淮人什二三以茶为业”(《册府元龟》卷五一〇)。在我国红茶的主产地歙州祁门县,唐懿宗咸通初(约860～863),编户齐民约5 400余户,“业于茶七八矣”。如以农村人户二分之一保守估计,则也有2 700余户业茶,茶户人口至少在万人以上。当然,其中也必有从事运销的商户。唐宋时期,不仅有富甲一方的大茶商,也有无数中小茶商活跃在流通领域,架构起沟通生产与消费的桥梁。

宋茶生产与加工,较之唐五代有划时代的进步,主要表现在:产茶地区拓展,产量提高;经营规模扩大,生产、运销专业户成批涌现;制作技术进步,茶质量进一步提高,不仅北苑贡焙一枝独秀,各地名品相继涌现，推陈出新。宋代名茶各地多有，据不完全统计，品种已逾百。尤值得注意者宋已大规模利用水磨加工茶叶，称为末茶，以解决东京等大城市100余万人口的食茶问题，及如雨后春笋般涌现的城乡茶馆的消费需求。宋代官私茶园的规模很大。北宋初，据丁谓《北苑茶录》之说，福建建安的民焙就达到1 300余所。如以每焙役工十人保守估计，则一县已逾万人，该县已是茶叶生产的专业县无疑。而在北宋中期，在四川彭州，竟出现年产三五万斤的“茶园人户”，在采茶季节，需雇工数以千计，显然规模已远过唐代。

宋代茗饮的风尚、习俗和茶艺，宋徽宗《大观茶论》有一概括性的述评：“本朝之兴”，“百废俱举，海内晏然”。“荐绅之士，韦布之流，沐浴膏泽，熏陶德化，咸以高雅相从事茗饮。故近岁以来，采摘之精，制作之工，品第之胜，烹点之妙，莫不咸造其极。”宋代的茶艺，大致有以下几种形式。

斗茶，即审评茶叶质量及比试茶技艺高低的一种活动，各地多有。范仲淹(989～1052)《和章岷从事斗茶歌》，即咏睦州(治今浙江桐庐)的名作，令人有身临其境、栩栩如生之感。斗茶往往十分讲究茶的色香味，用作斗茶者均为极品名茶，也颇讲究水质和茶器。如福建建州专门生产有“斗盏”，以斗茶的水痕先退者为负，耐久者为胜，故论胜负则如蔡襄《茶录》卷上《点茶》所云“相去一水两水”。

点茶，是宋代最为流行的茶艺活动，包括炙茶、碾罗、烘盏、候汤、击拂、烹试等一整套复杂程序的茶艺。其关键在于候汤和击拂，茶筅、汤瓶、茶盏成为最具代表性的重要茶具。各地还有不同的点法，如流行于衢州的衢点、饶州的饶点，甚至不产茶的汝州汝点(汝州有著名的汝窑，或因有产茶器而盛行点茶)，在北宋末已声名鹊起，与官焙贡茶交相辉映。客来点茶，成为宋代城乡最普遍的风俗，如王安石弟子陆佃《依韵和赵令畤三首》之一诗云：“鸲鹆逢君要点茶。”(《陶山集》卷二)连养在家里巧舌如簧的八哥也知道呼唤客来要点茶，足见当时点茶普及程度之一斑。宋徽宗赵佶堪称点茶高手，他妙于击拂，将茶筅运用至炉火纯青程度，茶面呈“疏星皎月”状态。他将所点之茶，分赐群臣，而称之为“自布茶”。在《大观茶论》中还有精彩独到的点茶经验之谈。在这样的点茶大师前，顶级的日本茶道高手也只能叹为观止。

分茶，则是始于宋初，盛行于宋元的一种高级茶艺，又称“茶百戏”或“幻茶”。即下汤运匕，使茶面幻出虫鱼花鸟之类，纤巧如画，但须臾即散。如沙门福全一次表演分茶绝技，在茶面点化成七绝一首，无情嘲笑煎茶博士陆羽无非浪得虚名。诗云：“生成盏里水丹青，巧画功夫学不成。欲笑当时陆鸿渐，煎茶赢得好名声。”可见分茶是远比煎茶复杂难学的茶技。曾几(1084～1166)二侄曾迪、曾造，陆游及其子子约，南宋初任宰执的史浩(1106～1194)、陈与义(1090～1138)，著名女词人李清照(1084～1155?)等均为宋代分茶好手。看来，和琴棋书画一样，分茶也成为宋代文雅之士的必修课。杨万里(1127～1206)《诚斋集》卷二《澹庵坐上观显上人分茶》记载了在胡铨(1102～1180)家见到的这位禅门分茶专家的绝技表演：“二者相遭兔瓯面，怪怪奇奇真善幻。纷如擘絮行太空，影落寒江能万变。银瓶首下仍尻高，注汤作字势嫖姚。”今天人们仍能领略分茶的神韵之一斑，不能不惊叹诗人出神入化的描绘及其惊人的观察力。原来分茶关键还在于名茶、名泉(水质)、茶具及茶汤的温度等；而神来之笔则在于击拂及以银瓶注汤之技巧，全在于手法及指法上的“运用之妙，存乎一心”。

煎茶、点茶、斗茶、分茶是既有区别又相联系的四种茶艺形式。煎茶，是唐宋时代最为盛行的茶艺，又称煮茶、烹茶等。后三种均是宋代始有或盛行的茶艺，其共同特征是均需击拂。点茶须用末茶，而煎茶则可用散茶即芽茶或叶茶。点茶是分茶、斗茶的基础，皆须注重茶、水、茶具等要素。点茶颇着意于审品茶的色香味及浮于盏面的沫饽，与煎茶有某种共同之处，只是有无击拂与对候汤分寸的把握。斗茶则重在看是否咬盏，以水痕的有无及持久程度为评判标准，意在分出茶品及技艺的高下。分茶则难度最大，能幻化出字画、花鸟、鱼虫者均为点茶高手。宋代点茶、斗茶、分茶的风靡，表明茶已不仅作为日常生活的必需品，又升华为富涵文化气息的精神慰藉和社会风尚，且又成为一种时尚的生活方式。宋代茶文化在物质和精神两个层面均达到前所未有的高度。茶艺的精致化、艺术化，其广泛普及与平民化的双向张力，便导致宋代茶馆盛况空前的大发展，并奠定了今日茶馆的基础。其星罗棋布分布在大小城市的茶楼、茶肆、茶铺、茶坊，有的还兼营饭店、旅馆、浴室等。在北宋京城东京（治今河南开封）及南宋都城临安（治今浙江杭州），就有满足各色人等消费需求的茶坊。甚至还有不少争妍卖笑、极为暧昧的花茶坊。乡村和偏僻山区也遍设茶馆，生意兴隆。洪迈志怪小说《异坚志》中有许多关于城乡茶馆的故事，完全是两宋社会的真实写照。在南宋中期，杭州四百四十行中，有一行专卖"茶坊吊挂"——即茶馆装饰用品，可见其业之盛一斑。宋代茶艺非常讲究或追求其艺术境界，往往与文人雅集、吟诗作画、赏花听琴、焚香插花，相辅而行。张择端《清明上河图》、宋徽宗《文会图》、刘松年《斗茶图》及河北宣化辽墓出土的《茶道图》均有极为细致、逼真、生动的描摹。

宋代茶文化的鼎盛，是毋庸置疑的。文学是生活的真实写照。不妨考察一下茶诗的盛衰就颇能说明问题。盛唐前期的玄宗开元末之前，很少有茶诗，李白、杜甫等天才诗人仅有茶诗寥寥数首；唐中期，即元和末以前，茶诗大增，作者 58 人，存 158 首；唐后期即穆宗至唐亡，茶诗盛行；见于《全唐诗》者 55 人，存诗 233 首。白居易有数十首，杜牧也有十余首，皮、陆各有十余首。宋人茶诗则数以万计，文士几无人无之。陆游一人就有茶诗 320 余首之多，是创纪录的数字。梅尧臣、苏轼、黄庭坚、蔡襄、曾几、黄裳、杨万里、范成大、李之仪等均有数十首茶诗，上百首的也不乏其人。黄庭坚又有茶词数十首，是历朝写茶词最多也最好的一位。宋人诗词反映茶事生活面的深广度也远胜唐人，脍炙人口的名作也远较唐人为多，这与中国茶文化莫盛于宋的状况完全吻合。文学作品如果没有一定的数量，也就谈不上高质量。何况宋代茶诗词的精品力作成千上万，更非唐代茶诗佳作仅卢仝、李白、皮陆唱和、白居易等寥寥数十首所能及。哲理化、艺术化、精致化的茶艺、茶俗、茶礼、茶道以及文士和民众的丰富多彩的茶事实践，为宋代文人提供了纵横驰骋的广阔天地，成为传世杰作成批涌现的丰富源泉。

五、明清：茶饮与茶文化的双向异化——文士的闲适化和民间的普及化

朱元璋出身贫寒，发迹前备尝民间疾苦。登基后，即诏令罢贡龙凤团饼茶，只贡少量茶芽。上有所好，下必甚矣。从此开创了茶文化史上叶茶、散茶冲泡烹饮的新时代。因其简便易行，此法一直沿袭至今。明人重视贮藏置顿之法，无论在茶品审评、采摘炒焙、择泉煮水、火候汤候、烹点饮啜、品饮时宜禁忌、人文环境等方面均有与宋元不同之处，即已从烹饮末茶为主过渡到以啜饮散、叶茶为主。以苏州为中心的长江三角洲六府成为新的名茶产地，茶人茶侣亦群聚于此，把文人茶推向极致，成为领导潮流的新的茶艺中心。与此同时，江西、福建等地也有一批文士嗜茶成习，以喻政、徐𤊹为代表的茶人在探求茶艺的同时，还汇刻《茶书》。这是我国历史上最早的茶书丛刊，所收茶书多达数十种，为总结唐至明代文人茶的茶艺、茶道，推进我国茶文化的发展有着不可磨灭的贡献。同时，在明人的别集中，还有远较茶书内容丰富的茶诗文，充分展示了饮茶在追求优雅闲适生活方式的明代士大夫心中，成了不可或缺的必修之课。正如陆绍珩所总结的那样："幽人清课，讵但啜茗焚香。"由退休官僚、文人隐士、书画与赏鉴名家及茶商为主体构成的茶人集团，其生活方式无非就是："明窗之下，罗列图史琴尊以自娱。有兴则泛小舟，吟啸览

古于江水之间。渚茶野酿，足以消忧；莼鲈稻蟹，足以适口。又多高僧隐士，佛庙绝胜。家有园林，珍花奇石，曲沼高台，鱼鸟留连，不觉日暮。”烹茗为这种优雅精致的社会生活方式注入了活力，充当了润滑剂或助推剂的角色。

讲求器具、泉水，自陆羽《茶经》以来，即一脉相承，代代相传。有“天下第二泉”之誉的惠泉，自相传陆羽品泉以来即长盛不衰。明代李日华乃至发起集资运泉公约，比李德裕利用特权置“水递”更体现了商品经济的意识。无锡惠山泉长达1 000余年的享有盛名，充分证明茶、泉、器具相得益彰，缺一不可，共同构成茶艺的三要素。而茶器具则各代均有其特色。陆羽《茶经》所述之二十四具，乃日常用品；法门寺出土的皇家茶具之精美，令千载而下的人们叹为奇观。宋代极重建盏斗器及长沙白金茶具等，又发明了茶艺的核心器具茶筅，它也成为日本茶道中必备之首选茶具。甚至我国各个时代对茶具的颜色也有不同的要求。如唐代崇尚绿茶，选用茶具以越窑、岳窑为上，以其色青，可益茶色。而宋代尚白茶，则以建盏黑瓷为宗，亦以其“咬盏”分明，宜于斗茶。当时的一种兔毫盏；尤集万千宠爱于一身。后来流传到日本，被称为“天目碗”，今已是“国宝”级文物。其窑变产品就更是拱璧之珍，秘不示人。明初王宠家藏茶鼎，与供春紫砂壶、惠山竹炉、宣窑茶具齐名。竹炉最能体现返璞归真的茶艺思想，因而深得明代南方茶人的喜爱，诗酬吟咏，历久未衰，绵延明清两代近500年尚余音缭绕。其盛况可见清吴钺、刘继增辑录《竹炉图咏》，此堪称明清的代表之一。如同中国传统文化一样，茶文化发展的鼎盛期应在宋代，如清陆廷灿《续茶经》等书中所搜辑的宋代茶事资料最多，即为明显例证。在《全宋文》、《全宋诗》、《全宋笔记》、《全宋词》中收集的宋代涉茶诗文词赋中尤有充分体现。笔者数十年致力于爬梳搜辑，已近百万余言，这仍将是有待继续整理的珍贵文化遗产。

明人张源将茶道总结为“造时精、藏时燥、泡时洁”的“精、燥、洁”三字经茶道。其《茶录》堪称深得茶道真谛的经验之谈，这是他长期饮用名茶碧螺春而总结出来的茶艺心得，虽语言朴素，却不失为“放之四海而皆准”的艺茶准则。而杜浚(1611～1687)所谓“茶有四妙”，“湛、幽、灵、远”，却更多其对空灵幽远境界的精神寄托，代表了明清文人对茶道的追求，颇具心灵慰藉、精神层面的向往。这与日本茶道有某种相似之处。杜浚，字于皇，号茶村。明清之际著名诗人，以嗜茶而著称于世，撰有《变雅堂集》等。他不失为明清之际最享盛名的茶人之一。总体而言，明人艺茶，追求环境优雅，白石清泉，烹煮得法，善于观赏，将其视之为茶人茶道的精粹。清代的茶文化，在“君不可一日无茶”的清高宗乾隆时代达到了高潮，其体现在《红楼梦》等小说中的茶艺，也达到了较高的水平。老舍先生的《茶馆》，仅以三幕就抒写近代三个不同时期的众生相和社会百态，是真正的大手笔。从这个角度而言，茶馆某种意义上也是社会的缩影，故历代的茶馆也是社会学史家关注的对象。

六、“茶马贸易”之始考及其成为一代典制述略

黄庭坚诗云：“蜀茶总入诸蕃市，胡马常从万里来。”比较生动贴切地概括了我国历史上的茶马贸易。茶马贸易制度始于宋神宗熙宁七年(1074)，时值王安石变法高潮之际。王韶建开河湟之策，为了筹集大规模战争所必需的战马和军费，宋神宗遣李杞等入蜀相度经画，专以川茶博马，对原自由贸易的蜀陕之茶实行禁榷专卖，其后还设置了茶、马两司主持其事，后合并为茶马司，不久又升格为权重事专的都大茶司马，使茶马贸易成为一代典制，一直延续到清乾隆元年(1736)，存在了近700年之久。这段历史，值得研

究。首先面临的问题是,茶马贸易始于何时?

我国历史上的茶马贸易之始,向来已有"定论",即始于中唐以后。封演《封氏闻见记》卷六《饮茶》云:"回鹘入朝,大驱名马,市茶而归。"封演随心所欲的十二字小说家言,被欧阳修抄入《新唐书·陆羽传》,后又被宋末王应麟、马端临分别据以写入《玉海》(卷一八一)及《文献通考·征榷五》,遂不胫而走。封演之说历来被视为不刊之典,1 200 年来,无数次被人们奉为耳熟能详的不易之论而笃信无疑。但细究其实,这无非是一种毫无史料根据的主观臆说。

安史之乱后,回鹘大驱名马入唐,确为史实,但无论是贡赐贸易抑或易货贸易,作为交换物,唐政府支付的均为绢帛而不是茶。安史之乱前后,唐茶还只是一种奢侈消费品,尚未普及到民间,绝无可能用相对比较昂贵而又稀缺的茶去交换西马。唐代征收茶税,虽始于建中三年(782),但为权宜之计;正常的开征十一税率茶税始于贞元九年(793),至长庆元年(821)又将茶税税率提高 15%。文宗大和九年(835),王涯进行了一次不成功的榷茶试验,不到一年即告失败,自己也招致了杀身之祸。直到宣宗大中六年(852),裴休立"税茶十二法",唐代茶法才稍具规模。唐德宗时全国茶税四五十万贯,《新唐书》卷五四载,宣宗大中年间,茶税已"增倍贞元",即至少已为 80 万贯,但宋人吕夏卿《唐史直笔》云茶钱为"六十余万",疑已有"虚估"。而《通鉴》卷二四九载:大中时,全国两税及茶、盐、酒税等岁入总额只有 925 万贯,除去记载明确的租税、盐利、榷酤外,即使全为茶税,也仅 15 万贯。当然这一数据未必正确,但大中年间茶税是否能有 80 万贯尚是疑问。而更重要的是,茶马贸易具有某种封建国家财政经济"计划体制"性质,作为由政府组织或主持的易货互市的经济模式,是以官方榷茶为必要前提的。而在唐代则没有史料可以证实茶为易马之物;相反,绢马贸易的史料却比比皆是。绢帛,是唐代实行两税制度征收的主要实物税,府库充盈,是唐政府支付西北少数民族之马的主要偿付物,在唐代有一专有名词,称之为"马价绢"。确切而言,唐代实行的是绢马贸易,而绝非茶马互市。

今考中原王朝与少数民族的市马贸易似始于汉,三国曹魏黄初三年(222),曾有过一次规模很大的互市,鲜卑曾"驱牛马七万余口交市",交易物不外乎钱、绢帛等。回纥向唐贡马,当始于贞观十七年(643)。回纥部落薛延陀向唐请婚,一次就献马 5 万匹,这是和亲方式的贡赐贸易,数额虽大,却是偶一为之。盛唐以前,并不缺马。由于张万岁等经营有方,自贞观至麟德(627 ~ 665)的近 40 年间,"马蕃息至七十万匹","天下以一缣易一马"。唐玄宗即位之初(712),"牧马有二十四万匹",以太仆卿王毛仲主之。至开元十三年(725)即达到 43 万匹(《通鉴》卷二一二)。仅 13 年间,牧马竟增加了 79.17%。是年玄宗东封,从行之马竟达数万匹之多,可见其盛一斑。

安史之乱后,大唐精兵逐鹿中原,边备尽撤。昔日水草丰美的牧马胜地陇右等沦失殆尽,吐蕃乘虚而入,"苑牧蓄马皆没","马政一蹶不振,国马唯银州、河东是依"。大规模的持续战争,又消耗损失许多战马。回纥曾出兵协助郭子仪收复两京,同时盛唐开展以和亲为主的贡赐贸易,唐以绢帛、银钱支付马价,逐渐成为一种偏离价值规律的比价畸高的不平等交易。

安史之乱平息后,仍难以改变战马奇缺、回天乏术的困窘局面。为了维护国防,须保持一支相当规模的骑兵,除了国内括马外,就只有向回纥、吐蕃等市马一策。绢马互市就在这样的历史条件下应运而生。

《旧唐书·回纥传》记载:肃宗乾元(758 ~ 760)中,"回鹘仍岁来市,以马一匹,易绢四十匹,动至数万匹"。绢马贸易的规模如此之大,绢马比价又如此不合理,较之唐初上涨了 40 倍,严重影响到唐政府的财政收支预算,出现了大幅的透支。大历八年(773),代宗诏令,止许岁市马 6 000 匹(以上除注明出处外，引文皆见《册府元龟》卷九九九《互市》)。据上引同书，记载了贞元元年至大和元年(785～827)总共支付回纥马价绢达1 312 000疋，如仍以四十比一的折价率计算，可市马32 800匹。如以实际发生市马的六年计，则平均每年为5 467匹，大致与唐代宗规定的限以6 000匹相符。《全唐文》卷六六五收有白居易《与回鹘可汗书》一文，谈到回纥一次进马6 500匹，而唐历年积欠的2万匹马的马价绢，即达50万疋之多。如按此计算，又为平均25疋绢易马1匹。可证马价绢对唐王朝是一项十分沉重的财政负担。但在任何唐代文献及出土资料中，迄今尚无可考见真实可信的茶、马互市数据。因此，所谓乾元以后唐与回纥始行茶马贸易，不过是封演心血来潮、向壁虚构的小说家言而已。即使仅以史料学而言，孤证是不足以采信的。正如陈寅恪先生早就指出过的治史原则："通论吾国史料，大抵私家纂述易流于诬妄"；我们无法苛求封演之类小说家言可与史实相吻合，重要的是治史者必须对史料"详辨而慎取之"，切忌人云亦云，如将封演所说的"市茶而归"改动一字作"市绢而归"，就与史实相符若契了。

但这种绢马贸易，如上所考则早已始于汉魏，而并不始于中唐，也是毋可置疑的史实。即使到五代，甚至宋代中期，高昌回鹘以马换回的仍然主要只是钱和绢帛，殆无可疑。

明确记载茶马互市的史料似始见于李焘《续资治通鉴长编》卷二四：宋太宗太平兴国八年(983)，"沿边岁运铜钱五千贯于灵州(治今宁夏灵武西南)市马"，因路途遥远，运钱不便；又恐"戎人"得铜钱后熔铸成兵器，故应盐铁使王明之请，"自今以布帛、茶及他物市马，从之"。而真正茶马贸易形成制度则在宋真宗咸平元年(996)，《长编》卷四三有载：应杨允恭之请，正式置估马司，主管市马，定河东、陕西、川陕诸路市马之处凡十九州军，皆置市马务，遣官主其事。又重申："以布帛、茶、他物准其直"，岁市5 000余匹。又在边境设招马之处，遣牙吏入蕃招募，给路券，至估马司定价。这是历史上最早出现的有比较完备机构、制度和具体规定的茶马贸易资料，作为一代典制的要素均已具备。不久还产生了与唐代"马价绢"相对应的"马价茶"一词。如景德二年(1005)八月二十九日真宗诏令中，明确规定了沿途诸州"所给蕃部马价茶，沿路免其税算"。这一"马价茶"，堪称茶马互市的标志物，距今已有1 000余年的历史了。其后，关于茶马贸易中茶作为主要交易物的史料屡见于载籍，《宋会要辑稿》等史籍中就有无数条详尽记载，堪称不胜枚举。现存散在《宋会要》各门中的茶马史料，至少有数十万言，加上明代的茶马资料，已有百余万字；笔者经多年整理、校证，即将在《茶书全集》中刊行。

茶马贸易的高潮迭起，是在熙宁七年至元丰末年间(1074～1085)，这是为了适应神宗开边拓地积极进取的军事需要。宋神宗命李杞、蒲宗闵相继入蜀主持榷茶、买马，在成都和秦州(治今甘肃天水)分别置茶、马两司，榷茶买马。作为熙丰新法的措置之一，大张旗鼓在川陕展开，并作为赵宋王朝的不易之典延续至南宋之末。李杞因病离职后，刘佐代其事，不久，又以李稷主持茶马之政。李稷于元丰五年(1082)死于永乐城，诏令陆师闵代其职。李杞经画一年，已获茶利50万缗，相当唐朝全年茶税；李稷年均获利80余万缗，至陆师闵则增至百万缗。茶、马初为两司，各行其是，其间矛盾重重，经多次反复实践，才合并为茶马司。并于崇宁元年(1102)升格为都大提举茶马司，秩比都转运使，权重事专，富甲一方。主官称都大提举，在分工上仍有侧重，川司主要负责榷茶，秦司主要主持买马，由都大提举统一筹划、调度、指挥、协调。茶马司属员较多，都大提举甚至有辟置属员之权。北宋买马年额约在15 000至20 000匹左右，最初易马茶用一驮(100斤)易一马，后比价不断上升，至南宋数十驮茶尚换不到一匹善马。最多时每年用博马茶逾1 000万斤，约为蜀茶产量的三分之一。通常以雅州名山、洋州等四色茶为主。北宋易马多在西北，西马多良骏。南宋每年的买马额约在5 000～10 000匹左右，最高不过12 000匹，因西北易马之地丧失殆尽，市马之处以西南为主，多为不及格尺的驽马，难以上阵。战马不充，质劣数少，没有强大的骑兵军团，是宋军在宋辽、宋夏、宋金、宋蒙之战中屡战屡败的重要原因之一。宋臣多有激愤痛切之论，然马政弊坏，茶马之政也每况愈下。

茶马贸易作为一代成典，体现了宋政府以无用之物易有用之物的经济观念。即宋王朝相对过剩的茶，却被少数民族视为赖以生存而不可或缺之物；用茶易其掌握的战略物资军马，不仅可以补充战马，增强国防实力，还用买茶卖茶中赢得的巨额利润改善了捉襟见肘的财政状况。同时也对提高少数民族地区百姓生活水平，促进边境地区与中原王朝的经济文化交流，发挥互补作用，无疑有积极而深远的意义。宋代的茶马贸易也影响到明清两朝，尤其明代，基本上是萧规曹随，借鉴和延续了宋代茶产量的提高及制作技术的进步。如名山茶成为各族人民十分喜爱的畅销茶，湖南安化等地的茶砖等紧压茶亦创造于宋代，数百年来一直成为畅销边茶的主要品种之一。当然，宋代茶马贸易常会令人付出生命的代价，在蜀道上运茶的军兵首当其冲。榷茶必然导致的严刑峻法往往陷人以入法网，宋政府带有超经济垄断性的茶马贸易政策也必然会蒙上不平等交易的阴影。但茶马互市作为一种历史现象毕竟利大于弊，其长盛不衰，高潮迭起，达700年之久，绝非偶然。其对促进汉族与少数民族间的交融及我国西北、西南缘边地区经济文化发展、进步，无疑有积极的影响。但与陆上及海上“丝绸之路”的研究早已成为显学形成鲜明对照的是，宋明茶马贸易的研究，尚未引起中外史学界的充分关注，仍是尚待“垦辟”的“处女地”而已。笔者将逾百万言的宋明两朝茶马贸易、马政史料经校证后编入本书，意在为有志于这一课题研究的学者提供些可信的资料，倘能为推进这项研究工作而竭尽绵薄，于愿足矣！

（原刊于《中国茶书全集校证》，中州古籍出版社2015年9月）

抗日战争中的程应镠

邵　雍

（上海师范大学硕士研究生毕业，上海师范大学教授）

1931～1945年的抗日战争是中华民族与中国人民刻骨铭心的历史记忆。在日军肆虐、百姓生灵涂炭、民族危亡的年代里，不少热血青年勇敢地挺身而出，用各种方式抗日救国，拼死抗争，在史册上留下了他们的英名。程应镠就是其中的一位。

一

程应镠（1916～1994），江西新建人，1929年考入江西省立二中，1934年转入南昌私立心远中学，在该校历史老师的影响下，弃理学文。1935年夏考入著名的燕京大学历史系。同年秋天，到了北平入学后不久，就参加了著名的"一二·九"运动，尤其在1935年12月16日的行动中，走在示威游行的前列。9年后他回忆说：

> 北平的十二月已入隆冬，未名湖上，溜冰开始很久了。八日晚上，学生会召集大会，讨论时局的发展，决定九日来一次示威游行运动。那时，冀东已"独立自治"，"冀察政委会"即将成立，我们的示威游行便是反对这日本卵翼下的"新组织"的。到北平后，眼见强邻压境，爱国情绪非常高。会后，我兴奋的几乎一夜不曾睡着。"一二·九"那天，当我喊着"打倒日本帝国主义"的时候，我的眼泪也流出来了；我已有多少时候把这种情绪压在心底了！我不知道这是快乐的眼泪，还是伤心的眼泪，我只觉得我的心被一个东西压了很久很久，这一下，好象一切责负都卸了。今天，以一千次、一万次地喊"打倒日本帝国主义"，谁还会想到九年前我们第一次喊时的心情呢？①

而在这之前，程应镠在南昌受的是蒋介石倡导的"新生活运动"式教育；到北平后看到的一切使他深切地感受到了环境的压力，心头起了许多疑问，以前对蒋介石的崇拜统统幻灭了。

"一二·九"后，北平全市大中学罢课。国民党当权者对学生的爱国行动继续执行镇压政策。北平市公安局发出布告称："兹竟有青年学生，妄听流言，聚众游行，散发传单，不听制止等情事，在该学子等心迹或不无可原，而举动实近于骚扰。须知维持秩序是警察天职，妨害秩序则法有明文，本局负有保卫地方安宁之责，自未便放弃职守，除通饬各区队注意查察依法严禁外，合亟布告知悉，务各体念时艰，潜心向

---

① 程应镠：《一二·九回忆》，《流金集·诗文编》，上海师范大学人文学院历史系2001年印行，第261页。

学,倘有轻听浮言,逾越常轨,本局惟有依法分别究办,决不姑宽。"①

12月15日晚,在中共地下党的组织下,召开了燕京大学全体学生大会,会上通过了次日游行的议案后,"学生会便征集前锋队员,应征的,当时便在台上集合"。程应镠经过一番犹豫,勇敢地上台报了名。散会后回来,想着第二天,不知道有个什么样的命运降临。他曾想过要写一封遗书,而且真拿起过笔,"但真一拿笔也就不知道写些什么好了"。其实这也反映了当时那种"国家面临大难,人民已到不能对国是表示意见的地步"的高压环境。②

12月16日的游行示威比一个星期前的那一次规模更大。尽管事前保密,可是当天一早城内外学生行动时,反动当局还是得到消息,派军警包围各主要学校,并关闭西直门和阜成门,城内各主要街口也布置了军警。上午十点,在西直门受阻的游行队伍停在同样紧闭的西便门外。作为前锋队员的程应镠回忆道:

> 城楼上站了十几个警察,带着枪,城楼下便是我们两千多个学生,除燕京、清华的外,还有平大、农学院的。我们直站了一点半钟。大家似乎都在想,"一二·九"那回没有能进城去,这回非进去不可了。西便门虽也是两扇铁门,但只闩上了铁闩子,用力一推,露出了一条缝,望得见城门里面。当我们真等得不耐烦了时,站在门边的同学就试着推那扇铁门了。楼上的警察不时把石子从上面抛下来,象和我们开玩笑似的。推门的人瞧着门也许可以推开了,便大声的招呼后面的人一起上前推,于是人便象浪潮一样涌了上去,接着是一阵阵"菏呀!嗨呀"的吼声。这吼声使站在后面的女同学的眼泪,象潮水一样涌出。门终于被闯开了。进城时的欢呼,留在城外的是一片蓝天,苍凉的山和苍凉的田野……③

以上是当事人的目击记。也有其他的记载称:

> 示威队伍又到西便门南边火车的铁门,又遭阻拦。这时,学生们的愤怒已达到了极点,两千多学生齐心协力……把愤怒化为一股巨大的力量,每四十个人组织一队来推城门,这一队精疲力倦了,又另换一支新的生力军来继续努力,居然也毁灭了那铁硬的城门,守门的军警抵抗了一阵,却被群众的力量打退。④

两段材料的共同点是确认西便门是学生用人力推开的。但前者省略了对军警的关照,后者强调抵抗了一阵的守门军警是群众的力量打退的。然而无论是紧闭的铁门还是对抗的军警均无法阻挡"一二·一六"学生示威铁流。

程应镠后来说:"一二·九运动中,我是一名小卒。我当时……只知道爱我的国家。在运动中,我完完全全被这种热情所支配,自始至终拥护这个运动的领导者。"他认为"一二·九"运动"点起了这一个关

---

① 《世界日报》1935年12月13日。
② 程应镠:《一二·九回忆》,《流金集诗文编》,第262页。
③ 程应镠:《一二·九回忆》,《流金集诗文编》,第262页。
④ 《北平学生第二次救亡运动追记》,《一二·九运动资料》第1辑,第184页。

系民族生死存亡的火”,“是我们民族解放运动的开始”。[①]

二

中国共产党是“一二·九”运动的领导者。“一二·二六”学生示威后,党决定将北平大学生组成南下扩大宣传团,下乡宣传,教农民识字,为工人读报,宣传抗日救亡,并着手建立一个进步的青年组织。当宣传团第三团在高碑店被反动军警察阻拦时,全团曾在保定召开了全团大会,指挥部提出为了保存这一学生力量,应建立一个先进青年学生组织,名称为“中华民族解放先锋队”。[②] 1936年初,程应镠参加“左联”后又参加了中华民族解放先锋队。

为了使关系民族生死存亡的火长明不灭,他在1936年还参加了当年成立的燕京大学“一二·九文艺社”,并成为这个社的负责人之一,主持《青年作家》。[③] 是年年底,傅作义在绥远率部抗日。程应镠参加上海妇孺慰劳团,赴绥远慰问前线抗日官兵。1937年1月,他与柯华、周游、李植人、李植青等同学不顾塞外苦寒,去百灵庙慰劳战士,走过蜿蜒的大青山与冰封的哈尔红河。

1937年“七七”事变时,程应镠还留在北平,一度想去西山找游击队。8月初便同赵荣声等人逃出北平,经天津至秦皇岛,由海道南渡上海。到上海是8月12日,第二天淞沪抗战爆发,他们便由南站乘沪杭车至嘉兴,后在南京住了一个多月,参加平津流亡同学会的工作,接着又在武汉滞留了几个月。

同年冬天,他经著名记者范长江的介绍,去当时山西政治、军事中心的临汾参加八路军115师343旅686团工作。在686团工作时,他使用笔名流金,主要的工作是编印团宣传科发行的一种油印报。1938年夏初他与柯华一同来到革命圣地延安。关于这段经历,程应镠在1968年6月21日交代说:

> 一九三八年四月,柯华从总部来到686团,说打算搞一个火线通讯社,报道八路军战地消息和照片,邀我一同参加。他在团部住了好几天,征得领导同意,我偕同柯华去延安。……领导同意我们去武汉一次,一方面办理通讯社的登记手续,一方面采购通讯工作所需的器材。……从延安去西安的路上,在耀县碰到周游正北上,又邀了周游一道参加通讯社工作,同至武汉。到武汉已是这年的五月。在办事处住下之后,周总理接见过我们一次,柯华、周游和我都在。总理说国民党不会批准通讯社立案的,要我们等延安电示再决定行止。在这期间,我回了江西故乡一次,当我回武汉时,柯华、周游已奉命北返。……在武汉的时候,我写了一些记述八路军抗战的报道、散文、小说,较长的有《汾水的西岸》,短的有《新同志》、《夜行》、《黑夜的游龙》、《姑射山中的风雪》等。

经查,《汾水的西岸》、《新同志》、《夜行》三文均未找见。关于《夜行》,程应镠回忆说:是时任西南联大教师、《今日评论》文艺主编沈从文约稿的,“我送去一篇在山西八路军中随686团夜行军的纪事。他精心修改后发表了,后为《大西洋杂志》所载,英文译名即为《夜行》”。[④] 可见,程应镠笔下的八路军的形

① 程应镠:《一二·九回忆》,《流金集诗文编》,第263页。

② 参见于学仁:《中国现代学生运动史长编》上,东北师范大学出版社1988年版,第371页。

③ 程应镠1968年6月21日交代,见《程应镠史学文存》,上海人民出版社2010年版,第638页。

④ 《流金集·诗文编》,第268页。

象通过《今日评论》、《大西洋》等杂志的传播产生了一定的影响。又据程应镠1969年4月12日交代："当我还在汉口的时候，我写了一本定名为《一个士兵的手记》的小书，是以在八路军的战地生活为题材的。"在现已找到的程应镠的其他相关文章中也有对红军、八路军等共产党领导的人民军队的描写。如他在《杨——群相之六》写道：

> 在晋西山里，有支不大不小的游击队，人数约为三千左右。这些人来自中国的各部，语音异常复杂。但经过多年的患难与共，各人有如兄弟，彼此不独能相通语言，即内心也极相契合。若为他们写一部生活史，必极神奇动人。……这个镇是晋西一角小小的安宁去处；通城的路由距这小地方六十里去处往南、往北。沿大路的村庄城镇都在炮火的射程内。这地方和大路隔了一条大河，西边要过三座大山才到黄河边。那支三千人的队伍，便留在近大路的山里，阻止敌兵过山来，拱卫着晋陕边界上的黄河的东岸。①
>
> 从杜戌村到洛阳，我同那三千人的游击队伍，一同过了六天。作为那三千人的灵魂的人，和我天天夜里在一起。他姓杨……我……有着一种难言的对他的崇敬之情，这是不能用语言形容的。②

在这篇文章中，对于八路军的评价，不论是群体的还是首长，也不论是历史还是现实作用的都是正面的、积极向上、充分肯定的。

三

前已述及，根据周恩来指示，八路军火线通讯社等延安电示后再决定行止期间，程应镠回了江西故乡一次，当他回武汉时，其他人员已奉命北返。这样，他只好在1938年6月底7月初再折回故乡，组织大塘读书会，"大塘读书会成立后，曾演出过短剧《放下你的鞭子》，唱抗日救亡歌曲，写抗日标语，读报讲时事，还举办过农民的识字班。……其后，有些人分别去了延安和新四军"。③ 20余天后他经湖南、贵州到昆明入西南联合大学。

同年8月，程应镠抵达昆明后住在迤西会馆西南联大工学院宿舍，等待借读。9月，他和两位江西同学在树勋巷五号租了两室一厅朝南的房子。进入西南联大重新攻读历史后，程应镠发现"这所大学，有我许多在北平认识的朋友，他们或是'一二·九'运动中的健将，或为当日青年学生的领袖。学校里充满了民主自由的空气，学术上也真正是百家争鸣。不同的学术观点，可以在讲坛上公开争论。同学之间，政治主张不同，文艺见解不同，在壁报中也展开辩论。我在联大的第一学期，便和王永兴、李宗瀛、徐高阮、丁则良等出过一张叫'大学论坛'的壁报，论政，论学，论文，为另一些同学不满，在壁报中进行笔战"。④

1939年夏，"赵宗复、陈絜、柯家龙、张韵斐有的来自延安，有的来自山西，都经昆明去香港，在昆明住了一些日子"。程应镠特别强调，赵宗复、陈洁以及本校的徐高阮、王永兴"都是'一二·九'时代的学生

---

① 《流金集·诗文编》，第166~171页。
② 《流金集·诗文编》，第168~172页。
③ 程应镠1968年8月28日交代：《关于大塘读书会的情况》。
④ 程应镠1968年6月21日交代，《程应镠史学文存》，第631~632页。

领袖，我和他们也熟。特别是宗复，两过昆明（从香港返山西也在昆明住了一些日子），终成好朋友”。[①]在联大的两年中，程应镠“除了学习，便是写小说和散文。其内容都和抗战有关，但充满了对于故乡的留恋。…… 这些文章，有一部分收在《一年集》中。这个集子是章靳以主编的《烽火丛书》之一，是由联大教授沈从文介绍到那里出版的”。[②]

1940年夏，程应镠从西南联大历史系毕业，开始了新的战时生活。

西南联大大师云集，学风纯正，尤其是民主气氛浓厚，而所有这些优良因素均与北平有关，与“一二·九”运动有关。程应镠在这座高等学府的两年中做了三件事：第一，攻读历史学，为后来成为史学大家打下了坚实的基础，未毕业之前，已在该校史地研究室做过一段时期的助教工作；第二，凭藉浓厚的文学兴趣，撰写并发表了一批以抗战为中心的作品，唤起国人的爱国爱乡情结；第三，进一步与当年的“一二·九”运动健将保持与发展友谊，也就是与中国共产党保持政治上的联系，这也影响到他毕业以后的思想发展走向。

四

程应镠从西南联大毕业时，抗日战争已经进入了战略相持、苦撑待变阶段，战场形势不容乐观。所以已经在该校史地研究室任助教的程应镠一接到燕京大学同学、中共地下党员、时任洛阳国民党第一战区长官司令部秘书赵荣声的来信邀请后，依然投笔从戎，决计仍赴抗战前线。

1940年秋初，他经重庆、成都，过剑门，由汉中至宝鸡，再到西安。在西安时他突发痢疾，几度昏迷，幸亏同行的国军第四师副师长蔡剑鸣及时将他送入红十字医院救治。[③] 因为病倒，所以10月初才到达九朝旧都洛阳。当时洛阳是抗日战争的一个军事中心，国军第一战区最高指挥部就设于此。程应镠在第一战区最高指挥部担任秘书（待遇是同上校秘书），[④]工作十分清闲，天天与他为伴的是从省政府图书室借来的一部四部备要本的《通鉴》。时事与历史，使他感慨万端。这年岁尽，苦旱未雪，程应镠写了四首七律，其中有一首说：“经冬日暖天无雪，来岁年荒鼠且饥。民困应知征调久，边烽频报捷书迟。”1941年初夏中条山战役期间，洛阳第一战区的最高指挥部宿舍大墙外，停满了望不到边的牛车。某一天夜间，牛铃声彻夜未绝，第一战区的物资、用具全部撤退至豫西洛宁，中条山30万驻军全线溃退，但当时河南的报纸上，还在粉饰太平，宣传胜利，说是捷报频传或歼敌若干。程应镠后来赋诗追叙此事说：“潼关东去向东都，万里来投卫公幕。卫公门下三千客，肝胆如同楚与越。……中条大军三十万，一夕曾无片甲回。将军不死战士死，黄河呜咽东流哀。洛中车马今犹昔，侯门歌舞夜仍开”，表达了他对国民党及其军队的极度失望与不满。[⑤]

1941年6月至1942年3月，程应镠以同上校秘书的身份随同第一战区第十三军军长张雪中到过叶县、郑州、登封、密县、新郑，招待过记者；业余时间继续进行小说、散文、旧诗的创作，其中有的是在洛阳当

① 《树勋巷五号》，《流金集·诗文编》，第267～268页。

② 程应镠1968年6月21日交代，《程应镠史学文存》，第641页。

③ 程应镠1968年7月23日交代。

④ 参见《程应镠史学文存》，第641～642页。

⑤ 程应镠：《寄弟渝州》，《流金集·诗文编》，第276～277页。

地的《阵中日报》、《北战场》上发表,有的寄到重庆《大公报》发表。①

1943年,程应镠的主要工作是把第一战区政治部所属抗宣演剧一队和原来十三军政工队中的演员合并成立了一个《北京人》剧团,在洛阳演出《北京人》一剧20天。后来在准备演出《蜕变》时受到政治部主任秘书和《阵中日报》负责人的攻击,造谣说程应镠是共产党,企图加害。恰逢赵荣声夫妇正从太湖经过洛阳去成都燕京大学复学,程应镠于同年4月偕同他们到成都,然后经重庆去贵阳清华中学教学。②

1940年10月到1943年4月,程应镠在洛阳从军的短短两年半中,国民党正面战场并无大的起色与转机,抗战前途堪忧,百姓战争负担加重,民生疾苦严重。为此程应镠曾愤而赋诗:"民困应知征调久,边烽频报捷书迟。诸公好画平戎策,莫任苍生靡孑遗!"③同上校秘书这份闲差与程应镠的理想抱负相去甚远,因而他常在诗中里发泄内心的不满:"萧条山市堪沽酒,寥落军书好醉眠","何时弃此冷官去,独向湖边赋索居"。④

1944年秋,程应镠在贵阳清华中学教书期间,经过西南联大时的同学丁则良介绍,他和著名民主人士闻一多、吴晗认识,从此与中国民主同盟发生了关系。又经吴晗的介绍,程应镠与丁则良曾在民盟集会的地方唐家花园整理过图书。虽然程应镠当时还不是民盟成员,但参加过民盟邀集的座谈会。《民主周刊》发行后,程写的《一二·九回忆》和《一个十九岁的上等兵》,"都是交给闻一多,由他拿去发表的"。⑤一直到1945年8月日本无条件投降,程应镠从未放下他那支战斗的笔。

五

综上所述,抗战期间的程应镠既是文人,也是军人。他先是投笔从戎,经过两度变化,最后还是弃甲从教。他坚持扬己之文史专长,克敌之短,即使在军营中同样是拿起笔作刀枪,以各种体裁的文章在文宣战线上与日本侵略者进行坚决的斗争。在国共合作的政治背景下,他投奔八路军于先,参加第一战区十三军于后。这两支军队虽然都是中国抗日的队伍,但宗旨、作风和与民众的关系方面有很大的不同。程应镠先后亲身经历,两相比照,其感受自与他人大不一样。

就政治身份而言,他既不是共产党,也不是国民党,但他参加了共产党领导的"一二·九"运动以及共产党领导的外围组织——中华民族解放先锋队与"左联"。他实际参加了中国民主同盟的一些工作,但直到抗战胜利尚未加入民盟。⑥ 他在国军的战区司令部工作,但对蒋介石早已不再崇拜,对第一战区司令长官卫立煌也多有微词。不过在私人关系方面,他与中共人士、民盟骨干以致国民党军官(如国军第四师副师长蔡剑鸣)都有着良好的关系。

对程应镠而言,爱国主义是他的精神支柱,也是他参加中华民族解放先锋队的思想动力。他当年大声疾呼"为了祖国我们是不惜一死的"。⑦ 他强调,"一二·九"运动中的积极分子都是成绩优异的学生,

① 程应镠1968年8月3日交代,《程应镠史学文存》,第642页。
② 程应镠1968年8月3日交代,《程应镠史学文存》,第643页。
③ 《洛阳经冬不雪开春后烽警频传因赋长句》,《流金集·诗文编》,第272页。
④ 参见虞云国等:《晚于青史识苍凉——程应镠传》,《史魂》,上海辞书出版社2002年版,第285页。
⑤ 程应镠1968年6月21日交代,参见《流金集·诗文编》,第346页。
⑥ 程应镠是在1946年4月在云南加入中国民主同盟的。
⑦ 程应镠:《给"一二·九"运动中的朋友们》,《流金集·诗文编》,第265页。

中国的士大夫和知识分子关心政治,以天下兴亡为己任,和认识是分不开的。[①] 他认为"农民对土地的爱,支持了这七年的抗战,但……农民的力量,是分散而各自为战的,只有有和他们那样的爱的知识分子,才能把那种力量领导起来,用之于作民族生死存亡的斗争"。[②] 民主主义是他的政治追求,抗战期间他秉笔直书,公开抨击国民党的专制,认为国民党的"教育,也是训练奴隶的教育,我们的统治者,所需要的也是羊一样的人民。……而我们今日,还在制造奴隶。只有摇尾巴的哈吧狗儿,才被认为是好国民、好部下、好学生"。[③] 他指出:"我们国家,到了如此地步,竟没有一个人敢站起来表示他对于国事的意见。……今日,士气是消沉到了极点。我曾多少次向往于一种浪漫杀身,以图警醒久睡的人心。"他强烈主张"政治的改革,一为澄清吏治,二为调整各党派的关系,其中尤要者为国共两党的真诚合作,和国民党即日开放政权"。[④] 为了争取民主、夺取抗战的胜利,他敢想敢说,刚直不阿,宁折不弯,体现出一个知识分子的历史担当,抗战胜利不久就参加中国民主同盟的政治诉求也在于此。而自由主义则是程应镠的内心深处的向往,他撰文要求国民党当政者"开放政权,达到政治上的民主,达到思想上的自由"。[⑤] 他坚称"世界上,从来没有一个民族,未经过一度的个人的解放,而能得到解放的",反观抗战中的中国,"今天当我们最需要个人解放的时候,个人主义却受到前所未有的迫害"。在他看来孔孟朱程、英美苏联是好的,"但这种好,不见得适用于我们的今日"。"我们今日,既不能皈依孔孟,也不能膜拜苏联,我们自己,自有路在!"[⑥]此番言论不无过激之嫌,但也有其合理的道路自信的成分,是值得重视的。直到 1971 年 10 月 2 日程应镠还承认:"我这个人自幼读孔孟之书,后又受到资产阶级民主自由思想的浸润。在洛阳,虽有孤愤,但仍幻想改良。在昆明,忧愤深了一些,改良的幻想也破灭了",也仍然怅惘失去的朱颜,[⑦]这真实地反映了他的思想境界与认识高度。在抗日战争具体的历史情境下,发扬爱国主义、民主主义、自由主义的精神对于争取抗战的最后胜利无疑有着直接的正相关关系。在整个抗战进程中,程应镠虽然没有在前线披坚执锐,浴血奋战,但他用自己的笔写出各种不同体裁的文章,多方为民族争独立,为人民争民主自由,同样是有重要贡献的。

---

① 程应镠:《回忆大教联片段》,《上海文史资料专辑》(民盟专辑),2006 年印行,第 163 页。
② 程应镠:《论民族主义》,《流金集·诗文编》,第 203 页。
③ 程应镠:《政治的改革与人的改造》,《流金集·诗文编》,第 203~204 页。
④ 程应镠:《政治的改革与人的改造》,《流金集·诗文编》,第 201~202 页。
⑤ 程应镠:《政治的改革与人的改造》,《流金集·诗文编》,第 205 页。
⑥ 程应镠:《论个人主义》,《流金集·诗文编》,第 208 页。
⑦ 转引自虞云国《程应镠事迹诗文编年》,《程应镠史学文存》,第 653 页。

钓鱼岛是中国固有的领土

——以日本井上清教授《关于钓鱼岛等岛屿的历史和归属问题》为中心

朱瑞熙

（上海师范大学教授）

一

钓鱼岛及其附属岛屿自古以来就是中国的固有领土，这有充分的历史依据。9 月 14 日，中国外交部发言人姜瑜在例行记者会上说，中国是最早发现钓鱼岛并且行使有效管辖的国家，她建议关心这一问题的人士读一下日本京都大学教授井上清所写的《关于钓鱼岛等岛屿的历史和归属问题》一书。

我手头恰好保存了这本书。这本书是 1973 年 12 月由北京生活·读书·新知三联书店出版的，但仅作为“内部资料”发行，共 118 页，内封中间印有“内部参考　注意保存”八个字。因为当时正值“文革”，书后未印总字数和册数，估计印数不多，如今一般不易找到。这本书是由我的一位中国科学院近代史研究所（“文革”后属中国社科院）已故挚友、翻译组邹念之先生翻译的。1974 年 1 月，他将他所得的样书分送我一册。

据该书底页，注明作者井上清教授“现任日本京都大学教授”。该书收入他的两篇论文，一是《钓鱼岛等岛屿（“尖阁列岛”等）的历史和归属问题》一文，原刊《历史学研究》1972 年 2 月号；二是《钓鱼岛等岛屿的历史和领有权》一文，原刊日本现代评论社 1972 年出版的文集《钓鱼岛等岛屿（“尖阁列岛”）的历史之剖析》（《“尖閣”列岛—钓鱼诸岛史的解明》）。

据现代中国政区图，钓鱼岛位于福建福州市东边、台湾基隆市东北一百一二十海哩，再东面的岛屿称赤尾屿；再东面是琉球群岛，与日本本土很远（见《中国政区图》）。据井上清教授说：“目前在日本称为‘尖阁列岛’的岛屿，指位于北纬二十五度四十分到二十六度、东经一百二十三度二十分到一百二十三度四十五分之间，分布在中国东海的小岛屿群。”他指出：“在中国文献上，最迟在十六世纪中叶，从明朝嘉靖年间（按公元 1522～1566 年）以来，即已有钓鱼屿（或称钓鱼台、钓鱼岛）及黄尾屿等名称，是具有文字记载的岛屿的一部分。”至于“日本将这些岛屿统称为‘尖阁列岛’，是一九〇〇年（明治三十三年）以后的事。一九〇〇年，冲绳县师范学校教员黑岩恒奉学校之命前往这些岛屿进行了探险、调查，而后在《地学杂志》上发表的报告论文中提出了这个名称”（第 1 页）。

井上清教授提出的理由很充分，既有中国方面的文献，也有日本方面的文献。为了大家对钓鱼岛有一个直观的了解，我首先介绍他引用的一幅日本学者画的地图《琉球三省并三十六岛之图》。该地图附于日本人林子平著《三国通览图说》（日本天明五年即公元 1785 年秋，清乾隆五十年，东京须原屋书店老板须原市兵卫印刷出版，藏东京大学附属图书馆），是一幅彩色图，大体中央位置有“琉球三省并三十六岛之图”的题记,左下方用小字记载了“仙台林子平图”的署名。

此图从福建省福州到冲绳本岛那霸的航路绘有北线和南线两条,南线从东向西,连接花瓶屿、彭佳山、钓鱼台、黄尾山、赤尾山,这些岛屿都同中国本土一样被涂成淡红色。北线的各个岛屿当然也和中国本土涂的同一颜色(第44页)。井上清教授在该页边注二说明,林子平为什么要对台湾和中国本土用不同的颜色加以区别,他从林子平另一幅“可以称之为东亚全图的图”“推测”:“也许在林子平看来,台湾虽是中国的领土,但不能算是中国本土的附属岛屿,正如小笠原群岛虽是日本的领土,但和九州南方岛屿不同,不能算是日本本土的附属岛屿一样,所以用与日本本土不同的颜色加以区别。与此相同,他把台湾也涂上了与中国本土及其附属岛屿不同的颜色,难道这不是可能的吗?”(第45页)

井上清教授后来还收集到林子平的《三国通览图说》及所附《琉球三省并三十六岛之图》的几种彩色抄本,有一幅地图上涂的颜色“琉球为深褐色,中国本土和钓鱼岛等岛屿都是浅褐色,日本是深绿色,台湾、澎湖是黄色”。另有一幅地图涂的颜色“把琉球画为黄色,把中国本土和钓鱼岛等岛屿画为淡红色,把台湾画为灰色,而把日本画为绿色”。(第47页)

井上清教授讲到,林子平是日本近代民族意识的先驱者,他认为详细了解日本周围的地理,对于日本国防是当务之急。他还认为,这种急需的知识不应仅为幕府、各藩官员或武士垄断,必须“不分贵贱,不分文武”,扩展到“本国人”即整个日本民族。于是他著述和出版了《三国通览图说》和《海国兵谈》,但他一介书生,竟敢向日本人民呼吁日本的防卫,终于触怒了德川幕府的封建统治者,因此他的著述遭到幕府的处罚,这些书的原版都被没收了。但人们还竞相阅读、谈论、传抄他的著作,从而得以广泛传播开来(第47~48页)。

井上清教授依据的中国古代文献有:

一、明朝嘉靖十一年(1532),明朝派往琉球那霸册封尚清为中山王的册封使陈侃撰《使琉球录》(1534年序)。此前,即自公元1372年以来,元朝、明朝册封使到琉球10次,但其使录没有保存下来。因为钓鱼岛等岛屿处于从中国福州去琉球那霸的必经之路上。陈侃等搭乘的船,1532年5月8日(农历)从福州闽江口梅花所出海,向东南航行,驶至台湾鸡笼头(基隆)的外海即转向东北方向,10日经过钓鱼屿。他写道:

> 十日,南风甚迅,舟行如飞,然顺流而下,亦不甚动,过平嘉山(现称彭佳屿),过钓鱼屿,过黄毛屿(现称黄尾屿),过赤屿(现称赤尾屿),目不暇接。一昼夜兼三日之程,夷舟(琉球船)帆小不能及,相失在后。十一日夕,见古米山(现称久米岛),乃属琉球者。夷人鼓舞于舟,喜达于家。

据此,证明陈侃把今久米岛作明朝与琉球的分界处,以西包括今彭嘉屿、钓鱼屿、黄尾屿、赤尾屿皆属明朝,以东才算琉球。

二、是继陈侃以后于嘉靖四十年(1561)出使琉球的册封使郭汝霖撰《重刻使琉球录》。据郭汝霖记载,1561年5月29日自福州梅花所出海:

> 三十日过黄茅(今棉花屿?),闰五月初一日,过钓鱼,初三日至赤屿焉,赤屿者界琉球地方山也,再一日之风,即可往姑米山(久米岛)矣。

也明确记载赤尾屿以西才是琉球境土。

三、是清朝康熙二十年(1681)的册封使汪楫撰《使琉球杂录》(据邹念之先生考证,汪楫于康熙二十一年被任命为册封使,往返琉球时间为康熙二十二年)。据汪楫记载:

> 二十四日天明,见山则彭佳山也。……辰刻过彭佳山,酉刻遂过钓鱼屿,船如凌空而行……
>
> 二十五日见山,应先黄尾后赤屿,无何遂至赤屿,未见黄尾屿也。薄暮过郊(或作沟),风涛大作,投生猪羊各一,泼五斗米粥,焚纸船,鸣钲击鼓,诸军皆甲,露刃,俯舷作御敌状,久之始息。问郊之义何取?曰中外之界也。界于何辨?曰悬揣耳。然顷者恰当其处,非臆度也,食之复兵也,恩威并济之义也。

井上清教授据此分析,这一段是汪楫和船长或某人的问答,其中提到赤屿和久米岛之间的"中外之界"。由此可见,"中国方面是把自福州至赤屿之间的所有岛屿都看成是本国领土,而决没有认为是无主之地,这一点是毫无疑问的。而且琉球方面也完全承认中国方面这一看法"(第8页)。

四、是清朝康熙五十八年(1719)的册封使徐葆光(据邹念之先生边注说,徐葆光为册封副使,正使为海宝)撰《中山传信录》,引琉球大学者程顺则著《指南广义》(1708年序),说久米岛是琉球的西界。《中山传信录》卷一《针路》章引《指南广义》的一段记载:

> 福州往琉球,由闵安镇出五虎门东沙外,开洋,用单(或作乙)辰真十更,取鸡笼头(见山即从山边过船,以下诸山皆同)、花瓶屿、彭家山,用乙卯并单卯针十更,取钓鱼台,用单卯针四更,取黄尾屿,用甲寅(或作卯)针十(或作一)更,取赤尾屿,用乙卯针六更,取姑米山(琉球西南方界上镇山),用单卯针,取马齿(现称庆良间列岛)甲卯及甲寅针,收入琉球那霸港。

井上清教授依据这一段前后文字分析,"姑米山"的小注是徐葆光所加,徐葆光"肯定是经过详细调查的"(第3、5页)。

井上清教授分析,第一,中国明朝、清朝派往琉球国的册封使臣们,他们的记录不是单纯的个人旅行记,而是具有公务出差报告的性质,是明确地意识到要对当时的中国政府和后代对琉球政策起参考作用而写的。因此,在往返航道的记载中,不仅记有风向和方位,而且记有航海中的活动以及对领土关心的说明。与单纯的航程指南相比,就其所写内容而言,量虽不多,但具有重要的质的区别。第二,使臣们从当时中国人的领土意识来说,整个琉球都是臣属中国帝王的中山王的国土,是中国的一种属地。在他们看来,这些岛屿是中国的领土本是不言自明的,没有必要特别着重地向后人说明这个问题(第7页)。

五、是明朝嘉靖四十一年(1562)胡宗宪编写的《筹海图编》(茅昆撰序)。胡宗宪官至兵部尚书,曾督师抗击倭寇。他的这部书是总结自己的经验,说明防御倭寇的战略、战术和城堡、哨所等部署以及武器、船舰的制造等。卷一《沿海山沙图》的"福七"到"福八"标出了福建省罗源县和宁德县的沿海岛屿,其中鸡笼山、彭佳山、钓鱼屿、化瓶山、黄尾山、橄榄山、赤屿等岛屿是从西向东依次相连的。这幅图表明了钓鱼岛等岛屿是包括在福建沿海中国领有的岛屿之内的(第37页)。

我此处查阅该书,还发现卷二《王官使倭事略》[①]中,有关于钓鱼岛的地图。

---

① 文渊阁《四库全书》本,第584册,第14页。

在《福建使往日本针路》中，他描述：

> 小琉球套北过船，见鸡笼屿及梅花瓶、彭嘉山。彭嘉山北边过船，遇正南风，用乙卯针，或用单卯镇，或用单乙针；西南风，用单卯针；东南风，用乙卯针十更船，取钓鱼屿。
>
> 钓鱼屿北边过十更船，……至黄麻屿……赤屿…赤坎屿。
>
> 赤坎屿北边过船，南风，用单卯针及甲寅针；西南风，用艮寅针；用甲卯针十五更船，至古米山。①

到古(姑)米山，便到琉球境了。

至于日本方面把钓鱼岛及其周围岛屿称为"尖阁列岛"，是怎么回事呢？井上清教授在《所谓的"尖阁列岛"，不仅名称互不一致，所属范围也不明确》一节中指出：对于钓鱼岛等岛屿中的个别岛屿，尽管琉球人曾经用琉球语称之为 Yokon(Yicun)，或者称为 Kuba，但在 1900 年以前他们从来未曾使用过"尖阁列岛"这个名称。所谓"尖阁列岛"，实际上是以西洋人给这个群岛中的一部分定的名称为基础，于 1900 年开始使用的。这是因为钓鱼岛东部岩礁群的中心岩礁，其形状颇似塔尖，所以英国人把这个岩礁群命名为 Pinnacle Islands。后来日本海军又把它译成尖阁群岛或尖头诸屿(第 64 页)。

日本方面，也是在 1894 年日清战争(即甲午战争)日本获胜以后，日本才将台湾、澎湖列岛及其附属岛屿包括"尖阁列岛"和赤尾屿划为日本的领土(第 20 页)。此时日本方面还不知钓鱼岛为何名。6 年以后，即 1900 年(明治三十三年)，才由冲绳师范学校教员黑岩恒在《尖阁列岛探险记事》(载《地学杂志》第 12 辑，第 140 ~ 141 卷)把钓鱼岛、尖阁群岛(尖头诸屿)和黄尾屿统称为"尖阁列岛"，但他并没有将赤尾屿包括在内。尽管如此，当时他的命名"从未被日本这个国家所公认过"(第 68 页)。

井上清教授还批驳了日本方面把钓鱼岛及其附属岛屿当成"无主地"，指出他们强词夺理地说：尽管明、清时代的中国人就知道有钓鱼岛等岛屿的存在，并以中国语命了名，而且留有记载，但当时中国政权的统治"没有达到过这里的痕迹"。就是说，所谓国际法上领土先占的重要条件亦即有效统治，没有达到过这里，所以是"无主之地"等等(第 49 页)。井上清教授指出，明朝政府把钓鱼岛等岛屿划入了自己的海上防御区域之内，在系统阐述防御倭寇措施的书籍《筹海图编》中说明了它的位置及其管辖区域和隶属关系。这就十分有力地驳斥了所谓钓鱼岛及其附属岛屿是"无主地"的谬论。

必须提到，日本共产党、社会党与日本政府都持"尖阁列岛"是日本领土的主张(第 29 ~ 31 页)。1973 年 2 月，邹念之先生的译本只能作为"内部参考"，不能公开发行，可能上面考虑到与兄弟党关系问题有关。井上清教授提到日本共产党有人提出"尖阁列岛既不是日本的，也不是中国的，而是人民的！我们对于日本和中国这两个国家权利之间的领土之争，哪一方都反对"(第 109 页)。

井上清教授认为，在第二次世界大战后，日本接受了《波茨坦公告》，向中国在内的盟国投降。关于日本的领土，《波茨坦公告》规定："《开罗宣言》的条件必将实施。"而《开罗宣言》中说，美、中、英"三大盟国之宗旨""在使日本所窃取于中国之领土，例如满洲、台湾、澎湖群岛等归还中华民国"。这里的中华民国在 1949 年 10 月 1 日中华人民共和国成立后，当然应该读作中华人民共和国。既然如此，就应该同日本接受《波茨坦公告》投降后，自动将台湾归还给中华民国(现在的中华人民共和国)一样，完全根据同一

① 文渊阁《四库全书》本，第 584 册，第 48 页下 ~49 页上。

个理由,自动将钓鱼岛等岛屿归还中国。因此,日本投降后,继续占领琉球的美国没有把钓鱼岛等岛屿归还中国,而一直占领到现在,是非法的,不合理的。即使日、美两国政府签约,将对钓鱼岛等岛屿的所谓施政权与琉球列岛的施政权一并“归还”给日本,那也是无效的,因为这是日、美之间,拿既不是美国领土又不是日本领土的中国领土的领有权进行交易。最后指出:历史的唯一结论是,必须立即、无条件地承认所谓“尖阁列岛”和赤尾屿,都是中国的领土(第20页)。

二

在这里,我查阅中国古代文献,还可以替井上清教授补充三个证据。第一,是明朝嘉靖初年(1522)贡生、昆山人郑若曾撰《郑开阳杂著》(见附图)。

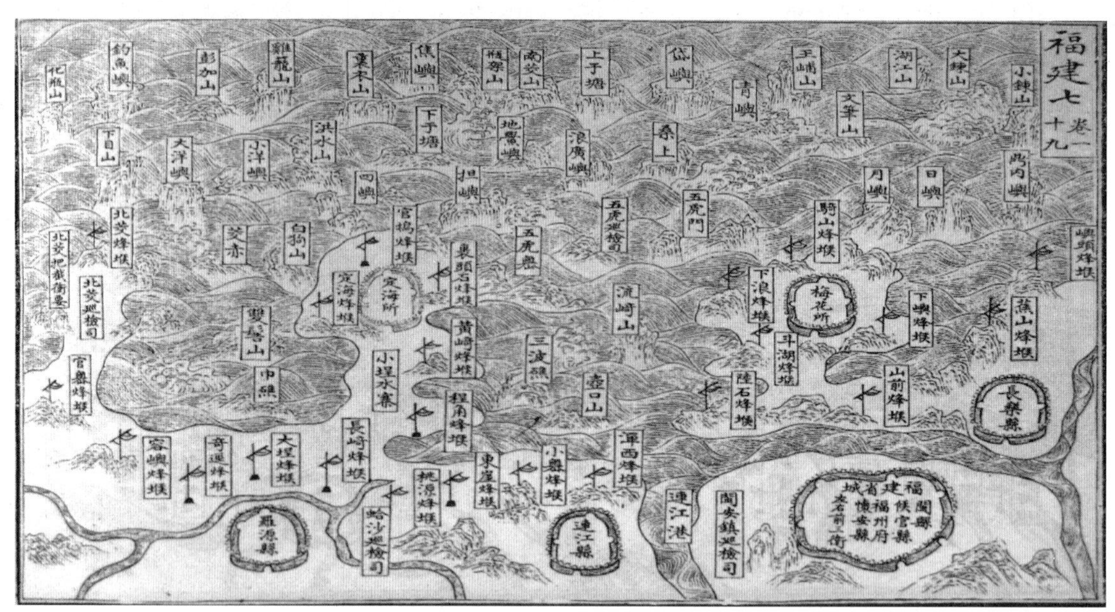

该书卷七《福建使往大琉球针路》记载:

梅花东外山开船,用单辰针、乙辰针,或用辰巽针,十更船取小琉球。

小琉球套北过船,见鸡笼屿及花瓶与、彭嘉山。

彭嘉山北边过船,遇正南风,用乙卯针,或用单卯针,或用单乙针;西南风,用单卯针;东南风,用乙卯针。十更船取钓鱼屿。

钓鱼屿北边过十更船,南风,用单卯针;东南风,用单卯针,或用乙卯针。四更船至黄麻屿。

黄麻屿北边过船,便是赤屿……五更至古米山。①

同卷《硫球考》记载:“明洪武初(1368),行人杨载使日本归,道硫球,隋招之。其王首先归附,率子弟来朝,太祖嘉其忠顺,赐符印、章服及闽人之善操舟者三十六姓;令往来朝贡。又许其遣子及陪臣之子来

① 文渊阁《四库全书》本,第584册,第615页下。

学于国学。"[①]同卷《风俗》又记载琉球"既遣人学于国学,故习稍变。奉正朔,设官职,被服冠裳,陈奏表章,著作篇什,有华风焉"。这说明琉球从明朝初年起,成为明朝的一个附属国,接受明朝的册封,使用明朝的正朔即年号等。同书卷四《福建使往日本针路》,前半段航路与《福建使往大琉球针路》相同,说明当时明朝人从福州赴日本的航路,经过钓鱼岛,过古米山,到澎湖,再往北去日本。

第二,是明末旧钞本《顺风相送》。该书原藏于英国牛津大学图书馆,原书未写书名,封面上题有"顺风相送"四字,副页上由拉丁文题记一行,说此书是坎德伯里主教、牛津大学校长劳德大主教于1639年所赠。1639年为明崇祯十二年,说明此书成书于1639年以前,据著名历史学家向达先生考订,"此书很可能成于十六世纪"。此书《福建往琉球》篇记载:

太武放洋,用甲寅针七更船取乌坵。用甲寅并甲卯针正南东墙开洋。用乙辰区小琉球头。又用乙辰取木山。北风东涌开洋,用甲卯取彭佳山。用甲卯及单卯取钓鱼屿。南风东涌放洋,用乙辰针取小琉球头,至彭佳花瓶屿在内。[②]

第三,是约18世纪成书的《指南正法》一书,也是旧钞本。该书原藏英国鲍德林图书馆。据向达先生考订,该书成于约清朝康熙末年(1722)。该书《福建往琉球针》篇记载:

梅花开船,用乙辰七更取圭笼长。用辰巽三更取花矸屿。单卯六更取钓鱼台北边过。用单卯四更取黄尾屿北边。……用假冒寅去濠灞港,即琉球也。

据向达先生研究,花矸屿就是花瓶屿。由福建至琉球的针路,从闽江口长乐的梅花所放洋,取西偏南以及正西、西微偏北方向至琉球的冲绳群岛,入那霸,即濠霸、豪霸。

三

依照国际法有关土地、岛屿的主权谁属的界定,不外乎三条原则,即发现、转让、征服。以上史实,证明中国最早发现、开发钓鱼岛,并列入福建的海防管辖区域以内,因此通过先占原则取得了主权。所以,钓鱼岛及其附属岛屿自古以来是中国固有的神圣领土。

1945年日本战败投降后,钓鱼岛及其附属岛屿本应作为台湾的附属岛屿,根据1943年12月中、美、英三国签订的《开罗宣言》归还给中国(1945年的《波茨坦公告》规定,日本的主权"限于本州、北海道、九州、四国及吾人所决定其他小岛之内")。但是,"二战"后,美国依旧占领冲绳,并根据所谓《日美旧金山合约》,于1953年12月以划经纬线的方式把钓鱼岛划入冲绳。而中国政府早就宣布所谓《日美旧金山合约》是非法的、无效的。然而,美国从1970年起,就酝酿把钓鱼台随琉球群岛一并交给日本。当年11月23日,台湾留学美国的学生胡卜凯等7人得悉后,在普林斯顿大学集会,抗议美国的这一荒唐计划。这

① 文渊阁《四库全书》本,第584册,第611页下。

② 向达校注:《两种海道针经》—《两种海道针经序言》、二《海道针经(甲)顺风相送》,中华书局1961年初版、1982年版,第3~4、95~96页。

是保钓运动的滥觞。到1971年6月17日，美、日签订《归还冲绳协定》，执意将钓鱼岛及其附属岛屿列入“归还区域”，交给日本。原来并非自己的东西，美国却用来送人，这种行为，中国古话称是“私相授受”，显然是非法的。当天，台湾大学生自发游行，到美、日大使馆前抗议美国将钓鱼台列屿“送给日本”。① 12月30日，中国外交部发表声明，指出：“美日两国在‘归还’冲绳协定中，把我国钓鱼岛等岛屿列入‘归还区域’，这完全是非法的，这丝毫不能改变中华人民共和国对钓鱼岛等岛屿的领土主权。”美国政府也表示：“把原从日本取得的对这些岛屿的行政权归还给日本，毫不损害有关主权的主张”，“对此等岛屿任何争议的要求均为当事者所应彼此解决的事项。”可见，美国所谓从日本取得对钓鱼岛的行政权，再将该岛的行政权“归还”给日本，都是不能成立的。即使如此，日本从美国得到的仅仅是钓鱼岛的“行政权”，根本不是主权，所以，日本据此主张对钓鱼岛的主权也是没有国际法效力的。②

1978年4月，中国100余艘渔船驶入钓鱼岛附近海域捕鱼，日本保安厅进行了有组织的拦截。12日，日本方面报道东海钓鱼岛附近海域出现了许多渔船，“共有108艘”，其中16艘渔船进入钓鱼岛12海里范围内。日本巡逻艇以中国渔船进入所谓日本“领海12海里内”为由，要求中国渔船退出。中国渔民则在船头木板上写出“这是中国的领土”、“我们有权在此作业”等字样进行抗议，这种情况一直维持到晚上8时。此后，中国渔船多次进出钓鱼岛海域。这就是著名的“钓鱼岛事件”。日本方面认为这是中国大陆第一次采取这种大规模的宣示行动。

自1987年2月17日开始，中国和日本非正式商谈签署和平友好条约。不少日本政客借此机会，要求中国承认钓鱼岛属于日本，将签约与钓鱼岛归属挂钩，向中国政府施压。5月19日，邓小平接受美国合众社编辑和发行人时严正指出：日本对钓鱼岛享有主权的说法是站不住脚的，这就是说，中国对钓鱼岛享有主权的说法是站得住脚的。

这时，日本部分媒体也对事件进行反思。4月15日，日本工人党机关报《工农战报》，发表“通过战争掠夺来尖阁列岛，要通过缔结友好和平条约友好地解决”一文，列举事实说明钓鱼岛是日本借甲午战争非法从中国掠夺的，从历史和地形看，该岛属于中国台湾附属岛屿。4月20日，《工农战报》又发表了“坚决谴责践踏日中联合声明精神的福田内阁”一文。

中国政府在坚持原则前提下，采取了灵活的办法来平息这场危机。经过努力，中、日双方政府都同意不涉及钓鱼岛问题，搁置争议，于5月27日双方重启友好条约谈判，8月12日正式签订条约。中国方面，10月25日，邓小平指出：

> 在实现中日邦交正常化和这次谈判《中日和平友好条约》的时候，我们双方都约定不涉及这一问题。倒是有些人想在这个问题上挑些刺，来阻碍中日关系的发展。我认为两国政府把这个问题避开是比较明智的。这样的问题放一下不要紧，放10年也没有关系。我们这一代人智慧不够，这个问题谈不拢，我们下一代人总比我们聪明，总会找到一个大家都能接受的方式来解决这个问题。

邓小平的这次讲话为中国方面在处理钓鱼岛问题上的政策定下了基调。次年（1979）5月，邓小平在会见

① 《参考消息》2010年9月28日，第10版。

② 《人民日报》2010年10月7日载贾宇文。

来访的自民党议员铃木善幸时又强调说：

> 可考虑在不涉及领土主权情况下，共同开发钓鱼岛附近资源。

同年6月，中国政府通过外交渠道正式向日本提出共同开发钓鱼岛附近资源的设想，首次公开表明了中国愿以“搁置争议，共同开发”模式解决同周边领国间领土和海洋权益争端的立场。[①]

① 金点强：《1978年中日冷静处理钓鱼岛事件》，载《扬子晚报》2010年9月25日，第B7版，转自《环球时报》。

“二等公民”参战改变加国华人地位

丁　果

如果说华人在加拿大淘金潮和修铁路时代作出的贡献，并非是华人自觉而有意识地为加拿大这个国家作贡献，他们主观上是到加拿大打工赚钱，而由当时的历史环境造就了华人在加拿大建国过程中的“主人翁”地位，那么，华人子弟在世界大战时期踊跃参军，就是华人社区首次在加拿大国家意识的主导下，自觉要为加拿大而战，要为这个国家做出不亚于其他族裔的贡献。这种主动参战的情况，在第一次世界大战时期尚是稀少的个例，但到了第二次世界大战，就成为社区的集体共识，参军当兵的人数也创造了纪录。

在全球二战历史中，加拿大华人参军的情况最为特殊。他们是加拿大的二等公民，在社会上是被歧视的，连在加拿大出生的尊严都没有受到尊重，其中有人的父母因为1923年的“排华法”而无法到加拿大来团聚，导致整个家庭处于分崩离析的状态。就是在这种情况下，数以百计的华裔加拿大年轻人冲破不让他们参军的法律，主动请缨作战，不怕流血牺牲，为加拿大而战，而英联邦而战，为反法西斯盟军而战，这种“爱国忠诚”可谓惊天地泣鬼神，成为加拿大军史上罕见的一页，让整个国家为之感动，其功勋除彪炳史册之外，也成为战后废除“排华法”的重要原因。可以这样说，700华裔将士的参军打仗，改变了一个民族在加拿大的地位。

人头税与“排华法”

追寻华人挺身而出为加拿大一战的原因，当然要回到那不堪回首的历史之中。如前所述，华人情愿借债远渡重洋到加拿大淘金修铁路，一是为了赚钱讨生活，二是为了躲避家乡无休止的战乱。他们哪里想到，“金山”没有温情，只有资本主义无情的盘剥。在太平洋铁路建成后，加拿大政府过河拆桥，不但没有论功行赏和妥善安置修路华工，反而让他们在经济萧条之际饱受失业之苦，任由白人族群歧视，不少人甚至流落街头，如果跟收留一些华工的原住民部落相比，则让人有天壤之别的感觉。

在这种情况下，大量的华工或回美国，或渡过太平洋回到故乡，没有钱买船票回国的一部分人则向加拿大中部和东部移动，到那里去寻找机会。更多的人则留在卑诗省，回流到温哥华新西敏等地。在这种形势下，出现了所谓的“围城”现象，即在加拿大的失业华工，不少人想回国而不成，但在中国，由于清政府治国“江河日下”，社会矛盾日益激化，广东、福建等不少地方出现生存危机，再加上信息闭塞，导致更多贫穷的中国人到加拿大“金山”寻找生路。

在这种情况下，社会对华工的排斥日甚一日，甚至到处散布“华人威胁论”，有的报章杂志鼓吹“如果不采取措施遏制华人来加，将会有十倍于加拿大的人流从中国蜂拥而来”（《缅省自由报》）。加拿大主流社会的民意开始汹涌，媒体则推波助澜，各级民意代表开始屈从民意，不惜违背加拿大宪法精神，逐渐倾向排斥华人。

联邦政府因为刚刚完成太平洋铁路，实在无法立刻撕下脸面。因此在1884年7月成立了皇家调查委员会(Royal Commision on Chinese Immigration)，在旧金山和卑诗省进行问话调查，内容包罗万象，宛如针对单一族裔的人口调查，包括华人的生活状态、思想言行、华人总人口与两性比例、职业与工资收入、犯罪与恶习、交税状况与社交行为等。在51个证词中，有两个中国官员的证词。除了雇佣华工的公司老板为中国人说了好话之外，其余的白人证词大都充满了对华工的偏见乃至仇恨。根据《加拿大华侨移民史》[①]的叙述，在调查委员会的听证中有三个观点比较典型：一是布拉德利(John A Bradly)提出的华人道德败坏论。他认为华人走私、违反卫生规则、吸食鸦片、把麻风病带入西部海岸、用鸦片来腐蚀年轻人。二是斯波鲁特(Gilbert Malcolm Sproat)提出的华人与白人劳工的不公平竞争论。他这样解释，华工只要一天10分钱就可以维持生活，因为他们完全脱离主体社会。三是卑诗省总检察长包特森戴维(Alexander Edmund Batson Davie)提出的华人很难被同化论。他认为华人是异己分子，不但白人不想同化他们，华人本身也不愿被同化。这些论点当然有部分事实支撑，但因为调查报告的起点就建立在对华人的歧视之上，结论向遏制华人方向倾斜是在所难免。当年主持皇家调查报告的法学博士查普洛(Dr. Joseph Adolphe Chapleau)提出一个征收5元人头税的折中方案，在1885年4月10日向国会提交。这个轻微人头税的提案遭遇了排华势力的全力反对。到了1885年上半年，反华势力形成全国气候，联邦政府难以阻挡对华人入境课以重税的民意潮流。1885年7月29日，国会通过后来臭名昭著的"人头税"法案，即对华人入境者(除了外交官、旅游者、科学家和学生、商人、有离境许可证返回加拿大者等)课以50加元的"人头税"。15年后，这个人头税翻倍到100加元。

但这没有阻止华人进入加拿大的脚步，导致抗议华人的声浪持续高涨。联邦政府组织了第二次皇家调查委员会，进行了所谓的论证。这时，排华已经成为一面倒的局势，没有重要的人物再肯为华人仗义执言。因此，到了1904年，人头税增至500加元。当年华工在加拿大做苦力，一年的总收入也就是300加元左右，500加元的人头税，意味着华工近两年的总收入，其负担之重，由此可窥一斑。

人头税对加拿大贡献巨大

皇家调查委员会的报告虽然揭露了一些唐人街华人社区的真实情况，但是，这些情况比如赌博、嫖妓、抽大烟以及械斗，在其他族裔包括白人中也存在。另外，调查报告和当时社会对华人的贡献，则是视而不见，或者故意隐瞒。如果说市民纳税是加拿大作为一个国家发展的基础，那么早期华人在这方面的贡献也是难以抹杀的。

自执行人头税的1885年起，到完全禁止华人入境的1923年，大约有8万多名华人分别在人头税的三个阶段缴纳了近2 400多万加元的人头税。根据1924年《加拿大年鉴》，在交纳50加元人头税的14年间(1886～1900)，近3万华人缴纳了143多万加元的人头税；在交纳100加元人头税的3年间(1901～1903)，11 200名华人交纳了112万加元的人头税；在交纳500加元人头税的20年间(1904～1924)，42 000多名华人交纳了2 122万加元的人头税。

---

① 黎全恩、丁果、贾葆蘅：《加拿大华侨移民史》，人民出版社2013年版，第129～130页。

用一个简单的类比就可以看到人头税对加拿大国家税收之分量。加拿大联邦政府修建整条太平洋铁路的拨款费用是2 500万,华人缴付的人头税总量与其几乎相当。联邦政府将这些税款拨付到各省,帮助当地建设学校、道路、停车场等公共基础设施,华人居住最多的卑诗省维多利亚自然也获得大量拨款,省政府办公大楼主要就是由此税款建立并沿用至今。

我们许多华人新移民常常被批评对本地公共设施建设没有贡献,但华人的前辈们对加拿大尤其是对卑诗省的基建,是有重大贡献的。华人的贡献绝对不止"人头税",就太平洋铁路建设来说,华工的低薪就节省了多少加拿大居民的"税务负担"?最不公平的是,华工进来要交纳沉重的人头税,但欧洲进来的移民或者依亲移民却可以得到政府的经济支持和补助(有点类似今天难民的福利)。从这个几个方面来看,当年华工在税务和经济上对加拿大的贡献,并非就比早期欧洲移民差。但是,华人受到的待遇,用今天的人权观念来看,是相当有问题的,当年温哥华唐人街就遭到反华民众的骚乱打击。

"排华法"是加拿大移民史的巨大耻辱

华人由于中国内部的原因,并没有因为加拿大设立"人头税"而止步。从上述《加拿大年鉴》的统计数字就可以看到,一方面联邦政府"响应"排华民意的要求,不断加大"人头税"支付的额度,但另一方面,华人仍然不断进入加拿大,"人头税"越高,进来的人越多。当时已经居住在卑诗省的华人领袖已经敏感地预见到,如果华人进来的人数持续增加,将触发更汹涌的排华浪潮,最终导致政府出台极端措施,因此,中华会馆去函到移民来源最多的广东四邑等地,让人张贴在乡里,劝喻华人暂时放慢来加步伐;同样,在"人头税"征收期间,中华民国政府也在1914年与加拿大政府交涉,希望用取消"人头税"来交换中国政府限定华人每年来加拿大者为1 000人。但因为加拿大联邦政府不敢因与中国政府签订协定而否决卑诗省等地方层面的不平等法案,因此拒绝了中国政府的建议。

在这种情况之下,西部的反华舆论一浪高过一浪,而加拿大全国的反华舆论也越来严厉,联邦政府终于走出了违背自己制定的宪法精神、也违背加拿大作为移民国家原则的一步:全面终止华人移民加拿大。1923年3月底,渥太华国会通过了新的《华人移民法》(草案)。6月30日,这个臭名昭著的新移民法就获得国会通过,并在极具象征性的7月1日施行,这一天正是加拿大成立56周年的纪念日。这也是为何华人社区在之后20多年中不再庆祝加拿大的国庆日,并将这一天定为"国耻日"。这个取代"人头税"的"排华新法案",共有43项歧视条款,故而被华人舆论称为"四三苛例"。新法除了不让新的华工入境之外,对在加华人也苛刻之极。比如加拿大公民的华人妻子和子女,如从未登陆过加拿大,就难以入境;华人如回国探亲,必须领取离境证,有效期两年,如不按期返回加拿大,就不能再入境。

从今天来看,这个"排华法"不但违宪,同时也极不人道,不知让多少华人妻离子散、家破人亡。针对一个单一族裔采取歧视性的移民政策,当然违背加拿大宪法揭橥的公平正义原则;其不人道就更一目了然。以老移民谭荣德的父亲谭树棠为例。谭氏在缴付500元人头税后于1912年来到加拿大。与其他不少单身华工一样,谭氏在加10年辛劳打工赚钱,随后回广东娶了一位妻子。谁知,因为1923年的"排华法",谭氏无法将从未登陆过加拿大的妻子带入加国,最后导致妻子在漫漫无期的盼望与绝望中郁闷而终。谭氏之后只能再娶妻,即谭荣德母亲。同样,老移民李振康的父母通过缴纳500元人头税来加,在加拿大生下一双儿女,怀第三个孩子时,李母携带儿女们回广州。当时正逢日本侵华,在日军南进时,李母想带儿女回加拿大避难,谁知三儿李振康不是在加拿大出生,就被“排华法”挡在国门之外,李母只能让大孩子们回去加拿大,自己带年幼的李振康留在战争中的中国。在李振康5岁时,李母遭日军毒手。而李振康一直到50年代,才得以进入加拿大与亲人团聚。

由此可见,“人头税”和“排华法”都是加拿大移民史上难以抹去的耻辱。对这个耻辱的历史,加拿大国会和政府在半个多世纪后才有了正式的道歉和象征性的赔偿。

华人子弟当兵“不合常理”

令人难以想象的是,就是在这样如此恶劣的社会环境下,加拿大的华人子弟在国家处于战争状态的情况下,竟然主动请缨,要求参军作战,准备为国捐躯。战争绝对不是温良恭俭让,也不是虚幻的浪漫,而是真实的流血牺牲。在中国的传统文化中,“好儿不当兵”已经成为传统,华人年轻子弟的父母和祖父母当年从中国远涉重洋、九死一生来到美国和加拿大寻找“金山”,除了求生和寻梦之外,很大一部分原因就是逃避战争的混乱和悲惨,让自己的家人和后代能够过上平稳小康的老百姓生活。

但是,当加拿大参战的时候,华人子弟挺身而出,义无反顾。这种当兵的风潮是非常真实的。如在温哥华寿命最长的华人老兵黄国雄,兄弟姐妹4人都当了兵,而且分属不同的兵种,如果加上他两个参加一战的舅舅,一门有6个军人;战后成为华裔国会议员第一人的郑天华,也是兄弟三杰共上战场,郑天华在太平洋战区军情局服役,他的两个兄弟则在空军服役。在英国,当国家面临战争的时候,皇室成员和贵族子弟都要披挂上阵,与普通军人一样共体时艰,担当国难,甚至为国捐躯。但华人弟子当兵并非如此,有三种逻辑需要解释,华人子弟当兵参战不合情理。

第一,华人在加拿大是二等公民,甚至是“贱民”,在这些想要参战的年轻华人子弟中,有的甚至出生在加拿大却无法获得加拿大公民的身份。这是一个欺负他们的国家,这是一个看不起甚至排斥华人的社会,他们却要奋起保卫这个国家,创造了“以非国民身份为国家而战”的加拿大战争史中的罕见先例,此情此理,当如何解读?

第二,在加拿大的征兵法律上,是禁止或者不欢迎华人当兵。1939年德国侵略波兰,拉开战争序幕。加拿大追随英国,对德国宣战,同时在英国首肯下,于1940年6月21日颁布《国家资源动员法令》(The National Resources Mobilization Act,简称NRMA),该法授权联邦政府以征兵的权力,战斗兵员则不限于在加拿大领土服务。但加拿大皇家空军和海军部队都在自己的征兵服役条例中,设下了种族限制,即只允许“纯种的欧洲人”和“纯种白人”服役当兵,明确就把亚裔或者其他少数族裔排除在外。加拿大陆军部队稍稍“开明”一些,条例中没有种族背景的限制,但在实际的招兵过程中,并不接受华人服役。在加拿大则可以合法不当兵,一般人认为“何乐而不为”,但华人子弟偏偏要“违法”去当兵,有的为了参军,不惜从卑诗省骑马翻山越岭到亚省去入伍。这究竟又为何?

第三,虽然加拿大作为一个年轻的英联邦成员国家,连续参加了第一次和第二次世界大战。但是,作为地处北美的国家,加拿大是远离战场的,世界大战的战火并没有烧到加拿大的国土。一般而言,如果仗打到了家门口,覆巢之下没有完卵,不管你是什么身份,都要投入战争,那是没有选择。如今,加拿大在大后方,华人子弟完全没有必要冒险当兵打仗,那又为何非得挺身而出?

从个人的角度来说,华人子弟参军打仗的目的各有不同。有的是想要获得军中比较优渥的待遇,变更自己在社会上遭人欺负的地位;有的则是在父母的感召下,对日本侵占中国相当气愤,想要通过参军来投入对日本的作战,在报效加拿大的同时,也报效祖国;有的则是要伸张正义,为反法西斯战争出力。从整体角度来看,华人子弟在加拿大生活,自然受到及加拿大价值体系的影响,当英联邦国家遭遇攻击时,华人子弟与加拿大年轻人有共同的感受,要挺身保卫国家;同时,华人子弟大都清楚知道,这也是一个历史机遇,通过上战场杀敌,赢得主流社会尊重,争取与白人相同的社会地位,最终争取获得公民地位和选举权。

俗话说,疾风知劲草,日久见人心。争取归争取,华人子弟仍然在没有社会地位和政治地位的前提下,在加拿大面临战争的时候,选择积极参战、勇于献身。他们对加拿大的忠诚度是无与伦比的,并以此证明主流社会对华人的歧视和不实之词,是荒谬的。

华裔军人"打两个战场的战争"

加拿大华人子弟入伍参战,是始自第一次世界大战。比如上文提及的华裔老兵黄国雄的两个舅舅就参加过一战。不过,参加一战的华裔军人只是零星数人,没有形成较大影响。大规模华人参军的热潮是在第二次世界大战。这次的群体参战对华人社群和加拿大历史的影响相当巨大,也是华人对加拿大独特贡献的最重要一部分。

由于华人在加拿大遭遇歧视,导致华裔参军打仗的历史记录也受到影响。迄今为止,在二战中到底有多少正式的华裔将士参战,没有非常确切的数据,最常见的说法是约 700 人。将士们的立功授勋,也拖了很长时间才逐渐解决,有的人对战争的贡献直至 20 世纪末才得到确认。

华人当兵人数不多的原因,除了华人人口基数小以外,一如之前所述,加拿大军队歧视华人也是理由之一。加拿大在 1940 年 6 月颁布动员入伍令之后,一些华人子弟就积极响应,千方百计突破阻挠,参与军事训练。这就导致社会上的反华之风再度骤起。三个月后,即 1940 年 9 月,加拿大联邦政府发出指令,不得征召华裔和日裔参加军事训练,进而参战,其中包括那些已经接受体检的应征者。1941 年 1 月,在内阁战争委员会(Cabinet War Committee,简称 CWC)的推动下,禁止华裔和日裔加拿大人义务服役的法案正式实施。一直到太平洋战争拉开序幕,英国面临欧洲和亚洲两个战场的兵力消耗,其战争办公室建议加拿大扩大招兵范围,尤其是招募亚裔军人,来满足亚洲战场的需要,军队的大门才逐渐向华裔敞开。1942 年 10 月 1 日起,加拿大皇家空军率先接受华裔飞行员;1943 年,加拿大陆军部开始征召在英联邦国家出生或者入籍的华人当兵。

由此可见,尽管华人子弟积极要求当兵参战的风潮席卷唐人街,但真正进入军队编织制、成为职业军人的数量并不多。当年加拿大人口在 1 500 万左右,参军的人数接近百万,而华裔职业军人只有区区 700 人多一点。华人参战者与一般加拿大的白人士兵不同,他们一开始就清楚,华人参军是肩负着双重使命:一是要加入反法西斯同盟的军队,为保卫家园而战;二是通过当兵打仗,改变自己和整个社区二等公民的地位。对于第二个"战场"的抗争,华人清楚,抗拒华人的势力也清楚。三是华人在战争的各个层面所做的个人贡献,与白人和其他族裔的士兵并无二致。

不容否认,当年向加拿大战争服务部申请参军的华人,都秉持一个想法:愿意接受"跟加拿大普通公民一样"的义务征兵制,但也应该同时成为加拿大合法的公民,享受公民应该享有的权利,尤其是选举权。

但是在加拿大关于二战主流的历史著作中，都回避了一个极为矛盾的历史事实：加拿大军队一方面与德国和日本的法西斯主义和极端种族主义斗争，另一方面又在本国和军队中维持种族歧视和排斥亚裔的传统，对此军队内部并没有深刻的反省。

不过，战争发展的形势和华人子弟的坚持，让加拿大以及加军的这个耻辱，终止在战争结束之前。欧洲战场的形势吃紧和太平洋战争的爆发，使英国面临双面战场，兵力需求陡增，英联邦国家需要最大限度扩大征兵范围，才能与轴心国进行较为长期的对峙和决战。面对这样的压力，加拿大政府仍然顽固设置障碍，拖延全面征召华人入伍。一直到 1942 年底，华人开始全面参军，遍及海、陆、空军。到 1944 年 8 月，管辖不列颠哥伦比亚、亚尔伯塔、育空及西北领地周边的太平洋司令部，终于提出要组建一个单独的华裔军人分队，9 月开始征召华裔教官。

其实，即使参军，华人仍然受到歧视和"排华法"的制约。以空军而言，一个白人机长每月有 800 加元的工资，华人机长则只有 485 加元。华裔军人在海外寻找到的婚姻伴侣也难以入境，白人士兵则完全没有这个问题。更严重的是，华裔军人在战争中的特殊贡献，常常被故意"遗忘"或者"遗漏"。在战后半个多世纪的岁月中，白人二战老兵的英勇事迹事无巨细地被挖掘出来，记载在加拿大的军史或者战争史中，但华裔老兵的不少事迹都被历史风雨湮灭。可以这样说，如果没有在温哥华唐人街的华裔军事博物馆，华裔老兵的事迹就会变成零零星星的一些追忆，而无法出现在加拿大人集体记忆中，因为在渥太华的加拿大战争博物馆，并没有完整的华裔军人二战事迹展览。

2013 年，就有纪录片制作人李百良拍摄《遗忘行动》(Operation Oblivion)，把 60 年前鲜为人知的一项军事行动从湮灭的历史中重新挖掘出来。这项军事行动发生在太平洋战争最激烈的时刻，在英国特勤局的要求下，加拿大军方招募了 13 名华人志愿者进行严格的训练，然后将其空降到亚洲战场的日军战线后方，徒步穿越丛林，找到中国的抗战士兵并训练他们。战后，这些老兵却只能自己成立一个组织"太平洋支队 280"(Pacific Unit 280)，隶属于加拿大陆海空军老兵团，在自己的社区庆祝国殇日。

固然，由于有些华裔军人的英文名字或者其他的身份记录有偏差，加拿大军方常常以此理由表达难以确认。但这些偏差的出现，本身就是加拿大社会歧视华人"惹的祸"，在战后那么漫长的历史岁月中，只要肯下力气调查，本来就为数不多的加拿大华裔军人事迹，早就应该"真相大白"。

华裔军人在战争中的角色地位，一点都不逊色于白人军人。在空军方面，全世界都知道美国陈纳德将军领导的"飞虎队"对中国抗战的贡献，而加拿大的华裔青年对中国空中抗战也有出色贡献，比如卡加利的华裔马俭进 1932 年回国参加广东空军，在 1939 年参加轰炸日军运城机场的空中行动，战功卓著，后摔断双臂，成为残废军人。出生于温哥华的哈罗德秦(Harold Chinn)先加入广东空军，后在 1942 年参与"驼峰航线"空中运输，往返多达 600 次。来自卑诗省的马邦基(Albert Mah)和马绍基(Cedric Mah)兄弟，都担任过英联邦飞行计划的教练，后来又加入中国航空公司，400 多次飞返于"驼峰航线"。来自温哥华雷家的雷昆照(Guan JIL Louie)、温尼伯的 Jim Gen Lee、Joseph Hong 等，先后加入英国皇家空军和加拿大空军，牺牲在欧洲战场。在海军，最传奇的经历是威廉罗尔(William King Lowd Lore)，他在 1939 年加入海军，是华裔首例，但非正式编制。1943 年，在海军参谋长的要求下，正式加入加拿大海军，成为英联邦海军中第一个华裔军官，先后在加拿大海军情报作战中心等要害部门工作，也在美国、英国和亚洲战区担任要职，但到 1947 年退伍，官衔仍是中尉，可见其晋升仕途受到不平等对待，到了 1952 年才被晋升为加拿大皇家海军退伍军人海军少校。在陆军，华裔参军者最多，但也是牺牲最惨重的地方，大部分人在欧洲战场捐躯。

如上所述，华裔军人的精忠报国和牺牲奉献，终于让加拿大政府和加国军队认识到排斥华人的荒唐与无知，于是，战后不到两年，加拿大就废除了"排华法"。从这个意义上说，华裔军人以自己"以德报怨"的行动，为加拿大反法西斯作出了贡献。华裔军人也打赢了两个战场的战争，700 人的参战也改变了一个民族在加拿大的地位。

学史之道

——兼论史家的"萧散简远，妙在笔墨之外"[①]

朱孝远

（上海师范大学历史系77级，北京大学教授）

世界上有历史这一行业，大体得归功于古代人们的"福至心灵"。身边发生了一些重要而又难以释怀的事，怕被忘记，用笔把它记载下来，并把它当作故事去宣扬，自此也就奠定了历史学的基础。中国留美历史学会从无到有，历经坎坷，最大的收获是聚结起了一批学子。近年来其成员文采事功，并皆昭著，遂有编一小书加以检讨的兴致。学长王希嘱我撰文谈谈留美及回国教书之事，我却想起了苏轼的"萧散简远，妙在笔墨之外"这句话。

苏轼在《书黄子思诗集后》中说："予尝论书，以为钟王之迹，萧散简远，妙在笔墨之外。"[②]他以为钟繇、王羲之的书法萧散简远，已臻化境，这和他激赏王维的画、陶渊明的诗是一致的。苏轼在《和陶诗序》中说："吾于诗人无所甚好，独好渊明之诗。渊明作诗不多，然其诗质而实绮，癯而实腴，自曹、刘、鲍、谢、李、杜诸人，皆莫及也。"[③]对于陶潜，苏轼可以说是钦佩之至。

苏轼的这些话，大概是"寄托遥深"的，不能单以激赏闲适平淡论之。天下物之进化，大多都有一个"由简至繁"的开始，却有一个"从繁至简"的收场。徐梵澄《〈佛教密宗真言义释〉序》中说："以一般进化通例而言，简朴者在前，复杂者居后。如陶在瓷先，铁居铜后，皆有实物可证。由是可以略略窥见初民简单生活的情形。"[④]不过，人最后还是会回归于简约的，乃至于对"大音希声"、"意在言外"情有独钟。简朴在开始，至简在事末，一头一尾，是两个大境界。

于是就去思考"妙在笔墨之外"的学史之道。从20世纪70年代末到今天，也有30多年了。30多年前的环境及民众情绪早已成为记忆，与当今的民风、民俗也不尽相同。举例来说，30多年前历史学是门"显学"，不像今天"现学"风气大盛，人人崇尚立功立德，以图不朽。尽管这样，学历史的人却更有了一颗平静心，他们并不急着发表著作，更不想请功邀赏。正如在南加州大学（University of Southern California）比较文学系任教的诗人张错对我说："小的时候我们什么都要，现在，我们只要好的。"

细细想来，花30多年时间学史，真在心中积淀起来的，却是一些零碎却又挥之不去的印象。这是我所采集的，录在心灵里的东西。因为这种东西本非卖品，只备自己在夜深人静时研玩，所以也无须用笔记

① 本文原刊登在王希、姚平主编的《在美国发现历史：留美历史学人反思录》一书中，这里做了多处修改，以纪念手把手将我引入史学之门的恩师程应镠先生。

② 这是苏轼为《黄子思诗集》写的一篇序跋文。文章以书法为喻，评论诗歌，指出于平淡朴素之中寓深远意境方为好诗。黄孝先，字子思，福建浦成人，以善治狱迁大理丞，历太常博士，卒于石州通判。著诗二十卷。参见《苏东坡全集》（中）卷一五题跋，黄山书社1990年版。

③ 苏辙：《追和陶渊明诗引》，转引自袁行霈：《论和陶诗及其文化意蕴》，载《中国社会科学》2003年第6期，第152页。

④ 徐梵澄：《〈佛教密宗真言义释〉序》，载《徐梵澄集》，中国社会科学出版社2001年版，第206页。

下。现在因为要检讨自己，鲜活地映像也就一幕幕地浮现出来。

我们77届的大学生是78年春天正式入学的。我就读的上海师范大学历史系的课程真的是好，给我们开课的有著名历史学家程应镠教授、陶樾教授、吴成平教授、叶书宗教授、孙仲发教授、陈昌福教授、陈有锵教授、王铁之教授，还有著名心理学家燕国材教授。我们这一届的学生共有两个班级60多人，我在班上年纪偏中间，上有年长的兄长王毅捷，年纪相仿的有思维敏捷、思想深刻的刘昶，还有严亚东、蒋迅、张立雄、吴熙雯等好友。我一直记得王毅捷学长要我学好逻辑的教诲，还记得顾明他们在操场上打篮球的可爱情景。蒋迅总是最活泼可爱的，有他在就没有干不成的事情。记得当时我沉溺于写小说，和同班好友陶柏康一起合作写一部关于司马迁的剧本，可惜既没有完成，又没能上演。我非常喜欢的一件事是学校允许我们自由地听课。二年级时，我自行插入到英文系去听课，英文系的老师也一视同仁，我就几乎成了一个英语系的学生。在艺术系，我甚至还拥有了一件专供艺术系学生专用的琴房。每天早晨6点，我就会去那里练琴，练习音阶和克罗采尔练习曲。早晨6:30时，楼下的琴房里会传出钢琴声。那是艺术系的一个女生在练琴。我们的琴声相闻多年，却始终没有见过面。

学校的“场”真的是很大。组成一个学校的，最为重要的不是它的房子，也不是它的设备，更不是它的围墙，而是一个由特殊因缘连接起来的师生群和校园文化。学校永远是一块热土，常常出现的是一种心灵的感应。师生间的一些话语，有时会像冰块和火焰那样，激动得你心灵振荡。这里有一种磁力，吸引着所有向往学习的人们来此探索真理。当然，这里也有想象的空间，有许多爱情故事，激发起人的能量，拓宽人的视野，无限拔高人的精神高度。多少个莘莘学子，就是通过这样的一个“场”而进入到社会。在这里，我们扬起了生命的风帆，开始了一生最美好的追求。

我们那时师大的同学每天通常起得很早，清晨5:00，操场上就挤满了背诵外语单词的同学。大家就像是赶什么任务一样，要把以前失去的学习时间弥补回来。当然，我们也有玩的时候，比如去桂林公园看看桂花，去漕河泾农贸市场品尝小吃。东校区操场的外边当时是一片农田，我们也常去那里走走。

在晚上，最快乐的时光是去坐落在东校区外边音乐新村程应镠老师家里。我们要去那里聆听老师和师母的教导。经常是几个人、甚至是十几个人去老师家，常常要谈到深夜才回家。我们都忘了老师是一个工作很忙的人，我们只觉得老师的话深深吸引了我们年轻的心，开阔了我们的胸怀。程先生总是兴致极高，他谈古论今，指点江山，从那里我们知道了沈从文，知道了抗日战争，也知道了中国历史的沿革和历史的教训。每次我们临走时，先生总是亲自把我们送到门口。月色好时，先生会说：“看，又是一个多好的月亮！”夜色漫漫，天上的月亮光倾泻下来，在大地变成了一片美丽银色的诡异中，我们和老师、师母告别。这月光似水晶的情分，这师生用自己的灵魂结成的友谊，都是要把自己身上最好的东西，几乎是一滴一滴地注入血管：把感情注入感情，把灵魂注入灵魂。正是这种情分，让我知道了自己要什么，不要什么；什么是好的，什么是坏的；什么是爱，什么是不爱。我开始懂得，什么叫作要把所有的情感都集中在有良知的人身上。

我记得程先生说过的一句话：“英雄无一人有世俗幸福，他所有的只一苦字。看历史上的英雄，莫不如此。”多少年来，在遇到困难时，就会想起老师的这句话。每天起来，看见暖丽的阳光，眺望远处，也会想起这句话。大致凡矢心改良社会者，都早已置个人生死于度外。1982年程先生病重，我去探望，先生却说我的一篇论陈寿《三国志》“失在于略”的作业写得不错，他已要求学报发表云云。主要一事，即便在危难之时，先生在精神上也一刻未与教书育人分离。记得大学毕业时程先生说的话：中世纪的大学是培养教士的，毕业的学生可以去当一个神甫、主教，也可以去当一名教师，与地位显赫的前者比，后者其位也卑，其事也累，但有志者则为之。程先生抗日战争时投笔从戎，后志于学业，在魏晋南北朝、宋史研究方面负有重名。先生以一个史学家的睿智预料国事之得失，入木三分，无一不中。“文章又见流传日，议论终须不傍人。得失久谙关世运，荣枯每惧损天真。”这是 1982 年春程先生“病中答友人”的诗句，只要一读，先生的音容笑貌和“为天地立心，为生民立命，为往圣继绝学，为万世开太平”①的精神栩栩如生。作为教师的知识分子，原本就应当是这样的。

程先生的诗文，后经弟子虞云国、刘昶等编订，成《流金集》一书，1995 年由上海古籍出版社出版。我在北大讲《史学概论》课，就选先生的《流金集》为必用教材。《流金集·国学讲演录》篇中的引言、经学举例和史学通说，字字珠玑，都是不能增一字、减一字的。程先生文集中的《诸子概论》、《文学略说》、《史学二题》、《玄学与诗》、《论历史人物的研究》、《历史的真实与通变》、《中国文化三题》、《论林逋》等文，都是学史之人最好的教材。程先生还特别推崇清代学者章学诚提出的“史德”，认为史德即作史时的用心，这关乎到人的品德，因为研究历史的人应当是高尚的，有道德的，能够做到像孟子所说的那样：富贵不能淫，贫贱不能移，威武不能屈。我觉得，大凡历史研究者，程先生的这些文章是一定要读的，而且必须是要早读、常读。好文章给人的感觉是开卷有益，读一遍就会有一遍的收获，读两遍就会有两遍的收获。另一个好处是，读这样的文章，会把读书人引向正道。大家有兴趣，可以去看。

那天读的正是程应镠先生《流金集》中的短篇《论林逋》。林逋是北宋有名的隐士，生于乾德五年(967)，死于天圣六年(1028)，正是北宋全盛时期。对于和靖先生林逋的故事，过去在《西湖佳话》中略知一二，印象已经不是很清楚了。这次阅读真是开卷有益，不仅知道了范仲淹、梅尧臣都是林逋的朋友，而且知道在林逋死后，还得到宋仁宗的嗟悼，和靖先生的谥号就是仁宗所赐。再读下去，就愈加有趣。原来林逋这位隐士既与不食周粟的伯夷、叔齐不同，也与避世之士长沮、桀溺等人不同。程先生列出了历史上的各种隐士，仍是从同林逋交往的朋友那里，点出了林逋的不同凡响。拜访过林逋的薛映是个“廷无留事、吏不能欺”的干吏，而赞美林逋“风俗因君厚”的范仲淹，更是“先天下之忧而忧，后天下之乐而乐”、以天下为己任的重臣。历史上的隐士大多是些“志有所持”者，要么是避世，要么是耻事浮利，大半都同当局的关系搞得极僵，但林逋一反常态，不仅得到众人称道，还受到皇帝粟帛之赐。如此看来，林逋乃是隐士中的另类，触景生情，就让人要忍不住地读下去。

我天生愚鲁，所以《论林逋》的真正要义，要读到第二遍时方才明了。原来北宋的官僚机构十分庞大，以至于冗官在其时已成积弊。真宗、仁宗两朝的高官厚禄者又贪恋荣利，不肯退休，以至于朝廷不断重申七十致仕之令。现在好了，一边是贪恋荣利、不肯辞官的臣僚，一边却是有大能耐却乐居山林的林逋。程先生笔锋一转，点出林逋这位隐士中的异类不忘世情的实情，以为这就是他为王随、李及、陈尧佐、范仲淹、梅尧臣、欧阳修激赏的根本原因。这哪里是在写什么避世隐士，分明是在纵论北宋吏治！善于从与常识相左的地方发掘出蕴藏于其内的深刻政治涵义，这正是先生的极高明处。

真正反映出《论林逋》文章韵味的是在其结尾处，那是我在读第三遍时才粗粗领会的。抄录如下：“《和靖诗集》有山园小梅二首，梅花三首，又咏小梅一首。欧阳修极叹山园小梅之句：‘疏影横斜水清浅，暗香浮动月黄昏。’他在《归田录》中说：‘前世咏梅者多矣，未有此句也。’比林逋晚生一百八十余年

① 张载语，见程应镠：《流金集》，上海古籍出版社 1995 年版，前言第 1 页。

的姜白石，用暗香、疏影为题以咏梅，被张炎叹为绝唱（见《词源》）。疏影中说：‘昭君不惯胡沙远，但暗忆江南江北。想佩环月夜归来，化作此花幽独。’白石此词，可能是有所寄托的。但这几句却极恰当地写出了一位处士在举世沉溺于荣利中的幽独心灵。”读到这里，我才知道程先生所说的“文章又见流传日，议论终须不傍人”究竟是指什么。

有时，我会这么去想：人充满劳绩的辛劳就意味着要去缔造一个世界。但那个世界又是什么呢？当人向世界敞开的时候，人很像在“兴起”和“败落”之中被唤及。世界没有动，它也从不小心翼翼地去度测人的行为，它只考虑地和天的距离。人借着劳绩度测世界，但世界只是一颗星。星的神秘性在于它是一种可能性。人经此一问，根基就要发生动摇，但也从此被超越。思本来想呵护人，但一被把握，就知道于事无补，因为这不是面向一个单纯想象的框架。在存在的真理性中，生命的姿态变得轻重相继。人只好以这种样子向世界敞开，但世界却不把天命用尽，人因此空空如也但仍独立而不待。确立世界，意指人确立自己。当人开始“站进去”时，他就站到了复杂的本质之中，因此，他也就能在那里适时地确立自己。

如果说程先生的毕业赠言让我毕业后成了一个教师的话，那么，与徐孝通先生的一番恳谈，却又把我重新变回了一名学生。徐先生精通哲学，是著名的逻辑学家，他在历史系的任教本身就是一个传奇。作为汤因比《历史研究》一书最早的译者，先生学问中西贯通，却一向热心教书，低调做人。记得1984年在上海师大历史系的办公室里我自怨自艾，说自己学问太浅，不配教书。正好徐先生进来，闻言大喜。先生说，现在世上惑众欺愚者多，有真才实学者少。与其自己消极颓唐，不如弃教从学。“不如学也”这个宗旨，就是在那一刻决定下来的。我接着给吴于廑先生写了封信，询问他的意见。吴先生过了一个月，有书面答复，也是“不如学也”的意思。不过，吴先生又说，既学欧美史，就不妨到欧美去。于是留学意向初定。

1985年秋天，我像许多同时代的人们一样，来到美国的伊利诺斯州立大学（Illinois State University）开始我的留学生涯。入学之初，我相当高兴，因为我觉得可居可游、日臻佳境，期望用一种健康、理性、坦然、大器的天性，来把生命变成一条像光一样闪烁的河流，途经的一切都被它照亮。那时，我对一切都感到新鲜，就是忙，主要是精神上的忙。每天做的不过是读书写字，但却开始感到一种不同的文化气息。同学们都很可爱，他们似对未来有一种无名的憧憬，这给人一种快乐、安宁和向上的感觉。我努力把我自己融入到一个新的环境中去，每天都写上一些勉励自己的话，目的也就是写一些个人的感受，却很反映那个时代的风貌。

20世纪80年代的美国，中国学生不是很多，所以我们和老师的关系就变得很是亲密。我是在伊利诺斯州立大学念硕士，导师是约翰·弗里德（John Freed）教授。他是个大忙人，却花许多时间教我欧洲中世纪史。他是那种非常善于思考的学者，在对欧洲贵族的研究上独树一帜。他的反应之快，看问题之准，都是无可比拟的。我受了他几个月训练后，就开始对西方的史学有了一点兴趣，也有了一点理解。

弗里德是一个直来直去的人，有一天，他高兴地对我说，香槟的伊利诺斯大学（University of Illinois at Urbana-Champaign）居然录取了我，要我去那里读博士，还给了一份不菲的奖学金，可是却被他回绝了。理由是他觉得自己是个最出色的中世纪史专家，我最好跟他好好读上几年，以后再去也不迟。现在想来，老师的话是极对的。可是当时我人心浮动，坚持要转个学校念博士。所以，当我又收到俄勒冈大学（University of Oregon）的录取通知书时，我就决定转学。弗里德老师有点迟疑，问我谁将成为我的导师。当他知道俄勒冈大学的托马斯·布雷迪（Thomas A. Brady, Jr.）愿意带我时，就欣然同意，因为弗里德知道布雷迪是个严谨的好老师。这样,我就匆匆从伊利诺斯州立大学毕业,踏上了西行之路。

关于伊利诺斯州立大学,还要说我的业师卡尔·塞申斯(Kyle C. Sessions)的故事。塞申斯教授是一位真正的人文主义者,也是美国宗教改革史学会的创办者之一,他是最早把东德历史学家关于德国宗教改革和德国农民战争的研究介绍给英语国家的著名学者。他酷爱音乐,在当地的交响乐团当中提琴手。塞申斯教授指导我学习德国宗教改革史,把我领入近代早期德国史这个领域。我在留美历史学会杂志唯一发表的一篇文章,就是在塞申斯教授的指导下完成的。① 为了这篇论文定稿,塞申斯教授特别约我早上八点半去他的办公室面谈。我准时去了办公室,却看到他面色憔悴地坐在那里。他一直和我谈了两个小时的论文修改,末了才告诉我,他是从医院里赶来的,他的母亲就在当日清晨谢世。他还说:他记得要来学校指导我论文的事,说来学校正是他母亲的教导,所以他必须来。我一直记得这件事情,譬由管中窥豹,可见一斑。敬业而见道,是极向上的一种精神契合。视整个人生为求道,则其每时每刻都能够表现优秀。此种道理,中外皆通。

俄勒冈大学坐落在一个名为尤金(Eugene)的小城,四面小山环绕,很是美丽。我就读之时,正是它的鼎盛时期,一大批世界闻名的学者正在那里任教,如我的导师布雷迪,还有研究中国近代史的周锡瑞(Joseph W. Esherick)。布雷迪先生是个很勇敢的哲学家,但在做历史研究时却以严谨闻名。周锡瑞老师是最有智慧的,我曾经当过他的助教。这两位教授联手,想把一个来自中国的学生教好。现在想来,他们主要的工作是启发我灵性。

俄勒冈大学研究生的课程,有两点我实在喜欢。一是强调学习是练电流(Increase in current intensity)而不是练电器(Fiddle with all kinds of electrical appliances),即非常注重能力训练和启发式教育。二是要求每个任课老师都对研究生的表现写评语,并且把评语做成档案,放在系办公室的一个抽兜里,由研究生秘书管着,每个学期我们都心情不安地去那里看那些写得非常严厉的话。练电流的意思更大些,那就是一种能量放大的训练。记得那时布雷迪老师总是要我去想整个学科应当如何发展的问题,或者,人应该如何去活,如何去做事。现在想来,这就是电流的训练。老师大概嫌我天性弱小,就要尽量放大我的能量,为此居然不忍心增加我的电阻——这相当于中国武学先要人练内功一样,在没有内功的基础上教你练功夫,必然凶险无比且无成效。我博士毕业后数年,总是觉得自己的历史常识欠缺,很多东西都不知道。1997 年我一个人去了德国,在森林里仔细去想这个问题。我不是一个太笨的人,而我的老师也很聪明,为什么念完博士的我还那么不学无术呢?后来终于想通了,原来我跟着布雷迪、周锡瑞学了几年,主要是在接受练电流的训练,尽管一招一式没有教,但其实任、督两脉早已打通,内功的基础也已经具备,只是自己不会运用而已。这么一想,我突然感悟,觉得老师们教我的其实是一种极高的武功,只是自己悟性太差,要毕业七八年才能明白老师的意图。后来,俄勒冈大学的副校长来北京看我,我们在雍和宫旁的一个小茶叶店(不是茶馆,是卖茶叶的店)里喝茶聊天,我向他印证我的布雷迪教学法的理解是否正确,得到了几乎完全肯定的回答。原来事情这么简单:电流充足的话,讲一门课,写一本书,只是一个接开关和接导线的问题。电流再强的话,其实没有开关,灯也亮。

布雷迪老师教学,严谨得令人生畏。他把自己的藏书借给我看,只见上面都有写得密密麻麻的评注,

① Xiaoyuan Zhu, "The Change of Feudalism and the Outbreak of the German Peasants' War of 1525: A Structural Analysis," *Chinese Historian*, 1988, 2.

都是叫人拍案叫绝的。他经常会在书上的某些段落写上"不通"、"胡说"等字样,而对有新意的章节,又会大加激赏。例如:在德国宗教改革史的研究领域,罗伯特·斯克里布纳(Robert W. Scribner)这个名字是同开拓者、奠基者紧密联系在一起的。一个历史学家,如果能够在某个领域有重要发现,就已经是一件非常了不起的事情了。但是,斯克里布纳却不止此:他不仅拥有诸多的重要发现,而且还是新的文化理论的提出者和诸多新研究领域的奠基者。正因为这样,1998 年,57 岁的斯克里布纳逝世在世界学术界引起震动。布雷迪老师立即放下自己手中的一切工作,开始为编辑、出版斯克里布纳的遗稿而奔忙。布雷迪老师也是德国历史学家彼得·布瑞克(Peter Blickle)著作的翻译者,是他把布瑞克的论著系统地介绍到美国,从而使美国德国宗教改革史的研究与德国接轨,始终保持在一个最前沿的水准。

跟布雷迪这样的老师学习有个好处,就是你能够始终了解学术的前沿动态,并且有机会接触到学科的核心。记得布雷迪老师为我们开设一门德国宗教改革的研究生课程,不过是 6 个人:一个来自尼日利亚的黑人学生,两个美国女孩,一个美国牛仔(因为他老是戴着草帽),一个样子有点严肃的美国好学生,还有我。尽管我们人不算多,却有机会每个星期请一位外国名家来为我们讲课。我记得来者之中有东德的歌德·福格勒(Gueter Vogler)教授,他是东德马克思主义学派的领军人物,还有以研究法律史著称的西德著名史家希林(Heinz Schilling)教授。德国教授就是严谨,我记得希林教授为了来讲课,准备了两篇文稿,先询问我们喜欢他的哪一篇。福格勒老师是个大好人,他来我们这里为我们 6 个学生讲课,是作了充分准备的。他送给我的书,至今仍在我的书柜里珍藏着。作为东道主的布雷迪,当然很兴奋。每次外国教授讲完课,就会去布雷迪老师家里小聚,喝些白葡萄酒,与我们这些学生聊聊,然后大家就握手告别,而外国教授也就离开,或者回国,或者去别处走走。我们就这样心安理得地听了一学期课,并且觉得这一切都是应该如此的。现在想来,这完全是布雷迪老师的费心安排。为了我们 6 个学生,他要花大力气从国外请老师给我们讲课。用心之良苦,办事之高效,都是无法比拟的。这就是布雷迪老师的风格与职责。

既跟老师研习世界史,老师就训练我把握世界的宏观思维能力。老师说,没有整体观念,那是无法研究历史的。譬如:"那个人的世界",就是指那个人的全部,包括他的性格、热情、能力、风貌和品格。"世界"可以从两个方面来把握:第一,是要理解某事某人的主要特征,其方方面面都可以用这个主要特征来概括。如"但丁的世界",就要能够穿透他的诗性美德而进入到真理和信仰,这才能够把他的方方面面包罗尽致。第二,"世界"也指与但丁有关的一切事物,即便孤身一人,他也俨然在想大事,从而能够代表一个时代、一个世界。《神曲》万世不朽,其实并非但丁凭空捏造,有识之士自然能够从中拨出可信之理,盖不失其治学严谨。推论之,一个世界涵盖范围的大小,还是要看它是否能够对周遭事物产生极大影响。由只身而推至于生命气息,至于宇宙万物,至于内在性灵,其实都是一以贯之的。是为但丁为学林所重。徐梵澄先生《希腊古典重温》中说:13、14 世纪的意大利文艺复兴运动,其实"未尝'复'出古代文化到什么地步",但是"它的光明,至少透过了它以前一千年"。①

尽管世界很大,但史学的研究还是要从细部开始。在史家看来,有究天人之际的宏观眼光,必须要与脚踏实地的小学考证功底结合方有实义。究天人之际可以把握住一个结构,考证细部方能明事义理。尽管史学研究天地很大,研究者却不能随心所欲。历史文章之所以难写,是个理解问题。形神惯见熟知,方

① 徐梵澄:《希腊古典重温》,载《徐梵澄集》,第 5 页。

能下笔;心领神会,入木三分,方能移写于书卷。

想起一件亲身经历的小事。1992 年布雷迪老师从俄勒冈大学转加州大学伯克利分校任教,读硕士的师弟也想跟到伯克利继续跟老师读博士。布雷迪说:俄勒冈大学的标准与伯克利加州大学的标准并非相同,并无可能把他直接带到伯克利去读博士研究生。师弟硕士毕业,才华横溢,却在伯克利小城找了一个干体力活的工作。他一边劳动,一边在伯克利大学旁听课程,为时两年。布雷迪老师对他有所了解,觉得此士乃是可教之人,允许他正式入学。诚然,人贵知人,更贵自知。知人知己,方成为师之道。布雷迪老师作风有定,事不违理,这正是他为时人所重的道理。

1992 年 1 月 13 日,老师和师弟送我至旧金山机场,我终于走上回国之路。仍然是独自一人,所携的也同样是两三本旧书,一个小箱,但一切与 7 年前却已很不相同了。北京机场既到,刘光临君来机场接我,他是系主任马克垚老师的硕士研究生。我非常高兴,兴致勃勃地向刘君询问马老师和北京大学历史系的情况。从刘君那里,我还知道系主任马克垚老师已经为我在勺园预定了房间,而我将来的住处,是坐落在未名湖畔红四楼(备斋)的一个 10 平方米的宿舍小间。光临等几位历史系的研究生已经为我粉刷一新,我去后就可以入住。我兴致勃勃直奔宿舍,想要看看那个小间,将给我的将来带来什么。那一晚居然无法安睡。清早,我方发现未名湖真的很美。即便是冬天,一塔一湖仍是把北大点缀得很美。天蒙蒙亮,就有一些同学起来打水、跑步,呼吸新鲜空气。我觉得还真不错,静固生明,动则归真,我来北大,这其间冥冥中自有因缘:换个立足点去思考,这是马克垚先生厚爱,亦属大自然之造化,兹不具论。

来北大后,生活没有太多变化,仍然是读书习字而已。当然,每到一个新的境地,都会遇到各种困难,有时也不免忧愤无端,英雄气短。其实,人都有轻易绕不过去的问题,也总有哀愁、叹息和悲怆。重要的是,如何让生活总是气韵生动,不至于孤明历历,或因缠绵而凄冷。人生的各种突出不平衡性,经常让人感到难以把握情感细部全部丰富的价值。解决的办法之一是一切坦然,一切真诚,凡事商量,凡事理解。人的心情一旦走向自然之美,飘逝的瞬间就是永恒的了。因为,人一旦有了自觉的意识,那么,风度、格调、意境最终会通过一个优秀学子的善意而奔向自由。天下事,静、勤、诚、明则可,凄、乱、欲、迷则止。从犹豫到明快,从叹息到轻盈,虽只一步之遥,却并非每个人都能跨得过去。

北大的治史之道,不喜美丽辞藻,专以严谨、古朴、实证为善,在这点上颇合我的心意。简朴不失其美,说话要有依据,分析要到透处,此为北大人之共识。上课则以师尊口授为主,学生则有如大判官,或为英雄史诗而激动,或为虚空之言而愤青。刚来北大时,我常想以美国式幽默来调动一下学生的积极性,然匠心独运却遭冷遇。在北大讲课,看笔记念讲稿那是断然不行的。最好是口若悬河,托理想于故事,究学理于“用典”,既像是在大讲堂中作讲演,又像是在小学堂里谈辩证,还要声华并茂,把自己研究的那一点点心得,全盘托出,还要干净利落,似火花般跃出。这种追寻精神魅力的渊源在北大有传统,可惜皆非我所长。另一方面,在北大写书、出书均不难,但一旦平庸之作问世,则必遭众人白眼。所以在这里出书、写文章又最难。反之,亦是同理,是所谓“英雄识英雄”。

回国以后有时又会出国,这就有了我同在伯尔尼大学(University of Berne)任教的布瑞克(Peter Blickle)教授的短暂却又深刻的交流。1998 年,我去德国南部巴登—符腾堡州的杜宾根大学(University of Tubingen)访学,是乘着国际火车去伯尔尼看望布瑞克教授的。我此行有两个目的:一是来听听我的这位师叔(布雷迪是布瑞克《1525 年革命》一书的英译者)的教诲,二是要征求一下布瑞克教授的意见,是否同意我把他的那本名著《1525年革命》翻译成中文，并且在我们北京大学的出版社出版，以便让占世界人口五分之一的中国人了解他的农民学研究学派的意义。

布瑞克教授是那种热情、友好、机智、幽默并且极富感染力的那种人："你要研究农民，你就首先需要知道农民要的是什么。"在一个充满阳光的下午，我们的谈话就这样无拘无束地展开了。知道我是他的好友布雷迪教授的学生，又是从北京大学来的一名教师时，布瑞克显得格外高兴。我于是告诉我对他著作的批评意见：他的《1525年的革命》写得过于理性、系统化了，似乎完美到无懈可击的地步，这恰恰是有点可疑，因为16世纪的德国农民，是无法具有这样的理性头脑的。我接着问："自1975年《1525年的革命》出版，至今已经十几年过去了，你是否认为你书中的有些观点需要部分修正?""不"，布瑞克说："我的观点始终没有变，因为随着我现在研究的深入，我愈发感到自己探索的方向并没有错。"在这里，布瑞克表明了自己的旨趣：人必须不断向前走去，不断去发现去解决新的问题，而不必拘泥于作茧自缚似地把精力放在修正自己以往的观点。在布瑞克看来，一本著作不过是作者留下的一个脚印，只要前进的大方向是正确的，那就不必硬要每个脚印都标准化，因为那正恰恰是极其危险的。理性本身就是一种运动，它有时会像丁香的花瓣般地透出一阵芳香，但若无率真的态度赋予它新的生命力，它也就会枯萎，因为它难以满足人们那种要在更深刻的层面上来理解真相的迫切要求。

我记起那天的整个下午，我都参加了布瑞克教授的研究生讨论课。布瑞克的学生来自于世界各地，其中有德国人、瑞士人、美国人、日本人、韩国人。作为一个世界级的学术大师，布瑞克正在世界范围内探讨公社推动现代民主的意义。布瑞克的上课是启发性和研究性的，这里常常是笑声不断——一个重要的学派，一个致力于研究现代经济和现代政治复杂关系的研究团体，就这样在伯尔尼大学讨论课的教室里产生。但是，不同的是，布瑞克特别注重民间文化和民众的需要。我们可以说，正是从这两个基本的出发点上，布瑞克学派独辟蹊径，把农民的作用提高到奠基欧洲现代化的高度，比单纯地论述农民怎样与封建主浴血奋战，来得更加妥善，也更加深刻。

那晚，难忘的是我在师叔家同他作彻夜畅谈。那天，教授是特别地高兴，居然把我带到了他的家里，开始讨论起瑞士、美国、德国和中国历史研究不同的风格来了。我们是越谈越高兴，布瑞克下面对我说的那段话，比较清晰地概括了他对于我们中国学者的期望：

> 我要告诉你，你千万不要模仿我们西方作者的风格。你是从中国来到美国，又从美国来到德国，今天你又来瑞士看我，并向我请教治学之道。而我所要说的，就是你一定要用中国人的眼光去看世界、看欧洲、看西方文明。要记住，如果你单纯地模仿我们，要写出像我们这样的文章，像我们西方人那样的著作，你这一辈子注定是没有出息的——因为你并不如我们熟悉我们西方的传统，你也写不过我们的那些博士们，他们从小在西方长大，又完全熟悉我们大学的培养体制（说句实话，实际上这样的博士生在我们这里不是太少，而是太多了）。相反，你一定要去做开拓性的事情，你要从中国人的眼光，来看我们西方文明的缺点，去看我们学术研究上的缺点。那样的话，你就会发现许许多多的我们西方人看不到的东西。如果你愿意那么干，我希望马上同你合作；相反，如果你只拘泥于向我们学习，单纯地模仿我们，那么，我一定不同你合作。……你此行来的目的，是要把我的作品向伟大的中国人民开放。但是，那不过是一种介绍，介绍我们西方人目前所做的一些粗浅的研究心得。但是，你还有更加重要的事情去做，你要去为你自己祖国的现代化做出贡献，要帮助中国实现学术上、文化

> 上的现代化;你也要为世界学术做出贡献,这就不仅仅是去翻译几本书,而是要习惯于向我们挑战,你来挑我们的毛病,指出我们研究上的不足。那样的话,你就帮助了我们,也帮助了我们西方人。因为,你所从事的,是一种我们西方学者无法完成的事情,是具有开拓意义的事情,是帮助和拯救我们西方文明的事情。

我相信,同我如此直白对话的师叔,实际上是一位思想家。当他在书房中沉思农民的需要的时候,当他站在世界学术巅峰上思考人类命运的时候,或者当他满怀敬爱的惊奇关注着中国的现代化的时候,他就有一首生命的诗在灵魂的深处震颤。他的农民学研究,他对我的谆谆教诲,都显示出了他那种特有的喜欢与强有力的命运进行挑战的骑士风度。这,正是人的精神最可贵之处。在伯尔尼逗留的几天里,我尚未完全理解享誉世界的布瑞克农民学派的精粹,但我却还是领悟了一些道理:经济、金融业的进步是完全离不开政治、社会和文化整体进步的;现代化是无法也不曾脱离农民的基本需求的;经济改革是同政治的、社会的、文化的改革息息相关、同步发展的;欧洲的现代民主政治是由百姓们自下而上推动的;真正意义的现代化是人民民主的现代化……

这样,我就在伯尔尼那里看到了绿色:那片春天里的草地,天空,树林,田野。我是说,我们有时竟能如此轻易地去接近一个伟大学者的内在秘密。换言之,与其说我在这里是要陈列布瑞克教授的一切头衔、荣誉称号、求学经历和学术贡献,毋宁说我是要在这里给了大家一幅“普通人”布瑞克的素描。记住:这是一位用毕生精力为农民的现代化争取发言权的人。让我们翻开他亲手写下的《1525 年革命》(已由广西师大出版社出中文版),仔细去阅读他的每一行字,以便亲眼看看曾经站在世界学术之巅上的一代思想家,是如何把经济和政治、农民和现代化、财政与社会进步有机结合,产生出一个重要学术体系的。我能把布瑞克包括在当代少数的最杰出的学者之列,不是他创作了世界上公认经典的学术著作,而是他通过逻辑上的努力,通过对农民的挚爱,即通过一种完整的有意识的学术劳动,在我们前进的路上放上了一块指示牌。当我们在自由和枷锁之间进行方向选择时,那种只为精英阶层发展服务的现代化逐渐消逝了。与此同时,普通人即人民民主的现代化进程却起步了:不仅是在美丽的莱茵河畔,而且也在中国,勇敢并且是永不停顿地起步了。

现在看来,许多历史事件往往要发展到高潮时才为人注意。平日之时,不过悉心读书而已。古今贤人曰:“凡事皆贵专。求师不专,则受益也不入;求友不专,则博爱而不亲;心有所专宗,而博观他途,以扩其识,亦无不可”;[①]“置身万物之表,俯视一切,则理自明,气自壮,量自宏。凡死生祸福,皆所不计。”[②]担当道义,必须躬身入局。自修或能求强,无能则被人欺负,即为圣贤者,欲以人事与天事争衡,莫不出于“忠勤”二字。“世多巧伪,惟忠可以革其习;俗多偷懒,唯勤可以遏其流”。[③]“人生惟有常是第一美德”,“年无分老少,事无分难易,但行之有恒,自如种树畜养,日见其大而不觉耳。”[④]以学养身,以身养心,是以历经坎坷而沉毅之气不折。“志不足恃,气不足恃,才不足恃,惟毅力为足恃。”[⑤]“内尽其心以事其亲,外

① 曾国藩:《致诸弟》,《曾国藩处世家书》,群言出版社 2009 年版。
② 王鑫语,转引自钱基博、李肖聃著:《近百年湖南学风·湘学略》,岳麓书社 1985 年版,第 17 页。
③ 曾国藩:《笔记十二篇·忠勤》,《曾国藩文集·处事金针·修身之要》。
④ 曾国藩:《字谕纪泽儿·事无分难易,行之有恒》,载《曾国藩书信》,四川文艺出版社 2008 年版。
⑤ 梁启超:《新民说·论毅力》。

崇礼让以接天下。”[①]学问纯正，然后践履成德，可以“不辱其身，不忧其亲，不亏其体”，[②]是以“士信，民敦，工璞，商悫，女憧，妇空空。”[③]

“萧散简远，妙在笔墨之外”，史家的真正精神看来就是对自己的学业有一种“人生乐在相知心”。凭这么一种眼光去看问题，就能够让人在不经意间明白了什么是爱，什么是需要。比如你喝水，那是需要，但你品茶，那是爱。又比如你步行上班，那是需要，但你在林间散步，那是爱。正如徐志摩在《我所知道的康桥》中所描绘的，读书是一种雅趣：“带一卷书，走十里路，选一块清静地，看天，听鸟，读书，倦了时，和身在草绵绵处寻梦去——你能想象更适情更适性的消遣吗？”也许只有这时，你才能从书本中感受到诗人里尔克说的那种“从生命最轻妙的芬芳到它最沉重果实的厚味”。

上述的这些老师——无论是程应镠、徐孝通、马克垚，还是弗里德、塞申斯、布雷迪、周锡瑞、布瑞克，都是手把手把我引入史学之门的良师。从他们身上，我所感到的是一种知识分子的责任感。正如人的智慧和人的品格往往是通过小事反映出来的，我在这里想谈的也就是这几件身边小事。现在，我仍然在燕园过着简单、平淡的读书生活，有时也写点文字，也在教室里发表一点议论，并非是想“小星闹若沸”，只是要完成几篇明天就可以交给老师的作业，不让他们太失望。

① 魏晋禅代之际，傅玄著书称颂何曾、荀顗为“孝子”，是天下人“事亲”的仪表。《晋书·何曾传》引述其文曰：“以文王之道事其亲者，其颍昌何侯乎，其荀侯乎！古称曾闵，今日荀何。内尽其心以事其亲，外崇礼让以接天下。”

② 《大戴礼记·解诂》。

③ 《大戴礼记·主言第三十九》。

后　　记

今年是程应镠先生百年诞辰，由上海师范大学人文学院发起，编纂这部《程应镠先生百年诞辰纪念文集》。这里，对《纪念文集》的编纂旨趣略作说明。

《纪念文集》卷首收文四篇，有助于对程应镠先生的总体了解。主编苏智良教授的代序，概略评价了先生作为上海师范大学历史学科奠基者的筚路蓝缕之功，以及作为历史学名家的学术成就与历史教育家的主要贡献。《程应镠评传》则从程门弟子的视角，较全面勾勒了先生在1949年前"志存家国"的奋斗行迹与1949年后九死不悔的跌宕人生，深入评述了他作为历史教育家的成功实践与历史学家的丰硕成果。《程应镠自述》与其夫人李宗蕖先生的《忆应镠》两篇相辅相成，一是寄慨述志的自道生平，一是终生伴侣的细节追忆，如见其人地还原了有血有肉的先生形象。

卷首之外，整部《纪念文集》分为《遗文编》、《追忆编》与《论文编》。

《遗文编》收录了原《流金集》（学术编）与私家版《流金集》（诗文编）未收而迄今所能搜寻到的程应镠先生遗文。根据内容，大体分为三个部分。一是文学部分，作品兼有诗歌、小说、散文、文论诸体裁，反映了先生至今已鲜为人知的作家那一面影；二是纪实与政论，凸显出先生在抗日战争与第三次国内革命战争时期为爱国救亡与民主自由而"血写文章"的战斗业绩。三是学术部分，分别收录了他在1957年沦为"右派"前数月所作的《社会存在与社会意识》讲演稿，与后数月为师院历史系庋藏碑刻所作的《流金碑刻题跋钞存》；以及在20世纪70年代末与80年代初复出不久所作的关于魏晋南北朝史与宋史的两次讲演稿。

《追忆编》分为两个部分，一是程应镠先生的故交、学侣、同事与子女的回忆文字，二是程门子弟缅怀先师的纪念文章，这些篇什以亲身经历从片断往事折射出先生生动感人的不同侧面。应该说明两点，一是个别故交忆文是先生辞世不久撰成刊发的，这次仍辗转收录以志他们的旧谊；二是每一类别的忆文略依年齿排序。

《论文编》分别收入了程应镠先生的学界友人与受业学生的学术论文，参照中国古代史、历史文献学、中国现代史等学科分类按先总论、后断代的次第编排。这些论文，以及门弟子的中国古代史论文为主，大致反映了先生在培养史学后进上的重心所在。由于征集时间有限，除少数论文为首发外，已刊论文都在文末附以原刊出处；所有论文的注释格式一如其旧，未作统一改动。

这部《纪念文集》得以成功编成，首先应该感谢程应镠先生生前故交、学友与同事的大力支持：王春瑜、王曾瑜、张邦炜、葛金芳、钱玉林与方健等先生既新撰了回忆文章，又贡献了学术代表作；李锦绣先生与张其凡先生慨允首发各自最新力作；蔡继福先生的忆文则为后人保存了先生在"反右"前后与"文革"初期的真实遭际。正是他们的慷慨鼎助，令这部《纪念文集》大为生色，这些都是令人由衷感铭的。在遗文方面，先生的家属提供了学术部分的全部底本，其他遗文的网络寻觅，华东师范大学刘善龄先生出力尤多，作为上海师院历史系原78级毕业生，没有他的无私付出，《遗文编》

将不会如此充实丰满。

最后,谨引程应镠先生在纪念吴晗与张家驹时说过的话,作为这篇交代性后记的结语:“希望这一纪念能使后来者对走在前面的人,多一些认识”;“这个短短的后记,对死者是纪念,对生者则应当是鞭策”。这也应该是先生对我们的瞩望!